Manual de
Direito Administrativo

Manual de Direito Administrativo

VOL. 1 • 2019

Pedro Costa Gonçalves
Professor da Faculdade de Direito de Coimbra
Advogado

ALMEDINA

MANUAL DE DIREITO ADMINISTRATIVO

AUTOR
Pedro Costa Gonçalves

EDITOR
EDIÇÕES ALMEDINA, S.A.
Rua Fernandes Tomás, n.os 76-80
3000-167 Coimbra
Tel.: 239 851 904 · Fax: 239 851 901
www.almedina.net · editora@almedina.net

DESIGN DE CAPA
FBA.

PRÉ-IMPRESSÃO
EDIÇÕES ALMEDINA, SA

IMPRESSÃO E ACABAMENTO

Outubro, 2019

DEPÓSITO LEGAL

ALMEDINA | GRUPOALMEDINA

BIBLIOTECA NACIONAL DE PORTUGAL – CATALOGAÇÃO NA PUBLICAÇÃO

GONÇALVES, Pedro Costa

Manual de direito administrativo. – v. – (Manuais universitários)
V. 1: p.
ISBN 978-972-40-8135-9

CDU 342

"Senhores, falemos, agora, do poder executivo. Êle é o administrador, propriamente dito, do país. É de mister, pois, estudá-lo em suas relações com a lei, com o interêsse público, e com as garantias individuais do cidadão"

Excerto de um discurso do Conselheiro Francisco Gê Acaiaba de Montezuma, brasileiro da Bahia nascido em 1794, que se formou em Direito na Universidade de Coimbra; teve vários cargos do mais alto relevo político no Brasil – *Revista de Direito Administrativo (Brasil: Fundação Getúlio Vargas)*, número especial, 2013, p. 16.

PALAVRAS DE ABERTURA

Desde o seu início, no ano de 1988, a minha vida académica e profissional tem sido dedicada ao Direito Administrativo. Há muitos anos que reclamo de mim mesmo o esforço de promover a publicação de um Manual de Direito Administrativo. Porventura em razão da minha especial proximidade da matéria e, por isso mesmo, intuindo que a realização da tarefa deveria pautar-se por cânones de especial exigência, fui diferindo a sua concretização. Entretanto, fui elaborando apontamentos, tópicos e lições que, ano letivo após ano letivo, distribuí aos meus alunos. Agora, depois de aprimorar esses elementos, é chegado o momento de os publicar em livro acessível ao público. Não o faço por alimentar a suposição de que alcancei o resultado que procurava, mas simplesmente porque me parece ter chegado o tempo de o fazer.

Este é o momento certo para prestar uma sentida homenagem e deixar, em público, uma palavra pessoal de reconhecimento a três personalidades que muito influenciaram a minha compreensão do Direito Administrativo: Rogério Soares, Vieira de Andrade e Mário Esteves de Oliveira.

O livro é dedicado aos meus alunos. Espero ter sido e aspiro continuar a ser capaz de lhes transmitir as minhas certezas e as minhas dúvidas; e de lhes incutir um espírito de exigência de confirmação das primeiras e um estado de inquietação com as segundas.

Pedro Costa Gonçalves
Setembro de 2019
Entre Barcelos, de onde vim, e Coimbra, para onde fui e terra dos meus filhos.

ABREVIATURAS

AJDA	Actualité Juridique: Droit Administratif
BFDUC	Boletim da Faculdade de Direito da Universidade de Coimbra
CCP	Código dos Contratos Públicos
CJA	Cadernos de Justiça Administrativa
CPA	Código do Procedimento Administrativo
CPTA	Código do Processo nos Tribunais Administrativos
CRP	Constituição da República Portuguesa
ETAF	Estatuto dos Tribunais Administrativos e Fiscais
Parecer do CC-PGR	Parecer do Conselho Consultivo da Procuradoria-Geral da República
RAP	Revista de Administración Pública
STA	Supremo Tribunal Administrativo
TFUE	Tratado sobre o Funcionamento da União Europeia.
TCAN	Tribunal Central Administrativo-Norte
TCAS	Tribunal Central Administrativo-Sul
TEDH	Tribunal Europeu dos Direitos Humanos
Tribunal de Justiça	Tribunal que integra o Tribunal de Justiça da União Europeia.
VVDStRL	*Veröffentlichungen der Vereinigung der Deutschen Staatsrechtslehrer*
VwVfG	*Verwaltungsverfahrensgesetz* (Lei do Procedimento Administrativo: Alemanha)

INDICAÇÕES LEGISLATIVAS

Código Cooperativo – aprovado pela Lei n.º 119/2015, de 31 de agosto (alterada pela Lei n.º 66/2017, de 9 de agosto).

Código das Expropriações – aprovado pela Lei n.º 168/99, de 18 de setembro (última alteração: Lei n.º 56/2008, de 4 de setembro).

Código da Publicidade – Decreto-Lei n.º 330/90, de 23 de outubro (última alteração: Decreto-Lei n.º 66/2015, de 29 de abril).

Código Fiscal do Investimento – aprovado pelo Decreto-Lei n.º 162/2014, de 31 de outubro (última alteração: Lei n.º 71/2018, de 31 de dezembro).

Estatuto do Gestor Público – Decreto-Lei n.º 71/2007, de 27 de março (última alteração: Decreto-Lei n.º 39/2016, de 28 de julho).

Estatuto do Medicamento – Decreto-Lei n.º 176/2006, de 30 de agosto (última alteração: Decreto-Lei n.º 112/2019, de 16 de agosto).

Estatuto dos Magistrados Judiciais – Lei n.º 21/85, de 30 de julho (última alteração: Lei n.º 67/2019, de 27 de agosto).

Estatuto do Ministério Público – Lei n.º 68/2019, de 27 de agosto.

Estatuto do Pessoal Dirigente da Administração do Estado – Estatuto do pessoal dirigente dos serviços e organismos da administração central, regional e local do Estado, aprovado pela Lei n.º 2/2004, de 15 de janeiro (última alteração: Lei n.º 128/2015, de 3 de setembro).

Estatuto do Pessoal Dirigente da Administração Local – Lei n.º 49/2012, de 29 de agosto (última alteração: Lei n.º 114/2017, de 29 de dezembro).

Estatuto das IPSS – Estatuto das instituições particulares de solidariedade social (aprovado pelo Decreto-Lei n.º 119/83, de 25 de fevereiro, alterado e republicado pelo Decreto-Lei n.º 172-A/2014, de 14 de novembro, o qual foi alterado, por apreciação parlamentar, pela Lei n.º 76/2015, de 28 de julho).

Estatuto do Provedor de Justiça – Lei n.º 9/91, de 9 de abril (última alteração: Lei n.º 17/2013, de 18 de fevereiro).

Estatuto dos Eleitos Locais – Lei n.º 29/87, de 30 de junho (última alteração: Lei n.º 53-F/2006, de 29 de dezembro).

Lei da Água – Lei n.º 58/2005, de 29 de dezembro (última alteração: Lei n.º 44/2017, de 19 de junho).

Lei da Arbitragem Voluntária – aprovada pela Lei n.º 63/2011, de 14 de dezembro.

Lei da Concorrência – Lei n.º 19/2012, de 8 de maio (alterada pela Lei n.º 23/2018, de 5 de junho).

Lei da Modernização Administrativa – Decreto-Lei n.º 135/99, de 22 de abril (última alteração: Decreto-Lei n.º 74/2017, de 21 de junho).

Lei da Reorganização Administrativa de Lisboa – Lei n.º 56/2012, de 8 de novembro (alterada pela Lei n.º 114/2017, de 29 de dezembro).

Lei da Segurança Interna – Lei n.º 53/2008, de 29 de agosto (última alteração: Lei n.º 21/2019, de 25 de fevereiro).

Lei da Tutela Administrativa – Regime Jurídico da Tutela Administrativa do Estado sobre as Autarquias Locais, aprovado pela Lei n.º 27/96, de 1 de agosto, alterada por último pela Lei Orgânica n.º 1/2011, de 30 de novembro, e pelo Decreto-Lei n.º 214-G/2015, de 2 de outubro.

Lei das Associações Públicas Profissionais – Regime jurídico de criação, organização e funcionamento das associações públicas profissionais, aprovado pela Lei n.º 2/2013, de 10 de janeiro.

Lei das Entidades Regionais de Turismo – Lei n.º 33/2013, de 16 de maio.

Lei das Finanças Locais – Regime Financeiro das Autarquias Locais e das Entidades Intermunicipais, aprovado pela Lei n.º 73/2013, de 3 de setembro (última alteração: Lei n.º 71/2018, de 31 de dezembro).

Lei das Ordens Honoríficas Portuguesas – Lei n.º 5/2011, de 2 de março.

Lei das Parcerias Público-Privadas – Decreto-Lei n.º 111/2012, de 23 de maio, alterado pelo Decreto-Lei n.º 84/2019, de 28 de junho.

Lei das Polícias Municipais – Lei-quadro que define o regime e a forma de criação das polícias municipais: Lei n.º 19/2004, de 20 de maio, alterada pela Lei n.º 50/2019, de 24 de julho.

Lei de Acesso à Informação Administrativa e Ambiental – Lei n.º 26/2016, de 22 de agosto, que aprova o regime de acesso à informação administrativa e ambiental e reutilização de documentos administrativos, transpondo a Diretiva 2003/4/CE, do Parlamento Europeu e do Conselho, de 28 de janeiro, e a Diretiva 2003/98/CE, do Parlamento Europeu e do Conselho, de 17 de novembro (última alteração: Lei n.º 58/2019, de 8 de agosto).

Lei de Bases da Economia Social – Lei n.º 30/2013, de 8 de maio.

Lei de Bases da Contabilidade Pública – Lei n.º 8/90, de 20 de fevereiro.

Lei de Bases da Economia Social – Lei n.º 30/2013, de 8 de maio.

Lei de Bases da Proteção Civil – Lei n.º 27/2006, de 3 de julho (última alteração: Lei n.º 80/2015, de 3 de agosto).

Lei de Bases do Sistema Educativo – Lei n.º 46/86, de 14 de outubro (última alteração: Lei n.º 85/2009, de 27 de agosto).

Lei de Bases Gerais do Sistema de Segurança Social – Lei n.º 4/2007, de 16 de janeiro (última alteração: a Lei n.º 83-A/2013, de 30 de dezembro).

Lei de Bases da Saúde – Lei n.º 95/2019, de 3 de setembro.

Lei de Enquadramento Orçamental – Lei n.º 151/2015, de 11 de setembro, alterada pela Lei n.º 37/2018, de 7 de agosto (alguns dos preceitos desta lei entram em vigor apenas em 1 de abril de 2020).

Lei de Funcionamento dos Órgãos das Autarquias Locais – Lei n.º 169/99, de 18 de setembro (última alteração: Lei n.º 71/2018, de 31 de dezembro).

Lei de Organização e Funcionamento dos Serviços da Assembleia da República – Lei n.º 77/88, de 1 de julho (última alteração: Lei n.º 55/2010, de 24 de dezembro).

Lei de Organização do Sistema Judiciário – Lei n.º 62/2013, de 26 de agosto (última alteração: Lei n.º 55/2019, de 5 de agosto).

Lei dos Crimes de Responsabilidade dos Titulares de Cargos Políticos – Lei n.º 34/87, de 16 de julho (última alteração: Lei n.º 30/2015, de 22 de abril).

Lei dos Serviços Públicos Essenciais – Lei n.º 23/96, de 26 de julho (última alteração: Lei n.º 51/2019, de 29 de julho).

Lei Eleitoral das Autarquias Locais – Lei Orgânica n.º 1/2001, de 14 de agosto (última alteração: Lei Orgânica n.º 3/2018, de 17 de agosto).

Lei Orgânica do XXI Governo Constitucional – Decreto-Lei n.º 251-A/2015, de 17 de dezembro (última alteração: Decreto-Lei n.º 31/2019, de 1 de março).

Lei Orgânica do Banco de Portugal – Lei n.º 5/98, de 31 de janeiro (última alteração: Lei n.º 39/2015, de 25 de maio).

LQER – Lei-quadro das entidades administrativas independentes com funções de regulação da atividade económica dos setores privado, público e cooperativo, aprovada pela Lei n.º 67/2013, de 28 de agosto (última alteração: Lei n.º 71/2018, de 31 de dezembro).

Lei-Quadro das Contraordenações Ambientais – Lei n.º 50/2006, de 29 de agosto (última alteração: Lei n.º 25/2019, de 26 de março).

Lei-Quadro da Criação de Municípios – Lei n.º 142/85, de 19 de novembro (última alteração: Lei n.º 48/99, de 16 de junho).

Lei-Quadro das Fundações – Lei n.º 24/2012, de 9 de julho (alterada pela Lei n.º 150/2015, de 10 de setembro).

LQIP – Lei-Quadro dos Institutos Públicos: Lei n.º 3/2004, de 15 de janeiro (última alteração: Decreto-Lei n.º 96/2015, de 29 de maio).

Lei-quadro da transferência de competências para as autarquias locais e para as entidades intermunicipais – Lei n.º 50/2018, de 16 de agosto.

LTFP – Lei Geral do Trabalho em Funções Públicas: Lei n.º 35/2014, de 20 de junho (última alteração: Lei n.º 79/2019, de 2 de setembro).

LOPTC – Lei de Organização e Processo do Tribunal de Contas: Lei n.º 98/97, de 26 de agosto (última alteração: Lei n.º 42/2016, de 28 de dezembro).

Portugal 2020 – Acordo de Parceria adotado entre Portugal e a Comissão Europeia, que reúne a atuação dos Fundos Europeus Estruturais e de Investimento, em que se definem os montantes dos recursos desses Fundos a afetar a Portugal até 31 de dezembro de 2020. Na sequência, definiu-se um *modelo de governação* desses

Fundos e dos respetivos programas operacionais: Decreto-Lei n.º 137/2014, de 12 de setembro.

Regime da Administração Financeira do Estado – Decreto-Lei n.º 155/92, de 28 de julho (última alteração: Decreto-Lei n.º 84/2019, de 28 de junho).

Regime da concessão de subvenções públicas – Decreto-Lei n.º 167/2008, de 26 de agosto.

Regime das Práticas Individuais Restritivas de Comércio – Decreto-Lei n.º 166//2013, de 27 de dezembro (alterado pelo Decreto-Lei n.º 128/2019, de 29 de agosto).

Regime do Exercício da Atividade de Segurança Privada e da Autoproteção – Lei n.º 34/2013, alterada pela Lei n.º 46/2019, de 8 de julho.

Regime do Exercício de Funções dos Agentes de Polícia Municipal – Decreto-Lei n.º 239/2009, de 16 de setembro, alterado pela Lei n.º 50/2019, de 24 de julho.

Regime do Exercício de Funções por Titulares de Cargos Políticos e Altos Cargos Públicos – Lei n.º 52/2019, de 31 de julho.

Regime do Poder de Autoridade de Saúde – Decreto-Lei n.º 82/2009, de 2 de abril (alterado pelo Decreto-Lei n.º 135/2013, de 4 de outubro, o qual foi retificado pela declaração n.º 51/2013, de 3 de dezembro), que define as regras sobre a designação, competência e funcionamento das entidades que exercem o poder de autoridade de saúde.

Regime do Reconhecimento das Qualificações Profissionais – Lei n.º 9/2009, de 4 de março (última alteração: Lei n.º 26/2017, de 30 de maio).

Regime do Segredo de Estado – Lei Orgânica n.º 2/2014, de 6 de agosto (alterada pela Lei Orgânica n.º 1/2015, de 8 de janeiro).

Regime Especial das Polícias Municipais de Lisboa e Porto – Decreto-Lei n.º 13/2017, de 26 de janeiro

Regime Geral das Instituições de Crédito e Sociedades Financeiras – Decreto-Lei nº 298/92, de 31 de dezembro (última alteração: Lei n.º 23/2019, de 13 de março).

RGCO – Regime Geral das Contraordenações: Decreto-Lei n.º 433/82, de 27 de outubro (última alteração: Lei n.º 109/2001, de 24 de dezembro).

RJACSR – Regime jurídico de acesso e de exercício de diversas atividades de comércio, serviços e restauração, aprovado pelo Decreto-Lei n.º 10/2015, de 16 de janeiro (última alteração: Lei n.º 15/2018, de 27 de março).

Regime Jurídico da Administração Direta do Estado – Lei n.º 4/2004, de 15 de janeiro (última alteração: Lei n.º 64/2011, de 22 de dezembro).

Regime Jurídico da Atividade Empresarial Local – Lei da Atividade Empresarial Local e das Participações Locais: Lei n.º 50/2012, de 31 de agosto (última alteração: Lei n.º 71/2018, de 31 de dezembro).

Regime Jurídico da Atividade Inspetiva – Decreto-Lei n.º 276/2007, de 31 de julho, alterado por último pela Lei n.º 114/2017, de 29 de dezembro, que aprova o Regime Jurídico da Atividade de Inspeção, Auditoria e Fiscalização dos Serviços da Administração Direta e Indireta do Estado.

Regime Jurídico de Entrada, Permanência, Saída e Afastamento de Estrangeiros do Território Nacional – Lei n.º 23/2007, de 4 de julho (última alteração: Lei n.º 28/2019, de 29 de março).

Regime Jurídico da Recuperação Financeira Municipal – Lei n.º 53/2014, de 25 de agosto (alterada pela Lei n.º 114/2017, de 29 de dezembro).

Regime Jurídico da Supervisão de Auditoria – Lei n.º 148/2015, de 9 de setembro.

Regime Jurídico da Urbanização e Edificação – Decreto-Lei n.º 555/99, de 16 de dezembro (última alteração: Lei n.º 118/2019, de 17 de setembro).

RJAL – Regime Jurídico das Autarquias Locais, Estatuto das Entidades intermunicipais, Regime Jurídico da Transferência de Competências do Estado para as Autarquias Locais e para as Entidades Intermunicipais e Regime Jurídico do Associativismo Autárquico (tudo em anexo à Lei n.º 75/2013, de 12 de setembro, a qual foi objeto da Declaração de Retificação n.º 46-C/2013, de 1 de novembro; última alteração: Lei n.º 50/2018, de 16 de agosto).

Regime Jurídico das Entidades Certificadoras dos Produtos Vitivinícolas – Decreto-Lei n.º 212/2004, de 23 de agosto.

Regime Jurídico das Federações Desportivas – Decreto-Lei n.º 248-B/2008 (última alteração: Lei n.º 101/2017, de 28 de agosto).

RJIES – Regime Jurídico das Instituições do Ensino Superior, aprovado pela Lei n.º 62/2007, de 10 de setembro.

Regime jurídico das instituições de I&D – Regime jurídico das instituições que se dedicam à investigação científica e desenvolvimento: Decreto-Lei n.º 63/2019, de 16 de maio.

Regime Jurídico das Régies Cooperativas – Decreto-Lei n.º 31/84, de 21 de janeiro (última alteração: Decreto-Lei n.º 39/2017, de 4 de abril).

Regime Jurídico das Unidades de Saúde do SNS – Regime Jurídico e Estatutos aplicáveis às unidades de saúde do Serviço Nacional de Saúde com a natureza de Entidades Públicas Empresariais, bem como as integradas no Setor Público Administrativo, aprovado pelo Decreto-Lei n.º 18/2017, de 10 de fevereiro (última alteração: Decreto-Lei n.º 75/2019, de 30 de maio).

Regime Jurídico de Detenção de Animais Perigosos – Decreto-Lei n.º 315/2009, de 29 de outubro (última alteração: Lei n.º 110/2015, de 26 de agosto).

Regime Jurídico de Organização dos Serviços Municipais – Decreto-Lei n.º 305/2009, de 23 de outubro (alterado pela Lei n.º 71/2018, de 31 de dezembro).

Regime Jurídico do Património Imobiliário Público – Decreto-Lei n.º 280/2007, de 7 de agosto (última alteração: Lei n.º 82-B/2014, de 31 de dezembro).

Regime Jurídico do Sector Público Empresarial (RJSPE) – Decreto-Lei n.º 133/2013, de 3 de outubro (última alteração: Lei n.º 42/2016, de 28 de dezembro).

RRCEEP – Regime da Responsabilidade Civil Extracontratual do Estado e demais Entidades Públicas, aprovado pela Lei n.º 67/2007, de 31 de dezembro, alterada pela Lei n.º 31/2008, de 17 de julho.

Regime Jurídico do Serviço Público de Transporte de Passageiros – aprovado pela Lei n.º 52/2015, de 9 de junho.

Regime dos Serviços Municipais de Proteção Civil – Lei n.º 65/2007, de 12 de novembro (última alteração: Decreto-Lei n.º 44/2019, de 1 e abril).

Sistema da Indústria Responsável – aprovado pelo Decreto-Lei n.º 169/2012, de 1 de agosto (última alteração: Decreto-Lei n.º 39/2018, de 11 de junho).

ENTIDADES E ORGANISMOS REFERIDOS NO TEXTO

- ADSE, IP – Instituto de Proteção e Assistência na Doença, IP, Decreto-Lei n.º 7/2017, de 9 de janeiro, alterado pelo Decreto-Lei n.º 33/2018, de 15 de maio.
- Agência de Avaliação e Acreditação do Ensino Superior – Decreto-Lei n.º 369/2007, de 5 de novembro.
- Agência de Gestão da Tesouraria e da Dívida Pública, IGCP, EPE – Decreto-Lei n.º 200/2012 de 27 de agosto.
- Agência Nacional para a Qualificação e o Ensino Profissional – Decreto-Lei n.º 36/2012, de 15 de fevereiro.
- Agência para a Energia (ADENE) – Decreto-Lei n.º 223/2000, de 9 de setembro (alterado pelo Decreto-Lei n.º 47/2015, de 9 de abril).
- Agência para a Gestão Integrada de Fogos Rurais, IP – Decreto-Lei n.º 12/2018, de 16 de fevereiro.
- Agência para a Modernização Administrativa, IP – Decreto-Lei n.º 43/2012, de 23 de fevereiro (última alteração: Decreto-Lei n.º 20/2018, de 28 de março).
- Agência para o Desenvolvimento e Coesão, IP – Decreto-Lei n.º 140/2013, de 18 de outubro (última alteração: Decreto-Lei n.º 27/2017, de 10 de março).
- Agência para o Investimento e Comércio Externo de Portugal, E.P.E. – Decreto-Lei n.º 229/2012, de 26 de outubro (alterado pelo Decreto-Lei n.º 219/2015, de 8 de outubro).
- Agência Portuguesa do Ambiente, IP – Decreto-Lei n.º 56/2012, de 12 de março (última alteração: Decreto-Lei n.º 108/2018, de 3 de dezembro).
- Autoridade da Concorrência – Decreto-Lei n.º 125/2014, de 18 de agosto.
- Autoridade para as Condições do Trabalho – Decreto-Regulamentar n.º 47/2012, de 31 de julho.
- Autoridade da Mobilidade e dos Transportes – Decreto-Lei n.º 78/2014, de 14 de maio, alterado pelo Decreto-Lei n.º 18/2015, de 2 de fevereiro.
- ANAC – Autoridade Nacional de Avião Civil – Decreto-Lei n.º 40/2015, de 16 de março.
- ANACOM – Autoridade Nacional de Comunicações – Estatutos aprovados pelo Decreto-Lei n.º 39/2015, de 16 de março.

- ANEPC – Autoridade Nacional de Emergência e Proteção Civil – Decreto-Lei n.º 45/2019, de 1 de abril.
- Autoridade Nacional de Segurança Rodoviária (ANSR) – Decreto-Regulamentar n.º 28/2012, de 12 de março.
- Autoridade de Segurança Alimentar e Económica (ASAE) – Decreto-Lei n.º 194/2012, de 23 de agosto.
- Autoridade de Supervisão de Seguros e Fundos de Pensões – Decreto-Lei n.º 1/2015, de 6 de janeiro (alterado pelo Decreto-Lei n.º 59/2018, de 2 de Outubro).
- Banco de Portugal – Lei n.º 5/98, de 31 de janeiro (última alteração: Lei n.º 39/2015, de 25 de maio).
- Casa do Douro – Lei n.º 73/2019, de 2 de setembro (reinstitucionaliza a Casa do Douro enquanto associação pública e aprova os seus estatutos).
- Comissão da Carteira Profissional de Jornalista – Lei n.º 64/2007, de 6 de novembro (retificada pela Retificação n.º 114/2007, de 20 de dezembro).
- Comissão de Ética para a Investigação Clínica – Lei n.º 21/2014, de 16 de abril (ultima alteração: Lei n.º 49/2018, de 14 de agosto), e Portaria n.º 135-A/2014, de 1 de julho.
- Comissão do Mercado de Valores Mobiliários – Decreto-Lei n.º 5/2015, de 8 de janeiro, alterado pela Lei n.º 148/2015, de 9 de setembro.
- Comissão Nacional de Eleições – Lei n.º 71/78, de 27 de dezembro (alterada pela Lei n.º 4/2000, de 12 de abril).
- Comissão Nacional de Proteção de Dados – Lei n.º 43/2004, de 18 de agosto (alterada pela Lei n.º 58/2019, de 8 de agosto).
- Comissão para o Acompanhamento dos Auxiliares de Justiça – Lei n.º 77/2013, de 21 de novembro, alterada pelo Decreto-Lei n.º 52/2019, de 17 de abril.
- Conselho Económico e Social – Lei n.º 108/91, de 17 de agosto, alterada por último pela Lei n.º 81/2017, de 18 de agosto, e regulamentada pelo Decreto-Lei n.º 90/92, de 21 de maio, alterado por último pelo Decreto-Lei n.º 61/2019, de 14 de maio.
- Conselho das Finanças Públicas – Lei n.º 54/2011, de 19 de outubro, alterada pela Lei n.º 82-B/2014, de 31 de dezembro.
- Conselho de Fiscalização do Sistema de Informações da República Portuguesa – Lei n.º 30/84, de 5 de setembro, alterada por último pela Lei Orgânica n.º 4/2014, de 13 de agosto.
- Conselho de Prevenção da Corrupção – Lei n.º 54/2008, de 4 de setembro.
- Conselho Nacional do Consumo – Decreto-Lei n.º 5/2013, de 16 de janeiro.
- Conselho Nacional de Cultura – Lei n.º 132/2013, de 13 de setembro (alterada pelo Decreto-Lei n.º 25/2018, de 24 de abril).
- Conselho Nacional do Desporto – Decreto-Lei n.º 266-A/2012, de 31 de dezembro (alterado pelo Decreto-Lei n.º 153/2013, de 5 de novembro).
- Conselho Nacional de Educação – Decreto-Lei n.º 21/2015, de 3 de fevereiro.
- Conselho Nacional de Ética para as Ciências da Vida – Lei n.º 24/2009, de 29 de maio (alterada pela Lei n.º 19/2015, de 6 de março).

- Conselho Nacional de Procriação Medicamente Assistida – Lei n.º 32/2006, de 26 de julho.
- Conselho dos Oficiais de Justiça – artigo 98.º e segs. do Estatuto dos Funcionários de Justiça, aprovado pelo Decreto-Lei n.º 343/99, de 26 de agosto (última alteração: Decreto-Lei n.º 73/2016, de 8 de novembro).
- Conselho Superior da Magistratura – artigo 218.º da CRP e Lei n.º 36/2007, de 14 de agosto.
- Conselho Superior dos Tribunais Administrativos e Fiscais – artigos 217.º, n.º 2 da CRP e 74.º e segs. do ETAF.
- Conselho Superior do Ministério Público – gestão e disciplina dos quadros do Ministério Público: artigos 220.º da Constituição e 21.º e segs. do Estatuto do Ministério Público.
- CRESAP ou Comissão de Recrutamento e Seleção para a Administração Pública – Lei n.º 64/2011, de 22 de dezembro, alterada pela Lei n.º 128/2015, de 3 de setembro.
- Entidade das Contas e Financiamentos Políticos – Lei Orgânica n.º 2/2005, de 10 de janeiro (última alteração: Lei n.º 71/2018, de 31 de dezembro).
- Entidade Fiscalizadora do Segredo de Estado – Lei Orgânica n.º 3/2014, de 6 de agosto (alterada pela Lei Orgânica n.º 12/2015, de 28 de agosto).
- Entidade para a Transparência – Estatutos aprovados pela Lei Orgânica n.º 4/2019, de 13 de setembro.
- Entidade Reguladora da Comunicação Social – (artigo 39.º da Constituição e Lei n.º 53/2005, de 8 de novembro),
- ERS – Entidade Reguladora da Saúde: Estatutos aprovados pelo Decreto-Lei n.º 126/2014, de 22 de agosto.
- Entidade Reguladora dos Serviços de Águas e Resíduos – Lei n.º 10/2014, de 6 de março.
- Entidade Reguladora dos Serviços Energéticos – Decreto-Lei n.º 97/2002, de 12 de abril (última alteração: Decreto-Lei n.º 76/2019, de 3 de junho).
- Estatuto da Ordem dos Advogados – Lei n.º 145/2015, de 9 de setembro.
- Estatuto da Ordem dos Revisores Oficiais de Contas – Lei n.º 140/2015, de 7 de setembro.
- Fundação para a Ciência e a Tecnologia, IP – Decreto-Lei n.º 55/2013, de 17 de abril.
- Fundação INATEL – Decreto-Lei n.º 106/2008, de 25 de junho.
- Fundo de Apoio Municipal – criado pelo Regime Jurídico da Recuperação Financeira Municipal, aprovado pela Lei n.º 53/2014, de 25 agosto (última alteração: Lei n.º 114/2017, de 29 de dezembro).
- Fundo de Apoio ao Turismo e ao Cinema – Decreto-Lei n.º 45/2018, de 19 de junho.
- Fundo de Compensação do Trabalho e Fundo de Garantia de Compensação do Trabalho – Lei n.º 70/2013, de 30 de agosto, alterada pelo Decreto-Lei n.º 210/2015, de 25 de setembro.
- Fundo de Contragarantia Mútuo – Decreto-Lei n.º 229/98, de 22 de julho (última alteração: Decreto-Lei n.º 84/2019, de 28 de junho).

- Fundo de Emergência Municipal – Decreto-Lei n.º 225/2009, de 14 de setembro.
- Fundo de Garantia Salarial – Decreto-Lei n.º 59/2015, de 21 de abril (alterado, pela Lei n.º 71/2018, de 31 de dezembro).
- Fundo de Inovação, Tecnologia e Economia Circular – Decreto-Lei n.º 86-C/2016, de 20 de dezembro (alterado pelo Decreto-Lei n.º 46/2018, de 20 de junho).
- Fundo de Reestruturação do Setor Solidário – Decreto-Lei n.º 165-A/2013, de 23 de dezembro (alterado pelo Decreto-Lei n.º 68/2016, de 3 de novembro).
- Fundo de Resolução – Regime Geral das Instituições de Crédito e Sociedades Financeiras (artigo 153.º-B e segs.); Portaria n.º 420/2012, de 21 de dezembro.
- Fundo de Salvaguarda do Património Cultural – Decreto-Lei n.º 138/2009, de 15 de junho, alterado pelo Decreto-Lei n.º 35/2018, de 18 de maio.
- Fundo REVITA – Fundo de apoio às populações e à revitalização das áreas afetadas pelos incêndios ocorridos no mês de junho de 2017, nos concelhos de Castanheira de Pêra, Figueiró dos Vinhos e Pedrógão Grande, doravante designado por Fundo REVITA ou Fundo, instituído pelo Decreto-Lei n.º 81-A/2017, de 7 de julho.
- IAPMEI/Agência para a Competitividade e Inovação, IP – Decreto-Lei n.º 226/2012, de 28 de dezembro (última alteração: Decreto-Lei n.º 47/2019, de 11 de abril).
- IMPIC, IP (Instituto dos Mercados Públicos, do Imobiliário e da Construção, IP) – Decreto-Lei n.º 232/2015, de 13 de outubro.
- IMT, IP (Instituto da Mobilidade e dos Transportes) – Decreto-Lei n.º 236/2012, de 31 de outubro (última alteração: Decreto-Lei n.º 79/2016, de 23 de novembro).
- Inspeção-Geral de Finanças – Decreto-Lei n.º 96/2012, de 23 de abril.
- Instituto da Habitação e da Reabilitação Urbana, IP – Decreto-Lei n.º 175/2012, de 2 de agosto.
- Instituto Nacional de Estatística, IP – Decreto-Lei n.º 136/2012, de 2 de julho.
- Instituto Nacional de Medicina Legal e Ciências Forenses, IP – Decreto-Lei n.º 166/2012, de 31 de julho, retificado pela retificação n.º 54/2012, de 28 de setembro.
- Instituto Português do Desporto e da Juventude, IP – Decreto-Lei n.º 132/2014, de 3 de setembro.
- Instituto dos Registos e do Notariado, IP – Decreto-Lei n.º 148/2012, de 12 de julho.
- Instituto dos Vinhos do Douro e Porto, IP – Decreto-Lei n.º 97/2012, de 23 de abril.
- Santa Casa da Misericórdia de Lisboa – Estatutos aprovados pelo Decreto-Lei n.º 235/2008, de 3 de dezembro (última alteração: Lei n.º 53/2018, de 20 de agosto).
- SUCH (Serviços de utilização Comum dos Hospitais) – Decreto-Lei n.º 209/2015, de 25 de setembro (alterado pelo Decreto-Lei n.º 32/2016, de 28 de junho).

CONSIDERAÇÕES INICIAIS DE CARÁCTER METODOLÓGICO

O presente livro vai ocupar-se do Direito Administrativo e propõe-se fazê-lo segundo um "método jurídico". O objetivo que orienta a exposição reside, pois, em proporcionar ao leitor o conhecimento e a compreensão de um sistema ou complexo de normas jurídicas (de regras e de princípios) que têm em comum o propósito de se destinarem, direta ou indiretamente, a entidades da Administração Pública, com a específica intenção de regularem – para legitimar, mas também para condicionar e limitar – a atuação por estas protagonizada, a função administrativa[1].

Assim, é ao estudo do específico compacto ou sistema de normas jurídicas idealizado para disciplinar a atuação da Administração Pública que reconduzimos a vocação fundamental deste Manual de Direito Administrativo.

Mas o nosso propósito não se esgota aí. Impomo-nos o desafio de ir mais longe e conhecer as finalidades e os processos de ação e de decisão da Administração Pública, o que, aqui e ali, orienta a análise para um registo mais centrado no que "é" e em como funciona o Estado Administrativo, e já não tanto no "dever ser" prescrito em normas ou padrões de conduta que

[1] O método jurídico é o modelo de compreensão e de explicação do Direito Administrativo desde o fim do século XIX, associando-se aos factos de a atuação administrativa ter passado, então, a submeter-se a regras jurídicas e de o cumprimento destas regras ter passado a poder ser apreciado por um tribunal. Ao contrário do método científico, que se vinha aplicando antes, o propósito do novo método não residia na simples compilação das regras dirigidas à Administração, mas, antes, na criação de um sistema doutrinal que permitisse a formulação das estruturas e dos princípios específicos deste setor do ordenamento jurídico; sobre isto, cf. W. Kahl, "Über einige Pfade und Tendenzen in Verwaltungsrecht und Verwaltungsrechtswissenschaft – ein Zwischenbericht", *Die Verwaltung*, 2009/4, p. 463 e segs.; F. Becker, "The development of german administrative law", *George Mason Law Review*, vol. 24, 2017, p. 453 e segs. (p. 462 e segs.); H. Maurer/C. Waldhoff, *Allgemeines Verwaltungsrecht*, Beck, 2017, p. 18 e segs.

este deve observar. Neste sentido, procura-se delinear e expor uma leitura de pendor pragmático, que presta atenção aos factos e às suas consequências e não apenas aos conceitos e às normas jurídicas, e que se orienta pela finalidade de fornecer respostas efetivas para os problemas que se coloquem[2].

A adoção do método jurídico não tem, pois, a pretensão de excluir a abordagem do Direito Administrativo proposta pela "Nova Ciência do Direito Administrativo", a qual propugna uma relativa desvalorização do contexto normativo existente, o desvio da tendência conceitualista e sistematizadora tradicional, bem como o abandono do estudo do Direito Administrativo baseado na sua conceção como ciência de interpretação de normas orientada para a aplicação. Em vez disso, esta corrente propõe uma metódica assente na consideração de *inputs*, fatores e critérios não jurídicos de decisão (fatores políticos, económicos, culturais, ecológicos e até psicológicos), bem como a ponderação dos efeitos práticos ou resultados da ação administrativa [3]. Acentua um enfoque com notas de pragmatismo e de valorização do contexto e da realidade, que, em rigor, se orienta mais para um trabalho de *construção* do Direito Administrativo do que para a sua *análise* e *compreensão*[4].

Temos bem presente que não é atualmente adequado, nem possível, alimentar uma compreensão da Administração Pública e do sistema

[2] Seguimos aqui a orientação sugerida por W. R. Andersen, *Mastering administrative law*, Academic Press, 2010, p. XIX: "em Direito Administrativo, para serem efetivas e aplicáveis, as teorias devem ser consistentes com as intenções dos legisladores, eficientes para o funcionamento quotidiano do poder executivo e das autoridades administrativas, sensíveis às atitudes e à cultura das entidades reguladas [dos administrados] e, por fim, suscetíveis de aplicação pelos tribunais".

[3] Com referência à "Nova Ciência do Direito Administrativo", cf. A. Voßkuhle, "Neue Verwaltungsrechtswissenschaft", in Hoffmann-Riem/Schmidt Aßmann/Voßkuhle (eds.), *Grundlagen des Verwaltungsrechts*, I, C.H. Beck, 2012, p. 1 e segs.; *idem*, "The reform approach in the German science of administrative law: the «Neue Verwaltungsrechtswissenschaft»", in M. Ruffert (ed.), *Transformation of Administrative Law in Europe / La mutation du droit administrative en Europe*, European Law Publishers, 2007, p. 89 e segs.; L. Parejo Alfonso, *Transformación y reforma del derecho administrativo*, INAP, 2012, p. 105 e segs. Para uma visão crítica, cf. R. Wahl, *Los últimos cincuenta años del derecho administrativo alemán*, Marcial Pons, 2013, p. 139 e segs. Na doutrina portuguesa, cf. Rui Machete, "A nova ciência do Direito Administrativo e a regulação", *Sciencia Iuridica*, n.º 326, 2011, p. 277 e segs.; *idem*, "A nova ciência do Direito Administrativo e a teoria das fontes do direito – apreciação de algumas inovações", *Estudos em Homenagem a Rui Pena*, Almedina, 2019, p. 1025 e segs.

[4] Sobre o pragmatismo jurídico e a compreensão pragmática do direito, que pondera as condições do contexto e não exclusivamente o sistema normativo, cf. R. Posner, *Law, pragmatism and democracy*, Harvard University Press, 2005.

administrativo exclusivamente jurídico-normativa (assente no direito constante de normas): por um lado, o direito não é fator ou critério único da regulação da vida administrativa; por outro lado, uma compreensão do funcionamento da Administração Pública radicada apenas nas normas jurídicas "esquece" que a própria Administração Pública, com as suas decisões, as suas dinâmicas e processos de atuação, ocupa um espaço naturalmente central e decisivo no sistema jurídico-administrativo[5].

> Uma cabal compreensão jurídica da Administração não dispensa, portanto, a atenção às dinâmicas e aos processos internos do sistema administrativo, os quais, em muitos casos, não incluem ingredientes jurídicos: processos de planeamento e de avaliação, métodos gestionários, orçamentação, opções e práticas administrativas, relações de dependência com contratantes privados, etc.

Sem se perderem de vista essas exigências, adota-se, porém, um discurso de "estilo clássico", que, com uma pretensão sistemática filiada na cultura jurídico-administrativa europeia, se propõe dar a conhecer, analisar e interpretar as normas jurídicas fundamentais e os processos próprios de ação que definem as *condições de funcionamento legítimo do Estado Administrativo*[6]. Percorre-se este caminho com a convicção de que o cosmos jurídico-administrativo não se desenvolve nem se alimenta de uma cultura estanque, mas, ao contrário, "dialoga com outras tradições jurídicas, mais antigas (direito privado), paralelas (direito constitucional) ou mais específicas (direito tributário, ambiental, urbanístico, econômico, etc.). Dialoga também com a teoria e a experiência sobre política, sobre gestão pública, sobre economia"[7]. Por outro lado, com o espírito de uma humildade pragmática, assume-se que a exposição do Direito Administrativo, a sua "divulgação" para todos os que queiram ou tenham de o conhecer, deve fixar-se na ordem normativa

[5] Em relação à mudança de compreensão do sistema jurídico-administrativo das normas para as decisões, cf. K.-H. Ladeur, "The evolution of general administrative law and the emergence of postmodern administrative law", *Comparative Research in Law & Political Economy. Research Paper No. 16/2011*. [http://digitalcommons.osgoode.yorku.ca/clpe/54].

[6] Sobre a oposição entre o "estilo tradicional" e o "novo estilo do direito administrativo", veja-se, reportado ao direito brasileiro, José V. Santos de Mendonça, "A verdadeira mudança de paradigmas do direito administrativo brasileiro: do estilo tradicional ao novo estilo", *Revista de Direito Administrativo*, vol. 265, 2014, p. 179 e segs. [http://bibliotecadigital.fgv.br/ojs/index.php/rda/article/view/18916/17659].

[7] Cf. Carlos Ari Sundfeld, *Direito Administrativo para céticos*, Malheiros, 2012, p. 30.

que existe e nos processos de ação que a Administração utiliza e não num sistema reconstruído pelo intérprete, com base no argumento ou até na alegada evidência de que o sistema que existe produz resultados inoportunos, desajustados ou indesejáveis. Num cenário assim – que, podemos admiti-lo, é até muitas vezes real e verdadeiro –, o que se impõe é a alteração do sistema normativo, através dos canais normais e legítimos e não pela via de uma espécie de leitura subversiva, ainda que apoiada em considerações atendíveis e norteada por finalidades respeitáveis.

> A abordagem que seguimos procura, pois, carrear uma compreensão realista do Direito Administrativo do nosso tempo, e, nesse percurso, evitar a exacerbação científica e a conceção de uma espécie de Direito Administrativo ficcionado, que não assenta nas normas jurídicas provenientes dos centros legítimos de direção da vida administrativa ou que ignora os processos, os rituais e as dinâmicas da Administração Pública no seu contacto com a sociedade.

Numa outra perspetiva, assinala-se que a adoção do quadro jurídico-normativo como um elemento referencial da exposição leva ainda implícita a intenção de sublinhar a importância do "momento judicial" no controlo da atuação da Administração Pública – controlo que precisamente incide sobre a observância e o respeito pela Administração das normas jurídicas que a vinculam. Apesar de nos colocarmos longe de advogar uma conceção do Direito Administrativo exclusivamente focada na tutela judicial ("court-centric focus"), afigura-se-nos inquestionável que uma adequada e certeira compreensão jurídica da ação administrativa reclama a consideração dos mecanismos exteriores à Administração Pública predispostos para garantir a observância das exigências normativas que aquela deve cumprir e realizar. Esses mecanismos surgem, pois, como ferramentas ou instrumentos de *garantia do Direito Administrativo*. Na linha aqui seguida, uma *compreensão jurídica* da Administração Pública e das missões que desenvolve não pode deixar de ter em consideração a localização específica do sistema administrativo na ordem jurídica, situado num lugar intermédio, a meio caminho entre o "sistema legislativo", que delineia as condições fundamentais de legitimação e direção da ação administrativa, e o "sistema judicial", vocacionado para o controlo da observância e do respeito dessas mesmas condições.

Sem descurar o funcionamento real e efetivo da Administração, o estudo do Direito Administrativo que se vai empreender consiste, por conseguinte, na exposição e na leitura do sistema de normas jurídicas que regulam a organização e o funcionamento da Administração Pública: é, pois, num terreno jurídico, aquele que o jurista compreende[8], que se situa a exposição que se segue.

Uma observação final, para destacar que o objetivo consiste em estudar o Direito Administrativo em Portugal. Sem descurar a inclinação, que aliás se tem vindo a acentuar, para uma compreensão não exclusivamente nacional – mas também global, transnacional ou internacional, falando-se mesmo de um "Direito Administrativo sem Estado"[9] – e, sobretudo, sem se desvalorizar o importante fenómeno da *europeização*, contempla-se aqui o Direito Administrativo como uma disciplina do sistema jurídico português que tem o objetivo primeiro e fundamental de regular a ação da Administração Pública portuguesa e das entidades que a integram.

Em janeiro de 1989, a iniciar uma conferência na Duke University School of Law, Antonin Scalia, um dos mais conceituados juízes do Supremo Tribunal norte-americano, dizia o seguinte: "*administrative law is not for sissies – so you should lean back, clutch the sides of your chairs, and steel yourselves for a pretty dull lecture*"[10]. Pois bem, estamos em Portugal, no ano de 2019: o Direito Administrativo é um direito para todos, porque a todos toca, e, por isso mesmo, tem de poder ser compreendido por qualquer pessoa que queira entendê-lo.

[8] Cf. L. E. Lynn, Jr, "Restoring the rule of law to public administration: what Frank Goodnow got right and Leonard White didn't", *Public Administration Review*, vol. 69, 2009, p. 803 e segs.

[9] Cf. S. Battini, *Amministrazione senza Stato. Profili di diritto amministrativo internazionale*, Giuffrè, 2003; Luís Filipe Colaço Antunes, *Direito Administrativo sem Estado (crise ou fim de um paradigma?)*, Almedina, 2008; sobre a dimensão global do Direito Administrativo, cf., por último, E. Benvenisti, *The law of global governance*, Pocketbooks, 2014.

[10] Cf. A. Scalia, "Judicial deference to administrative interpretations of law", *Duke Law Journal*, 1989, p. 511 e segs. (p. 511).

Introdução
Estado Administrativo e Direito Administrativo

De uma forma que se pretende simples e direta, a Introdução começa por apresentar e analisar alguns tópicos essenciais para a compreensão e a delimitação do espaço de regulação do Direito Administrativo: Estado Administrativo, Administração Pública, função administrativa e Poder Administrativo. Após a apresentação desses tópicos, segue-se um trabalho de deteção e de análise dos cânones fundamentais que orientam, em termos conjugados, a ação do Estado Administrativo: a realização do interesse público e a realização dos direitos dos cidadãos. Na sequência, expõe-se a noção de Direito Administrativo, apresenta-se o critério de identificação das suas normas e indicam-se as funções e os valores que enformam a nossa disciplina. A fechar a Introdução, alude-se aos mecanismos de proteção ou de garantia do Direito Administrativo.

Secção I
Estado Administrativo

As primeiras páginas do presente Manual de Direito Administrativo são dedicadas ao conceito de Estado Administrativo, e, em particular, à exposição dos momentos fundamentais da sua evolução, bem como à identificação dos seus objetivos essenciais. Segue-se uma primeira aproximação aos dois elementos do Estado Administrativo: Administração Pública e função administrativa.

1 – Estado e Estado Administrativo. 2 – Modelos fundamentais de Estado Administrativo. 2.1 – Estado constitucional-liberal. 2.2 – Estado de serviço público. 2.3 – Estado social. 2.4 – Estado regulador e de garantia. 3 – Objetivos essenciais do Estado Administrativo. 3.1 – Realização do interesse público. 3.2 – Realização e proteção dos direitos dos cidadãos. 4 – Administração Pública. 5 – Função administrativa.

1 – Estado e Estado Administrativo

A nossa compreensão do Direito Administrativo assenta na premissa da existência de um mapa dualista da realidade política, que conhece uma divisão entre o Estado e a Sociedade (a Sociedade Civil). Sem prejuízo de algumas interseções e até de situações várias de interpenetração entre os dois polos, uma comunidade politicamente organizada contempla uma bifurcação entre a *esfera pública*, da autoridade institucionalizada e da governação da *res publica*, e a *esfera privada*, da Sociedade Civil e dos cidadãos, onde imperam a liberdade, a autonomia individual e a igualdade[11].

A separação entre o Estado e a Sociedade Civil constitui um elemento irrenunciável da ordenação jurídica clássica do Estado de direito. De um lado, temos o Estado (conceito aqui usado em sentido lato, de modo a abranger toda a aparelhagem pública de governo da coletividade), com as suas *organizações*, as suas *funções* ou *missões* e as suas *competências*, tudo instituído para servir a coletividade e os cidadãos. Do outro lado, surge-nos a Sociedade, a Sociedade Civil, o conjunto dos cidadãos, titulares de direitos e sujeitos de liberdades, bem como as organizações instituídas pelos cidadãos num espaço de liberdade e de autonomia e no desenvolvimento de direitos subjetivos (*v.g.*, direito à constituição de associações e de cooperativas: artigos 46.º e 61.º da CRP)[12].

[11] Sobre os variados e inovadores processos de relacionamento entre Estado e Sociedade Civil, cf. J. Esteve Pardo, *La nueva relación entre Estado y sociedad (aproximación al trasfondo de la crisis)*, Marcial Pons, 2013.

[12] Cf. Pedro Costa Gonçalves, *Entidades Privadas com Poderes Públicos*, Almedina, 2005, p. 228.

a) Conceito de Estado Administrativo

No dualismo que se assinalou, entre Estado e Sociedade Civil, o Estado Administrativo ("Administrative State"; "Verwaltungsstaat") localiza-se, naturalmente, do lado do Estado: reporta-se, claro, à esfera pública, ao setor público e à sua organização.

Mas o Estado Administrativo não se confunde com o Estado.

A fórmula composta é aqui empregada precisamente para identificar e delimitar, dentro da complexa organização do Estado, um sistema composto por dois elementos: um de carácter subjetivo ou orgânico, a *Administração Pública*, e outro de carácter objetivo ou material, a *função administrativa*.

O Estado Administrativo é, portanto, a parte da máquina do Estado, identificada com a *Administração Pública*, que se ocupa das missões ou tarefas públicas que constituem a *função administrativa*. O conceito comporta um sentido excludente: além dos cidadãos e das entidades da esfera privada ("particulares", em sentido lato) e das atividades privadas, ficam excluídas do âmbito do Estado Administrativo, num plano subjetivo ou orgânico, as organizações e os departamentos públicos que não integram a Administração Pública (*v.g.*, Assembleia da República, Tribunal Constitucional), bem como, num plano objetivo, as funções e tarefas públicas que não se reconduzam ao exercício da função administrativa (eis o que ocorre com as funções política, legislativa e jurisdicional).

Embora reportada à realidade norte-americana, é válida na Europa e em Portugal a asserção de que o Estado moderno em que vivemos é, em qualquer caso, em larga medida um Estado Administrativo ("the modern state is, by any conceivable measure, largely an administrative state")[13].

O conceito de Estado Administrativo é corrente no direito norte-americano, pelo menos desde a obra de Dwight Waldo, *The Administrative State: a study of the political theory of American public administration* (New York: Ronald Press Co, 1948). Embora não exista uma definição precisa, o Estado Administrativo representa, nos EUA, um sistema de governação baseado na designada "delegação" (pelo legislador) de funções e poderes em agências administrativas, dirigido por funcionários designados por responsáveis políticos que exercem poderes públicos de autoridade através da edição de

[13] Cf. A. Vermeule, "The Administrative State: law, democracy, and knowledge", in M. Tushnet/M. A. Graber/S. Levinson, *The Oxford Handbook of the U.S. Constitution*, Oxford Handbooks online, 2015.

regras jurídicas ("rulemaking") e da tomada de decisões de carácter individual ("adjudication"). Como o que aqui propomos, o conceito reporta-se a um sistema que conjuga um elemento subjetivo (agências administrativas) e um elemento objetivo (funções e poderes administrativos). Apesar da sua origem norte-americana, o uso do conceito também se vem consolidando no contexto europeu[14].

O Estado Administrativo reporta-se, intuitivamente, a um fenómeno ou realidade de âmbito nacional. Mas, hoje, importa ter bem presente que existe também um "Estado Administrativo Europeu", composto pela "Administração Pública da União Europeia", a qual desenvolve uma "função administrativa europeia".

b) Presença efetiva do Estado Administrativo na vida dos cidadãos

Revelam-se indiscutíveis a importância e, sobretudo, a extensão da presença efetiva e prática do Estado Administrativo na vida dos cidadãos: prestação de cuidados de saúde, execução de tarefas no ensino e na cultura, atribuição de subsídios (pensões, subsídios a empresas, bolsas a estudantes), gestão de equipamentos coletivos, manutenção da ordem e da segurança pública, combate ao terrorismo, gestão de riscos dos mais variados tipos e fontes, garantia do correto funcionamento dos mercados, atribuição de licenças e de autorizações para diversos fins, regulação do trânsito, sancionamento de infrações, construção de edifícios e estradas, recolha dos lixos, prestação de serviços de transporte público são algumas das inúmeras tarefas e missões do Estado do nosso tempo.

Com a responsabilidade de executar essas e muitas outras tarefas, a presença do Estado Administrativo na vida dos cidadãos, além de extensa, materializa-se através de um contacto real e direto, "face-to-face": o Estado Administrativo "entra em relação direta" com os cidadãos, e, em especial, com cada cidadão individualmente considerado. Em muitos casos, o contacto com o Estado Administrativo é procurado e iniciado pelos cidadãos (*v.g.*, para obter autorizações ou subsídios). Mas, também em muitas outras ocasiões, o Estado Administrativo atua por sua iniciativa, *ex officio*, e mesmo em sentido desfavorável aos cidadãos (*v.g.*, para proibir alguém de adotar

[14] Cf. S. Cassese, "The Administrative State in Europe", in A. v Bogdandy/P. M. Huber/S. Cassese, *The Administrative State*, Oxford University Press, 2017, p. 57 e segs.; J.-B. Auby, "The transformation of the Administrative State and administrative law", *ibidem*, p. 601 e segs.

uma conduta ou para punir alguém por ter violado um dever). Em qualquer caso – em sentido favorável ou desfavorável, por iniciativa própria ou por impulso externo –, o Estado Administrativo interfere de uma forma direta e imediata na vida dos cidadãos, e, em concreto, com a vida quotidiana de cada cidadão.

c) Estado Administrativo e Direito Administrativo

O Estado Administrativo de um Estado de direito encontra-se subordinado ao Direito e constitui, pois, um "objeto" regulado por normas jurídicas; existe mesmo um "direito próprio do Estado Administrativo", que, já se vê, é precisamente o Direito Administrativo. Assim, numa primeira aproximação, podemos apresentar a disciplina que nos ocupa como um sistema de normas jurídicas especificamente vocacionado para organizar e estruturar a Administração Pública, bem como para definir o âmbito da função administrativa (tarefas e responsabilidades da Administração Pública).

d) Dimensão relacional do Estado Administrativo e do Direito Administrativo

Uma das particularidades marcantes do Estado Administrativo reside em nele se revelar o Estado que entra em contacto, em relação, com os cidadãos, com cada cidadão. Ora, esta dimensão permite compreender que o Direito Administrativo se revele como um "direito relacional", ou seja, um sistema normativo que disciplina relações que se desenrolam entre o Estado Administrativo e os cidadãos e entidades particulares: trata-se das "relações jurídicas administrativas"[15].

A presença desta dimensão relacional evidencia que o Direito Administrativo não se ocupa apenas – *isoladamente* – do Estado Administrativo. Em larga medida, o sentido próprio da regulação do Direito Administrativo reside em disciplinar os termos do *funcionamento* e da *ação* do Estado Administrativo no quadro das *relações jurídicas* em que o mesmo se envolve com outros sujeitos de direito.

Contudo, observe-se, há dimensões importantes da regulamentação jurídica do Estado Administrativo que não se reportam, pelo menos de uma forma direta e imediata, às relações com os cidadãos: referimo-nos à regulamentação e à disciplina da estrutura e da organização da máquina

[15] No sentido de que a função administrativa se distingue pelo facto de propiciar inúmeras "ocasiões de contacto" entre a Administração e os cidadãos, cf. V. Antonelli, *Contatto e rapporto nell'agire amministrativo*, Cedam, 2007, p. 4; sobre o tema, cf. M. Protto, *Il rapporto amministrativo*, Giuffrè, 2008.

do Estado Administrativo e das relações e contactos – de variado recorte e, aliás, crescentemente complexas – que se processam no seu interior (é este o âmbito do que se pode designar "Direito Administrativo interno").

2 – Modelos fundamentais de Estado Administrativo

A configuração e a extensão atual do Estado Administrativo representam o produto de um processo evolutivo cuja marca mais clara se reconduz a um crescimento constante e a uma aquisição sucessiva de novas responsabilidades. Por força desse movimento de incessante avolumar de tarefas e missões, que convocou a criação de um extenso aparelho público, o Estado transformou-se, em larga extensão, num Estado Administrativo[16]. Daí que se conclua, com razão, que este é o tempo do vasto Estado Administrativo[17].

A história tem evidenciado que a referência, tantas vezes feita, a momentos de "transição" ou de "mudança" de modelos de Estado não corresponde, em regra, à eliminação de modelos anteriores e à sua substituição por outros, mais avançados. Em vez disso, tem-se assistido, em muitos casos, a um movimento de assunção de novas responsabilidades e incumbências públicas, que se sobrepõem e acrescem às missões que o Estado vinha desempenhando em momentos anteriores.

Assim se pode compreender que o conjunto de tarefas do atual Estado Administrativo se apresente como um composto de funções do *Estado constitucional-liberal* do século XIX (proteção da propriedade e da liberdade dos cidadãos), do *Estado de serviço público* do início do século XX (gestão de serviços públicos económicos), do *Estado social* da segunda metade do século XX (administração de prestações e de realização de direitos económicos, sociais e culturais), bem como do *Estado regulador* do século XXI (regulação da economia e dos mercados). E assim se compreende também a coexistência de *várias faces* e de *várias missões* do Estado Administrativo.

O Estado Administrativo não obedece, pois, a um modelo único; na verdade, a história mostra-nos vários tipos de Estado Administrativo. De resto, comparando com o *Estado Legislativo* ou com o *Estado Judicial*, salta à vista que as alterações mais significativas do Estado, quanto ao âmbito, aos modos e aos tipos de intervenção, ocorrem precisamente com o Estado Administrativo. Mais ainda: a identificação da fisionomia do Estado em

[16] "The modern state becomes an administrative state": cf. M. Loughlin, *Foundations of Public Law*, Oxford University Press, 2010, p. 435.

[17] "We live in the era of the vast administrative state": cf. P. Daly, *A theory of deference in administrative law, Cambridge*, 2012, p. 1.

cada momento histórico é, pelo menos desde o início do século XIX, determinada pela configuração e o peso da Administração Pública e da função administrativa[18]. De facto, conceitos como Estado liberal, Estado abstencionista, Estado guarda-noturno, Estado social, Estado de bem-estar, Estado providência, Estado intervencionista, Estado pós-social, Estado regulador, Estado de garantia, Estado incentivador, ativador, etc., são exclusivamente determinados pelo compacto que integra o binómio "Administração Pública + função administrativa". Assim se confirma, aliás plenamente, a correção do juízo segundo o qual "Administration is the most obvious part of government; it is government in action"[19].

A exposição subsequente limita-se à leitura da evolução posterior ao aparecimento e à autonomia do Direito Administrativo [início do século XIX: cf. ponto 6]. Identificam-se quatro modelos fundamentais de Estado Administrativo, que, em certa medida, se sucederam historicamente: o Estado constitucional-liberal, o Estado de serviço público, o Estado social e o Estado regulador[20].

> Estabelece-se o marco inicial da exposição dos modelos de Estado Administrativo no início do século XIX, para, como vimos, abranger apenas o período posterior ao nascimento do Direito Administrativo, facto que ocorreu na sequência das revoluções liberais do fim do século XVIII e início do século XIX. Mas o Estado Administrativo não nasceu aí. Com efeito, a Administração Pública é uma criação do Estado Moderno (século XV) e surge, após a época feudal, associada ao processo de centralização do Poder no monarca e à exigência de instituição de um aparelho de órgãos públicos e um corpo de funcionários e de servidores aos quais o monarca confiava funções públicas, no início, na base de uma relação

[18] Neste sentido, referindo-se a uma influência bidirecional entre os conceitos de Estado e de Administração, cf. G. Biaggini, "Legal conceptions of statehood", in Bogdandy/Huber/Cassese, *The Administrative State, cit.*, p. 557 e segs. (p. 562 e segs.).

[19] Assim o dizia Woodrow Wilson, "The study of Administration", *Political Science Quarterly*, 1887, 2, p. 198. Os séculos XX e XXI confirmaram, em absoluto, e em todos os sistemas, a maior importância relativa do Poder Executivo.

[20] Sobre esta evolução, cf. Vieira de Andrade, *Lições de Direito Administrativo*, Imprensa da Universidade de Coimbra, 2017, p. 18 e segs.; Fernanda Paula Oliveira/José Eduardo Figueiredo Dias, *Noções Fundamentais de Direito Administrativo*, Almedina, 2017, p. 23 e segs.; Francisco F. Almeida, *Direito Administrativo*, Almedina, 2018, p. 23 e segs.

de confiança pessoal. Com o decorrer do tempo, e com o crescimento das tarefas de que foi sendo incumbido, este corpo de servidores foi adquirindo maior relevância e identidade. No século XVIII, época do Despotismo Esclarecido, o Estado Administrativo conhece um forte incremento, com as políticas de centralização do Poder na corte e a consequente criação de um corpo de funcionários integrados numa cadeia de hierarquias rígidas, e com as políticas públicas de direção e intervenção na economia (mercantilismo) ou na cultura (*v.g.*, criação de universidades).

O Estado Administrativo do Despotismo Esclarecido – designado, por influência germânica, *Estado de Polícia* ("Polizeistaat"), em que "polícia" identifica a ação administrativa no seu conjunto, com exceção do exército e finanças[21] – caracteriza-se pela ausência de uma separação entre justiça e Administração: "[a] *Justiça* achava-se tambem confundida com a *Administração*; e por isso o mesmo senhor da terra a dirigia, nomeando pessoas, que a houvessem de administrar. (...) Assim, o Bispo de Coimbra era Senhor d'Arganil, e como tal nomeava o Corregedor e o Juiz de Fóra d'aquella Villa. O Abbade d'Alcobaça os nomeava tambem para os seus coutos"[22]. O Monarca, "Príncipe iluminado", não se submetia a quaisquer regras externas: o Príncipe é "senhor de decidir arbitràriamente o que convém ao bem público do Estado"[23]. Daqui resultava a inexistência de qualquer sistema independente de proteção efetiva dos governados contra as ações arbitrárias da Coroa e dos seus servidores.

O *Estado de Polícia* revelou-se, pois, um Estado Administrativo poderoso, arbitrário e "livre de regras", que, comandado pelo Príncipe e por um corpo hierarquizado de servidores, nivelou todos os governados, de todas as classes, na categoria de "súbditos". Reportando-se a esse tempo, escrevia, no ano de 1859, Justino Antonio de Freitas o seguinte: "a nação portugueza passou pelas mesmas phases que os outros povos

[21] Cf. Wolff/Bachof/Stober/Kluth, *Verwaltungsrecht*, vol. I, Beck, 2017, p. 92; F. Becker, "The development of german administrative law", *cit.*, p. 459, no sentido de que, quando surgiu, no século XVI, o termo "polizei" tinha um significado mais amplo do que o do conceito moderno de polícia, que representava "the entire system of internal governance and described the sovereign's authority to independently regulate the lives of his subjects".

[22] Cf. Lopo José Dias de Carvalho/Francisco d'Albuquerque Couto, *Apontamentos de Direito Administrativo, com referencia ao Codigo Administ. Portuguez de 18 de março de 1842, redigidos segundo as prelecções oraes do Illustrissimo Senhor Basilio Alberto de Sousa Pinto, feitas no anno de 1844 a 1845*, Coimbra, Imprensa da Universidade, 1849, p. 7.

[23] Cf. Rogério Soares, *Interesse Público, Legalidade e Mérito*, Coimbra, 1955, p. 57.

na sua administração: com o governo absoluto todas as suas instituições estavam concentradas no poder do monarcha; e os agentes, que obravam debaixo das suas ordens, exerciam simultaneamente a acção da justiça e da administração"[24].

Com as revoluções liberais do fim do século XVIII – a partir da Revolução Francesa de 1789 – e o início do século XIX, consagra-se e formaliza-se o princípio da separação de poderes, e a Administração Pública (o Poder Executivo) concebe-se como um Poder separado, por um lado do Poder Legislativo (o monarca e o seu Governo não poderiam legislar), mas também do Poder Judicial. Embora num contexto muito próprio, com o propósito de a submeter ao império da lei, as revoluções liberais conferiram dignidade constitucional à Administração Pública. Em Portugal, a primeira Constituição (1822) consagra o Poder Executivo, ou do Rei, e estabelece que a autoridade do Rei "geralmente consiste em fazer executar as leis", por meio de um Governo por si nomeado. O território era dividido em distritos e concelhos e a Constituição determinava, que, para cada *distrito,* o Rei nomearia um *Administrador judicial,* o qual era auxiliado por uma *junta administrativa.* Nos *concelhos,* o governo cabia às *câmaras* cujos membros eram eleitos pelos moradores do concelho que tivessem "voto na [eleição] dos Deputados de Cortes".

2.1 – Estado constitucional-liberal

O modelo de Estado instituído na sequência das revoluções liberais (Revolução Francesa de 1789, Revolução Liberal de 1820 em Portugal) preconiza uma forte contenção da intervenção administrativa e limita as suas missões às tarefas da proteção das liberdades individuais e da propriedade privada.

Promove-se a separação cortante entre o Estado e a Sociedade Civil (conjunto de cidadãos: homens livres e iguais), que prolonga a separação entre o Estado e Nação que já vinha dos absolutismos do *Ancien Régime,* em que a Sociedade Civil surge como o *espaço da liberdade, da igualdade* e da *autonomia individual,* da *esfera privada,* e o Estado como o *espaço da supremacia,* do *poder e da autoridade,* da esfera pública.

Em rutura e até em antítese com o *Estado de Polícia,* o Estado constitucional-liberal vai caracterizar-se pela sua subordinação a uma constituição

[24] Cf. Justino Antonio de Freitas, *Instituições do Direito Administrativo Portuguez,* Coimbra, Imprensa da Universidade, 1859, 2.ª ed., p. XIII.

e pela ideia de que o poder do Estado ("Staatsgewalt") deriva da lei fundamental e encontra-se aí definido e delimitado. Um elemento central e decisivo para a compreensão deste novo modelo é o princípio da separação de poderes e a conceção de que o poder do Estado não está localizado num único centro, antes se deve dispersar e separar pelo parlamento, que reúne os representantes da nação (poder legislativo), pela Administração Pública, composta pelo corpo de funcionários subordinados ao poder executivo do monarca (agora, "monarca constitucional"), e pelos tribunais (poder judicial).

O princípio da separação entre os poderes era, na época, interpretado como diretriz de uma verdadeira separação e de não interferência recíproca entre os poderes administrativo e judicial. Mas esta leitura já não se aplicava ao poder legislativo. Na verdade, o modelo de Estado constitucional-liberal assenta na afirmação da supremacia e primazia do legislador e na consequente submissão de todo o sistema de governo administrativo e judicial à lei; erigia-se, pois, um *Estado da Legalidade*, apoiado numa compreensão da lei como fonte exclusiva de criação de direito e numa visão dos outros dois "poderes" como momentos de aplicação ou de mera execução dos comandos legais.

> De certo modo, o dualismo liberal desloca o poder sobre a *res publica* para os cidadãos, em concreto para os seus representantes com assento no parlamento: aqui se faziam as leis (atos de exercício do poder por excelência) que os responsáveis pelas outras funções públicas (função administrativa e função judicial) tinham o encargo de *executar*. Neste sistema, "o momento do poder público" materializava-se e esgotava-se na produção de leis no parlamento, pelos (representantes dos) cidadãos. O liberalismo, ao atribuir um valor hegemónico ao ato legislativo, e ao confundir Poder, Direito e Lei, entregou o fundamental do poder aos cidadãos e deixou a Administração Pública e os tribunais na condição de "súbditos" da lei.

O fator da subordinação da Administração Pública à lei assinala o nascimento de um Estado Administrativo subordinado ao Direito Administrativo. Emerge um "princípio de legalidade da Administração", para afirmar a preeminência do parlamento, com o sentido imediato de estabelecer um "princípio do primado da lei": a Administração não pode contrariar ou violar o disposto na lei.

No plano da ação administrativa, igualmente em contraste com a experiência da época anterior, a intervenção do Estado revelava-se muito limitada, uma vez que se exigia que a ação pública não perturbasse a autonomia individual e que respeitasse as liberdades dos cidadãos. O Estado não tem vocação, nem apetência, para fornecer serviços, nem para desenvolver missões sociais ou culturais: este é um espaço dos cidadãos e da Sociedade, no desenvolvimento de direitos e liberdades, como o direito de iniciativa económica ou a liberdade de comércio e indústria. O Estado colocava-se em condição de "pacífica indiferença perante o livre jogo das forças sociais"[25]. O que de essencial se reclama do Estado é a garantia de preservação da ordem pública e, no caso de ameaça ou de perturbação, a proteção dos direitos individuais dos cidadãos; trata-se, pois, de missões públicas próprias de um Estado recatado, com uma agenda modesta ("Estado guarda-noturno").

A preocupação fundamental dos liberais em condicionar e limitar a ação administrativa conduz à exigência de que qualquer interferência ou intromissão da Administração nos "direitos naturais" dos cidadãos (propriedade e liberdade) se baseie numa lei: afirma-se, assim, o "princípio da precedência" ou "da reserva de lei", que pressupõe uma regra de proibição de ingerência da Administração ("Eingriff der Verwaltung") em tudo o que diga respeito à propriedade e à liberdade dos cidadãos. Só uma lei do parlamento pode excecionar esta regra e, assim, autorizar a Administração a interferir nos direitos dos cidadãos.

Como estamos a ver, embora nascido para proteger os cidadãos e os seus direitos, o Direito Administrativo acaba, todavia, por se ver confundido, nas suas origens, com a autoridade e a afirmação da supremacia da Administração. Na verdade, o objetivo da lei administrativa reside, quase em exclusivo, em equipar a Administração com poderes de autoridade, de *imperium* e de coerção que lhe permitam exercer as suas missões fundamentais de preservação da ordem pública e de defesa dos direitos dos cidadãos. Nesta compreensão, presente desde a sua origem, o Direito Administrativo é concebido como um sistema normativo que visa o "empowerment" da Administração Pública. Fundadas nesta compreensão, irão

[25] Cf. Rogério Soares, "Administração Pública, direito administrativo e sujeito privado", *BFDUC*, vol. XXXVII, 1961, p. 117 e segs. (122).

surgir teses e leituras que advogam o carácter tirânico e despótico do Direito Administrativo [cf. ponto 6].

Referindo-se especificamente à experiência portuguesa, Paulo Otero formula cinco princípios de uma "revolução administrativa" gerada pela Revolução Liberal de 1820 e pela Constituição de 1822: separação de poderes; supremacia da lei; igualdade de todos perante a lei; tutela de direitos fundamentais dos cidadãos; abstencionismo do Estado[26].

2.2 – Estado de serviço público

A transição para o século XIX é o tempo de consolidação dos resultados da Revolução Industrial e, por isso, de grandes desenvolvimentos tecnológicos (motorização a vapor, telégrafo e telefone, eletricidade). A evolução tecnológica desta época constitui um elemento decisivo para, à medida que o século de oitocentos se aproxima do fim, o Estado constitucional-liberal evoluir para um Estado de serviço público.

Às limitadas ou contidas funções de autoridade ("função pública"), próprias do Estado liberal, vêm juntar-se as novas incumbências públicas de fornecimento de bens e utilidades aos cidadãos individualmente considerados ("serviços públicos"), em geral baseadas na instalação e na exploração de novas infraestruturas públicas: redes de transportes ferroviários e rodoviários, redes de telefones, sistemas de transportes urbanos, redes de iluminação pública e de distribuição de eletricidade, etc.

O Estado Administrativo emerge agora numa nova condição, de "ator económico", assumindo mesmo as vestes de empresário, na exploração, de forma direta ou indireta, de atividades económicas consistentes no fornecimento de bens e na prestação de serviços ao público em contrapartida de um preço.

Num ambiente ainda marcado pelas ideias liberais, a legitimação política e jurídica da intervenção pública nestes domínios da economia assenta, fundamentalmente, no facto de as indústrias de rede constituírem um monopólio natural e na nova ideia de "serviço público". Na verdade, muitas das novas atividades económicas públicas correspondiam a monopólios necessários, dado tratar-se de tarefas baseadas em redes físicas que não faria sentido replicar (*v.g.*, rede elétrica ou rede ferroviária). Por outro lado, os serviços prestados com suporte nessas redes satisfaziam necessidades coletivas

[26] Cf. Paulo Otero, *Manual de Direito Administrativo*, vol. I, Almedina, 2013, p. 270.

individualmente sentidas (*uti singuli*) afeiçoando-se, por isso, à qualificação como "serviços de interesse público", os quais, porque prestados ou assumidos por entidades públicas, se viram qualificados como serviços públicos.

O modelo de *Estado de serviço público* que estamos a caracterizar em associação às chamadas indústrias de rede refere-se à experiência europeia. Nos Estados Unidos, não se verificou esse tipo de intervenção pública nas indústrias de rede. Desde cedo, o modelo americano manteve o Estado fora da economia, entregando a exploração dessas atividades à iniciativa privada. Assim surgem, como características do modelo norte-americano, as chamadas "public utilities", atividades económicas associadas ao setor das redes, como os transportes, as comunicações e a energia, mas desenvolvidas no mercado, por empresas privadas. O Estado contém-se na função essencial de regulação dessas "public utilities" – regulação de atividades privadas de interesse público –, sem assumir a titularidade ou a responsabilidade pela respetiva execução. Isto permite explicar que o "Administrative State" norte-americano seja, na sua essência, um "Regulatory State".

Em coerência com as ideias liberais ainda reinantes, em regra, o Estado de serviço público dos últimos anos do século XIX não assume, ele mesmo, a responsabilidade pelo fornecimento de serviços públicos e pela instalação das redes necessárias para o efeito. Encarrega dessa missão empresas de capitais privados, que se comprometem por via de um contrato ("contrato de concessão") a realizar os investimentos na instalação de uma infraestrutura (ponte, estrada, linha de caminho de ferro, rede de telégrafo, rede de iluminação pública) ou na aquisição dos equipamentos necessários à prestação do serviço público (comboios, veículos de transportes urbanos); adquirem, em contrapartida, o direito de explorar o serviço público por um largo período de tempo (50, 70 ou quase até 100 anos), o qual inclui o direito de cobrar aos utentes ou utilizadores as taxas ou preços (*v.g.*, portagens, preços dos bilhetes).

Esta figura do contrato de concessão de serviços públicos, nos termos em que se desenvolveu nos fins do século XIX, vai crescer, autonomizar-se dos quadros do direito civil e transformar-se no modelo fundamental de um contrato "de" Direito Administrativo, o *contrato administrativo*[27].

[27] Sobre isto, cf. Pedro Costa Gonçalves, *Direito dos Contratos Públicos*, Almedina, 2018, 3.ª ed., pp. 17 e segs. e 76 e segs.

É também nesta época que, ao nível local, surge o chamado *socialismo municipal*, que se manifesta em fenómenos variados de municipalização de atividades económicas: a "captação, condução e distribuição de água potável"; o "transporte e distribuição de energia elétrica e de gás de iluminação"; o "aproveitamento, depuração e transformação das águas de esgoto, detritos, lixo e imundícies", a "construção e funcionamento de mercados, frigoríferos, balneários, estabelecimentos de águas mineromedicinais e lavadouros públicos"; a "matança de reses e o transporte, venda e distribuição de carnes verdes"; a "higienização de produtos alimentares, designadamente o leite"; o "transporte coletivo de pessoas e mercadorias", passam a constituir atividades sob responsabilidade pública de entidades públicas locais, desde o início do século XX[28].

O Estado que começa agora a emergir já não se caracteriza exclusivamente pela lógica da autoridade, em contraposição à liberdade da Sociedade Civil. Com efeito, o Estado assume responsabilidades pela prestação de serviços que se vão tornando essenciais para os cidadãos. Inicia-se um movimento de ***interpenetração*** entre Estado e Sociedade e, sobretudo, entre Estado e economia.

O Estado de serviço público vai também abraçar importantes funções de infraestrutura, ocupando-se com uma tarefa de "melhoramentos materiais" (entre nós, o *fontismo*, com Fontes Pereira de Melo[29]) que não vai parar de crescer, no domínio das obras públicas: construção de estradas, de pontes, de portos, de redes de caminho-de-ferro, de redes de abastecimento de água, de aeroportos, etc. Como escrevia um professor de Direito Administrativo da então recém-criada Faculdade de Direito de Lisboa:

[28] Socialismo municipal é a designação atribuída ao movimento que, no início do século XX, reivindicou a municipalização de várias atividades que antes se encontravam na esfera privada e a respetiva conversão em serviços públicos locais; o fenómeno conheceu uma expressão de grande significado em França, Itália, Espanha e Inglaterra ("municipal trading"); sobre o tema, cf. A. Veber, *Le socialisme municipal*, Paris, 1908 [http://archive.org/stream/lesocialismemun00vebegoog#page/n6/mode/1up]; E. Caldara, *Il socialismo municipale (sei anni di amministrazione socialista), 1920*, reeedição MB Publishing, 2005; R. Boverat, *Le socialisme municipal en Angleterre et ses résultats financiers*, 1907 [http://archive.org/stream/lesocialismemuni00bove#page/n5/mode/2up]; R. Porter, *Dangers of municipal trading*, 1907 [http://archive.org/stream/dangersmunicipa04portgoog#page/n10/mode/1up]; N. Magaldi, «La "legge sulla municipalizzazione del pubblici servizi" de 1903 y el origen de la municipalización de servicios en España», *RAP*, n.º 190, 2013, p. 405 e segs.

[29] Sobre este estadista português de meados do século XIX e a sua obra de melhoramentos materiais da Nação, cf. Maria Filomena Mónica, *Fontes Pereira de Melo: uma biografia*, Alêtheia Editores, 2009.

"e esta intervenção do Estado aumenta dia a dia, sem descanço, pondo debaixo da sua administração serviços que ainda hontem estavam simplesmente entregues à iniciativa particular"[30].

O fornecimento de serviços públicos económicos transforma-se numa espécie de característica de um modelo europeu de Estado e mantém-se durante todo o século XX. As ideologias dominantes batem-se pela presença do Estado na economia e pela tese de que este não pode abandonar *setores estratégicos* (energia, água, eletricidade, etc.). Pela sua própria natureza, o Estado de serviço público assume incumbências importantes nos domínios da construção e da manutenção de infraestruturas e obras públicas. Em tempos mais recentes, sobretudo por força do direito da União Europeia, o conceito de serviço público económico, na dimensão que expressa uma responsabilidade pública do Estado pela prestação aos cidadãos de certos serviços em certas condições, veio a desenvolver-se e a articular-se com o conceito de "serviço de interesse económico geral" [sobre este conceito, cf. ponto 189].

2.3 – Estado social

Com as Grandes Guerras e, pelo meio, com a grande depressão de 1929, a ideologia do serviço público vai propagar-se para zonas de intervenção fora do âmbito empresarial ou económico.

Aos serviços públicos económicos vêm, assim, juntar-se os serviços públicos sociais: educação e cultura, saúde, habitação e segurança social. Com o avanço do século XX, o Estado Administrativo vai protagonizar novas funções, mais e maiores responsabilidades; a ideia de socialidade entra nas constituições, que consagram sempre mais direitos dos cidadãos a prestações do Estado. Não se trata, agora, apenas de um Estado de serviço público, que intervém diretamente na economia, mas de um *Estado social*, que tem a pretensão de garantir a todos (*universalidade*), de forma gratuita (*gratuitidade*), o acesso a serviços e a prestações sociais ("free at the point of delivery to all"). O Estado social pretende realizar o ideal de uma sociedade justa; assume o compromisso de garantir o acesso dos cidadãos à educação ("direito à escola pública") e à cultura, bem como as incumbências de os proteger e assistir nas mais variadas situações de infortúnio (pobreza, desemprego, doença) ou na velhice. O foco inicial, do Estado liberal, de

[30] Cf. Ludgero das Neves, *Direito Administrativo*, 1917, Lisboa, p. 13.

promover a segurança e a liberdade, evolui, no Estado Social, para o objetivo de promoção do bem-estar.

Além disso, o Estado social não desiste da realização de grandes obras públicas, num processo permanente de "melhoramentos materiais" (autoestradas, aeroportos, mas também, ao nível local, centros desportivos, pavilhões multiusos, etc.).

O Estado Administrativo – europeu – da segunda metade do século XX assume uma "responsabilidade administrativa máxima", e atinge uma dimensão que não conhece precedentes: é um Estado de serviço público e um Estado social.

2.4 – Estado regulador e de garantia

Nas duas últimas décadas do século XX desenha-se uma tendência de contenção e de um certo "rolling back" do Estado Administrativo. Surge o designado Estado regulador[31].

A ideia fundamental do Estado regulador assenta precisamente em voltar a separar o Estado da economia: a economia é para o mercado, ao Estado cabe a tarefa de o regular, o que se associa à responsabilidade de garantir que o mercado funciona bem, *sem falhas*, e que os direitos dos consumidores são protegidos. Desenvolve-se, assim, uma função pública reguladora, que consiste, sobretudo, no desempenho de tarefas (em regra, tarefas administrativas) de edição de regulamentações dirigidas aos agentes económicos, com o propósito de assegurarem o funcionamento equilibrado e eficiente da economia ("regras da concorrência" e "regras pró-concorrência", de construção do mercado), bem como de aplicação e de punição de violações do disposto nessas regulamentações. Por outro lado, o Estado regulador assume-se também como um Estado protetor, e, em especial, assume o encargo de proteger os direitos dos consumidores.

O Estado Administrativo regulador não se posiciona, pois, como um mero espectador do que se passa na economia, onde atuam os agentes económicos no exercício da livre iniciativa económica. Na verdade, o Estado não se concebe como um agente alheado dos resultados do funcionamento do mercado de livre concorrência, dele se reclamando o cumprimento da responsabilidade institucional de garantir ou assegurar o funcionamento

[31] Sobre o Estado Regulador (já numa fase avançada de institucionalização) e suas implicações nos planos jurídico-constitucional e europeu, cf. D. Oliver/T. Prosser/R. Rawlings, *The regulatory State: constitutional implications*, Oxford University Press, 2010.

eficiente e equilibrado da economia; a incumbência fundamental do Estado regulador reconduz-se, assim, a uma ideia de "responsabilidade de garantia"[32]. No plano dos objetivos imediatos, a intervenção do Estado tem os propósitos essenciais de defender a sã concorrência entre as empresas e de proteger os consumidores. Emerge aqui a ideia de um Estado protetor, que deve assumir a missão de proteger os cidadãos contra os "poderes privados", das grandes corporações e dos grandes grupos económicos

O Estado regulador não substituiu, porém, o Estado social e de serviço público; na prática, vem instalar-se sobretudo em áreas correspondentes a alguns serviços públicos económicos, que foram privatizados, liberalizados e convertidos em serviços de interesse económico geral: energias, telecomunicações, certos serviços de transporte e outras atividades de carácter económico e lucrativo. Mas, por razões de vária ordem, outros serviços públicos económicos resistiram aos processos de liberalização e conservaram-se na titularidade do Estado ou de outras entidades públicas (*v.g.*, fornecimento de água, serviços de transporte de pessoas nas áreas urbanas). Além disso, muitas funções sociais do Estado (saúde, educação, segurança social) não só se mantiveram, como continuaram e continuam a crescer. Por fim, muitos programas de infraestruturação do país (grandes obras públicas) mantêm-se, do mesmo modo que se mantém a exigência, aliás premente, de conservação e de manutenção das infraestruturas existentes (*v.g.*, pontes, estradas, equipamentos públicos).

> Os fundamentos ideológicos e pragmáticos da transição para o Estado Regulador também estiveram na base dos processos de privatização da gestão de serviços e de equipamentos públicos, mediante as figuras dos contratos de concessão e das parcerias público-privadas (setores da água, das energias, da saúde, das infraestruturas rodoviárias, aeroportuárias, etc.). Muitas vezes, nos tempos mais recentes, um pouco por toda a Europa, a agenda da discussão política tem sido marcada pelo confronto entre os que defendem as vantagens da privatização da gestão de serviços e de

[32] Sobre este ponto, com maior desenvolvimento, cf. Pedro Costa Gonçalves, *Reflexões sobre o Estado Regulador e o Estado Contratante*, Coimbra Editora, 2013, p. 49 e segs.; *idem*, *Entidades Privadas*, *cit.*, p. 1101 e segs. (sobre o novo direito administrativo centrado no tópico da garantia); veja-se ainda J. Esteve Pardo, "La administración garante. Una aproximación", *RAP*, n.º 197, 2015, p. 11 e segs.

equipamentos públicos e os que sustentam os prejuízos desses processos e advogam até a respetiva reversão, mediante o resgate de concessões e a retoma da gestão pública.

Em síntese, os quatro modelos de Estado Administrativo correspondem a outros tantos momentos de evolução do Estado – grosso modo, respetivamente, século XIX (Estado constitucional-liberal), XX (Estado de serviço público e Estado social) e XXI (Estado regulador). Todavia, em termos históricos, a passagem de um modelo para outro não significou o abandono ou a retirada do Estado Administrativo das funções exercidas no modelo precedente: o Estado de serviço público e os que se lhe seguiram mantiveram as funções próprias da administração liberal (defesa da ordem pública e garantia dos direitos individuais); o Estado social assumiu a prestação de serviços públicos sociais, mas continuou, e aliás até reforçou, a responsabilidade pela prestação de serviços públicos económicos; o Estado regulador manteve a Administração de serviço público nas áreas sociais e da infraestrutura. O movimento histórico não se desenvolveu, pois, através de processos e formas de substituição de responsabilidades e de missões administrativas, mas, diferentemente, por meio de dinâmicas de constante acumulação de novas missões e incumbências públicas.

> Como resultado deste processo histórico de acumulação surge uma hipertrofia do Estado Administrativo, que gera grosseiras ineficiências de funcionamento e deficiências graves na execução das suas responsabilidades essenciais, como a segurança de infraestruturas de uso público ou o socorro de pessoas em caso de emergência. O Estado Administrativo, que tanto promete, transforma-se, muitas vezes, num obstáculo para os cidadãos[33], o que pode explicar o crescimento de um fenómeno de "anti-administrativismo"[34].

[33] Cf. F. Fracchia, "L'amminstrazione come ostacolo", *Il Diritto dell'Economia*, 2013/2, p. 357 e segs.

[34] O conceito de anti-administrativismo tem sido utilizado no direito norte-americano para identificar um ataque ao modelo americano de Estado Administrativo e, em especial, à intervenção sucessivamente mais alargada e intensa das agências administrativas; sobre o conceito, embora em termos críticos, cf. G. E. Metzger, "The Supreme Court, 2016 term – foreword: 1930s redux: the Administrative State under siege", *Harvard Law Review*, vol. 131/1, 2017, p. 1 e segs. (no mesmo número da revista, veja-se a resposta de A. L. Nielson, «Confessions of an "anti-administrativist"»).

3 – Objetivos essenciais do Estado Administrativo

O Estado Administrativo existe para cumprir objetivos e para realizar valores; numa leitura que pretende considerar apenas o núcleo fundamental, serão dois os objetivos essenciais prosseguidos pelo Estado Administrativo e que, em simultâneo, o explicam e justificam: a realização do interesse público, por um lado, e a realização e a proteção de certos direitos dos cidadãos, por outro lado.

Para a prossecução dos dois referidos objetivos, ao Estado Administrativo é confiado o desempenho de várias *missões* [cf. pontos 187 e segs.].

3.1 – Realização do interesse público

O interesse público apresenta-se como o parâmetro, a fonte e o cânone fundamental de toda a ação pública[35], o fim da ação administrativa[36] e, ainda antes disso, como razão de ser da existência do Estado Administrativo e da Administração Pública. Com efeito, em Portugal – e, em geral, na Europa continental, influenciada pelas experiências francesa e alemã –, o Estado Administrativo existe para prosseguir o interesse público, ou seja, o interesse do coletivo de pessoas que pertencem a uma comunidade, nacional ou local. Nos termos da Constituição, "a Administração Pública visa a prossecução do interesse público" (artigo 266.º, n.º 1) e "os trabalhadores da Administração Pública e demais agentes do Estado e outras entidades públicas estão exclusivamente ao serviço do interesse público" (artigo 269.º, n.º 1).

Sem pôr em causa o sentido fundamental da ideia de "prossecução" – que referencia corretamente o carácter *funcionalizado* e *instrumental* da atividade da Administração –, afigura-se mais adequado considerar como *objetivo* do Estado Administrativo a *realização* e não exatamente a *prossecução* do interesse público: neste contexto, a realização do interesse público é um processo que se materializa no desempenho pela Administração de missões que procuram responder ou satisfazer as "pretensões de interesse público".

Recortar o significado do conceito de interesse público é o objetivo das páginas que se seguem.

[35] Sobre o bem comum e o interesse público como a fonte de sentido de toda a ação pública, cf. V. Potier, *À la recherche du bien commun*, L'Harmattan, 2015.

[36] Cf. A. Cioffi, "L'interesse pubblico nell'azione amministrativa", *Diritto Amministrativo*, 2015/4, p. 797 e segs.

Antes de o fazermos, importa, contudo, observar que a autonomização de um interesse público, referenciado ao "bem comum" da *res publica* e indicando um interesse próprio da coletividade (alheio aos valores e aos interesses reais dos indivíduos), a realizar ou a prover pelo Estado, não constitui um fenómeno universal, presente em todos os ordenamentos jurídicos. Sistemas jurídicos de matriz liberal, como o norte-americano ou o britânico, concebem o bem comum da sociedade e a realização da felicidade dos indivíduos como tarefas da esfera privada, não como encargos do Estado. Nas palavras de um jurista inglês do século XVIII, "the public good is in nothing more essentially interested, than in the protection of every individual's private rights"[37]. Todavia, na tradição da Europa continental, em que Portugal se inscreve, a prossecução do interesse público é uma tarefa do Estado, do Estado Administrativo.

a) Interesse público e interesse privado

Em geral, entende-se por *interesse* a "pretensão de um *sujeito* em relação a um *objeto* (um *bem*)". No caso do *interesse público*, o *sujeito* é um *público*, um *grupo* ou uma *coletividade de pessoas* que pertencem a uma comunidade determinada (nacional ou local). A segurança e a ordem pública, a existência de serviços de saúde ou de educação de acesso universal para todos os membros da referida comunidade, representam casos típicos de "bens" que *se assume* interessarem à coletividade de referência como um todo.

O interesse público corresponde, pois, à configuração ficcional de uma pretensão, de um interesse do público em relação a um determinado bem; bem este que se entende satisfazer a *necessidade do público* que o pretende.

Verifica-se, aqui, uma *imputação impessoal e abstrata*, baseada na atribuição de um interesse a um público ou a um conjunto ou a uma coletividade de referência, e que pressupõe a ficção da existência da pretensão deste mesmo público em relação ao bem considerado. A indicada atribuição ou imputação ignora o interesse efetivo, real e pessoal de cada indivíduo que integra o público ou a coletividade de referência. No exemplo apresentado, pode até suceder que muitos indivíduos que integram o público não sintam qualquer necessidade de um serviço público de educação ou de saúde e que

[37] Cf. G. Appleby/A. Reilly/L. Grenfel, *Australian Public Law*, Oxford University Press, 2014, p. 11 e segs.

se mostrem mesmo contrários à instituição dos mesmos[38]. É neste sentido que se pode aludir à *imputação impessoal* de um interesse ao público. Na prática, o que conta é *aquilo* que "alguém" determina interessar à coletividade ou ao público, *qua tale*.

Diferentemente, o *interesse privado* corresponde à pretensão de um sujeito em relação a um bem que responde a uma necessidade especificamente por ele sentida. Não há agora uma imputação abstrata, nem a ficção de uma pretensão; pelo contrário, o interesse privado corresponde a uma pretensão concreta e real de uma pessoa em relação a um bem. Esta radicação subjetiva do interesse privado explica que o mesmo se considere, por vezes, um "interesse egoísta". Contudo, mais adequada talvez se revele a expressão *interesse pessoal*, "próprio de uma pessoa" ou de uma entidade da Sociedade Civil.

Embora de natureza radicalmente distinta, o interesse público e o interesse privado não são necessariamente antagónicos. Assim, pode haver *coincidência*, por ex., entre o interesse privado de uma empresa em obter um apoio financeiro do Estado e o interesse público em fomentar o emprego ou uma certa produção, ou entre o interesse privado e o interesse público da reputação e prestígio de uma profissão liberal. Em certos cenários, mais do que coincidência, pode mesmo haver uma *interpenetração* do interesse privado no interesse público, como sucede com a garantia da ordem pública e da segurança – um interesse público – que se estende ou abrange o interesse privado na proteção dos direitos e liberdades pessoais ou do direito de propriedade.

Por outro lado, o interesse público pode *cruzar-se* e *articular-se* com o interesse privado num ambiente de cooperação: o fenómeno das *parcerias público-privadas* e, em geral, os sistemas de colaboração remunerada de entidades privadas na realização de tarefas públicas (*v.g.*, empresas privadas que constroem e exploram autoestradas) consubstanciam esta articulação entre interesse público (na construção e na gestão eficiente da autoestrada) e interesse privado (na realização de um lucro). Estes e outros esquemas de

[38] No sentido de que pode haver discordância sobre o que serve, ou não, o interesse público ("persons may, of course, disagree about what serves the common good best"), cf. Mortimer N.S. Sellers, "What is the rule of law and why is it so important?", in J. R. Silkenat/J. E. Hickey/P. D. Barenboim, *The legal doctrines of the rule of law and the legal state (Rechtsstaat)*, Springer, 2014, p. 5.

conciliação entre interesse público e interesse privado explicam o que por vezes se designa por "mobilização dos particulares e das empresas para a realização de objetivos públicos".

Sem se desconsiderarem os casos de *coincidência* e de *conexão* entre interesse público e interesse privado, são inúmeros os cenários de *desencontro*, de *tensão* e de *conflito eventual* ou *atual* entre interesse público e interesse privado (enquanto interesse legítimo e protegido pela ordem jurídica). Não se trata agora da discordância de um indivíduo em relação à qualificação de um determinado interesse como público. O que aqui está em causa é antes um cenário de tensão e de colisão entre um interesse pessoal e legítimo de um indivíduo e um interesse qualificado como público: pense-se no interesse pessoal de um indivíduo em andar armado em face do interesse público na resolução de litígios por meios pacíficos, que conduz à proibição de porte de armas; no interesse pessoal de alguém em construir e explorar uma fábrica de explosivos em face do interesse público de proteção da vida e da saúde dos vizinhos e dos trabalhadores; no interesse pessoal de alguém construir uma casa num local que se encontra qualificado como de paisagem protegida; no interesse pessoal de alguém em manter-se dono de um prédio que se torna necessário para a construção de uma estrada.

Em todos os casos anteriores, o interesse privado (legítimo e que, em geral, é protegido pela ordem jurídica) não se realiza ou pode não se realizar *por causa* do interesse público – pelo facto de em muitos casos ser assim, poderá falar-se de um *princípio de supremacia ou de prevalência do interesse público sobre o interesse privado*. Em conformidade com este princípio[39], a realização do interesse público *pode* impor o sacrifício de interesses privados legítimos: esta supremacia não tem de exigir sempre, e em todos os casos, o sacrifício do interesse privado; pode reclamar apenas a acomodação deste às exigências próprias do interesse público. Mas, em qualquer caso, parece difícil recusar a ideia de um princípio de desigualdade jurídica entre interesse público e interesse privado, subsistindo, em certos termos, um princípio no sentido da prevalência ou da supremacia do primeiro sobre o segundo.

[39] Trata-se, efetivamente, de um princípio e não de uma regra taxativa. A supremacia do interesse público não é um dogma, nem tem de se impor sempre; em muitos casos, pode ter de ceder e de se conciliar com a exigência de tutelar interesses privados [sobre isto, cf. ponto 28.2, *c*)].

b) Definição político-legislativa do interesse público

O interesse público traduz a imputação (abstrata) de um interesse a um público, a uma coletividade. Estamos, pois, em face de um interesse que é "feito público", quer dizer, "convertido" em interesse público[40].

Impõe-se agora identificar quem está em condição e tem legitimidade para efetuar essa operação de conversão e de imputação e, por conseguinte, para *definir, eleger* ou *identificar* o que é de interesse público e corresponde a um *bem comum da coletividade.*

Eis a resposta: a definição inicial do interesse público corresponde a uma *prerrogativa político-legislativa,* que, em termos gerais, se encontra repartida entre o legislador constitucional e o legislador ordinário.

Quer isto dizer que será na *constituição* e, sobretudo, na *lei* que o poder político toma as opções decisivas e iniciais sobre o que considera interesse público[41].

> No Estado absoluto, é a vontade do soberano que comanda esta operação de converter um interesse em interesse público. No Estado democrático, o interesse público é sobretudo definido por lei – a lei é, neste sentido, uma norma jurídica deliberada por um parlamento eleito por sufrágio universal ou por um governo que é expressão da maioria eleitoral e se encontra munido de poder legislativo[42].

Neste sentido, que é um sentido jurídico, o interesse público é, portanto, *um interesse definido e especificado numa norma jurídica* proveniente do poder constituinte e, sobretudo, do político-legislativo[43].

No desempenho desta incumbência, de definição normativa do interesse público, é desejável que os poderes responsáveis se orientem pela sugestão de W. Lippman, segundo a qual se deve considerar de interesse público algo

[40] Cf. G. Corso, *Manuale di diritto amministrativo*, Giappichelli, 2015, p. 31.

[41] Sobre a "prerrogativa de definição" do interesse público, cf. Wolff/Bachof/Stober/Kluth, *ob. cit.*, vol. I, p. 327.

[42] G. Corso, *ibidem*

[43] Para J.C. Vieira de Andrade, "Interesse Público", *Dicionário Jurídico da Administração Pública*, interesse público, em sentido jurídico-administrativo, é "o que é qualificado, a nível normativo superior, como manifestação directa ou instrumental das necessidades fundamentais de uma comunidade política e cuja realização é atribuída, ainda que não em exclusivo, a entidades públicas".

que, como tal, assim seria declarado por pessoas com uma visão clara, um pensamento racional e uma atuação benévola e desinteressada[44].

c) Realização administrativa do interesse público

Ao poder político-legislativo cabe a responsabilidade de escolher os interesses públicos a realizar, de os definir e de os especificar numa norma jurídica. Mas a responsabilidade constitucional e legal da prossecução do interesse público exige, depois, tarefas práticas de *realização*, conceito aqui tomado no sentido de *concretização* ou *atuação na vida real*, em face das circunstâncias concretas que convocam uma ação. Repete-se aqui uma ideia acima exposta: a realização do interesse público é um processo que se materializa no desempenho de missões que dão resposta e pretendem satisfazer "pretensões de interesse público".

Agora, com a incumbência deste objetivo de realização do interesse público, surge a Administração Pública, no desempenho de tarefas concretas, por ex., nos domínios da garantia da ordem pública (*v.g.*, intervenção policial para dispersar uma manifestação desordeira ou violenta), da prestação de cuidados de saúde, da garantia da segurança dos edifícios, da atribuição de subsídios, da construção de infraestruturas ou da tomada de decisões em casos concretos muito variados (suspensão de um estudante que cometeu um ilícito; ordem de retirada de um produto nocivo do mercado ou de encerramento de um estabelecimento aberto ao público; atribuição ou recusa de uma licença; concessão de um serviço público). É, pois, em execução destas e de outras inúmeras tarefas e competências que a Administração Pública *realiza* o interesse público.

Enquanto instância de realização do interesse público, a Administração Pública tem afinal a responsabilidade de cuidar, de proteger e de prosseguir um interesse alheio, um interesse que não lhe pertence; um interesse que é "do público", definido como tal. Em suma, toda a atividade da Administração "se esgota no exercício de poderes jurídicos [...] para a cura de um interesse alheio ao sujeito: o interesse público" (Rogério Soares[45]).

É também aqui, no plano da realização prática e efetiva, que assume um especial relevo o tema, já aludido, da supremacia ou da prevalência do

[44] "The public interest may be presumed to be what people would choose if they saw clearly, thought rationally, acted disinterestedly and benevolently" – Walter Lippman, 1955, *apud* C. W. Lewis, "In pursuit of the public interest", *Public Administration Review*, vol. 66/5, 2006, p. 694.
[45] Cf. Rogério Soares, *Interesse Público, Legalidade e Mérito*, *cit.*, p. 180.

interesse público sobre os interesses privados. Pode dizer-se que a expressão dessa supremacia ou prevalência se encontra no facto de a Administração Pública surgir, com frequência, investida de *poderes de autoridade*: trata-se de poderes que, para a realização do interesse público, lhe conferem uma *capacidade de ação unilateral*, dispensando-a de obter o consenso dos eventuais afetados ou lesados pela sua ação.

Ora, já estamos em condições de compreender que a supremacia ou prevalência do interesse público sobre os interesses privados não é natural, nem possui qualquer caráter ontológico. Trata-se, ao invés, de uma supremacia concebida como um princípio jurídico e constituída por normas, de natureza *jurídica*: resulta, especificamente, de cada norma legal (ou com valor de lei) que confere à Administração um *poder de autoridade* para a realização do interesse público. Na ausência de uma norma com estes ou outros contornos, a Administração não tem autoridade: a autoridade do Poder Administrativo radica sempre numa norma estabelecida fora da Administração.

Por outro lado, e não menos relevante, o poder de autoridade, que constitui a expressão da supremacia, apresenta um carácter *funcionalizado*, em razão da sua permanente e intrínseca vinculação à realização do interesse público estabelecido na específica norma que o confere. Neste sentido, pode dizer-se que a supremacia da Administração repousa numa solução técnico-jurídica definida em concreto por poderes legítimos do Estado de direito democrático e não na conceção abstrata de uma espécie de superioridade natural da Administração Pública sobre os cidadãos[46].

Importa ainda sublinhar que a Administração nem sempre realiza o interesse público com recurso a instrumentos de atuação unilateral. Com efeito, as ferramentas jurídicas de *atuação contratual* e, em geral, *consensualizada* ocupam hoje um espaço relevante nos modelos de agir administrativo.

d) Vinculação da Administração Pública pelo interesse público; o interesse público como "interesse da Administração Pública"

A realização do interesse público surge como a *razão de ser* da Administração Pública: esta existe *para se ocupar* da realização do interesse público. Neste

[46] No sentido de o perfil autoritário da Administração se ter transformado numa técnica jurídica, cf. E. Giardino, *La plurilateralità della funzione amministrativa (l'esercizio del potere amministrativo nella crisi dell'unilateralità del provvedimento)*, Giappichelli, 2012, 87 e segs.

sentido, a realização do interesse público constitui uma *incumbência* ou *responsabilidade* da Administração Pública.

Mas, agora, cumpre destacar que o interesse público representa também um cânone de vinculação para a Administração Pública. Na sugestiva formulação de um dos grandes administrativistas italianos, Massimo Severo Giannini, o interesse público revela-se, em simultâneo, *vínculo, limite* e *finalidade* ("il pubblico interesse è insieme vincolo, limite e scopo") da atividade administrativa[47].

Na verdade, a Administração Pública encontra-se sempre, em toda a extensão da sua atividade, sujeita ao interesse público e tem a sua pedra angular na prossecução deste interesse[48]; ela não pode orientar a sua ação por objetivos ou valores que não se reconduzam ao interesse público.

A ligação entre Administração Pública e interesse público apresenta-se de tal modo intensa e penetrante que não falta quem o considere um interesse "da" Administração e, em concreto, se refira ao "interesse público administrativo" como um "interesse da Administração objetivado na sua função e no seu ordenamento"[49]. Embora com todas as cautelas que a compreensão reclama – pois, em rigor, o interesse público é do público e a Administração tem de o prosseguir *qua tale*, como um interesse alheio e não próprio –, não repugna referenciar a categoria do interesse público como um interesse tecnicamente imputado à Administração Pública, que esta assume como "seu", e, portanto, como um "interesse público administrativo". A Administração tem de orientar a sua conduta para a realização de determinados interesses, "que concebe ou recebe como seus"[50]: assim, a norma que atribui a um órgão da Administração Pública competências de fiscalização das indústrias poluentes confia-lhe a tutela do interesse da proteção do ambiente; a proteção do ambiente vê-se, pois, transformada num "interesse público administrativo", pelo facto de ser confiada a sua realização ou tutela à Administração Pública.

[47] Cf. M. S. Giannini, "Il potere discrezionale della pubblica amministrazione" (1939), in *Scritti*, vol I, Giuffrè, 2000, p. 49.

[48] Cf. Paulo Otero, *Manual, cit.*, p. 64.

[49] Cf. Cioffi, "L'interesse pubblico nell'azione amministrativa", *cit.*, p. 836.

[50] Cf. Vieira de Andrade, "A imparcialidade da Administração como princípio constitucional", *BFDUC*, vol. L, 1974, 219 e segs (p. 224).

e) Participação da Administração Pública na definição concreta do interesse público

A *definição inicial* do interesse público processa-se fora da Administração Pública, em sede político-legislativa; a Administração encontra-se vinculada por essa definição.

Em geral, a vinculação da Administração pelo interesse público traduz-se ou coincide com o *cumprimento da lei* – com esta configuração, a "vinculação pelo interesse público" reconduz-se, pois, a uma vinculação pela lei. Apresentada nesses termos, a vinculação da Administração pelo interesse público parece não se autonomizar em face do *princípio da sujeição da Administração à lei (legalidade administrativa)*: ou seja, dir-se-á, prosseguir o interesse público é cumprir a lei e cumprir a lei é prosseguir o interesse público.

E, de facto, assim sucede em muitos casos. Contudo, pode acontecer, e acontece com muita frequência, que a lei não defina, de forma taxativa e completa, os pressupostos da sua aplicação ou os termos precisos do seu cumprimento – pense-se, por ex., na lei que autoriza a Administração a expropriar por razões de *utilidade pública* ou na lei que indica que a Administração deve adotar as *medidas necessárias e convenientes* em face de uma certa situação ou, por fim, na lei que define que, num caso especificado, a Administração *pode* adotar uma certa medida. Em qualquer destes cenários, a *vinculação pelo interesse público* autonomiza-se e, em si mesmo, o interesse público ascende ao patamar de um critério jurídico autónomo da ação administrativa. Em casos como estes, e outros idênticos ou ainda de outra natureza, a Administração é, afinal, chamada a assumir um papel na própria *definição* do interesse público – diga-se, aliás, que a própria Constituição alude expressamente, ainda que num contexto particular, ao "interesse público, *tal como é definido*, nos termos da lei, *pelos órgãos competentes da Administração*" (cf. artigo 269.º, n.º 1).

Assim, o plano ou o momento da *realização* do interesse público pela Administração não se efetiva sempre mediante a aplicação automática e mecânica de uma solução gizada nos seus contornos definitivos e finais pelo legislador. Com efeito, a realização efetiva do interesse público pode reclamar a participação da Administração Pública na *definição complementar e concretizadora* do próprio interesse público.

Ao abrigo da norma legal que a autoriza a expropriar por "causa de utilidade pública", a Administração, em cada ato de expropriação que pratique, vai *definir em concreto* – ou *concretizar* – essa causa de utilidade pública; ou seja, definir ou concretizar o interesse público que justifica o ato de expropriação.

Além das situações anteriores, que correspondem a intervenções administrativas de natureza jurídica (decisória) e de "aplicação" da lei, a ação da Administração Pública desenvolve-se, muitas vezes, não num quadro de *aplicação*, mas antes num processo de *desenvolvimento*, de *implementação* e de *dinamização* da lei e da ordem jurídica. Assim, é no quadro do desenvolvimento e implementação de políticas públicas, por ex., da saúde, da educação ou da cultura ou da realização de investimentos em infraestruturas (*v.g.*, obras públicas): nestes, e em outros domínios, os responsáveis pela Administração protagonizam um papel *primário* na concretização do interesse público. Note-se, porém, que, mesmo quando, como sucede nestes casos, assume uma responsabilidade na própria definição do interesse público, a Administração Pública tem de orientar as suas decisões e a sua ação por uma finalidade identificada numa norma do ordenamento jurídico: não se trata agora exatamente de a Administração *cumprir* uma norma jurídica definida *ex ante*, mas, ainda assim, de lhe exigir que *fundamente* a sua ação numa norma existente no ordenamento jurídico.

A realização de um interesse público, plasmado numa norma jurídica editada por um poder democrático, é, sempre e sem exceções, um momento teleológico necessário da ação administrativa[51]. Por outro lado, e, de certo modo, num plano mais profundo, não pode abdicar-se da ideia de que a Administração Pública está sempre ao serviço do interesse público. Apesar de ter o dever considerar com objetividade outros interesses relevantes no contexto decisório (cf. artigo 9.º do CPA), a definitiva e permanente lealdade da Administração Pública é para com o interesse público.

f) Realização de "interesses públicos" fora da Administração Pública

A Administração Pública tem a responsabilidade de realização do interesse público. Mas, diz-se, e bem, que não existe um monopólio da realização do interesse público pela Administração Pública[52]. Com efeito, na esfera da Sociedade Civil, no campo da autonomia privada e com os instrumentos do direito privado, os cidadãos podem desenvolver atividades com a finalidade

[51] Cf. Gomes Canotilho/Vital Moreira, *Constituição da República Portuguesa Anotada*, vol. II, Coimbra Editora, 2010, p. 795.

[52] Cf. João Caupers/Vera Eiró, *Introdução ao Direito Administrativo*, Âncora Editora, 2016, p. 82.

de servir interesses gerais da coletividade (atividades de solidariedade social, mas também em outras áreas, como o controlo da segurança de produtos ou mesmo da segurança de pessoas e bens) – veja-se, por ex., a referência, na Lei de Bases da Economia Social, às atividades da economia social como sendo aquelas atividades económico-sociais que "têm por finalidade prosseguir o interesse geral da sociedade".

Por outro lado, a lei pode orientar, fomentar e reconhecer a ação privada que se desenvolva no sentido da realização de interesses públicos: aqui se enquadram as tendências para promover a privatização de responsabilidades públicas e a ativação das responsabilidades privadas. O resultado destes processos traduz-se no reforço da "ação privada de interesse público" e inscreve-se num fenómeno geral de partilha de responsabilidades entre o Estado e os cidadãos para a realização do bem comum.

Cumpre, todavia, observar que estas últimas referências ao interesse público não remetem já para um sentido jurídico-normativo, o qual pressupõe uma definição político-legislativa. Diferentemente, quando se afirma que os particulares também se dedicam à prossecução do interesse público pretende-se aludir a uma mobilização dos particulares para o desenvolvimento (livre) de atuações que têm efeitos benéficos para a coletividade, e que, por isso, se reputam de interesse geral. Mas isto é uma coisa diversa da presença de um interesse assumido e reconhecido como público em sede político-legislativa. Numa palavra, o conceito de interesse público assume, neste contexto, um significado próximo de *interesse geral*, na perspetiva que destes conceitos tem o homem comum. Ora, o interesse público que o Estado Administrativo prossegue e tem a responsabilidade de realizar não tem esse sentido simplesmente descritivo e genérico, mas antes um preciso sentido jurídico-normativo, pressupondo a definição legislativa de uma específica responsabilidade da Administração Pública, que vai envolver o exercício da função administrativa, e a sua configuração como "interesse público administrativo".

Como interesse "da" Administração Pública, cuja realização se encontra confiada legalmente à Administração Pública, o interesse público (num sentido técnico-jurídico, enquanto "administrativo") não é suscetível de realização espontânea por particulares. Estes poderão, contudo, ser chamados a colaborar com a Administração e a auxiliar esta na execução das suas missões de interesse público; mas estes são casos de "exercício da função administrativa por entidades particulares".

3.2 – Realização e proteção dos direitos dos cidadãos

No ponto anterior, enfatizou-se a ligação íntima entre Estado Administrativo e interesse público e, em especial, concluiu-se que a realização do interesse público representa uma responsabilidade fundamental da Administração Pública.

Agora, é o momento de perceber que a Administração Pública assume igualmente um papel crucial e decisivo na realização e na proteção de direitos dos cidadãos. Está aqui efetivamente em causa uma responsabilidade ou incumbência da Administração Pública, enquanto organização do Estado, de atuar "em função dos direitos dos cidadãos"[53] e de assumir um papel, aliás insubstituível, na garantia da efetividade de muitos direitos dos cidadãos.

a) Realização de direitos dos cidadãos pela Administração Pública ("a cidadania administrativa")

Sem prejuízo da distinção que aqui se faz, a realização do interesse público pode coincidir com a realização e a proteção de direitos dos cidadãos. Assim, por ex., o condicionamento do licenciamento de uma indústria perigosa visa proteger o interesse público da preservação do ambiente, mas também o direito a um ambiente sadio dos cidadãos especialmente afetados pela laboração dessa indústria.

Mas apesar dessa possível coincidência e até da omnipresença do interesse público na atividade administrativa, pretende-se agora enfatizar o objetivo do Estado Administrativo consistente na realização dos direitos dos cidadãos.

Esta ligação entre Administração Pública e realização de direitos dos cidadãos revela-se, desde logo, muito nítida no domínio do fornecimento de serviços públicos, que contribuem para a realização, *v.g.*, do direito à saúde ou do direito ao ensino (em geral, direitos económicos, sociais e culturais), bem como nas atividades de caráter previdencial (*v.g.*, concessão de subsídios a desempregados, idosos, doentes). Nestes casos, a realização dos direitos dos cidadãos processa-se em forma individualizada (*uti singuli*), no contexto de um relacionamento direto entre a Administração Pública e os beneficiários, em que estes últimos surgem como titulares de *direitos a prestações* a que correspondem *deveres* da Administração.

[53] Neste sentido, cf. A. Lolli, *L'atto amministrativo nell'ordinamento democratico. Studio sulla qualificazione giuridica*, Giuffrè, 2000, p. 211 e segs.

Tendo em consideração a natureza constitucional ou jus-fundamental de muitos dos direitos a prestações realizados pela Administração Pública, pode concluir-se que esta assume um papel decisivo e insubstituível na realização prática de direitos fundamentais dos cidadãos, na efetivação da(s) cidadania(s) administrativa(s) e na realização dos cidadãos enquanto pessoas[54].

Noutros casos, a Administração contribui para a realização dos direitos dos cidadãos, já não através de prestações, mas de *decisões* que permitem o exercício efetivo de direitos legalmente comprimidos (direitos de exercício condicionado): *v.g.*, direito ao exercício de uma atividade económica, que depende de uma autorização administrativa.

b) Proteção de direitos dos cidadãos pela Administração Pública

Mais do que um objetivo, a proteção dos cidadãos corresponde à primeira razão de ser de um Estado de direito. Na sociedade tensa, conflitual e de risco do nosso tempo, a proteção dos direitos dos cidadãos apresenta-se cada vez mais necessária, em face do clima de permanente ameaça que têm de enfrentar e das inúmeras agressões que têm os cidadãos e os seus direitos como alvo (ataques terroristas, vandalismo, atos de violência física extrema, destruição de bens). O objetivo da proteção dos cidadãos também se realiza através de sistemas de socorro eficaz em situações de emergência (incêndios, acidentes), bem como através de medidas que evitem e previnam as situações de perigo[55].

Vimos há pouco que o objetivo da "realização" dos direitos dos cidadãos se associa aos casos que têm na sua base uma relação jurídica dual ou

[54] Sobre a realização das *cidadanias administrativas* e o contributo da Administração Pública para a realização dos direitos das pessoas, cf. A. Bartolini/A. Pioggia, "Le cittadinanze amministrative. Percorsi e prospettive dell'amministrazione tra diritti e doveri a 150 anni dalle leggi di unificazione amministrativa", in A. Bartolini/A. Pioggia, (coord.), *Cittadinanze amministrative*, Firenze University Press, 2016, p. 9 e segs. Sobre o conceito de cidadania administrativa, veja--se, entre nós, Paulo Otero, *Manual, cit.*, p. 323; cf. ainda V. Champeil-Desplats, "La citoyenneté administrative", in P. Gonod/F. Melleray/Ph. Yolka, *Traité de Droit Administratif*, Dalloz, 2011, T. 2, p. 397 e segs.; R. Cavallo Perin, "La configurazione della citadinanza amministrativa", *Diritto Amministrativo*, 2004, 1, p. 201 e segs.

[55] Sobre a ação administrativa oficiosa para a proteção dos direitos dos cidadãos no quadro de uma articulação entre responsabilidade pública de garantia e responsabilidade pública operativa, cf. Pedro Costa Gonçalves, "Ensaio sobre a figura da inação administrativa oficiosa", *Nos 20 Anos dos CJA*, CEJUR, 2017, p. 295 e segs. (300).

bipolar entre Administração e cidadão. Embora possam originar relações deste tipo, parece fazer sentido distinguir um objetivo de "proteção" dos direitos dos cidadãos, baseado num quadro de relacionamento que se pode configurar como um triângulo em cujos dois vértices da base estão cidadãos e em cujo vértice superior está a Administração: a figura triangular pretende evidenciar a presença de uma relação social na base (entre cidadãos) na qual se verificam, por vezes, casos de violação ou da ameaça de violação de direitos (*v.g.*, situações de violência física, de ataque à propriedade; noutro plano, violações de direitos dos consumidores); quando isto sucede, a Administração tem a responsabilidade e o dever de proteger os direitos lesados ou ameaçados ("deveres públicos de proteção"). A ação administrativa até pode desenvolver-se, também aqui, no quadro de uma relação bipolar, desencadeada por iniciativa do cidadão lesado ou ameaçado, mas o sentido da intervenção da Administração não consiste já na realização, mas antes na tutela ou na proteção de direitos. O domínio típico, e clássico, da intervenção administrativa pautada pelo objetivo da proteção de direitos é a *polícia administrativa* e, em geral, o controlo de atividades perigosas e de risco. Nos últimos tempos, com a evolução do Estado Regulador, a *proteção e defesa dos direitos dos consumidores* impôs-se igualmente como área típica de afirmação deste objetivo do Estado Administrativo. Em razão do carácter triangular da situação aqui presente, o efeito da proteção dos direitos obtém-se, muitas vezes, através da adoção de medidas agressivas sobre os infratores ou responsáveis pelas violações de direitos (*v.g.*, medidas de coação física contra o agressor; imposição administrativa de medidas de reparação dos direitos dos consumidores).

Reconduz-se ao objetivo de proteção dos direitos dos cidadãos a exigência, aliás constitucionalmente imposta, de "respeito pelos direitos e interesses legalmente protegidos dos cidadãos" – cf. artigo 266.º, n.º 1, da CRP. Ao exigir que a Administração prossiga o interesse público "no respeito" pelos direitos dos cidadãos, a Constituição determina-lhe que tenha em consideração os efeitos que a sua ação pode provocar nos direitos dos cidadãos e, em particular, que considere estes como um elemento de ponderação das suas escolhas. Está aqui presente a exigência de adoção de condutas segundo o critério do "menor agravo" para os direitos dos cidadãos. Neste sentido, a instituição de um "dever de respeito" é uma forma de impor à Administração uma responsabilidade de proteção dos direitos dos cidadãos. Esta mesma exigência decorre, em relação aos direitos, liberdades e garantias, do artigo 18.º, n.º 1, da CRP, do qual resulta uma vinculação de todas as entidades públicas (incluindo, pois, as entidades da Administração Pública) pelos direitos dos cidadãos que beneficiem daquele regime constitucional[56].

Ainda em concretização do dever de respeito e com o objetivo de proteger os direitos dos cidadãos perante a própria Administração, esta vê-se onerada com deveres de variado recorte nas relações com os cidadãos, como o dever de informação e de fundamentação das decisões administrativas ou o dever de ouvir (audiência prévia) os interessados antes de proferir decisões que os afetem.

4 – Administração Pública

A Administração Pública corresponde ao componente subjetivo ou orgânico do Estado Administrativo.

É mais ou menos intuitivo o sentido inicial ou básico do conceito de Administração Pública: refere-se à "máquina administrativa" ou ao "aparelho administrativo" do Estado (em sentido amplo) e abrange as inúmeras entidades e os múltiplos organismos que se dedicam ao exercício de uma função pública com determinadas notas características que a distinguem das demais funções públicas do Estado.

Revela-se útil conhecer, desde já, as notas fundamentais do conceito, bem como os termos genéricos da composição e da delimitação da Administração Pública.

a) Administração Pública como sistema de organizações

Administração Pública é um conceito *agregador*, que identifica determinados *elementos* ou *características* em sujeitos, entidades ou organizações, reconduzindo-os, na sequência, à categoria de "sujeitos da Administração Pública".

Assim, ao contrário do que, em geral, poderia eventualmente supor-se, não existe uma entidade que se designe *Administração Pública*. Existe, isso sim, uma variedade de sujeitos e organismos que apresentam características

[56] No sentido da vinculação direta da atividade administrativa às normas e princípios constitucionais, designadamente às normas relativas aos direitos, liberdades e garantias dos cidadãos, cf. Vieira de Andrade, *Os Direitos Fundamentais na Constituição Portuguesa de 1976*, Almedina, 2019, p. 327; veja-se também Gomes Canotilho/Vital Moreira, *Constituição da República Portuguesa Anotada*, vol. I, Coimbra Editora, 2007, p. 383, no sentido de que a Administração "está obrigada a respeitar e dar satisfação aos direitos fundamentais".

ou que preenchem elementos definidos pela ordem jurídica como relevantes para os considerar "da" Administração Pública.

A Administração Pública apresenta-se, por conseguinte, não exatamente como "uma" organização, mas antes como um *sistema de organizações* dotadas, pelo menos muitas delas, da sua subjetividade jurídica própria.

A qualificação de um qualquer sujeito de direito (*v.g.*, uma associação, uma fundação ou uma empresa) como "sujeito da Administração Pública" envolve uma consequência do maior relevo para o nosso estudo: esse sujeito fica, por essa razão, *exposto* à regulação do Direito Administrativo – veremos mais tarde que o nível da submissão dos sujeitos da Administração Pública ao Direito Administrativo se apresenta variável; porém, alguma submissão haverá sempre.

A Administração Pública de que nos vamos ocupar é sobretudo a *Administração Pública Portuguesa,* composta por sujeitos e organismos portugueses. Além de outras, não são aqui abrangidas as instituições, os organismos e as agências da *Administração Pública Europeia* [sobre esta, cf. ponto 34].

Não obstante, importa ter presentes duas notas: *i)* os sujeitos da Administração Pública Portuguesa *também* podem surgir na condição de elementos da Administração Pública Europeia; *ii)* as instituições da Administração Pública Europeia podem desenvolver uma ação administrativa em Portugal ou, pelo menos, com eficácia jurídica no território nacional português.

b) Sujeitos da Administração Pública

A Administração Pública é composta por um universo ou conjunto de sujeitos, entidades ou organizações. Estes são os "sujeitos da Administração Pública". O ponto crítico do estudo surge no momento de eleger os critérios que identificam a condição de sujeito da Administração Pública.

Numa primeira aproximação, que reclama aprofundamentos, é possível identificar atualmente dois grupos fundamentais de sujeitos da Administração Pública: as pessoas coletivas de direito público e as designadas entidades administrativas privadas; a esses dois grupos, juntamos nós um terceiro, que se autonomiza pelo facto de abranger sujeitos que exercem a função administrativa, mas "fora" da Administração Pública em sentido orgânico.

i) Pessoas coletivas de direito público: critério da personalidade jurídica pública

Um primeiro critério baseia-se numa indicação de ordem jurídico-formal: são sujeitos da Administração Pública todas as entidades com *personalidade de direito público* – pode ver-se uma aplicação do mesmo no artigo 2.º, n.º 4, do CPA.

Uma vez que, nos termos da lei, detêm personalidade de direito público, são sujeitos da Administração Pública os seguintes: *(i)* o Estado ("Estado-Administração"); *(ii)* as regiões autónomas; *(iii)* as autarquias locais (municípios e freguesias); *(iv)* as entidades intermunicipais; *(v)* os institutos públicos; *(vi)* as associações públicas (associações públicas profissionais); *(vii)* as entidades públicas empresariais.

Apesar das suas limitações, o critério da personalidade de direito público mantém-se como um indicador de grande relevância no processo de delimitação da Administração Pública: por um lado, em razão da sua natureza jurídica, as entidades com personalidade de direito público integram *sempre* a Administração Pública, e formam o primeiro grupo de sujeitos da Administração Pública; por outro lado, é a partir deste grupo primeiro e inicial que derivam e se formam os outros dois.

No direito português, as entidades com personalidade de direito público integram *sempre* a Administração Pública. Mas isso não significa que estes sujeitos se dediquem *apenas* à função administrativa. Tal não sucede com o Estado, nem com as Regiões Autónomas, entidades que se ocupam de outras funções públicas – assim se explica a referência do CPA à sua aplicação aos "órgãos do Estado e das regiões autónomas que exercem funções administrativas a título principal": artigo 2.º, n.º 4, alínea *a)*.

ii) Entidades administrativas privadas: critério da participação dominante de pessoas coletivas de direito público

Na delimitação do universo da Administração Pública, o critério da personalidade jurídica pública revela-se incompleto e redutor, uma vez que não atende e desconsidera a verdadeira substância de entidades que, apesar de não disporem de personalidade de direito público, *integram* a Administração Pública: referimo-nos a entidades que se apresentam revestidas de um formato jurídico-privado (*v.g.*, associação de direito civil, sociedade comercial), mas que possuem uma substância pública, que reside ou descende do facto de serem objeto de uma *participação dominante* – "participação com influência dominante" – de pessoas coletivas de direito público.

As entidades privadas com participação dominante de pessoas coletivas de direito público representam um "segundo grupo" de sujeitos da Administração Pública – integram a designada *Administração Pública em forma privada*.

iii) Entidades particulares com funções administrativas: critério do exercício de funções da Administração Pública

Os dois grupos que acabámos de identificar circunscrevem o universo das entidades que *pertencem* à Administração Pública; o conjunto delimita a *Administração Pública em sentido orgânico* ou *institucional*.

Mas ao conceito de Administração Pública vamos ainda reconduzir as entidades que, embora não integradas institucionalmente na Administração Pública, desenvolvem, contudo, funções administrativas (funções que pertencem à Administração Pública).

Este grupo é constituído por *entidades particulares*, oriundas do setor privado, que se responsabilizam pelo exercício de funções e atividades que a lei qualifica como públicas e que lhes são *delegadas* ou *concessionadas* por sujeitos da Administração Pública do "primeiro" ou até do "segundo grupo".

Aqui se incluem as empresas concessionárias de obras públicas e de serviços públicos e, em geral, as entidades particulares delegatárias de funções públicas (*v.g.*, federações desportivas de utilidade pública desportiva; entidades privadas de certificação oficial de produtos). O conjunto destas entidades constitui, pois, um "terceiro grupo", que se pode designar da *Administração Pública delegada ou concessionada* o qual, em termos práticos, substitui a intervenção das entidades que pertencem à Administração Pública em sentido orgânico ou institucional.

Existe, evidentemente, uma diferença muito relevante entre este e os dois anteriores grupos: o primeiro e o segundo grupo referenciam sujeitos ou entidades que "pertencem" e "integram" o setor público. Em formato de direito público (primeiro grupo) ou em formato de direito privado (segundo grupo), trata-se sempre de organismos integrados na esfera pública, que pertencem ao setor público. Diversamente, no terceiro grupo, da *Administração Pública delegada ou concessionada*, situam-se entidades (de direito privado) que pertencem ao setor privado, da Sociedade Civil, criadas e controladas por particulares, e que, por esta razão, assumem a condição de sujeitos da Administração Pública *apenas numa perspetiva funcional*. Quer dizer, são sujeitos da Administração Pública por causa do que fazem, e não por pertencerem a entidades da Administração. Este setor da Administração Pública corporiza a ideia de colaboração público-privada.

Os três grupos ou categorias de sujeitos da Administração que identificamos podem ser agregados em conjuntos de "1 + 2", se seguirmos o critério da personalidade jurídica: personalidade pública no 1.º grupo e personalidade de direito privado no 2.º e no 3.º; podem também agregar-se em conjuntos de "2 + 1", se seguirmos um critério que atende à origem e à integração institucional dos sujeitos: pertencem ao setor público os sujeitos do 1.º e do 2.º grupo e pertencem ao setor privado os sujeitos do 3.º grupo.

5 – Função administrativa

Acaba de se aludir à Administração Pública numa perspetiva orgânica ou subjetiva: "sistema de organizações" ou um conjunto de sujeitos ou entidades, de direito público ou de direito privado (Administração Pública em sentido subjetivo).

O mesmo conceito – administração pública, escrito em minúsculas –, também conhece um sentido objetivo ou material: indica o que a Administração Pública faz, quer dizer, a *atividade administrativa* ou a *função administrativa*.

Quer dizer, na aceção ou sentido objetivo ou material, administração pública referencia já não uma organização, mas sim uma atividade, missão ou tarefa; corresponde, pois, ao elemento objetivo que identificámos no conceito de Estado Administrativo e coincide com *atividade administrativa, tarefa administrativa, missão administrativa* ou *função administrativa*.

> De acordo com a orientação que aqui se vai seguir sobre o sentido dos conceitos, entende-se que existe um *princípio de correspondência biunívoca entre Administração Pública* e *função administrativa*, no sentido, por um lado, de que, em princípio, a Administração Pública só se ocupa da função administrativa e, por outro lado, de que, em princípio, da função administrativa só se ocupa a Administração Pública.

A cabal compreensão da função administrativa reclama duas distinções essenciais: em face das *outras tarefas ou funções públicas*, por um lado, e em face das *tarefas privadas*, por outro lado.

Quanto à distinção entre a função administrativa e outras tarefas ou funções públicas, exige-se a identificação de um *critério material* que permita apurar o que é administrar enquanto função pública diferente e separada das funções *política, legislativa* e *judicial* [cf. ponto 186].

No que se refere à identificação da função administrativa como *tarefa pública* e, por conseguinte, distinta das tarefas privadas, que pertencem à esfera dos cidadãos e da Sociedade Civil, preconiza-se um *critério formal*: considera-se função ou atividade administrativa qualquer atividade originariamente *confiada ou exercida* por uma pessoa coletiva de direito público, a qual, como sua, a exerce diretamente ou por intermédio de uma terceira entidade. Numa palavra, atividade administrativa é qualquer "atividade assumida por uma pessoa coletiva de direito público" – a *apropriação* não reclama, contudo, o monopólio, nem o exclusivo público, pelo que essa mesma atividade pode ser também privada (*v.g.*, prestação de serviços de saúde ou de educação).

> Não existe um critério material ou substantivo que permita identificar, em termos definitivos, uma tarefa ou atividade como pública (administrativa): exclui-se, pois, a delimitação da função administrativa com fundamento no facto de se tratar de uma missão de "interesse geral" ou de "interesse da coletividade". Por outro lado, de acordo com o preconizado *critério formal*, a função administrativa pode ser "qualquer atividade", desde que apropriada por uma pessoa coletiva de direito público, incluindo, assim, atividades de mercado e de produção mercantil.
>
> O conceito de função administrativa que aqui se adota, baseado no tópico da *apropriação pública*, assenta em pressupostos diferentes dos que subjazem à definição do artigo 1.º, n.º 2, do RRCEEEP: "*correspondem ao exercício da função administrativa as acções ou omissões adoptadas no exercício de prerrogativas de poder público ou reguladas por disposições ou princípios de direito administrativo*". Trata-se, neste caso, de um conceito idealizado para delimitar a função administrativa com o sentido de a submeter a uma regulação específica de Direito Administrativo. Percebe-se que essa delimitação assente num critério jurídico (natureza jurídica), pois em causa está a determinação do âmbito de aplicação do regime da responsabilidade civil por *atos públicos*, de *gestão pública*, com a intenção de afastar ou de o delimitar em face do regime da responsabilidade civil do Estado e demais pessoas coletivas públicas por *atos de gestão privada* (quanto a esta, cf. artigo 501.º do Código Civil).

Embora nem sempre, o exercício da função administrativa envolve, em muitos casos, a mobilização de *poderes públicos de autoridade.* Na verdade, com frequência, os sujeitos da Administração Pública dispõem de poderes unilaterais de decisão e de estipulação de efeitos jurídicos obrigatórios para os cidadãos: *v.g.*, imposição da demolição de um prédio ou aplicação de uma sanção pecuniária. Os poderes públicos de autoridade revelam-se instrumentos essenciais para o desenvolvimento da função administrativa e uma ferramenta decisiva para a ação da Administração Pública. Neste sentido, veja-se a importância que o conceito de "poderes públicos" assume como critério de aplicação de uma das leis mais importantes do Direito Administrativo, o Código do Procedimento Administrativo: cf. artigo 2.º, n.º 1, que determina a aplicação de quase todo o Código às condutas de quaisquer entidades "adotadas no exercício de poderes públicos".

> A opção de delimitar o âmbito de aplicação do CPA nos termos previstos no seu artigo 2.º, n.º 1, sugere que esta "lei fundamental do Direito Administrativo" é mais pensada em função do "exercício do poder público" do que em função da "Administração Pública". Julgamos que assim é na verdade. Isso fica a dever-se ao facto de o CPA, em função dos tipos de atividade administrativa que regula, surgir focado no critério do poder público. Veja-se, neste sentido, que as duas principais formas de atividade administrativa que o CPA regula correspondem ao "exercício de poderes jurídico-administrativos": cf. artigos 135.º e 148.º, para o regulamento e o ato administrativo, respetivamente.

O poder da Administração, o Poder Administrativo, manifesta-se e desdobra-se em vários tipos de poderes de autoridade: a emissão de normas jurídicas obrigatórias (poder regulamentar); a prática de atos e a adoção de medidas de autoridade (poder de decisão unilateral); a adotação de medidas e providências coercitivas (poder de execução coerciva).

A conceção da Administração Pública enquanto Poder Administrativo e a sua ligação aos poderes de autoridade (que descendem dos *iura regalia* medievais e dos poderes de *imperium* do Estado Moderno) e, em especial, o facto de a Administração deter poderes e prerrogativas de imposição e de proibição de condutas dos particulares e de uso de meios coercivos para ultrapassar o incumprimento das suas determinações, tudo sem exigir a mediação de um tribunal, constituem marcas do designado "sistema de administração executiva" no qual se inscreve o modelo português de

Administração Pública e em geral os sistemas administrativos da Europa continental.

Esta dimensão "executiva" do sistema administrativo vai determinar a conceção de um instituto jurídico central no Direito Administrativo europeu: o *ato administrativo*, figura que vai ver-se envolta por um regime jurídico que sintetiza as notas distintivas do próprio sistema, o qual, por isso mesmo, também se pode designar *sistema de Administração Pública de ato administrativo*.

> Em contraste e até em oposição com o modelo de "administração executiva", apresenta-se o sistema administrativo britânico, de "administração judiciária", inicialmente caracterizado pela inexistência de poderes administrativos de autoridade e, em especial, pela exigência de os corpos administrativos recorrerem à via judicial, aos tribunais, para poderem determinar condutas aos cidadãos e executar decisões. Diz-se por isso, que, nesse sistema, eram, afinal, os tribunais que acabavam por administrar.
>
> Dessa diferença fundamental resultou, durante muito tempo, a inexistência (ou a convicção da inexistência) no Reino Unido, de um Direito Administrativo, enquanto compacto de normas jurídicas especialmente aplicável à Administração Pública[57]. Uma vez que não existia um aparelho central e hierarquizado com funções administrativas e investido de poderes exorbitantes, a Administração, de carácter local e representativa das comunidades locais, submetia-se ao direito de toda a gente, o *common law*[58].
>
> A influência britânica fez-se sentir nos Estados Unidos da América, onde se adotou, no início, um modelo de administração desprovida de poderes especiais ou de autoridade sobre os cidadãos e submetida aos tribunais

[57] A ideia de que o Direito Administrativo (na versão do *droit administratif* francês) era estranho ao direito britânico e de que a expressão inglesa equivalente (*administrative law*) era desconhecida na Inglaterra foi enfatizada por A. V. Dicey, na sua obra *Introduction to the Study of Law and Constitution*, de 1885 [que pode ler-se em files.libertyfund.org/files/1714/0125_BK.pdf].
Sobre o ponto que estamos a considerar no texto (poderes exorbitantes) e para vincar o "carácter despótico" do Direito Administrativo (francês), descrevia Dicey como "leading idea" deste o facto de os órgãos e agentes do Estado possuírem "a whole body of special rights, privileges, or prerogatives as against private citizens" (p. 219).
No sentido de rejeição da tese clássica e, nos antípodas dela, considerando que a Inglaterra tem um dos sistemas de Direito Administrativo mais antigos do mundo pós-clássico, cf. P. Craig, *Uk, EU and Global Administrative Law*, Cambridge University Press, 2015.

[58] Cf. Loughlin, *Foundations, cit.*, p. 440 e segs.

comuns: a Constituição apenas reconhece ao Congresso e aos tribunais o poder de "impose legally obligatory constraints on persons".

A distinção entre os dois modelos não perdura certamente nos termos taxativos que os seus enunciados sugerem. Assim, nos Estados Unidos da América, assiste-se, durante todo o século XX e sobretudo desde os anos 30, com o "New Deal", a um enorme crescimento e à generalização de uma Administração Pública (agências de execução e comissões administrativas independentes) com fortes poderes de regulação, de emissão de regras bem como de decisão unilateral, que vinculam sem necessidade de intermediação de tribunais: "Administrative State" surge como o conceito que procura retratar esta realidade e o "Administrative Law" é a disciplina que tem por objeto a organização e o funcionamento daquele[59], e como lei fundamental o "Administrative Procedure Act", de 1946[60].

Deve contudo observar-se que a evolução dos sistemas administrativos do Reino Unido, e, em especial, dos EUA não se fez – e ainda hoje não se faz – sem hesitações e sem sérios questionamentos sobre a constitucionalidade de todo o processo que culmina nos vastos poderes públicos das agências administrativas e na própria configuração de um Estado Administrativo[61]. E isto em grande medida porque, como assinalado pela doutrina: "the Constitution says remarkably little about federal administration"[62]. Por causa deste silêncio da Constituição escrita, defende alguma doutrina que o "Administrative State" encontra legitimidade constitucional no próprio Direito Administrativo, que, em razão dos valores que protege e das funções que desenvolve (criação e estruturação de instituições políticas, autorização e limitação do exercício do poder administrativo e regulação das relações

[59] Sobre a génese e a evolução do "Administrative State" norte-americano, cf. J. L. Mashaw, *Creating the Administrative Constitution*, Yale University Press, 2012; R. J. Pestritto, "The birth of the Administrative State: where it came from and what it means for limited government", *First Principle Series*, The Heritage Foundation, 2007.

[60] Em relação às origens do "Administrative Procedure Act", cf. E. D. Bernick, "Envisioning Administrative Procedure Act Originalism", *Administrative Law Review*, vol. 70/4, 2018, p. 808 e segs.

[61] Cf. G. Lawson, "The rise and rise of the administrative state", *Harvard Law Review*, vol. 107, 1994, p. 1231 e segs.. Na doutrina mais recente, cf. Ph. Hamburger, *Is administrative law unlawful?*, The University of Chicago Press, 2014; D. R. Ernst, *Tocqueville's nightmare: the administrative state emerges in America, 1900-1940*, Oxford University Press, 2014.

[62] Cf. G. E. Metzger, "Embracing administrative common law", *George Washington Law Review*, vol. 80, 2012, p. 1337; no mesmo sentido, cf. P. L. Strauss, "The place of agencies in Government: separation of powers and the fourth branch", *Columbia Law Review*, vol. 45, 1984, p. 597.

jurídicas entre as instituições e entre estas e os cidadãos), assume, ele mesmo, natureza constitucional (na condição de *constituição não escrita*)[63].

Secção II
Direito Administrativo

O percurso já efetuado, que nos colocou em contacto com alguns conceitos fundamentais para a compreensão do Estado Administrativo e com os objetivos que este pretende realizar, permite avançar para a apresentação de uma noção do Direito Administrativo e para a identificação das funções e dos valores presentes neste sector do ordenamento jurídico. Mas antes disso, impõe-se uma sumária referência à evolução histórica da nossa disciplina.

6 – Evolução do Direito Administrativo

Transformação, mutação, inovação são expressões de emprego muito frequente quando se trata de descrever a evolução do Direito Administrativo

[63] Cf. T. Ginsburg, "Written constitutions and the Administrative State: on the constitutional character of administrative law", in S. Rose-Ackerman/P. L. Lindseth, eds., *Comparative Administrative Law*, Edward Elgar, 2010, p. 117; E. S. Bremer, "The unwritten administrative constitution", *Florida Law Review*, vol. 66, 2014, p. 1217 e segs.

ou de definir os traços que o caracterizam em cada momento histórico[64]. O processo de contínua inovação e a ideia de um sistema em permanente reforma resultam diretamente dos movimentos, com as mesmas características, que têm assinalado a evolução do Estado Administrativo desde o século XIX [cf. ponto 2].

As profundas transformações do Estado Administrativo Português – a começar pelas transformações políticas – que ocorreram ao longo deste período de cerca de dois séculos tiveram naturalmente um impacto no Direito Administrativo, desde logo, na sua "dimensão", mas também, e mais relevante ainda, ao nível dos seus instrumentos e da sua efetividade[65].

> A referência, acima feita, aos modelos de Estado Administrativo que se sucederam no tempo já permite perceber que os contornos do Direito Administrativo de hoje se revelam muito diferentes daqueles que o caracterizavam há 100 ou até há apenas 50 anos. Na verdade, o Direito Administrativo tem estado sob a ação de um contínuo processo de transformação. E, tudo o indica, assim deverá continuar a ser no futuro. Quer isto dizer, afinal, que todas as épocas têm tido o seu "Novo Direito Administrativo" – desde o início, em cada tempo, há um Direito Administrativo do passado e um Direito Administrativo do presente[66]. A reforma e a renovação constituem uma espécie de rotina do Direito Administrativo[67].

a) A emergência do Direito Administrativo

O Direito Administrativo nasce com o Estado constitucional-liberal instituído pelas revoluções liberais europeias do fim do século XVIII e do início do século XIX[68] e, em especial, por força da proclamação da supremacia

[64] No sentido de o Direito Administrativo se revelar "*conjunturalmente mutável*", cf. Marcelo Rebelo de Sousa/André Salgado Matos, *Direito Administrativo Geral*, T. I, Dom Quixote, 2008, p. 11.

[65] Cf. Ana Raquel Moniz, "Traços da evolução do direito administrativo português", *BFDUC*, vol. LXXXVII, 2011, p. 243 e segs.

[66] Sobre o novo Direito Administrativo de hoje, cf. Suzana Tavares da Silva, *Um Novo Direito Administrativo?*, Imprensa da Universidade de Coimbra, 2010; em Itália: Italo Franco, *Manuale del nuovo diritto amministrativo*, Cedam, 2012; em Espanha: Angel Sanchez Blanco et alli (coord.), *El nuevo derecho administrativo, libro homenaje al prof. Dr. Enrique Rivero Ysern*, Ratio Legis, 2012.

[67] Neste sentido, cf. L. Parejo Alfonso, *Transformación y reforma ? del derecho administrativo en España*, INAP, 2012, p. 20.

[68] A expressão Direito Administrativo terá surgido, pela primeira vez, em 1798, em França: cf. J.-L. Mestre, "Aux origines de l'enseignement du droit administratif: le «Cours de législation administrative» de Portiez de l'Oise", *Revue Française de Droit Administratif*, 1993, p. 240 e segs. (p. 244-246).

do poder legislativo sobre o poder administrativo, que se concebe como um poder secundário, responsável por uma missão de mera execução e aplicação da lei.

A afirmação segundo a qual o Direito Administrativo nasce no século XIX pode parecer um tanto estranha, se a confrontarmos com as proclamações de alguns autores mais antigos: assim, nos inícios do século XX, Magalhães Collaço escrevia que *"o direito administrativo existiu sempre que se regulou a administração pública e esta conta a sua existência pela do Estado"*[69]. A mesma ideia via-se repetida, nos mesmos termos, por outros autores[70].

Mas, então, o Direito Administrativo emergiu no século XIX ou existiu sempre?

Pois bem, uma sumária reflexão sobre a realidade jurídica portuguesa permite imediatamente perceber que há "leis administrativas" muito anteriores ao século XIX: as cartas de foral concedidas pelos primeiros reis de Portugal às localidades regulavam matérias administrativas; e, ao longo dos séculos até aos anos de oitocentos, muitas leis e posturas foram editadas para regular o funcionamento do poder executivo nas relações com os cidadãos e para organizar as administrações públicas.

Sucede, porém, que não se deve confundir a existência de regras sobre o funcionamento e a organização da Administração com o Direito Administrativo. Na verdade, regras daquela natureza, criadas a partir do sistema administrativo e dos seus protagonistas e para a prossecução de um interesse organizativo, terão existido sempre: *"podendo o direito administrativo ser considerado sob o duplo aspecto, de lejislação e de ciência, é certo que, quanto ao primeiro aspecto, êle é de todas as épocas, coincidindo a sua istória com a istória dos estados, porque jamais ouve estado sem instituições ou regras de administração"*[71].

Sucede, porém, que tais regras, além de, em muitos casos, provirem da própria Administração, mostravam-se alheias à pretensão de limitar ou de condicionar a esfera de ação das unidades administrativas nas relações com os particulares. Não existe, pois, antes do século XIX, a definição de um sistema coerente e ordenado de regras e a estruturação jurídica de princípios vocacionados para sistematizar, legitimar, disciplinar e conformar a ação dos poderes públicos nas relações com os cidadãos.

[69] Cf. João Tello de Magalhães Collaço, *Apontamentos de Direito Administrativo* (s.d.), p. 1.

[70] Cf. Ludgero das Neves, *ob. cit.*, p. 18.

[71] Nestes termos, cf. A. L. Guimarães Pedrosa, *Curso de Ciência da Administração e de Direito Administrativo*, vol. I, Coimbra, Imprensa da Universidade, 1908, 2.ª ed., p. 117.

É apenas em oitocentos, com a instituição do *Estado da legalidade*, que a supremacia da lei – que espelha a supremacia do povo e da vontade popular no sistema político e que afirma a preponderância da nação (conjunto dos cidadãos livres) sobre o Estado – vai determinar a submissão da máquina administrativa, baseada no corpo de funcionários dependente do monarca e nos corpos administrativos locais, a condições e limites que lhe são exteriores. É este efeito de submissão da ação da Administração Pública a regras jurídicas ditadas fora do sistema administrativo, por um outro poder, que assinala o nascimento do Direito Administrativo.

Em inteiro rigor, a origem do Direito Administrativo não se deve associar apenas à submissão da Administração Pública à lei e à consequente afirmação de um princípio de legalidade administrativa. Para completar o sistema, para fechar o círculo, exige-se ainda a submissão da ação administrativa ao controlo de tribunais ou órgãos independentes investidos do poder de verificar o cumprimento da lei e de apreciar os conflitos entre a Administração e os particulares.

Como já vimos, os críticos dos sistemas de Direito Administrativo de tipo francês, à frente dos quais o inglês A. V. Dicey, detetam um carácter despótico e tirânico desta disciplina no facto de os agentes da Administração se verem investidos de direitos e prerrogativas especiais e de a respetiva atuação se encontrar imune ao controlo dos tribunais – quanto a este aspeto, tratava-se de decorrência da ideia segundo a qual "julgar a Administração é administrar": na sequência da Revolução de 1789 e ainda nesse mesmo ano, estabeleceu-se a proibição de os tribunais julgarem a Administração e decretou-se que esta não poderia ser perturbada no exercício das suas funções administrativas por qualquer ato do poder judicial[72]. Sem se discutir o sentido desta isenção de controlo judicial (que foi uma resposta historicamente situada à pretensão de proteger a Administração saída da Revolução de uma eventual reação tradicionalista dos juízes), e sem se desvalorizar a importância da submissão do Poder Administrativo à lei (porventura, o principal ou fundamental legado das revoluções liberais), não subsistem dúvidas de que o controlo da Administração e da ação administrativa por órgãos independentes é um elemento decisivo na construção do Direito Administrativo.

[72] Cf. J.-L. Mestre, "L'histoire du droit administratif", in Gonod/Melleray/Yolka, *Traité, cit.*, T. 1, p. 18.

b) A consagração constitucional de princípios estruturantes de uma ordem jurídica com Direito Administrativo

O Direiro Administrativo existe a partir do momento em que se identifica um corpo de princípios e regras legais com o propósito de organizar e de orientar a ação da Administração Pública e cuja observância pode ser verificada por tribunais ou órgãos independentes da Administração. Ora, a conjugação destes elementos ocorre no decurso do século XIX, período ao longo do qual se consolida um processo de consagração dos *princípios estruturantes* ou *essenciais* de uma ordem jurídica com Direito Administrativo.

São os seguintes os referidos princípios:

a) Princípio da separação de poderes e do reconhecimento da existência de um poder administrativo separado e que não se confunde com o poder legislativo, nem com o poder judicial – o primeiro professor de uma cadeira de Direito Administrativo, na Faculdade de Direito de Coimbra, iniciava assim as suas *Instituições de Direito Administrativo Portuguez*: "*Todos os governos livres assentam principalmente sobre duas bases essenciaes; é facil de reconhecer á primeira vista a necessidade d'um poder, que tenha a seu cargo o fazer as leis, e de outro que as execute; e d'aqui vem a existencia de dous poderes distinctos e independentes, a que se chama poder legislativo, e poder executivo*"[73]; um pouco à frente, acrescentava, "*a administração é a acção vital do govêrno, é o braço da sociedade é numa palavra o govêrno do paiz, menos a confecção das leis e a acção da justiça entre os particulares*"[74].

b) Princípio da sujeição da Administração Pública à lei – no relatório do Decreto n.º 23, de 16 de maio de 1832, um dos célebres "decretos de Mouzinho da Silveira"[75], afirma-se, a dado passo, que "*a autoridade administrativa não pode dar ordens senão para fazer executar as leis segundo o espírito delas*"; uns anos mais tarde, afirmar-se-á que "*o poder executivo não pode com suas providências e actos exorbitar dos limites designados na lei*"[76].

c) Princípio da sujeição da ação administrativa a um controlo efetuado por órgãos próprios e independentes dos corpos administrativos.

[73] Cf. Justino Antonio de Freitas, *Instituições, cit.*, p. 1.

[74] *Ibidem*, p. 3.

[75] Sobre as ideias de Mouzinho da Silveira, cf. M. Fátima Brandão/Rui Graça Feijó, "O discurso reformador de Mouzinho da Silveira", *Análise Social*, vol. XVI, 1980, p. 237 e segs.

[76] Cf. Guimarães Pedrosa, *ob. cit.*, p. 82.

Investido da competência expressa de fiscalização da Administração, foi instituído pelo mesmo Decreto n.º 23 o Conselho de Prefeitura, um "*tribunal especial*", que, na condição de "*autoridade administrativa judiciária*", é encarregado de decidir "*sôbre o contencioso da administração*"[77].

A sujeição da Administração Pública ao controlo de órgãos independentes, especializados – e não aos tribunais comuns –, é um elemento decisivo da autonomização dogmática do Direito Administrativo[78]. Assim, em França, a emergência do Direito Administrativo, como disciplina jurídica autónoma e separada do direito civil, é geralmente associada ao *arrêt Blanco*, uma decisão proferida pelo Tribunal dos Conflitos francês no ano de 1873 – a decisão teve na sua base o caso de um acidente que envolveu uma menina de cinco anos (Agnés Blanco), atropelada e gravemente ferida por um vagão carregado de tabaco conduzido por operários da empresa nacional de tabacos quando cruzava a rua que separava a fábrica do armazém. O pai da menina propôs uma ação de indemnização no tribunal judicial de Bordéus contra os operários e também contra o Estado enquanto civilmente responsável pela imprudência dos seus trabalhadores. O tribunal declinou a sua competência e remeteu os autos para o Tribunal dos Conflitos, o qual, por acórdão de 18 de fevereiro de 1873, veio a decidir que a responsabilidade do Estado por factos praticados pelo seu pessoal não se pode reger pelos princípios de direito privado, e, por consequência, devolveu a apreciação do assunto à "autoridade administrativa" (numa interpretação atualista, entenda-se autoridade da jurisdição administrativa). Assim se subtraía a Administração Pública aos tribunais judiciais e se iniciava o caminho da sua submissão a uma disciplina jurídica especial, porque, esclarecia o Tribunal dos Conflitos,

[77] Sobre este sistema de justiça administrativa, que adota um modelo *judiciarista* ou *quase-judicialista*, cf. Vieira de Andrade, *A Justiça Administrativa*, Almedina, 16.ª ed., 2017, p. 27. Em geral, sobre a evolução da justiça administrativa, cf. Maria da Glória Garcia, *Da justiça administrativa em Portugal. Sua origem e evolução*, Universidade Católica, 1994.

[78] Como já se explicou, a subtração da Administração ao controlo dos tribunais judiciais decorria da ideia de que julgar a Administração seria ainda administrar; neste sentido, o controlo da Administração por "tribunais comuns" traduziria uma intromissão do poder judicial no poder administrativo, em violação do princípio da separação de poderes. Entre nós, em 1849, explicava-se o seguinte: "*ora se esta questão administrativa tivesse de ser decidida pelo Judicial, que resultaria? Primeiramente, ia sujeitar-se a Administração ao Poder Judicial: ficaria delle dependente*" – cf. Lopo José Dias de Carvalho/Francisco d'Albuquerque Couto, *Apontamentos de Direito Administrativo* (segundo as preleções orais de Basilio Alberto de Sousa Pinto), *cit.*, p. 15.

a responsabilidade do Estado "ne peut être régie par les principes qui sont établis dans le Code Civil, pour les rapports de particulier à particulier" (não pode ser disciplinada pelos princípios estabelecidos no Código Civil para as relações entre particulares).

Em Portugal, os princípios acima referidos materializam-se, todos, em soluções legais, no citado Decreto n.º 23, de 16 de maio de 1832[79], sobre a "implantação do sistema administrativo". O Relatório do diploma enuncia a influência francesa sobre o modo de delineação do sistema administrativo: "... *Quanto à Administração, a matéria e a forma são novas para Portugal, e as bases são tomadas na legislação francesa*".

c) A autonomização científica do Direito Administrativo

São também do século XIX os primeiros estudos e manuais dedicados ao Direito Administrativo, em grande medida, na sequência da criação, em 1853, na Faculdade de Direito de Coimbra, de uma cadeira de *Direito Administrativo Português e Princípios de Administração*[80].

Antes da criação da cadeira de *Direito Administrativo Português e Princípios da Administração*, já tinha sido publicada, em 1849, a obra, já referida, de Basilio Alberto de Sousa Pinto, intitulada *Apontamentos de Direito Administrativo, com referencia ao Codigo Administ. Portuguez de 18 de março de 1842* (escrita pelos alunos Lopo José Dias de Carvalho e Francisco d'Albuquerque Couto de acordo com as aulas lecionadas nos anos de 1844 e 1845). Mas o primeiro compêndio publicado após a criação da cadeira de Direito Administrativo foi o livro *Instituições do Direito Administrativo Portuguez*, da autoria de Justino Antonio de Freitas (1.ª edição, de 1857): tratou-se da "*primeira*

[79] Cf. Marcello Caetano, *Manual de Direito Administrativo*, vol. I, Almedina, 1984, p. 146.

[80] Sobre esse processo, cf. Guimarães Pedrosa, *ob. cit.*, p. 8. Como o Autor explica, o ensino do Direito Administrativo iniciou-se, na Faculdade de Direito de Coimbra, em 1836: contudo, surgia junto com outras matérias, numa mesma cadeira (a partir de 1843, juntou-se ao direito criminal). Sobre este ponto e em geral sobre o processo de autonomização do ensino do Direito Administrativo, cf. António M. Hespanha, "O Direito Administrativo como emergência de um governo activo (C.1800-C.1910)", *Revista de História das Ideias*, vol. 26, 2005, p. 119 e segs.; Mário Reis Marques, "Références françaises et allemandes dans la formation du droit administratif portugais", *Jahrbuch fur Europäische Verwaltungsgeschichte*, Nomos, vol. 2, 1990, p. 235 e segs. Em França, o Direito Administrativo foi inserido nas matérias curriculares das faculdades de direito em 1815; cf. F. Burdeau, *Histoire du droit administratif*, Thémis, 1995, p. 107 e segs.; L. Mannori/B. Sordi, *Storia del diritto amministrativo*, Laterza, 2001, p. 277.

obra neste genero, que tem visto as letras patrias, e é a unica que possuímos"[81]. Em geral, os estudos, compêndios e manuais publicados na segunda metade do século XIX e nos primeiros anos do século XX focavam-se sobretudo nas temáticas da organização administrativa e da divisão administrativa do território, e dedicavam uma atenção particular à administração local. Compreende-se essa inclinação para o estudo dos temas da organização administrativa, pois, em grande medida, essa era a matéria administrativa especialmente regulamentada, quer nos decretos de Mouzinho da Silveira, quer nas sucessivas versões do Código Administrativo (no século XIX: 1836, 1842, 1878, 1886, 1895-96).

d) *A libertação da Administração Pública do direito privado e a autonomia dogmática do Direito Administrativo*

Nesta fase inicial, e num quadro de fundo já organizado por leis administrativas, a Administração Pública desenvolvia, porém, a sua ação fundamentalmente através dos meios de direito privado, e, sobretudo, do contrato. Veja-se, por ex., que as grandes *concessões de serviços públicos* do fim do século XIX e início do século XX (concessão de serviços de transportes locais, de redes de telefones) eram estabelecidas por contratos de *direito privado*[82]. Outro tanto sucedia com a apropriação pública autoritária de bens dos particulares, explicada no quadro do contrato civil de compra e venda forçada, bem como com as relações de emprego com o Estado.

A plena afirmação da autonomia dogmática do Direito Administrativo teria de passar por uma rutura com os quadros e as instituições próprias do direito civil: o processo de emancipação exigia, em palavras escritas em 1913, uma "campanha de *descivilização*", com o propósito de "libertar os institutos administrativos do direito civil". A "escabrosa missão de administralizar", de conferir autonomia e identidade ao direito próprio da Administração, implicava, pois, a efetiva marginalização do direito privado como fonte de explicação do modo de funcionamento funcionamento do sistema administrativo[83].

[81] Cf. Augusto Guilherme de Sousa, *Ensaio sobre as Instituições de Direito Administrativo Português do Excellentissimo Senhor Justino António de Freitas*, Coimbra, Imprensa da Universidade, 1859, p. IX.

[82] Sobre as origens da figura das concessões administrativas, que se confundem com as origens do contrato administrativo, cf. Pedro Costa Gonçalves, *Direito dos Contratos Públicos*, *cit.*, pp. 17 e segs., e 76 e segs

[83] Sobre o "processo de descivilização do Direito Administrativo", cf. J. L. Soares das Neves, *A Declaração da Utilidade Pública. Acto Político*, Lisboa, Imprensa Nacional, 1913, p. 25 e segs.

Pois bem, apenas no decorrer do século XX se irá assistir à consolidação de uma compreensão especificamente publicista da atividade administrativa e, por isso, à efetiva autonomização científica do Direito Administrativo: aos institutos da organização administrativa, juntam-se figuras como o ato administrativo (decisão emitida ao abrigo de poderes unilaterais de autoridade), o contrato administrativo (com um regime, também marcado pela presença da autoridade, que o vai emancipar do contrato de direito civil), a expropriação por utilidade, os bens públicos, o regime específico da função pública, a polícia administrativa, o serviço público, a execução coerciva, etc., os quais dão corpo a um "direito especial", *exorbitante* em relação ao direito privado, e que se desenvolve em torno de alguns princípios que lhe emprestam consistência e autonomia. A fechar o sistema, estabelece-se um corpo de normas a regular em termos especiais a sujeição da Administração a controlo (processo contencioso). O Direito Administrativo foi, assim, evoluindo, construindo a sua autonomia científica e sistémica, e acabou por ver afirmada a sua "lontananza dal diritto privato"[84].

A Administração Pública, que, nos finais do século XIX, atuava sobretudo com recurso aos instrumentos de direito privado, alguns anos depois, atuava já quase exclusivamente por *via administrativa*, com instrumentos jurídicos privativos do Direito Administrativo. Iniciava-se assim uma *fase de progressiva publicização*, que, em breve, na generalidade do continente europeu, se traduziria numa *vaga panpublicista* e na compreensão do Direito Administrativo como um novo direito comum, ordinário para as relações entre o cidadão e o Estado Administrativo[85].

O Direito Administrativo, apesar de *especial*, acabou por se aperfeiçoar e transformar-se numa ordem jurídica completa e quase autossuficiente: portador de valores próprios, conhece princípios específicos e regras exclusivas; adquiriu, além disso, uma capacidade de auto-integração para resolver no seu âmbito casos de lacunas e de contradições normativas[86]; como veremos, é o *direito comum* de grande parte da Administração; por outro lado, para garantir a observância dos seus princípios e das suas regras existe, aliás com fundamento constitucional, uma ordem jurisdicional própria e autónoma (a ordem dos tribunais administrativos).

[84] Cf. M. D'Alberti, *Lezioni di diritto amministrativo*, Giappichelli, 2019, p. 17.

[85] *Idem, ibidem.*

[86] Cf. J. L. Meilán Gil, *Categorías jurídicas en el derecho administrativo*, Iustel, 2011, p. 17.

e) O Direito Administrativo da atualidade: moldado pela Constituição de 1976 e pelo direito da União Europeia

Em Portugal, um marco decisivo na evolução do Direito Administrativo, que assinala aliás a transição para o modelo de um Estado Administrativo de serviço público e social, é a Constituição de 1976, com a qual se entra na III República.

Deve dizer-se que o processo de transformação do Direito Administrativo não foi, de modo algum, imediatamente desencadeado na sequência da aprovação da Constituição de 1976. Tratou-se, de facto, de um processo lento, que envolveu a aprovação de vários diplomas legais ao longo de um período de quase três décadas. E envolveu, além disso, processos de revisão constitucional, que contribuíram também para a modelação do atual Direito Administrativo Português.

Teremos ocasião de analisar a importância da "constituição administrativa" e da ideia do Direito Administrativo como *direito constitucional concretizado*. Por ora, cabe apenas assinalar que a Constituição de 1976, mantendo princípios clássicos da Administração de um Estado de direito, consagrou as bases fundamentais de um processo de reconfiguração profunda do Direito Administrativo.

Eis o que sucede nos domínios que se indicam a seguir.

i) Subordinação da Administração Pública ao povo, à Constituição, à lei e aos tribunais – afirma-se, como princípio fundamental da República, que o "poder político pertence ao povo" (artigo 108.º) o qual se aplica ao "poder administrativo" e exige, pois, um canal de ligação entre a Administração e o povo. Por outro lado, define-se que os órgãos e agentes administrativos estão subordinados à Constituição e à lei e devem atuar com respeito por princípios gerais como a boa fé, a igualdade, a imparcialidade, ou a proporcionalidade: artigo 266.º, n.º 2. Estabelece-se, ainda, a existência de tribunais administrativos, aos quais cabe julgar ações que tenham por objeto dirimir os litígios emergentes das relações jurídicas administrativas (artigo 212.º): fica assim estabelecida a regra da subordinação da Administração Pública a tribunais, os quais, com independência e em nome do povo, apreciam, além do mais, as ações judiciais propostas e as providências requeridas pelos cidadãos contra os organismos da Administração. Ao Direito Administrativo cabe a tarefa de concretização destas regras ou exigências constitucionais de subordinação, quer por via da construção de canais de legitimação democrática do sistema administrativo, quer pela definição das regras sobre o processo de acesso aos tribunais.

ii) Consagração de direitos fundamentais dos cidadãos administrados em face da ação ou da inação da Administração Pública – direito à informação e à fundamentação de atos administrativos; direito de participação; direito à justiça administrativa e, em geral, à proteção contra a Administração (artigo 268.º).

> O Direito Administrativo e as suas leis, bem como a Administração Pública, estão, todos, vinculados pelos direitos fundamentais; neste sentido, os direitos fundamentais têm uma primazia em relação à Administração Pública e cabe ao Direito Administrativo incorporar este valor nas suas leis: o CPA e a lei de acesso à informação administrativa e ambiental, bem como, em outro plano, toda a legislação processual administrativa, concretizam esta penetração ou incorporação jus-fundamental na nossa disciplina.
> A Constituição põe em marcha um processo de afinação das garantias dos cidadãos em face da Administração Pública, quer numa dimensão de proteção individual, quer numa dimensão de proteção de bens e valores públicos (*v.g.*, por via da consagração do *direito de ação popular*), tudo no quadro da construção de um modelo de Estado Administrativo democrático, transparente e aberto à participação da cidadania. Sobretudo a partir da Constituição, o Direito Administrativo vai desenvolver-se e revelar-se *ao serviço do valor da defesa dos cidadãos contra o Estado Administrativo e da promoção de uma cidadania administrativa ativa e participante na vida coletiva.*

iii) Consagração de direitos fundamentais dos cidadãos administrados a prestações e a serviços públicos – a consagração de um serviço nacional de saúde (artigo 64.º), a garantia de uma rede pública de ensino que cubra as necessidades de toda a população (artigo 75.º), o direito à segurança social (artigo 63.º), entre outros direitos a prestações, contribuíram para a estruturação de um Direito Administrativo social.

> Às tradicionais "leis do serviço público" (igualdade, continuidade, atualização[87]), juntaram-se, nestes domínios, a universalização, o acesso universal e

[87] Trata-se das famosas "leis de Rolland": a designação deve-se ao facto de ter sido Louis Rolland que, na sua obra "Précis de droit administratif" (1.ª edição de 1928), enunciou, através dessas três

gratuito aos serviços públicos, a transparência e a participação. Ao Direito Administrativo coube a tarefa de concretizar estes valores de referência de um Estado social e de serviço público; coube-lhe ainda a função de criação das instituições administrativas responsáveis por estas funções, promovendo a diversificação dos módulos organizativos da Administração; o Direito Administrativo desenvolve-se agora no sentido da *garantia da realização dos direitos dos cidadãos ao Estado social.*

iv) Consagração da descentralização administrativa e abertura à possibilidade de uma administração independente do Governo – o Poder Local democrático (autarquias locais), a descentralização territorial e a pluralização administrativa (não há uma Administração Pública, mas Administrações Públicas, estaduais e autónomas em relação ao Estado) representam uma espécie de revolução da organização administrativa portuguesa. Os ingredientes da democracia participativa e o princípio democrático invadem o Direito Administrativo da organização administrativa e promove-se uma "democracia de proximidade"; mais tarde, chegarão as administrações independentes, já fora do circuito democrático representativo clássico, enxertadas no texto constitucional através de uma formulação seca ("a lei pode criar entidades administrativas independentes": artigo 267.º, n.º 3), mas que, em geral, se acredita ser suficiente para assegurar a legitimidade constitucional de um setor de Administração independente do Governo; ao Direito Administrativo cabe definir modelos de ação destas entidades que assegurem uma legitimidade substancial da sua intervenção; o Direito Administrativo surge, neste campo, ao serviço dos valores fundamentais da *promoção da democracia administrativa e da legitimação do sistema administrativo.*

v) Eficácia de uma organização administrativa plural – as referências constitucionais a uma administração indireta ou à administração autónoma, bem como à desconcentração e descentralização administrativas ou à aproximação dos serviços às populações e, mais tarde, ao exercício de poderes públicos por entidades privadas e ainda às entidades administrativas independentes enquadram e legitimam o exponencial crescimento

regras, o regime do serviço público (atividade administrativa); cf. V. Donier, "Les lois du service public: entre tradition et modernité", *Revue Française de Droit Administratif*, 2006, p. 1219 e segs. Uma referência expressa a essas "leis" pode ver-se no artigo 429.º do CCP, sobre os princípios gerais da exploração de atividades de serviço público por concessionários: *a)* continuidade e regularidade; *b)* igualdade; *c)* adaptação às necessidades.

da máquina administrativa (serviços periféricos dos ministérios, criação de institutos públicos, devolução de funções públicas a entidades privadas por via de concessões e dos "novos" contratos de parceria público-privada).

> O Direito Administrativo da organização vai assumindo um papel cada vez mais decisivo, em resultado da maior complexidade da máquina administrativa e do desenvolvimento das relações jurídicas administrativas no interior da Administração Pública; desenvolve-se, assim, um Direito Administrativo virado para o interior da Administração, que visa *garantir a unidade, a eficácia, a coerência do funcionamento do sistema administrativo.*

Um outro momento decisivo na evolução do Direito Administrativo Português ocorre na sequência da integração do país na (atual) União Europeia – noutro momento, conheceremos os principais fatores de influência do direito da União sobre o Direito Administrativo português.

7 – Noção de Direito Administrativo

Estamos agora em condição de propor uma noção de Direito Administrativo. Pois bem, o Direito Administrativo é aqui definido como o *conjunto das normas jurídicas, de várias proveniências, que, dentro do ordenamento jurídico, se distinguem pelo facto de se dirigirem à Administração Pública, com o propósito de a organizar, de indicar as suas missões e competências e de definir os termos e as condições do desenvolvimento da função administrativa, ou também a particulares, com o objetivo de lhes conferir direitos ou de os onerar com deveres no âmbito de relações entre eles e a Administração Pública.*

Na noção proposta, indica-se o *critério de identificação* ou de *distinção* das normas jurídico-administrativas (critério de administratividade), alude-se à *proveniência* ou fonte dessas normas e apontam-se as *funções* do Direito Administrativo. No presente número analisamos os dois primeiros itens; o terceiro, relativo às funções, será exposto no número subsequente [cf. ponto 8].

a) Critério da administratividade: normas dirigidas a entidades da Administração Pública no exercício da função administrativa

O critério da administratividade das normas jurídicas repousa num elemento de ordem subjetiva ou estatutária: as normas jurídicas administrativas envolvem sempre a presença da Administração Pública como sujeito de ordenação[88]; mesmo que se dirijam diretamente aos particulares (cidadãos e quaisquer entidades particulares), reconduzem-se ao Direito Administrativo as normas que lhes atribuem direitos ou que lhes impõem deveres no contexto de uma "relação com a Administração Pública". Neste sentido, as normas que se dirigem a particulares também se dirigem à Administração.

O objeto de regulação do Direito Administrativo é a Administração Pública, enquanto organização e enquanto centro de relações jurídicas; o Direito Administrativo existe para a Administração Pública e por causa dela.

Aqui se assume, pois, uma conceção subjetiva, estatutária ou orgânica do Direito Administrativo, que o revela como um sistema composto por normas jurídicas que se identificam e se distinguem dentro do ordenamento jurídico pelo facto de se dirigirem à Administração Pública "enquanto tal", quer dizer, *enquanto responsável pelo exercício de competências públicas, conferidas por lei*.

Mas, como aliás resulta do que acaba de se expor, essa leitura subjetiva não ignora a conveniência de associar igualmente o Direito Administrativo à regulação do exercício da ação da Administração Pública, à *função administrativa*[89]. Não obstante, temos por certo que não se revela adequado, nem tão-pouco idóneo, para circunscrever o âmbito do Direito Administrativo, um critério isolado e exclusivamente assente no "exercício da função administrativa" – focado em pretensas características próprias e distintivas desta atividade – e desprovido de um referencial orgânico que assente na ligação da atividade explícita à Administração Pública. O Direito Administrativo ocupa-se da regulação de uma certa atividade (a função administrativa) *porque* essa atividade está confiada à responsabilidade da Administração. É, aliás, por esta razão, por se encontrar confiada à Administração, que esta atividade se considera administrativa.

[88] Para uma crítica da conceção estatutária, cf. Francisco Paes Marques, *Conflitos entre Particulares no Contencioso Administrativo*, Almedina, 2019, p. 721 e segs.

[89] No sentido de que o Direito Administrativo é, em parte, um direito estatutário, um Direito da Administração Pública, mas, num outro plano, quanto ao quadro das relações jurídicas em que a Administração toma parte, o critério aplicável é o do *exercício da função administrativa*, "podendo, pois, dizer-se que, nesta segunda dimensão, não organizatória, que tem por objeto regular as relações jurídico-administrativas, o Direito Administrativo não é o Direito da Administração Pública, mas o *Direito da função administrativa*", cf. Mário Aroso de Almeida, *Teoria Geral do Direito Administrativo*, Almedina, 2018, pp. 19-20.

Neste sentido, e como anunciado desde as primeiras páginas, afigura-se acertada a visão do Direito Administrativo como um "direito do Estado Administrativo", assumindo que a fórmula referencia um elemento orgânico ou institucional (a Administração Pública), que se conjuga com um elemento objetivo ou material (a função administrativa).

Assim, em função da necessária presença de uma dimensão orgânica nos termos assinalados, entende-se que não se afigura de todo suficiente para mobilizar a aplicação do Direito Administrativo a presença de uma *certa atividade*, independentemente do sujeito que a desenvolve (a menos que haja uma indicação legal explícita nesse sentido). Afastam-se, assim, as teses que sustentam a intervenção do Direito Administrativo sempre que esteja – e só porque está – envolvida uma atividade votada à "realização do interesse geral" ou à "satisfação de necessidades coletivas". Estes ou quaisquer outros fatores, de recorte apenas *material* ou *objetivo*, apresentam-se insuficientes e, de certo modo, até irrelevantes para determinar a aplicação do Direito Administrativo.

Igualmente por força da compreensão subjetivista recusa-se delimitar o âmbito do Direito Administrativo pelo critério do *imperium* ou da autoridade: por um lado, o Direito Administrativo regula atuações em que a Administração Pública não se encontra investida de *imperium* e, por outro lado, há poderes de autoridade exercidos fora da Administração Pública (*v.g.*, "poderes privados") e, portanto, não regulados pelo Direito Administrativo.

A presença da Administração Pública como critério de identificação e de aplicação do Direito Administrativo – e a inerente correspondência entre Direito Administrativo e Administração Pública (e função administrativa) – reclama, desde já, uma observação, porquanto, ainda que de uma forma marginal, o Direito Administrativo também se aplica a *autoridades que não pertencem à Administração Pública* e que se encontram integradas na organização de outros Poderes do Estado: vejam-se, neste contexto, as referências legais aos "atos administrativos praticados por quaisquer órgãos do Estado ou das Regiões Autónomas não integrados na Administração Pública" [artigo 4.º, n.º 1, alínea *c)*, do ETAF] e às "decisões (...) no exercício de poderes jurídico-administrativos (...) proferidas por autoridades não integradas na Administração Pública" (artigo 51.º, n.º 1, do CPTA).

Referências legais como essas pressupõem efetivamente um cenário de aplicação de normas do Direito Administrativo a atividades ou a funções de *autoridades* e de *órgãos públicos* que não pertencem à Administração Pública. Trata-se de uma situação especial, que origina um *desvio efetivo* ao princípio de correspondência entre Direito Administrativo e Administração Pública (e função administrativa); mais tarde, explicar-se-á a razão de ser deste desvio [cf. ponto 18.1].

O exposto permite referenciar, como ideia inicial, de carácter explicativo, um *princípio de tripla correspondência entre Administração Pública, função administrativa e Direito Administrativo*[90]. Este, o Direito Administrativo, é o direito para a Administração Pública e para a função administrativa, ou seja, o direito para o Estado Administrativo.

A sinalização do Direito Administrativo como direito para a Administração Pública não apresenta novidade, pelo menos para um ponto de vista, como o nosso, que sempre o concebeu a partir de uma referência estatutária e subjetivista[91]. Contudo, já aparenta um recorte algo inovador – e porventura aparenta até constituir uma rutura com a referência subjetivista – a ideia de que o Direito Administrativo se dirige diretamente a particulares, o que parece abrir as portas à sua compreensão como um direito de "qualquer pessoa", da Administração Pública, mas também dos particulares.

Sem desvalorizar a importância doutrinária e científica envolvida na proposta, agora feita, de elevar os particulares (os cidadãos e as entidades particulares) à condição de destinatários das normas do Direito Administrativo e de os considerar, logo à cabeça, na definição desta disciplina, importa observar que a mesma não envolve, na verdade, a inovação, nem, muito menos, a rutura que aparenta.

É certo que os particulares que aqui se consideram "podem ser" quaisquer pessoas ou porventura todas, mas "efetivamente não são" quaisquer pessoas, nem todas as pessoas. Ou seja, não se propõe conceber o Direito Administrativo como um direito para "qualquer um" ou "para todos" ("Jedermannsrecht"[92]).

[90] Adverte-se desde já para a conveniência de não se interpretar esta ideia de "tripla correspondência" como um dogma ou afirmação indiscutível. A formulação tem um sentido sugestivo e um propósito explicativo, para referenciar um *princípio* ou *tendência* que contempla desvios, alguns deles até significativos [cf. ponto 13].

[91] Neste sentido, veja-se o nosso *Entidades Privadas, cit.*, p. 280 e segs.

[92] Cf. D. Ehlers, "Verwaltung und Verwaltungsrecht im demokratischen und sozialen Rechtsstaat", in Ehlers/Pünder, *Allgemeines Verwaltungsrecht*, De Gruyter, 2016, p. 142.

As normas jurídicas administrativas podem, na verdade, atingir quaisquer particulares, quaisquer pessoas, mas, em cada caso, só atingem "determinados particulares", concreta e especificamente, os particulares referenciados numa relação com a Administração Pública[93]. Quer dizer, as normas de Direito Administrativo só se dirigem ou só atingem os particulares que, enquanto "administrados", se apresentam na condição de *sujeitos* ou de polos de concretas relações jurídicas em que o outro elemento, ativo ou passivo, é um sujeito da Administração Pública: eis o que sucede, de forma paradigmática, com as normas jurídicas que oneram os particulares com deveres administrativos (deveres em face da Administração) ou que lhes conferem direitos subjetivos perante a Administração.

Com efeito, a norma jurídica que se dirige diretamente a particulares para lhes impor deveres administrativos é precisamente a mesma que confere à Administração o poder de exigir o cumprimento desses deveres, o de fiscalizar o respetivo cumprimento e, porventura, o de punir a sua violação. Por sua vez, a norma que atribui a particulares um direito de exigir uma conduta da Administração (*v.g.*, a realização de uma prestação ou a tomada de uma decisão sobre um pedido de autorização) é, claro, também uma norma de Direito Administrativo, que tem subjacente uma relação jurídica na qual à Administração surge na condição de titular de um dever de prestar ou de decidir[94]. Não se estranha, pois, que seja de Direito Administrativo uma norma que disciplina atos jurídicos praticados por particulares: *v.g.*, apresentação de um requerimento, nos termos do artigo 102.º do CPA, ou de uma proposta, nos termos do artigo 56.º e segs. do CCP. Trata-se, em ambos os casos, de disciplinar uma ação de particulares em relação com a Administração.

Assim se conclui que o facto de o Direito Administrativo conter normas que se dirigem a particulares não põe em causa a conceção do mesmo como um direito da Administração Pública, porquanto os particulares só são atingidos por normas administrativas, se e na medida em que se encontram numa relação com a Administração Pública. O Direito Administrativo não regula, nem tem a pretensão de regular, as relações entre cidadãos, entre "meros particulares" [cf. ponto 18.2].

[93] No sentido de que as normas de Direito Administrativo também se dirigem aos cidadãos, embora sempre e apenas num contexto de referência ou com relação à Administração, cf. Ehlers, *ibidem*, p. 138.

[94] Em termos análogos, mas referindo-se a normas que se dirigem à Administração, cf. Mário Aroso de Almeida, *Teoria Geral, cit.*, p. 19, n. 6.

A análise da intencionalidade das normas que o integram evidencia que o conjunto das normas jurídicas administrativas não constitui um conjunto homogéneo. De uma forma simples, que atende ao conteúdo e à finalidade das normas que se dirigem à Administração, podemos identificar as seguintes três categorias ou tipos fundamentais: *(i) normas de organização*, *(ii) normas de ação* ou *de competência* e *(iii) normas de condicionamento da ação administrativa*.

A esse conjunto de três categorias de normas, que têm em comum o facto de se dirigirem diretamente à Administração Pública, acrescentam-se as *normas diretamente dirigidas a particulares em relação com a Administração Pública* – apesar de, em razão da sua condição de normas jurídicas administrativas, envolverem ou convocarem a atuação da Administração e, neste sentido, corresponderem em regra a *normas de ação administrativa*, revela-se possível e adequada a sua autonomização.

b) Origem das normas de Direito Administrativo

O Direito Administrativo é um sistema normativo, um *conjunto de normas jurídicas*: pode tratar-se de "princípios jurídicos" (*v.g.*, princípio da proporcionalidade ou da boa administração) ou de "regras jurídicas" (*v.g.*, a regra segundo a qual a Administração deve fundamentar as suas decisões).

As normas de Direito Administrativo, que regulam matérias administrativas e que se dirigem à Administração ou que a atingem, têm várias proveniências. Encontram-se, desde logo, na Constituição da República Portuguesa (*v.g.*, artigo 266.º, sobre os princípios fundamentais aplicáveis à ação da Administração), no âmbito do que se pode designar *Direito Constitucional Administrativo*. Também em matéria administrativa e atingindo, portanto, a Administração, temos as normas de direito da União Europeia, dos tratados ou da "legislação" (regulamentos e diretivas): estas surgem, cada vez mais, a regular o funcionamento da Administração Pública, quer para fixar limites e condicionamentos, quer inclusive para lhe atribuir missões e competências.

Sem prejuízo da prioridade hierárquica das normas constitucionais ou da preferência das normas de direito europeu, uma posição de claro destaque, enquanto fonte de Direito Administrativo, pertence aos atos legislativos nacionais: leis e decretos-leis. Na verdade, ainda que não disponha de um monopólio de regulação da Administração Pública, o ato legislativo ocupa uma posição de primeira linha neste campo, já que é, em regra, num ato normativo dessa natureza que se fundam as competências da Administração.

Apesar de se estar a verificar uma evolução clara no sentido de uma *deslegalização* da regulação da Administração, permanece em grande medida válida a regra de que a lei (ato legislativo) é o fundamento ou a base da ação da Administração; além disso, é também em larga medida a lei que define os termos específicos do condicionamento e de regulação da ação administrativa, assim como os mecanismos de proteção perante o funcionamento da máquina administrativa.

Assim, a referência ao Direito Administrativo como sistema ou compacto normativo em confronto com o direito constitucional ou com o direito da União Europeia, referencia-o como um "direito legal", obra do legislador ordinário de um País à qual se juntam princípios jurídicos de valor legal: assim se compreende, por ex., a afirmação de que o "Direito Administrativo é um direito constitucional concretizado" ou a conclusão segundo a qual se tem acelerado o processo de "europeização do Direito Administrativo". De facto, em qualquer destes cenários, a referência ao Direito Administrativo identifica um "corpo de normas legais", que se encontra inscrito em disposições produzidas todos os dias pelo legislador ordinário (Assembleia da República e, sobretudo, Governo) e em princípios jurídicos de valor legal.

Todavia, já o sabemos, a legislação ordinária não tem o monopólio de regulação da Administração Pública. Além de normas da Constituição e outras, provenientes da União Europeia, ainda integram o *corpus* jurídico-administrativo normas jurídicas emitidas pela própria Administração Pública, os *regulamentos administrativos*.

Já sem o estatuto de *normas jurídicas*, podem, contudo, assumir relevância como elementos ou critérios de orientação da Administração Públicas normas técnicas e "regras de arte", muitas vezes de origem privada (*v.g.*, regras técnicas de qualidade e de segurança emitidas por organismos privados); "códigos de conduta", "manuais de boas práticas", em alguns casos, editados pela própria Administração (cf. artigo 136.º, n.º 4, do CPA).

Desta diversidade das origens, que pode até resultar de se tratar de normas que provêm de diferentes sistemas jurídicos, cada um deles com a sua legitimidade, emergem problemas novos, de conciliação e de resolução de antinomias entre normas jurídicas que não se encontram ordenadas segundo uma regra de hierarquia ("desordem da ... ordem das fontes"[95]).

[95] Cf. A. Ruggeri, "'Fluidità dei rapporti tra le fonti e duttilità degli schemi d'inquadramento sistematico (a proposito della delegificazione)", *Diritto pubblico*, 2000/6, p. 351 e segs. (p. 353).

Neste plano, fenómenos como a *constitucionalização* e a *europeização* do Direito Administrativo (considerado, à maneira clássica, como um direito essencialmente legislativo, concretizado em leis e em princípios de valor legislativo) estão na origem de novas dificuldades e convocam respostas prudentes, que evitem a desadequada exacerbação do *momento jurídico* da ação administrativa e, em especial, que afastem o risco de transformar a Administração Pública numa instância de resolução de conflitos normativos ou, pior ainda, num centro de "realização criativa do direito".

8 – Funções do Direito Administrativo

A apresentação do elenco de categorias de normas jurídico-administrativas[96] já permite entrever as funções principais do Direito Administrativo: a organização da Administração Pública, a legitimação e direção e o condicionamento da ação administrativa constituem, em geral, as funções desempenhadas pelas três categorias acima identificadas; todavia, a essas três funções, deve juntar-se uma, primeira ou inicial, de constituição e de modelagem do sistema administrativo e, depois, outras duas: a proteção dos direitos e interesses dos cidadãos, por um lado, e o condicionamento da atuação dos particulares, por outro. É este o quadro das funções principais do Direito Administrativo, que, em cada caso, no respetivo descritivo, indicam conteúdos específicos. Para ficar completo, o quadro deve ainda incluir uma função última *de garantia do Direito Administrativo*: mas, em razão do particularismo desta função – que alude a uma dimensão de autoproteção do Direito Administrativo –, afigura-se adequado separar ou autonomizar o seu estudo.

8.1 – Constituição e modelagem do sistema administrativo

Afirma-se comummente que o Direito Administrativo visa a Administração Pública e a função administrativa e que estas constituem o objeto de regulação das suas normas. Não nos merece qualquer crítica esse entendimento: o Direito Administrativo regula, de facto, o Estado Administrativo. Apesar da sua correção, a verdade é que essa asserção não capta devidamente, ou talvez até esconda, uma função primária e essencial do Direito Administrativo, enquanto regime jurídico de constituição, configuração e modelagem inicial do Estado Administrativo ou, *hoc sensu*, do sistema administrativo. De

[96] Referimo-nos à distinção entre *(i) normas de organização*, *(ii) normas de ação* ou *de competência* e *(iii) normas de condicionamento da ação administrativa*.

facto, aquilo que a Administração Pública é, na sua extensão, nos elementos que a compõem e no modo como estes se encontram dispostos, bem como aquilo que ela faz (função administrativa), quer nos seus conteúdos, quer nos instrumentos que mobiliza, tudo isso é fabricado, produzido, modelado e moldado pelo Direito Administrativo, pelas normas jurídico-administrativas. O sistema administrativo de cada momento histórico é, na verdade, um produto do Direito Administrativo.

Entre Direito Administrativo e sistema administrativo não existe uma relação do tipo "ciência/objeto": o sistema administrativo, o Estado Administrativo, enquanto "objeto", não pré-existe, nem se impõe, como um dado exterior, como uma condição do contexto; antes se apresenta como uma entidade construída e modelada pelas leis administrativas.

Assim, a primeira função do Direito Administrativo de cada época histórica e de todos os lugares consiste em constituir e estruturar a Administração Pública, em definir os conteúdos da função administrativa (as missões administrativas[97]) e em apetrechar aquela com os instrumentos considerados necessários para a realização das suas incumbências. Nenhum destes elementos constitutivos do sistema conhece uma "vida natural", independente do legislador jurídico-administrativo de cada momento. Se, em cada época que se considere, o legislador não estabelece ruturas e não define novos componentes do sistema administrativo (*v.g.*, instituição de novas missões administrativas, criação de novos organismos), nem elimina os elementos que herda de momentos anteriores, deve deduzir-se que esse legislador *aceita* a permanência e a continuidade dos elementos preexistentes.

No desenvolvimento desta função geral de configuração do sistema administrativo de cada época, o Direito Administrativo é considerado conservador. Recorde-se, a este respeito, e na comparação com o Direito Constitucional, a passagem que Otto Mayer escreveu no prefácio da terceira edição do seu *Deutsches Verwaltungsrecht*: "o direito constitucional passa, o direito administrativo permanece" ("Verfassungsrecht vergeht, Verwaltungsrecht besteht"). Tratava-se de uma frase de cunho irónico, proferida em 1924 para explicar que, apesar de, em 1919, se ter fundado na Alemanha uma nova ordem constitucional (com o fim da monarquia e

[97] "The legislature enacts the policies that are directly constitutive of the administrative state": cf. P. Craig, *Administrative law*, Thomson Reuters, 2016, p. 1.

instauração da República de Weimar), nada de importante aconteceu ou se alterou ao nível das estruturas administrativas[98]. Curiosamente, esta ideia havia já sido sustentada em 1856 por Alexis de Tocqueville, para, em relação à França, explicar a continuidade das estruturas administrativas apesar das várias revoluções políticas após a Revolução de 1789 ("c'est que, depuis 89, la constitution administrative est toujours restée debout au milieu des ruines des constitutions politiques": "ocorre que, a seguir a 89, a constituição administrativa permaneceu de pé no meio das ruínas das constituições políticas")[99]. Em vários momentos e em vários contextos, a realidade política, social e jurídica parece confirmar a descontinuidade do direito constitucional e a continuidade do direito administrativo[100]. Em tempos de rutura e de transição constitucional, o Direito Administrativo, por causa da sua grande proximidade da vida real e pelo facto de regular uma máquina complexa, com processos de ação consolidados e com práticas rotinadas, não tem capacidade para impor uma transformação imediata. Contudo, em sentido divergente e mesmo em oposição a essa tendência e também por causa da sua proximidade do real, é, muitas vezes, ao Direito Administrativo que cabe fornecer as respostas mais enérgicas a novas e prementes exigências sociais e económicas. Pense-se no que se passou na crise económico-financeira dos anos 2011-2014 ("anos da troika"[101]): aí, foi o Direito Administrativo a procurar pôr em marcha as reformas e as medidas duras impostas pela realidade e pelo cenário de iminente colapso financeiro[102]; o Direito Constitucional conteve-se na defesa dos

[98] Cf. Otto Mayer, *Deutsches Verwaltungsrecht*, 3.ª edição, 1924 (reimpressão: Duncker & Humblot, 2004).

[99] Cf. Alexis de Tocqueville, *L'Ancien régime et la Révolution* (1856), Les Éditions Gallimard, 1952, p. 243. Em Portugal, embora por relação à experiência francesa, a ideia era sublinhada por José Frederico Laranjo, *Principios e Instituições de Direito Administrativo*, Coimbra, Imprensa da Universidade, 1894, 2.ª ed., p. 16: "na França a constituição tem variado uma multidão de vezes, permanecendo quasi sem mudança as leis administrativas".

[100] Cf. G. Vedel, "Discontinuité du droit constitutionnel et continuité du droit administratif: le rôle du juge". *Mélanges offerts à M. Waline*, T. 2, LGDJ, 1974, p. 777 e segs.

[101] Os "anos da troika" reportam-se ao período que decorre entre 6 de abril de 2011, data do anúncio de que Portugal iria pedir ajuda financeira internacional para evitar a bancarrota iminente, e 17 de maio de 2014, data em que expirava o prazo do acordo de ajuda financeira que Portugal tinha celebrado com a "troika" (Fundo Monetário Internacional, Comissão Europeia e Banco Central Europeu).

[102] Emergiu aí um "Direito Administrativo da crise"; cf. J. Jordano Fraga, "El derecho administrativo de la crisis", in J. L. Piñar Mañas (dir.), *Crisis económica y crisis del estado de bienestar : el papel del derecho administrativo: Actas del XIX Congreso Ítalo-Español de Profesores de Derecho*

valores da "velha ordem" (Estado social, direitos adquiridos, gratuitidade dos serviços públicos).

Esta função de constituição e de modelagem do sistema administrativo, que assinala, em termos gerais, todo o potencial de regulação conformadora sistémica do Direito Administrativo, assume-se como uma função primária ou inicial, que se desenvolve e concretiza através de funções específicas, com conteúdos definidos. São estas que agora vamos considerar.

8.2 – Organização da Administração Pública

Ao Direito Administrativo cabem as missões fundamentais de organizar a Administração Pública, bem como de disciplinar as relações que se processam *entre* os sujeitos que a compõem e *dentro* desses sujeitos. Estas funções são desenvolvidas sobretudo através de "normas de organização". O Direito Administrativo apresenta-se, neste âmbito, como um "direito da organização administrativa", ou "de organização da Administração Pública"; trata-se de uma disciplina assente numa regulamentação virada para o interior da Administração Pública, um "direito interno"[103].

A função específica das normas que integram esse segmento reside, por um lado, em instituir, organizar e compor a máquina administrativa (normas que criam ou definem as condições de criação ou de extinção de entidades públicas, de órgãos e de serviços, que definem os termos da criação ou da participação de entidades públicas em terceiras entidades ou a concessão de funções públicas a particulares), e, por outro lado, em regular as condições de funcionamento e as relações que se processam dentro da Administração (normas sobre o funcionamento dos órgãos colegiais ou que disciplinam as relações de hierarquia ou de delegação de competências).

A organização da Administração Pública – que chegou a ser tratada como um "assunto doméstico" da Administração, alheio ao Direito Administrativo, o qual deveria ocupar-se apenas das dimensões externas da

Administrativo, Universidad San Pablo-CEU, Madrid, 18 a 20 de octubre 2012, 2016, p. 71 e segs. Como escrevemos em 2013, o Direito Administrativo foi o propulsor das mudanças necessárias e o epicentro do combate à crise económico-financeira; cf. Pedro Costa Gonçalves, *Reflexões, cit.*, p. 40 e segs. (aqui se apresenta um catálogo das medidas principais promovidas por "leis administrativas").

[103] Neste sentido, cf. G. E. Metzger/K. M. Stack, "Internal administrative law", *Michigan Law Review*, vol. 115, 2017, p. 1239 e segs.; sobre a divisão do Direito Administrativo em direito externo ("Außenrecht") e direito interno "Innenrecht"), cf. Ehlers, "Verwaltung und Verwaltungsrecht", *cit.*, p. 139.

ação administrativa[104] – corresponde a uma função do Direito Administrativo que se tem vindo a tornar sucessivamente mais importante e que se ocupa, além do mais, da distribuição do poder (poder de regulamentação e de decisão) dentro do sistema administrativo[105]. Quanto às decisões fundamentais, a organização da Administração Pública corresponde a uma função reservada ao Direito Administrativo: princípio da legalidade administrativa em sentido institucional[106].

Embora já sem um recorte organizativo tão nítido, ainda se reconduz a uma função (em sentido lato) de organização da Administração Pública a vertente do Direito Administrativo consistente em regular os modos de acesso aos recursos essenciais ao funcionamento da Administração Pública, sejam recursos humanos (trabalhadores) ou materiais (edifícios, automóveis, computadores): este é o propósito, por ex., da legislação administrativa sobre a contratação de pessoal ou sobre as compras públicas.

8.3 – Legitimação e orientação finalística da ação administrativa

Ao Direito Administrativo cabe a função essencial, e de certo modo também primária, de definir as missões administrativas, assinalando os fins a prosseguir pela Administração Pública e dotando-a dos instrumentos e dos poderes (competências) indispensáveis para executar as referidas missões.

O corpo jurídico-administrativo cumpre, assim, uma função de *autorização*, e assegura que a Administração só atua e, em especial, só restringe a liberdade dos cidadãos, quando se encontre especialmente autorizada para o fazer[107].

[104] Sobre a separação (desligação) entre Direito Administrativo e Administração Pública, cf., no direito norte-americano, G.E. Metzger, "Administrative law, public administration, and the Administrative Conference of the United States", *The George Washington Law Review*, vol. 83/4-5, 2015, p. 1517 e segs. (que atribui a desligação ao "court-centric focus" do Direito Administrativo).

[105] Alude-se, a este propósito, a uma "separação administrativa de poderes": cf. J. D. Michaels, "Of constitutional custodians and regulatory rivals: an account of the old and new separation of powers", *New York University Law Review*, vol. 91, 2016, p. 227 e segs.; E. Magill/A. Vermeule, "Allocating power within agencies", *The Yale Law Journal*, vol. 120, 2011, p. 1032 e segs.

[106] Cf. G.C. Burmeister, *Herkunft, Inhalt und Stellung des institutionellen Gesetzesvorbehalts*, Duncker & Humblot, 1991.

[107] Neste sentido, sobre esta função de autorização, cf. K. M. Stack, "An administrative jurisprudence: the rule of law in the administrative state", *Columbia Law Review*, vol. 115, 2015, p. 1985 e segs,

Na medida em que se trata de um sistema normativo assente na vontade do povo (em leis democráticas[108]), o Direito Administrativo realiza, em simultâneo com a função de autorização e até com esta misturada, uma função de *legitimação,* no sentido de que, dentro dos limites definidos, legitima a intervenção da Administração Pública (função de "input legitimacy"[109]).

Além de uma função de *legitimação objetiva* – que se mistura com a função de autorização –, o Direito Administrativo cumpre ainda a função de definir os mecanismos de *legitimação subjetiva,* de modo a assegurar a legitimação pessoal dos responsáveis pelo funcionamento da máquina administrativa e pelas decisões da Administração.

Esta função de autorização e de legitimação da ação administrativa efetiva-se através da edição de "normas de ação": normas de atribuição e normas de competência.

É o Direito Administrativo que *autoriza* e *legitima* a ação da Administração. Ao invés dos cidadãos, que, com autonomia, atuam no desenvolvimento de *liberdades* (princípio de liberdade, nos termos do qual se pode fazer tudo o que não for proibido), a Administração Pública atua no exercício de *competências* (princípio da competência, nos termos do qual a Administração só pode fazer o que lhe é permitido)[110]. A ação administrativa tem de se fundar ou basear sempre numa *norma jurídica,* numa prescrição jurídica definida e estabelecida antes da intervenção administrativa (*ex ante*)[111]: por isso se diz que a ação da Administração se encontra sob "reserva de norma jurídica"[112].

[108] Ou seja, assente em leis parlamentares, aprovadas por representantes dos cidadãos, mas também em leis governamentais, aprovadas por governos democráticos, que respondem diretamente perante os cidadãos ou, como é o caso português, perante o parlamento.

[109] Cf. W. H. Simon, "The organizational premises of administrative law", *Law and Contemporary Problems,* vol. 78, 2015, p. 61 e segs.

[110] Sobre a assimetria entre "liberdade" (dos cidadãos) e "competência" (da Administração), cf. E. Schmidt-Aßmann, *Das allgemeine Verwaltungsrecht als Ordnungsidee: Grundlagen und Aufgaben der verwaltungsrechtlichen Systembildung,* Springer, 2006, p. 15 [da 1.ª edição, de 1998, há tradução castelhana: *La teoría generale del derecho administrativo como sistema,* INAP. 2003].

[111] Referindo-se, neste contexto, a uma função de "dotação jurídica" do Direito Administrativo (dotação de capacidade à Administração), cf. G. Napolitano, *La logica del diritto amministrativo,* Il Mulino, 2014, p. 45.

[112] Sobre o conceito de reserva de norma jurídica, cf. Sérvulo Correia, *Legalidade e Autonomia Contratual nos Contratos Administrativos,* Almedina, 1987, p. 286.

À função de legitimação ou de autorização das normas de ação junta-se, de forma aliás indissociável, a função de direção ou orientação finalística da ação administrativa: é ao Direito Administrativo que cabe definir as finalidades a prosseguir pela Administração e os interesses que esta deve realizar. Neste sentido, o Direito Administrativo pode ser visto como uma "ciência de direção" e de "programação" de comportamentos e de processos sociais. A atuação da Administração Pública é, na verdade, dirigida e programada pelo sistema normativo que constitui o Direito Administrativo[113]. Neste plano, na delineação da ação administrativa, cabe a esta disciplina a incumbência científica de racionalização e de redução da complexidade, o que passa pela formatação de esquemas ou modelos típicos de ação da Administração (*v.g.*, "ato administrativo", "contrato administrativo") e pela construção de regimes jurídicos idealizados para esses esquemas ou modelos.

> Uma grande parte das normas jurídico-administrativas tem o propósito de atribuir competências aos sujeitos da Administração Pública: trata-se, como vimos, das "normas de ação" ou "de conduta", que autorizam ou habilitam a Administração a atuar e que estabelecem os poderes ou competências dos seus órgãos: normas de atribuições e normas de competências. Estas normas, que, afinal, cumprem o propósito de programar e orientar a ação administrativa, apresentam, em regra, uma estrutura condicional (*normas condicionais*, assentes num modelo de *programação condicional*: "se A, então B"). Mas em certos setores da intervenção administrativa, tem-se registado uma inclinação para legitimar algumas formas, missões ou momentos da ação da Administração mediante *normas-fins*, assentes numa *programação finalística* [cf. pontos 19.1.1 e 19.1.2].
>
> Tendo presente a amplitude, de resto em constante alargamento, de competências do Estado Administrativo, percebe-se que o conhecimento do conjunto integral de normas de competência se apresente uma tarefa de realização praticamente impossível.

Por fim, assinala-se que é ainda nesta função que se enquadra a indicação legal dos instrumentos jurídicos de que a Administração Pública pode

[113] Cf. Schmidt-Aßmann, *Das allgemeine Verwaltungsrecht als Ordnungsidee, cit.* p. 3 e segs.; C. Franzius, "Funktionen des Verwaltungsrechts im „Steuerungsparadigma" der Neuen Verwaltungsrechtswissenschaft", *Die Verwaltung*, 2006, 3, p. 335 e segs.

dispor na execução das suas missões, como, por ex., o poder de execução coerciva das suas decisões.

8.4 – Condicionamento da ação administrativa

A função de legitimação e orientação finalística da ação administrativa articula-se diretamente com outra função essencial do Direito Administrativo, relativa à estipulação de "condicionantes procedimentais e formais", bem como de "limites substanciais" ao desenvolvimento ou aos termos do desenvolvimento da ação administrativa.

Esta função de condicionamento, de regulação, da ação administrativa é desempenhada pelas "normas de condicionamento da ação administrativa", conjunto que engloba, por um lado, as "normas de procedimento e de forma" e, por outro lado, certos "princípios gerais da ação administrativa", como, entre outros, o princípio da proporcionalidade, o princípio da imparcialidade, o princípio da razoabilidade ou, claro, o próprio princípio da legalidade.

> O princípio da legalidade (legalidade aqui compreendida num sentido amplo, a significar a sujeição da Administração à lei ou a um ato de igual valor) emerge como um fator de condicionamento da ação administrativa, no sentido em que, sem base legal, não há ação administrativa legítima – *princípio da precedência ou da reserva de lei* –, bem como na medida em que o disposto em atos legislativos não pode ser violado por atos da Administração: *princípio do primado da lei*.
> Estamos já em condição de perceber que o princípio da legalidade cumpre um papel na função de *legitimação* da ação administrativa, uma vez que (em regra) é a lei que autoriza a Administração Pública a agir, bem como na função de *condicionamento* ou *balizamento* da ação administrativa.

Ao Direito Administrativo (às normas jurídicas que o integram) cabe a função de habilitar a Administração Pública a atuar, conferindo-lhe as competências necessárias para o efeito. Mas, estamos a ver agora, também é o Direito Administrativo que *limita* e *condiciona* a ação da Administração. A doutrina refere-se, a este respeito, a um recorte de *duplicidade* ou de *ambivalência* do Direito Administrativo, uma vez que as normas jurídico-administrativas, *por um lado,* atribuem poderes e competências à Administração Pública – tantas vezes, poderes com carácter intrusivo e agressivo para os direitos dos cidadãos – e, *por outro lado,* estabelecem restrições, limites e condições ao exercício desses mesmos poderes e competências; esta duplicidade é traduzida na fórmula "empowerment and constraint"[114].

Numa outra perspetiva, pode dizer-se que o Direito Administrativo define, por um lado, *ex ante*, os limites e os critérios da ação administrativa e delineia, por outro lado, os padrões de controlo *ex post* desta ação, isto é, as normas de controlo – "Kontrollnormen": normas que definem os parâmetros que os sujeitos do controlo da ação administrativa (*v.g.*, órgãos administrativos de controlo e, sobretudo, os tribunais) vão utilizar para exercer as suas competências[115]. Em regra, o conjunto das normas de controlo coincide com o sistema composto pelas normas de ação (de competência) e de condicionamento; neste sentido, o conceito de normas de controlo exprime essencialmente uma outra função destas últimas normas.

A compreensão do sentido desta função remete para a leitura do Direito Administrativo como uma disciplina que constitui, no seu núcleo essencial, um *direito de procedimento* ("administrative law is largely about procedure: the procedure that government agencies must follow in order to take action that affects private parties")[116] ou, porventura de forma mais pertinente, um *direito de comportamento*"[117].

Na verdade, enquanto sistema jurídico-normativo idealizado e disposto para regular a ação administrativa, o Direito Administrativo ocupa-se, de resto em dimensão muito significativa, com o estabelecimento de *limites*, de *condições* e de *requisitos* a observar pela Administração Pública no desenvolvimento das suas competências. Neste domínio, o sentido último do

[114] Neste contexto, é válida a afirmação, reportada ao direito norte-americano, segundo a qual "law must constitute a government as well as constrain it" – cf. J. L. Mashaw, *Creating the administrative constitution, cit.*, p. 8.

[115] Sobre estas normas de controlo, cf. W. Hoffmann-Riem, *Innovation und Recht – Recht und Innovation (Recht im Ensemble seiner Kontexte)*, Siebeck, 2016, p. 52 e segs.; J. Agudo Gonzaléz, *La función administrativa de control*, Civitas, 2018 p. 433 (que define normas de controlo como "os parâmetros jurídicos de referência que se deduzem das normas aplicáveis, com base nos quais se exerce a função de controlo mediante um juízo de contraste que permita aplicar a norma ao caso concreto, verificando a adequação do objeto de controlo a tais critérios").

[116] W.F. Funk/R.H. Seamon, *Administrative Law*, Aspen, 2009, p. 1.

[117] Sobre a divisão do Direito Administrativo em direito de organização ("Organisationsrecht") e direito de comportamento ("Verhaltensrecht"), cf. Ehlers, "Verwaltung und Verwaltungsrecht", *cit.*, p. 139.

Direito Administrativo reside em *regular, orientar* e *condicionar* os termos do desenvolvimento das competências administrativas, estabelecendo um regime de "due process", mediante a submissão do poder administrativo a regras de forma e a regras e princípios de procedimento ("procedural due process"), mas também a princípios gerais de carácter substantivo ("substantive due process")[118]: as regras de forma e os princípios do procedimento estipulam exigências relacionadas com as *etapas da formação* e com a *forma* da ação administrativa; os princípios gerais de caráter substantivo (*v.g.*, razoabilidade, proporcionalidade, imparcialidade) orientam e condicionam as escolhas do *conteúdo* da ação administrativa.

> Proferida para caracterizar o Direito Administrativo alemão, num contexto de comparação com outros sistemas, a afirmação seguinte revela-se adequada para caracterizar o Direito Administrativo português: "while in some other countries the meaning of Administrative Law is confined to administrative procedure, in [Germany] the term includes material principles as well"[119]. Na verdade, o nosso Direito Administrativo conhece, além de uma dimensão procedimental-formal, um perfil de condicionamento substancial ou material da ação administrativa que, em larga medida, repousa em princípios gerais (pelo menos, nos casos em que, nos termos da lei, a Administração pode fazer escolhas).

A acentuação deste perfil condicionador do Direito Administrativo – como um sistema de regulação condicionadora das competências da Administração Pública – não pretende, naturalmente, desvalorizar a importância, decisiva, das "normas de competência", que definem o que a Administração Pública pode fazer, balizam a sua intervenção e, portanto, cumprem a imprescindível função de legitimação e autorização da ação administrativa.

Sucede, porém, que as normas de autorização e de legitimação da ação administrativa, enquanto conjunto, não correspondem, *em geral*, a um sistema normativo preestabelecido para a garantia e a realização de um

[118] Sobre a sujeição da Administração a um regime de "due process", cf., no direito norte-americano, E. L. Rubin, "Due Process and the Administrative State", *California Law Review*, vol. 72, 1984, p. 1044 e segs.; R. B. Levinson, "Reining in abuses of executive power through substantive due process", *Florida Law Review*, vol. 60, 2008, p. 519 e segs.

[119] Cf. M. Fehling, "Comparative administrative law and administrative procedure" [http://www.ius-publicum.com/repository/uploads/14_02_2012_8_56_Fehling.pdf].

quadro de valores homogéneo e consolidado. Em grande medida, o conjunto formado por essas normas corresponde a uma amálgama das competências de que as várias unidades da Administração dispõem num certo momento – conjunto que, como se compreende, se apresenta volátil e contingente.

Como alguma doutrina observa, a legitimação da ação administrativa resulta, em cada momento histórico, de uma espécie de "conquista do Direito Administrativo", que é fruto de um jogo multipolar em que participam partidos políticos, correntes de opinião, grupos de pressão e de interesse com o objetivo de maximizar o bem-estar geral ou de grupos determinados e, por vezes, até de "minorias com influência". Neste sentido, o Direito Administrativo, no seu recorte de legitimação da ação administrativa, revela-se altamente contingente, no tempo e no espaço[120], *"conjunturalmente mutável"*[121].

As normas de competência representam, em termos efetivos, concretizações da ideia de interesse público, mas trata-se, sempre, de concretizações múltiplas, heterogéneas e que, em geral, não permitem descortinar uma unidade de sentido, nem, em particular, um referencial axiológico comum, intemporal ou até apenas estabilizado – salvo, claro, a realização do valor genérico do interesse público.

O exposto sobre o facto de o compacto de normas administrativas de competência não permitir descortinar uma unidade de sentido estável, tem uma validade geral, mas não absoluta. De facto, é possível identificar "blocos de competências" dentro do sistema jurídico-administrativo com uma unidade de sentido determinada: *v.g.*, prevenção de danos na saúde pública; minimização de riscos de acidentes; proteção do ambiente e do ordenamento urbano. Mas, em termos globais, não existe um elemento substancial agregador: a "realização do interesse público" tem essa pretensão, mas falta-lhe, por força da natureza das coisas, uma dimensão material (materialidade) que indique um conteúdo específico, e isso faz com que o interesse público acabe por se identificar com "qualquer finalidade" que as leis administrativas representem como própria da Administração Pública.

[120] Neste sentido, cf. Napolitano, *ob. cit.*, p. 56., que chega mesmo a falar de uma "manipulação do Direito Administrativo".

[121] Cf. Marcelo Rebelo de Sousa/André Salgado Matos, *ob. cit.*, p. 11.

Diferentemente, nas suas dimensões de condicionamento – procedimental, formal e substantivo –, o Direito Administrativo acolhe um valor universal, presente em todas as formas de intervenção da Administração Pública: na realização dos seus fins legítimos, a ação administrativa está sempre sujeita ao cumprimento de certas regras de procedimento e de forma, bem como à observância de princípios jurídicos que a limitam e condicionam.

8.5 – Proteção dos direitos dos cidadãos

A consideração da proteção dos direitos dos cidadãos como função específica do Direito Administrativo não desconhece que a defesa ou a proteção dos direitos dos cidadãos se encontra presente na função primária e inicial do Direito Administrativo, consistente em constituir e modelar o sistema administrativo, bem como, em geral, nas outras funções que indicámos, em especial nas de legitimação e de condicionamento da ação administrativa. Pense-se, por ex., na função de legitimação, que reclama a prévia autorização normativa (em regra, legislativa) da ação da Administração Pública, e na submissão da ação administrativa a regras externas que a limitam e condicionam, que, no essencial, correspondem a condições cogitadas para proteger os cidadãos em face do Estado Administrativo.

Contudo, além de constituir "outra face" ou outro ângulo de interpretação das funções de legitimação e de condicionamento da ação administrativa, a proteção dos direitos dos cidadãos não deve deixar de ser autonomizada como uma função essencial e autónoma do Direito Administrativo do Estado de direito democrático. Assim, em particular, o desenho de mecanismos especificamente vocacionados para a garantia e a proteção dos direitos dos cidadãos perante a Administração Pública é, decerto, uma função cardinal do Direito Administrativo.

Também aqui se revela uma ambivalência típica do cosmos jurídico-administrativo: por um lado, as normas desse universo, ou muitas delas, conferem à Administração uma posição de supremacia jurídica; por outro lado, são também desse universo as normas que conferem aos cidadãos específicos direitos e mecanismos de proteção em face daquela supremacia (direito à fundamentação das decisões, direito de audiência no procedimento, direito à informação administrativa), bem como direitos de reação contra as ações e as omissões da Administração, designadamente por via da intervenção dos tribunais (direito à tutela judicial contra a Administração).

Outra faceta irrecusável da proteção dos direitos dos cidadãos encontra--se presente nas normas que impõem ou definem que sejam impostos à Administração deveres de ação e de criação de mecanismos de garantia e de proteção dos direitos dos cidadãos nas suas relações e contactos de qualquer natureza com os demais cidadãos. Delineia-se aqui um *dever estadual de proteção dos direitos dos cidadãos* e, no reverso, um *direito dos cidadãos à proteção do Estado* (que, em certas condições, pode envolver um "direito à ação administrativa")[122].

> A realização desta incumbência abre espaço para uma outra dimensão da função do Direito Administrativo da proteção dos direitos dos cidadãos: a proteção dos direitos dos cidadãos no quadro das relações jurídicas e dos contactos sociais que estabelecem com outros cidadãos. Sucede até que as leis administrativas investem a Administração numa "função arbitral", de resolução de litígios entre cidadãos [cf. ponto 186.3].

Além da responsabilidade de criação de mecanismos de proteção dos cidadãos, quer nas relações com a Administração, quer nas relações jurídicas e sociais entre os cidadãos, ao Direito Administrativo cabe ainda a função de viabilizar a realização prática e efetiva da cidadania administrativa, dos direitos sociais e, em geral, dos direitos a prestações do Estado (*v.g.*, saúde, educação, segurança social), que, invariavelmente, convocam uma intervenção ativa e decisiva da Administração Pública. As normas que conferem aos cidadãos direitos a prestações públicas pertencem ao Direito Administrativo: no exercício dos direitos conferidos por essas normas, os cidadãos surgem na condição de cidadãos administrados, "em relação com a Administração Pública".

8.6 – Condicionamento e regulação da ação dos particulares (dos "particulares em relação com a Administração Pública")

O Direito Administrativo é um "direito para a Administração Pública" e, nesse sentido, é composto por normas que se dirigem aos sujeitos que integram a Administração Pública. Contudo, nem todas ou nem sempre as normas jurídico-administrativas se dirigem apenas ou exclusivamente a entidades da Administração Pública; e algumas delas até se dirigem direta

[122] A este respeito, sobre os contornos de um direito subjetivo público à regulação, cf., da nossa autoria, *Reflexões, cit.*, p. 45, e "Ensaio sobre a inação administrativa oficiosa", *cit.*, p. 300 e segs.

e imediatamente a particulares: assim, por ex., as normas que prescrevem certos deveres para os detentores de animais perigosos ou para os responsáveis por certas indústrias visam "diretamente" os particulares – cidadãos e entidades particulares – e não, diretamente, a Administração Pública. Mas, se as considerarmos dentro do respetivo contexto, concluímos que essas normas se dirigem a cidadãos ou a entidades particulares para os onerar com limites, restrições, deveres e proibições *de carácter administrativo*, pois têm subjacente uma intervenção administrativa, quer na exigência do cumprimento dos limites, deveres ou das proibições, quer na fiscalização, quer ainda no sancionamento da eventual transgressão. É nesta dimensão – em que se dirige aos particulares enquanto "administrados" ou particulares em relação com a Administração Pública –, que o Direito Administrativo emerge como sistema de direção e de condicionamento dos cidadãos e da Sociedade, e como um direito ordenador[123].

A atuação privada, que os particulares desenvolvem na Sociedade Civil, está longe de se reger exclusivamente pelos cânones do direito privado. Sem querermos menosprezar a força regulatória do direito privado – enquanto "direito do Estado", de produção estadual, constante de leis e de regulamentos, e dirigido a disciplinar as "relações entre os particulares"[124] –, a verdade é que não vivemos numa "Sociedade Civil pautada pelo direito privado"[125]. O (indiscutível) reforço e o crescimento do papel da Sociedade e do mercado, que se têm verificado, não envolveram um descomprometimento estadual, confirmando-se, antes, um princípio de continuidade das *responsabilidades públicas*, bem como, simultaneamente, um princípio de ativação de novas *responsabilidades privadas*. Trata-se, em ambos os casos, de processos determinados por normas de Direito Administrativo. Alude-se, por vezes, a uma *vida pública dos atores privados* ("public life of private actors")[126], conceito

[123] Cf. C. Ari Sundfeld, *Direito Administrativo Ordenador*, Malheiros, 2003.

[124] No sentido do caráter regulatório do direito privado (fonte de regulação de comportamentos dos particulares), cf. A. Hellgardt, *Regulierung und Privatrecht – Staatliche Verhaltenssteuerung mittels Privatrecht und ihre Bedeutung für Rechtswissenschaft, Gesetzgebung und Rechtsanwendung*, Siebeck, 2016.

[125] Cf. F. Schoch, "Gewährleistungsverwaltung: Stärkung der Privatrechtsgesellschaft?", *Neue Zeitschrift für Verwaltungsrecht*, 2008, p. 241 e segs.; sobre o conceito de "sociedade Civil pautada pelo direito privado", com origem em Franz Böhm (1966), cf. K. Riesenhuber, "Privatrechtsgesellschaft: Leistungsfähigkeit und Wirkkraft im deutschen und Europäischen Recht", in K. Riesenhuber (org.), *Privatrechtsgesellschaft*, Siebeck, 2009, p. 1 e segs.

[126] Cf. J. Barnes, "New frontiers of administrative law: a functional and multi-disciplinary approach", in H.-J. Blanke/P. C Villalón/T. Klein/J. Ziller, *Common European Legal Thinking*

que aqui se utiliza com o exclusivo propósito de explicar o facto de os particulares exercerem atividades (privadas) que, pela sua relevância social ou económica, reclamam uma regulação pública. Trata-se do fenómeno que a doutrina germânica identificou como "autorregulação privada publicamente regulada"[127].

Diz-se, e com razão, que o Direito Administrativo é o ramo do direito em maior expansão no nosso tempo: eis o que resulta do incessante aumento das missões do Estado Administrativo e, vemos agora, da generalização da presença da Administração Pública na vida social e económica, ao que acresce a forte expansão da regulação pública e condicionamento da atuação privada, dos particulares.

Neste quadro, emerge uma "Sociedade civil pautada pelo Direito Administrativo" – fórmula que assumimos no seu excesso, e que pretende sobretudo enfatizar o papel do Direito Administrativo na regulação da vida social –, pois que a garantia que o Estado é chamado a assumir na realização do interesse público e na proteção dos direitos dos cidadãos reclama dele uma intervenção normativa tipicamente jurídico-administrativa, com a estipulação de regras de conduta destinadas a particulares, mas cujo cumprimento é acompanhado e fiscalizado pela Administração Pública. Neste sentido, pode falar-se de uma *administrativização da vida privada*[128]. Em setores mais sensíveis, que reclamam uma ingerência pública mais penetrante – prestação de cuidados de saúde, serviços de interesse económico geral, como a energia ou as comunicações eletrónicas, a atividade bancária ou seguradora, mas também atividades de relevância pública, no domínio da solidariedade e da assistência –, o Direito Administrativo aparece com uma missão que não se esgota em condicionar, mas que inclui a pretensão de dirigir e de conformar a atuação dos agentes económicos e dos atores sociais, definindo variadas formas de os submeter a uma regulação administrativa, muitas vezes intensa e fortemente intrusiva.

(Essays in Honour of Albrecht Weber), Springer, 2015, p. 563 e segs.

[127] Cf. o nosso *Entidades Privadas, cit.*, p. 171, onde se esclarece que "autorregulação privada publicamente regulada" é um conceito intermédio, que procura identificar uma realidade situada entre os extremos da ação privada desregulada e da planificação e direção do Estado.

[128] Sobre o fenómeno que designa de "rapto" de setores do direito privado pelo direito público, cf. F. Pascua Mateo, *El rapto del derecho privado (las relaciones entre el derecho público y el derecho privado en el Estado regulador)*, Civitas, 2015, em especial, p. 85 e segs,

Não se pretende aqui deturpar a realidade, nem de advogar que "tudo se tornou Direito Administrativo"[129]. Não é este o caso. Em geral e no espaço da regulação da economia e do mercado e dos processos sociais, o potencial regulatório do direito privado mantém-se ou até tem aumentado. O que sucede, e isso está fora de discussão, é que o Direito Administrativo tem crescido exponencialmente como instrumento de regulação de condutas dos particulares, delineando constantemente novas formas e novos episódios de relacionamento entre os particulares e o Estado Administrativo[130].

Por outro lado, noutro universo de situações, em que está envolvido o estabelecimento de relações e de contactos dos particulares com a Administração, o Direito Administrativo assume o papel natural de regular ou disciplinar, por vezes de forma detalhada, atuações (atos jurídicos) dos particulares: *v.g.*, pedido de uma autorização para a construção de uma moradia ou pedido de acesso a documentos administrativos.

9 – Valores essenciais do Direito Administrativo

O objetivo que agora se persegue já não consiste em descobrir a *função utilitária* ou *prática* das normas jurídico-administrativas, mas, antes, penetrando numa dimensão de foro axiológico, refletir sobre a *função de proteção e de promoção de valores* que, enquanto bloco ou compacto normativo estabelecido, o Direito Administrativo, através dos seus princípios e das suas regras, procura proteger e promover[131].

Trata-se, afinal, de procurar a essência do Direito Administrativo, a sua "moralidade"[132] enquanto ordenamento de *garantia*, *de proteção e de promoção*

[129] No sentido de que "tout devient droit public", pronunciava-se, em 1949, G. Ripert, *Le déclin du droit. Études sur la législation contemporaine*, LGDJ, 1998 (reimpressão da edição de 1949), p. 37.

[130] Sobre a "grande explosão" do Direito Administrativo, cf. J. Barnes, *Transformaciones (científicas) del derecho administrativo – historias e retos del derecho administrativo contemporáneo*, Global Law Press, 2011, p. 13 e segs.

[131] No sentido de que os princípios jurídicos encerram valores, embora nem todos os valores correspondam a princípios jurídicos, porque há valores que não se transformam em vinculações jurídicas, antes se mantêm no plano da moral, da ética ou das virtudes, cf. J. C. Cassagne, "La proyección del nuevo constitucionalismo al derecho administrativo", *Diritto Pubblico*, 2016/3, p. 829 e segs. (p. 832); no sentido de que os valores atuam fora do ordenamento jurídico, cf. C. Pinelli, "Princìpi, regole, istituti", *Diritto Pubblico*, 2015/1, p. 35 e segs. (p. 41).

[132] Sobre a "moralidade do Direito Administrativo", cf. C. R. Sunstein/A. Vermeule, "The morality of administrative law", *Harvard Law Review*, vol. 131, 2018, p. 1924 e segs. – na linha do conceito de moralidade do Direito, de Lon Fuller (*The morality of law*), os autores sustentam que

de valores, e, neste contexto, de identificar os bens jurídicos ou os ideais que inspiram a sua regulação[133].

Ora, apesar de o Direito Administrativo congregar um universo referenciado e circunscrito de normas jurídicas – as que se dirigem à "Administração Pública enquanto tal" e aos cidadãos em relação com a Administração Pública –, não se afigura possível descortinar uma unidade de sentido e de valores que se projete, invariavelmente, em todas as normas jurídico-administrativas: compreende-se que os valores que inspiram o direito da organização administrativa não sejam os mesmos que se intenta concretizar no direito da ação administrativa. Todavia, e porque, apesar de tudo, há uma lógica de *continuum* entre organização ("quem faz") e ação ("o que faz" e "como faz"), vamos considerar os seguintes como valores essenciais e universais do Direito Administrativo.

9.1 – Subordinação da Administração Pública ao povo, ao direito e aos tribunais

A Administração Pública deve estar sujeita a uma *tripla subordinação*: *subordinação ao povo, à Constituição, à lei e ao direito e aos tribunais.*

A subordinação da Administração ao povo é a outra face da exigência de legitimação democrática: *democracia administrativa*. O Direito Administrativo concretiza, para a Administração Pública, o valor da democracia, que surge aqui na dimensão de democracia administrativa. É este valor que impõe a subordinação da Administração Pública ao povo, enquanto titular do poder político, e a definição de canais de legitimação democrática ("cadeia ininterrupta de legitimação"[134]) que liguem o povo aos responsáveis pela direção da Administração, através da eleição desses responsáveis pelo povo ou da sua designação por pessoas eleitas pelo povo. Nisto se consubstancia

o Direito Administrativo tem uma moralidade interna que exige o respeito de alguns valores e a irradicação de alguns abusos, sob pena de se violar um *dever de moralidade mínima* (*v.g.*, falta de base normativa das decisões concretas; falta de transparência e clareza das normas; abuso da retroatividade; contradições entre normas; alterações frequentes das normas).

[133] Cf. P. Daly, "Administrative law: a values-based approach", in J. Bell/M. Elliott/J. Varuhas/Ph. Murray (eds.), *Public law adjudication in common law systems: process and substance*, Hart, 2015.; sobre os propósitos Direito Administrativo na promoção de valores ou ideais, cf. P. Cane/L. McDonald/K. Rundle, *Principles of administrative law*, Oxford University Press, 2018, p. 346 e segs.

[134] Sobre o conceito de cadeia ininterrupta de legitimação ("ununterbrochene legitimationskette"), cf. E. Schmidt-Aßmann, "Verwaltungslegitimation als Rechtsbegriff", *Archiv des öffentlichen Rechts*, vol. 116, 1991, p. 330 e segs. (355 e segs.).

a exigência de uma *legitimação subjetiva* ou *pessoal* dos indivíduos que dirigem a Administração e são responsáveis pelo seu funcionamento e pelos seus resultados. Os eventuais desvios a uma filiação democrática da Administração baseada na legitimidade popular têm de ser justificados e, mais do que isso, compensados por expedientes alternativos de legitimação subjetiva que o Direito Administrativo terá de definir (*v.g.*, legitimação pelo procedimento, legitimação técnica).

Em qualquer caso, a democracia administrativa não se esgota na definição de formas de legitimação dos titulares do poder administrativo. Esse valor realiza-se ainda através da instituição de formas de participação e de envolvimento dos cidadãos na conceção das soluções e das decisões administrativas, bem como da adoção de uma política de *transparência* na discussão e na resolução de assuntos e de negócios públicos. Também constitui uma dimensão fundamental do valor da legitimação o dever de *accountability* (prestação de contas) dos responsáveis pela Administração e pelas suas decisões[135].

A subordinação jurídica da Administração – subordinação à Constituição, ao direito e à lei – revela-se nos princípios da constitucionalidade (obediência à Constituição) e da legalidade (obediência à lei), bem como, em geral, no princípio da juridicidade, que alarga a vinculação da Administração a todo o sistema jurídico.

A subordinação da Administração aos tribunais representa a sujeição de toda a ação administrativa pautada segundo critérios jurídicos à sindicância judicial. Embora aos tribunais esteja confiado um poder de apreciar apenas o cumprimento pela Administração das regras e princípios jurídicos que a vinculam, e não a conveniência ou oportunidade da sua atuação (artigo 3.º, n.º 1, do CPTA), vigora, entre nós, um princípio de justiciabilidade de toda a ação administrativa.

9.2 – Defesa e promoção da cidadania administrativa

Oferece-se indiscutível que a definição de mecanismos evoluídos e eficazes de proteção e a delineação de modelos de realização dos direitos dos cidadãos constituem valores fundamentais do Direito Administrativo de um

[135] Imediatamente na sequência da Revolução Francesa, a *Declaração dos Direitos do Homem e do Cidadão* proclamou que "a sociedade tem o direito de pedir contas a todo agente público pela sua administração" (artigo 15.º).

Estado Administrativo de direito[136]. Sem se desvalorizar a importância dos momentos legislativo e judicial neste contexto, não subsistem dúvidas de que, em larga medida, a proteção dos direitos dos cidadãos contra o Estado Administrativo e, sobretudo, a realização dos direitos dos cidadãos através do Estado Administrativo são componentes essenciais e irrenunciáveis da ética do Direito Administrativo. A realização da "cidadania administrativa" como um valor central do Direito Administrativo, que este tem de proteger e de promover, exprime a centralidade inequívoca do "cidadão administrado" no cosmos jurídico-administrativo, e a tutela dos seus direitos e interesses como critério presente e de inarredável ponderação no desenvolvimento de toda a ação administrativa.

9.3 – Realização do interesse público e garantia da ética pública

Numa democracia administrativa, em que a Administração Pública desenvolve a sua missão em conformidade com programas e com opções do legislador democrático, a realização do interesse público resulta de um mandato legítimo de servir a coletividade. Esta conceção – da realização do interesse público como um valor protegido e também promovido pelo Direito Administrativo – não tem, naturalmente, o propósito de afastar as ideias que sustentam e propugnam que a felicidade de cada pessoa e muitas dimensões do bem comum podem resultar de realizações individuais, sem a interferência do Estado. Mas filia-se na presença de um interesse da comunidade (a *res publica*) que transcende os valores, os desejos e os interesses individuais: interesse público.

Assim, a realização do interesse público surge como um valor ou bem jurídico que o Direito Administrativo tem de proteger, exigindo, antes do mais, que a Administração se oriente sempre pelo serviço ao interesse da coletividade. Para este efeito, o legislador do Direito Administrativo tem a responsabilidade de definir garantias de imparcialidade e mecanismos de prevenção e de resolução de casos de conflitos de interesses, que afastem o risco da colonização da Administração por interesses particulares ou parciais, bem como o crescentemente presente risco da corrupção[137].

[136] No sentido de que a proteção dos direitos dos cidadãos em face do exercício do poder por parte do Estado ("public power") é o valor fundamental e nuclear da ideologia de um Estado de Direito, cf. Å. Frändberg, *From Rechtsstaat to universal law-state*, Springer, 2014, p. 6.

[137] Sobre o papel do Direito Administrativo na prevenção da corrupção e da "criminalidade administrativa", cf. A. Tortora, *La prevenzione della corruzione*, Giappichelli, 2019; G. Gallone, "La prevenzione amministrativa del rischio-corruzione", *Il diritto del'economia*, 2018/2, p. 349

Precisamente neste contexto, um outro valor decisivo do cosmos jurídico-administrativo reside na defesa e na garantia da "ética pública", que se pode definir como o agir de qualquer agente público no exercício das funções que lhe são confiadas com disciplina e honra, com imparcialidade e através de uma conduta que, no seu conjunto, é posta ao serviço exclusivo da coletividade[138].

9.4 – Boa administração

Num plano diferente dos anteriores, situa-se o valor da *boa administração*. Num sentido estrito, a boa administração indica uma ação administrativa conveniente e oportuna; além de conforme à lei e ao direito, a ação da Administração deverá ser correta (racional), pelo que os seus agentes devem agir como "bons administradores", pautando as suas ações segundo critérios de otimização das respetivas condutas. Assim considerado o valor da boa administração, percebe-se ser escassa a responsabilidade do Direito Administrativo na sua defesa e na realização – essencialmente dependente de fatores e determinantes não jurídicos. Não obstante, as leis administrativas não devem alhear-se da definição de arranjos e de soluções, desde logo no plano organizatório, que promovam e concretizem uma cultura de boa gestão, premiando o sucesso, a boa *performance* e a produção de bons resultados, e que instituam formas de responsabilização efetiva dos maus gestores da coisa pública. É neste sentido que se afigura adequada a incorporação no sistema do Direito Administrativo do valor da boa administração (do "bom administrador", diligente, zeloso e cumpridor). Ainda neste âmbito, cabe ao Direito Administrativo encontrar as respostas que permitam assegurar a *confiança* do público no correto funcionamento da Administração Pública.

10 – Garantia do Direito Administrativo

O Direito Administrativo é composto por normas jurídicas que, além do mais, têm o propósito de definir, condicionar e limitar a ação administrativa,

e segs.; M. Macchia, "La corruzione e gli strumenti amministrativi a carattere preventivo", in F. Manganaro/A. R. Tassone/F. Saitta, *Diritto amministrativo e criminalità*, Giuffrè, 2014, p. 97 e segs.; entre nós, com a participação de autores portugueses e brasileiros, veja-se a publicação coordenada por Carla Amado Gomes/Ana Fernanda Neves/Eurico Bitencourt Neto, *A Prevenção da Corrupção e outros Desafios à Boa Governação da Administração Pública*, ICJP, 2018.

[138] Seguimos de perto a definição de V. Cerulli Irelli, "Etica pubblica e disciplina delle funzioni amministrative", in F. Merloni/L. Vandelli (coords.), *La corruzione amministrativa (cause, prevenzione e rimedi)*, Passigli Editori, 2010, p. 89 e segs. (p. 91).

em vista da realização do interesse público e da realização dos direitos dos cidadãos. Este perfil, assente numa lógica de condicionamento *a priori* e sistemático, cumpre uma "função preventiva", de recorte "prospetivo"[139]: a prescrição das normas jurídico-administrativas é estabelecida na expectativa de que a Administração Pública as acate e cumpra e de que, assim, se evite ou previna a produção de resultados ilegítimos. De um modo análogo, quando se dirigem aos cidadãos, aos particulares, as leis administrativas integram uma pretensão de acatamento e de cumprimento.

Pois bem, pode suceder que a Administração desrespeite as normas que condicionam e limitam a sua intervenção. Assim como pode suceder que os cidadãos não cumpram os deveres legais que lhes são impostos. Em ambos os cenários, impõe-se que exista e que se possa mobilizar um *sistema de garantia do Direito Administrativo,* isto é, um sistema que contemple expedientes e instrumentos de reação ao desrespeito das normas jurídico-administrativas.

a) Mecanismos de controlo da Administração Pública e de sancionamento dos responsáveis

No que se refere ao cumprimento pela Administração, a garantia é, em certa medida, ainda uma obra do Direito Administrativo. Considerando uma bifurcação muito comum nos manuais de Direito Administrativo francês, revela-se possível discernir um "Direito Administrativo de ação", que se ocupa da disciplina da ação administrativa, e um "Direito Administrativo da proteção", que tem a função de estruturar um sistema de controlo da Administração Pública e de proteção dos direitos dos cidadãos administrados[140].

O sistema de controlo e garantia, organizado pelo próprio Direito Administrativo, pode ser e é, pelo menos "em primeira instância", confiado à própria Administração Pública: eis o que sucede com a previsão no sistema administrativo de instrumentos de controlo interno, de inspeção e de auditoria ou de verificação e despistagem de situações patológicas, através de inspeções gerais ou de entidades administrativas independentes, que têm um papel fundamental na fiscalização do cumprimento da lei pela Administração, mas também, com uma função prospetiva, na prevenção de comportamentos ilícitos (*v.g.*, prevenção da "criminalidade administrativa" e da corrupção). Ainda dentro do sistema administrativo,

[139] Cf. C. Harlow/R. Rawlings, *Law and Administration*, Cambridge University Press, 2009, p. 40.

[140] Neste sentido, cf. Gonod/Melleray/Yolka, *ob. cit.*, T. 2. pp. 5 e segs. e 397 e segs.

refiram-se os mecanismos de petição, de denúncia de infrações, além dos procedimentos de reclamação e de recursos administrativos (cf. artigos 184.º e segs. do CPA).

Mas o componente mais sólido e consistente do sistema de garantia do Direito Administrativo – através da realização de um "controlo retrospetivo" – situa-se, fora do sistema administrativo, quer no órgão legislativo [cf. artigo 162.º, alínea *a)* da CRP, sobre a competência da Assembleia da República para "apreciar os atos do Governo e da Administração"], quer, sobretudo, nos tribunais, entre nós, no Tribunal Constitucional (quanto à declaração de ilegalidade com força obrigatória geral de regulamentos com os fundamentos previstos no artigo 281.º, n.º 1, da CRP), no Tribunal de Contas (para o controlo dos atos que envolvem despesas e das contas públicas) e, claro, nos tribunais administrativos.

É sobretudo nesta última sede, nos tribunais administrativos, que se assegura a plena e efetiva realização do Direito Administrativo e se estabelecem os meios processuais de defesa da legalidade e de tutela judicial dos cidadãos em face da Administração Pública. Em suma, a garantia principal do Direito Administrativo cabe ao *Direito Processual Administrativo* e à *justiça administrativa*.

Nestes termos, o Direito Processual Administrativo *completa*, *garante* e confere *efetividade* ao Direito Administrativo. Podemos mesmo identificar uma *continuidade* entre Direito Administrativo e Direito Processual Administrativo, no sentido de que este é o ponto terminal de um segmento de reta que se inicia com a definição de uma regra jurídica que define condições a observar na ação administrativa.

Mecanismo fundamental de um controlo efetivo e completo é o sancionamento dos responsáveis pelos desvios e pelas situações de incumprimento. A responsabilização dos agentes da Administração efetiva-se em termos definidos pelo Direito Administrativo, como sucede com a responsabilidade disciplinar (*v.g.*, demissão de um trabalhador) e situações análogas (*v.g.*, perda de mandato, destituição) e com a responsabilidade civil (*v.g.*, indemnização, em casos de ação dolosa ou gravemente negligente), ou nos termos definidos por outras normas – de direito judiciário financeiro (*v.g.*, aplicação de multas e condenação à reintegração de quantias pelo Tribunal de Contas) ou de direito penal (normas que definem crimes típicos de funcionários públicos ou de titulares de cargos públicos).

b) Mecanismos de controlo e de sancionamento dos cidadãos

Em relação ao cumprimento do Direito Administrativo pelos cidadãos, a garantia resulta do próprio Direito Administrativo, que, em regra, associa a imposição de deveres aos cidadãos à atribuição à Administração Pública de competências de fiscalização e de controlo sobre o cumprimento desses deveres, bem como de sancionamento ou punição em caso de incumprimento, no domínio do ilícito administrativo (*v.g.*, "ilícito de mera ordenação social": aplicação de coimas e de sanções acessórias).

11 – Síntese sobre o sentido do Direito Administrativo

Uma leitura global dos pontos precedentes, especialmente dos que se ocuparam das funções e da garantia do Direito Administrativo, conduz-nos a perfilhar uma conceção eclética, que conjuga os argumentos da designada "red light theory" – a qual, numa visão judicialista, mais focada na atividade dos tribunais do que na da Administração Pública, concebe o Direito Administrativo como instrumento de controlo da Administração e de proteção dos cidadãos contra a autoridade administrativa –, com os fundamentos da "green light theory" – que sobreleva o papel do Direito Administrativo como elemento de configuração e de ativação do Estado Administrativo e a este confere os instrumentos necessários para a realização do interesse coletivo[141].

> Apesar da essencialidade da dimensão judicial no sistema de garantia do Direito Administrativo, recorda-se, a este respeito, o que se disse nas considerações iniciais de caráter metodológico, sobre o facto de não se advogar uma conceção do Direito Administrativo exclusivamente focada na tutela judicial: o Direito Administrativo constitui uma ordem de regulação jurídica estabelecida *ex ante* e que visa dirigir a ação da Administração Pública.

Do mesmo modo que o Prof. Freitas do Amaral, supomos que "a função do Direito Administrativo não é apenas «autoritária», como sugerem as *green light theories*, nem é apenas «liberal» ou «garantística», como pretendem as *red light theories*. O Direito Administrativo desempenha uma função *mista*, ou uma *dupla função*: legitimar a intervenção da autoridade pública e proteger a esfera jurídica dos particulares; permitir a realização do interesse colectivo e

[141] Sobre as "red" e as "green light theories", cf. Harlow/Rawlings, *ob. cit.*, p. 22 e segs.

impedir o esmagamento dos interesses individuais; numa palavra, organizar a *autoridade* do poder e defender a *liberdade* dos cidadãos"[142].

Mantendo a metáfora dos semáforos, mas agora em linha com o enfoque do presente Manual, tem de se reconhecer que as teorias vermelhas acentuam uma *dimensão negativa* do Direito Administrativo, consistente na proteção dos cidadãos contra a ilegalidade e o arbítrio, o que, a final, sobrevaloriza as vertentes da garantia da tutela jurisdicional e, em último termo, remete para o Direito Processual Administrativo. Ao contrário, as teorias verdes, *et pour cause*, acentuam uma *dimensão positiva*, virada para a ação e fundada na ideia essencial de que o Estado Administrativo tem uma missão a cumprir – a realização do interesse público e a realização das pessoas –, e é responsável por desempenhá-la com boas decisões: é o Direito Administrativo que vamos estudar, enquanto ordem jurídica da organização e da ação administrativa, que deverá criar as condições para que o Estado Administrativo cumpra a sua missão com sucesso.

[142] Cf. Diogo Freitas do Amaral, *Curso de Direito Administrativo*, vol. I (com a colaboração de Luís Fábrica, Jorge Pereira da Silva e Tiago Macieirinha), Almedina, 2015, p. 138.

Parte I
Direito Administrativo

O Direito Administrativo é formado pelo *conjunto das normas jurídicas, de várias proveniências, que, dentro do ordenamento jurídico, se distinguem pelo facto de se dirigirem à Administração Pública, com o propósito de a organizar, de indicar as suas missões e competências e de definir os termos e as condições do desenvolvimento da função administrativa, ou também a particulares, com o objetivo de lhes conferir direitos ou de os onerar com deveres no âmbito de relações entre eles e a Administração Pública.* Ao longo da Parte I do Manual, pretende-se responder *a quem* e *a que é que* se aplica o Direito Administrativo (Título I), bem como identificar as *fontes* de onde provêm as suas normas (Título II).

Título I
Direito Administrativo: Direito para a Administração Pública e para a ação administrativa

O Título I desdobra-se em dois capítulos: o primeiro, para responder *a quem se aplica*, é dedicado à compreensão do Direito Administrativo como um direito fabricado para a Administração Pública; no segundo, para determinar *a que é que se aplica*, analisa-se o Direito Administrativo como direito para a ação administrativa.

Capítulo 1
Direito Administrativo: direito para a Administração Pública

A ideia de que o Direito Administrativo é um direito fabricado para a Administração Pública exige esclarecimentos e aprofundamentos, além do mais, com o propósito de indagar se existe uma correspondência de exclusividade entre ambos os termos, ou seja, se se pode dizer, por um lado, que o Direito Administrativo é apenas um direito para a Administração Pública e, por outro lado, que a Administração Pública é apenas disciplinada pelo Direito Administrativo. Antecipando conclusões, adianta-se já que ambas as correspondências conhecem desvios.

12 – Direito Administrativo e direito público. 12.1 – Direito privado como direito para todos. 12.2 – Direito Administrativo como direito público para a Administração. 13 – Direito Administrativo, Administração Pública e função administrativa. 14 – Direito aplicável às pessoas coletivas públicas. 14.1 – As pessoas coletivas públicas como "sujeitos de Direito Administrativo". 14.2 – Aplicação do direito privado às pessoas coletivas públicas. 14.2.1 – Utilização do direito privado pelas pessoas coletivas públicas. 14.2.1.1 – Utilização do direito privado como processo de organização. 14.2.1.2 – Utilização do direito privado como processo de ação. 14.2.2 – Ação das pessoas coletivas públicas em regime de direito privado. 15 – Direito aplicável às entidades administrativas privadas e às entidades particulares com funções administrativas. 15.1 – Entidades administrativas privadas e entidades particulares com funções administrativas como "sujeitos de direito privado". 15.2 – Sujeição das entidades administrativas

privadas e das entidades particulares com funções administrativas ao Direito Administrativo. 16 – Direito privado da Administração Pública. 17 – Vinculação da Administração Pública pelo direito privado. 18 – Direito Administrativo sem Administração Pública. 18.1 – Aplicação do Direito Administrativo a autoridades ou órgãos não integrados na Administração Pública. 18.2 – Não aplicação do Direito Administrativo a meros particulares. 18.2.1 – Falsos casos de meros particulares. 18.2.2 – Falsos casos de aplicação do Direito Administrativo.

12 – Direito Administrativo e direito público

O Direito Administrativo é uma disciplina de direito público. Assumir esta ordenação significa ratificar a distinção dualista da ordem jurídica entre direito público e direito privado[143].

É certo que, um pouco por todo o lado, vêm-se levantando vozes contra este dualismo estrutural da ordem jurídica – que radica as suas origens no direito romano –, pondo, simultaneamente, em causa um *outro dualismo* que, de algum modo, explica o primeiro: referimo-nos, neste caso, à bifurcação entre Estado e Sociedade Civil.

Na conceção que aqui se segue, o dualismo entre Estado e Sociedade Civil mantém-se, num quadro geral de *persistência das dicotomias tradicionais entre público e privado*; e isto explica também a dicotomia entre direito público e direito privado. Existe, continua a existir, uma esfera pública, do Estado, onde se localiza a Administração Pública, e uma esfera privada, da Sociedade Civil, onde estão os cidadãos e as entidades particulares. Há direito público e há direito privado.

12.1 – Direito privado como direito para todos

A divisão dicotómica começa por nos apresentar o direito privado e o direito público como dois mundos separados e até em confronto, constituindo, ambos, "direitos especiais" ou "parciais": o primeiro, um *direito para os cidadãos* (esfera da Sociedade Civil), o segundo, um *direito para o Estado* (no caso do Direito Administrativo, um direito para a Administração Pública).

[143] Sobre este tema, considere-se, sobretudo, C. A. Mota Pinto, *Teoria Geral do Direito Civil*, 4.ª ed. (por A. Pinto Monteiro e Paulo Mota Pinto), Coimbra Editora, 2005, pp. 36 e segs.; A. Santos Justo, *Introdução ao Estudo do Direito*, Coimbra Editora, 2009, pp. 234 e segs.; M. Ruffert (ed.), *The public-private law divide: potential for transformation?*, British Institute of International and Comparative Law, 2009; Pedro Costa Gonçalves, *Entidades Privadas, cit.*, p. 270 e segs.

Na base da exposição que se segue, assume-se que o direito privado e o direito público se reportam, ambos, a normas jurídicas provenientes do Estado ou de uma entidade investida de um poder normativo público. Não deve, pois, confundir-se o direito privado, que é um direito de origem pública, com o "direito dos privados"[144], de origem ou proveniência privada. Neste sentido, o direito privado, como o direito público, é um direito "do" Estado, que repousa em normas produzidas pelo Estado ou por um poder *delegado* ou *reconhecido* pelo Estado (*v.g.*, poder normativo da União Europeia, das autarquias locais ou até de entidades particulares com funções públicas).

Sucede, todavia, que esse paradigma explicativo e teórico, associado a uma distinção assim tão taxativa e cortante entre direito público e direito privado – como dois mundos separados e opostos, que não se tocam –, nunca teve correspondência na realidade e, seguramente, assim continua a ser no nosso tempo.

Com efeito, além de múltiplos fenómenos de *interconexão*, de *conjugação*, de *sobreposição* e de *continuidade* entre regulamentações de direito público e de direito privado, o direito privado é, sempre foi, utilizado pela Administração Pública: a figura da "fuga da Administração Pública para o direito privado"[145] surgiu para indicar o recurso ao direito privado pela Administração Pública em domínios menos afeiçoados a essa utilização (daí, o falar-se de "fuga"); mas há áreas da intervenção administrativa em que a utilização do direito privado sempre se considerou normal ou natural.

O facto de a Administração Pública utilizar o direito privado desmente, portanto, a conceção de que este corresponde a um "direito parcial", exclusivamente dos cidadãos. Efetivamente, não é o caso: o direito privado também regula a ação da Administração Pública, incluindo, a ação das pessoas coletivas de direito público. O direito privado revela-se, por isso, um "direito para todos", ou seja, um "direito para qualquer um" ("Jedermannsrecht"[146]). Integram-no todas as normas jurídicas que têm como destinatário possível, como um potencial "sujeito de ordenação", *qualquer sujeito* – para o que nos

[144] O conceito de "direito dos privados" pertence a W. Cesarini Sforza, *Il diritto dei privati*, Giuffrè, 1963, que o definia como o "conjunto de normas emanadas por autoridades não estaduais (não públicas) para regular as relações jurídicas entre as pessoas que a elas estão subordinadas"

[145] O conceito surge em 1928, na Alemanha, nas *Institutionen des Deutschen Verwaltungsrechts* de F. Fleiner. Na doutrina portuguesa, cf. Maria João Estorninho, *A Fuga para o Direito Privado*, Almedina, 1996.

[146] Cf. Ehlers, "Verwaltung und Verwaltungsrecht", *cit.*, p. 142.

interessa agora mais diretamente, esse *qualquer sujeito* pode ser o próprio Estado ou um outro sujeito da Administração Pública.

Em síntese, o direito privado apresenta-se como uma *disciplina jurídica geral* e *universal*, suscetível de aplicação a qualquer entidade.

> Pertence ao direito privado, *v.g.*, a norma jurídica que estabelece que "o contrato deve ser pontualmente cumprido" (artigo 406.º, n.º 1, do Código Civil): o preceito aplica-se a "todos", aos cidadãos e, também, ao Estado e à Administração Pública. Quer dizer, por força daquela norma jurídico-privada, também a Administração Pública deve cumprir pontualmente os contratos que celebra. A conclusão só pode ser outra no caso de existir uma "norma especial" a estabelecer coisa diferente.

12.2 – Direito Administrativo como direito público para a Administração

Ao contrário do direito privado, o Direito Administrativo – enquanto *direito público* – já se nos apresenta como um *direito especial*; especial, no sentido de que se trata de um direito de "certos sujeitos" e não de "qualquer um".

As normas de Direito Administrativo têm por destinatários sujeitos da Administração Pública, concretamente identificados: pode suceder, e sucede até com frequência, que as normas jurídico-administrativas não atinjam apenas sujeitos da Administração Pública. Mais: há casos em que o destinatário principal, de primeira linha, que uma norma quer atingir é mesmo um particular. Ainda que este seja o caso, estar-se-á em presença de uma norma do cosmos jurídico-administrativo sempre que esteja tenha o propósito de atingir o particular na sua condição de sujeito numa relação com uma entidade da Administração Pública; o mesmo é dizer que uma norma assim se dirige ao particular na sua posição de "administrado", de alguém que entrou ou vai entrar em relação com a Administração (*v.g.*, norma que atribui a um particular o direito de exigir uma conduta ou prestação da Administração; norma que onera um particular com um dever ou com uma situação de sujeição em face de uma entidade da Administração; norma que tipifica a conduta de um particular como ilícito administrativo, punido pela Administração).

> Suponha-se a norma que indica que o "detentor de animal perigoso ou potencialmente perigoso fica obrigado a manter medidas de segurança reforçadas, nomeadamente nos alojamentos, incluindo aqueles destinados à criação ou reprodução" (cf. artigo 12.º do Regime Jurídico da Detenção

de Animais Perigosos). Esta norma dirige-se diretamente a "qualquer um" que seja detentor de animal perigoso ou potencialmente perigoso, mas para definir um dever específico desse sujeito na condição de "administrado", no quadro de uma relação com a Administração Pública, a qual tem a incumbência de fiscalizar o cumprimento daquele dever administrativo e de sancionar o respetivo incumprimento.

Assim, enquanto normas de direito público, as normas de Direito Administrativo ostentam um sinal de distinção, um elemento que as distingue dentro do ordenamento jurídico: esse sinal ou elemento materializa-se numa dimensão orgânica ou subjetiva, e consiste no facto de se dirigirem especialmente a entidades da Administração Pública ou visarem uma relação jurídica que tem como um dos seus sujeitos uma entidade da Administração Pública.

Como critério de orientação da distinção entre direito público e direito privado, segue-se aqui o fundamental da *teoria dos sujeitos* (embora *modificada*, como veremos a seguir), sem, contudo, se exigir como critério de qualificação da norma de direito público o ter como destinatárias "exclusivamente" entidades públicas[147]. O que se revela necessária é a inclusão de uma entidade pública, da Administração Pública, no círculo de destinatários de uma norma. Mas essa norma pode atingir, e até em primeira linha, outros destinatários ("administrados").

De uma ou de outra forma, a presença de um sujeito da Administração Pública como destinatário de uma norma jurídica revela-se essencial e determinante para a respetiva qualificação como norma de Direito Administrativo.

Cumpre, todavia, questionar se, além de *necessária*, a presença de um elemento da Administração Pública como sujeito de ordenação se revela *condição suficiente* para a qualificação jurídico-administrativa de uma norma. A resposta é agora negativa.

Com efeito, de acordo com o critério que aqui se segue sobre o tema da distinção entre direito público e direito privado, não basta, para a integrar

[147] Neste sentido, a respeito da primeira versão da teoria dos sujeitos de Hans J. Wolff, cf. Maurer/Waldhoff, *ob. cit.*, p. 47; Ehlers, "Verwaltung und Verwaltungsrecht", *cit.*, p. 147; Wolff/Bachof/Stober/Kluth, *ob. cit.*, vol. I, p. 205 e segs.

no hemisfério público, o facto de uma norma jurídica se dirigir ao Estado ou a outro sujeito da Administração Pública. Apresenta-se, além disso, como indeclinável a condição de a norma se dirigir a um sujeito da Administração Pública "enquanto tal" ("als solcher"), especificamente na condição ou posição de responsável pelo exercício de competências públicas. Esta precisão revela-se essencial ou decisiva e permite alcançar o sentido mais profundo da administratividade de uma norma jurídica, que reside no facto de visar ou de se dirigir um sujeito *não apenas por ser quem é, mas também por causa do que faz – por ser quem é:* uma entidade da Administração Pública; por causa do que faz: *exercício de competências públicas, conferidas por uma norma que lhe é dirigida enquanto entidade da Administração Pública.*

Como critério de distinção entre (normas de) direito privado e (normas de) direito público, seguimos, pois, uma *teoria dos sujeitos,* mas numa versão que pondera fatores ou elementos materiais: *teoria dos sujeitos modificada, por efeito da necessária ponderação de fatores materiais*[148]. Assim, por ex., de acordo com este critério, a norma do artigo 853.º, n.º 1, alínea *c),* do Código Civil, que proíbe que se extingam por compensação os "créditos do Estado ou de outras pessoas coletivas públicas", apesar de se dirigir ao Estado (e a outras pessoas coletivas públicas), ordena-se como *norma de direito privado;* trata-se de um preceito que regula uma situação em que o Estado surge na posição ativa de titular de um (qualquer) crédito e não na veste de titular de funções públicas.

Poderá suceder que uma norma se dirija a uma pessoa coletiva pública enquanto tal, na condição de responsável pelo exercício de competências públicas, mas, simultaneamente, remeta a atuação que a mesma vai desenvolver para a esfera do direito privado: eis o que parece ocorrer nos casos em que a lei (*v.g.*, legislação do património cultural) atribui ao Estado um direito de preferência na compra de bens de interesse cultural, esclarecendo que o direito se exerce nos termos previstos no Código Civil[149].

Ainda, neste âmbito, da distinção entre direito público e direito privado, importa ter presente que a distinção se refere a *normas jurídicas*: do que se trata é de identificar a natureza jurídica de uma norma, de um preceito normativo; deve, pois, evitar-se o erro de, desconsiderando essa exigência

[148] Cf. Ehlers, "Verwaltung und Verwaltungsrecht", *cit.*, p. 149.

[149] Sobre este assunto, cf. J. Canelhas Duro, "O direito legal de preferência sobre bens culturais", *Revista do Ministério Público*, n.º 123, 2010, p. 109 e segs.

essencial, se pretender atribuir uma certa natureza jurídica a uma relação ou a uma atuação, sem considerar a norma jurídica que regula essa relação ou essa atuação.

Estamos em condição de concluir que o Direito administrativo se inscreve na área do *direito público*; não é um direito para todos, mas apenas para o Estado (em sentido amplo) *enquanto tal*, e, dentro da área do direito público, é um *direito dirigido à Administração Pública enquanto tal.*

A especialidade ou, num sentido mais rigoroso, a identidade do *corpus* de normas jurídicas (princípios e regras) que constitui o Direito Administrativo reside em se tratar de normas que acolhem uma *disciplina pensada ou idealizada em função* dos respetivos destinatários, os sujeitos da Administração Pública, por causa das responsabilidades e missões de interesse público que aos mesmos se encontram confiadas.

13 – Direito Administrativo, Administração Pública e função administrativa

No início do presente capítulo, retoma-se a ideia, atrás exposta, sobre a existência de um *princípio de tripla correspondência entre Administração Pública, função administrativa e Direito Administrativo* [cf. ponto 7, *a)*]: o Direito Administrativo regula a organização e a atuação dos sujeitos da Administração Pública e, concomitantemente, o exercício da função administrativa, enquanto esta última se compreende precisamente como função exercida pelos sujeitos da Administração Pública. A fórmula tem um sentido genérico, e é mobilizada com um propósito sobretudo explicativo.

Na verdade, este "discurso das correspondências" procura identificar um quadro de referência genérico e uma ideia chave para explicar por palavras simples e que se acredita serem sugestivas, uma relação de estreitíssima ligação, que efetivamente existe, entre Direito Administrativo e Estado Administrativo (Administração Pública e função administrativa). Mas não há aqui o propósito de transformar o citado princípio num dogma ou no enunciado de uma verdade absoluta e indiscutível. Sem qualquer dificuldade, mas também sem incoerência (é de um "princípio" que estamos a falar), reconhece-se que a ideia de tripla correspondência conhece desvios.

De forma imediata, identificam-se nela dois desvios principais.

Em primeiro lugar, a Administração Pública atua, e por vezes até com uma extensão significativa, segundo o direito privado e, por conseguinte, não vinculada pelo Direito Administrativo. Assim, o Direito Administrativo não é o único direito da Administração Pública[150]; neste sentido podemos ter, efetivamente temos, uma *Administração Pública sem Direito Administrativo* [cf. pontos 14 a 16].

Em segundo lugar, o Direito Administrativo regula ações de órgãos que não integram a Administração Pública (em sentido orgânico-funcional), na parte em que desenvolvem atividades materialmente administrativas: neste sentido, há um *Direito Administrativo sem Administração Pública* [cf. ponto 18].

Naturalmente sem se poderem ignorar, nem tão-pouco desvalorizar, os desvios, que existem mesmo, oferece-se indiscutível a presença de uma relação muito estreita entre Administração Pública e Direito Administrativo. O Direito Administrativo é um "direito próprio da Administração Pública"; dirige-se à Administração Pública e é para esta que é feito.

Está aqui pressuposto um *conceito estatutário, orgânico* e *subjetivo* de Direito Administrativo. Nestes termos, e como já vimos, este setor do ordenamento jurídico é constituído pelas normas jurídicas que se dirigem aos sujeitos da Administração Pública *enquanto tais*, quer dizer, na qualidade ou na condição de responsáveis pelo exercício de competências públicas. Em geral, as normas jurídico-administrativas têm o propósito de instituir e organizar os sujeitos da Administração Pública e de disciplinar o respetivo agir em termos específicos, investindo-os de especiais poderes ou atribuindo-lhe especiais deveres, em ambos os casos por causa dos fins (públicos) que servem.

A conceção subjetiva e orgânica do Direito Administrativo não significa, porém, uma necessária rutura com a doutrina que o apresenta como o "direito comum da função administrativa"[151]. Quando, como aqui se propõe, se recorta o conceito subjetivo de Administração Pública de acordo com uma *dimensão funcional – critério orgânico-funcional* [cf. pontos 4 e 47.1.1] –, de modo a abranger todo o universo de entidades que se dedicam ao exercício de funções administrativas, e apenas essas entidades, alcança-se um princípio de correspondência entre Administração Pública e função administrativa.

[150] Cf. V. Cerulli Irelli, *Principii del diritto amministrativo*, vol. I, Giappichelli, 2005, p. 5.

[151] Cf. Paulo Otero, *Legalidade e Administração Pública (o sentido da vinculação administrativa à juridicidade)*, Almedina, 2003, p. 811 e segs.

Numa palavra, o que distingue o Direito Administrativo, e reconduz a esta disciplina uma determinada norma jurídica, é a intenção normativa de regular as condutas de determinados sujeitos *porque* pertencem à Administração Pública e *porque* exercem a função administrativa.

A defesa da conceção estatutária do Direito Administrativo tem o propósito de resolver um problema técnico-jurídico e prático – sobre a identificação da administratividade –, extraindo da norma jurídica a indicação sobre quem a mesma pretende atingir. Não está presente nessa conceção, tal como aqui se defende, qualquer ideia de sugerir o Direito Administrativo como um "foro privilegiado", um "ordenamento de privilégios" do Estado Administrativo. O Direito Administrativo de cada momento terá a configuração que tiver, no quadro da constituição e da legislação do estado de direito democrático[152].

O facto de o Direito Administrativo constituir um direito feito para a Administração Pública não significa, porém, que detenha o monopólio ou o exclusivo de regulação da atividade dos sujeitos da Administração Pública. Na verdade, estes também podem ver a sua atuação regulada pelo direito privado. Ou seja, podemos ter *Administração Pública sem Direito Administrativo*.

Impõe-se-nos, assim, a tarefa de determinar o âmbito ou a extensão da incidência do Direito Administrativo na regulação da Administração e da atividade administrativa. Dizendo-o de outro modo, pretende-se saber *com que extensão* ou *em que medida* a Administração Pública se deve pautar pelo Direito Administrativo. Fora ou para além da esfera de incidência do Direito Administrativo, surge a esfera de incidência do direito privado – que, como se sabe, é um direito para todos.

Ora, a definição exata do perímetro de incidência do Direito Administrativo varia, em primeiro lugar, em razão da natureza jurídica dos sujeitos da Administração Pública: em regra, os sujeitos com personalidade de direito público são abrangidos numa maior extensão pelo Direito Administrativo do que os sujeitos da Administração Pública com personalidade de direito privado. Mas esse não é o único fator a considerar; há ainda outros elementos

[152] Em sentido diferente, insinuando a dificuldade de adaptação constitucional do Direito Administrativo concebido como direito estatutário, cf. J. L. Meilán Gil, *Categorías jurídicas en el derecho administrativo*, Iustel, 2011, p. 23.

que explicam variações ou desvios à regra da submissão dos sujeitos da Administração ao Direito Administrativo.

14 – Direito aplicável às pessoas coletivas públicas

Integram a Administração Pública sujeitos com personalidade jurídica de direito público e outros com personalidade jurídica de direito privado [cf. ponto 47.1.1].

A primeira categoria de sujeitos da Administração Pública corresponde às *pessoas coletivas públicas* ou *de direito público*: Estado, Regiões Autónomas, autarquias locais, institutos públicos (incluindo as fundações públicas e as entidades administrativas independentes), associações públicas e as entidades públicas empresariais.

14.1 – As pessoas coletivas públicas como "sujeitos de Direito Administrativo"

As pessoas coletivas públicas, de direito público, revelam-se as verdadeiras "criaturas do Direito Administrativo": são instituídas por uma norma legal de Direito Administrativo ou por um ato jurídico-administrativo com fundamento numa lei; além disso, a organização interna e, em concreto, a disposição dos respetivos órgãos ("órgãos administrativos"), são disciplinadas pela norma ou pelo ato jurídico que as cria. Assim, é o Direito Administrativo que cria e organiza ou que define as condições de criação e de organização das pessoas coletivas de direito público.

Por outro lado, a menos que a lei estabeleça expressamente regime diferente, sempre que se processa – *como é a regra* – ao abrigo de normas jurídicas que se lhes dirigem especialmente ("normas de ação"), a atuação das pessoas coletivas públicas submete-se, em regra integralmente, ao Direito Administrativo. A norma que confere competências aos órgãos de uma entidade pública é, naturalmente, uma norma de direito público, de Direito Administrativo, pois que se dirige a essa entidade pública, *enquanto tal*. Por ser essa a natureza jurídica da norma que a autoriza, a atuação que a entidade empreende no âmbito da referida norma fica submetida ao Direito Administrativo.

Quer no plano da sua organização, quer no que se refere à ação que desenvolvem, as pessoas coletivas de direito público encontram-se submetidas ao Direito Administrativo. Assim, pode dizer-se que a personalidade de direito público de uma entidade determina uma sua *sujeição generalizada ao Direito Administrativo*. Este emerge, pois, como um *direito comum* ou *geral* das pessoas coletivas públicas.

A referência do Direito Administrativo como um *ius commune* das pessoas coletivas públicas[153] reclama algumas considerações complementares, sobretudo porque, em páginas anteriores, já se aludiu ao Direito Administrativo como um *direito especial*.

Pois bem, em confronto com o direito privado – um "direito para todos" –, o Direito Administrativo evidencia-se efetivamente como um direito *especial*, na medida em que não é feito para "qualquer um", mas, em princípio, apenas para a Administração Pública. Porém, se se considerar a dicotomia *geral* e *especial* exclusivamente do ponto de vista da Administração Pública, diremos que, pelo menos para as pessoas coletivas públicas, o direito comum, o direito que se lhes aplica *em regra*, é o Direito Administrativo. Ora, é precisamente isto que permite dizer que *o Direito Administrativo é o direito comum das pessoas coletivas públicas*.

> Em razão do exposto, suscita-se a dúvida sobre o sentido, a utilidade e o real alcance de preceitos legais que indicam, de forma específica e enumerada, as leis de Direito Administrativo aplicáveis à ação de entidades públicas: eis o que sucede, por ex., com a LQER (artigo 5.º, n.ºs 2 e 3), ao estabelecer que, "no âmbito do exercício de poderes públicos" pelas entidades reguladoras, há lugar à aplicação do CPA e de quaisquer outras normas e princípios de âmbito geral respeitantes aos atos administrativos do Estado, bem como as leis do contencioso administrativo, quando estejam em causa atos praticados no exercício de poderes públicos de autoridade e contratos de natureza administrativa. Trata-se de uma indicação legal que se afigura inútil. Correta afigura-se-nos a formulação do artigo 4.º, n.º 1, da Lei das Associações Públicas Profissionais: "as associações públicas profissionais são pessoas coletivas de direito público e estão sujeitas a um regime de direito público no desempenho das suas atribuições". É precisamente isto que se impõe dizer: uma pessoa coletiva pública fica, em regra, submetida a um regime de direito público no desempenho das suas atribuições: são os desvios a essa regra que têm de ser enumerados e indicados.

14.2 – Aplicação do direito privado às pessoas coletivas públicas

As pessoas coletivas públicas são "sujeitos de Direito Administrativo", reguladas na sua organização e na sua atuação, pelo Direito Administrativo. Esta é a regra.

[153] Cf. Meilán Gil, *Categorías jurídicas, cit.*, p. 17.

Contudo, a regra da sujeição das pessoas coletivas ao Direito Administrativo conhece exceções. Com efeito, o direito privado também pode ser aplicado às pessoas coletivas públicas. Isto resulta, além do mais, do facto de o direito privado também poder servir a realização do interesse público[154].

A aplicação do direito privado às pessoas coletivas públicas não ocorre sempre nos mesmos termos. Supõe-se que há razão para distinguir entre o fenómeno da "utilização direito privado pelas pessoas coletivas públicas" [ponto 14.2.1] e a "ação das pessoas coletivas públicas em regime de direito privado" [ponto 14.2.2]. Trata-se, efetivamente, de assuntos diferentes, embora a distinção não se revele simples e, em geral, não se veja sequer equacionada.

Vejamos.

O tema da *utilização* do direito privado pelas pessoas coletivas públicas remete para um cenário em que uma entidade pública – com fundamento numa lei ou diretamente na sua capacidade jurídica geral de ação – surge a utilizar instrumentos jurídicos de direito privado e, através deles, a assumir direitos e obrigações de natureza jurídica privada. Esta utilização do direito privado ocorre necessariamente no âmbito e para a prossecução das atribuições legais da pessoa coletiva pública, mas, em si mesma, a ação empreendida no espaço jurídico-privado não corresponde a uma *incumbência*

[154] Cf. Corso, *Manuale, cit.*, p. 397.
Em Itália, desde 2005, a lei sobre o procedimento administrativo estabelece, como *princípio geral da atividade administrativa*, que, na adoção de atos de natureza não autoritária, a Administração Pública atua segundo o direito privado, a menos que a lei disponha em sentido diverso ("la pubblica amministrazione, nell'adozione di atti di natura non autoritativa, agisce secondo le norme di diritto privato salvo che la legge disponga diversamente); sobre esta norma, cf. P. Carpentieri, "La razionalità complessa dell'azione amministrativa. Note a margine del nuovo comma 1 *bis* dell'art. 1 della legge 241 del 1990", in P. Stanzione/A. Saturno (org.), *Il diritto privato della pubblica amministrazione*, Cedam, 2005, p. 801 e segs.; S. Giacchett, "La nuova via privata al pubblico interesse aperta dall'art. 1, c. 1 *bis*, della legge 11 febbraio 2005 n. 15", *ibidem*, p. 113 e segs. Observa G. Rossi, *Principi di diritto amministrativo*, Giappichelli, 2015, p. 277, que a referida norma assenta numa petição de princípio, pois não esclarece quando se está em presença de um ato de natureza autoritária. Ainda a respeito da mesma norma, F. Astone/F. Martines, "Principio di legalità ed attività di diritto privato delle amministrazioni pubbliche", *Il Diritto dell'Economia*, 2016/1, p. 109 e segs. (p. 111), destacam a sua escassa utilização em termos práticos – a observação compreende-se à luz da ideia de que a reforma de 2005 tinha o propósito de incentivar a Administração a utilizar a figura dos acordos (de direito privado) substitutivos de atos administrativos. Não obstante, a doutrina não desiste de acentuar a ideia de que "múltiplas atividades da Administração (quando, obviamente, não esteja em causa o exercício da autoridade) podem adequadamente desenvolver-se em forma privatística (como historicamente demonstrado)": cf. V. Cerulli Irelli, *Amministrazione pubblica e diritto privato*, Giappichelli, 2011, p. 240

específica daquela entidade, como tal definida numa norma de competência. Neste sentido preciso, o conceito de *utilização* do direito privado sugere a ideia de "alargamento" ou de "extensão" do campo de intervenção principal e necessário de uma pessoa coletiva pública – "alargamento" ou "extensão", insiste-se, por referência ao que prescrevem as normas de competência pública. Ou seja, o conceito de "utilização" do direito privado associa-se ao exercício de uma autonomia de ação da pessoa coletiva pública, a qual, autonomia, se desenvolve através dos instrumentos de direito privado.

Diferentemente, o conceito de "ação das pessoas coletivas públicas em regime de direito privado" tem o sentido de indicar que, *nos termos da lei*, é do direito privado o regime aplicável a uma determinada atuação que uma pessoa coletiva pública desenvolve na realização das suas missões específicas e competências. Agora, não está em pauta uma "utilização" do direito privado, para alargar ou estender o raio de ação de uma entidade, mas, antes, o desenvolvimento das missões institucionais de uma pessoa pública segundo um regime direito privado.

14.2.1 – Utilização do direito privado pelas pessoas coletivas públicas

Pelo facto de deterem personalidade jurídica, as pessoas coletivas públicas dispõem de uma *capacidade jurídica genérica*[155], delimitada nos termos do artigo 160.º, n.º 1, do Código Civil: assim, e salvo se uma norma de Direito Administrativo dispuser de outro modo, a capacidade jurídica de todas as pessoas coletivas, incluindo as pessoas coletivas públicas, "abrange todos os direitos e obrigações necessários ou convenientes à prossecução dos seus fins". Neste contexto, tem uma validade geral a afirmação posta numa decisão de um tribunal italiano: "la capacità di diritto privato delle persone giuridiche pubbliche è generale, come per ogni alto sogetto di diritto" (a capacidade jurídica de direito privado das pessoas jurídicas públicas é genérica, como para qualquer outro sujeito de direito)[156]. O complexo de direitos e obrigações a que se refere esta capacidade geral situa-se, naturalmente, na

[155] A capacidade jurídica "genérica" não inclui todos os direitos e todos os deveres pensáveis, no âmbito de "quaisquer relações jurídicas". A fórmula pretende apenas significar que a capacidade da pessoa coletiva não resulta de uma atribuição casuística ou específica de situações jurídicas, mas antes de uma atribuição genérica, em bloco, de um complexo de situações jurídicas subjetivas: assim, por ter personalidade jurídica, uma entidade é titular de "todos os direitos e obrigações necessários ou convenientes à prossecução dos seus fins", apenas se excetuando os "direitos e obrigações vedados por lei ou que sejam inseparáveis da personalidade singular" (artigo 160.º, n.º 2, do Código Civil).

[156] Cf. C. Cicero, *Sul diritto civile dell'ente pubblico*, Ed. Scientifiche Italiana, 2010, p. 12.

esfera de direito privado e manifesta-se através de atos e negócios jurídicos de direito privado.

Como se compreende, em relação às pessoas coletivas públicas, a capacidade jurídica de ação ao abrigo do artigo 160.º, n.º 1, do Código Civil, tem de se articular com a sua submissão ao Direito Administrativo, que é o seu *direito comum*. Por isso, embora se possa dizer que as pessoas coletivas públicas gozam, *em geral*, de uma capacidade para, em vista da realização dos seus fins ou atribuições, desenvolverem uma *capacidade de direito privado*, exercendo direitos e assumindo obrigações no âmbito do direito privado, deve ter-se presente que essa capacidade jurídica de direito privado se encontra delimitada e condicionada por normas de Direito Administrativo[157]. Em concreto, a capacidade jurídica genérica (de direito privado) está sempre delimitada pela norma de Direito Administrativo que indica as *atribuições* da pessoa coletiva pública [sobre o conceito de atribuições, cf. ponto 69].

Em face do direito privado (um *direito geral*, para todos), o Direito Administrativo (*direito especial*, para a Administração Pública) beneficia de um estatuto ou condição de *prevalência*, pelo que a capacidade jurídica geral fundada no direito privado só ascende a um título de legitimação da ação de uma pessoa coletiva pública na medida em que não se veja afastada por uma norma de Direito Administrativo.

Em geral, e se não for eliminada por uma norma especial de Direito Administrativo, a capacidade de direito privado das pessoas coletivas públicas pode ser desenvolvida por um de dois processos: *i)* criação de entidades em formato jurídico-privado (*v.g.*, sociedade comercial ou associação de direito civil); *ii)* adoção de meios ou instrumentos jurídicos próprios do direito privado (*v.g.*, contratos de direito civil). No primeiro caso, o direito privado é utilizado pela pessoa coletiva de direito público como *processo de organização*; no segundo, como *processo de ação*.

14.2.1.1 – Utilização do direito privado como processo de organização

As pessoas coletivas públicas utilizam o direito privado como processo de organização sempre que deliberam criar ou participar em pessoas coletivas de direito privado, nos termos previstos na legislação geral de direito privado

[157] A capacidade jurídica genérica das pessoas coletivas encontra-se sempre delimitada e condicionada em razão dos *fins* que devem prosseguir. No âmbito do direito privado, a determinação dos fins é feita no ato constitutivo da pessoa coletiva e expressa nos respetivos *estatutos*. No caso das pessoas coletivas públicas, é ao Direito Administrativo (em regra, à legislação administrativa) que cabe a indicação dos fins ou das atribuições que as mesmas devem prosseguir.

(Código Civil, Código das Sociedades Comerciais, Código Cooperativo). Consoante essa participação das pessoas coletivas públicas seja dominante, ou não, teremos "entidades administrativas privadas" ou "entidades privadas participadas". Embora essas duas situações apresentem contornos semelhantes quanto ao ponto em análise, vamos considerar o caso das entidades administrativas privadas, pelo facto de, por esse meio, estar envolvida de forma clara uma perspetiva de *utilização* do direito privado.

Tenha-se presente, neste contexto, que a instituição de uma entidade privada por uma pessoa coletiva pública coenvolve um processo de "privatização do direito aplicável", nos casos em que a atividade confiada à nova entidade era exercida pela pessoa coletiva pública. Este é o efeito de a entidade privada ver a sua atuação, em geral, submetida ao direito privado [cf. ponto 15.1].

O processo de criação ou de participação pública em entidades revestidas de uma "vestimenta privada", mas dotadas de um "corpo público", não é novo; ao longo dos tempos, tem-se desenvolvido por duas ordens de razões.

Em primeiro lugar, para permitir ao setor público socorrer-se de um formato jurídico afeiçoado à intervenção económica no mercado. Na verdade, a prestação de serviços públicos económicos demanda ou acomoda-se a uma organização de tipo empresarial: eis o que se verifica quanto a atividades como a exploração de sistemas de transportes urbanos ou o serviço de abastecimento de água às populações. Além disso, em certos casos, o Estado e outras entidades públicas desenvolvem mesmo atividades económicas em concorrência com o setor privado. Veja-se, entre nós, o caso da Caixa Geral de Depósitos, uma empresa do Estado que presta serviços comerciais no mercado, em concorrência com outros bancos. Ou os vários de casos de centros e associações universitárias que prestam serviços de consultoria, realizam cursos não conferentes de graus, etc.. Em hipóteses como estas, o formato jurídico-privado da organização (*v.g.*, sociedade comercial ou associação de direito civil) apresenta-se coerente com a própria natureza da missão da empresa ou da entidade, além de se apresentar afeiçoada ao contexto em que intervém. O mesmo se passa com as autarquias: se os municípios pretendem criar entidades para prestar serviços no mercado, justifica-se que o façam através dos instrumentos jurídicos com que os agentes do mercado normalmente se organizam. Pode, pois, afirmar-se que, neste caso, a criação, por iniciativa pública, de sujeitos de direito privado se apresenta uma solução natural, coerente com o propósito que orienta essa mesma iniciativa.

Segundo alguns autores, a adoção de uma forma jurídico-privada quando esteja em causa o desenvolvimento, pelo setor público, de atividades de mercado ou exercidas em contexto concorrencial decorre até de um *princípio de equiparação* com a forma jurídica de organização dos concorrentes, o qual resulta do direito da União Europeia – mesmo que não exista, e não existe, uma exigência de total equiparação, não há dúvidas de que uma atividade económica e, mais ainda, de mercado convoca um formato organizativo jurídico-privado.

Este primeiro núcleo da *Administração Pública em forma privada*, composto por entidades administrativas privadas com funções comerciais e de mercado, corresponde a uma clara solução de coerência e de articulação harmónica entre forma organizativa e atividade desenvolvida. Neste caso, o *afastamento* do Direito Administrativo como uma solução para o regime de organização da entidade, é uma *solução natural*, tendo em consideração a natureza das atividades em presença.

Mas, em segundo lugar, ao longo do tempo, o Estado e outras entidades públicas também foram criando sujeitos de direito privado para se ocuparem de funções e de atividades de carácter administrativo, próprios do "giro da Administração". Veja-se, entre nós, o caso paradigmático das administrações de portos: trata-se de entidades em formato jurídico-privado (sociedades comerciais anónimas), que pertencem ao Estado, e que exercem, com grande amplitude e quase exclusivamente, funções de carácter administrativo (edição de regulamentos, atribuição de concessões e de licenças, supervisão e fiscalização de atividades privadas, etc.). Nestes e noutros casos próximos, verifica-se, em rigor, uma *perversão* da forma jurídica organizativa e uma completa incoerência entre a forma jurídica da entidade e a atividade que ela desenvolve.

No passado, a adoção de soluções como essa era orientada por um propósito: evitar a regra da sujeição ao Direito Administrativo, aplicável às entidades com forma jurídica pública. De facto, a criação de entidades em forma privada – por exemplo, as sociedades comerciais constituídas para a construção do Centro Cultural de Belém ou para a realização da EXPO 98 – foi pensada como um expediente de "fuga" às limitações do Direito Administrativo. Como que num passe de mágica, a mera adoção da forma jurídica privada afastava a aplicação do Direito Administrativo (incluindo, entre outras, regras de atribuição de contratos por concurso público;

controlos financeiros, *v.g.*, do Tribunal de Contas; regras sobre impedimentos e conflitos de interesses, etc.). O direito privado, mais ágil, mais flexível e viabilizando uma atuação mais célere e menos burocrática, impunha-se como a solução natural para contornar e para fugir à rede de "obstáculos", de "controlos" e, em geral, à maior rigidez do Direito Administrativo. A fórmula "fuga para o direito privado" traduz com rigor todo o horizonte de intenções que estava aqui presente. Tratava-se efetivamente de uma fuga às limitações próprias de Direito Administrativo.

Como fenómeno patológico, a fuga para o direito privado reclamava um remédio. Este consistiu em dois tipos de tratamento.

Por um lado, pelo "avanço do Direito Administrativo", por via da sua aplicação às entidades administrativas privadas, quer no domínio dos controlos (*v.g.*, no campo financeiro), quer na sujeição a regimes jurídico-administrativos (*v.g.*, contratação pública), quer ainda quanto à ação que tais entidades desenvolvem com instrumentos de autoridade pública. Em casos mais extremos de perversão das formas, pode até suceder que o Direito Administrativo venha, na prática, a regular toda, ou quase toda, a atividade de uma entidade com personalidade de direito privado[158].

Por outro lado, e mais relevante no presente contexto, foi-se desenvolvendo uma tendência legal no sentido de restringir e de condicionar fortemente ou até de proibir a criação ou a participação de pessoas coletivas públicas em entidades em forma jurídica privada; os exemplos seguintes dão conta disto.

Nos termos da LQIP, a criação, pelo Estado, Regiões Autónomas ou autarquias locais, de "sociedades e associações" como pessoas coletivas de direito privado deve "ser sempre autorizada por diploma legal" (artigo 3.º, n.º 4).

Ainda segundo a LQIP, os institutos públicos não podem criar entes de direito privado ou participar na sua criação nem adquirir participações em tais entidades, exceto quando esteja previsto na lei ou nos estatutos e se mostrar imprescindível para a prossecução das respetivas atribuições, casos em que é necessária a autorização prévia dos membros do Governo responsáveis pelas áreas das finanças e da tutela, anualmente renovada (artigo 13.º, n.º 1).

Em termos mais definitivos, a LQER estabelece que as entidades reguladoras não podem criar ou participar na criação de entidades de direito privado com fins lucrativos, nem adquirir participações em tais entidades.

[158] A este respeito no direito espanhol, referindo-se ao retorno do Direito Administrativo, cf. M. Sánchez Morón, "El retorno del derecho administrativo", *RAP*, n.º 206, 2018, p. 37 e segs.

Por sua vez, na Lei-Quadro das Fundações estabelece-se que "o Estado, as Regiões Autónomas, as autarquias locais, as outras pessoas coletivas da administração autónoma e as demais pessoas coletivas públicas estão impedidos de criar ou participar em novas fundações públicas de direito privado".

O mesmo propósito norteou o Regime Jurídico da Atividade Empresarial Local, que condicionou fortemente a possibilidade de criação, por municípios, de empresas locais, bem como de quaisquer outras entidades de direito privado.

Numa linha idêntica se inscreve o Regime Jurídico das Régies Cooperativas, que faz depender a criação de cooperativas de interesse público (nas quais participam o Estado ou outras pessoas coletivas públicas) de prévia decisão administrativa governamental – esta decisão só é dispensada em relação à criação de cooperativas por municípios ou por freguesias.

Soluções deste tipo, mais ou menos radicais, de proibição ou de condicionamento severo, surgem determinadas pela intenção de estancar o desenvolvimento de uma "Administração paralela" em formato de direito privado. Quando não é logo proibida e retirada da capacidade das pessoas coletivas públicas, a criação de entidades privadas fica na dependência de autorização legislativa (ou de autorização administrativa superior) e do cumprimento das condições definidas por lei.

A inclinação restritiva não é, contudo, absoluta: no domínio universitário, o RJIES estabelece que "as instituições de ensino superior públicas (...) podem, nos termos dos seus estatutos (...) criar livremente, por si ou em conjunto com outras entidades, públicas ou privadas, fazer parte de, ou incorporar no seu âmbito, entidades subsidiárias de direito privado, como fundações, associações e sociedades, destinadas a coadjuvá-las no estrito desempenho dos seus fins" (artigo 15.º, n.º 1); também a Lei das Associações Públicas Profissionais autoriza estas a constituírem ou a participarem em associações de direito privado, aparentemente sem definição de restrições.

A criação de pessoas coletivas de direito privado deixou de se poder considerar, em geral, uma faculdade integrada na capacidade jurídica própria das pessoas coletivas públicas. Deve ter-se por afastada ou, no mínimo, severamente comprimida uma liberdade das pessoas coletivas públicas de escolha entre modelos de organização ou, o que conduz ao mesmo, de decidirem, por si mesmas, a criação de entidades num formato de direito privado[159].

[159] Sobre o tema da *liberdade administrativa de escolha entre formas de organização* ("Wahlfreiheit zwischen Organisationsformen"), cf. Wolff/Bachof/Stober/Kluth, *ob. cit.*, vol. I, p. 231 e segs.

O Direito Administrativo assumiu a direção deste processo: quer porque a legislação se apropriou da matéria e definiu parâmetros, restrições e condições sobre a criação ("autorização da criação") de entidades privadas, quer porque, além disso, exigiu, pelo menos em alguns casos, a presença de um "momento administrativo", que dê luz verde a essa criação (*v.g.*, autorização governamental para a criação de entidades privadas por institutos públicos). Em qualquer caso, a matéria da criação de entidades privadas da Administração passou a ser uma matéria de lei (*princípio da legalidade da criação de entidades privadas da Administração*): esta é a manifestação clara do facto de o Direito Administrativo ter assumido a liderança do processo de utilização pela Administração de instrumentos organizatórios de direito privado e de se assumir que a decisão de criação de uma entidade em formato privado é uma decisão de Direito Administrativo[160].

A "legalização" que acabámos de referir não garante, por si só, moderação e coerência no processo de criação de entidades privadas da Administração. Tendencialmente, a criação ou a participação de pessoas públicas em entidades em formato privado deve ocorrer apenas no âmbito do exercício de atividades comerciais e de exploração de serviços públicos económicos, ou então como um instrumento de associação para a realização de missões bem definidas, de natureza técnica ou operacional. O facto de o legislador se ter intrometido nesta matéria não significou o respeito destes limites. Na verdade, ao longo do tempo, têm-se verificado casos de abuso da forma jurídico-privada. Uma entidade privada não deve ser criada para desenvolver atividades que, de forma principal e regular, convoquem o exercício de funções e poderes de autoridade; "a criação de uma entidade privada para o exercício a título exclusivo ou principal de funções públicas de natureza autoritária representará um *abuso ou uma perversão das formas organizativas do direito privado*". Tem, neste ponto, inteira razão Cerulli Irelli, quando considera *"strane"* as sociedades comerciais criadas legalmente para o desempenho de tarefas típicas de administração ("verdadeiras e próprias funções públicas")[161]. De facto, não se vê como evitar a reprovação clara e

[160] No direito italiano, a legislação tornou inequívoca a separação entre o momento jurídico-administrativo de decisão de instituir uma entidade de direito privado e o momento jurídico privado de proceder a essa instituição: neste sentido, cf. G. A. Primerano, "Gli oneri di motivazione analitica nel testo unico sulle società a partecipazione pubblica", *Il Diritto dell'Economia*, 2018/3, p. 771 e segs. (em especial, p. 775).

[161] *Principii, cit.*, p. 123.

inequívoca de uma "solução irracional", que não produz qualquer vantagem ou efeito útil[162] e que, de forma desadequada, introduz um elemento privado num contexto hostil a qualquer lógica de privatização. Além de irracional, a criação de entidades em formato privado para o exercício generalizado e regular de funções próprias do tráfico ou giro da Administração revela-se, como afirma Paulo Otero, um arranjo "contrário à ordem pública"[163].

14.2.1.2 – Utilização do direito privado como processo de ação

No ponto anterior, analisou-se uma primeira faceta da utilização do direito privado pelas pessoas coletivas de direito público: como processo de organização. Agora, vamos refletir sobre um segundo aspeto do tema: o recurso a instrumentos do direito privado como *processo de ação* das pessoas coletivas de direito público. Estamos num domínio de atividade de direito privado das próprias pessoas coletivas públicas[164].

Importa então procurar perceber se as entidades públicas da Administração estão em posição de utilizar o direito privado, no exercício de uma espécie de "poder próprio", ancorado, não numa norma de competência oriunda do Direito Administrativo, mas na capacidade jurídica genérica, nos termos do artigo 160.º do Código Civil (conjugado com as suas atribuições).

> Antes da resposta a esse problema, cumpre notar que não há lugar, neste contexto, para uma *liberdade administrativa de escolha* entre a utilização do direito privado ou do Direito Administrativo nos casos em que a lei se dirige a uma entidade pública enquanto *titular de competências públicas*[165]. Assim, a lei que estabelece que uma determinada entidade pública tem a responsabilidade de "organizar e gerir os transportes escolares" é uma *lei administrativa* e define uma *competência pública*. Por isso, a atuação que a entidade pública desenvolva nesse âmbito específico, relacionada com a

[162] Uma vez que a atividade que desenvolve reclama uma integral *republicização*; neste sentido, cf. J.L. Martínez López Muñiz, "Sociedades públicas para construir y contratar obras públicas?", *RAP*, n.º 144, 1997, p. 64.

[163] Cf. Paulo Otero, *Vinculação e Liberdade de Conformação Jurídica do Sector Empresarial do Estado*, Coimbra Editora, 1998, p. 240.

[164] Cf. E. Picozza, "L'attività di diritto privato della pubblica amministrazione", in Stanzione/Saturno, *ob. cit.*, p. 131 e segs.

[165] Também sobre o tema da *liberdade administrativa de escolha entre formas de ação* ("Wahlfreiheit zwischen Handlungsformen"), cf. Wolff/Bachof/Stober/Kluth, *ob. cit.*, vol. I, p. 231 e segs

organização e a gestão dos transportes escolares, é uma atuação disciplinada pelo *direito comum da Administração*. E é assim porque não existe um "poder próprio" da Administração para *substituir* a sua vinculação pelo Direito Administrativo pela utilização do direito privado.

A última asserção conclusiva reclama duas notas. Uma primeira, para esclarecer que a pessoa coletiva pública responsável pela atividade referida ("organização e gestão de transportes escolares") pode estar autorizada a conceder a atividade a entidades particulares; a verificar-se, esta operação coenvolve uma privatização da gestão. E uma segunda nota, para circunscrever a aplicação do Direito Administração aos atos e às medidas que materializam diretamente o exercício da referida atividade, mas já não a toda a atividade auxiliar ou preparatória da produção desta.

Retomando a questão acima colocada, dir-se-á que, no exercício da sua capacidade jurídica geral de ação, as pessoas coletivas públicas podem participar diretamente no *comércio jurídico privado* e no exercício de atividades *não especificamente reguladas* pelo Direito Administrativo, desde que se trate de atividades necessárias à realização das respetivas atribuições ou finalidades. Está aqui em pauta a utilização dos processos de ação do direito privado *fora* de um espaço regulado pelo Direito Administrativo, embora, e ainda assim, *dentro das atribuições*, ou melhor, para a prossecução das atribuições da pessoa coletiva, as quais são definidas por uma norma jurídico-administrativa (a "norma que define atribuições").

Tradicionalmente, identificavam-se algumas áreas em que a intervenção das pessoas coletivas públicas correspondia a uma utilização do direito privado: *negócios auxiliares, gestão do património, atividades técnicas ou operacionais*.

O artigo 2.º, n.º 3, do CPA, refere-se a atuações da Administração Pública de natureza "meramente técnica ou de gestão privada", no sentido de considerar aplicáveis nesse âmbito os princípios gerais da atividade administrativa e os preceitos do CPA que concretizam preceitos constitucionais.

Recordando que o aqui se equaciona é a utilização do direito privado como *processo de ação*, verifica-se que muitos setores que tradicionalmente correspondiam a uma utilização do direito privado têm vindo a ser ocupados pelo Direito Administrativo – existe aqui um "avanço do Direito

Administrativo". Trata-se de um fenómeno que ocorre, por exemplo, no âmbito dos *contratos da Administração*. Por isso, os *negócios auxiliares* (*v.g.*, compra de serviços e de produtos de uso corrente) não representam hoje um reduto de utilização do direito privado, já que o CCP qualifica como "contratos administrativos" a generalidade dos contratos que se poderiam reconduzir ao conceito de negócios auxiliares e submete-os a um regime de Direito Administrativo[166]. Outro tanto ocorre em certos domínios da gestão do património público (que também passaram a ser objeto de regulação por lei administrativa, o Regime Jurídico do Património Imobiliário Público). A regulação do Direito Administrativo passou, assim, a cobrir áreas em que a intervenção administrativa se processava, ou poderia processar-se, segundo o direito privado.

Neste sentido, a efetiva diminuição do espaço de utilização do direito privado não resulta da diminuição da capacidade jurídica das pessoas coletivas de direito público, mas antes do facto de o Direito Administrativo ter alargado a sua aplicação para zonas que antes não ocupava.

Apesar de se registar essa evolução importante, no sentido do alargamento do seu espaço de influência, o Direito Administrativo continua a não regular todas as áreas de intervenção possível de pessoas coletivas públicas. Em áreas não cobertas por uma regulação do Direito Administrativo, as pessoas públicas poderão, por sua iniciativa, atuar através dos *processos de ação próprios do direito privado*, adquirir quaisquer direitos e assumir quaisquer obrigações, desde que "necessários ou convenientes à prossecução dos seus fins" – *princípio da especialidade do fim* – e posto que não se encontrem "vedados por lei" (artigo 160.º do Código Civil). Eis o que se verifica em relação a certos contratos no domínio da gestão e alienação do património (*v.g.*, venda de um imóvel por uma associação pública; permuta de um imóvel do domínio privado entre um município e uma freguesia) ou com o contrato pelo qual o município toma de arrendamento um imóvel ou aquele em que se definem as condições de prestação de um serviço ou elaboração de um estudo por uma universidade pública.

Como sugerido acima, o conceito de *utilização* do direito privado pela Administração sugere uma ideia de "alargamento" ou de "expansão", por referência ao campo de intervenção principal e necessário de uma pessoa

[166] Isto é assim no direito português, mas não, por ex., na Alemanha, onde o domínio dos negócios auxiliares continua a ser assinalado como um domínio típico da utilização do direito privado pela Administração; neste sentido, cf. Maurer, *Allgemeines*, *cit.*, p. 50 e segs.

coletiva pública, balizado por normas de competência. Neste sentido, o conceito abrange mais do que uma utilização pontual de instrumentos ou de ferramentas jurídicas de direito privado (*v.g.*, a celebração de um negócio determinado), e estende-se ao exercício de "atividades privadas", globalmente consideradas – atividades abertas e acessíveis a todos os interessados que cumpram os requisitos para as exercer. A questão que se deve colocar a este respeito consiste em saber se as pessoas coletivas públicas podem mobilizar a sua capacidade jurídica geral de direito privado para desenvolver atividades privadas, acessíveis a todos. O tema tem sido tratado sobretudo a respeito da *iniciativa económica local*. Na nossa compreensão, não se revela suficiente para assegurar a legitimidade desta utilização do direito privado – que se traduz no desenvolvimento, como um todo, de uma atividade privada: *v.g.*, gestão de uma fábrica de produção de queijo, exploração comercial de um restaurante turístico – a simples conciliação com as atribuições da entidade pública e com artigo 160.º do Código Civil; impõe-se ainda que o desempenho da atividade corresponda à procura da realização de um interesse público específico incluído nas atribuições das entidade pública.

14.2.2 – Ação das pessoas coletivas públicas em regime de direito privado

Apesar da evolução de sentido claramente restritivo, continua a haver zonas relevantes de intervenção de pessoas coletivas públicas que escapam à regulação do Direito Administrativo, por força de uma opção de utilização do direito privado, baseada num poder próprio daquelas entidades para o desenvolvimento de atividades privadas ou para a utilização de instrumentos de direito privado.

Mas, para lá dessas situações, o direito privado também pode surgir como disciplina "naturalmente" aplicável à atuação que a pessoa coletiva pública desenvolve no quadro da realização das suas específicas missões públicas. Eis o que sucede, por ex., no âmbito da exploração de *serviços públicos económicos*, em especial no plano das "relações de consumo" que se desenrolam entre as entidades públicas prestadoras dos serviços e os consumidores ou utilizadores – *v.g.*, contratos de fornecimento de água em rede pelos municípios aos consumidores: estes "contratos de consumo" são de direito privado pela simples razão de não preencherem os índices de administratividade que o CCP indica (cf. artigo 280.º, n.º 1) e, além disso, por não serem atingidos por qualquer regulamentação determinada pelo facto de se tratar de contratos da Administração (a extensa e abrangente disciplina a que se encontram submetidos visa a proteção do consumidor)[167].

Discordamos, por isso, da jurisprudência que o Tribunal de Conflitos deu como firme a partir de uma certa fase, sobre a jurisdição competente para apreciar litígios emergentes de contratos de consumo de água entre empresas concessionárias de serviço público e os utilizadores – no sentido de que essa competência não pertence aos tribunais judiciais, mas aos tribunais administrativos ou tributários[168]. Para além de muitos outros pontos críticos da corrente jurisprudencial que fez vencimento, deixamos, a seguir, um excerto do último acórdão do Tribunal de Conflitos sobre a matéria que conclui em sentido exatamente oposto àquele que nos parece correto: "os contratos de fornecimento de água e de drenagem de águas residuais encontram-se submetidos a um regime específico, de todo diferenciado do de direito privado" (Proc. n.º 7/2015). Com a devida vénia, não é de facto assim: os referidos contratos encontram-se, sim, submetidos a um regime específico de direito privado. Basta ler a lei que os regulamenta para se perceber que nada dela se pode retirar em abono da ideia de que se trata de um regime de direito público, de um regime ditado pela natureza pública do prestador do serviço ou pela natureza pública do serviço! Tais contratos não são menos regulados do que os contratos de consumo nos setores da energia ou das comunicações eletrónicas; e, nem por isso, se afigura provável qualificar estes últimos como contratos "submetidos a um regime específico, de todo diferenciado do de direito privado"[169].

[167] Da nossa autoria, veja-se "Serviços públicos locais e regulação económica", in Suzana Tavares da Silva (coord.), *Descentralização administrativa: perspetiva luso-espanhola*, Instituto Jurídico (FDUC), 2018, p. 305 e segs. A conceção privatista dos contratos de consumo de serviços públicos encontra-se generalizada em sistemas em que, tradicionalmente, se entendia que as relações de prestação de serviços públicos eram relações de direito público; no sentido da "civilização" dessas relações no direito italiano, cf. G. Carapezza Figlia, "I rapporti di utenza dei servizi pubblici tra autonomia negoziale e sussidiarietà orizzontale", *Rassegna di Diritto Civile*, 2017/2, p. 440 e segs.

[168] Sobre essa jurisprudência, cf. Joana Neto Anjos, "Litígios entre as concessionárias do serviço público de abastecimento de água e os consumidores: questão da jurisdição competente", *CEDIPRE online*, 24 [www.fd.uc.pt/cedipre]. A questão foi entretanto resolvida, no sentido correto, pela revisão do ETAF em 2019: o artigo 4.º, n.º 4, alínea *e*), considera excluída da jurisdição administrativa "a apreciação de litígios emergentes das relações de consumo relativas à prestação de serviços públicos essenciais, incluindo a respetiva cobrança coerciva".

[169] Sobre este ponto, em relação aos contratos de prestação de serviços públicos essenciais, cf. Carlos Ferreira de Almeida, "Serviços públicos, contratos privados", *Estudos de Homenagem à Professora Doutora Isabel Magalhães Collaço*, Vol II, Almedina, 2002, p. 117 e segs.; Carla Amado

Além da hipótese anterior, a lei pode referir-se a determinados atos da Administração sem os qualificar juridicamente, mas *pressupondo*, de forma mais ou menos inequívoca, que se trata de atos regulados pelo direito privado: eis o que ocorre, por ex., com a norma que indica que um certo órgão de uma entidade pública tem a competência para "aceitar doações, heranças e legados" ou para "proceder à administração ordinária do património".

Pode também suceder que sejam as normas de Direito Administrativo a determinar a aplicação de regimes de direito privado à atuação de pessoas de direito público. Assim, por ex., a LQER define que as entidades reguladoras contratam pessoal no regime do contrato de trabalho (regime de direito privado). A lei pode mesmo ir mais longe e determinar uma regra de aplicação geral do direito privado à ação de pessoas coletivas públicas: veja-se o que ocorre com as entidades públicas empresariais, pessoas coletivas públicas que, segundo o Regime Jurídico do Sector Público Empresarial, se regem, em geral, pelo direito privado (artigo 14.º, n.º 1). Pode também suceder que uma lei administrativa determine a preferência ou a prioridade da aplicação do direito privado: eis o que ocorre com o Código das Expropriações que estabelece que a entidade pública interessada na expropriação "deve diligenciar no sentido de adquirir os bens por via do direito privado": artigo 11.º, n.º 1.

Em todas essas situações, a regulação da atuação das pessoas coletivas públicas vê-se remetida para a esfera do direito privado. Está presente a "privatização do direito aplicável" por pessoas públicas. A efetiva "saída" do Direito Administrativo é, aqui, expressa ou implicitamente, autorizada pelo próprio Direito Administrativo.

15 – Direito aplicável às entidades administrativas privadas e às entidades particulares com funções administrativas

A Administração Pública não compreende apenas pessoas coletivas de direito público. Também a integram as entidades administrativas privadas, criadas e controladas por sujeitos de direito público (*Administração Pública em forma privada*), bem como entidades particulares investidas de funções administrativas (*Administração Pública delegada ou concessionada*).

Gomes, "Da essencial privaticidade do contrato de fornecimento de serviços essenciais: nem tudo o que parece execução coerciva o é...", *CJA*, n.º 126, 2017, p. 42 e segs.; Pedro Falcão, "O contrato de prestação de serviços públicos essenciais: classificação e regime", in *Novos Estudos Sobre Serviços Públicos Essenciais*, Petrony Editora, 2018, p. 31 e segs. (p. 32).

Nestes dois casos, trata-se de sujeitos dotados de *personalidade de direito privado*, entidades que, portanto, se encontram revestidas por um formato jurídico-privado: sociedade comercial; associação constituída nos termos do Código Civil; cooperativa.

15.1 – Entidades administrativas privadas e entidades particulares com funções administrativas como "sujeitos de direito privado"

As entidades administrativas privadas, bem como as entidades particulares com funções administrativas são "sujeitos de direito privado". Desde logo porque instituídas nos termos da lei privada, tais entidades, são, em regra, reguladas pelo direito privado nos planos da sua organização e funcionamento interno. Por outro lado, e agora por ação de um *princípio de congruência entre as formas de organização e o direito aplicável*, a atuação de entidades de direito privado (ainda que pertencendo à Administração Pública) há de pautar-se, em regra, pelo direito privado.

A criação pública de uma entidade em forma privada ou a concessão de tarefas administrativas a uma entidade particular determinam uma *regra* de aplicação do direito privado à atividade administrativa que a entidade venha a desenvolver – regra da privaticidade do direito aplicável por entidades de natureza privada. Não se tratará, pelo menos em muitos casos, de mobilizar a aplicação de um direito privado puro [cf. ponto 16], mas, ainda assim, é de direito privado o regime que se lhes aplica em regra.

Assim, uma entidade administrativa em forma privada (*v.g.*, sociedade comercial, associação) desenvolverá a sua capacidade nos termos gerais da lei aplicável e, em regra, pode adquirir quaisquer direitos e assumir quaisquer obrigações, desde que "necessários ou convenientes à prossecução dos seus fins" e que não se encontrem "vedados por lei" (artigo 160.º do Código Civil). Não existe, nesta hipótese, uma específica base legal jurídico-administrativa para legitimar a ação destas entidades que se processa no direito privado. Não obstante, como vimos, é o Direito Administrativo que define o processo de criação de entidades administrativas privadas [cf. ponto 14.2.1.1] e esta intervenção inicial constitui, por si mesma, um fator de legitimação da ação dessas entidades.

Quanto às entidades particulares com funções administrativas, a ação administrativa que exercem ao abrigo do direito privado encontra-se igualmente legitimada pelo Direito Administrativo, que intervém necessariamente na definição dos termos de atribuição da concessão (*v.g.*, concessão de serviços públicos).

15.2 – Sujeição das entidades administrativas privadas e das entidades particulares com funções administrativas ao Direito Administrativo

A aplicação do direito privado à atuação dos sujeitos de direito privado que integram a Administração Pública processa-se "em regra". Portanto, o Direito Administrativo já não vai aparecer aqui como um *ius commune*. Mas daí já não decorre que não possa ser-lhes aplicado, como um *direito especial*.

Assim, quanto às entidades administrativas privadas, logo no plano da organização interna, podem existir exceções à aplicação da regra do regime do direito privado, ditadas e justificadas pela circunstância de se tratar de entidades privadas, mas que pertencem à Administração e que participam no exercício da função administrativa. Neste âmbito, uma exceção de tomo pode consistir logo no ato de criação, que pode ser uma lei: eis o que sucede com entidades da Administração criadas por lei em formato jurídico-privado, como sucede com as administrações portuárias (sociedades anónimas criadas por ato legislativo). Mas a ingerência do Direito Administrativo pode atingir vários aspetos da organização interna das entidades privadas da Administração, sobretudo, no que toca às "relações internas" que se estabelecem entre elas e as entidades públicas participantes[170].

Além disso, pelo facto de a ação que desenvolvem corresponder ao desempenho de missões administrativas, as entidades com personalidade de direito privado encontram-se *naturalmente* expostas a uma incidência do Direito Administrativo.

Por isso mesmo, quando as leis administrativas o prevejam expressamente ou quando definam os termos da sua aplicação em termos de abrangerem "quaisquer entidades" da Administração, independentemente da sua natureza jurídica, há lugar a uma *aplicação autónoma* do Direito Administrativo aos sujeitos privados integrados na Administração Pública[171].

Assim, o artigo 1.º, n.º 5, do RRCEEEP impõe a aplicação deste regime à responsabilidade civil de pessoas coletivas de direito privado e respetivos

[170] No caso das sociedades comerciais criadas por entidades públicas, a lei administrativa define, muitas vezes, regras específicas sobre o relacionamento entre as sociedades (v.g., empresas locais) e os sócios públicos; fala-se, neste âmbito, de um *direito administrativo societário*; cf., a propósito, o nosso *Entidades Privadas, cit.*, p. 413 e segs.

[171] Sobre este tema, cf., da nossa autoria, *Entidades Privadas, cit.*, p. 291, bem como o texto "Entidades privadas com poderes administrativos", *CJA*, n.º 58, 2006, p. 50 e segs.

trabalhadores, titulares de órgãos sociais, representantes legais ou auxiliares, por ações ou omissões que adotem no exercício de prerrogativas de poder público ou que sejam reguladas por disposições ou princípios de direito administrativo.

Também a Lei de Acesso à Informação Administrativa e Ambiental submete à sua aplicação as entidades no exercício de funções materialmente administrativas ou de poderes públicos, nomeadamente as que são titulares de concessões ou de delegações de serviços públicos.

Nesses casos, a lei administrativa indica expressamente a sua aplicação a entidades privadas. Acaba por não ser muito diferente dessa a situação que resulta das normas administrativas que, não se referindo expressamente a entidades privadas, determinam a sua aplicação a "quaisquer entidades, independentemente da sua natureza". Eis o que sucede com o artigo 3.º, n.º 2, do CCP, que atribui a condição de contraente público e autoriza, portanto, a celebração de contratos de Direito Administrativo (contratos administrativos) a quaisquer entidades que, independentemente da sua natureza pública ou privada, "exerçam funções materialmente administrativas". Situação próxima desta ocorre com o artigo 2.º, n.º 1, do CPA, que impõe a aplicação deste Código (com exceção da Parte II) "à conduta de quaisquer entidades, independentemente da sua natureza, adotada no exercício de poderes públicos ou regulada de modo específico por disposições de Direito Administrativo".

As fórmulas do RRCEEEP e do CPA quanto aos termos da respetiva aplicação a entidades privadas reclamam alguma atenção (o CPA não se refere a entidades privadas, mas a "quaisquer entidades".

Apesar de variações de nomenclatura, assume-se que as duas leis coincidem no primeiro fator para determinar a respetiva aplicação a condutas de entidades privadas: o "*exercício de prerrogativas de poder público*" (RRCEEEP) ou, em termos análogos, o "*exercício de poderes públicos*" (CPA).

Compreende-se bem a indicação deste primeiro fator de aplicação autónoma do Direito Administrativo às condutas de entidades privadas da Administração: embora longe de se esgotar como uma disciplina do exercício do poder ou da autoridade, é indiscutível que ao Direito Administrativo cabe a tarefa irrenunciável e nuclear de regular o exercício do poder e da autoridade pública.

Mas, além disso, e embora em termos diversos, as duas leis determinam a sua aplicação a entidades privadas quando adotem condutas que sejam *reguladas por disposições ou princípios de direito administrativo* (RRCEEEP) ou *de modo específico por disposições de direito administrativo* (CPA).

Numa comparação imediata, deteta-se uma intenção mais contida na indicação do CPA: este determina a sua aplicação a condutas reguladas "de modo específico" por disposições de Direito Administrativo – a referência legal a conduta regulada de "modo específico" por disposições de Direito Administrativo tem o sentido de indicar uma conduta específica ou especialmente disciplinada por normas jurídico-administrativas, isto é, por normas que se dirigem a um sujeito da Administração Pública *enquanto tal*, na condição de responsável pelo exercício de competências públicas. Em qualquer caso, e seja como for em relação ao significado da referência ao "modo específico", o CPA não impõe a sua aplicação só pelo facto de uma norma de Direito Administrativo autorizar ou enquadrar a conduta de uma entidade privada; a mais ou até independentemente disso, exige-se que, em si mesma, a conduta seja *regulada* ("de modo específico") por uma norma do Direito Administrativo.

Ora, quanto a este ponto, não se apresenta muito diferente o critério seguido no RRCEEEP: este aplica-se a condutas de entidades privadas que sejam *reguladas* por disposições (ou princípios) de Direito Administrativo. Salvo quanto à referência aos "princípios" e apesar da diferente formulação no plano literal, o âmbito da submissão das entidades privadas ao RRCEEEP coincide com o da submissão das mesmas ao CPA.

Parece-nos de desconsiderar a referência, no RRCEEEP, a condutas (de entidades privadas) reguladas por *princípios* de Direito Administrativo, fórmula que só pode resultar de um equívoco e que, numa certa leitura, poderia levar a aplicar o RRCEEEP nos mesmos termos às entidades privadas da Administração e às pessoas coletivas públicas: o "exercício da função administrativa", critério de aplicação da lei às pessoas coletivas públicas, corresponde precisamente às condutas adotadas no exercício de prerrogativas de poder público ou reguladas por disposições ou princípios de direito administrativo (artigo 1.º, n.º 2). Ainda que uma tal equiparação se pudesse aceitar em termos teóricos, não parece que essa tenha sido a intenção do legislador, como, de resto, o evidencia a própria formulação do artigo 1.º, n.º 5.

As indicações fornecidas pelo direito positivo autorizam a seguinte conclusão: as entidades da Administração Pública de natureza jurídica privada estão sujeitas ao Direito Administrativo na medida em que a lei expressamente o estabeleça, bem como, em geral, quando exerçam poderes de autoridade ou desenvolvam condutas que sejam reguladas de modo específico por disposições de Direito Administrativo.

Insiste-se que, para este efeito, condutas *reguladas de modo específico pelo Direito Administrativo* não são quaisquer condutas autorizadas ou enquadradas por disposições de Direito Administrativo. Ter isto presente revela-se importante, além do mais, para a qualificação da atividade de entidades particulares que exerçam funções administrativas ao abrigo de contratos de concessão (de serviços públicos ou de obras públicas). O facto de o fundamento jurídico da atuação das entidades concessionárias consistir no contrato administrativo de concessão poderia, porventura, conduzir ao entendimento de que que a atuação delas ao abrigo da concessão é, *na íntegra*, "regulada por disposições de direito administrativo" (em concreto, pelas cláusulas do contrato de concessão) – extraindo dele todas as ilações, este entendimento conduziria para o regime do Direito Administrativo toda a atuação das concessionárias, porquanto, nos termos da lei, essas entidades devem ter por objeto social exclusivo as atividades que se encontram integradas na concessão: cf. artigo 411.º, n.º 2, do Código dos Contratos Públicos. Mas esse entendimento não procede. É certo que o contrato de concessão tem a natureza de contrato administrativo e que, por esta razão, as suas cláusulas até se podem considerar "disposições de Direito Administrativo". Contudo, como se sabe, o propósito da operação jurídica de concessão reside precisamente em remeter para a esfera do direito privado a regulamentação da atividade do concessionário. A concessão é, sempre foi, concebida como técnica de *privatização da gestão* de serviços públicos. O propósito da concessão reside em substituir a gestão pública pela gestão privada. É por esta razão que as entidades concessionárias não se encontram expostas à incidência das leis administrativas em razão da sua condição – serem entidades concessionárias – ou por mera decorrência de exercerem uma atividade ao abrigo de um contrato administrativo de concessão.

Percebe-se, assim, que aqui se discorde da jurisprudência que tem sido seguida, de forma reiterada e consistente, pelo Tribunal de Conflitos sobre a natureza da atividade de segurança da circulação rodoviária, quando exercida por empresas concessionárias[172]: trata-se, de facto, de uma atividade

[172] Escreveu-se em Acórdão do Tribunal de Conflitos que, "nos casos mais recentes, tem este Tribunal vindo a seguir, de forma reiterada, o entendimento de que a jurisdição administrativa

técnica ou operativa exercida com base em contrato de concessão (que, insiste-se, tem o sentido de privatizar a atividade) e que, claro, não é, em si mesma, "regulada" por disposições de Direito Administrativo.

Assim, a atuação dos sujeitos da Administração Pública de natureza jurídica privada (entidades administrativas privadas e entidades privadas com funções administrativas) será, em muitos casos, regulada por uma disciplina de carácter misto: por um lado, e em geral, o direito privado e, por outro, nos domínios específicos acima indicados e noutros que a lei estabeleça, o Direito Administrativo.

Como observação final, aplicável apenas às entidades administrativas privadas, pode colocar-se a questão de saber se a condição especial que as caracteriza (entidades em forma privada, mas "pertencentes" a entidades públicas) não justifica certas derrogações à aplicação linear do direito privado, por ex., no que se refere à responsabilização dos sócios públicos por dívidas contraídas por sociedades comerciais cujo capital seja detido apenas por entidades públicas. Mesmo que formalmente assumam as vestes de entidade de "responsabilidade limitada", pode questionar-se se, por ex., o Estado ou um município podem "desresponsabilizar-se" pela atuação de entidades que criam e controlam.

16 – Direito privado da Administração Pública

A exposição anterior conduz à conclusão de que os sujeitos da Administração Pública utilizam, na sua atuação, processos e instrumentos de direito privado e desenvolvem até atuações em regime de direito privado: isto sucede, embora de forma excecional ou marginal, com as pessoas coletivas públicas [cf. pontos 14.2.1.2 e 14.2.2], e, em regra, com as entidades administrativas privadas e as entidades particulares com funções administrativas [cf. ponto 15.1].

É agora o momento de explicar que o direito privado aplicado à ação administrativa, à ação de sujeitos da Administração Pública, não é, em regra, um direito privado puro.

é competente para conhecer de uma acção sumaríssima onde se pede a condenação de uma sociedade de capitais privados, concessionária de uma auto-estrada, em determinada quantia indemnizatória, por danos materiais resultantes de um acidente de viação ocorrido nessa via, provocado pela entrada e circulação na mesma de um animal, derivada da omissão de cumprimento de deveres que incumbiam à concessionária nos termos do contrato de concessão" – Proc. n.º 30/15, de 15/10/2015.

Com efeito, o simples facto de estar implicada a ação de uma entidade que integra o universo da Administração vai determinar, com frequência, a convocação de princípios e de valores de direito público. Esta chamada é incontornável, desde logo, porque toda a atividade exercida pela Administração tem de se desenvolver no sentido da realização do interesse público.

Em certos casos (*v.g.*, atividades de carácter industrial ou comercial, com exposição à concorrência do mercado), a incidência de princípios de direito público poderá ser menos significativa e até quase irrelevante no momento do exercício da atividade: uma vez assente a premissa de que a Administração Pública pode participar diretamente no mercado, como agente económico, exercendo atividades económicas em concorrência, impõe-se a aplicação de uma "regra de paridade", da qual resulta que a participação pública na economia deve ficar submetida às leis aplicáveis a qualquer agente económico[173]. Dessa regra de paridade ou de igualização do tratamento dos *players* de mercado[174] decorre que as entidades da Administração Pública não podem ter "privilégios" (*v.g.*, auxílios financeiros públicos; regimes fiscais mais favoráveis, impenhorabilidade de bens); mas dela também resulta que as entidades da Administração não devem ser alvo de vinculações ou ónus que os seus concorrentes não tenham de suportar.

Contudo, em relação a outras atividades exercidas no regime do direito privado (*v.g.*, exploração de serviços públicos, atividades que envolvam o acesso a recursos públicos ou a distribuição de vantagens públicas), é indispensável a conjugação entre o regime do direito privado com princípios e valores de direito público (*v.g.*, vinculação específica pelo regime dos direito, liberdades e garantias; sujeição às "leis do serviço público"). Desta conjugação surge um regime jurídico, que, na verdade, já não é de um direito privado puro, mas antes de um "direito privado modificado". Fala-se, a este respeito, de um *direito privado administrativo*[175], *direito privado*

[173] Cf. Wolff/Bachof/Stober/Kluth, *ob. cit.*, vol. I, p. 250.

[174] Sobre este imperativo de igualização, cf. G. Clamour, *Intérêt général et concurrence (essai sur la pérennité du droit public en économie de marche)*, Dalloz, 2006, p. 540.

[175] Cf. Mário Aroso de Almeida, *Teoria Geral do Direito Administrativo, cit.*, p. 24, no sentido de que na expressão, de origem alemã, *direito privado administrativo* não é por acaso que é dada precedência à palavra "privado" sobre a palavra "administrativo", no sentido de que se entende que nos encontramos num domínio de aplicação de um Direito privado permeado de elementos publicísticos.

da Administração[176], *direito privado especial da Administração*[177]. Todas estas fórmulas traduzem a mesma ideia: o direito privado utilizado por organismos integrados na Administração Pública não é um direito privado puro, mas antes um regime jurídico que, com origem no direito privado, suporta a sobreposição de princípios e valores de direito público, desde logo, daqueles que se encontram inscritos na Constituição como princípios fundamentais da Administração Pública (*v.g.*, prossecução do interesse público, proporcionalidade, imparcialidade)[178].

17 – Vinculação da Administração Pública pelo direito privado

Ainda relacionado com o tema das relações entre Administração Pública e direito privado, cumpre aludir ao facto de o direito privado surgir, em certos termos, como um limite para a Administração Pública. Alude-se a este respeito a um fenómeno de "vinculação da Administração Pública pelo direito privado"[179].

Em geral, e em primeiro lugar, a ideia de vinculação pelo direito privado representa uma consequência inevitável da utilização do direito privado pela Administração Pública, bem como do facto de a ação desta ser submetida ao regime do direito privado: se uma entidade pública se relaciona num plano do direito privado, vai protagonizar posições e assumir vinculações jurídicas (obrigações e ónus) no âmbito do direito privado.

Contudo, além dessa ideia geral, a referência ao direito privado como um *limite* tem também o sentido de determinar um "imperativo de coerência sistémica". Assim, se a Administração utiliza o direito privado, por ex., criando uma entidade em forma jurídico-privada, com o objetivo de desenvolver uma atividade de mercado, não poderá, a seguir, pretender que a mesma entidade se furte a algumas "desvantagens" que possam resultar do regime de direito privado.

A conceção geral de que o direito privado constitui um limite para a Administração obriga a colocar a questão específica de saber se a ação administrativa pautada pelo Direito Administrativo (contratos e decisões

[176] Cf. Sérvulo Correia, *Legalidade e Autonomia Contratual*, *cit.*, p. 388.

[177] Cf. P. Stanzione/A. Saturno, "Pubblica amministrazione tra diritto amministrativo, diritto privato e diritto europeo", in Stanzione/Saturno, *ob. cit.*, p. 1 e segs. (em especial, p. 9 e segs., sobre o direito privado «especial» da Administração Pública).

[178] Cf. Cerulli Irelli, *Amministrazione pubblica e diritto privato*, *cit.*, p. 21 e segs.

[179] Sobre o direito privado como limite da atividade administrativa lícita, cf. Fernanda Paula Oliveira/José Eduardo Figueiredo Dias, *ob. cit.*, p. 118.

administrativas) tem de respeitar, como condição de legalidade, as restrições e os limites impostos por preceitos legais de direito privado, bem como, em especial, os direitos subjetivos constituídos ou protegidos por esses mesmos preceitos legais.

Assim, colocam-se, neste âmbito, questões como a de saber se um contrato ou um ato administrativo pode incluir uma cláusula que exija do beneficiário a adoção de condutas que configuram *abuso de posição dominante*, em violação das regras de direito privado da concorrência (suponha-se uma concessão que proíbe o concessionário da utilização de um bem público de dar acesso a terceiros para a instalação de infraestruturas); para cumprir o contrato, o concessionário teria, pois, de adotar uma conduta que configura um abuso de posição dominante, punido nos termos da Lei da Concorrência. Pois bem, num caso com esses contornos, a cláusula do contrato administrativo seria ilegal, por envolver uma exigência de cumprimento contratual que implica, abertamente, a violação de uma regra de direito privado. Num cenário como este, o direito privado (as suas normas) – *in casu*, o direito da concorrência – tem de ser respeitado pela Administração Pública.

Sem prejuízo da vinculação da Administração pelo direito privado em situações como essa, não parece que se possa elevar o respeito pelo direito privado a um critério universal de aferição da legalidade dos atos da Administração.

Em especial, quando se vê chamada a decidir sobre uma pretensão particular no sentido de obtenção de uma autorização, a Administração não tem, pelo menos em regra e salvo indicação legal em contrário, o dever de considerar ou de ponderar os limites e restrições de direito privado e, em particular, os "direitos de terceiros" (terceiros em relação ao requerente da autorização). Suponha-se o direito do vizinho do requerente de uma licença de construção à observância de uma certa distância do edificado em relação ao seu prédio, nos termos do artigo 1360.º do Código Civil. A eventualidade de a licença de construção infringir essa regra do Código Civil não envolve a sua ilegalidade, porque, nos termos da lei administrativa aplicável, a decisão sobre o pedido de licença não tem de considerar os direitos de terceiros[180]. Neste sentido, não há aqui uma vinculação da Administração pelo direito privado. Mas, note-se, isso não significa que a referida licença

[180] Isso é assim em resultado de uma regra aplicável às licenças de construção: *a submissão exclusiva a regras de direito do urbanismo*; cf. Fernanda Paula Oliveira, "As licenças de construção e os direitos de natureza privada de terceiros", *Estudos em Homenagem ao Prof. Doutor Rogério Soares*, Coimbra Editora, 2002, p. 991 e segs. (p. 1018).

autorize o titular a violar os direitos privados de terceiros: precisamente por isso se diz, em casos como esses, que a licença é atribuída "sem prejuízo" ou "sob reserva de direitos de terceiros"[181]. Quer isto dizer que, apesar de não ser ilegal por "desrespeitar" vinculações de direito privado, a licença não comporta o efeito de eliminar ou de diminuir os direitos de terceiros, nem, portanto, o de *justificar* ou de *legalizar* ações ilícitas (do particular autorizado) no plano do direito privado – alude-se aqui a uma princípio de "independência essencial entre a licença de construção e as regras de direito privado"[182].

> A jurisprudência administrativa tem confirmado a tese da independência da decisão administrativa em relação aos direitos de terceiros, quer no domínio das licenças urbanísticas[183], quer no das autorizações de entrada no mercado de produtos, neste caso no sentido da não consideração de eventuais direitos de propriedade industrial de terceiros (*v.g.*, patentes). Compreende-se que isto seja assim, nos casos em que a competência da Administração não se estende à verificação da existência ou à avaliação da consistência jurídica de direitos de terceiros: é isto que explica que o STA tenha decidido que, na apreciação do pedido de autorização de introdução no mercado de medicamento genérico, o INFARMED não tem de considerar a existência de eventuais direitos de propriedade industrial de terceiros (cf. Acórdão do STA de 09/01/2013, P. 771/12)[184].
>
> A lógica da separação ou independência não é, todavia, absoluta: há situações em que, *por força e nos termos da lei*, os atos da Administração podem ter efeitos conformadores da situação jurídica de terceiros e *justificar*

[181] Em termos críticos, sobre esta cláusula e o *neutralismo* da Administração que a mesma pressupõe, cf. F. López Menudo, "La vieja cláusula «sin perjuicio de tercero» y la Administración del porvenir", *RAP*, n.º 191, 2013, p. 463 e segs.

[182] Cf. Fernanda Paula Oliveira, *ibidem*, p. 1021.

[183] Cf. Acórdão do TCAS, de 06/11/2014, P. 11559/14 ("o regime legal de controlo administrativo das operações urbanísticas é, exclusivamente, objectivo, na medida em que a apreciação da legalidade dos projectos não extravaza do bloco de legalidade que o caso concreto convoque em matéria de urbanismo e instrumento(s) de ordenamento do território, sendo certo que desse bloco de legalidade não deriva, a nenhum título, a atribuição de competências de apreciação da conformidade dessas operações na vertente seja do direito civil, seja do direito comercial).

[184] Sobre o tema, no sentido de considerar que a Administração não pode deferir o pedido de autorização da comercialização de um medicamento quando tome conhecimento de uma patente sobre esse medicamento, cf. Vieira de Andrade, "A protecção do direito fundado em patente no âmbito do procedimento de autorização da comercialização de medicamentos", *Revista de Legislação e Jurisprudência*, n.º 3953, 2008, p. 70 e segs.

atuações que violam proibições, restrições e limites estabelecidos pelo facto de estarem baseadas em atos administrativos ("efeito de legalização": "Legalisierungswirkung")[185].

18 – Direito Administrativo sem Administração Pública

Analisa-se agora o segundo sentido do desvio ao princípio de correspondência entre o Direito Administrativo e a Administração Pública. Nos números precedentes, concluiu-se que há uma *Administração Pública sem Direito Administrativo* (o que corresponde à regulação da Administração Pública pelo direito privado); agora, importa perceber que também existe um *Direito Administrativo sem Administração Pública*: de facto, o Direito Administrativo aplica-se a sujeitos que não pertencem à Administração Pública.

O tema da aplicação do Direito Administrativo à ação de entidades não pertencentes à Administração é habitualmente analisado em duas constelações de casos: *i)* em relação a autoridades e órgãos públicos não integrados na Administração Pública; *ii)* em relação a entidades particulares e até cidadãos.

Vamos considerar ambos os casos. Mas fica já a advertência de que só existe Direito Administrativo sem Administração Pública no primeiro caso. O Direito Administrativo não tem a função de regular condutas de entidades particulares *qua tale*, nem o propósito de interferir em relações que se processam entre particulares.

18.1 – Aplicação do Direito Administrativo a autoridades ou órgãos não integrados na Administração Pública

Nos termos do artigo 4.º, n.º 1, alínea *c)*, do ETAF, cabe aos tribunais administrativos a apreciação de litígios que tenham por objeto questões relativas à fiscalização da legalidade de "atos administrativos praticados por quaisquer órgãos do Estado ou das Regiões Autónomas *não integrados na Administração Pública*". Logicamente associado a essa norma, o artigo 51.º do CPTA – com a epígrafe "atos impugnáveis" – indica, no n.º 1, que "são impugnáveis todas as decisões (...) proferidas por *autoridades não integradas na Administração Pública*".

[185] Neste ponto, cf. J. J. Gomes Canotilho, "Actos autorizativos jurídico-públicos e responsabilidade por danos ambientais", *BFDUC*, Vol. LXIX, 1993, p. 1 e segs.; Mafalda Carmona, *O Acto Administrativo Conformador de Relações de Vizinhança*, Almedina, 2011, *passim*.

Referências legais como essas – à prática de "atos administrativos" ou a "decisões" impugnáveis nos tribunais administrativos provenientes de autoridades não integradas na Administração – pressupõem um cenário de aplicação do Direito Administrativo a atividades de *autoridades* e de *órgãos públicos* que não pertencem à Administração Pública. E isto ocorre efetivamente.

> O critério de aplicação previsto no artigo 2.º, n.º 1, do CPA é a conduta "de quaisquer entidades, independentemente da sua natureza". Em coerência com esta diretriz no sentido da aplicação do CPA a quaisquer entidades, vejam-se os artigos 135.º e 148.º, sobre os conceitos de *regulamento administrativo* e de *ato administrativo*, definidos, respetivamente, como normas ou decisões adotadas "no exercício de poderes jurídico-administrativos": a ausência de referencial orgânico pressupõe que se trata de normas ou de decisões de "quaisquer entidades", independentemente de pertencerem, ou não, à Administração Pública[186].
>
> No CPA de 1991, aludia-se, neste contexto, a "atividades materialmente administrativas". Em coerência com essa nomenclatura, os atos com as características próprias dos atos administrativos praticados por autoridades não integradas na Administração designavam-se "atos materialmente administrativos". Apesar da eliminação do "referencial orgânico" na definição de ato administrativo adotada no CPA de 2015, subsistem referências legais a decisões e a atos "materialmente administrativos", no ETAF [artigos 4.º, n.º 4, alíneas *c)* e *d)*, e 74.º, n.º 2, alínea *c)*].
>
> Historicamente, a figura do ato "materialmente" administrativo surgiu para referenciar atos substancialmente iguais aos "verdadeiros" atos administrativos, salvo num ponto: não serem praticados por órgãos da Administração.

Seja por si mesmos ou através de serviços que atuam na sua dependência, os órgãos públicos não integrados na Administração Pública e que se ocupam de outras funções públicas – função política, legislativa e judicial, como o Presidente da República, a Assembleia da República ou os tribunais – exercem, de forma marginal e secundária (por referência à sua função principal), tarefas de carácter administrativo e de gestão de recursos: eis

[186] Sobre a ausência de referencial orgânico nos conceitos do CPA de ato e de regulamento administrativo, veja-se o nosso texto, «Algumas alterações e inovações "científicas" no novo Código do Procedimento Administrativo", in Carla Amado Gomes/Ana Fernanda Neves/Tiago Serrão, *Comentários ao Novo Código do Procedimento Administrativo*, vol. I, AAFDL, 2016, p. 51 e segs.

o que ocorre, paradigmaticamente, nos domínios da gestão de recursos humanos (*v.g.*, funcionários de apoio), de gestão de recursos materiais e de realização de despesas (*v.g.*, aquisição e gestão de equipamentos), bem como em matéria de organização e de funcionamento interno.

No desenvolvimento destas "tarefas domésticas", de "governo da casa" e de gestão administrativa, os referidos órgãos assumem funções administrativas, responsabilizam-se por missões que correspondem à ideia material de "administrar" e exercem competências administrativas (*v.g.*, decisões relativas aos funcionários, compras públicas de produtos e de serviços, contratação de obras). No âmbito das responsabilidades de gestão, praticam "atos administrativos", celebram "contratos administrativos" e editam "regulamentos administrativos". Eis o que explica a competência do Supremo Tribunal Administrativo para conhecer dos "processos em matéria administrativa relativos a ações ou omissões" do Presidente da República, da Assembleia da República[187] e seu presidente, do Tribunal Constitucional ou do Tribunal de Contas: cf. artigo 24.º, n.º 1, alínea *a)*, do ETAF.

A legislação processual refere-se apenas a "atos administrativos" ou a "decisões" de órgãos não integrados na Administração Pública. Contudo, e por identidade de razão, esses órgãos também podem celebrar contratos administrativos e produzir regulamentos administrativos. Exemplos de regulamentos administrativos de órgãos não integrados na Administração Pública são os regulamentos dos presidentes dos tribunais de comarca, a que se refere o artigo 98.º da Lei de Organização do Sistema Judiciário, ou o *Regulamento do Procedimento Concursal para Ingresso nas Carreiras Parlamentares*, adotado pelo Presidente da Assembleia da República ao abrigo da Lei n.º 23/2011, de 20 de maio, que aprova o estatuto dos funcionários parlamentares (publicado no *Diário da República*, 2.ª Série, de 14/01/2019).

A sujeição do desempenho de tarefas dessa natureza de autoridades e órgãos não integrados na Administração Pública ao Direito Administrativo resultou, historicamente, da exigência de submeter as decisões proferidas nesse âmbito ao controlo dos tribunais, nos mesmos termos em que são justiciáveis as decisões da Administração – exigência que se tornou

[187] Vejam-se, por ex., os Acórdãos do STA de 04/07/2019, P. 01842/18.6BELSB, e de 11/07/2019, P. 01842/18.6BELSB, relativos a ações administrativas propostas contra a Assembleia da República, para anulação de decisões de adjudicação de contratos de aquisição de serviços.

especialmente patente nos cenários que envolviam a lesão ou prejuízo de direitos subjetivos ou interesses legalmente protegidos (*v.g.*, concursos de funcionários para um certo posto; aplicação de sanções disciplinares)[188].

Pelo seu relevo e, sobretudo, pela sua amplitude, ocupa aqui lugar de destaque a atividade de *gestão administrativa dos tribunais*. Nesta matéria, veja-se a Lei de Organização do Sistema Judiciário sobre as competências de gestão administrativa dos presidentes dos tribunais, incluindo os presidentes dos tribunais de primeira instância (cf. artigo 98.º, estabelecendo recurso necessário, sem efeito suspensivo, para o Conselho Superior da Magistratura dos atos e regulamentos administrativos emitidos pelo presidente da comarca). Nos tribunais de comarca existe um *administrador judiciário*, que, atuando sob a orientação genérica do juiz presidente do tribunal, dispõe de competências próprias no campo da gestão de recursos humanos e da logística e, nesse âmbito, pratica atos administrativos[189]. Em geral, os "atos administrativos judiciários" (de presidentes de tribunais ou do administrador judiciário) são objeto de recurso necessário para o Conselho Superior da Magistratura e, apesar de serem atos administrativos, não são impugnáveis nos tribunais da jurisdição administrativa, mas no Supremo Tribunal de Justiça[190].

Na jurisdição administrativa, sobre as competências dos presidentes dos tribunais, vejam-se, no ETAF, os artigos 23.º (presidente do STA), 36.º (presidentes dos tribunais centrais administrativos) e 43.º-A, quanto aos

[188] Neste âmbito, impunha-se eliminar um tradicional "princípio de autodiceia" ou de "justiça doméstica" dos órgãos do vértice da organização do Estado. Em Portugal, o fenómeno foi erradicado. Mas o mesmo não ocorreu noutros ordenamentos jurídicos: em Itália, a *justiça reservada* de certas autoridades públicas (Presidente da República e Senado) continua a existir: veja-se o acórdão da *Corte Costituzionale* de 13/12/2017, n.º 262, no sentido de que o exercício de um poder jurisdicional por órgãos e autoridades constitucionais não envolve *ipso iure* a menor eficácia dos instrumentos processuais de defesa dos direitos dos trabalhadores dessas autoridades; sobre essa decisão, muito criticada por uma parte da doutrina, cf. F. G. Scoca, "L'autodichia 'costituzionalizzata' e il nuovo sistema delle tutele", *Diritto Processuale Amministrativo*, 2018/1, p. 1 e segs.; R. Dickmann, "La Corte costituzionale consolida l'autodichia degli organi costituzional", *federalismi.it* (20/12/2017); F. dalla Balla, "I paradossi dell'autodichia – prospettive delle giurisdizioni domestiche dopo la sentenza della Corte costituzionale n. 262/2017", *federalismi.it* (18/07/2017).

[189] Veja-se, por ex., o Acórdão do Supremo Tribunal de Justiça de 26/10/2016, P. 131/15.2YFLSB, sobre o ato administrativo de um presidente do tribunal de comarca que designa juízes substitutos.

[190] Tal solução parece explicar-se por razões de "pudor institucional": neste sentido, cf. J. C. Vieira de Andrade, *A Justiça, cit.*, p. 117. Neste ponto, a solução da lei portuguesa é análoga à do direito alemão: cf. S. Conrad, *Der sogenannte Justizverwaltungsakt*, Duncker & Humblot, 2011, pp. 15 e 223 e segs.

presidentes dos tribunais administrativos de círculo, cujos atos administrativos são objeto de recurso administrativo necessário para o Conselho Superior dos Tribunais Administrativos e Fiscais.

Por conseguinte, nas missões de "governo da casa", os órgãos públicos responsáveis pelas funções política, legislativa e judicial desenvolvem atividades administrativas. Mas isso não significa que, nesse âmbito, participem no exercício da função administrativa, enquanto função ou missão própria do poder administrativo, da Administração Pública. Não deve, pois, confundir-se a função administrativa enquanto função pública [sobre esta função, cf. ponto 186] com a execução de tarefas marginais, internas e auxiliares de gestão de recursos e de organização.

Sem prejuízo do exposto, importa notar que, embora em situações raras, sucede que autoridades e órgãos públicos não integrados na Administração Pública desempenham funções administrativas fora de um contexto estritamente doméstico. Eis o que ocorre com atos administrativos do Presidente da República de concessão de condecorações ou, de uma natureza diferente, com decisões da Assembleia da República de demissão ou de destituição dos titulares de certos órgãos, como o Provedor de Justiça ou os membros do Conselho Regulador da Entidade Reguladora da Comunicação Social [cf. pontos 186.1, *b)*, e 186.2, *a)*, *ii)*].

18.2 – Não aplicação do Direito Administrativo a meros particulares

Em Portugal e noutros sistemas jurídicos, a doutrina refere-se, por vezes, à aplicação do Direito Administrativo a relações entre particulares e considera que as normas jurídico-administrativas podem ter como destinatários "meros particulares", ou seja, particulares *qua tale*[191]. Aqui estaria presente um fenómeno de "expansão do Direito Administrativo", para fora da sua província clássica, a Administração Pública. O fenómeno seria imposto por fatores de natureza diversa, como, por ex., a entrega de funções administrativas a particulares ou o carácter poligonal de certas relações jurídicas administrativas. Teríamos, também nestes casos, um *Direito Administrativo sem Administração Pública.*

[191] Para a defesa desta perspetiva, cf. Mário Aroso de Almeida, *Teoria Geral, cit.*, p. 28, que considera ser "possível – e, aliás, cada vez mais frequente – depararmos com relações jurídicas administrativas estabelecidas entre entidades não integradas na Administração Pública".

Discordamos desse ponto de vista e, na nossa interpretação, os casos fornecidos para ilustrar a situação não fazem prova do alegado. Pelo contrário, em regra, confirmam que o Direito Administrativo não se aplica às relações entre meros particulares, nem tem como destinatários particulares, nesta condição, de "meros particulares".

Neste contexto, distinguimos dois cenários: por um lado, o dos falsos casos de "meros particulares" e, por outro lado, o dos falsos casos de aplicação do Direito Administrativo.

18.2.1 – Falsos casos de meros particulares

Neste primeiro grupo, referenciamos situações em que o Direito Administrativo se aplica efetivamente a entidades particulares, mas sem considerar estas na sua condição de "meras" entidades particulares.

a) Entidades particulares com funções administrativas

As entidades particulares com funções administrativas estão sujeitas ao Direito Administrativo (num âmbito delimitado). É certo. Sucede que essa aplicação do Direito Administrativo é condicionada pela circunstância de se tratar particulares responsáveis pela execução da função administrativa.

A asserção segundo a qual a existência de entidades particulares com funções administrativas representa uma "supressão definitiva da conceção estatutária do Direito Administrativo"[192] é um erro claro, seja qual for o ângulo de análise que se considere e mesmo que se entenda que a conceção estatutária (orgânica) do Direito Administrativo está em crise ou é desadequada. Na verdade, a crítica desta conceção estatutária pode fazer-se de muitos ângulos, mas não, certamente, apresentando o exemplo das entidades particulares com funções administrativas, cuja sujeição ao Direito Administrativo está em coerência com o facto de se tratar de entidades que substituem a Administração e que desenvolvem uma atividade que sempre seria regulada pelo Direito Administrativo. Aliás, por esta razão, as incluímos na categoria dos sujeitos da Administração Pública (em termos funcionais). Não há, portanto, aqui qualquer desvio à correspondência entre Administração Pública e Direito Administrativo, nem tão-pouco se pode dizer que este surge a regular a atuação de entidades particulares na condição de meros particulares – uma entidade particular que, ao abrigo de

[192] Neste sentido, cf. S. Vinti, *La circolarità logica del diritto amministrativo (decostruire concetti per ordinare frammenti)*, Giappichelli, 2014, p. 140.

um contrato de concessão, gere as autoestradas ou os aeroportos do Estado não é, naturalmente, um "mero particular" ao qual a aplicação do Direito Administrativo é "estendida"; trata-se, pelo contrário, de uma entidade que atua ao abrigo de uma *concessão* do Estado e que *substitui* este no exercício de uma função pública administrativa[193].

Em síntese, embora estejam aqui presentes entidades particulares, *verdadeiramente* privadas, a aplicação do Direito Administrativo revela-se "natural", pois este só as vai atingir *na medida em que* exercem funções administrativas delegadas e em que, por isso mesmo, integram a Administração Pública.

> Quando se considera a perspetiva da aplicação do Direito Administrativo, revela-se muito clara a diferença entre a situação jurídica dos *meros particulares* e a dos *concessionários* (particulares com funções administrativas). Mas deve observar-se que a lei nem sempre parece considerar essa diferença e assume até uma equiparação entre as duas categorias. Neste sentido, vejam-se, no CPTA, os artigos 10.º, n.º 9 ("particulares ou concessionários), 37.º, n.º 3 ("particulares, nomeadamente concessionários"), e 109.º, n.º 2 ("particulares, designadamente concessionários"). A lógica de equiparação aqui seguida parece explicar-se pelo facto de o CPTA assumir que os concessionários não pertencem à Administração, enfatizando a sua condição de entidades particulares.

b) Particulares em relação com a Administração Pública

Em certos casos, como já vimos [cf. ponto 8.6], as normas de Direito Administrativo "também" podem ter como destinatários *cidadãos* e *entidades particulares*: assim, por ex., a norma que confere aos cidadãos o direito de acesso à informação em face da Administração Pública; ou a que exige que as empresas cumpram deveres perante a Administração Pública. Pois bem, este é ainda o âmbito do Direito Administrativo, porquanto se trata de normas que visam "particulares em relação com a Administração Pública", na condição de *administrados*. Dirigindo-se aos particulares, para disciplinar a prática de atos privados (*v.g.*, apresentação de requerimento), para lhes conferir direitos subjetivos públicos ou para os onerar com limites, proibições e

[193] Em sentido diferente, aludindo a uma suposta extensão do Direito Administrativo à regulação de relações entre particulares, em casos em que os particulares atuam investidos de funções públicas, cf. J. Esteve Pardo, "La extensión del Derecho público. Una reacción necessária", *RAP*, n.º 189, 2012, p. 11 e segs.

deveres administrativos, essas normas também se dirigem à Administração, como "contraparte" dos particulares, para lhe impor deveres de ação ou para lhe conferir competências e poderes.

Em determinados domínios, a intervenção do Direito Administrativo não se limita à regulamentação de atos episódicos ou isolados de entidades particulares, antes se alarga para várias momentos da ação de tais entidades: eis o que ocorre nos setores da economia sujeitos a regulação pública (*v.g.*, comunicações, transportes, banca, seguros), bem como em outras esferas de ação social e privada de relevância pública (*v.g.*, setor da economia social), em que o Direito Administrativo chega até ao ponto de disciplinar o processo de constituição e a configuração organizatória das próprias entidades particulares – assim sucede com as instituições particulares de solidariedade social, que, por essa razão, ao lado de outras, designamos, "entidades particulares publicamente reguladas" [sobre estas, cf. 47.1.2, *b)*, e 185.2][194].

Estamos assim em condição de reiterar que a identificação do Direito Administrativo como direito que se dirige à Administração Pública não exclui que as entidades particulares possam ser destinatárias de normas jurídico-administrativas. Uma grande parte das normas administrativas visa até regular relações entre Administração e particulares, conferindo a estes últimos *direitos* ou impondo-lhes *deveres*. Mas, neste sentido geral, os particulares são destinatários de tais regras na medida em que *estão em relação com a Administração Pública* [cf. pontos 7, *a)*, 8.6 e 12.2].

18.2.2 – Falsos casos de aplicação do Direito Administrativo

Indicamos agora situações que pressupõem ações de meros particulares e relações entre meros particulares, mas que, ao contrário do que se supõe, não são ações nem relações reguladas pelo Direito Administrativo.

a) Meros particulares na situação de demandados na justiça administrativa

Nos termos do artigo 10.º, n.º 9, do CPTA, podem ser demandados nos tribunais administrativos particulares "no âmbito de relações jurídico-administrativas que os envolvam (...) com outros particulares".

[194] Assim, por ex., além de a consideração de uma entidade como IPSS depender de uma decisão administrativa (registo), a lei contém exigências variadas em matéria de organização interna (*v.g.*, renovação do mandato), assim como prevê um regime de tutela pública (fiscalização) a que essas instituições ficam sujeitas, atribuindo ainda ao membro do Governo responsável pela área da segurança social legitimidade para pedir a destituição judicial de órgãos de administração.

Como se conclui, a lei refere-se explicitamente neste preceito, à possível existência de "relações jurídico-administrativas entre particulares"[195]. Mas, em rigor, estamos aqui perante a mera previsão genérica de uma possibilidade, que, por si só, nada diz sobre a existência de relações jurídicas administrativas entre particulares.

O facto de a lei processual aludir à existência de relações jurídico-administrativas que envolvam "particulares com outros particulares" não prova que estas relações existam, nem as faz nascer.

Contudo, aquela referência legal a relações jurídico-administrativas entre particulares articula-se com outras normas do mesmo CPTA, ou pelo menos não deve ser lida sem se considerarem outras normas do CPTA que, de forma expressa, atribuem legitimidade processual a particulares para a propositura de ações nos tribunais administrativos contra outros particulares (*qua tale*).

Assim, os artigos 2.º, n.º 2, alínea *h)*, e 37.º, n.º 1, alínea *h)*, indicam que a tutela junto dos tribunais administrativos pode ser utilizada para obter "a condenação à adoção ou abstenção de comportamentos, [pela Administração Pública ou] por particulares".

Aqui está abrangida a possibilidade de ações judiciais contra particulares propostas pela Administração Pública (*v.g.*, ação para a execução de um contrato proposta por uma pessoa coletiva pública contra o seu cocontratante particular). Mas, além disso, as ações contra particulares poderão efetivamente ser propostas por outros particulares.

É precisamente este último cenário que nos interessa analisar, porquanto o que ele nos oferece é um processo que corre num tribunal administrativo – com competência em matéria de relações jurídico-administrativas – em que ambas as partes, autor e réu, são particulares.

Eis o que sucede, em primeiro lugar, quanto às ações propostas ao abrigo do artigo 37.º, n.º 3, do CPTA: "quando, sem fundamento em ato administrativo impugnável, particulares, nomeadamente concessionários, violem vínculos jurídico-administrativos decorrentes de normas, atos administrativos ou contratos, ou haja fundado receio de que os possam violar, sem que, solicitadas a fazê-lo, as autoridades competentes tenham adotado as medidas

[195] Sobre este tema, cf. Francisco Paes Marques, *Conflitos, cit.*, *passim* e, em especial, sobre a questão do Direito Administrativo entre particulares, p. 729 e segs.

adequadas, qualquer pessoa ou entidade cujos direitos ou interesses sejam diretamente ofendidos pode pedir ao tribunal que condene os mesmos a adotaram ou a absterem-se de certo comportamento, por forma a assegurar o cumprimento dos vínculos em causa".

Por seu lado, o artigo 112.º, n.º 2, alínea *i)* – que contém uma lista exemplificativa de providências cautelares que os tribunais administrativos podem decretar –, estabelece que as providências cautelares podem consistir na "intimação para adoção ou abstenção de uma conduta [por parte da Administração ou] de um particular por alegada violação ou fundado receio de violação do direito administrativo nacional ou do direito da União Europeia".

Por fim o artigo 109.º, n.º 2, indica que o processo de intimação para a proteção de direitos, liberdades e garantias se aplica também a situações de intimação dirigidas "contra particulares [...], nomeadamente para suprir a omissão, por parte da Administração, das providências adequadas a prevenir ou reprimir condutas lesivas dos direitos, liberdades e garantias do interessado".

Em todos estes casos, o CPTA pressupõe que particulares podem demandar outros particulares; corresponderão, pois, poderia pensar-se, a processos no âmbito de relações de Direito Administrativo que envolvam "particulares contra particulares", o mesmo é dizer relações jurídico-administrativas entre particulares – é esta a sugestão do artigo 10.º, n.º 9.

Mas, na nossa interpretação, a sugestão da letra do preceito não é confirmada pela realidade[196]: não existe Direito Administrativo nas relações entre meros particulares.

Os referidos preceitos do CPTA têm, todos, subjacente a presença de relações jurídico-administrativas de cada um dos particulares com a Administração; os processos judiciais a que aludem constituem remédios para colmatar uma omissão da Administração Pública quanto ao exercício dos seus poderes de iniciativa oficiosa e corresponde, assim, a uma espécie de "private enforcement" do Direito Administrativo[197].

[196] Sobre este ponto, cf. o nosso texto "A acção administrativa comum", *in A Reforma da Justiça Administrativa*, Studia Iuridica, 2005, p. 135 e segs.; Fernanda Paula Oliveira, "A ação sobre (alguns) comportamentos: breves considerações", in Carla Amado Gomes/Ana Fernanda Neves/ Tiago Serrão, *Comentários à Revisão do CPTA e do ETAF*, AAFDL, 2016, em especial, p. 475 e segs.

[197] O conceito de "private enforcement", por contraposição ao "public enforcement", é sobretudo utilizado no âmbito do direito da concorrência, para indicar um sistema que assenta nos lesados a reação e a perseguição contra as violações do direito da concorrência – cf. Pedro Costa

Neste contexto, o conceito de "enforcement" do Direito Administrativo refere-se à ação destinada a assegurar o cumprimento, por particulares, de deveres (de fazer, de não fazer ou de tolerar) que são impostos por normas jurídico-administrativas. Classicamente, este "enforcement" – mesmo estando em causa a violação de deveres lesiva para os direitos de outros particulares – era um exclusivo da Administração, através de atos e de medidas administrativas ("public enforcement"). Mas, em Portugal, desde 2004 (CPTA), passou a admitir-se a reação dos próprios ofendidos, que, na hipótese de inércia da Administração, podem, eles mesmos, acionar o infrator nos tribunais administrativos: passamos, assim, a ter uma solução de "private enforcement" do Direito Administrativo nos tribunais administrativos[198].

b) Normas administrativas cujo conteúdo é aplicável (por extensão) a particulares

Pode suceder que uma norma jurídico-administrativa inclua entidades particulares no seu âmbito de aplicação. Imagine-se, por ex., que uma lei sobre o estatuto do aluno nas escolas públicas estabelece a sua aplicação aos alunos das escolas privadas oficializadas. Neste caso, embora a situação aparente outra coisa, não estamos diante de um fenómeno de aplicação do Direito Administrativo a entidades particulares: o que aqui ocorre é que o legislador "aproveita" uma norma idealizada para a Administração Pública e determina a respetiva aplicação a entidades particulares – trata-se, afinal, de uma técnica de proceder à *expansão de valores de Direito Administrativo para*

Gonçalves, *Reflexões*, *cit.*, p. 257. Em relação ao contexto norte-americano, onde a aplicação do Direito Administrativo (regulatório) se baseia na litigância entre particulares, cf. J. M. Glover, "The structural role of private enforcement mechanisms in public law", *William and Mary Law Review*, vol. 53, 2012, p. 1137 e segs.; M. Sant'Ambrogio, "Private Enforcement in Administrative Courts", *Vanderbilt Law Review*, vol. 72/2, 2019, p. 425 e segs.

[198] Sobre o tema, cf. M. Schröder, "Private statt administrativer Durchsetzung des öffentlichen Rechts?", *Die Verwaltung*, 2017, 3, p. 309 e segs. (que, contudo, se refere a um "private enforcement" no sentido de defesa de "direitos privados" em tribunais judiciais). Como escrevemos noutra oportunidade, com base na nomenclatura de R. B. Stewart/C. R. Sunstein, "Public programs and private rights", *Harvard Law Review*, vol. 95, 1982, p. 1193 e segs., a reação judicial em face do "non enforcement" da lei pela Administração passa por duas vias: condenar judicialmente a Administração a agir ("compel enforcement") ou, numa via alternativa, de "private enforcement", condenar judicialmente o infrator a cumprir os seus deveres perante a Administração ("compel compliance"); cf. o nosso texto *Ensaio sobre a figura da inação administrativa oficiosa*, *cit.*, p. 340.

o direito privado[199]. Hipóteses como essa não põem em causa a regra de correspondência entre Administração Pública e Direito Administrativo. Com efeito, aqui, aplicado a entidades particulares não é exatamente o Direito Administrativo, mas disposições normativas que se encontram numa lei que (também) se aplica à Administração.

[199] Sobre esta e outras técnicas de promover a expansão de valores de direito público para o direito privado, cf. o nosso *Entidades Privadas, cit.*, p. 315 e segs..

Capítulo 2
Direito Administrativo: direito para a ação administrativa

O Direito Administrativo é feito para a Administração Pública, com o propósito de ser aplicado à ação que esta desenvolve, a ação administrativa. Resulta do que vimos na Introdução que o corpo de normas jurídico-administrativas se pode subdividir em três conjuntos principais: o das "normas de organização" [cf. ponto 8.2], o das "normas de ação" [cf. ponto 8.3] e o das "normas de condicionamento" [cf. ponto 8.4]. Dado que o estudo da organização administrativa foi deslocado para outro momento, o presente capítulo explica de que modo cumpre o Direito Administrativo as suas funções cardinais de legitimar e de limitar a ação administrativa: este será o propósito da Secção I. Depois, a Secção II ocupar-se-á do estudo da figura da discricionaridade administrativa.

Secção I
Direito Administrativo como fundamento e limite da ação administrativa

O Direito Administrativo tem o propósito de regular a ação da Administração Pública. Na presente secção, vamos conhecer o âmbito dessa regulação e as formas que a mesma assume. No último ponto, chama-se a atenção para o facto de a ação administrativa se dever pautar, em muitas áreas, por regras não jurídicas.

19 – Direito Administrativo: fonte de legitimação e de orientação finalística da ação administrativa. 19.1 – Fundamento normativo da ação administrativa. 19.1.1 – Normas de atribuições. 19.1.2 – Normas de competência. 19.2 – Natureza jurídica das normas de competência. 19.2.1 – Origem das normas de competência. 19.2.2 – Lei como fonte principal das normas de competência: princípio da legalidade da Administração. 19.2.3 – Reserva de lei parlamentar e ação administrativa. 20 – Direito Administrativo como fonte de condicionamento da ação administrativa. 20.1 – Condicionamento formal e procedimental. 20.2 – Condicionamento substancial ou material. 20.3 – Condicionamento e controlo da ação administrativa. 21 – Subordinação da Administração ao direito: princípio da juridicidade. 22 – Direito Administrativo como fonte de condicionamento e de regulação da ação de particulares em relação com a Administração Pública. 23 – Regulação não jurídica da ação administrativa. 23.1 – Atribuição de relevância jurídica a regras não jurídicas. 23.2 – Relevância jurídica de regras não jurídicas como consequência de um *dever de boa administração*. 23.2.1 – Dever de boa administração: cumprimento de regras não jurídicas. 23.2.2 – Boa administração e eficiência administrativa. 23.2.3 – Dever de boa administração, mérito e legalidade.

19 – Direito Administrativo: fonte de legitimação e de orientação finalística da ação administrativa

Ao Direito Administrativo cabe as funções de legitimar, de permitir ou de autorizar a ação administrativa, bem como de indicar as finalidades que a Administração deve prosseguir, mediante a programação da ação administrativa [cf. ponto 8.3].

A ação administrativa é a ação dos sujeitos da Administração Pública. E estes, os sujeitos da Administração, são as pessoas coletivas públicas, as entidades privadas da Administração (entidades administrativas privadas) e as entidades particulares com funções administrativas. Sucede, porém, que as considerações que se seguem referem-se apenas à ação administrativa como ação de pessoas coletivas públicas. Na verdade, só a ação destas entidades – criadas por normas jurídico-administrativas ou por atos jurídicos praticados ao abrigo dessas normas –, terá de ser autorizada ou legitimada por normas do Direito Administrativo. As outras entidades da Administração são instituídas em "forma privada" (*v.g.*, associações civis, sociedades comerciais ou cooperativas), e, em regra, atuam segundo o direito privado (Código Civil, Código das Sociedades Comerciais)[200]: uma vez criadas, atuam, nos termos gerais da sua capacidade, ao abrigo do direito privado e com os instrumentos próprios do direito privado. Neste sentido, a ação que desenvolvem – "ação administrativa", por provir de um sujeito da Administração – não se funda, pelo menos em regra, em normas de Direito Administrativo. Assim, não cabe a estas normas cumprir a função de legitimação de cada específica atuação desenvolvida pelas entidades privadas da Administração.

Não obstante, importa sublinhar que, de forma indireta, é ainda o Direito Administrativo que possibilita e que legitima a ação destas últimas entidades no universo administrativo, já que são as suas normas que definem os termos da criação das entidades administrativas privadas, bem como da concessão de funções administrativas a entidades particulares [cf. ponto 15.1]. Recorde-se, ainda, que a ação das entidades privadas da Administração pode estar sujeita ao Direito Administrativo: é a este que cabe, necessariamente, a função de legitimação da ação das entidades privadas da Administração que se desenvolva através de instrumentos formais jurídico-administrativos (*v.g.*, contrato administrativo) ou no exercício de poderes públicos de autoridade [cf. ponto 15.2]. Reconhecendo, porém, as diferenças, aliás evidentes – quanto à função, ao momento e ao grau de intensidade –, da intervenção do Direito Administrativo nos dois casos, vamos atender, na sequência, apenas à função de legitimação da ação das pessoas coletivas de direito público (Estado, autarquias locais, institutos públicos, etc.).

Além de a análise subsequente se referir apenas a pessoas coletivas públicas, anota-se também que apenas se considera a *ação administrativa*

[200] Nos casos em que, excecionalmente, uma entidade de direito privado é criada por um ato de direito público (por ex., uma lei), a aplicação do direito privado ainda decorre do ato constitutivo, não já em razão da natureza deste, mas do "reenvio implícito" que o mesmo efetua para o direito privado: assim, uma lei que cria uma entidade em formato de sociedade anónima procede ao reenvio da regulamentação da mesma para o direito aplicável à atuação das sociedades anónimas, que é, em geral, o direito privado. A aplicação do Direito Administrativo, que também aqui pode existir, será sempre especial [cf. ponto 15.2].

externa, ou seja, a ação que se projeta juridicamente para fora dos muros da pessoa coletiva. Neste contexto, não cuidaremos, por agora, da ação de efeitos internos, que se processa no interior da pessoa coletiva pública, entre os seus órgãos ou entre estes e os seus serviços: esta ação, que se desenvolve *intra muros*, com efeitos apenas internos, também pode ser juridicamente relevante, mas, em muitas das suas manifestações, dispensa as exigências reclamadas pelas formas de ação administrativa com projeção para o exterior – eis o que sucede, por ex., com os poderes no âmbito da hierarquia administrativa ou com certas medidas de organização interna.

A exigência de uma "autorização" da ação administrativa, a qual haverá de ser conferida, direta ou indiretamente, por um poder exterior à Administração Pública, resulta imediatamente de se assentar no pressuposto de que as entidades públicas não dispõem de "poderes próprios", "originários", que lhes permitam, em geral, atuar. Ao contrário dos cidadãos, que podem fazer tudo aquilo que a lei não proíbe, a Administração não é livre, não dispõe de liberdade, e, por isso, só pode fazer o que lhe for permitido ("princípio da competência"). Em especial, ela só pode fazer o que lhe for permitido por uma norma jurídica prévia, definida *ex ante*, como um *prius* em relação à ação concretamente empreendida. A ação da Administração Pública está, por conseguinte, sob uma "reserva de norma jurídica": esta é, em regra ou na maioria dos casos, uma norma legal, um ato legislativo; mas pode ser uma norma com outra origem, como a própria Constituição, ou uma norma não legislativa mas com "valor legislativo", como o regulamento da União Europeia, ou até uma norma sem valor legislativo, proveniente da Administração (regulamento administrativo), a qual deverá, contudo, basear-se numa norma legislativa.

19.1 – Fundamento normativo da ação administrativa

A autorização ou legitimação da ação administrativa das pessoas coletivas públicas baseia-se em "normas de ação", normas jurídicas definidas *ex ante*, que, em geral, lhes conferem "poderes de agir", e que, assim, indicam o que elas podem ou devem fazer. Estas normas jurídico-administrativas podem ser divididas em dois grupos: *i)* normas que definem as *atribuições* da entidade a quem se dirigem; *ii)* normas que definem as *competências* dos órgãos dessa entidade.

19.1.1 – Normas de atribuições

Cada pessoa coletiva pública é criada para se dedicar à realização de um interesse público ou de um conjunto de interesses públicos[201]: "prossecução dos interesses próprios das populações", "segurança pública", "proteção do ambiente", "defesa dos consumidores", "promoção do desenvolvimento económico", "proteção civil", "ordenamento do território", "promoção da concorrência", ou "regulação de uma profissão" são, todos, interesses públicos que se encontram "atribuídos" a pessoas coletivas públicas[202].

a) Noção de atribuições

A realização dos interesses públicos que lhe estão *atribuídos* é a *função* ou *missão* da pessoa coletiva. A norma jurídica que define os interesses públicos a prosseguir pela pessoa coletiva é, portanto, a norma que define as suas *atribuições*.

Existe uma ligação estreita entre atribuições e interesses públicos, mas, em rigor, os conceitos não se confundem: assim, por ex., a "promoção da competitividade das empresas" é um *interesse público*, desde o momento em que uma norma jurídica o define como interesse a ser prosseguido pela Administração Pública; corresponde à *atribuição* de uma pessoa coletiva pública quando uma norma jurídica lhe confiar a responsabilidade da sua prossecução (no caso, trata-se de uma atribuição do IAPMEI, IP).

A norma jurídica que define as atribuições é, pois, aquela que, em especial, procede à identificação do interesse público ou de um conjunto de interesses públicos e entrega a respetiva prossecução a uma determinada pessoa coletiva pública.

Em razão da sua intencionalidade – referenciar o interesse público ou os interesses públicos a prosseguir por uma pessoa coletiva –, a norma de atribuições tem um sentido finalístico, que assinala os *fins*, as *finalidades* de

[201] Cf. Rogério Soares, *Direito Administrativo (Lições ao Curso Complementar de Ciências Jurídico-Políticas da Faculdade de Direito de Coimbra no ano lectivo de 1977-78)*, Coimbra, polic., 1978, p. 238, a sublinhar que «a aceitação pela ordem jurídica duma pessoa colectiva pública exprime a individualização dum "centro de referência" de um ou vários interesses fundamentais», acrescentando, a seguir, que cada sujeito público tem sentido porque se afirma depositário de um conjunto determinado de interesses públicos.

[202] As normas de atribuições correspondem, no direito alemão, às designadas normas de tarefas ou de funções ("Aufgabennormen"), através das quais se processa a adjudicação de tarefas ou funções ("Aufgabenzuweisung") a um sujeito público: cf. Wolff/Bachof/Stober/Kluth, *ob. cit.*, vol. I, p. 336; sobre isto, cf., da nossa autoria, "Advertências da Administração Pública", *Estudos em Homenagem ao Prof. Doutor Rogério Soares, cit.*, p. 723 e segs. (p. 781 e segs.).

uma entidade, mas também fornece uma indicação sobre o conteúdo da *missão* ou das *missões* dessa entidade.

> Com frequência, a legislação refere-se, com sentidos que não parecem equivalentes, aos conceitos de *missões* e de *atribuições* que acabámos de indicar. Assim, por ex., nos termos dos seus estatutos, a Autoridade da Concorrência "tem por missão assegurar a aplicação das regras de promoção e defesa da concorrência", acrescentando-se, depois, que a Autoridade tem "atribuições" para a prossecução da sua missão e, a seguir, que dispõe de "poderes" para o desempenho das suas atribuições. Nestes e noutros casos, não se revela nítido o sentido do conceito de atribuições. Voltaremos a este tema [cf. ponto 69].

Todavia, e aliás em razão dessa sua natureza, a norma que define atribuições não é uma norma de ação; ela indica os fins e as missões que uma entidade vai prosseguir, mas não confere, *por si mesma e isoladamente,* uma capacidade de agir para a realização desses fins – no exemplo de há pouco, o IAPMEI, IP, tem a finalidade de "promover a competitividade das empresas" (é este o interesse público que lhe está atribuído), indicação que não permite, por si mesma, legitimar uma atuação desse organismo.

b) Ação administrativa desenvolvida com fundamento em norma de atribuições

Apesar de não conter uma autorização de ação, nem conferir um poder de agir, a norma jurídica que define as atribuições de uma pessoa coletiva pública fornece uma indicação de extrema relevância quanto ao que essa entidade pode fazer, mediante a mobilização da sua *capacidade jurídica geral de agir.* Com efeito, por estar dotada de personalidade jurídica, qualquer entidade pública está autorizada a atuar, nos termos gerais do artigo 160.º do Código Civil, em vista da realização dos seus fins ou da prossecução das suas atribuições. Trata-se de uma capacidade geral de agir que pode ser exercida mediante o recurso aos instrumentos jurídicos do "direito de todos", do direito privado [cf. ponto 14.2.1.2]. Neste sentido, a autorização da ação resulta da conjugação da norma que define as atribuições da pessoa coletiva pública com o facto de esta deter personalidade jurídica e, portanto, uma capacidade jurídica geral de agir.

Assim, um instituto público com atribuições de proteção do ambiente pode exercer, com fundamento imediato na norma que define as suas atribuições, uma atividade de divulgação de práticas amigas do ambiente.

Mais: com fundamento na norma que define as suas atribuições, a entidade pública está até autorizada a utilizar instrumentos formais do Direito Administrativo. Veja-se, neste sentido, o artigo 200.º, n.º 3, do CPA: na prossecução das suas atribuições ou dos seus fins, os órgãos da Administração Pública podem celebrar contratos administrativos; no mesmo sentido, mas de forma correta[203], o artigo 278.º do CCP estabelece que, "na prossecução das suas atribuições ou dos seus fins, os contraentes públicos podem celebrar contratos administrativos".

Deve dizer-se que, em rigor, esta autorização para usar o contrato administrativo tem um sentido apenas *formal*, na medida em que não autoriza a entidade a agir fora ou para além do âmbito da sua capacidade jurídica geral: permite-se que a pessoa coletiva pública celebre "contratos em regime de Direito Administrativo" – que utilize a "forma" contrato administrativo –, mas os direitos e as obrigações inscritos nesses contratos haveriam de poder figurar num contrato celebrado ao abrigo da capacidade jurídica geral da pessoa coletiva (que seria um contrato de direito privado)[204].

Um fenómeno próximo desse – mas com outro alcance, por envolver diretamente o emprego de um instrumento não apenas formal – ocorre, em certos casos, com o poder regulamentar.

Assim, veja-se que, logo nos termos da Constituição, as autarquias locais dispõem de um "poder regulamentar próprio" (artigo 241.º); estão, pois, habilitadas a emitir regulamentos na prossecução das suas atribuições, ou seja, na "prossecução de interesses próprios das respetivas populações". As normas que definem as atribuições das autarquias locais determinam,

[203] O CPA estabelece, incorretamente, uma associação entre "atribuições" e "órgãos da Administração Pública"; os órgãos detêm "competências", são titulares de "poderes", como se diz no artigo 20.º, nº 1, do mesmo CPA; não têm atribuições, como se sugere no artigo 200.º, n.º 3 ("suas atribuições").

[204] Neste ponto, cf. J. M. Sérvulo Correia, *Legalidade e Autonomia Contratual*, *cit.*, p. 563 e segs.; note-se que o Ilustre Professor acrescenta que, quando se trate de contratos administrativos, a Administração tem de observar uma exigência de *racionalização dos meios disponíveis* (*ibidem*, p. 624).

para este efeito, a "competência objetiva" (artigo 112.º, n.º 7 da CRP) para a emissão de regulamentos.

Situações com recorte análogo verificam-se noutros cenários: por ex., os estatutos de várias entidades reguladoras (*v.g.*, ANACOM, ANAC, ERS) conferem-lhes o poder de aprovação dos regulamentos "necessários ao exercício das respetivas atribuições". Também agora, a norma de atribuições define a competência objetiva para a emissão de regulamentos.

Nestes termos, sem ascender à condição de norma de ação ("de autorização de agir"), o preceito que define as atribuições de uma pessoa coletiva pública, além de indicar a sua função ou missão, delimita a esfera possível de ação dessa entidade no desenvolvimento da sua capacidade jurídica geral (como sujeito com personalidade jurídica) e, em certos casos, delimita a sua esfera possível de ação (a sua "competência objetiva") no exercício de uma norma de competência regulamentar.

O exposto permite concluir que a definição das atribuições de uma pessoa coletiva pública, se não a autoriza a agir, não incluindo poderes de ação, pressupõe, contudo, o reconhecimento de que essa entidade pode desenvolver uma atuação, precisamente no âmbito e para a prossecução das suas atribuições.

Contudo, deve sublinhar-se que, na prática, a ação da Administração Pública não se realiza, em regra, à sombra de meras normas de atribuição. Sem surpresa, a regra consiste em a ação administrativa estar suportada em verdadeiras normas de ação, as normas de competência.

19.1.2 – Normas de competência

As verdadeiras "normas de ação", que conferem às pessoas coletivas públicas poderes de agir, são as normas de competência. Mais tarde, iremos perceber melhor o sentido da afirmação, mas impõe-se observar desde já que as normas de competência se dirigem aos órgãos das pessoas coletivas públicas, os "órgãos administrativos": as pessoas coletivas atuam através dos seus órgãos e são estes que recebem, das normas de Direito Administrativo, as competências que vão poder e dever exercer[205].

> Por ex., nos termos da lei, o presidente da câmara municipal é competente para conceder licenças de utilização de edifícios; o conselho de administração do IMPIC é competente para aplicar coimas; o conselho diretivo da

[205] Sobre as normas de competência, cf. Paulo Otero, *Manual de Direito Administrativo, cit.*, p. 190 e segs.

Agência Portuguesa do Ambiente é competente para aprovar os programas de segurança de barragens.

A fonte de legitimação da ação administrativa assenta, em regra, em normas de competência, que, expressamente, indicam que um determinado órgão administrativo de uma certa pessoa coletiva pública pode desenvolver uma certa atividade ou adotar uma certa medida. A norma de competência atribui um *poder de agir*. Trata-se, pois, de uma "norma atributiva de um poder" (veja-se este conceito no artigo 47.º, n.º 1, do CPA)[206].

Consoante o modelo ou estrutura que adotem, as normas de competência, que definem ou estabelecem um "programa de ação" para a Administração, podem surgir com uma *programação finalística* ou com uma *programação condicional*.

a) Normas de competência com programação finalística

As normas de competência podem adotar o modelo ou estrutura das "normas-fins", que assentam numa programação finalística.

As normas de ação administrativa têm o propósito de *orientar* ou de *dirigir* a ação da Administração; também se pode dizer que visam "programar" o agir administrativo. Na linha de uma distinção concebida por Niklas Luhmann, as normas – "programas normativos" – podem ser finalísticas ("Zweckprogramme") ou condicionais ("Konditionalprogramme"): nas primeiras, fixam-se os objetivos ou finalidades a atingir e deixa-se em aberto a eleição dos meios a utilizar na execução; trata-se de uma programação orientada por finalidades; nas segundas, que se baseiam numa relação de condicionalidade "se, então", a aplicação da norma exige o exame da situação de facto (a verificação do "se"), a que se segue (*deve* ou *pode* seguir[207]) a

[206] Embora seja inspiradora a distinção entre "normas regulativas do exercício da competência" e "normas constitutivas da titularidade da competência", seguimos no texto a conceção segundo a qual a norma de competência é uma norma regulativa, que confere ao destinatário um poder de agir; criticando a "teoria permissivista", que aqui seguimos, cf. Pedro Moniz Lopes, *Derrotabilidade normativa e normas administrativas*, Parte I, AAFDL, 2019, p. 111 e segs.

[207] Entre o "se" e o "então" existe um operador de ligação (conector deôntico) em função do qual as normas podem classificar-se em permissivas ("pode"), obrigatórias ("deve") e proibitivas ("não pode") – estas últimas não são frequentes no Direito Administrativo, já que, de acordo com o princípio da competência, a Administração só pode fazer o que lhe seja expressamente permitido, existindo, portanto, uma norma proibitiva implícita de carácter geral. Sobre a estrutura da norma jurídica como norma deôntica, cf. Pedro Moniz Lopes, *ibidem*, p. 73 e segs.

adoção da medida prevista ou programada para enfrentar aquela situação ("então")[208]; neste sentido, norma "é um enunciado prescritivo condicional que associa a uma circunstância, definida como condição, um dado efeito jurídico, como sua consequência"[209].

Quando seguem – podendo seguir – o modelo da programação finalística, as normas de competência limitam-se, na prática, a habilitar um certo órgão da Administração Pública a desenvolver uma missão (*v.g.*, de programação, de planeamento ou de regulamentação), indicando que esse órgão pode fazer qualquer coisa, eventualmente acrescentando algumas orientações genéricas sobre o exercício do poder conferido ou sobre os resultados ou objetivos que se pretende atingir. No âmbito assinalado, o órgão competente pode construir o conteúdo das medidas e desenhar as soluções que considere mais adequadas, com base nos parâmetros genericamente estabelecidos, nas diretrizes finalísticas ou até apenas com base na simples exigência, meramente implícita, de prossecução do interesse público. Neste âmbito, a Administração não é convocada para desenvolver uma missão de "concretização" de opções vazadas em normas jurídicas (em leis), mas, em vez disso, vê-se instada a um trabalho de complementação, ou, mais do que isso, de implementação, de dinamização ou de desenvolvimento de opções gerais, constantes de leis ou até de diretrizes políticas e governamentais. Eis o que ocorre, por ex., com o planeamento territorial, que assenta em *programas* e em *planos* elaborados pelos órgãos competentes da Administração com base em normas e diretrizes que definem princípios e critérios genéricos. O mesmo sucede com a figura dos *regulamentos independentes*, que, ainda com maior latitude de intervenção, cumprem a função de dinamização da ordem jurídica[210], e em relação aos quais a norma de habilitação se limita a definir a "competência subjetiva" (órgão competente) e a "competência objetiva" (matéria) do regulamento (cf. artigo 112.º, n.º 7, da CRP).

[208] Cf. M. King/C. Thornhill, *Niklas Luhmann's Theory of Politics and Law*, Palgrave, 2003, em especial, p. 61 e segs.

[209] Cf. R. Guastini, *Le fonti del diritto e l'interpretazione*, Giuffrè, 1993, p. 2.

[210] Sobre a função de dinamização da ordem jurídica dos regulamentos independentes, cf. J. C. Vieira de Andrade, "O ordenamento jurídico administrativo português", in *Contencioso Administrativo*, Braga, 1986, p. 33 e segs. (p. 66); Ana Raquel Moniz, *A Recusa de Aplicação de Regulamentos pela Administração com Fundamento em Invalidade (Contributo para a Teoria dos Regulamentos)*, Almedina, 2012, p. 111 e segs.

Exemplo de uma norma com a configuração de "norma-fim" é a que se encontra no artigo 199.º, alínea *g)*, da CRP, que confere ao Governo a competência administrativa para "praticar todos os atos e tomar todas as providências necessárias à promoção do desenvolvimento económico-social e à satisfação das necessidades coletivas".

Das normas-fins pode deduzir-se, em regra com razoável clareza, os *resultados*, os *objetivos* ou *fins* pretendidos, mas elas deixam ao agente encarregado da implementação uma ampla liberdade quanto à escolha dos meios, ou seja, quanto à definição dos conteúdos das medidas concretas a adotar para se alcançarem os resultados ou objetivos desejados; sucede inclusivamente que a própria finalidade específica ou concreta (dentro do fim mais genérico previsto na norma) a ser prosseguida também pode ser indicada pela Administração. Além disso, em regra, estas normas também não fornecem uma indicação sobre os *pressupostos* da ação administrativa (condições que, uma vez reunidas, permitem ou determinam o desenvolvimento da ação administrativa).

Precisamente por causa da ampla liberdade que conferem quanto à decisão de agir ou de não agir, bem como quanto à determinação do conteúdo da ação administrativa, as normas-fins são, em geral, *insuficientes* como modelos de legitimação da ação da Administração em casos concretos e individuais: assim é, de forma especialmente nítida, quando a ação administrativa tem de se materializar em atos e medidas que envolvam ou que reclamem o exercício de um poder de autoridade perante os administrados, quer se trate de produzir resultados "contra" eles ou "a favor" deles.

Note-se, porém, que o facto de as normas de programação finalística remeterem para a fase da sua execução a "invenção" das soluções do caso concreto – conferindo ao agente a sinalizada *liberdade de escolha e de definição de conteúdos* –, não conduz a um vazio de regulação das escolhas da Administração. Pelo contrário, operam neste âmbito fortes condicionamentos de carácter procedimental, formal e substancial – neste último caso, os condicionamentos resultam da ação de princípios gerais, como a proporcionalidade, a razoabilidade ou a imparcialidade, bem como do próprio princípio da legalidade, na vertente de primado da lei, pois a Administração não pode violar a lei [cf. ponto 42.4.1].

Atento o exposto, pode concluir-se que a ação administrativa com base em normas de programação finalística envolve uma menor intensidade do condicionamento jurídico, mas este continua a existir. Em vez de se basear num "direito de regras", a ação administrativa assenta, neste caso, num "direito de princípios"[211].

b) Normas de competência com programação condicional

Em razão da sua estrutura, as normas-fins não asseguram a predeterminação do conteúdo das medidas que a Administração vai adotar na sua atuação concreta: nelas estabelece-se quais os objetivos, as finalidades, da ação administrativa, mas não se indica o conteúdo, a substância dos meios que a Administração vai empregar, das medidas que vai adotar, para a realização daqueles objetivos: a escolha dos meios, ou seja, dos conteúdos das medidas, é confiada ao agente administrativo.

Pois bem, quando a Administração é chamada a exercer poderes unilaterais perante os administrados (poderes de autoridade), impõe-se que a norma jurídica que autoriza essa ingerência ou que, em geral, atribui à Administração o poder de proferir decisões que interferem com a esfera jurídica dos administrados adote a estrutura da programação condicional ("se, então")[212].

A exigência de fundamento normativo da ação administrativa, estruturado nos termos que acabámos de ver, surge, em especial, quanto a atos unilaterais da Administração Pública que materializam o exercício de poderes de autoridade, como sucede tipicamente com os *atos administrativos*. Estão, pois, aqui envolvidas as condutas da Administração adotadas "no exercício de poderes públicos" (cf. artigo 2.º, n.º 1, do CPA) ou "poderes jurídico-administrativos", numa situação individual e concreta (cf. artigo 148.º do CPA). Nestes casos, a norma de competência cumpre as funções essenciais de definir, além do órgão competente, os *pressupostos* que permitem ou que determinam a intervenção administrativa, bem como de fornecer uma indicação suficiente, mesmo que não definitiva ou fechada, sobre o *conteúdo* desses atos ou medidas.

[211] Aludindo a uma "normatividade principialista" e à substituição de um "direito de regras" por um "direito de princípios", cf. Paulo Otero, *Legalidade e Administração Pública, cit.*, pp. 164 e 170.

[212] Para evidenciar a diferente exigência, nos planos da estrutura e da densidade, das normas jurídicas que conferem poderes de autoridade, alguma doutrina alemã estabelece uma distinção entre a competência material e ordinária de um órgão administrativo ("Zuständigkeit"), ao abrigo da qual um órgão pode desenvolver, em geral, quaisquer atividades (*v.g.*, inspeção, vigilância), e a competência específica para a prática de atos jurídicos de autoridade, que exige uma norma de autorização para agir de forma unilateral e vinculativa ("Befugnis"); cf. Ehlers, "Verwaltung und Verwaltungsrecht", *cit.*, p. 31.

É nas situações concretas de autoridade e de "contacto" entre a Administração e os particulares, *rectius*, entre ela e cada particular, que se afirma, com a máxima intensidade, o poder administrativo e em que, por isso mesmo, se impõem as mais sólidas e consistentes garantias de prevenção contra o perigo do arbítrio, dos excessos e de abuso da Administração. Por essa razão, exige-se, por um lado, que a norma de competência defina em que condições, em que casos, está a Administração autorizada a agir e por outro lado, que, em abstrato, *ex ante* e desligada das vicissitudes e dos particularismos do caso concreto, forneça indicações mais ou menos precisas "sobre o que" a Administração pode fazer. É precisamente este o alcance do princípio da "reserva de norma jurídica".

Assim, além da "competência" (órgão competente"), a norma de ação deve determinar, neste caso, o "fim" ou a "finalidade" das medidas da Administração – o que se deduz dos *pressupostos*, definidos na *hipótese* normativa – e fornecer ainda, na *estatuição*, uma indicação (mesmo que "aberta") sobre o "conteúdo" da medida: "quem", "quando e para quê" e "o quê" são as indicações que, em geral, se devem extrair da norma de competência com uma estrutura de programação condicional.

Na hipótese ou previsão da norma de ação estabelecem-se os pressupostos, ou seja, os factos da vida real e as situações jurídicas cuja ocorrência vai desencadear a intervenção administrativa. A norma de competência indica aqui "quando", quer dizer, em que circunstâncias [213], pode ou deve ter lugar a intervenção administrativa. Essa indicação revela a finalidade da intervenção administrativa, o interesse público a prosseguir. Por conseguinte, a hipótese da norma, ao indicar o "quando", em que circunstâncias, revela também "para quê", com que finalidade, pode ou deve a Administração exercer a competência nela prevista. A hipótese pode enunciar os pressupostos de forma objetiva e fechada ("acidente ferroviário"; "doença mental"), ou indeterminada e aberta ("acidente ferroviária grave"; "doença mental profunda").

Na estatuição, a norma de ação indica "o quê", ou seja, o conteúdo da intervenção administrativa, o que a Administração pode ou deve fazer em face da situação verificada. No domínio da atuação administrativa de autoridade, cada ato praticado e cada medida adotada pela Administração Pública, considerados no seu *conteúdo* – isto é, naquilo em que se consubstanciam os

[213] Neste contexto, "quando" não indica o momento em que a Administração deve agir, mas antes a "ocorrência das circunstâncias" que desencadeiam (que *podem* ou que *devem* desencadear) a intervenção administrativa.

efeitos jurídicos que produzem (*v.g.*, expulsão de um aluno da sala; ordem de remoção de uma árvore) –, deverão *corresponder* ao conteúdo indicado na norma jurídica de competência ou, pelo menos, deverão ser *referenciáveis*, de forma segura, como concretizações possíveis de uma indicação da norma de competência sobre o conteúdo da medida a adotar pela Administração.

> Assim, a expulsão da sala pode estar prevista numa norma de competência como medida específica a adotar em caso de desordem provocada por um aluno. Mas aquele mesmo ato também pode ser uma concretização de uma norma de competência que defina que os professores devem, em cada caso, tomar as "medidas adequadas para assegurar a ordem na sala".

A norma de competência terá, pois, de definir ou identificar um "conteúdo possível" ao qual se vai poder reconduzir ou, pelo menos, referenciar o conteúdo concreto do ato praticado ou da medida adotada pela Administração no contacto ou na relação direta com um particular. A definição normativa desse "conteúdo possível" corresponde, em rigor, à identificação do poder que a norma jurídica confere à Administração para intervir unilateralmente numa situação concreta e em relação a um particular determinado.

O modelo de programação condicional das normas de competência contribui, deste modo, para uma redução da incerteza quanto ao conteúdo admissível da decisão da Administração no caso concreto. Contudo, observemo-lo desde já, o facto de a norma de competência adotar esse modelo não exclui, de forma taxativa, a eventual indefinição ou indeterminação do "conteúdo" ("o quê") que a Administração pode adotar. Na verdade, a norma de competência apresenta-se, aliás com frequência, indefinida ou vaga ("aberta") na delineação das medidas que a Administração pode adotar, por ex., autorizando-a simplesmente a agir ou indicando que ela pode adotar uma entre várias medidas definidas. Em casos extremos, a norma de competência pode até limitar-se a autorizar ou conferir à Administração o poder de adotar as "medidas que se mostrem necessárias" (cf. artigo 89.º, n.º 1, do CPA) ou as "medidas que se revelam necessárias e adequadas" (cf. artigo 56.º, n.º 4, da Lei da Concorrência) ou de utilizar "os meios necessários, proporcionais e limitados aos riscos identificados"[214].

[214] Cf. artigo 5.º, n.º 2, do Regime do Poder de Autoridade de Saúde.

> Nestes casos extremos, ocorre uma *destipicização* dos atos administrativos[215]. Trata-se de um fenómeno excecional, pois associa-se ao princípio da legalidade administrativa em sentido amplo, enquanto "reserva de norma jurídica", quanto à prática de atos de autoridade ("atos administrativos"), um "princípio de tipicidade", no sentido em que a Administração só pode praticar os atos administrativos "previstos na lei"[216]: aquela atua e toma decisões ao abrigo de poderes típicos e não de um poder genérico de praticar atos de autoridade. Em geral, a norma de competência "não pode limitar-se a atribuir competência para a prática de quaisquer atos administrativos sobre certa matéria"[217].

Importa agora perceber que norma jurídica é esta e qual a sua proveniência. Eis o que vamos explicar a seguir.

19.2 – Natureza jurídica das normas de competência

Quer fornecendo uma indicação suficientemente precisa sobre o que a Administração pode fazer (atos administrativos), quer apenas indicando, de uma forma genérica, os objetivos por que a Administração se deve nortear no exercício de uma atividade, a existência de uma norma jurídica é um *prius* indeclinável da ação administrativa. A ação da Administração está, pois, sob "reserva de norma jurídica": não há, não pode haver, nenhuma medida ou ato de uma entidade pública da Administração com um impacto externo, que se projete para fora dessa entidade, que não se baseie numa norma jurídica estabelecida *ex ante:* isto inclui as próprias normas jurídicas oriundas da Administração (regulamentos) que, também elas, têm de se basear noutras normas jurídicas (por ex., em normas legais).

Uma vez que as verdadeiras normas de ação administrativa são as normas de competência – quer se trate de normas condicionais ou de normas-fins –, é no estudo desta que nos vamos concentrar a seguir.

[215] Cf., da nossa autoria, "Direito Administrativo da Regulação", *Estudos em Homenagem ao Professor Doutor Marcello Caetano*, vol. II, Coimbra Editora, 2006, p. 535 e segs. (p. 558).

[216] Sobre os atos típicos como aqueles que a Administração pratica em correspondência a uma categoria prevista pelo legislador, cf. G. Zanobini, *Corso di diritto amministrativo*, vol. I, Giuffrè, 1958, p. 259.

[217] Cf. Sérvulo Correia, *Legalidade e Autonomia Contratual, cit.*, pp. 312-313.

19.2.1 – Origem das normas de competência

Neste ponto, a explicação deve começar por considerar os princípios do Estado de direito e da separação de poderes, bem como os preceitos constitucionais que, de forma expressa, se referem à subordinação do Estado à Constituição e à legalidade democrática (artigo 3.º, n.º 2) e, mais concretamente, à subordinação dos órgãos e agentes administrativos à Constituição e à lei (artigo 266.º, n. 2).

Essas indicações, no seu conjunto, consagram a subordinação da Administração à Constituição e à lei. Um tal cânone de "subordinação" sugere ou até pressupõe que a Administração Pública não apenas tem de respeitar a Constituição e a lei – "primado da Constituição" e "primado da lei" –, mas, além disso, que ela, a Administração, "depende" da Constituição e da lei. Ora, daqui vai decorrer, tudo parece indicá-lo, que a Administração só vai poder fazer o que a Constituição ou a lei permitirem, o mesmo é dizer, que a sua ação, a ação administrativa, se deve fundar na Constituição e, ou na lei.

a) Constituição e lei

Apesar de conter preceitos dedicados à Administração Pública, a Constituição não é a lei da Administração Pública; como sabemos, o direito da Administração Pública é o Direito Administrativo [cf. ponto 13] e este é sobretudo um direito de fonte legal [cf. ponto 7, *b)*]. Compreende-se por isso que não abundem os preceitos constitucionais que acolham "normas de competência". Bem pelo contrário. Não obstante, reconhece-se que a Administração pode desenvolver uma atividade diretamente fundada na Constituição; ou seja, a Constituição pode funcionar como "lei habilitante do agir administrativo"[218]: recorde-se o já citado artigo 199.º, alínea *g)*, da CRP, que autoriza o Governo a emitir regulamentos administrativos e, eventualmente, atos administrativos[219]. O mesmo se pode dizer a respeito do artigo 241.º, que confere ou que reconhece um poder regulamentar próprio das autarquias locais.

Os exemplos anteriores mostram que a ação administrativa se pode basear diretamente na Constituição, em preceitos constitucionais, não

[218] Neste sentido, cf. Paulo Otero, *O Poder de Substituição em Direito Administrativo (Enquadramento Dogmático-Constitucional)*, Lex, 1995, p. 571.

[219] Neste sentido, cf. Paulo Otero, *ibidem*; Afonso Queiró, "Teoria dos Regulamentos", *Revista de Direito e Estudos Sociais*, 1980, p. 1 e segs.; Sérvulo Correia, *Legalidade e Autonomia Contratual nos Contratos Administrativos, cit.*, p. 198 e ss. (em especial, p. 204 e ss.). Contra, cf. Gomes Canotilho/ Vital Moreira, *Constituição, cit.*, vol. II, p. 490.

sendo, pelo menos nesses domínios, necessária uma lei ordinária como pressuposto ou fundamento dessa ação. Mas trata-se de casos excecionais. Por isso, e sem se questionar a importância das situações indicadas, pode concluir-se que não é, em geral, na Constituição que vamos encontrar as normas de competência.

Tendo presente o exposto e recordando a indicação constitucional sobre a subordinação da Administração à Constituição e à *lei*, estamos em condição de perceber que é na legislação ordinária, na lei, que vamos encontrar, *em regra*, a base ou o fundamento da ação administrativa.

Lei, neste sentido, é o ato legislativo, conceito que inclui a lei propriamente dita (lei formal), da Assembleia da República, mas também o decreto-lei, do Governo, e, nas Regiões Autónomas, o decreto legislativo regional (artigo 112.º, n.º 1, da CRP).

Nisto se consubstancia, em termos tecnicamente rigorosos, o *princípio da legalidade administrativa*, aqui, na vertente de *princípio da precedência de lei*: "a lei é o *pressuposto* e o *fundamento* de toda a atividade administrativa" é a frase que habitualmente se utiliza para resumir a ideia exposta.

A última afirmação aponta para uma correspondência entre "reserva de norma jurídica" e "reserva de lei" e para a ideia de que toda a atividade administrativa terá de encontrar um fundamento num ato legislativo ordinário: "reserva total de lei". Mas, com esse sentido, a afirmação não se pode considerar correta.

Como há pouco vimos, ainda que de forma marginal, também a Constituição – que sendo uma lei, não é um ato legislativo, do poder legislativo ordinário – pode ser pressuposto e fundamento da ação administrativa. Além disso, há ainda outros fundamentos normativos da ação administrativa. É o que vamos ver imediatamente.

b) Regulamentos administrativos

A competência administrativa de um órgão pode fundar-se direta e imediatamente numa norma feita pela própria Administração Pública, num regulamento administrativo. Neste sentido, veja-se o artigo 36.º, n.º 1, do CPA: "a competência é definida por lei *ou por regulamento*".

Enquanto norma de ação administrativa, o regulamento distingue-se de todas as outras fontes normativas da ação da Administração, pelo facto de consistir numa norma jurídica produzida pela própria Administração.

Ou seja, o regulamento é, simultaneamente, uma "forma de ação da Administração Pública" e uma "fonte do Direito Administrativo".

O regulamento pode surgir, pois, como o fundamento imediato do exercício de uma competência dos órgãos da Administração: sanção disciplinar aplicada pelo reitor a um estudante ao abrigo do Regulamento Disciplinar dos Estudantes da Universidade de Coimbra; coima aplicada por um presidente de câmara a uma empresa com base num regulamento municipal.

Os termos em que os regulamentos podem definir e *criar* competências dependem de considerações e ponderações que serão analisadas a propósito do fundamento legal do poder regulamentar [cf. volume 2].

O facto de a ação administrativa (de carácter individual e concreto) se basear em regulamentos não constitui uma infração à exigência constitucional de subordinação da Administração à Constituição e à lei, porquanto são precisamente a Constituição e a lei que autorizam a Administração a emitir regulamentos.

Nestes termos, a ação que um *órgão da Administração* desenvolve ao abrigo de um *regulamento da Administração* – e pode inclusivamente dar-se o caso de o órgão que age na situação concreta ser o mesmo que emitiu o regulamento – cumpre a exigência segundo a qual toda a ação da Administração se deve fundar numa norma editada por um "poder exterior à Administração Pública" [cf. ponto 19]: sucede, porém, que, neste caso, o poder exterior à Administração Pública (constituição, legislador) é fundamento apenas *indireto* ou *mediato* da ação administrativa concreta.

c) Normas de direito da União Europeia e de direito internacional

Num plano diferente, há ainda que ter presente a possibilidade de a ação administrativa se fundar diretamente em "atos legislativos", mas da União Europeia. Na verdade, em condições que veremos melhor, os *regulamentos* da União Europeia podem atribuir diretamente (à margem das leis nacionais) competências a entidades e órgãos das administrações dos Estados-Membros. Quando isto se verifica – e tem-se vindo a verificar com intensidade –, a ação administrativa baseia-se imediatamente nessas normas de ação [sobre isto, cf. ponto 35.1]. Também esta situação se encontra constitucionalmente enquadrada: cf. artigo 8.º, n.º 4, da CRP, no sentido de que "as disposições dos tratados que regem a União Europeia e as normas emanadas das suas instituições, no exercício das respetivas competências, são aplicáveis na ordem interna, nos termos definidos pelo direito da União, com respeito pelos princípios fundamentais do Estado de direito democrático".

Do mesmo modo, neste caso com fundamento no artigo 8.º, n.os 2 e 3, da CRP, admite-se que as normas de direito internacional convencional ("constantes de convenções internacionais"), bem como as normas emitidas pelos órgãos competentes de organizações internacionais podem habilitar diretamente uma atuação de órgãos da Administração Pública portuguesa [cf. ponto 37][220].

Em síntese, a ação administrativa tem de se basear sempre numa norma jurídica, e esta pode ter várias fontes: Constituição, regulamentos da União Europeia, normas de direito internacional, atos legislativos ou regulamentos administrativos.

d) Constituição e lei como referenciais das normas de competência

Num sentido figurado, não técnico-jurídico, em relação à exigência de estabelecer numa norma jurídica prévia o fundamento da ação administrativa, pode falar-se de "fundamento *legal*", de "*legalidade* da Administração" ou de "*legalidade* administrativa". Não se vê inconveniente no recurso ao conceito de *lei* neste "sentido material" (lei em sentido amplo), a referenciar uma norma jurídica, de qualquer natureza, idónea para legitimar a ação da Administração; neste sentido, em que "lei" equivale a "norma jurídica", podemos dizer que a lei é o fundamento da atividade administrativa; assim, "lei administrativa" é, neste contexto, qualquer norma jurídica com capacidade de autorizar ou legitimar a ação administrativa.

Seja como for quanto a esse ponto, deve, contudo, ter-se presente, isso sim, que a ação administrativa tem de se basear sempre numa norma jurídica e, acrescente-se agora, numa norma jurídica idónea ou capaz de produzir esse resultado, quer dizer, capaz de legitimar a atuação da Administração Pública.

No direito português, só a Constituição e a lei (agora, no sentido de ato legislativo) têm capacidade para indicar quais as normas jurídicas idóneas e capazes de servir de base ou fundamento da ação administrativa. É o que

[220] No sentido de que, por força dos n.os 1 e 2 do artigo 8.º da CRP, as normas de direito internacional geral e as normas constantes de convenções internacionais "*valem como lei*, sob o ponto de vista do fundamento legal dos regulamentos e da actividade administrativa", cf. Gomes Canotilho/Vital Moreira, *ob. cit.*, vol. I, p. 272.

se pode deduzir da indicação constitucional de exigência de subordinação da Administração à Constituição e à lei.

> Importa não incorrer no equívoco de considerar que a norma de ação administrativa (externa) pode ser qualquer norma jurídico-administrativa. Há um número infinito de normas de Direito Administrativo que têm o propósito de "organizar" a Administração ou de "condicionar" a ação administrativa e que, por isso mesmo, não têm a função de legitimar a sua ação. É este o caso das normas correspondentes a "princípios de Direito Administrativo", que, pela sua natureza, visam condicionar, mas não autorizar a ação da Administração. Só não será assim no caso do "princípio do estado de necessidade", que, este sim, pode cumprir a função de habilitação da ação administrativa [cf. ponto 42.4.2].

Podemos, assim, concluir que a Constituição e a lei são os dois pilares essenciais, insubstituíveis, do processo de legitimação jurídica da ação da Administração Pública: esta legitimação repousa, necessariamente, na Constituição, na lei ou ainda em outras normas jurídicas, mas, neste último caso, sempre nos termos permitidos pela Constituição ou pela lei.

19.2.2 – Lei como fonte principal das normas de competência: o princípio da legalidade da Administração

Independentemente de todas as considerações anteriores, e da possibilidade de a ação administrativa se fundar em atos não legislativos (em sentido próprio), o certo é que, em regra, é mesmo em leis, em atos legislativos, que a competência administrativa se desenvolve e se fundamenta. Isto, além de serem, em regra, também atos legislativos os que organizam o sistema administrativo. Daqui resulta que a lei (ato do legislador ordinário) assume, continua a assumir, uma efetiva e destacada liderança na direção e condução da ação da Administração Pública. E a lei cumpre esta função num duplo sentido: enquanto fonte direta e imediata da ação administrativa (leis que conferem poderes de agir em situações individuais e concretas), mas também enquanto fonte indireta ou mediata, no caso das ações da Administração baseadas em regulamentos que, por sua vez, se baseiam em leis: *v.g.*, uma *decisão* do INFARMED que confere uma licença para a abertura de uma farmácia, baseada num *regulamento* ("portaria") do Governo que define o procedimento de licenciamento, o qual é emitido ao abrigo de um *decreto-lei* que define o regime jurídico das farmácias de oficina.

A posição destacada e preeminente da lei (ordinária) como fonte de autorização da ação administrativa explica-se, entre outras, pelas seguintes razões: *i)* apesar de poder conter, e conter, normas de ação administrativa, a Constituição não é uma "lei" para a Administração, pelo que não surpreende que nela não se inscrevem preceitos com essa função senão de uma forma excecional; *ii)* podendo desempenhar, em termos vastos, a função de autorizar diretamente a ação administrativa, as normas de direito da União Europeia só marginalmente o fazem, desde logo porque a elaboração das normas de ação pressupõe o conhecimento específico da máquina administrativa e, em regra, a identificação dos órgãos a quem as competências vão ser alocadas; ora, ao legislador europeu falta este conhecimento da organização administrativa interna de cada um dos Estados-Membros; *iii)* quanto aos regulamentos, há que ter em conta o facto de a Constituição definir um elenco vasto de matérias que estão sob "reserva de lei" e que, por isso, têm de ser disciplinadas por lei da Assembleia da República (artigo 164.º) ou, nalguns casos, por decreto-lei autorizado (artigo 165.º); nestas matérias, a possibilidade de intervenção regulamentar encontra-se fortemente condicionada; além disso, o facto de o Governo deter uma competência legislativa normal (artigo 198.º) também retira ao regulamento o maior protagonismo, que decerto teria enquanto norma de ação administrativa, se o Governo não partilhasse a titularidade da função legislativa; por fim, e sem prejuízo da possibilidade de se fundarem diretamente na Constituição, deve ter-se presente que os regulamentos se fundam, em regra, na lei, o que explica que os mesmos devam "indicar expressamente as leis que visam regulamentar ou que definem a competência subjetiva e objetiva para a sua emissão" (cf. artigo 112.º, n.º 7, da CRP).

Como haverá oportunidade de analisar com mais desenvolvimento, o princípio da legalidade administrativa tem dois sentidos. Num primeiro sentido, negativo, a legalidade administrativa consubstancia-se no cânone do *primado, primazia* ou *preferência* da lei e estabelece que a Administração não pode praticar atos que contrariem a lei. A lei, o ato legislativo, tem sempre primazia sobre as medidas e os atos da Administração. Depois, num sentido positivo, a legalidade administrativa indica a exigência de a ação administrativa se fundar na lei, tendo nesta o seu pressuposto ou fundamento; fala-se aqui de *precedência* ou *reserva de lei* [cf. ponto 42.4.1].

20 – Direito Administrativo como fonte de condicionamento da ação administrativa

O Direito Administrativo não cumpre apenas a função – através de "normas de ação" –de autorizar ou legitimar a ação administrativa e de determinar a finalidade dessa ação. Uma outra função essencial das normas jurídico-administrativas consubstancia-se na regulação do exercício, do modo de exercício, da ação administrativa. Surgem-nos agora as designadas "normas de condicionamento" da ação administrativa [cf. ponto 8.4]. O condicionamento da ação administrativa opera em dois níveis diferenciados: a um nível formal e procedimental, por um lado, e a nível substantivo ou material, por outro lado.

20.1 – Condicionamento formal e procedimental

Constituindo o Direito Administrativo um ordenamento regulador de comportamentos, uma parte importante das suas normas tem o propósito de condicionar as condutas da Administração num plano formal e procedimental. Trata-se aqui de a norma prescrever não "o que" a Administração pode ou deve fazer, mas "como fazer". Assim, no exercício das suas competências (*v.g.*, de ordenar a demolição de um muro, de aplicar uma pena disciplinar), a Administração vai ter de seguir procedimentos definidos na legislação e exigências procedimentais, constantes de regras ou que se deduzem de princípios gerais ("procedural due process"). Depois, no momento da decisão, a Administração vai ter de cumprir exigências legais de carácter estritamente formal, como, por ex., a de incluir certas menções no documento que suporta a decisão (*v.g.*, a indicação do órgão que decidiu ou a fundamentação) ou de proferir a decisão numa certa forma.

Em larga medida, o condicionamento formal e procedimental da ação administrativa é uma decorrência do princípio da legalidade, enquanto primado ou preferência da lei, na sua dimensão de "proibição de violação da lei" [cf. ponto 19.2.2]: o facto de a Administração se achar proibida de contrariar a lei representa um condicionamento que, em muitos casos, se projeta nos capítulos procedimental e formal.

> A violação da lei gera uma *ilegalidade*, e isso tem, em regra, o efeito da *invalidade* da ação administrativa. Contudo, por vezes, a consequência da *invalidação* pode não ter lugar: vejam-se os artigos 163.º, n.º 5, do CPA e 283.º, n.º 4, do CCP, sobre a "exclusão do efeito anulatório".

20.2 – Condicionamento substancial ou material

Em termos gerais, e não no contexto da regulamentação de uma ação específica da Administração, o Direito Administrativo cumpre uma função essencial de definição de regras de condicionamento substancial ou material da ação administrativa, quer dizer, de condicionamento da escolha dos conteúdos das medidas administrativas.

Diferentemente das anteriores, estas normas não se dirigem à Administração com um propósito de definir "como fazer"; agora já não está em pauta a indicação de trâmites procedimentais ou de requisitos formais que condicionam o desenvolvimento da função administrativa, quanto ao modo como ela se deve fazer, mas, em vez disso, a definição de critérios ou, melhor, de parâmetros que a Administração vai ter de considerar na determinação dos *conteúdos* das suas ações. Trata-se, pois, de regras que definem condições e que estipulam limites operativos no momento da tomada de decisões, da escolha de medidas, quer se trate de escolha entre agir ou não agir ou da escolha entre a adoção da medida "X" ou da medida "Y".

O Direito Administrativo, as suas regras e os seus princípios (*v.g.*, razoabilidade, justiça, proporcionalidade), cumpre aqui uma função de orientação dos processos de ação e de decisão administrativa, e tem a pretensão, se não de dirigir esses processos, pelo menos de limitar e condicionar as escolhas da Administração.

> Já estamos em condição de perceber que estas normas de condicionamento operam, sobretudo, nos casos, aliás frequentes, em que as normas de competência remetem para a Administração a incumbência de fazer escolhas quanto às medidas a adotar ou de emitir juízos que só podem ser formulados nas situações concretas da vida.

No conjunto de normas com função de condicionamento da ação administrativa ocupam uma posição de destaque os princípios gerais da atividade administrativa, alguns deles referenciados na Constituição (cf. artigo 266.º).

O estudo científico do Direito Administrativo geral recai, em larga medida, na análise dos princípios e das regras de condicionamento (procedimental e substancial) da ação administrativa, que, em geral, se encontram positivados no Código do Procedimento Administrativo.

20.3 – Condicionamento e controlo da ação administrativa

O conjunto formado pelas normas de ação (normas de atribuições e de competência) e pelas normas de condicionamento corresponde a um bloco de normas que, grosso modo, cumprem a função de "condicionar" e "orientar", *ex ante*, a atuação da Administração. Em regra, esse conjunto coincide ou corresponde ao conjunto das normas de controlo: trata-se agora de considerar a função das normas que consiste em definir os critérios jurídicos que devem ser seguidos pelos responsáveis – órgãos administrativos de controlo, bem como tribunais – pelo controlo ou fiscalização *ex post* da ação administrativa. Assim, por ex., o princípio da proporcionalidade corresponde a uma norma de condicionamento, ao impor o dever de a Administração respeitar e cumprir as exigências postuladas pelo princípio, mas também define um padrão ou norma de controlo ("controlo da proporcionalidade").

A respeito desta (afinal) dupla função das normas em análise, deverão ter-se presentes as considerações seguintes:

i) Em regra, só por si, as normas de ação – as que definem as competências da Administração – não definem parâmetros de controlo exclusivos da ação administrativa desenvolvida no respetivo âmbito: eis o que resulta de a ação da Administração ter de cumprir exigências formais e procedimentais e, em muitos casos, também substanciais que constam de normas de condicionamento;

ii) Sobretudo no caso das normas de condicionamento substancial, que assentam em normas de princípio (proporcionalidade, razoabilidade, imparcialidade), deve ter-se presente que a *intensidade normativa* pode variar em função de se considerar a norma na sua vertente de condicionamento ou na sua vertente de controlo. Assim, por ex., a norma que exige que a Administração adote os comportamentos adequados aos fins prosseguidos apresenta uma intensidade maior enquanto norma de orientação da conduta administrativa do que na sua condição de norma de controlo [voltaremos a este assunto: cf. ponto 30.3].

21 – Subordinação da Administração ao direito: princípio da juridicidade

A ação administrativa está, quanto à sua *possibilidade*, sob uma reserva de norma jurídica ("norma de ação") e, quanto ao seu *desenvolvimento*, sob o efeito da ingerência e das limitações impostas por outras normas jurídicas ("normas de condicionamento"), de várias proveniências e até de estruturas diferenciadas (regras e princípios). Daqui, desta conjugação de elementos, pode extrair-se a conclusão de que a Administração não se encontra atualmente subordinada a um compacto definido, estável e consolidado de normas jurídicas.

A ideia de subordinação da Administração à lei está, portanto, muito longe de querer significar a mera submissão administrativa a uma norma de competência. Esta revela-se essencial, mas é apenas a "luz verde" para se iniciar um percurso em que muitas outras normas têm de ser respeitadas e em que algumas delas têm mesmo a função de dirigir e de orientar o sentido da marcha.

A evolução no sentido de *subordinação da Administração ao direito* é uma resposta à insuficiência da visão clássica, liberal, da subordinação à lei: a ação administrativa não se esgota num processo de aplicação de soluções gizadas pelo legislador; na maior parte dos casos, o agente administrativo é convocado para, com o seu saber, se empenhar, de uma forma dinâmica, mas também autónoma, na "construção" das decisões que deve proferir. Esta tarefa, desenvolvida a partir de "normas abertas", que não oferecem uma solução única, tem de ser juridicamente orientada e parametrizada e não pode deixar de estar, a final, sujeita a controlos jurídicos.

A Administração está, pois, constrangida a respeitar um conjunto aberto e evolutivo de regras jurídicas e de princípios que vão sendo elaborados e apurados com o propósito de dirigir, de orientar e de condicionar a ação daquela, bem como, em regra, de oferecer aos tribunais um padrão ou parâmetro de controlo das opções administrativas. Assim se compreende a indicação de serem ilegais (anuláveis) "os atos administrativos praticados com ofensa dos princípios ou outras normas jurídicas aplicáveis" (cf. artigo 163.º, n.º 1, do CPA).

Em termos gerais, a fórmula legal segundo a qual os órgãos da Administração "devem atuar em obediência [à lei e] ao direito" (artigo 3.º, n.º 1, do CPA) concretiza esta ideia de vinculação da Administração ao direito, qualquer que seja a forma como este se manifesta: regra estrita editada ou princípio jurídico formulado por um poder legítimo nos termos jurídico-constitucionais.

22 – Direito Administrativo como fonte de condicionamento e de regulação da ação de particulares em relação com a Administração Pública

"A entidade titular da exploração dos estabelecimentos de restauração ou de bebidas deve manter em permanente bom estado de conservação e de higiene as instalações, equipamentos, mobiliário e utensílios do estabelecimento" – este enunciado consta do artigo 124.º do RJACSR, e é aqui transcrito para ilustrar a situação de uma norma de Direito Administrativo com o propósito de regular a ação de particulares [sobre estas normas, cf. pontos 8.6 e 18.2]. Trata-se, de facto, de uma norma jurídico-administrativa, que se dirige a particulares, para lhes impor "deveres administrativos", deveres perante a Administração Pública, a qual, através dos organismos competentes (ASAE e câmaras municipais), tem a incumbência de fiscalizar o cumprimento desses deveres (artigo 146.º do RJACSR), podendo adotar medidas em caso de incumprimento (medidas cautelares e sanções: artigos 142.º a 144.º).

Apesar da epígrafe do presente capítulo – "Direito Administrativo: direito para a ação administrativa" –, não se podem desconhecer, neste contexto, as normas de Direito Administrativo que, como aquela que se transcreveu, têm a finalidade direta e imediata de condicionar a atuação de entidades particulares. O propósito do Direito Administrativo reside em definir limites ou restrições ou em estipular obrigações e proibições que os particulares vão ter de respeitar, acatar e cumprir no contexto do exercício das "suas" atividades (*v.g.*, laboração de uma fábrica, exploração de um restaurante ou atividade de gestão de condomínios, prestação de serviços de fornecimento de energia elétrica).

Imediatamente subjacente a essas normas está uma *ação de particulares*, não uma *ação administrativa*, da Administração Pública. Trata-se de uma ação de particulares desenvolvida num ambiente puramente privado, na esfera privada, seja da economia, da sociedade, do voluntariado ou da cultura. Em certas áreas de atividade privada sujeitas a regulação económica (por ex., serviços de saúde, atividades bancária e seguradora, bolsas, serviços de energia ou de comunicações) a ingerência do Direito Administrativo revela-se com maior intensidade e, mais do que condicionar ou limitar, evolui para uma intervenção dirigista ou conformadora: os particulares veem-se, em domínios como esses, constrangidos ou induzidos a adotar condutas que, sem a pressão reguladora, não adotariam. Estas normas, frequentes no âmbito da regulação pública da economia, não têm, pois, a mera ambição de limitar ou condicionar ("Grenznormen"), mas, antes ou além disso, o propósito de orientar, dirigir e conduzir as condutas dos particulares em vista da realização de certos resultados e objetivos ("Richtnormen")[221]. Por outro lado, em áreas de atuação privada de relevância pública, como o voluntariado e a solidariedade social, o Direito Administrativo tem uma intervenção intensa, que atinge os modelos de organização interna das próprias entidades particulares que desenvolvem tais missões [*v.g.*, instituições particulares de solidariedade social, que são, na verdade, "entidades particulares publicamente reguladas": cf. pontos 47.1.2, *b)*, e 185.2].

Numa outra constelação de casos, o Direito Administrativo disponibiliza normas para *regular* a prática de atos jurídicos por particulares. Eis o que ocorre com as normas sobre a apresentação de *requerimentos* ou de *comunicações prévias* em procedimentos administrativos de iniciativa particular (artigos 102.º e segs. e 134.º do CPA e) ou sobre a apresentação de *propostas* em procedimentos de contratação pública (artigos 56.º e segs. do CCP). Agora, as ações dos particulares, os atos jurídicos que eles praticam, são regulados diretamente pelo Direito Administrativo: "atos de particulares regulados pelo Direito Administrativo".

Em regra, estas normas que visam condicionar ou regular a atuação de particulares encontram-se em leis e em regulamentos administrativos – quanto a estes, ocupam um lugar de destaque os regulamentos das *entidades reguladoras*. Mas, cumpre observar que, com uma frequência crescente, a Administração produz e publicita "linhas de orientação", "recomendações", "advertências", "instruções", "orientações técnicas" ou "diretrizes" que, mesmo sem a força vinculativa própria das normas jurídicas – já que não proíbem, nem impõem – têm, não obstante, a intenção de condicionar e de influenciar as escolhas dos particulares, induzindo-os à adotarem certos comportamentos ou exortando-os sobre a conveniência de não adotarem outros, que podem envolver perigos ou riscos [sobre estes instrumentos de *soft law*, cf. ponto 45].

23 – Regulação não jurídica da ação administrativa

Enquanto direito para a Administração Pública, o Direito Administrativo constitui uma fonte e um critério de regulação da ação administrativa; constitui, em rigor, uma fonte e um critério de regulação *jurídica* da ação administrativa.

[221] Cf. T. Züll, *Regulierung im politischen Gemeinwesen (zur demokratischen Legitimation von Wirtschaftsregulierung nach dem Grundgesetz und dem Europäischen Primärrecht)*, Siebeck, 2014, p. 22.

Contudo, em muitos domínios da sua intervenção, a Administração Pública também poderá estar condicionada, nos seus processos de ação, por regras não jurídicas – regras morais, regras sociais (economia, demografia, sociologia), regras de experiência, regras científicas e de boas práticas (*leges artis*), *standards* e padrões técnicos, regras de boa gestão (emprego otimizado dos meios da ação administrativa), etc.[222].

Pense-se, por ex., nas regras que devem ser seguidas pela Administração Pública (pelos seus trabalhadores) na construção ou na demolição de um edifício, na realização de uma intervenção cirúrgica, na manipulação de produtos tóxicos, na recolha e tratamento terminal de animais doentes. Impõe-se, em todos esses casos, a observância do disposto em *regras não jurídicas*: regras emitidas fora dos canais legítimos de produção de normas jurídicas destinadas à Administração Pública (normas de Direito Administrativo); tais regras, por não serem jurídicas, estão desprovidas, por si mesmas, de *heteronomia*[223].

23.1 – Atribuição de força jurídica ao conteúdo de regras não jurídicas

As regras não jurídicas não dispõem, por si mesmas, da força para prescrever, de forma impositiva, a adoção ou a proibição de uma conduta. Mas, em certas condições, podem adquirir força ou relevância como critérios de regulação da ação administrativa. Pode até suceder que o cumprimento do que nelas está estabelecido se ache exigido ou seja mesmo imposto, direta ou indiretamente, por normas expressas do Direito Administrativo.

Eis o que se deduz, por ex., do artigo 9.º, n.º 1, do RRCEEEP, onde se consideram *ilícitas* as ações ou omissões da Administração que violem disposições ou princípios constitucionais, legais ou regulamentares ou "infrinjam regras de ordem técnica". Este preceito pressupõe, claramente, que, sempre que tal se revele pertinente no contexto do exercício de uma atividade (em princípio, material ou operativa, mas não está excluído que abranja atos jurídicos), a Administração encontra-se obrigada a respeitar as regras técnicas especialmente aplicáveis: pode tratar-se de *leges artis* (*v.g.*, sobre a prática de atos médicos), de regras técnicas e científicas sobre o modo de manipular um produto perigoso (*v.g.*, pesticida) ou até de boas práticas

[222] Na linha do que já defendia M. S. Giannini, cf. A. Police, *in* F. G. Scoca, *Diritto amministrativo*, Giappichelli, 2017, p. 197.

[223] Sobre a heteronomia (suscetibilidade de uma prescrição se impor aos respetivos destinatários, dispensando o consentimento destes) como dimensão irrenunciável da norma jurídica, cf. o nosso *Entidades Privadas com Poderes Públicos, cit.*, p. 696.

sobre a realização de uma operação técnica ou material (*v.g.*, montagem de uma grua ou de um andaime). Assim, e apesar de não corresponder a uma ilegalidade, a ação administrativa material, ou até jurídica, contra regras técnicas "poderá implicar uma obrigação de indemnizar os danos casos pela quebra da tecnicidade devida"[224].

O artigo 9.º, n.º 1, do RRCREEEP consagra, assim, três modalidades de ilicitude: *i)* por ilegalidade, em sentido amplo (violação de disposições ou princípios constitucionais, legais ou regulamentares); *ii)* por infração de regras técnicas; *iii)* por inobservância de deveres objetivos de cuidado. A estas ainda acresce a quarta modalidade: a ilicitude por funcionamento anormal do serviço, nos termos do n.º 2 do mesmo artigo 9.º[225]. Assim, preenche-se um elemento da ilicitude (ação ilícita) na infração pela Administração de regras de ordem técnica que devam ser observadas na demolição de um prédio ("leges artis aedificandi")[226] ou nas ações de socorro a pessoas feridas ou no tratamento hospitalar de doentes[227].

Além disso, nalguns casos, o conteúdo de regras não jurídicas (sobretudo, regras de carácter técnico) pode surgir como critério e fundamento

[224] Cf. Tiago Antunes, "Artigo 9.º", in Carla Amado Gomes/Ricardo Pedro/Tiago Serrão (coord.), *O Regime da Responsabilidade Civil Extracontratual do Estado e demais Entidades Públicas: Comentários à Luz da Jurisprudência*, AAFDL, 2018, p. 611 e segs. (p. 630)

[225] Cf. Mário Aroso de Almeida, in Rui Medeiros (org), *Comentário ao Regime da Responsabilidade Civil do Estado e demais Entidades Públicas*, Universidade Católica Editora, 2013, p. 240 e segs.

[226] A infração a regras de construção pode aliás corresponder a uma ilicitude no âmbito penal. Com efeito, nos termos artigo 277.º, n.º 1, alínea *a)*, do Código Penal, é crime a conduta de quem, no âmbito da sua atividade profissional, infringir *regras técnicas que devam ser observadas* no planeamento, direção ou execução de construção, demolição e criar deste modo perigo para a vida ou para a integridade física de outrem, ou para bens patrimoniais alheios de valor elevado.

[227] Sobre isto, cf. Acórdão do STA, de 13/03/2012, P. 477/11, no sentido de que "as *leges artis*, quando não escritas, são métodos e procedimentos, comprovados pela ciência médica, que dão corpo a *standards* contextualizados de actuação, aplicáveis aos diferentes casos clínicos, por serem considerados pela comunidade científica, como os mais adequados e eficazes"; acrescenta a decisão que "age com culpa, violando o dever objectivo de cuidado, o médico cujo procedimento clínico fica aquém do *standard* técnico/científico da actuação exigível ao profissional médio, nas circunstâncias do caso concreto". Veja-se, ainda do STA, o Acórdão 29/11/2005, no P. 729/05: "constitui actuação ilícita e culposa, por violadora das *legis artis* da medicina, a actuação de médicos de um hospital que atenderam e trataram um doente que tinha sofrido uma infecção dentária, medicando-o apenas para esta simples infecção, quando a sua situação clínica era já compatível com evolução para uma infecção generalizada (sépsis), que lhe não diagnosticaram e que sobreveio àquela, causando-lhe a morte".

de decisões administrativas: por ex., proibição de comercialização ou ordem de retirada do mercado de um produto (*v.g.*, máquina) que não cumpre os requisitos de segurança definidos em regras técnicas; autorização para o exercício de atividades de serviços (*v.g.*, organismos de inspeção de elevadores) ou industriais (*v.g.*, laboração de uma indústria poluente) ou para a utilização de um equipamento (*v.g.*, certificação de um helicóptero de combate a incêndios).

> O conceito de "regra técnica" que estamos a utilizar é determinado em função do objeto de regulação, bem como dos fundamentos que conduzem à respetiva formulação – os quais resultam do conhecimento científico, da tecnologia, da legitimidade do processo de edição ou da comprovação experimental –, mas também, e igualmente de forma decisiva, em razão do facto de não participar da característica da "heteronomia", por não provir de entidades investidas de poderes de emissão de normas jurídicas. Em muitos casos, designadamente quando se trate de normas técnicas, de códigos de conduta, de manuais de boas práticas, de *standards* técnicos, os centros produtores são, com frequência, organismos privados que atuam à escala global: eis o que ocorre, por ex., com as "normas ISO" sobre as condições de certificação técnica de produtos, de processos de produção ou em matéria ambiental; ou com as normas que definem padrões sanitários e fitossanitários e de sustentabilidade (meio ambiente, exigências laborais ou sobre o bem estar animal)[228]. No direito da União Europeia, a emissão de normas técnicas (por ex., em matéria de segurança de produtos de construção ou de máquinas) cabe aos "organismos europeus de normalização", que editam as designadas "normas técnicas harmonizadas" na sequência de pedidos ("mandatos") da Comissão Europeia[229].

[228] Sobre a confluência das esferas privada e pública na regulação através de *standards* técnicos, cf. G. M. Marenghi, *Standard e regolazione condivisa*, Giappichelli, 2018, p. 11 e segs.

[229] O carácter não vinculativo das normas técnicas harmonizadas emitidas pelos organismos europeus de normalização com base em mandatos da Comissão Europeia não obsta a que o Tribunal de Justiça as interprete a título prejudicial; neste sentido, cf. Acórdão do TJ de 27/10/2016, *James Elliot*, Proc. C-613/14 (sobre o controlo jurisdicional da conformidade do âmbito da regra técnica ao âmbito do mandato conferido pela Comissão ao organismo de normalização); sobre esta decisão, cf. P. Cuccuru, "The public and private sides of harmonized standards: *James Elliott Construction v. Irish Asphalt*", *German Law Journal*, vol. 19/6, 2018, p. 1399 e segs., notando precisamente o facto de o Tribunal estender a sua jurisdição às regras técnicas (de origem privada).

Em casos com este recorte, a Administração fica juridicamente obrigada a observar e respeitar uma norma não jurídica ou a atuar em conformidade com o que nela se dispõe. Por vezes, para que isto ocorra, sobretudo nos casos em que o disposto na regra técnica surge como *fundamento da legalidade* de decisões administrativas (por ex., autorização do exercício de uma atividade; proibição da circulação de um produto; ordem de encerramento de uma fábrica) ou de definição, pela Administração, das condições de acesso a uma atividade ou a um procedimento[230], torna-se necessário que uma norma jurídica "receba" a regra exterior e, dessa forma, empreste força jurídica – não apenas relevância jurídica – ao que nela não dispõe[231].

O fenómeno da receção de regras e *standards* técnicos por normas jurídicas não é recente, mas conhece na época atual um desenvolvimento extraordinário em razão da exigência de adequar continuamente a produção legislativa às múltiplas exigências de uma sociedade altamente tecnológica[232].
São vários os métodos adotados para atribuir força ou relevância jurídica a regras não jurídicas; eis os mais comuns[233]:
a) Incorporação material – a norma jurídica (legal ou administrativa) acolhe o conteúdo da regra técnica, reproduzindo-o integral ou parcialmente.
b) Receção direta por reenvio estático (incorporação por referência[234]) – a norma jurídica efetua um reenvio para uma regra concreta e determinada (*v.g*, reenvio para a norma ISO 9001); a eventual alteração da regra não provoca qualquer alteração, pois o processo só abrange o conteúdo daquela que existia no momento em que foi efetuado o reenvio; a regra técnica não se transforma em norma jurídica, permanecendo, portanto, como um "Nicht-Recht".

230 Em relação à referência a normas técnicas na definição das condições de acesso aos procedimentos de contratação pública, o nosso *Direito dos Contratos Públicos, cit.*, p. 602 e segs.
231 Sobre as relações entre o ordenamento jurídico e os standards e padrões não jurídicos e a receção jurídica destes, cf. M. Fehling"Das Verhältnis von Recht und außerrechtlichen Maßstäben", in H.-H. Trute/Th. Groß/H. Ch. Röhl/Ch. Möllers, *Allgemeines Verwaltungsrecht zur Tragfähigkeit eines Konzepts*, Siebeck, 2008, p. 462 e segs.; F. Schoch, "Außerrechtliche Standards des Verwaltungshandelns als gerichtliche Kontrollmaßstäbe", *ibidem*, p. 543 e segs.
232 Neste sentido, cf. Rossi, *Principi di diritto amministrativo, cit.*, p. 84.
233 Neste ponto, para mais desenvolvimentos, cf. *Entidades Privadas com Poderes Públicos*, p. 721 e segs.; veja-se ainda C. Videtta, *L'amministrazione della tecnica (la tecnica fra procedimento e processo amministrativo)*, Jovene Editore, 2008, em especial, p. 99 e segs.
234 Cf. E. S. Bremer, "Incorporation by reference in an open-government age", *Harvard Journal of Law & Public Policy*, vol. 36/1, 2012, p. 131 e segs.; *idem*, "Technical standards meet administrative law: a teaching guide on incorporation by reference", *Administrative Law Review*, vol. 71/2, 2019, p. 316 e segs.

c) Receção direta por reenvio dinâmico – a norma jurídica exige a observância do disposto numa regra determinada nos termos em que esta se apresenta em cada momento da sua aplicação e não apenas com o conteúdo que ela detinha no momento em que o reenvio foi efetuado.

d) Receção indireta: sistema da cláusula geral – estamos agora perante uma forma de *receção indireta* e, assim, em face de uma relevância jurídica indireta de regras não jurídicas. Em vez de se referir a uma regra concreta e determinada, a norma jurídica, com o objetivo de adquirir maior flexibilidade e de se ajustar continuamente à evolução tecnológica, usa uma cláusula geral ou *standard* normativo – *v.g.*, "estado da ciência e da tecnologia", "estado da tecnologia", "normas técnicas respeitadas" ou "reconhecidas". No momento da aplicação, a *concretização* do *padrão* jurídico será auxiliada pelas regras ou conhecimentos técnicos em vigor.

Nas hipóteses anteriores, o conteúdo originário de regras não jurídicas é reconhecido como fonte de fundamento de decisões e de opções da Administração, condicionando a ação desta no plano jurídico, e com consequências jurídicas (*v.g.*, dever de indemnização pelos prejuízos causados por incumprimento de regras técnicas; anulação de uma decisão administrativa proferida contra o disposto numa regra técnica). Assim, por causa da força jurídica que lhe é conferida, a regra exterior ao direito pode ser o critério de apreciação da licitude de uma conduta ou da legalidade de uma decisão administrativa.

O conteúdo da regra não jurídica é, neste cenário, absorvido e assimilado pelo Direito Administrativo, podendo gerar-se, como consequência, normas jurídico-administrativas com um conteúdo captado (por vezes "fotografado") em regras e *standards* formulados fora da ordem jurídica[235].

23.2 – Relevância jurídica de regras não jurídicas como consequência de um *dever de boa administração*

Embora próximo da situação analisada no ponto anterior, o cenário a analisar agora revela feições diferentes: está em pauta uma situação em que o dever de cumprimento do disposto em regras não jurídicas resulta, para

[235] Por esta razão se sublinha que estas normas jurídicas são produto de uma partilha ou divisão de trabalho comum entre agentes públicos e agentes privados; cf. P. Andreini, "La normativa tecnica tra sfera pubblica e sfera privata, in P. Andreini/G. Caia/G. Elias/F.A. Roversi-Monaco (org), *La normativa tecnica industriale*, Bologna, Il Mulino, 1995, p. 45 e segs.

o agente administrativo, de um *dever de boa administração*[236]. Não há uma indicação explícita ou inequívoca do ordenamento jurídico no sentido do cumprimento pela Administração de regras não jurídicas, nem está, pois, presente um qualquer processo de *incorporação* ou de *atribuição de força jurídica* a um preceito exterior ao direito, transformando o seu conteúdo num dever ser jurídico.

23.2.1 – Dever de boa administração: cumprimento de regras não jurídicas

A Administração Pública não está apenas sujeita à lei e ao direito; está também sujeita a uma exigência de atuar de forma conveniente e oportuna: além de legal e conforme ao direito, a ação da Administração deve ser correta (racional)[237]; a Administração tem, pois, o dever de administrar bem, de realizar uma "boa administração" ("good governance"). No cumprimento deste dever, o agente administrativo está obrigado a seguir as melhores práticas, a aplicar as técnicas mais adequadas, a eleger as melhores alternativas e adotar as soluções que dão melhores resultados, comprovados pela experiência. Exige-se, em suma, que ele seja um "bom administrador" (*bonus administrator*), figura que, ao invés do que poderá pensar-se, não se reporta exatamente a um padrão médio, a uma "experiência média da vida" (como o "bom pai de família" ou o "administrador prudente e zeloso"), mas antes a um imperativo de que o agente da Administração paute a sua ação segundo critérios e standards de uma conduta ótima[238]. Em suma, a responsabilidade, o dever de prossecução do interesse público mediante a gestão de meios e recursos que lhe são disponibilizados para esse objetivo gera, para a Administração Pública, o dever de seguir os melhores critérios e de, em todas as circunstâncias, pautar a sua ação e as suas escolhas pelo propósito de maximizar o mérito, a conveniência e a oportunidade. "Não basta administrar, há sempre procurar administrar o melhor possível, obtendo uma ótima administração"[239].

[236] Referindo-se a uma dicotomia "direito" e "não direito" e à presença de normas não jurídicas como critérios de ação administrativa e de controlo judicial da Administração, cf. F. Schoch, "Außerrechtliche", cit., p. 543 e segs.

[237] Cf. M. Jestaedt, "Maßstäbe des Verwaltungshandelns", in Ehlers/Pünder, *Allgemeines Verwaltungsrecht, cit.*, p. 325.

[238] Nestes termos, cf. Rogério Soares, *Interesse Público, Legalidade e Mérito cit.*, pp. 189-190.

[239] Cf. Paulo Otero, *Manual de Direito Administrativo, cit.*, vol. I, p. 78.

Compreende-se, assim, a referência a um "dever de boa administração", que impende sobre a Administração, "exigindo" dela o cumprimento de padrões não jurídicos, sobre a "arte de bem administrar", que poderão ser regras de experiência ou de conhecimento, regras sociais, morais e éticas. Estas regras poderão ter de ser seguidas para se produzirem boas soluções, soluções oportunas e convenientes; ou, também podemos dizê-lo, para se produzirem decisões administrativas "inteligentes"[240].

Apesar de se verem frequentemente misturados, deve-se evitar a confusão entre o dever de boa administração que estamos agora a considerar – enquanto imposição ou diretriz no sentido do acatamento de critérios e regras não jurídicas sobre administrar bem – e o conceito de "boa administração" a que se refere, no âmbito do Direito Administrativo da União Europeia, o artigo 41.º da Carta Europeia dos Direitos Fundamentais. Com a epígrafe "direito a uma boa administração", estabelece-se aqui o seguinte: "1. *Todas as pessoas têm direito a que os seus assuntos sejam tratados pelas instituições e órgãos da União de forma imparcial, equitativa e num prazo razoável.* 2. *Este direito compreende, nomeadamente: o direito de qualquer pessoa a ser ouvida antes de a seu respeito ser tomada qualquer medida individual que a afete desfavoravelmente, o direito de qualquer pessoa a ter acesso aos processos que se lhe refiram, no respeito dos legítimos interesses da confidencialidade e do segredo profissional e comercial, a obrigação, por parte da administração, de fundamentar as suas decisões.* 3. *Todas as pessoas têm direito à reparação, por parte da Comunidade, dos danos causados pelas suas instituições ou pelos seus agentes no exercício das respetivas funções, de acordo com os princípios gerais comuns às legislações dos Estados-Membros.* 4. *Todas as pessoas têm a possibilidade de se dirigir às instituições da União numa das línguas oficiais dos Tratados, devendo obter uma resposta na mesma língua*". Este direito a uma boa administração indica um catálogo de direitos das pessoas, dos cidadãos europeus, perante a Administração da União Europeia e, em certos casos, perante as autoridades nacionais: a esses direitos contrapõem-se deveres da Administração, em geral, de natureza procedimental (deveres de audiência, de permitir o acesso a informação, de fundamentação) ou comportamental (dever de imparcialidade, de tratamento igualitário e de tratamento expedito dos assuntos dos cidadãos). O terreno em que se situa

[240] Cf. R. Pitschas, "Maßstäbe des Verwaltungshandelns", in W. Hoffmann-Riem/E. Schmidt-Aßmann/A. Voßkuhle, *Grundlagen des Verwaltungsrechts*, vol. II, Beck, 2012, p. 1722, no sentido de que o valor do profissionalismo dos agentes da Administração estimula a excelência e a inteligência nas condutas e nas decisões administrativas.

a referência europeia à "boa administração" é, pois, claramente jurídico, relacionado com a exigência de comportamentos da Administração Pública pautados e verificáveis segundo critérios e regras jurídicas[241]: do que se trata é, por ex., de exigir que a Administração ouça o administrado ou que fundamente as suas decisões. Naturalmente, é bem diferente exigir-se isso ou determinar-se que a Administração atue bem, de forma conveniente e oportuna. Esta diferença impõe cautelas, de modo a evitar-se o equívoco de "transpor" o direito a uma boa administração inscrito na Carta Europeia dos Direitos Fundamentais para casos em que a boa administração indica "apenas" o bom andamento ou o funcionamento eficiente da Administração[242].

A "boa administração" que aqui se considera refere-se ao cumprimento de regras não jurídicas, de conveniência, de mérito e de oportunidade. Não inclui a exigência do cumprimento de regras jurídicas. Nem isso faria sentido, pois em causa está a exigência específica de que, para além de "cumprir a lei e o direito", a Administração administre bem. Seria redundante, inútil, mas também incongruente reconduzir a um dever de boa administração o dever de cumprir regras e de observar princípios que, nos termos da Constituição e da lei, a Administração tem o dever de cumprir e de observar.

[241] Sobre o sentido da "boa administração" no contexto do direito da União Europeia, cf. J. Rodríguez-Arana, "El derecho fundamental a la buena administración y la centralidad del ciudadano en el Derecho Administrativo", *in El nuevo derecho administrativo (Liber Amicorum Enrique Rivero Ysern)*, Ratio Legis, 2012, p. 407 e segs.; J. Ponce Salé, "EU law, global law and the right to good administration", *in* E. Chiti/B.G. Mattarella (eds), *Global Administrative Law and EU Administrative Law*, Springer, 2011 p. 133 e segs.; F. Trimarchi Banfi, "Il diritto ad una buona amministrazione", in M. P. Chiti/G.Greco, *Trattato di diritto amministrativo europeo*, vol. I, Giuffrè, 2007, p. 49 e segs. Pondo em relevo as diferenças entre a boa administração a que se refere a Carta Europeia dos Direitos Fundamentais (conjunto de direitos preexistentes conectados pela ideia vaga e imprecisa de direito "a uma" boa administração) e a que resulta de uma compreensão mais objetiva, a referenciar a ideia de bom funcionamento da Administração, cf. R. Bousta, *Essai sur la notion de bonne administration en droit public*, L'Harmattan, 2010, em especial, p. 281 e segs.; na doutrina portuguesa, cf. Paulo Otero, *Manual, cit.*, vol. I, p. 76 e segs.; Mário Aroso de Almeida, *Teoria Geral, cit.*, p. 109 e segs.; Miguel Assis Raimundo, "Os princípios no novo CPA e o princípio da boa administração, em particular", in Carla Amado Gomes/Ana Fernanda Neves/Tiago Serrão, *Comentários ao Novo Código do Procedimento Administrativo, cit.*, p. 253 e segs.

[242] Distinguindo as situações, cf. Miguel Assis Raimundo, "Os princípios no novo CPA e o princípio da boa administração, em particular", *cit.* p. 270; Mário Aroso de Almeida, *Teoria Geral, cit.*, p. 117, n. 139.

Claro que, em sentido corrente, não técnico, uma "boa administração" é a que resulta da observância da lei e do direito (juridicidade), que promove a realização do interesse público e dos direitos dos cidadãos e que, além de tudo isso, ainda atua segundo os mais elevados padrões de conveniência, de mérito, de oportunidade e de eficiência[243]. Mas, assumido nesse sentido, o conceito de boa administração, além de não ter grande préstimo como figura jurídica, não consegue explicar o especial *plus* de vinculação que, para a Administração, resulta do dever de boa administração.

23.2.2 – Boa administração e eficiência administrativa

Uma grande parte da doutrina, baseada em indicações do direito estrangeiro (sobretudo, do direito italiano) e até na interpretação clássica, associa o dever de boa administração ao administrar segundo critérios, padrões e regras sobre o "bem administrar", a "boa gestão de recursos", critérios e regras que convocam, em geral, a observância, na ação administrativa, de cânones da eficiência, da economicidade e da racionalidade económica. É precisamente neste sentido que o referido dever se encontra positivamente consagrado no direito português: cf. artigo 5.º do CPA, que, com a epígrafe "princípio da boa administração", estabelece, no seu n.º 1, que "a Administração deve pautar-se por critérios de eficiência, economicidade e celeridade". Não é, porém, neste sentido, como *eficiência administrativa*, que a boa administração nos ocupa agora, num ponto em que estamos a considerar o dever de boa administração como uma exigência postulada por regras não jurídicas ("regras de boa administração") – ao princípio da boa administração como princípio de eficiência voltaremos noutro momento [cf. 42.4.4].

A boa administração enquanto administração eficiente, que deve mobilizar os recursos menores para alcançar os resultados pretendidos, referencia um critério jurídico: ou seja, a eficiência representa, hoje, um padrão jurídico da ação administrativa. Diferentemente, ainda que num plano próximo desse, a "boa administração", o administrar bem, refere-se ao cumprimento de outras regras, não jurídicas, de regras de administração, de *know-how*, de técnica administrativa. Neste sentido, teria sido mais correto atribuir ao

[243] Com uma leitura amplíssima, que associa "boa administração", felicidade e qualidade de vida dos cidadãos, cf. A. Giuffrida, *Il "diritto" ad una buona amministrazione pubblica e profili sulla sua giustiziabilità*, Giappichelli, 2012, em especial, p. 75 e segs.

artigo 5.º do CPA a epígrafe "princípio da eficiência", em vez de "princípio da boa administração"[244].

23.2.3 – Dever de boa administração, mérito e legalidade

O que se expôs acima permite compreender que aqui se distingue entre "eficiência" e "boa administração", reservando-se este último conceito para aludir à exigência de que a Administração Pública administre bem e, assim, ao relevo que têm na vida administrativa as regras não jurídicas [cf. ponto 23.2.1].

Reportando-se a boa administração a um objetivo que se alcança através da aplicação ou da consideração do disposto em regras e critérios exteriores ao direito (em regras não jurídicas), mas que, igualmente, representa um objetivo que a ordem jurídica impõe ao agente administrativo, pode dizer-se que existe um "dever jurídico de boa administração"; ou seja, "o dever de boa administração traduz-se num autêntico dever jurídico"[245]; "bem administrar é uma vinculação a que todo o administrador se encontra vinculado"[246].

Este dever de bem administrar constitui uma dimensão indissociável do *princípio da prossecução do interesse público* (artigos 266.º, n.º 1, da CRP e 4.º do CPA). O mandato de que a Administração dispõe para agir na prossecução do interesse público integra ou inclui a exigência ou o dever de o fazer da melhor forma, o que corresponde, portanto, a um dever de boa administração, de administrar bem. O sistema jurídico contempla, assim, uma exigência de otimização, de procura da decisão ótima[247].

O resultado da boa administração poderá passar, e passa muitas vezes, por atender a critérios, a padrões e a regras não jurídicas: experiência (*v.g.*, experiência florestal[248]), conhecimentos especializados, boas práticas, *know-how*, precedentes adotados com bons resultados, critérios morais ou éticos, etc.

[244] Na nossa interpretação, a eficiência e a economicidade desligaram-se da ideia clássica de boa administração ("mérito") e converteram-se em *critérios jurídicos* da ação administrativa. Em sentido próximo, considerando que a economicidade "saiu" da sua tradicional referência ao princípio constitucional do bom andamento, para assumir uma relevância própria e autónoma, cf. G. Bottino, "Il nuovo articolo 97 della Costituzione", *Rivista Trimestrale di Diritto Pubblico*, 2014/3, p. 691 e segs. (p. 709).

[245] Cf. Rogério Soares, *Interesse Público, Legalidade e Mérito, cit.*, p. 198.

[246] Cf. Paulo Otero, *Manual de Direito Administrativo, cit.*, vol. I, p. 78.

[247] Cf. Pitschas, *ob. cit.*, p. 1731.

[248] Veja-se este conceito no artigo 274.º, n.º 8, do Código Penal.

O dever de boa administração impõe à Administração, quando esta seja chamada a fazer opções e escolhas, uma diretriz no sentido de se orientar, sempre, de forma profissional e inteligente, pelo objetivo de alcançar o melhor resultado, gerando a solução mais conveniente e mais oportuna. A boa administração é, pois, em substância, uma *questão de mérito*, que tem imediatamente a ver com o gerir bem ou o fazer bem.

> Enquanto questão de mérito, o dever de boa administração apresenta-se indissociável da discricionaridade administrativa[249]; como já foi observado, "the proper use of discretionary power is defined by the idea of good administration"[250]. O território próprio da boa administração, como mérito, é aquele em que, nos termos da lei, a Administração é chamada a fazer escolhas, com base em valorações próprias, no sentido de construir a melhor solução para uma dada situação[251].

O dever em análise remete a Administração para uma ação pautada segundo critérios de mérito e de oportunidade, mas *exige* a mobilização destes critérios: o dever de boa administração consiste, como vimos, num *dever jurídico*. Em termos simples, temos, pois, uma exigência posta pela ordem jurídica no sentido de a Administração cumprir e considerar critérios exteriores ao direito, não jurídicos, critérios de boa administração. Está, portanto, aqui presente uma mistura, um contacto, entre o jurídico e o não jurídico, entre a legalidade e o mérito.

[249] No sentido de uma ligação intrínseca entre boa administração e discricionaridade e da ideia de que o poder discricionário está no coração da boa administração, cf. Bousta, *Essai, cit.*, p. 186 e segs.

[250] Cf. J. Ponce "Good administration and administrative procedures," *Indiana Journal of Global Legal Studies*: Vol. 12/2, 2005 [http://www.repository.law.indiana.edu/ijgls/vol12/iss2/10].

[251] Cf. B. Giliberti, *Il merito amministrativo*, Cedam, 2013, *passim*, no sentido de que o mérito é uma instituição jurídica clássica dotada de uma função (preservar a superioridade da Administração), de um objeto (série de normas, ditas de oportunidade, aplicáveis à Administração) e de alguns corolários (insindicabilidade judicial das decisões da Administração que aplicam essas regras); não obstante, segundo o Autor, em posição com que concordamos, a categoria do mérito não tem hoje um significado jurídico autónomo no Direito Administrativo (p. 291). Na verdade, a esfera do que é mérito (conveniência ou oportunidade) na ação administrativa coincide com o conteúdo discricionário que os tribunais devem respeitar [cf. ponto 30]. Em sentido diferente, cf. P. Cotza, *Il "merito amministrativo"*, Jovene Editore, 2012, *passim*, que advoga uma autonomização do mérito em face da discricionaridade, associando aquele à possibilidade de verificação judicial dos resultados da ação administrativa.

Esta interconexão – que resulta de uma regra jurídica impor o respeito de uma regra não jurídica – parece apontar no sentido de considerar como um *desvalor jurídico* o facto de a Administração não administrar bem, ignorando boas práticas e precedentes com bons resultados, desprezando códigos de conduta ou padrões éticos ou morais, ou não seguindo as sugestões de pareceres e de opiniões que decide colher, ou tendo uma atuação inoportuna ou inconveniente.

Assim parece de facto, até porque está ali presente um *vício* na ação administrativa, que põe em xeque a "legitimidade" da medida adotada, a qual, por ter violado regras de boa administração – regras da arte de bem administrar – não consiste na solução idónea, nem racional[252], para a melhor prossecução do interesse público.

Sendo isto efetivamente assim, não pode, todavia, deixar de se notar que aquele se apresenta como um "vício de mérito", resultante do incumprimento de regras não jurídicas, cânones sobre a conveniência e a oportunidade da ação administrativa[253]. Ora, sem prejuízo de poderem ser detetados e corrigidos no interior da própria Administração – por órgãos competentes para apreciar o mérito e a oportunidade da atuação de outros órgãos[254] –, os "vícios de mérito" não estão à mercê da apreciação de tribunais: veja-se, neste sentido, o artigo 3.º, n.º 1, do CPTA, no sentido de que, "os tribunais administrativos julgam do cumprimento pela Administração das normas e princípio jurídicos que a vinculam e não da conveniência ou oportunidade da sua atuação". O mérito, o administrar bem, representa um *critério jurídico* a considerar na produção de soluções justas e corretas, mas não constitui um *critério de justiciabilidade* das soluções definidas pela Administração; significa um reduto da Administração judicialmente insindicável[255].

Assim, e em síntese, o dever de boa administração corresponde a uma norma de condicionamento da Administração, mas não a uma norma de controlo (pois não define um padrão ou critério de controlo a efetuar por tribunais).

[252] No sentido de que a diretriz de otimização representa uma dimensão de um princípio de racionalidade ("racionalidade global") da ação administrativa, cf. Pitschas, *ob. cit.*, p. 1731.

[253] Sobre os vícios de mérito e a sua repercussão na ilegitimidade das decisões da Administração, cf. Rogério Soares, *Interesse Público, Legalidade e Mérito, cit.*, p. 331 e segs.; Vieira de Andrade, *Lições de Direito Administrativo, cit.*, p. 216.

[254] Cf. artigo 165.º, n.º 1, do CPA, sobre a revogação de atos administrativos por razões de mérito, conveniência ou oportunidade.

[255] Cf. Giliberti, *Il merito, cit.*, p. 291.

Deve, porém, observar-se que a evolução do Direito Administrativo tem si pautada por um processo de ampliação da juridicidade, que passa pela transformação de muitas regras de boa administração em padrões de regulação jurídica da Administração; fala-se, a este respeito, de "um crescente alargamento do campo da legalidade, à custa de uma redução do campo do mérito"[256].

Secção II
Discricionaridade administrativa

O Direito Administrativo, através das suas normas, designadamente a lei, é um fundamento necessário e o limite da ação administrativa. Mas ao Direito Administrativo não cabe definir, em todos os casos, de forma taxativa e definitiva, o conteúdo das ações administrativas. É assim que, em muitas situações, a lei administrativa chama a Administração a fazer escolhas, com o propósito de definir a melhor solução para o sentido da sua intervenção: é este o domínio da discricionaridade administrativa.

24 – Considerações iniciais: discricionaridade e vinculação. 25 – Discricionaridade administrativa: "espaço de autonomia da Administração". 25.1 – Compreensão inicial: discricionaridade como espaço livre e não jurídico. 25.2 – Discricionaridade como espaço jurídico autorizado por lei. 25.3 – Discricionaridade como espaço de autonomia da Administração e de liberdade de decisão administrativa. 26 – Compreensão monista da discricionaridade. 26.1 – Discricionaridade e margem de livre apreciação. 26.2 – Discricionaridade e discricionaridade técnica. 27 – Noção de discricionaridade administrativa. 27.1 – Poder conferido à Administração por uma norma de competência. 27.2 – Valorações próprias da Administração. 27.3 – Escolha da medida a adotar numa situação concreta (decisão). 27.3.1 – Exercício da discricionaridade como processo de concretização jurídica. 27.3.2 – Exercício da discricionaridade como processo de escolha de uma entre outras medidas legalmente possíveis. 27.3.3 – Exercício da discricionaridade e decisão no caso concreto: a questão das "diretivas de discricionaridade". 27.4 – Decisão da Administração em última instância. 28 – Limites jurídicos e critérios do exercício do poder

[256] Cf. João Caupers/Vera Eiró, *Introdução ao Direito Administrativo, cit.*, p. 83.

24 – Considerações iniciais: discricionaridade e vinculação

Vamos estudar agora a discricionaridade administrativa, um "problema eterno" do Direito Administrativo[257].

Houve já oportunidade de explicar que, quando a Administração é habilitada a exercer poderes unilaterais perante os administrados, através da prática de atos administrativos, impõe-se que a norma que autoriza essa intervenção adote a estrutura da programação condicional: hipótese ("se"), conector deôntico (então: "pode", "deve", "tem de") e estatuição (medida a adotar).

Além da "competência" (o órgão competente), a norma de competência indica o "fim" ou a "finalidade" das medidas e providências da Administração – o que se deduz dos *pressupostos,* definidos na *hipótese* – e fornece ainda, na *estatuição,* uma indicação mais ou menos precisa sobre o "conteúdo" da medida: "quem", "quando e para quê" e "o quê" são as indicações que, em geral, se devem extrair da norma de competência com uma estrutura de programação condicional [cf. ponto 19.1.2, *b)*].

O tema da discricionaridade relaciona-se sempre com uma "abertura da norma", com o emprego pelo legislador ou pelo autor da norma de

[257] Cf. F. Ossenbühl, "Gedanken zur Kontrolldichte in der verwaltungsgerichtlichen Rechtsprechung", in *Festschrift für Konrad Redeker zum 70. Geburtstag,* Beck, 1993, p. 55 e segs. (p. 56).

competência de uma "técnica de abertura" na formulação dos preceitos normativos[258].

A abertura normativa pode encontrar-se na definição dos pressupostos ("quando e para quê"), no conector deôntico ("pode"; "deve, *em regra*" ou "deve, *em princípio*") ou na estatuição ("o quê"); de resto, a norma pode conjugar ou acopular duas aberturas ("duplo grau de abertura"[259]).

> Veremos mais tarde os canais de abertura discricionária [cf. ponto 29]; por agora, revela-se suficiente observar que a discricionaridade – associada à decisão da Administração nos casos concretos – tem a sua origem na norma de competência, no seu enunciado, em concreto:
> *i)* na hipótese, na definição dos pressupostos, em que a norma indica *quando*, ou seja, em que circunstâncias pode ou deve a Administração agir, e onde se revela o *fim* a prosseguir pela ação administrativa – "acidente grave"; "pessoa idónea"; "capacidade de resolução de problemas complexos"; "acentuada carência de recursos"; "obra de interesse cultural"; "boa fé"; "incumprimento persistente"; neste caso, a abertura normativa resulta da utilização de "conceitos jurídicos indeterminados", de carácter *impreciso* ou *vago*[260];
> *ii)* no conector deôntico, que contém uma abertura no caso de normas facultativas ("pode") ou de normas obrigatórias que exijam uma conduta da Administração apenas como regra, admitindo, de forma explícita ou implícita, a possibilidade de exceções, em situações atípicas ("deve, em regra");
> *iii)* na estatuição, em que a norma define o poder que confere à Administração e indica a medida que esta vai adotar ("o quê"), podendo a abertura resultar da indicação de várias possíveis alternativas ou da utilização de fórmulas imprecisas que delegam no agente a definição da medida a adotar.

O oposto da discricionaridade é a *vinculação*. Regista-se esta segunda situação quando a norma de competência: *i)* indica de forma fechada, definitiva ou taxativa as circunstâncias que desencadeiam a intervenção

[258] Cf. Sérvulo Correia, *Legalidade e Autonomia Contratual*, *cit.*, pp. 309 e segs., e 469 e segs.; *idem*, "Conceitos jurídicos indeterminados e âmbito do controlo jurisdicional", *CJA* n.º 70, 2008, p. 38 e segs. (pp. 46 e 48).

[259] Cf. Sérvulo Correia, *Legalidade e Autonomia Contratual*, *cit.*, pp. 322 e 485.

[260] Sobre estes conceitos, cf. Rogério Soares, *Direito Administrativo*, Porto, Associação Académica da Universidade Lusíada, 1992, p. 51 e segs.; Sérvulo Correia, "Conceitos jurídicos indeterminados e âmbito do controlo jurisdicional", *CJA*, n.º 70, 2008, p. 38 e segs.; Maria Francisca Portocarrero, "Discricionaridade e conceitos imprecisos: ainda fará sentido a distinção?", *CJA*, n.º 10, 1998, p. 35 e segs.

administrativa; *ii)* estabelece que a Administração *tem de agir* quando estes pressupostos se verifiquem (norma obrigatória); *iii)* por fim, define, de forma rigorosa e fechada, em que consiste esta ação. O ato a praticar ao abrigo de uma norma assim estruturada corresponde a "um ato administrativo estritamente vinculado" (cf. artigo 109.º, n.º 3, do CPTA), ou seja, um ato administrativo cuja prática é legalmente devida e que, nos termos da lei, deve ser praticado com um determinado conteúdo: suponha-se o ato de inscrição numa ordem profissional num caso em que a lei exija apenas que o interessado seja titular de uma determinada licenciatura. Nestas situações, em que a norma de competência contém uma "disciplina completa do poder", a atividade da Administração é completamente vinculada e a lógica que caracteriza o exercício da competência é de um tipo matemático, no sentido em que, de determinadas premissas, derivam necessárias consequências[261].

Pode, assim, dizer-se que a discricionaridade, enquanto oposto de vinculação, supõe que a norma de competência formule uma "disciplina incompleta do poder", ou seja, que não defina de modo pontual todos os aspetos operativos da ação administrativa[262].

25 – Discricionaridade administrativa: "espaço de autonomia da Administração"

A Administração Pública está sujeita à lei e ao direito. Toda a ação administrativa, em qualquer das formas que assuma – ato concreto, contrato, operação material, regulamento –, tem, em todos os casos, de se basear e, neste sentido, de se poder reconduzir a uma norma jurídica estabelecida *ex ante*.

Salvo em situações, marginais, de habilitação conferida por normas de direito da União Europeia ou da Constituição, a ação administrativa baseia-se, de forma direta e imediata, em leis (atos legislativos) ou em regulamentos administrativos, os quais se baseiam, por sua vez, em leis (atos legislativos). Pode, portanto, dizer-se que a habilitação da ação administrativa reside, em regra, de forma direta ou indireta, na lei.

A discricionaridade, que vamos estudar, refere-se a um poder que a Administração tem para resolver casos concretos, que resulta, pois, da norma de competência, pressupõe uma autorização normativa conferida pelo legislador.

[261] Cf. F. Merusi, *La legalità amministrativa*, Il Mulino, 2012, p. 68.

[262] Cf. R. Galli, *Nuovo corso di diritto amministrativo*, Cedam, vol. I, 2016, p. 558.

Como alguns autores observam, a figura jurídica da discricionaridade administrativa refere-se a algo de diferente de "discricionário", quando se considera o sentido vulgar ou corrente deste conceito[263]. Mas nem sempre foi assim, como vamos ver já a seguir.

25.1 – Compreensão inicial: discricionaridade como espaço livre e não jurídico

A ideia de vinculação da ação da Administração à lei – em sentido histórico, à lei parlamentar – conduziu à compreensão da função administrativa como uma função de *aplicação* ou de *execução* da lei. De acordo com os postulados do positivismo jurídico do século XIX, a criação ou produção do direito constituía um monopólio do legislador (parlamentar), de modo que à Administração – como aliás aos tribunais – estava reservado o papel de "viva vox legis"[264] cabendo-lhe, de forma automática ou mecânica, *executar* as determinações da lei. A lei era a única fonte de direito, que dirigia de forma causal-mecânica a ação da Administração.

Nesta compreensão, a ação da Administração caracterizava-se pela estrita *vinculação à lei*: a tarefa de administrar consistia numa pura execução mecânica da lei, sujeita a verificação integral pelo juiz[265]. Mas, em contraposição a esse espaço de vinculação (de legalidade), admitia-se um espaço de *não-vinculação,* em que a Administração poderia atuar, *livremente,* sem fundamento numa lei: este era um espaço de *discricionaridade administrativa.* Em conformidade com este entendimento, inicial, a discricionaridade equivaleria a uma liberdade própria da Administração para atuar em áreas e para dispor sobre assuntos e matérias não reguladas por lei. Correspondia, por outro lado, a um espaço não ocupado pelo legislador: poderia dizer-se um espaço não legalizado.

Assim, *discricionaridade* e *legalidade* eram dois hemisférios separados, que não se misturavam, não se cruzavam, nem se sobrepunham[266]; além

[263] Observando isto mesmo, cf. G. Cofrancesco/F. Borasi, *Le figure della discrezionalità amministrativa,* Giappichelli, 2012, p. 28. No *Dicionário da Língua Portuguesa Contemporânea da Academia das Ciências de Lisboa,* define-se discricionário como o "que não tem ou não está sujeito a restrições ou limites; que pode agir, julgar ou actuar livremente, sem ter que seguir regras ou instruções precisas".

[264] Cf. Jestaedt, "Maßstäbe des Verwaltungshandelns", *cit.*, p. 329.

[265] Cf. Rogério Soares, "Princípio da legalidade e administração constitutiva", *BFDUC*, vol. LVII, 1981, p. 169 e segs. (p. 188).

[266] No sentido de que, nos quadros tradicionais do princípio da legalidade, vinculação e discricionaridade "eram momentos de complementaridade antagónica de uma mesma realidade", cf.

disso, pelo facto de o legislador ter o monopólio da criação do direito, a discricionaridade (o "acte discrétionnaire") era concebida como um poder não jurídico, de "pura *administração*" ("pure administration"), exercido num quadro de plena liberdade, situado fora do direito. Precisamente por esta razão e por ser vista como uma esfera reservada da Administração, a discricionaridade delimitava um espaço no qual os tribunais não poderiam entrar[267]: discricionaridade correspondia a injusticiabilidade.

25.2 – Discricionaridade como espaço jurídico autorizado por lei

A conceção da discricionaridade como espaço não jurídico foi posta em xeque com o alargamento do princípio da legalidade e com a sujeição de toda a atividade administrativa à lei. A ideia de que a discricionaridade se situa fora da legalidade não pôde manter-se, uma vez que não há ação administrativa, não há poderes administrativos, fora da lei. A discricionaridade tem, necessariamente, a sua fonte na lei ou numa outra norma de ação baseada na lei (princípio da competência ou da autorização normativa da ação administrativa) e não se confunde, pois, com uma "liberdade originária da Administração"[268]. A Administração não dispõe de um poder próprio de escolher e definir as suas ações ou os fins das mesmas.

Tendo deixado de constituir um poder livre, a discricionaridade transformou-se numa *competência legal* confiada e entregue ao agente administrativo: por causa desta migração, de fora para dentro do Direito Administrativo, ocorreu um processo de funcionalização da discricionaridade. Quer dizer, o poder discricionário passou a ser, e é hoje, um poder ao serviço de uma função e de uma finalidade: a realização do interesse público indicado na norma de competência. A dependência da discricionaridade de uma norma de competência, de uma autorização[269] e de uma "decisão do

Vieira de Andrade, *Lições de Direito Administrativo*, *cit.*, p. 54.

[267] Neste sentido, cf. M. S. Giannini, *Istituzioni di diritto amministrativo*, Giuffrè, 2000, p. 265.

[268] Como observa Cerulli Irelli, *Principii del diritto amministrativo*, *cit.*, vol II, p. 43, o termo discricionaridade não é isento de ambiguidades, as quais se devem às suas origens e, em particular, ao facto de indicar um poder que transitou de fora para dentro da lei.

[269] No direito alemão, alude-se, a este propósito, a uma "teoria da autorização normativa": cf. Jestaedt, "Maßstäbe des Verwaltungshandelns", *cit.*, p. 350; Kopp/Ramsauer, *Verwaltungsverfahrensgesetz Kommentar*, Beck, 2017, p. 900; com desenvolvimentos sobre esta teoria no direito administrativo da regulação, cf. J. Oster, *Normative Ermächtigungen im Regulierungsrecht*, Nomos, 2010, p. 47 e segs.; F. Gonsior, *Die Verfassungsmäßigkeit administrativer Letztentscheidungsbefugnisse (Behördenorganisation und Verwaltungsverfahren als Mittel zur Kompensation materiell-rechtlicher Defizite am Beispiel der Bundesnetzagentur im Telekommunikationsrecht)*, Siebeck, 2018, p. 104 e segs.

legislador"[270], e, por consequência, a recusa da ideia de que se trata de um poder originário da Administração, representam fatores inequívocos da juridicidade desta competência: esta, como qualquer outra, existe se e na medida em que seja criada por uma norma jurídica.

Mas não se esgota aí a juridicidade do poder discricionário: tão ou mais relevante do que a sua dependência normativa, legal, é o facto de o respetivo exercício ter passado a orientar-se por princípios e critérios jurídicos. Como veremos, a discricionaridade corresponde a um poder de determinação e de escolha de efeitos jurídicos que a Administração exerce com base em valorações próprias, mas tendo de se orientar ou guiar, nesse exercício, por cânones jurídicos, como a adequação, a proporcionalidade, a imparcialidade ou a razoabilidade. Por força da presença irrenunciável de cânones jurídicos no exercício do poder discricionário, compreende-se que não haja "decisões discricionárias": há, pode haver, isso sim, momentos discricionários de decisões administrativas; momentos discricionários que se entrecruzam com momentos vinculados.

25.3 – Discricionaridade como espaço de autonomia da Administração e de liberdade de decisão administrativa

Ainda assim, embora com o seu exercício pautado por uma racionalidade jurídica, o poder discricionário é um poder discricionário, que, num sentido especial, se pode associar a uma ideia de autonomia da Administração, de "liberdade administrativa", em concreto, de uma "liberdade de decisão" da Administração para definir a medida certa ou a solução correta para um caso da vida[271]. A discricionaridade administrativa é aqui assumida como o espaço de autonomia ou de liberdade de decisão de que desfruta a Administração numa situação concreta e individualizada, referindo-se, portanto, a um poder situado numa relação jurídica que se desenvolve entre a Administração e um ou vários administrados determinados[272].

[270] Neste sentido, cf. Oster, *ob. cit.*, p. 53.

[271] Sobre a "liberdade de decisão" ("Entscheidungsfreiheit") como marca da administração discricionária, cf. Stelkens/Bonk/Sachs, *ob. cit.*, p. 1412; Jestaedt, "Maßstäbe des Verwaltungshandelns", *cit.*, p. 356 (que considera a margem livre de apreciação e a discricionaridade como variáveis de um modelo fundamental de "liberdade de decisão administrativa").

[272] Temos, portanto, em vista o estudo de uma "individualizing discretion", definida como "the power to make individualizing decisions in administering a program made up of general rules"; cf. C. H. Koch, "Judicial review of administrative discretion", *George Washington Law Review*, vol. 54, 1986, p. 469 e segs. (p. 471 e segs.).

É claro que a utilização de vocábulos como "autonomia" ou "liberdade" para identificar situações jurídicas da Administração reclama a máxima cautela, pois, como já sabemos, a Administração não tem "liberdades", nem goza de "autonomia" (como os particulares) para definir os fins das suas ações. Neste sentido, as referências que aqui fazemos à autonomia da Administração ou à liberdade de decisão administrativa devem ser interpretadas como espaços de determinação de efeitos jurídicos e de intervenção administrativa no processo de criação do direito instituídos por decisão do legislador e finalisticamente orientados pelo disposto na norma de competência.

> A discricionaridade na decisão administrativa integra, pois, a "autonomia pública da Administração", que, com o Prof. Sérvulo Correia, definimos como o poder conferido pela lei à Administração de criação de efeitos jurídicos substantivos próprios do Direito Administrativo no âmbito das formas de ação administrativa (ato administrativo, contrato administrativo e regulamento administrativo)[273].

Ora, é o momento de explicar que a aceitação de uma "liberdade de decisão administrativa" se impõe como uma exigência de uma compreensão adequada do princípio da separação de poderes, que reconheça ao poder administrativo um espaço próprio no processo de realização da ideia material de direito[274]. A Administração não é um poder livre da lei e do direito, mas também não deve ser concebido como poder subalterno, totalmente subjugado à lei e aos tribunais[275].

Note-se, porém, que isto deverá ser assim, mas não com o sentido de *reverência* ou de *deferência* para com a Administração, resultante de ter de

[273] Cf. Sérvulo Correia, *Legalidade e Autonomia Contratual*, *cit.*, p. 470. Nos mesmos termos, cf. Jestaedt, "Maßstäbe des Verwaltungshandelns", *cit.*, p. 345, que acrescenta ainda a discricionaridade de planificação e a discricionaridade de regulação [sobre estas, cf. pontos 32.3 e 32.4].

[274] Neste sentido, Rogério Soares, "Princípio da legalidade e administração constitutiva", *cit.*, p. 190.

[275] Advogando a autocontenção do legislador na determinação material da ação administrativa, como meio de assegurar a correção das decisões da Administração, cf. L. P. Pereira Coutinho, "As duas subtrações. Esboço de uma reconstrução da separação entre as funções de legislar e de administrar", *Revista da Faculdade de Direito de Lisboa*, vol. 41/1, 2000, p. 99 e segs.: sustenta o Autor que, em certos casos, oferecer à Administração modelos inteiramente cristalizados de decisão ou normas demasiado densas, detalhadas e minuciosas poderá impedir ou dificultar a realização da justiça no caso concreto (p. 129).

se lhe atribuir um momento de protagonismo necessário e sistemático no exercício do poder público, em coerência com a sua posição institucional como membro de um dos três poderes. Não é esse o propósito da atribuição legal de discricionaridade, nem o sentido do reconhecimento ("respeito") judicial do exercício de uma competência como poder discricionário da Administração. A "liberdade de decisão administrativa" só é atribuída e reconhecida na medida em que exista uma justificação. A justificação concreta, em cada caso, pode, aliás, descansar em múltiplos fatores – entre outros, a preparação técnico-científica, a composição aberta do órgão ou da entidade responsável, as capacidades particulares ou especiais dos agentes da Administração baseadas na experiência, na perícia, na *expertise*, nos conhecimentos especializados, na formação e competência técnica ou até simplesmente na especial posição ou situação dos agentes administrativos decorrente de estarem no terreno, perante circunstâncias concretas do mundo e da vida que reclamam uma solução ("concretização") afeiçoada a cada caso, que, como episódio histórico, é sempre um caso único[276]. Numa síntese, que explica a situação particular do agente administrativo, diz-se que "administrators face a plenum of lived situations quite exceeding legislative contemplation"; em inúmeras situações, uma eventual tentação legislativa de prescrição exaustiva deve dar lugar a uma salutar discricionaridade que promova a justiça e as boas soluções[277].

A discricionaridade administrativa não deve, pois, ser aceite como uma espécie de "mal necessário"[278] ou como um espaço de autonomia da Administração que os tribunais, por razões práticas, têm de tolerar. Na linha do que sempre defenderam Rogério Soares e Vieira de Andrade, também nós entendemos que o poder discricionário da Administração e, até de uma forma mais abrangente, o reconhecimento de uma autonomia pública da Administração, é um elemento essencial de uma compreen-

[276] Na opção legislativa de definir um canal de abertura discricionária pode estar presente uma ideia de "adequação orgânica", no sentido de confiar poderes de decisão a "órgãos que, segundo a sua organização, função, atribuição e procedimentos de actuação, estão em melhor posição para analisar os pressupostos, os juízos e os resultados indispensáveis a medidas ou decisões constitucionalmente ajustadas"; cf. Gomes Canotilho/Vital Moreira, *Constituição, cit.*, vol. I, p. 209; neste sentido, cf. Maria Francisca Portocarrero, "Aferição judicial *ab extra* da legalidade do exercício administrativo discricionário – posição de princípio?", *CJA* n.º 66, 2007, p. 43 e segs. (p. 52).

[277] Cf. E. C. Ip, "Taking a 'hard look' at 'irrationality': substantive review of administrative discretion in the US and UK supreme courts", *Oxford Journal of Legal Studies*, vol. 34/3, 2014, p. 481 e segs. (p. 485).

[278] Cf. Vieira de Andrade, *Lições de Direito Administrativo, cit.*, p. 62.

são adequada do princípio da separação e interdependência de poderes, em que a Administração não pode ser o parente pobre dos três poderes clássicos[279]. Neste contexto, impõe-se relevar a origem democrática do poder administrativo e, na linha do que foi observado por Orsi Battaglini, ter presente que o ordenamento democrático do direito se funda em dois distintos canais de legitimação: um formal, que descende da legalidade, e outro substancial, que ascende à representação política; anular a autonomia da Administração considerando a sua ação sempre definida por lei e sempre sindicável e substituível pelos tribunais é incompatível com a estrutura e a dinâmica do sistema constitucional [280]. É, pois, a ideia de democracia, de legitimação democrática, que justifica a autonomia da Administração. Mas, note-se, a justificação da discricionaridade não pode residir apenas aqui; exige-se ainda a articulação ou a coerência dessa justificação com a condição especial da Administração, a sua competência e a sua situação particular no contexto do caso concreto sobre o qual é chamada a intervir.

26 – Compreensão monista da discricionaridade

Como se perceberá melhor na exposição subsequente, vamos aqui adotar uma "teoria monista da discricionaridade", na linha sempre defendida por Rogério Soares[281], Vieira de Andrade e Francisca Portocarrero. Recusamos, portanto, as "teorias dualistas": por um lado, as que, a partir do direito alemão, estabelecem uma dicotomia entre as figuras da discricionaridade e da *margem de livre apreciação* e, por outro lado, as de raiz italiana, que distinguem entre discricionaridade e *discricionaridade técnica*.

Vejamos, de forma abreviada, o sentido da nossa opção por uma corrente monista.

26.1 – Discricionaridade e margem de livre apreciação

Na nossa compreensão, o essencial da discricionaridade reside no facto de se tratar de um *poder conferido à Administração para que decida sobre a medida a adotar numa situação concreta com base num juízo de valoração delineado na norma de competência como um juízo próprio de Administração ou da função administrativa.*

[279] Cf. Rogério Soares, "Princípio da legalidade e administração constitutiva", *cit.*, p. 189.

[280] Cf. A. Orsi Battaglini, *Alla ricerca dello Stato di diritto (per una giustizia "non amministrativa")*, Giuffrè, 2005, p. 156.

[281] Cf. Rogério Soares, *Direito Administrativo, cit.* (Porto), p. 53 e segs.; *idem*, "Princípio da legalidade e administração constitutiva", *cit.*, p. 187 e segs.

Neste sentido, em que sobressai como sinal distintivo da discricionaridade um momento "de escolha" ou de "seleção" (definição da medida) alicerçada numa "valoração" própria da Administração, revela-se secundária e mesmo indiferente a origem (quanto à posição na norma de competência) ou até a natureza do poder de valoração: essencial, para confirmar a criação de um espaço de decisão discricionária, é o facto de a norma de competência não acolher uma disciplina completa do poder e, em vez disso, entregar à Administração um poder próprio de determinação do efeito jurídico num caso concreto.

Ora, esse resultado produz-se também quando a Administração é investida no poder de efetuar juízos de apreciação de factos ou de qualidades de pessoas ou coisas, em regra mediante um processo baseado em conceitos indeterminados definidos na previsão da norma: "imóvel de interesse público"; "prática incorreta e perigosa"; "filme de qualidade". Também aqui, em que salta à vista um momento administrativo de *apreciação*, a valoração está ordenada para a adoção de uma decisão, para a escolha de uma medida: decidir que o imóvel é, ou não, de interesse público; qualificar, ou não, uma certa prática ou conduta como incorreta e perigosa; classificar, ou não, um filme como sendo de qualidade. Apesar da localização da abertura discricionária na previsão ou hipótese da norma de competência, não sobram dúvidas de que se trata de uma abertura para uma tarefa mista ("mixed task"[282]) que abrange, num continuum lógico e misturado, "o apreciar e o decidir", "a apreciação e a decisão", ou, o que é o mesmo, "a valoração e a volição".

Essa *mistura* revela-se tão presente e tão evidente no cenário em que a Administração é chamada a *apreciar* (qualidades, factos, situações) *para decidir*, como naqueles em que a abertura da norma de competência aparenta sobrelevar o momento da decisão, da escolha da medida, em relação ao momento da apreciação. Igualmente neste caso, vamos encontrar uma sequência lógica entre *valoração* e *volição*: se a lei define que, numa situação determinada, a Administração "pode" aplicar uma medida ou que aplicará "uma de entre três medidas", a autoridade competente terá de realizar um trabalho de avaliação e de ponderação sobre se vai aplicar a medida (no primeiro caso) ou sobre qual medida vai adotar (no segundo caso). O exposto já permite perceber o artificialismo em que incorriam as teorias clássicas

[282] Neste sentido, embora no contexto muito particular da doutrina norte-americana dos dois degraus, acolhida na decisão *Chevron*, cf. R. D. Doerfler, "*Mead* as (mostly) moot: predictive interpretation in administrative law", *Cardozo Law Review*, vol. 36 (2014), p. 499 e segs. (p. 501): "some mixture of declaring what the law shall be and carrying it into effect".

que, na Alemanha, distinguiam, de forma taxativa, a "discricionaridade cognitiva", com origem na hipótese da norma de competência, da "discricionaridade volitiva", baseada em aberturas discricionárias da estatuição[283].

Atualmente, uma parte da doutrina alemã evoluiu no sentido de sublinhar os traços comuns entre as duas figuras, enquanto manifestações de uma figura de síntese, designada "margem de livre decisão"[284] ou "liberdade

[283] Referimo-nos às doutrinas dualistas clássicas, com origem em teses defendidas nos anos 50 do século XX: sobre estas doutrinas, cf. Jestaedt, "Maßstäbe des Verwaltungshandelns", *cit.*, p. 334 e segs.; Wolff/Bachof/Stober/Kluth, *ob. cit.*, vol. I, p. 342.
Uma compreensão dualista também é corrente no direito norte-americano, onde, em termos próximos dos das doutrinas alemãs mais antigas, se continua a distinguir entre uma "interpretative discretion" e uma "operational discretion" – cf. Ip, "Taking a 'hard look'", *cit.*, p. 485. A compreensão dualista está associada a diferentes intensidades do controlo judicial, o qual varia conforme estejam em causa questões de direito (ou de interpretação das leis) ou o exercício da discricionaridade em sentido estrito. No primeiro caso, vigora a "doutrina dos dois degraus" instituída pela decisão Chevron (*Supreme Court*: 1984): o primeiro degrau consiste numa interpretação da lei, nos termos da qual, com os recursos próprios da metodologia jurídica ("traditional tools of statutory construction"), o tribunal verifica se a lei é clara; se considerar a lei clara, o tribunal verifica o modo como a Administração a interpretou e, se esta tiver errado, elimina a decisão; se a lei não for clara (*v.g.*, por ter conceitos imprecisos), passa-se então para um segundo degrau, e o tribunal aceita a interpretação da lei feita pela Administração, desde que a mesma se possa considerar razoável ou racional ("permissible construction of the statute"). A decisão Chevron propõe, portanto, uma limitação autoimposta ("self-imposed limitation") ou exigência de *deferência* do tribunal para com a interpretação administrativa das leis com conceitos vagos ou imprecisos. A "doutrina Chevron" nunca foi aceite de forma unânime e mantém-se no centro de grande polémica entre os Autores, continuando muitos deles a defender que Chevron é "counter-*Marbury*" [referência à decisão histórica e fundadora do controlo da constitucionalidade pela *Supreme Court*: *Marbury v. Madison*, de 1803, na qual se escreveu que "[i]t is emphatically the province and duty of the judicial department to say what the law is"]; cf. Scalia, "Judicial deference", *cit.*, p. 511 e segs.; K. A. Bamberger/P. L. Strauss, "Chevron's two steps", *Virginia Law Review*, vol. 95, 2009, p. 611 e segs.; cf. Doerfler, "*Mead* as (mostly) moot", *cit.*, p. 499 e segs.; R. A. Posner, "The rise and fall of judicial self-restraint", *California Law Review*, vol. 100, 2012, p. 519 e segs.; J. F. Manning, "*Chevron* and legislative history", *The George Washington Law Review*, vol. 82, 2014, p. 1517 e segs.; M. Herz, "*Chevron* is dead; long live *Chevron*", *Columbia Law Review*, vol. 115, 2015, p. 1867 e segs.; C. Coglianese, "*Chevron*'s interstitial steps", vol. 85, 2017, p. 1339 e segs. A. Bamzai, "The origins of judicial deference to executive interpretation", *The Yale Law Journal*, vol. 126, 2017, p. 908 e segs. Diferentemente, quando existe uma delegação expressa da lei na Administração para a adoção de "adjust applicable rules" ("operational discretion", "individualizing discretion"), a Administração age com discricionaridade, devendo o tribunal intervir quando as medidas sejam arbitrárias, capciosas, constituam um abuso de discricionaridade ou não sejam adotadas conforme o determinado na lei.

[284] Cf. Öster, *ob. cit.*, p. 29, que, como outros autores, considera ainda a "discricionaridade de planificação" como outra variável da figura da margem de livre decisão.

decisão"[285]. Não obstante, nem mesmo estas correntes propõem a absorção da margem de livre apreciação pela discricionaridade. Além disso, uma parte importante dos autores mantém a separação clara entre discricionaridade e margem de livre apreciação de conceitos indeterminados[286] ou, dentro de um conceito genérico de "margens de livre administração", entre administração discricionária e margem de livre apreciação de conceitos indeterminados[287].

Entre nós, o Prof. Sérvulo Correia também adere às teorias dualistas[288], considerando que a margem de livre apreciação se distingue por dizer respeito ao preenchimento pelo agente administrativo de conceitos indeterminados estabelecidos na previsão da norma de competência e respeitantes aos pressupostos da decisão administrativa. Embora exista aí um momento de valoração próprio da Administração – que é chamada a fazer juízos de avaliação, de qualificação e de estimativa de evolução futura –, a decisão a proferir, com base nessas valorações, não resulta de uma *ponderação* entre interesses diversos, nem de um exame comparativo que conduza à escolha da medida mais adequada, mas antes de um "juízo isolado" que permita definir uma conexão entre a decisão e a situação de facto. Nas palavras do Ilustre Professor: "*quando (...) se preenche um conceito jurídico indeterminado da previsão legal através de uma valoração ou de uma prognose, faz-se uma estimativa em termos de sim ou não; neste momento aplicativo, apenas se julga uma realidade; não se conforma uma solução assente numa autodeterminada composição dos interesses em confronto no caso concreto*"[289]. Diferentemente, a discricionaridade, para Sérvulo Correia, "consiste sempre na decisão de um conflito entre os interesses em presença no caso vertente"[290] e "envolve sempre uma tarefa de complementação da «*facti species*»"[291], através do aditamento de "novo ou novos pressupostos, ou seja, elementos da situação concreta que, nela manifestando interesses relevantes, pesem em favor de um certo sentido da

[285] Cf. Jestaedt, "Maßstäbe des Verwaltungshandelns", *cit.*, p. 356 (mas o autor também se refere, aparentemente com o mesmo sentido, a um modelo de "margem de livre decisão administrativa": p. 345).

[286] Cf. Maurer, *ob. cit.*, p. 144 e segs.

[287] Cf. Wolff/Bachof/Stober/Kluth, *ob. cit.*, vol. I, p. 337 ("Verwaltungsspielräume).

[288] Cf. Sérvulo Correia, *Legalidade e Autonomia Contratual*, *cit.*, pp. 318 e segs., e 471 e segs.; *idem*, "Conceitos jurídicos indeterminados", *cit.*.

[289] Cf. "Conceitos jurídicos indeterminados", *cit.*, p. 50.

[290] Cf. *Legalidade e Autonomia Contratual*, *cit.*, p. 480.

[291] Cf. *Legalidade e Autonomia Contratual*, *cit.*, p. 484.

decisão"[292]. E é assim que, por uma "questão de consistência metodológica e de rigor dogmático", Sérvulo Correia defende, desde o seu doutoramento, em 1987, o dualismo margem de livre apreciação/discricionaridade, "em vez de tudo reduzir à unidade sob o manto da discricionariedade".

Embora isso já resulte do exposto, deve sublinhar-se que, apesar de abraçar o dualismo, Sérvulo Correia é defensor de uma tese que vê mais pontos de contacto e de proximidade entre as figuras da discricionaridade e da margem de livre apreciação do que fatores ou elementos de distinção. Em ambos os casos, escreve o Autor, *"aquilo com que deparamos é o emprego pelo legislador de uma* técnica de abertura *na formulação de preceitos, tendente (...) a deixar ao aplicador administrativo* um espaço de concretização autodeterminada"[293]. Subscrevemos esta conclusão por inteiro, embora, naturalmente, reportando-a apenas à figura da discricionaridade.

Em geral, concordamos com as premissas da doutrina dualista de Sérvulo Correia: há, de facto, razões para distinguir os *juízos discricionários isolados* (*v.g.*, decisão sobre se uma pessoa revela "capacidade de juízo crítico e de resolução de problemas"), associados a um poder de "apreciação" ou de "avaliação" de situações ou factos isolados, dos *juízos discricionários de ponderação valorativa de interesses concorrentes* (*v.g.*, decisão sobre determinar, ou não, a resolução de um banco ou de escolher entre a resolução ou a sua liquidação)[294].

Já nos afastamos, contudo, dessa tese na parte em que parece sugerir que os conceitos indeterminados na hipótese da norma suscitam, em todos os casos, *juízos isolados*. Não parece que seja assim sempre, pois ao agente administrativo pode ser dada a faculdade de escolher a *melhor* medida entre o agir ou o não agir: *v.g.*, em caso de acidente grave, o juízo sobre o "grave", que é um conceito na hipótese, envolve uma ponderação valorativa de interesses concorrentes, mesmo que a estatuição da norma defina apenas uma medida como possível (*v.g.*, "em caso de acidente grave, devem ser acionados determinados mecanismos de alerta"). O mesmo se diga do poder administrativo de "modificação" ou de "resolução de contratos por razões de interesse público": a decisão de modificação ou de resolução de um

[292] Cf. "Conceitos jurídicos indeterminados", *cit.*, p. 50.

[293] Cf. "Conceitos jurídicos indeterminados", *cit.*, p. 46.

[294] Sobre esta "ponderação comparativa de interesses", cf. Giannini, *Istituzioni*, *cit.*, p. 266; R. Villata/M. Ramajoli, *Il provvedimento amministrativo*, Giappichelli, 2017, p. 95 e segs.;

contrato com base no juízo de que subsistem "razões de interesse público" não deve deixar de ponderar todos os interesses relevantes no contexto dessa decisão (*v.g.*, interesse estratégico no alargamento o âmbito do contrato, interesse político em internalizar a atividade contratada, por um lado, impacto económico-financeiro da decisão e direitos dos contratantes, por outro lado[295]). Idêntico raciocínio se pode aplicar à decisão de revogação de atos administrativos, que, dentro dos condicionalismos legais, pode ocorrer "por razões de mérito, conveniência ou oportunidade" (cf. artigo 165.º, n.º 1, do CPA), mas não deve deixar de sopesar os vários interesses implicados.

Além disso, há juízos de apreciação cuja aplicação não conduz a uma resposta de "sim ou não", como são, por ex., as apreciações de provas de entrevista em procedimentos de seleção concorrencial ou competitiva que podem gerar medidas de vários conteúdos (várias classificações).

Mas o ponto decisivo, que nos distancia da construção dualista de Sérvulo Correia, reside em a mesma assentar numa compreensão apriorística sobre a discricionaridade que desconsidera o que reputamos um elemento essencial da figura: a "delegação" na Administração de um poder para decidir um caso *com base no seu próprio juízo de valoração.* Neste sentido, é tão discricionário, por ser próprio da Administração, o juízo sobre se existe uma "carência do serviço", como o juízo, também próprio da Administração, sobre a "medida mais adequada" a adotar para a proteção dos interesses dos consumidores numa situação determinada.

> Apesar de muito inspirado pela doutrina alemã, quanto ao dualismo e quanto à distinção de duas figuras de concretização autodeterminada da lei pela Administração, o pensamento de Sérvulo Correia acusa igualmente uma forte influência da doutrina italiana, a começar em Massimo Severo Giannini, quanto à ideia de discricionaridade como juízo de ponderação valorativa (complexa) de interesses concorrentes[296]. De resto, é por causa desta "leitura restritiva" do conceito de discricionaridade que a doutrina italiana acabou por defender a existência de "outros âmbitos de ação administrativa não vinculada", remetendo-os, em alguma medida, para o conceito

[295] Sobre a *resolução* de contratos por "por razões de interesse geral" e a necessária presença de uma "razão imperiosa" por exigência de uma ponderação proporcional, cf. G. Eckert, "Résiliation pour motif impérieux d'intérêt général?", *Contrats et Marchés Públics*, 2019/3, p. 1 e segs.

[296] Cf. M. S. Giannini, *Il potere discrezionale della pubblica amministrazione*, Giuffrè, 1939, p. 77; *idem*, *Istituzioni*, *cit.*, p 266.

de *discricionaridade técnica*[297]. Na Alemanha, a "leitura restritiva" do conceito de discricionaridade – que explica o dualismo discricionaridade/ margem de livre apreciação – resulta de se associar a figura a um poder de escolha conferido pela estatuição normativa: embora a doutrina também acentue a exigência de essa escolha ser determinada no âmbito de um processo de ponderação ("Abwägungsprozess"[298]), este surge mais como um elemento do regime jurídico do exercício de poderes discricionários do que como um traço distintivo da figura da discricionaridade.

Em ambos os casos, está presente um poder discricionário: o poder de determinação dos efeitos de uma decisão em função de um juízo próprio da Administração. Pode tratar-se de um juízo isolado, de apreciação de um facto. Pode tratar-se de um juízo de ponderação ou de valoração comparativa entre vários interesses. Mas está presente um juízo próprio da Administração e da função administrativa: ou, dizendo melhor, haverá discricionaridade sempre que se conclua que tais juízos são *próprios* da Administração.

É pelo facto de se identificar o essencial da discricionaridade na abertura normativa para as "valorações próprias do exercício da função administrativa" (cf. artigo 8.º, *in fine*, do CPA) que não se descortinam razões para distinguir entre discricionaridade e margem de livre apreciação.

Mas, como se avançou, esta visão monista não tem a pretensão de impor uma leitura única da fenomenologia dos juízos discricionários. Como diz certeiramente Cerulli Irelli, é difícil "considerare il potere discrezionale come una entità unitaria"[299].

De resto, a origem diferente das aberturas discricionárias e a natureza diferenciada dos juízos confiados à Administração explicam diferentes graus de dificuldade na identificação da intencionalidade legislativa de conferir discricionaridade. Na verdade, a "decisão do legislador" de criar poderes discricionários não suscita, em geral, dúvidas quando se trata de remeter a Administração para uma escolha entre agir ou não agir ("discricionaridade de ação") ou para a escolha de uma entre várias medidas indicadas na estatuição da norma ("discricionaridade de escolha"), mas já se apresenta, muitas vezes, menos clara quando se trata de conferir à Administração

[297] Sobre esses outros âmbitos de ação administrativa não vinculada, cf. Giannini, *ob. cit.*, p. 268.

[298] Cf. Wolff/Bachof/Stober/Kluth, *ob. cit.*, vol. I, p. 350.

[299] Cf. Cerulli Irelli, *Principii del diritto amministrativo, cit.*, vol II, p. 53.

Pública o poder de apreciação de uma situação ou de uma qualidade ("discricionaridade de apreciação").

Mais: em função das diferenças existentes entre categorias de juízos discricionários ("juízos isolados de apreciação" ou "juízos de ponderação interesses concorrentes"), vão surgir, aliás naturalmente, diferentes critérios de orientação do exercício do poder discricionário, bem como, em coerência com isto, diferentes critérios ou *standards* de controlo judicial. Em geral, as diferenças resultam de, num caso, a Administração se encontrar investida de um poder de formular um "juízo isolado de apreciação", e, no outro, ser chamada a efetuar um "juízo de ponderação de interesses concorrentes".

Contudo, em qualquer caso, estaremos sempre perante o exercício (pela Administração) e o controlo (pelos tribunais) de juízos de valoração próprios da função administrativa. E este é, precisamente, o ponto de união e o fator identitário da discricionaridade.

> Acrescenta-se, neste contexto, que o direito da União Europeia também não estabelece qualquer distinção entre discricionaridade e margem de livre apreciação, assim como não define qualquer associação entre conceitos indeterminados e margem de livre apreciação[300]. Com um significado equivalente e para indicar uma *figura única*, o Tribunal de Justiça (União Europeia) emprega os conceitos de "margem de apreciação", "margem de decisão", "poder de apreciação" ou "amplo poder de apreciação"[301] – consideram-se os textos das decisões na versão em língua portuguesa, os quais, em muitos casos, surgem na versão em língua alemã com o conceito de discricionaridade e mesmo de ampla discricionaridade ("Ermessen"; "weites Ermessen").

Pelas razões expostas, recusa-se, num plano dogmático, a figura da "margem de livre apreciação". Mas, além disso, também se afigura de recusar o emprego não técnico desse conceito, como sinónimo de discricionaridade

[300] Nestes termos, cf. Jestaedt, "Maßstäbe des Verwaltungshandelns", *cit.*, p. 346; Kopp/Ramsauer, *ob. cit.*, p. 902; Stelkens/Bonk/Sachs, *ob. cit.*, p. 1410.

[301] Entre muitos, veja-se, por ex., os Acórdãos do TJ de 25/10/2018, *Roche Lietuva*, proc. C-413/17 ("margem de apreciação"), de 03/10/2013, *Comissão/Itália*, proc. C-369/11 ("margem de decisão"), de 14/11/2018, *Comissão/Grécia*, proc. C-93/17 ("poder de apreciação"; "amplo poder de apreciação") e de 11/12/2018, *Weiss e o.*, proc. C-493/17 ("amplo poder de apreciação", a respeito de competências do BCE, quando elabora e executa um programa de operações de *open market*, em que efetua "escolhas de natureza técnica e previsões e apreciações complexas").

– como faz, por ex., o Tribunal de Justiça –, pois sugere que o poder de apreciação da Administração corresponde a um fenómeno "marginal" ou "residual"[302].

26.2 – Discricionaridade e discricionaridade técnica

Apetece começar por dizer que, a expressão "discricionaridade técnica" é construída com base num equívoco de fundo[303], referindo-se a uma realidade imprecisa[304].

O emprego do conceito é tradicional na doutrina italiana e surgiu por força da adoção de um conceito de discricionaridade baseado na ponderação valorativa de interesses concorrentes, conjugada com a dificuldade de controlo judicial de decisões da Administração baseadas em juízos técnicos. Ou seja, a discricionaridade técnica refere-se a um domínio em que "não há discricionaridade perante a lei e, no entanto, a fiscalização contenciosa é impossível"[305]; ou em que há um juízo, mas falta uma escolha fundada numa ponderação de interesses[306].

Em inúmeras situações, a Administração é chamada a exercer competências baseadas em atos de verificação da existência, de "accertamento", de certas qualidades de pessoas ou coisas com base em juízos técnicos: "ameaça de ruína"; "zona agrícola não idónea para a cultura do milho"; "substância estupefaciente"; "robustez física"; "incapacidade para o exercício de uma profissão". Quando formula o juízo de que um edifício ameaça ruína ou que um indivíduo tem robustez física, o agente administrativo não está a exercer um "poder de apreciação", nem a fazer uma valoração, ou a produzir um juízo opinativo, mas, em vez disso, apenas a reconhecer, atestar, verificar uma certa qualidade ou situação. Em muitos casos, trata-se de juízos que reclamam a mobilização de competências técnicas especializadas. Mas não são juízos que envolvam o exercício de um poder discricionário. Pode

[302] Neste preciso sentido, cf. Maria Francisca Portocarrero, "Discricionaridade e conceitos imprecisos", *cit.*, p. 42.

[303] Sublinham isto mesmo vozes autorizadas da doutrina italiana; neste sentido, cf. Sérvulo Correia, *Legalidade e Autonomia Contratual, cit.*, p. 171; veja-se ainda, por ex., Galli, *Nuovo corso di diritto amministrativo, cit.*, p. 571.

[304] Cf. Cerulli Irelli, *Principii del diritto amministrativo, cit.*, vol. II, p. 54.

[305] Acórdão do STA, Pleno de 22/06/1983, P. 10.481, que replica uma passagem do livro de André Gonçalves Pereira, *Erro e Ilegalidade do Acto Administrativo*, Edições Ática, 1982, p. 268. Sobre o conceito na jurisprudência portuguesa, cf. Miguel Nogueira de Brito, "Sobre a discricionariedade técnica", *Revista de Direito e de Estudos Sociais*, 1994, n.ºs 1-2-3, p. 33 e segs.

[306] Cf. Giannini, *Istituzioni, cit.*, p. 268.

até não existir um unanimismo entre os técnicos sobre o *standard* técnico aplicável ou sobre se uma determinada situação se deve determinar de uma forma ou de outra, mas, em qualquer caso, é seguro, nestes domínios, a Administração não é beneficiária de um "poder de apreciação" em vista de delinear a melhor solução para o caso concreto. Este não é, portanto, um campo de discricionaridade, nem técnica, nem de qualquer outra natureza. Aqui, a Administração não faz escolhas, emite *juízos técnicos ou científicos*, que se apoiam em regras técnicas ou em conhecimentos técnicos ou científicos. Precisamente por isso, no momento de controlo, o tribunal não deve considerar-se vinculado pelo juízo da Administração, tendo, pelo contrário, "acesso direto aos factos" para verificar se foi, ou não, correta a aplicação da lei pela Administração.

No domínio em que formula juízos técnicos objetivos, de "accertamento" de factos ou qualidades, a Administração não exerce um poder próprio de apreciação ou de valoração. Mas a situação já se apresenta diferente em domínios em que a Administração se vê habilitada a mobilizar as suas competências, o seu treinamento, o seu *Know-how*, os seus saberes técnicos apurados e qualificados para proferir decisões que *também* se baseiam em valorações e em juízos próprios: "obra que afeta a estética das povoações" ou "a beleza das paisagens" "coleção de valor cultural", "impacto significativo no funcionamento do mercado" são exemplos de enunciados normativos que suscitam uma apreciação ou valoração, não se reconduzindo à mera emissão de um juízo técnico objetivo.

É assim que o conceito de discricionaridade técnica se deve eliminar, por inutilidade: os casos cobertos pela figura, ou, pura e simplesmente, não são de discricionaridade, por mobilizarem juízos técnicos objetivos, de verificação, ou, na medida em que suscitam juízos de valor e de apreciação, são casos de discricionaridade, como quaisquer outros[307].

27 – Noção de discricionaridade administrativa

Vamos avançar e balizar o estudo com a proposta de uma definição de discricionaridade administrativa: a figura referencia o *poder conferido por uma norma de competência à Administração Pública para que esta, com base nos seus próprios juízos de apreciação e valoração, decida, em última instância, sobre a medida a adotar numa situação concreta.*

[307] Na mesma linha, em relação ao direito espanhol. cf. Tomás-Ramón Fernández, "La discrecionalidad técnica: un viejo fantasma que se desvanece", *RAP*, n.º 196, 2015, p. 211 e segs.

Veremos de seguida, de forma pormenorizada, os elementos da noção aqui adotada. Mas antes desse trabalho, sublinha-se que a discricionaridade administrativa constitui um poder conferido à Administração, e que se considera como próprio dela, de definição do conteúdo de uma decisão a adotar num caso concreto: esta dupla caracterização do poder discricionário – referência *material*, a um conteúdo, para um caso *concreto* – distingue a discricionaridade administrativa "em sentido estrito", como um espaço de "autonomia", de outras manifestações de discricionaridade ou de "autonomia" da Administração [sobre estas manifestações, cf. ponto 32].

27.1 – Poder conferido à Administração pela norma de competência

A discricionaridade refere-se a um poder conferido por uma norma jurídica ao agente administrativo, o qual é chamado a "aplicar" essa norma numa situação concreta da vida, mediante uma decisão. Como em geral sucede com o exercício de competências através de atos jurídicos em situações concretas, a norma de competência que confere este poder discricionário é uma norma com programação condicional [cf. ponto 19.1.2, *b)*].

O poder discricionário tem, portanto, uma fonte normativa, resulta da concessão ou da autorização do poder normativo (em regra, o poder legislativo)[308], através de uma abertura normativa ("abertura discricionária"). Neste primeiro elemento da noção, está patente a conceção do exercício da discricionaridade como um momento de um processo de relacionamento entre agente administrativo e norma de competência, que coincide, em regra, com um relacionamento entre Administração e lei. A discricionaridade resulta de uma "decisão do legislador", que manifesta a intenção de conceder discricionaridade por várias vias, a que podemos chamar "canais de abertura discricionária".

Tratando-se de um poder que reside numa norma jurídica, a determinação da existência do poder discricionário e, em particular, do canal de abertura discricionária depende de uma operação de *interpretação jurídica*. É por interpretação da norma de competência – das suas palavras, da sua estruturação – que se define uma premissa essencial sobre a presença de um poder discricionário. Com efeito, é a interpretação da norma que indica

[308] Recorde-se a referência à "teoria da autorização normativa": cf. Jestaedt, "Maßstäbe des Verwaltungshandelns", *cit.*, p. 350; Kopp/Ramsauer, *ob. cit.*, p. 900; Oster, *Normative Ermächtigungen*, *cit.*, p. 47 e segs.

se e quando existe discricionaridade: a atividade interpretativa tem um carácter intelectivo, e visa revelar e clarificar o texto da norma de modo a poder determinar-se o seu âmbito e o seu sentido; a discricionaridade, que não se confunde com a interpretação, caracterizando-se antes como evento diferente e logicamente posterior, é uma atividade de *concretização jurídica* (realização de uma escolha) baseada numa *valoração* (em juízos de valor) sobre o que é conveniente, mais conveniente, para alcançar a satisfação ótima do interesse público[309].

A discricionaridade corresponde a um poder *próprio* da Administração, no sentido de que se trata de um poder unilateral e, portanto, exercido através de uma decisão, de um ato unilateral (ato administrativo). Mas trata--se de um poder suscetível de se materializar num contrato. O exercício contratual do poder discricionário pode ocorrer no momento da adoção da decisão, por via da substituição da decisão unilateral pela celebração de um contrato sobre o exercício de poderes públicos (cf. artigo 127.º do CPA: "contrato administrativo substitutivo de ato administrativo"), ou no procedimento de formação da mesma (cf. artigo 57.º, n.º 3, do CPA: "durante o procedimento, o órgão competente para a decisão final e os interessados também podem celebrar contrato para determinar, no todo ou em parte, o conteúdo discricionário do ato administrativo a praticar no termo do procedimento"). No segundo caso, ocorre um fenómeno de *exercício antecipado do poder discricionário* e, em razão da vinculação assumida pela Administração, a decisão, que seria discricionária nos termos da lei, converte-se numa decisão vinculada, cuja adoção pode ser exigida judicialmente, numa ação de condenação à prática de ato devido, nos termos do artigo 66.º e segs. do CPTA, conforme também resulta do artigo 37.º, n.º 1, alínea *b)*, do mesmo diploma.

27.2 – Valorações próprias da Administração

É ainda por via da interpretação da norma de competência que se vai poder concluir sobre se o poder por ela conferido convoca ou faz apelo a valorações próprias, "privativas", que se devam reputar "reservadas" à Administração.

[309] Cf. G. Azzariti, *Dalla discrezionalità al potere*, Cedam, 1989, p. 319; E. Casetta, "Riflessioni in tema di discrezionalità amministrativa, attività vincolata e interpretazione", *Il Diritto dell'Economia*, 1998/3, p. 503 e segs. (p. 514). Ainda neste âmbito e por referência ao texto, sobre a distinção entre *interpretação* (como uma questão de metodologia jurídica, sobre a revelação do âmbito e sentido de uma norma) e *concretização* (como problema de competência e de produção de direito), cf. Jestaedt, "Maßstäbe des Verwaltungshandelns", *cit.*, p. 338.

Assim se designam as apreciações, os juízos de valor, valorações e ponderações que a Administração tem de fazer para poder decidir nos termos da norma de competência: trata-se de juízos e valorações sobre factos ou sobre a qualificação de factos, sobre a avaliação de pessoas, de coisas ou de situações; essas valorações também podem envolver a formulação de prognoses, de avaliações prospetivas, de projeções sobre o modo como poderá evoluir uma dada situação, ou ainda na realização de avaliações e apreciações ou de ponderações de situações complexas. Em todos estes casos, pressupõe-se que a norma de competência aplicável ao caso concreto define um canal de abertura discricionária para o agente fazer a valoração, confiando-lhe, delegando nele, a compreensão final do caso concreto, nos seus contornos atuais ou futuros. Os juízos isolados de apreciação conduzem, em regra, a um resultado de "sim ou não"; mas também existem juízos isolados de apreciação que podem basear a escolha de uma entre várias medidas (por ex., classificação de uma entrevista para apreciação das capacidades de alguém num procedimento de concurso com 10, 15 ou 18 pontos); além disso, existem juízos isolados cuja formulação, num ou noutro sentido, não dispensa uma ponderação de interesses [recordem-se os exemplos das decisões de modificação ou de resolução de contratos por razões de interesse público ou de revogação de atos administrativos: cf. ponto 26.1].

A valoração administrativa não se esgota na formulação de *juízos isolados* de apreciação, de avaliação ou de qualificação de factos ou de qualidades de pessoas ou de coisas. De resto, pode mesmo suceder que, apesar de ser chamado a formular juízos próprios, a exercer um poder discricionário, ao agente administrativo não vá solicitada a formulação de um juízo isolado como esses. A valoração que a norma confia ao agente pode incidir apenas sobre a eleição da medida, da melhor medida, que vai adotar no caso concreto. Teremos então um juízo discricionário que assenta numa ponderação valorativa e comparativa, que convoca (fase de "aquisição"[310]) e sopesa (fase de "ponderação"[311]) os interesses pertinentes, envolvidos na escolha da medida (*juízos discricionários de ponderação valorativa de interesses concorrentes*).

Os juízos isolados de apreciação e os juízos de ponderação valorativa são elementos do que se pode designar "autonomia de valoração da

[310] Referindo-se, neste contexto, a um princípio da necessária aquisição de interesses, cf. Cerulli Irelli, *Principii del diritto amministrativo, cit.*, vol. II, p. 49.

[311] Cf. Cerulli Irelli, *ibidem.*, p. 49.

Administração", valoração que pode ser atual ou prospetiva (juízos de prognose)[312].

Aparentemente, além dos juízos isolados de apreciação e dos juízos de ponderação valorativa de interesses concorrentes, existem ainda "juízos de apreciação comparativa": por ex., quando se escolhe uma pessoa para um certo lugar por ser mais adequada do que outra ou por ter ficado em primeiro num procedimento de seleção concorrencial. Contudo, em regra, estes juízos não realizam propriamente uma *comparação*: o ser mais adequado ou o ficar em primeiro lugar é um resultado que depende da apreciação isolada e da classificação que, nesse caso, terá de ser atribuída a cada concorrente, com fundamento nos mesmos critérios de valoração.

Nestes termos, podemos concluir que um poder é discricionário porque o seu exercício em concreto, que se materializa numa escolha, numa seleção entre alternativas, se baseia em valorações e juízos que o sistema jurídico deve reconhecer e assumir como próprios e privativos da Administração ou, como se diz no CPA (artigo 8.º) e no CPTA (cf. artigos 71.º, n.º 2, 95.º, n.º 5, 168.º, n.º 2, e 179.º, n.º 1), em "valorações próprias do exercício da função administrativa". Em cada caso, a conclusão sobre se a norma de competência convoca a valoração própria ou suscita juízos próprios da Administração – definindo, assim, canais de abertura discricionária – depende de uma operação de interpretação da "decisão legislativa" que se materializa na própria norma de competência. Voltaremos a este tema.

27.3 – Escolha da medida a adotar numa situação concreta (decisão)

A discricionaridade pressupõe e assenta num *momento valorativo*, na formulação de juízos sobre os factos ou situações a que a decisão responde, bem como sobre a medida a adotar; depois das valorações e ponderações valorativas, e com fundamento nestas, o exercício efetivo da discricionaridade vai materializar-se num *momento volitivo*, na tomada de uma decisão e, em especial, na escolha do conteúdo ou substância dessa decisão.

A discricionaridade reconduz-se sempre a um *poder de escolha do conteúdo de uma decisão fundado numa valoração própria da Administração*: consiste sempre

[312] Referindo-se a uma autonomia administrativa de valoração e de prognose, cf. Sérvulo Correia, "Conceitos jurídicos indeterminados", *cit.*, p. 42.

numa volição, num momento volitivo, que se segue a uma valoração, a um momento valorativo. Nisto se funda a premissa essencial da tese monista que aqui se preconiza [cf. ponto 26].

O poder discricionário consubstancia-se num poder de escolha[313], de seleção e de decisão sobre a medida – a melhor medida – a adotar num caso determinado. O trabalho de seleção, de escolha, de opção decisória sobre a melhor forma de responder às situações com que se confronta é uma constante na vida da Administração: numa frase pensada para as agências administrativas norte-americanas, mas que é válida para todas as administrações, "an agency constantly has to make choices"[314].

Na sequência, desenvolvem-se, de forma mais detalhada, alguns tópicos fundamentais para a compreensão do poder discricionário da Administração.

27.3.1 – Exercício da discricionaridade como processo de concretização jurídica

O exercício da discricionaridade repousa numa decisão legislativa ou normativa que, de uma forma intencional, cria um espaço próprio, privativo ou reservado, da Administração – através da definição de um canal de abertura discricionária. A atuação do poder discricionário ocorre, pois, no âmbito de um "processo de concretização jurídica"[315], de "concretização do interesse público"[316], e inscreve-se como episódio de um trajeto contínuo que se inicia com a definição do programa normativo idealizado para regular uma situação concreta (inscrito na norma de competência), que segue e evolui, de forma progressiva, em direção a essa situação, concluindo-se com a medida concretizada ou individualizada pela Administração. Neste caso, ocorre como que uma cisão no interior do poder de delinear os termos da resposta para o caso concreto (a decisão do caso): esse poder manifesta-se, numa parte, na norma legal de competência e, a seguir, numa outra parte,

[313] Cf. Corso, *Manuale di diritto amministrativo, cit.*, p. 194 ("la discrezionalità come potere di scelta"); no mesmo sentido, Cerulli Irelli, *Principii del diritto amministrativo, cit.*, vol. II, p. 42.

[314] Cf. J. M. Rogers, "A fresh look at agency discretion", *Tulane Law Review*, vol. 57, 1983, p. 776 e segs. (p. 776).

[315] Sobre a discricionaridade (enquanto manifestação de uma "margem de livre decisão administrativa") como processo de concretização e de individualização jurídica, cf. Jestaedt, "Maßstäbe des Verwaltungshandelns", *cit.*, pp. 330, 357 e 363.

[316] Cf. Villata/Ramajoli, *ob. cit.*, p. 109.

na decisão administrativa. A solução do caso resulta da interação conjugada destes dois momentos. Por isso se diz que o poder administrativo discricionário resulta de uma divisão de competências entre o legislador e a Administração. Este processo de concretização jurídica, de "realização do direito"[317], de "criação do direito no caso concreto"[318], que culmina na escolha administrativa da medida para a situação concreta, relativiza a distinção cortante entre a função de "legislar" e a função de "aplicar a lei" ("executar"); é que, no exercício da discricionaridade, a atividade da Administração não consiste, na verdade, na mera "execução", mas antes na "concretização"[319], na "atuação"[320] ou na "complementação"[321] da lei. A final, a solução para o caso concreto resulta de uma mistura de síntese entre o programa normativo definido na norma de competência (hétero-programação) e a medida definida, escolhida, pela Administração (auto-programação) [322]. Por isso se pode concluir que o interesse público, sendo sempre indicado ou revelado pela lei (norma de competência), é, em termos finais, definido pelos órgãos competentes da Administração Pública.

27.3.2 – Exercício da discricionaridade como processo de escolha de uma entre outras medidas legalmente possíveis

Embora a referência à escolha de uma medida possa sugerir outra coisa, aqui cabem não apenas as situações em que a Administração escolhe ou decide adotar uma de entre várias possíveis medidas de conteúdo positivo (designada "discricionaridade de escolha" ou de "conformação", sobre o *quid*, ou seja, sobre o conteúdo), mas também aquelas em que à Administração é dado o poder de escolher ou de decidir entre agir e não agir ("discricionaridade de ação" ou "de intervenção", sobre o *an*)[323]. O não agir pode resultar de uma decisão de não intervenção, ou de inação – de uma escolha de não agir em vez da decisão de agir, que também seria possível –, e essa pode consistir na "medida" que a Administração considera mais adequada

[317] Cf. Rogério Soares, "Princípio da legalidade e administração constitutiva", *cit.*, p. 190.
[318] Cf. Maria Francisca Portocarrero, "Discricionaridade e conceitos imprecisos", *cit.*, p. 36.
[319] Cf. Jestaedt, "Maßstäbe des Verwaltungshandelns", *cit.*, p. 340.
[320] R. Villata/M. Ramajoli, *ob. cit.*, p. 70.
[321] Cf. Maria Francisca Portocarrero, "Discricionaridade e conceitos imprecisos", *cit.*, p. 37.
[322] Cf. Jestaedt, "Maßstäbe des Verwaltungshandelns", *cit.*, p. 348.
[323] Cf. Maurer/Waldhoff, *ob. cit.*, p. 147.

às circunstâncias[324]. Assim, a discricionaridade de ação revela-se uma discricionaridade de escolha: de uma escolha entre a medida de agir ou o não agir[325].

Mas, bem vistas as coisas, não é apenas a discricionaridade de ação que se apresenta como uma discricionaridade de escolha.

Também acaba por se reconduzir a esta a que se pode designar "discricionaridade de apreciação", para indicar os casos em que a Administração surge investida de poder de apreciação, de qualificação e de avaliação de factos ou de qualidades de pessoas ou coisas. Como se explicou, nos casos em que é discricionário, o poder de apreciação é indissociável do poder de decisão, de escolha da medida. Assim, em todos os cenários, a discricionaridade reconduz-se, sem exceção, ao poder de escolha da medida a adotar numa certa situação: este poder tem origens diferentes na norma de competência, e é por isso que se pode distinguir entre "discricionaridade de ação", "discricionaridade de escolha" e "discricionaridade de apreciação". Trata-se, porém, de distinções que fornecem sobretudo uma indicação sobre a raiz da discricionaridade na norma de competência. Além disso, na medida em que têm subjacente a mobilização de diferentes tipos de juízos por parte do agente administrativo, afigura-se conveniente manter a distinção entre "discricionaridade de ação + discricionaridade de escolha", por um lado, e "discricionaridade de apreciação", por outro lado.

Contudo, a distinção faz-se no interior da figura da discricionaridade, uma vez que esta corresponde sempre, em todos os casos, à escolha de uma certa medida, entre outras medidas juridicamente possíveis ou aceitáveis: a Administração adotou a medida "A", mas também poderia ter adotado a medida "B", "C" ou outra[326]. A Administração decidiu que é contra o "interesse do serviço" um determinado facto, mas também, no plano da lei, poderia ter decidido o contrário.

A discricionaridade indica, neste sentido, uma "liberdade de decisão", uma decisão entre várias possibilidades[327], uma escolha entre alternativas

[324] Pode aliás estar aí presente o exercício de uma "discricionaridade favorável", se se trata, por ex., de não exercer um poder (discricionário) de repressão da atuação de um particular – sobre o conceito de discricionaridade favorável, cf. Vieira de Andrade, *Os Direitos Fundamentais na Constituição Portuguesa de 1976*, *cit.*, p. 327.

[325] Pelo facto de a discricionaridade se poder traduzir na escolha entre agir ou *não agir*, alguma doutrina alude, neste caso, a uma "discricionaridade de comportamento", em vez de discricionaridade de ação: cf. Wolff/Bachof/Stober/Kluth, *ob. cit.*, vol. I, p. 350.

[326] Cf. Maurer/Waldhoff, *ob. cit.*, p. 147.

[327] Cf. Stelkens/Bonk/Sachs, *ob. cit.*, p. 1412.

admissíveis[328]. Ou seja, trata-se, em qualquer caso, de uma opção entre várias soluções "legalmente possíveis", no sentido em que, para o caso que a Administração enfrenta, não está prevista "apenas uma solução como legalmente possível" (cf. artigo 71.º, n.º 2, do CPTA); o conteúdo da decisão ou da medida "poderia ser outro" [veja-se, *a contrario*, o artigo 163.º, n.º 5, alínea *a)*, do CPA sobre atos cujo conteúdo não pode ser outro].

> "Atos cujo conteúdo não pode ser outro" são os atos ou decisões de conteúdo vinculado: sobre esta categoria, cf., além do artigo 163.º, n.º 5, alínea *a)*, do CPA, os artigos 109.º, n.º 3 ("ato administrativo estritamente vinculado) e 167.º, n.º 6, do CPTA ("ato administrativo legalmente devido de conteúdo vinculado"): aqui se incluem os casos de conteúdo legalmente devido ou exigido por lei, bem como as situações de "redução de discricionaridade a zero" ou de "eliminação de discricionaridade" [sobre esta categoria, cf. ponto 28.1, *b)*].

Neste ponto, cumpre distinguir entre os planos da *juridicidade* e da *justiciabilidade*.

A discricionaridade consiste num poder de escolha ou decisão sobre a medida a adotar numa situação. Trata-se, contudo, de um poder que é conferido ao agente administrativo para que ele escolha, não uma *qualquer medida* de entre as medidas legalmente possíveis, mas aquela que representa a melhor solução para o interesse público[329]. "A escolha dos meios não pode ser uma escolha indiferente, mas terá que ser a do meio conveniente", sendo certo que "*conveniente* só pode ter um sentido: o de *melhor meio*, de *meio justo*, de *óptimo*"[330]. É este um corolário natural do dever jurídico de administrar bem que, como vimos, está implícito no princípio da prossecução do interesse público [cf. ponto 23.2.3]. A decisão discricionária não repousa numa escolha juridicamente indiferente entre várias possibilidades, todas *igualmente* legítimas[331]. E isto é assim porque "não existem soluções indi-

[328] Cf. Jestaedt, "Maßstäbe des Verwaltungshandelns", *cit.*, p. 363.

[329] Cf. Vieira de Andrade, *Lições de Direito Administrativo, cit.*, p. 60; na doutrina italiana, cf. Cerulli Irelli, *Principii del diritto amministrativo, cit.*, vol. II, p. 43 (a escolha discricionária recai, "entre várias soluções possíveis em face das exigências de cura de um determinado interesse, na que resulte mais conforme às mesmas exigências").

[330] Cf. Rogério Soares, *Interesse Público, Legalidade e Mérito, cit.*, p. 189; sobre a ideia de otimização e da procura do ótimo na ação administrativa, cf. Pitschas, *ob. cit.*, p. 1731.

[331] Note-se, porém, que uma parte importante da doutrina, na Alemanha ou na Itália, por ex., associa a discricionaridade a uma "liberdade de decisão" ou a uma "liberdade de escolha"

ferenciadamente admissíveis como soluções de igual valor jurídico", pois o legislador pretendeu que a Administração, em melhores condições de o fazer, encontrasse a melhor, e a mais oportuna, solução jurídica"[332].

Em si mesma, *essa escolha*, a escolha da decisão ótima, diz respeito ao *mérito administrativo*, pelo que, nesse âmbito, que corresponde a um espaço próprio da Administração, preenchido com as suas próprias valorações, o tribunal não interfere, sob pena de ultrapassar o seu âmbito próprio de ação, da *jurisdictio*, e de se intrometer num domínio de *administratio*, de conveniência e de oportunidade (cf. artigo 3.º, n.º 1, do CPTA)[333]. Mas o facto de ao tribunal não caber a apreciação do mérito da decisão discricionária não significa que esta não assente numa escolha jurídica ou pautada por critérios jurídicos, em particular, pelo dever jurídico de boa administração. A decisão discricionária não resulta de um poder fora do direito, a-jurídico, mas de uma norma jurídica legal ou com fundamento legal; além disso, essa decisão é ainda jurídica porque tem de observar princípios, limites critérios jurídicos (exigência esta que constitui uma condição de "legalidade" ou de "juridicidade" da decisão).

27.3.3 – Exercício da discricionaridade e decisão no caso concreto: a questão das "diretivas de discricionaridade"

No sentido (estrito) que aqui vimos a considerar, a discricionaridade é um "poder de exercício individual", pelo agente administrativo decisor, que tem a responsabilidade de proferir uma decisão em face do caso concreto. De resto, em regra, é mesmo a posição especial do agente decisor – que está em contacto direto com as circunstâncias que suscitam uma intervenção

entre várias soluções, todas razoáveis e legítimas, com base em critérios de oportunidade e de conveniência: cf. Villata/Ramajoli, *ob. cit.*, p. 64 ["l'attività discrezionale consiste (...) in un potere di scelta tra soluzioni diverse, tutte egualmente valide per l'ordinamento"]; Scoca, *Diritto amministrativo, cit.*, p. 184 (que acrescenta que as soluções oportunas podem ser mais do que uma); Maurer/Waldhoff, *ob. cit.*, p. 147; Stelkens/Bonk/Sachs, *ob. cit.*, p. 1412. Essa foi também a tese defendida pela doutrina portuguesa mais antiga, na linha de Marcello Caetano: neste sentido, cf. Vieira de Andrade, *Lições de Direito Administrativo, cit.*, p. 59. A tese ainda subsiste na jurisprudência portuguesa: veja-se o Acórdão do STA de 03/03/2016, P. 0768/15, no sentido de que "a discricionariedade consiste numa liberdade de escolha entre várias soluções tidas como igualmente possíveis [a Administração escolhe livremente uma das soluções apontadas na lei, sendo tidas como igualmente boas, qualquer uma delas]"

332 Cf. Maria Francisca Portocarrero, "Discricionaridade e conceitos imprecisos", *cit.*, p. 36.

333 A esfera de mérito presente na atividade discricionária envolve juízos e avaliações sobre elementos não suscetíveis de controlo judicial; neste sentido, cf. Villata/Ramajoli, *ob. cit.*, p. 217, que concluem que o "mérito se reconduz, assim, a uma condição de privilégio para a Administração".

administrativa – a justificação fundamental e, em muitos casos, até a razão de ser da discricionaridade. O poder discricionário consiste na concretização jurídica criadora construída a partir do disposto, em abstrato, na norma da competência em conjugação com os contornos específicos do caso concreto da vida. O caso, nos termos em que se apresenta, também "inspira" a decisão.

A opção da norma de competência, em regra, uma norma legal, uma "decisão do legislador", de remeter a solução para o agente administrativo que está em contacto com o caso concreto ficaria frustrada, se uma regra geral e abstrata ("instrução", "diretiva", "circular") do superior hierárquico ou um órgão com poderes de supremacia jurídica sobre o agente decisor definisse, de forma fechada, os termos em que este deve exercer os poderes discricionários. O canal de abertura discricionária estabelecido na norma de competência seria, dessa forma, limitado ou estrangulado.

Pois pode ser precisamente esse o resultado das designadas "diretivas de discricionaridade", instruções, circulares e preceitos através dos quais os órgãos superiores da Administração definem os critérios ou parâmetros de decisões discricionárias dos órgãos administrativos competentes. Em geral, o propósito destas diretivas consiste em promover a uniformização e em prevenir decisões diferenciadas e assim, por essa via, promover a igualdade de tratamento e a segurança jurídica e diminuir o grau de indefinição e de imprevisibilidade das decisões dos casos concretos. Mas, sob esse pretexto, as diretivas podem ter o efeito, indesejado, de restringir o poder efetivo de construção da solução certa para o caso concreto.

> Suponha-se que a lei estabelece que podem beneficiar de um programa de inventivos públicos às exportações as empresas que fabriquem "produtos artesanais de qualidade reconhecida" e que uma diretiva do superior hierárquico do órgão decisor estabelece que, para o efeito previsto na referida lei, produtos artesanais de qualidade reconhecida são apenas os produzidos e comercializados há mais de 50 anos em unidades de produção até 5 trabalhadores.

Estaremos, pois, perante o que a doutrina germânica designa "aplicação genérica da discricionaridade"[334], que, em termos práticos, reduz ou anula

[334] Cf. Jestaedt, "Maßstäbe des Verwaltungshandelns", *cit.*, p. 365 e segs.; Maurer/Waldhoff, *ob.cit.*, p. 150 e segs.

o exercício (individual) da discricionaridade no caso concreto. Este resultado produz-se contra a intenção da norma de competência, que definiu um canal de discricionaridade e remeteu a solução de cada caso concreto para o agente decisor. Por esta razão, quando retiram aos órgãos decisores a oportunidade de consideração dos contornos específicos do caso concreto ou dos interesses relevantes para a decisão, as "diretivas de discricionaridade" não devem ser aceites.

Essas diretivas correspondem a "regulamentos internos com função de direção do exercício da discricionaridade"[335] que os subalternos terão de acatar. Cabe aos "lesados" reagirem pelas vias adequadas contra a decisão que lhes é dirigida, invocando, para o efeito, o vício do "uso indevido da discricionaridade" com fundamento na ilegalidade da redução ou anulação da discricionaridade imposta pela diretiva – *v.g.*, no caso acima, as empresas que fabriquem produtos artesanais há 10 ou 20 anos, às quais, por essa razão, seja recusado o acesso ao programa de incentivos à exportação.

Sem prejuízo do exposto, parece não haver obstáculo à emissão de diretivas sobre o exercício da discricionaridade, quando, com um propósito de racionalização e até de simplificação da decisão administrativa, aquelas se limitem a definir elencos de "casos típicos" que preenchem a previsão da norma ou indicam os casos mais relevantes ou ainda os "elementos principais" a considerar na avaliação de um facto ou na formulação de um juízo de prognose. Tudo isto poderá aceitar-se, desde que, em qualquer caso, se mantenha no agente decisor a competência de decisão e de formulação de um juízo próprio, porventura diferente do que a diretiva recomenda. Estas diretivas ou instruções têm, para os agentes aplicadores, o benefício de redução da complexidade e, para os administrados, a vantagem de incrementar a previsibilidade do desfecho da ação administrativa[336].

[335] Cf. Jestaedt, *ibidem*, p. 366 ("ermessensdirigierende Verwaltungsvorschriften").

[336] São esses resultados que explicam a inclinação de alguns ordenamentos jurídicos para o reforço jurídico das diretivas de discricionaridade; veja-se, no Brasil, o Art. 30 da Lei de Introdução às Normas do Direito Brasileiro (introduzido em 2018), segundo o qual "as autoridades públicas devem atuar para aumentar a segurança jurídica na aplicação das normas, inclusive por meio de regulamentos, súmulas administrativas e respostas a consultas"; sobre este preceito, cf. Egon Bockmann Moreira/Paula Pessoa Pereira, "O dever público de incrementar a segurança jurídica", *Revista de Direito Administrativo* (FGV), edição especial, 2018, p. 243 e segs., que justificam a solução, além do mais, como consequência da "indeterminação do Direito", da "falta de inteligibilidade do Direito" e de ter acentuado "o espaço de incerteza, da imprevisibilidade e

Assim, por ex., em face de uma lei que estabeleça que os helicópteros de transporte de feridos podem ser mobilizados "em caso de acidente grave", uma diretiva do ministério da saúde ou dos dirigentes do INEM, IP, pode identificar categorias ou tipos de acidentes considerados graves. Mas este exercício genérico da discricionaridade não deve impedir o decisor de, num caso concreto, autorizar a saída do helicóptero por considerar grave um acidente diferente dos que constam da diretiva.

Uma situação próxima deste fenómeno de aplicação genérica da discricionaridade, mas que dela se deve distinguir, é a que consiste na prévia densificação ou definição (discricionária) dos critérios a seguir no exercício de um poder de decisão em situações concorrenciais. Trata-se de uma situação frequente nos procedimentos administrativos de seleção concorrencial, como são os procedimentos de contratação pública, de concursos de pessoal e de alocação de recursos escassos (*v.g.*, concessão de autorizações em número limitado) ou de atribuição de apoios e subsídios públicos. Pelo facto de ter de selecionar ou escolher entre vários interessados em aceder a um "benefício" que atribui – o qual pode consistir na ajudicação de um contrato, ou na obtenção de uma autorização para explorar um táxi ou para utilizar um espaço público –, a Administração, por razões de igualdade, de imparcialidade e de transparência está legalmente obrigada a organizar um procedimento aberto a todos os interessados. Embora possa dispor, e dispõe em geral, de discricionaridade para selecionar a melhor proposta ou a melhor oferta que vier a ser apresentada ou para avaliar os candidatos ao concurso[337], a Administração deverá exercer, pelo menos em parte, *essa* discricionaridade mediante a definição *ex ante*, de forma genérica e em abstrato, dos critérios ou fatores que vão orientar a decisão concreta de seleção ou de classificação[338]. Este fenómeno de "redução da indeterminabilidade de

das angústias, quanto ao comportamento a ser adotado pelos decisores públicos, nas resoluções dos casos" (pp. 253-254).

[337] A Administração não disporá dessa discricionaridade se a lei estabelecer que a escolha tem de recair na oferta com "preço mais baixo" (pela prestação de um serviço) ou com "preço mais alto" (*v.g.*, por uma licença). Mas, em geral, não existe uma determinação legal nesse sentido.

[338] Alguma doutrina alude aqui a uma "discricionaridade instrumental" – neste sentido, cf. M. Ricchi, "Negoauction, discrezionalità e dialogo competitivo", in G.D. Comporti (org.), *Le gare pubbliche: il futuro di un modello*, Napoli, 2011, p. 145 e segs. (p. 159 e segs.); P. L. Portaluri, "La discrezionalità strumentale della stazione appaltante e il modello organizzativo ex d.lgs. 231/01", *Rivista giuridica edilizia*, 2012, p. 91 e segs.

conceitos normativos"[339] afigura-se essencial para assegurar a transparência do procedimento concorrencial, a concorrência e a igualdade de tratamento dos concorrentes. A definição pode mesmo eliminar a discricionaridade da decisão concreta de escolha da melhor proposta (*v.g.*, se se define que será escolhida a proposta de mais baixo preço[340]), embora, na maioria dos casos, ainda "sobre" um espaço de valoração discricionária para o momento da decisão concreta de seleção da melhor proposta ou oferta[341].

A antecipada definição discricionária de critérios do exercício de poderes de decisão corresponde a uma forma de exercício antecipado da discricionaridade pelo próprio órgão competente para proferir a decisão concreta de seleção: designamos esta discricionaridade de escolha dos critérios e das regras de adjudicação de contratos "discricionaridade de conformação normativa"[342]. Trata-se de um mecanismo (necessário) de *autovinculação administrativa*, pelo que o órgão competente para decidir em concreto fica obrigado a atuar com observância dos critérios predeterminados.

> No já citado Relatório de Atividades do Conselho de Prevenção da Corrupção relativo ao ano de 2018, assinalam-se como fragilidades frequentes, que expõem a Administração a práticas de corrupção, a "indefinição de critérios normativos e/ou técnicos nos cadernos de encargos na contratação pública" e a "indefinição de critérios para atribuição de apoios e/ou subsídios sobretudo financeiros".

27.4 – Decisão da Administração em última instância

Em todos os elementos analisados até aqui, esteve sempre presente uma compreensão do exercício da discricionaridade como um processo que se materializa na escolha de uma medida pela Administração com base numa norma de competência, em regra, uma norma legal. Neste sentido, como se explicou, a discricionaridade envolve uma ação conjugada ou combinada

[339] No âmbito dos procedimentos de adjudicação de contratos, o Tribunal de Contas alude a um imperativo de definição dos critérios de adjudicação, associado à exigência de comparabilidade das propostas, que dimana do princípio da concorrência; neste sentido, cf. Acórdão n.º 22/2019, 1.ª S/Pl (par. 24).

[340] Poderão, contudo, verificar-se situações de empate: sobre estas, cf. artigo 74.º, n.os 4, 5 e 6 do CCP.

[341] Cf. Pedro Costa Gonçalves, *Direito dos Contratos Públicos, cit.*, p. 876: embora se reconheça o esforço do legislador em "automatizar" ou "objetivar" a avaliação, são, ainda assim, inelimináveis os momentos de discricionaridade, resultantes de dimensões da decisão não objetiváveis.

[342] Sobre isto, cf. o nosso *Direito dos Contratos Públicos, cit.*, pp. 111 e 369 e segs.

do legislador (hétero-programação com canal de abertura discricionária) e da Administração (auto-programação).

Sucede, porém, que a efetiva subsistência do poder discricionário não depende apenas da definição, na norma de competência, de um canal de abertura discricionária, nem se pode analisar exclusivamente no quadro das relações entre o autor da norma de competência e o agente administrativo decisor. É que, num tempo posterior ao exercício do poder discricionário, poderá intervir um tribunal, ao qual pode ser solicitada a apreciação da legalidade da decisão discricionária. Ora, como se compreenderá, só existe discricionaridade, como um espaço de valoração e de decisão *próprio* e *reservado* do agente administrativo, se este tiver a última palavra sobre a escolha discricionária, se decidir em última instância[343]. A discricionaridade exige assim que, se vier a ser chamado a apreciar a decisão administrativa, o tribunal "respeite" o espaço de valoração próprio da Administração[344].

> No sentido de impor esse respeito aos tribunais, veja-se, entre outros preceitos do CPTA (artigo 71.º, n.os 2 e 3, 168.º, n.º 2, 179.º, n.º 1), o artigo 95.º, n.º 5: "quando no processo tenha sido deduzido pedido de condenação da Administração à adoção de atos jurídicos ou comportamentos que envolvam a formulação de valorações próprias do exercício da função administrativa, sem que a apreciação do caso concreto permita identificar apenas uma atuação como legalmente possível, o tribunal não pode determinar o conteúdo do ato jurídico ou do comportamento a adotar, mas deve explicitar as vinculações a observar pela Administração".

O respeito pelo tribunal do espaço de valoração próprio da Administração corresponde ao reconhecimento da decisão discricionária como decisão da Administração em última instância – trata-se de uma decisão em última instância na esfera do mérito[345].

Mas, claro, isto abrange exclusivamente o momento especificamente discricionário da decisão (o mérito), não os elementos vinculados, que também existem, os quais estão expostos a apreciação judicial. Esses "momentos

[343] Sobre esta "Letztentscheidungsbefugnis" ou "letzte Wort", cf. Jestaedt, "Maßstäbe des Verwaltungshandelns", *cit.*, p. 348; Kopp/Ramsauer, *ob. cit.*, p. 900.

[344] Cf. Vieira de Andrade, *Lições de Direito Administrativo, cit.*, p. 63; Jestaedt, *ibidem*.

[345] Como vimos, o mérito corresponde a uma área de insindicabilidade: corresponde a um momento da escolha da autonomia da Administração, que o tribunal deve respeitar [cf. ponto 23.2.3].

vinculados" correspondem aos "limites" e aos "critérios" do exercício do poder discricionário que vamos analisar a seguir.

A este respeito, o § 114 da lei alemã do processo administrativo (*VwGO*) estabelece: "quando a autoridade administrativa esteja autorizada a atuar de forma discricionária, o tribunal verifica igualmente se o ato administrativo ou a recusa ou a abstenção de o praticar são ilegais, por terem sido desrespeitados os limites da discricionaridade ou por esta ter sido exercida em desconformidade com a finalidade da autorização".

Vimos acima que o poder administrativo discricionário é o resultado de uma divisão de competências entre o legislador e a Administração. Pois bem, podemos concluir agora que essa leitura bipolar (lei-Administração) não permite compreender a discricionaridade na sua inteireza. Uma leitura global e compreensiva só se alcança quando se considera um plano tripolar, e um processo de divisão de competências entre legislador, Administração e tribunais.

28 – Limites jurídicos e critérios do exercício do poder discricionário

A escolha discricionária é, *em si mesma*, uma decisão jurídica, uma vez que, por força de um *dever jurídico* que comanda o poder de escolha da Administração, aquela deve ser a decisão certa, correta e justa: é o que exige *o dever de boa administração*. Mas não se esgota dentro desses limites a juridicidade do poder discricionário.

De resto, a juridicidade que decorre do dever jurídico de boa administração revela-se, se o podemos dizer assim, uma "juridicidade fraca" ou "imperfeita", posto que se refere a um dever da Administração cuja observância não é suscetível de apreciação por tribunais; trata-se de uma juridicidade sem justiciabilidade; ou de um dever imposto por uma norma de ação que não define uma norma de controlo para os tribunais [cf. ponto 23.2.3].

Além dessa juridicidade inerente ao dever de boa administração, a discricionaridade é um poder orientado juridicamente, que tem de ser exercido segundo critérios e padrões jurídicos, e que, além disso, se desenvolve dentro de limites legais e jurídicos. Considera-se agora a submissão do exercício da discricionaridade a princípios, critérios e padrões jurídicos cuja verificação é *justiciável*, por poder ser apreciada por tribunais – não está aqui em pauta, como no dever de boa administração, um dever jurídico de cumprir *standards* e regras não jurídicas, mas, antes, um dever de observar e respeitar princípios e regras do cosmos jurídico.

Na Alemanha, a lei do procedimento administrativo assinala, em geral, este momento de juridicidade do poder discricionário. Estabelece o seguinte o § 40 da *VwVfG*: "*quando a autoridade administrativa estiver autorizada a atuar de modo discricionário, deve fazê-lo em conformidade com a finalidade da autorização e respeitar os limites legais da discricionaridade*"[346].

Quer dizer, agora, já em território de uma "juridicidade perfeita", existe, para a Administração, um imperativo de correto exercício da discricionaridade[347]. Quer isto dizer que o poder discricionário se apresenta também, em simultâneo, como um poder vinculado[348]. Assim é, na verdade: o exercício do poder discricionário é limitado juridicamente e orientado por critérios jurídicos.

A distinção entre "limites" e "critérios" de orientação do exercício do poder discricionário tem um sentido essencialmente sistematizador e não pretende sugerir a existência de uma linha de fronteira clara e definitiva: visa-se sobretudo sublinhar que, no exercício da discricionaridade, a Administração deve *respeitar limites jurídicos* e deve *seguir critérios jurídicos*. Mas, quer a violação de limites, quer o desrespeito dos critérios de orientação do exercício do poder discricionário dão origem a "vícios jurídicos da discricionaridade". Estes vícios exprimem pela negativa os limites, os princípios e as condições que, pela positiva, são os critérios reguladores da ação administrativa[349]. Numa leitura integrada, pode considerar-se o respeito dos limites e a observância dos critérios como condições jurídicas do exercício legítimo do poder discricionário. Em sentido jurídico, um vício da discricionaridade existe só quando a Administração desrespeita alguma *condição jurídica* (limite ou

[346] Como a doutrina observa, o preceito não contém uma definição de discricionaridade, nem fornece qualquer indicação sobre os casos em que se admitem poderes discricionários; o seu propósito consiste em indicar a existência de limites jurídicos ao exercício da discricionaridade; cf. Maurer/Waldhoff, *ob. cit.*, p. 148; Stelkens/Bonk/Sachs, *ob. cit.*, p. 1409.

[347] Cf. Maurer/Waldhoff, *ob. cit.*, p. 152; Wolff/Bachof/Stober/Kluth, *ob. cit.*, p. 354.

[348] Cf. Maurer/Waldhoff, *ibidem*.

[349] Nestes termos, cf. C. Cudia, *Funzione amministrativa e soggettività della tutela (dall'eccesso di potere alle regole del rapporto)*, Giuffrè, 2008, p. 5.

orientação) do exercício da discricionaridade[350]. A consideração de que uma decisão é inoportuna ou menos boa do que outra não pode ser apreciada por tribunal: indica a presença de um "vício de mérito", mas não de um "vício de legalidade" (em sentido amplo).

Analisam-se a seguir os dois planos indicados da *deontologia da discricionaridade*[351], ou, o que significa o mesmo, do *correto exercício do poder discricionário.* Começamos pelos limites jurídicos ao exercício do poder discricionário.

28.1 – Limites jurídicos ao exercício da discricionaridade

No exercício da discricionaridade, o agente administrativo tem de respeitar limites que resultam imediatamente da norma de competência, que lhe atribui o poder discricionário; mas existem ainda outros limites que ele tem de respeitar. Vejamos.

a) Respeito do âmbito da norma de competência

Em primeiro lugar, a escolha ou decisão discricionária tem de ser feita dentro de *limites* especificamente previstos na norma de competência: o agente só está autorizado a agir com discricionaridade "no âmbito da autorização", ou seja, dentro dos limites dos poderes que lhe são conferidos (cf. artigo 3.º, n.º 1, do CPA).

Assim é, desde logo, porque o poder discricionário é atribuído ao agente administrativo para ou em função da prossecução de um fim definido externamente ("poder funcional, vinculado quanto ao fim")[352]. A discricionaridade visa a realização de uma finalidade, em concreto o interesse público revelado pela norma de competência.

O interesse público a prosseguir não está, em regra, individualizado ou expresso na norma de competência. Mas, por interpretação dos pressupostos e do contexto em que a norma se insere, é possível identificar esse interesse [353]. No exemplo dado por Vieira de Andrade: "*quando um prédio ameace*

[350] Neste sentido, a respeito dos vícios da discricionaridade ("Ermessensfehler"), cf. Maurer/ Waldhoff, *ob. cit.*, p. 152.

[351] Os conceitos de "deontologia da discricionaridade" e de "princípios deontológicos da discricionaridade" pertencem a G. Guarino, "Atti e poteri amministrativi", in *Dizionario amministrativo*, vol. I, Giuffrè, 1983, p. 200.

[352] Cf. Cerulli Irelli, *Principii del diritto amministrativo, cit.*, vol. II, p. 43.

[353] Cf. Cerulli Irelli, *ibidem*, p. 45.

> *ruína*, a câmara municipal pode ordenar a sua demolição ou reconstrução, a hipótese da norma não enuncia, mas *revela* qual é o interesse público a prosseguir, que é, no caso, o da segurança de pessoas e bens"[354]. Na tese clássica de Massimo Severo Giannini, o fim a prosseguir no exercício do poder discricionário, que corresponde ao interesse público para cuja tutela foi estabelecida a competência, denomina-se "interesse essencial"[355] ou "interesse público primário"[356].

A discricionaridade não corresponde a uma ideia de liberdade, nem de autonomia, no sentido que estes conceitos têm quando referidos aos cidadãos e à esfera da autonomia privada: neste contexto, agir com liberdade pressupõe um "poder livre", de prosseguir finalidades livremente ("arbitrariamente") escolhidas, dentro da esfera de licitude; no espaço de autonomia, a ordem jurídica não impõe qualquer finalidade a prosseguir pelos particulares, pelo que estes estão exclusivamente sujeitos a *limites negativos*, que visam impedir atuações abusivas (abuso de direito)[357].

Diferentemente, a discricionaridade administrativa consiste num "poder-dever", num poder que se encontra funcionalizado, porque atribuído para que o agente prossiga o interesse público e, em especial, para que, no seu exercício, alcance a realização máxima ou ótima deste interesse. Não existe, por conseguinte – salvo em casos muito excecionais –, uma "discricionaridade livre"[358], já que, mesmo que o agente disponha de um poder de escolha *aparentemente* livre (porque a norma de competência estabelece que ele "pode" fazer alguma coisa ou que deve escolher a "medida adequada"), há sempre uma "racionalidade jurídica" e um "arsenal jurídico" constitu-

[354] Cf. Vieira de Andrade, *Lições de Direito Administrativo, cit.*, p. 209. No sentido de que nos atos discricionários, na parte discricionária dos atos, o "fim do acto está (...) indicado ou suposto": cf. Rogério Soares, *Direito Administrativo, cit.* (Coimbra), p. 301.

[355] Cf. Giannini, *Il potere discrezionale, cit.*, p. 77.

[356] Cf. Giannini, *Istituzioni, cit.*, p. 266. Como se percebe, o conceito de interesse público primário tem um sentido relativo, por referência ao poder especificamente conferido pela norma de competência discricionária (para essa norma, trata-se do interesse principal), e não absoluto, por referência a uma escala de valores; neste sentido, cf. Villata/Ramajoli, *ob. cit.*, p. 98.

[357] Em sentido diferente, de uma equiparação entre discricionaridade administrativa e autonomia privada, cf. G. Poli, "La discrezionalità amministrativa e l'autonomia privata davanti alla legge", *P.A. Persona e Amministrazione*, 2018/2, p. 353 e segs. [http://dx.doi.org/10.14276/2610-9050.1790]; defende o Autor que a escolha discricionária, de mérito, "è espressione di libertà e, al pari di ciò che si verifica per i poteri negoziali, intangibile da parte del giudice" (p. 369).

[358] Teremos oportunidade de explicar que, em casos excecionais, a lei pode instituir uma "discricionaridade livre", entregando à Administração um poder de "decisão livre" [cf. ponto 31].

ído por princípios jurídicos[359] que se impõe observar e, em todos os casos, uma *finalidade de interesse público* que tem de ser prosseguida num quadro de escolhas e opções determinadas por critérios jurídicos[360]. Assim o diz o princípio da legalidade: a Administração deve atuar em obediência à lei e ao direito, "dentro dos limites dos poderes que lhe forem conferidos e em conformidade com os respetivos fins" (cf. artigo 3.º, n.º 1, do CPA).

O dever de prosseguir o fim legal, que inclui uma diretriz de *maximização* da realização do interesse público essencial ou primário[361], não exige, porém, uma *absolutização* desse interesse[362]. Veremos que se reclama do agente administrativo uma atitude de equilíbrio, que pondere outros interesses relevantes, públicos e privados [cf. ponto 28.2, *c)*].

O desrespeito pelo fim definido, pelo interesse público indicado na norma, origina um vício de "desvio de poder" ("détournement de pouvoir", de origem francesa[363]) ou de "uso indevido da discricionaridade" ("Ermessensmissbrauch", no direito alemão[364]). A finalidade concretamente prosseguida, de forma ilegal porque estranha ao fundamento

[359] Cf. Maria Francisca Portocarrero, "Discricionaridade e conceitos imprecisos", *cit.*, p. 36.

[360] Cf. Maurer/Waldhoff, *ob. cit.*, p. 152; Stelkens/Bonk/Sachs, *ob. cit.*, p. 1425; Wolff/Bachof/Stober/Kluth, *ob. cit.*, vol. I, p. 354.

[361] Cf. Giannini, *Istituzioni, cit.*, p. 266.

[362] Algumas teses vão mais longe, e aludem a uma *relativização* do interesse primário, cujo carácter prevalecente deverá ser apenas tendencial, em face da explosão de outros interesses que o agente deve ponderar; neste sentido, cf. S. Torricelli, "Eccesso di potere e trasformazione della discrezionalità: per introdurre una riflessione", in S. Torricelli (org.), *Eccesso di potere e altre tecniche di sindicato sulla discrezionalità*, Giappichelli, 2018, p. 1 e segs. (p. 11).

[363] A primeira sentença de anulação de uma decisão administrativa por vício de desvio de poder foi proferida pelo *Conseil d'État* no caso *Pariset* (26/11/1875): tratava-se de uma situação em que um agente do Estado (prefeito) mobilizou os seus poderes de polícia sobre estabelecimentos perigosos para ordenar o encerramento de uma fábrica de fósforos numa época em que se instaurava o monopólio fiscal do tabaco e dos fósforos: provou-se que o fez, não por razões de perigo, mas com o objetivo de evitar que o Estado tivesse de expropriar o direito sobre a fábrica e pagar a indemnização devida.
No TFUE, o desvio de poder surge expressamente como um fundamento do recurso para o Tribunal de Justiça da União Europeia (artigo 263.º). Segundo a jurisprudência do TJ, "um ato só enferma de desvio de poder se se verificar, com base em indícios objetivos, pertinentes e concordantes, que foi adotado exclusivamente, ou pelo menos de forma determinante, com fins diversos dos indicados ou com a finalidade de eludir um processo especialmente previsto pelo Tratado para fazer face às circunstâncias do caso em apreço": cf. Acórdão de 4/12/2013, *Comissão/Conselho*, proc. C-117/10 (par. 96); cf. R. O. Bustillo Bolado, "La desviación de poder en el Derecho comunitario y en el Convenio Europeo de Derechos Humanos", *RAP*, n.º 188, 2012, p. 65 e segs..

[364] Cf. Maurer/Waldhoff, *ob. cit.*, p. 153; Stelkens/Bonk/Sachs, *ob. cit.*, p. 1426.

previsto na norma de competência, poderá ser ainda de interesse público (diferente do interesse que a lei define naquele caso)[365] ou responder já a um interesse particular[366]: no primeiro caso, temos um *desvio do poder para fins de interesse público*; no segundo, um *desvio de poder para fins de interesse particular.*

> O desvio de poder para fins de interesse particular pode associar a discricionaridade à "corrupção" (cf. artigo 373.º do Código Penal), ao "abuso de poder" (cf. artigo 382.º do Código Penal), ou a outros crimes, como a prevaricação [367]. Neste âmbito, a jurisprudência penal italiana refere-se à "venda da discricionaridade" ou "venda da função", para indicar o fenómeno do exercício da discricionaridade para beneficiar alguém a troco do recebimento de vantagens[368].

O uso indevido da discricionaridade não é sempre determinado por uma intenção do agente no sentido de mobilizar o poder administrativo para fins não previstos. Pode, com efeito, ocorrer o mesmo cenário em caso de erro, resultante de uma deficiente leitura do caso real, ou da consideração de elementos incorretos ou inexatos: *erro de facto* ou *erro material*, por ex., porque se assume que uma "doença é gravemente contagiosa" sem que a doença seja sequer contagiosa ou se decide aplicar uma sanção especial para punir a violação reiterada de um dever sem a evidência de ter ocorrido qualquer violação. Existe, neste caso, um erro de facto ou material, sobre a subsistência material dos pressupostos de facto. O mesmo pode resultar de

[365] Por ex., exercício de um poder de legalização de uma construção ilegal com o propósito financeiro de receber as taxas a pagar pelo interessado.

[366] Nos termos do artigo 161.º, n.º 2, alínea *e)*, do CPA são nulos os atos administrativos praticados com desvio de poder para fins de interesse privado. Em 2014, um tribunal francês anulou a decisão de criação de uma zona de desenvolvimento eólico, por entender que a mesma visava satisfazer o interesse particular de um proprietário e não um qualquer interesse público [https://www.green-law-avocat.fr/eolien-zde-cour-administrative-dappel-douai-annule-arrete-prefectoral--detournement-pouvoir-caa-douai-12-juin-2014-n13da00457/].

[367] Vejam-se ainda os artigos 17.º e 26.º da Lei dos Crimes de Responsabilidade dos Titulares de Cargos Políticos. No Relatório de Atividades do Conselho de Prevenção da Corrupção relativo ao ano de 2018, assinalam-se os "processos de decisão administrativa" como uma das principais *áreas* de risco de corrupção e, dentro dela, um dos principais *fatores* de risco indicado é o "controlo deficiente sobre o exercício de poderes discricionários".

[368] Sobre o tema, cf. M. M. Minervini, "Il controverso rapporto tra i delitti di corruzione e la discrezionalità amministrativa" [https://www.penalecontemporaneo.it/upload/5234-minervini1217.pdf].

um erro na interpretação da própria previsão legal, sobre os pressupostos abstratos, se a Administração invoca uma norma de competência que não se aplica à situação (*erro de direito*). Estamos, em ambos os casos, perante formas de "desvio de poder em sentido objetivo". O poder – discricionário – é exercido fora do âmbito (vinculado) da norma de competência, mas não com a intenção de servir outro interesse.

Também representa o desrespeito dos limites do âmbito da autorização o fenómeno do "abuso da discricionaridade": eis o que ocorre com a sanção de suspensão do exercício de atividade pelo período de 4 meses, se a lei estabelece que a suspensão pode oscilar entre 30 e 90 dias; ou na opção por uma medida "C" num caso em que a norma de competência estabelece que o agente pode escolher a medida "A" ou a medida "B".

Aqui se incluem igualmente os casos de não-exercício ou de subutilização do poder discricionário, que ocorrem quando o agente administrativo não exerce o poder discricionário ou não considera todas as possibilidades do mesmo por estar erradamente convencido de que não dispõe de qualquer discricionaridade ou de que não dispõe de discricionaridade com a amplitude prevista na norma de competência. Este fenómeno do "não-exercício da discricionaridade" também pode resultar da existência de uma diretiva de discricionaridade que, de forma ilegal, anula o poder de exercício da discricionaridade no caso concreto [cf. ponto 27.3.3].

b) Outros limites

Além dos limites inerentes ao âmbito da autorização definido na norma de competência, o agente administrativo tem de respeitar limites gerais da ordem jurídica, pelo que não pode, por ex., infringir quaisquer disposições legislativas ("primazia da lei") ou, em geral, quaisquer normas jurídicas aplicáveis no caso (*v.g.*, disposições em matéria orçamental).

Limites de ordem geral são também os que decorrem de uma eliminação ou "redução da discricionaridade a zero". A figura refere-se a situações em que, apesar de a norma de competência conferir à partida ("prima facie") um poder discricionário à Administração, a apreciação das circunstâncias do caso apenas permite identificar uma única solução como juridicamente possível ou legítima[369], designadamente se estiver em causa uma decisão relativa a direitos fundamentais e, no caso, exista apenas um

[369] Cf. Vieira de Andrade, *Lições de Direito Administrativo*, *cit.*, pp. 64-65.

modo da realização desse direito[370]. A eliminação ou desaparecimento do poder discricionário pode resultar das circunstâncias específicas do caso concreto, que elimina alternativas decisórias, ou de atuações anteriores da Administração, em conexão com os princípios da igualdade e da boa fé (autovinculação administrativa).

> A eliminação da discricionaridade pode ocorrer, em primeiro lugar, em casos em que, embora dispondo, em geral, de discricionaridade de intervenção ou de ação (*v.g.*, em matéria de polícia de segurança), a Administração está obrigada a intervir em razão da particular gravidade do caso: a intervenção é a única medida possível e a discricionaridade de agir desaparece e vê-se substituída por um dever de agir ou de intervir. O mesmo fenómeno também pode resultar da vinculação por direitos fundamentais: assim, a Administração goza de discricionaridade para autorizar utilizações do espaço público, mas está obrigada a autorizar essa utilização para afixação de cartazes eleitorais durante as campanhas eleitorais [cf. artigo 113.º, n.º 3, alínea *a)*, da CRP][371].
>
> Por outro lado, a redução da discricionaridade pode resultar de decisões anteriores da Administração ("precedentes"), que tenham esgotado o poder discricionário em relação a situações análogas: se a Administração "pode" conceder uma autorização especial em determinadas condições e se vem adotando uma prática consistente no sentido de autorizar sempre que se verifiquem essas condições, não pode deixar de o fazer num caso particular. Uma prática consistente do exercício da discricionaridade em certo sentido não pode ser abandonada de forma isolada, por força dos princípios da igualdade e da boa fé (confiança), os quais definem uma vinculação da Administração às suas próprias decisões (autovinculação)[372]. O mesmo se diga nos casos em que a Administração define e anuncia os termos em que aplica uma norma[373]. Note-se, todavia, que esta autovinculação não tem um carácter absoluto, devendo aceitar-se, como princípio, que a Administração

[370] Cf. Vieira de Andrade, *Os Direitos Fundamentais, cit.*, p. 221.

[371] Cf. Maurer/Waldhoff, *ob. cit.*, p. 155.

[372] Cf. Kopp/Ramsauer, *ob. cit.*, p. 925.

[373] Veja-se o Acórdão TCAN de 22/01/2016, P. 1761/09.7BEBRG, no qual se decidiu que, a partir do momento em que a Administração, no uso de poderes discricionários, se autovincula a uma determinada solução, as regras assim estabelecidas passam a ser vinculativas para a resolução da situação em concreto (se a Administração definiu que só considera que as irregularidades superiores a 2% afetam de modo substantivo a justificação de um subsídio, não podia considerar como tal uma irregularidades que não foi além de 0,83 %).

não tem de perpetuar o seu entendimento e que pode alterá-lo por razões fundadas, passando a exercer a sua discricionaridade em sentido diferente da prática seguida – em razão do impacto que provoca na expectativa de estabilidade da ação administrativa, baseada na constância da ação da própria Administração, exige-se que a alteração não seja abrupta, nem se traduza numa disrupção para um caso isolado, e, por outro lado, impõe-se que seja explicada e se encontre apoiada em razões sérias e atendíveis, *v.g.*, relacionadas com alteração de circunstâncias objetivas ("reasoned explanation for the change")[374].

Na Alemanha, a jurisprudência identificou uma figura próxima, mas distinta, da redução da discricionaridade a zero, a designada "discricionaridade direcionada" ("intendiertes Ermessen")[375], que, como sugere o Prof. Sérvulo Correia, também se poderia traduzir (de forma não literal) por "discricionaridade excecional"[376]. A figura indica uma situação em que o tribunal considera que, apesar de a norma conter uma abertura discricionária, o legislador terá tido a intenção de dirigir o exercício da discricionaridade num sentido definido para a generalidade dos casos; assim, por ex., a norma que estabelece que a Administração "pode" ordenar o encerramento de estabelecimentos que funcionem sem licença, embora discricionária, deve ser assumida como expressão da intenção de determinar à Administração que ordene o encerramento como regra. A regra legal poderá, porém, não se aplicar em casos excecionais (segundo uma lógica de regra-exceção), devendo então a Administração expor as razões pelas quais decide *contra a*

[374] Cf. Kopp/Ramsauer, *ob. cit.*, p. 925. No Direito norte-americano, o tema das alterações às práticas consistentes de decisão e regulamentação das agências consistência é muito discutido, observando-se uma inclinação para admitir as alterações, embora de forma condicionada; cf. D. H. Becker, "Changing direction in administrative agency rulemaking: 'reasoned analysis', the roadless rule repeal, and the 2006 national park service management policies, *Environs*, vol. 30, 2006, p. 66 e segs.; "Judicial review of agency change", *Harvard Law Review*, vol. 127, 2014, p. 2070 e segs.; R. J. Kozel/J. A. Pojanowski, "Administrative change", *UCLA Law Review*, vol. 59, 2012, p. 112 e segs.

[375] Cf. Maurer/Waldhoff, *ob. cit.*, p. 149; Jestaedt, "Maßstäbe des Verwaltungshandelns", *cit.*, p. 365; Stelkens/Bonk/Sachs, *ob. cit.*, p. 1417; Kopp/Ramsauer, *ob. cit.*, p. 923; Wolff/Bachof/Stober/Kluth, *ob. cit.*, vol. I, p. 352; K. Kaffenberger, *Das intendierte Verwaltungsermessen*, UTZ Verlag, 2002, p. 3 e segs.

[376] Cf. Sérvulo Correia, "Revisitando o Estado de Necessidade", in *Em Homenagem ao Professor Doutor Diogo Freitas do Amaral*, Almedina, 2010, pp. 719 e segs. (pp. 742-743), que, assinala, contudo, a referência à tradução, para francês, de Michel Fromont, como "poder discricionário orientado".

regra[377]. A discricionaridade direcionada (ou excecional) representa, pois, uma forma de redução da discricionaridade, a qual só reemerge perante casos excecionais.

28.2 – Critérios jurídicos do exercício do poder discricionário

Além de dever desenvolver-se no respeito de limites, "no âmbito da autorização", o poder discricionário tem de ser exercido segundo critérios (regras) jurídicos, decorrentes, desde logo, da exigência de procura da melhor solução para o interesse público.

Em geral, a deontologia da discricionaridade impõe ao agente administrativo, em todos os casos, o conhecimento integral e exato dos factos e dos elementos pertinentes. Trata-se de um elemento de observação sistemática, que se impõe sempre, mas que não interfere com o momento específico do exercício da discricionaridade.

O mesmo já não sucede com outros dois critérios que vamos considerar [cf., *infra*, alíneas *b)* e *c)*]. Com efeito, no cenário de a discricionaridade se basear em juízos isolados de apreciação ou de avaliação de factos e de qualidades, impõe-se ao agente que efetue uma apreciação ou avaliação correta e completa dos factos e situações que tem de considerar. Por outro lado, nos casos em que a discricionaridade envolve a formulação de juízos de ponderação de interesses concorrentes, exige-se que o agente considere todos, embora apenas, os interesses relevantes ou pertinentes e efetue uma equilibrada ponderação dos mesmos. Estão agora em causa critérios operativos no preciso momento do exercício da discricionaridade. Compreende-se, por isso, que estes se revelem sobretudo critérios ou diretrizes de *orientação*, que têm a função de "impor cânones ao «*iter*» lógico que conduz à decisão" e não a de definir um percurso rígido que conduza necessariamente à decisão num certo sentido, pois isso equivaleria ao desaparecimento da discricionaridade[378].

[377] Como sublinha Kaffenberger, *ob. cit.*, pp. 3-4, o sentido da discricionaridade direcionada consiste em dispensar a Administração de uma ponderação sobre os prós e contras da decisão "discricionária" sempre que siga a regra desejada pelo legislador e tome a decisão definida como possibilidade; a avaliação dos prós e contras só deverá ser feita nos casos em que ao agente entenda dever afastar-se dessa regra. O resultado desta doutrina acaba por redundar na permissão conferida à Administração de, *discricionariamente*, se afastar da regra de vinculação em casos excecionais; assim se explica a preferência do Prof. Sérvulo Correia pela tradução não literal de *discricionaridade excecional*.

[378] Cf. Sérvulo Correia, *Legalidade e Autonomia Contratual*, *cit.*, p. 499.

a) Conhecimento integral, exato e correto dos elementos pertinentes

Em primeiro lugar, o agente administrativo tem, sempre, o dever de identificar e de avaliar todas as circunstâncias e elementos relevantes ou pertinentes para se colocar em posição de exercer corretamente o seu poder discricionário ("hard look"[379]). Em posição simétrica a este dever de efetivação das diligências certas, o agente está obrigado a não atender, a despistar e a descartar todos os elementos e circunstâncias que não sejam relevantes para o mesmo efeito. Neste contexto, deve ter a preocupação de considerar elementos exatos, de recolher dados fiáveis e de dar os passos procedimentais certos e adequados, para adquirir a ciência que lhe vai permitir construir boas soluções, e para prevenir que o seu processo de decisão se veja contaminado por inexatidões, dados incompletos ou falsos, ou que fique enredado em incoerências.

Ou seja, e como a lei determina, o agente está obrigado a pautar o seu trabalho de preparação da decisão por um esforço instrutório no sentido de "procurar averiguar todos os factos cujo conhecimento seja *adequado* e *necessário* à tomada de uma decisão legal e justa" (cf. artigo 115.º, n.º 1, do CPA; veja-se ainda o artigo 58.º, sobre o *princípio do inquisitório*) – a diretriz de considerar "factos cujo conhecimento seja *necessário*" implica que o agente considere factos pertinentes e relevantes para o caso; a diretriz de considerar "factos cujo conhecimento seja *adequado*" implica descartar factos não pertinentes ou não relevantes para o caso.

A decisão deve ser adotada mediante o exercício efetivo do poder de apreciação da Administração, o que na verdade, "pressupõe a tomada em consideração de todos os elementos e circunstâncias pertinentes da situação em causa"[380].

[379] O conceito de "hard look" refere-se à doutrina que se instalou na jurisprudência norte-americana sobretudo a partir da década de 80 do século XX, no sentido de um controlo aprofundado da discricionaridade administrativa ("intrusive review"); embora a ideia de "hard look" seja, em regra, invocada para caracterizar o ativismo e a maior profundidade ou peso do controlo judicial, a verdade é que o termo visa indicar a incumbência dos tribunais de verificar se a Administração efetuou um "hard look" sobre todos os elementos e factos relevantes para a decisão: "hard look review obligates courts to scrutinize the substance of agency decisions to check whether administrators themselves have taken a 'hard look' at all viable options"; cf. Ip, "Taking a 'hard look'", *cit.*, p. 482; sobre esta teoria, cf. C. R. Sunstein, "In defense of the hard look: judicial activism and administrative law", *Harvard Journal of Law and Public Policy*, vol. 7, 1984, p. 51 e segs.; P. M. Garry, "Judicial review and the 'hard look' doctrine", *Revista de Direito Administrativo* (FVG), vol. 275, 2017, p. 13 e segs.

[380] Excerto do Acórdão do Tribunal de Justiça, de 14/12/2018, *FV c. Conselho da União Europeia*, proc. C-750/16 (par. 146).

Seja qual for o canal de abertura discricionária que a suporta, a decisão discricionária, para ser legal e justa, tem de ser uma *decisão informada*, materialmente fundada e baseada no conhecimento e na consideração de todos os elementos pertinentes. O dever de instrução do procedimento não é privativo das decisões de natureza discricionária. Mas o cumprimento desse dever é fundamental e decisivo para um correto exercício da discricionaridade.

b) Exercício adequado do poder de apreciação

A decisão discricionária deve ser uma decisão informada, apoiada em elementos certos, pertinentes, e materialmente exatos. Mas, além disso, a Administração deve fazer uma representação correta desses elementos e deve utilizá-los de forma lógica, racional, no desenvolvimento do processo decisório. Como já se afirmou a este propósito, "epistemic authority has little value if it is not put to good use"[381]; ou seja, a Administração não deve ter apenas o conhecimento certo de todos os elementos pertinentes, deve saber interpretá-los e, sobretudo, aplicá-los corretamente. E isto terá de ser assim sempre que o agente administrativo é chamado a apreciar factos ou situações ou qualidades e emitir juízos de valor sobre esses factos, situações e qualidades.

Com frequência, a norma de competência convoca juízos de apreciação, de valoração e de qualificação da Administração sobre factos ou situações: "*nível elevado* de poluição", "comunicação *com carácter promocional*"; "*necessidades organizativas*"; "*acentuada carência* de recursos", "razão de *interesse público*", "*adequação* de meios humanos".

O mesmo sucede em casos em que a Administração se encontra incumbida de *competências de avaliação* de pessoas – *v.g.*, notação de trabalhadores; classificação de estudantes – ou de coisas – *v.g.*, imóvel de interesse cultural, filme de qualidade, obra de arte relevante – ou de situações – *v.g.*, declaração de situação de contingência ou de calamidade.

Na medida em que, por força da abertura normativa, os poderes para formular juízos como esses se devam considerar discricionários [sobre isto, cf. ponto 29.1], estaremos em presença de juízos próprios da Administração e a decisão proferida com fundamento nos mesmos encontra-se, em rigor, no âmago do poder discricionário: "discricionaridade de apreciação".

[381] Cf. E. Berger, "Individual rights, judicial deference, and administrative law norms in constitutional decision making", *Boston University Law Review*, vol. 91, 2011, p. 2029 e segs. (p. 2068 e segs.).

Precisamente nesse processo de exercício da discricionaridade, de pôr em marcha uma valoração própria da função administrativa, intromete-se um imperativo de racionalidade jurídica, a exigir que o percurso decisório se desenvolva de um certo modo, de um modo juridicamente correto (correto exercício do poder discricionário).

É assim que a formulação de juízos como estes – tratando-se de *juízos isolados* – deverá orientar-se segundo o *princípio de adequação da decisão à situação* ou, o que quer dizer o mesmo, um *princípio de adequação da decisão à finalidade indicada na norma de competência.* Nestes termos, o princípio materializa uma ideia inscrita no princípio geral da proporcionalidade, reclamando a conexão lógica entre meio e fim ("adequação meios/fins"); assim se explica a referência que lhe faz o n.º 1 do artigo 7.º, do CPA, que, precisamente, tem como epígrafe princípio da proporcionalidade: "na prossecução do interesse público, a Administração pública deve adotar os comportamentos adequados aos fins prosseguidos".

> Como se pode concluir, o *princípio da adequação dos meios aos fins* é um princípio autónomo, operativo como tal nas situações em que a Administração detém um poder de apreciação baseado em *juízos isolados* (que conduzem a um resultado de "sim ou não"), desligados, portanto, de uma ponderação comparativa de interesses. Mas, como se verá a seguir, o mesmo princípio constitui também um dos três subprincípios do princípio geral da proporcionalidade: os outros dois são a necessidade e a proporcionalidade em sentido restrito.

Aplicado à decisão baseada num poder de apreciação, o princípio da adequação postula a correspondência, coerência ou conexão racional entre a decisão da Administração e a situação concreta: a decisão que qualifica uma entidade como "organismo idóneo" para um determinado efeito tem de se mostrar adequada e coerente com a situação concreta da entidade assim qualificada.

Embora com uma *intensidade mais fraca*, pelo menos nos termos em que se encontra legalmente formulado, também se aplica aqui o *princípio da razoabilidade*, que impõe à Administração o dever de "rejeitar as soluções manifestamente desrazoáveis (...) em matéria das valorações próprias do exercício da função administrativa".

c) Imparcialidade e proporcionalidade na ponderação dos interesses relevantes

A discricionaridade consiste, sempre, na escolha de um conteúdo para uma decisão baseada numa valoração própria da Administração: a valoração pode recair sobre a qualificação e avaliação de factos e situações, como acaba de se ver, mas também sobre os vários interesses envolvidos e que devam ser ponderados ou sopesados quando se trate de construir a *melhor medida* sempre que a norma atribui ao agente a responsabilidade de escolher entre agir ou não agir ou de optar entre medidas alternativas. De novo, estamos, também neste caso, no âmago do poder discricionário: por isso, a escolha da melhor medida descansa numa valoração própria da Administração, quer sobre os interesses que considera relevantes, quer sobre o modo como os hierarquiza. Mas, sem pôr em causa essas valorações próprias, esse espaço próprio da Administração, esse domínio do *mérito*, exige-se que a escolha administrativa se baseie numa ponderação adequada de todos interesses relevantes e coenvolvidos no caso concreto.

Assim, a decisão discricionária haverá de ser uma *decisão ponderada* segundo critérios jurídicos; deve basear-se num processo de ponderação valorativa de todos os interesses relevantes na situação concreta[382]. Dentro dos limites da norma de competência e tendo presente a finalidade prosseguida com a atribuição do poder discricionário (e, portanto, o "interesse público essencial" ou "primário"), o agente administrativo terá de considerar e ponderar outros interesses públicos relevantes – denominados, por relação àquele interesse público primário ou essencial, "interesses públicos secundários" – bem como os interesses particulares em presença. Na formulação feliz do artigo 9.º do CPA, o agente deve considerar todos os interesses relevantes no contexto decisório.

[382] Neste sentido, cf. Vieira de Andrade, "A imparcialidade da Administração", *cit.*, p. 236 ("a imparcialidade obriga ... à consideração de *todos os interesses* concretos presentes no caso que sejam juridicamente relevantes"); Wolff/Bachof/Stober/Kluth, *ob. cit.*, vol. I, p. 350. Pela sua importância neste contexto, transcrevemos o § 73 (1) da lei do procedimento administrativo do estado alemão de Schleswig-Holstein: "desde que a regulamentação aplicável não especifique que ou de que forma ela deve agir, a autoridade administrativa decide, no âmbito da autorização que lhe foi concedida, sobre as medidas a serem tomadas, de acordo com critérios objetivos e com a ponderação dos interesses públicos e dos interesses particulares em presença (correto exercício do poder discricionário)"; cf. Stelkens/Bonk/Sachs, *ob. cit.*, p. 1409.

Surge aqui um processo de "aquisição" de interesses, orientado pelos *princípios da legalidade* (na medida em que a lei determine a ponderação de outros interesses, *v.g.*, determinando consultas obrigatórias e solicitação de pareceres a outros órgãos) e *da imparcialidade*.

> O dever de consideração de outros interesses relevantes inclui os interesses particulares, quer os do destinatário da medida da Administração, quer os de outros particulares: no procedimento de decisão, podem surgir vários interesses particulares contrapostos, caso em que a Administração tem o trabalho de ponderar todo o conjunto[383].
> Um dever específico de consideração de interesses particulares é uma decorrência direta do princípio da prossecução do interesse público "no" respeito pelos direitos e interesses legalmente protegidos dos cidadãos, bem como do princípio da proporcionalidade (cf. artigos 266.º, n.os 1 e 2, da CRP, e 4.º e 7.º do CPA).
> Pode, contudo, suceder que a Administração só tenha a obrigação estrita de considerar os interesses relevantes *que se manifestem no procedimento*. O princípio da imparcialidade materializa-se na obrigação de considerar, com objetividade, *todos*, mas também *apenas* os interesses relevantes no contexto decisório: cf. artigo 9.º do CPA[384].

A consideração e a ponderação de "outros" interesses relevantes, legítimos e dignos de proteção concretiza a ideia de uma não absolutização ou da recusa da predominância sistemática, absoluta e automática do interesse público essencial ou primário[385]. Recorde-se, aliás, que, nos termos da Constituição (artigo 266.º, n.º 1) e da lei (artigo 4.º do CPA), a prossecução do interesse público efetiva-se "no" respeito pelos direitos e interesse legalmente protegidos dos cidadãos, o que implica, para a Administração, uma efetiva proibição de discriminação ou desconsideração dos interesses particulares relevantes no contexto da decisão a proferir.

[383] A este respeito, referindo-se a um *mandato de conformação multipolar* conferido à Administração e a uma modulação multipolar do exercício do poder discricionário, cf. Francisco Paes Marques, *As Relações Jurídicas Administrativas Multipolares (Contributo para a sua Compreensão Substantiva)*, Almedina, 2011, em especial, p. 347 e segs.

[384] Cf. Vieira de Andrade, *Lições de Direito Administrativo, cit.*, p. 63, que se refere ao exemplo da legalização de obras sem licença como decisão discricionária que envolve uma obrigação de ponderar questões de salubridade suscitadas pela vizinhança, por força do princípio da imparcialidade.

[385] Cf. Villata/Ramajoli, *ob. cit.*, p. 102.

De resto, em casos que não são raros, a norma de competência pode não revelar um único interesse público primário, que se afirme categoricamente prioritário ou prevalecente. Assim, por ex., no licenciamento de uma indústria perigosa ou com efeitos nocivos para o ambiente, há uma plêiade de interesses públicos e de interesses privados a considerar e a ponderar, não se podendo concluir sempre, com total segurança, sobre qual o interesse prevalecente.

Apesar do dever de consideração, com objetividade e isenção, de todos (mas apenas) os interesses relevantes no contexto decisório, imposto pelo princípio da imparcialidade, o interesse público que se revela na norma de competência, é, com certeza, o interesse crucial, "primário" ou "essencial". É da cura ou da proteção essencial deste interesse que a lei encarrega a Administração: trata-se, afinal, de um interesse que se converte em "interesse próprio" da Administração. A Administração está exclusivamente ao serviço do interesse público, sendo a prossecução deste o seu único "compromisso de lealdade".

Além do princípio da imparcialidade, o processo de decisão deve também ser orientado pelo *princípio da proporcionalidade* (em sentido amplo).

O princípio da proporcionalidade desdobra-se na já referida exigência de *adequação dos meios aos fins* ou *idoneidade*, impondo que as decisões da Administração proferidas no exercício de poderes discricionários sejam adequadas para a prossecução dos fins previstos na norma de competência. A exigência de adequação, que pressupõe, portanto, a correspondência, coerência ou conexão racional entre a decisão e a finalidade prosseguida – que significa conexão entre *decisão* e *facto*, entre *meio* e *fim* –, impõe-se quanto a todas as decisões da Administração que envolvam escolhas: é por isso que também encontramos esta exigência no exercício da "discricionaridade de apreciação". E é também por isso que a adequação surge *isolada* no artigo 7.º, n.º 1, do CPA: "na prossecução do interesse público, a Administração Pública deve adotar os comportamentos adequados aos fins prosseguidos".

Contudo, pelo facto de, agora, estar presente um imperativo de balanceamento e de ponderação de vários interesses dignos de tutela, e de a decisão a proferir ter de envolver, em alguma medida, o sacrifício de alguns deles, reclama-se que, nessa sua dimensão restritiva ou agressiva, a decisão se revele *necessária* ou *exigível*. O princípio da proporcionalidade surge agora como um cânone comparativo com a função de orientar uma escolha entre diferentes meios para a realização do interesse público: em concreto, exige que a Administração se oriente por uma "regra do meio mais suave", quer dizer, do meio ou medida que envolve o menor sacrifício dos interesses agredidos ou onerados. Assim, uma decisão agressiva ou restritiva num certo grau cumpre o requisito da necessidade quando, para a realização do interesse público, não exista outra decisão de grau menos oneroso. A necessidade impõe, assim, um "limite quantitativo" ao poder, e promove a realização de um justo equilíbrio dos vários interesses em presença[386].

Por fim, o princípio da proporcionalidade contempla uma exigência de proporção em sentido restrito: a decisão deve ponderar os interesses em confronto no sentido de alcançar uma "justa medida" entre sacrifício, perda ou custo, por um lado, e benefício, ganho ou vantagem, por outro lado. O sacrifício que a decisão provoca no interesse lesado deve ser proporcional à vantagem que gera para o interesse público beneficiado. A Administração não deve, pois, impor sacrifícios desproporcionais, excessivos em relação aos benefícios alcançados (regra da "proibição do excesso")[387].

Estes dois últimos subprincípios do princípio da proporcionalidade – necessidade e proporcionalidade em sentido restrito (proibição de excesso) – encontram-se consagrados no artigo 7.º, n.º 2, do CPA, no contexto da relação entre interesse público e direitos dos particulares; aqui se estabelece que "as decisões da Administração que colidam com direitos dos particulares só podem afetar essas posições na medida do necessário e em termos proporcionais aos objetivos a realizar"[388]-[389].

[386] Neste sentido, cf. F. Nicotra, "I principi di proporzionalità e ragionevolezza dell'azione amministrativa", *federalism.it*, 2017/12, p. 14.

[387] Cf. Gomes Canotilho/Vital Moreira, *ob. cit.*, vol. I, p. 393.

[388] Sobre os direitos dos cidadãos como limites ao poder discricionário (no sentido de que se trata de "limites objetivos da discricionaridade"), em conexão com os princípios da proporcionalidade e da igualdade, cf. Maurer/Waldhoff, *ob. cit.*, p. 154; Stelkens/Bonk/Sachs, *ob. cit.*, p. 1432. Em razão da sua importância neste contexto, transcrevemos os pontos 2 e 3 do § 73 da lei do procedimento administrativo do estado alemão de Schleswig-Holstein: "(2) As medidas não devem provocar, para particulares determinados ou para o público em geral, um prejuízo desproporcional ao resultado pretendido". "(3) Tanto quanto possível, a autoridade adota, entre as medidas admissíveis e adequadas, as que perturbarem menos o público e os particulares".

[389] Em termos críticos quanto à formulação legal, pelo facto de o princípio da proporcionalidade não se dever aplicar apenas às relações que envolvam particulares, cf. David Duarte, "Alguns problemas de teoria do direito no novo Código do Procedimento Administrativo", *Estudos em Homenagem a Mário Esteves de Oliveira*, Almedina, 2017, p. 385 e segs. (p. 389).

O desfecho deste trabalho de ponderação e de complexas articulações, que depende das circunstâncias do caso, da relevância dos outros interesses (públicos ou privados) e do modo como os princípios jurídicos se aplicam na situação, poderá consistir numa "decisão de compromisso", "de justo equilíbrio", de "concordância" e de harmonização de todos os interesses em presença. Neste contexto, em que a Administração Pública tem a responsabilidade de alcançar um "fair balance"[390], não se deve excluir, a priori, a eventualidade de a ponderação valorativa de interesses concorrentes conduzir à não realização ou ao sacrifício do próprio interesse primário (o interesse protegido pela norma de competência), pelo facto de, *nas circunstâncias específicas do caso,* deverem prevalecer outros interesses públicos ou até interesses particulares[391].

A este critério de ponderação imparcial e proporcional sobre a medida a adotar associa-se, portanto, uma exigência de que a decisão discricionária respeite princípios jurídicos gerais da ação administrativa: além da imparcialidade e da proporcionalidade, também a justiça e a boa fé podem surgir como critérios de orientação (cf. artigos 7.º a 10.º do CPA). Trata-se de princípios jurídicos, não de regras rígidas, perfil normativo que, aliás, se concilia com um critério de orientação do exercício de um poder discricionário amparado em valorações próprias da Administração.

> Embora não constitua um critério de *orientação* do exercício do poder discricionário, o dever de fundamentação das decisões administrativas (artigos 152.º a 154.º do CPA) assume uma importância especial e decisiva no contexto da discricionaridade e, em razão da exigência de "explicação" que postula, acaba por induzir escolhas de alternativas que possam ser racionalmente explicadas. Nos termos do artigo 153.º, n.º 1, do CPA a fundamentação deve ser expressa, através da "sucinta exposição dos fundamentos de facto e de direito da decisão". Nas decisões discricionárias, um papel decisivo cabe à designada *motivação,* que se pode definir como a parte da fundamentação que contém "a indicação dos interesses que no juízo da Administração foram significativos para a definição dum especial

[390] Precisamente no sentido de que, apesar da margem de apreciação de que dispõe, o Estado não pode deixar de procurar alcançar um justo equilíbrio entre o bem-estar económico de uma cidade e o respeito pelo direito ao domicílio e à vida privada e familiar de cada pessoa, cf. Acórdão do TEDH, *López Ostra c. Espanha*, de 09/12/94, Proc. 16798/90 (par. 58).

[391] Cf. Villata/Ramajoli, *ob. cit.*, p. 104.

conteúdo do ato"[392], o mesmo é dizer, "a indicação das razões específicas das escolhas discricionárias"[393]. Assim, a fundamentação não é um critério de orientação do exercício do poder discricionário, mas através dela revela-se o modo como o agente orientou o seu processo de decisão, evidenciando o "iter" lógico do exercício da discricionaridade.

29 – Âmbito da discricionaridade: as aberturas normativas discricionárias

A discricionaridade administrativa é o resultado de uma "decisão legislativa", que se materializa na definição de uma "abertura" na norma de competência[394]. Contudo, nem sempre é fácil ou simples determinar, na norma de competência, a existência de abertura para um espaço próprio de decisão administrativa. Este é, contudo, um domínio de *interpretação*, que se resolve com o recurso aos instrumentos próprios da hermenêutica jurídica, pelo que a Administração não dispõe, nessa matéria, de um espaço de decisão próprio.

Naturalmente, o agente administrativo é chamado a fazer a "primeira interpretação" da norma de competência e, nesse âmbito, deve perceber se a norma lhe confere um poder discricionário. De resto, uma das situações de uso indevido da discricionaridade resulta de erro na interpretação da norma de competência, que pode gerar o fenómeno do não-exercício do poder discricionário [cf. ponto 28.1, *a)*]. Em qualquer caso, ao efetuar a referida "primeira interpretação" da norma de competência, a Administração atua num espaço de vinculação jurídica.

Agora, essencial é identificar as formas através das quais a norma de competência abre espaços para uma valoração própria da Administração; interessa, pois, conhecer os canais de abertura discricionária.

Sabemos que as normas de competência que autorizam a adoção de decisões administrativas concretas e individuais adotam a estrutura da programação condicional, fornecendo uma indicação sobre o órgão competente para agir, sobre as circunstâncias em que esse órgão pode ou deve agir e

[392] Cf. Rogério Soares, *Direito Administrativo, cit.* (Coimbra), p. 306.

[393] Cf. Vieira de Andrade, *Lições de Direito Administrativo, cit.*, p. 215.

[394] No sentido de o Direito Administrativo ser "*intencionalmente lacunar e aberto*", cf. Marcelo Rebelo de Sousa/André Salgado Matos, *ob. cit.*, p. 60.

o fim a prosseguir, e, por fim, sobre o poder a exercer, a medida a adotar, pelo mesmo órgão: "quem", "quando e para quê" e "o quê" são as indicações que, em geral, se devem extrair da norma de competência [cf. ponto 24].

Pois bem, as aberturas discricionárias não se referem, em nenhum caso, ao "quem" (autoridade competente) e, dado que o fim é um elemento vinculado, também não se referem ao "para quê" (fim de interesse público a prosseguir).

Assim, a discricionaridade reside essencialmente numa abertura da norma de competência sobre a indicação do "quando", em que circunstâncias, ou de "o quê", do conteúdo das medidas a adotar. Num ou noutro desses elementos, a norma convoca uma *valoração própria da Administração*, autorizando-a, em qualquer caso, a proferir uma decisão com base nessa valoração. Como acima se explicou, a discricionaridade reside sempre numa tarefa mista ("mixed task") que abrange a "valoração e a volição", ou seja, "a apreciação e a decisão" [cf. ponto 26.1]. Como também vimos, quer isto dizer que o poder discricionário consiste, em todos os casos, num poder de definir "o quê", a medida, a decisão a proferir. Neste sentido, a distinção entre o "quando" e o "o quê" não se refere a poderes diferentes, mas antes apenas a origens diferentes da abertura discricionária.

A abertura discricionária pode então dizer respeito ao "quando", encontrando-se na previsão normativa, na definição ou enunciação dos pressupostos, por via da utilização de conceitos jurídicos indeterminados. Mas também pode resultar do enunciado da estatuição da norma, na indicação de "o quê", das medidas que podem ser adotadas, ou na formulação do conector deôntico, do elemento estrutural de ligação entre a hipótese e a estatuição. Podemos ainda ter situações de *acoplamento*, se a norma de competência define canais discricionários na identificação dos pressupostos e na estatuição: suponha-se a norma que estabelece que "em caso de violação grave das regras deontológicas, será aplicada ao infrator a suspensão do exercício da profissão pelo prazo de 30 a 90 dias" – "discricionaridade de apreciação", quanto ao juízo sobre a "violação *grave*", combinada com "discricionaridade de escolha", quanto à definição do prazo da suspensão, que pode oscilar entre 30 e 90 dias.

29.1 – Conceitos jurídicos indeterminados na hipótese da norma de competência

Já se observou que as diferentes origens das aberturas discricionárias explicam diferentes graus de dificuldade na identificação da intencionalidade legislativa de conferir poderes discricionários. A "decisão do legislador" de criar poderes discricionários não suscita, em geral, dúvidas quando a norma entrega à Administração o poder de escolha entre agir ou não agir [cf. ponto 29.2] ou de escolha de uma entre várias medidas indicadas na sua estatuição [cf. ponto 29.3]. Mas a intencionalidade da decisão nem sempre se revela tão clara quando se está em presença de uma competência de apreciação (de situações, factos ou qualidades de pessoas ou coisas) definida com a mobilização de conceitos jurídicos indeterminados utilizados no recorte hipotético da norma. Aqui, saber se existe um caso de discricionaridade (de apreciação) depende de duas operações: uma, para determinar se está presente um conceito jurídico indeterminado em sentido próprio; após uma resposta positiva quanto a esta, outra, para se poder concluir se o conceito indeterminado confere discricionaridade de apreciação à Administração.

Na medida em que constitua uma forma de abertura discricionária, o emprego de conceitos indeterminados na hipótese da norma está, em regra, associado à formulação de *juízos isolados*, suscitando, portanto, uma apreciação de sim ou não, no contexto de um juízo de adequação que não envolve uma ponderação valorativa de interesses: por ex., a Administração define que há uma situação de "carência de meios". Mas essa não é uma regra taxativa, pois há conceitos imprecisos na hipótese que reclamam uma ponderação valorativa de interesses concorrentes: recordamos de novo os exemplos da modificação ou resolução de um contrato "por razões de interesse público" ou de revogação de atos administrativos, em que se reclama da Administração a consideração de outros interesses além dos que invoca em apoio da medida que adota [cf. pontos 26.1 e 27.2].

29.1.1 – Conceitos jurídicos indeterminados

Conceitos abertos e cláusulas indeterminadas como "acidente grave", "pessoa idónea", "capacidade de resolução de problemas complexos", "jurista de reconhecido mérito", "acentuada carência de recursos", "aptidão profissional", "obra de interesse cultural", "incumprimento persistente", "adequação de meios humanos", "habilitação adequada" e outros do mesmo tipo, surgem, amiúde, nas normas jurídicas administrativas.

Trata-se, em todos esses casos, de cláusulas legais que empregam "conceitos jurídicos indeterminados", conceitos formulados mediante um enunciado *impreciso* ou *vago*, e que, por isso, têm, no contexto da norma, uma extensão incerta[395]. A indeterminação destes conceitos – que corresponde a uma "lacuna intra-legal", na fórmula de Rogério Soares – não se resolve com recurso às ferramentas da metodologia jurídica de interpretação de normas: definir que existe uma "acentuada carência de recursos", que uma certa medida é do "interesse do serviço", que uma situação é de "acentuada carência de recursos" ou que uma determinada habilitação académica é "adequada" não é interpretar um preceito, nem, portanto, resolver um problema hermenêutico.

Do que se trata, em casos como esses, é de abrir um espaço ao aplicador da norma para fazer apreciações, formular valorações, emitir juízos de valor sobre uma situação, um facto ou qualidades de coisas ou de pessoas. Assim, neste sentido, conceitos indeterminados não são conceitos de interpretação difícil ou conceito ambíguos, cuja ambiguidade se possa resolver por uma interpretação que lhes defina o sentido exato. Trata-se, diferentemente, de conceitos *imprecisos* que, por isso mesmo, por causa da sua imprecisão, apresentam-se elásticos e com uma extensão incerta: revelam-se capazes, por um lado, de serem aplicados a casos diferentes, e, por outro lado, de se verem aplicados, ou não, a um mesmo caso. Ao utilizá-los, a norma de competência chama à construção da solução final a aplicar no caso concreto os juízos de valor, as valorações, a apreciação, a "opinabilidade", dos operadores jurídicos que vão aplicar ou, melhor, completar o programa nela definido.

Estes conceitos jurídicos indeterminados não devem confundir-se com os designados "conceitos classificatórios"[396], os quais, mesmo quando *aparentemente indeterminados*, referem-se a situações individualizáveis e, em função da experiência, de conhecimentos técnicos, científicos ou jurídicos, conhecem apenas uma possibilidade de aplicação em cada caso; não revelam qualquer flexibilidade, plasticidade ou capacidade de adaptação. A aplicação do conceito classificatório só permite uma única solução correta, razão pela qual se tem de concluir que o emprego do mesmo pela norma de

[395] A indeterminação de conceitos pode ter vários sentidos: neste âmbito, considera-se a equivalência entre indeterminação e *imprecisão* ("vagueness") ou falta de clareza. Exclui-se, pois, a ambiguidade: os conceitos ambíguos ("noite", "banco") são passíveis de desambiguação em função do contexto, por via interpretativa. A situação é outra no caso de conceitos imprecisos, que apresentam uma fronteira incerta ou mais ou menos indefinida; cf. R. Poscher, "Ambiguity and vagueness in legal interpretation", in P. M. Tiersma/L. M. Solan (eds.), *Oxford Handbook on language and law*, Oxford University Press, 2012, p. 128 e segs. (pp.128-129).

[396] Sobre estes, cf. Rogério Soares, *Direito Administrativo, cit.*, Porto, p. 52; Sérvulo Correia, "Conceitos jurídicos indeterminados", *cit.*, p .43 e segs.

competência não significa uma abertura discricionária: "robustez física", "incapacidade para o exercício de uma profissão", "produto cosmético", "resíduos radioativos", "hipoteca", "alojamento local", "ameaça de ruína" são exemplos de conceitos desta natureza. Na interpretação e na aplicação desses preceitos, o agente administrativo não desenvolve um processo de valoração, de apreciação valorativa, nem é chamado e formular um "juízo próprio" sobre se, por ex., o prédio ameaça ruína ou se um indivíduo, por ter sofrido um acidente, se tornou incapaz para o exercício de uma profissão. Em vez disso, ele é solicitado a desenvolver uma atividade de verificação, de "accertamento", de factos, de qualidades ou de características de pessoas e de coisas com base em regras técnicas, em conhecimentos científicos, em regras da experiência ou em conhecimentos jurídicos. A solução do caso só pode ser uma, como vimos. Até pode não existir uma absoluta certeza técnica ou científica e subsistir mesmo algum grau de falibilidade do juízo, mas a lei pretende que a decisão se apoie, ainda assim, em dados objetivos, da experiência, da técnica, da ciência ou de um saber especializado, e não num juízo próprio da Administração. O ordenamento jurídico reclama, no âmbito da aplicação destes conceitos, uma decisão da Administração apoiada na *objetividade*, não na opinabilidade[397].

Por outro lado, deve ter-se presente que um conceito (verdadeiramente) indeterminado pode ser objeto de *definição legal*. Esta pode ter o propósito de eliminar a indeterminação, para efeitos de aplicação do regime jurídico em causa: assim, por ex., a lei define os conceitos de "animais perigosos e potencialmente perigosos" no âmbito do regime de detenção desses animais; também define o conceito de "corte prematuro de árvores", no âmbito do regime de cortes do povoamento florestal. Pode, contudo, suceder que a lei apenas diminua (sem eliminar) a indeterminação de um conceito, se, por ex., estabelece que "medidas adequadas" são as "medidas suscetíveis de evitar novas ocorrências". Por fim, a lei pode fornecer uma indicação sobre alguns casos típicos ou indiciadores da aplicação correta do conceito: eis o que ocorre quando estabelece que se considera ou que constitui um indício de "falta de idoneidade" (conceito indeterminado) para o exercício de uma

[397] O conceito de "profili tecnici che non presentano un oggettivo margine di opinabilità" surgiu em 2017 numa lei italiana, para indicar a possibilidade de controlo judicial de decisões administrativas; cf. F. Goisis, "Il canone della full jurisdiction tra proteiformità e disconoscimento della discrezionalità tecnica come merito. Riflessioni critiche sull'art. 7, co. 1, d.lgs 19 gennaio 2017, n. 3", *P.A. Persona e Amministrazione*, 2018/2, p. 199 e segs. [http://dx.doi.org/10.14276/2610-9050.1782].

profissão o facto de uma pessoa ter, *designadamente*, cometido um crime de burla ou de abuso de confiança.

29.1.2 – Conceitos jurídicos indeterminados como fonte de discricionaridade

A utilização de conceitos jurídicos indeterminados em sentido próprio na descrição dos pressupostos, na previsão da norma, *pode constituir* um modo de a norma de competência conferir discricionaridade ao agente administrativo ("discricionaridade de apreciação").

Dizemos *pode* constituir, porque a circunstância de uma norma administrativa utilizar um conceito indeterminado não significa necessariamente que nela esteja presente uma intenção de devolver à Administração a última palavra sobre a aplicação do conceito indeterminado: a discricionaridade administrativa exige que se possa retirar da norma legal uma intencionalidade de abertura para uma valoração própria da Administração. Sem a presença dessa intencionalidade, não se pode atribuir à decisão da Administração o sentido de decisão de última instância sobre a valoração de um conceito. O poder discricionário não envolve só a intervenção conjugada da legislação e da Administração. Exige ainda que o tribunal, se vier a ser chamado a apreciar a decisão da Administração, "respeite" a valoração administrativa. Foi precisamente neste sentido que observámos já que a discricionaridade da Administração reclama a consideração de um plano tripolar, que supõe uma ideia clara de divisão de competências entre legislador, Administração e tribunais. Assim, só se estará perante um poder discricionário quando o agente administrativo tenha uma liberdade de decisão não apenas em face do legislador, mas também em face do tribunal: só neste caso, a liberdade de decisão corresponde ao poder de emitir a última palavra, de decidir em última instância[398].

Aqui chegados, só falta perceber a metodologia que permite perceber quando é que se deve entender que a norma que utiliza um conceito

[398] Na linha de Jestaedt, "Maßstäbe des Verwaltungshandelns", *cit.*, pp. 339 e segs. e 348 e segs., distinguem-se os casos em que a Administração dispõe de um poder de concretização (ou de individualização) jurídica *com* ou *sem* capacidade de decidir em última instância ("última palavra"): nos últimos, a abertura legal autoriza o processo de concretização jurídica pelo agente da Administração, mas sem lhe atribuir o exclusivo dessa concretização, uma vez que a última palavra irá caber ao tribunal, no caso de ser chamado a intervir [sobre isto, cf. ponto 27.4].

jurídico indeterminado tem a intenção de conferir à Administração um poder discricionário.

Pois bem, o primeiro passo consiste em identificar o tipo de valoração que o conceito indeterminado suscita, de modo a perceber-se se faz apelo à experiência e a apreciações que se possam considerar próprias da Administração: assim, por ex., conceitos como "interesse do serviço", "necessidades da organização", "carência de recursos" suscitam, de forma indiscutível, *juízos administrativos,* que a norma de competência utiliza para abrir um espaço de apreciação administrativa na situação concreta.

Por outro lado, há conceitos indeterminados intrinsecamente associados à descrição do núcleo típico das competências de uma autoridade administrativa: assim, por ex., na regulação bancária, a lei estabelece que a concessão de autorizações depende de o Banco de Portugal considerar demonstrado que os acionistas estão em condição de garantir uma "gestão sã e prudente". O juízo de prognose ou de avaliação prospetiva que este conceito pressupõe integra o âmbito da competência nuclear e essencial de um regulador do mercado financeiro. Trata-se, por isso, de um conceito que define um poder discricionário de apreciação. De resto, nos setores regulados por entidades administrativas dedicadas, a discricionaridade administrativa da entidade reguladora é, em regra, um elemento natural no processo de configuração do próprio sistema regulado.

Além disso, surgem conceitos que remetem para o saber específico da Administração, para a sua perícia ou *expertise,* os seus conhecimentos especializados, a sua formação e competência técnica[399]: determinação das autoridades de saúde de que existe uma "situação de grave risco para a saúde pública".

Noutros casos, a competência de apreciação pode assumir uma natureza discricionária em razão da especial preparação técnico-científica do órgão administrativo (*v.g.*, júris de provas académicas) ou da legitimação especial da autoridade responsável decorrente da sua composição aberta e plural (*v.g.*, comissão encarregada de apreciar a qualidade de uma obra literária ou de um filme)[400].

[399] Poder-se-ia falar nestes casos, de uma "autoridade epistémica" da Administração; cf. Berger, "Individual rights", *cit.* p. 2068 e segs.

[400] Na opção legislativa de definir um canal de abertura discricionária pode estar presente uma ideia de "adequação orgânica", no sentido de confiar poderes de decisão a "órgãos que, segundo a sua organização, função, atribuição e procedimento actuação, estão em melhor posição para analisar os pressupostos, os juízos e os resultados indispensáveis a medidas constitucionalmente

Quanto às avaliações académicas, a discricionaridade de apreciação, embora justificada na competência especial dos júris e examinadores, também resulta da *impraticabilidade* do controlo judicial, por causa da irrepetibilidade dos exames, sobretudo dos exames orais (quanto aos exames escritos, as leis e os regulamentos académicos exigem a elaboração de grelhas nas quais se definam os critérios de correção de forma objetiva, no sentido de afastar ou diminuir o espaço da subjetividade dos responsáveis pelas correções).

Acrescem ainda as situações em que a norma define competências decisórias que se sustentam na ponderação de situações e problemas complexos (*v.g.*, localização de uma central de tratamento de lixos ou de um novo aeroporto), que exigem a adoção de medidas em situações de incerteza ou de risco e que, em geral, têm de se basear em juízos prospetivos, estimativas e projeções. Também nestes casos, os conceitos indeterminados convocam um poder de apreciação próprio da Administração, que, em regra, o tribunal deve respeitar pelo facto de resultar da mobilização de competências e conhecimentos técnicos que oferecem garantias de utilização dos instrumentos idóneos nos processos de análise prospetiva e de estimativa futura sobre a evolução de situações.

Aos casos anteriores juntam-se os das decisões administrativas (em regra, de órgãos elevados na hierarquia, ocupados por pessoal político) com um impacto político ou com consequências políticas (*v.g.*, recusa de autorização para a entrada no país de uma personalidade de relevo internacional[401]; demissão de um alto funcionário).

Em todos os casos indicados, os conceitos indeterminados empregados na norma de competência são uma fonte de discricionaridade e, portanto, remetem para um espaço de valoração própria da Administração que se manifesta na decisão.

Num grau ainda mais elevado de atribuição de discricionaridade, temos conceitos como "interesse público" ou "mérito, conveniência ou oportunidade" que as normas de competência também empregam na definição dos pressupostos do exercício do poder que conferem ao agente administrativo: eis o que ocorre com os poderes de modificação ou de resolução de contratos

ajustadas"; cf. Gomes Canotilho/Vital Moreira, *Constituição, cit.*, vol. I, p. 209; neste mesmo sentido, cf. Maria Francisca Portocarrero, "Aferição judicial *ab extra* da legalidade do exercício administrativo discricionário – posição de princípio?", *CJA* n.º 66, 2007, p. 43 e segs. (p. 52).

[401] Cf. Vieira de Andrade, *Lições de Direito Administrativo, cit.*, p. 58.

"por razões de interesse público", previstos nos artigos 312.º, alínea *b)*, e 334.º do CCP, ou com o poder de revogação de atos administrativo, "por razões de mérito, conveniência ou oportunidade", previsto no artigo 165.º, n.º,1, do CPA [cf. pontos 26.1 e 27.2]. A especial amplitude ou abertura discricionária promovida por normas como essas conduz-nos a considerar, nesse âmbito, a figura da "discricionaridade aberta" [sobre esta, cf. ponto 31, *c)*].

Mas nem todos os conceitos jurídicos indeterminados conduzem a um tal resultado: a indeterminação no modo de descrição da hipótese normativa não corresponde sempre, em todos os casos, a uma abertura discricionária. Exige-se, pois, que a indeterminação seja o corolário de uma intenção legislativa (da norma de competência) de "autorizar" um poder discricionário da Administração. É assim, por ex., que conceitos como "crime que afete a honorabilidade profissional", "falta grave em matéria profissional", "vantagem que falseie as condições normais de concorrência", fazem apelo a critérios, apreciações e valorações de natureza jurídica, pelo que não se justifica, quanto à aplicação das normas que os acolhem, que a Administração decida em última instância, como se se tratasse de uma valoração própria da função administrativa[402]; nem se justifica que um tribunal tivesse de respeitar a decisão da Administração que qualifica uma conduta como abusiva ou como constituindo uma falta grave[403].

A situação apresenta-se nos mesmos termos quanto a conceitos como "boa fé", "moralidade", "idoneidade moral", "moral"[404], "bons costumes", "publicação perigosa": também estes convocam uma valoração para a qual a Administração não está em situação que a autorize a decidir em última

[402] Não estamos aqui em face de "conceitos classificatórios" de natureza jurídica, que possam ser definidos pela ciência jurídica. Do que se trata é, pelo contrário, de conceitos indeterminados que suscitam uma valoração a efetuar segundo a racionalidade jurídica, que recorda um "julgamento": eis o que ocorre com a definição de que um incumprimento contratual "é persistente", que uma falta "é grave", que uma conduta "é abusiva".

[403] A "textura jurídica" de muitos conceitos indeterminados utilizados na descrição dos impedimentos à participação em procedimentos de contratação pública conduziu-nos já a advogar, nesses casos, um *controlo judicial total* das decisões de entidades adjudicantes: cf. o nosso *Direito dos Contratos Públicos, cit.*, p. 740.

[404] A lei que disciplina o direito de reunião e manifestação atribui às autoridades o poder de interromper reuniões, comícios, manifestações ou desfiles realizados em lugares públicos ou abertos ao público que forem "afastados da sua finalidade pela prática de *atos contrários* à lei e *à moral*".

instância. O tribunal realiza, também neste caso, um *controlo total* da decisão que aplica o conceito.

Por outro lado, considerando agora um outro ângulo de análise, entende-se que, por razões de transparência e de igualdade de tratamento dos administrados e no sentido de aumentar a racionalidade do seu processo decisório, a Administração deve, em geral, densificar e precisar previamente os critérios que vai seguir no exercício de poderes de apreciação e de avaliação. Já acima nos referimos a esta forma de exercício genérico e antecipado de discricionaridade. Assim, se a lei estabelece como fator de apreciação de candidatos num concurso a "capacidade de resolução de problemas complexos", o órgão competente deverá definir, *ex ante*, o modo como vai apreciar os candidatos nesse item. Posteriormente, a fundamentação da decisão deverá ser elaborada por referência a esses critérios. Deparamos aqui com um fenómeno que já qualificámos como de "redução da indeterminabilidade de conceitos normativos" [cf. ponto 27.3.3].

Por fim, cumpre ainda observar que, em relação a matérias protegidas pela *reserva de lei parlamentar*, como é o caso dos direitos, liberdades e garantias dos cidadãos, impõe-se ao legislador, ou ao autor do regulamento administrativo, um dever de especial contenção no emprego de conceitos jurídicos indeterminados na definição das normas de competência, de modo a evitar as indefinições e as aberturas normativas em áreas da ação administrativa que interferem diretamente com essas matérias [cf. ponto 42.4.1]. Se a norma atributiva de competência não cumpre esse "imperativo de determinabilidade", de densificação normativa acrescida, emerge, então, a necessidade de um controlo judicial mais intenso e profundo, que assegure a fiscalização suficiente da legalidade das decisões concretas da Administração[405].

Existem diretrizes do direito da União Europeia no mesmo sentido, de a lei nacional evitar o emprego de conceitos jurídicos indeterminados. É este o caso da Diretiva 2006/123/CE, relativa aos serviços no mercado interno, que, sobre os regimes de autorização administrativa para o acesso a atividades

[405] Neste sentido, cf. Vieira de Andrade, *Os Direitos Fundamentais, cit.*, p. 324: "os termos concretos da intervenção administrativa nesta matéria [direitos, liberdades e garantias] devem, portanto, constar da lei e não é legítimo que dependam de um juízo de oportunidade ou conveniência da própria autoridade administrativa, não previsível ou mensurável pelos particulares, nem controlável (senão negativamente) pelos tribunais. Por outras palavras, a actividade administrativa neste domínio é, *em princípio*, vinculada".

de serviços, estabelece que "os regimes de autorização devem basear-se em critérios que obstem a que as autoridades competentes exerçam o seu poder de apreciação de forma arbitrária" e que esses devem ser, além do mais, "claros e inequívocos" e "objetivos" (artigo 9.º). Esta solução da Diretiva é confirmada em várias decisões do Tribunal de Justiça – veja-se o Acórdão de 08/09/2010, *Carmen Media Group Ltd c. Land Schleswig-Holstein*, proc. C-46/08: "quando num Estado-Membro é instituído um regime de autorização administrativa prévia (...), esse regime, que derroga a livre prestação de serviços (...), só é suscetível de respeitar as condições dela resultantes, se se basear em critérios objetivos, não discriminatórios e conhecidos de antemão, de modo a enquadrar o exercício do poder de apreciação das autoridades nacionais, a fim de não poder ser utilizado de forma arbitrária"; na mesma linha, atente-se à seguinte passagem do Acórdão de 01/10/2009, *Woningstichting Sint Servatius*, proc. C-567/07: "o Tribunal de Justiça também já decidiu por diversas vezes que um regime de autorização administrativa prévia não pode legitimar um comportamento discricionário das autoridades nacionais".

A maior densificação das normas de competência também se deve exigir nas normas que conferem competências sancionatórias à Administração [no âmbito da punição de ilícitos administrativos: cf. ponto 188.1]. Mas, neste caso, a densificação tem sobretudo a ver com a exigência de *lex certa*, que defina com "com suficiente clareza os elementos objetivos e subjetivos do núcleo essencial do ilícito ... de molde a que as decisões sancionatórias associadas sejam previsíveis e objetivas e não arbitrárias para os seus destinatários, que haja segurança na sua identificação e, consequentemente, quanto à sanção aplicável"[406]. Aqui, o propósito da determinação, da garantia de um "mínimo de determinabilidade", não consiste em diminuir a discricionaridade da Administração, mas, antes, em diminuir a indefinição da conduta ilícita e, por consequência, a indefinição da sanção aplicável. De resto, no caso do ilícito de mera ordenação social, a questão da discricionaridade administrativa na aplicação de sanções não se coloca, uma vez que os tribunais têm poderes de plena jurisdição na apreciação dessas decisões administrativas [cf. pontos 30.1, *a)*, e 188.1.1, *b)*].

[406] Neste sentido, cf. Acórdão do Tribunal Constitucional n.º 76/2016 (par. 7).

29.2 – Permissões de ação

Por vezes, a competência administrativa não corresponde a um estrito dever de ação, limitando-se a norma a conferir um poder à Administração e, em simultâneo, a conferir-lhe o poder de decidir "se" vai agir ou não. Temos aqui um poder de agir desligado de um dever de agir, e, portanto, uma "discricionariedade de ação", de "decisão" ou de "intervenção". Em geral, a norma emprega neste caso o conceito de "pode": "a câmara municipal *pode* ordenar o despejo dos ocupantes de edificações sem licença"; "o empregador público *pode* conceder ao trabalhador, a pedido deste, licença sem remuneração". Em casos como estes, a norma de competência adota uma estrutura permissiva.

Nem sempre se apresenta evidente a determinação do carácter puramente permissivo de uma norma de competência. Na verdade, o conceito normativo de "pode" ("preceito de possibilidade"[407]) revela-se suscetível de ser interpretado como faculdade, permissão, que remete para um poder de escolha entre fazer ou não fazer ("pode" ou "pode não"), concedido por uma norma permissiva. Mas não se deve excluir que o "pode" referencie, não um poder de escolha entre agir ou não agir, mas antes um "poder-dever" de agir e, por conseguinte, uma competência pública que pode ser de exercício obrigatório. Ou seja, podemos estar diante de um "pode discricionário" ou de um "pode-competência"[408].

Assim, a conclusão segundo a qual uma norma jurídica que enunciar que um "*órgão administrativo pode*" se apresenta como meramente permissiva só se alcança quando nela se acolhe de forma clara a atribuição ao agente aplicador de um poder de escolha entre agir ou não agir, de optar entre estas duas possibilidades, de acordo com um *princípio de oportunidade.* Em suma, tem de se afigurar claro que a norma "deixa em aberto com inteira igualdade a hipótese positiva e a negativa" e que o critério que dita a opção pode ser configurado pelo órgão[409]. Se, nos termos da norma, o "pode" é mesmo um poder de escolher entre agir ou não agir, então, a execução dessa norma é suscetível de se materializar numa ação ou numa omissão.

Para os efeitos que estamos a considerar, não se apresenta muito diferente da *norma permissiva* a norma administrativa de competência oficiosa que

[407] Cf. Sérvulo Correia, *Legalidade e Autonomia Contratual, cit.*, p. 313.

[408] Neste sentido, distinguindo, entre "Ermessens-Kann" e "Kompetenz-kann", cf. Maurer/Waldhoff, *ob. cit.*, p. 149.

[409] Cf. Sérvulo Correia, *Legalidade e Autonomia Contratual, cit.*, p. 323.

remete para um juízo próprio do agente administrativo a identificação dos pressupostos concretos da sua ação, atribuindo-lhe um poder de intervenção que exercerá "se considerar oportuno", "caso entenda indispensável" ou "se a sua intervenção for tida como necessária". Também aqui estamos perante uma norma que confere ao agente uma discricionariedade de ação. Veja-se, por ex., a competência de instauração de procedimento disciplinar no âmbito de relações de emprego público, regida por um princípio de oportunidade: nos termos do artigo 207.º, n.º 1, da Lei Geral do Trabalho em Funções Públicas, quando receba participação ou queixa, a entidade competente para instaurar procedimento disciplinar decidirá "se a ele deve ou não haver lugar".

Nos antípodas das normas permissivas, encontram-se as *normas obrigatórias*, as quais exigem a intervenção do órgão competente sempre que se verifiquem, em concreto, os respetivos pressupostos. Pela natureza das coisas, as normas obrigatórias não contêm uma abertura discricionária quanto à decisão entre agir ou não agir.

Contudo, importa considerar alguns pontos essenciais para a adequada compreensão da vinculação resultante destas normas.

Em geral, as normas obrigatórias podem dividir-se entre aquelas que definem um *dever específico de agir* e as que definam apenas um *dever genérico de agir*[410].

Nas primeiras, que determinam a intervenção administrativa sempre que se verifique a situação *real*, *concreta* e *determinada* nelas prevista, não existe uma possibilidade de escolha entre agir ou não agir, mas já existe o poder (em regra, temporalmente delimitado) de escolha do momento de agir[411]. Por outro lado, em situações excecionais e atípicas, pode admitir-se, mesmo nestes casos, uma não-ação administrativa. De resto, pode até admitir-se a não-ação, ou seja, o incumprimento do dever de agir, com fundamento no princípio da proporcionalidade, se se aceitar que este princípio se pode aplicar no caso de decisões administrativas vinculadas [cf. ponto 42.4.1. *a), iii)*].

[410] Sobre isto, cf., da nossa autoria, "Ensaio sobre a figura da inação administrativa oficiosa", *cit.*, p. 312 e segs.

[411] Sobre a possível relevância da "discricionaridade administrativa de escolha do momento de decisão", quanto à lei aplicável à apreciação de um pedido dirigido à autoridade administrativa, e no sentido da neutralização dessa relevância, por via da doutrina de que a lei aplicável é a que vigora no momento da apresentação do pedido, cf. Acórdão do Tribunal Constitucional n.º 134/2019.

No caso de dever geral de agir, a norma estabelece uma competência obrigatória e não admite, como regra geral, a inércia da Administração, mas, evidentemente, não pode exigir que esta faça o impossível, pelo que este tipo de normas está na origem de uma forma de discricionaridade organizatória de programação e de planificação do trabalho administrativo [cf. ponto 32.5].

29.3 – Indicação de medidas em alternativa

Um canal típico de abertura discricionária consiste em a norma de competência indicar que, perante uma dada situação, a Administração pode adotar a medida "A", "B" ou "C". Está aqui presente uma discricionaridade de escolha alternativa ou optativa.

29.4 – Não determinação das medidas a adotar (atipicidade)

É na estatuição que a norma define especificamente o "poder" que a Administração vai exercer, por via da indicação do conteúdo possível da decisão a adotar. Trata-se, pois, de indicar "o quê", em que consiste a ação administrativa. Ora, pode suceder que a norma de competência utilize cláusulas gerais ou conceitos indeterminados na enunciação das medidas que o agente administrativo pode adotar. Veja-se, por ex., o artigo 89.º, n.º 1, do CPA: em qualquer fase do procedimento, pode o órgão competente para a decisão final, oficiosamente ou a requerimento dos interessados, *ordenar as medidas provisórias que se mostrem necessárias,* se houver justo receio de, sem tais medidas, se constituir uma situação de facto consumado ou se produzirem prejuízos de difícil reparação para os interesses públicos ou privados em presença, e desde que, uma vez ponderados esses interesses, os danos que resultariam da medida se não mostrem superiores aos que se pretendam evitar com a respetiva adoção". O mesmo sucede com o artigo 56.º, n.º 4, da Lei da Concorrência que confere à Autoridade da Concorrência competência para "adotar a todo o tempo *as medidas que se revelem necessárias e adequadas* para restabelecer, tanto quanto possível, a situação que existia antes da concentração de empresas" (no caso de incumprimento do dever de notificação de operações de concentração), ou com o Regime do Poder de Autoridade de Saúde, que atribui às autoridades de saúde o dever de garantir a "intervenção oportuna e discricionária do Estado em situações de grave risco para a saúde pública" e que lhes confere o poder de utilização de todos "os meios necessários, proporcionais e limitados aos riscos identificados". Já nos referimos a estes como "casos extremos" em que a lei desenha *poderes atípicos*, limitando-se a definir um "conteúdo mínimo identificador" dos efeitos a produzir[412], e investe a Administração de um efetivo poder de invenção do conteúdo da decisão administrativa: "discricionaridade criativa"[413]. Precisamente por envolverem uma "invenção" dos efeitos jurídicos pela Administração, estas normas de programação condicional aproximam-se dos modelos de programação finalística [cf. ponto 19.1.2]. Ainda que apoiado numa abertura normativa de grau mais elevado, o exercício da discricionaridade de invenção de um *ius singulare*[414], para a escolha da medida a adotar, deve fazer-se em conformidade com os cânones da deontologia que conhecemos aplicáveis neste caso, em que se impõe um exercício correto do poder de ponderação valorativa dos interesses relevantes [cf. ponto 28.2, *c)*]. Por outro lado, esta forma de abertura discricionária só se pode aceitar em termos excecionais, para a prática de atos em situações próximas ou correspondentes a um estado de necessidade ou no quadro de gestão de emergência ou para a adoção de providências urgentes e de carácter provisório [cf. ponto 42.4.2]. Em princípio, só nestes domínios se deve aceitar a figura dos "atos administrativos atípicos". A determinação ou definição do poder da Administração é uma "questão normativa", pelo que, por princípio, tem de ser efetuada *ex ante* e em abstrato, pela norma de competência, e não, em face do caso concreto, pelo agente administrativo ("fundamento normativo da ação administrativa").

30 – Controlo judicial da discricionaridade

Como quaisquer outras, as decisões administrativas proferidas no exercício de poderes discricionários estão expostas ao controlo judicial, que, necessariamente, vai ocorrer, se alguém com legitimidade para o efeito, desferir um "ataque" contra elas. Pode surgir aqui uma ação de impugnação, no sentido de se obter a anulação ou a declaração de nulidade de uma decisão, ou uma ação de condenação, se o propósito for o de obter a condenação da Administração a proferir uma decisão. Em ambos os casos, o facto de a

[412] Cf. Sérvulo Correia, *Legalidade e autonomia contratual, cit.*, p. 479.

[413] Sobre a discricionaridade criativa como aquela em que à Administração cabe "a invenção do conteúdo completo do acto", cf. Sérvulo Correia, *Legalidade e Autonomia Contratual, cit.*, p. 479 – associando a discricionaridade criativa ("kreative Ermessen") às normas de programação finalística, cf. G. Püttner, "Ermessen und Ermessensausübung", *Zeitschrift für öffentliches Recht*, vol. 63, 2008/3, p. 345 e segs. (p. 354 e segs.).

[414] Referindo-se a atos administrativos criadores de *ius singulare*, a propósito das medidas de gestão de emergência, cf. D. Simeoli, "Appunti sul principio di legalità amministrativa", *Questione Giustizia*, 2016, p. 174 e segs. (p. 178).

Administração ter proferido a decisão ou ter-se recusado a fazê-lo no exercício de um poder discricionário coloca a questão de saber em que termos se vai processar a intervenção judicial.

Sabemos bem que, para existir discricionaridade administrativa, revela-se essencial a "decisão legislativa" de instituir o poder discricionário. Esta é uma condição necessária, porém não suficiente. Com efeito, um poder discricionário só existe na medida em que as decisões proferidas no seu exercício constituam uma decisão em última instância, que o tribunal deva respeitar. A não ser assim, quer dizer, se o tribunal puder "discordar" da escolha da Administração ou puder refazer todo o juízo em que esta baseou a sua escolha, então, a final, não existe discricionaridade enquanto momento da autonomia própria da Administração.

Ora, neste ponto, uma ideia fundamental a reter é a de que a decisão administrativa discricionária se apresenta *também* como uma decisão vinculada. Como sabemos, não há "decisões discricionárias": há, pode haver, momentos discricionários de decisões administrativas; momentos ou elementos discricionários que, portanto, se cruzam com momentos ou elementos vinculados. Com efeito, "maior ou menor, ao lado da parcela de discricionaridade existe sempre na actividade administrativa uma parcela de vinculação por normas jurídicas – uma parcela de normatividade (...)"[415].

No que se refere ao respeito da decisão por elementos de vinculação, o controlo judicial desenvolve-se sem problemas ou dificuldades, quando se trata de dimensões exteriores ao exercício da discricionaridade: *v.g.*, respeito de limitações legais expressas; cumprimento da tramitação procedimental obrigatória; conhecimento integral, exato e correto dos elementos pertinentes.

Mas os elementos vinculados também podem relacionar-se de uma forma direta com o próprio exercício do poder discricionário: o desrespeito dessas vinculações dá origem a vícios, como o desvio de poder ou uso indevido da discricionaridade, bem como o abuso ou a subutilização do poder discricionário. Embora recaia sobre situações diretamente associadas ao exercício da discricionaridade, a apreciação do tribunal não toca o "âmago" ou o exercício em si mesmo do poder discricionário: quando existem, estas patologias são contíguas e concomitantes com o exercício da discricionaridade, mas localizam-se fora de um espaço de valoração própria da Administração.

[415] Cf. Afonso Queiró, "Teoria dos Actos de Governo", in *Estudos de Direito Público*, vol. I, Acta Universitatis Conimbrigensis, 1989, p. 499 e segs. (p. 519).

A situação assume contornos diferentes quando a decisão ou a omissão administrativa se apoiam em juízos de valoração e em ponderações efetuadas pela Administração no pleno exercício do poder discricionário, no âmago deste poder. Agora, terá de se definir uma metódica específica de apreciação judicial que, por um lado, respeite o exercício da discricionaridade como momento da autonomia da Administração, mas, por outro lado, garanta o controlo da observância da racionalidade jurídica que se impõe no exercício da discricionaridade, máxime dos cânones jurídicos que devem ser observados neste contexto [cf. ponto 28.2].

O âmbito ou a extensão do controlo judicial das decisões administrativas varia entre duas posições extremas: de acordo com uma primeira, o tribunal não controla a discricionaridade, surgindo esta como o resultado de uma espécie de carta branca conferida Administração; no outro extremo, situa-se a visão que advoga um controlo judicial total[416]. Compreende-se decerto que, à luz de uma compreensão adequada e equilibrada do princípio da separação de poderes, nenhuma destas visões se possa considerar ajustada: a primeira, por significar a inaceitável retoma da ideia antiga de que a discricionaridade corresponde a um espaço não jurídico; a segunda, por advogar uma ingerência dos tribunais no exercício da função administrativa e propugnar, na prática, a eliminação da discricionaridade administrativa, permitindo aos tribunais a ingerência na esfera do mérito, conveniência ou oportunidade da ação administrativa. Assim, pode adiantar-se já, o controlo judicial da discricionaridade vai situar-se num ponto intermédio entre aqueles dois extremos. Na síntese feliz de uma decisão do STA, podemos afirmar que "é difícil delimitar esse controlo ..., mas esta dificuldade não deve resultar nem em *excessiva auto-contenção judicial* nem em *excessivo activismo judicial*" (Acórdão de 31/01/2019, P. 01132/15.6BALSB).

Uma específica metódica de controlo judicial da discricionaridade baseada nas linhas de força de que tem de se tratar de um controlo jurídico de um espaço de autonomia inspira os vários preceitos do CPTA que se referem a "valorações próprias do exercício da função administrativa": cf. artigo 71.º, n.os 2 e 3, 95.º, n.º 5, 168.º, n.º 2, e 179.º, n.º 1. Repare-se como,

[416] Referindo-se a estes dois extremos, cf. J. Wouters/S. Duquet, "Reasonableness as a standard of judicial review: comparative, european and international perspectives". *Rivista Trimestrale di Diritto Pubblico*, 2014/1, p. 33 e segs. (p. 39).

nesses casos, a lei acolhe um arranjo conciliador: se o ato a praticar envolve a formulação de valorações próprias da função administrativa, o tribunal não pode determinar o conteúdo do ato a praticar (respeito da autonomia da Administração), mas deve explicitar as vinculações a observar pela Administração na emissão do ato devido (garantia do respeito pelos critérios jurídicos do exercício da discricionaridade).

Mas, precisamente a mesma questão surge noutras situações, designadamente quando o tribunal é acionado para apreciar *decisões proferidas* pela Administração no exercício de poderes discricionários. O esquema conciliador passa agora pela ideia de que o tribunal tem de fiscalizar, mas sem proceder a um reexame da decisão[417]: "l'esigenza fondamentale è quella dell'*accesso a un controllo giurisdizionale* delle decisioni amministrative piuttosto che *l'accesso a un riesame* dell'oggetto di tali decisioni"[418].

Ou seja, deve existir aqui: (i) um controlo judicial, mas (ii) um controlo que respeite o momento da escolha discricionária, ou seja, a parte em que a decisão da Administração se deve considerar decisão em última instância. Este é o critério geral que resulta de uma compreensão adequada das relações entre a Administração e os tribunais à luz de uma leitura equilibrada do princípio da separação de poderes. É agora o tempo de explicar como funciona este critério em termos práticos.

Retomando a distinção entre decisões baseadas em juízos isolados de apreciação sobre situações ou factos e decisões baseadas numa abertura normativa para a escolha entre agir ou não ou para a escolha de uma entre várias alternativas, o controlo judicial das decisões discricionárias deverá fazer-se, em geral, nos termos que vamos expor a seguir.

30.1 – Discricionaridade de apreciação

No cenário de "discricionaridade de apreciação", associado ao emprego de conceitos indeterminados na previsão da norma de competência – na enunciação das situações a que a decisão se vai aplicar –, o exercício do

[417] Cf. Vieira de Andrade, *Lições de Direito Administrativo, cit.*, p. 63.

[418] Cf. G. Raimondi, "L'intensità del sindacato giuridizionale sui provvedimenti amministrativi nella giurisprudenza della Corte Europea dei Diritto dell'Uomo", *P. A. Persona e Amministrazione*, 2018/2, p. 9 e segs. (p. 21) – [http://dx.doi.org/10.14276/2610-9050.1786]. No direito norte-americano, a questão do controlo da discricionaridade suscita ponderações da mesma natureza, afirmando-se, por exemplo, que "judicial role *is* oversight and not the substitution of judgment": cf. P.L. Strauss, "Overseers or 'the deciders' – the courts in administrative law", *The University of Chicago Law Review*, vol. 75, 2008, p. 815 e segs. (p. 821).

poder discricionário deve orientar-se pelo *princípio da adequação da decisão à situação* ou de *adequação da decisão à finalidade indicada na norma de competência* [cf. ponto 28.2, *b)*].

Recorde-se que a "discricionaridade de apreciação" se associa à formulação de juízos isolados de apreciação, os quais, em regra, conduzem a um resultado de "sim ou não"[419], sem suscitarem um trabalho de ponderação de interesses [cf. pontos 26.1, 27.2, 28.2, *b)*]. Precisamente por isso, o controlo judicial que aqui se mobiliza consiste num "controlo da adequação" e não, em sentido amplo, um controlo da proporcionalidade. Neste ponto, discorda-se da doutrina seguida no Acórdão do STA de 20/12/2018, P. 0631/14.1BESNT 0289/17, que, a respeito de uma decisão que ordenou a restituição de um subsídio em consequência do "incumprimento injustificado" de obrigações legais pelo beneficiário, mobilizou a aplicação do princípio da proporcionalidade nas suas três dimensões. Na nossa leitura, o caso deveria ter sido apreciado apenas à luz do princípio da adequação.

a) A questão da amplitude do controlo judicial

A questão que tem de se colocar agora consiste em saber que metódica deve seguir o tribunal para verificar se a decisão proferida pela Administração, com fundamento num juízo de valoração própria– que se deve considerar juízo próprio da Administração, por se basear numa abertura discricionária [cf. ponto 29.1.2] –, é uma "decisão adequada à situação": a Administração decide adotar uma medida indicada na lei por considerar verificado o pressuposto, que a lei define, de uma "acentuada carência de recursos"; ou decide a demissão de um indivíduo de um determinado lugar por "não comprovação superveniente da capacidade adequada a garantir a observação das orientações superiormente fixa"; ou decide ordenar a restituição de um subsídio em consequência do "incumprimento injustificado de obrigações legais" por parte do beneficiário.

Neste contexto, em razão, além do mais, do debate que se tem feito a partir de decisões do TEDH[420], importa precisar alguns conceitos relacionados

[419] Cf. Sérvulo Correia, "Conceitos jurídicos indeterminados", *cit.*, p. 50.

[420] Sobre este assunto, cf. M. Allena, "Il sindacato del giudice amministrativo sulle valutazioni tecniche complesse: orientamenti tradizionali versus obblighi internazionali", *Diritto Processuale Amministrativo*, 2012, p. 1602 e segs.; F. Goisis, "La *full jurisdiction* nel contesto della giustizia amministrativa:concetto, funzione e nodi irrisolti", *Diritto Processuale Amministrativo*, 2015,

com o âmbito ou a extensão do controlo judicial da atividade administrativa de decisão.

Assim, temos, em primeiro lugar, o controlo de "plena jurisdição" ("comprehensive full review", "unlimited jurisdiction") que indica um controlo judicial pleno, de mérito, que pode abranger a condenação plena da Administração à tomada de decisões administrativas ou mesmo a substituição de decisões proferidas pela Administração, bem como, em geral, à adoção ou à não adoção de comportamentos. No direito português, o controlo judicial com poder pleno de condenação à emissão de decisões administrativos existe apenas quando não estejam envolvidos poderes discricionários (cf. artigos 71.º, nos. 2 e 3, e 95.º, n.º 5, do CPTA) e o controlo com poder de substituição é excecional, abrangendo apenas atos estritamente vinculados (cf. artigo 109.º, n.º 3). Contudo, deve notar-se o controlo judicial de plena jurisdição, com poder de substituição, existe, em geral, em relação a decisões de aplicação de sanções contraordenacionais [cf. ponto 188.1.1, *b)*].

Por outro lado, temos o "controlo judicial total" ("fiscalização integral" na jurisprudência do Tribunal de Justiça; "hard look" no direito norte-americano), que, relativo ao controlo judicial da discricionaridade, conduz o tribunal a apreciar o litígio "point by point", sobre todos os elementos de facto e de direito, podendo refazer o "iter" lógico do processo de decisão da Administração, no contexto de um *reexame*. Em termos práticos, este sistema de controlo ignora o poder de apreciação da Administração e abre as portas à substituição das valorações e do processo intelectivo seguido pela Administração pelas valorações e pelo processo intelectivo do tribunal.

Num degrau de menor intensidade, temos o que aqui vamos designar "controlo judicial da adequação da decisão aos factos", que se traduz em verificar

p. 546 e segs.; F. Goisis, "Il canone", *cit.*; B. Giliberti, "L'ἐκλέγειν nel processo amministrativo tra separazione dei poteri e sovranità dell'individuo", *P.A. Persona e Amministrazione*, 2017/1, p. 271 e segs. [http://dx.doi.org/10.14276/2610-9050.1174]; F. Follieri, "La giurisdizione di legitimità e full jurisdiction. Le potenzialità del sindacato confutatorio", *P.A. Persona e Amministrazione*, 2018/2, p. 133 e segs. [http://dx.doi.org/10.14276/2610-9050.1779]; L. R. Perfetti, "La full jurisdiction come problema. Pienezza della tutela giurisdizionel e teoria del potere, del processo e della Costituzione", *P.A. Persona e Amministrazione*, 2018/2, p. 237 e segs. [http://dx.doi.org/10.14276/2610-9050.1803]; A. Police, "L'epifania della piena giurisdizione nella prima stagione della "giurisdizione propria" del Consiglio di Stato", *P.A. Persona e Amministrazione*, 2018/2, p. 263 e segs. [http://dx.doi.org/10.14276/2610-9050.1773]; M. Trimarchi, "Full jurisdiction e limite dei poteri non ancora esercitati. Brevi note", *P.A. Persona e Amministrazione*, 2018/2, p. 321 e segs. [http://dx.doi.org/10.14276/2610-9050.1780].

se existe uma conexão proporcional entre facto e decisão ("proportionale linkage between facts and outcome"), no sentido de se concluir que a decisão proferida é um comportamento adequado aos fins que a mesma deve prosseguir (cf. artigo 7.º, n.º 1, do CPA)[421].

Por fim, identifica-se o controlo judicial especialmente atenuado, negativo e externo, de deferência para com a Administração, em que esta acaba por beneficiar do poder de impor o seu *ipse dixit*, desde que não o faça contra a razão ou o bom senso ("erro manifesto de apreciação"). Segundo algumas correntes, existe aqui, em termos práticos, uma *abdicação* do controlo judicial: veremos já a seguir que o TEDH não considera suficiente um controlo judicial com esta intensidade mínima.

De acordo com a doutrina clássica, ainda seguida em grande medida na jurisprudência administrativa portuguesa, em áreas de discricionaridade, o tribunal apenas deve realizar um controlo externo, e, se for o caso, elimina a decisão administrativa na hipótese de uma completa e "manifesta desconexão" entre a decisão e o facto. É esta a patologia que a jurisprudência portuguesa e a do Tribunal de Justiça, na linha da jurisprudência francesa, designam "erro manifesto de apreciação" – nestes termos se qualifica o erro cometido pela Administração na apreciação ou qualificação dos factos que se apresenta evidente, flagrante e manifesto, revelando-se mesmo olhando para o caso à distância ("can be caught by judges merely looking at the case from a distance"[422]). Incorrem no vício de erro manifesto de apreciação as decisões em que a Administração se recusa a reconduzir a um conceito indeterminado uma situação concreta que, *indiscutivelmente*, corresponde a esse conceito[423] ou, em sentido inverso, as decisões que reconduzem a um conceito indeterminado uma situação concreta que, *indiscutivelmente*, não se encaixa nos limites normativos do mesmo.

[421] Cf. Wouters/Duquet, *ob. cit.*, p. 44, no sentido de aproximação deste ao modelo norte-americano de "substantial evidence test" – "substantial evidence means such relevant evidence as a reasonable mind might accept as adequate to support a conclusion" (decisão *Consolidated Edison Co. v. NLRB*, 305 US 197, 229, de 1938).

[422] Cf. Wouters/Duquet, *ob. cit.*, p. 40.

[423] Assim, em relação a um "doutorado pela Faculdade de Direito da Universidade de Coimbra com Distinção, dúvidas não poderão subsistir que o mesmo é, efectivamente, um jurista de reconhecido mérito na classe académica onde o mesmo se insere e onde desenvolve a sua actividade como professor": voto de vencida de Ana Paula Boularot, no Acórdão do Supremo Tribunal de Justiça, de 24/11/2015, Proc. 6/15.5YFLSB.

Na opinião de uma parte da doutrina, a que aderimos, ao erro manifesto de apreciação devem ainda reconduzir-se as situações que, sem serem de erro flagrante ou erro visível à distância, e exigindo por isso alguma indagação judicial, se materializam numa decisão completamente desconexa com a situação à qual se aplica, em termos de se poder considerar o resultado como um absurdo[424], contrário ao bom senso e à razão, que nenhuma "autoridade razoável" teria produzido[425]. Assim, em conformidade com esta orientação, não se exige que o erro manifesto seja um erro flagrante, que salte à vista, bastando que se apure ou possa apurar ter o mesmo conduzido a um resultado contrário ao bom senso e à razão ("desrazoável"; "irracional")[426].

O controlo judicial do princípio adequação baseado no erro manifesto de apreciação ou, como dizem alguns autores, na versão mais suave do princípio da razoabilidade[427], revela-se um controlo judicial muito atenuado e tímido, que, em termos práticos, se limita a suscitar uma intervenção judicial em cenários de violação pela Administração de parâmetros elementares de razoabilidade e de racionalidade[428].

[424] Sobre a razoabilidade como *standard* de interpretação para evitar resultados absurdos, cf. S. Zorzetto, "Reasonableness", *The Italian Law Journal*, 2015, vol. 1, n.º 1, p. 107 e segs. (p. 134).

[425] É a situação que no direito norte-americano se reconduz ao "clear error of judgment" por parte da Administração; este conceito que surge, por exemplo, na decisão Motor Vehicles Mfrs. Ass'n v. State Farm Mut. Auto. Ins. Co., 463 U.S. 29, 43 (1983).

[426] No mesmo sentido, cf. Vieira de Andrade, *Lições de Direito Administrativo, cit.*, p. 63, que rejeita a tese que configura o erro manifesto de apreciação apenas como o erro evidente, essencial ou "palmar".

[427] Trata-se do critério da razoabilidade segundo o"standard Wednesbury"; sobre esta aplicação, cf. Wouters/Duquet, *ob. cit.*, p. 37 e segs.; Ip, "Taking a 'Hard Look'", *cit.*, p. 489. O critério surgiu com uma decisão de um tribunal inglês, em 1948 (*Associated Picture Houses Ltd v Wednesbury Corporation*), que não considerou ilegal a condição de não ser permitida a entrada a menores de 15 anos aposta numa licença para abertura de uma sala de cinema aos domingos; segundo o tribunal, a condição só seria ilegal se fosse "so unreasonable that no reasonable authority" a admitisse; cf. Cane/McDonald/Rundle, *Principles of administrative law, cit.*, p. 195.

[428] No direito britânico, o critério da razoabilidade ("standard Wednesbury") começou a ser posto em causa pela jurisprudência, sobretudo a partir de 2000, com a entrada em vigor do *Human Rights Act*, que promoveu a evolução para uma "rights-based judicial review" e, neste âmbito, para o controlo judicial das decisões discricionárias baseado no teste da proporcionalidade: cf. P. Chirulli, ", L'evoluzione del controllo giurisdizionale sulla discrezionalità nel Regno Unito: dalla ragionevolezza alla proporzionalità?", *Diritto Processual Amministrativo*, 2019/1, p. 71 e segs. (em especial, p. 87 e segs.).

b) A tendência internacional (TEDH e Tribunal de Justiça da União Europeia) no sentido do controlo judicial mais intenso

Precisamente por causa da natureza limitada, contida e deferencial, o controlo judicial da "discricionaridade de apreciação" baseado no erro manifesto de apreciação vem sendo posto em causa em decisões do TEDH. Por várias vezes, intervindo em processos com origem em decisões administrativas que aplicam sanções ou que interferem com os "direitos civis" dos cidadãos, o Tribunal tem vindo a considerar violado o artigo 6.º da Convenção Europeia dos Direitos Humanos (direito a um processo equitativo) pelo facto de a decisão administrativa não ter sido objeto de *controlo judicial suficiente* pelo tribunal nacional[429]-[430]. Não se apresenta, contudo, nítida a intensidade, *id est*, a suficiência de controlo requerida pelo TEDH para assegurar o direito a um processo equitativo e para considerar a presença de um controlo judicial efetivo.

Denotam-se variações em função das matérias, e até alguma *deferência* em face de decisões discricionárias proferidas em conformidade com amplos objetivos políticos ("policy"). Assim, o TEDH reconhece que as decisões administrativas com um conteúdo "político" (*hoc sensu*), em que a Administração recebe um mandato para definir como deve prosseguir o interesse público, estão legitimadas pelo *princípio democrático*, razão pela qual não é necessário que o tribunal substitua a opinião do decisor pela

[429] Note-se que, nem todas as decisões administrativas que aplicam sanções são abrangidas pela incidência do artigo 6.º. De acordo com os designados "critérios Engel" (Acórdão de 08/06/1976: *Engel and Others vs The Netherlands*), as sanções podem ser qualificadas como criminais tendo em consideração: (1) a qualificação formal da infração no direito nacional (categorização que serve como ponto de partida, mas que não se revela decisiva); (2) a natureza intrínseca da infração; (3) o grau de severidade da punição infligida ao infrator; cf. Pedro Caeiro, "The influence of the EU on the 'blurring' between administrative and criminal law", in F. Galli/A. Weyembergh (eds.), *Do labels still matter?*, ULB, 2014, p. 171 e segs.; A. Weyembergh/N. Joncheray, "Punitive administrative sanctions and procedural safeguards", *New Journal of European Criminal Law*, 2016/2, p. 194 e segs.
No que se refere ao âmbito dos "direitos civis", não estão em causa apenas as decisões (determinações) de violação, mas quaisquer decisões que "afetem" direitos de natureza privada (propriedade, direitos contratuais, exercício de uma atividade), podendo abranger, por ex., sanções disciplinares embora apenas em função da respetiva gravidade; cf. Raimondi, "L'intensità del sindacato", *cit.*, p. 15 e segs.; P. Cane, *Administrative Law*, Oxford University Press, 2011, p. 93.

[430] A jurisprudência do TEDH vai certamente ter um impacto nas jurisdições administrativas nacionais; di-lo também E. Follieri, "Sulla possibile influenza della giurisprudenza della Corte Europea di Strasburgo sulla giustizia amministrativa", *Diritto Processuale Amministrativo*, 2014/3, p. 685 e segs.

sua própria. Mas, ao contrário, quando a decisão se suporta num facto contestado, torna-se necessário que o tribunal tenha uma "full jurisdiction to review the facts" [cf. Acórdão de 14/11/2006, *Tsfayo c. Reino Unido*, Proc. 60860/0 (pars. 40 e segs.)]. Do mesmo modo, o TEDH aceita que a plena jurisdição deverá ser temperada quando se trate de questões jurídico-administrativas em que a competência judicial se encontre restringida "em razão da natureza técnica do objeto do litígio" [cf. Acórdão de 21/06/2016 *Al-Dulimi et Montana Management Inc. c. Suisse*, Proc. 5809/08 (par. 130)].

Não obstante, é percetível a tendência no sentido de que o TEDH não aceita o controlo judicial limitado ao erro manifesto, e considera, em geral, que os tribunais nacionais não podem renunciar a uma fiscalização suficientemente aprofundada sempre que estejam em causa conflitos relacionados com a aplicação de sanções ou com intervenções administrativas em matéria de direitos civis[431].

Embora com outro alcance, um processo semelhante tem vindo a verificar-se no Tribunal de Justiça (União Europeia)[432]: como regra, este Tribunal tem decidido que, quando as instituições europeias detêm um "amplo poder de apreciação", o uso deste poder só pode ser posto em causa pelo Tribunal Geral em caso de erro manifesto de apreciação, de erro material ou de desvio de poder: veja-se, por ex., Acórdão de 14/12/2018, *FV c. Conselho da União Europeia*, proc. C-750/17 (par. 145). Todavia, a situação é outra quando em causa estão decisões que agridem "direitos e liberdades garantidos pelo direito da União", sobretudo por causa do princípio da proteção da tutela judicial consagrado no artigo 47.º da Carta Europeia dos Direitos Fundamentais ("toda a pessoa cujos direitos e liberdades garantidos pelo direito da União tenham sido violados tem direito a uma ação perante um tribunal"). Nesse caso, o Tribunal de Justiça decide que "a efetividade da fiscalização jurisdicional garantida pelo artigo 47.º da Carta exige também que ... o juiz da União se assegure que esta decisão ... assente numa base factual suficientemente sólida. Isso implica uma verificação dos factos alegados na exposição de motivos em que se baseia a referida decisão, pelo

[431] Veja-se, neste sentido, por ex., o Acórdão de 06/11/2018, *Ramos Nunes de Carvalho e Sá c. Portugal*, Proc. n.º 55391/13 (pars. 166 e segs.).

[432] Sobre este ponto, cf. P. D Luca, "Portata e limite della competenza di piena giurisdzione nell'ordinamento dell'Unione Europea", *P.A. Persona e Amministrazione*, 2018/2, p. 115 e segs. [http://dx.doi.org/10.14276/2610-9050.1783]

que a fiscalização jurisdicional não se limita à apreciação da probabilidade abstrata dos motivos invocados, tendo antes por objeto a questão de saber se estes motivos, ou pelo menos um deles, é considerado suficiente, por si só, para basear esta mesma decisão, têm fundamento" – entre outros, vejam-se: Acórdãos de 18/06/2013, *Yassin Abdullah Kadi*, proc. C-584/10 (par. 119); de 28/11/2013, *Fulmen e Fereydoun Mahmoudian*, proc. C-280/12 P (par 64)[433].

c) Exigência de controlo judicial da adequação meio-fim de decisões administrativas relativas a direitos dos cidadãos

A tendência internacional (TEDH e Tribunal de Justiça da União Europeia) aponta para o controlo judicial aprofundado que assegure a fiscalização suficiente da legalidade das decisões administrativas relacionadas com direitos dos cidadãos. Mas esta é também uma exigência que decorre da nossa Constituição quando estão envolvidas intervenções administrativas em matéria de direitos, liberdades e garantias. Com efeito, apesar de a legislação nesta matéria dever respeitar um "imperativo de determinabilidade" [cf. pontos 29.1.2 e 42.4.1,*c*)], poderão, não obstante, surgir normas com conceitos indeterminados, hipótese em que a respetiva concretização pela Administração deverá ficar sujeita ao "controle total do juiz": como diz Vieira de Andrade, a utilização por lei de conceitos indeterminados neste caso não deve, "em regra, ser interpretada como concessão de poderes discricionários à Administração"[434]. Impõe-se, assim, um controlo "point by point", sobre todos os elementos de facto e de direito em que assenta a decisão, sempre que esteja alegada a violação de direitos, liberdades e garantias.

A questão que também se deve colocar é se, mesmo fora desse âmbito, não se justifica um controlo de maior amplitude do exercício de poderes discricionários nos casos em que estejam em jogo decisões relativas a direitos (quaisquer direitos e não apenas os direitos, liberdades e garantias) dos administrados. Ora, na nossa interpretação, um alargamento do controlo judicial não apenas se justifica como se impõe neste cenário. Recorde-se, também aqui, que, nos termos da Constituição (artigo 266.º, n.º 1) e da lei (artigo 4.º do CPA), a prossecução do interesse público efetiva-se sempre "no" respeito de quaisquer direitos e interesse legalmente protegidos dos

[433] Sobre o controlo judicial da discricionaridade das instituições europeias, cf. D. Ritleng, "Judicial review of EU administrative discretion: how far does the separation of powers matter?", in Joana Mendes/I. Venzke, *Allocating authority (who should do what in european and international law?)*, Hart Publishing, 2018, p. 183 e segs.

[434] Cf. Vieira de Andrade, *Os Direitos Fundamentais, cit.*, p. 324.

cidadãos, e não só no respeito dos direitos, liberdades e garantias. Esta exigência de respeito pelos direitos dos cidadãos não se basta com um controlo judicial mínimo, nos termos postulados pela "versão suave" do princípio da razoabilidade (artigo 8.º do CPA).

Assim, mesmo que não tenha de se estender ao controlo total, a intervenção judicial deve, contudo, escrutinar os termos da adequação da decisão administrativa aos factos, e efetuar um controlo da *adequação meio-fim*. Ou seja, o controlo judicial do respeito do princípio da adequação – princípio hoje consagrado, de forma autónoma, no artigo 7.º, n.º 1, do CPA – não pode esgotar-se num controlo negativo da razoabilidade, em que só decisões irracionais, desrazoáveis ou de flagrante arbitrariedade são eliminadas (cf. artigo 8.º). Exige-se mais do que isso: o tribunal deve certificar-se de que a decisão concretamente proferida se revela adequada à situação concreta. Não basta assegurar que uma decisão relativa a direitos de pessoas não é desrazoável, nos termos do artigo 8.º do CPA; torna-se necessária a afirmação explícita da convicção judicial de que a decisão se revela adequada, nos termos do artigo 7.º, n.º 1. Para formular este juízo positivo de convicção, o tribunal tem ao seu dispor os elementos constantes do "processo administrativo" (cf. artigo 84.º do CPTA), bem como as "explicações" que pode solicitar à Administração no decurso do processo contencioso[435].

O mero controlo da razoabilidade, do erro manifesto de apreciação, poderá manter-se como controlo suficiente, quanto a decisões neutras para os direitos de particulares, bem como para todas as que envolvem "direitos precários", que a lei desenha, *ab initio*, como situações jurídicas de substância mais frágil, que podem claudicar por "razões de interesse público" (*v.g.*, direitos à continuação de relações contratuais públicas ou à manutenção e cargos públicos de destituição livre).

30.2 – Discricionaridade de ação e discricionaridade de escolha

Nas situações em que a Administração escolhe os efeitos das suas decisões com base numa abertura discricionária na estatuição, os critérios fundamentais a seguir são os que resultam dos princípios da imparcialidade, da proporcionalidade, bem como da justiça e da boa fé [cf. ponto 28.2, *c)*]. Ao

[435] Como se escreveu numa decisão do STA (de 06/03/2007, P. 01143/06), o controlo judicial da discricionaridade "não terá de ser um controle limitado pela constatação da existência de violação grosseira ou manifesta de princípios jurídicos, pois a violação não grosseira ou não manifesta não deixa de ser ilegal, mas terá de ser um controle limitado pela possibilidade de afirmação segura e positiva da existência de tal violação".

tribunal cabe, então, apreciar se todos os interesses relevantes e pertinentes foram efetivamente considerados, indagando, portanto, se, no procedimento da decisão, a Administração cumpriu a obrigação de considerar "com objetividade todos e apenas os interesses relevantes no contexto decisório" (artigo 9.º do CPA). Como sabemos, este dever de consideração imparcial e objetiva aplica-se aos interesses manifestados no procedimento administrativo da decisão ou àqueles que, nos termos da lei, a Administração tem o dever de ponderar, suscitando oficiosamente a respetiva manifestação. Assim, o tribunal não deve tolerar a decisão administrativa que cria um efeito totalmente favorável para um certo particular, descurando totalmente, sem qualquer ponderação, os interesses contrapostos de outros particulares.

O tribunal é ainda competente para apreciar se a decisão cumpre as exigências do princípio da proporcionalidade: como desfecho dessa apreciação, poderá a vir anular a decisão se a mesma se revelar *desadequada* (em caso de desconexão entre a decisão proferida e a finalidade que teria de ser prosseguida), *desnecessária* (no caso de o interesse público poder prosseguir-se com uma medida menos onerosa para o interesse agredido) ou *desproporcional* (no caso de a medida envolver um sacrifício excessivo para o interesse agredido em face da vantagem alcançada para o interesse público).

O controlo judicial baseado nos princípios da imparcialidade e da proporcionalidade assegura o imperativo, acima identificado, de existência um controlo judicial, mas de um controlo que respeite o espaço de discricionaridade administrativa, originado na abertura intencional da norma de competência.

30.3 – Nota sobre as normas de controlo do exercício da discricionaridade

Estamos em condição de concluir que o controlo judicial específico ou próprio da discricionaridade administrativa assenta na verificação pelos tribunais do respeito por normas jurídicas formuladas como princípios gerais. Compreende-se este resultado, que se explica pela exigência de conciliar o controlo judicial com o respeito pelo espaço de autonomia da Administração, definido e conferido por lei.

Mas há ainda uma outra conclusão que não deve passar despercebida. Neste contexto, a responsabilidade do tribunal reside em verificar o respeito dos princípios pertinentes pela Administração no exercício de poderes discricionários: adequação, razoabilidade, imparcialidade ou proporcionalidade, e, eventualmente, também outros como o princípio da justiça ou até o da boa fé. Quer dizer, os princípios, que correspondem a normas de orientação e condicionamento do exercício da discricionaridade [cf. ponto 28.2, *b) e c)*], veem-se, pois, mobilizados agora como "normas de controlo" [sobre este conceito, cf. pontos 8.4 e 20.3]. Pois bem, impõe-se agora recordar que a *intensidade normativa* dos princípios não se apresenta necessariamente nos mesmos termos quando se analisam como normas de condicionamento ou enquanto normas de controlo (judicial): assim, por ex., o princípio da proporcionalidade, para a Administração, significa a exigência de se guiar pelo objetivo de alcançar a opção mais adequada e na medida mais justa; mas, para os tribunais, como norma de controlo (judicial), só exige que se demonstre que a opção da Administração não foi desadequada e que não impôs sacrifícios excessivos; por sua vez, a razoabilidade exige que a Administração atue de forma razoável, dentro de limites de aceitabilidade e de defensabilidade, mas, enquanto padrão de controlo, permite que o tribunal reprove apenas as "soluções manifestamente desrazoáveis" (cf. artigo 8.º do CPA).

31 – Um caso de exceção: a discricionaridade livre

Vamos agora considerar a figura excecional da discricionaridade livre, distinguindo-a de formas de discricionaridade que dela estão mais ou menos próximas.

a) Discricionaridade livre

O exercício da discricionaridade tem de se pautar por uma racionalidade jurídica, conhece limites, tem de se desenvolver segundo critérios jurídicos e está sujeito a controlo judicial para verificação do respeito por aqueles limites e por estes critérios. Por isso, não sofre contestação a ideia de que o poder discricionário não se confunde com liberdade, quando esta se refere a uma livre determinação e orientação finalística. A doutrina adverte aliás para a exigência de não deturpar o conceito (pleonástico) de "discricionaridade livre", uma vez que a Administração nunca dispõe de um poder livre, de livre arbítrio[436].

Nada disso sofre contestação em geral. Mas, em casos excecionais, não é de excluir a eventualidade de o legislador, no exercício da sua liberdade estratégica de configuração do poder administrativo[437], atribuir intencio-

[436] Cf. Wolff/Bachof/Stober/Kluth, *ob. cit.*, vol. I, p. 354.

[437] Sobre esta liberdade estratégica, cf. S. Perongini, "Le strategie legislative di configurazione della determinazione provvedimentale", *P.A. Persona e Amministrazione*, 2018/1, p. 59 e segs. [http://dx.doi.org/10.14276/2610-9050.1531].

nalmente à Administração um poder para decidir *livremente* entre fazer ou não fazer ou entre agir ou não agir e, em simultâneo, excluir o controlo judicial dessa decisão, pelo facto de não existirem padrões de controlo do momento discricionário do exercício da competência.

Um exemplo de uma situação com estes contornos pode ver-se no modo como a Diretiva 2014/24/UE, relativa aos procedimentos de adjudicação de contratos públicos, desenha a decisão sobre a divisão em lotes. No considerando 78, diz-se o seguinte: "a autoridade adjudicante deverá ter por obrigação considerar se convém dividir contratos em lotes, *sem deixar de poder decidir livremente e de forma autónoma, com base em qualquer motivo que considere pertinente, e sem estar sujeita a controlo administrativo ou judicial*". Esta solução pressupõe que as entidades adjudicantes têm de ponderar a divisão em lotes, e, se decidirem – *livremente* – não dividir, deverão explicar a razão por que não dividem, mas podem indicar "qualquer motivo que considerem pertinente". A isenção do controlo judicial, que nesse caso se admite expressamente, é o corolário de uma "discricionariedade livre", que resulta da inexistência de parâmetro de controlo e da intencionalidade normativa de definir um poder livre, cujo exercício é baseado em puras considerações de conveniência e oportunidade. Situações, excecionais, com estes contornos fazem lembrar o que no direito norte-americano se designa "no law to apply": esta ocorre em cenários de vazio de orientação legislativa ("agency action is committed to agency discretion by law"[438]), que justificam ou até implicam a preclusão de controlo judicial de decisões administrativas, por inexistência de parâmetros ou de *standards* que permitam aos tribunais apreciar as decisões administrativas: "the delegation of authority to the agency is so complete as to leave no role for a court"[439].

b) Discricionaridade livre como exceção

Do mesmo modo que a figura do "no law to apply", a discricionaridade livre só se pode aceitar como consequência de uma intenção inequívoca do

[438] Cf. § 701 (a) (2) do *Administrative Procedure Act*. No Acórdão *Heckler v. Chaney*, 470 U.S. 821, 830 (1985), foi assumido que o controlo judicial deve afastar-se quando "the statute is drawn so that a court would have no meaningful standard against which to judge the agency's exercise of discretion". Alguns autores sustentam que este preceito da APA constitui um "buraco negro" no sistema administrativo norte-americano, pelo facto de excluir expressamente a sujeição da Administração à "rule of law" e à "judicial review"; neste sentido, cf. A. Vermeule, "Our schmittian administrative law", *Harvard Law Review*, vol. 122, 2009, p. 1096 e segs. (p. 1113 e segs.).

[439] Cf. C. H. Koch, "Unreviewability in state administrative law", *Journal of the National Association of Administrative Law Judges*, vol XIX, 1999, p. 59 e segs. (p. 66 e segs.).

legislador em configurar um determinado poder como *livre* e em dispensar o controlo judicial do seu exercício – o que, obviamente, só se concebe em casos absolutamente excecionais, de escolha livre entre agir ou não agir (fazer ou não fazer), e desde que seja claro que não subsistem *interesses legítimos*, públicos ou privados, que devam ser ponderados pela Administração. Esta possível não consideração pela Administração de quaisquer interesses diferentes da conveniência administrativa é um elemento essencial do conceito de discricionaridade livre, o qual pressupõe, portanto, que a lei autoriza uma atuação orientada exclusivamente pela compreensão do agente decisor sobre o interesse público a realizar. A norma de competência deve encontrar-se delineada em termos de se afeiçoar a "qualquer solução" que o agente venha a eleger. Precisamente por isso, a norma não define um parâmetro de controlo que possa servir como critério de apreciação judicial da decisão.

Na legislação portuguesa, casos de discricionaridade livre, naturalmente raros, podem encontrar-se, por um lado, no regime jurídico de utilização dos recursos hídricos: em face de pedidos de licença de utilização sujeitas a concurso, é conferido à autoridade competente o poder de recusa de abertura do procedimento, com a invocação da "inoportunidade ou inconveniência para o interesse público"; tudo indica que, nesse caso, a lei não tutela o interesse próprio do peticionante em obter a licença de utilização, pelo que a decisão de recusa de abertura do procedimento tem o efeito de lesar um *interesse simples* ou *de facto*, e não um interesse juridicamente protegido. Outro caso colhe-se no Estatuto do Gestor Público, que prevê a dissolução e a demissão "por mera conveniência" e as figuras da "livre demissão" e da "livre dissolução" [cf. ponto 127]. Também se reconduz a uma situação de discricionaridade livre a competência, a que se refere o Regime do Segredo de Estado, para o "levantamento do segredo": a designada entidade detentora "autoriza, ou não" o levantamento, na sequência de uma comunicação da autoridade judicial a explicitar que a informação sob segredo pode revestir-se de relevância fundamental para o exercício da defesa[440].

A discricionaridade livre não corresponde, naturalmente, a um poder administrativo sem regras ou fora do direito. Por um lado, existem limites

[440] No sentido de que o Primeiro-Ministro "goza de uma ampla margem de discricionariedade no exercício desta sua competência relacionada com o levantamento do segredo de Estado", cf. o Acórdão do STA de 11/04/2019 (P. 0955/16.3BALSB).

externos (*v.g.*, exigências formais ou procedimentais[441]), que, naturalmente, têm de ser respeitados: o "livre", na figura da discricionaridade livre, refere-se apenas à inexistência de cânones jurídicos que orientem o exercício do poder no momento discricionário propriamente dito. Por outro lado, deve considerar-se a existência de limites internos, impostos pela exigência da racionalidade da ação administrativa [cf. ponto 42.2], pelo princípio da igualdade e ainda por princípios de carácter universal, como a boa fé ou a proibição do abuso do direito.

c) Discricionaridade livre, discricionaridade criativa e discricionaridade aberta

Não deve confundir-se a discricionaridade livre com a figura da discricionaridade criativa [cf. ponto 29.4]: nesta, o agente é investido pela norma de competência do poder de definir o conteúdo da sua intervenção, desfrutando por isso de um grau mais elevado de discricionaridade, mas tem de desenvolver essa incumbência em conformidade com os critérios jurídicos do exercício do poder discricionário, designadamente mediante a ponderação valorativa dos interesses relevantes no contexto decisório [cf. ponto 28.2, *c)*].

Além disso, embora muito próxima, a discricionaridade livre também não se confunde com a figura da "discricionaridade aberta", que, do mesmo modo, pressupõe um grau especialmente elevado de discricionaridade[442]. A discricionaridade aberta é a que resulta de uma norma de competência que atribui ao agente administrativo o poder de proceder a uma "determinação substancial do interesse público": eis o que ocorre com a norma confere ao agente uma competência que este pode exercer "por razões de interesse público", quando "circunstâncias de interesse público o justificarem" ou "por razões de mérito, conveniência ou oportunidade" [cf. ponto 29.1.2].

Nestes casos, a norma de competência entrega ao agente administrativo um poder de, *segundo o seu critério*, determinar ou identificar a presença de um interesse, de uma razão de mérito ou de oportunidade e, na sequência disso, e se assim o entender ("permissão de ação"), exercer uma determinada competência (*v.g.*, modificar ou resolver um contrato, revogar um ato administrativo). Assim, nos termos da norma habilitante, a competência

[441] Assim não nos parece quanto à fundamentação da decisão – tendemos a acompanhar, neste aspeto, o voto de vencido no Acórdão do STA de 23/11/2017 (P. 510/15), quando considera dispensável a fundamentação da decisão livre de demissão de gestor público.

[442] Sobre o conceito de discricionaridade aberta ("offenes Ermessen"), cf. Kopp/Ramsauer, *ob. cit.*, p. 924.

administrativa é exercida com base na compreensão e no critério próprio do agente da Administração.

Neste cenário, a amplitude da discricionaridade decorre de a lei abdicar da indicação, ainda que de forma vaga, imprecisa ou indeterminada, da factualidade que deverá estar presente como fundamento do exercício da competência. É ao agente administrativo que cabe a determinação dessa factualidade, ou seja, é ao agente que está confiado o poder de proceder à "determinação substancial do interesse público" que legitima a sua intervenção. Esta situação de discricionaridade aberta está, pois, muito próxima da discricionaridade livre. Todavia, as figuras devem distinguir-se, o que passa pela compreensão da premissa sobre o carácter excecional da discricionaridade livre. Com efeito, a possibilidade de um poder administrativo cujo exercício não é pautado por critérios jurídicos, e que escapa a um controlo judicial, só se pode aceitar a partir de uma indicação normativa inequívoca, que, além do mais, permita concluir com segurança a abertura legal à desconsideração de quaisquer interesses diferentes da conveniência administrativa; como vimos, um elemento essencial do conceito de discricionaridade livre reside em a norma permitir uma atuação exclusivamente orientada pela compreensão do decisor sobre o interesse a realizar. Não sendo possível desvendar esta intencionalidade da norma de competência, estará em pauta um caso de discricionaridade: pode tratar-se de uma "discricionaridade aberta", portanto em grau muito elevado, no cenário de a norma de competência atribuir ao agente o poder de proceder à "determinação substancial do interesse público", mas, ainda assim, está aí presente um poder discricionário que deve ser exercido segundo os critérios jurídicos que analisámos.

32 – Outras manifestações de autonomia da Administração

Em razão da sua ligação a uma decisão numa situação concreta – que ocorre no decurso de um "processo de *concretização* jurídica" –, a discricionaridade que aqui se estuda está intrinsecamente ligada à adoção de "decisões administrativas", ou seja, à prática de atos administrativos (decisões em situações concretas e individuais: cf. artigo 148.º do CPA). Isto não significa, porém, que a figura da discricionaridade, enquanto poder de escolha e, sobretudo, espaço de autonomia ou de reserva da Administração, se esgote na tomada de decisões administrativas concretas e individuais ("individualizing discretion"[443]).

[443] Cf. Koch, "Judicial review of administrative discretion", *cit.*, p. 471.

De facto, há outras manifestações de discricionaridade[444] e de "autonomia" da Administração.

Por um lado, algumas dessas manifestações exprimem ainda (do mesmo modo que na discricionaridade na decisão administrativa), um poder de escolha substancial ou material: eis o que sucede nos casos de "autonomia regulamentar", de "autonomia pública contratual", de "discricionaridade de planeamento" e de "discricionaridade regulatória". Em conjunto com a discricionaridade na decisão administrativa, essas figuras integram a autonomia pública da Administração, que, já vimos, se pode definir como o poder conferido à Administração de criação de efeitos jurídicos substantivos próprios do Direito Administrativo no âmbito das formas de ação administrativa (ato administrativo, contrato administrativo e regulamento administrativo)[445].

Por outro lado, já sem um recorte material ou substantivo, outras manifestações são as de "discricionaridade organizativa" e de "discricionaridade procedimental", bem como de "discricionaridade estratégica"[446].

> Neste segundo grupo de casos, a eventual qualificação como ato administrativo da medida pela qual se exerce a autonomia da Administração não exclui a natureza organizativa, procedimental ou estratégica do poder em presença[447]: nestes cenários, o sentido do ato administrativo pode consistir, por ex., na implementação de uma providência organizativa (*v.g.*, decisão de criação de uma empresa[448]), na decisão sobre um trâmite procedimental (*v.g.*, recusa de uma diligência instrutória requerida pelo interessado: artigo 116.º, n.º 3, do CPA) ou numa decisão de contratar.

Pode ainda colocar-se a questão de saber se é adequado convocar a figura ou o conceito de discricionaridade a respeito da adoção de

[444] Sobre a necessidade de declinar a noção polissémica de discricionaridade, cf. V. Brigante, "Fenomeni corruttivi nell'affidamento di commesse pubbliche: la discrezionalità multilivello come soluzione di matrice procedimentale", *Il Diritto dell'Economia*, 2018/3, p. 955 e segs. (p. 976). Referindo-se, neste âmbito, a "discricionaridade e discrcionaridades", cf. Fernanda Paula Oliveira/José Eduardo Figueiredo Dias, *ob. cit.*, p. 155.

[445] Cf. Sérvulo Correia, *Legalidade e Autonomia Contratual, cit.*, p. 470.

[446] Sublinhando a diferença entre discricionaridade originada em autorizações de direito material e autorizações de direito procedimental ou organizativo, cf. Kopp/Ramsauer, *ob. cit.*, p. 897.

[447] Cf. Kopp/Ramsauer, *ibidem*.

[448] Assim, por ex., em França, o *Conseil d'État* considerou impugnável a decisão de uma autarquia de criação de uma sociedade pública local – cf. G. Eckert, "Intérêt à agir contre la création d'une société publique locale", *Contrats et marchés publics*, 2019/2, p. 45 e segs.

"comportamentos", sem a natureza de atos jurídicos. A questão é pertinente, além do mais, porque o artigo 95.º, n.º 5 do CPTA parece precisamente pressupor a equivalência entre as figuras da discricionaridade para a prática de atos jurídicos e para a adoção de comportamentos – estabelece-se ali que, "quando no processo tenha sido deduzido pedido de condenação da Administração à adoção de atos jurídicos ou *comportamentos que envolvam a formulação de valorações próprias do exercício da função administrativa*, sem que a apreciação do caso concreto permita identificar apenas uma atuação como legalmente possível, o tribunal não pode determinar o conteúdo do ato jurídico ou do *comportamento* a adotar, mas deve explicitar as vinculações a observar pela Administração". Temos, porém, muitas dúvidas sobre a equivalência que a solução da lei pressupõe, pois não parece concebível um espaço discricionário (de valoração própria) da Administração que não corresponda ao exercício de um "poder" de escolha e de decisão em última instância. Ora, a adoção de meros comportamentos não consubstancia, em si mesmo, a atuação de um poder administrativo, nem, muito menos, um poder que o tribunal tenha de respeitar como espaço de valoração própria da Administração: assim se compreende que o CPTA preveja a possibilidade de condenação judicial da Administração à adoção ou à abstenção de comportamentos [cf. artigo 37.º, n.º 1, alínea *h)*].

No procedimento de execução de atos administrativos (artigos 175.º e segs. do CPA), a Administração faz, por vezes, escolhas sobre os meios de execução que vai utilizar. É isso que explica o artigo 178.º, n.º 1, do CPA, onde se estabelece que "na execução dos atos administrativos, deve ser respeitado o princípio da proporcionalidade, designadamente utilizando os meios que, garantindo a realização integral dos seus objetivos, envolvam menor prejuízo para os direitos e interesses dos particulares". Contudo, quando existe, a escolha discricionária não é feita no momento da prática das operações de execução, mas sim no momento, prévio, da decisão administrativa de proceder à execução, a qual tem de determinar "o conteúdo e os termos da execução" (cf. artigo 177.º, n.º 2).

32.1 – Autonomia regulamentar

A autonomia da Administração manifesta-se através do exercício do poder administrativo de emissão de regulamentos, de edição de normas jurídicas: *autonomia regulamentar*. Eis o que ocorre nos casos em que, nos termos da Constituição e da lei, a Administração exerce um poder de definição ou de conformação do conteúdo de preceitos regulamentares: de forma paradigmática, assim sucede com a emissão de *regulamentos independentes* do Governo e de certas entidades administrativas independentes, bem como com a edição de *regulamentos autónomos* das autarquias locais e das instituições públicas do ensino superior – em todos, além da entidade competente, a lei define apenas a competência objetiva, ou seja, a matéria sobre a qual os regulamentos vão dispor, remetendo para a Administração a delineação do conteúdo normativo. Ainda que em menor grau, também ocorre o exercício de uma discricionaridade normativa nos *regulamentos complementares* [sobre estas categorias, cf. volume 2]. Nestes termos, as escolhas sobre o conteúdo das normas ("discricionaridade de escolha"), e, por vezes, a própria escolha entre emitir ou não emitir o regulamento ("discricionaridade de ação") podem estar presentes no exercício do poder administrativo regulamentar. Tais escolhas não se efetivam, porém, num espaço de "concretização jurídica", mas antes num contexto de implementação, de complementação ou de desenvolvimento de uma norma jurídica ou até de dinamização da ordem jurídica no seu todo.

Apesar de se poder considerar um episódio de discricionaridade administrativa, a autonomia regulamentar – que surge até designada por vezes como "discricionaridade normativa"[449] e "discricionaridade regulamentar"[450] – suscita questões específicas e, sobretudo, materializa uma autonomia da Administração ("autonomia normativa", para a produção de normas jurídicas e a criação de direito) de natureza diferente da *autonomia* que se manifesta na adoção de decisões individuais e concretas, pelas quais, no âmbito de um processo de concretização jurídica, se define os termos de um "contacto" efetivo entre a Administração e administrados determinados.

> Apesar das diferenças entre a discricionaridade exercida no caso concreto e a autonomia que se exerce na estipulação de normas regulamentares, a referência à proximidade das figuras ajuda a projetar para a leitura jurídica do poder regulamentar "discricionário" aspetos da teoria jurídica da discricionaridade (*v.g.*, critérios de controlo judicial).

[449] Cf. Stelkens/Bonk/Sachs, *ob. cit.*, p. 1424.

[450] Referindo-se a regulamentos elaborados "de acordo com faculdades discricionárias conferidas por lei à Administração", cf. Afonso Queiró, "Teoria dos regulamentos", *Revista de Direito e Estudos Sociais*, ano 1 (2.ª série), 1981, p. 10; na mesma linha, cf. Ana Raquel Moniz, *A Recusa de Aplicação, cit.*, p. 114.

Um caso especial de "discricionaridade normativa" é o da definição geral de regras que estabelecem aspetos da tramitação de procedimentos; a situação não se confunde com a discricionaridade procedimental [sobre esta cf. ponto 32.6], porquanto o que aqui está em causa é uma delineação *ex ante* das regras sobre a tramitação de procedimentos ou de um procedimento que se vai iniciar num momento posterior. Trata-se de um fenómeno com significado nos procedimentos de seleção concorrencial, designadamente de adjudicação de contratos públicos, que, nos termos da lei, são regulados por regras definidas pelas entidades adjudicantes no exercício de uma "discricionaridade de conformação normativa" ou, como dizem alguns, de "discricionaridade instrumental" [cf. ponto 27.3.3]. Dentro de limites definidos, as entidades adjudicantes têm o poder de escolher o concreto procedimento de adjudicação, bem como, em geral, um poder de estipulação das regras "consideradas convenientes" (cf. artigo 132.º, n.º 4, do CCP), que podem ser regras procedimentais. A definição *ex ante* destas regras tem um efeito de autovinculação para as entidades adjudicantes.

32.2 – Autonomia pública contratual

Associamos a discricionaridade à prática dos atos administrativos (decisões unilaterais): essa associação decorre de a prática de atos administrativos ter de ocorrer ao abrigo de uma norma de competência de programação condicional que define os pressupostos do exercício do poder de autoridade da Administração, o qual vai materializar-se em atos administrativos; ora, a discricionaridade resulta precisamente do facto de a norma de competência definir um canal de abertura discricionária no âmbito do exercício daquele poder, o qual tem de respeitar os fins nela indicados.

Mas a discricionaridade, mesmo nesse sentido estrito, pode também ligar-se à figura do contrato administrativo: eis o que sucede no caso dos contratos sobre o exercício de poderes públicos quando tenham um *objeto passível de ato administrativo* – sobre estes contratos, cf. artigos 280.º, n.º 1, alínea *b)*, e 336.º-337.º do CCP; neste caso, o contrato administrativo é a forma do exercício do "mesmo poder" que a Administração estaria em posição de exercer por via de ato administrativo [cf. ponto 25.1].

A situação apresenta já outros contornos se o contrato a celebrar pela Administração não tem um objeto passível de ato administrativo, nem define, por si mesmo (através das designadas *cláusulas suplementares*[451]) efeitos

[451] Como tais se consideram "as estipulações contratuais que se não limitam a reproduzir ou aplicar à situação concreta as normas que integram o regime legal do contrato"; neste sentido, cf. Sérvulo Correia, *Legalidade e Autonomia Pública Contratual, cit.*, p. 627.

jurídicos próprios de Direito Administrativo, isto é, "efeitos ... que só sejam concebíveis como elementos de uma situação jurídica de que seja parte a Administração intervindo nessa qualidade"[452]. Agora, em que, portanto, o contrato estipula efeitos jurídicos que também poderiam figurar num contrato entre particulares, a Administração Pública exerce, através daquela estipulação uma *autonomia pública contratual*, nos termos em que a figura foi delineada por Sérvulo Correia.

Como a discricionaridade, a autonomia pública contratual é a manifestação de uma autonomia da Administração que, do mesmo modo, se materializa na definição de efeitos jurídicos substantivos ("de substância") não predeterminados por normas jurídicas. Mas, a autonomia pública contratual vai mais longe do que a discricionaridade, uma vez que a decisão de contratar e a definição do conteúdo do contrato não dependem da verificação de pressupostos definidos numa norma de competência, nem, quanto ao conteúdo, de uma qualquer indicação normativa. É à entidade pública administrativa que, no respeito pelas respetivas atribuições, define a finalidade a prosseguir pelo contrato: ao contrário do que sucede com a discricionaridade, em que a norma de competência define uma autorização num determinado âmbito, a autonomia pública contratual não se desenvolve ao abrigo de uma autorização específica, mas antes de uma permissão genérica para a celebração de contratos.

A autonomia pública contratual tem limites: no caso dos contratos que gerem despesa, além do cumprimento das regras de direito financeiro, a Administração está obrigada a observar um princípio de eficiência, que reclama uma utilização criteriosa, adequada e equilibrada dos recursos financeiros disponíveis[453].

> A autonomia pública contratual não se manifesta apenas no contrato, mas também, desde logo, na decisão de contratar (que determina a finalidade do contrato)[454], bem como nas peças do procedimento, em especial, no *caderno de encargos*, que é peça "que contém as cláusulas a incluir no contrato a celebrar" (cf. artigo 42.º, n.º 1, do CCP).

[452] Cf. Sérvulo Correia, *ibidem*, p. 628.

[453] Cf. Sérvulo Correia, *ibidem*, p. 624, que alude, antes, ao cumprimento de um fim de racionalização de meios de que dispõe a Administração.

[454] Por essa razão, Sérvulo Correia, *ibidem*, p. 643 e segs., defende que a decisão de contratar, mesmo sendo um ato administrativo, é proferida no âmbito da mesma autonomia que respeita diretamente ao contrato, a autonomia pública contratual.

32.3 – Discricionaridade de planeamento

A atividade administrativa de planeamento consiste numa tarefa de delineação num dado momento de um quadro de referência sobre como se deve desenvolver, em momento posterior, uma outra atividade ou tarefa. Trata-se, pois, de uma *atividade orientada para o futuro e ligada à ação*[455], com o objetivo de racionalização, de antecipação, de programação e de previsão de ações futuras. O planeamento administrativo – a elaboração de *planos administrativos* – pressupõe um diagnóstico sobre a realidade existente, bem como um complexo trabalho de ponderação e de harmonização dos interesses relevantes, que envolve a consideração de projeções ou prognoses, e que, na sequência, se materializa na feitura de regras e de disposições que refletem opções estratégicas e que definem as condições que as atividades planeadas devem respeitar ou observar. A discricionaridade é conatural à atividade de planeamento ou de programação, posto que assenta em previsões, projeções e análises prospetivas que envolvem escolhas e opções próprias dos agentes responsáveis pela elaboração dos planos e programas sobre o modo como se devem desenvolver as atividades planeadas: essas escolhas e opções baseiam-se, em regra, em normas e diretrizes que definem princípios e critérios genéricos e que seguem o modelo da programação finalística (normas-fins). Existe, pois, uma natural liberdade de conformação dos planos, podendo mesmo dizer-se que uma competência de planeamento sem poder de conformação é uma contradição em si mesma[456]. Neste âmbito, a Administração Pública desenvolve uma "discricionaridade criativa", num cenário que se pode considerar de "grau máximo" de discricionaridade[457], tendo, aliás, uma palavra na definição ou na concretização do próprio fim prosseguido pelas suas escolhas.

32.4 – Discricionaridade regulatória

O conceito de discricionaridade regulatória, ou de regulação, refere-se aos poderes discricionários conferidos às entidades com funções de regulação económica. É discutível a autonomia desta figura de discricionaridade,

[455] Cf. Fernanda Paula Oliveira, *A Discricionaridade de Planeamento Urbanístico Municipal na Dogmática Geral da Discricionaridade Administrativa*, Almedina, 2011, p. 119.

[456] Neste sentido, citando uma decisão judicial, cf. Gonsior, *Die Verfassungsmäßigkeit administrativer Letztentscheidungsbefugnisse, cit.* p. 104.

[457] Cf. Fernanda Paula Oliveira, *A Discricionaridade de Planeamento, cit.*, p. 115, que alude ao facto de, no caso do planeamento, o poder de decisão do agente ser colocado por muitos "perto da criatividade".

que, na sequência do emprego do conceito em decisões do Tribunal Administrativo Federal, a doutrina alemã tem vindo a considerar como uma "nova forma" de discricionaridade e, que, segundo alguns, supera a dicotomia clássica discricionaridade – margem de livre apreciação[458]. Na base desta tese, está a ideia de que a lei confere às entidades reguladoras compactos ou blocos de competências de livre decisão, que resultam, de forma acoplada e misturada, de poderes de escolha e de conformação, de conceitos indeterminados, de avaliações e decisões sobre operações complexas e com elementos de prognose, envolvendo até a determinação de finalidades específicas da intervenção regulatória[459]. Neste sentido, a autonomia da figura explica-se à luz das particularidades do direito alemão e das construções dualistas ou mesmo das teorias mais recentes que, apesar de se distanciarem do dualismo, continuam a distinguir diferentes manifestações de "margem de livre decisão" ou de "liberdade de decisão" [cf. ponto 26.1]. Apesar de essas razões não procederem no direito português, talvez se justifique, ainda assim, delinear em termos autónomos o conceito de discricionaridade de regulação, para referir uma situação de autonomia que se verifica tendencialmente apenas com as entidades reguladoras. Em causa está o facto de estas entidades acumularem largos poderes no âmbito regulamentar ("regulamentos independentes") e das decisões em casos concretos, mas também poderes para empregarem outros instrumentos de intervenção, informais ou de "soft law"[460], bem como para a programação ou planificação das suas atividades. Quer dizer, mais do que um tipo diferente de poderes discricionários, a discricionaridade regulatória indica um processo de "discricionaridade global" que resulta da intenção legislativa (e, sobretudo, do direito da União Europeia) de "delegar" numa certa

[458] Sobre este conceito, cf. M. Sachs/Ch. Jasper, "Regulierungsermessen und Beurteilungsspielräume – Verfassungsrechtliche Grundlagen", *Neue Zeitschrift für Verwaltungsrecht*, 2012/11, p. 649 e segs.; J. Wieland, "Regulierungsermessen im Spannungsverhältnis zwischen deutschem und Unionsrech", *Die Öffentliche Verwaltung*, 2011, p. 705 e segs.; M. Ludwigs, "Das Regulierungsermessen als Herausforderung für die Letztentscheidungsdogmatik im Verwaltungsrecht", *Juristenzeitung*, 2009/6, p. 290 e segs.; A. Proelss, "Das Regulierungsermessen – eine Ausprägung des behördlichen Letztentscheidungsrechts?", *Archiv des öffentlichen Rechts*, vol. 136/3, 2011, p. 402 e segs.; Oster, *ob. cit.*, p. 158; Gonsior, *ob. cit.*, p. 113 e segs.

[459] Referindo-se, neste contexto, à discricionaridade regulatória como um novo tipo que representa uma amálgama das clássicas formas de margem de livre decisão, cf. Ludwigs, *ob. cit.*, p. 292.

[460] Quanto a estes instrumentos, cf. M. Schramm, "Einseitiges informelles Verwaltungshandeln im Regulierungsrecht", Siebeck, 2016, em especial, p. 49 e segs.

entidade, de uma forma compacta, um acervo de poderes de "governo" de um setor da economia. É a referida intenção que explica uma conformação legislativa menos intensiva, que inclui autorizações apenas formais para a edição de regulamentos independentes – edição apenas balizada pelas atribuições da entidade regulador [cf. ponto 19.1.1, *b)*] – bem como o fenómeno da "destipicização do ato administrativo"[461], que, corresponde a uma discricionaridade criativa [cf. ponto 29.4].

32.5 – Discricionaridade organizatória

Teremos ocasião de verificar que o poder de organização da Administração se encontra dividido entre o legislador e a própria Administração [cf. ponto 48]. Ora, no exercício de um poder de auto-organização e de organização interna, os órgãos competentes, que podem atuar com ou até sem fundamento na lei, dispõem, em regra, de um espaço de escolha ou de opção quanto às medidas e soluções organizatórias a implementar. Temos, neste caso, um campo de discricionaridade com relevo no plano organizatório, na estruturação da organização interna da Administração Pública. Poder discricionário em matéria organizatória é, por ex., o poder de delegação de competências (cf. artigo 44.º e segs. do CPA)[462]. Com outros contornos, mas igualmente discricionário é o poder de proferir decisões estruturais de carácter organizativo, como, por ex., a abertura ou o encerramento de serviços ao público[463].

Embora se deva reconhecer-lhes especificidades, reconduzimos a um conceito amplo de discricionaridade organizatória o que podemos designar por *discricionariedade de programação do trabalho administrativo* e *de alocação de recursos*[464]. Trata-se, em ambos os casos, de momentos de autonomia da Administração relacionados com a programação e planificação do "trabalho administrativo" e com as decisões de alocação dos recursos disponíveis para o desenvolvimento das missões administrativas.

Em geral, as organizações administrativas estão incumbidas de um conjunto vasto de competências de atuação oficiosa, as quais, por força da

[461] Cf. o nosso *Direito Administrativo da Regulação, cit.*, p. 558 e segs.

[462] Sobre a discricionaridade organizatória nos "atos de alta administração" (*v.g.*, designação de dirigentes de cúpula dos serviços), como uma discricionaridade quase política, cf. Villata/ Ramajoli, *ob. cit.*, p. 214.

[463] Cf. Vieira de Andrade, *Lições de Direito Administrativo, cit.*, p. 58.

[464] Cf. E. Biber, "The importance of resource allocation in administrative law", *in Administrative Law Review*, vol. 60/1, 2008, pp. 1 e segs.

natureza das coisas, não podem ser exercidas ao mesmo tempo e em todo o lado, sempre que se verifiquem os respetivos pressupostos[465]. A norma de ação estabelece uma competência obrigatória e não admite, como regra geral, a inércia da Administração, mas, evidentemente, não pode exigir que esta faça o impossível[466].

Precisamente em relação a este tipo de situações, o legislador confere, muitas vezes, à Administração um poder de definição de prioridades e de programação e planificação do desenvolvimento das suas missões. Eis o que sucede, até como regra, em relação aos organismos com funções de inspeção, de controlo, de fiscalização e de monitorização de atividades privadas.

> Para ilustrar essa situação, veja-se o artigo 7.º do Regime Jurídico da Concorrência, onde se estabelece que a Autoridade da Concorrência, orientada pelo critério do interesse público de promoção e defesa da concorrência, pode, com base nesse critério, "atribuir graus de prioridade diferentes no tratamento das questões que é chamada a analisar".

De resto, mesmo que a lei não atribua explicitamente à Administração o poder de programação e de definição de prioridades, nem relegue para o juízo discricionário a escolha entre agir ou não agir, afigura-se evidente que não se pode exigir que aquela exerça todas as suas competências, sempre, em todo o lado e ao mesmo tempo[467]. A escassez dos recursos humanos e dos meios materiais disponíveis, as condicionantes organizativas, bem como, não raro, o elevado número de alternativas legítimas, exigem que se reconheça, em geral, à Administração um poder próprio, *praeter legem*, de programar, de planificar e de definir os alvos preferenciais da sua ação, alocando, da forma que considera mais conveniente e eficaz, os recursos e os meios que lhe são disponibilizados.

[465] No mesmo sentido, para o direito norte-americano, cf. C. R. Sunstein/A. Vermeule, "The law of «not now»: when agencies defer decisions", *The Georgetown Law Journal*, vol. 103, 2014, pp. 157 e segs.

[466] A Administração dispõe de "ampla discricionaridade para definir estratégias de aplicação e de priorizar os casos que pretendem atingir"; neste sentido, cf. R. E. Barkow, "Overseeing agency enforcement", *The George Washington Law Review*, vol. 84/5, 2016, pp. 1129 e segs.

[467] Nestes termos, cf. K. Datla, "The tailoring rule; mending the conflict between plain text and agency resource constraints", *in New York University Law Review*, vol. 86, 2011, pp. 1989 e segs. e p. 2004.

As normas que definem competências oficiosas obrigatórias – que a Administração tem de exercer por sua iniciativa –, não se podem interpretar no sentido de obrigar a Administração a agir *neste ou naquele lugar* ou *neste ou naquele momento*. E isto parece ter de ser assim, pelo menos em geral, mesmo nos casos em que a Administração Pública define as prioridades das suas intervenções e desenvolve a sua ação a partir dessa definição. Assim, se uma instância de fiscalização do ambiente define como prioridade o controlo das instalações de suínos, não se lhe pode exigir que controle todas as instalações no período definido. A planificação das ações a desenvolver ou a definição de prioridades constituem elementos de orientação, e até podem representar uma vinculação interna do organismo (por exemplo, perante os superiores hierárquicos ou a tutela), mas, em princípio, não estabelecem uma vinculação específica com eficácia externa, nem, por consequência, um dever de agir concretamente definido em termos de tempo e de lugar. Embora com o efeito de orientar a ação futura, as medidas de planificação não eliminam a discricionariedade no momento da aplicação. Mas também pode suceder que as medidas de planificação apresentem uma elevada densificação e um grau de concretização que as configure, em termos práticos, como instruções ou ordens hierárquicas no sentido do exercício de uma competência num contexto definido: *v.g.*, instrução hierárquica ou tutelar no sentido da realização de vistorias a três estabelecimentos determinados. Neste cenário, os órgãos de fiscalização estão confrontados com uma *vinculação específica*, mas *de carácter interno*. A planificação e a definição das prioridades da ação administrativa consubstanciam, em princípio, competências dos órgãos dirigentes e politicamente responsáveis da Administração. Por outro lado, e sem prejuízo do carácter interno e discricionário dos instrumentos de planificação (*v.g.*, planos de inspeções ou de vistorias, planos de atividades), deve admitir-se a suscetibilidade de um controlo judicial das opções administrativas, designadamente para despistar os casos de "escolhas seletivas" ou "exclusões arbitrárias"[468]-[469].

[468] Em termos críticos sobre a deferência judicial ("hands-off approach") em relação aos planos de "enforcement" das agências americanas, cf. Barkow, "Overseeing agency enforcement", *cit.*, p. 1130.

[469] A defesa da possibilidade do controlo judicial destes instrumentos defronta a dificuldade decorrente de se tratar, em regra, de atos internos. Não obstante, deverão considerar-se impugnáveis, pelo menos, as medidas de planificação aprovadas no exercício de *competências legais* especificamente conferidas a um determinado órgão administrativo.

32.6 – Discricionaridade procedimental

Prescreve o artigo 56.º do CPA que, na ausência de normas jurídicas injuntivas, o responsável pela direção do procedimento goza de discricionaridade na respetiva estruturação, que, no respeito pelos princípios gerais da atividade administrativa, deve ser orientada pelos interesses públicos da participação, da eficiência, da economicidade e da celeridade na preparação da decisão. A referida "discricionaridade na estruturação do procedimento" consiste, pois, num poder administrativo de escolha sobre as regras da tramitação, do desenvolvimento ou dos termos de um procedimento em curso. O artigo 57.º, n.º 1, acrescenta, que, no âmbito da discricionaridade procedimental, o órgão competente para a decisão final e os interessados podem acordar termos do procedimento (*v.g.*, definir a organização de audiências orais para exercício do contraditório entre os interessados que pretendam uma certa decisão e aqueles que se lhe oponham: cf. artigo 57.º, n.º 2).

Neste domínio, o poder de escolha da Administração, cujo exercício é orientado por critérios jurídicos e conhece limites, tem uma dimensão procedimental (instrumental[470]) e não material ou substancial.

32.7 – Discricionaridade estratégica

A figura da discricionaridade estratégica referencia situações em que à Administração é atribuído um poder de decidir sobre agir ou fazer e também sobre a finalidade específica a prosseguir com a sua ação[471]. Podemos encontrar revelações desta figura na autonomia da Administração para decidir fazer "compras", que se exprime em decisões de contratar (cf. artigo 36.º do CCP)[472] e que, em muitos casos, representa uma opção alternativa à utilização dos recursos próprios ("contracting out" em vez de "providing in house").

De idêntica natureza se apresenta a autonomia da Administração no âmbito de *decisões de infraestrutura, v.g.*, sobre a construção de equipamentos

[470] Cf. S. Piraino, *La funzione amministrativa tra discrezionalità e arbitrio*, Giuffrè, 1990, p. 101 (considera "instrumental" a discricionaridade procedimental por se referir à escolha dos meios instrutórios para identificar e qualificar os factos que constituem o pressuposto da decisão a proferir).

[471] O conceito pertence a Merusi, *La legalità amministrativa, cit.*, p. 87, que acrescenta o facto de a discricionaridade estratégica implicar, a seguir, um agir vinculado, pressupondo assim uma "miscela fra discrezionalità e vincolatezza" – pelo nosso lado, "aproveitamos" do autor apenas a sugestão do conceito de discricionaridade estratégica.

[472] Sobre a decisão de contratar, cf. o nosso *Direito dos Contratos Públicos, cit.*, p. 418 e segs.

(autoestradas, hospitais, escolas), de reabilitação de imóveis históricos ou de instalação de redes avançadas de comunicações eletrónicas.

Nestes casos, as decisões administrativas servem finalidades específicas definidas, em cada caso, pela própria Administração. Claro que estas decisões, apesar de baseadas numa escolha finalística determinada por uma estratégia definida pela Administração, não são "livres": desde logo, a prossecução de um interesse público terá de estar presente; além disso, a possibilidade delas depende da existência de recursos e da observância de regras de direito financeiro e orçamental (*v.g.*, autorização de despesa); por fim, aplica-se, neste âmbito, o princípio da eficiência administrativa, no plano financeiro – recorde-se que a eficiência reclama uma utilização criteriosa, adequada e equilibrada dos recursos públicos [cf. ponto 23.2.2].

Também se reconduz a este conceito, de discricionaridade estratégica, a *prossecução facultativa de fins de interesse público*: eis o que ocorre, por ex., com o fenómeno da "utilização estratégica da contratação pública", que se refere à faculdade conferida à Administração Pública (entidades adjudicantes) de, nos processos de compras públicas, delinear soluções de proteção do ambiente ou de valores sociais[473].

Diga-se, por fim, que o conceito de discricionaridade estratégica surge por vezes com um sentido mais específico para referenciar uma discricionaridade que é sincrónica com a ação do agente administrativo e com os eventos a que este deve reagir: será o caso da fase de negociação de propostas no procedimento de formação de contratos, em que, diz-se, a discricionaridade "instala-se" na Administração e é exercida num processo circular e contínuo de obtenção de dados e informações orientado para a determinação da melhor medida ou solução para o interesse público – trata-se, *hoc sensu*, de uma discricionaridade negocial, de negociação[474].

[473] Cf. M. Andhov, "Contracting authorities and strategic goals of public procurement – a relationship defined by discretion?", in S. Bogojević/X. Groussot/J. Hettne, *Discretion in EU public procurement law*, Hart Publishing, 2019, p. 117 e segs.; Pedro Costa Gonçalves, *Direito dos Contratos Públicos*, *cit.*, p. 337 e segs.;

[474] Cf. Ricchi, "Negoauction, discrezionalità", *cit.*, p.

Título II
Localização do Direito Administrativo na ordem jurídica

Apesar de cada vez menos contido dentro desse perímetro, o Direito Administrativo revela-se sobretudo um direito de origem e de âmbito nacional. Neste sentido, o tema da sua localização subentende uma referência à situação da nossa disciplina na ordem jurídica portuguesa. Por outro lado, o Direito Administrativo repousa essencialmente em leis, em atos legislativos, podendo, por isso, considerar-se, em larga medida, um direito legal.

Em relação à primeira dessas duas asserções, importa, contudo, ponderar os seguintes dados, hoje indiscutíveis: i) existe um Direito Administrativo não nacional (europeu, internacional ou global); ii) o Direito Administrativo nacional acusa uma influência e conhece mesmo um efeito de absorção ou de incorporação de princípios, de regras e de conceitos oriundos da ordem jurídica da União Europeia (europeização), bem como da ordem jurídica internacional (internacionalização). Nestes termos, o Direito Administrativo Português está exposto e sofre influências do exterior; importa, pois, localizá-lo nesse espaço de influência. Porventura de uma forma mais acentuada do que ocorre com outras, na nossa disciplina reflete-se intensamente o impacto do pluralismo normativo e da crise da conceção unipolar e hierárquica do direito produzido pelo Estado: as contradições e as antinomias normativas, que emergem de uma "desordem jurídica", conhecem repercussões específicas neste setor.

Por outro lado, e agora em relação à segunda asserção, considerando apenas a perspetiva da ordem jurídica interna, observa-se que o Direito Administrativo, enquanto direito legal, conhece uma enorme influência do direito constitucional: neste domínio, pode falar-se mesmo de uma constitucionalização do direito administrativo. Além disso, um outro dado, que já conhecemos, tem de se sublinhar: a lei não ocupa hoje o exclusivo de regulação da atuação da Administração Pública, e vêm assumindo um crescente protagonismo outras fontes de Direito Administrativo, quer de origem nacional (*v.g.*, princípios gerais e regulamento administrativo), quer de origem europeia e internacional.

Capítulo 3
Direito Administrativo, direito da União Europeia e ordem jurídica internacional

No presente capítulo analisa-se o quadro de relações e interações entre o Direito Administrativo e o direito da União Europeia (secção I) e entre o Direito Administrativo e a ordem jurídica internacional (secção II).

Secção I
Direito Administrativo e direito da União Europeia

Além de uma referência, breve, à subsistência de um Direito Administrativo da União Europeia, a presente seção analisa os múltiplos fenómenos de interseção entre o Direito da União Europeia e o Direito Administrativo Português.

substantivas e regras procedimentais. 36.2 – Alargamento da base de incidência do Direito Administrativo. 36.3 – Delimitação do âmbito de intervenção da Administração Pública. 36.4 – Delineação de modelos específicos de organização da Administração. 36.5 – Modelação de procedimentos administrativos nacionais. 36.6 – Organização administrativa territorial.

33 – Europeização do Direito Administrativo

Iniciamos o percurso sobre o tema da "europeização do Direito Administrativo" com uma antecipação da conclusão a que o estudo vai conduzir: o Direito Administrativo Português acusa atualmente uma influência significativa, tanto em extensão como em intensidade, do direito da União Europeia.

> É certo que, historicamente, se regista um jogo de influências recíprocas entre o direito da União Europeia e os direitos internos dos Estados-Membros. Mas a evolução nos últimos tempos tem sido claramente no sentido da acentuação da influência europeia sobre as ordens jurídicas nacionais.

A materializar a aludida influência europeia, pode falar-se de um fenómeno de "europeização" [475]. Embora possa conhecer um significado porventura ainda mais amplo, o conceito de europeização do Direito Administrativo apresenta um potencial de identificação dos seguintes dois principais fenómenos:

1.º) Enquanto processo de "apropriação europeia" da regulamentação direta da Administração Pública nacional. O direito da União Europeia está em posição de surgir como fundamento ou fator de condicionamento da ação administrativa nacional. Isto coloca o direito da União Europeia "a concorrer" com o Direito Administrativo nacional como fonte de regulação da Administração Pública. A europeização, neste sentido, pode mesmo conduzir aos resultados, por um lado, de uma certa *desnacionalização* do Direito Administrativo, e, por outro lado, da *desaplicação* da regulamentação jurídico-administrativa nacional.

[475] Sobre este fenómeno, cf. J.H. Jans/R. de Lange/S. Prechal/R.J.G.M. Widdershoven, *Europeanisation of public law*, Europa Law Publishing, 2007, *passim*.

2.º) Compreensão do Direito Administrativo nacional como um corpo de normas de origem formalmente nacional, as quais, com intensidade crescente, se limitam a efetuar a mera *transposição* de normas do direito da União Europeia, no contexto do objetivo europeu da *harmonização* das legislações nacionais. Embora convertido em direito nacional, este Direito Administrativo é, na origem, um direito europeu. Neste âmbito, a Administração Pública é, em termos substanciais, regulada por um *direito europeizado*, ainda que com aparência (ou formal) nacional: assim, por exemplo, o direito que regula a ação da Administração no sector das telecomunicações, da regulação financeira ou da adjudicação de contratos públicos é, formalmente, um direito nacional, mas quase integralmente europeizado, porque de origem europeia.

No decurso do presente capítulo, analisa-se cada um desses aspetos da *europeização* do Direito Administrativo: como efeito que resulta de a regulamentação administrativa de origem europeia ser diretamente aplicável no direito interno [cf. ponto 35] e como efeito que resulta de a regulamentação administrativa interna ser influenciada pelo Direito da União Europeia [cf. ponto 36]. Mas, antes de nos ocuparmos desses dois fenómenos, revela-se útil perceber que também existe um Direito Administrativo da União Europeia, aplicável à Administração Pública da União Europeia.

34 – Administração Pública da União Europeia e Direito Administrativo da União Europeia

O Direito Administrativo da União Europeia pode definir-se como o conjunto de *normas de direito primário e secundário da União Europeia que regulam a organização e o funcionamento da Administração Pública da União Europeia e a função que esta desenvolve, a função administrativa europeia*[476].

No início, recusava-se, em geral, a possibilidade de existência de um autêntico Direito Administrativo comunitário (agora, da União Europeia),

[476] Cf. M. Luísa Duarte, *Direito Administrativo da União Europeia*, Coimbra Editora, 2008; Suzana Tavares da Silva, *Direito Administrativo Europeu*, Imprensa da Universidade de Coimbra, 2010; P. Craig, *EU Administrative Law*, Oxford University Press, 2012, que reconduz ao conceito ainda os princípios do controlo judicial da ação administrativa; H. H. Hofmann/G. C. Rowe/A. H. Türk, *Administrative Law and Policy of the European Union*, Oxford Universtiy Press, 2013; J. Ph Terhechte (org.), *Verwaltungsrecht der Europäischen Union*, Nomos, 2011; G. Della Cananea, *Diritto amministrativo europeo (principi e istituti)*, Giuffrè, 2011.

por se supor um necessário carácter nacional da ordem jurídica administrativa: esta coincidiria com o Estado, porque só ao nível estadual existiria um ordenamento jurídico de fins gerais a contemplar relações em que, de um lado, surge o próprio Estado e a sua Administração, investido de poder e de autoridade, e do outro, os particulares administrados, na condição de titulares de direitos subjetivos[477]. Ora, a ambivalência entre autoridade (da Administração) e proteção da liberdade (dos cidadãos), marca característica do Direito Administrativo, estaria ausente no plano do direito europeu comunitário: o ordenamento comunitário não seria geral, mas de fins particulares ou parciais e, por outro lado, a subjetividade desse ordenamento incluiria os Estados, mas não os particulares[478]. De acordo com esse ponto de vista, dizia-se que a então Comunidade Europeia constituía apenas uma união de Estados e que o "seu" direito se concretizava apenas em regulamentos e em diretivas, dirigidas aos Estados[479].

Todavia, a realidade apresenta-nos uma imagem muito diferente, como, entre nós, observou Fausto de Quadros, ao sublinhar que o direito da Comunidade Europeia "é, na sua essência, Direito Administrativo" [480]. O que, para além do mais, quer significar que a (atual) União Europeia se apresenta como uma organização com uma vincada dimensão administrativa, a qual, de resto, tem vindo a ampliar-se[481].

Revela-se, pois, indiscutível a existência e até a crescente relevância do Direito Administrativo da União Europeia. Diga-se, aliás, que este facto pôs em marcha um processo de desligação intrínseca entre Estado e

[477] Neste sentido, cf. Cassese, "The Administrative State in Europe", *cit.*, p. 78.

[478] Esta tese foi defendida, em Itália, nos anos 60 do século XX, por Massimo Severo Giannini; cf. M.S. Giannini, "Profili di un diritto amministrativo delle Comunità Europee", *Foro Amministrativo*, 2003/4, p. 979 e segs. (com nota introdutória de S. Battini). A respeito da tese de Giannini, cf. A. Calonge Velázquez, "Sobre el derecho administrativo europeo" in *El nuevo derecho administrativo (Liber Amicorum Enrique Rivero Ysern)*, Ratio Legis, 2012, p. 103 e segs.

[479] Colocando, como exercício teórico, essas premissas, cf. S. Cassese, "Diritto amministrativo comuntario e diritti amministrativi nazionali", in M. P. Chiti/G. Greco, *Trattato di diritto amministrativo europeo*, vol. I, Giuffrè, 2007, p. 1.

[480] Cf. Fausto de Quadros, *A Nova Dimensão do Direito Administrativo – O Direito Administrativo Português na Perspectiva Comunitária*, Almedina, 1999 p. 11.

[481] Embora com outras implicações e com um outro alcance – a tocar o tema da legitimidade democrática do poder da União Europeia –, sublinha-se que "a governação europeia é administrativa, não constitucional"; cf. P. Lindseth, *Power and legitimacy (reconciling Europe and the Nation-State)*, Oxford University Press, 2010, *passim*.

Direito Administrativo, uma vez que aquele corresponde, efetivamente, a um "Direito Administrativo sem Estado"[482].

Com efeito, mostra-se hoje evidente que a União Europeia exerce *diretamente* funções administrativas (*sistema de execução direta*) e dispõe, para o efeito, de uma Administração Pública, a Administração Pública Europeia – uma referência a esta pode ver-se no n.º 1 do artigo 298.º do TFUE, que estabelece o seguinte: "no desempenho das suas atribuições, as instituições, órgãos e organismos da União apoiam-se numa *administração europeia* aberta, eficaz e independente"[483].

A Administração Pública da União Europeia, "Administração Pública sem Estado"[484], é integrada pela Comissão Europeia e por "outras instituições, órgãos e organismos"[485], como as designadas agências europeias[486]; desenvolve *funções administrativas próprias ou exclusivas* da União, através de atos jurídicos, os designados "atos não legislativos" ("atos não legislativos de alcance geral", decisões, recomendações, pareceres: artigos 288.º e segs. do TFUE), e de atos ou operações materiais, como, por ex., ações de inspeção e de auditoria.

Destinatários das medidas adotadas no âmbito da função administrativa europeia são os Estados-Membros, mas também, de forma aliás cada vez mais frequente, os cidadãos e as entidades particulares (*v.g.*, empresas, instituições de crédito ou indivíduos).

Este relacionamento (direto) entre os organismos da Administração Pública da União Europeia e os cidadãos, no quadro de uma ambivalência ou dialética entre *autoridade e liberdade*, significa, por conseguinte, a superação definitiva dos argumentos contra a admissibilidade ou a subsistência de um Direito Administrativo da União Europeia[487].

[482] Cf. L. F. Colaço Antunes, *O Direito Administrativo sem Estado – Crise ou Fim de um Paradigma?*, Coimbra Editora, 2008, *passim*.

[483] Sobre o sistema de administração direta da União Europeia, cf. João Nuno Calvão da Silva, *Agências de Regulação da União Europeia*, Gestlegal, 2017, p. 39 e segs.

[484] Cf. S. Battini, *Amministrazione senza Stato (profili di diritto amministrativo internazionale)*, Giuffrè, 2003, *passim*.

[485] Em geral, sobre a organização institucional da União Europeia, cf. Miguel Gorjão-Henriques, *Direito da União (História, Direito, Cidadania, Mercado Interno e Concorrência)*, Almedina, 2019, p. 135 e segs.; Jónatas Machado, *Direito da União Europeia*, Gestlegal, 2018, p. 83 e segs.

[486] Sobre as agências europeias, cf. João Nuno Calvão da Silva, *Agências de Regulação, cit.*, em especial, p. 299 e segs.

[487] Cf. Cananea, *Diritto amministrativo europeo, cit.*, p. 236. Sobre a evolução e os desafios do Direito Administrativo da União Europeia, cf. H.C.H. Hofmann, "Seven Challenges for EU Administrative Law", *Review of European Administrative Law*, vol. 2, 2009, p. 37 e segs.

Entre muitas outras, constituem atuações de carácter administrativo, de *execução direta* da Administração Pública europeia, as que se traduzem em:

i) Decisões de autorização – *v.g.*, autorização da Comissão Europeia para a utilização de determinadas substâncias químicas [Regulamento (CE) n.º 1907/2006]; autorização da colocação no mercado de novos alimentos e ingredientes alimentares, [Regulamento (CE) n.º 258/97]; autorização de introdução no mercado (AIM) de medicamentos, no âmbito dos procedimentos comunitários centralizados de autorização [Regulamento (CE) n.º 726/2004]; autorização à colocação no mercado de organismos geneticamente modificados destinados à alimentação humana [Regulamento (CE) n.º 1829/2003]; autorização prévia e revogação de autorização a instituições de crédito, no quadro da instituição da "união bancária" [Regulamento (EU) n.º 1024/2013]; decisões de não levantamento de objeções à concessão de auxílios de Estado e injunções de suspensão ou recuperação de auxílios concedidos [artigo 108.º do TFUE e Regulamento (CE) n.º 659/1999].

ii) Decisões de suspensão da importação de colocação no mercado de géneros alimentícios – cf. Regulamento (CE) n.º 178/2002, que estabelece procedimentos em matéria de segurança dos géneros alimentícios.

iii) Atos e medidas operativas de inspeção e de auditoria – cf. Regulamento (UE) 1303/2013, relativo aos fundos europeus no que diz respeito aos poderes e responsabilidades da Comissão e à competência dos seus funcionários ou representantes para efetuarem auditorias ou controlos da aplicação dos programas com financiamento europeu.

iv) Decisões de proibição – v.g., decisão que declara uma concentração de empresas incompatível com o mercado comum, nos termos do Regulamento (CE) n.º 139/2004, relativo ao controlo de concentrações.

v) Decisões punitivas, de revogação sancionatória, de aplicação de coimas e sanções pecuniárias compulsórias – cf. Regulamento (CE) n.º 1/2003, relativo às regras de execução das regras da concorrência (coimas a aplicar a empresas pela Comissão Europeia) e Regulamento (EU) n.º 1024/2013 (revogação de autorizações e aplicação de sanções pecuniárias a instituições de crédito pelo Banco Central

Europeu[488]); decisões de congelamento de fundos de entidades e indivíduos[489].

Em todos os casos indicados, emergem relações jurídicas (administrativas) entre a Administração Pública da União Europeia e os cidadãos ou empresas destinatários de medidas de carácter administrativo provenientes daquela.

Ainda no plano do Direito Administrativo da União Europeia, importa chamar a atenção para as relações jurídicas administrativas que se processam entre as instituições da União e os próprios Estados-Membros; aqui se enquadram, por ex., várias decisões administrativas da Comissão Europeia dirigidas aos Estados: *v.g.*, decisões que efetuam correções financeiras mediante a anulação de toda ou parte da participação de fundos comunitários [Regulamento (CE) n.º 1303/2013]; injunções de suspensão e de recuperação de auxílios de Estado [Regulamento (CE) n.º 659/1999, sobre auxílios de Estado].

O Direito Administrativo da União Europeia apresenta-se como o direito próprio da Administração Pública da União Europeia. Trata-se de um *direito não nacional*, mas europeu, com origem nas instituições da União Europeia.

No plano da estrutura normativa, o Direito Administrativo da União Europeia apresenta-se disperso, uma vez que não existe uma codificação das regras gerais que o integram. Deve, contudo, chamar-se a atenção para os artigos 41.º e 42.º da Carta dos Direitos Fundamentais da União Europeia (que tem, desde o Tratado de Lisboa, o mesmo valor jurídico das normas dos Tratados), respetivamente, sobre o *direito a uma boa administração* e o *direito de acesso aos documentos*. Estes preceitos consagram os princípios basilares do Direito Administrativo da União Europeia. Refiram-se ainda o

488 Sobre os poderes decisórios do Banco Central Europeu no âmbito da supervisão bancária (função que, em relação às "instituições de crédito significativas", foi deslocada dos supervisores nacionais para o Banco Central Europeu), cf. Pedro Costa Gonçalves, "Supervisão bancária pelo BCE – uma leitura jurídico-administrativa do Mecanismo Único de Supervisão", *Estudos de Regulação Pública*, vol. II, Coimbra Editora, CEDIPRE, 2015, p. 9 e segs.; sobre a qualificação de uma instituição de crédito como significativa ou menos significativa, para o efeito de definir se a competência de supervisão pertence ao BCE ou a uma entidade nacional de supervisão, cf. Acórdão do Tribunal de Justiça, de 08/05/2019, *Landeskreditbank Baden-Württemberg – Förderbank*, P. C- 450/17 P.

489 Veja-se um entre inúmeros casos destes no Acórdão do Tribunal Geral de 30/01/2019, *Edward Stavytsky*, P. T-290/17.

Código Europeu de Boa Conduta Administrativa (aprovado pelo Parlamento Europeu, em 2001) e o Código de Boa Conduta Administrativa para o Pessoal da Comissão Europeia nas suas Relações com o Público (aprovado pela Comissão Europeia, em 2000), documentos de *soft law* que constituem etapas de um processo em curso de codificação do Direito Administrativo europeu[490].

O Direito Administrativo da União Europeia tem origem no poder normativo da própria União Europeia e destina-se à Administração Pública da União Europeia. Não se pense, contudo, que existe uma separação cortante entre os planos do Direito Administrativo da União Europeia e do Direito Administrativo nacional: pelo contrário, há vários contactos e momentos de ação conjugada entre os níveis europeu e nacional.

De resto, há razões para a ocorrência desses contactos e ações conjugadas. Em primeiro lugar, porque, como vamos ver já de seguida, por vezes, as normas do Direito Administrativo da União Europeia dirigem-se diretamente à Administração Pública nacional; quer dizer, essas normas também legitimam a ação e conferem competências administrativas a instâncias nacionais dos Estados-Membros e não só às instituições e aos organismos da União Europeia. Em segundo lugar, porque, fora do contexto acabado de referir, a Administração Pública nacional também se apresenta como um elemento de uma *Administração Pública europeia*, entendido este conceito num sentido amplo, de modo a abranger todas as organizações (da Administração Pública *da* União Europeia e das Administrações Públicas nacionais) que se dedicam à realização efetiva das missões administrativas da União Europeia. As Administrações Públicas nacionais operam, em muitos casos, em "função europeia", no desempenho de "missões administrativas comuns" e funcionalmente integradas, segundo vários modelos, numa espécie de "Administração comum da União Europeia".

Assim, a ordem de valores que o Direito Administrativo da União Europeia pretende proteger – *v.g.*, proteção da concorrência, que reclama a repressão dos abusos de posição dominante; proteção do ambiente e da qualidade de vida, que reclama restrições quanto às emissões poluentes; proteção da saúde, que reclama medidas que garantam a segurança dos

[490] Sobre este tema, cf. Miguel Gorjão-Henriques, "O projecto de regulamento sobre o procedimento administrativo aplicável à Administração da União Europeia: um novo paradigma para o Direito Administrativo?", in *Estudos em Homenagem a Mário Esteves de Oliveira, cit.*, p. 471 e segs.; Paulo Pinheiro, "A ideia de um Código de Procedimento Administrativo Europeu", *ibidem*, p. 893 e segs.

alimentos ou o controlo da entrada no mercado de medicamentos; precaução contra o risco financeiro sistémico, que exige medidas de controlo e de supervisão sobre o sistema bancário – vê-se assegurada, em larga medida, por instâncias das administrações públicas nacionais, que atuam, muitas vezes, com competências confiadas diretamente por normas de Direito da União Europeia. Neste sentido, não se afigura realista, nem tão-pouco viável, a compreensão do Direito Administrativo da União Europeia como uma realidade jurídica separada das ordens jurídicas administrativas nacionais. A exposição subsequente permitirá perceber isto melhor.

35 – Direito da União Europeia e Administração Pública nacional

O direito da União Europeia não se aplica só às instituições europeias e à Administração Pública da União Europeia. O sistema de normas europeu tem também uma *incidência direta* na ação administrativa nacional (portuguesa).

Esse processo tem-se desenvolvido por três vias principais:

i) através da atribuição direta de competências a instâncias administrativas nacionais, o que coloca o direito da União Europeia na condição de fundamento direto e autónomo da ação administrativa nacional;

ii) mediante a edição de normas que definem regimes que *limitam* e *condicionam* diretamente – à margem e independentemente das normas de direito interno – a ação da Administração Pública nacional;

iii) por força de um princípio de primazia de aplicação do direito da União Europeia, que confere a normas deste ordenamento a condição de critério de *vinculação preferencial* da Administração Pública.

Num plano diferente, mas ainda no âmbito das relações entre direito da União Europeia e Administração Pública nacional, assiste-se a um fenómeno com um relevo organizativo que podemos designar "europeização da Administração Pública nacional".

Vamos agora desenvolver cada um destes quatro tópicos.

35.1 – Direito da União Europeia como fundamento direto da ação administrativa nacional

Um dos pilares clássicos da essência do Direito Administrativo assenta no *princípio da legalidade administrativa* e, portanto, na subordinação da Administração Pública à "lei": a "lei" é o fundamento e o limite da ação administrativa. O princípio da legalidade traduz a supremacia do legislador sobre a Administração Pública.

Pois bem, além de, como sabemos, existir hoje uma vinculação administrativa mais alargada (obediência à lei e também ao Direito), no quadro de uma complementaridade entre legalidade e *juridicidade*, impõe-se agora ter presente que, para a compreensão da exigência de legalidade administrativa, a "lei" já não se reconduz necessariamente a uma norma jurídica do legislador nacional. Com efeito, na condição de "lei" (em sentido amplo, enquanto fundamento normativo da ação administrativa) surgem normas jurídicas do direito da União Europeia.

Vejamos o sentido desta afirmação.

Como se sabe, certas normas jurídicas e atos de direito da União Europeia são de *aplicação direta* na ordem interna portuguesa (cf. artigos 8.º, n.º 4, da CRP e 288.º do TFUE); isso cria as condições para que tais normas possam figurar como *fonte direta* de Direito Administrativo Português.

Pressupõe-se uma distinção entre fonte *direta* e fonte *indireta* nos seguintes termos: direta é a fonte de direito (a norma jurídica) da União imediatamente aplicável na ordem jurídica interna, conhecendo o designado *efeito direto*. Por sua vez, indireta é a fonte de direito (a norma jurídica) da União que só produz efeitos na ordem jurídica interna na sequência de um processo de *transposição*, por força de uma norma jurídica de direito interno.

Precisamente pelo facto de se incorporarem na ordem jurídica portuguesa, na qual se aplicam *diretamente*, certas normas de Direito da União podem desempenhar as funções clássicas da "lei" (lei nacional) e até dispensar a intervenção do legislador nacional.

Esta faceta do fenómeno de *europeização do Direito Administrativo* (= origem europeia do direito diretamente aplicável à Administração Pública) provoca, assim, a multiplicação de fontes que vêm enriquecer a legalidade administrativa (em sentido amplo), pressupõe uma "apropriação europeia" da regulação jurídica da Administração Pública e, em simultâneo, corresponde a uma "desnacionalização" dessa regulação. O direito da União Europeia surge aqui a *substituir* o Direito Administrativo nacional.

Neste sentido, "lei" enquanto norma de competência e fundamento *direto* da ação administrativa, pode (também) ser uma norma de direito da União Europeia.

A doutrina alude, a este respeito, a uma *legalidade administrativa compósita*, que conjuga elementos de direito nacional com elementos de direito europeu[491].

Observe-se que a referência, que acaba de se fazer, às normas de direito da União Europeia como "leis" tem apenas a função de explicar que essas normas podem ocupar, e ocupam por vezes, a posição clássica da lei nacional como fonte de direito administrativo. Ora, convém notar, esta eventualidade não tem nenhuma relação com a noção, própria do Direito da União, de "ato legislativo": sobre este, cf., *inter alia*, os artigos 289.º, n.os 2 e 3, e 290.º do TFUE. Assim, haverá atos legislativos (diretivas e decisões adotadas pelo processo legislativo) que não conhecem o efeito direto (*hoc sensu*) e, em sentido inverso, atos não legislativos (*v.g.*, regulamentos não adotados pelo processo legislativo) que conhecem aquele efeito e que, portanto, estão em condições de ocupar o lugar de "lei" enquanto fundamento direto e enquanto critério autónomo de legitimidade da ação administrativa nacional.

Por conseguinte, o direito da União Europeia está em condições de cumprir a função de autorizar *diretamente* e de *forma autónoma* as administrações públicas dos Estados-Membros a editar regulamentos administrativos, bem como a proferir decisões concretas ou, pura e simplesmente, a agir – neste cenário, é, pois, ao direito da União que pertencem as "normas de atribuição de poder" ou as "normas de competência" das administrações públicas nacionais.

De acordo com a conceção segundo a qual as normas do direito originário da União Europeia podem conhecer uma *aplicação direta*, não está sequer excluído que a ação administrativa nacional se funde diretamente no TFUE. Como alguma doutrina assinala, é isso que sucede, embora de forma excecional, nos termos do artigo 299.º do TFUE, que confere à Administração Pública o poder de ordenar a execução das obrigações pecuniárias impostas pelo Conselho, pela Comissão ou pelo Banco Central Europeu; ou os artigos 101.º e 102.º sobre regras da concorrência: nos termos do Regulamento (CE) n.º 1/2003, relativo à execução das regras da concorrência, as "autoridades

[491] Neste sentido, cf. M. Verhoeven/R. Widdershoven, "National legality and European obligations", in L.F.M. Besselink/F. Pennings/S. Prechal, *The eclipse of the legality principle in the European Union*, Kluwer, 2010, p. 56 e segs.

dos Estados-Membros responsáveis em matéria de concorrência têm competência para aplicar, em casos individuais, os artigos 81.º e 82.º do Tratado" (hoje, artigos 101.º e 102.º do TFUE) – neste sentido, veja-se, entre nós, o Regime Jurídico da Concorrência (*v.g.*, artigos 7.º, n.º 2, 10.º, n.º 3, e 13.º, n.º 2)[492].

Mas, naturalmente, é no *regulamento* que, com maior frequência, se encontram normas de competência da Administração Pública dos Estados-Membros – lembre-se que, nos termos do artigo 288.º do TFUE, o regulamento é obrigatório em todos os seus elementos e diretamente aplicável em todos os Estados-Membros.

Existem efetivamente cenários em que os regulamentos da União Europeia conferem diretamente às administrações públicas nacionais competências para atuar no plano das relações com os cidadãos.

É verdade que aos Estados-Membros pode ainda caber, por via legislativa ou por via regulamentar, a designação, em concreto, das autoridades nacionais a quem cabe o exercício das competências. Mas também pode suceder que o direito da União Europeia indique, em concreto, a autoridade nacional competente (apesar de não referenciar esta entidade pelo nome, a indicação é rigorosa, pois em cada Estado-Membro terá de existir uma entidade encarregada da função em causa): veja-se o Regulamento (UE) 2016/679, relativo à proteção das pessoas singulares no que diz respeito ao tratamento de dados pessoais e à livre circulação desses dados, que atribui diretamente competência às autoridades nacionais de controlo (em Portugal, a Comissão Nacional de Proteção de Dados).

Em casos como esses, as autoridades administrativas nacionais (identificadas ou identificáveis) recebem diretamente competências de normas de direito da União Europeia, tornando-se desnecessária qualquer intervenção legislativa nacional.

> No Acórdão de 13/03/2008 – proferido no P. C-383/06 a C-385/06, *Vereniging Nationaal Overlegorgaan Sociale Werkvoorziening e o.* –, o Tribunal de Justiça respondeu à seguinte questão: "o Estado-membro ou um órgão administrativo desse Estado pode deduzir uma competência diretamente – quer dizer, sem habilitação do direito interno – de um regulamento?"

[492] Neste ponto, cf. ainda a Diretiva (UE) 2019/1, que visa atribuir às autoridades da concorrência dos Estados-Membros competência para aplicarem a lei de forma mais eficaz e garantir o bom funcionamento do mercado interno.

(tratava-se de um regulamento sobre a obrigação de recuperação de subsídios). A resposta do Tribunal foi esta: o Regulamento em causa, "cria uma obrigação para os Estados-membros, sem que uma habilitação prevista pelo direito nacional seja necessária, de recuperação dos fundos perdidos na sequência de abuso ou de negligência".

Na linha de um princípio de equiparação entre lei e normas (e outros atos) de direito da União Europeia como fundamento da ação administrativa, o artigo 40.º, n.º 1, alínea *a)*, da LQER estabelece que compete às entidades reguladoras "fazer cumprir as leis, os regulamentos e os atos de direito da União Europeia aplicáveis".

35.2 – Limitação direta e autónoma da ação administrativa nacional

Acabámos de contactar com situações em que normas de direito da União Europeia atribuem *diretamente* competências às administrações nacionais, sem intermediação de qualquer norma interna.

Agora, considera-se um fenómeno independente desse, em que, também diretamente, as normas de direito da União definem um regime jurídico que *limita* e *condiciona* diretamente – ou seja, à margem e independentemente das normas internas – a ação da Administração Pública nacional.

Também aqui se assiste a uma *correlação direta* entre direito da União Europeia e ação da Administração Pública, ainda que de contornos algo diversos: a Administração atua com fundamento numa norma interna, mas a sua ação sofre o impacto da vinculação de normas europeias de aplicação direta.

Neste âmbito, vejam-se, por ex., as normas jurídicas do TFUE que *proíbem* os Estados-Membros, e, claro, as respetivas administrações de estabelecerem restrições quantitativas à importação de produtos de outros Estados-Membros (artigo 34.º) ou de concederem auxílios que falseiem ou ameacem falsear a concorrência, favorecendo certas empresas ou certas produções (artigo 107.º). Tais preceitos, dos Tratados, têm um *efeito direto* na ordem jurídica interna e vinculam a Administração Pública nacional.

Outro exemplo de vinculação direta da Administração Pública ao TFUE pode ver-se na jurisprudência do Tribunal de Justiça sobre o direito aplicável a contratos públicos não abrangidos pelas diretivas da contratação pública: apesar de não abrangidos pelas diretivas, tais contratos não estão excluídos do âmbito de aplicação do direito da União Europeia. Assim, por força dos princípios fundamentais do Tratado da igualdade de tratamento e da não discriminação, decidiu o Tribunal que a Administração Pública está, em certos termos, adstrita a uma obrigação de transparência e de publicitação, de modo a permitir que qualquer empresa possa manifestar o seu interesse na obtenção dos contratos que aquela pretenda celebrar[493].

Além de preceitos de direito originário, também podem vincular *diretamente* a Administração Pública as normas jurídicas constantes de *regulamentos* e de *diretivas*, neste último caso no âmbito do designado *efeito direto vertical*.

> Quando não transpostas para a ordem jurídica interna dentro do prazo de transposição, as normas das diretivas europeias poderão ser invocadas *pelos particulares contra o Estado* – invocação de *baixo para cima* –, desde que se trate de normas claras, precisas e incondicionais[494]. Assim se caracteriza o *efeito direto vertical das diretivas*, que só é invocável contra o Estado, nunca contra particulares ("as diretivas não podem criar obrigações para particulares"). A invocação contra o Estado abrange a Administração Pública, aqui se incluindo as entidades privadas com funções e poderes públicos (*v.g.*, empresas concessionárias). Um caso interessante de invocação do disposto numa diretiva não transposta teve origem numa situação ocorrida num litígio em Portugal, entre uma empresa concessionária e um Ministério: cf. Acórdão do TJ de 12/12/2013, *Portgás*, Proc. C-425/12. O TJ decidiu, aí, que uma empresa encarregada pelo Estado da gestão de um serviço de interesse público que disponha de poderes exorbitantes ("poderes que ultrapassam os que resultam das regras aplicáveis às relações entre particulares") está obrigada a cumprir as disposições de uma diretiva não transposta (o caso tem a curiosidade de o cumprimento da Diretiva pela concessionária ter sido reclamado por uma autoridade do próprio Estado)[495].

As normas do direito da União Europeia estão, pois, em condição de constituir um fator autónomo e independente de limitação e de condicionamento

[493] Sobre isto, veja-se o nosso *Direito dos Contratos Públicos, cit.*, p. 55.

[494] Cf. J. L. Cruz Vilaça, "A propósito dos efeitos das directivas na ordem jurídica dos Estados-membros", *CJA*, n.º 30, 2001, p. 3 e segs.; Miguel Gorjão-Henriques, *ob. cit.*, p. 353 e segs.

[495] Na mesma linha desse, veja-se o Acórdão do TJ de 10/10/2017, *Elaine Farrell*, Proc. C-413/15 ("as disposições de uma diretiva que produzam efeito direto podem ser invocadas contra uma entidade ou um organismo, ainda que de direito privado, a quem um Estado-Membro tenha confiado o cumprimento de uma missão de interesse público e que, para esse efeito, disponha de poderes exorbitantes face aos que resultam das normas aplicáveis nas relações entre particulares": par. 35).

da ação administrativa nacional. É isto que permite perceber o artigo 112.º, n.º 2, alínea *i)*, do CPTA, na parte em que autoriza o decretamento de providências cautelares com o objetivo de intimar a Administração a adotar ou abster-se de adotar uma conduta, *por alegada violação ou fundado receio de violação do direito da União Europeia*.

De resto, o efeito de vinculação que vimos a analisar pode resultar de *atos não normativos* do direito da União Europeia. Eis o que sucede, em primeiro lugar, com as *decisões*, atos individuais, que, contudo, podem condicionar a legalidade de medidas das administrações nacionais; veja-se, por ex., a "decisão de não levantar objeções", que a Comissão adota quanto a medidas nacionais de atribuição de subsídios correspondentes a *auxílios de Estado* [Regulamento (CE) n.º 659/1999], a qual constitui um requisito da legalidade europeia e nacional da atribuição do auxílio de Estado. Por outro lado, subsistem situações em que as administrações nacionais se encontram vinculadas por preceitos e disposições de Direito Administrativo interno da União Europeia (regulamentos internos, instruções e recomendações dirigidas a autoridades administrativas dos Estados-Membros): assim sucede com recomendações da Comissão Europeia em matéria de telecomunicações, que devem ser tomadas em consideração nas decisões das autoridades reguladoras nacionais, ou com as orientações e instruções que o Banco Central Europeu pode dirigir às autoridades nacionais competentes no domínio da supervisão bancária. Nestes casos, a ação de autoridades nacionais vê-se conformada por preceitos internos de instituições da União Europeia.

Nos casos anteriores, a violação de normas europeias corresponde ao desrespeito de limites e condições da ação administrativa e determina a ilegalidade dos atos que a Administração pratique nesse âmbito.

O fundamento destes limites e condições radica num *efeito direto* do direito da União Europeia. O efeito direto é, sobretudo, associado ao direito dos particulares à invocação de normas de direito da União Europeia; contudo, como acabámos de ver, o princípio do efeito direto também explica a vinculação direta da Administração ao direito da União Europeia.

Os atos administrativos praticados em violação direta de normas de direito da União Europeia diretamente aplicáveis são inválidos ("invalidade direta"). Em princípio, tais atos são anuláveis, por terem sido praticados com ofensa de normas jurídicas aplicáveis: cf. artigo 163.º, n.º 1, do CPA. Em relação aos regulamentos, o artigo 143.º, n.º 1, do CPA estabelece que são inválidos quando "infrinjam normas de direito da União Europeia", o que parece envolver uma opção pela invalidade em detrimento da *desaplicação* do regulamento administrativo contrário ao direito da União Europeia [sobre isto, cf. volume 2][496].

35.3 – Direito da União Europeia como critério de vinculação preferencial da ação da Administração Pública Nacional

O Direito da União Europeia estabelece, de forma direta e autónoma, limites à ação da Administração Pública nacional: tais limites são impostos verticalmente e, na hipótese até agora equacionada, de forma direta, dispensando a intermediação de uma norma nacional.

Mas pode suceder uma outra situação relacionada com a presença de uma norma de direito interno (lei, decreto-lei, regulamento administrativo) em contradição com uma norma de direito da União Europeia (de um regulamento ou de uma diretiva): suponha-se o caso de uma norma de Direito Administrativo interno definir os pressupostos da decisão de uma autoridade administrativa (*v.g.*, pressupostos de autorização da entrada de um produto no mercado) em violação de uma diretiva.

Agora, a Administração, no momento da aplicação da norma, em que tem de decidir se concede ou não a autorização, vê-se confrontada com uma *contradição* ou *antinomia normativa*, que resulta num dilema: se se conforma com o direito interno, infringe o direito da União Europeia; se se conforma com este, infringe a norma do direito interno.

Para casos com tais contornos, advoga o Tribunal de Justiça a mobilização de um *princípio de aplicação preferencial do direito da União Europeia*: nos termos deste princípio, a Administração Pública nacional não só pode como terá o dever de desaplicar a lei nacional contrária ao disposto em normas de direito da União Europeia com efeito direto (normas de Tratados, de regulamentos e de diretivas com efeito direto vertical)[497]. Trata-se, neste

[496] Cf. A. Mozzati, *La conformità europea dei procedimenti e degli atti amministrativi interni*, Giappichelli, 2012; G. Greco, "L'incidenza del diritto comunitario sugli atti amministrativi nazionali", in Chiti/Greco, *ob. cit.*, II, p. 932; B.G. Mattarella, "The influence of european and global administrative law on national administrative acts", in E. Chiti/B.G. Mattarella (eds), *Global Administrative Law and EU Administrative Law*, Springer, 2011 p. 61 e segs.

[497] Sobre este ponto, cf. M. Verhoeven, "The '*Costanzo* obligation' and the principle of national institutional autonomy: supervision as a bridge to close the gap?", *Review of European Administrative Law*, vol. 3, 2010, p. 23 e segs.

cenário, de uma consequência do primado do direito da União Europeia sobre o direito nacional.

> Sobre o princípio da aplicação preferencial do direito da União Europeia por organismos da Administração Pública, veja-se, na jurisprudência do Tribunal de Justiça:
> – Acórdão de 22/06/89, *Fratelli Costanzo SpA contra Comune di Milano*, proc. C-103/88: "seria ... contraditório entender que os particulares têm o direito de invocar perante os tribunais nacionais as disposições de uma diretiva [com efeito direto vertical], com o objectivo de fazer condenar a administração, e, no entanto, entender que esta não tem o dever de aplicar aquelas disposições afastando as de direito nacional que as contrariem. Daqui resulta que, preenchidas as condições exigidas pela jurisprudência do tribunal para as normas de uma diretiva poderem ser invocadas pelos particulares perante os tribunais nacionais, todos os órgãos da administração, incluindo as entidades descentralizadas, tais como as comunas, têm o dever de aplicar aquelas disposições";
> – Acórdão de 09/09/2003, *Consorzio Industrie Fiammiferi (CIF) contra Autorità Garante della Concorrenza e del Mercato*, proc. C-198/01: "perante comportamentos de empresas contrários ao artigo 81.º, n.º 1, CE, que sejam impostos ou favorecidos por uma legislação nacional ..., uma autoridade nacional da concorrência ... tem a obrigação de deixar de aplicar essa legislação nacional".

Compreende-se bem esta imposição europeia do princípio de aplicação preferencial. Sobram-nos, porém, muitas dúvidas sobre a generalização desse critério de resolução de um *conflito* ou de uma *contradição normativa*.

Em primeiro lugar, importa ter presente a situação específica e real da Administração Pública, a qual, na maioria das vezes, não dispõe de competências instaladas para apurar a existência de um conflito normativo, nem está em condição de formular um juízo conclusivo numa matéria tão complexa como pode ser a da avaliação da conformidade da lei nacional com o direito da União Europeia.

Além disso, não se pode desconhecer que a mobilização do princípio da aplicação preferencial pressupõe uma atitude da Administração Pública que, em termos práticos, envolve o consciente e deliberado "desrespeito" (desaplicação) de uma norma de direito nacional.

Assim, na nossa interpretação, a desaplicação de norma de direito nacional só se deve ter por possível e, porventura, obrigatória, se a violação da norma europeia pela norma nacional se apresentar *objetivamente certa, indiscutível, manifesta* ou *patente*[498].

A opinião que acaba de se expor não equivale, evidentemente, a uma desconsideração da *ilegalidade* dos atos da Administração conformes com a lei nacional, mas praticados em infração ao direito da União Europeia. Se uma norma europeia, que tem a primazia de aplicação, é violada, a *desaplicação* da norma nacional impõe-se: *impõe-se*, mas aos tribunais, não à Administração Pública, que, como regra, não pode ser sancionada (designadamente, em termos de responsabilidade civil) pelo facto de não ter cumprido o dever jurídico de desaplicação[499].

Vem a propósito reportar um caso da jurisprudência italiana; trata-se de uma decisão pela qual o *Consiglio di Stato* recusou atribuir uma indemnização por violação direta de normas de direito da União Europeia, num cenário em que estava em causa uma alegada violação do princípio europeu da concorrência por atos praticados pela Administração, em aplicação de uma lei que subordinava a instalação de certas indústrias à avaliação discricionária das câmaras de comércio e indústria (sobre a oportunidade da abertura de novas indústrias numa relação com a densidade populacional e o número de instalações existentes). O tribunal entendeu que não havia aqui, para a Administração, a obrigação de desaplicação da norma nacional em contraste com o direito europeu, qualificando o caso como de *incerteza objetiva* acerca da existência de uma violação, a qual justificava a conduta da Administração Pública, em aplicar a lei nacional[500].

Como corolário do princípio do primado do direito da União Europeia, os atos administrativos nacionais praticados ou os regulamentos editados em conformidade com leis nacionais contrárias a normas europeias são

[498] Veja-se, com muito interesse a este respeito, a Deliberação/2019/494 da Comissão Nacional de Proteção de Dados. Nessa deliberação, a CNPD "fixa o entendimento" de que determinadas normas da Lei n.º 58/2019, de 8 de agosto "são manifestamente incompatíveis com o direito da União" e, com fundamento no princípio do primado do direito da União Europeia, anuncia que "desaplicará em casos futuros que venha a apreciar" as referidas normas da Lei n.º 58/2019.
[499] Neste caso, faz sentido ilidir da presunção de culpa leve, estabelecida no artigo 10.º, n.º 2, do RRCEEEP ("presume-se a existência de culpa leve na prática de atos jurídicos ilícitos"); sobre isto, cf. Rui Medeiros, in Rui Medeiros (org.), *Comentário ao Regime da Responsabilidade Civil do Estado e demais Entidades Públicas, cit.*, p. 282.
[500] Cf. L. Lorenzoni, "La responsabilità civile della pubblica amministrazione per violazione diretta del diritto europeo della concorrenza", *Giornale di Diritto Amministrativo*, 2014, p. 1076 e segs.; *idem*, *I princìpi di diritto comune nell'attività amministrativa*, Jovene Editore, 2018, p. 393.

inválidos, por força da *desaplicação* pelo tribunal das leis em que eles se fundamentam ("invalidade indireta").

A desaplicação judicial das leis que infrinjam regras de direito da União Europeia resulta do juízo que o tribunal faz num processo contra um ato da Administração. Precisamente neste âmbito, surgem, com frequência, "processos de reenvio prejudicial", mediante os quais os tribunais nacionais solicitam ao Tribunal de Justiça que responda a questões prejudiciais sobre a conformidade de normas de direito interno com norma do direito da União (pedido de decisão prejudicial).

35.4 – Europeização da Administração Pública nacional

Num plano diferente dos três anteriores, mas igualmente no âmbito das relações entre direito da União Europeia e Administração Pública nacional, vem-se verificando um fenómeno de *europeização da Administração Pública nacional*, conceito que traduz o facto de os organismos da Administração Pública nacional se verem com frequência convertidos em elementos ou peças de um sistema administrativo europeu.

Analisemos mais em pormenor este ponto.

A *execução do direito da União Europeia* processa-se, em larga medida, por via da função administrativa, do desenvolvimento de tarefas administrativas.

Nos primeiros tempos, adotou-se um sistema de *execução indireta*: a realização prática das normas do direito (então) comunitário cabia às administrações públicas dos Estados-Membros. O direito comunitário, aplicável em todos os Estados-Membros, era, pois, executado através de medidas e atos com eficácia nacional.

A esse sistema de execução indireta contrapõe-se o sistema de *execução direta*: neste caso, a execução, efetivação ou realização prática do direito da União cabe, *diretamente*, às instituições (sobretudo, Comissão Europeia), órgãos, organismos e agências da União. Como vimos, a Comissão Europeia, bem como outras instituições e organismos da União praticam atos de administração no contexto de relações que se processam diretamente com particulares. Eis o que sucede, por ex., com a autorização de introdução no mercado de medicamentos, que também pode constituir uma competência da Comissão Europeia: uma vez emitida, a autorização conhece uma eficácia em todo o território da União.

Nas suas versões mais extremadas, os dois sistemas de execução convivem com uma lógica de separação entre administrações nacionais e administração europeia: o sistema de execução indireta apresenta-se como um sistema de *execução descentralizado, de carácter nacional*, que pode dispensar a interação com a Administração europeia; o sistema de execução direta surge, por sua vez, como um sistema de *execução centralizado, europeu*, que pode dispensar as administrações nacionais.

A esquematização dualista, que acabámos de conhecer, não corresponde, porém, à realidade atual ou, pelo menos, não cobre todas as formas ou modelos de execução do direito da União Europeia. Com efeito, na atualidade, as administrações públicas nacionais operam, em muitos casos, em "função europeia", no desempenho de "missões administrativas comuns" e *funcionalmente integradas* numa espécie de "administração comum da União Europeia": veja-se, neste sentido, o artigo 197.º do TFUE – inserido num Título com a epígrafe "cooperação administrativa" – a estabelecer que "a execução efetiva do direito da União pelos Estados-Membros, essencial para o bom funcionamento da União, é considerada de interesse comum".

Neste âmbito, o artigo 19.º do CPA acolheu um designado "princípio da cooperação leal com a União Europeia", nos seguintes termos: "*1 – Sempre que o direito da União Europeia imponha à Administração Pública a obrigação de prestar informações, apresentar propostas ou de, por alguma outra forma, colaborar com a Administração Pública de outros Estados-membros, essa obrigação deve ser cumprida no prazo para tal estabelecido. 2 – Na ausência de prazo específico, a obrigação referida no número anterior é cumprida no quadro da cooperação leal que deve existir entre a Administração Pública e a União Europeia*". Este princípio de cooperação leal pressupõe uma exigência, que consta de múltiplas normas de direito da União, de articulação procedimental e institucional entre instâncias da União Europeia e da Administração Pública nacional.

Por força da integração da Administração Pública portuguesa na Administração Pública europeia, a colaboração pode ser pedida, com base no direito da União Europeia, por instâncias da União ou por administrações de outros Estados-Membros. Como se pode verificar, o texto do artigo 19.º do CPA não condiz totalmente com a epígrafe: aqui alude-se a um princípio da cooperação leal *com a União Europeia*, ali a uma colaboração da Administração Pública portuguesa *com outros Estados-Membros*[501].

[501] Sobre a quebra de coerência entre a epígrafe e o texto do artigo, cf. Fausto de Quadros, in Fausto de Quadros *et alli*, *Comentários à Revisão do Código do Procedimento Administrativo*, Almedina, 2016, p. 49. O *princípio da cooperação leal* encontra-se consagrado no artigo 4.º, n.º 3, do Tratado da União Europeia nos seguintes termos: "em virtude do princípio da cooperação leal, a União

Não obstante, deve dizer-se que faz sentido a referência, no contexto do direito da União Europeia, a um dever de colaboração das autoridades da Administração Pública portuguesas com as da Administração de outros Estados-Membros. De resto, é este o sentido da regulamentação do § 8a da *VwVfG*, ao estipular que as autoridades administrativas (alemãs) prestam assistência às autoridades de outros Estados-Membros da União Europeia a pedido destas, na medida em que tal seja determinado por atos jurídicos da União Europeia. Apesar de o aparentar, o princípio em referência não se apresenta redundante em relação às normas da União Europeia que suscitem um dever de cooperação, de auxílio ou de assistência entre administrações públicas. Isto porque o princípio comporta o efeito prático de efetuar uma espécie de "transposição universal" para o direito português de todas essas normas de direito da União Europeia, atuais e futuras, e de autorizar, genericamente, o *contacto direto* das autoridades portuguesas com autoridades de outros Estados-Membros[502]. Afigura-se-nos, porém, que a formulação do princípio poderia ter sido mais aberta, por via da afirmação de maior amplitude do dever de cooperação leal, que não o limitasse a um dever de cumprimento de prazos[503].

Por conseguinte, no novo quadro, ainda que se possa manter uma contraposição entre execução direta (de origem europeia) e execução indireta (de origem nacional), o certo é que, em larga medida, a distinção deixou de se associar a uma separação terminante de funções entre Administração Pública europeia e administrações nacionais.

A função administrativa comum – *função administrativa europeia* – está, pois, na génese de uma *União Administrativa Europeia* (uma "joint administration"), estabelecida mediante um processo de integração e de instituição de um espaço de condomínio entre administrações nacionais e órgãos da Administração Europeia. Trata-se, pois, de uma função administrativa desenvolvida, em regra, num sistema compósito, que funciona numa

e os Estados-Membros respeitam-se e assistem-se mutuamente no cumprimento das missões decorrentes dos Tratados"; sobre este princípio, cf. Rui Lanceiro, "O princípio da cooperação leal com a União Europeia no âmbito da autonomia organizativa dos Estados Membros", in Carla Amado Gomes/Ana Fernanda Neves/Tiago Serrão, *Organização Administrativa: Novos Actores, Novos Modelos*, vol. I, AAFDL, 2018, p. 249 e segs.

502 Neste sentido, em relação ao preceito análogo da *VwVfG*, cf. Stelkens/Bonk/Sachs, *ob. cit.*, p. 440.

503 Concordamos, nesse ponto, com a crítica de Miguel Assis Raimundo, "Os princípios no novo CPA", *cit.*, p. 263.

lógica de continuidade, de "rede", de colaboração, de cooperação, de gestão partilhada. Assim, em vez do modelo inicial de separação, temos um fenómeno de *coadministração*, de *interação concertada* ou de *condomínio* entre Administração Pública europeia e administrações dos Estados-Membros (e entre as administrações dos Estados-membros) em cujo âmbito, insiste-se, as administrações nacionais atuam "em função europeia"[504].

Estamos agora em posição de perceber que a implementação administrativa do direito da União Europeia promove um fenómeno de *europeização das administrações públicas nacionais*. Na verdade, na medida em que participam na função administrativa comum, as administrações públicas nacionais tornam-se também elementos ou peças da Administração Pública europeia ou, pelo menos, polos de execução partilhada do direito da União Europeia[505].

Este processo de *europeização*, que se precipita num plano organizativo, efetiva-se, na prática, através de formas variadas de *integração funcional* e de *integração institucional* de componentes das administrações públicas nacionais na Administração Pública europeia.

a) Integração funcional (através de procedimentos administrativos)

O modelo de integração funcional desenvolve-se essencialmente através do modelo de estruturação de procedimentos administrativos[506].

Os procedimentos administrativos com *relevância europeia* podem dividir-se em cinco grupos fundamentais: procedimentos europeus em sentido estrito (decisão centralizada em órgãos da União); procedimentos compostos ou conjuntos (com intervenção simultânea de instituições da União e dos Estados); procedimentos nacionais com efeitos transnacionais; procedimentos administrativos nacionais associados a sistemas de reconhecimento

[504] Cf. L. Saltari, *Amministrazioni nazionali in funzione comunitaria*, Giuffrè, 2007; G. Della Cananea/C. Franchini, *I principi dell'amministrazione europea*, Giappichelli, 2010; F. D'Angelo, "I modelli organizzativi e la coamministrazione", in R. C. Pericu/A. Police/F. Saitta, *L'organizzazione delle pubbliche amministrazioni tra Stato nazionale e integrazione europea*, Firenze University Press, 2016, p. 535 e segs.

[505] Cf. Paulo Otero, "A Administração Pública nacional como administração comunitária: os efeitos internos da execução administrativa pelos Estados-Membros do direito comunitário", in: *Estudos em Homenagem à Professora Doutora Isabel de Magalhães Collaço*, Almedina, 2002, pp. 818 e segs.

[506] Cf. H. C. Röhl, "Procedures in the european composite administration", in J. Barnes, *Transformación del* procedimiento *administrativo*, Global Law Press, 2008, p. 79 e segs.

expresso; procedimentos nacionais modelados e conformados pelo direito da União Europeia[507].

No presente instante, como fundamento da integração funcional, interessam-nos os procedimentos indicados em segundo, terceiro e quarto lugares.

i) Procedimentos administrativos compostos ou conjuntos

Neste contexto, assinala-se, em primeiro lugar, o facto de, em muitos casos, as administrações nacionais participarem nos procedimentos de execução direta, ou seja, nos procedimentos administrativos europeus. Assim sucede no caso do procedimento de autorização de introdução no mercado de medicamentos, da competência da Comissão Europeia, em que as administrações dos Estados-Membros apresentam observações escritas sobre o sentido da decisão.

Também há casos em que os procedimentos nacionais contemplam um momento de intervenção europeia: constitui de algum modo o caso inverso do anterior e que são concebidos com o intuito de garantir uma aplicação uniforme de normas com origem no direito da União Europeia, incluem a intervenção de uma instância europeia. Eis o que sucede, por ex., com os procedimentos para a tomada de certas decisões da ANACOM, que, antes de adotadas, têm de ser comunicadas à Comissão Europeia e a outros organismos europeus, os quais podem pronunciar-se e emitir observações que deverão ser tidas em conta pela autoridade nacional. Ou ainda com o procedimento de certificação de operadores de redes de transporte de energia, que se inicia ao nível nacional, com um projeto de decisão nacional, a que se segue um parecer da Comissão Europeia, e que termina com uma decisão final nacional que tem de tomar na máxima consideração o parecer da Comissão Europeia [508].

Existem ainda casos de *procedimentos com faseamento variável*, que podem ter o início e conclusão a nível nacional ou, inversamente, ter início ao nível nacional e conclusão ao nível europeu: eis o que sucede com os

[507] Cf. S Cassese, "Il procedimento amministrativo europeo", in: F. Bignami/S. Cassese, *Il procedimento amministrativo nel diritto europeo*, Giuffrè, 2004, p. 31 e segs.; S. Antoniazzi, "Procedimenti amministrativi comunitari composti e principio del contraddittorio", *Rivista italiana di diritto pubblico comunitario*, 2007, 641 e segs.; G. Cananea, "I procedimenti amministrativi dell'Unione europea", in Chiti/Greco, *ob. cit.*, I, p. 497 e segs.

[508] Sobre este procedimento, cf. Pedro Costa Gonçalves, "Regulação elétrica: condicionamento europeu", *Actas del XI Coloquio Hispano-Portugués de Derecho Administrativo*, Salamanca, 2015, p. 20.

procedimentos de autorização de abertura de bancos, que se iniciam sempre ao nível nacional e que se concluem nesse nível se estiver em causa uma decisão de indeferimento (procedimento unifásico), ou incluir uma fase europeia, no cenário de uma decisão positiva, de autorização da competência do Banco Central Europeu (procedimento composto ou bifásico, com uma fase nacional e uma fase europeia).

Estes procedimentos compostos ou conjuntos constituem o exemplo de uma "governação composta" ou "partilhada" entre autoridades nacionais e europeias.

ii) Procedimentos administrativos nacionais com efeitos transnacionais

Além dos procedimentos compostos ou conjuntos (com intervenção europeia e nacional), surgem também os procedimentos em que uma administração nacional, de forma isolada e num procedimento que se desenrola apenas no plano nacional e que se conclui com um ato nacional, desenvolve uma ação à qual o direito da União atribui uma *eficácia jurídica transnacional* (em todo o território da União Europeia).

Esta eficácia transnacional de atos e medidas de autoridades nacionais denota que, ao praticarem tais atos e tomarem aquelas medidas, as autoridades nacionais surgem como "centros de decisão" de uma *rede desconcentrada* da Administração Pública Europeia.

Surge aqui a figura do "ato administrativo transnacional"[509]: trata-se da decisão de uma autoridade nacional (da Administração Pública de um Estado) mas que produz efeitos jurídicos fora do território nacional. Distingue-se do "ato administrativo supranacional", que constitui uma decisão de uma autoridade supranacional: *v.g.*, ato administrativo da União Europeia.

O ato administrativo transnacional associa-se, com alguma frequência, ao designado *reconhecimento mútuo*[510]. Importa, contudo, não confundir as duas situações.

[509] Sobre o *ato administrativo transnacional*, *cf.* M. Ruffert, "Der transnationale Verwaltungsakt", *Die Verwaltung*, 2001, pp. 453 e segs.; R. Bocanegra Sierra/J. García Luengo, "Los actos administrativos transnacionales", *RAP*, n.º 177 2008, p. 9 e segs.; L. Lucia, *Amministrazione transnazionale e ordinamento europeo*, Giappichelli, 2009, p. 33 e segs.; Nuno Piçarra, "A eficácia transnacional dos actos administrativos dos Estados-Membros como elemento caracterizador do Direito Administrativo da União Europeia", in *Em Homenagem ao Professor Doutor Diogo Freitas do Amaral*, Almedina, 2010, p. 585 e segs.

[510] Cf. N. Bassi, *Mutuo riconoscimento e tutela giurisidizionale*, Giuffrè, 2008; A. Th. Müller, "Gegenseitige Anerkennung von Verwaltungsentscheidungen im europäischen

Com efeito, o ato administrativo transnacional é – por força de uma norma do direito da União que harmonizou os "requisitos exigíveis" com base nos quais o ato é praticado – automaticamente eficaz, nos mesmos termos, na ordem jurídica interna de todos os Estados-Membros da União Europeia. Associado ao ato administrativo transnacional, existe um *reconhecimento mútuo perfeito ou automático*, que se traduz em o mesmo produzir *ipso iure* efeitos jurídicos não apenas no *Estado de origem*, mas também em qualquer outro Estado-Membro da União Europeia. É o que sucede, por ex., com a *licença comunitária* para a atividade de transporte de mercadorias, atribuída pelo Instituto da Mobilidade e dos Transportes[511].

O efeito transnacional e o reconhecimento mútuo perfeito ou automático podem associar-se diretamente a decisões, mas também a *qualificações profissionais* (diplomas, certificados e outros títulos de formação profissional): nos termos da Diretiva 2005/36/CE, o profissional legalmente estabelecido num Estado-Membro pode prestar livremente serviços no território de qualquer Estado-Membro; assim, por ex., o título que permite o exercício da advocacia em Portugal autoriza a *prestação de serviços jurídicos* nos outros Estados-Membros da União Europeia (a Diretiva foi transposta para o direito português pelo Regime do Reconhecimento das Qualificações Profissionais)[512].

iii) Procedimentos administrativos nacionais associados a sistemas de reconhecimento expresso

Contornos diferentes do ato administrativo transnacional, com um reconhecimento perfeito, assumem os sistemas comuns ou normais de *reconhecimento expresso*.

Agora, o ato administrativo não produz direta e imediatamente efeitos jurídicos fora do território nacional, mas o mesmo deve ser expressamente *reconhecido* pelas autoridades dos Estados-Membros à qual o pedido de

Verwaltungsrechtsraum", in: *Verwaltungsrechtsraum Europa*, Nomos, 2011, p. 33 e segs.; J. Agudo González, "La administración del reconocimiento mutuo: un análisis a partir de la libre circulación de profesionales... hasta la unidad de mercado", *RAP*, n.º 197, 2015, p. 345 e segs.

[511] Com outros exemplos de atos transnacionais no setor dos transportes, cf. Suzana Tavares da Silva, "Direito Administrativo dos Transportes", in: Paulo Otero/Pedro Gonçalves, *Tratado de Direito Administrativo Especial*, Almedina, 2011, vol. V, p. 425 e segs.

[512] Sobre o reconhecimento de títulos e qualificações profissionais, cf. T. Heremans, *Professional services in the EU internal market*, Hart Publishing, 2012.

reconhecimento for dirigido. Existe, neste caso, um sistema de *decisões consecutivas*, a primeira, do Estado de origem e, a segunda, do Estado de destino. Esta segunda é uma *decisão de reconhecimento*, em que a autoridade requerida reconhece os efeitos do ato administrativo do Estado de origem – próximo do sistema de reconhecimento é o modelo de "proibição da duplicação de controlos": o Estado de destino mantém o poder de decisão (*v.g.*, de autorização), mas fica proibido de repetir controlos que já tenham sido realizados no Estado de origem (da primeira decisão); este é o modelo consagrado na Diretiva 2006/123/CE, relativa aos serviços, quanto ao estabelecimento de prestadores de serviços[513].

Exemplo do sistema de reconhecimento é o procedimento de reconhecimento mútuo de autorizações de introdução no mercado de medicamentos (AIM); nos termos da Diretiva 2001/83/CE (alterada pela Diretiva 2010/84/CE), o titular de uma AIM num Estado-Membro que pretenda introduzir o mesmo medicamento noutros Estados pede à Administração daquele Estado (designado *Estado-Membro de referência*) que elabore um relatório de avaliação sobre o medicamento, o qual é enviado aos Estados-Membros em que o requerente pretende a AIM; com base no relatório, estes emitem a AIM (a emissão da AIM assenta, pois, nos pressupostos considerados e assumidos pelo *Estado-Membro de referência*); sobre este "procedimento de reconhecimento mútuo", *cf.* artigos 40.º e segs. do Estatuto do Medicamento. Um exemplo de reconhecimento de títulos conferidos por outros Estados pode ver-se no já referido Regime do Reconhecimento das Qualificações Profissionais (diplomas, certificados e outros títulos de formação profissional). Embora com variações, consoante se trate do "regime geral de reconhecimento" ou do designado "reconhecimento automático", a lei exige um ato expresso de reconhecimento das qualificações profissionais. Recorde-se que a mesma lei já prevê um princípio de eficácia jurídica transnacional automática quando em causa esteja a mera prestação de serviços.

b) Integração institucional

A *integração institucional* corresponde a um fenómeno de incorporação ou de quase incorporação de uma instância administrativa nacional na Administração Pública europeia.

[513] Cf. Bassi, *ob. cit.*, pp. 7 e segs.

Nuns casos, estamos diante de uma *integração institucional vertical*, baseada na instituição de uma cadeia de supra e infraordenação (com afinidades com uma relação de tipo hierárquico) entre instâncias europeias e organismos nacionais: assim sucede, por ex., no campo da supervisão bancária, com a relação entre o Banco Central Europeu e as autoridades nacionais de supervisão (entre nós, o Banco de Portugal), ou, na regulação das telecomunicações, entre a Comissão Europeia e as autoridades nacionais de regulação (em Portugal, a ANACOM).

O Banco Central Europeu é competente para emitir orientações ou instruções gerais, dirigidos às autoridades nacionais de supervisão, *de acordo com as quais* estas últimas exercem as suas atribuições [Regulamento (EU) n.º 1024/2013]. A ANACOM encontra-se obrigada, a "ter em conta as recomendações da Comissão Europeia sobre a aplicação harmonizada do quadro regulamentar aplicável" (artigo 6.º, n.º 4, da Lei das Comunicações Eletrónicas).

A integração institucional pode conduzir a uma espécie de "desnacionalização" da autoridade administrativa nacional, a qual, em termos práticos, pode acabar por se ver integrada em formas de organização da União Europeia: este parece ser o caso do Banco de Portugal, que, com o Banco Central Europeu e os centrais nacionais, integra o Sistema Europeu de Bancos Centrais; por outro lado, com o Banco Central Europeu e com os bancos centrais nacionais dos Estados-Membros cuja moeda seja o euro, constitui o *Eurosistema*, participando na condução da política monetária da União – artigo 282.º do TFUE. Nestes casos e em outros com recorte próximo, verifica-se o avanço para uma espécie de *federalismo administrativo*, mediante a transformação de certas estruturas administrativas nacionais em *elementos* de um sistema administrativo supranacional organizado de uma forma verticalizada: este sistema projeta a imagem de uma pirâmide em cujo topo se situa, com poderes de supremacia jurídica, uma instituição ou organismo da União e, na base, desconcentradas pelo território da União, estruturas administrativas nacionais.

Com uma outra configuração, surge-nos a *integração institucional horizontal*, que se materializa através da criação de agências ou de organismos europeus compostos por autoridades nacionais: é o que se verifica, no campo das comunicações eletrónicas, com o Organismo de Reguladores Europeus das Comunicações Eletrónicas (ORECE) e, no setor da energia, com a Agência de Cooperação dos Reguladores da Energia.

36 – Direito Administrativo sob a influência do direito europeu

Em múltiplos aspetos, a configuração específica que o Direito Administrativo dos Estados-Membros da União apresenta na atualidade encontra-se fortemente influenciada e conformada pelo direito da União Europeia[514].

Com efeito, o Direito Administrativo – enquanto conjunto de normas jurídicas editadas num Estado-Membro, pelo respetivo legislador, e aplicado pelas respetivas autoridades da Administração Pública – é, *hoc sensu*, um *direito europeizado*. Assim se compreende que, cada vez mais, quando aplica a "lei nacional", a Administração Pública esteja, em rigor, a aplicar direito da União Europeia, ainda que convertido e transposto para normas de direito nacional.

De resto, há setores de intervenção administrativa (*v.g.*, regulação dos mercados de telecomunicações ou da energia; regulação bancária; adjudicação de contratos públicos) em que o direito interno aplicado resulta, quase na íntegra, da transposição de direito da União Europeia, no quadro de um processo de integração normativa e de harmonização legislativa.

Mas, além disso, a europeização do Direito Administrativo pode analisar-se como um processo de influência do direito da União Europeia na conformação nacional do Direito Administrativo que opera, entre outros, nos seguintes domínios: *i)* soluções substantivas e regras procedimentais; *ii)* alargamento da base de incidência de normas de Direito Administrativo; *iii)* delimitação do âmbito de intervenção da Administração Pública; *iv)* desenho de específicos modelos ou formatos organizativos; *v)* modelação de procedimentos administrativos nacionais; *vi)* organização administrativa territorial.

36.1 – Soluções substantivas e regras procedimentais

Em muitos aspetos, a liberdade do legislador administrativo nacional encontra-se limitada e fortemente condicionada no plano substantivo e no plano procedimental por princípios e regras do direito da União Europeia. Assim, por ex., já foi decidido pelo Tribunal de Justiça que o direito da União Europeia obsta a regulamentações nacionais que proíbam a guarda de urnas cinerárias por empresas, com fins lucrativos, por infração dos direitos de estabelecimento e de prestação de serviços previstos no TFUE

[514] Sobre esse mesmo processo de influenciação noutros ordenamentos jurídicos, cf. S. Kadelbach, *Allgemeines Verwaltungsrecht unter europäischem Einfluß*, Siebeck, 1999; J. Sirinelli, *Les transformations du droit administratif par le droit de l'Union Européenne*, LGDJ, 2011.

(cf. Acórdão de 14/11/2018, *Memoria Srl*, Proc. C-342/17), ou a legislação nacional que que atribua às autoridades policiais o poder de procederem ao encerramento de casas de prostituição através de medidas coativas diretas, sem procedimento e sem entrega da documentação aos destinatários das medidas, por infração ao direito a uma boa administração inscrito na Carta Europeia dos Direitos Fundamentais, em especial, ao dever de fundamentação das decisões administrativas (cf. Acórdão de 08/05/2019, *PI c. Landespolizeidirektion Tirol*, Proc. C-230/18).

> Observe-se, neste ponto, que a aplicação do direito da União Europeia – dos Tratados e até de diretivas, como a Diretiva 2006/123/CE, quanto ao direito de estabelecimento – não depende necessariamente da presença de "elementos de estraneidade" (elementos transfronteiriços ou inter-estaduais), podendo ocorrer em litígios de carácter puramente interno. Assim, mesmo que os elementos pertinentes (direito interno aplicado, território de aplicação, autoridade administrativa e administrados envolvidos) estejam, todos, confinados a um único Estado-Membro, é possível essa aplicação, por ex., no quadro do processo de reenvio prejudicial; essencial é que se demonstre que o "litígio revela um elemento de conexão com as disposições do direito da União relativas às liberdades fundamentais que torna a interpretação prejudicial solicitada necessária para a solução desse litígio"; neste sentido, vejam-se os Acórdãos do TJ de 15/11/2016, *Ullens de Schooten* (Proc. C-268/15, par. 55), e de 30/01/2018, *College van Burgemeester en Wethouders van de gemeente Amersfoort* (Procs. C-360/15 e 31/16, par. 108)[515]-[516].

[515] O tema da aplicação do direito da União Europeia a situações puramente internas liga-se com a questão da *discriminação inversa*, que se traduz no tratamento menos favorável das pessoas que estão envolvidas numa situação puramente interna (nacionais de um Estado-Membro perante a aplicação do direito nacional pelas autoridades nacionais) e que, por isso, não poderiam beneficiar da proteção do direito da União Europeia – sobre o tema, cf. Miguel Poiares Maduro, "The scope of european remedies: the case of purely internal situations and reverse discrimination", in C. Kilpatrick/T. Novitz/P. Skidmore, *The future of european remedies,* Hart Publishers, 2000, p. 117 e segs.; A. Tryfonidou, "Reverse discrimination in purely internal situations: an incongruity in a citizens' Europe", *Legal Issues of Economic Integration*, vol. 35/1, 2008, p. 43 e segs.; V. Verbist, *Reverse discrimination in the European Union*, Intersentia, 2017.

[516] No direito da contratação pública, o elemento de conexão, que autoriza a mobilização do direito da União Europeia (princípios da igualdade de tratamento e da transparência), consiste na presença de um "interesse transfronteiriço certo" do contrato adjudicado – cf. Acórdão do TJ de 11/12/2014, *Azienda sanitaria locale n. 5 «Spezzino»* (Proc. C-113/13: par. 45 e jurisprudência aí indicada); veja-se, sobre isto, o nosso *Direito dos Contratos Públicos, cit.*, p. 57.

36.2 – Alargamento da base de incidência do Direito Administrativo

O direito da União Europeia tem tido um papel de grande relevo na definição do que se entende por Administração Pública e, em concreto, na delimitação do universo das entidades que se devem considerar integradas na Administração Pública, pelo menos para determinados efeitos.

Neste âmbito, e sem prejuízo de outros conceitos igualmente importantes, como o de empresa pública, ocupa um lugar de destaque a noção de "organismo de direito público", acolhida, por exemplo, no artigo 4.º, n.º 2, da Lei de Acesso à Informação Administrativa e Ambiental, e no artigo 2.º, n.º 2, do CCP.

O conceito de organismo de direito público pretende reconduzir uma certa entidade ao universo dos "poderes públicos" mediante a identificação de *indicadores* da "estreita dependência" da mesma fundamentalmente em relação ao Estado ou a autarquias locais – esses indicadores desconsideram a natureza jurídica da entidade, podendo tratar-se de um sujeito de direito público ou de direito privado. Qualquer entidade que preencha os elementos do conceito considera-se Administração Pública ou, pelo menos, fica submetida a regimes jurídicos criados para aplicação a sujeitos da Administração Pública (*v.g.*, obrigação de permitir o acesso a informação; regras sobre adjudicação de contratos).

36.3 – Delimitação do âmbito de intervenção da Administração Pública

Uma influência decisiva do direito da União Europeia projeta-se, de forma notável, na delimitação do âmbito de intervenção da Administração Pública. Neste campo, importa ter presente que a União Europeia foi o motor da liberalização dos tradicionais *grandes serviços públicos* (*v.g.*, telecomunicações, energia): requalificados como *serviços de interesse económico geral*, muitos dos antigos serviços públicos deixaram de pertencer ao setor público e migraram para o mercado. Nessas áreas, promoveu-se a transformação do *Estado de Serviço Público* em *Estado Regulador*, concretizando, assim, uma ideia de separação entre *regulação* (missão pública) e *exploração comercial* (tarefa de mercado).

Mas o "rolling back" do Estado Administrativo promovido pelo direito da União Europeia não se limita aos tradicionais serviços públicos. Abrange ainda atividades e missões correspondentes a clássicas funções de autoridade pública. Eis o que ocorre nos vários sistemas de abolição de controlos públicos (*homologação* de materiais e de produtos para garantia da segurança), com a sua substituição por formas de "controlo privado" (*certificação*; *avaliação da conformidade*).

> Um exemplo destes modelos de controlo privado organizados pelo direito da União Europeia ocorre no domínio da *marcação "CE"*. Assim, *v.g.*, a segurança dos brinquedos corresponde a uma responsabilidade privada, dos próprios fabricantes. A garantia pública dessa segurança não resulta de qualquer intervenção do Estado, mas da obrigação imposta aos fabricantes de submeterem os seus processos de fabrico de brinquedos à avaliação da conformidade de um organismo independente, designado "organismo notificado" [cf. ponto 36.4]. Após a avaliação da conformidade, o fabricante pode colocar a marcação "CE" nos brinquedos e introduzi-los no mercado. A garantia da segurança dos brinquedos (mas também de máquinas, de materiais de construção, de equipamentos de proteção individual, etc.) resulta, assim, de um sistema de controlo que não prevê uma intervenção pública nas operações de controlo e no condicionamento do acesso ao mercado. Ocorreu aqui um duplo processo: de privatização de responsabilidades públicas e de ativação de responsabilidades privadas.

A abolição dos controlos públicos que acaba de se referir está na linha de uma mutação de âmbito mais alargado, igualmente promovida pelo direito da União, que toca diretamente o sistema nacional de competências administrativas, mas também a própria natureza das missões das administrações públicas nacionais. Um sintoma desta mutação vê-se na Diretiva 2006/123/CE, relativa aos serviços no mercado interno, que, além do mais, estabelece que as atividades de serviços só podem ser subordinadas a um regime de *autorização administrativa* desde que se verifiquem determinadas condições – neste aspeto, a Diretiva (transposta para o direito português pelo Decreto-Lei n.º 92/2010, de 26 de junho) enquadra-se num processo de transformação das missões da Administração Pública, na direção da substituição dos sistemas de controlo público de atividades económicas baseado numa intervenção *ex ante*, de tipo burocrático e passivo (sistema de autorização), por um modelo de intervenção *ex post* e operacionalizada no terreno.

36.4 – Delineação de modelos específicos de organização da Administração

Apesar da proclamação de um princípio de liberdade dos Estados-membros em matéria de organização das suas estruturas internas de execução do direito da União Europeia ("princípio da autonomia institucional"), a legislação europeia tem vindo a interferir com os próprios formatos de organização da Administração Pública[517]. Atente-se, por ex., no disposto na Diretiva n.º 2009/72/CE (regras comuns para o mercado interno da eletricidade), a propósito da entidade reguladora dos serviços de eletricidade: "Os Estados-Membros devem garantir a independência da entidade reguladora e assegurar que esta exerça os seus poderes de modo imparcial e transparente. Para o efeito, cada Estado-Membro deve assegurar que, no exercício das funções reguladoras (...), a entidade reguladora seja juridicamente distinta e funcionalmente independente de qualquer outra entidade pública ou privada [e] seja dotada de pessoal e de pessoas responsáveis pela sua gestão que ajam de forma independente de qualquer interesse de mercado, e que não solicitem nem recebam instruções diretas de qualquer entidade governamental ou outra, pública ou privada, no desempenho das funções reguladoras". O figurino institucional da entidade reguladora nacional da eletricidade encontra-se, assim, definido a partir do direito da União.

O mesmo se verifica com as autoridades de controlo independente segundo o modelo imposto pelo Regulamento (UE) 2016/679, sobre a proteção de dados pessoais, onde se determina que "as autoridades de controlo agem com total independência na prossecução das suas atribuições e no exercício dos poderes que lhe são atribuídos nos termos do presente regulamento" e que os membros dessas autoridades "não estão sujeitos a influências externas, diretas ou indiretas no desempenho das suas funções e no exercício dos seus poderes nos termos do presente regulamento, e não solicitam nem recebem instruções de outrem".

Situação próxima dessa deverá suceder quanto à entidade com funções de regulação das comunicações eletrónicas, estabelecendo, nesse âmbito, a Diretiva (UE) 2018/1972 (que estabelece o Código Europeu das Comunicações Eletrónicas) que as autoridades reguladoras nacionais "não devem aceitar instruções de qualquer outro organismo relativamente ao desempenho quotidiano das suas funções", embora se esclareça que "tal não impede que sejam sujeitas a supervisão nos termos das disposições constitucionais nacionais"[518].

[517] Sobre o princípio da autonomia institucional, cf. João Nuno Calvão da Silva, *Agências de Regulação, cit.*, p. 33 e segs.

[518] Sobre o condicionamento nacional do direito da União Europeia quanto à instituição de formas de "autonomous government", cf. S. de Somer, "The europeanisation of the law on national independent regulatory authorities from a vertical and horizontal perspective", *Review of European Administrative Law*, vol. 5, 2012, p. 93 e segs.

> Em certos setores de intervenção administrativa ("Estado regulador"), assiste-se a uma progressiva erosão do poder dos legisladores nacionais no que diz respeito à liberdade de definição do desenho organizativo das administrações públicas nacionais e à imposição – que, em rigor, não é apenas europeia, mas verdadeiramente global – do modelo das autoridades administrativas independentes[519].

Embora se situem fora da Administração Pública, a sua proximidade em relação ao sistema administrativo justifica a alusão aos há pouco referidos "organismos notificados" – trata-se de entidades que, *acreditadas* por uma autoridade pública ("organismo nacional de acreditação"), exercem "funções de avaliação da conformidade de produtos, processos, serviços, sistemas ou organismos" e prestam, portanto, serviços de certificação (*v.g.*, avaliação da conformidade de brinquedos, máquinas, artigos de pirotecnia ou instrumentos de peso com os requisitos específicos estabelecidos em normas). A sua designação deve-se ao facto de a Administração Pública, depois de os autorizar a exercerem funções de certificação, ter o dever de notificar a Comissão Europeia e os outros Estados-Membros que concedeu essa autorização – em regra, os organismos notificados só podem exercer a atividade para que foram autorizados após o decurso de um período de tempo desde a notificação à Comissão Europeia (durante esse período de tempo, esta pode levantar objeções, caso em que o organismo não pode exercer a atividade para que foi autorizado pela autoridade nacional)[520].

36.5 – Modelação de procedimentos administrativos nacionais

O direito da União Europeia exerce ainda uma forte influência ao nível da regulação e da modelação de "procedimentos administrativos nacionais", que suportam a tomada de decisões pelas administrações públicas dos Estados-Membros.

Assim sucede com os procedimentos administrativos cuja configuração é, em geral, modelada pelo direito da União Europeia e com os procedimentos

[519] Cf. S. Battini/G. Vesperini, "L'indipendenza del regolatore nazionale imposta dal diritto europeo e globale", in M. D'Alberti/A. Pajno, *Arbitrati dei mercati (Le autorità indipendenti e l'economia)*, Il Mulino, 2010, p. 61 e segs.

[520] Sobre o regime jurídico aplicável aos atos praticados por estes organismos, veja-se, em termos críticos, o nosso texto "Impugnação de decisões privadas em tribunais administrativos", *Revista de Direito Administrativo*, n.º 2, p. 85 e segs.

que incluem fases, trâmites ou diligências impostas por regras jurídicas europeias.

i) Procedimentos administrativos nacionais com uma configuração modelada pelo direito da União Europeia

Por vezes, o direito da União Europeia estabelece a estrutura fundamental e mesmo a tramitação específica dos procedimentos administrativos que a lei nacional deve prescrever para a ação administrativa: assim sucede no domínio da adjudicação de contratos públicos (exigência de procedimentos abertos, transparentes e publicitados, que ofereçam garantias de igualdade de participação a todos os operadores económicos interessados); outro tanto se verifica com os procedimentos de alocação de recursos escassos (*v.g.*, quando há limitação do número de autorizações disponíveis).

ii) Exigências procedimentais impostas pelo direito da União Europeia

Ilustram uma segunda situação as normas de direito da União Europeia que estabelecem os *procedimentos de balcão único*, no sentido de assegurar aos interessados (*v.g.*, interessados em obter uma autorização) um ponto único de contacto com a Administração Pública ("one stop shops"). O objetivo desta exigência consiste em evitar que os interessados tenham de se deslocar de serviço em serviço para obter um determinado efeito jurídico. O balcão único encontra-se na já referida Diretiva 2006/123/CE (relativa aos serviços); esta Diretiva prevê também que os procedimentos que abrange possam efetuar-se "à distância e por via eletrónica". Mas pode haver outras exigências (*v.g.*, instituição de consultas públicas antes da tomada de certas decisões, como sucede no setor das comunicações eletrónicas).

iii) Procedimentos administrativos nacionais compostos

Já referimos acima, a propósito da designada integração funcional da Administração nacional na Administração Pública europeia, os procedimentos administrativos compostos, que incluem uma intervenção simultânea de organismos da União Europeia (*v.g.*, a Comissão Europeia) e de organismos nacionais. Na medida em que se trate de procedimentos nacionais (concluídos ao nível nacional, com a decisão de uma autoridade nacional), temos aí mais um caso de modelação de procedimentos nacionais pelo direito da União Europeia.

36.6 – Organização administrativa territorial

Outra dimensão da conformação europeia do Direito Administrativo nacional é a que incide no modelo de organização e divisão administrativa do território, com as NUTS ("Nomenclatura Comum das Unidades Territoriais Estatísticas"): correspondem a uma divisão do território nacional baseada em critérios e padrões de direito europeu, que, na origem, tem em vista estabelecer a divisão coerente, uniformizada e estruturada do território económico europeu, criando uma base territorial comum para efeitos de análise estatística de dados.

Secção II
Direito Administrativo e ordem jurídica internacional

Ocupa-se a presente secção das interligações entre o Direito Administrativo e a ordem jurídica internacional. Como de certo modo o direito da União Europeia já o evidencia, teremos ocasião de aprofundar a ideia de que existe um "Direito Administrativo para lá do Estado" e, mais do que isso, até um "Direito Administrativo sem Estado"

37 – Direito Administrativo e direito internacional

A conceção clássica do Direito Administrativo como um *direito nacional* não se vê questionada pelo facto de *normas de direito internacional* poderem surgir como *fonte* daquele e, em especial, como fonte de vinculação para a Administração Pública [521]: com efeito, por força da Constituição, as normas e princípios de direito internacional geral ou comum fazem parte integrante do direito português (artigo 8.º, n.º 1); as normas constantes de convenções

[521] Cf. Miguel Prata Roque, "As novas fronteiras do Direito Administrativo – globalização e mitigação do princípio da territorialidade do direito público", *Revista de Direito Público*, n.º 5, 2011, p. 107 e segs.; *idem*, *A Dimensão Transnacional do Direito Administrativo*, AAFDL, 2014.

internacionais ratificadas ou aprovadas são objeto de receção na ordem jurídica interna; (artigo 8.º n.º 2); as normas emanadas de órgãos competentes de organizações internacionais de que Portugal seja parte vigoram diretamente na ordem interna, desde que tal se encontre estabelecido nos respetivos tratados constitutivos (artigo 8.º, n.º 3).

37.1 – Direito internacional geral como fonte de vinculação da Administração

As normas (incluindo os princípios) de *direito internacional geral ou comum* são as que resultam do "costume internacional", podendo encontrar-se plasmadas em instrumentos normativos internacionais, como são os casos da Carta da ONU ou da Declaração Universal dos Direitos do Homem. O conteúdo destas normas e, sobretudo, o facto de o que nelas se dispõe que pudesse constituir fator de vinculação administrativa se encontrar plasmado em normas de direito interno (desde logo, a Constituição), explicam a apagada ou a fraca relevância das normas e princípios de direito internacional geral ou comum como critérios de vinculação da atuação da Administração Pública.

37.2 – Direito internacional convencional e de organizações internacionais; em especial, o Direito Administrativo internacional

Maior relevância no cosmos administrativo conhecem as convenções internacionais e as normas de organizações internacionais. Sem prejuízo do relevo jurídico que podem ter neste setor convenções internacionais de carácter geral, como, desde logo, a Convenção Europeia dos Direitos Humanos – onde se consagram direitos dos cidadãos que impõem proibições de intervenção administrativa ou que modelam esta intervenção (*v.g.*, direito ao respeito do domicílio; direito à vida familiar; direito de reunião) e cuja violação pode ser invocada e atacada num tribunal –, sem se desvalorizar a importância evidente desses instrumentos, tem de se reconhecer valor específico como cânones de orientação de condutas administrativas às normas convencionais e às normas emitidas por organizações internacionais que têm diretamente o propósito de dispor sobre matérias administrativas, sobretudo quando se dirigem à Administração Pública e, em especial, à regulação de relações jurídicas com particulares.

Na conceção dualista clássica, existe um direito *interno*, "dos" Estados, e um direito *internacional*, "entre" os Estados. O que estamos agora a poder concluir é que o direito internacional pode surgir como um direito paralelo ao "dos" Estados enquanto elemento de regulação das relações entre o Estado Administrativo e os particulares.

Revela-se, assim, apropriada a referência a um "Direito Administrativo internacional", conceito que indica um sistema de normas de carácter *administrativo*, uma vez que se dirige ou refere à Administração Pública e visa disciplinar relações jurídicas entre esta e particulares, mas que é *internacional*, pela sua origem[522]; na formulação sintética de Schmidt-Aßmann: "international administrative law is to be understood as the administrative law originating under international law"[523].

Eis o que sucede com as *convenções internacionais para evitar a dupla tributação*, que contêm normas que fixam critérios de decisão para a Administração fiscal. Mais especificamente sobre questões administrativas é, por ex., o *Acordo Quadro entre a República Portuguesa e o Reino da Espanha sobre Cooperação Transfronteiriça em Saúde*, que disciplina os termos gerais a seguir pelas administrações públicas dos dois países na celebração de protocolos de cooperação transfronteiriça em saúde[524]; ou o Acordo Administrativo relativo à aplicação da *Convenção sobre Segurança Social entre a República Portuguesa e a República da Índia*, que disciplina o exercício de funções administrativas, em relações com particulares, por organismos da segurança social[525].

Por outro lado, há organizações internacionais de que Portugal é parte que detêm poderes normativos vinculativos para os Estados-Membros, pelo que, nesse âmbito, estão habilitadas a emitir normas jurídicas destinadas a regular ações da Administração Pública: este é, por exemplo, o caso dos "regulamentos, normas, práticas e métodos de organização" da *Organização Internacional da Aviação Civil*, emitidos nos termos da *Convenção de Chicago sobre a Aviação Civil Internacional* e aplicados, em Portugal, pela Autoridade Nacional de Aviação Civil.

Nos casos anteriores, as condutas da Administração veem-se reguladas por normas de origem internacional e os particulares que se considerem lesados poderão reagir pelas vias normais para assegurar a observância do que nessas normas se estabelece. Assim, um tribunal pode anular um ato

[522] Neste sentido, cf. Rui Machete, "Existe um verdadeiro Direito Administrativo Global?", *Temas de Integração*, n.º 23, 2007, p. 35 e segs. (p. 36).

[523] Cf. E. Schmidt-Aßmann, "The internationalization of administrative relations as a challenge for administrative law scholarship", *German Law Journal*, 2008, p. 2061 e segs.;

[524] Cf. Decreto n.º 3/2010, de 19 de março.

[525] Acordo publicado no Diário da República, 1.ª Série, de 28/02/2019.

da Administração por violação de uma regra estipulada numa convenção internacional ou numa norma vinculativa emitida por uma organização internacional.

38 – Direito internacional administrativo

No ponto anterior, aludimos ao direito administrativo internacional: o mesmo referencia um sistema de produção internacional de normas de Direito Administrativo, dirigidas ou que têm como referência a Administração Pública nacional e que são aplicáveis ou invocáveis em relações jurídicas administrativas entre a Administração Pública nacional e os administrados.

Agora, têm-se em vista outras situações, de natureza diferenciada entre si, mas que, em geral, se reconduzem ao conceito de "direito internacional administrativo", que se refere a um sistema de *normas de direito internacional sobre questões administrativas.*

Assim, de acordo com uma aceção corrente, o direito internacional administrativo refere-se ao "direito interno" das organizações internacionais que, entre outras matérias, se ocupa das relações jurídicas internas que se processam entre as organizações e os respetivos funcionários (relações de emprego e disciplinares) – em muitos casos, as organizações internacionais têm, aliás, órgãos específicos para a resolução de conflitos neste âmbito: assim sucede, por ex., com o Tribunal Administrativo das Nações Unidas[526], o Tribunal Administrativo da OCDE ou da Organização Internacional de Trabalho[527].

Conhecendo já uma outra relevância, surge o direito produzido pelas organizações internacionais para regular as relações entre elas e os respetivos Estados-Membros: tem-se acentuado, sobre isto, que, em muitos casos, a situação de facto dos Estados-Membros no interior das organizações internacionais que integram se assemelha àquela em que se encontram os cidadãos em face das Administrações nacionais.

Num outro patamar, temos o direito produzido pelas organizações internacionais para regular as relações que estabelecem com particulares

[526] Cf. Afonso Patrão, "O Tribunal Administrativo das Nações Unidas", *BFDUC*, vol. LXXXII, 2006, p. 637 e segs.; S. Flogaitis, "I principi generali del diritto nella giurisprudenza del Tribunal Amministrativo delle Nazioni Unite", in M. D'Alberti (org.), *Le nuove mete del diritto amministrativo*, Il Mulino, 2010, p. 93 e segs.

[527] Cf. Dulce Lopes, "Direito administrativo das organizações internacionais", in Paulo Otero/ Pedro Gonçalves, *Tratado de Direito Administrativo Especial*, vol. II, Almedina, 2010, p. 99 e segs.

no desenvolvimento de verdadeiras "ações administrativas", que incluem mesmo o exercício, por funcionários e agentes das organizações, de poderes de autoridade pública diante de particulares[528]. São exemplos de ações desta natureza a gestão de campos de refugiados, a administração internacional de territórios (como foi o caso de Timor Leste ou do Kosovo), a adoção de medidas de emergência e ações humanitárias em situações de guerra e de catástrofe, a implementação de parcerias público-privadas e de delegação de funções públicas em entidades privadas[529], a adoção de "atos administrativos internacionais" (*v.g.*, registo internacional de marcas na Organização Mundial da Propriedade Intelectual)[530], a celebração de contratos de obras públicas e de serviços financiados pelo Banco Mundial e aplicação por este de sanções a empresas contratadas acusadas de prática de atos de corrupção[531]. O direito que disciplina estas relações tem uma materialidade jurídico-administrativa, e tem, aliás, subjacente a ambivalência própria do universo do Direito Administrativo: proteção dos direitos individuais contra a Administração e estruturação de procedimentos e de instrumentos que confiram à Administração o poder de executar as suas tarefas.

O conceito de direito internacional administrativo conhece ainda outra aplicação, que resulta da sua associação ao processo que se vem designando "internacionalização do Direito Administrativo". Trata-se de um fenómeno complexo, que abrange, entre outras, as seguintes situações:

i) Eficácia transnacional de atos regidos pelo Direito Administrativo nacional
A doutrina alude a este propósito a um "direito administrativo transnacional", com o que pretende identificar formas de ação administrativa nacional com eficácia jurídica fora do território da Administração Pública nacional responsável por essa ação. Já aqui se aludiu à figura do ato administrativo transnacional: a produção de efeitos jurídicos de dimensão transnacional, concretizado em um ato ter força jurídica obrigatória fora do território

[528] Neste ponto, cf. A. Bogdandy/R. Wolfrum/J. Bernstorff/Ph. Dann/M. Goldmann (eds.), *The exercise of public authority by international institutions*, Springer, 2010, *passim*.

[529] Cf. B. Kingsbury/L. Casini, "Global administrative law dimensions of international organizations law", *International Organizations Law Review*, 2009, p. 319 e segs.

[530] Cf. K. Kaiser, "WIPO's international registration of trademarks: an international administrative act subject to examination by the designated contracting parties", in Bogdandy/Wolfrum/Bernstorff/ Dann/Goldmann, *ob. cit.*, p. 133 e segs.

[531] Cf.T. J. Canni, "Debarment is no longer private World Bank business: an examination of the Bank's distinct debarment procedures used for corporate procurements and financed projects", *Public Contract Law Journal*, vol. 40, 2010, p. 147 e segs.

nacional, baseia-se, na hipótese que vimos, numa norma supranacional, do Direito da União Europeia [cf. ponto 35.4, *a), ii)*]. Mas a eficácia jurídica transnacional de um ato administrativo nacional também pode resultar de uma convenção internacional: é assim, por ex., no caso da *licença internacional de condução*, emitida pelo Instituto da Mobilidade e dos Transportes, IP, ou pelo Automóvel Club de Portugal, que permite ao seu titular conduzir em todos os Estados signatários da *Convenção Internacional sobre Trânsito Rodoviário* (1949).

ii) Relações jurídicas administrativas internacionais

O conceito de direito internacional administrativo também se refere a situações de relacionamento jurídico-administrativo que envolvem elementos internacionais: eis o que se verifica no caso de acordos interadministrativos internacionais (*v.g.*, protolocos de cooperação transfronteiriça celebrados entre municípios ou outros entes públicos; contratos entre instituições de ensino universitário de estados diferentes para a realização de projetos comuns)[532], ou com as variadas formas de relações de cooperação horizontal entre administrações públicas de diferentes Estados (*v.g.*, troca de funcionários; relações de assistência recíproca).

39 – Direito Administrativo global

A doutrina do Direito Administrativo global surgiu inicialmente para indicar a exigência de submeter à principiologia e aos valores do Direito Administrativo nacional a atuação de organismos públicos ou privados que atuam num plano internacional no exercício de funções de interesse geral e, em alguns casos, até com poderes de autoridade (é o caso, que já vimos, das organizações internacionais que desenvolvem ações administrativas de "contacto" direto com particulares e em situação de efetiva superioridade jurídica sobre estes)[533].

[532] Cf. Dário Moura Vicente, "Direito aplicável aos contratos públicos internacionais", in *Estudos em Homenagem ao Professor Doutor Marcello Caetano (no Centenário do seu Nascimento)*, vol. I, Coimbra Editora, 2006, p. 289 e segs.

[533] Cf. Rui Machete, *ob. cit.*, p. 35 e segs.; S. Cassese, "Lo spazio giuridico globale", *Rivista Trimestrale di Diritto Pubblico*, 2002, p. 323 e segs.; *idem*,"Il diritto amministrativo globale: una introduzione", *Rivista Trimestrale di Diritto Pubblico*, 2005, p. 331 e segs.; *idem*, "Administrative Law without the State? The Challenge of Global Regulation", *New York University Journal of International Law and Politics*, 37, 2005, p. 663 e segs.; S. Battini, "Organizzazioni internazionali e soggetti privati: verso un diritto amministrativo globale?", *Rivista Trimestrale di Diritto Pubblico*, 2005, p. 359 e segs.; J. L. Meilán Gil, *Una aproximación al derecho administrativo global*, Global Law

O ponto de partida da doutrina assenta na ideia de que a referência a um direito administrativo global pressupõe a existência de uma administração pública global ou transnacional; esta apresenta-se como a administração pública que atua num "espaço administrativo global".

A ideia de uma administração pública global implica uma rutura com a visão clássica segundo a qual a Administração Pública é uma organização interna dos Estados, que se encontra confinada à ordem jurídica nacional ou, excecionalmente, como no caso da União Europeia, a organizações internacionais com um elevado nível de integração. A realidade mostra que há administração pública *sem* Estado: em concreto, há atores da arena internacional – a começar pelas organizações internacionais, mas não só – que desenvolvem ações de natureza materialmente administrativa: regulação económica e financeira, proteção ambiental, definição de *standards* técnicos, segurança de alimentos, proteção dos direitos dos trabalhadores; definição de *ratings* sobre a capacidade financeira de empresas, de bancos e até de Estados.

Esses atores atuam com uma autoridade própria, de uma forma direta, e sem a colaboração das administrações estaduais. Às instituições públicas, como as organizações internacionais (*v.g.*, Organização Mundial do Comércio, Fundo Monetário Internacional) e as redes de administração transnacional, juntam-se, assim, organismos híbridos, de carácter público--privado (*v.g.*, Comissão do *Codex Alimentarius*) e mesmo atores privados (ICANN, na regulação administrativa da internet[534], ou a ISO, na definição de regras e standards técnicos). A presença de atores privados nesta administração pública global explica a referência, que alguns autores têm feito, à emergência de uma nova forma de autoridade, a *autoridade privada na governação global* – as agências internacionais de *rating* constituem uma excelente ilustração desta realidade[535].

Press, 2011; R. B. Hall/Th. J. Biersteker (eds.), *The emergence of private authority in global governance*, Cambridge University Press, 2002; B. Kingsbury/N. Krish/R.B. Stewart, "The emergence of global administrative law", *Law and Contemporary Problems*, vol. 68/3-4, p. 15 e segs.; R. B. Stewart, "U.S. administrative law: a model for global administrative law", *Law and Contemporary Problems*, vol. 68/3-4, 2005, p. 63 e segs.

[534] Sobre isto, cf. o nosso texto "Disciplina administrativa da internet", *Direito da Sociedade da Informação*, vol. V, Coimbra Editora, 2004, p. 215 e segs..

[535] C. A. Hill, "Regulating the rating agencies", *Washington University Law Quarterly*, vol. 82, 2004, p. 42 e segs.; S. Schwarcz, "Private ordering of public markets: the rating agency paradox", *University of Illinois Law Review*, 2002/, p. 1 e segs.; N. Gaillard, *Les agences de notation*, La découverte, 2010.

Estamos agora em condições de perceber o sentido do Direito Administrativo global, desde logo, como um Direito Administrativo, desligado ou "desengajado" do Estado[536] e, também, das administrações públicas nacionais. Por outro lado, ao contrário do que se poderia supor, não se trata de um corpo organizado de regras jurídicas (qualquer que seja a sua proveniência) com o objetivo de disciplinar a ação dos protagonistas da administração pública global. Em vez disso, o conceito tem sobretudo a vocação de projetar uma ideia de exigência de submissão da dita administração pública global aos princípios e aos valores do Direito Administrativo (como corpo de normas que regula a Administração Pública dos Estados). Pretende-se, pois, *utilizar* o Direito Administrativo – construído para disciplinar o exercício da autoridade no respeito pelos direitos dos cidadãos – como um modelo de regulação das ações que se desenvolvem num espaço global[537]. As instituições internacionais são hoje tão necessárias como ameaçadoras: exercem poder, e, assim como é necessário um direito administrativo doméstico, que regula o exercício do poder no interior dos Estados, também é necessário um direito administrativo global que regule o exercício do poder pelas instâncias da governação global. A função do Direito Administrativo é sempre a mesma: "domesticar o poder" e assegurar que todos os interesses envolvidos são adequadamente representados ou pelo menos tomados em consideração.

Numa palavra, pretende-se que a administração pública global – investida (por vezes, *autoinvestida*) de autoridade e exercendo poder nas relações internacionais, em face de Estados, de empresas e de cidadãos – se submeta a valores e padrões de ação que enformam o Direito Administrativo nacional, como a *transparência*, a *participação* e a *accountability*: este é o projeto do Direito Administrativo global.

40 – Direito Administrativo e globalização

O conceito de Direito Administrativo global representa um fenómeno de exportação dos *valores referenciais* do Direito Administrativo para a regulação de relações de poder e de autoridade que se processam no plano internacional (global). Pois bem, agora temos em vista uma situação que representa, de

[536] Cf. Diogo de Figueiredo Moreira Neto, "Transadministrativismo: uma apresentação", *Revista de Direito Administrativo* (FGV), vol. 267, 2014, p. 67.

[537] Cf. Stewart, "U.S. Administrative law: a model for global administrative law?", *cit.*, p. 63 e segs.

certo modo, um movimento inverso: a imersão de valores jurídicos globais no Direito Administrativo nacional[538].

Trata-se de um processo que se desenrola sobretudo num plano ideológico e cultural e não tanto por canais de "enforcement" jurídico. Mas nem por isso se deve desvalorizar esta interação entre a ordem jurídica nacional e experiências estrangeiras, que passa em muitos casos por formas de imitação de modelos e pela importação de soluções novas que funcionam noutros espaços[539]. Ainda que não haja uma imposição estrita nesse sentido, vem-se assistindo a uma espécie de globalização de alguns valores que enformam, em termos semelhantes, o Direito Administrativo de Estados de diferentes continentes. Assiste-se a uma convergência dos sistemas administrativos baseada na aceitação de uma ordem de valores comum, globalizada. Como alguma doutrina tem observado, esta globalização jurídica é, em certa medida, produto da *americanização* e da exportação de elementos típicos do modelo administrativo norte-americano[540].

Sem a preocupação de esgotar o quadro de valores de Direito Administrativo que se globalizaram, indicam-se os seguintes:

i) *Democracia administrativa* fundada numa legitimidade não apenas formal, mas também material ou substantiva – generalizou-se a ideia segundo a qual a legitimação democrática da Administração não reside apenas nos canais de legitimação popular por via eleitoral; exige-se uma legitimação material, construída no dia-a-dia, baseada em dimensões de participação, de transparência e de "accountability" (prestação de contas); sublinha-se que estes são critérios essenciais de uma "good governance" do sistema administrativo;

[538] Cf. A. G. Anabitarte, "La influencia extranjera en el derecho administrativo", *RAP*, n.º 150, 1999, p. 75 e segs.; J.-B. Auby, "La bataille de San Romano", *AJDA*, 2001, p. 912 e segs.; F. Melleray, "L'imitation de modèles en droit administratif français", *AJDA*, 2004, p. 1224 e segs.; M. Ballbé, "El futuro del derecho administrativo en la globalización: entre la americanización y la europeización", *RAP*, n.º 174, 2007, p. 215 e segs.; A. C. Aman Jr., "Globalization, democracy, and the need for a new administrative law", *UCLA Law Review*, vol. 49, 2002, p. 1687e segs.; I. M. Marino, "Diritto, amministrazione, globalizzazione", *Il Diritto dell'Economia*, 2005, p. 25 e segs.; J. Morand-Deviller, "La globalisation et le droit administratif", *Il Diritto dell'Economia*, 2004, p. 487 e segs.; K. König, "Öffentliche Verwaltung und Globalisierung", *Verwaltungsarchiv*, 2001, p. 475 e segs.; J.-C. Alli Aranguren, *Derecho administrativo y globalización*, Aranzadi, 2004.

[539] Sobre esta temática, cf. G. Anthony/J.-B. Auby/J. Morison/T. Zwart, *Values in global administrative law*, Hart Publishing, 2011.

[540] Assim designámos esse movimento desde 1999: cf. *A Concessão de Serviços Públicos*, Almedina, 1999, p. 13 e segs.

ii) *Good governance* – considera-se elemento imprescindível para um "bom governo" da Administração Pública a configuração de instrumentos capazes de prevenir fenómenos de corrupção, de tráfico de influências e de resolver os casos de conflitos de interesses; os princípios da transparência, da publicidade e da imparcialidade assumem uma centralidade inquestionável nos sistemas administrativos das atuais "sociedades de informação";

iii) *Contracting out e parcerias público-privadas* – "contracting out is in" é uma fórmula que pode bem traduzir a globalização da ideia de atribuição sistemática e generalizada de tarefas administrativas a entidades particulares (externalização); o caso das parcerias público-privadas, com as complexas formas de financiamento privado de infraestruturas públicas, é um bom exemplo de globalização de uma *ideologia* e não apenas de uma técnica jurídica;

iv) *Administração independente* – tem-se igualmente assistido à generalização (aqui também) de uma "ideologia da neutralidade política", segundo a qual a regulação administrativa da economia não deve estar dependente dos Governos e, por esta via, sujeita ou dependente da contingência das maiorias partidárias de cada momento; esta pretensa *neutralização* da regulação administrativa conduz às *autoridades reguladoras independentes*.

v) *Gestão orientada para resultados* – o "new public management" promoveu a gestão empresarial da Administração, com atenção aos objetivos e aos resultados; a esta administração por resultados associou-se a quantificação de metas e de objetivos e os sistemas de avaliação da performance; todas estas tendências se incorporam no Direito Administrativo Português porque assim o "ditam" as boas práticas internacionais.

Capítulo 4
Direito Administrativo na ordem jurídica portuguesa

A exposição desenvolvida no capítulo anterior permite concluir que o Direito Administrativo não constitui atualmente um enclave nacional; existe um Direito Administrativo *para lá do* Estado, *sem* Estado. Sem embargo disso, é agora o momento de afirmar que, apesar de tudo, o Direito Administrativo ainda se apresenta, em larga medida, fiel à sua matriz histórica, como um corpo de normas de origem formalmente nacional, aplicado por autoridades e órgãos administrativos nacionais, com eficácia no interior do território nacional. Neste sentido, existe um Direito Administrativo Português, inscrito em leis portuguesas, aplicado todos os dias por autoridades portuguesas, em Portugal.

41 – Constituição e Direito Administrativo

É na Constituição de 1976 que o Direito Administrativo Português encontra uma grande parte dos seus fundamentos e dos seus valores. Na Lei Fundamental repousam, na verdade, os princípios jurídicos que enformam diretamente o Direito Administrativo e que moldam as leis em que o mesmo se corporiza. Num sistema jurídico em que a Constituição goza de primazia, revela-se impossível a desligação entre Direito Administrativo e Direito Constitucional [541]. Assim se compreende o que, há mais de cem anos, escreveu Guimarães Pedrosa, "o direito constitucional é em muitos pontos base directa do direito administrativo"[542].

A ideia de que a Constituição consagra ou acolhe os *fundamentos* ou as *bases* do Direito Administrativo não tem o sentido de afirmar uma precedência necessária e universal do Constituição em relação ao Direito Administrativo (entendido este agora como um direito constituído por normas infraconstitucionais). Para além de nem todas as normas que a Constituição acolhe serem propriamente anteriores ao Direito Administrativo (por exemplo, princípios da legalidade ou da prossecução do interesse público), devemos ainda ter presente o facto de a Constituição de 1976 *aceitar* algumas premissas fundamentais de um sistema já instituído em termos práticos e em operação muito antes dessa data: porventura, a premissa mais importante em que a Constituição assenta a sua compreensão da realidade jurídico-administrativa preexistente reside no próprio "sistema de Administração

[541] Nestes termos, cf. L. Heuschling, "The complex relationship between administrative and constitutional law (a comparative and historical analysis)", in Bogdandy/Huber/Cassese, *The Administrative State, cit.*, p. 495 e segs. (p. 515).

[542] Cf. Guimarães Pedrosa, *Curso, cit.*, p. 148.

executiva, de ato administrativo", ou seja, de um sistema que configura a Administração Pública como um Poder, dotado de força jurídica para, nos termos e limites da lei, impor, por si mesma e unilateralmente, obrigações e proibições aos cidadãos e usar meios de coerção para reagir ao incumprimento ou ao desrespeito das suas determinações. Um sistema administrativo com estas características existia antes da Constituição de 1976, e esta reconhece-o e, sobretudo, consagra-o como fundamento do Estado Administrativo. Um exemplo da mesma natureza, ainda que com um alcance mais limitado, pode ver-se na constitucionalização, pela revisão constitucional de 1997, da figura das entidades administrativas independentes, as quais já haviam sido instituídas e estavam em operação no sistema administrativo desde o início da década. Pode falar-se, neste sentido, de um processo de "administrativização do direito constitucional"[543] ou do direito constitucional como um "Direito Administrativo abstraído[544], conceitos que assinalam a absorção no plano jurídico-constitucional de figuras, institutos e princípios que operam e estão sedimentados ao nível do Direito Administrativo[545].

Sem prejuízo destes elementos de um processo "bottom-up" (do Direito Administrativo para o direito constitucional), é indiscutível que o Direito Administrativo, entendido como compacto ou sistema normativo infraconstitucional, se tem construído, desenvolvido e progredido com fundamento ou com base na Constituição e no direito constitucional. Afigura-se, pois, correto, aludir a fundamentos ou a bases constitucionais do Direito Administrativo[546]. Na parte em que se reportam a estes

[543] Cf. Georges Vedel, "Preface", in Bernard Stirn, *Les sources constitutionnelles du droit administratif*, LGDJ, 1999, p. 7, onde o Autor observa que os materiais de base do direito público francês – o regime do poder público, do serviço público, hierarquia das normas, responsabilidade pública, princípios gerais do direito – são preexistentes aos textos constitucionais.

[544] Cf. J. Dietlein, "«Verfassungsrecht als abstrahiertes Verwaltungsrecht»"?, Die Gesetzgebungszuständigkeit für das Spielhallenrecht in und nach der Föderalismusreform", in *Festschrift für H. Bethge*, Dunker & Humblot, 2009, p. 3 e segs.

[545] Cf. F. Wollenschläger, "Constitutionalisation and deconstitutionalisation of administrative law in view of Europeanisation and emancipation", *Review of European Administrative Law*, 2017/1, p. 7 e segs., acentuando o facto de, em sentido inverso à hierarquia das normas, o Direito Administrativo "impactar" no direito constitucional (p. 34).

[546] Referindo-se às bases constitucionais do Direito Administrativo, cf. Charles Eisenmann, "La théorie des 'bases constitutionnelles du droit administratif'", *Revue du Droit Public*, 1972, p. 1345 e segs.; Sabino Cassesse, "Le basi costituzionali", *Tratatto di diritto amministrativo (diritto amministrativo generale)*, Tomo I, Giuffrè, 2003, p. 173 e segs.; L. Ortega, "L'evoluzione delle basi costituzionali del diritto amministrativo", in M. D'Alberti, *Le nuove mete del diritto amministrativo*,

fundamentos, às normas do Direito Administrativo não se coloca tanto uma exigência de conformidade com a Constituição, mas antes, com frequência ou em regra, um processo de dinamização, de concretização e de desenvolvimento de valores constitucionais. Precisamente neste contexto, alude-se à constitucionalização do Direito Administrativo[547], ao carácter constitucional do Direito Administrativo [548], à conceção deste como um "direito constitucional concretizado"[549]; na mesma linha, no direito norte-americano, diz-se que o Direito Administrativo é, em parte, imposto e, em parte, inspirado pelo direito constitucional[550]. Para indicar esta penetração constitucional no *corpus* do Direito Administrativo, alguma doutrina emprega o conceito de "Direito Administrativo Constitucional"[551].

cit. p. 143 e segs.; P. Delvolvé, 'L'actualité de la théorie des bases constitutionnelles du droit administratif', *Revue Française de Droit Administratif*, 2014, p. 1211 e segs.

[547] Cf. V. Cerulli Irelli, "L'amministrazione e il potere politico (principi e problemi)", in V. Cerulli Irelli/D. Colarossi, *L'amministrazione e il potere político (ordinamenti a confronto)*, Giappichelli, 2018, p. 1 e segs. (p. 4); S. Cassese, "La costituzionalizzazione del diritto amministrativo", in *Scritti in onore di Gaetano Silvestri*, vol. I, Giappichelli, 2016, p. 501 e segs.; L. Parejo Alfonso, *Transformación y reforma? del derecho administrativo en España*, INAP, 2012, p. 185. Wollenschläger, "Constitutionalisation", *cit.*, *passim*, que defende que a ideia de constitucionalização do Direito Administrativo deve ser relativizada por força dos processos de "europeização" e do que designa por "emancipação" do Direito Administrativo.

[548] Cf. T. Ginsburg, "Written constitutions and the administrative state: on the constitutional character of administrative law", in Susan Rose-Ackerman/Peter Lindseth, *Comparative administrative law*, Edwar Elgar, 2010, p. 117 e segs.

[549] Foi essa a fórmula usada em 1959 por Fritz Werner, 'Verwaltungsrecht als konkretisiertes Verfassungsrecht", *Deutsches Verwaltungsblatt*, 1959, p. 527.

[550] Cf. G. E. Metzger, "Ordinary administrative law as constitutional common law", *Columbia Law Review*, vol. 110, 2010, p. 479 e segs. (pp. 487 e 490).

[551] Em Espanha, o conceito dá título a um manual de Direito Administrativo – cf. J. Rodríguez-Arana Muñoz, "Introducción al derecho administrativo constitucional", *Derecho administrativo español*, tomo I, Netbiblo, 2008; *passim*; *idem*,: "El marco constitucional del derecho administrativo (el derecho administrativo constitucional)", Repositorio Universidad Coruña, 2011 [https://ruc.udc.es/dspace/bitstream/handle/2183/10363/AD%2015%202011%20art%204.pdf?sequence=1&isAllowed=y] –, tendo sido utilizado nas suas aulas por Meilán Gil (cf. Meilán Gil, *Categorías jurídicas en el derecho administrativo, cit.*, p. 22). O conceito de "direito administrativo constitucional" tem uma aplicação adequada em sistemas jurídicos, como o norte-americano, em razão do âmbito limitado do texto constitucional, facto que leva a doutrina a considerar que as leis de Direito Administrativo desempenham funções jurídico-constitucionais quando a constituição escrita tem pouca ou nenhuma aplicação (neste sentido, cf. E. S. Bremer, "The unwritten administrative constitution", *Florida Law Review*, vol. 66, 2014, p. 1215 e segs.), dando assim origem a uma "constituição fora da constituição" (cf. E. A. Young, "The constitution outside the constitution", *The Yale Law Journal*, vol. 117, 2007, p. 408 e segs.).

Em função do exposto, podemos concluir que entre a Constituição (direito constitucional) e o Direito Administrativo, existem relações de duplo sentido: por um lado, de impacto do Direito Administrativo no direito constitucional e, por outro lado, de uma influência do Direito Administrativo pelo Direito Constitucional[552]. Esta referência a um processo de interação e de influenciação mútua não pretende pôr naturalmente em causa a dimensão juridicamente mais significativa e mais ampla da direção "top-down": repetindo as palavras de Gomes Canotilho, não se suscitam dúvidas de que os princípios do Estado de direito (proporcionalidade, não retroatividade, confiança, segurança) e os princípios constitucionais da administração (legalidade, imparcialidade, justiça) forçaram a reconstrução do direito administrativo à luz do direito constitucional[553].

Já tivemos oportunidade de aludir às passagens de Otto Mayer ("o direito constitucional passa, o direito administrativo permanece") e de Alexis de Tocqueville ("depois de 89, a constituição administrativa continuou de pé no meio da ruína das constituições políticas" [ponto 8.1], que sugerem a ideia de rápida descontinuação do direito constitucional e de estabilidade e continuidade do Direito Administrativo; é verdade que, em momentos de rutura e de transição constitucional, o Direito Administrativo, pela sua grande proximidade da vida real e por regular uma organização complexa, com processos de ação consolidados e com práticas rotinadas, não tem capacidade de responder de forma imediata e enérgica a transições profundas. Mas, como sabemos, em sentido oposto a essa tendência e também por causa da sua proximidade do real, é, muitas vezes, ao Direito Administrativo que cabe fornecer as respostas mais enérgicas a novas exigências sociais e económicas, sobretudo em momentos críticos: assim foi nos anos da crise económico-financeira recente (2011-2014): foi o Direito Administrativo a pôr em andamento reformas impostas pelos factos, tendo o direito constitucional cumprido o papel de defesa da ordem estabelecida.

A referência à dicotomia Constituição e Direito Administrativo subentende este como um *direito de fonte infraconstitucional*. Na verdade, a compreensão da Constituição como um fator de influenciação do Direito Administrativo coloca aquela fora do universo do Direito Administrativo.

[552] Cf. Heuschling, "The complex relationship", *cit.*, p. 511.

[553] Cf. J.J. Gomes Canotilho, "O direito constitucional passa, o direito administrativo passa também", *Estudos em Homenagem ao Prof. Doutor Rogério Soares, cit.*, p. 706.

E assim é, naturalmente. As normas da Constituição pertencem ao direito constitucional e, muitas delas, influenciam e, mais do que isso, determinam *externamente* o conteúdo das normas – infraconstitucionais, na maior parte dos casos, normas legais – de Direito Administrativo, bem como de outros setores do ordenamento jurídico ("constitucionalização da ordem jurídica"[554]). Trata-se, fundamentalmente, de normas destinadas ao legislador, que é, em regra, o ator responsável pela dinamização e pela concretização das opções constitucionais. Todavia, há na Constituição normas que se dirigem *diretamente* à Administração Pública, quer, marginalmente, para autorizar a sua ação, quer, em maior número, para a limitar ou condicionar. Neste âmbito, podemos falar de um "Direito Constitucional Administrativo" para indicar o elenco de normas de direito constitucional sobre questões jurídico-administrativas.

No quadro das relações entre a Constituição e o Direito Administrativo, importa assinalar as normas constitucionais especificamente relacionadas com a Administração Pública, independentemente de se lhe dirigirem diretamente ou não. De modo a abrangê-las todas, as que se dirigem diretamente, bem como aquelas que, não se lhe dirigindo, se referem à Administração ou, de qualquer modo, a atingem, utilizamos os conceitos de "Constituição da Administração Pública" (por referência direta à epígrafe do Título IX da CRP) ou "Constituição Administrativa"[555].

> Em França, um grupo de investigadores organizou um documento sobre "a Constituição Administrativa da França"; o objetivo consistiu "na redação de um texto, formalmente redigido como uma Constituição, exprimindo os princípios estruturantes da organização administrativa e do direito administrativo"[556]. O texto final contém 25 artigos divididos por 7 títulos, nos termos seguintes: Título I – *Da separação dos poderes e das autoridades* [1 – A conceção francesa da separação dos poderes. 2 – O dualismo jurídico. 3 – O Tribunal dos Conflitos]. Título II – *O Estado de direito* [4 – Estado legal e Estado de direito. 5 – Os princípios gerais de direito. 6 – O recurso por excesso de poder]. Título III – *Da organização administrativa* [7 – A unidade

[554] Cf. G. F. Schuppert/Ch. Bumke, *Die Konstitutionalisierung der Rechtsordnung*, Nomos 2000.

[555] Sobre a "constituição administrativa", cf. Vital Moreira, "Constituição e Direito Administrativo (a Constituição Administrativa Portuguesa)", in: *Ab Uno Ad Omnes*, Coimbra Editora, 1998, p. 1141 e segs.

[556] Cf. J.J. Bienvenu/J. Petit/B. Plessix/B. Seiler, *La Constitution administrative de la France*, Dalloz, 2012.

do Estado. 8 – O controlo do Estado sobre as instituições descentralizadas. 9 – O prefeito]. Título IV – *Da jurisdição administrativa* [10 – A dualidade funcional. 11 – A competência da ordem jurisdicional administrativa. 12 – O "rapporteur public"]. Título V – *Das missões administrativas* [13 – O interesse geral. 14 – O poder regulamentar. 15 – A polícia. 16 – O serviço público]. Título VI – *Os meios da Administração* [17 – O carácter executório dos atos administrativos. 18 – A concessão. 19 – A propriedade pública. 20 – O estatuto do funcionário. 21 – A expropriação]. Título VII – *Os direitos e liberdades administrativos* [22 – O direito à reparação de danos. 23 – A subsidiariedade da intervenção pública. 24 – A igualdade. 25 – O estatuto do administrado].

Após a identificação das normas constitucionais reportadas à Administração Pública, analisa-se o tópico autónomo da *subordinação da Administração Pública à Constituição*, com a especial intenção de perceber a força jurídica dessa subordinação por relação com a subordinação da Administração à lei.

41.1 – Constituição da Administração Pública

Com relevo direto na nossa disciplina, a Constituição assume opções decisivas e fundantes quanto à definição das missões e à estrutura da Administração Pública, num processo que se pode designar "constitucionalização da Administração Pública"[557], bem como quanto à consagração de direitos fundamentais dos cidadãos administrados; num plano diferente, a Constituição contém normas que definem parâmetros e de critérios de regulação da ação administrativa. Mas, antes de desenvolvermos esses pontos, a nossa análise da "Constituição da Administração Pública" inicia-se pela referência ao facto de ser na Constituição que se estabelecem os fundamentos jurídicos da subordinação da Administração Pública à lei, aos tribunais e ao poder político democrático.

41.1.1 – Estipulação da subordinação da Administração Pública ao povo, ao direito e aos tribunais

Vimos na Introdução que a Administração Pública está sujeita a uma *tripla subordinação*: *subordinação ao povo, à Constituição, à lei e ao direito e aos tribunais* [cf. ponto 9.1].

[557] Neste sentido, em relação à constituição italiana, cf. V. Cerulli Irelli, *L'amministrazione "costituzionalizzata" e il diritto pubblico della proprietà e dell'impresa*, Giappichelli, 2019, p. 1 e segs.

A Administração Pública participa no exercício do poder. Nos termos do artigo 108.º, o poder político pertence ao povo, que o exerce o através do sufrágio universal, igual, direto, secreto e periódico, do referendo e das demais formas previstas na Constituição (artigo 10.º, n.º 1). A recondução do poder que a Administração Pública exerce ao seu titular originário – o povo – determina a subordinação democrática da Administração Pública e a atribuição da responsabilidade da sua direção ou orientação a indivíduos democraticamente legitimados. Assim se explica o princípio da subordinação da Administração estadual direta e indireta ao Governo, que, por sua vez, responde perante a Assembleia da República: artigo 199.º, alínea *d)*. A Administração autónoma territorial dispõe de legitimidade democrática própria (artigos 235.º, n.º 2, e 239.º, n.º 2); por seu lado, a Administração autónoma corporativa só é constitucionalmente admitida na medida em que disponha de legitimidade democrática (artigo 267.º, n.º 4). Esta exigência de subordinação da Administração Pública ao poder político democrático não existe no caso da Administração independente, mas também esta tem a sua existência credenciada na Constituição (cf. artigo 267.º, n.º 3).

Por outro lado, a Constituição afirma a sua própria primazia, exigindo a conformidade do que nela se dispõe de todos os atos de todas as entidades públicas: cf. artigo 3.º, n.º 3. Além disso, um dos princípios cardinais do Direito Administrativo, o princípio da legalidade ou de sujeição da Administração Pública à lei, está também nela consagrado: no artigo 3.º, n.º 2, quando estabelece que o Estado "se funda na legalidade democrática"; e no artigo 266.º, n.º 1, ao determinar que a Administração Pública visa a prossecução do interesse público, bem como no n.º 2 do mesmo preceito, ao estabelecer expressamente que os órgãos e agentes administrativos estão subordinados à Constituição e à lei. Em especial, quanto aos regulamentos administrativos, o artigo 112.º, n.º 7, consagra um princípio da precedência de lei. A regra da subordinação da Administração à lei corresponde, pois, a uma exigência constitucional. Por força desta exigência, a ação administrativa fica sujeita a um princípio de competência e a uma determinação externa das finalidades que a Administração deve prosseguir.

Por fim, em aplicação do princípio geral da tutela jurisdicional efetiva (cf. artigo 20.º), o artigo 268.º, n.º 4, estabelece que "é garantido aos administrados tutela jurisdicional efetiva dos seus direitos ou interesses legalmente protegidos", de onde decorre o princípio da subordinação da Administração Pública aos tribunais ou da justiciabilidade da ação administrativa[558] – em regra, nas questões de Direito Administrativo, temos a subordinação da Administração Pública aos tribunais administrativos: cf. artigos 209.º, n.º 1, alínea *b)*, quanto à autonomia da categoria dos tribunais administrativos, e 212.º, n.º 3, quanto à competência destes ("compete aos tribunais administrativos ... o julgamento das ações e recursos contenciosos que tenham por objeto dirimir os litígios emergentes das relações jurídicas administrativas ...").

Em síntese, é na Constituição que se definem os elementos fundamentais para a compreensão da posição da Administração Pública dentro do Estado e nas suas relações com os outros poderes.

Observam Gomes Canotilho e Vital Moreia que, "pelo seu enquadramento sistemático, a Constituição procurou autonomizar a *administração* relativamente a *governo*, evitando tratá-la ... como uma simples dimensão da função de governo (artigo 199.º)"; contudo, acrescentam, a delimitação entre administração e governo "é um problema que permanece em aberto". Sem se discordar da ideia essencial da autonomia conceptual da Administração em face (da função) de governo, parece-nos que não se deve retirar da Constituição Portuguesa a ilação que autorizada doutrina italiana retira da *Costituzione*, no sentido de considerar que esta define a posição da Administração como uma realidade autónoma em relação ao Governo, filiando nessa autonomia a *distinção estrutural* entre política ou função de direção política e Administração [sobre esta distinção, cf. ponto 47.2, *c)*][559].

41.1.2 – Definição de missões da Administração Pública

A prossecução do interesse público constitui, mais do que a finalidade, a razão de ser da Administração Pública. A Constituição assinala, enfaticamente, essa vinculação necessária da Administração ao interesse público: "a Administração Pública visa a prossecução do interesse público", diz o artigo 266.º, n.º 1; por sua vez, o artigo 269.º, n.º 1, indica que, "no exercício das suas funções, os trabalhadores da Administração Pública e demais agentes do Estado e outras entidades públicas estão exclusivamente ao serviço do interesse público". Mas a Lei Fundamental não se limita a referenciar o "interesse público" como fim da Administração e a remeter para o

[558] Sobre este princípio, cf. F. Saitta, "Il principio di giustiziabilità dell'azione amministrativa", in M. Renna/F. Saitta, *Studi sui principi di diritto amministrativo*, Giuffrè, 2012, p. 225 e segs.

[559] Cf. Cerulli Irelli, "L'amministrazione e il potere politico", *cit.*, pp. 6 e segs. e 21 e segs.; Cassese, "La costituzionalizzazione", *cit.*, p. 501 e segs. (sobre a distinção entre executivo e administração).

legislador a incumbência de o concretizar e especificar. Com efeito, logo na Constituição, vamos encontrar plasmados os fundamentos iniciais e as responsabilidades de ação do Estado e definidas algumas das missões principais do Estado Administrativo, ou seja, das missões públicas cujo desempenho vai ser da responsabilidade da Administração Pública. Entre outras, nas normas que definem as tarefas fundamentais do Estado (artigo 9.º), que consagram direitos fundamentais dos cidadãos (saúde, educação, cultura, ambiente, habitação, urbanismo, proteção dos consumidores), que procedem à indicação das incumbências prioritárias do Estado no âmbito económico e social (artigo 81.º), que determinam o auxílio do Estado (artigo 97.º) ou que definem a função de polícia (artigo 272.º), a Constituição delineia missões típicas do Estado Administrativo, que reclamam uma intervenção de natureza administrativa ou executiva, e que constituem, portanto, missões da Administração Pública. A essas podemos acrescentar, da mesma natureza, a norma que estabelece que as autarquias locais visam a prossecução dos interesses próprios das populações respetivas (artigo 235.º, n.º 2). Em geral, as normas constitucionais referidas acolhem sobretudo diretrizes para o legislador, suscitando assim a intervenção do Direito Administrativo (legal).

41.1.3 – Definição da estrutura da Administração Pública

A Constituição consagra os princípios fundamentais em matéria de organização da Administração Pública: entre outros, é isto que ocorre com os princípios da desconcentração e da descentralização, da aproximação dos serviços às populações, da admissibilidade de entidades administrativas independentes (artigo 267.º), da autonomia das autarquias locais (artigos 6.º e 235.º e segs.), da centralidade do Governo no sistema administrativo [artigos 182.º e 199.º, alínea *d)*]. Ou seja, a Constituição acolhe as opções primárias, iniciais e essenciais sobre a arquitetura e o modo de organização do sistema administrativo.

41.1.4 – Fundamento da ação administrativa

Apesar de haver desvios, que aliás têm vindo a aumentar, mantém-se ainda válida a ideia segundo a qual a ação da Administração Pública se baseia essencialmente na lei, em atos legislativos ou em normas editadas ao abrigo de habilitação legal; e não, diretamente, na Constituição. É por isso que a importância da Constituição para a Administração Pública decorre em primeira linha da sua influência sobre o legislador, que se projeta, sobretudo, na modelação e configuração do Direito Administrativo.

Contudo, a Constituição também contém normas que se dirigem ou, talvez melhor, que atingem *diretamente* à Administração Pública. Em alguns casos, raros, acolhe normas de competência, que autorizam a Administração a atuar. Eis o que sucede com as normas que se referem à competência administrativa do Governo; veja-se o artigo 199.º que define as competências do Governo em matéria administrativa: embora se trate, em alguns casos, de competências a exercer no quadro de uma lei, também ali encontramos autorizações diretas para o exercício de funções administrativas, como a de "fazer os regulamentos necessários à boa execução das leis" [alínea *c)*]; o preceito atribui ainda ao Governo a competência para "praticar todos os atos e tomar todas as providências necessárias à promoção do desenvolvimento económico-social e à satisfação das necessidades coletivas" [alínea *g)*]. Além do Governo, também as autarquias locais beneficiam de permissões constitucionais diretas de ação administrativa: é o que sucede com o artigo 241.º, quanto ao exercício do poder regulamentar [cf. ponto 19.2.1, *a)*].

41.1.5 – Critério de orientação da ação administrativa

Juridicamente bem mais significativo do que o efeito de autorizar a ação administrativa é o facto de a Constituição dever ser entendida como critério de orientação da ação e, em especial, da decisão administrativa.

Assim, em zonas de autonomia da Administração, em que a lei define aberturas para escolhas e opções administrativas – "espaços de autonomia da Administração" [cf. pontos 25 e 32] –, a Administração deve considerar-se investida da responsabilidade fundamental de se orientar no sentido de desenvolver, de dinamizar e de implementar a Constituição e os valores constitucionais ("constitutional enforcement") e de, em concreto, adotar as medidas que se mostrem mais adequadas para a proteção desses valores. A Administração tem, pois, acesso à Constituição e, sempre que se justifique, deverá mobilizar as normas constitucionais nas suas ponderações, bem como pautar as suas escolhas pelos valores constitucionais ou de acordo com uma metódica constitucionalmente informada de concordância prática entre valores constitucionais[560].

[560] Veja-se o Parecer do CC-PGR n.º 10/2017, a respeito da captação e gravação de som por forças de segurança através da utilização de sistemas de videovigilância em espaços públicos; ali se escreve que a "exigência de ponderações sobre valores em colisão tem de ser atendida pela administração em vários momentos, nomeadamente em campos em que a superação do lastro de automatismos acríticos, exige o reconhecimento de específicas responsabilidades decisórias".

> A doutrina norte-americana alude, neste âmbito, a um *constitucionalismo administrativo*, descrito como um processo pelo qual a Administração é chamada a aplicar diretamente a Constituição e a incorporar os valores constitucionais nas suas decisões; pelo menos uma parte da doutrina encoraja este processo "to take constitutional values and concerns into account in their decisionmaking"[561]. O constitucionalismo administrativo assenta na ideia de que existe uma deslocação do fulcro da *efetividade da Constituição* do legislador para a Administração e na convicção da vantagem da Administração sobre os tribunais quanto ao processo de incorporação e de realização de valores constitucionais na ação pública (o que, para alguma doutrina, coloca a Administração numa posição de privilégio nos processos de "experimentalismo constitucional"[562]).

Neste domínio, em que se assinala o facto de as normas constitucionais surgirem como critérios de orientação da ação e da decisão administrativa, ocupam um lugar de destaque as normas sobre direitos fundamentais. Nos termos do artigo 18.º, n.º 1, "os preceitos constitucionais respeitantes aos direitos, liberdades e garantias são diretamente aplicáveis e vinculam as entidades públicas" e, portanto, as entidades da Administração Pública. A vinculação administrativa às normas que consagram direitos, liberdades e garantias opera *diretamente* sobretudo nos casos em que a Administração exerce a sua atividade em espaços de *autonomia*, por ex., quando edita regulamentos independentes, elabora planos ou exerce poderes de decisão discricionária. Nestes casos, embora a sua atuação esteja legitimada e balizada por lei, as normas constitucionais em matéria de direitos, liberdades e garantias vinculam-na diretamente, o que vai projetar-se, por ex., nos termos e no modo como a Administração interpreta e aplica a lei[563]. Embora o campo de eleição da vinculação por direitos fundamentais seja o da esfera

[561] Cf. G. E. Metzger, "Administrative constitucionalism", *Texas Law Review*, vol. 91, 2013, p. 1897 e segs.; B. L. Ross, "Embracing administrative constitutionalism", *Boston University Law Review*, vol. 95, 2015, p. 519 e segs.; M. Magri, "Democrazia costituzionale, «ruolo» dell'amministrazione e diritto amministrativo", *Diritto Pubblico*, 2018/3, p. 697 e segs.; entre nós, cf. Ana Raquel Gonçalves Moniz, "O Administrative Constitutionalism: resgatar a Constituição para a Administração Pública", *Estudos em Homenagem ao Prof. Doutor José Joaquim Gomes Canotilho*, vol. IV, Coimbra Editora, 2012, p. 387 e segs.

[562] Neste sentido, cf. B. Emerson, "Affirmatively furthering equal protection: constitutional meaning in the administration of fair housing", *Buffalo Law Review*, vol. 65, 2017, p. 164 e segs. (p. 169).

[563] Cf. Vieira de Andrade, *Os Direitos Fundamentais*, p. 221.

da autonomia da Administração, não se exclui a possibilidade de a mesma operar fora desses domínios, impondo que a Administração adote "decisões contra a lei" ou que faça ponderações em cenários em que a lei reclama um automatismo da sua ação [cf. ponto 41.2.3].

Por outro lado, no primeiro artigo inserido no Título IX, dedicado à Administração Pública, a Constituição consagra "princípios fundamentais", definindo, assim, *medidas* ou *diretivas* para a atividade administrativa[564]: princípio da prossecução do interesse público "no" respeito pelos direitos e interesses legalmente protegidos dos cidadãos (artigo 266.º, n.º 1); princípio da subordinação da Administração à Constituição e à lei; princípios da igualdade, da proporcionalidade, da justiça, da imparcialidade e da boa-fé (artigo 266.º, n.º 2); veja-se ainda o artigo 272.º, n.º 2, que prescreve que as medidas de polícia não devem ser utilizadas para além do estritamente necessário (reiteração do princípio da proporcionalidade, agora em matéria de polícia).

Por força desta constitucionalização, o dever de respeitar e de "cumprir" tais princípios constitui também uma imposição direta e imediata da Constituição. Não obstante, a força jurídica – a força normativa, a normatividade, o carácter prescritivo – desses princípios não existe por causa da sua consagração na Constituição: reside nos próprios princípios, e decorre, em geral, de estes representarem derivações ou concretizações de valores fundamentais como o estado de direito, a justiça ou a proibição do arbítrio. Neste sentido, a decisão da Administração discriminatória ou desproporcional não é, de uma forma imediata, uma decisão inconstitucional, mas, sim, uma *decisão ilegal* (em sentido amplo), porque proferida em violação do princípio da igualdade ou da proporcionalidade; o parâmetro imediatamente violado é, em si mesmo, o "princípio como norma" e não o preceito constitucional que exige o respeito do mesmo. Não obstante, o facto de se ter operado a respetiva constitucionalização, reforça, desde logo no plano simbólico, o valor jurídico dos princípios normativos indicados.

41.1.6 – Consagração do estatuto do cidadão administrado

Em plano diferente dos anteriores, mas ainda evidentemente reconduzido à "Constituição da Administração Pública", cabe observar que é no texto constitucional que se delineiam as bases essenciais de um verdadeiro estatuto do cidadão administrado ("cidadão em relação com a Administração

[564] Cf. Gomes Canotilho/Vital Moreira, *ob. cit.*, vol. II, p. 795.

Pública") ou da "cidadania administrativa"; em especial, nela se consagram duas categorias de direitos fundamentais dos cidadãos: os direitos perante a Administração e os direitos de proteção contra a Administração. Além ou até antes disso, a Constituição estabelece que a Administração tem um dever geral de respeito dos direitos e interesses legalmente protegidos dos cidadãos: a prossecução do interesse público não pode, pois, fazer-se de qualquer modo, designadamente, não pode fazer-se sem a devida ponderação dos direitos dos cidadãos, quando estejam em pauta ações que colidam com tais direitos.

a) Direitos perante a Administração

Aqui temos, em primeiro lugar, os *direitos a prestações*, ao fornecimento de bens e de serviços no contexto do Estado Social, como o direito à saúde, direito à educação, direito à segurança social.

Trata-se de direitos concretizados pelo legislador[565], mas que se reconduzem a posições jurídicas subjetivas radicadas na Constituição e cuja realização se faz através do Estado Administrativo; este é, na verdade, uma peça insubstituível no processo de realização efetiva do Estado Social e dos direitos sociais dos cidadãos: tem intervenção decisiva, quer na produção direta de serviços e utilidades a que os cidadãos têm direito, quer na garantia de que esses serviços e utilidades são produzidos em condições acessíveis e universais.

> No processo de realização dos direitos sociais, a Administração pode intervir diretamente, com a sua logística, na produção de bens e na prestação de serviços – no quadro de uma *responsabilidade operativa ou executiva* – ou, indiretamente, através da delegação em entidades terceiras (empresas privadas, organismos da economia social) da produção e da prestação de serviços, assumindo, então, uma *responsabilidade de garantia.*

Num plano agora mais especificamente jurídico, a Constituição consagra os seguintes direitos e garantias dos cidadãos perante a Administração Pública (direitos dos cidadãos que, em geral, correspondem a deveres jurídicos da Administração Pública):

[565] Veja-se, por ex., a legislação sobre direitos (e deveres) dos utentes do Serviço Nacional de Saúde (Lei n.º 15/2014, de 21 de março, alterada pelo Decreto-Lei n.º 44/2017, de 20 de abril).

i) Direito à informação procedimental: artigo 268.º, n.º 1;
ii) Direito de acesso aos documentos administrativos: artigo 268.º, n.º 2;
iii) Direito à notificação dos atos administrativos: artigo 268.º, n.º 3;
iv) Garantia da fundamentação de atos administrativos: artigo 268.º, n.º 3;
v) Garantia de participação na formação de decisões: artigos 267.º, n.º 5;
vi) Direito de defesa e audiência em processos sancionatórios: artigos 32.º, n.º 10, e 269.º, n.º 3;
vii) Direito de petição: artigo 52.º, n.º 1.

A legislação ordinária regulamenta e define o sentido de cada um destes direitos.

b) Direitos e garantias de proteção contra ações ou omissões da Administração Pública

Além de lhes atribuir direitos subjetivos em face da Administração Pública, a Constituição consagra direitos e garantias de proteção dos cidadãos administrados contra ou em face da Administração Pública, seja das suas ações ou das suas omissões. Surgem assim os seguintes direitos:

i) Direito de acesso à justiça e à tutela jurisdicional efetiva contra todos os atos da Administração e todas as formas de ação ou omissão administrativa que comportem lesão de direitos (artigo 268.º, n.os 4, 5 e 6), incluindo o direito de ação popular (artigo 52.º, n.º 3).
ii) Garantia institucional de responsabilização civil da Administração Pública por ações ou omissões praticadas no exercício das suas funções de que resulte a violação de direitos, liberdades e garantias ou prejuízos: artigo 22.º.
iii) Direito de resistência a ordens da Administração que ofendam direitos, liberdades e garantias: artigo 21.º.
iv) Direito de queixa ao Provedor de Justiça: artigo 23.º.

41.2 – Vinculação da Administração à Constituição

A ação da Administração subordina-se à Constituição e a validade dos seus atos depende da respetiva conformidade constitucional: cf. artigo 3.º, n.os 2 e 3 da CRP; por sua vez, o artigo 266.º, n.º 2, estabelece que os órgãos e agentes administrativos "estão subordinados à Constituição". Trata-se da afirmação de um princípio de constitucionalidade da ação administrativa.

A Constituição é sempre um critério de aferição da validade dos atos dos poderes públicos, incluindo, naturalmente os atos da Administração; a sua força normativa está sempre presente e irradia para toda a atividade administrativa. Mas o dever de observância da Constituição pela Administração não pode ignorar o facto de esta desenvolver as suas missões e competências com base ou fundamento em normas infraconstitucionais, em especial a lei (ato legislativo). Na verdade, a lei é, em regra, o parâmetro jurídico de *vinculação direta e imediata* da Administração.

Ora, o facto de entre a Constituição e a intervenção da Administração se intrometer a lei e, abaixo desta, ainda as normas regulamentares, vai determinar que a Administração paute, em geral, a sua conduta pelas normas que lhe são "mais próximas", que são, aliás, as normas que lhe são especialmente dirigidas, quer para lhe conferir permissões de agir, quer para definir específicas condicionantes da sua ação. Apesar da supremacia ou força superior do princípio da constitucionalidade, em geral, é a *legalidade* o critério para aferição da *validade* da ação administrativa. Isto explica-se, claro, não porque exista neste domínio uma qualquer inversão hierárquica (que seria, aliás, inconstitucional!), mas pelo facto de a Constituição não ser uma "lei para a Administração" e de, em qualquer caso, o que nela se estabelece ter uma incidência, em termos quantitativos, pouco mais do que marginal na vida administrativa. No quotidiano, a vida administrativa, o agir da Administração – a estipulação de regras jurídicas, a tomada de decisões, a celebração de contratos –, apoia-se, no plano da competência, e é disciplinado, quanto ao seu exercício, por leis e por regulamentos da própria Administração. Assim, *em regra,* o essencial da vinculação jurídica da Administração consubstancia-se em "obedecer" à lei, aos seus regulamentos, a que se junta a exigência de respeito por princípios gerais da atividade administrativa.

Sem prejuízo do exposto, e como se compreende, "o *princípio da constitucionalidade da administração* não deixa de ter alcance e valor específico"[566]. Quer dizer, apesar da vinculação primária ou imediata à lei, a Administração está também vinculada à Constituição e, como veremos, esta vinculação também pode ser primária. Nas páginas que se seguem, discutem-se três projeções da vinculação da Administração à Constituição: *i)* a proibição de

[566] Cf. Gomes Canotilho/Vital Moreira, *ob. cit.*, vol. II, p. 798.

violação da Constituição; *ii)* o dever de ponderação de valores constitucionais no desenvolvimento da autonomia da Administração; *iii)* a questão da desaplicação de "leis inconstitucionais".

41.2.1 – Proibição de violação da Constituição

O princípio da constitucionalidade da Administração tem, em primeiro lugar, um sentido negativo: a Administração não pode violar a Constituição.

Assim, diretamente por força do artigo 34.º, n.º 2, da CRP, os órgãos da Administração com competências de fiscalização das atividades económicas não podem pretender impor a entrada de trabalhadores com funções de fiscalização, no domicílio dos cidadãos e contra a vontade destes. Do mesmo modo, por aplicação direta do artigo 242.º, n.º 1, o Governo não pode, no exercício de poderes de tutela, recusar a autorização solicitada por uma autarquia local pelo facto de "não considerar oportuna" a prática do ato autorizado.

Em hipóteses como essas, a norma constitucional impõe-se direta e imediatamente à Administração, e esta tem, portanto, de atuar em conformidade com a Constituição[567]. Mas a eventualidade de uma violação da Constituição pela Administração não resulta só da infração do disposto em normas que lhe sejam especialmente dirigidas: assim, por ex., as regras gerais sobre a competência legislativa da Assembleia da República vinculam a Administração, pelo que, por força do disposto no artigo 165.º, n.º 1, alínea *e)*, esta não pode editar um regulamento com o regime da expropriação por utilidade pública, assim como, por força da alínea *i)* do mesmo preceito, não pode criar impostos por via de regulamento.

Um regulamento sobre essas matérias é *inconstitucional*. Cabe ao Tribunal Constitucional (e só a este) a declaração com força obrigatória geral da inconstitucionalidade de uma norma regulamentar nessas condições: cf. artigo 281.º, n.º 1, alínea *a)*, da CRP, e artigo 72.º, n.º 2, do CPTA. Se o regulamento inconstitucional for imediatamente operativo, os tribunais administrativos são, porém, competentes para os desaplicar e declarar a respetiva ilegalidade com efeitos circunscritos ao caso concreto, nos termos do artigo 73.º, n.º 2, do CPTA (a ilegalidade em causa resulta da violação de uma norma constitucional e corresponde, afinal, a uma inconstitucionalidade).

567 Cf. Wolff/Bachof/Stober/Kluth, *ob. cit.*, vol. I, p. 330 ("die Verwaltung muss verfassungsmäßig sein")

Os atos administrativos e os contratos da Administração são inconstitucionais se violam diretamente a Constituição (*inconstitucionalidade direta*[568]) – suponha-se a decisão que proíbe a presença de uma pessoa numa reunião pública pelo facto de estar vestida com um hábito religioso (cf. artigo 41.º, n.º 2, da CRP). Os atos inconstitucionais podem ser impugnados nos tribunais administrativos, por *ilegalidade* (em sentido amplo, que inclui a inconstitucionalidade)[569]. Note-se, além disso, que a violação direta de uma norma constitucional por ato administrativo ou por contrato administrativo não determina uma invalidade mais grave do que a violação da lei ordinária: em geral, a consequência será a da anulabilidade (artigo 163.º, n.º 1, do CPA). Contudo, nos termos do artigo 161.º, n.º 2, alínea *d)*, do CPA são nulos os atos administrativos que ofendam o conteúdo essencial de um direito fundamental: mas a sanção não depende da existência de inconstitucionalidade direta, podendo o ato ter sido praticado em conformidade com a lei aplicável (suponha-se uma lei que dispensa a audiência do interessado num processo sancionatório, contra o disposto no artigo 32.º, n.º 10, da CRP)[570].

Os atos da Administração obedecem, pois, a uma exigência de conformidade com a Constituição, ou seja, de constitucionalidade. O desrespeito

[568] Sobre este ponto, cf. Dinamene de Freitas, *O Acto Administrativo Inconstitucional*, Coimbra Editora, 2010.

[569] Em termos críticos, considerando *imperfeito* o regime de fiscalização da constitucionalidade pelo facto de este não ser aplicável a todos os atos inconstitucionais do Estado, das regiões autónomas e do poder local, designadamente os atos não normativos (*v.g.*, atos administrativos e contratos da Administração), cf. Gomes Canotilho/Vital Moreira, *ob. cit.*, vol. I, p. 281, vol. II, p. 906.

[570] Além da *inconstitucionalidade direta* de atos da Administração, e em contraposição com esta, temos os casos de:
i) inconstitucionalidade indireta – violação pela Administração de uma norma legal ou de princípios normativos à qual corresponda à *violação indireta* de normas constitucionais (cf. artigo 266.º, n.º 2);
ii) inconstitucionalidade consequente ou reflexa – atuação da Administração conforme com uma norma legal que infringe a Constituição; o facto de a lei infringir a Constituição provoca a inconstitucionalidade (consequente) da ação da Administração que se conforme com essa lei: pense-se no exemplo referido no texto da lei que dispensa a audiência e defesa do arguido em processo sancionatório, contra o disposto no artigo 32.º, n.º 10.
Enquanto desvalor jurídico, a *inconstitucionalidade indireta* dos atos da Administração não tem autonomia, por estar consumida pela categoria da ilegalidade. A *inconstitucionalidade consequente ou reflexa* é, em termos processuais, igualmente assimilada a um caso de ilegalidade, mas distingue-se pelo facto de, no processo de reação contra esses atos inconstitucionais, ter de se invocar a inconstitucionalidade da norma ao abrigo da qual os mesmos foram praticados.

da Constituição, por violação direta e autónoma de normas constitucionais, provoca a invalidade dos regulamentos, atos ou contratos administrativos.

41.2.2 – Deveres de ponderação e de concretização de valores constitucionais

Nos "espaços de autonomia" em que a Administração exerce poderes próprios na edição de regulamentos, com liberdade de definição de conteúdos, ou de fazer escolhas e de formular juízos de apreciação discricionária, emerge, de uma forma direta e imediata, a força normativa da Constituição.

Na atuação desses poderes próprios, *lato sensu*, discricionários, a Administração não pode deixar de ponderar, nas suas escolhas, as normas e os valores constitucionais. Aqui se impõe uma diretriz de "enforcement" administrativo da Constituição, no contexto do que a doutrina norte-americana tem designado "constitucionalismo administrativo" [cf. ponto 41.1.5]. A exigência evidencia-se de forma especialmente nítida nas situações em que a Administração é chamada a tomar decisões e a adotar medidas que atingem diretamente ou que têm repercussão nos direitos fundamentais dos cidadãos: por exemplo, decisões e medidas que interferem com o direito ao domicílio (*v.g.*, ações de fiscalização; ordens de demolição), com a intimidade da vida privada (*v.g.*, sistemas de videovigilância geridos por serviços de polícia), com o direito à escola ou à saúde (v.g., decisões de encerramento de escolas ou serviços locais de saúde) e até, porventura, com o direito a vida (*v.g.*, decisões de afastamento coercivo de imigrantes).

Salvo nos termos estritamente previstos em lei, é evidente que a Administração não pode, nas suas decisões, violar direitos fundamentais. Mas desta regra, indiscutível, não parece decorrer para a Administração uma competência – que seria *implícita* – para, sempre que profere decisões em relação a um particular (*v.g.*, autorização de comercialização de um produto), verificar se existem direitos de terceiros incompatíveis (*v.g.*, terceiros titulares de patentes sobre aquele produto)[571]. A menos que se encontre onerada com o dever legal de verificar a existência ou de avaliar a consistência jurídica de direitos de terceiros, o facto de não poder violar estes direitos não é, por si mesmo, uma forma de atribuir esta competência, nem a competência para assegurar o controlo do respeito por esses direitos:

[571] Em sentido contrário, cf. Vieira de Andrade, "A protecção do direito fundado em patente no âmbito do procedimento de autorização da comercialização de medicamentos", *cit.*, p. 70 e segs.

neste sentido, cf. Acórdão do STA de 09/01/2013, P. 771/12. Não obstante, e apesar de poder revelar-se "neutra" no que se refere à ponderação de direitos de terceiros, a decisão da Administração não pode, em geral, ter o efeito de justificar ou de legalizar a violação efetiva dos direitos de terceiros – salvo se a lei estabelecer ou dela decorrer um "efeito de legalização" [sobre este tema, cf. ponto 17].

Nestes casos, a Administração deverá realizar as suas escolhas no respeito do princípio de *concretização da lei e do exercício da sua autonomia em conformidade com a Constituição* e, em especial, em conformidade com os direitos fundamentais.

Deste mesmo dever de ponderação dos valores constitucionais também decorre, para a Administração, um *dever de interpretação da lei em conformidade com a Constituição*: inspirado no princípio de interpretação das normas (pelo juiz) em conformidade com a Constituição, mas sem com ele se confundir, esse cânone conhece uma especial incidência no âmbito da aplicação de leis com regulações indefinidas, indeterminadas ou incompletas e que suscitem questões com relevo constitucional (em especial, questões relacionadas com direitos fundamentais). Nestes casos, impõe-se à Administração um dever de mobilizar critérios de interpretação determinados pela exigência de pautar ou orientar a sua atuação pela Constituição e por valores constitucionais.

Nos termos em que fica formulado, o *dever de interpretação da lei em conformidade com a Constituição* não se revela um critério de interpretação em situações de dúvida sobre a constitucionalidade da lei, mas, antes, uma diretriz de interpretação que sustente uma *aplicação* – execução, implementação – da lei do modo que se revele mais conciliado com a Constituição. Trata-se, em rigor, de um *critério de preferência* no sentido de que, quando existam várias alternativas para interpretar uma lei, a Administração deve preferir a interpretação mais afeiçoada à Constituição, aos valores constitucionais, e aplicar a lei em conformidade. É neste contexto que, em determinadas circunstâncias, especiais, se poderão eventualmente inserir, por ex., medidas de discriminação positiva inclusiva definidas pela própria Administração, no âmbito do que alguns autores designam "Direito Administrativo inclusivo" [sobre isto, cf. ponto 42.4.5].

41.2.3 – Desaplicação de "leis inconstitucionais"

Em regra, o parâmetro que a Administração deve seguir nas suas decisões é a lei: se uma lei estabelece que um órgão da Administração pode fazer "A", com recurso aos meios "B" ou "C", o condicionamento da ação administrativa está definido nesses termos, por essa lei. Neste caso, se o órgão em causa produzir o resultado "A" com recurso ao meio "B", a sua atuação apresenta-se irrepreensível e a questão da subordinação à Constituição não se coloca. É, em geral, assim que as coisas se passam na vida administrativa. O parâmetro de vinculação é a lei e é em face desta que se qualifica a ação administrativa como válida ou inválida.

Mas vamos admitir que se suscitam dúvidas sobre a conformidade constitucional da lei, porque, suponha-se, a produção do resultado "A" ou a utilização do meio "B" afrontam o disposto em preceitos constitucionais.

Agora, a autoridade administrativa competente vê-se colocada perante um dilema entre a exigência de cumprir a lei (princípio da legalidade) e o imperativo de respeitar a Constituição (princípio da constitucionalidade).

> Este dilema é análogo àquele que referimos sobre os casos de antinomia entre normas de direito interno e normas de direito da União Europeia [ponto 35.3]. Com razão, a doutrina chama a atenção para o facto de a *constitucionalização* e a *europeização* do Direito Administrativo se revelarem fenómenos comparáveis[572].

A questão que se coloca consiste em saber se a Administração *pode* ou até *deve* desaplicar uma "lei inconstitucional" – e, desse modo, desonerar-se da sua vinculação à legalidade. Trata-se, já se vê, de uma questão complexa e para a qual não existe uma resposta uniforme[573].

Em rigor, o que está aqui em causa é saber se pode admitir-se um juízo administrativo no sentido da inconstitucionalidade de uma lei, para, desse modo, legitimar a respetiva não aplicação. Com implicações diretas neste problema, alguma doutrina sustenta que a detém uma "competência de exame" ou de "fiscalização" ("Prüfungskompetenz") sobre a validade e

[572] Cf. Wahl, *Los últimos años de Derecho administrativo alemán*, *cit.*, p. 153.

[573] Sobre as várias respostas, cf. Heuschling, "The complex relationship", *cit.*, p. 543 e segs. Entre nós, cf. André Salgado de Matos, *A Fiscalização Administrativa da Constitucionalidade*, Almedina, 2004; Vieira de Andrade, *Os Direitos Fundamentais*, *cit.*, p. 199; Gomes Canotilho/Vital Moreira, *ob.cit.*, vol I, p. 383, e vol. II, p. 798; Ricardo A. Sousa da Cunha, *Constituição e Legalidade Administrativa Cosmopolita*, Almedina, 2016, p. 454 e segs.

a eficácia das normas jurídicas que lhes são dirigidas e que deve aplicar ("controlo administrativo de normas")[574]. Observa-se que o facto de a Administração estar obrigada a respeitar a lei não exclui liminarmente que possa também fiscalizar fiscalizar a lei[575]. Num plano teórico, podemos concordar com este ponto de vista. Do mesmo modo que devem certificar-se de serem competentes para decidir um certo assunto (cf. artigo 40.º, n.º 1, do CPA), os órgãos da Administração também deverão certificar-se de que a lei que vão mobilizar é "a lei certa" para aquele caso e, além disso, a lei que está em vigor (não foi revogada). Pode até admitir-se que a Administração exprima, na decisão, as suas dúvidas sobre a constitucionalidade da lei que deve aplicar[576]. Mas já se considera duvidoso que, em geral, ela possa fazer mais do que isto, pois o princípio da observância da lei deve prevalecer. A posição contrária conduz a atribuir à Administração um poder de invocar a Constituição para não aplicar as leis[577].

No nosso juízo, não existe, nem se afigura aceitável em geral, um poder administrativo de "desaplicação" ou "de rejeição" ("Verwerfungskompetenz") de leis inconstitucionais. Nos termos da Constituição (artigo 277.º e segs.), a fiscalização da constitucionalidade das normas é uma competência dos tribunais, não da Administração Pública.

Em regra, o elemento fundamental e central de vinculação da Administração é a lei, o ato legislativo. A tese da admissibilidade generalizada da competência administrativa para "julgar as leis", as quais têm

[574] Cf. Wolff/Bachof/Stober/Kluth, *ob. cit.*, vol. I, p. 309; Ehlers, "Verwaltung und Verwaltungsrecht", *cit.*, p, 130.

[575] Cf. Ehlers, *ibidem*.

[576] Não existe, entre nós, um processo judicial que possa ser acionado pela Administração para resolver a dúvida sobre a constitucionalidade ou a validade de uma lei.

[577] Trata-se de um problema muito discutido no direito norte-americano. A questão consiste em saber se o Presidente e, em geral, a Administração detêm um poder de exame ou fiscalização das leis ("presidential review") que possa legitimar o "non-enforcement" de leis de constitucionalidade questionável ou duvidosa; sobre o tema, cf. F. H. Easterbrook, "Presidential review", *Case Western Reserve Law Review*, vol. 40, 1989, p. 905 e segs.; D. E. Johnsen, "Presidential non-enforcement of constitutionally objectionable statutes", *Law and Comtemporary Problems*, vol. 63, 2000, p. 7 e segs. Nos tempos mais recentes, a posição favorável à não-aplicação de leis inconstitucionais viu-se reforçada pelas correntes do *constitucionalismo administrativo* [cf. ponto 41.1.5]. Mas há posições divergentes, que, além do mais, advertem para a exigência de pensar duas vezes antes de se abraçar esta faceta do constitucionalismo administrativo, a qual acaba por autorizar a Administração a impor "self-invented constitutional norms" e, nesta medida, a constituir uma ameaça séria às liberdades civis; neste sentido, cf. D. E. Bernstein, "Antidiscrimation laws and the administrative state: a skeptic's look at administrative constitutionalism", *Notre Dame Law Review*, vol. 94, 2019, p. 1382 e segs.

precisamente o propósito de vincular a Administração Pública, constituiria, em rigor, uma inversão da ordenação dos poderes, que, em termos práticos, atribuiria a um poder subordinado uma posição de supremacia (note-se, a propósito, que é a própria Constituição a impor a subordinação da Administração à lei), e conduziria a considerar próprio da Administração um poder que a Constituição confia apenas aos tribunais. Ou seja, por todos os ângulos, teríamos uma subversão do sistema de separação e de interdependência dos poderes.

O que acaba de se expor conduz-nos à conclusão já antecipada: a Administração está obrigada a cumprir e a respeitar as leis que regulam a sua ação e, em regra, está proibida de proceder à desaplicação destas com fundamento no seu juízo de inconstitucionalidade.

Cabe aos interessados, lesados pela ação administrativa (e pela lei), ao Ministério Público ou a quem mais tiver legitimidade processual, reagir contra as ações administrativas que se conformem com a lei inconstitucional, as quais padecerão de *inconstitucionalidade derivada ou reflexa.*

A regra que acima definimos como conclusão contempla duas *exceções.* Em primeiro lugar, parece de admitir que, em caso de subsistência de uma dúvida consistente e juridicamente fundada sobre a constitucionalidade de uma norma legal (*v.g.*, com apoio em decisões de tribunais, em estudo sobre o tema através de serviços jurídicos da Administração ou em parecer jurídico qualificado), cuja aplicação envolva um ataque a direitos fundamentais e a dúvida da constitucionalidade tenha precisamente a ver com a possibilidade constitucional desse ataque[578] ou com os termos rígidos ou definitivos em que o mesmo se encontra disciplinado, a Administração *pode* proceder à desaplicação da norma legal.

Nesse caso, aceita-se que a Administração *possa,* mas já não, necessariamente, que *deva* desaplicar a norma legal. Por isso, deve recusar-se a imputação de responsabilidades por não ter desaplicado a lei inconstitucional (e evitado a prática do ato lesivo), quando, em face das circunstâncias concretas, não fosse exigível ao agente a desaplicação. Também aqui, parece fazer sentido a ilisão da presunção de culpa leve na prática de atos jurídicos ilícitos,

[578] Suponha-se uma lei que prevê uma medida disciplinar de "prisão administrativa" ou a entrada de agentes no domicílio do administrado sem o consentimento deste.

estabelecida no artigo 10.º, n.º 2, do RRCEEEP [cf. ponto 35.3, a respeito dos atos contrários a normas de direito da União Europeia, mas conformes com a lei interna aplicável][579].

Em segundo lugar – em linha com a orientação que seguimos no caso paralelo da preferência de aplicação do direito da União Europeia [cf. ponto 35.3] –, parece-nos que haverá um *dever* de desaplicação de leis nos casos em que estas violem a Constituição de uma forma *objetivamente certa, indiscutível, manifesta* ou *patente*[580].

42 – Princípios de Direito Administrativo

Em geral, a temática dos princípios de direito não se presta a uma exposição simples; este é, de resto, um campo de estudo que tem vindo a tornar-se escorregadio, resultado que, por vezes, se explica por uma atitude deliberada de "aliviar" o esquema de funcionamento rígido da Administração, submetendo-a a parâmetros de orientação e de fiscalização de natureza mais plástica. As dificuldades também resultam da *sobrecarga* de que a própria figura do princípio jurídico tem sido objeto, que se explica por vezes pelos excessos do legislador, na "formulação" ou na "revelação" de princípios jurídicos desprovidos de toda a normatividade jurídica.

a) Os princípios como normas jurídicas

Já se percebeu que, no sentido que aqui os vamos considerar, os princípios são *normas jurídicas*. Trata-se, pois, de "princípios normativos", conceito utilizado com o propósito de indicar a função normativa dos princípios jurídicos enquanto "unidades de dever ser", pretensão que comungam com as demais normas jurídicas[581].

Referimo-nos, em primeiro lugar, aos princípios de Direito Administrativo enquanto normas jurídicas que têm a função de orientar as condutas da Administração. Não se trata, pois, de "cânones pré-normativos", com a função de consagrar valores ou ideais (*v.g.*, de ética ou de moralidade) que, depois, as normas jurídicas acolhem e densificam, mas da direta definição de padrões ou critérios de conduta da ação administrativa.

579 Neste sentido, cf. Rui Medeiros, in Rui Medeiros (org.), *Comentário ao Regime da Responsabilidade Civil do Estado e demais Entidades Públicas*, *cit.*, p. 282.

580 Em termos próximos, aludindo a uma "limitada competência de rejeição", cf. Wolff/Bachof/Stober/Kluth, *ob. cit.*, vol I, p. 309.

581 Neste sentido, cf. David Duarte, "Alguns problemas", *cit.*, p. 386.

Reconduzimos ainda ao conceito de "princípios de Direito Administrativo" os princípios jurídicos, consagrados na Constituição ou com valor constitucional, que visam orientar e condicionar as opções do "legislador administrativo": todavia, trata-se, neste caso, de princípios que se dirigem ao legislador, não à Administração Pública (*v.g.*, princípio da descentralização).

Pode-se aceitar que os princípios de Direito Administrativo não sejam justiciáveis e não correspondam, portanto, a padrões ou "normas de controlo" para os tribunais: ausência de *justiciabilidade*, pelo facto de a inobservância do que neles se prescreve não poder ser sancionada por um tribunal. Mas, claro, para que se trate de *normas jurídicas*, já não se pode prescindir da *juridicidade*, de modo que o desrespeito ou a inobservância do que prescrevem deverá ter (*rectius*, poderá ter) consequências no plano do direito.

Um preceito sem juridicidade, isto é, que se limita a "sugerir" uma conduta, não é um princípio normativo, mas, talvez, uma regra de boa administração, um valor, ou uma mera proclamação, que assinala linhas programáticas, define metas ou resultados desejáveis, ou que se limita a estimular ou sugerir a adoção de certas condutas. Se um princípio com esta feição surgir positivado ou revelado por um preceito legal, deveremos então considerá-lo um "falso" princípio jurídico.

Exemplos de "falsos" princípios: *i)* "os órgãos e serviços da Administração Pública devem utilizar meios eletrónicos no desempenho da sua atividade de modo a promover a eficiência e a transparência administrativas e a proximidade com os interessados" (artigo 14.º, n.º 1, do CPA)[582]; *ii)* "o procedimento administrativo é tendencialmente gratuito, na medida em que leis especiais não imponham o pagamento de taxas por despesas, encargos ou outros custos suportados pela Administração" (artigo 15.º, n.º 1, sobre o designado princípio da gratuitidade").

Por outro lado, os princípios jurídicos só adquirem um lugar próprio enquanto fonte de normatividade jurídico-administrativa na medida em que não se limitem a replicar o que já consta de outras normas jurídicas ou

[582] Interpretando o preceito não no sentido de impor um dever, mas no de habilitar a Administração a utilizar meios eletrónicos, o que terá constituído uma "inovação realmente relevante", cf. Miguel Assis Raimundo, "Os princípios novo CPA", *cit.*, p. 263.

a lembrar que outras normas existem. Os preceitos legais que positivam "princípios" que repetem o que outras normas jurídicas estabelecem ou que remetem para outras normas, são "inúteis" ou, também estes, não são mais do que "falsos princípios".

Exemplos de princípios "inúteis": *i)* "a Administração Pública responde, *nos termos da lei*, pelos danos causados no exercício da sua atividade" (cf. artigo 16.º do CPA, sobre o designado "princípio da responsabilidade"[583]); *ii)* "todas as pessoas têm o direito de acesso aos arquivos e registos administrativos, mesmo quando nenhum procedimento que lhes diga diretamente respeito esteja em curso, sem prejuízo do disposto na lei em matérias relativas à segurança interna e externa, à investigação criminal, ao sigilo fiscal e à privacidade das pessoas"; "o acesso aos arquivos e registos administrativos é *regulado por lei*" (artigo 17.º do CPA, sobre o designado "princípio da administração aberta"); *iii)* "os particulares têm direito à proteção dos seus dados pessoais e à segurança e integridade dos suportes, sistemas e aplicações utilizados para o efeito, *nos termos da lei*" (artigo 18.º do CPA, sobre o designado

[583] Nos termos em que se encontra formulado – ao remeter a sua efetividade para os "termos da lei" –, o princípio é desprovido de valor jurídico próprio; contudo, já parece fazer todo o sentido a identificação de um *cânone de responsabilidade* a estabelecer que a Administração responde por todas as suas ações, incluindo as recomendações, os avisos públicos e outros atos que enunciam de modo orientador padrões de conduta na vida em sociedade, bem como pelas informações prestadas por escrito aos particulares, ainda que não obrigatórias (apenas quanto a este último ponto, veja-se o artigo 11.º, n.º 2, do CPA).
Muito bem-vinda teria sido a consagração de um princípio de responsabilidade associado à instituição de um *dever de indemnização* das entidades com funções administrativas *perante os particulares lesados*, mas de um dever de indemnização a cumprir no quadro de um procedimento administrativo e de uma relação direta entre a entidade pública e o lesado – ao contrário do que sucede em Espanha (cf. artigo 32 do *Régimen Jurídico del Sector Público* e vários preceitos da *Ley del Procedimiento Administrativo Común de las Administraciones Públicas*), não existe no direito português um quadro legal que autorize expressamente as entidades públicas a assumirem a responsabilidade por prejuízos causados e a procederem (fora de um processo jurisdicional, e, portanto, num procedimento administrativo) ao pagamento de indemnizações; apesar disso, não são certamente proibidas as *transações judiciais* em ações de indemnização contra entidades públicas, possibilidade que resulta da abertura legal à arbitragem nessas matérias. A falta de legislação não impediu o Governo de, em nome do Estado, assumir a responsabilidade pelo pagamento das indemnizações decorrentes das mortes das vítimas dos incêndios florestais ocorridos em Portugal em 2017 e de atribuir ao Provedor de Justiça a competência para determinar o montante e proceder ao pagamento dessas indemnizações; cf. Resoluções do Conselho de Ministros n.os 157-C/2017 (DR de 27/10/2017) e 170/2017 (DR de 28/11/2017).

"princípio da proteção dos dados pessoais"[584]). Como já houve oportunidade de explicar, embora aparente sê-lo, o princípio da cooperação leal com a União Europeia (artigo 19.º), não é inútil, nem redundante em relação às normas de direito da União Europeia que impõem à Administração Pública um dever de colaboração ou de assistência a autoridades administrativas de outros Estados-Membros [cf. ponto 35.4].

O valor jurídico dos princípios reside, pois, na sua função normativa, ou de regulação de condutas, que pode ser autónoma e primária, mas também de *integração normativa*, como critério de preenchimento de lacunas. Por outro lado, podem ainda desempenhar uma *função de interpretação*, servindo como critérios de interpretação de outras normas jurídicas administrativas (*v.g.*, leis).

b) Princípios jurídicos e vinculação da Administração ao direito

A conceção de uma Administração sujeita a princípios jurídicos associa-se a uma ideia de evolução ou expansão da vinculação jurídica do poder administrativo, que deu origem a um novo paradigma da relação entre Administração e o Direito[585]: do original *princípio da legalidade* evolui-se para o *princípio de juridicidade*. Note-se, porém, que não se está perante um processo de substituição da legalidade pela juridicidade, nem de substituição de uma vinculação da Administração por regras por uma vinculação por princípios. Com efeito, própria do Direito Administrativo do nosso tempo é a exigência de sujeição da Administração "à lei e ao direito"[586]: cf. artigo 3.º, n.º 1, do CPA. Neste sentido, mantém-se a exigência de sujeição da Administração "à lei", à qual acresce a sua sujeição a outras diretrizes de atuação jurídica, de sujeição "ao direito" ("dupla vinculação").

[584] Em sentido diferente, otimista quanto à positivação do princípio no CPA, cf. Alexandre Sousa Pinheiro, "A proteção de dados no novo Código do Procedimento Administrativo", in Carla Amado Gomes/Ana Fernanda Neves/Tiago Serrão, *Comentários ao Novo Código do Procedimento Administrativo, cit.*, vol. I, p. 335 e segs. (p. 359): "rigorosamente, o art.º 18.º não introduz novos elementos no regime substantivo do CPA, embora a consideração da proteção de dados – um direito constitucional e legalmente afirmado – como "princípio" tenha desenvolvimentos hermenêuticos".

[585] Cf. J. C. Vieira de Andrade, *Lições de Direito Administrativo, cit.*, p. 50.

[586] No sentido de uma evolução do princípio da legalidade para o respeito ao direito, cf. Cassese, "La costituzionalizzazione", *cit.*, p. 505

> Em rigor, a "legitimidade" ou a "racionalidade global" da ação administrativa resulta de uma diretriz geral de *otimização*, que inclui, além do respeito de padrões jurídicos – a lei e o direito –, a consideração de fatores metajurídicos, de boa administração e de "good governance".

Considerando apenas o plano das vinculações jurídicas, a Administração está, pois, constrangida a respeitar regras jurídicas e um conjunto aberto e evolutivo de princípios jurídicos que vão sendo elaborados e apurados com o propósito de dirigir, de orientar e de condicionar a ação da Administração, bem como, em regra, de oferecer aos tribunais um padrão ou parâmetro de controlo das opções administrativas.

42.1 – Princípios jurídicos e regras jurídicas

Os princípios jurídicos são normas jurídicas; normas que incluem uma prescrição jurídica nova, que não consta de outras normas, ou que expandem o âmbito normativo de uma norma existente ("generalização").

Trata-se de normas jurídicas que, dentro dessa categoria, se contrapõem às *regras*, pois conhecem uma intencionalidade normativa[587] mais branda, menos determinista. De facto, ao contrário das normas jurídicas com estrutura de regra – que têm a pretensão de oferecer a solução para um problema específico, de dirigir a Administração para a produção de um resultado definido, podendo admitir *exceções* –, os princípios definem normas que atuam num plano de maior abstração e de maior distância em relação a uma situação definida da vida, não tendo a pretensão de oferecer um único resultado certo, mas antes definir um critério, um guia de orientação a seguir na adoção de medidas administrativas e, em geral, no exercício do poder administrativo; os princípios não prescrevem a produção de um efeito determinado, exigem antes que um determinado objetivo ou resultado se realize na maior medida possível, segundo as possibilidades fácticas e jurídicas ("imperativos de otimização").

Precisamente por causa da sua mais fraca intencionalidade normativa, a observância de um princípio, ao não exigir uma resposta única, convive com várias soluções, várias possibilidades, vários resultados. Por causa desta flexibilidade ou plasticidade, quando estão em jogo princípios em tensão ou conflito (*v.g.*, segurança pública *vs.* intimidade da vida privada) são

[587] O conceito pertence a F. J. Bronze, *Lições de Introdução ao Direito*, Coimbra Editora, 2006, p. 639.

possíveis, muitas vezes, vias de "harmonização" e de "concordância prática", que assegurem a realização simultânea, em alguma medida, dos interesses protegidos nos dois casos; isto, sem prejuízo de, no caso concreto e tendo em conta a sua configuração particular, o aplicador ter o dever identificar o princípio preponderante.

> A aplicação das regras faz-se de modo disjuntivo: a cada situação a regular só se aplica uma regra, pelo que, no caso de conflito entre duas regras com pretensão de aplicação na mesma situação, uma delas será *inválida* ou terá de ceder perante a *aplicação preferencial* de outra. Ao contrário, como acabámos de ver, os princípios não se excluem: em caso de conflito, admitem soluções de harmonização e de aplicação conjugada.
> A contraposição entre princípios e regras não se pode apoiar no critério da indeterminação dos primeiros e da determinação das segundas. O estudo da discricionaridade permitiu perceber que nas regras existem, muitas vezes, aberturas ("lacunas intralegais") que, em rigor, correspondem a espaços de indeterminação. Mas, interessa agora sublinhá-lo, mesmo nesses casos, a regra continua a pretender oferecer a resposta para um problema específico e a pretender guiar a Administração para a produção de um resultado. Por outro lado, a discricionaridade administrativa (como, aliás, outras manifestações de autonomia da Administração) constitui um domínio privilegiado da articulação e da ação conjugada de regras (com aberturas discricionárias) e princípios.

Note-se, porém, que, em certos casos, os princípios jurídicos podem apresentar uma intencionalidade normativa mais forte, que, neste plano, os aproxima das regras jurídicas. Eis o que ocorre com "princípios com a estrutura de regras", que, como as regras, adotam uma formulação determinada e fechada. Veja-se, como exemplo, o designado princípio da decisão (cf. artigo 13.º do CPA); o mesmo se pode dizer em relação ao princípio da inderrogabilidade singular dos regulamentos, implicitamente formulado no artigo 142.º, n.º 2, do CPA, ou ainda do princípio (não escrito) da proibição da retroatividade dos atos administrativos, que também tem a estrutura de regra, como se pode perceber pelo teor do artigo 156.º do CPA, que define a lista fechada dos casos em que o ato administrativo "tem" ou "pode ter" eficácia retroativa. Em todos estes casos, pode entender-se que se trata de *regras* formuladas como *princípios gerais*, pois, apesar de proclamarem um dever ser taxativo e absoluto, são idealizados para operarem de forma universal (dentro do sistema do Direito Administrativo), sistemática e generalizada e não para regular uma situação específica e determinada, o que já será próprio das regras jurídicas.

> Os princípios que têm a estrutura de regras funcionam como as regras, no sentido em que a respetiva aplicação não se afeiçoa a compromissos, nem a ponderações de conciliação com outros princípios. Verdadeiramente o que parece estar aí em causa é a formulação de uma "regra jurídica de aplicação sistémica", que vale, portanto, como uma regra aplicável em todo o sistema do Direito Administrativo, por se referir a valores ou a ideais com uma validade universal. Mas, como os demais, os princípios com a estrutura de regras são normas jurídicas sem *fattispecie*[588], mandatos normativos carecidos de pressupostos de facto[589]-[590].

Também pode suceder que um princípio jurídico se encontre, em parte, positivado e concretizado em regras, mas conserve, fora dessa positivação, uma capacidade normativa própria, que pode ver-se mobilizada no quadro da função de integração normativa: eis o que pode suceder com o *princípio do aproveitamento dos atos jurídicos ilegais da Administração,* que se encontra positivado no artigo 163.º, n.º 5, do CPA, mas que poderá ter aplicação fora dessas situações, em relação a outros atos jurídicos da Administração.

No plano das relações entre princípios e regras, recorde-se a função de interpretação dos princípios, contexto em que se alude a um cânone de "interpretação das regras conforme os princípios"[591], designadamente para fazer prevalecer a interpretação das regras que se apresente mais harmoniosa com os princípios[592]. Por outro lado, embora se trate de uma situação excecional, não é de excluir a eventualidade de um princípio afastar o cumprimento de uma regra [sobre a aplicação do princípio da proporcionalidade para excluir uma regra vinculativa, veja-se os pontos 42.4.1, *a), iii),* e 42.4.7].

[588] Cf. Pinelli, "Princìpi, regole, istituti", *cit.*, p. 39.

[589] Cf. Cassagne, "La proyección del nuevo constitucionalismo ...", *cit.*, p. 832.

[590] Em sentido diferente, considerando que todos os princípios têm a estrutura comum das normas jurídicas ("têm igualmente um operador deôntico que liga uma previsão a uma estatuição"), cf. David Duarte, "Alguns problemas", *cit.*, p. 386; sobre a distinção entre normas de regra e normas de princípio, cf. Pedro Moniz Lopes, *Derrotabilidade normativa, cit.*, Parte I, p. 157 e segs.

[591] Cf. F. J. Bronze, *ob. cit.*, p. 644.

[592] Cf. D'Alberti, *Lezioni, cit.*, p. 65.

42.2 – Fonte da normatividade dos princípios de Direito Administrativo

As normas de Direito Administrativo encontram-se, em regra, consagradas em textos ou documentos escritos: constituição, convenções internacionais, leis, regulamentos. Em todos esses casos, a fonte ou a autoria das normas é clara: legislador constituinte, estados contratantes, legislador ordinário ou, no caso dos regulamentos, sujeito da Administração.

A questão que agora temos de colocar consiste em saber quem é o autor, qual é a fonte dos princípios jurídicos de Direito Administrativo. Nos termos em que a coloca Marco D'Alberti, a questão é, pois, a de saber "chi pone i principi"[593]. Como se percebe, o tema é complexo e reclama aprofundamentos desajustados no presente contexto; não obstante, retendo-nos no essencial, parece adequado considerar a distinção entre *princípios escritos* e *princípios não escritos*, consoante se encontrem, ou não, objetivados ou positivados num texto ou documento normativo com "força de lei" (em sentido amplo, que abrange todas as "disposições genéricas provindas dos órgãos competentes", inspirando-nos aqui na formulação do artigo 1.º, n.º 2, do Código Civil)[594].

Percebe-se a relevância dessa distinção, dado que, quando *escritos* num documento com força de lei, a questão da vigência dos princípios não suscita dificuldades. De facto, independentemente do que existia no tempo anterior à positivação legal, a vigência jurídica do princípio torna-se certa e indiscutível com a sua "legalização".

Ainda no caso dos princípios escritos, cumpre distinguir entre as situações em que a lei se limita a referenciar um ou uma série de princípios (*v.g.*, artigo 1.º-A do CCP, quanto aos princípios da *sustentabilidade* ou da *transparência*) e aquelas em que a lei procede à "configuração"[595] ou "explicitação"[596] dos princípios, como sucede com os artigos 7.º, 8.º, 9.º ou 10.º do CPA. No primeiro caso, a existir, a normatividade do princípio será, terá de ser, desvendada ou revelada pela jurisprudência e pela doutrina. No segundo caso, uma parte deste trabalho de revelação é realizado, ou pelo

[593] *Lezioni, cit.*, p. 35.

[594] Claro que esta distinção não esquece que, numa sua fase embrionária, os princípios escritos começam por ser não escritos, como observa F. J. Bronze, *ob. cit.*, p. 638: por ex., o princípio da razoabilidade converteu-se num princípio jurídico escrito apenas com a revisão do CPA de 2015. Em rigor, só não será assim se ainda se tratar mesmo de um princípio, no caso de um princípio "inventado" pelo legislador.

[595] Cf. David Duarte, *ob. cit.*, p. 388.

[596] Cf. F. J. Bronze, *ob. cit.*, p. 641.

menos começado, pela lei, vindo, muitas vezes, a ser complementado pelos tribunais e pela doutrina.

Quanto aos princípios não escritos ("principes sans texte"), não expressamente positivados, a questão é um pouco mais complexa, e começa logo com o carácter incerto da subsistência do princípio: pense-se em princípios como o da *boa administração*, da *racionalidade* ou da *promoção da concorrência*.

Como critério geral, parece dever-se assentar a ideia de que um princípio jurídico (não escrito num documento com força de lei) só se pode considerar vigente no ordenamento jurídico administrativo na medida em que se possa extrair ou deduzir como *concretização* ou como *especificação* de outros princípios jurídicos gerais vigentes ou de valores fundamentais da ordem jurídica de um estado de direito[597]-[598].

Assim, por ex., o princípio (princípio-regra) do dever de boa administração [cf. pontos 23.2.1 e 23.2.3] subsiste como concretização ou especificação do princípio da prossecução do interesse público (artigo 266.º, n.º 1, da CRP). O princípio da racionalidade da ação administrativa, que, além do mais, exige a coerência intrínseca e a lógica dos processos decisórios e de atuação da Administração em aspetos que podem não estar, em todos os

[597] Dedução não significa aqui, necessariamente, a mera "inferência lógica" feita a partir de regras jurídicas do sistema (sobre essa ideia de inferência em relação a alguns princípios gerais de direito, cf. F. J. Bronze, *ob. cit.*, p. 628). Mas não nos repugna que, a partir de regras do sistema, possam deduzir-se princípios jurídicos – que, naturalmente, poderão ser mobilizados para casos análogos não previstos. Eis o que se pode dizer, por ex., do *princípio da continuidade da ação administrativa*, o qual se pode deduzir de várias regras que exigem a permanência no exercício de funções após o fim do mandato ou da comissão de serviço e até à entrada em funções do novo titular [cf. ponto 79]; sobre o princípio da continuidade da ação administrativa, cf. N. Paolantonio, "Il principio di continuità dell'azione amministrativa", in Renna/Saitta, *ob. cit.*, p. 313 e segs.; O. Pini, *Il principio di continuità nel diritto amministrativo*, Cedam, 2017. É claro que esta dedução ou inferência exige toda a prudência, pois, se utilizada de forma abusiva, pode dar origem a um processo de "invenção descontrolada" de princípios. Como critério geral, diremos que uma dedução desse tipo apenas pode ter lugar quando se puder concluir que o princípio emergente cumpre, ele próprio, a exigência de representar uma *concretização* ou *especificação* de outros princípios jurídicos gerais vigentes ou de valores fundamentais da ordem jurídica de um estado de direito.

[598] Pode, aliás, suceder que emergência de princípios de Direito Administrativo seja o resultado de uma generalização para toda a ordem jurídica de princípios originados no direito privado: eis o que parece ter ocorrido com o princípio da boa fé; em ordenamentos em que não se encontra positivado em normas de Direito Administrativo – não é o caso do direito português: cf. artigo 10.º do CPA –, a doutrina considera pacificamente a sua relevância na esfera jurídico-administrativa; cf. L. Lorenzoni, *I principi di diritto comune nell'attività amministrativa, cit.*, p. 130 e segs.; D'Alberti, *Lezioni, cit.*, p. 53 (considerando o princípio da boa fé um "princípio comum"); Pitschas, *ob. cit.*, p. 1742.

casos, abrangidos pelos princípios da adequação (artigo 7.º, n.º 1, do CPA) ou da razoabilidade (artigo 8.º), não pode deixar de se considerar a concretização de um valor fundamental de uma Administração Pública de um estado de direito: não se concebe uma Administração que não desenvolva as suas missões e não profira as suas decisões segundo processos que "façam sentido", de uma forma racional ("reasoned decisionmaking")[599]. O princípio da promoção da concorrência – que reclama da Administração a adoção de medidas positivas de fomento da concorrência, por ex., no âmbito da atribuição de direitos de acesso a recursos escassos, deve considerar-se uma concretização dos princípios da igualdade de tratamento dos cidadãos e da imparcialidade[600].

42.3 – Tipos de princípios (segundo o critério da área de incidência)

Os princípios jurídicos que contêm normas de Direito Administrativo operam em três grandes áreas ou setores: *i)* organização administrativa; *ii)* procedimento administrativo; *iii)* atividade administrativa[601].

Em conformidade, procede-se à distinção entre "princípios de organização da Administração Pública" [cf. pontos 50 a 60], "princípios do procedimento administrativo" [cf. volume 2] e "princípios da atividade administrativa": vamo-nos ocupar agora destes.

Esta proposta de uma distinção entre três categorias de princípios jurídicos não assinala apenas uma diferente geografia da respetiva incidência. Na verdade, os grupos também se distinguem pelo escopo normativo de cada princípio considerado.

[599] No sentido da autonomia do *princípio da racionalidade*, cf. J. Pacheco de Amorim, "Os princípios gerais da atividade administrativa no projeto de revisão do Código do Procedimento Administrativo", *CJA* n.º 100, 2013, p. 17 e segs. (p. 23); Miguel Assis Raimundo, "Os princípios no novo CPA", *cit.*, p. 261. Sobre a "racionalidade global" como o resultado de uma Administração que pauta a sua atuação pelos padrões jurídicos definidos no ordenamento, bem como por padrões metajurídicos sobre a oportunidade e a conveniência, cf. Pitschas, *ob. cit.*, p. 1731. Entre outras situações, ofendem o princípio da racionalidade as deliberações de órgãos colegiais proferidas de forma tumultuosa: no sentido da nulidade destes atos, cf. artigo 161.º, n.º 2, alínea *h)*, do CPA.

[600] O princípio da concorrência está consagrado como princípio escrito no CCP, quanto aos procedimentos de adjudicação de contratos públicos, mas não enquanto princípio geral de Direito Administrativo; sobre esta dimensão do princípio, cf. B. Spampinato, *Contributo allo studio del principio di "promozione" della concorrenza nel diritto amministrativo*, Giappichelli, 2018.

[601] No sentido de uma distinção dualista, entre princípios gerais da organização administrativa e princípios gerais da atividade administrativa, cf. Paulo Otero, *Manual de Direito Administrativo*, *cit.*, vol. I, p. 360 e segs.

Assim, os princípios de organização da Administração Pública são "normas de organização", com a função de estruturação do sistema administrativo e de disciplina do relacionamento entre os componentes desse sistema; nalguns casos, estes princípios não se dirigem à Administração, mas antes ao legislador administrativo.

Os princípios do procedimento administrativo são "normas de procedimento", que têm a pretensão de enquadrar e orientar as condutas da Administração desenvolvimento e na tramitação dos procedimentos administrativos – *v.g.*, princípio da colaboração, da participação ou da decisão (artigos 11.º, 12.º e 13.º do CPA).

Por fim, ao grupo dos princípios da atividade administrativa vamos reconduzir todos os que visam regular, orientar e condicionar juridicamente as condutas da Administração que se materializam na realização de escolhas dos efeitos jurídicos a produzir. Trata-se, pois, de princípios que intervêm (como critérios de orientação ou limites) no momento da *escolha dos conteúdos* das normas, dos contratos ou das decisões da Administração.

Esta distinção não pretende sugerir a definição de territórios separados de uma forma estanque. Na verdade, há princípios cujo âmbito normativo tem incidências simultâneas em mais do que um plano: assim, por ex., o princípio da igualdade tem projeções no plano substancial, da escolha dos conteúdos da ação administrativa [cf. ponto 42.4.5], mas também no plano procedimental; ainda com um maior alcance se apresenta o princípio da boa administração (eficiência), que opera ao nível substancial [cf. ponto 42.4.4], mas também como princípio de organização [cf. ponto 60] e como princípio do procedimento. A multi-incidência dos princípios jurídicos evidencia as particularidades da respetiva normatividade: o facto de esta não estar dirigida para uma situação específica ou definida permite a aplicação dos princípios em diferentes espaços; também nisto se traduz a plasticidade ou a elasticidade dos princípios jurídicos.

42.4 – Princípios da atividade administrativa

No presente contexto, consideram-se os princípios enquanto "normas" de conduta da Administração, que prescrevem *condicionamentos substanciais* aplicáveis às escolhas de conteúdos de ações administrativas: "medidas materiais da juridicidade administrativa"[602]. Vamo-nos ocupar, portanto, neste ponto, dos princípios enquanto normas jurídicas, *hoc sensu*, "princí-

[602] Cf. Gomes Canotilho/Vital Moreira, *ob. cit.*, vol. II, p. 797.

pios normativos" dirigidos à *substância* da ação administrativa, que operam como cânones com a função de orientar, condicionar e limitar a escolha de conteúdos de regulamentos, de contratos ou de decisões administrativas.

i) Princípios jurídicos, discricionaridade e vinculação

Com exceção dos princípios da legalidade e do estado de necessidade, que têm outros contornos, os princípios jurídicos que definem condicionamentos substanciais aplicáveis à ação administrativa tornaram-se necessários para introduzir uma *deontologia jurídica* no exercício de competências em esferas de autonomia da Administração – sobretudo na discricionaridade administrativa, na autonomia regulamentar e na autonomia pública contratual [cf. pontos 25, 32.1 e 32.2).

Assim é em regra. Trata-se, de resto, de uma regra que a jurisprudência administrativa portuguesa tem sublinhado: "os princípios constitucionais da igualdade, da justiça e da proporcionalidade funcionam como limites da discricionariedade, só neste domínio encontrando a sua justificação" (cf. Acórdão STA de 25/01/2006, P. 111/03); os "princípios constituem limites internos ao exercício da discricionariedade, ou seja, parâmetros de vinculação recaídos sobre a actualização de poderes discricionários; de modo que, na actuação simplesmente vinculada (...) é impossível imputar a ofensa de tais princípios ao acto administrativo praticado" (cf. Acórdão STA de 23/06/2016, P. 0252/16).

Sucede, contudo, que, em casos especiais, pode haver lugar à mobilização de princípios jurídicos gerais mesmo quando a ação da Administração se encontra abrangida por regras legais vinculativas: eis o que poderá efetivamente ocorrer por aplicação do princípio da proporcionalidade, bem como dos princípios da igualdade ou da imparcialidade e, segundo alguma doutrina, também o princípio da razoabilidade [cf. ponto 42.4.1, *a), iii)*][603]. Neste contexto, em áreas de ação administrativa vinculada, a aplicação dos princípios conduz, necessariamente, à consequência de afastar a produção de um resultado definido na lei para uma situação concreta pelo facto de a Administração ou o tribunal mobilizarem um princípio "contra" a lei.

[603] Neste sentido, cf. Suzana Tavares da Silva, "O princípio da razoabilidade", in Carla Amado Gomes/Ana Fernanda Neves/Tiago Serrão, *Comentários ao Novo Código do Procedimento Administrativo*, vol. I, *cit.*, p. 291 e segs. (p. 313), advogando que o artigo 8.º do CPA pretendeu reverter o sentido da jurisprudência, ao determinar que a razoabilidade se aplique também em domínios vinculados da atuação.

ii) Princípios jurídicos: vinculação da Administração e dos tribunais
Os princípios que aqui vamos analisar correspondem a normas jurídicas dirigidas à Administração, que têm a função de condicionar e orientar as suas condutas; mas, como normas jurídicas, os princípios também podem cumprir a função de definição de critérios ou padrões de controlo das condutas da Administração (normas de controlo); a exposição subsequente assenta na ideia de que os princípios que orientam escolhas substanciais da Administração cumprem essa função de normas de controlo, designadamente, de controlo judicial [cf. ponto 30.3]. Assim se compreende a indicação de serem ilegais (anuláveis) "os atos administrativos praticados *com ofensa dos princípios* ou outras normas jurídicas aplicáveis" (cf. artigo 163.º, n.º 1, do CPA).

42.4.1 – Legalidade
Atualmente, a Administração Pública não está só sujeita à lei (ato legislativo). Acabámos de aludir à vinculação da Administração ao princípio de juridicidade, que envolve o dever de respeitar princípios e não apenas a lei. Por outro lado, como também já sabemos, além dos princípios, há outras fontes de vinculação jurídica da Administração: a Constituição, o direito da União Europeia e normas de direito internacional; além disso, se pensarmos nas decisões concretas proferidas pela Administração, há, em muitos casos, um dever de respeitar normas jurídicas administrativas (regulamentos).

A este propósito, já tivemos oportunidade de explicar que, apesar dessa evolução, a lei (o ato legislativo) continua a assumir uma posição destacada e proeminente na vida administrativa [cf. ponto 19.2.2]. A situação de a lei surgir, ainda hoje, e de uma forma clara, como a fonte principal da ação administrativa e dos condicionamentos vários que a Administração enfrenta mostra-se coerente com o sentido histórico das relações entre lei e Administração Pública.

Como aflorado na Introdução [cf. ponto 6], a génese do Direito Administrativo remonta ao momento em que se consagra nas constituições o princípio da separação de poderes e a subordinação da Administração à lei. Lei é, aqui, a norma legislativa aprovada no parlamento, pelos representantes do povo. Neste sentido, a subordinação da Administração à lei era também uma forma de subordinação da Administração ao povo.

Sobre este ponto, deve dizer-se que o facto de valer entre nós (no ordenamento estadual) um "dualismo legislativo" (Vieira de Andrade)

– a Constituição atribui a dois órgãos a competência legislativa normal: Assembleia da Republica e Governo – e, sobretudo, a circunstância de o Governo se ter tornado, na prática, o "legislador administrativo" fazem com que a sujeição da Administração à lei esteja hoje longe de corresponder ao sentido histórico originário do princípio da legalidade administrativa: através deste afirmava-se a supremacia da lei sobre a Administração, mas da lei enquanto manifestação de um poder exterior à Administração, o poder legislativo, sediado no parlamento. Ora, no direito português, a subordinação da Administração à lei (ato legislativo) realiza-se também com a subordinação da Administração à lei governamental, ao decreto-lei.

A referida ideia histórica de subordinação da Administração à lei parlamentar que, depois, evoluiu para subordinação da Administração à lei enquanto ato legislativo traduz-se no princípio da legalidade administrativa, o qual se desdobra num sentido negativo e num sentido positivo.

No primeiro sentido, negativo, a legalidade administrativa consubstancia-se no cânone do *primado, primazia* ou *preferência* da lei e estabelece que a Administração não pode praticar atos que contrariem a lei. A lei, o ato legislativo, tem sempre primazia sobre as medidas e os atos da Administração.

No segundo sentido, positivo, a legalidade administrativa representa a exigência de a ação administrativa se fundar na lei, tendo nesta o seu indeclinável pressuposto; fala-se aqui da *precedência da lei*, da *reserva de lei* e mesmo de uma *reserva total de lei*.

Vejamos cada uma destas dimensões do princípio da legalidade.

a) Primado ou primazia da lei

No Direito Administrativo da atualidade, mantém-se intocado, no essencial, o valor do princípio da primazia ou do primado da lei, pelo que a Administração tem um dever de aplicar a lei nos casos em que a lei o exija ("obrigação de aplicação da lei") e, em geral, não pode adotar atos ou medidas que contrariem o disposto numa lei ("proibição de violação da lei"). A primazia ou preeminência da lei materializa-se na sua superioridade hierárquica sobre qualquer ato da função administrativa: não há, no direito português, espaço para fenómenos generalizados de *contracorrente*, de subversão ou de inversão da relação de supremacia, valendo, sempre e sem exceções, uma regra de preferência da lei sobre os atos da Administração[604]; mas podem existir desvios pontuais.

Vimos que Administração pode não ter de cumprir a "obrigação de aplicação da lei", com fundamento na inconstitucionalidade [41.2.3] ou na violação de normas de direito da União Europeia diretamente aplicáveis [ponto 35.3]. Nestes casos, temos uma *exceção ao primado da lei*, no sentido de uma "exceção à obrigação de aplicação da lei".

A questão da exceção à obrigação de aplicação da lei pela Administração também se tem colocado noutros domínios, a saber:

i) Não aplicação de "leis injustas", que ofendam a ideia fundamental de justiça e de direito[605]. – Embora a doutrina autonomize, por vezes, esta situação, o princípio da justiça ou o princípio da dignidade da pessoa humana, os princípios aqui ofendidos, representam padrões de constitucionalidade das leis, pelo que, na perspetiva da relação entre a lei e a Administração, a questão da recusa de aplicação de leis injustas não se apresenta essencialmente diferente da recusa de aplicação de leis inconstitucionais. Ainda assim, o artigo 8.º do CPA, na medida em que determina que a Administração rejeite as soluções incompatíveis com a "ideia de Direito" em matéria de interpretação das normas jurídicas, pode, porventura, ser visto como um meio de conferir à Administração um poder de não aplicar "leis injustas", desde que o desfecho da não aplicação se possa referenciar como efeito de uma interpretação da norma em conformidade com o Direito. Embora se reconheça alguma abertura da letra do artigo 8.º do CPA para a produção desse resultado, seria claramente desajustada a invocação do preceito para enquadrar uma decisão de não aplicação de uma lei (injusta), o que só pode acontecer dentro das apertadas condições em que se reconhece à Administração o poder de desaplicar leis com fundamento em inconstitucionalidade [sobre a aplicação do artigo 8.º do CPA, cf. ponto 42.4.8].

ii) Não aplicação de leis que conduzam a resultados absurdos. – Trata-se de uma teoria oriunda do direito norte-americano ("absurd results doctrine") segundo a qual o aplicador da lei (que pode ser a Administração) deve interpretá-la de modo a evitar resultados absurdos, o que autoriza a

[604] Sobre o princípio da *contracorrente*, cf. Paulo Otero, *Legalidade*, *cit.*, p. 931 e segs.

[605] Referimo-nos a leis que, nas palavras de F. J. Bronze, *ob. cit.*, p. 643, se encontrem "em conflito insanável com princípios fundamentais (e fundamentantes) da axiologia materialmente densificadora da vigência de uma autêntica ordem de direito".

recusa de aplicação de uma lei numa situação concreta em que, literalmente (considerando o seu elemento gramatical), ela deveria aplicar-se[606]; a doutrina refere-se aqui à autoridade, que deve ser reconhecida ao aplicador, de interpretar e aplicar a lei de modo a prevenir resultados absurdos ou patentemente desrazoáveis[607].

Mesmo reservando a sua mobilização exclusivamente para casos em que a aplicação estrita, *textualista*, da lei conduziria a um desfecho absurdo e intolerável, temos dúvidas de que, por si mesma, a "teoria dos resultados absurdos" possa ser convocada para justificar e não considerar "ilegal" uma ação ou uma omissão da Administração "contra a lei". É verdade que, em certos termos, o artigo 8.º do CPA, que consagra o princípio da razoabilidade, parece acolher essa possibilidade, ao estabelecer que a Administração Pública deve "rejeitar as soluções manifestamente desrazoáveis (...), nomeadamente em matéria de interpretação das normas jurídicas (...)"[608]. O preceito poderia, com efeito, ser lido como autorizando a Administração a interpretar uma lei que lhe impõe uma intervenção ("solução") no sentido de recusar esta intervenção e, assim, não aplicar a lei, quando considere que essa aplicação conduz a resultados manifestamente desrazoáveis, absurdos. Todavia, pensamos, não é nesses termos que o princípio da razoabilidade se deve ter por acolhido no CPA. O sentido do princípio é o de determinar que, de entre alternativas de interpretação das normas jurídicas, a Administração deve dar preferência à alternativa que não conduza a soluções manifestamente desrazoáveis (absurdas); não se trata, parece-nos, de um mandato para desaplicar a lei, mas, antes, da definição de um critério preferencial de interpretação[609].

606 A origem da doutrina remonta a uma sentença de 1868 (*United States v. Kirby*) que tinha na sua base um processo instaurado contra um xerife, acusando-o de ter "obstruído e retardado" a distribuição do correio pelo facto de ter detido o trabalhador dos serviços postais encarregado dessa distribuição; cf. D. W. Barker, "The absurd results doctrine, *Chevron*, and climate change", *Brigham Young University Law Review*, vol. 26, 2012, p. 73 e segs.

607 Sobre esta teoria, que limita o textualismo na interpretação da lei pela Administração (e pelos tribunais), cf. V. M. Dougherty, "Absurdity and the limts of literalism: defining the absurd result principle in statutory interpretation", *The American University Law Review*, vol. 44, 1994, p. 127 e segs.; J. F. Manning, "The absurdity doctrine", *Harvard Law Review*, vol. 116, 2003, p. 2387 e segs.; G. Stazewski, "Avoiding absurdity", *Indiana Law Journal*, vol. 81, 2006, p. 1001 e segs.

608 Precisamente no sentido de que o artigo 8.º do CPA pode ser a base jurídica "para afastar certas soluções fundamentadas na interpretação das normas jurídicas, mesmo nos domínios vinculados de actuação", cf. Suzana Tavares da Silva, "O princípio da razoabilidade", *cit.*, p. 313.

609 Sobre o princípio da razoabilidade como critério para evitar interpretações que conduzem a resultados absurdos, cf. Zorzetto, "Reasonableness", cit., p. 134.

iii) Não aplicação de leis por um imperativo de "tolerância", em ligação com o princípio da proporcionalidade. – Em face de uma norma que impõe um dever de ação, determinando a repressão de uma situação ou de uma conduta irregular (*v.g.*, empresa que funciona sem observância de requisitos legais; trabalhador estrangeiro sem documentos), a Administração, conhecendo a situação irregular, não está, em regra, em condição de optar pela não aplicação. Mas, em casos excecionais, por razões imperiosas e de força maior – *v.g.*, razões humanitárias, dimensão do impacto económico-social da medida, grau de prejudicialidade ou de severidade dos efeitos da medida em face dos interesses protegidos com a sua adoção –, pode revelar-se legítimo, com fundamento no princípio da proporcionalidade, que a Administração profira uma "decisão de tolerância", *abdicando* de aplicar uma medida repressiva ou agressiva ou, porventura, suspendendo essa aplicação durante um período limitado de tempo. Trata-se, insiste-se, de uma hipótese a admitir com cautelas e em casos excecionais e extremos.

Nesses casos, excecionais e extremos, em que está em causa uma exigência de tutela de valores constitucionais (*v.g.*, direitos fundamentais), a aplicação estrita da regra legal e a realização do "interesse público primário" vão claudicar. Deve dizer-se que este resultado é ratificado pelo TEDH, sempre que esteja em causa a proteção de direitos humanos. Assim, por ex., o Tribunal decidiu que a ordem de demolição de uma casa de habitação construída sem licença (decisão vinculada segundo a lei da Bulgária) viola o artigo 8.º da CEDH, na medida em que não permite a ponderação (proporcional) do direito ao domicílio (caso *Ivanova e Cherkezov c. Bulgaria*, proc. 46577/15)[610]. O princípio da proporcionalidade é, assim, convocado para impor a consideração e a ponderação de interesses que a norma legal não protegeu, por determinar que, sempre que se verifique a situação nela definida, a decisão terá necessariamente um certo sentido. No direito alemão, a questão tem-se colocado quanto a várias decisões que a lei configura como decisões vinculadas (*v.g.*, recusa de licenças, revogações de autorizações, expulsão de estrangeiros) e alguma doutrina questiona a relativização da vinculação legal, defendendo estar aqui presente uma forma de "discricionaridade disfarçada", que põe em causa a segurança jurídica e que atenta contra o

[610] Sobre a aplicação do princípio da proporcionalidade na jurisprudência pelo TEDH de proteção dos direitos individuais, cf. A. Albanese, "Il principio di proporzionalità come componente della cittadinanza amministrativa", in A. Bartolini/A. Pioggia, (coord.), *Cittadinanze amministrative*, p. 193 e segs. (p. 206 e segs.).

princípio da separação de poderes[611]. Em Itália, o princípio da proporcionalidade já foi invocado para anular a decisão de exclusão de uma candidata de uma prova de exame que, por causa de uma indisposição temporária, não se apresentou no horário previsto, embora tivesse chegado antes do início da prova[612].

b) Reserva de lei e reserva de norma jurídica

A precedência ou reserva da lei, ou sentido positivo do princípio da legalidade, postula que a ação administrativa se deve fundar na lei: a lei é fundamento da ação administrativa.

Pois bem, como sabemos já, não subsiste uma "reserva total de lei". Desde logo, não subsiste no sentido clássico, de "lei parlamentar", pois, no nosso sistema, o Governo também legisla, e, por isso, as "leis do Governo" (decretos-leis) também podem cumprir a função de "precedência de lei" e de legitimação da ação administrativa. Mas, além disso, a reserva de lei não existe tão-pouco como uma "reserva de função legislativa" (ou de ato legislativo[613]), pois, como também vimos, a ação administrativa, designadamente a prática de atos administrativos, também se pode basear em normas jurídicas não legislativas.

O recuo ou a retração da reserva de lei é um fenómeno que se tem vindo a agudizar desde os últimos anos do século XX, e que funda as suas raízes no processo de expansão do direito da União Europeia, e, sobretudo, no crescente protagonismo do regulamento administrativo como fonte de Direito Administrativo.

Em concreto, o aumento da presença do regulamento como norma de habilitação do agir administrativo é o resultado da conjugação de vários fatores: *i)* situações em que a lei (ato legislativo) faz depender a sua aplicação da emissão de regulamentos que definam os procedimentos para a tomada

[611] Sobre a observância do princípio da proporcionalidade na adoção de decisões administrativas reguladas por regras vinculativas, a ideia de "discricionaridade disfarçada" e o impacto no princípio de separação de poderes, cf. T. Barczak, "Der gebundene Verwaltungsakt unter Verhältnismäßigkeitsvorbehalt", *Verwaltungsarchiv*, 2014, p. 142 e segs.; V. Mehde, "Die Prüfung der Verhältnismäßigkeit bei gebundenen Entscheidungen", *Die Öffentliche Verwaltung*, 2014, p. 541 e segs.; K. Naumann, "Die Prüfung der Verhältnismäßigkeit im Rahmen gebundener Entscheidungen", *Die Öffentliche Verwaltung*, 2011, p. 96 e segs. Veja-se ainda B. Vogt, *Die verhältnismäßige Anwendung »gebundener« Normen*, Duncker & Humblot, 2019, no sentido da apologia de uma visão dinâmica e flexível da vinculação da Administração à lei (em especial, p. 114 e segs.).

[612] Cf. Villata/Ramajoli, *ob. cit.*, p. 552.

[613] No sentido de que a atuação administrativa se tem de fundar num ato legislativo.

das decisões nelas previstas[614]; *ii) deslegalização*, através de reenvio legal da disciplina material de matérias para regulamento, processo que se generalizou na área da regulação económica, pelo menos quando existem entidades reguladoras independentes – neste caso, a lei deixa de regular diretamente condutas e limita-se a um papel, mais modesto, de constituir uma "fonte sobre a produção" de normas, na condição de "regra sobre regras"[615]; *iii)* autonomias administrativas, que promovem a figura do regulamento como expressão da autonomia, como sucede, por ex., com as autarquias locais ou as universidades.

Sem prejuízo destes desvios, aliás crescentes, sabemos que, sobretudo quando está em pauta o exercício, pela Administração, de poderes de autoridade em situações concretas de contacto com os administrados, mantém-se, em termos práticos ou para a generalidade das situações, a regra de fundamento legal, do fundamento da decisão administrativa num ato legislativo. Além disso, mesmo que o fundamento imediato de uma decisão unilateral da Administração para um caso concreto possa repousar numa norma não legislativa (*v.g.*, um regulamento administrativo, emitido com fundamento numa lei), deve ter-se presente a vigência de um princípio de "reserva de norma jurídica", no sentido que já conhecemos: deverá, portanto, tratar-se de uma norma de programação condicional que defina a "competência" (órgão competente"), determine o "fim" ou a "finalidade" da decisão – o que se deduz dos *pressupostos*, definidos na *hipótese* normativa – e forneça ainda, na *estatuição*, uma indicação (mesmo que "aberta") sobre o "conteúdo" da medida: "quem", "quando e para quê" e "o quê" são as indicações que, em geral, se devem extrair da norma de competência com uma estrutura de programação condicional [cf. ponto 19.1.2, *b)*].

Estando envolvida a tomada de decisões de autoridade, o princípio da reserva de lei ou da reserva de norma jurídica não pode esgotar-se numa mera autorização formal para a Administração decidir. Neste caso, a norma de competência tem de definir ou determinar as condições substantivas que devem reunir-se para que as decisões possam ser proferidas (reserva de lei ou de norma jurídica *em sentido material*)[616]. Esta exigência vem, afinal, a

[614] Por exemplo: a Portaria n.º 284/2018, de 23 de outubro, estabelece o procedimento de autorização de introdução de novos produtos do tabaco no mercado e fixa a respetiva taxa. Em casos como este, a decisão da Administração baseia-se diretamente no regulamento e não na lei.
[615] Cf. S. Foà, *I regolamenti delle autorità amministrative indipendenti*, Giappichelli, 2002, p. 106.
[616] Cf. M. Sinisi, *Introduzione allo studio del potere autoritativo*, ARACNE, 2009, em especial, p. 37 e segs.

materializar-se na "tipicidade", quer dizer, na regra de que a Administração só pode praticar os atos administrativos "previstos na lei". A Administração atua e toma decisões ao abrigo de poderes típicos e não no exercício de um poder genérico de praticar atos de autoridade. Como já se disse, a norma de competência "não pode limitar-se a atribuir competência para a prática de quaisquer atos administrativos sobre certa matéria"[617]. As decisões de autoridade da Administração têm de se apoiar numa prévia atribuição normativa do "poder" de as proferir[618]. Por isso mesmo, a regra geral só pode ser a de que a norma de competência deve definir o "conteúdo típico do poder". Isto deverá ser assim, ainda que "o tipo possa ser *aberto*", ou seja, contenha aberturas discricionárias[619].

Mas por vezes a norma de competência vai mais longe e não apresenta a definição do conteúdo típico do poder conferido à Administração, limitando-se a indicar um "núcleo mínimo identificador do género de medida, deixando ao executor a invenção do conteúdo completo do acto"[620], o qual exerce, nesse âmbito, uma "discricionaridade criativa". Como já se explicou, a estruturação de normas de competência nestes termos – que origina a "atos administrativos atípicos" – só pode aceitar-se em casos extremos e excecionais, uma vez que a determinação ou definição do poder da Administração é uma "questão normativa", pelo que, em regra, tem de ser efetuada *ex ante* e de forma abstrata pela norma de competência, e não, em face do caso concreto, pelo agente administrativo [cf. ponto 29.4].

c) *Reserva de lei parlamentar e ação administrativa*

Sabemos quão decisiva foi para a génese e a construção do Direito Administrativo a ideia de subordinação da Administração à lei parlamentar. Mas, atualmente, e desde há muito tempo, não subsiste a *reserva de lei parlamentar* em relação à ação administrativa.

Não obstante, como é sabido, existe no direito português uma *reserva de competência legislativa* (absoluta e relativa) da Assembleia da República: cf.

[617] Cf. Sérvulo Correia, *Legalidade e Autonomia Contratual, cit.*, pp. 312-313.

[618] Sobre o princípio da tipicidade dos atos administrativos, cf. M. S. Giannini, "Sulla tipicità degli atti amministrativi", *Scritti in memoria di Aldo Piras*, Milano, Giuffrè, 1996, p. 319 e segs.; M. Dugato, *Atipicità e funzionalizzazione nell'attività amministrativa per contratti*, Giuffrè, 1996, *passim*, N. Bassi, *Principio di legalità e poteri amministrativi impliciti*, Giuffrè,2001, p. 388 e segs., Rossi, *Principi di diritto amministrativo, cit.*, p. 87.

[619] Cf. Sérvulo Correia, *Legalidade e Autonomia Contratual, cit.*, p. 318.

[620] *Idem, ibidem*, p. 479.

artigos 164.º e 165.º da CRP. A consagração constitucional desta reserva não foi, contudo, pensada para enquadrar relações entre Assembleia da República e Administração Pública. O que se pretendeu foi, na verdade, definir um critério de separação ou de distribuição do poder de legislar entre os órgãos constitucionais titulares da função legislativa, sobretudo entre a Assembleia da República e o Governo. Deste modo, nas matérias da competência reservada da Assembleia da República, o Governo não pode legislar (reserva absoluta) ou não pode legislar sem autorização do órgão parlamentar (reserva relativa).

A reserva de lei parlamentar é, pois, uma figura que opera no interior da função legislativa entre os atores legislativos. Sucede, porém, que a atribuição constitucional do princípio do exclusivo, absoluto ou relativo, da regulamentação legal de certas matérias à Assembleia da República tem implicações no quadro do relacionamento entre a função legislativa da Assembleia da República e a função administrativa.

Vejamos.

O propósito fundamental da reserva parlamentar reside em atribuir à "assembleia representativa de todos os cidadãos portugueses" (artigo 147.º) uma palavra decisiva sobre a regulamentação de certas matérias[621]: assim, por ex., a criação de impostos ou a legislação em matéria de direitos, liberdades e garantias ou de criação de autarquias locais são algumas dessas matérias. Foi o juízo do legislador constitucional sobre a relevância política, social ou económica dessas e de outras matérias, a relevância delas para o conjunto da coletividade e para a "vida em sociedade"[622], que ditou a reserva parlamentar e, portanto, a exigência de ser uma lei discutida no parlamento e aprovada por uma maioria parlamentar a discipliná-las (*v.g.*, restrições de direitos, liberdades e garantias). Trata-se, para simplificar o discurso, de "matérias reservadas", que correspondem, por imposição constitucional, ao domínio legislativo do Parlamento.

Pois bem, e como se avançou, a delimitação constitucional desse círculo de "matérias reservadas" tem efeitos no relacionamento entre legislação e atividade administrativa.

[621] Sobre os critérios a que está subjacente a instituição da reserva parlamentar, cf. Gomes Canotilho/Vital Moreira, *ob. cit.*, vol. II, pp. 309 e 324 – a maior parte das matérias incluídas na reserva absoluta referem-se à *constituição política*; as matérias incluídas na reserva relativa dividem-se por três grupos: direitos fundamentais; constituição económica e organização política e administrativa.

[622] Cf. Vieira de Andrade, *Lições de Direito Administrativo, cit.*, p. 51

Em primeiro lugar, quanto à ação que se desenvolve através de regulamento. Apesar de não existir uma regra de proibição de intervenção regulamentar em matérias reservadas à lei, cumpre notar que, quando se trate de "regulamentos independentes", a intervenção regulamentar deverá circunscrever-se, em regra, a aspetos "não essenciais" da disciplina jurídica das matérias reservadas (*teoria da essencialidade*)[623]. Neste sentido, a presença de uma matéria reservada tem o efeito imediato de diminuir o âmbito ou a extensão possível da regulamentação por regulamento administrativo e, sobretudo, de *autonomia regulamentar.* O que, de resto, se compreende bem como regra geral, uma vez que as matérias reservadas são as que a Constituição quer ver regulamentadas por lei parlamentar (ou por decreto-lei autorizado).

Em segundo lugar, e agora quando estejam em causa atuações administrativas em situações concretas (*v.g.*, atos administrativos, atuações materiais), a lei de habilitação da ação da Administração deverá cumprir um "imperativo de determinabilidade" e de densidade normativa acrescida, quer na definição dos pressupostos, quer na indicação dos efeitos (conteúdo) das medidas administrativas [cf. ponto 29.1.2][624].

A reserva parlamentar reclama, neste cenário, uma "legalidade material", não podendo a lei, no seu conteúdo, limitar-se ao preenchimento do mero requisito formal de *prius* da ação administrativa e esgotar-se numa espécie de emissão de cheque em branco em favor da Administração[625]. Assim, quando as "matérias reservadas" são "administrativas" – por se referirem a ações da Administração –, o sentido da instituição da reserva parlamentar só se vê respeitado se a lei definir, de forma rigorosa e objetiva, com "densidade suficiente", os pressupostos e o conteúdo da intervenção administrativa. Ao desenhar as competências da Administração para intervir em matérias reservadas de natureza administrativa, por ex., na restrição ou na regulamentação de direitos, liberdades e garantias (*v.g.*, sujeição do exercício de

[623] Neste ponto, cf. Ana Raquel Moniz, *A Recusa de Aplicação de Regulamentos pela Administração com Fundamento em Invalidade*, Almedina, 2012, pp. 62 e segs., e 132 e segs.; Marta de Sousa Nunes Vicente, *A Quebra da Legalidade Material na Actividade Normativa de Regulação Económica*, Coimbra Editora, 2012, p. 54 e segs. [sobre a teoria da essencialidade e, em geral, sobre os regulamentos independentes, cf. volume 2].

[624] Cf. Vieira de Andrade, *Lições de Direito Administrativo, cit.*, p. 51; veja-se ainda: Vieira de Andrade, *Os Direitos Fundamentais, cit.*, p. 323 e segs.

[625] Quando a Administração está em situação de praticar atos que incidem sobre os direitos dos cidadãos, o princípio da legalidade mostra o seu mais alto valor de garantia: cf. F. Sorrentino, "Principio di legalità", *Diritto Pubblico*, 2016/3, p. 83 e segs. (p. 91).

um direito a autorização), o legislador deve definir os pressupostos e os termos da intervenção da Administração, a qual não deve ficar dependente "de um juízo de oportunidade e conveniência da própria autoridade administrativa"[626]. A lei não pode, pois, esgotar-se numa regulamentação generalista, imprecisa e indeterminada, que acabe por abrir as portas a uma atuação livre da Administração. O desrespeito desta exigência equivale, em termos práticos, à "delegação ilegítima" de poderes próprios do legislador na Administração Pública.

> Neste contexto, do relacionamento entre o legislador e a Administração, a referência ao conceito de "delegação" recorda imediatamente a designada "doutrina da não delegação" ("nondelegation doctrine") do direito norte-americano e do direito da União Europeia. Na formulação americana, com origem na *Supreme Court* (caso *J. W. Hampton & Co. vs. United States*, 276 U.S. 394: 1928), a teoria da não delegação tem o propósito de conservar o "lawmaking power" no Congresso, o qual não pode abdicar de disciplinar o *essencial* das matérias de lei, pelo que deve, em todos os casos, estabelecer, de forma clara, por meio de "princípios de orientação inteligíveis e inequívocos", os termos e as condições por que se deve reger o Executivo (Presidente e agências) nas missões de "implementation" e de "enforcement" das leis[627]. Um exemplo de delegação proibida seria o de uma lei que autorizasse o Presidente a fazer "whatever he deems appropriate to make the United States a better nation by his lights": tratar-se-ia de uma delegação em sentido exclusivamente metafórico[628]. Uma lei formulada em termos completamente vagos e abertos, à qual se possa reconduzir uma qualquer conduta da Administração equivale a uma situação de "falta de lei", o que,

[626] Cf. Vieira de Andrade, *Os Direitos Fundamentais, cit.*, p. 324.

[627] Cf. R. E. Levy, *The power to legislate (a reference guide to the United States Constitution)*, Praeger Publishers, 2006, p. 123 e segs. A determinação e a inteligibilidade das leis de delegação, que definem os poderes administrativos ("intelligible principle"), é o núcleo da "nondelegation doctrine". Contudo, no sentido de uma sucessiva atenuação da exigência de determinabilidade, e aludindo mesmo à natureza moribunda da "nondelegation doctrine", cf. E. H. Stiglitz, "Delegating for trust", *University of Pennsylvania Law Review*, vol. 166/3, 2018, p. 633 e segs. (p. 645).

[628] Sobre o conceito de "delegation metaphor", que indica o resultado da lei que confere à Administração uma autorização de agir em branco, sem que dela se possa extrair um princípio inteligível que oriente a respetiva execução, cf. E. Posner/A. Vermeule, "Interring the nondelegation doctrine", *University of Chicago Law Review*, vol. 69, 2002, p. 1721 e segs. (p. 1726 e segs.).

segundo alguma doutrina, corresponde à violação do primeiro dever decorrente da moralidade do Direito Administrativo, que consiste em fazer leis ou regras que regulem as condutas da Administração[629].
No direito da União Europeia, a "nondelegation doctrine", que igualmente teve origem na jurisprudência ("caso Meroni"), enquadra as condições e os limites à atribuição de poderes de regulação às agências europeias[630].

Como se afirma numa decisão do Tribunal Constitucional, "a norma legal habilitante da atuação administrativa tem de apresentar um mínimo de densidade, i.e., tem de conter uma disciplina suficientemente precisa (densa, determinada), de forma a, no mínimo, poder representar um critério legal orientador da atuação para a administração, permitindo o respetivo controlo por juízos de legalidade e a defesa dos direitos e interesses dos cidadãos. A falta de um critério legal efetivo, garantindo a imparcialidade e evitando a arbitrariedade, priva a função administrativa de parâmetro de atuação"[631]. Esta exigência, ainda que com variações, haverá de valer como cânone e premissa geral, nos casos de intervenção administrativa de controlo preventivo do exercício de direitos fundamentais, de ingerência e ataque a direitos fundamentais (*v.g.*, poderes de coação, atos de natureza expropriativa): a reserva de lei parlamentar reclama, nestas matérias, o respeito por um estrito "princípio de tipicidade" ou de "tipicidade fechada", e, assim, a definição, sem ambiguidades, dos pressupostos da intervenção administrativa, bem como a indicação, com clareza, dos conteúdos possíveis das medidas que a Administração fica autorizada a adotar [sobre os desvios a esta regra, designadamente em matéria de polícia, cf. ponto 187.2, *d)*].

Pode, contudo, suceder que, contra esta diretriz de densificação, as leis em matérias de reserva parlamentar utilizem conceitos indeterminados ou não definam os pressupostos e os termos da ação administrativa. Neste cenário, impõe-se o aprofundamento do controlo dos tribunais, nos termos que já conhecemos [cf. ponto 30.1].

[629] Cf. Sunstein/Vermeule, "The morality", *cit.*, p. 1932 e segs.
[630] Cf. M. Simoncini, *Administrative regulation beyond the non-delegation doctrine (a study on agencies)*, Hart Publishing, 2018, em especial, p. 25 e segs. ("doutrina Meroni") e 49 e segs. (poderes quase-regulatórios de algumas agências europeias).
[631] Cf. Acórdão do Tribunal Constitucional n.º 269/2013 (par. 45).

42.4.2 – Estado de necessidade

O *estado de necessidade administrativa* é um princípio geral de Direito Administrativo (um "contra-princípio", segundo Vieira de Andrade[632]) umbilicalmente unido ao princípio da legalidade da Administração[633]. Embora não seja o seu campo de ação único, nem, porventura, o mais frequente, o princípio do estado de necessidade pode funcionar como uma "norma de competência", autorizando, portanto, a Administração Pública a realizar ações e a praticar atos não previstos numa norma jurídica definida para aquela situação específica. Outras aplicações do estado de necessidade permitem legitimar a preterição de exigências formais ou procedimentais.

O estado de necessidade não envolve a rejeição da legalidade administrativa, embora pressuponha a entrada em jogo de uma *legalidade excecional*[634] ou *extraordinária*[635]. O surgimento, na vida real, de uma situação excecional e anormal, extraordinária, conjugada com outros requisitos, vai, pois, legitimar a preterição – a não aplicação ou a violação – das regras estabelecidas, idealizadas para dirigir a ação administrativa em tempos de normalidade, assim como pode legitimar medidas e atos da Administração que adotam um conteúdo não definido, nem de forma aproximada, por uma norma jurídica prévia (*ex ante*). A excecionalidade da situação vem, assim, a autorizar a excecionalidade das soluções[636], as quais podem envolver a derrogação legítima do direito estabelecido pelas normas que regulam em geral a ação administrativa. Contudo, note-se bem, não existe, neste cenário, uma atua-

[632] Cf. Vieira de Andrade, *Lições de Direito Administrativo, cit.*, p. 54.

[633] Cf. Sérvulo Correia, "Revisitando o Estado de Necessidade", *cit.* p. 723; *idem, Legalidade e Autonomia Contratual, cit.*, p. 282 e segs.; sobre este princípio, cf. ainda Freitas do Amaral/Maria da Glória Garcia, "O estado de necessidade e a urgência em Direito administrativo", *Revista da Ordem dos Advogados*, vol. II, ano 59.º, 1999, p. 455 e segs.; Mário Esteves de Oliveira/Pedro Costa Gonçalves/João Pacheco de Amorim, *Código do Procedimento Administrativo Comentado*, Almedina, 1997, p. 92 e segs.

[634] Sérvulo Correia, "Revisitando", *cit.*, p. 723

[635] No sentido de que a emergência e a necessidade geram um "direito administrativo extraordinário", cf. V. Cerulli Irelli, "Principio di legalità e poteri straordinari dell'amministrazione", *Diritto Pubblico*, 2007/2, p. 345 e segs. (p. 362); sobre os poderes administrativos extraordinários em situação de emergência, cf. A. Fioritto, *L'amministrazione dell'emergenza tra autorità e garanzie*, Il Mulino, 2008, p. 203 e segs.

[636] No sentido da existência, neste contexto, de uma correlação entre "straordinarietà dell'evento e straordinarietà del potere", cf. C. Marzuoli, "Il diritto amministrativo dell'emergenza: fonti e poteri", *in* Associazione italiana dei professori di diritto amministrativo (annuario 2005), *Il diritto amministrativo dell'emergenza*, Giuffrè, p. 5 e segs. (p. 12).

ção administrativa *contra legem*, porquanto deve entender-se que o princípio do estado de necessidade, ao abrigo da qual essa atuação se vai desenvolver e que a vai enquadrar, também integra o "bloco da legalidade".

No Direito Administrativo português, o princípio encontra-se formulado no artigo 3.º, n.º, 2 do CPA, em relação à prática de atos administrativos. Estabelece-se aqui que "os atos administrativos praticados em estado de necessidade, com preterição das regras estabelecidas no presente Código, são válidos, desde que os seus resultados não pudessem ter sido alcançados de outro modo, mas os lesados têm o direito de ser indemnizados nos termos gerais da responsabilidade da Administração".

> Na parte final, o artigo 3.º, n.º 2, delineia um direito de indemnização dos lesados: trata-se de uma indemnização pelos prejuízos causados pela atuação em estado de necessidade, mas não necessariamente pelo facto de essa atuação se ter efetuado com preterição do direito estabelecido. Em regra, estão em causa danos que sempre seriam indemnizáveis por resultarem de atos legítimos ("atos administrativos ... válidos") que impõem "encargos especiais e anormais" aos lesados. A indemnização, que a Administração deve suportar, baseia-se no "sacrifício" que tais encargos representam para os lesados e na ideia de igualdade dos cidadãos perante os encargos públicos[637]: estamos, pois, perante um caso de uma *indemnização pelo sacrifício* (cf. artigo 16.º do RRCEEEP[638]).

O preceito refere-se apenas a "atos administrativos", a *decisões* da Administração. Contudo, em muitas situações, o estado de necessidade pode não se conciliar sequer com a autonomia do momento decisório prévio (de adoção de uma decisão) e reclamar uma imediata atuação da Administração: uma atuação operacional ou executiva.

Precisamente para essa situação, o artigo 151.º do CPA de 1991, aludia ao estado de necessidade como exceção à regra da "legalidade de execução": "salvo em estado de necessidade, os órgãos da Administração Pública não podem praticar nenhum ato ou operação material de que resulte limitação de direitos subjetivos ou interesses legalmente protegidos dos particulares,

[637] Sobre este princípio, cf. F. Ossenbühl, *Staatshaftungsrecht*, München, 1998, p. 125; P. Delvolvé, *Le principe d'égalité devant les charges publiques*, LGDJ, 1969.

[638] Sobre a aplicação desse preceito no caso de estado de necessidade administrativa, cf. Pedro Machete, in Rui Medeiros (org.), *Comentário ao Regime da Responsabilidade Civil Extracontratual do Estado e demais Entidades Públicas, cit.*, p. 463 e segs.

sem terem praticado previamente o ato administrativo que legitime tal atuação".

O CPA de 2015 manteve a regra, no artigo 177.º, n.º 1, mas a ressalva do estado de necessidade foi eliminada. Esta passou para o n.º 2 do mesmo preceito, que estipula que os procedimentos de execução exigem, além de um ato exequendo (n.º 1), a emissão de uma decisão autónoma de proceder à execução: assim, em termos literais, o estado de necessidade já não autorizaria a atuação material sem o "ato exequendo", para passar a autorizar apenas a atuação material sem a emissão da "decisão de proceder à execução". Acreditamos que se tratou de um lapso do legislador de 2015, pois, a existir uma previsão legal, só faz verdadeiramente sentido que o estado de necessidade se refira à prática de operações materiais sem o prévio ato administrativo exequendo (v.g., ato que ordena a remoção de um objeto), desde logo, pelo impacto de uma tal exceção (incomparavelmente superior ao impacto da exceção que decorre de se admitir a execução sem decisão de proceder à execução). Em qualquer caso, e apesar do silêncio da lei, é claro que, quando reunidos os respetivos pressupostos, o estado de necessidade não pode deixar de autorizar a execução sem a prática do ato exequendo, o que corresponde, em rigor, à execução sem o procedimento do ato exequendo: em rigor, poderá faltar todo o procedimento do ato e não apenas o ato exequendo.

Apesar de o âmbito do artigo 3.º, n.º 2, já contemplar a situação, o artigo 161.º, n.º 2, alínea *l*), do CPA autonomiza o efeito de validação do princípio do estado de necessidade, nos casos em que a Administração pratica um ato administrativo com preterição total do procedimento administrativo legalmente exigido.

O conceito de estado de necessidade corresponde a uma "cláusula geral", não existindo qualquer definição legal, nem tão-pouco uma indicação dos respetivos requisitos. A delimitação da figura tem sido obra da doutrina jus-administrativista, que, a partir de elementos históricos[639] e também da consideração do modo como o estado de necessidade é considerado no direito civil (cf. artigo 339.º do Código Civil) e no direito penal (cf. artigo 35.º do Código Penal) – em ambos os casos focando a situação de perigo atual de dano num bem jurídico –, define os respetivos requisitos ou pressupostos.

[639] No sentido de que as fórmulas *necessitas legem non habet* e *quod non est licitum in lege necessitas facit licitum* pertencem a uma história longínqua, cf. Freitas do Amaral/Maria da Glória Garcia, *ob. cit.*, p. 455 e segs.

Importa, então, perceber em que condições pode o estado de necessidade funcionar como norma de competência, desempenhando "um efeito de habilitação" e de validação de condutas que, de outro modo, seriam ilegais[640].

Enquanto princípio geral, o estado de necessidade administrativa tem, por si mesmo, um efeito de habilitação e de validação de condutas administrativas que, fora da situação de necessidade, seriam ilegais. Por causa desta força normativa própria, devem distinguir-se as ações administrativas executadas ao abrigo ou no âmbito do princípio do estado de necessidade das ações que os órgãos competentes executam na sequência de "declaração de estado de emergência", nos termos do Regime do Estado de Sítio e do Estado de Emergência, de "declaração de calamidade", "de contingência" ou "de alerta" nos termos da Lei de Bases da Proteção Civil, de "estado de emergência ambiental", nos termos da Lei da Água, de "declaração de crise energética", nos termos do Decreto-Lei n.º 114/2001, de 7 de abril, ou de "emergência de saúde pública", nos termos da lei de Bases da Saúde e do Regime do Poder de Autoridade de Saúde [cf. ponto 187.3].
Nestes casos, entra em cena um "direito de emergência", definido na legislação e em normas da própria Administração. As providências e medidas administrativas neste âmbito fundam-se nas *regras especiais* do direito de emergência, e não no estado de necessidade. Não obstante, existe, em muitos pontos, uma natural proximidade entre as figuras de "estado de emergência" e o "estado de necessidade": um sintoma disso mesmo no âmbito jurídico-administrativo reside na presença de uma "discricionaridade criativa" das autoridades administrativas na definição dos conteúdos das medidas a adotar [cf. ponto 29.4].

a) Pressupostos do estado de necessidade administrativa

Vejamos, em primeiro lugar, os pressupostos do estado de necessidade. Como acabámos de ver, estes não se encontram enunciados na lei; a respetiva definição tem sido sobretudo uma obra da doutrina, que os determina com as exigências e os cuidados impostos pelo facto de se estar a construir uma "legalidade excecional" e "alternativa" às regras estabelecidas.

Correspondendo a essa exigências e cuidados, definem-se os seguintes pressupostos que, reunidos, permitem uma ação da Administração com preterição ou à margem das regras estabelecidas:

[640] Cf. Sérvulo Correia, "Revisitando", *cit.*, p. 723.

i) ocorrência de uma circunstância excecional ou anormal;

O estado de necessidade requer, em primeiro lugar, a ocorrência de uma situação real, a verificação de um facto ou de um conjunto encadeado e sucessivo de factos[641]. Essa situação terá de ser excecional ou anormal, extraordinária, quer dizer, não frequente nem habitual e, portanto, fora do comum, fora de um contexto de normalidade. A situação excecional não tem de ocorrer de forma súbita, nem tem de corresponder a um episódio efémero; a excecionalidade pode até resultar de uma determinada situação se prolongar no tempo, resultando a sua excecionalidade ou anormalidade do próprio prolongamento temporal da mesma (*v.g.*, falta de recolha de lixos das ruas ou de transporte de certas mercadorias durante um largo período de tempo).

A circunstância excecional pode ser prevista por lei, em termos naturalmente abstratos (*v.g.*, epidemia; acidente grave). Mas, para mobilizar a figura do estado de necessidade num caso assim, é suposto que a lei não defina um regime jurídico próprio para a situação excecional nela prevista. Se a lei define um regime jurídico para a situação, então, como vimos há pouco, a ação da Administração vai desenvolver-se ao abrigo desse regime e não do princípio do estado de necessidade: eis o que se verifica com o regime que a Lei de Bases da Proteção Civil prevê em caso de *acidente grave* ("acontecimento inusitado com efeitos relativamente limitados no tempo e no espaço, suscetível de atingir as pessoas e outros seres vivos, os bens ou o ambiente") ou de *catástrofe* ("o acidente grave ou a série de acidentes graves suscetíveis de provocarem elevados prejuízos materiais e, eventualmente, vítimas, afetando intensamente as condições de vida e o tecido socioeconómico em áreas ou na totalidade do território nacional"). O mesmo se pode dizer do poder de "requisição de serviços, estabelecimentos e profissionais de saúde em caso de epidemias graves e outras situações semelhantes" previsto no Regime do Poder de Autoridade de Saúde.

Naturalmente, também podem ser circunstâncias excecionais as que não sejam objeto de qualquer previsão legal ou de uma previsão legal aplicável no caso: neste sentido, circunstância excecional ou anormal é um cataclismo ou uma catástrofe natural, uma súbita crise económico-financeira, um incêndio, mas também pode ser a situação de desordem dentro de um avião, a presença de um objeto estranho num local de culto, a deambulação em

[641] Neste sentido, sobre os elementos do "potere d'emergenza", cf. Fioritto, *ob. cit.*, p. 97.

público de um animal feroz, a chegada à fronteira de um país de um número elevado de pessoas sem documentos de entrada no país ou o abatimento ou colapso de um prédio ou de uma estrada.

Por vezes, a lei refere-se diretamente a "circunstâncias excecionais", para o efeito de indicar a possibilidade de adoção de *determinadas medidas* ou de permitir a adoção de *determinadas soluções*, medidas e soluções que seriam ilegais fora do circunstancialismo de exceção: um exemplo da primeira situação pode ver-se no artigo 21.º, n.º 3, do CPA, que confere ao presidente de órgãos colegiais o poder de suspender ou encerrar antecipadamente as reuniões, "quando circunstâncias excecionais o justifiquem"; um exemplo da segunda encontra-se no artigo 35.º, n.º 3, do RJAL, que atribui ao presidente da câmara o poder de praticar quaisquer atos da competência da câmara municipal "em circunstâncias excecionais"[642]. Dado que o estado de necessidade exige a reunião de mais requisitos (cf. *infra*), poderia pensar-se que estes dois casos não correspondem a situações de necessidade, porquanto, tudo parece indicá-lo, neles está presente apenas um dos requisitos ("circunstâncias excecionais"), dispensando as demais exigências do estado de necessidade. Cremos não ser assim, devendo considerar-se que a lei pressupõe a presença dos demais requisitos, que conheceremos a seguir[643].

ii) que provoque uma situação de perigo grave, atual e iminente de ofensa a um interesse protegido pela ordem jurídica;

A situação de estado de necessidade existe quando ocorre uma circunstância que, além de não ser normal, tem de provocar um cenário de perigo grave, atual ou iminente (próximo) de ofensa a um interesse ou bem jurídico protegido (*v.g.*, vida, saúde, património, ordem pública, fornecimento de serviços

[642] Note-se que, nos termos do mesmo preceito do RJAL, os atos praticados pelo presidente da câmara ficam sujeitos a ratificação, "sob pena de anulabilidade", o que significa, afinal, que tais atos não são válidos. A presença das circunstâncias excecionais e de uma situação de estado de necessidade não tem, neste caso, um efeito de de validação definitiva.

[643] Embora não se referindo a "circunstâncias excecionais", está implícita a verificação de um quadro da excecionalidade na previsão do artigo 30.º, n.º 1, da Lei Orgânica do Banco de Portugal: "se estiverem em risco *interesses sérios do País ou do Banco* e se não for possível reunir o Conselho de Administração, por motivo imperioso de urgência, por falta de quórum ou por qualquer outro motivo justificado, o Governador tem competência própria para a prática de todos os atos necessários à prossecução dos fins cometidos ao Banco e que caibam na competência daquele Conselho"

essenciais)[644]. É indispensável a presença da situação de ofensa ou de lesão ou, pelo menos, de ameaça séria à integridade de um bem protegido pela ordem jurídica: a preterição ou a atuação à margem das regras estabelecidas exige-o. Quer dizer, a atuação à margem do direito estabelecido só poderá ver-se "compensada" se estiver presente uma exigência de salvaguarda ou de proteção de um interesse ou bem juridicamente protegido. Segundo a generalidade da doutrina, deverá exigir-se que o interesse público a preservar prevaleça sobre o interesse da legalidade, do cumprimento da lei: assim, diz-se que "só haverá estado de necessidade se o interesse público a salvaguardar for imperioso, porque só este permite sacrificar o interesse da legalidade"[645]. Quer dizer, o interesse a salvaguardar haverá de ser, não apenas um interesse protegido pela ordem jurídica, como, nas circunstâncias do caso, um interesse de maior relevância jurídica do que o interesse no cumprimento da lei.

iii) que reclama, em vista da salvaguarda deste interesse, uma atuação administrativa, com preterição ou à margem das regras estabelecidas.

O estado de necessidade impõe, em regra, a adoção de medidas de urgência, de ações imediatas, que, em face da situação excecional ou prolongada, possam proteger os bens em perigo. Em geral, a situação de urgência reclama uma *resposta adequada*, que não se concilia com a aplicação do direito estabelecido, nem, se for o caso, com a feitura de uma regra para definir as medidas aplicáveis na situação.

No sentido que acaba de se ver, a *urgência das medidas* surge associada ao estado de necessidade e é ela mesma que exige a preterição do direito estabelecido. Mas a *urgência* ("urgência administrativa"), enquanto exigência de uma atuação célere e imediata, também pode surgir referenciada como fundamento que a Administração poderá invocar para afastar a aplicação de uma *regra geral*: cf. artigos 100.º, n.º 3, alínea *a)*, e 124.º, n.º 1, alínea *a)*, sobre a *dispensa da audiência de interessados*, nos casos de "regulamento urgente" ou de "decisão urgente"; uma situação do mesmo tipo pode ver-se no artigo 26.º, n.º 2, sobre a urgência de deliberação imediata sobre assuntos não inscritos na ordem do dia. Com um recorte já diferente, por envolver uma

[644] Cf. Fioritto, *ob. cit.*, p. 97.

[645] Cf. Freitas do Amaral/Maria da Glória Garcia, "O estado de necessidade", *cit.*, p. 484. Em sentido análogo, cf. Sérvulo Correia, "Revisitando", *cit.*, p. 736.

autorização para agir e afastar uma regra de proibição, vejam-se os artigos 71.º, n.º 2 – que estabelece que os agentes impedidos, nos termos do artigo 69.º "devem tomar todas as medidas que forem inadiáveis em caso de urgência ou de perigo, as quais carecem, todavia, de ratificação pela entidade que os substituir" – e 176.º, n.º 1, em que a invocação da "urgente necessidade pública" é um fundamento autónomo (a par do fundamento legal) da adoção de medidas de execução coerciva. Apesar do recorte particular, nenhum destes dois casos pressupõe a verificação de um estado de necessidade: a "urgência" a que se refere o artigo 71.º, n.º 2, ou a "urgente necessidade pública" a que alude o artigo 176.º, n.º 1, não têm subjacente a ocorrência de uma circunstância excecional ou especial, fora do comum, exigindo apenas a invocação de factos objetivos, próprios de um quadro de normalidade, que evidenciem a existência de razões sérias para uma atuação imediata. A adoção de soluções em casos de urgência administrativa não tem o efeito de derrogar a legalidade estabelecida, mas apenas o de não aplicar uma *regra* nos termos que ela própria define: ou seja, a urgência apenas é invocável pela Administração nos casos previstos na lei e com o alcance aí especificamente previsto. Diferentemente, o estado de necessidade é um princípio geral, que, por si mesmo e fora de uma previsão legal específica, autoriza a preterição ou a atuação à margem de uma regra estabelecida sempre que os respetivos pressupostos estejam reunidos.

Embora em muitos casos associado a uma situação de urgência ou de emergência, que exige uma resposta imediata da Administração, o estado de necessidade não exige sempre a verificação de uma situação com essas características. A situação de facto pode apenas exigir uma resposta à margem das regras estabelecidas na ordem jurídica. Neste sentido, a atuação em estado de necessidade será uma atuação atípica.

Uma vez reunidos os três pressupostos indicados, temos uma situação de estado de necessidade, que definimos como "circunstância ou situação excecional ou anormal que cria o perigo grave, atual e iminente da ofensa a um interesse protegido pela ordem jurídica e que exige, em vista da salvaguarda deste interesse fundamental, uma atuação administrativa, com preterição ou à margem das regras estabelecidas".

O Prof. Sérvulo Correia acrescenta um outro pressuposto, de sentido negativo: o não ser a situação excecional provocada pelo próprio ente ou órgão administrativo; afasta-se assim o risco de a situação ser criada com o intuito de evitar ou de fugir à aplicação da lei estabelecida. Temos dúvidas sobre a pertinência deste pressuposto em geral, pois podem existir situações excecionais "provocadas" pela Administração, cuja ocorrência causa graves prejuízos para terceiros e que, precisamente para proteger estes mesmos terceiros, pode vir exigir a mobilização de *poderes de necessidade*. Não obstante, em casos particulares, a ação da Administração na causação da situação excecional poderá afastar a legitimidade da preterição das regras que seriam aplicáveis, por força do princípio da boa fé e da proibição do *venire contra factum proprium*[646].

b) Atuação em estado de necessidade

Encontrando-se reunidos os pressupostos do estado de necessidade, a Administração Pública vai agir; vai agir, pois, com fundamento no "princípio do estado de necessidade". O sentido da intervenção administrativa consiste em prevenir (evitar) ou em remover a situação de perigo causada por uma circunstância excecional.

Como já adiantámos, a ação administrativa desenvolve-se "com preterição" ou "à margem" das regras estabelecidas.

Em certos casos, raros, a atuação em estado de necessidade está enquadrada e prevista, quanto ao conteúdo das medidas a adotar, em normas do ordenamento jurídico. Eis o que ocorre nas hipóteses previstas nos artigos 21.º, n.º 3, do CPA (suspensão ou encerramento antecipado da reunião de um órgão colegial) e 35.º, n.º 3 do RJAL (prática pelo presidente da câmara de quaisquer atos da competência da câmara municipal). Aqui, a atuação administrativa em estado de necessidade envolve a derrogação de uma regra e traduz-se na mobilização de um "poder extraordinário", mas "típico", conferido e delineado por lei.

Mas, em regra, a atuação em estado de necessidade vai materializar-se na adoção das medidas não previstas por lei ou em infração à lei. Deverá tratar-se, em qualquer caso, de medidas que se revelem *adequadas* para enfrentar a situação extraordinária com que o agente está confrontado e que, em razão da urgência em prevenir ou remover situações de perigo, poderão consistir na postergação de exigências legais quanto à competência dos órgãos da Administração (pode até suceder que o estado de necessidade autorize os

[646] A associação entre a provocação da situação excecional pela Administração e o princípio da boa fé é feita por Sérvulo Correia, "Revisitando", *cit.*, p. 737.

particulares a substituírem-se à Administração[647]), ou exigências de caráter formal (*v.g.*, prática de ato em forma oral, em vez da escrita) ou procedimental (*v.g.*, prática de ato sem solicitação de parecer obrigatório)[648] – quanto a esta última situação, como sabemos, a lei refere-se até à eventualidade da "preterição total do procedimento legalmente exigido": cf. artigo 161.º, n.º 1, alínea *l*), do CPA.

Podendo contrariar uma regra estabelecida, as medidas adotadas em estado de necessidade terão sempre de se revelar conformes com o direito ("princípio de juridicidade") e, em particular, com o princípio da proporcionalidade: assim, a postergação da regra que impõe ao órgão decisor a forma escrita ou a solicitação de um parecer tem de se apresentar como uma medida *necessária* em face das circunstâncias excecionais e *adequada* como meio de promover uma reação urgente em face do perigo de uma ofensa atual ou que paira sobre um interesse ou bem jurídico.

Por fim, temos as situações em que a atuação em estado de necessidade não consiste na dispensa de aplicação ou na preterição de uma regra, mas antes em agir à margem de qualquer regra estabelecida que não seja o próprio princípio do estado de necessidade. Nesta hipótese, a Administração atua *praeter legem*, no sentido em que o *conteúdo* das medidas que vai adotar não está previsto numa norma estabelecida: pode dizer-se que a Administração vai realizar uma ação não prevista, porque as ações previstas pelas regras do ordenamento são insuficientes ou desadequadas à situação[649]. Surge, neste contexto, uma "discricionaridade criativa", uma vez que cabe à Administração o poder de delinear o conteúdo das medidas para enfrentar a situação ("atipicidade"). Embora não baseadas numa regra estabelecida, *v.g.*, numa lei, as medidas administrativas não estão desligadas do direito e têm, por isso, de respeitar exigências jurídicas de vária ordem, decorrentes, desde logo, dos princípios da proporcionalidade (medidas adequadas, necessárias e que envolvam custos menores em relação aos efeitos positivos, às vantagens, que visam alcançar) e da razoabilidade (o que implica "rejeitar as soluções manifestamente desrazoáveis": artigo 8.º do CPA). Neste tipo de situações, o princípio do estado de necessidade, em si mesmo, comporta um efeito de

[647] Reportamo-nos à figura do agente administrativo de facto [cf. ponto 105.4].

[648] No sentido de que o estado de necessidade fundamenta a dispensa da aplicação de disposições legais, sobretudo formais, cf. Vieira de Andrade, *Lições de Direito Administrativo, cit.*, p. 54.

[649] Precisamente neste sentido, cf. R. C. Perin, "Il diritto amministrativo e l'emergenza derivante da cause e fattori esterni all'amministrazione", *in* Associazione italiana dei professori di diritto amministrativo (annuario 2005), *Il diritto amministrativo dell'emergenza, cit.*, p. 31 e segs. (p. 50).

"habilitação da ação administrativa", e permite que, uma vez verificados os *pressupostos* do estado de necessidade, a Administração desenvolva uma atuação e adote as medidas adequadas em face da situação. Estas medidas e atos não são "livres"[650], mas, pelo contrário, são limitados pelo direito, pelos princípios gerais e, por fim, sujeitos a controlo judicial. O princípio do estado de necessidade pode desempenhar uma função de habilitação e de validação da ação administrativa, mas, mesmo pressupondo a reunião dos pressupostos do estado de necessidade, o princípio não contempla, nem poderia contemplar, a validação automática e universal de todas e quaisquer medidas administrativas adotadas no seu âmbito[651].

42.4.3 – Prossecução do interesse público no respeito pelos direitos dos cidadãos

Com uma formulação praticamente idêntica na Constituição (artigo 266.º, n.º 1) e no CPA (artigo 4.º)[652], podemos dizer que o enunciado acolhe três princípios jurídicos: o princípio da prossecução do interesse público, o princípio do respeito pelos direitos dos cidadãos e o "princípio-quadro"[653] da prossecução do interesse público no respeito pelos direitos dos cidadãos.

Vejamos cada um desses princípios ou, talvez melhor, cada uma das dimensões do "princípio-quadro".

Em primeiro lugar, o princípio da prossecução do interesse público, que corresponde a uma presença constante da vida administrativa. A Administração está *sempre* ao serviço do interesse público; e está *exclusivamente* ao serviço deste interesse. Em regra, é a lei que define o interesse público: neste sentido, o princípio da prossecução do interesse público é um outro nome do princípio da legalidade, pois é a lei que, de forma direta ou indireta, tem a responsabilidade de indicar o interesse público que a Administração deve prosseguir. O exercício da função administrativa ao serviço do interesse público inclui uma exigência de atuação imparcial,

[650] Referindo-se aos atos de emergência como "atos livres", mas com o objetivo de indicar que se trata de atos cujo conteúdo não está determinado por lei (atos atípicos), cf. A. Fioritto, *ob. cit.*, p. 205.

[651] Sobre os limites e o controlo da atuação administrativa em estado de necessidade, cf. Sérvulo Correia, "Revisitando", *cit.*, p. 740 e segs.; Fioritto, *ob. cit.*, p. 109 e segs.

[652] Há, contudo, uma diferença na formulação constitucional e legal: na Constituição, define-se que a Administração "visa" a prossecução do interesse público; no CPA, estabelece-se que "compete" aos órgãos da Administração prosseguir o interesse público; sobre esta ligeira diferença, cf. Mário Esteves de Oliveira/Pedro Costa Gonçalves/J. Pacheco de Amorim, *Código, cit.*, p. 97.

[653] Cf. J. C. Vieira de Andrade, *Lições de Direito Administrativo, cit.*, p. 52.

descontaminada de influências ilegítimas, e constitui uma dimensão essencial da ética pública[654].

Contudo, com sabemos, não raro, também cabe à Administração, nos espaços da sua autonomia concedida por lei, a definição final do interesse público, no quadro de um processo de concretização jurídica e de realização do direito no caso concreto. De resto, o interesse público pode até surgir como um fator ou critério autónomo de vinculação administrativa, nos casos em que a lei entregue à Administração uma competência que esta pode exercer "por razões de interesse público", quando "circunstâncias de interesse público o justificarem" ou "por razões de mérito, conveniência ou oportunidade" [sobre situações como estas, de "discricionaridade aberta" e de "determinação substancial do interesse público pela Administração", cf. pontos 29.1.2 e 31, *c)*].

Em segundo lugar, a Administração está vinculada por um princípio de respeito pelos direitos e interesses legalmente protegidos pelos cidadãos. Daqui decorre que toda a ação administrativa, como qualquer atuação dos particulares entre si, está condicionada pela exigência de não pôr em causa a titularidade, nem perturbar o livre exercício dos direitos dos cidadãos. Os direitos e as liberdades dos cidadãos valem não apenas nas relações entre os outros cidadãos, mas também nas relações destes com a Administração: a "obrigação geral de respeito" aplica-se nos mesmos termos. Salvo nos casos e termos previstos em lei, a Administração não beneficia de mandato para intervir, agredir ou desrespeitar os direitos e os interesses legalmente protegidos dos cidadãos. Do mesmo modo que o anterior, o princípio em análise corresponde, em larga medida, ao princípio da legalidade, no sentido em que, fora dos casos previstos na lei, a Administração não pode perturbar, nem desrespeitar os direitos dos cidadãos. Contudo, existem nesta vertente dimensões que conectam o princípio com os princípios da boa fé e da proteção da confiança, bem como com o princípio da imparcialidade.

Por fim, aquele que corresponde mais diretamente à formulação constitucional e legal e que reúne ou articula entre em si os dois princípios anteriores, originando um princípio verdadeiramente autónomo: o princípio de prossecução do interesse público "no" respeito pelos direitos dos cidadãos.

[654] Sobre o conceito de ética pública, cf. Cerulli Irelli, "Etica pubblica e disciplina delle funzioni amministrative", *cit.*, p. 89 e segs. [cf. pontos 9.3 e 53.2]; entre nós, cf. Nuno Miguel Cunha Rolo, *Manual de Administração e Governação Pública*, AAFDL, 2019, p. 537 e segs.

Trata-se, neste caso, de um princípio jurídico autónomo, a impor à Administração que, no exercício das suas competências de prossecução do interesse público e, em especial, no momento da escolha dos conteúdos das suas ações, considere e pondere os direitos dos cidadãos. O princípio, que, como é regra, tem o seu campo de ação próprio nos espaços de autonomia da Administração, pressupõe, pois, a ideia matricial de não absolutização do interesse público e a recusa de uma prevalência ou predominância sistemática, taxativa e automática do interesse público sobre os direitos dos cidadãos. A Administração está exclusivamente ao serviço do interesse público, mas este "serviço em exclusividade" não afasta o dever de a Administração considerar e ponderar, sempre que se afigure pertinente e necessário, os direitos dos particulares, nem o imperativo conciliar ou de harmonizar a maximização da realização concomitante de ambos os princípios. A Administração está, pois, proibida de desconsiderar e de não ponderar nas suas decisões os direitos e interesses legítimos dos particulares, o que, no caso de decisões administrativas concretas, abrange os direitos dos particulares a quem a decisão se dirige, bem como os eventuais direitos ou interesses protegidos de outros particulares ("terceiros"), desde logo, daqueles que se tenham manifestado no procedimento de formação das decisões. Neste sentido, com este alcance, o princípio em análise articula-se, com vista à tutela do mesmo naipe de valores, com os princípios da igualdade e da imparcialidade (numa vertente que se pode considerar "procedimental-substantiva").

42.4.4 – Boa administração (eficiência administrativa)

O princípio da boa administração surgiu, com esta formulação, no CPA de 2015. Neste contexto, em que estamos a considerar princípios relativos à atividade administrativa, interessa-nos apenas a formulação do n.º 1 do artigo 5.º: "a Administração Pública deve pautar-se por critérios de eficiência, economicidade e celeridade"[655].

A formulação da lei acolhe a orientação que associa o dever de boa administração ao "bem administrar", à "boa gestão de recursos", segundo critérios que convocam, em geral, a observância, na ação administrativa,

[655] O artigo 5.º, n.º 2, consagra a boa administração como diretriz para a organização da Administração [cf. ponto 60]. Nos termos do n.º 1, do artigo 5.º, o princípio da boa administração também tem, ou terá até primordialmente, uma dimensão procedimental, sobretudo nas vertentes da economicidade e da celeridade: cf. artigos 56.º, 59.º, 60.º, n.º 2, 77.º, 112.º, n.º 1, alínea *b)*, do CPA.

de cânones de eficiência, de economicidade e de racionalidade económica; trata-se, em suma, de uma diretriz no sentido da boa gestão dos recursos disponibilizados à Administração Pública.

A ideia fundamental que o princípio incorpora já se encontra na Constituição, no artigo 267.º, n.º 5, ao estabelecer que o processamento da atividade administrativa "assegurará a racionalização dos meios a utilizar pelos serviços". Por esta razão, e como já escrevemos, teria sido mais correto atribuir ao artigo 5.º do CPA a epígrafe "princípio da eficiência", em vez de "princípio da boa administração" [cf. ponto 23.2.3][656].

Em termos gerais, o CPA concebe a boa administração como uma vinculação para o desenvolvimento da ação administrativa, no sentido de a Administração orientar a sua ação de modo a obter os resultados pretendidos mediante a mobilização do mínimo possível de recursos[657]-[658]. Ou seja, trata-se, em geral, da convocação para a ação administrativa de uma "cultura de gestão", fundada na teoria económica, e no sentido de uma otimização da gestão de recursos disponíveis ("alocação eficiente dos recursos")[659].

[656] Já houve ocasião de observar que a eficiência e a economicidade se desligaram da ideia clássica de boa administração como "mérito" e converteram-se em *critérios jurídicos* da ação administrativa [cf. ponto 23.2.3]. Em sentido próximo – a respeito do acrescento introduzido, em 2012, no artigo 97 da Constituição italiana, sobre o equilíbrio dos balanços e a sustentabilidade da dívida pública –, considerando que a economicidade "saiu" da sua tradicional referência ao princípio constitucional do bom andamento, para assumir uma relevância *própria* e *autónoma*, cf. Bottino, "Il nuovo articolo 97 della Costituzione", *cit.*, p. 709. Ainda na mesma linha, referindo-se à receção pelo ordenamento jurídico do critério extra-jurídico (económico) da eficiência, e à sua consagração como princípio jurídico, cf. "Das Verhältnis von Recht und außerrechtlichen Maßstäben", *cit.*, p. 476 e segs.; Schoch, "Außerrechtliche Standards des Verwaltungshandelns als gerichtliche Kontrollmaßstäbe", *cit.*, p. 559.

[657] No sentido de uma equivalência entre os conceitos de eficiência e de economicidade, cf. Corso, *Manuale di diritto amministrativo*, *cit.*, p. 244

[658] A eficiência surge ainda no CPA como uma diretriz geral para o exercício do poder de adequação procedimental (cf. artigo 56.º), bem como um objetivo a promover, através da utilização de meios eletrónicos (artigo 14.º, n.º 1) ou da realização de conferências procedimentais (artigo 77.º, n.º 1). No primeiro caso – artigo 56.º – a diretriz de eficiência (economicidade e celeridade) visa orientar a Administração no sentido de realizar apenas as diligências instrutórias que se relevam necessárias, evitando trâmites supérfluos ou redundantes que possam agravar os custos e o tempo do procedimento. Nos outros dois (artigos 14.º, n.º 1, e 77.º, n.º 1), o conceito é utilizado num sentido mais genérico, de otimização do funcionamento e do bom andamento da Administração.

[659] Neste ponto, cf. Filipa Urbano Calvão, "Princípio da eficiência", *Revista da Faculdade de Direito da Universidade do Porto*, Ano VII, 2010 (volume especial), p. 329 e segs.; Suzana Tavares da Silva, "O Princípio fundamental da eficiência", *ibidem*, p. 519 e segs.; Rute Saraiva, "O princípio da eficiência económica e financeira", in Carla Amado Gomes/Ana Fernanda Neves/Tiago Serrão, *Organização Administrativa*, *cit.*, vol. I. p. 223 e segs.

A exigência de eficiência, economicidade e racionalidade económica explica as leis que impõem à Administração o dever de fazer a demonstração prévia da mais-valia (relativa) de certas opções e decisões: assim sucede, por ex., com a exigência de demonstração da viabilidade económico-financeira e racionalidade económica da criação de empresas pelos municípios (cf. artigo 32.º do Regime Jurídico da Atividade Empresarial Local), com a exigência de fundamentação económica e a respetiva viabilidade financeira de projetos de parcerias público-privadas (cf. artigo 9.º da Lei das Parcerias Público-Privadas) ou com o estudo de avaliação de custos e benefícios que tem de acompanhar a decisão administrativa de contratar, nos casos previstos no artigo 36.º, n.º 3, do CCP. Na mesma linha, veja-se ainda o artigo 3.º do Regime Jurídico do Património Imobiliário Público, sobre "boa administração", estabelecendo, que a gestão, a utilização e a alienação dos bens imóveis referidos devem ser realizadas de acordo com a "ponderação dos custos e benefícios" e que as despesas com a aquisição, administração e utilização dos bens imóveis devem satisfazer os requisitos da economia, eficiência e eficácia, especialmente quando envolvam um dispêndio significativo de dinheiros públicos[660]. A análise de custos-benefícios também está prevista como exigência a atender no procedimento de emissão de regulamentos administrativos (cf. artigo 99.º do CPA): cremos, porém que, neste caso, mais do que a eficiência, o sentido da exigência consiste em realizar a ponderação sobre a *necessidade* e sobre o *impacto* das soluções do regulamento.

Assim, a boa administração, nos termos em que, enquanto princípio (norma jurídica), se encontra formulado no CPA, corresponde a uma vinculação da Administração, situada num plano jurídico, a um critério de *eficiência*, a uma exigência de atuação eficiente.

Com uma incidência que se projeta sobretudo em decisões que envolvem dimensões económico-financeiras ou que, em geral, envolvam uma escolha de gestão e alocação de recursos[661], afigura-se que a eficiência, entendida como imperativo de identificação e de ponderação valorativa sobre os meios mobilizados para obter determinados resultados, indica efetivamente um

[660] Sobre a análise de custos-benefícios como parâmetro de decisões administrativas, cf. M. Fehling, "Kosten-Nutzen-Analysen als Maßstab für Verwaltungsentscheidungen", *Verwaltungsarchiv*, 2004, p. 443 e segs.

[661] No sentido de que o princípio da boa administração no CPA tem uma "forte acentuação economicista", cf. Luiz Cabral de Moncada, "O princípio geral da boa administração no direito administrativo", *Estudos em Homenagem a Mário Esteves de Oliveira, cit.*, p. 751 e segs.

padrão ou critério de vinculação jurídica da Administração. No desfecho deste trabalho de ponderação, o agente administrativo deverá estar em posição de demonstrar que a sua decisão faz a utilização adequada, equilibrada, prudente e criteriosa dos recursos escassos disponíveis[662].

Deve ter-se presente que, quando analisada em bloco, a missão do Estado Administrativo se materializa em grande medida numa gestão de recursos escassos ou, numa fórmula muito sugestiva, numa "administração da escassez". Para além de situações especiais em que reclama soluções jurídicas que garantam a igualdade do acesso a recursos finitos[663], a administração da escassez (decisões que envolvam a alocação de recursos escassos) não pode, em geral, ver-se remetida para o domínio do metajurídico. A eficiência enquanto cânone que reclama uma ponderação que evidencia a utilização criteriosa, adequada e equilibrada dos recursos não é só uma dimensão de eficiência económica, mas, verdadeiramente, uma exigência elementar de razoabilidade e de racionalidade da ação administrativa cujo cumprimento não pode escapar do controlo judicial.

Ainda que na origem seja exterior ao direito (a sua fonte é a teoria económica e a teoria da gestão de organizações)[664], a eficiência afeiçoa-se ao contexto jurídico e vê-se configurada como critério ou padrão normativo

[662] Não se confunde com estas intervenções da Administração Público o fenómeno que se pode designar "mercantilização" ou "comercialização da atividade administrativa" (*v.g.*, "venda", por vezes em leilão, de licenças, autorizações e outros títulos administrativos); sobre este tópico, cf. Pedro Costa Gonçalves, *Reflexões sobre o Estado Regulador, cit.*, p. 236 e segs.; J.-P. Schneider, "Zur Ökonomisierung von Verwaltungsrecht und Verwaltungsrechtswissenschaft", *Die Verwaltung*, 2001, 3, p. 317 e segs.; M. Wallerath, "Der ökonomisierte Staat", *Juristenzeitung*, 2001, p. 209 e segs. Não obstante, a utilização de mecanismos de comercialização na alocação de títulos administrativos surge também associada ao princípio da eficiência: neste sentido, cf. M. Martini, *Der Markt als Instrument hoheitlicher Verteilungslenkung*, Siebeck, 2008, em especial, p. 188 e segs.

[663] A ideia de "administração de escassez" tem sido utilizada para explicar a atuação da Administração na tomada de decisões sobre o acesso a recursos escassos (*v.g.*, autorizações para o uso de espaços públicos ou de frequências radioelétricas e, em geral, autorizações em número limitado: *contingentação*) e a necessidade de adotar procedimentos concorrenciais, que permitam aos interessados competir, em condições de igualdade, pelo acesso a esses recursos; neste ponto, veja-se o nosso *Reflexões sobre o Estado Regulador, cit.* pp. 18 e segs., e 196 e segs., bem como L. Arroyo/D. Utrilla, (coords.), *La administración de la escasez (los fundamentos de la actividad administrativa de adjudicación de derechos limitados en número)*, Marcial Pons, 2015.

[664] O conceito de eficiência começou por surgir na teoria económica ("alocação eficiente de recursos" e "eficiência produtiva"), mas, através de vários canais de entrada, passou para o direito; neste sentido, cf. M. Ludwigs, "Unternehmenseffizienz als neue Rechtskategorie im

de direção e de orientação da tomada de decisões com efeitos jurídicos, cuja observância pode ser avaliada no plano jurídico e explicada por um discurso juridicamente argumentado[665].

Sem se confundir com o princípio da proporcionalidade (que pressupõe a tensão dialética entre dois interesses e define um limite de uma intervenção), a eficiência revela alguma proximidade com outra ideia matricial de equilíbrio. Em especial, partilha com o princípio da proporcionalidade a ideia de ponderação necessária para orientar a escolha do meio adequado para a obtenção de um dado resultado[666]; em ambos os casos, existe uma "means/ends rationality"[667], que deve projetar a definição de uma relação ótima entre recursos mobilizados e resultados pretendidos[668]. Para este efeito, para agir segundo padrões de eficiência, o agente administrativo tem a obrigação de identificar, no seu processo de decisão, as alternativas disponíveis, de as avaliar (análise custos-benefícios) e, por fim, de escolher a via mais económica de alocação de recursos.

Nestes termos, a eficiência administrativa é, não apenas um critério jurídico da ação administrativa, como um fator de vinculação justiciável, no sentido em que os tribunais estão em condição de apreciar a observância da diretriz de "escolha económica" inerente ao conceito de eficiência.

> Como vimos, a eficiência como critério de orientação da ação administrativa tem o seu campo de ação preferencial no domínio da gestão financeira, da realização de despesas, das decisões de escolha de propostas contratuais

Öffentlichen Recht", *Die Verwaltung*, 2013, 2, p. 155 e segs.; no sentido da eficiência como um "princípio económico" e um "conceito jurídico", cf. Pitschas, *ob. cit.*, p. 1750.

[665] Veja-se, a este respeito, no direito brasileiro, o Art. 22 da Lei de Introdução às Normas do Direito Brasileiro (introduzido em 2018): "Na interpretação de normas sobre gestão pública, serão considerados obstáculos e as dificuldades reais do gestor e as exigências das políticas públicas a seu cargo, sem prejuízo dos direitos dos administrados"; sobre este preceito, cf. Eduardo Jordão. "Art. 22 da LINDB – Acabou o romance: reforço do pragmatismo no direito público brasileiro", *Revista de Direito Administrativo* (FGV), edição especial, 2018, p. 63 e segs.

[666] Enfatizando as diferenças entre boa administração e proporcionalidade, cf. Bousta, *ob. cit.*, p. 221 e segs.; no sentido de que na eficiência se encontra "*uma dimensão específica da ideia geral de proporcionalidade e de justiça*", cf. Miguel Assis Raimundo, "Os princípios no novo CPA", *cit.*, p. 280.

[667] Cf. Rose-Ackermann, *apud* Fehling, "Kosten-Nutzen-Analysen", *cit.*, p. 455, n. 61; no mesmo sentido, de consideração da eficiência como uma exigência de otimização de uma relação meio-fim ("Mittel-Zweck-Relation"), cf. C. Gröpl, "Ökonomisierung von Verwaltung und Verwaltungsrecht", *Verwaltungsarchiv*, 2002, pp. 459 e segs. (p. 463).

[668] Cf. Corso, *Manuale di diritto amministrativo, cit.*, p. 244.

("propostas economicamente mais vantajosas") e das decisões de realização de investimentos.

Assim se compreende que a LOPTC atribua ao Tribunal de Contas a competência para apreciar a legalidade, bem como *a economia, eficácia e eficiência, segundo critérios técnicos*, da gestão financeira das entidades sujeitas à sua jurisdição – cf. artigo 5.º, n.º 1, alínea *f*). Esta competência articula-se com a regra da Lei de Enquadramento Orçamental que indica que a assunção de compromissos e a realização de despesa pelas administrações públicas estão sujeitas ao princípio da economia, eficiência e eficácia (artigo 18.º).

Em síntese, a boa administração, tal como se encontra referenciada no artigo 5.º do CPA, indica um dever de observância de uma regra de eficiência, que, conforme vimos, era na origem uma regra exterior ao direito, mas que hoje se deve considerar um critério de vinculação jurídica da Administração.

42.4.5 – Igualdade

Enquanto critério de vinculação jurídica da Administração, o princípio da igualdade surge na Constituição (cf. artigo 266.º, n.º 2) e no CPA, cujo artigo 6.º estabelece: "nas suas relações com os particulares, a Administração Pública deve reger-se pelo princípio da igualdade, não podendo privilegiar, beneficiar, prejudicar, privar de qualquer direito ou isentar de qualquer dever ninguém em razão de ascendência, sexo, raça, língua, território de origem, religião, convicções políticas ou ideológicas, instrução, situação económica, condição social ou orientação sexual".

Como sucedia com o CPA de 1991, o CPA de 2015 procede, praticamente, ao *copy and paste* do artigo 13.º da CRP, limitando-se, no caso, a identificar a Administração Pública (nas relações com os particulares) como sujeito passivo do dever de tratamento igualitário – em relação ao CPA de 1991, e de harmonia com o acrescento introduzido pela 6.ª revisão constitucional (2004), o CPA de 2015 acrescenta a "orientação sexual".

Além da crítica que resulta de o enunciado legal do princípio da igualdade se traduzir, ele próprio, na imposição do princípio da igualdade[669], uma outra decorre do facto de a formulação e basear numa injustificada dupla restrição:

[669] Cf. David Duarte, *ob. cit.*, p. 388.

i) por um lado, a formulação legal do princípio sugere que as autoridades da Administração estão obrigadas pelo princípio da igualdade apenas nas suas relações com os particulares[670]; a letra da lei acolhe uma conceção que ignora o *pluralismo administrativo*, e a riqueza e a heterogeneidade das relações que se processam no interior da Administração, que são em tantos casos relações de poder e de autoridade; assim, o princípio da igualdade não pode deixar de se aplicar também nas relações entre entidades da Administração, pois o contrário redundaria em legitimar que, por ex., que o Governo pudesse, em situações iguais, tratar de forma desigual dois municípios ou duas associações públicas profissionais[671];

ii) por outro lado, pelo facto de replicar o texto da Constituição – pensado para uma norma de aplicação universal, também nas relações entre particulares –, a formulação legal do princípio da igualdade ignora que os órgãos da Administração estão proibidos de tratar de forma desigual os particulares por qualquer dos fatores de discriminação lá indicados, mas também por quaisquer outras razões, ou até por nenhuma razão. O que não se pode aceitar é que a Administração trate de uma forma desigual dois cidadãos na mesma situação, seja lá qual for a razão por que isso sucede: é absolutamente indiferente que o tratamento desigual se veja determinado pela orientação sexual, pela instrução, por outra razão ou por razão nenhuma, por, digamos

[670] Neste sentido, cf. David Duarte, *ibidem*, p. 389; o Autor refere que a consagração constitucional do princípio permite ultrapassar as dificuldades da configuração legal neste ponto. Não o acompanhamos, pois o princípio *constitucional* da igualdade "não significa uma exigência de igualdade absoluta em todas as situações, nem proíbe diferenciações de tratamento". A Constituição indica um conjunto de *factores [de] discriminação ilegítimos*" (cf. Gomes Canotilho/Vital Moreira, *ob. cit.*, vol. I, p. 340). Ora, sucede que, em geral, os fatores de discriminação indicados no artigo 13.º da CRP não têm aptidão para operar nas relações interadministrativas.

[671] De resto, é o princípio da igualdade que explica regras como a do artigo 22.º, n.º 1, da Lei das Finanças Locais que proíbe "quaisquer formas de subsídios ou comparticipações financeiras aos municípios e freguesias, destinados ao financiamento das atribuições ou competências destes, por parte do Estado, dos institutos públicos ou dos serviços e fundos autónomos". Nos termos do n.º 2 do mesmo preceito, "pode ser excecionalmente inscrita na Lei do Orçamento do Estado uma dotação global afeta aos diversos ministérios, para financiamento de projetos de interesse nacional a desenvolver pelas autarquias locais, de grande relevância para o desenvolvimento regional e local, correspondentes a políticas identificadas como prioritárias naquela Lei, de acordo com os princípios da *igualdade, imparcialidade* e *justiça*" (itálicos nossos). Precisamente, sobre a aplicação do princípio da igualdade na atribuição de recursos financeiros a coletividades locais, cf. J. Martin, "Les dotations d'intercommunalité à l'épreuve du principe constitutionnel d'égalité", *Droit Administratif*, 2018/10, p. 29 e segs.

assim, arbítrio puro[672]. A proibição de um tratamento discriminatório "sem razão" ofende o cânone da igualdade e do tratamento igualitário dos cidadãos enquanto princípio em que se desdobra o princípio da justiça, que obriga a Administração a tratar de forma justa (igual em situações iguais) todos aqueles que com ela entrem em relação (cf. artigo 8.º).

O princípio da igualdade, enquanto princípio normativo que limita e orienta escolhas da Administração, tem, entre outras, implicações como as que seguir se indicam:

i) Autovinculação da Administração aos seus próprios "precedentes" e "redução da discricionaridade a zero", nos termos já analisados [cf. ponto 28.1, *b)*]. Acrescenta-se neste contexto que o princípio da vinculação pelo precedente não se aplica no caso de precedentes ilegais, pois "o facto de a Administração adoptar uma determinada conduta perante um particular não gera a obrigatoriedade de a adoptar sempre no futuro, se vier a concluir que a primeira conduta foi ilegal, visto que não há igualdade na ilegalidade" (Acórdão STA de 06/12/2018, P. 01062/08.8BEPRT 0404/18).

ii) Em situações especiais, adoção de condutas de discriminação positiva inclusiva, definidas pela própria Administração com o propósito da realização de uma "igualdade material", o que pode autorizar decisões discriminatórias: ilustram situações especiais com este recorte os casos ocorridos nos EUA relacionados com o acesso a casas de banho das escolas por alunos transgénero, quanto às decisões das autoridades escolares no sentido de que o acesso se faz em função do género com que se identificam os alunos e não com o género que lhes está atribuído[673]. A admitirem-se, decisões como estas – mani-

[672] Vimos em nota anterior que a proibição de discriminações do n.º 2 do artigo 13.º da CRP, replicada pelo artigo 6.º do CPA, "não significa uma exigência de igualdade absoluta em todas as situações, nem proíbe diferenciações de tratamento". Compreende-se que assim seja nas relações entre particulares, em que tem de se aceitar a arbitrariedade decisória, mas não nas relações entre a Administração e os particulares, nem tão-pouco nas relações interadministrativas.

[673] Sobre esta polémica, cf. M.-A. George, "Bureaucratic agency: administering the transformation of LGBT rights", *Yale Law and Policy Review*, vol. 36, 2017, p. 83 e segs. (em especial, p. 139); sobre o papel do Direito Administrativo na promoção da igualdade substantiva ou material, na experiência da jurisprudência canadiana, cf. A. Cameron/P. Daly, "Furthering substantive equality through administrative law: charter values in education", *Supreme Court Law Review*, vol. 63, 2013, p. 169 e segs. (em especial, p. 181 e segs.). Em Portugal, surgiu uma polémica semelhante com o Despacho da Secretária de Estado para a Cidadania e a Igualdade

festações de um "Direito Administrativo inclusivo"[674] – só se aceitam em situações muito especiais, em que, como dimensão subjetiva da igualdade (direito subjetivo à igualdade), se ofereça nítida a presença de um "direito subjetivo público à diferença" ou de um direito à discriminação. Em geral, não é à Administração que cabe o múnus de fazer ponderações dessa natureza, mas ao legislador, até porque, em qualquer caso, se trata de promover discriminações. Contudo, o facto de a Administração também ter uma palavra a dizer no processo de realização dos valores constitucionais pode autorizar a adoção de medidas de discriminação positiva em casos especiais, no contexto de uma interpretação da lei em conformidade com a Constituição [cf. ponto 41.2.2].

Ao exposto sobre o princípio da igualdade acrescentamos três notas finais. A primeira para indicar que o elenco anterior não considerou as implicações do princípio da igualdade na construção de soluções ou de regimes legais que vinculam a Administração: eis o que ocorre, por ex., com a imposição da obrigação de "indemnização pelo sacrifício" (cf. artigo 16.º do RRCEEEP: "o Estado e as demais pessoas coletivas de direito público indemnizam os particulares a quem, por razões de interesse público, imponham encargos ou causem danos especiais e anormais"), com a indemnização por expropriação (cf. artigo 62.º, n.º 2, da CRP); ou, noutro plano, com as leis que exigem a promoção da igualdade de género nas decisões de contratação ou de nomeação de pessoal da Administração. Nestes casos, a conduta administrativa é pautada pela lei e não, diretamente, pelo princípio da igualdade.
Uma segunda, para esclarecer que se considerou o princípio da igualdade enquanto norma sobre a matéria ou o conteúdo da ação administrativa; mas o princípio tem também uma projeção no plano procedimental, ou seja, como "norma de procedimento" [cf. volume 2].
Por fim, uma última observação, para distinguir entre o *princípio da igualdade* e o *direito à igualdade*. Como decidiu o TCAS, por Acórdão de 06/06/2019, P. 111.06.9BESNT, "importa não confundir a vertente principiológica com a vertente garantística, ou seja, o princípio da igualdade com o direito à

e do Secretário de Estado da Educação n.º 7427/2019 (DR 2.ª série de 16/08/2019), que ficou conhecido na opinião pública por "despacho das casas de banho".

674 Sobre este conceito, cf. Paulo Henrique Macera, "Direito administrativo inclusivo e princípio da isonomia: critérios para o estabelecimento de uma discriminação positiva inclusiva constitucional", *Revista de Direito Administrativo* (FGV), vol. 271, 2016, p. 143 e segs.

igualdade", pelo que, conclui a decisão, "a violação do princípio da igualdade perpetrada por um ato administrativo não corresponde automaticamente à violação de um direito fundamental, mas sim e apenas à violação de um princípio. O que significa que, em bom rigor, a violação do princípio da igualdade é geradora da mera anulabilidade do ato administrativo, não o inquinando de nulidade".

42.4.6 – Adequação dos meios aos fins

O *princípio da adequação dos meios aos fins* – ou princípio da *idoneidade* – surgiu, com o CPA de 2015, como um princípio jurídico autónomo, ainda que inserido num artigo com a epígrafe princípio da proporcionalidade: cf. artigo 7.º, n.º 1. Consideramo-lo, na verdade, como um princípio jurídico autónomo, que, em certas zonas da discricionaridade administrativa, comporta um efeito normativo próprio, independente dos dois outros componentes do princípio da proporcionalidade em sentido amplo [cf. ponto 28.2, *b)*].

A configuração do princípio da adequação num preceito legal dedicado ao princípio da proporcionalidade faz todo o sentido por duas razões: *i)* o princípio indica uma exigência (de adequação) que corresponde a um dos três componentes normativos do princípio da proporcionalidade em sentido amplo; *ii)* a exigência de adequação envolve, em si mesma, uma dimensão de proporcionalidade, no sentido de proporção ou de conexão proporcional entre meios e fins.

Como observa João Pacheco de Amorim, a separação da vertente adequação, de entre a tríade de elementos que compõem o principio da proporcionalidade, explica-se pelo facto de estar em causa uma diretriz sobretudo ligada à prossecução do interesse público e ao correto exercício da função administrativa, e não às posições dos particulares (coisa que já sucede no n.º 2 do artigo 7.º)[675]. Assim é. Com efeito, como vimos, nos casos em que a Administração é chamada a formular *juízos isolados*, a exigência jurídica que o processo decisório requer consiste na "adequação da decisão à situação", num contexto em que se impõe uma conexão lógica entre meio e fim, sem se suscitar uma ponderação de interesses concorrentes. O campo específico de operação do princípio da adequação é, pois, aquele em que a Administração desenvolve um *poder de apreciação* ou de *valoração* que não

[675] Cf. João Pacheco de Amorim "Os princípios gerais", *cit.*, p. 21.

envolve uma consideração ou ponderação valorativa de outros interesses, como sucede na discricionaridade de apreciação [vejam-se, sobre isto, os pontos 27.2 e 28.2, *b)*]. Neste âmbito, cabe à Administração orientar-se exclusivamente pelo critério de escolha da solução (da decisão) adequada para a realização do interesse público indicado ou revelado na norma de competência. É esta a exigência posta pelo princípio da adequação dos meios aos fins.

> João Pacheco de Amorim considera perigoso o "preciosismo dogmático" que consiste na autonomização do princípio da adequação, pois, em relação a esta vertente do princípio da proporcionalidade, também não se pode perder "a perspetiva subjetivizante e garantística, direcionada à tutela dos particulares face à Administração"[676]. Não alinhamos neste ponto preciso com o Autor, porquanto, na nossa compreensão, o princípio da adequação atua na situação em que a lei confia à Administração um poder de efetuar valorações próprias (na avaliação ou apreciação de características ou qualidades de factos ou de pessoas) sem ter de ponderar, no processo de formação do juízo, os interesses particulares envolvidos. Se a decisão colidir com direitos subjetivos poderá ser inválida, mas por ser inadequada para o fim a prosseguir (interesse público primário), não por colidir com direitos subjetivos.

42.4.7 – Proporcionalidade

Referido na Constituição (cf. artigo 266.º, n.º 2) e com uma aplicação geral no universo jurídico (incluindo o direito privado), o princípio da proporcionalidade está consagrado no CPA, no artigo 7.º.

Como acabámos de ver, nessa disposição, no seu n.º 1, o CPA autonomizou o princípio da adequação dos meios aos fins, o qual, além de um princípio autónomo, também constitui o primeiro dos três componentes em que se materializa o princípio da proporcionalidade (em sentido amplo).

Assim, quando a Administração surge investida de competências para decidir e fazer escolhas que envolvam uma exigência de balanceamento e de ponderação valorativa de interesses concorrentes [discricionaridade de ação + discricionaridade de escolha: cf. ponto 27.3.2] –, o princípio da proporcionalidade começa por exigir a *adequação* da decisão como meio de prossecução dos fins previstos na norma de competência (artigo 7.º, n.º 1).

[676] *Ibidem.*

Mas, depois, surgem os outros dois componentes do princípio, aliás indicados no n.º 2 do artigo 7.º: "as decisões da Administração que colidam com direitos subjetivos ou interesses legalmente protegidos dos particulares só podem afetar essas posições *na medida do necessário* e *em termos proporcionais* aos objetivos a realizar"[677]. Na medida em que a decisão a proferir envolve uma colisão com direitos ou interesses, reclama-se que, nessa sua dimensão restritiva ou agressiva, a mesma se revele *necessária* ou *exigível*. Além disso, a decisão deve ponderar os interesses em confronto no sentido de alcançar uma "justa medida" entre sacrifício, perda ou custo, por um lado, e benefício, ganho ou vantagem, por outro lado ("regra do meio mais suave"). O sacrifício que a decisão provoca no interesse lesado deve ser proporcional à vantagem que gera para o interesse público beneficiado (regra da "proibição do excesso") – [sobre esta matéria, cf. ponto 28.2, *c)*][678].

O princípio da proporcionalidade aplica-se, sobretudo, em áreas de discricionaridade administrativa, pois é no exercício da discricionaridade (de ação ou de escolha) que se coloca a possibilidade de realizar uma escolha a favor de um ou de outro interesse[679]; mas, como sabemos, excecionalmente, o princípio também pode ver-se aplicado em zonas de vinculação legal e, em especial, na adoção de decisões "contra a lei" [cf. ponto 42.4.1, *a), iii)*].

42.4.8 – Justiça

Como já sucedia com a versão de 1991, o CPA de 2015 consagra o princípio da justiça: o artigo 8.º começa por estabelecer que "a Administração Pública deve tratar de forma justa todos aqueles que com ela entrem em relação".

Pouco haverá a dizer sobre o efeito normativo autónomo deste segmento do princípio no plano das relações jurídicas administrativas; pelo menos, nos termos em que o mesmo se encontra formulado ou explicitado. Na verdade, "o tratar de forma justa" todos os que entram em relação com a

[677] Em termos críticos quanto ao facto de, nos termos do n.º 2 do artigo 7.º, o princípio da proporcionalidade não se aplicar às relações jurídicas administrativas em que não há particulares, cf. David Duarte, "Alguns problemas", *cit.*, p. 389.

[678] Propondo uma revisão da construção (germânica) clássica do princípio da proporcionalidade, assente no "triplo teste", cf. Suzana Tavares da Silva, "O *tetralemma* do controlo judicial da proporcionalidade no contexto da universalização do princípio: adequação, necessidade, ponderação e razoabilidade", *BFDUC*, vol. LXXXVIII, t. 2, 2012, p. 639 e segs.; com outra compreensão, cf. Francisco F. Almeida, *Direito Administrativo*, *cit.*, p. 123.

[679] Cf. S. de Nitto, "A proposito della proporzionalità come criterio giuridico", *Rivista Trimestrale di Diritto Pubblico*, 2017/4, p. 1035 e segs. (p. 1043); D.-U. Galetta, "Il principio di proporzionalità", in Renna/Saitta, *ob. cit.*, p. 389 e segs.

Administração representa um dever de não fazer discriminações e de tratar os administrados de forma igual quando estejam em situações iguais; ou de os tratar de forma diferente apenas na medida das diferenças. Quer dizer, a normatividade do princípio da justiça, de acordo com esta formulação, vê-se, numa parte significativa, consumida pelo efeito normativo de outros princípios: igualdade, proporcionalidade, imparcialidade. Não obstante, deve dizer-se que as previsões restritivas utilizadas na formulação legal dos princípios da igualdade ou da proporcionalidade (só abrangerem relações com particulares ou, no caso da igualdade, a indicação fechada dos fatores de discriminação ilegítimos), abrem um espaço para a convocação do princípio da justiça com a função de alargamento do âmbito normativo daqueles dois princípios a situações que não envolvam relações com particulares.

O CPA de 2015 completou ou, porventura, alargou a explicitação do princípio da justiça, ao acrescentar àquele primeiro segmento: "e rejeitar as soluções manifestamente [desrazoáveis ou] incompatíveis com a ideia de Direito, nomeadamente em matéria de interpretação das normas jurídicas e das valorações próprias do exercício da função administrativa".

Diga-se, a este propósito, que a forma como o artigo 8.º juntou num parágrafo único dois princípios – justiça e razoabilidade – suscita a dificuldade de se perceber qual seja o efetivo alcance de cada um deles, na perspetiva do legislador. Aliás, as interpretações em sentido oposto quanto à recondução do "dever de rejeição das soluções incompatíveis com a ideia de Direito" a um ou a outro princípio evidenciam essas dificuldades[680]. Pelo nosso lado, a opção é clara no sentido de reconduzir o referido dever ao princípio da justiça: embora reconheçamos que a posição aqui seguida passa por alguns "atropelos" à formulação legal, fazemo-lo com um propósito corretivo, e, além disso, pelo facto de estar em pauta uma convocação de princípios jurídicos e não a estipulação de regras.

Nestes termos, o princípio da justiça inclui o dever de tratamento justo, nos termos que se assinalaram, bem como o dever de a Administração rejeitar as soluções manifestamente incompatíveis com a ideia de Direito. A doutrina também se divide quanto à bondade da opção legislativa no sentido da formulação de um princípio jurídico com referência à ideia de Direito:

[680] Reconduzindo o "dever de rejeição das soluções incompatíveis com a ideia de Direito" ao princípio da justiça, cf. João Pacheco de Amorim, "Os princípios gerais", *cit.*, p. 22, e David Duarte, "Alguns problemas", *cit.*, p. 390; em sentido diferente (embora em termos críticos), reconduzindo-o ao princípio da razoabilidade, cf. Miguel Assis Raimundo, "Os princípios no novo CPA", *cit.*, p. 260 e Suzana Tavares da Silva, "O princípio da razoabilidade", *cit.*, p. 317

para alguns autores, a opção merece aplauso, considerando que ela traz uma "lufada de ar fresco", que permite "arejar as mentes"[681], enquanto outros entendem que se trata de uma opção "menos feliz"[682] e que o texto que a consagra se revela "a todos os títulos, perplexizante", fruto de o legislador ter enveredado por uma "aventura narrativa em desígnios «para-filosóficos»"[683].

No nosso juízo, a indicação legal segundo a qual o princípio da justiça acarreta, para a Administração Pública, o dever de rejeição de *soluções* manifestamente incompatíveis com a ideia de Direito terá um préstimo pouco mais do que marginal.

E esse resultado não se altera mesmo que se convoque, para o efeito, o conceito de "valores fundamentais do Direito" – que o CPA também utiliza: cf. artigo 10.º, n.º 2 –, com o fim de reescrever o princípio da justiça no sentido de considerar pelo mesmo imposto o dever de "rejeição das soluções manifestamente incompatíveis com os valores fundamentais do Direito relevantes em face das situações consideradas". A "reconstrução" da norma por esta via não altera, na verdade, a forte indeterminação do seu conteúdo.

Vejamos. A lei refere-se à rejeição de "soluções", colocando-se a questão de saber o que considerar, neste contexto, "soluções". Tudo indica que esteja em causa a indicação do "output" da Administração, do "resultado" da ação administrativa: solução será, pois, na maior parte dos casos, a decisão, o conteúdo da decisão da Administração. Interpretado nestes termos, o sentido da formulação legal reside em determinar à Administração que não profira decisões manifestamente incompatíveis com a ideia de Direito.

Pelo que se pode deduzir da parte final do preceito, o legislador terá pretendido que essa sua específica determinação seja seguida pela Administração no exercício de poderes discricionários, quer dizer, "em matéria de ... valorações próprias do exercício da função administrativa". Pois bem, surgem as maiores dúvidas de que alguma vez seja necessário recorrer ao parâmetro em análise para, em sede de controlo, invalidar uma decisão proferida no exercício de poderes discricionários. Reconhecendo que a ideia de Direito não é uma pura abstração, e que apresenta um conteúdo mínimo[684], temos por certo que uma qualquer decisão administrativa

[681] Cf. João Pacheco de Amorim, *ibidem*, pp. 22 e 23.

[682] Cf. Suzana Tavares da Silva, *ibidem*, p. 317.

[683] Cf. David Duarte, *ibidem*, pp. 390-391.

[684] Cf. João Pacheco de Amorim, *ibidem*, p. 23.

manifestamente incompatível com aquela ideia será invalidada por referência aos parâmetros juridicamente adequados para o controlo judicial da discricionaridade [cf. pontos 28 e 30].

Mas este segmento do princípio da justiça também parece aplicar-se como fundamento para a rejeição de "soluções", quer dizer, de decisões manifestamente incompatíveis com a ideia de Direito a proferir pela Administração no exercício de poderes vinculados: eis o que, agora, se deduz da indicação de que o dever de rejeição opera também "em matéria de interpretação das normas jurídicas". Neste domínio, parece ter-se pretendido atribuir à Administração o dever de interpretação das normas jurídicas pertinentes no sentido de, na respetiva aplicação, rejeitar decisões ou soluções incompatíveis com a ideia de Direito. A formulação pressupõe a presença de um *risco* de, ao abrigo das normas jurídicas a aplicar, poderem ser proferidas decisões incompatíveis com a ideia de Direito. Pois bem, a diretriz normativa no sentido de, dentro dos limites metodológicos da interpretação jurídica, se exigir que a Administração *interprete* uma norma no sentido ou de modo a não proferir decisões incompatíveis com a ideia de Direito, essa diretriz, percebe-se bem e até se pode considerar bem-vinda. Mas, sublinhe-se, ela não pode ter o alcance de abrir à Administração a possibilidade de *não aplicar* uma "lei injusta". O propósito do artigo 8.º é o de impor à Administração Pública um critério preferencial de interpretação da lei, no sentido de rejeitar, quando exista mais do que uma possibilidade, a interpretação que conduza a soluções (decisões) manifestamente incompatíveis com a ideia de Direito [cf. ponto 42.4.1, *a), ii)*].

42.4.9 – Razoabilidade

Tendo presente o modo como considerámos formulado legalmente o princípio da justiça, o princípio da razoabilidade envolve, para a Administração, o dever de rejeitar as "soluções manifestamente desrazoáveis", nomeadamente em matéria de interpretação das normas jurídicas e das valorações próprias do exercício da função administrativa.

Na nossa leitura, o CPA adotou o que alguma doutrina designa a "versão suave" da razoabilidade ("standard Wednesbury"[685]), visando afastar, por serem totalmente inaceitáveis ou indefensáveis ou por estarem na origem de

[685] Sobre esta versão da razoabilidade, cf. Wouters/Duquet, *ob. cit.*, p. 37 e segs.; Ip, "Taking a 'Hard Look'", *cit.*, p. 489.

resultados absurdos, decisões manifestamente desrazoáveis, que nenhuma "autoridade razoável" teria proferido[686].

Neste sentido, a razoabilidade, enquanto exigência de rejeitar soluções manifestamente desrazoáveis, coincide, em termos práticos, com a teoria do "erro manifesto de apreciação" [cf. ponto 30.1][687] e tem o propósito de exigir uma conexão lógica entre a decisão e o facto – embora sancione apenas a desconexão total, porque só neste caso está presente uma solução manifestamente desrazoável.

Acrescente-se que a formulação legal da razoabilidade parece sobretudo idealizada em função do controlo; trata-se, portanto, de conceber o princípio como padrão ou norma de controlo a seguir por um tribunal. É que, como norma de condicionamento, de orientação *ex ante* da ação da Administração, o princípio reclama uma "atuação razoável", que deverá situar-se dentro de limites aceitáveis [cf. ponto 30.3].

Nos termos em que a lei o formula, o princípio da razoabilidade tem plena autonomia em relação ao princípio da proporcionalidade (bem como ao princípio da adequação), dado que não pretende impor a exigência de equilíbrio numa relação de meio-fim, pelo que não é supérflua a sua positivação[688]. Trata-se de assegurar um "controlo mínimo" e "menos intenso"[689] e da definição de um "crivo grosso a que primeiramente deverá ser submetido o exercício do poder discricionário"[690].

Embora o seu campo privilegiado de incidência seja o exercício da discricionaridade, o princípio da razoabilidade, nos termos em que o artigo 8.º o acolhe, também opera nas atuações vinculadas, conforme se pode depreender da referência legal à "interpretação de normas jurídicas"[691].

[686] Cf. F. Astone, "Il principio di ragionevolezza", in Renna/Saitta, *ob. cit.*, p. 371 e segs.

[687] Cf. João Pacheco de Amorim, "Os princípios gerais", *cit.*, p. 23.

[688] Contra, cf. David Duarte, "Alguns problemas", *cit.*, p. 390. Sem recorte crítico, mas também em sentido contrário ao que aqui defendemos, cf. Fausto de Quadros, in Fausto de Quadros *et alli*, *Comentários*, *cit.*, p. 35 ("a razoabilidade ... não deixa de ser também uma variante da proporcionalidade"). No sentido que seguimos, cf. J. Wouters/S. Duquet, *ob. cit.* p. 39; Ip, "Taking a 'hard look'", *cit.*, p. 489 e segs.; enfatizando a diferença de intensidade entre um controlo assente na razoabilidade e outro assente na proporcionalidade, cf. J. Goodwin, "The last defence of Wednesbury", *Public Law*, 2012, p. 445 e segs.

[689] Cf. Suzana Tavares da Silva, "O princípio da razoabilidade", *cit.*, pp. 293 e 297.

[690] Cf. João Pacheco de Amorim, "Os princípios gerais", *cit.*, p. 24.

[691] Neste sentido, cf. Suzana Tavares da Silva, *últ. ob cit.*, p. 307 e segs.

Assim, caso existam várias possibilidades de interpretação da lei que vai aplicar, mesmo que se trate de uma lei vinculativa, a Administração deve preferir a interpretação que conduz a uma decisão razoável e deve rejeitar aquela que a conduza a proferir uma decisão manifestamente desrazoável [cf. ponto 42.4.1, *a*), *ii*) sobre a "doutrina dos resultados absurdos"].

42.4.10 – Imparcialidade

O princípio da imparcialidade (consagrado na Constituição como princípio fundamental: artigo 266.º, n.º 2) tem várias incidências. Isso mesmo se expressa no enunciado do artigo 9.º do CPA: "a Administração Pública deve tratar de forma imparcial aqueles que com ela entrem em relação, designadamente, considerando com objetividade todos e apenas os interesses relevantes no contexto decisório e adotando as soluções organizatórias e procedimentais indispensáveis à preservação da isenção administrativa e à confiança nessa isenção"; o preceito esclarece que o dever de imparcialidade conhece projeções no plano organizatório ("soluções organizatórias") e também no plano procedimental ("e procedimentais") – sobre estas duas dimensões do princípio falaremos nos locais próprios [cf., respetivamente, pontos 53.2 e volume 2].

No ponto presente, em que analisamos o valor normativo dos princípios jurídicos ao nível substancial ou material, que se precipita no próprio momento de decisão, de escolha de conteúdos ou de soluções, o princípio da imparcialidade também deve ser convocado. Com efeito, quando a Administração atua em espaços discricionários, a imparcialidade surge igualmente como um padrão normativo de natureza jurídico-material ou que, pelo menos, irradia efeitos imediatos a este nível: como observa Vieira de Andrade, o poder de escolha característico da função administrativa dá uma coloração específica à imparcialidade[692].

Apesar do elevado nível de abstração que o caracteriza – o que faz depender a sua maior efetividade de "garantias" que passam pela implementação, em regra por lei, de "soluções organizatórias e procedimentais"[693] –, o princípio da imparcialidade contém, em si mesmo, *diretrizes normativas autónomas* que, operando em sede organizatória ou em sede procedimental, conhecem

[692] J. C. Vieira de Andrade, "A imparcialidade da Administração", *cit.*, p. 227.

[693] Neste sentido, sobre o carácter abstrato do princípio da imparcialidade, que resulta de se tratar de um princípio que visa a realização de um objetivo "alto", cf. E. Lubrano, *Il conflitto di interessi nell'esercizio dell'attività amministrativa*, Giappichelli, 2018, p. 13.

uma repercussão direta na composição ou na construção do conteúdo das decisões da Administração Pública.

Por causa desta sua normatividade própria, o princípio da imparcialidade conhece, pois, dimensões que se revelam num plano simultaneamente *organizatório-substantivo* e num plano simultaneamente *procedimental-substantivo*, e é precisamente no âmbito destes dois grupos de dimensões simultâneas que o analisamos neste ponto.

O enunciado que consta do artigo 9.º espelha, de forma clara, a dimensão de especial multi-incidência ou de incidência contínua, procedimental e substancial, do princípio da imparcialidade, ao determinar que a Administração deve considerar "com objetividade todos e apenas os interesses relevantes no contexto decisório". Ora, o dever de *considerar* todos – e apenas – os interesses relevantes no contexto decisório representa decerto um "encargo procedimental", que determina, de forma aliás decisiva, o "conteúdo" da decisão.

> Voltaremos a este ponto já a seguir, mas, antes, importa procurar compreender melhor o modo como a lei formula genericamente o princípio da imparcialidade. Quanto a esse aspeto, o segmento fundamental do preceito acentua a ideia de que o princípio da imparcialidade se consubstancia no dever de a Administração Pública "tratar de forma imparcial aqueles que com ela entram em relação". Ora, deve dizer-se que esta formulação não se revela totalmente acertada ou, pelo menos completa, pois associa a imparcialidade a um critério que mais parece orientado para a proibição de um tratamento não discriminatório, em observância de uma diretriz de igualdade.
> Naturalmente que, nos casos em que vários interessados ("aqueles que") se constituam no procedimento administrativo (cf. artigo 65.º, n.º 2, do CPA), a Administração tem o dever de os tratar de forma imparcial, não discriminatória; é algo que já resultaria do princípio da igualdade. O princípio da imparcialidade pouco ou nada acrescentaria se se esgotasse na exigência de igualdade de tratamento dos vários interessados na decisão da Administração.

Vejamos então quais são as duas específicas dimensões normativas do princípio da imparcialidade.

a) Prossecução imparcial do interesse público (dimensão organizatória-substantiva)

A primeira e mais elementar dimensão normativa do princípio da imparcialidade consiste em determinar que a Administração prossiga efetivamente o interesse público definido na norma de competência – que, como sabemos, é o "seu próprio interesse" – e não qualquer outro ou quaisquer outros interesses, ou, o que é o mesmo, que cumpra o dever de servir o interesse público sem se deixar contaminar por outro ou outros interesses.

Alguns autores, sobretudo no universo brasileiro, aludem, neste âmbito, a um "princípio da finalidade" (integrado no mais amplo "princípio de impessoalidade"), segundo o qual "o alvo a ser alcançado pela Administração é somente o interesse público, e não se alcança o interesse público se for perseguido o interesse particular, porquanto haverá nesse caso sempre uma atuação discriminatória"[694].

A imparcialidade exige, assim, que o interesse público seja *corretamente* prosseguido pela Administração, com base nos seus juízos e critérios próprios e nos valores e objetivos da função administrativa. Isto pressupõe a garantia de que o agente da Administração atue de forma imparcial, "isenta", sem distorções patológicas[695], baseadas em favorecimentos pessoais, preferências ou discriminações em benefício de interesses particulares, de grupos sociais ou de partidos políticos[696].

A imparcialidade administrativa é sempre *relativa*, pois a Administração não assume uma posição de neutralidade, estando, pelo contrária, *interessada* na obtenção de um certo resultado. O dever de prossecução sistemática do interesse público como que converte este num "interesse próprio da Administração" e, a final, esta acaba por se revelar uma espécie de "parte imparcial"[697].

O sentido fundamental de uma atividade administrativa imparcial, isenta, reside em as escolhas e as decisões adotadas no exercício dessa

694 Cf. José dos Santos Carvalho Filho, *Manual de Direito Administrativo*, Atlas, 2019, p. 21.
695 Cf. Lubrano, *ob. cit.*, p. 11.
696 Cf. J. C. Vieira de Andrade, "A imparcialidade da Administração", *cit.*, p. 224 e segs..
697 Cf. J. C. Vieira de Andrade, "A imparcialidade da Administração", *cit.*, p. 226; U. Allegretti, *L'imparzialità amministrativa*, Cedam, 1965, p. 26

atividade não se basearem em critérios distorcidos "por influência de interesses alheios à função"[698]. Num dever de agir de forma imparcial neste preciso sentido – agir na prossecução do interesse público sem influências indevidas ou ilegítimas – se materializa o essencial de uma primeira dimensão normativa do princípio da imparcialidade. Trata-se de uma diretriz normativa autónoma, no sentido em que decorre diretamente do princípio (apesar do seu nível de abstração) um dever para a Administração: esta dimensão faz da imparcialidade um princípio jurídico suscetível de mobilização direta e imediata como critério para apreciar a legalidade de uma conduta administrativa. Assim nos parece poder explicar-se a referência legal à invocação da anulabilidade das decisões administrativas sempre que "do conjunto das circunstâncias do caso concreto resulte a razoabilidade de dúvida séria sobre a imparcialidade da atuação" da Administração (cf. artigo 76.º, n.º 4, do CPA).

A já referida natureza abstrata da normatividade do princípio da imparcialidade explica o facto de a sua efetividade se ver sobretudo garantida por regulamentações detalhadas que o concretizam e densificam: é essencialmente este o sentido das "garantias de imparcialidade" (artigos 69.º a 76.º do CPA) e, em geral, da regulamentação dos "conflitos de interesses", bem como, já em termos procedimentais, por exemplo, da regulamentação de procedimentos de seleção concorrencial para a adjudicação de contratos públicos e para a atribuição de direitos de acesso a recursos escassos. Apesar de a definição destas "soluções" caber em muitos casos à lei, a exigência de as adotar também pode atingir diretamente a Administração.
A existência de regulamentações que densifiquem ou especifiquem os deveres a cumprir pela Administração clarifica os termos do respeito pela imparcialidade e dispensa o difícil encargo da prova sobre se, no caso concreto, se verificou, ou não, uma atuação imparcial. Diga-se, a este respeito, que o há pouco citado n.º 4 do artigo 76.º acolhe uma formulação que reclama um esclarecimento. Com efeito, o que lá se diz é que pode ser invocada a anulabilidade dos atos praticados ou dos contratos celebrados quando do conjunto das circunstâncias do caso resulte a *razoabilidade de dúvida séria sobre a imparcialidade da atuação* do órgão competente. Ao estabelecer que a anulabilidade pode ser invocada neste caso, a lei sugere que o ato ou contrato possam ser anulados com fundamento na razoabilidade

[698] Cf. J. C. Vieira de Andrade, "A imparcialidade da Administração", *cit.*, p. 225.

da dúvida séria sobre a imparcialidade da atuação e não na demonstração da existência de uma atuação parcial: ou seja, a ilegalidade resultará de um juízo do tribunal sobre a "aparência" da violação da imparcialidade[699].

O princípio da imparcialidade administrativa inclui, assim, uma primeira diretriz de orientação de sentido organizatório-substantivo, enquanto exigência de prossecução imparcial e isenta do interesse público, pois dele vai resultar para a Administração a exigência de adotar soluções organizatórias (*v.g.*, pedido de escusa e substituição do agente) que garantam a realização do valor da atuação imparcial e, assim, a "preservação da isenção administrativa", bem como a "confiança nessa isenção".

b) Consideração de outros interesses legítimos relevantes e apenas desses (dimensão procedimental-substantiva)

Já num plano de carácter procedimental-substantivo, o princípio da imparcialidade inclui uma diretriz de consideração e de ponderação de outros "interesses relevantes no contexto decisório". Ou seja, a exigência de que o processo decisório da Administração se oriente pela prossecução do interesse público definido na norma de competência e não se veja contaminado ou colonizado por distorções patológicas ou por influências ilegítimas não redunda numa não consideração de "outros interesses", diferentes daquele que a norma de competência quer proteger em primeira linha ("interesse público primário"): outros interesses *relevantes*, mas apenas interesses que sejam relevantes, de natureza pública ("interesses públicos secundários") ou privada (interesses particulares), terão de ser considerados e ponderados,

[699] O conceito de aparência remete para a designada "teoria da aparência" formulada pelo TEDH em relação à atividade judicial ["justice must not only be done; it must also be seen to be done": passagem citada na decisão *Delcourt c. Bélgica*, de 17/01/1970, Proc. 2689/65 (par. 31)]: a explicação para esta teoria encontra-se na necessidade de se atender à sensibilidade crescente do público para as garantias de uma boa justiça. Na transposição para a atividade administrativa, a aparência (de imparcialidade) reclama uma equiparação das situações em que é razoável admitir a dúvida séria de uma pessoa normal sobre a imparcialidade da atuação de um agente da Administração (*v.g.*, por causa da proximidade entre o decisor e o beneficiário de uma decisão decorrente de ambos terem uma militância ativa na defesa de causas radicais) àquelas situações em que existe um conflito de interesses *real* (*v.g.*, relação de parentesco em linha reta). Pois bem, o CPA não se limita a acolher a *teoria da aparência* como fundamento de alguns casos de pedido de escusa (cf. artigo 73.º, n.º 1) e até de impedimento (artigo 69.º, n.º 1), como acaba por admitir a consequência da anulabilidade apenas pelo facto de se afigurar razoável a existência de uma dúvida séria sobre a atuação imparcial do agente. Sobre a teoria da aparência, cf. D. Chabanol, "Théorie de l'apparence ou apparence de théorie?", *Actualité Juridique Droit Administratif*, 2002, p. 9 e segs.

com objetividade, no processo decisório – quanto aos últimos, um dos momentos determinantes para a sua manifestação reside na "audiência prévia" em que, em face do "projeto de decisão", os interessados podem "pronunciar-se sobre todas as questões com interesse para a decisão" (cf. artigo 121.º, n.º 2, do CPA).

Em síntese, podemos concluir que, com o propósito de definir critérios de orientação do exercício do poder de escolha e de definição do conteúdo de decisões administrativas, o princípio da imparcialidade integra duas diretrizes normativas de aplicação direta e imediata: *i)* por um lado, a que consiste em impor um dever de prossecução do interesse público de forma correta, isenta e imparcial; *ii)* por outro lado, a que reside em impor um dever de considerar com objetividade todos e apenas os interesses relevantes no contexto decisório. Em qualquer destas dimensões, o princípio da imparcialidade define, por um lado, normas de conduta, que condicionam *ex ante* as escolhas da Administração, e, por outro, normas de controlo, que definem padrões para apreciação *ex post* das atuações administrativas.

42.4.11 – Boa fé e proteção da confiança

Com uma projeção substancial na atividade administrativa, temos, por fim, o princípio da boa fé (princípio geral, com origem no direito privado). Prescreve o n.º 1 do artigo 10.º que, "no exercício da atividade administrativa e em todas as suas formas e fases, a Administração Pública e os particulares devem agir e relacionar-se segundo as regras da boa fé".

Como já foi observado em relação ao preceito correspondente do CPA de 1991[700], a formulação do princípio da boa fé acolhida no artigo 10.º, n.º 1, inclui duas normas. Uma, que se dirige à Administração, no exercício da atividade administrativa, em todas as suas formas e fases. Outra, que se dirige aos particulares em relação com a Administração, os quais devem relacionar-se com esta segundo as regras da boa fé.

Neste contexto, interessa-nos primordialmente a boa fé enquanto norma de conduta dirigida à Administração[701]. Pois bem, a exigência da atuação

[700] Cf. Pedro Moniz Lopes, *Princípio da boa fé e decisão administrativa*, Almedina, 2011, p. 216 e segs.

[701] Note-se, todavia, que a situação de boa fé dos particulares é relevante para a tutela dos seus interesses; vejam-se os seguintes exemplos: atribuição de efeitos jurídicos a situações de facto constituídas ao abrigo de atos nulos (artigo 162.º, n.º 3, do CPA); indemnização aos beneficiários de boa fé de atos revogados e anulados (artigos 167.º, n.os 5 e 6, e 168.º, n.º 6), bem como aos beneficiários de atos consequentes de atos anulados (artigo 172.º, n.º 3).

da Administração, em todas as suas "formas" e "fases" segundo as regras da boa fé, pode ter várias implicações, mas não se revela fácil descortinar uma aplicação dessa exigência, enquanto exigência jurídica autónoma, na escolha dos conteúdos de medidas ou decisões administrativas. Na verdade, a sujeição da Administração Pública aos princípios do respeito pelos direitos dos particulares, da justiça (dever de tratamento de forma justa) e da imparcialidade (enquanto exige da Administração uma atuação compreensiva da posição dos particulares[702]) parece esgotar o campo das possibilidades de intervenção potencial do princípio da boa fé. Mas não só isso: também a circunstância, mais geral, de a Administração dever atuar segundo critérios jurídicos, e ter de apoiar a sua ação em normas jurídicas, não se revela propícia à intervenção normativa do princípio da boa fé, que introduz uma dimensão de ética na disciplina de condutas livres, em geral não reguladas juridicamente. Não é este o universo em que se move a Administração.

Sem prejuízo do exposto, as obrigações que decorrem das regras da boa fé, enquanto "regras objetivas de comportamento" (e não tanto enquanto estados subjetivos de consciência[703]) – como a lealdade e a correção e, porventura, a cooperação – poderão conhecer alguma incidência autónoma no domínio das atuações procedimentais (cf. artigo 60.º do CPA).

Por outro lado, já em termos substanciais, a boa fé tem uma incidência significativa no domínio da *execução* de contratos administrativos: vejam-se, no CCP, os artigos 286.º (princípios fundamentais da execução de contratos) ou o artigo 332.º, n.º 1, alínea *d)*, que se refere à hipótese de se considerar contrário à boa fé a pretensão da Administração de manter em vigor um contrato.

Além disso, também não será de excluir que a boa fé possa ter um efeito normativo útil para limitar ou condicionar substancialmente certas escolhas administrativas, aqui em ligação com o princípio da proteção da confiança. O que se protege, neste caso, é a boa fé do particular e, em especial, a confiança que ele legitimamente deposita na preservação de uma determinada situação ou na adoção de uma certa conduta pela Administração[704].

[702] Cf. Allegretti, *L'imparzialità amministrativa*, *cit.*, p. 285.

[703] Note-se, porém, que, quanto aos particulares (em relação com a Administração), a boa fé poderá revelar enquanto situação psicológica ou estado subjetivo de consciência: vejam-se os artigos 167.º, n.º 6, e 168.º, n.º 6, do CPA, na parte em que se referem ao "desconhecimento *sem culpa*".

[704] Cf. Sunstein/Vermeule, "The morality", *cit.*, p. 1956 e segs.

Suponha-se que a Administração "recomenda" ou "sugere" ao particular a adoção de uma certa conduta como condição desejável para que este venha a obter um benefício em momento posterior e, depois, vem a recusar a concessão do benefício invocando que o particular (que adotou a conduta sugerida) não preenche as condições necessárias. O mesmo se diga da situação em que a Administração informa o particular sobre as condições em que vai exercer uma competência e, depois, sem alteração da lei aplicável, recusa-se a exercer a competência no sentido indicado. Estas dimensões da boa fé articulam-se com o princípio da responsabilidade da Administração pelas informações prestadas, nos termos do artigo 11.º, n.º 2, do CPA [sobre esse princípio, cf. ponto 42, *a)*]. Neste âmbito, refira-se que há sistemas jurídicos que estabelecem expressamente, e *em geral*, o direito dos particulares à obtenção de informações da Administração articulado com uma regra de vinculação da Administração a atuar em conformidade com as informações prestadas[705].

Para a correta compreensão do alcance do princípio da proteção da confiança, deve atentar-se na formulação do n.º 2 do artigo 10.º do CPA, a qual, na sua letra, não parece garantir uma proteção absoluta. O preceito estabelece que, no cumprimento do disposto no número anterior – ou seja, na atuação (da Administração) em conformidade com as regras da boa fé –, "devem ponderar-se os valores fundamentais do Direito relevantes em face das situações consideradas, e, em especial, a confiança suscitada na contraparte pela atuação em causa e o objetivo a alcançar com a atuação empreendida". Aqui se estabelece uma diretriz de *ponderação* dos valores da confiança, por um lado, e do objetivo a alcançar com a atuação empreendida (objetivo público), por outro lado. Ora, se bem a interpretamos, a exigência de ponderação vem, no fim de contas, limitar a tutela do princípio da boa fé e legitima atuações que podem atentar contra a confiança suscitada na contraparte, desde que o valor da realização do objetivo público se releve

[705] No direito francês, sobre o designado "direito ao controlo administrativo oponível à Administração", cf. S. Traoré, "Le droit au contrôle opposable des administrés", *Droit Administratif*, 2019/3, p. 15 e segs.; em Itália, várias leis preveem o designado "direito de interpelação", que permite aos cidadãos solicitar uma "resposta vinculativa" da Administração sobre se um determinado ato ou atividade que exercem ou pretendem exercer é lícita; sobre esta figura, cf. M. Sica, "Diritto d'interpello e certeza nei rapporti tra citadino e pubblica amministrazione", in M. Cafagno/F. Manganaro, *L'intervento pubblico nell'economia*, Firenze University Press, 2016, p. 99 e segs.

preponderante. Embora possa surpreender no plano ético ou moral, o desfecho compreende-se no âmbito do que parece constituir uma exigência de consideração do peso relativo das razões que explicam a ação administrativa em face da confiança suscitada na contraparte.

Assim, o facto de a Administração agir contra a confiança que suscitou no particular (por ex., quanto à manutenção de uma situação precária, que, nos termos da lei, poderia ser revogada) não significa, imediatamente, uma atuação ilegal, por violação dos princípios da boa fé e da proteção da confiança, pois o objetivo a alcançar pode justificar a atuação da Administração. Neste contexto, recordem-se as considerações sobre a *autovinculação* da Administração em casos de redução da discricionaridade a zero [cf. ponto 28.1, *b)*], a qual decorre também do princípio da proteção da confiança.

43 – Legislação (atos legislativos)

Apesar da força normativa dos princípios jurídicos gerais e do sentido da evolução de uma vinculação da Administração à lei para uma vinculação à lei e ao direito, o princípio da legalidade conserva uma posição central no nosso sistema administrativo. Desde as origens e, em grande medida, ainda hoje, a *legalidade administrativa* corresponde a uma exigência de atuação da Administração Pública com fundamento e dentro dos limites de *leis*, ou seja, de *atos legislativos* (artigo 112.º, n.º 1, da CRP), leis (da Assembleia da República), decretos-leis (do Governo) e decretos legislativos regionais (assembleias legislativas das regiões autónomas).

A identificação dos atos legislativos baseia-se, pois, num critério *formal*: ato legislativo é todo o ato público que reveste a forma de lei, decreto-lei ou decreto legislativo regional. Em princípio, existe coincidência o conceito de ato legislativo (critério formal) e a função legislativa (em sentido material). Mas há desvios a esse princípio, o mais importante dos quais consiste na utilização da forma de ato legislativo para a prática de atos ou a adoção de medidas da função administrativa: é o caso do ato administrativo praticado sob forma de lei (cf. artigo 52.º, n.º 2, do CPTA, sobre o "ato contido em diploma legislativo").

É certo que a Administração não está apenas subordinada às leis: seja em nível superior (*v.g.*, normas de direito da União Europeia ou de direito constitucional), seja em nível inferior à lei (sobretudo, regulamentos administrativos), existem outros padrões e outros parâmetros de vinculação, de condicionamento e até de legitimação da ação da Administração Pública.

Apesar do fenómeno da efetiva plurilocalização das normas jurídico-administrativas, mantém-se muito clara uma esmagadora preponderância das leis (atos legislativos) como fonte do Direito Administrativo: continua a constar de leis a maior parte das normas de organização do sistema administrativo, ou das que autorizam ou legitimam a ação da Administração, ou das que limitam e condicionam essa ação.

Mesmo considerando apenas a lei, o Direito Administrativo é marcado por uma grande dispersão normativa: para se perceber o fundamento dessa dispersão, basta ter presente que cada decisão da Administração Pública (a autorizar, a proibir, a impor, a punir, a classificar, a adjudicar, etc.) exige uma norma – que é, na maior parte ou numa grande parte de casos, uma norma legal – que estabeleça, em concreto, o poder de a adotar. Como se pode imaginar, o estudo do Direito Administrativo baseado na análise dessas inúmeras leis constituiria uma tarefa praticamente impossível de realizar.

Ora, sem desvalorizar a óbvia importância de cada específica norma de Direito Administrativo – que, em especial, concretiza o *interesse público* que a Administração deve prosseguir e que define a *competência administrativa* –, tem de se reconhecer uma relevância particular a algumas *leis fundamentais*, que regulam, de uma forma global e a partir de uma abordagem transversal, todo o sistema administrativo ou, pelo menos, partes significativas do mesmo.

Trata-se das leis que têm a função de definir: *i)* o modelo geral de organização da Administração Pública ou de setores significativos da mesma; *ii)* uma regulação geral e transversal, de aplicação a toda a ação administrativa ou a grupos significativos de ações administrativas (por exemplo, regras aplicáveis a atos administrativos); *iii)* a regulação da responsabilidade civil da Administração; *iv)* o regime jurídico do emprego na Administração Pública; *v)* por fim, mas não menos, importante, as garantias dos cidadãos em face da Administração Pública.

Designamos essas as leis fundamentais do Direito Administrativo Português.

Aqui fica uma informação básica sobre essa legislação.

I – *Organização da Administração Pública*

Em concretização dos princípios constitucionais, há um conjunto importante de leis que definem o modo de organização da Administração Pública.

a) *Estado (administração estadual direta e indireta)*: *i)* lei orgânica do Governo e leis orgânicas dos vários ministérios; *ii)* Regime Jurídico da Administração Direta do Estado; *iii)* Lei-Quadro dos Institutos Públicos; *iv)* Lei-Quadro das Fundações (que abrange as fundações públicas estaduais); *v)* Regime Jurídico das Instituições de Ensino Superior (que abrange as instituições públicas de ensino superior); *vi)* Lei-Quadro das Entidades Reguladoras. *vii)* Regime Jurídico do Setor Público Empresarial.

b) *Autarquias locais: i)* Regime Jurídico das Autarquias Locais (que inclui o estatuto das entidades intermunicipais, o regime jurídico da transferência de competências do Estado para as autarquias locais e para as entidades intermunicipais e o regime jurídico do associativismo autárquico); *ii)* Regime Jurídico da Tutela Administrativa do Estado sobre as Autarquias Locais; *iii)* Regime Jurídico da Atividade Empresarial Local.

c) Regiões Autónomas: Estatuto Político-Administrativo da Região Autónoma dos Açores e Estatuto Político-Administrativo da Região Autónoma da Madeira.

d) *Associações públicas:* em especial, Regime Jurídico das Associações Públicas Profissionais.

II – *Atuação da Administração Pública*

No capítulo da regulação da atuação administrativa – procedimentos, deveres para com os cidadãos administrados, regimes de atos jurídicos –, assinalam-se as seguintes leis fundamentais:

a) *Código do Procedimento Administrativo*

Pela sua abrangência (funcionamento de órgãos colegiais, regras e marcha de procedimento, direito à informação, regulamento, ato administrativo, impugnações administrativas, etc.), o CPA destaca-se claramente como uma "lei de referência do Direito Administrativo Português". A sua importância para a construção e a evolução do Direito Administrativo é ímpar.

b) Código dos Contratos Públicos

O CCP é a lei dos procedimentos aplicáveis às "compras públicas" (procedimentos de adjudicação), mas também contempla o regime jurídico-substantivo da figura do contrato administrativo.

III – *Responsabilidade civil pública (da Administração Pública)*

Impõe-se ainda uma referência ao Regime da Responsabilidade Civil do Estado e demais Entidades Públicas (RRCEEEP) cujo capítulo II (artigos 7.º a 11.º) disciplina precisamente a *responsabilidade civil por danos decorrentes do exercício da função administrativa*. Embora fora desse capítulo, é também relevante neste campo o artigo 16.º, sobre a indemnização pelo sacrifício.

IV – *Emprego na Administração Pública*

Ao Direito Administrativo pertence igualmente a regulamentação dos vários aspetos da relação de emprego com a Administração Pública: Lei Geral do Trabalho em Funções Públicas.

V – *Garantias dos cidadãos perante a Administração Pública*

Por fim, temos as leis que preveem e regulam instrumentos de garantia dos cidadãos perante a Administração Pública. Não esquecendo as normas com esta função inseridas em leis já referidas (*v.g.*, regime das impugnações administrativas no CPA), podemos indicar as seguintes leis fundamentais marcadas pelo propósito fundamental da proteção dos cidadãos administrados: *i)* Lei de participação procedimental e de ação popular; *ii)* Lei de Acesso à Informação Administrativa e Ambiental; *iii)* Estatuto do Provedor de Justiça, que regula o direito de queixa ao Provedor de Justiça; *iv)* lei sobre o exercício do direito de petição; *v)* leis da justiça administrativa – ETAF e CPTA: trata-se, neste caso, de normas de *Direito Processual Administrativo*, com o fim de disciplinar a organização e o funcionamento dos tribunais que têm a incumbência de resolver litígios jurídico-administrativos: tribunais administrativos; porém, esta qualificação não desvaloriza o carácter fundamental e decisivo de tais normas no capítulo da proteção jurídica dos cidadãos em face da Administração Pública; o Direito Processual Administrativo *completa*, *garante* e confere *efetividade* ao Direito Administrativo.

44 – Regulamentos administrativos, normas internas e outros atos da Administração

O Direito Administrativo como conjunto ou corpo de normas jurídicas que se destinam à Administração Pública inclui ainda os regulamentos administrativos. Trata-se de normas que apresentam a dupla característica de se dirigirem à Administração – são por isso "normas de Direito Administrativo" –, e de serem editadas *pela* própria Administração Pública. Em atenção ao facto de se tratar de normas produzidas pela Administração, os regulamentos constituem um modo ou uma forma de ação administrativa e serão, por isso mesmo, objeto de estudo específico e desenvolvido em outro momento [cf. volume 2].

Além dos regulamentos administrativos, que são normas jurídicas e verdadeiras fontes de Direito Administrativo, e das regulações administrativas de *soft law*, de que falaremos no ponto seguinte, devemos considerar, neste ponto, as normas de direito interno da Administração – *regulamentos internos* –, como as circulares, as instruções, as diretivas, as *guidelines* e outros atos de orientação emitidos por órgãos superiores ou com poderes de orientação da atuação de outros órgãos ou de agentes da Administração[706]. Está aqui em pauta um "Direito Administrativo interno", que não tem o propósito de se aplicar no âmbito das relações jurídicas externas, entre a entidade a que pertencem os órgãos que os emite e outras entidades, designadamente particulares. Estas normas produzem, portanto, uma eficácia jurídica apenas intramuros, pelo que não obrigam os particulares, mas também não lhes concedem direitos[707]. Apesar da eficácia meramente interna, por razões de transparência, a Lei de Acesso à Informação Administrativa e Ambiental exige a publicação de "todos os documentos, designadamente despachos normativos internos, circulares e orientações, que comportem enquadramento estratégico da atividade administrativa", bem como a "enunciação de todos os documentos que comportem interpretação generalizadora de direito positivo ou descrição genérica de procedimento administrativo, mencionando designadamente o seu título, matéria, data, origem e local onde podem ser consultados" – cf. artigo 10.º, n.º 1, alínea *c)*, subalíneas *iii)*

[706] Cf. Rui Chancerelle de Machete, "Regulamento interno", *Estudos em Homenagem a Mário Esteves de Oliveira, cit.*, p. 589 e segs.

[707] Sobre a eficácia intrapessoal e o carácter jurídico interno ("Innenrecht") dos "preceitos administrativos", cf. Wolff/Bachof/Stober/Kluth, *ob. cit.*, vol. I, p. 264. A ausência de efeitos externos, que se projetem nas relações entre a Administração e os cidadãos, não exclui a juridicidade deste direito interno.

e *iv)*. A publicação, ou disponibilização, desses documentos faz-se nos termos previstos nos n.os 3 e 4 do mesmo artigo 10.º.

Embora não produzam efeitos jurídicos fora da esfera interna da Administração, não se rejeita a eventualidade de os interessados invocarem as normas internas nos processos de impugnação de decisões que os afetem, proferidas "ao abrigo" dessas normas. Num outro plano, e uma vez que já impôs a publicação das referidas normas, não será surpreendente que a lei venha a conferir-lhes alguma juridicidade externa, como sucede em França, com o direito dos interessados à oponibilidade dos efeitos das instruções e circulares perante a Administração[708].

Uma observação final sobre a possibilidade de os atos da Administração de natureza concreta (contratos administrativos e atos administrativos) assumirem a condição de fontes de Direito Administrativo. Se por fonte de direito se entende um ato que estabelece um "dever ser", determina a adoção de uma conduta ou os termos em que uma conduta deve efetivar-se, então poderemos aceitar que os contratos administrativos podem ser uma fonte de Direito Administrativo quando, por ex., determinam os termos em que a Administração virá ou poderá vir, no futuro, a proferir uma decisão administrativa (suponha-se que num contrato da concessão se estabelece que a Administração pode proceder ao sequestro no caso de se verificar a condição "X" ou "Y"). Outro tanto se pode dizer da figura do ato administrativo, que corresponde a uma fonte de juridicidade e de estabilização jurídica dotada de força para limitar ou condicionar decisões posteriores e, segundo alguma doutrina, até o próprio legislador[709]. Contudo, trata-se, nestes casos, de uma "juridicidade" ligada "ao caso" e aos sujeitos envolvidos, sendo certo que os efeitos jurídicos que atingem estes sujeitos decorrem de se tratar de "atos jurídicos" que produzem efeitos para os respetivos autores (autovinculação), para os destinatários e, porventura, para "terceiros". Trata-se, neste sentido,

[708] Sobre este direito à oponibilidade, nos termos do qual os interessados podem impor à Administração o dever de observar uma norma interna quando se encontram na situação nela prevista, mesmo quando a interpretação que a norma acolhe é ilegal! O objetivo parece ser o de proteger o particular de boa fé, que determinou a sua conduta em função da orientação interna da Administração; cf. Q. Barnabé, "Une rénovation limitée du statut des circulaires et instructions par la loi ESSoC", *Droit Administratif*, 2019/3, p. 23 e segs.

[709] Neste ponto, veja-se João Caupers/A. Lorena de Sèves, "O acto administrativo como fonte de direito", *Estudos em Homenagem ao Prof. Doutor José Joaquim Gomes Canotilho*, cit., vol. IV, p. 177 e segs.; embora com um sentido diferente, que se aplica a atos administrativos "normativos" e "gerais", cf., para o direito italiano, G. C. di San Luca, *L'atto amministrativo fonte del diritto obiettivo*, Eugenio Jovene, 2003.

de fontes de direito sem caráter normativo. Mas, verdadeiramente, nada há aqui de extraordinário a assinalar, pois o que está em causa é apenas a produção de efeitos jurídicos por atos jurídicos[710].

45 – Regulações administrativas de *soft law*

Já houve oportunidade de aflorar o facto de, com uma intensidade que tem crescido nos últimos tempos, sobretudo em associação com o Estado Regulador, a Administração produzir e publicitar "linhas de orientação", "recomendações", "advertências", "instruções", "orientações técnicas" ou "diretrizes" que, mesmo sem a força vinculativa própria das normas jurídicas – já que não proíbem, nem impõem – têm, não obstante, a intenção de condicionar e de influenciar as escolhas dos particulares, induzindo-os a adotarem certos comportamentos ou exortando-os sobre a conveniência de não adotarem outros, por envolverem perigos ou riscos.

Em geral, trata-se de mecanismos de regulação flexível, branda, de carácter "light" ou "soft", que pretendem promover uma vinculação fáctica, por vezes atuando até a um nível psicológico ("beba leite"; "não coma carne de vaca"; "compre produtos amigos do ambiente"). Podem também ter uma pretensão pedagógica, de explicação sobre a "forma correta" de interpretar uma lei ou um regime jurídico, ou de divulgação das boas práticas sobre um determinado processo ou conduta (*v.g.*, boas práticas médicas). Podem ainda anunciar o *modus operandi* de uma autoridade administrativa na execução de uma certa.

Esses instrumentos são em geral reconduzidos ao conceito de *soft law*, que referencia um "direito não vinculativo", quer dizer, um ordenamento em que está ausente a dimensão da coercibilidade[711].

A doutrina tem chamado a atenção para a relevância deste "*soft law* administrativo"[712], questionando-se sobre o seu lugar nas fontes do Direito

[710] Não obstante, não se nega que, em certos casos, os contratos administrativos ou os atos administrativos possam apresentar um efetivo carácter normativo: será assim, por ex., com os atos de licenciamento de loteamentos, que definem parâmetros (normativos) que terão de ser observados em decisões subsequentes; neste sentido, cf. Fernanda Paula Oliveira, "Loteamentos urbanos e dinâmica de normas de planeamento: revisitando o tema a propósito do Parecer da Procuradoria Geral da República n.º 33/2017", *Revista de Direito Administrativo*, n.º 5, 2019, p. 13 e segs. (em especial, p. 22 e segs.).

[711] Cf. M. Ramajoli, "Soft law e ordinamento amministrativo", *Diritto Amministrativo*, 2017/1, p. 147 e segs. (p. 150).

[712] A importância do tema está patente, além do mais, no facto de, em França, o *Conseil d'État* lhe ter dedicado a atenção num relatório de 2013: cf. Conseil d'État, *Le droit souple*, La Documentation

Administrativo e anunciando que se trata de uma "fonte atípica"[713]. Por vezes, estes instrumentos são utilizados pela Administração com uma intenção de "fuga do regulamento"[714], por se supor que o facto de não produzirem efeitos jurídicos vinculativos justifica a dispensa de um fundamento legal para a respetiva emissão. Mas, em Portugal, não é assim, pelo menos desde 2015, já que, corretamente, o artigo 136.º, n.º 4, do CPA exige o respeito pelo princípio da precedência de lei também neste caso. Com efeito, ali se estabelece que "embora não tenham natureza regulamentar (...), carecem de lei habilitante quaisquer *comunicações* dos órgãos da Administração Pública que enunciem de modo orientador padrões de conduta na vida em sociedade com, entre outras, as denominações de «diretiva», «recomendação», «instruções», «código de conduta» ou «manual de boas práticas»".

> Por vezes, pode não se apresentar fácil a distinção entre estas regulações flexíveis, sem o efeito de vinculação jurídica, e os regulamentos administrativos. Só por si, o *nomen iuris* (*v.g.*, instrução, aviso, recomendação) pode não se revelar uma indicação suficiente e segura para a correta qualificação da medida. Esta dificuldade pode ainda resultar de situações que não se revelam nítidas, que se localizam numa zona mediana entre "soft law" e "hard law"[715].

Apesar de se tratar de "nonbinding regulations", e de "soft law", estes mecanismos quase-normativos não se apresentam juridicamente irrelevantes.

Française, 2013. Como já foi observado, o conceito de "soft law" é sobretudo uma etiqueta, pois o que está em causa é, em geral, a referência a "atos regulativos não vinculativos": cf. N. Paolantonio, "Tipicità della determinazione amministrativa e fonti", *P.A. Persona e Amministrazione,* 2018/1, p. 165 e segs. (p. 171) – [http://dx.doi.org/10.14276/2610-9050.1502].

[713] Neste sentido, cf. M. Mazzamuto, "L'atipicità delle fonti nel diritto amministrativo", *Diritto Amministrativo,* 2015/4, p. 683 e segs. (p. 730 e segs.); C. Padula, "Considerazioni in tema di fonti statali secondarie atipiche", *Diritto pubblico,* 2010/1-2, p. 365 e segs. Em Itália, tem havido um importante debate sobre o lugar das designadas "linee guida" da *Autorità Nazional Anticorruzione* em matéria de contratação pública: sobre esta problemática, cf. o nosso *Direito dos Contratos Públicos,* Almedina, 2018, 3.ª ed., p. 66 e segs.

[714] O conceito de "fuga do regulamento" é muito utilizado no direito italiano, para identificar a produção, pelo Governo, de atos administrativos gerais, segundo alguns autores, com intenção fraudulenta, por se tratar de verdadeiros atos normativos que, contudo, não são submetidos ao procedimento legalmente previsto, desde 1988, para a emissão de regulamentos governamentais. Cf. B. E. Tonoletti, "Fuga dal regolamento e confini della normatività nel diritto amministrativo", *Diritto Amministrativo,* 2015/2-3, p. 389 e segs.

[715] Cf. Mazzamuto, *ob. cit.*, p. 735.

Assim, por ex., quando antecipam e anunciam o modo como a Administração se propõe atuar criam um efeito de autovinculação, e, em princípio, têm o efeito de proibição de *venire contra factum proprium*. Na mesma linha, quando fornecem sugestões de boas práticas aos administrados também têm o efeito de retirar à Administração o poder de reprimir as atuações destes em conformidade com as sugestões que lhes foram dadas[716]. Além disso, a falta de força cogente e formal no sentido tradicional esconde a força persuasiva e substancial dos instrumentos de "soft law", que acabam por se ver transformados em fontes de um ordenamento jurídico que lança mão de canais diversos dos procedimentos formais de regulação[717]. Por outro lado, deve ter-se presente, que em determinados setores, estes instrumentos de regulação acabam por se verem "reconhecidos" pelos tribunais que os consideram ou ponderam nas suas próprias decisões[718].

Pode assim dizer-se que a ação dos particulares em relação com a Administração Pública também se vê condicionada por um Direito Administrativo "soft", que não tem o efeito de condicionamento jurídico vinculativo ou coercivo, mas, ainda assim, tem a ambição de influenciar as condutas dos particulares.

46 – Jurisprudência, doutrina e costume

O corpo do Direito Administrativo é composto por normas jurídicas, tem, por isso, uma estrutura normativa; neste sentido, compreende-se que, na procura pela sua localização – ou das suas *fontes* –, sejamos remetidos para os *centros de produção de normas jurídicas*, quer no plano interno, quer no externo.

Embora sem possuírem essa condição formal, de centros autorizados de produção de normas jurídicas, os tribunais – entre nós, os tribunais administrativos – podem ter um papel importante na criação de Direito Administrativo, na determinação do sentido das suas normas, bem como na sua construção científica. É certo que a intervenção dos tribunais ocorre em situações concretas da vida, com o sentido de resolver um específico litígio. Por outro lado, também é sabido que os tribunais são chamados a julgar dentro dos limites da lei e por aplicação desta e de outras normas jurídicas aplicáveis. A sujeição da Administração à lei (em sentido amplo) ocupa um lugar central e primordial no nosso sistema. Por força disto,

716 Nestes termos, cf. Paulo Otero, *Legalidade e Administração Pública, cit.*, p. 913.

717 Em termos aproximados, cf. Ramajoli, "Soft law", *cit.*, p. 161.

718 Neste sentido, cf. Z. Georgieva, "Soft law in EU competition law and its judicial reception in member states: a theoretical perspective", *German Law Journal*, vol. 16/2, 2015, p. 223 e segs.

seria certamente exagerado atribuir aos tribunais administrativos o papel de "legisladores da Administração"[719], assim como se afigura totalmente irrealista entre nós a consideração do Direito Administrativo como uma disciplina essencialmente judicial.

Sem prejuízo de tudo isso, apresenta-se inevitável a consideração da importância da jurisprudência administrativa na construção de critérios para a resolução de certos tipos de conflitos jurídico-administrativos ou na verificação do respeito pelos sujeitos da Administração, já não da lei, mas do direito. Eis o que ocorre quando o juiz é chamado a efetuar um controlo em zonas de discricionariedade administrativa: aqui, a intervenção do tribunal em cada caso concreto será, em princípio, pautada pelos cânones e orientações gerais sobre o controlo da discricionariedade formulados pela própria jurisprudência (e pela doutrina). Por outro lado, é aos tribunais administrativos que cabe o papel de reconhecer a efetividade normativa de certos princípios gerais de Direito Administrativo e de convocar a sua aplicação. Ainda em matéria de princípios gerais de Direito Administrativo, verifica-se, por vezes, que é nos tribunais administrativos que se encontra a sua fonte – assim ocorreu, entre outros, com os princípios do aproveitamento do ato administrativo ou da atribuição de efeitos jurídicos a situações de facto decorrentes de atos nulos, em articulação com o princípio da boa fé –, assim como é aos tribunais que cabe um papel na revelação e na densificação e fixação do conteúdo ou do âmbito normativo dos princípios gerais de Direito Administrativo. Em suma, aos *juízes* se deve um trabalho de elaboração e de descoberta de alguns cânones de regulação da ação da Administração[720].

Além disso, cumpre ainda reconhecer à jurisprudência um papel relevante na construção científica do Direito Administrativo: isto mesmo se se pode verificar na teoria dos vícios dos atos administrativos (qualificação e localização da ilegalidade do ato administrativo).

A par da jurisprudência, também a doutrina – os *doctores* – tem o seu espaço próprio de influência, quer na consolidação dogmática (afinação de conceitos, figuras e institutos jurídicos), quer na descoberta e na densificação de princípios jurídicos, quer também na contribuição para o

[719] No sentido da confirmação da ideia de que o *Conseil d'État* se apresenta, em França, como legislador da Administração, cf. P. Wachsmann, "La jurisprudence administrative", in Gonod/Melleray/Yolka, *ob. cit.*, T. 1, p. 596.

[720] Cf. M. D'Alberti, "Diritto amministrativo e principi generali", in M. D'Alberti, *Le nuove mete del diritto amministrativo, cit.*, p. 67 e segs.

discernimento das linhas de fronteira entre os espaços discricionários e o território da vinculação jurídica.

Por outro lado, temos, em geral, o costume, no passado considerado uma fonte de direito, que resulta da prática consistente e reiterada de uma conduta (*longa consuetudo*) acompanhada da convicção da sua obrigatoriedade (*opinio iuris*). Em geral, não parece que se possa atribuir ao costume uma capacidade de produção de normas de Direito Administrativo, que, enquanto direito não escrito, se possa sobrepor ou equiparar a fontes formais, como a lei ou o regulamento. A prática reiterada e uniforme de uma conduta por parte da Administração, *v.g.*, no exercício de um poder discricionário num certo sentido ou direção, poderá alcançar relevância jurídica, em conjugação com princípios jurídicos, criando um efeito de autovinculação e de eliminação ou "redução da discricionaridade a zero": note-se, porém, que não existe, neste caso, qualquer normatividade imposta pelo costume, mas antes uma vinculação resultante de outros princípios jurídicos, sobretudo o princípio da igualdade e da boa fé. Trata-se, aliás, de uma vinculação relativa, porquanto a Administração não está obrigada a manter a "praxe" de exercer o poder discricionário na mesma direção, podendo alterar a sua estratégia, embora não o deva fazer para um caso, nem, em geral, de forma abrupta e sem invocar um fundamento sério [cf. ponto 28.1,*b)*].

Parte II
Estado Administrativo

Praticamente desde as primeiras páginas, o Direito Administrativo foi aqui apresentado como uma disciplina indissociavelmente associada ao Estado Administrativo. Agora, que já conhecemos o seu espaço fundamental de incidência e que estão definidos os pontos da localização do Direito Administrativo, é o momento de adentrarmos na compreensão do Estado Administrativo. Esse é o propósito da Parte II, que se distribui por dois títulos, dedicados aos dois componentes do Estado Administrativo: a Administração Pública e a função administrativa.

Título I
Administração Pública

A Administração Pública constitui o universo subjetivo do Estado Administrativo e delimita o âmbito de incidência do Direito Administrativo. No Título I, desenvolve-se uma exposição com o objetivo de analisar, além do mais, a composição, a arquitetura e o modo como se organiza a Administração Pública portuguesa.

Capítulo 5
Bases e princípios de organização da Administração Pública

O capítulo que agora se inicia é dedicado à exposição de algumas bases de organização da Administração Pública, bem como à análise dos princípios jurídicos fundamentais que modelam essa organização. Pretende-se, neste âmbito, expor e analisar os mais decisivos parâmetros e condicionantes jurídicos (desde logo, constitucionais) das medidas e providências de organização da máquina administrativa, bem como as ideias cardinais, que permitem, simultaneamente, a leitura integrada do sistema administrativo português e uma compreensão dos cânones que conformam a arquitetura da Administração Pública.

Secção I
Bases de organização da Administração Pública

Na presente secção, expõem-se algumas bases ou pressupostos da organização da Administração Pública. O modo como a Administração Pública se encontra organizada e estruturada depende ou pressupõe a reunião de certas condições, que tocam a delimitação do seu perímetro, bem como a indicação dos titulares do poder de a organizar ou a consideração do território em que a mesma vai desenvolver a sua missão.

47 – Delimitação da Administração Pública

O âmbito da Administração Pública (sentido subjetivo ou orgânico) apresenta uma geometria variável[721]. Na verdade, o espaço do universo administrativo varia em função dos critérios que orientam o seu processo de delimitação.

Numa perspetiva jurídico-administrativa, o objetivo da delimitação do perímetro da Administração Pública consiste em identificar o universo dos sujeitos que se ocupam da função administrativa e que se encontram abrangidos pela incidência ou, pelo menos, expostos à incidência do Direito Administrativo.

Neste âmbito, afigura-se pertinente seguir um critério baseado no delineado *princípio de tripla correspondência entre Administração Pública, função administrativa e Direito Administrativo* – um critério que, portanto, interrelacione Direito Administrativo e Estado Administrativo [cf. pontos 7, *a)* e 13].

Com base nesta premissa e com o objetivo assinalado, propomos delimitar o universo da Administração Pública de acordo com um *critério jurídico-administrativo*, com o que se procura estabelecer o âmbito de incidência do Direito Administrativo.

Mas há outros critérios jurídicos de delimitação do âmbito da Administração Pública que convém assinalar.

> Como já foi observado, quanto a nós corretamente, a noção de Administração Pública não é de ordem conceptual, mas de direito positivo, e este indica várias tipologias de administrações públicas[722].

47.1 – Critério jurídico-administrativo

Em páginas anteriores, já se observou que "Administração Pública" se apresenta como um conceito *agregador*, que identifica determinados *elementos* ou

[721] Cf. G. Mulazzani, "Pubblica amministrazione: un perimetro a geometria variabile tra diritto del UE e diritto interno", *Il Diritto dell'Economia*, 2017/2, p. 321 e segs.

[722] Cf. M. Cammelli, *La pubblica amministrazione*, Il Mulino, 2004, p. 12 e segs.

características em sujeitos, entidades ou organizações, reconduzindo-os, na sequência, à categoria de "sujeitos da Administração Pública". Não existe, pois, uma entidade ou organismo identificado que se designe *Administração Pública*. Existe, isso sim, uma multiplicidade de sujeitos e de organismos que apresentam características ou preenchem elementos que a ordem jurídica define como relevantes para os considerar "da" Administração Pública.

A Administração Pública apresenta-se, por conseguinte, não exatamente como "uma" organização, mas antes como um *sistema de organizações*, de *elementos organizativos*, em que cada um tem os seus fins, as suas missões, os seus poderes e a sua subjetividade jurídica própria e que têm em comum o facto de se ocuparem do exercício da função administrativa.

A noção de Administração Pública reclama, pois, a definição de uma linha que demarca o que está *dentro* em relação ao que está *fora* do seu universo.

47.1.1 – Delimitação positiva

A delimitação deve orientar-se por um critério jurídico-administrativo, que circunscreva o universo da Administração Pública em razão do desempenho da função administrativa e com o sentido de identificar as entidades a que o Direito Administrativo se vai aplicar ou que, em qualquer caso, se encontram *expostas* ao Direito Administrativo.

Pois bem, o critério jurídico-administrativo que se adota para delimitar o universo da Administração Pública revela-se um *critério composto*, na medida em que conjuga uma dimensão orgânica com uma dimensão funcional.

Assim:

(*i*) Por força da *dimensão orgânica*, integram a Administração Pública as pessoas coletivas de direito público (com personalidade jurídica pública) e as "entidades administrativas privadas", que são entidades com um formato de direito privado mas sob a "participação dominante" (*participação + influência dominante*) de pessoas coletivas públicas; umas e outras pertencem à Administração por força de um elemento subjetivo ou orgânico.

Desde logo em resultado da *dimensão orgânica*, tal como acaba de se definir, já se percebe que não se segue, neste contexto, o critério de delimitação da Administração Pública acolhido no artigo 2.º, n.º 4, do CPA. Numa noção adotada "para efeitos do disposto" no próprio CPA, ali se estabelece que integram a Administração Pública: *a)* os órgãos do Estado e das regiões autónomas que exercem funções administrativas a título principal; *b)* as autarquias locais e suas associações e federações de direito público; *c)* as entidades administrativas independentes; *d)* os institutos públicos e as associações públicas. A noção legal abrange apenas *pessoas coletivas de direito público* e nem todas são consideradas: de fora ficam as *entidades públicas empresariais*.

(ii) Tendo em consideração uma *dimensão funcional*, o universo da Administração Pública alarga-se de modo a incluir as entidades particulares que se responsabilizam, por força de uma concessão ou delegação pública, pela execução de funções ou tarefas que, em primeira linha, se encontram confiadas às pessoas coletivas de direito público (funções ou tarefas administrativas).

A dimensão orgânica aponta para uma delimitação por referência a "quem pertence à" ou "quem é da" Administração Pública. Mas, em rigor, a dimensão orgânica é, em si mesma, *orgânico-funcional*, pois, dedicando-se as entidades da Administração à função administrativa, a indicação orgânica integra já uma indicação funcional.

A dimensão funcional acrescenta ao universo da Administração outras entidades "que exercem funções administrativas", as quais, na origem, se encontram atribuídas a pessoas coletivas de direito público.

Resulta da circunstância acabada de expor que as entidades particulares podem posicionar-se *funcionalmente* "do lado da Administração Pública", enquanto sujeitos com funções administrativas, mas, claro, sem deixarem de estar *materialmente* "do lado da esfera privada", da Sociedade Civil, como entidades particulares. Assim, por ex., uma empresa privada que gere um hospital do Estado pertence à Sociedade Civil e, em princípio, prossegue finalidades de interesse privado (lucro); todavia, a missão a que se dedica apresenta natureza administrativa, cabendo originariamente ao Estado, pelo que, apenas num sentido funcional – considerando, pois, a *função* que desenvolve –, pode dizer-se que essa entidade integra a Administração Pública[723].

[723] A recondução das entidades particulares com funções administrativas ao universo da Administração exprime um "constitutional continuum", que inclui todos os "atores" do poder público, quer se trate de sujeitos públicos ou sujeitos privados. Os sujeitos privados com funções públicas devem, pois, ser considerados anatomicamente ligados ("anatomically related") aos

A consideração dos sujeitos particulares com funções administrativas como elementos da Administração Pública (num sentido material-funcional) explica imediatamente a respetiva submissão à incidência do Direito Administrativo – enquanto direito próprio da Administração Pública[724] –, naturalmente, na parte em que atuam no exercício de funções administrativas. De resto, as leis do Direito Administrativo português confirmam a exigência de se conceberem as entidades particulares com funções administrativas como membros do sistema administrativo; neste sentido, veja-se o artigo 1.º, n.º 5 do RRCEEEP ("as disposições que, na presente lei, regulam a responsabilidade das pessoas coletivas de direito público ... são também aplicáveis às pessoas coletivas de direito privado ... por ações ou omissões que adoptem no exercício de prerrogativas de poder público ou que sejam reguladas por disposições ou princípios de direito administrativo"); o artigo 4.º, n.º 1, alínea *i)*, da Lei de Acesso à Informação Administrativa e Ambiental, que determina a aplicação desse diploma a quaisquer "entidades no exercício de funções materialmente administrativas ou de poderes públicos, nomeadamente as que são titulares de concessões ou de delegações de serviços públicos"; por outro lado, o próprio CPA, ao determinar a sua aplicação "à conduta de quaisquer entidades, independentemente da sua natureza, adotada no exercício de poderes públicos ou regulada de modo específico por disposições de direito administrativo", tem o propósito de abranger também as entidades particulares que cumpram essas condições.

O "alargamento" ou a "extensão" da Administração Pública segundo este critério funcional não envolve, contudo, a perda total da referência a uma dimensão orgânica, dado que a recondução de uma certa entidade à Administração Pública (e a sua submissão ao Direito Administrativo)

entes públicos que lhes delegaram as funções. Nestes termos, no direito norte-americano, mas com propostas válidas para o nosso sistema, cf. cf. J. Freeman, "The private role in public governance", *New York University Law Review*, vol. 75, 2000, p. 543 e segs.; J. M. Beerman, "Privatization and political accountability", *Fordham Urban Law Review*, vol. XXVIII, 2001, p. 1507 e segs.; G. E. Metzger, "Privatization as delegation", *Columbia Law Review*, vol. 103, 2003, p. 1367 e segs.; sobre a ideia de "constitutional continuum" e de ligação anatómica, cf. K. N. Brown, "Government by contract and the structural constitution", *Notre Dame Law Review*, vol. 87/2, 2011, p. 512 e segs.

[724] Sobre a exigência de submeter as entidades particulares com funções administrativas ao Direito Administrativo e aos valores do direito público, cf. A. Benish/D. Levi-Faur, "New forms of administrative law in the age of third-party Government", *Public Administration*, vol. 90/4, 2012, p. 886 e segs., bem como o nosso, *Entidades Privadas*, *cit.*, p. 1044 e segs. ("vinculação pelo direito administrativo").

dependem de à mesma ter sido confiada a execução de uma tarefa administrativa, ou seja, de uma missão originariamente *apropriada* por uma pessoa coletiva pública. Ao âmbito da Administração Pública, da organização administrativa, apenas se reconduzem sujeitos ou entidades que se dedicam, por força de lei ou de um ato com fundamento na lei, ao desempenho da função administrativa.

47.1.2 – Delimitação negativa

Vejamos agora o universo de entidades que se localiza *fora* da Administração Pública. Identificamos duas grandes categorias: instituições e órgãos públicos adstritos a outros Poderes do Estado, por um lado, e cidadãos e entidades particulares por outro.

a) Exclusão das instituições e dos órgãos de outros Poderes do Estado

De acordo com o critério eleito, *fora* do universo da Administração Pública encontra-se o conjunto de entidades públicas, órgãos e serviços que pertencem aos outros Poderes do Estado: eis o que sucede com os órgãos e serviços do Poder Judicial (tribunais) e do Poder Legislativo (salvo o Governo, que é, simultaneamente, um órgão da Administração Pública e do Poder Legislativo), bem como com outros "órgãos públicos" que não se ocupam da função administrativa, mesmo que, marginalmente, até possam desempenhar tarefas de *administratio* (*v.g.*, Presidente da República, Conselho de Estado, Tribunal de Contas[725], Provedor de Justiça[726]).

[725] O Tribunal de Contas é um órgão jurisdicional, um tribunal (cf. artigo 214.º da CRP), apesar de exercer como próprias do seu múnus constitucional, funções não jurisdicionais, de natureza administrativa [sobre isto, cf. ponto 186.3, *e*)].

[726] O Provedor de Justiça é um "órgão do Estado" (cf. artigo 1.º, n.º 1, do Estatuto do Provedor de Justiça), que a CRP define como "órgão independente" (artigo 23.º, nº 3) – o titular é designado pela Assembleia da República, órgão competente para proceder à respetiva destituição no caso de violação do Regime do Exercício de Funções por Titulares de Cargos Políticos e Altos Cargos Públicos. No âmbito das suas funções constitucionais e legais, designadamente enquanto "órgão de garantia dos direitos fundamentais", o Provedor de Justiça não tem uma natureza administrativa, razão pela qual não integra a Administração Pública, nem se considera órgão administrativo ou entidade administrativa: cf. Gomes Canotilho/Vital Moreira, *Constituição, cit.*, vol. I, p. 440; Ana Fernanda Neves, "O Provedor de Justiça e a Administração Pública", *Estudos em Homenagem ao Professor Doutor Joaquim Moreira da Silva Cunha*, Coimbra Editora, 2005, p. 51 e segs. (em especial, p. 60 e segs. sobre a distinção face às entidades administrativas independentes); em sentido diferente, integrando-o na categoria dos "órgãos administrativos independentes", cf. Freitas do Amaral, *Curso, cit.*, vol. I, pp. 272-3.

Apesar de não integrarem a Administração Pública e de não se responsabilizarem pelo exercício da função administrativa, órgãos públicos como o Presidente da República, a Assembleia da República e outros ocupam-se – em regra, no "âmbito doméstico" – de "atividades materialmente administrativas". Vejam-se, a este propósito, as referências legais a "atos administrativos praticados por quaisquer órgãos do Estado ou das regiões autónomas *não integrados na Administração Pública*" [artigo 4.º, n.º 1, alínea *c)*, do ETAF] ou a "decisões (...) no exercício de poderes jurídico-administrativos (...) proferidas por autoridades *não integradas na Administração Pública*" (artigo 51.º, n.º 1, do CPTA). O desempenho de tarefas administrativas por órgãos públicos que não integram a Administração Pública representa um desvio ao princípio de correspondência entre Administração Pública e Direito Administrativo; trata-se, como sabemos, de um fenómeno marginal e, em regra, limitado ao "governo da casa" [cf. ponto 18.1].

Como assinalado, o Governo, além de órgão da Administração Pública – ou seja, "órgão administrativo" –, detém igualmente competências legislativas. O facto de se reunirem no mesmo órgão competências legislativas e administrativas explica a figura dos "atos administrativos praticados sob a forma de lei", que corresponde, em termos materiais, ao exercício da função administrativa, embora mediante a utilização de um instrumento formal da função legislativa, o decreto-lei [cf. ponto 186.2, *a)*, *i)*].

O conjunto de instituições públicas e de órgãos públicos que pertencem a outros Poderes do Estado integram a "esfera pública", embora não pertençam à Administração Pública.

O cerne da intervenção do Provedor de Justiça é a Administração Pública (cf. Jorge Miranda, in Jorge Miranda/Rui Medeiros, *Constituição da República Portuguesa Anotada*, Tomo I, Coimbra Editora, 2010, p. 488): tem por função principal a defesa e promoção dos direitos, liberdades, garantias e interesses legítimos dos cidadãos, assegurando, através de meios informais e após queixa dos cidadãos, a justiça e a legalidade do exercício dos poderes públicos; a sua atuação pode ainda incidir em relações entre particulares que impliquem uma especial relação de domínio. Não dispõe de poderes decisórios, mas apenas de um poder de dirigir "as recomendações necessárias para prevenir e reparar injustiças" (artigos 1.º a 3.º do Estatuto do Provedor de Justiça). Além das suas funções constitucionais e legais, e como já aflorámos, em 2017, foram confiadas ao Provedor de Justiça competências para determinar o montante e proceder ao pagamento de indemnizações no âmbito de mecanismos extrajudiciais para atribuição de indemnizações por morte das vítimas dos incêndios florestais [cf. ponto 42, *a)*]. Sobre a figura do Provedor de Justiça, cf. ainda, em especial, Fernando Alves Correia, "Do Ombudsman ao Provedor de Justiça", *Estudos em Homenagem ao Prof. Doutor José Joaquim Teixeira Ribeiro*, 1979, p. 19 e segs.; AAVV, *O Cidadão, o Provedor de Justiça e as Entidades Administrativas Independentes*, Lisboa, Provedoria da Justiça, 2002.

b) Exclusão dos cidadãos e das entidades particulares

Também se excluem e estão *fora* do universo da Administração Pública os cidadãos e, de um modo geral, as entidades particulares.

Os cidadãos e as entidades pelos mesmos instituídas – "entidades particulares", como, em geral, as associações civis, as fundações privadas, as sociedades comerciais ou as cooperativas – localizam-se na "esfera privada" e, logo por isso, "não pertencem", nem se apresentam como sujeitos da Administração Pública. E isto não deixa de ser assim pelo facto de as entidades particulares se dedicarem, de forma altruística, solidária e benévola, a *atividades de interesse geral* (*v.g.*, entidades da economia social, como as instituições particulares de solidariedade social, as associações mutualistas, as cooperativas ou as misericórdias[727]): trata-se, neste caso, de entidades da Sociedade Civil que se incumbem, por vontade dos seus instituidores e colaboradores, de missões de relevância pública, mas na esfera privada, da Sociedade Civil, e não como estruturas da Administração Pública.

> Apesar de se localizarem na esfera privada, fora da Administração Pública, e de não participarem no exercício da função administrativa, a atuação de tais entidades assume uma relevância pública que justifica a respetiva sujeição a uma regulação administrativa especialmente intensa: trata-se, por isso, de "entidades particulares publicamente reguladas" [cf. pontos 18.2.1, *b)* e 185.2]. É precisamente o que ocorre com as instituições particulares de solidariedade social, e com entidades como a Cruz Vermelha Portuguesa ou as associações humanitárias de bombeiros voluntários, que são "pessoas coletivas privadas de utilidade pública administrativa", ou com as câmaras de comércio e indústria, que são pessoas coletivas de utilidade pública. De resto, o fenómeno da regulação da organização interna de entidades particulares ocorre também em setores regulados, como, por ex., a banca, em

[727] Sobre estas entidades de direito privado, integradas no designado terceiro setor ou setor da economia social, cf. Licínio Lopes, *As Instituições Particulares de Solidariedade Social*, Coimbra, 2009; Rute Saraiva, "As instituições particulares de solidariedade social", in Carla Amado Gomes/Ana Fernanda Neves/Tiago Serrão, *Organização Administrativa, cit.*, vol. II, p. 69 e segs. (num texto elaborado para uma obra sobre a organização administrativa, a Autora tem o cuidado de descrever a IPSS como "uma organização não administrativa do Terceiro Sector": p. 77); Deolinda Meira, "As cooperativas em Portugal – breve apresentação do seu regime jurídico", *ibidem*, vol. I, p. 807 e segs. (sem qualquer referência à falta de conexão entre cooperativas e organização administrativa); em relação às cooperativas, importa, todavia, considerar a situação particular das *cooperativas de interesse público*, as quais, estas sim, pertencem à Administração Pública [cf. ponto 131].

que a lei define condições de organização das instituições por imperativos de natureza regulatória (pública)[728].

Neste sentido, o universo da Administração Pública situa-se num dos polos de um mapeamento dualista que traça uma linha de divisão entre o Estado (*lato sensu*) e a Sociedade Civil, o mesmo é dizer, entre a esfera pública e a esfera privada.

A exclusão dos cidadãos e das entidades particulares do perímetro da Administração Pública reclama duas observações complementares.

Em primeiro lugar, deve sublinhar-se que a Administração não funciona, nem existe, sem pessoas humanas. São as pessoas (os cidadãos individualmente considerados) que dão vida à Administração Pública e que a põem em funcionamento todos os dias. Em certo sentido, pode dizer-se que certas pessoas, certos cidadãos, "fazem parte" da Administração Pública, integram-se nela, na qualidade de *agentes*, de *trabalhadores* ou de *titulares dos seus órgãos*.

Em segundo lugar, impõe-se considerar o fenómeno, algo frequente, consistente em entidades particulares assumirem, *em nome próprio, no quadro de uma concessão ou de uma delegação pública*, a responsabilidade direta pelo exercício de determinadas funções administrativas: eis o que sucede com empresas particulares concessionárias de serviços e de obras públicas (*v.g.*, concessionárias de autoestradas ou de aeroportos), com associações ou outras entidades particulares que se dedicam a tarefas de regulação pública (federações desportivas, que são associações de direito privado investidas de funções públicas de regulação de modalidades desportivas) ou a atividades de inspeção (associações de inspeção de navios) ou de certificação de produtos (comissões vitivinícolas regionais). Estas "entidades particulares com funções administrativas" dão azo a uma situação híbrida, que mistura componentes próprios da esfera pública (o exercício da função administrativa) com elementos oriundos da esfera privada (as entidades particulares). Embora sublinhando esta situação particular ou híbrida, já vimos que se segue aqui a tendência de reconduzir as entidades particulares com funções administrativas ao perímetro de Administração Pública (em sentido funcional).

[728] Neste sentido, cf. R. Calderazzi, "La funzione dell'organizzazione nell'impresa bancaria", *P.A. Persona e Amministrazione*, 2019/1, p. 261 e segs. [http://ojs.uniurb.it/index.php/pea/issue/viewIssue/209/47]-

47.2 – Outros critérios

A delimitação do universo da Administração Pública não tem relevância apenas para efeitos jurídico-administrativos, de delimitação do âmbito de incidência do Direito Administrativo. Também para outros efeitos e em diferentes contextos, o conceito de Administração Pública delimita o âmbito de aplicação de normas jurídicas. Ora, não há sempre uma coincidência entre o universo de Administração Pública recortado segundo o critério jurídico-administrativo e a extensão do mesmo quando considerado para outros efeitos.

a) Critério financeiro e orçamental

No âmbito do direito das finanças públicas, e atualmente em especial por força do sistema europeu de contas nacionais e regionais na União Europeia (*Regulamento SEC2010*)[729], o conceito de Administração Pública visa "classificar" as entidades cujas contas revelam para determinar os níveis do défice público (défice do Estado em sentido lato). Neste âmbito, o conceito refere-se às "unidades institucionais que correspondem a produtores não mercantis cuja produção se destina ao consumo individual e coletivo e que são financiadas por pagamentos obrigatórios feitos por unidades pertencentes a outros setores, bem como todas as unidades institucionais cuja função principal é a redistribuição do rendimento e da riqueza nacional".

Em conformidade com esse conceito, a Administração Pública não inclui as designadas "sociedades públicas (produção mercantil)", ou seja, empresas controladas pela Administração Pública que produzem bens ou serviços para venda no mercado a preços economicamente significativos (preços que têm um efeito substancial nas quantidades de produtos que os produtores estão dispostos a fornecer e nas quantidades de produtos que os compradores desejam comprar). Nos termos do *Regulamento SEC2010*, a Administração Pública e as sociedades públicas formam o *sector público* (setor da economia controlado pelas administrações públicas)[730].

[729] Regulamento (UE) n.º 549/2013, do Parlamento Europeu e do Conselho, de 21 de maio de 2013.

[730] Em relação a este conceito, cf. Guilherme Waldemar d'Oliveira Martins, "O Sistema Europeu de Contas Nacionais e Regionais e a contratação pública: algumas pistas de reflexão sistémica no campo da sectorização das instituições sem fim lucrativo", in *Novas Fronteiras da Administração Pública*, Coimbra, Almedina, 2014, p. 41 e segs.; Olívio Mota Amador, "O Sistema Europeu de Contas e a composição do setor público em Portugal", *Liber Amicorum Fausto de Quadros*, Coimbra, Almedina, vol. II, 2016, p. 519 e segs.

No direito financeiro português, é tradicional a distinção entre o "sector público administrativo" (SPA) e o "sector público empresarial" (SPE). Mais recentemente, a distinção passou legalmente a fazer-se entre "setor das administrações públicas" e "sector público empresarial".

Assim, de acordo com a Lei do Enquadramento Orçamental, o setor das administrações públicas "abrange todos os serviços e entidades dos subsetores da administração central, regional, local e da segurança social, que não tenham natureza e forma de empresa, de fundação ou de associação públicas".

O subsetor da administração central inclui os serviços e entidades integrados, bem como os serviços e entidades com autonomia especial para gestão de receitas próprias – nos termos da Lei do Enquadramento Orçamental aqui se incluem: *a)* os serviços e entidades que disponham de receitas próprias para cobertura das suas despesas, nos termos da lei; *b)* as entidades que tenham um especial regime de autonomia por imperativo constitucional; *c)* as entidades que tenham um especial regime de autonomia que decorra do regime jurídico das instituições de ensino superior; *d)* as entidades que tenham autonomia que decorra da integração nas áreas do Serviço Nacional de Saúde e as de regulação e supervisão; *e)* os organismos especialmente competentes para a gestão de fundos comunitários com a autonomia indispensável à sua gestão. O Orçamento do Estado compreende todas as receitas e despesas destas entidades, bem como das entidades que compõem o subsetor da segurança social.

O subsetor da administração regional inclui os serviços e entidades das regiões autónomas. O subsetor da administração local inclui os serviços e entidades das autarquias locais.

Por seu lado, o SPE abrange o sector empresarial do Estado (empresas públicas e empresas participadas pelo Estado ou entidades públicas estaduais) e o sector empresarial local (empresas locais e sociedades comerciais participadas) – cf., respetivamente, *Regime Jurídico do Sector Público Empresarial* e *Lei da Atividade Empresarial Local*.

A distinção entre os conceitos legais de setor das administrações públicas e SPE é menos taxativa do que aparenta, pois há unidades do SPE (empresas públicas) que foram "reclassificadas" e incluídas no âmbito do Sistema Europeu de Contas Nacionais e Regionais e, em consequência, passam a integrar o setor das administrações públicas. Como se disse acima, o que determina esta qualificação é a exigência europeia de contabilizar no défice público o défice de determinadas unidades que, apesar de serem formalmente empresas, não se dedicam a uma atividade de produção mercantil[731].

b) Critério da contratação pública

Por influência do direito da União Europeia, as regras que disciplinam a adjudicação de contratos públicos – constantes do Código dos Contratos Públicos – aplicam-se às designadas "entidades adjudicantes" (ou "autoridades adjudicantes", na nomenclatura das diretivas europeias da contratação). Apesar de o conceito de Administração Pública não surgir, de uma forma explícita, na legislação da contratação pública, a verdade é que, com frequência, a doutrina alude à noção de *Administração Pública adjudicante*, com o objetivo de identificar o conjunto de entidades sujeitas à incidência das regras da contratação pública[732]. Neste sentido, e tendo presentes as soluções consagradas na regulamentação da contratação pública, pode entender-se que a Administração Pública adjudicante se apresenta, por um lado, mais e, por outro lado, menos abrangente do que o âmbito de Administração Pública recortado segundo o aqui proposto critério jurídico-administrativo.

Assim, por ex., uma entidade privada sem participação pública que se dedique a atividades de interesse geral e seja maioritariamente financiada por entidades públicas (*v.g.*, por um município) considera-se entidade adjudicante, e sujeita ao CCP, mas, se não se dedicar ao exercício da função administrativa com base numa delegação pública, não será um sujeito da Administração Pública, para efeitos jurídico-administrativos.

> Uma entidade com as características referidas qualifica-se como um "organismo de direito público" – cf. artigo 2.º, n.º 2, do CCP. Deve reconhecer-se que, apesar de poder abranger entidades que não integram a Administração Pública segundo um critério jurídico-administrativo, o "organismo de direito público" (nos termos originariamente definidos no direito da União Europeia para efeitos de contratação pública) tem mostrado uma força expansiva, como o demonstra o facto de ter sido adotado para delimitar o

[731] Também por causa desta condicionante do direito financeiro, alguns autores sugerem a referência ao Direito Administrativo como "direito das administrações públicas"; sobre isto, cf. P. Gotti, "La problematica 'nozione finanziaria' di pubblica amministrazione, l'elenco ISTAT e la regole della *spending review*", *Diritto Amministrativo*, 2016/1-2, p. 177 e segs.

[732] Neste sentido, cf., por ex., M. P. Chiti, "La pubblica amministrazione", in M. P. Chiti (org.), *Diritto amministrativo europeo*, Milano, Giuffrè, 2013, p. 185.

âmbito de aplicação de outras "leis administrativas", como é o caso da Lei de Acesso à Informação Administrativa e Ambiental (cf. artigo 4.º, n.º 2)[733].

Em sentido oposto, há exemplos de entidades que integram a Administração Pública em sentido jurídico-administrativo, mas que não se consideram "entidades adjudicantes" e, portanto, não caem no âmbito de incidência das regras da contratação pública do CCP: eis o que pode suceder no caso de entidades particulares com funções administrativas, como as empresas concessionárias de serviços públicos ou as federações desportivas.

c) Critério baseado na dicotomia Política-Administração

A Administração Pública é uma organização. Para funcionar, a Administração carece de pessoas, de homens e de mulheres. Ora, as pessoas que "servem" a Administração Pública são, desde logo, os trabalhadores, os designados "trabalhadores em funções públicas", os quais são partes de relações de emprego com sujeitos da Administração Pública.

Numa compreensão laboral ou burocrática, a Administração Pública é, muitas vezes, entendida como o conjunto dos trabalhadores e agentes que a servem em termos profissionais ("servidores públicos", no léxico do direito brasileiro).

Num diferente patamar e, neste sentido, "fora da Administração", situa-se o *pessoal político*, ou seja, as pessoas que, sem um vínculo profissional, mas com legitimidade pessoal (resultante, direta ou indiretamente, de eleições), dirigem e são responsáveis pelo funcionamento da Administração Pública: aqui se incluem os membros do Governo ou, na Administração autárquica, o presidente da câmara municipal ou os vereadores.

Pois bem, segundo algumas correntes de pensamento – que remontam ao século XIX e que, nessa época, tiveram em Woodrow Wilson o seu expoente máximo – deveria existir uma separação entre Política (agentes políticos) e Administração Pública (funcionários e trabalhadores). Esta seria uma *administração científica*, um corpo profissionalizado de funcionários, com capacidade para administrar independentemente dos corpos políticos. A rutura com o nível político filiava-se nas ideias de que a "administration

[733] Sobre o conceito de organismo de direito público no CCP, cf., da nossa autoria, *Direito dos Contratos Públicos, cit.*, p. 148 e segs.; por último, veja-se Pedro Fernández Sanchéz, "Os organismos de direito público", in Carla Amado Gomes/Ana Fernanda Neves/Tiago Serrão, *Organização Administrativa, cit.*, vol. II, p. 266 e segs.

lies outside the proper sphere of politics" e, assim, de que os "assuntos administrativos não são assuntos políticos".

A ideia fundamental da compreensão da Administração como corpo de funcionários ou trabalhadores (a "burocracia"), reside precisamente em contrapor essa realidade à classe política e à esfera política, para vincar uma ideia de separação e de independência da burocracia, a qual desenvolveria a sua ação com legitimidade própria, associada à sua subordinação a comandos normativos exteriores, em especial, aos comandos da legalidade (modelo racional-legal de Max Weber)[734].

O sentido da separação entre política e administração veio a ser apurado ou afinado pelo movimento da *Nova Gestão Pública* (NGP), que se desenvolveu desde a década de 80 do século XX com o propósito de operar a transformação dos modos de gestão da Administração Pública[735].

> A NGP ("New Public Management") foi, antes de tudo, um movimento de ideias organizado de forma estruturada para modernizar a Administração Pública e para nela introduzir modelos de boa governação[736]. Entre outros elementos (como a aproximação da gestão pública à gestão privada, a empresarialização e privatização formal de unidades administrativas), a NGP propugnou uma separação entre o pessoal político (a quem compete definir *o que* a Administração faz) e os dirigentes ou gestores da Administração (a quem compete definir *como se faz*).

A NGP propôs assim a distinção mais rigorosa entre a *tarefa de direção política* (de "indirizzo politico"), consistente na definição, por agentes políticos, das *missões*, das *prioridades*, dos *programas de ação*, dos *objetivos* e das *metas* das organizações administrativas, incluindo a verificação ou o controlo sobre

[734] Sobre o tema, cf. Cerulli Irelli, "L'amministrazione e il potere politico", *cit.*, em especial, p. 18 e segs.; F. Follieri, "Politica e amministrazione", *P.A. Persona e Amministrazione*, 2019/1, p. 109 e segs. [http://ojs.uniurb.it/index.php/pea/issue/viewIssue/209/47]; R. Caridà, "Il rapporto politica ed amministrazione", in Pericu/Police/Saitta, *L'organizzazione delle pubbliche amministrazioni, cit.*, p. 127 e segs.; P. Forte, *Il principio di distinzione tra politica e amministrazione*, Giappichelli, 2005; F. Merloni, *Dirigenza pubblica e amministrazione imparziale*, Il Mulino, 2006; G. Gardini, *L'imparzialità amministrativa tra indirizzo e gestione: organizzazione e ruolo della dirigenza pubblica nell'amministrazione contemporanea*, Giuffrè, 2003.

[735] Sobre os paradigmas da Administração Pública (burocrático, gestionário, societário), cf. Nuno Miguel Cunha Rolo, *ob. cit.*, p. 187 e segs.

[736] Cf. R. Koch, "New public management als Referenzmodell für Verwaltungsmodernisierung", in M. F. Strohmer, *Management im Staat*, Peter Lang, 2004, p. 65 e segs.

o grau de realização dos resultados pretendidos, por um lado, e as *tarefas de gestão*, desenvolvidas, em termos profissionais, por gestores e dirigentes administrativos, consistentes na identificação e na seleção, com autonomia e responsabilidade, dos meios mais eficazes, eficientes e económicos para atingir os objetivos identificados, por outro lado – a distinção entre Política e Administração equivale, pois, à distinção entre *direção* e *gestão*. À Política (aos agentes políticos) cabe a definição do "que" fazer – no quadro de uma *definição estratégica de finalidades* – e a Administração, através dos seus dirigentes e gestores, deve ocupar-se do "como" fazer[737].

> De acordo com as conceções da NGP, à Administração Pública desenvolve uma *tarefa de gestão*, a qual não se confunde com uma aplicação mais ou menos mecânica de regras e com o cumprimento de ordens e instruções oriundas da esfera política. Neste sentido, se compreende a afirmação de que "management is different from administration"[738] e se conclui que a gestão, enquanto escolha de meios para produzir resultados, pressupõe uma autonomia do gestor. Neste contexto, a "autonomia de gestão" não acrescenta nada de significativamente novo ao conceito de gestão; ainda assim, contribui para acentuar a importância do momento gestionário e para o separar do momento político[739].
>
> Uma outra ideia acentuada pela NGP consiste na ênfase posta nos "resultados" da ação pública: a ação da Administração deve ser avaliada pelos resultados e não tanto pelo cumprimento formal e ritualizado de regras[740].

[737] Distinguindo, a este respeito, entre o "was" e o "wie", cf. V. Mehde, *Neues Steuerungsmodell und Demokratieprinzip*, Duncker & Humblot, 2000, p. 87; entre nós: Vital Moreira, "«Nova gestão pública» e direito administrativo", *Revista de Legislação e de Jurisprudência*, n.º 3978, 2013, p. 173 e segs.; Pedro Costa Gonçalves, "Ensaio sobre a boa governação da Administração Pública a partir do mote da *new public governance*", in *O Governo da Administração Pública*, Almedina, 2013, p. 7 e segs.

[738] Cf. O. E. Hughes, *Public management and administration (an introduction)*, Macmillan, 2003, p. 54.

[739] Cf. B. Ponti, "Amministrazione di risultato, indirizzo politico-amministrativo e dirigenza", *in* F. Merloni/A. Pioggia/R. Segatori, *L'amministrazione sta cambiando?*, Giuffrè, 2007, p. 143 e segs. (153).

[740] A fórmula "administração *por* resultados" deve-se a Massimo Severo Giannini, que a utilizou, nos anos 60 do século XX, em contraposição à "administração por atos". Giannini empregou o conceito para criticar a atitude tradicional de, na análise jurídica do funcionamento da Administração Pública, se conferir relevo exclusivo aos procedimentos e atos administrativos e à correspondência dos mesmos aos parâmetros legais, com a consequente desvalorização das consequências efetivas da atividade administrativa na realidade (os *resultados*); neste sentido, cf. Ponti, *ob. cit.*, p. 143. Sobre os conceitos de Administração "de" (*di*), "por" e "para"

A uma lógica de separação ou de distinção estrutural[741] contrapõe-se um modelo de mera "distinção funcional entre política e administração": de acordo com este modelo, o pessoal político, os agentes da classe política (eleitos ou designados por eleitos) não se limitam a efetuar a atividade de "alta direção" ou de "indirizzo politico" (direção política) da Administração, mas intervêm também no campo da *gestão administrativa, técnica e financeira* – surgem dotados de competências próprias, mesmos que mais ou menos pontuais, para proferir decisões administrativas, para outorgar contratos públicos ou para autorizar a realização de despesas – e, além disso, posicionam-se no topo de uma cadeia hierárquica, investidos de funções de direção do pessoal dirigente e dos trabalhadores da Administração Pública.

Eis o que sucede, entre nós, no âmbito da Administração direta do Estado e da administração municipal, organizadas segundo um *princípio de hierarquia*, em que no nível mais alto da estrutura interna surgem, respetivamente, os ministros e os presidentes de câmara: além de colocados na cadeia hierárquica como superiores hierárquicos, uns e outros detêm, em regra, competências administrativas concorrentes com os trabalhadores com funções dirigentes e, com fundamento na lei, delegam competências próprias nesses trabalhadores. Veja-se, a este respeito, o Estatuto do Pessoal Dirigente da Administração do Estado que, no artigo 3.º, estabelece o seguinte: "é missão do pessoal dirigente garantir a prossecução das atribuições cometidas ao respetivo serviço, assegurando o seu bom desempenho através da otimização dos recursos humanos, financeiros e materiais e promovendo a satisfação dos destinatários da sua atividade, *de acordo com a lei, as orientações contidas no Programa do Governo e as determinações recebidas do respetivo membro do Governo*". Esta ideia de subordinação do pessoal dirigente à orientação superior resulta do artigo 269.º, n.º 1, da CRP, onde se estabelece que, no exercício das suas funções, os trabalhadores da Administração Pública e demais agentes do Estado e outras entidades públicas estão exclusivamente ao serviço do interesse público, "tal como é definido, nos termos da lei, pelos órgãos competentes da Administração".

(nos dois casos, *per*) resultados, cf. L. Iannota, "Costruzione del «futuro» delle decisioni e giustizia nell'amministrazione di risultato", in L. Iannota (org.), *Economia, diritto e politica nell'amministrazione di risultato*, Giappichelli, 2003, p. 3 e segs. (13).

[741] Neste sentido, cf. Cerulli Irelli, "L'amministrazione e il potere politico", *cit.*, p. 19, e *L'amministrazione "costituzionalizzata" e il diritto pubblico...*, *cit.*, p. 22.

O modelo de distinção apenas funcional não se apresenta incompatível com uma distinção entre zonas de competências e até com a delimitação de áreas de "reserva da Administração", no sentido de conjunto de competências administrativas que pertence exclusivamente ao nível administrativo, com a exclusão dos órgãos de topo da cadeia hierárquica, ocupados por pessoal político: por ex., em Itália, embora num sistema de separação ou de distinção estrutural entre política e administração, a lei estabelece um princípio de proibição de intervenção ministerial no exercício de competências de gestão próprias dos dirigentes da Administração; ora, uma separação nestes termos ainda é conciliável com um modelo de distinção funcional[742].

Um dos corolários que se associa ao modelo de distinção apenas funcional e à ideia de *continuidade* entre política e administração que o inspira é o "spoils system", sistema de destituição automática dos titulares de cargos dirigentes da Administração do Estado como efeito da mudança dos Governos e livre escolha dos dirigentes pelo novo Governo. O "spoils system" baseia-se na ideia de que deve existir uma relação de confiança política entre os agentes políticos e o pessoal dirigente da Administração, pois cabe a estes últimos executar os programas políticos definidos pelos primeiros.

Em Portugal, apesar de se adotar um modelo de distinção apenas funcional entre política e administração no âmbito da Administração direta do Estado, os dirigentes deste setor não são livremente escolhidos pelo pessoal político, pois a lei impõe um procedimento concursal conduzido por um júri formado no âmbito da Comissão de Recrutamento e Seleção para a Administração Pública e determina que a designação só pode recair num de três candidatos propostos pelo júri do concurso. Por outro lado, também não são livremente destituídos, apesar de a lei não se revelar particularmente rígida na definição das causas possíveis de destituição [cf. ponto 104.5].

Entre os modelos de distinção estrutural ou separação e de distinção apenas funcional (com relações de hierarquia entre pessoal político e pessoal dirigente da Administração), há situações intermédias, de uma distinção entre os dois polos, mas, apesar disso, com subordinação da Administração Pública ao pessoal político: eis o que ocorre no âmbito da Administração indireta do Estado (institutos públicos e empresas públicas), em relação à qual o Governo (o *ministro da tutela*) não dispõe de poderes de direção, nem pode, em regra, intervir no exercício das competências desconcentradas

[742] Cf. P. Colombo, *L'intervento del ministro sugli atti di gestione*, Maggioli, 2004, p. 7 e segs.

no organismo indireto, mas conserva importantes poderes de superintendência (orientação). O regime aplicável a estes setores da Administração estadual indireta não acolhe a lógica do modelo extremado de separação entre política e administração, mas também não consagra um modelo de simples distinção funcional. Na generalidade dos casos, o ministro da tutela tem mais do que um poder de direção política dos institutos públicos ou das empresas públicas, uma vez que pode emitir diretrizes e orientações não apenas quanto ao que fazer, mas também ao como fazer; mas tem menos do que um poder de direção, além de não ser superior hierárquico dos dirigentes dos institutos públicos ou das empresas públicas. Trata-se, pois, de um modelo intermédio, de distinção funcional sem hierarquia [cf. ponto 104.4].

Situação com outros contornos verifica-se no setor da Administração independente (do Governo), que, em rigor, materializa um fenómeno de *desligação* da Administração em relação ao poder político democrático [cf. pontos 59 e 133].

> As entidades administrativas independentes gozam de uma *independência funcional*, o que as retira do espaço de submissão ao Governo. Ou seja, este setor está imune à direção política (dos agentes políticos). Note-se, porém, que, na realidade jurídica portuguesa, pelo menos no caso das entidades com funções de regulação económica, a desligação ou descontinuidade entre poder político da Administração independente não é total, uma vez que a independência dessas entidades em relação ao Governo conhece algumas restrições [cf. ponto 142.2.3].

48 – Poder de organização da Administração Pública

A Administração Pública é uma organização complexa, composta por vários sujeitos, e, por sua vez, estes sujeitos ou entidades integram ou incorporam vários órgãos, unidades orgânicas, departamentos, divisões, serviços, comissões, delegações, grupos de trabalho, postos de atendimento, etc. Todos estes "elementos", de feição muito diferenciada, são componentes ou peças da estrutura do sistema administrativo ou da Administração Pública. O presente número pretende responder à questão de saber quem tem o poder ou a competência de organizar o sistema administrativo e através de que atos ou medidas se desenvolve essa competência.

Designam-se *medidas de organização* todas as disposições, providências e atos de qualquer natureza e proveniência, que disciplinam a criação, a estrutura interna, a modificação ou a extinção de elementos ou componentes orgânicos do sistema administrativo ou que produzem, em concreto, tais resultados. Estas medidas são adotadas no exercício de uma função ou de um específico "poder de organização da Administração Pública" ("Organisationsgewalt"; "potestà organizzatoria"[743]).

No passado, entendia-se que a organização da Administração Pública correspondia a um "domínio não jurídico", um assunto do foro doméstico da Administração ("Hausgut der Executive"), de governo da casa, com uma relevância meramente interna e sem repercussões jurídicas. De acordo com esta conceção, que desconsiderava o carácter jurídico das normas e das medidas de organização, o poder de organizar e de estruturar o sistema administrativo constituía um poder próprio da Administração – uma espécie de *reserva de Administração* sobre a sua organização: *poder de auto-organização* –, de carácter não jurídico, porque desprovido de incidência na esfera jurídica dos cidadãos.

Nas origens e durante muito tempo, o Direito Administrativo focava a sua incidência nas "relações Administração – cidadão"; concentrava-se no "produto final" (*v.g.*, decisão administrativa) e desinteressava-se das "questões internas de organização"[744].

Essa compreensão alterou-se profundamente, e, hoje, alude-se a uma "juridicidade da organização administrativa"[745]; entende-se que a organização da Administração Pública constitui, em primeira linha, uma incumbência político-legislativa e que deve repousar em medidas legais. "A simples organização administrativa, expressão de um poder de facto, transformou-se em Direito da organização administrativa"[746]. Aliás, a organização administrativa é mesmo um tema constitucional e, por ex., a CRP dedica o seu título IX à Administração Pública (artigos 266.º-272.º), consagrando até um preceito sobre a "estrutura da Administração" (artigo

[743] Sobre este tema, vejam-se as monografias clássicas, na Alemanha, de E. W. Böckenförde, *Die Organisationsgewalt im Bereich der Regierung*, Duncker & Humblot, 1964, e, na Itália, de M. Nigro, *Studi sulla funzione organizzatrice della pubblica amministrazione*, Giuffrè, 1966.

[744] Aproximadamente nestes termos, cf. Burgi, "Verwaltungsorganisationsrecht", in Ehlers/Pünder, *ob. cit.*, p. 257.

[745] Neste sentido, cf. G. Sciulio, *L'organizzazione amministrativa (principi)*, Giappichelli, 2013, p. 7 e segs.

[746] Cf. Paulo Otero, "Organização administrativa: a complexidade do sistema arquitetónico", in Carla Amado Gomes/Ana Fernanda Neves/Tiago Serrão, *Organização Administrativa, cit.*, p. 37 e segs. (p. 39).

267.º). Mas este fenómeno de intromissão legislativa no poder de organização da Administração Pública não elimina, em absoluto, um poder de organização da própria Administração (o qual, porém, se vai encontrar, em grande parte, enquadrado por atos legislativos).

Tendo em consideração o exposto, podemos dizer que a competência de organização da Administração Pública se encontra repartida entre o legislador administrativo e a própria Administração Pública. Vejamos em que termos.

> Na sequência, vamos considerar sobretudo a incidência do poder de organização da Administração em matéria de criação, modificação e extinção e estrutura ou organização interna dos elementos do sistema administrativa. Apesar de, em termos gerais, também se poder reconduzir ao direito e ao tema da organização administrativa, a regulação do "funcionamento" e dos "processos de ação" dos sujeitos da Administração Pública é principal e mesmo essencialmente uma dimensão do Direito Administrativo da atividade administrativa[747].

a) Medidas ou atos de organização de natureza legislativa

Embora não exista uma reserva legal genérica em matéria de organização administrativa, designadamente no domínio da criação ou extinção de sujeitos públicos, em alguns casos, a Constituição atribui ao legislador (e apenas a este) – Assembleia da República e Governo – o poder de adotar medidas de específicas de organização da Administração Pública. Eis o que sucede nos casos a seguir indicados.

i) No âmbito da Administração local, além de lhe competir legislar sobre a criação, extinção e modificação de autarquias locais [cf. artigo 164.º, alínea *n)* da CRP] é a Assembleia da República a instância competente para a criação de municípios (artigo 249.º da CRP), bem como estabelecimento de outras formas de organização territorial (artigo 236.º, n.º 3, da CRP), como é o caso das áreas metropolitanas. Além disso, é à Assembleia da República que se encontra reservada a competência (reserva relativa) para legislar sobre o "estatuto das autarquias locais": artigo 165.º, n.º 1, alínea *q)*.

[747] Sobre esta distinção, cf. Juliana Ferraz Coutinho, *O público e o privado na organização administrativa (da relevância do sujeito à especialidade da função)*, Almedina, 2017, p. 107 e segs.

ii) Nos termos do artigo 165.º, n.º 1, alínea *s)* da CRP, integra a reserva relativa de competência legislativa da Assembleia da República legislar sobre "associações públicas" (cf. ainda o artigo 267.º, n.º 4, da CRP). Na sequência, o artigo 7.º, n.º 1, da Lei das Associações Públicas Profissionais estabelece que "as associações públicas profissionais são criadas por lei"; em relação à criação de cada associação pública, tem-se entendido que vigora a reserva relativa de competência legislativa da Assembleia da República.

iii) Criação de entidades administrativas independentes (artigo 267.º, n.º 3, da CRP): o artigo 7.º, n.º 1, da LQER, quanto à criação de entidades administrativas com função de regulação da economia, estabelece que "as entidades reguladoras são criadas por lei"; a "lei" é, neste caso, ato legislativo (lei ou decreto-lei). Em relação à entidade de proteção de dados e à entidade administrativa independente para a regulação da comunicação social, cf. artigos 35.º, n.º 2, e 39.º, n.º 2 da CRP, que remetem para lei a respetiva criação.

iv) À Assembleia da República encontra-se atribuída uma competência para legislar sobre as "bases gerais do estatuto das empresas públicas e das fundações públicas": cf. artigo 165.º, n.º 1, alínea *u)*, da CRP.

Nos casos referidos, é logo a Constituição que exige a intervenção legislativa e que reserva ao legislador (por vezes, à Assembleia da República) a competência para a adoção de específicas medidas de organização da Administração Pública.

Além disso, em termos mais gerais, o n.º 2 do artigo 267.º da CRP refere-se ao estabelecimento, igualmente por lei, de "adequadas" formas de desconcentração e descentralização.

Concretizando esta última diretriz, a LQIP prescreve que "os institutos públicos só podem ser criados para o desenvolvimento de atribuições que recomendem, face à especificidade técnica da atividade desenvolvida, designadamente no domínio da produção de bens e da prestação de serviços, a necessidade de uma gestão não submetida à direção do Governo" (artigo 8.º, n.º 1) e estabelece, além disso, que os mesmos "são criados por ato legislativo" (artigo 9.º, n.º 1).

Também a instituição de fundações públicas pelo Estado ou pelas regiões autónomas se deve efetuar mediante "diploma legislativo" (cf. artigo 50.º, n.º 2, da Lei-Quadro das Fundações). No caso das fundações do ensino superior – *fundações públicas com regime de direito privado* –, "a criação é efectuada por decreto-lei": artigo 129.º, n.º 12, do RJIES.

Na mesma linha, o Regime Jurídico do Sector Público Empresarial estabelece que "as entidades públicas empresariais são criadas por decreto-lei" (artigo 57.º, n.º 1).

> Quer no caso das entidades públicas empresarias, quer no das fundações, a exigência constitucional de fundamento legal (reserva relativa da Assembleia da República) refere-se apenas às "bases gerais". A imposição da criação de cada uma dessas entidades mediante diploma legal é já uma "opção legislativa". De resto, no caso do Regime Jurídico do Sector Público Empresarial, a exigência de ato legislativo aplica-se apenas às entidades públicas empresariais e, como se compreende, já não às demais empresas públicas, que são constituídas "nos termos e condições aplicáveis à constituição de sociedades comerciais".

Acrescente-se ainda que a organização interna das pessoas coletivas públicas, pelo menos no que se refere à criação de órgãos, é também, em grande medida, um poder ou competência do legislador, desde logo porque, por força da associação intrínseca entre órgãos e competências da Administração, a instituição de órgãos corresponde também à instituição de competências; e estas são, pelo menos em princípio, estabelecidas por um ato legislativo [cf. ponto 91].

A exigência de uma lei não se revela o único fator a considerar no regime jurídico de criação de sujeitos da Administração Pública. Em muitos casos, importa ter presentes as condicionantes jurídicas do exercício desse poder legislativo.

Desde logo, há que apurar, por ex., se a criação legal de uma entidade fora da dependência hierárquica do Governo é constitucionalmente possível; não se afigura viável confiar a um organismo independente do Governo, por ex., o poder de tutela sobre a administração autónoma – a CRP atribui este poder ao Governo: artigo 199.º, alínea *d)*.

Por outro lado, a criação de novas entidades públicas reclama uma *justificação* sobre a *necessidade* e a *adequação* da medida à realização dos fins pretendidos. Veja-se, a este respeito, a clara feição restritiva do poder de constituição de associações públicas: nos termos do n.º 4 do artigo 267.º da Constituição, as "associações públicas só podem ser constituídas para a satisfação de necessidades específicas" – nesta linha, o artigo 3.º, n.º 1, da

Lei das Associações Públicas Profissionais determina que a constituição das associações "é excecional", podendo apenas ter lugar, além do mais, quando visar a tutela de um interesse público de especial relevo que o Estado não possa assegurar diretamente e for adequada, necessária e proporcional para tutelar os bens jurídicos a proteger. No plano legal, também a LQER estabelece regime semelhante: o artigo 6.º, n.º 3, determina que a criação de entidades administrativas independentes com funções de regulação da economia obedece à verificação de vários requisitos, entre os quais a necessidade efetiva e interesse público na criação de uma nova pessoa coletiva para prossecução dos objetivos visados, a necessidade de independência para a prossecução das atribuições em causa e a capacidade de assegurar condições financeiras de autossuficiência. Estas e outras disposições legais concretizam um *princípio da prevalência da Administração direta do Estado sobre as formas de Administração indireta* que, de certo modo, condiciona o poder de organização da Administração Pública [cf. ponto 57.2.2].

Além disso, um condicionamento com crescente importância decorre do direito da União Europeia. Apesar da vigência teórica de uma reserva de regulamentação nacional em matéria de organização administrativa, vem-se assistindo, para determinados setores, à imposição europeia de determinados figurinos ou modelos de Administração Pública: eis o que sucede quanto à exigência de "total independência" dos organismos nacionais de proteção de dados ou à exigência de independência dos bancos centrais e das entidades com funções de regulação nos setores da eletricidade e das comunicações eletrónicas [cf. pontos 36.4 e 136].

b) Medidas ou atos de organização de competência da Administração, mas com fundamento em lei

A competência para implementar medidas de organização do sistema administrativo também pertence à própria Administração Pública, embora, em muitos casos, se trate de uma competência fundada em lei de habilitação específica para o efeito.

Assim, o artigo 24.º, n.º 1, do Regime da Administração Direta do Estado autoriza o Governo a criar, reestruturar, proceder à fusão ou à extinção dos serviços da administração direta do Estado por *decreto regulamentar*.

Apesar de legalmente habilitado a criar ou a reestruturar serviços por via administrativa (decreto regulamentar), o Governo também utiliza para o mesmo efeito, aliás com frequência, a via legislativa (decreto-lei), ao abrigo do artigo 198.º, n.º 1, alínea *a)*, da CRP. Assim, *v.g.*, os diplomas orgânicos da direção-geral de saúde ou da Autoridade Nacional de Segurança Rodoviária constam de decreto-regulamentar, mas, *v.g.*, os da direção-geral dos serviços prisionais e da ASAE constam de decreto-lei. Trata-se, em todos os casos, de serviços centrais da Administração direta do Estado.

O princípio da legalidade das medidas administrativas de organização aplica-se à criação de *entidades administrativas privadas*: em si mesmas, estas entidades são, em regra, criadas por um ato jurídico de direito privado; mas terá de existir um fundamento legal de Direito Administrativo. A regra encontra-se consagrada na LQIP, de cujo artigo 3.º, n.º 4, resulta, ainda que de forma indireta, que a criação de sociedades e de associações como pessoas coletivas de direito privado, pelo Estado, regiões autónomas ou autarquias locais deve ser "sempre autorizada por diploma legal" – exigência que corresponde à definição, neste âmbito, de um *princípio da legalidade da criação de entidades privadas da Administração* e à exclusão de uma liberdade administrativa de escolha entre formas de organização [cf. ponto 14.2.1.1].

Por sua vez, o Regime Jurídico da Atividade Empresarial Local prevê e enquadra a criação de empresas locais e de outras entidades de direito privado pelos municípios, associações de municípios e áreas metropolitanas; o mesmo se diga da Lei-Quadro das Fundações em relação à instituição de fundações públicas municipais.

Medidas administrativas de organização são também a concessão ou delegação de funções administrativas a entidades privadas, as quais carecem, sempre, de base legal: esta existe, por vezes, de uma forma genérica, por ex., no artigo 409.º, n.º 1, do CCP, onde se estabelece, porventura com generosidade excessiva, que "as entidades adjudicantes podem conceder a execução ou a conceção e execução de obras públicas ou a gestão de serviços públicos".

A exigência de um fundamento legal da concessão ou delegação de funções públicas a entidades privadas resulta de tais medidas terem o efeito de deslocar para "fora da Administração" a execução de missões que são da responsabilidade própria da Administração.

Neste caso, de um poder de organização da própria Administração Pública, além do necessário fundamento legal, há outras condicionantes a ter em consideração. Assim, em muitos casos, a entidade competente tem, nos termos da lei, de realizar estudos que sustentem a adequação da medida organizativa idealizada: *v.g.*, no Regime Jurídico da Atividade Empresarial Local exige-se que a criação de empresas locais seja precedida de estudos técnicos a demonstrar a viabilidade económico-financeira e a racionalidade económica dessa medida. Por outro lado, nos termos do mesmo Regime, o Tribunal de Contas é chamado a efetuar a fiscalização prévia da constituição de empresas locais. Aqui temos a exemplificação de medidas administrativas de organização juridicamente condicionadas, além de sujeitas a controlo de instâncias independentes (controlo que, se efetuado por um tribunal, não pode deixar de ser exclusivamente de legalidade).

c) Medidas ou atos de organização de competência da Administração sem uma base legal específica

Mesmo no caso de falta de habilitação legal expressa, entende-se que as entidades da Administração Pública são competentes para a adoção de certas providências e medidas de *organização interna* ("auto-organização"[748]) ou de *gestão de recursos e logística*, como o encerramento de um serviço num certo local (*v.g.*, serviços de finanças) ou o agrupamento de serviços, a criação de uma comissão para uma tarefa determinada (*v.g.*, elaboração de um estudo).

> Nos termos do artigo 198.º, n.º 2 da CRP, o Governo detém uma competência exclusiva para legislar sobre a sua organização e funcionamento. Mais do que determinar uma exigência de regulamentação legislativa da referida matéria, a Constituição confere ao Governo um poder exclusivo de auto-organização.
> Dentro dos limites da lei, dispõem de poder de auto-organização, sobre a sua organização interna e o seu modo de funcionamento, os órgãos administrativos colegiais: cf. artigo 20.º, n.º 3, do CPA ("os órgãos colegiais podem adotar o seu regimento no quadro das normas legais e estatutárias aplicáveis")[749].

O facto de se tratar de medidas administrativas que, por serem de *organização interna*, não carecem de um fundamento legal específico não significa

[748] Sobre o poder de auto-organização administrativa interna como índice de um processo de flexibilização da legalidade administrativa, cf. Paulo Otero, *Legalidade e Administração Pública*, *cit.*, p. 889 e segs.

[749] Sobre a figura do *regimento* de órgãos colegiais e a possibilidade da sua adoção ao abrigo de um poder de auto-organização desses órgãos, cf. Paulo Otero, *ibidem*, pp. 456 e 890 (hoje, após o CPA de 2015, a adoção de regimentos passou a ser uma competência legal: cf. artigo 20.º, n.º 3).

que se apresentam isentas de condicionamentos jurídicos, nem tão-pouco que sejam imunes a um controlo judicial[750]. Em primeiro lugar, alguns princípios constitucionais têm uma aptidão para regular e condicionar certas expressões deste poder de organização da Administração (*v.g.*, princípio da aproximação dos serviços às populações). Além disso, ainda em termos constitucionais, a compreensão da função da Administração na realização dos direitos dos cidadãos (por ex., direito à escola ou direito à saúde) pode igualmente comprimir ou condicionar e orientar o poder administrativo de organização: o direito à saúde reclama a existência de serviços de saúde próximos dos cidadãos. É claro que se trata, nestes casos, de elementos de condicionamento deduzidos e fundados em princípios jurídicos – e não constantes de regras legais e taxativas; ora, em razão da flexibilidade que os distingue, os princípios consentem uma margem de conciliação com outros princípios e condicionantes jurídicas de vária ordem (por ex., economicidade).

Claro que as medidas de organização interna, apesar de poderem não reclamar um fundamento legal, *não podem envolver a subversão da legalidade*. Assim, a pretexto da racionalização dos serviços de emergência médica, uma medida administrativa não pode atribuir aos motoristas de veículos de emergência a faculdade de praticar atos médicos. Uma medida deste tipo é naturalmente ilegal.

49 – Divisão administrativa do território

Nos termos do n.º 1 do artigo 5.º da CRP, com a epígrafe *território*, "Portugal abrange o território historicamente definido no continente europeu e os arquipélagos dos Açores e da Madeira". Por outro lado, o artigo 236.º, inserido no Título VIII sobre o Poder Local, estabelece, no seu n.º 4, que "a divisão administrativa do território será estabelecida por lei".

Pois bem, muito do que caracteriza e do que faz a Administração Pública tem uma ligação ao território. O território (espaço) é ainda um relevante fator de delimitação do âmbito ou da eficácia jurídica da ação administrativa [751]. O território constitui, aliás, um dos elementos do substrato de certas pes-

[750] Reconduzindo estas decisões à categoria da discricionaridade, cf. Vieira de Andrade, *Lições de Direito Administrativo*, *cit.*, p. 58.

[751] Sem prejuízo da crescente presença de dimensões *extraterritoriais* ou *transnacionais* em formas de ação das administrações públicas nacionais [*v.g.*, ato administrativo transnacional: cf. ponto 35.4, *a*), *ii*)], em regra, a eficácia jurídica das medidas e dos atos de cada entidade da Administração Pública não ultrapassa o perímetro que delimita a sua área geográfica de intervenção; note-se

soas coletivas de direito público – "pessoas coletivas territoriais", também designadas "pessoas coletivas de população e território" –, logo a começar pelo Estado, como aliás o sugere o artigo 5.º, n.º 1, da CRP.

Por razões variadas, nem todos os organismos da Administração Pública dispõem de competência extensiva a todo o território nacional. Muitos deles atuam numa área territorial restrita, mesmo considerando apenas o território continental[752].

Isto sucede no âmbito do Estado, com a designada *administração periférica ou local do Estado* (*v.g.*, direções regionais, inspeções regionais), bem como, pela natureza das coisas, no domínio da *administração autónoma territorial* (autarquias locais e entidades associativas de administração autónoma territorial). Ainda que com diferentes sentidos e justificações, em ambos os casos a organização do sistema administrativo pressupõe a demarcação de uma área geográfica, dentro do território nacional, no qual o serviço, órgão ou entidade desenvolve a sua missão. Fala-se, por vezes, de "área de jurisdição" ou "área geográfica de atuação" de uma entidade ou de um serviço. Como vimos já, a Constituição refere-se à divisão administrativa do território, mas, ao que parece, apenas para efeitos de organização do Poder Local, pretendendo, nesse contexto, indicar que a área geográfica correspondente a cada autarquia deverá ser estabelecida por lei[753].

Em tempos mais recuados, o território nacional era dividido em *distritos* e *concelhos*; estes constituíam, portanto, *circunscrições administrativas*, porções ou parcelas do território nacional que delimitavam o espaço de intervenção de órgãos e serviços da administração local do Estado e, no caso dos concelhos, indicavam ainda um espaço de intervenção de "corpos de cidadãos eleitos pelos povos" (as câmaras municipais).

A divisão do território é, historicamente, um tema de primeira linha da legislação administrativa. Desde o primeiro Código Administrativo (1836) e, antes dele, com o Decreto n.º 23 de 16 de maio de 1832 (Mouzinho da Silveira), até ao último Código Administrativo (1936-40), sem exceções, o

que estamos a considerar aqui a eficácia espacial da ação da Administração Pública (dos seus atos jurídicos) e não a eficácia espacial do Direito Administrativo (das suas normas); sobre este último aspeto, cf. Miguel Prata Roque, *A dimensão transnacional...*, *cit.*, em especial, p. 506 e segs.

[752] Sobre o caso particular da Administração Pública das Regiões Autónomas, cf. ponto 51.

[753] Neste sentido, cf. Gomes Canotilho/Vital Moreira, *ob. cit.*, vol. II, p. 720: "compete à lei estabelecer a divisão administrativa do território (...), delimitando as diferentes autarquias".

> artigo 1.º ocupou-se da divisão do território do continente (nas edições mais antigas dos "Reinos de Portugal e Algarves"). Em geral (mas com algumas exceções importantes), durante todo esse período, o território era dividido em "*distritos*, estes em *concelhos* e estes em *paróquias*" (*freguesias*, em vez das paróquias, a partir do Código de 1936-40).

Atualmente, apesar de subsistirem por imposição constitucional (cf. artigo 291.º, n.º 1 da CRP), o "distrito" e a "divisão distrital" deixaram de constituir um *critério geral* ou *comum* de organização da Administração periférica do Estado.

Não obstante, a divisão distrital mantém-se como critério de delimitação da jurisdição territorial de alguns serviços da Administração do Estado: *v.g.*, comandos distritais de PSP; centros distritais de segurança social; além disso, a divisão do território nacional por distritos permanece operativa no âmbito da "administração eleitoral" (nos termos das leis eleitorais da Assembleia da República, do Presidente da República e do Parlamento Europeu).

> Num outro plano, e por causa da imposição constitucional (aliás, só por essa razão!), continua a existir em cada distrito um órgão deliberativo, a *assembleia distrital*, composto por representantes dos municípios (Lei n.º 36/2014, de 26 de junho).
>
> O artigo 291.º, n.º 1 da CRP estabelece que "enquanto as regiões administrativas não estiverem concretamente instituídas, subsistirá a divisão distrital no espaço por elas não abrangido". O n.º 2 do mesmo preceito acrescenta: "haverá em cada distrito, em termos a definir por lei, uma assembleia deliberativa, composta por representantes dos municípios"
>
> Essa assembleia deliberativa é a *assembleia distrital*, composta pelos presidentes das câmaras municipais do distrito, ou os vereadores que os substituam, por dois membros de cada assembleia municipal do distrito, devendo um deles ser o respetivo presidente ou o seu substituto e o outro eleito de entre os presidentes das juntas de freguesia. A única competência de que dispõe este "órgão sem sujeito" consiste em discutir e deliberar, por iniciativa própria ou a solicitação de outras entidades públicas, "sobre questões relacionadas com o interesse comum das populações do distrito ou o desenvolvimento económico e social deste". Como se conclui, trata-se de um órgão totalmente inútil, ainda que de existência constitucionalmente obrigatória. Já a figura clássica do governador civil, também referida no

artigo 291.º, n.º 3, da CRP, que representava o Governo na área do distrito, foi abolida *em termos práticos* no ano de 2011, na sequência da exoneração de todos os governadores civis (Resolução do Conselho de Ministros n.º 13/2011, de 30 de junho) e da transferência para outros órgãos de todas as suas competências (Lei Orgânica n.º 1/2011, de 30 de setembro, e Decreto-Lei n.º 114/2011, de 30 de novembro). Tratou-se, como se disse, de uma abolição em termos práticos, por força da não designação de novos titulares e da retirada de todas as competências do órgão.

Quanto ao *concelho*, a outra circunscrição administrativa clássica, verificou-se o seu quase desaparecimento como critério de delimitação do espaço de intervenção de órgãos e serviços da Administração periférica do Estado (historicamente, o "administrador do concelho", e, mais tarde, serviços concelhios do Estado, como as repartições de finanças).

A rutura quase completa com o critério de divisão do território por distritos reclama a necessidade de se definir um outro critério que permita uma distribuição organizada e racional do aparelho administrativo do Estado pelo território nacional (continental). Ora, para este efeito, não se mostra em geral adequada, por manifesta ausência de escala, a área geográfica dos municípios e a divisão territorial que lhes está subjacente. Exige-se, portanto, uma área de maior dimensão, de uma dimensão *regional*, entre os municípios e o Estado.

Uma circunscrição regional – para efeitos de instalação de serviços regionais do Estado – poderia porventura vir a coincidir com a área geográfica das *regiões administrativas*, autarquias locais que a Constituição prevê (cf. artigos 236.º, n.º 1, e 255.º a 262.º). Sucede que estas nunca chegaram a ser instituídas.

Precisamente, para responder à exigência de um nível de dimensão regional, vem-se generalizando nos últimos anos a tendência para a criação de serviços da Administração direta e indireta do Estado dotados de competências numa circunscrição *regional*; de resto, diversos organismos incluem, na sua designação, a referência ao carácter regional: *v.g.*, comissões de coordenação e desenvolvimento regional (CCDR); administrações regionais de saúde (ARS), direções regionais (*v.g.*, direção-regional da agricultura e pescas).

A demarcação da área geográfica desta Administração de nível regional tem na sua base um critério de divisão assente na "Nomenclatura Comum das Unidades Territoriais Estatísticas" (NUTS) – divisão do território filiada em critérios de direito europeu que, na origem, tem em vista estabelecer uma divisão coerente e estruturada do território económico europeu, através da criação de uma base territorial comum para efeitos de análise estatística de dados; trata-se de um modelo que assenta numa classificação hierárquica que subdivide o território de cada Estado-Membro ao nível de NUTS I, cada uma das quais é subdividida em NUTS II, sendo estas, por sua vez, subdivididas em unidades territoriais ao nível de NUTS III.

Em Portugal, conforme o anexo ao Regulamento (CE) n.º 1059/93 (várias vezes alterado) e a legislação nacional[754], temos:

NUTS I – 3 unidades territoriais: Portugal Continental; Região Autónoma dos Açores; Região Autónoma da Madeira.

NUTS II – 5 unidades territoriais em Portugal Continental, correspondentes a "regiões": Região do Norte; Região do Centro; Região de Lisboa e Vale do Tejo; Região do Alentejo; Região do Algarve. Com alguns desvios, é sobretudo nestas regiões, que correspondem a NUTS II, que se encontram instalados os serviços da Administração direta e indireta do Estado com áreas geográficas de atuação de nível regional (*v.g.*, CCDR, ARS, direções-regionais).

NUTS III – 23 unidades territoriais em Portugal Continental, correspondentes a "entidades intermunicipais": Comunidade Intermunicipal (CIM) do Alto Minho; CIM do Cávado; CIM do Ave; Área Metropolitana do Porto; CIM do Alto Tâmega; CIM do Tâmega e Sousa; CIM do Douro; CIM das Terras de Trás-os-Montes; CIM da Região de Aveiro; CIM da Região de Coimbra; CIM da Região de Leiria; CIM Viseu Dão Lafões; CIM das Beiras e Serra da Estrela; CIM da Beira Baixa; CIM do Oeste; CIM do Médio Tejo; Área Metropolitana de Lisboa; CIM do Alentejo Litoral; CIM do Alto Alentejo; CIM do Alentejo Central; CIM do Baixo Alentejo; CIM da Lezíria do Tejo; CIM do Algarve[755].

[754] Cf. Decretos-Leis n.os 46/89, de 15 de fevereiro (alterado pelos Decretos-Leis n.os 163/99, de 13 de maio, 317/99, de 11 de agosto, 244/2002, de 5 de novembro, e pela Lei n.º 21/2010, de 23 de agosto) e 68/2008, de 14 de abril (alterado pela Lei n.º 21/2010, de 23 de agosto) e RJAL.

[755] Sobre a correspondência entre entidades intermunicipais e NUTS, cf. artigo 139.º do RJAL. O anexo II do RJAL indica as entidades intermunicipais e os municípios que as integram.

Como vimos há pouco, a Administração regional do Estado atua, em regra, nas áreas geográficas (regiões) correspondentes às NUTS II.

Mas há vários desvios a esta tendência; não existe, por conseguinte, uma correspondência entre "Administração regional" e NUTS II. Assim, por ex., podemos encontrar "serviços regionais" cuja área geográfica de atuação corresponde à dos distritos: é o que sucede com as "direções de finanças", serviços desconcentrados da Autoridade Tribuária e Aduaneira que, nos termos da Portaria n.º 320-A/2011, de 30 de dezembro, atuam a nível regional em Aveiro, Braga, Beja, Coimbra, etc., ou seja, ao nível "regional" dos tradicionais "distritos"! Por outro lado, há serviços desconcentrados segundo outros critérios: assim, por ex., as unidades regionais da ASAE são três, a do norte, a do centro e a do sul, atuando esta última numa área que corresponde às regiões NUTS III de Lisboa e Vale do Tejo, do Alentejo e do Algarve.

Em determinados casos, a Administração direta ou indireta do Estado tem de estar mais próxima dos cidadãos, e torna-se necessário instalar serviços e estabelecimentos com uma área geográfica de atuação sub-regional. Eis o que ocorre com a rede escolar dos ensinos básico e secundário (escolas e agrupamentos de escolas[756]), com a rede de agrupamentos de centros de saúde[757], os serviços de finanças, os centros de emprego, as esquadras da PSP, os comandos sub-regionais de emergência e proteção civil ou as delegações da Autoridade para as Condições de Trabalho: nestes casos, por razões que se compreendem, não se segue um critério uniforme para definir a área geográfica de intervenção destes serviços da Administração sub-regional ou local do Estado[758].

Deve-se evitar a confusão entre níveis regionais diferentes: tudo indica que, atualmente, o nível de divisão regional corresponde apenas às NUTS II. As NUTS III referem-se a um *nível territorial intermédio*, de carácter intermunicipal ou supramunicipal, mas não regional.

[756] Sobre as escolas e os agrupamentos de escolas, cf. Suzana Tavares da Silva, "Os agrupamentos de escolas e escolas não agrupadas", in Carla Amado Gomes/Ana Fernanda Neves/Tiago Serrão, *Organização Administrativa, cit.*, vol. I, p. 419 e segs.

[757] Sobres os centros de saúde, cf. Cláudia Monge/Luciana Sousa Santos, "Os agrupamentos de centros de saúde, centros hospitalares e hospitais", in Carla Amado Gomes/Ana Fernanda Neves/Tiago Serrão, *Organização Administrativa, cit.*, vol. I, p. 363 e segs

[758] Um caso particular é o da organização territorial da Autoridade Nacional de Emergência e Proteção Civil que tem três níveis territoriais de comando: *i)* comando nacional; *ii)* comandos regionais, com jurisdição nos territórios correspondentes às NUTS II do continente; ii) comandantes sub-regionais, com jurisdição nos territórios correspondentes às entidades intermunicipais (NUTS III).

Secção II
Princípios de organização da Administração Pública

A organização da Administração Pública processa-se mediante medidas legais e administrativas de concretização de princípios que, em geral, explicam as tendências seguidas na definição da estruturação do sistema administrativo. Em alguns casos, os princípios encontram-se consagrados ou enunciados na Constituição e, nessa medida, constituem parâmetros normativos de vinculação ou de condicionamento das medidas de organização do sistema administrativo. Nesta secção, vamos encontrar também princípios ou tendências de organização do sistema que se deduzem do modo como está organizada a Administração Pública portuguesa.

50 – Estado unitário. 51 – Separação das administrações públicas das regiões autónomas. 52 – Separação orgânico-pessoal da Administração Pública em relação aos outros Poderes Públicos. 53 – Democracia administrativa. 53.1 – Legitimação democrática da Administração. 53.2 – Imparcialidade, ética pública e anticorrupção. 53.3 – Transparência administrativa. 53.4 – Participação dos cidadãos na Administração Pública. 54 – Pluralismo do sistema administrativo. 54.1 – Tipos de pluralismo administrativo. 54.2 – Efeitos do pluralismo administrativo. 55 – Unidade do sistema administrativo e centralidade do Governo. 55.1 – Unidade parcial do sistema administrativo. 55.2 – Coordenação como expressão da unidade global do sistema. 55.3 – Unidade de sentido e de fim. 55.4 – Centralidade do Governo no sistema administrativo. 56 – Hierarquia. 57 – Desconcentração. 57.1 – Desconcentração no interior das pessoas coletivas públicas. 57.2 – Desconcentração intersubjetiva. 57.2.1 – Sentido da desconcentração intersubjetiva. 57.2.2 – Adequação da desconcentração intersubjetiva. 58 – Descentralização. 58.1 – Delimitação da figura. 58.2 – Descentralização territorial e descentralização corporativa. 58.3 – Processos de descentralização. 59 – Independência. 60 – Eficiência (plano organizativo).

50 – Estado unitário

Com um relevo sobretudo nos planos político e jurídico-constitucional, a consagração constitucional da unidade do Estado ("o Estado é unitário": artigo 6.º, n.º 1) tem também implicações na modelação do sistema administrativo português, desde logo ao excluir a possibilidade de um setor integral de Administração Pública totalmente independente e autónomo em relação ao Estado, criado por leis não estaduais e situado fora do Estado – não obstante, o sistema administrativo integra a Administração Pública insular (regiões autónomas), *autónoma* e *separada* do Estado, que o n.º 2 do artigo 6.º da CRP autoriza ou consente, ao estipular que os arquipélagos dos Açores e da Madeira constituem regiões *autónomas* dotadas de estatutos político-*administrativo* e de *órgãos de governo próprio.*

Além da assinalada implicação, que resulta logo do conceito de Estado unitário e da ideia de unidade do Estado, cumpre observar que a própria Constituição assume a necessária articulação entre o princípio do Estado unitário e outros princípios que, na sua organização e funcionamento, o Estado deve respeitar e que têm uma projeção imediata na configuração do sistema administrativo: referimo-nos muito especialmente aos princípios da *autonomia local* e da *descentralização democrática da Administração Pública.*

51 – Separação das administrações públicas das regiões autónomas

Conforme prescreve o artigo 6.º, n.º 1 da Constituição, o Estado é unitário e respeita, além do mais, o regime autonómico insular. O n.º 2 do mesmo preceito acrescenta que "os arquipélagos dos Açores e da Madeira constituem regiões autónomas dotadas de estatutos político-administrativos e de órgãos de governo próprio".

Pois bem, a partir dos dados constitucionais e, desde logo, da indicação de que as regiões autónomas exercem um "poder executivo próprio" [cf. artigo 227.º, n.º 1, alínea *g)*], afigura-se adequado considerar um princípio de separação ou autonomia completa das administrações públicas das regiões autónomas em relação à Administração Pública do Estado[759].

Vejamos.

A existência de regiões autónomas, por um lado, e de autarquias locais, por outro, parece determinar um escalonamento do dispositivo da Administração Pública em três níveis territoriais principais e sobrepostos: *i)* nacional; *ii)* continental, por um lado, e das regiões autónomas, por outro lado; *iii)* autárquico.

[759] Sobre esta matéria, cf. Rui Tavares Lanceiro, "As regiões autónomas no contexto da organização administrativa da República Portuguesa", in Carla Amado Gomes/Ana Fernanda Neves/Tiago Serrão, *Organização Administrativa, cit.*, vol. II, p. 295 e segs.

Todavia, pelo menos em parte, poderá ser porventura igualmente correta uma outra leitura, fundada, desde logo, na compreensão do sentido da autonomia político-administrativa das regiões autónomas.

Na verdade, a autonomia das duas regiões autónomas, além de incluir uma dimensão político-legislativa, concretiza uma autonomia administrativa em grau especialmente avançado. A expressa previsão constitucional de um "poder executivo próprio" das regiões autónomas e de governos regionais corresponde à consagração de um princípio de "separação" ou de "autonomia completa" das administrações públicas das regiões autónomas (administrações públicas regionais) em relação à Administração Pública do Estado. Assim, a imagem fiel da integralidade do sistema administrativo português não pode desconsiderar a existência de dois territórios (correspondentes às duas regiões) nos quais, pelo menos em relação a determinadas matérias[760], pode atuar exclusivamente e sem qualquer interferência da Administração do Estado ou do Governo da República uma Administração regional, das regiões autónomas (além da Administração autárquica das autarquias ali situadas).

Assim, em relação a matérias ou assuntos próprios das regiões, o sistema administrativo português, na sua globalidade, pode conhecer, e conhece, uma efetiva *separação* ou *divisão* ternária, entre três sistemas administrativos autónomos e separados entre si: por um lado, o sistema administrativo do Estado (neste cenário[761], confinado ao território do continente) e, por outro lado, os de cada uma das regiões autónomas. Em cada um desses três sistemas, encontra-se instalada uma organização administrativa, uma Administração Pública, que se desdobra, por sua vez, em três níveis ou escalões territoriais: do continente, do município e da freguesia, no caso território do continente; da região autónoma, do município e da freguesia, no caso dos territórios regionais[762].

[760] Em princípio, matérias de interesse específico regional ou que estejam definidas como matérias ou assuntos próprios da Administração regional.

[761] Ou seja, quando exista uma Administração regional que se ocupa dos assuntos próprios das regiões.

[762] No cenário que se está a considerar, não temos, portanto, um sistema administrativo escalonado em três níveis territoriais que se sobrepõem e nos quais os vários níveis de Administração (estadual, regional, autárquica) poderão sempre intervir. Existindo organismos de administração regional com competências em assuntos específicos (*v.g.*, agricultura, florestas, transportes, educação, saúde, turismo, ambiente), os organismos paralelos da Administração estadual não intervêm nos territórios regionais.

As administrações públicas regionais constituem, portanto, sistemas administrativos não apenas autónomos, mas efetivamente *separados* da Administração do Estado; separação que existe também em relação ao Governo, o qual, sendo constitucionalmente o "órgão superior da Administração Pública" (cf. artigo 182.º), não detém qualquer poder de ingerência sobre os governos regionais, nem sobre as administrações regionais; "a administração regional depende dos respetivos governos regionais, sem interferência do Governo da República"[763].

A Constituição prevê formas de cooperação entre o Governo da República e os governos regionais; nos termos do artigo 229.º, n.º 4, aqueles podem acordar outras formas de cooperação envolvendo, nomeadamente, atos de delegação de competências. A cooperação pode naturalmente estender-se a outros órgãos e sujeitos das administrações públicas.

Tendo presente a sua situação institucional em face das administrações regionais e das autarquias locais das regiões autónomas, os governos regionais encontram-se, nas suas regiões, numa posição paralela àquela em que se situa o Governo da República em face da Administração Pública estadual e das autarquias locais do continente: cada um deles, é o órgão superior da respetiva administração regional, dirige a administração direta, superintende a administração indireta e tutela as autarquias locais; eis o que sucede, no continente, com o Governo da República, e nas regiões, com os governos regionais[764].

O artigo 49.º, n.º 3, do Estatuto Político-Administrativo da Região Autónoma dos Açores estabelece que "a matéria da organização administrativa da Região abrange, designadamente: *a*) a organização da administração regional autónoma direta e indireta, incluindo o âmbito e regime dos trabalhadores da Administração Pública regional autónoma e demais agentes da Região; *b*) o regime jurídico dos institutos públicos, incluindo as fundações públicas e os fundos regionais autónomos, das empresas públicas e das instituições particulares de interesse público que exerçam as suas funções exclusiva ou predominantemente na Região; *c*) o estatuto das entidades administrativas independentes regionais; *d*) a criação dos órgãos

[763] Cf. Gomes Canotilho/Vital Moreira, *ob. cit.*, vol. II, p. 415.

[764] Cf. Gomes Canotilho/Vital Moreira, *ob. cit.*, vol. II, p. 673.

representativos das ilhas; *e*) a criação e extinção de autarquias locais, bem como modificação da respetiva área, e elevação de populações à categoria de vilas ou cidades.

Por seu lado, o artigo 40.º do Estatuto Político-Administrativo da Região Autónoma da Madeira, sobre "matérias de interesses específico" (para efeitos da definição do poder legislativo da Região), refere, designadamente: tutela sobre as autarquias locais e sua demarcação territorial; orientação, direção, coordenação e fiscalização dos serviços e institutos públicos e das empresas nacionalizadas ou públicas que exerçam a sua atividade exclusiva ou predominantemente na Região e noutros casos em que o interesse regional o justifique; organização da administração regional e dos serviços nela inseridos, incluindo de administração central.

O princípio da separação e de não interferência recíproca entre as administrações públicas regionais, com intervenção nos territórios regionais, e a Administração Pública do Estado[765] apresenta-se conciliável com o âmbito apenas "continental", mas não exclui em definitivo a jurisdição "nacional" desta última. Na verdade, a ideia da separação que aqui estamos a considerar revela-se compatível com o facto de os serviços e organismos da Administração Pública do Estado atuarem a um nível "nacional"[766], desenvolvendo as suas missões próprias no continente, mas também nos territórios das regiões autónomas. Quando isto sucede, o sistema administrativo regional continua separado do estadual; ou seja, o Governo da República continua a não poder interferir na Administração regional. Mas, neste cenário, a Administração estadual, dirigida e orientada pelo Governo da República, atua *diretamente* nos territórios regionais, perante os cidadãos residentes e as entidades sediadas nas regiões autónomas: eis o que ocorre em alguns setores da administração direta do Estado (*v.g.*, direções e serviços da administração fiscal; serviços do ministério da justiça, comandos regionais da PSP), mas também da administração indireta (nos termos da

[765] Há desvios ao princípio da não interferência: assim, do artigo 227.º, n.º 1, alínea *o)*, da CRP resulta que as regiões autónomas detêm o poder de superintendência sobre a generalidade da administração indireta do Estado de âmbito regional; cf. Gomes Canotilho/Vital Moreira, *ob. cit.*, vol. II, p. 678.

[766] O que a ideia de separação sugere é que, nas matérias em que intervém a administração regional, e que digam respeito a assuntos próprios das regiões, não há interferência da Administração do Estado.

LQIP, os institutos públicos do Estado "têm âmbito nacional", ressalvada a esfera própria da Administração Regional Autónoma: cf. artigo 15.º, n.º 1).

O mesmo se pode dizer em relação às entidades administrativas independentes, como a Autoridade da Concorrência, a Entidade Reguladora da Comunicação Social ou a Comissão de Acesso aos Documentos Administrativos, cuja área de competência territorial abrange todo o território nacional[767]. Por outro lado, também na administração autónoma (em relação ao Estado), há entidades cujo âmbito de intervenção é nacional: cf. artigo 13.º, n.º 1, da Lei das Associações Públicas Profissionais.

Os contornos muito específicos das administrações públicas regionais justificam um estudo separado. Não vamos, porém, fazê-lo aqui, pelo que, salvo alusão expressa em contrário, a exposição que se segue refere-se apenas à Administração Pública estadual e à Administração Pública autónoma autárquica e corporativa.

52 – Separação orgânico-pessoal da Administração Pública em relação aos outros Poderes Públicos

Como a generalidade das constituições democráticas, a Constituição portuguesa consagra expressamente, no seu artigo 2.º, enquanto dimensão irrenunciável e fundamental do princípio de Estado de direito democrático, o princípio da separação e interdependência de poderes; depois, o artigo 111.º, n.º 1, confirma que "*os órgãos de soberania devem observar a separação e a interdependência estabelecidas na Constituição*".

Trata-se, pois, de um princípio que conjuga as dimensões da "separação", entendida como divisão ou não concentração das competências, e da "interdependência", que pressupõe relações de mútua dependência e de controlos recíprocos entre os Poderes (político, legislativo, administrativo e judicial). O sentido do princípio consiste, assim, por um lado, em dividir ou separar *diferentes* poderes, funções ou competências públicas – de acordo com uma lógica de distinção material ou funcional – por *diferentes* complexos organizativos ("divisão de funções por diferentes órgãos") e, por outro

[767] Em relação às entidades reguladoras em geral, cf. artigo 13.º da LQER: "as entidades reguladoras têm âmbito nacional, sem prejuízo do disposto nos Estatutos Político-Administrativos das regiões autónomas" – interpretamos a ressalva como indicação de que os Estatutos das regiões poderão autorizar a criação de entidades reguladoras regionais.

lado, em definir conexões de recíproca dependência e de contrapeso entre esses sistemas organizativos.

Contudo, de todos, o poder administrativo é seguramente o que apresenta uma maior dependência em face dos outros: recorde-se a *subordinação da Administração Pública* – que exerce o poder administrativo –, por um lado, em face do poder legislativo, ao qual cabe definir os fundamentos e os limites da ação administrativa e, por outro lado, perante o poder judicial, que tem a responsabilidade de assegurar o respeito do direito e da lei por parte da Administração Pública [cf. ponto 9.1]. Não estamos, todavia, perante uma dependência absoluta, pois, embora dentro dos limites da lei, há um espaço próprio de afirmação da Administração como um poder, dotado de "autonomia" [cf. pontos 25 e 32]. Por isso se diz que a Administração tem, no sistema constitucional, o seu lugar próprio como poder do Estado democraticamente legítimo[768].

Relegando para outro momento a questão da diferenciação material ou funcional entre os poderes do Estado – uma "diferenciação de funções" –, cumpre agora observar, num plano organizativo, mais especificamente *orgânico*, uma tendência ou diretriz geral no sentido da *separação* da Administração Pública em relação aos outros poderes. Nestes termos, os sujeitos e os órgãos da Administração estão separados, no plano institucional e orgânico, dos sujeitos e órgãos dos poderes legislativo e judicial – uma direção-geral, um instituto público ou uma associação pública são "organismos da Administração Pública", o que significa, além do mais, que se localizam fora do poder legislativo e do poder judicial.

Por outro lado, igualmente com ingredientes organizativos, refira-se uma *separação pessoal*, no sentido em que os indivíduos que servem a Administração Pública, sobretudo na condição de titulares de órgãos das pessoas coletivas públicas, não participam, em princípio, como titulares de órgãos de outros poderes – da conjugação de várias diplomas legais extrai-se um catálogo de incompatibilidades dos titulares dos órgãos públicos que conduz a esta conclusão. De resto, a Constituição define algumas situações de incompatibilidade: cf. artigo 154.º, n.º 1, no sentido de proibir a cumulação entre o cargo de membro do Governo e o mandato de Deputado; artigo 216.º, n.º 3, que proíbe, em regra, os juízes (em exercício) de desempenharem quaisquer outras funções públicas.

[768] Cf. Maurer/Waldhoff, *Allgemeines Verwaltungsrecht, cit.*, p. 22.

Na sua dimensão orgânico-pessoal, a separação do poder administrativo em relação aos outros poderes não se encontra, porém, concretizada de uma forma absoluta ou taxativa. Um desvio significativo deriva do facto de o Governo, órgão superior da Administração Pública (artigo 182.º da CRP), exercer competências administrativas (artigo 199.º), mas também políticas e legislativas (artigos 197.º e 198.º); ou seja, o Governo, além de órgão da Administração Pública, é igualmente órgão político e órgão legislativo. A este desvio à diretriz de separação da Administração acrescem outros, ainda que com um significado menor: *v.g.*, um deputado à Assembleia da República pode ser vereador (sem pelouro) ou membro de uma assembleia municipal.

53 – Democracia administrativa

O Estado Administrativo português, delineado pela Constituição, tem de observar as exigências postuladas pela regra segundo a qual a República Portuguesa é um Estado de direito democrático: artigo 2.º da CRP. Além de dever atuar em função dos direitos dos cidadãos e de dever cumprir exigências de um funcionamento democrático, aberto e transparente, o Estado Administrativo, enquanto organização, terá de ser estruturado ou modelado segundo as exigências do princípio democrático. A *democracia administrativa*, que haverá de estar presente na ação concreta da Administração, começa, contudo, pela organização do sistema administrativo e pela adoção de soluções, esquemas e modelos organizativos aptos a responder a exigências essenciais de *legitimação democrática*, de *imparcialidade, ética pública e anticorrupção*, de *transparência administrativa* e de *participação dos cidadãos na Administração Pública*.

53.1 – Legitimação democrática da Administração

O princípio do Estado de direito democrático, baseado na soberania popular (artigo 2.º da CRP), condiciona fortemente a arquitetura da organização administrativa, ao postular uma imprescindível *legitimação democrática* do exercício do poder administrativo: o povo é o titular e, necessariamente, o ponto de referência da legitimação do Poder – "a soberania ... reside no povo": artigo 3.º, n.º 1, da CRP.

a) Legitimação democrática popular

Como todo o poder político, o poder administrativo pertence ao povo (cf. artigo 108.º da CRP) e, por conseguinte, o seu exercício pela Administração carece de legitimação; como sublinha a doutrina, o poder político ou poder público em geral, o "Staatsgewalt", é um "objeto carecido de legitimação"[769]. A irrenunciável exigência de legitimação do exercício do poder administrativo pela Administração, que haverá de pressupor, em princípio, uma efetiva capacidade popular (do povo) de influenciar a ação administrativa, resulta, em geral, de uma combinação de componentes pessoais e materiais.

No plano pessoal, a exigência de legitimação democrática reclama que as estruturas da organização administrativa e responsáveis pelo poder administrativo se encontrem confiadas e sejam dirigidas por indivíduos diretamente escolhidos pelo povo (eleição[770]) ou designados a qualquer título por indivíduos que detenham uma legitimação imediata ou mediatamente derivada do povo. Decisivo revela-se, pois, que os protagonistas e os responsáveis pelo funcionamento da Administração Pública e titulares das competências administrativas estejam inseridos numa "cadeia de legitimação" que apresente o poder que exercem como um objeto que, sem interrupção, deriva, direta ou indiretamente, do povo e a este se reconduz ("electoral connection"). É, assim, indispensável a presença de um canal que assegure a ligação do poder exercido pela Administração ao povo: canal de legitimação democrática.

> O requisito da legitimação democrática da Administração reclama, portanto, uma subordinação da Administração (agora, enquanto corpo de funcionários e de decisores não eleitos) a agentes (da esfera política) representativos do povo. Esta subordinação é a chave da integração da "burocracia administrativa" no circuito de representação democrática. Nos casos em que os titulares do poder administrativo não são diretamente eleitos pelo povo, um elemento essencial da legitimação democrática reside na situação de *dependência funcional* desses agentes perante titulares do poder político diretamente eleitos. A legitimação democrática da Administração não se esgota no momento da designação: torna-se necessário que o

[769] O Poder Público, enquanto *objeto* carecido de legitimação democrática, abrange, "toda a actividade" – autoritária, decisória, preparatória, consultiva, material, regulada pelo direito público ou pelo direito privado – exercida pelo Estado, por uma outra entidade pública, por uma entidade administrativa privada ou por uma entidade particular ao abrigo de uma delegação de funções públicas. Neste sentido, cf. Schmidt-Aßmann, "Verwaltungslegitimation", *cit.*, p. 338.

[770] O povo exerce o poder político através do sufrágio universal, igual, direto, secreto e periódico, do referendo e das demais formas previstas na Constituição: artigo 10.º da CRP.

exercício da ação administrativa se encontre sempre debaixo da capacidade de influência de indivíduos eleitos ou designados por eleitos pelo povo.

O sistema clássico de legitimação democrática da Administração baseia-se numa responsabilização da mesma perante "todo o povo" (povo representado no parlamento): assim é, em regra, quanto à Administração do Estado, diretamente dependente ou sujeita a orientação do Governo, uma vez que este responde perante a Assembleia da República (artigo 190.º da CRP).

O princípio democrático concilia-se, porém, com modelos de legitimação alternativos àquele, assentes na legitimação de uma "parte do povo": eis o que sucede no caso das autarquias locais (municípios e freguesias), cujos órgãos (*v.g.*, presidente da câmara, junta de freguesia) são ocupados por eleitos pela população abrangida pelo território da autarquia local ou por pessoas designadas por esses eleitos.

Uma situação análoga a essa ocorre com as entidades da *administração autónoma corporativa* (*v.g.*, associações públicas profissionais, como a Ordem dos Advogados), que têm a sua condição baseada numa *legitimação democrática autónoma*: trata-se de uma legitimação não parlamentar, que se efetiva, num contexto "micro-democrático"[771], no interior de entidades que congregam os particulares diretamente *interessados* na gestão de determinados assuntos de interesse público (*v.g.*, a regulação de uma profissão; o uso de um bem público) e que são dirigidas precisamente por estes interessados, através de órgãos representativos (*v.g.*, bastonário ou comissão de disciplina de uma ordem profissional) – está aqui presente um caso de *autoadministração*, de "administração pelos administrados", realizada, portanto, pelos próprios interessados ou visados pela atividade administrativa.

b) Alternativas à legitimação democrática popular

Desde há algum tempo que vem sendo denunciada a insuficiência dos processos de legitimação democrática tradicional (formal, eleitoral) e se entende que uma Administração democrática também tem de se legitimar por outras formas. A este respeito – num registo irónico e a pensar em alguns

[771] Sobre a ideia de "micro-democracia" neste contexto, cf. Th. Gross, "Selbstverwaltung angesichts von Europäisierung und Ökonomisierung", *Deutsches Verwaltungsblatt*, 2002, p. 1182 e segs.

governantes eleitos – diz-se que a democracia deve significar algo mais do que o poder que assiste aos povos de eleger os seus ditadores[772].

Neste contexto, ocupam aqui um lugar de destaque as exigências de que a ação administrativa se desenvolva através dos devidos procedimentos ("legitimação pelo procedimento"), com abertura à participação efetiva e influente dos interessados ("administração participada e colaborativa"), através de decisões que se imponham pela sua credibilidade, razoabilidade e racionalidade, que possam ser e sejam explicadas e justificadas, e não apenas pela autoridade formal do decisor ("legitimação material" em vez de uma legitimação apenas formal), e com uma atitude proactiva de transparência, de exposição ao público.

Tem-se sustentado, aliás, que alguns dos referidos podem mesmo revelar-se modelos de legitimação democrática *alternativos* às formas de legitimação popular (fundadas em eleições); diz-se que poderão *compensar* a falta de legitimação democrática popular. Trata-se de um discurso especialmente pensado para justificar e enquadrar o processo de legitimação das formas de "Administração Pública independente" que se desenvolveram sobretudo nos últimos anos do século XX – referimo-nos aos órgãos e às entidades administrativas independentes, como sucede, exemplarmente, no caso das entidades reguladoras da atividade económica (previstas na LQER). Nos termos da LQER, estas entidades "são independentes no exercício das suas funções". Ora, a garantia legal da independência em face do Governo coloca estas entidades fora do circuito democrático clássico, uma vez que a falta de legitimação por via da dependência em relação ao Governo não é substituída por qualquer mecanismo de legitimação autónoma. Por isso, nestes casos, o referencial legitimador terá de ser compensado e de se fundar noutras bases e, em especial, em fatores como o procedimento ou a legitimação material acima referida.

Acrescenta-se que a falta de legitimação democrática clássica não coloca necessariamente as entidades administrativas independentes fora do sistema democrático, já que estas, para além de autorizadas pela Constituição (artigo 267.º, n.º 3), são criadas por lei, fazem parte da Administração Pública e, portanto, estão submetidas ao Direito Administrativo (e, em especial, aos princípios da subordinação à lei e da submissão ao controlo judicial). Além disso, em geral, os titulares dos órgãos dirigentes dessas entidades

[772] Cf. J. L. Mashaw, *Reasoned administration and democratic legitimacy: how administrative law supports democratic government*, Cambridge University Press, 2018, p. 171.

são eleitos pela Assembleia da República ou nomeados pelo Governo, o que, embora de forma insuficiente, assegura, contudo, uma legitimação democrática popular inicial. Precisamente no sentido da conciliação da independência de organismos administrativos com o princípio democrático, cf. Acórdão do Tribunal de Justiça, *Comissão e Autoridade Europeia para a Proteção de Dados c. Alemanha*, de 09/03/2010, P. C-518/07, onde se afirma que o princípio democrático "não obsta à existência de autoridades públicas fora do âmbito da administração hierárquica clássica e mais ou menos independentes do governo. A existência e as condições de funcionamento dessas autoridades decorrem, nos Estados-Membros, da lei ou mesmo, em determinados Estados-Membros, da Constituição, e essas autoridades estão obrigadas ao cumprimento da lei, sob o controlo dos órgãos jurisdicionais competentes".

Esquemas, formas e explicações de legitimação alternativos à legitimação democrática popular dos responsáveis e decisores públicos revelam-se indispensáveis noutros setores da Administração Pública: é o caso, por ex., dos professores responsáveis pelos exames e pelas avaliações dos alunos nas escolas ou nas universidades ou dos membros dos júris académicos, cuja legitimação para o exercício de poderes públicos assenta em fatores de natureza técnico-científica ou na específica e publicamente atestada preparação para o desempenho de uma função que integra, por inerência, o exercício daqueles poderes [cf. ponto 29.1.2].

c) Síntese

Assim, e em síntese, o princípio democrático reclama a legitimação democrática da Administração e esta exige, em regra, a delineação de modelos e formas de organização das estruturas administrativas que assegurem uma ligação efetiva entre os titulares do Poder Administrativo e o povo. Nos casos em que exista, o défice de uma legitimação nestes termos terá de ser compensado por adequados e exigentes modelos alternativos.

Como observação final, sublinhe-se que o princípio da legitimação democrática da Administração não se reduz a uma exigência projetada num plano pessoal, de legitimação subjetiva e formal dos titulares do poder administrativo. Reclama-se ainda a legitimação num plano material. Agora, o que está em causa é a instituição de soluções que permitam uma capacidade de influência do povo sobre os *conteúdos* das próprias ações públicas, com o objetivo da garantia da realização do interesse público.

Neste contexto, a submissão de toda a Administração Pública à lei[773] e o controlo parlamentar do Governo e a dependência da Administração do Estado perante este, bem como a instituição de deveres de prestação de contas (*accountability*[774]) constituem elementos essenciais de legitimação de um sistema administrativo democrático.

53.2 – Imparcialidade, ética pública e anticorrupção

Sabemos que a primeira exigência do princípio da imparcialidade reside em determinar que a Administração prossiga o interesse público de uma forma imparcial, isenta, sem distorções patológicas, sem favorecimentos pessoais, preferências ou discriminações em benefício de interesses particulares, parciais ou de grupo. Nesse âmbito, o princípio acolhe uma dimensão normativa que se projeta e tem consequências num plano jurídico-material, nos processos de definição dos conteúdos das decisões da Administração [cf. ponto 42.4.10].

Mas, nessa mesma dimensão, o princípio da imparcialidade tem ainda uma incidência específica no plano organizatório, na medida em que o cumprimento do dever jurídico que dele decorre – "prossecução do interesse público de forma correta, isenta e imparcial" – implica a adoção de "soluções organizatórias ... indispensáveis à preservação da isenção administrativa e à confiança nessa isenção" (cf. artigo 9.º do CPA).

Esta ideia de "confiança na isenção administrativa" remete para um imperativo de adoção de soluções que, além de preservarem a isenção, se revelem idóneas para assegurar uma confiança do público no funcionamento correto e isento da Administração[775]. Com efeito, o sistema jurídico-administrativo não pode deixar de reclamar, como exigência primária, essencial e irrenun-

[773] No direito norte-americano, é clássica a tese de R. B. Stewart segundo a qual a lei administrativa é uma correia de transmissão ("transmission belt") de legitimidade democrática à Administração: cf., do Autor, "The reformation of American administrative law", *Harvard Law Review*, vol. 88, 1975, p. 1667 e segs.

[774] Pode definir-se *accountability* como "relação social na qual um agente tem a obrigação de explicar ou de justificar a sua conduta a um terceiro"; cf. M. Bovens, "Public accountability", in: E. Ferlie/L. E. Lynn Jr/Ch. Pollitt, *The Oxford Handbook of public administration*, Oxford University Press, 2007, p. 182 e segs. (182).

[775] A preocupação com a confiança do público no funcionamento da Administração Pública existe por todo o lado. Em França, no ano de 2017 foram aprovadas "leis para a confiança na vida política" e, no ano de 2018, com relevância direta para a Administração Pública, a "lei para um Estado ao serviço de uma sociedade de confiança"; em relação a esta última, com uma visão crítica, cf. S. Hourson, "La loi pour un État au service d'une société de confiance: faut-il se méfier de la confiance?", *Droit Administratif*, 2018/12, p.16 e segs.; J.-C. Rotoullié, "Les ambiguités de la

ciável da sua moralidade, a atuação imparcial dos agentes da Administração. Trata-se, afinal, de garantir o respeito pela *ética pública*, pela exigência de um comportamento íntegro dos agentes públicos ("integridade"), de serviço ao interesse público e à coletividade[776].

Os instrumentos organizatórios de garantia da imparcialidade passam pela definição de situações de *inelegibilidade*, de *incompatibilidade* e de *impedimento* dos titulares de cargos e órgãos administrativos, de trabalhadores e até de prestadores de serviços à Administração, bem como pela *fixação de períodos de quarentena* [proibição do exercício de certas atividades durante um certo período de tempo após o exercício de um cargo: cf. ponto 80, *c)*]. Trata-se, em geral, de mecanismos idealizados para resolver situações de *conflito de interesses* e, em geral, quaisquer fenómenos de potencial contaminação ou de influenciação ilegítima de decisões da Administração Pública.

Na linha do que foi sugerido por uma Recomendação do Conselho de Prevenção da Corrupção de 7 de novembro de 2012, sobre "gestão de conflitos de interesses no sector público", urge a "promoção de uma cultura organizacional na qual impere forte intolerância relativamente às situações de conflito de interesses". Os casos conhecidos nos últimos tempos em Portugal de comprovada captura do Estado e da Administração Pública por interesses de grupo e o uso das instituições públicas e dos cargos públicos para a realização de puros interesses pessoais, económicos e financeiros – a alcançar o mais alto patamar do sistema político-administrativo – recomendam a promoção de uma *cultura da ética da imparcialidade*, bem como a atenção particular aos movimentos migratórios dos cargos políticos e administrativos entre o sector privado e o sector público ou os fenómenos de nepotismo e de nepotismo cruzado (favorecimentos recíprocos).

Em resposta a uma preocupação política e, sobretudo, mediática de fomento da imparcialidade, o XXI Governo Constitucional aprovou um documento designado "Código de Conduta do Governo" (Resolução do Conselho de Ministros n.º 53/2016). Ali se prescreve que "os membros do Governo agem e decidem exclusivamente em função da defesa do interesse público, não podendo usufruir de quaisquer vantagens financeiras ou patrimoniais, diretas ou indiretas, para si ou para terceiros, ou de qualquer outra gratificação

loi pour un État au service d'une société de confiance en matière de droits de la construction, de l'environnement et de l'énergie", *Droit Administratif*, 2018/12, p. 23 e segs.

[776] Cf. V. Cerulli Irelli, "Etica pubblica e disciplina delle funzioni amministrative", p. 91.

indevida em virtude do cargo que ocupem" e que os mesmos "membros do Governo abstêm-se de aceitar a oferta, a qualquer título, de pessoas singulares e coletivas privadas, nacionais ou estrangeiras, e de pessoas coletivas públicas estrangeiras, de bens, consumíveis ou duradouros, que possam condicionar a imparcialidade e a integridade do exercício das suas funções" – esclarece-se, depois no referido Código, que se entende existir um condicionamento da imparcialidade e da integridade do exercício de funções quando haja aceitação de bens de valor estimado igual ou superior a € 150. A regra veio também a ser consagrada, para os titulares de cargos políticos, pelo Regime do Exercício de Funções por Titulares de Cargos Políticos e Altos Cargos Públicos (artigo 16.º).

Igualmente relevante como mecanismo ao serviço da imparcialidade administrativa, é a garantia da independência ou da autonomia decisória dos órgãos da Administração com funções de controlo, de inspeção e de auditoria dos serviços administrativos (em causa está a eliminação de relações de hierarquia ou de orientação quanto ao exercício específico destas funções).

Alguns autores indicam ainda como dimensões da imparcialidade administrativa o regime jurídico especial do emprego público, a separação entre política e administração e a desgovernamentalização da Administração Pública e a separação de funções (dentro do procedimento) entre competências de instrução e competências de decisão[777].

Em particular, no que se refere ao combate ao fenómeno da corrupção administrativa, o princípio da imparcialidade, conjugado com o princípio da prossecução do interesse público e com os valores da ética pública e da integridade, estão na origem do que se pode designar por "princípio de anticorrupção"[778]. Na verdade, não é juridicamente concebível um

[777] Neste sentido, cf. A. Marra, *L'amministrazione imparziale*, Giappichelli, 2018, pp. 10 e segs., 30 e segs., e 44 e segs. Considerando que a separação entre a entidade instrutora e a entidade decisora em procedimentos administrativos (disciplinares), nos casos em que existe, não representa a consagração de algo que seja imposto constitucionalmente, antes representando a efetivação, por via do direito ordinário, de uma garantia adicional que tem como pano de fundo uma mais acentuada prossecução da imparcialidade da Administração, cf. Acórdão do Tribunal Constitucional n.º 33/2002.

[778] Em relação ao direito norte-americano, no sentido de que a *Constitution* consagra e, mais do que isso, é inspirada por um princípio de anti-corrupção, cf. Z. Teachout, "The anti-corruption principle", *Cornell Law Review*, vol. 94, 2009, p. 341 e segs.

Direito Administrativo do Estado de direito democrático que não tenha inscrito, ainda que de uma forma implícita, a repulsa radical e sistemática da corrupção e, em geral, da criminalidade administrativa[779] como um princípio cardinal do sistema. Um princípio que se impõe, desde logo, ao legislador administrativo, ao exigir a sua intervenção na definição de instrumentos de prevenção da criminalidade no exercício da função pública, mas também à Administração Pública. É no quadro desta atenção especial aos fenómenos da corrupção e da *criminalidade administrativa* que vai surgir um "Direito Administrativo da corrupção"[780], ao qual cabe, além do mais, proceder à instituição de organismos da Administração Pública com a função de impor o respeito pela integridade e pela ética pública, prosseguindo o objetivo de prevenir a prática de crimes no exercício da função administrativa. Em Portugal, apesar da perceção da corrupção como um fenómeno mais ou menos generalizado, revela-se débil e frouxa a resposta do legislador administrativo a este tema: depois de em 1992 se ter procedido à extinção da Alta Autoridade Contra a Corrupção (que havia sido criada em 1983), foi criado em 2008 o Conselho de Prevenção da Corrupção, uma entidade administrativa independente que funciona junto do Tribunal de Contas: trata-se de um organismo com competências pouco mais do que simbólicas, sem recursos, que, contudo, tem utilizado o instrumento da *recomendação* para sensibilizar e promover boas práticas e, em especial, a elaboração pelos organismos da Administração de "planos de prevenção do risco-corrupção".

É ainda neste contexto da prevenção e do combate à corrupção que se tem assistido à consagração e modelação de novas figuras, como é o caso mais conhecido do denunciante de infrações ("whistleblower"; "lanceur d'alerte"[781]).

[779] Usamos o conceito de "criminalidade administrativa" para abranger tipos de crimes diferentes da corrupção, mas que são praticados por "funcionário" no exercício da função administrativa.

[780] Sobre o tópico do Direito Administrativo como instrumento de combate à corrupção, veja-se Tortora, *La prevenzione della corruzione, cit.*; Gallone, "La prevenzione amministrativa del rischio-corruzione", *cit.*, p. 349 e segs.; Macchia, "La corruzione e gli strumenti amministrativi a carattere preventivo", *cit.*, p. 97 e segs: na bibliografia luso-brasileira, cf. Carla Amado Gomes/ Ana Fernanda Neves/Eurico Bitencourt Neto, *A Prevenção da Corrupção e outros Desafios à Boa Governação da Administração Pública*, ICJP, 2018.

[781] A figura do denunciante tem origem no direito anglo-saxónico, sobretudo norte-americano (*False Claim Act*, de 1863). Neste âmbito, a regulamentação visa sobretudo a proteção dos trabalhadores de entidades públicas ou privadas que revelem atos ilícitos de que tenham conhecimento contra as eventuais represálias e medidas discriminatórias de que venham a ser objeto. No

53.3 – Transparência administrativa

O Estado Administrativo democrático tem de ser um Estado transparente: não existe uma democracia administrativa sem acesso do público à informação sobre o funcionamento do Estado. As sociedades do nosso tempo são "sociedades de informação", que não convivem com o segredo dos negócios públicos (*arcana imperii*), pelo que a boa governação dos sistemas administrativos impõe a garantia da máxima acessibilidade à informação detida pela Administração Pública. Mais do que um princípio, a transparência referencia uma característica da Administração à qual se aspira: a Administração transparente (a Administração Pública como uma "casa de vidro")[782].

O princípio da transparência mistura-se, assim, com o "princípio da administração aberta"[783], a que se refere o artigo 2.º da Lei de Acesso à Informação Administrativa e Ambiental.

âmbito da União Europeia, foi aprovada, em 2019, uma Diretiva relativa à proteção das pessoas que denunciam infrações ao direito da União. Em geral, sobre a figura do denunciante, cf. G. Iudica, *Il conflitto di interessi nel diritto amministrativo*, Giappichelli, 2016, p. 165 e segs.; V. Zallocco, *Il whistleblowing* [www.ildirittoamministrativo.it]; E. Bomberger, "L'inspiration international du droit français en matière de conflits d'intérêts", *Droit Administratif*, 2015/7 p. 10 e segs.; C. Bäcker, "Whistleblower im Amt. Zwischen Verschwiegenheitspflicht und Verfassungstreue", *Die Verwaltung*, 2015/4, p. 499 e segs.

Na lei portuguesa, a figura do *denunciante* encontra-se regulamentada em detalhe, por ex., no Código dos Valores Mobiliários, quanto à comunicação à Comissão do Mercado de Valores Mobiliários de informações relativas a infrações nos mercados financeiros: ali se estabelece, além do mais, que a CMVM coopera e troca informações e elementos com autoridades administrativas ou judiciais, no âmbito de procedimentos administrativos ou judiciais de proteção de trabalhadores contra discriminação, retaliação ou outras formas de tratamento não equitativo, por parte do empregador, que estejam relacionadas com a apresentação de denúncias (cf. artigo 368.º-E).

A regulamentação da denúncia de infrações tem também aplicações no sentido, não de proteger, mas de premiar os denunciantes: por ex., no âmbito do "regime da clemência" previsto na Lei da Concorrência, em relação às empresas que revelem práticas anticoncorrenciais em que elas próprias tenham participado. No direito norte-americano, a lei prevê mesmo a atribuição de prémios aos denunciantes de infrações fiscais (de 15% a 30% do valor cobrado graças à denúncia); cf. M. R. Stock, "Tax whistleblower statute: obtaining meaningful appeals through the appropriate scope of review", *Florida State University Law Review*, vol. 42, 2015, p. 819 e segs.

[782] Cf. A. Lazzaro, *Trasparenza e prevenzione della cattiva amministrazione*, Giuffrè, 2017, p. 22. A metáfora "casa de vidro" tem origem em Filippo Turati, e remonta ao ano de 1908: "Dove un superiore pubblico interesse non imponga un momentaneo segreto, la casa dell'amministrazione dovrebbe essere di vetro".

[783] A ideia de sdministração aberta implica transparência, publicidade e cognoscibilidade; cf. E. Carloni, *L'amministrazione aperta*, Maggioli Editore, 2014, em especial, p. 28 e segs.

O princípio da transparência, *qua tale*, não se encontra formulado nem na Constituição, nem no CPA. Surge, porém, como princípio da contratação pública, no artigo 1.º-A, n.º 1, do CCP, em linha com as diretivas europeias que o diploma transpõe.

a) Direito de acesso à informação administrativa

Trata-se de um princípio que, além do mais, concretiza a ideia de "arquivo aberto", de "open government", inscrita como direito subjetivo público no artigo 268.º, n.º 2, da CRP: "os cidadãos têm (...) o direito de acesso aos arquivos e registos administrativos".

Uma outra dimensão da transparência reside na consagração constitucional e legal do direito subjetivo à *informação procedimental*: cf. artigos 268.º, n.º, 1 da CRP ("os cidadãos têm o direito de ser informados pela Administração, sempre que o requeiram sobre o andamento dos processos em que sejam diretamente interessados, bem como o de conhecer as resoluções definitivas que sobre eles forem tomadas") e 82.º a 85.º do CPA.

Na vertente subjetiva, do direito de acesso à informação administrativa, a transparência administrativa é um importante instrumento de fomento da participação dos cidadãos na vida administrativa: só num sistema administrativo inspirado pela transparência se pode realizar, na sociedade, uma efetiva atividade propositiva, participativa e de controlo[784], bem como o valor da cidadania administrativa[785].

b) Divulgação ativa da informação administrativa

Obviamente sem se desvalorizar a indiscutível relevância jurídica da consagração constitucional e legal de direitos subjetivos de acesso à informação administrativa, deve dizer-se que os valores da transparência e da administração aberta exigem também, como componente estrutural da organização administrativa, que cada organismo ou unidade da Administração adote uma estratégia proactiva de máxima abertura, de partilha e de disponibilização da informação. Ou seja, não se pede apenas à Administração que, em posição passiva, assegure, em via de resposta, o acesso dos interessados à informação e aos dados que detém, mas que vá além disso, e coloque em

[784] Cf. Lazzaro, *Trasparenza, cit.*, p. 9.

[785] Cf. B. Ponti, "La trasparenza amministrativa come fattore abilitante della cittadinanza amministrativa", in A. Bartolini/A. Pioggia, (coords), *Cittadinanze amministrative, cit.*, p. 215.

prática uma política ativa de informação aberta e transparente que facilite e promova o controlo difuso da sua ação pelos cidadãos. Uma atitude de abertura, de revelação, apoiada em ferramentas de *e-government* e em instrumentos de difusão de informação (*v.g.*, constituição de bancos de dados, instalação de pontos informativos), poderá até conhecer, episodicamente, alguns efeitos adversos, que naturalmente devem ser prevenidos[786], mas, a final e em geral, os resultados para o sistema revelam-se seguramente positivos.

A Lei de Acesso à Informação Administrativa e Ambiental consagra esta exigência de *divulgação ativa de informação* ("transparência ativa") definindo que as entidades da Administração devem publicitar nos seus sítios na Internet, de forma periódica e atualizada, no mínimo semestralmente: *(a)* os documentos administrativos, dados ou listas que os inventariem que entendam disponibilizar livremente para acesso e reutilização; *(b)* o endereço eletrónico, local e horário para consulta presencial, modelo de requerimento ou outro meio adequado através do qual podem ser remetidos os pedidos de acesso e reutilização da informação e documentos; *(c)* a informação cujo conhecimento seja relevante para garantir a transparência da atividade relacionada com o seu funcionamento, pelo menos, a seguinte: i) planos de atividades, orçamentos, relatórios de atividades e contas, balanço social e outros instrumentos de gestão similares; ii) composição dos seus órgãos de direção e fiscalização, organograma ou outro modelo de orgânica interna; iii) todos os documentos, designadamente despachos normativos internos, circulares e orientações, que comportem enquadramento estratégico da atividade administrativa; iv) enunciação de todos os documentos que comportem interpretação generalizadora de direito positivo ou descrição genérica de procedimento administrativo, mencionando designadamente o seu título, matéria, data, origem e local onde podem ser consultados[787].

[786] Apesar dos evidentes benefícios de uma Administração aberta, transparente e que promova a divulgação da informação sobre o seu funcionamento, importa, contudo, prevenir o risco de uma degradação da transparência que pode resultar da falta de critério e de desorganização dos mecanismos de divulgação de informação administrativa, num contexto em que tudo se mostra para pouco poder ser visto. Alertando para a complexidade da informação e para a exigência de divulgação de "uncomplex information", cf. Cf. A. Candeub, "Transparency in the administrative state", *Houston Law Review*, vol. 51, 2013, p. 385 e segs.

[787] Conforme se estabelece na lei, a informação indicada deve ser disponibilizada em formato aberto e em termos que permitam o acesso aos conteúdos de forma não condicionada, privilegiando-se a disponibilização em formatos legíveis por máquina, que permitam o seu ulterior

Por outro lado, toda a informação pública relevante para garantir a transparência da atividade administrativa, designadamente a relacionada com o funcionamento e controlo da atividade pública, também deve ser divulgada ativamente, de forma periódica e atualizada, pelos respetivos órgãos e entidades (cf. artigo 10.º; veja-se ainda o artigo 11.º sobre a divulgação ativa de informação relativa ao ambiente).

De grande relevância no campo da divulgação ativa de informação é o regime legal de obrigatoriedade de publicitação dos benefícios concedidos pela Administração Pública a particulares (Lei n.º 64/2013, de 27 de agosto). As entidades da Administração Pública estão, assim, obrigadas a publicitar e a reportar informação sobre as subvenções ou apoios, incluindo as transferências correntes e de capital e a cedência de bens do património público, a favor de pessoas singulares ou coletivas dos setores privado, cooperativo e social. Para o efeito, considera-se subvenção pública "toda e qualquer vantagem financeira ou patrimonial atribuída, direta ou indiretamente, pelas entidades obrigadas, qualquer que seja a designação ou modalidade adotada". São igualmente objeto de publicidade e reporte: *a)* as dilações de dívidas de impostos e de contribuições à segurança social, deferidas por ato administrativo de competência governamental, quando superiores a 90 dias; *b)* a concessão, por contrato ou por ato administrativo de competência governamental, de isenções e outros benefícios fiscais e parafiscais não automáticos cujo ato de reconhecimento implique uma margem de livre apreciação administrativa, não se restringindo à mera verificação objetiva dos pressupostos legais; *c)* os subsídios e quaisquer apoios de natureza comunitária; *d)* as garantias pessoais conferidas pelas entidades da Administração; *e)* as doações de bens patrimoniais registados em nome de entidades da Administração. Infelizmente, a obrigação de publicitação só abrange os apoios cujos montantes excederem o valor equivalente a uma anualização da retribuição mínima mensal garantida: não há qualquer razão para que não se publicitem todos os benefícios e apoios públicos, de qualquer montante.

A publicitação efetua-se através de publicação e manutenção de listagem anual no sítio na Internet da entidade e da Inspeção-Geral de Finanças

tratamento automatizado; a informação deve permanecer disponível durante dois anos ou, no caso das autarquias locais, pelo período correspondente à duração de cada mandato, excluindo o período de vigência, quando seja o caso, ou durante o tempo adequado à divulgação satisfatória dos seus conteúdos, se superior.

e deve realizar-se até ao final do mês de fevereiro do ano seguinte a que dizem respeito as subvenções atribuídas, através de listagem contendo a informação exigida.

c) Efeito moralizador da transparência

A interiorização de uma cultura de transparência cria estímulos positivos e diminui, ou pode diminuir, o espaço para a ocorrência de fenómenos de corrupção e de tráficos de influências e para outras práticas de desvio da prossecução do interesse público; tem ainda um *efeito moralizador*, ao prevenir os responsáveis quanto à necessidade de não seguirem opções que não podem explicar ou que, de antemão, sabem que a opinião pública não vai assimilar ou vai reprovar.

A divulgação e a facilitação do acesso à informação administrativa potenciam as formas de controlo social (cívico), realizado de forma espontâneo e difusa, fora dos esquemas institucionais de controlo[788].

Como a doutrina enfatiza, a transparência é um instrumento crucial para a realização do valor da imparcialidade da atuação de quem serve a Administração Pública[789] e que pode atuar como uma espécie de remédio preventivo contra a corrupção e, em geral, contra a "má administração"[790].

Nesta vertente, a concretização da transparência tem dado origem à institucionalização de formas de publicitação ou de acesso público às declarações de rendimentos e do património de titulares de cargos políticos, categoria que, para este efeito, inclui, em grande número, vários responsáveis pelo funcionamento da Administração Pública.

Em alguns Países existem autoridades administrativas independentes com as funções de controlo da deontologia dos responsáveis públicos e de gestão das declarações de interesses, de rendimentos e de património que estes responsáveis têm de apresentar: é o caso, em França, da Alta Autoridade para a Transparência da Vida Pública, criada em 2014. Desde 2019, passou a ser esse também o caso de Portugal, na sequência da criação da Entidade para a Transparência.

[788] Sobre o controlo difuso da Administração Cf. Ponti, *ob. cit.*, p. 216 e segs.

[789] Cf. F. Merloni/B. Ponti, "La trasparenza amministrativa", in Merloni/L. Vandelli (coords.), *La corruzione amministrativa, cit.*. p. 403 e segs. (p. 403).

[790] Cf. Lazzaro, *Trasparenza, cit.*, pp. 19 e 111 e segs

A promoção de uma Administração Pública transparente exige a criação de estruturas organizativas e a instalação de plataformas que assegurem a divulgação e o acesso difuso à informação administrativa: eis o que sucede com a Comissão de Acesso aos Documentos Administrativos; na experiência portuguesa recente, é ainda digna de registo neste campo a criação do Portal dos Contratos Públicos (www.base.gov.pt), que concentra quase toda a informação sobre os procedimentos contratuais lançados e os contratos adjudicados pela Administração Pública.

53.4 – Participação dos cidadãos na Administração Pública

A Administração Pública atua para os cidadãos, para os *cidadãos administrados* – embora possa manter-se, o conceito, tradicionalmente utilizado, de *administrado* (veja-se, por ex., a epígrafe do artigo 268.º da *Constituição*: "direitos e garantias dos administrados") remete-nos atualmente para o cidadão-administrado e para o conceito, já nosso conhecido, da *cidadania administrativa* [cf. ponto 9.2].

A abertura à participação dos cidadãos continua naturalmente a passar pelas formas clássicas de participação individual dos interessados nos procedimentos administrativos (através do "direito de audiência: artigo 121.º do CPA) bem como por mecanismos, mais abrangentes, mas ainda inspirados numa lógica de instituição de oportunidades de participação cívica, mediante a previsão de fases de *consulta pública* (cf. artigo 101.º) ou de *discussão pública* nos procedimentos de aprovação de planos de gestão do território.

> A esse modelo de participação se reconduzem, na Alemanha e na Itália, as figuras de participação e de consulta pública nos procedimentos de aprovação de projetos de grandes infraestruturas e obras relevantes para a coletividade – cf. o § 25, 3, da *VwVfG*, sobre a "frühe Öffentlichkeitsbeteiligung"[791], e o artigo 22 do *Codice dei Contratti Pubblici*, sobre o "dibattito pubblico"[792].

Mas o atual sentido da participação dos cidadãos pretende abrir canais mais amplos de intervenção e fomentar uma atitude pró-ativa dos particulares; não se trata, por isso, de simplesmente organizar o sistema de modo a "permitir" que os cidadãos participem, mas, verdadeiramente, de seguir

[791] Cf. Stelkens/Bonk/Sachs, *ob. cit.*, p. 761 e segs.

[792] Cf. F. T. Banfi, "La partecipazione civica al processo decisionale amministrativo", *Diritto Processuale Amministrativo*, 2019/1, p. 1 e segs.; V. Manzetti, "Il "dibattito pubblico" nel nuovo codice dei contratti", *federalismi.it.* (28/02/2018); M. Timo, "Gli attori del "dibattito pubblico", *Giornale di Diritto Amministrativo*, 2019/3, p. 301 e segs.

uma política de estímulo, de incentivo e de ativação da participação. O particular não é o mero *súbdito* do *Ancien Régime*, não é o *cidadão socialmente descomprometido* do Estado liberal e também não é o simples *utente* dos serviços públicos do Estado social; pelo contrário, assume ou vê-se convocado a assumir um novo papel de *ator*, que deve ser estimulado a exprimir os seus pontos de vista e a contribuir para o governo e o desenvolvimento da coletividade. Está aqui suposto o particular no estatuto de cidadão comprometido, empenhado e socialmente responsável, que procura e aceita contribuir para a realização do bem comum.

É esta conceção do cidadão e da cidadania administrativa que suscita a definição de modelos e esquemas variados de participação dos cidadãos e interessados na gestão da Administração Pública. A participação dos interessados na estrutura da Administração radica numa conceção de organização administrativa segundo a qual a democracia não se esgota na fórmula liberal de participação, devendo antes estender-se à intervenção e responsabilização dos administrados pela própria condução ou orientação da Administração ("democracia participativa").

Esta forma de participação dos cidadãos na Administração encontra-se reconhecida na Constituição. De facto, o artigo 267.º, n.º 1, da CRP estabelece precisamente que "a Administração Pública será estruturada de modo (...) a assegurar a participação dos interessados na sua gestão efectiva, designadamente por intermédio das associações públicas[793], organizações de moradores[794] e outras formas de representação democrática".

No presente contexto, interessa-nos considerar o cenário da participação de interessados na gestão efetiva da Administração Pública através "de outras formas de representação democrática".

[793] A criação de associações públicas – associações que congregam os particulares interessados nos assuntos que estão incumbidas de gerir ou administrar: "associações públicas de interessados" – é, nos termos da Constituição, um instrumento que assegura a participação dos interessados na gestão efetiva da Administração Pública. Não obstante, em rigor, talvez se afigure mais adequado considerar a criação de associações públicas como um processo de *descentralização democrática da Administração Pública*, nos termos do artigo 6.º, n.º 1, da CRP, do que uma forma de permitir a participação dos cidadãos na gestão da Administração Pública.

[794] A Constituição dedica um capítulo às organizações de moradores (artigos 263.º a 265.º). Trata-se de um organismo (com ou sem personalidade jurídica) que congrega os moradores de uma parte (bairro, loteamento, rua) de uma freguesia. Nos termos da Constituição, podem realizar as tarefas que a lei lhes confira, bem como as que lhes sejam delegadas pela freguesia a que pertençam (cf. artigo 248.º). O facto de nunca ter sido elaborada a lei com o regime jurídico das organizações de moradores parece ser a explicação para a inexistência jurídica e prática da figura; cf. Diogo Freitas do Amaral, *Curso, cit.*, vol. I, p. 447 e segs.

Não é claro em que consistem estas outras formas de representação democrática. Tudo indica, contudo, que se pretende autorizar formas de "coadministração", de "administração partilhada" ou "administração em condomínio", mediante a instituição de órgãos administrativos com poderes de decisão ("gestão efetiva") nos quais participam os diretos *interessados*, ou seja, os cidadãos especial ou diretamente relacionados com a ação própria desses órgãos, incluindo os próprios trabalhadores. A própria Constituição prevê situações que concretizam este fenómeno de coadministração ou de administração partilhada com os interessados: participação de associações representativas de beneficiários, de associações sindicais e de trabalhadores em órgãos com competências na gestão do sistema de segurança social (artigo 63.º, n.º 2); participação dos professores e alunos na gestão democrática das escolas (artigo 77.º, n.º 1). Na mesma linha, embora menos explícito, o artigo 64.º, n.º 4, estabelece que o sistema nacional de saúde tem gestão descentralizada e participada. Mas há outras situações previstas na legislação: pense-se, por ex., no modelo de governação das universidades, que prevê a representação de interessados (professores, estudantes e trabalhadores) da coletividade universitária [cf. ponto 132.3], nos órgãos consultivos de muitos institutos públicos, que contam com representantes de interessados (artigo 30.º da LQIP) ou nos institutos públicos de gestão participada (artigo 47.º da LQIP), como são os casos do Instituto dos Vinhos do Douro e do Porto, IP, cujo conselho interprofissional integra representantes dos agentes económicos envolvidos na produção e comércio dos vinhos, ou da ADSE, IP, cujo conselho geral e de supervisão conta com a participação de representantes eleitos por sufrágio universal e direto dos beneficiários da ADSE, bem como, entre outros, de representantes dos sindicatos e de associações de reformados e aposentados.

Para identificar este modelo de participação, fala-se por vezes de "particulares na Administração", fórmula que abrange uma cópia relativamente heterogénea de situações que têm em comum o facto de traduzirem um fenómeno de integração ou de incorporação em órgãos da Administração ("incorporação orgânica") de indivíduos designados por entidades ou grupos que estão fora da Administração. Há, portanto, aqui um processo de designação de "fora para dentro". Mas, além disso, uma vez designados e incorporados no órgão administrativo em causa, os referidos indivíduos não perdem a sua condição originária de portadores de interesses particulares ou de grupo. Assim, no interior dos órgãos participados, estes particulares assumem uma posição institucional com contornos especiais, uma vez que não têm a função de dar vida a uma "vontade da Administração", nem se encontram, em rigor, adstritos à prossecução do interesse público; em vez disso, representam e dão voz, dentro do órgão que integram, aos interesses que visam defender (na sua condição de "interessados"), que são, em regra, interesses de natureza coletiva ("community engagement") ou de grupo (professores e pais dos alunos das escolas; utentes de serviços; interesses dos consumidores; interesses culturais). A Constituição relaciona este fenómeno de administração em condomínio ou partilhada com os interessados com a democracia participativa e a representação democrática de interessados na gestão da Administração. A observância desta exigência de democracia exige, pelo menos em alguns casos, toda a atenção sobre os processos de designação através das coletividades de interessados[795].

54 – Pluralismo do sistema administrativo

O conceito de Administração Pública – enquanto elemento subjetivo do Estado Administrativo – sugere uma ideia una ou unitária e parece reportar-se a uma realidade institucional homogénea, concebida segundo um *princípio de unidade*.

Porém, já o sabemos, o conceito não corresponde a uma entidade ou instituição, tendo, antes, a função de indicar um universo de sujeitos ou de organizações. Nestes termos, os conceitos de Administração Pública ou de sistema administrativo revelam-se conciliáveis com um princípio de pluralismo. Este pluralismo encontra-se, de resto, bem patente na forma como a Administração Pública Portuguesa se encontra organizada: o sistema administrativo português é, na verdade, um sistema de pluralismo administrativo.

Vejamos então a configuração plural desse sistema.

Em sentido radical, a ideia de "unidade da Administração" representa a exigência de um sistema monolítico, compacto, burocrático, centralizado, concentrado e organizado de acordo com um princípio de unidade de direção e de hierarquia. Um sistema assim delineado representa a sujeição do conjunto da Administração Pública à direção e ao controlo de um centro

[795] Embora referindo-se à participação em procedimentos, valem aqui as considerações desenvolvidas por M. Seifter, "Second-order participation in administrative law", *UCLA Law Review*, vol. 63, 2016, p. 1300 e segs., a respeito da relação entre e o princípio democrático e a participação de segunda ordem ou de segunda. Em causa está a exigência de garantia de democraticidade destes processos de participação.

superior e único (em regra, o Governo). Na visão mais extremada deste modelo, a Administração Pública seria sempre e apenas *estadual, direta* e toda ela (todos os seus serviços e organismos) *dependente* do Governo.

De acordo com a conceção clássica, a direção ministerial da Administração Pública – de toda a Administração Pública – é o corolário de uma exigência da *democracia representativa*: o controlo democrático (do Povo) sobre a Administração Pública efetiva-se mediante o controlo parlamentar sobre o Governo; por sua vez, a colocação de toda a Administração Pública na dependência hierárquica do Governo surge, neste contexto, como uma consequência do *princípio democrático*. É o Governo e cada um dos seus ministros que, com os seus poderes de direção, assegura a unidade da Administração. A dimensão unitária da Administração radica no facto de toda ela depender do Governo e de esta dependência constituir a forma de instituir uma cadeia de legitimação democrática para todo o sistema administrativo.

Ora, no sentido e com a extensão descrita, postulando um sistema administrativo *exclusivamente* ministerial, a unidade da Administração Pública não existe atualmente.

Com efeito, sem prejuízo da expressa referência constitucional à *unidade de ação da Administração* (artigo 267.º, n.º 2) e, além disso, sem desconsiderar uma certa primazia e centralidade do Governo (cf. artigo 182.º da CRP, referenciando o Governo como "órgão superior da Administração Pública"), são visíveis no sistema administrativo português os fatores de diversidade e multiplicidade institucional, que resultam de nele se integrar uma extensa cópia de entidades juridicamente autónomas entre si, as quais, por vezes, revelam até sinais de uma efetiva independência dentro do sistema (como sabemos, no caso das administrações regionais, das regiões autónomas, mais do que "independência dentro do sistema", existe mesmo uma "separação do sistema", em razão da desligação completa das administrações regionais em relação à Administração do Estado).

Apesar de corresponder a um dado incontornável do sistema administrativo da atualidade, o "pluralismo administrativo" não é aqui considerado um valor em si mesmo: a criação de estruturas administrativas distanciadas da esfera de influência do Governo pode fazer sentido e ter uma justificação, ou não.

54.1 – Tipos de pluralismo administrativo

Em geral, o pluralismo do sistema administrativo é o efeito visível da implementação de uma *lógica de distanciamento* de muitos setores da Administração Pública em relação ao Governo e à direção e controlo governamentais.

Essa tendência resulta de vários fatores: instituição e, por vezes, reconhecimento de entidades administrativas dotadas de legitimidade democrática própria ("pluralismo democrático"); exigência de independência e de isenção de organismos que se dedicam a determinadas funções públicas ("pluralismo funcional"); incremento de eficiência da gestão administrativa ("pluralismo técnico").

a) Pluralismo democrático

O processo de distanciamento de setores da Administração Pública em relação ao Governo exprime-se, desde logo, em várias *formas de descentralização administrativa* e na emergência da "Administração Pública autónoma" – a existência de um setor de administração autónoma (autónoma em relação ao Estado) evidencia que nem toda a Administração Pública é Administração do Estado e ainda que a Administração Pública não depende toda do Governo.

Ao setor da administração autónoma reconduzem-se as autarquias locais ("autonomia local"; administração autónoma territorial) e as associações públicas de interessados (administração autónoma corporativa)[796]. Embora o fenómeno apresente um outro recorte, também se pode reconduzir a uma ideia de administração autónoma a autonomia das universidades (cf. artigo 76.º, n.º 2, da CRP).

Nos termos constitucionais [cf. artigo 199.º, al. *d)*] e legais, a administração autónoma, que ostenta uma legitimidade democrática própria, encontra-se apenas submetida a tutela ou fiscalização estadual, exercida pelo Governo (*v.g.*, tutela do Estado sobre as autarquias locais). A Administração autónoma constitui, assim, a primeira ilustração da ideia de uma Administração Pública plural. Integram este setor da Administração Pública as autarquias locais (municípios e freguesias) e suas associações, bem como outras entidades sobretudo de carácter associativo (*v.g.*, associações públicas profissionais).

[796] Poderão ainda reconduzir-se à Administração autónoma do Estado entidades noutro formato, desde que, em qualquer caso, se trate de entidades que congregam ou que são controladas pelos interessados (diretamente ou por representantes) nos assuntos que administram.

A Administração autónoma associa-se ao conceito de *autoadministração*, a qual, já o vimos, indica a presença de uma "administração realizada pelos próprios interessados", sem interferência externa, salvo quanto à tutela (fiscalização).

Outras formas de pluralismo democrático projetam-se na configuração interna de certos órgãos, abertos à participação institucional de representantes de interessados, de especialistas, de peritos e de representantes de interesses particulares [recordem-se os exemplos acima indicados de "administração partilhada com os interessados": cf. ponto 53.4].

Os fenómenos organizativos de administração autónoma e de administração partilhada com os interessados concretizam um *pluralismo administrativo democrático* no sistema português e traduzem-se numa participação direta e efetiva de cidadãos interessados na condução de funções administrativas.

b) Pluralismo funcional

Por vezes, o pluralismo é imposto por razões funcionais, decorrentes da natureza e das características particulares da missão confiada a um determinado organismo.

Este pluralismo funcional desenvolveu-se em Portugal e, em geral, na Europa, desde os anos 90 do século XX, sobretudo para a regulação da economia e do mercado. Surgiu então a designada *Administração Pública independente*, tendencialmente isenta ou imune à ingerência ou interferência governamental. A *independência funcional* das entidades administrativas independentes surge como o efeito de um processo de *desgovernamentalização* de certas parcelas da Administração Pública que se deve a fatores muito variados: ocuparem-se com missões que, por sua própria natureza, exigem a independência em face do Governo e da restante Administração Pública (*v.g.*, gestão dos processos eleitorais; defesa dos direitos dos cidadãos perante a Administração; regulação da comunicação social); missões que se considera deverem ser desenvolvidas segundo critérios técnicos e sem subordinação a orientações políticas (*v.g.*, regulação da economia e dos mercados).

A exigência de distanciamento em relação ao Governo (*desgovernamentalização*) de estruturas administrativas surge por vezes imposta pelo direito da União Europeia: eis o que sucede, além da regulação bancária, com as entidades de regulação da energia e das comunicações eletrónicas, mas também com o controlo da proteção de dados. Nestes domínios, e em linha com esta exigência europeia, a Constituição acolhe um princípio de abertura sistémica à administração independente: cf. artigo 267.º, n.º 3; a *exigência de distanciamento* é especialmente imposta pela Constituição em relação à função pública de proteção de dados e à regulação da comunicação social (cf. artigos 35.º, n.º 2, e 39.º, n.º 2).

c) Pluralismo técnico

Com um impacto diferente das formas de pluralismo democrático e funcional, há também um pluralismo administrativo de recorte essencialmente prático e baseado em vários esquemas de distanciamento da *gestão* de setores da Administração em relação ao controlo hierárquico governamental (ainda que submetidos a formas de orientação e de supervisão do Governo). A este pluralismo técnico, prático ou de gestão, assinalam-se objetivos de eficiência e de agilização do sistema administrativo, de redução da dependência burocrática e do aumento de qualidade de decisão pública. As entidades que dão corpo ao modelo de pluralismo em análise integram a *administração indireta do Estado* (institutos públicos e entidades administrativas privadas, designadamente em formato empresarial). Trata-se, neste caso, de um pluralismo com um carácter essencialmente formal, porquanto a criação de entidades da administração indireta do Estado atenua a direção e o controlo governamental, mas o Governo, além de assumir poderes relevantes, mantém-se como o responsável último pelo funcionamento dessas entidades.

Embora com outras implicações, parece de reconduzir a este pluralismo técnico ou de gestão muitos dos casos de concessão de funções administrativas a entidades particulares. Com efeito, a delegação de responsabilidades executivas serve, em regra, o objetivo de aproveitar o "potencial administrativo" dos particulares (o que se verifica quando os particulares estão em melhor posição do que o Estado para executar tarefas estaduais: possuem os meios financeiros, técnicos, o "saber-fazer" e a eficácia de que aquele carece e não dispõe).

54.2 – Efeitos do pluralismo administrativo

O efeito mais evidente do pluralismo administrativo reside na complexidade e na diversidade interna da Administração Pública: são vários os sujeitos ou entidades que a compõem e, por sua vez, esses sujeitos também se apresentam plurais no seu interior, na sua estrutura interna (com vários órgãos, separados e autónomos entre si).

Mas, como já se evidenciou, o pluralismo do sistema administrativo não se resume a um arranjo técnico, que se esgote na instituição de várias entidades ou de entidades com vários órgãos. Em certos casos, o pluralismo administrativo tem concretização efetiva no reconhecimento ou na atribuição a unidades da Administração da responsabilidade pela representação e proteção de certos interesses públicos específicos (*v.g.*, interesse público ambiental) ou de interesses públicos parciais ou de partes da população (*v.g.*, interesses locais). Daqui decorre que no interior do sistema administrativo se possam desenvolver situações de tensão e até de conflito entre unidades administrativas que têm a responsabilidade de defender interesses públicos diferenciados e divergentes em face dos interesses a realizar por outras unidades administrativas. Esta dinâmica de tensão reclama soluções legais especificamente pensadas para o eventual ou efetivo cenário de conflitualidade interadministrativa, entre pessoas coletivas públicas e até entre órgãos das mesmas pessoas coletivas: assim se explica a atribuição de legitimidade procedimental a órgãos administrativos para intervirem em procedimentos em defesa dos "seus" direitos ou de interesses difusos [artigos 65.º, n.º 1, alínea *d)*, e 68.º, n.º 4, do CPA], bem como a referência a litígios entre "entre pessoas coletivas de direito público ou entre órgãos públicos" e atribuição a órgãos administrativos de legitimidade processual para reagir contra atos ou omissões de atos de outros órgãos administrativos [cf. artigo 4.º, n.º 1, alínea *j)*, do ETAF e artigos 51.º, n.º 2, alínea *b)*, 55.º, n.º 1, alínea *d)*, e 68.º, n.º 1, alínea *d)*, do CPTA][797].

O pluralismo administrativo pode ainda ter um efeito pernicioso, de fragmentação e de desarticulação interna da Administração Pública, suscetível de originar situações de conflitos (positivos e negativos) de competências e, pior, de desresponsabilização ou de indefinição sobre quais as estruturas responsáveis pela prossecução de determinados interesses públicos. Em rigor, deve, contudo, dizer-se que este efeito não resulta apenas do pluralismo administrativo no sentido aqui considerado, mas do facto, com maior frequência do que seria desejável, de serem instituídos serviços, organismos

[797] Alude-se neste contexto a processos do "Estado contra o Estado" e a conflitos entre "partes do Estado": cf. G. Bartsch, *Staat gegen Staat*, Duncker & Humblot, 2018, *passim*; sobre as relações conflituais entre agências administrativas, cf. D. A. Farber/A. J. O'Connell, "Agencies as adversaries", *California Law Review*, vol. 105, 2017, p. 1375 e segs. Sobre o tema, veja-se ainda o nosso artigo: "A justiciabilidade dos litígios entre órgãos da mesma pessoa colectiva pública", *CJA*, n.º 35, 2002, pp. 9 e ss.

e autoridades que, sem critério e sem reflexão, se vão sobrepondo uns aos outros.

Noutro local, alertámos para a urgência de corrigir as tendências de "desorganização" dos últimos anos e para a exigência de impor aos responsáveis políticos alguma contenção no invariável *ímpeto reformista*, tantas vezes concretizado em meras alterações cosméticas e de imagem, sem qualquer conteúdo. Além da estabilização do sistema, impõe-se depois uma compreensão cuidadosa do mesmo, de modo a prevenir, por ex., os casos, que existem, de duplicação e de triplicação da alocação das mesmas competências a estruturas e unidades orgânicas diferentes. Além do desperdício de recursos, situações como essa contribuem para uma nefasta desresponsabilização dos atores envolvidos pelos (maus) resultados produzidos[798].

55 – Unidade do sistema administrativo e centralidade do Governo

Acabámos de expor os traços de pluralismo do sistema administrativo português e de comprovar que o mesmo se caracteriza como um sistema plural. Pois bem, é chegado o momento de se observar que esse pluralismo não pode ignorar um momento de unidade presente numa parte relevante do sistema administrativo, que se constitui ou forma em volta de um polo de centralidade e de unidade, que é o Governo. Além disso, apesar de a realidade nos mostrar um sistema efetivamente plural, não se podem ignorar algumas indicações que apontam para uma ideia matricial de unidade no sistema administrativo[799].

55.1 – Unidade parcial do sistema administrativo

Vimos há pouco que, em sentido radical, não existe uma "unidade" na estrutura do sistema administrativo português: este não é, de facto, um sistema monolítico, compacto, centralizado e concentrado; não existe só uma Administração estadual, nem tão-pouco a Administração estadual se

[798] Cf. Pedro Costa Gonçalves, "Ensaio sobre a boa governação", *cit.*, p. 17.

[799] Neste ponto, cf. Paulo Otero, "Organização administrativa: a complexidade do sistema arquitetónico", *cit.*, p. 37 e segs.; Juliana Ferraz Coutinho, "O princípio da unidade e da eficácia de ação da Administração Pública: um novo sentido", in Carla Amado Gomes/Ana Fernanda Neves/Tiago Serrão, *Organização Administrativa*, *cit.*, p. 107 e segs.; Sérvulo Correia, "Transversalidade estrutural e unidade funcional da Administração", *Estudos em Homenagem a Rui Pena*, *cit.*, p. 577 e segs.

encontra, toda ela, dependente de um centro único (Governo ou outro). Não obstante, a ideia de unidade não se encontra ausente e, em certos termos, parece mesmo surgir como fator condicionante da modelação do sistema.

Uma ideia de unidade do sistema administrativo começa por se encontrar pressuposta na Constituição, ao aludir expressamente a uma "necessária [eficácia e] unidade de ação da Administração" (artigo 267.º, n.º 2). É certo que se trata de uma referência que tem em vista a ação ("unidade de ação"). Mas o facto de surgir inserida num preceito sobre a "estrutura da Administração" e, sobretudo, a circunstância de aí ser configurada como uma necessidade que não deve ser posta em causa pelas formas de descentralização e de desconcentração administrativas conduzem a conceber o princípio da unidade como um cânone matricial de organização da Administração Pública. Neste sentido, os exemplos de pluralismo do sistema administrativo constituem declinações ou desvios em relação a um cânone de unidade.

Neste contexto, e tendo por referência os dados constitucionais, a unidade do sistema administrativo português materializa-se numa *subordinação* do aparelho administrativo, da Administração Pública, ao Governo: este é, constitucionalmente, o órgão superior da Administração Pública (artigo 182.º da CRP). Essa subordinação, embora de intensidades variáveis, encontra-se presente em grande parte da Administração Pública portuguesa: na administração direta do Estado, que é *dirigida* pelo Governo; e na administração indireta do Estado que se encontra sob a *superintendência* do Governo.

Vimos há pouco que a ideia de pluralismo administrativo se encontra presente no setor da administração indireta do Estado (institutos públicos). É de facto assim, mas, como se observou, trata-se, nesse caso, de um "pluralismo técnico" que não põe em crise a supremacia do Governo. É o Governo que enuncia os objetivos, que atribui os meios e que, portanto, responde pelo funcionamento dos institutos públicos que estão sob a sua superintendência [nem toda a administração indireta do Estado está nesta situação; há até uma administração indireta independente do Governo: cf. ponto 133].

Apesar de não pôr em causa a unidade como princípio que postula uma subordinação ao Governo, a própria administração indireta do Estado representa um *desvio* a uma ideia mais exigente e extremada de unidade, assente na "subordinação hierárquica". Veja-se que o legislador tem bem presente este desvio, quando estabelece como requisito essencial da criação de institutos públicos a "necessidade da personalidade jurídica, e da consequente ausência de poder de direção do Governo, para a prossecução das atribuições em causa": cf. artigo 10.º, n.º 1, alínea *b)*, da LQIP. A ideia matricial de unidade aqui pressuposta explica e confirma o *princípio da prevalência da administração direta do Estado sobre as formas de administração indireta*.

Contudo, sabemo-lo, o sistema administrativo não se esgota na administração direta e indireta do Estado subordinada ao Governo.

Ainda assim, o princípio de unidade não é necessariamente posto em causa pelo facto de existir uma administração desligada ou desvinculada do poder de supremacia e de orientação do Governo. Uma administração assim pode existir – e existe efetivamente –, mas surgir configurada como um desvio, que terá de ser justificado, a esse princípio. Ou seja, a exigência de justificação das medidas de criação de organismos fora da esfera de influência direta do Governo (pelo facto de ficarem fora da influência do Governo) será, de algum modo, a evidência da força jurídica do princípio da unidade.

Ora, esta exigência de justificação está prevista no ordenamento jurídico português. Em primeiro lugar, a Constituição, que alude a formas "adequadas" de desconcentração e descentralização e, em qualquer caso, que não ponham em causa a necessária unidade da ação administrativa. Depois, na legislação, confirmando a exigência de uma justificação, vejam-se: a LQER, no sentido de que as entidades reguladoras só podem ser criadas para a regulação de atividades económicas que recomendem, face à necessidade de independência no seu desenvolvimento, a não submissão à direção do Governo; a Lei das Associações Públicas Profissionais, a indicar que a constituição de associações públicas profissionais "é excecional" e só pode ter lugar, além do mais, quando visar a tutela de um interesse público de especial relevo que o Estado não possa assegurar diretamente.

Neste sentido, a ideia de unidade do sistema administrativo está presente como fator de condicionamento das medidas de organização do sistema administrativo: os desvios no sentido do pluralismo e, sobretudo, da eliminação ou forte atenuação da dependência em relação ao Governo – os desvios à unidade –, têm de ser justificados; e as medidas que concretizem essas divergências têm de se revelar adequadas.

Sem prejuízo do exposto, e até contra o exposto, também se extrai da Constituição uma diretriz de rutura com a ideia de unidade e de legitimação da existência de setores da Administração Pública fora da esfera de influência do polo referencial de unidade do sistema, o Governo[800].

Eis o que sucede, em primeiro lugar, com as administrações públicas regionais (regiões autónomas), que integram verdadeiros sistemas administrativos autónomos e separados. Depois, temos o Poder Local, as autarquias locais, a administração pública autárquica: trata-se, nos termos da Constituição, de uma administração pública autónoma, que não depende do Governo, nem está subordinada ao poder de orientação governamental.

Além disso, a Constituição refere-se ou exige em alguns casos a criação de entidades administrativas independentes, que se localizam fora da esfera da influência do Governo: entidade reguladora da comunicação social (artigo 39.º), entidade de proteção de dados (artigo 35.º, n.º 2) e, embora num plano diferente, Banco de Portugal (artigo 102.º).

Podemos assim concluir que, como expressão de um sistema organizado em pirâmide, em volta de um polo predominante e com uma posição de supremacia funcional sobre todas as estruturas administrativas, a unidade não existe. Neste sentido, organizativo, poderemos encontrar a concretização da ideia de unidade apenas em parte do sistema administrativo português: a parte do sistema que depende do Governo. Trata-se, por isso, de uma unidade parcial.

55.2 – Coordenação como expressão da unidade global do sistema

Sem questionar o sentido da última conclusão, há um momento em que se impõe uma compreensão unitária do sistema: no seu todo, que resulta, por um lado, da conjugação e da interação de todos os seus componentes, e, por outro lado, de uma contraposição com o que está fora dele, o sistema administrativo constitui, deve constituir, uma unidade. Pode ter tensões, poderes e contrapoderes no seu interior, e estas situações até são muitas vezes promovidas pelo poder de organização da Administração Pública. Mas já é indesejável que nela existam casos de duplicação e de redundância de competências (atribuição das mesmas competências a vários organismos) ou de indefinição sobre as instâncias que devem atuar na proteção de um

[800] Sobre o que designa por "princípio da unidade descentralizada", cf. Paulo Otero, *Manual de Direito Administrativo, cit.*, p. 357 e segs.

determinado interesse público. Neste sentido, o poder de organização da Administração Pública, na modelação do sistema administrativo, está obrigado, por uma exigência elementar de racionalidade, a considerar o sistema no seu todo, na sua unidade e a evitar a adoção de medidas que provoquem a sua fragmentação ou desarticulação interna.

Por outro lado, é um facto incontornável que não temos uma Administração Pública unitária, estruturada de cima para baixo, a partir de um ponto único, segundo uma regra de hierarquia. Em alguns casos – sobretudo nos de pluralismo democrático e no funcional –, o fenómeno gera o aparecimento de entidades autónomas e independentes, que, em razão disto mesmo, atuam autonomamente e com independência recíproca, e sem interferência ou orientação externa. Estas entidades (*v.g.*, Autoridade da Concorrência e Banco de Portugal) não têm entre si laços de dependência, nem estão ligadas ou dependentes de um ponto comum. Alguns autores aludem, com pertinência, à presença de uma Administração em arquipélago, composta por organismos independentes que podem atuar isoladamente, segundo critérios próprios, e sem qualquer comunicação, relacionamento ou articulação com outros elementos da Administração Pública[801]. Em partes significativas da sua estrutura, o sistema administrativo apresenta-se, na verdade, fragmentado, com vários centros (policêntrico).

Além disso, também se assiste à multiplicação imparável de serviços e organismos dentro da máquina administrativa, tantas vezes com competências sobrepostas, próximas, paralelas e até duplicadas ou triplicadas[802]. Também, nestes casos, de redundância, existe um potencial de dispersão e de desorganização do funcionamento da máquina administrativa. Por outro lado, são inevitáveis os cenários de conflito de competências e de "conflitos de posição" entre organismos administrativos[803].

Situações como as descritas evidenciam a conveniência de uma atuação articulada, coerente, concertada ou conjugada entre as várias estruturas

801 Neste sentido, que propõe a imagem do arquipélago para explicar toda a Administração do Estado, cf. A. Predieri, *L'erompere delle autorità amministrative indipendenti*, Passigli,1997

802 A respeito do fenómeno da sobreposição de competências no domínio da regulação económica, cf. Maria Manuel Leitão Marques/J. P. Simões de Almeida/A. Matos Forte, *Concorrência e Regulação*, CEDIPRE, 2005, em especial, p. 19 e segs.

803 Sobre os últimos, cf. Diogo Freitas do Amaral, "Os conflitos de posição entre entidades administrativas: modos da sua resolução", *Estudos em Homenagem a Mário Esteves de Oliveira, cit.*, p. 111 e segs.

administrativas, o que poderá passar, entre outras vias, pela definição de canais de comunicação entre as estruturas administrativas, bem como pela promoção de uma cultura de diálogo interadministrativo e de trabalho em parceria.

Precisamente para indicar a exigência de atuação articulada, coerente e conjugada dos vários componentes do sistema administrativo fala-se de *coordenação*[804]; esta surge, pois, como um "mecanismo unificador"[805]

A diretriz de coordenação – que se retira de uma ideia de unidade global do sistema e se deduz também de uma exigência de racionalidade –, visa o funcionamento otimizado da complexa máquina administrativa, no sentido de evitar fenómenos de incoerência e tendências de dispersão. Exemplificam este propósito de promover a coordenação formas de relacionamento interadministrativo como as *conferências procedimentais*, que são, em geral, instrumentos de "exercício em comum ou conjugado das competências de diversos órgãos da Administração" (cf. artigos 77.º a 81.º do CPA)[806]. Outros instrumentos são as trocas de informações, os contactos procedimentais entre diferentes autoridades, os acordos de concertação ou os protocolos de articulação[807].

Por vezes, a lei também usa o conceito de coordenação com o propósito de indicar que, no exercício das suas competências próprias, um órgão deve atuar "em coordenação" com outro ou outros órgãos. Nos termos da Lei Orgânica do XXI Governo, em muitos casos, os ministros devem exercer as suas competências em coordenação com outros ministros. Embora não se revele simples a identificação de um sentido rigoroso do conceito de coordenação, supomos que o propósito da lei consiste em determinar ao órgão competente numa determinada matéria a exigência de auscultar

[804] Nesta matéria, embora em sentido não coincidente, cf. Ricardo Branco, "A coordenação administrativa", in Carla Amado Gomes/Ana Fernanda Neves/Tiago Serrão, *Organização Administrativa, cit.*, p. 527 e segs.

[805] Nestes termos, cf. Th. Groß, "Die öffentliche Verwaltung als normative Konstruktion", in Trute/ Groß /Röhl/Möllers, *Allgemeines Verwaltungsrecht – zur Tragfähigkeit eines Konzepts, cit.*, p. 349 e segs. (p. 362 e segs.).

[806] Uma modalidade de conferências procedimentais é a "conferência de coordenação": artigo 77.º, n.º 3, alínea *b)*, do CPA.

[807] Veja-se, por ex., o artigo 6.º do Decreto-Lei 47/2019, de 11 de abril, que prevê a celebração de um protocolo para o estabelecimento da articulação entre o Banco de Portugal, o Instituto Nacional de Estatística, IP, e o IAPMEI, IP, quanto ao funcionamento do mecanismo de alerta precoce em matéria de informação económica e financeira a prestar às empresas.

> outro(s) órgão(s) e procurar colher as sugestões e o consenso deste antes de exercer a sua competência própria. Trata-se de um conceito equivalente ao do "exercício de competências em articulação" – veja-se, por ex., o artigo 39.º, n.º 2, do Regime Jurídico do Sector Público Empresarial: "a função acionista nas empresas públicas do sector empresarial do Estado é exercida exclusivamente pelo membro do Governo responsável pela área das finanças (...), sem prejuízo da devida articulação com o membro do Governo responsável pelo respetivo sector de atividade". Aqui a lei é clara: a competência indicada pertence *exclusivamente* a um órgão, mas este, antes de a exercer, está obrigado a articular-se ("devida articulação") com outro órgão.

Em regra, a coordenação corresponde a uma diretriz legislativa, estabelecida de forma genérica como cânone a ser seguido pelas entidades públicas ("coordenação horizontal"): ilustra esta situação de coordenação não hierárquica a "articulação" entre municípios e freguesias e entre municípios e serviços da administração central a que se referem vários preceitos do RJAL[808].

Mas a coordenação também pode corresponder à missão de um órgão, que terá, por ex., a responsabilidade de promover a ação coordenada dos vários serviços ou organismos que dele dependem. Uma forma de "coordenação vertical" é a que deve ser assegurada pelos ministros em relação aos serviços integrados nos respetivos ministérios. Neste caso, a coordenação faz lembrar um trabalho de *orquestração*[809].

> O setor da proteção civil é, seguramente, um dos que exige um grau mais elevado de conciliação entre comando ("unidade de comando") e coordenação: em eventos de maior dimensão geográfica, a ação no terreno dos vários agentes tem de ser coordenada por vários níveis de comando e estes têm de ser coordenados por um comando central.

[808] Distinguindo entre coordenação vertical (com poderes hierárquicos de ingerência sobre os elementos a coordenar) e coordenação horizontal (não hierárquica e de articulação em rede de elementos da organização administrativa), cf. Groß, "Die öffentliche Verwaltung als normative Konstruktion", *cit.*, p. 362.

[809] Utilizando este conceito, cf. L. M. Salomon, "The new governance and the tools of public action: an introduction", *Fordham Urban Law Journal*, vol. 28, n.º 5, 2000, p. 1611 e segs. (p. 1637 e segs).

55.3 – Unidade de sentido e de fim

Apesar da presença de uma ideia de unidade como critério condicionante de modelação do sistema administrativo, concluímos que não se trata de um princípio absoluto, uma vez que a própria Constituição assume e define a existência de setores ou organismos da Administração Pública que se localizam fora da unidade do sistema. Além disso, muito embora já num outro plano, também a própria lei estabelece desvios à unidade.

A conjugação desses dois fatores conduz a que não exista, de facto, uma unidade da Administração Pública portuguesa no plano organizativo. Na verdade, não existe uma pessoa, um órgão ou um organismo que, enquanto fator ou polo de integração ou de unidade, tenha a incumbência de dirigir ou de orientar todos os organismos do sistema administrativo; o Governo, apesar de ser órgão superior da Administração Pública, não tem essa incumbência em relação a toda a Administração.

Não subsiste, pois, uma unidade do sistema administrativo em termos organizativos. Mas já existe uma unidade de fim ou de sentido de todos os elementos que integram o sistema administrativo. Esse momento de unidade, de recorte teleológico, encontra-se no facto de a Administração Pública, toda ela, se encontrar exclusivamente vocacionada para a *realização do interesse público*, definido em sede político-legislativa. Sem exceção, todas as entidades, organismos e instâncias que integram a Administração Pública, seja qual for o estatuto ou condição que ocupam no sistema administrativo, estão ao serviço do interesse público.

55.4 – Centralidade do Governo no sistema administrativo

Não existe um princípio de unidade aplicável à organização ou modelação de todo o sistema administrativo, uma vez que, nos termos da Constituição, existem setores da Administração Pública que se situam fora da unidade do sistema e, em concreto, fora da esfera de influência do Governo, que seria polo integrador ou de unidade: administração regional, administração autárquica, e certos organismos de administração independente.

Sucede, porém, que uma parte muito significativa da Administração Pública se encontra sob influência e na dependência do Governo. Desde logo, tendo em conta o peso desse setor da Administração Pública (administração direta e grande parte da administração indireta do Estado), revela-se legítimo afirmar que o Governo ocupa uma clara posição de centralidade no sistema administrativo, porquanto uma parte significativa deste se encontra sob a direção e a orientação do Governo.

Essa ideia de centralidade do Governo tem, aliás, concretizações de maior alcance, que atribuem a este órgão uma presença relevante em praticamente todos os elementos ou componentes do sistema administrativo.

Nos termos do artigo 182.º da Constituição, o Governo é "o órgão superior da administração pública". Por sua vez, a alínea *d)* do artigo 199.º concretiza esta dimensão de superioridade ou supremacia do Governo no sistema administrativo, assinalando que, no exercício da função administrativa, lhe cabe *dirigir* os serviços e a atividade da administração direta do Estado, civil e militar, *superintender* na administração indireta e exercer a *tutela* sobre esta e sobre a administração autónoma.

A centralidade do Governo no sistema administrativo português revela-se, assim, nas três categorias de *poderes sobre a Administração Pública* que a Constituição confia a esse órgão.

i) Direção da administração direta do Estado

Nos termos do artigo 2.º do Regime Jurídico da Administração Direta do Estado, integram este setor da Administração os *serviços centrais* e os *serviços periféricos* que, pela natureza das suas competências e funções, devam estar sujeitos ao *poder de direção* (de emissão de ordens e comandos) do respetivo membro do Governo – o poder de direção é uma das expressões do *poder hierárquico.*

ii) Tutela e superintendência da administração indireta do Estado (institutos públicos de regime geral)

Nos termos da lei, o Governo exerce vastos *poderes de tutela* sobre os institutos públicos de regime geral; por outro lado, no capítulo da *superintendência*, o membro do Governo responsável tem o poder de dirigir orientações, emitir diretivas ou solicitar informações aos órgãos dirigentes dos institutos públicos sobre os objetivos a atingir na gestão do instituto e sobre as prioridades a adotar na respetiva prossecução (cf. artigo 41.º e 42.º da LQIP).

Próxima da ideia de superintendência do Governo sobre a administração indireta (institutos públicos), deve referir-se o poder do Governo de definir *orientações de gestão* para o setor empresarial do Estado (artigo 24.º do Regime Jurídico do Sector Público Empresarial).

iii) Tutela da administração autónoma

A Constituição não fornece diretamente o sentido do conceito de administração autónoma. No artigo 199.º, alínea *d)*, esse conceito aparece a par dos de administração direta e administração indireta, pelo que, por exclusão – também da Administração Pública Regional –, deve entender que se trata de referenciar a *administração autónoma em relação ao Estado*, incluindo a *administração autónoma territorial* (autarquias locais) e a *administração autónoma corporativa* (sobretudo, associações públicas profissionais, como as ordens profissionais). Ao Governo cabe exercer a tutela sobre as autarquias locais – a qual consiste, nesse caso, na "verificação do cumprimento das leis e regulamentos" por parte dos órgãos e dos serviços das autarquias locais (artigo 242.º da Constituição e Lei da Tutela Administrativa) e que, sobretudo em aspetos financeiros, permite fortes intervenções do Governo –, bem como sobre as associações públicas profissionais.

A esses três poderes em matéria de organização administrativa acrescem os poderes que o Governo detém sobre as entidades administrativas independentes com funções de regulação da economia.

Oferece-se evidente que a mera existência da Administração independente provoca uma forte atenuação da centralidade do Governo. O conceito de Administração independente tem precisamente como referencial a relação que intercede entre este setor da Administração e o Governo (independente tem o sentido de imune à interferência do Governo). Contudo, sem pôr em causa essa caracterização, cumpre notar que, nos termos da lei, muitas das entidades mais relevantes da Administração independente se encontram submetidas – apesar da sua independência – a certos poderes de supremacia jurídica do Governo. Eis o que sucede com as entidades administrativas independentes com funções de regulação da economia, as quais, como veremos, estão enquadradas por um regime jurídico de "independência com restrições" [cf. ponto 142.2.3].

O exposto permite perceber a centralidade do Governo e a sua posição de clara supremacia jurídica em relação à *Administração Pública estadual* não independente. De facto, é em relação à Administração do Estado (excluindo a administração independente) que o Governo surge numa posição de efetiva supremacia e superioridade jurídica: cabe-lhe a função de "direção política" desse setor da Administração e é responsável pelo respetivo funcionamento. No caso da administração direta, exerce mesmo poderes de "direção administrativa" (*superioridade hierárquica*).

Mas o protagonismo do Governo no sistema revela-se ainda nos poderes que detém em relação à Administração autónoma. Deve aliás dizer-se que se tem assistido, nos últimos tempos, a um incremento evidente da interferência governamental no âmbito das autarquias locais (*v.g.*, casos de sujeição de certas operações financeiras municipais a autorização ministerial). Contudo, em sentido oposto, observa-se serem – em termos efetivos ou práticos – praticamente inexistentes os poderes de tutela do Governo sobre as associações públicas profissionais; isto apesar de a Lei n.º 2/2013 estabelecer, no n.º 2 do artigo 45.º, que as "associações públicas profissionais estão sujeitas a tutela de legalidade idêntica à exercida pelo Governo sobre a administração autónoma territorial".

56 – Hierarquia

O Regime Jurídico da Administração Direta do Estado estabelece que a organização da Administração Pública se deve orientar pelo "princípio da unidade e eficácia da ação da Administração Pública" e acrescenta, a seguir, que o citado princípio se consubstancia "no exercício de poderes hierárquicos, nomeadamente os poderes de direção, substituição e revogação" (cf. artigo 3.º, n.º 2).

Vejamos então em que consiste a hierarquia e o princípio da hierarquia[810].

Pois bem, a hierarquia é um modelo de organização de uma pessoa coletiva, que tem uma projeção exclusivamente interna – não existe hierarquia entre pessoas coletivas, mas apenas dentro das pessoas coletivas. O que distingue a hierarquia de outros modelos de organização (de tipo horizontal, por ex., baseados em processos de relacionamento interno de coordenação ou de cooperação) é o facto de instituir um *sistema de organização vertical* entre os órgãos da pessoa coletiva, os quais se posicionam numa cadeia ou série, em regra, com vários níveis, e na qual os *órgãos superiores* detêm um poder de supremacia (de direção) sobre os órgãos *subalternos*.

A hierarquia pressupõe, pois, uma ideia de verticalidade e de disposição em cadeia ou em série de dois ou mais órgãos, e assenta na presença de um relacionamento entre os órgãos de uma pessoa coletiva baseado numa lógica de autoridade/subordinação ou de direção/obediência.

O modelo de organização hierárquica está assumido na Constituição em relação ao Governo, quando se refere ao poder que este detém de "*dirigir*

[810] Neste ponto, cf. L. Cunha Valente, *A Hierarquia Administrativa*, Coimbra Editora, 1939; Paulo Otero, *Conceito e Fundamento da Hierarquia Administrativa*, Coimbra Editora, 1992; Freitas do Amaral, *Curso, cit.* vol. I, p. 667 e segs.; José Duarte Coimbra, "Hierarquia administrativa: um «princípio geral» e dois velhos problemas", in Carla Amado Gomes/Ana Fernanda Neves/Tiago Serrão, *Organização Administrativa, cit.*, vol. II, p. 695 e segs.

os serviços e a atividade da administração direta do Estado" [artigo 199.º, alínea *d)*]. O poder de direção é um dos poderes típicos da hierarquia administrativa, como aliás o indica o Regime Jurídico da Administração Direta do Estado. A presença de um encadeamento vertical entre os órgãos, com a indicação de um poder de direção do superior e um dever de obediência dos subalternos, associa o modelo hierárquico à ideia de unidade administrativa[811].

O modelo de organização hierárquica a que nos estamos a referir assenta, pois, numa relação que se processa no interior de uma entidade, entre os órgãos administrativos que a integram (*relação interorgânica*) e surge associado à *competência administrativa* para a prática de atos externos. Trata-se, por conseguinte, da hierarquia administrativa.

Além da *hierarquia administrativa*, sobre o modo de organização interna da pessoa coletiva em vista da sua atuação para o exterior (e, assim, da prática de atos que projetam efeitos para o exterior da pessoa coletiva), há outro tipo de hierarquia, que se processa num plano estritamente interno, designada *hierarquia interna*, mas que preferimos designar hierarquia *laboral*. Trata-se de uma relação hierárquica associada à relação de emprego entre o empregador público (pessoa coletiva pública) e cada um dos seus trabalhadores: o vínculo de emprego público envolve, diretamente, a *subordinação* do trabalhador ao empregador e, portanto, a sua subalternidade hierárquica. A partir do poder hierárquico originário do empregador, a lei e os regulamentos instituem, depois, uma escala hierárquica, por razões de serviço e de racionalização do trabalho, na qual se integram os *dirigentes* (cargos de direção superior, como os diretores-gerais, e cargos de direção intermédia, como os diretores de serviços e chefes de divisão) com poderes de direção dos serviços e do respetivo pessoal. É sobretudo a hierarquia laboral que a Constituição tem em vista no artigo 271.º, sobre a responsabilidade dos funcionários e agentes da Administração (veja-se em especial o n.º 2, sobre a exclusão da responsabilidade do funcionário quando atue "no cumprimento de ordens e instruções emanadas do legítimo superior hierárquico").

Note-se que pode haver zonas de mistura entre hierarquia laboral e hierarquia administrativa: assim, um diretor geral, superior hierárquico do diretor de serviços no plano laboral, pode também sê-lo no plano da hierarquia

[811] No sentido de que o poder hierárquico tem uma função de unificação da pessoa coletiva pública, cf. C. Chauvet, *Le pouvoir hiérarchique*, LGDJ, 2013, p. 125 e segs.

administrativa, na medida em que ambos detenham com competência para praticar atos com efeitos externos.

Em função do exposto, compreende-se que a hierarquia implique a existência, dentro de uma pessoa coletiva, de vários órgãos com competências administrativas externas. Neste sentido, o modelo de organização hierárquica exige alguma medida de *desconcentração vertical de competências*: se toda a competência para a prática de atos externos estiver atribuída a um único órgão (suponha-se, por ex., que numa ordem profissional só a direção ou só o presidente podem praticar atos externos) não há espaço para uma relação de hierarquia, a qual se traduz numa relação entre, pelo menos, dois órgãos competentes para a prática de atos externos, um (ou uns) na posição de *superior(es)* e outro (ou outros) na condição de *subalterno(s)*.

Na medida em que pressupõe a competência de órgãos subalternos para praticar atos e adotar medidas de efeitos externos, a hierarquia parece implicar ainda que o superior hierárquico detenha uma competência própria para atuar no âmbito da competência do subalterno. Mas não é assim. Com efeito, não se inscreve na natureza intrínseca do modelo hierárquico um qualquer princípio ou regra de englobamento da competência do subalterno na competência do superior. O órgão subalterno pode, na verdade, ser titular de *competências exclusivas* (veja-se a referência à competência exclusiva de subalternos no artigo 169.º, n.º 2, do do CPA). Além disso, salvo se a lei estabelecer coisa diferente (definindo-as como competências concorrentes), as competências próprias dos órgãos subalternos não pertencem aos órgãos superiores. Por força disto, podemos distinguir uma "hierarquia plena", se as competências do superior englobam as do subalterno, e uma "hierarquia restrita", na situação oposta.

> Em regra, os atos praticados por órgãos subalternos – quer sejam praticados ao abrigo de competências *exclusivas, próprias* ou mesmo *concorrentes* – são "verticalmente definitivos", pelo que os respetivos destinatários podem impugná-los imediatamente nos tribunais administrativos; veja-se, neste sentido, o artigo 185.º, n.º 2, do CPA que estabelece que os recursos (incluindo o recurso hierárquico) têm carácter facultativo, salvo se a lei os denominar como necessários.

Como exemplo de hierarquia restrita, e similares aos casos de competência exclusiva, temos o caso dos superiores hierárquicos dos órgãos que, em razão das competências que exercem, beneficiam da garantia legal da *autonomia ou independência técnica* [*v.g.*, pessoal dos serviços de inspeção: cf. ponto 112].

Estamos a analisar o modelo vertical hierárquico como um princípio de organização da Administração Pública e, em concreto, como princípio de organização das pessoas coletivas; porém, a referenciação da hierarquia como um princípio procura sobretudo chamar a atenção para um "dado do sistema", e não tanto para uma diretriz jurídica solidamente estabelecida para a sua modelação.

É aliás por isso que a organização das pessoas coletivas públicas não segue sempre o modelo hierárquico (hierarquia externa): os órgãos das pessoas coletivas não surgem, em todos os casos, encaixados numa cadeia de hierarquia, podendo ser, e sendo muitas vezes, instituídos de acordo com um *princípio de separação* ou até de *independência*. Assim sucede, desde logo, na administração direta do Estado, com muitos órgãos que funcionam junto de ministérios, mas que não estão inseridos numa relação hierárquica (*v.g.*, Conselho Nacional da Saúde, Conselho Nacional de Educação); além disso, mas agora por força da natureza das coisas, os órgãos dos vários ministérios estão separados entre si (o Regime Jurídico da Administração Direta do Estado prevê relacionamentos horizontais entre os ministérios, mediante a *partilha de atividades comuns* e de esquemas de *funcionamento em rede*). O mesmo ocorre fora da administração estadual: assim, nos municípios e nas freguesias, os respetivos órgãos estatutários (assembleia municipal, câmara municipal e presidente da câmara e assembleia de freguesia e junta de freguesia) são separados e autónomos entre si.

57 – Desconcentração

A implementação de medidas de *descentração* – conceito amplo, que abrange os fenómenos da *desconcentração* e da *descentralização* – corresponde a um cânone ou orientação constitucional fundamental para a estruturação do sistema administrativo. Veja-se o artigo 267.º, n.º 2, da CRP, que confia ao legislador a incumbência de estabelecer "adequadas formas de descentralização e desconcentração administrativas".

A ideia de descentração sugere uma ideia de dinâmica e de movimento, no sentido de uma *alteração* ou de uma *evolução* de um sistema que, na base e à partida, se apresenta centralizado e concentrado. Uma vez que se trata de um fenómeno relativo a poderes ou a competências, a ideia de descentração representa, por conseguinte, um movimento ou deslocação de competências ou de poderes de um ponto da organização administrativa (situado num *centro* ou no *topo*) para um outro ponto da organização administrativa, um "ponto descentrado", situado fora do centro ou num escalão abaixo do topo. Esta ideia encontra-se presente nas figuras da desconcentração e da descentralização, que concretizam, assim, uma ideia inicial próxima ou semelhante. Mas essas figuras do direito da organização administrativa não se confundem, pois refletem opções muito diferentes de implementar e concretizar a diretriz de descentração.

Analisamos agora a desconcentração, que conhece duas aplicações: uma interna, que se processa no interior de uma pessoa coletiva, e uma outra externa, que pressupõe um movimento de deslocação das competências dos órgãos de uma pessoa coletiva para os órgãos de uma outra pessoa coletiva. Em qualquer caso, a desconcentração versa sobre *competências administrativas externas*, ou seja, competências com projeção fora da(s) pessoa(s) coletiva(s) em que se integram os órgãos envolvidos no processo de desconcentração[812].

57.1 – Desconcentração no interior das pessoas coletivas públicas

A desconcentração de competências representa, nesta primeira hipótese, uma solução ou arranjo essencialmente técnico, que, em termos jurídicos, consiste em "deslocar" – em transferir – de um órgão para um outro órgão da mesma pessoa coletiva pública uma competência para a prática de atos externos ou para a adoção de medidas externas: em regra, esta desconcentração processa-se pela transferência da competência de um órgão superior (*v.g.*, um ministro) para um órgão subalterno (*v.g.*, diretor geral), e pode corresponder, também, à transferência da competência ou de um órgão central (*v.g.*, diretor-geral) para um órgão periférico (*v.g.*, diretor regional).

Fala-se, neste caso, de "desconcentração interna", por se referir a uma transferência de competências que se realiza no *interior* de uma pessoa coletiva, entre os seus órgãos.

[812] Cf. Afonso Queiró, "Desconcentração", *Dicionário Jurídico da Administração Pública*, vol. III, Lisboa, 1990, p. 577 e segs.; Freitas do Amaral, *Curso, cit.*, vol. I, p. 689 e segs.; Hong Cheng Leong, "O princípio da desconcentração", in Carla Amado Gomes/Ana Fernanda Neves/Tiago Serrão, *Organização Administrativa, cit.*, vol. I, p. 175 e segs.; Afonso d'Oliveira Martins, "Descentralização e desconcentração administrativa. Os conceitos e a sua expressão constitucional", *Estudos em Homenagem a Rui Pena, cit.*, p. 39 e segs.

a) Desconcentração vertical e desconcentração horizontal

A deslocação de competências processa-se, em muitos casos, de "cima para baixo", considerando a cadeia hierárquica: fala-se, então, de *desconcentração vertical*. Trata-se de uma solução de recorte técnico-jurídico, pautada por objetivos de eficiência e, neste caso específico, de descongestionamento dos órgãos de topo de uma organização.

Por força das medidas de desconcentração, os órgãos da Administração em posição subalterna passam a poder exercer *competências externas* e a atuar como unidades de ação da pessoa coletiva pública; mas essas competências não têm de lhes ser conferidas como *próprias*, pois podem ser-lhes apenas *delegadas*, e, quando próprias, não têm de ser *exclusivas*, pois pode tratar-se de competências *comuns* ou *partilhadas*.

Existe ainda a possibilidade de *desconcentração horizontal*, baseada na distribuição de competências administrativas por órgãos entre os quais não subsiste qualquer relação hierárquica: *v.g.*, repartição de competências entre a assembleia municipal e a câmara municipal, entre o reitor e o conselho geral das universidades, entre o conselho directivo e o presidente do conselho diretivo de um instituto público. O objetivo agora consiste em dividir ou repartir por vários órgãos separados e sem qualquer relação vertical entre si o poder administrativo e a responsabilidade associada ao respetivo exercício. Por vezes, verifica-se a instituição de departamentos e de serviços dispostos em *paralelo* dentro de uma mesma pessoa coletiva, cada um com a sua cadeia hierárquica própria (caso típico dos ministérios).

A desconcentração horizontal também pode resultar da pretensão de efetivar, no interior de uma pessoa coletiva, uma "separação de poderes", porventura baseada em diferentes legitimidades dos órgãos envolvidos.

b) Desconcentração originária e desconcentração derivada

A doutrina distingue, em regra, entre a *desconcentração originária*, promovida por lei ("transferência legal de competências"), e a *desconcentração derivada*, operada por decisão administrativa ("delegação de competências").

No caso de desconcentração originária, ocorre um fenómeno de deslocação ou de transferência, por via legislativa (ou regulamentar), da competência de um órgão para outro órgão administrativo.

Em geral, o conceito de desconcentração, sobretudo o de desconcentração originária, pressupõe um sistema administrativo concentrado como "modelo abstrato de partida". É isto que permite perceber que as leis que atribuem *diretamente* competências a órgãos periféricos ou situados em posição subalterna se considerem "leis de desconcentração administrativa" – no caso da administração estadual direta, assim se podem qualificar as leis que atribuem diretamente competências a órgãos situados hierarquicamente abaixo dos ministros. Eis o que sucede, por ex., com a lei orgânica da Autoridade Nacional de Emergência e Proteção Civil (serviço da administração direta do Estado dependente do Ministro da Administração Interna), que atribui ao respetivo presidente a competência para ordenar o cancelamento de licenças, a cessação de atividades ou o encerramento de instalações; o mesmo se diga da lei orgânica da Autoridade de Segurança Alimentar e Económica (serviço da administração direta do Estado dependente do Ministro da Economia e do Emprego), que atribui ao respetivo inspetor-geral uma competência para aplicar coimas e sanções acessórias. A atribuição destas competências a órgãos que não estão no topo da hierarquia corresponde a um fenómeno de desconcentração.

Tendo isso presente, percebe-se que, em inteiro rigor, a desconcentração originária não tem de se concretizar exatamente num processo de efetiva "deslocação" ou "transferência de competências" de um órgão para um outro órgão. Também se considera medida de desconcentração uma *atribuição legal inicial ou originária* de uma competência – ou seja, de uma competência nova, que não existia antes – a um órgão administrativo subalterno ou periférico.

> A recondução ao conceito de desconcentração do efeito provocado por leis que atribuem competências novas a órgãos não situados no topo da hierarquia permite compreender que a desconcentração não representa sempre o movimento de uma competência de um ponto para outro, mas antes, em qualquer caso, uma operação de atribuição de um poder ou competência administrativa a órgãos subalternos ou periféricos.

Por sua vez, a *desconcentração derivada* opera, com fundamento na lei, por via de um ato de *delegação de poderes*: nos termos do artigo 44.º, n.º 1, do CPA, "os órgãos normalmente competentes para decidir em determinada matéria podem, sempre que para tal estejam habilitados por lei, permitir, através de um ato de delegação de poderes, que outro órgão ou agente da mesma pessoa coletiva (...) pratique atos administrativos sobre a mesma matéria". Ao passo que a desconcentração originária é o efeito resultante de uma opção e de uma medida legislativa, a desconcentração derivada surge como um efeito de uma opção e de uma medida administrativa (baseada numa lei).

A delegação de poderes perfila-se, portanto, como um instrumento fundamental de desconcentração e de repartição do exercício de competências administrativas.

c) Desconcentração territorial e desconcentração funcional

Sobretudo a desconcentração de tipo vertical, que se processa de "cima para baixo", associa-se, em certos casos, à promoção de uma desconcentração territorial, quando promove uma "descida" da competência administrativa na escala hierárquica, mas também no sentido de aproximar o exercício da competência dos cidadãos – suponha-se a desconcentração de competências do diretor-geral num diretor-regional.

Quando isto sucede, a desconcentração promove um outro valor constitucional: a "aproximação dos serviços às populações" (artigo 267.º, n.º 1). Com efeito, esta última determinante constitucional da estrutura da Administração não reclama apenas uma aproximação da logística, mas também a atribuição de competências efetivas aos órgãos que dirigem os *serviços periféricos.*

> Não se deve confundir a desconcentração territorial de competências, que envolve pelo menos dois órgãos e que se materializa, em regra, na deslocação da competência de um órgão para outro órgão, com o fenómeno da *deslocalização* de um organismo ou de um serviço, que consiste na mera mudança do local da sede ou do local em que um serviço de encontra instalado.

Pode existir desconcentração vertical dissociada da desconcentração geográfica (*v.g.*, delegações ministeriais em diretores gerais). A desconcentração – de tipo vertical ou horizontal – pode constituir apenas um mecanismo de *desconcentração funcional*, de distribuição de funções e de competências entre órgãos administrativos, sem qualquer implicação territorial.

57.2 – Desconcentração intersubjetiva

Além da "desconcentração interna", que se processa no interior de uma pessoa coletiva pública, mediante a deslocação da competência entre os respetivos órgãos ou a atribuição legal de competência a órgãos subalternos, existe uma outra aplicação da ideia de desconcentração: a desconcentração que opera num plano intersubjetivo, entre órgãos de diferentes pessoas coletivas. Esta consiste na deslocação de uma função ou de uma competência dos órgãos de uma entidade (*v.g.*, Estado) para órgãos de uma outra entidade juridicamente diferente (*v.g.*, instituto público ou município).

57.2.1 – Sentido da desconcentração intersubjetiva

Como a que se desenvolve entre órgãos da mesma pessoa coletiva, a desconcentração externa assume a natureza de um expediente de recorte técnico, de divisão do trabalho e de descongestionamento de poderes ou competências. A pessoa coletiva que recebe as competências desconcentradas surge fundamentalmente como um *instrumento* de que a pessoa coletiva "principal" (titular originária das competências deslocadas) se vai poder servir para realizar as suas próprias finalidades ou exercer as suas competências. A pessoa coletiva "beneficiária" da desconcentração prossegue em nome próprio, mas sob a orientação (*superintendência*) da pessoa coletiva principal, interesses públicos cuja realização a lei confia a esta última.

A desconcentração intersubjetiva associa-se ao fenómeno da *administração indireta ou mediata* e, no caso do Estado, à figura dos institutos públicos – nos termos do artigo 2.º da LQIP, os institutos públicos são pessoas coletivas de direito público e integram a Administração indireta do Estado, prosseguindo atribuições deste. Assim, *v.g.*, a Agência Portuguesa do Ambiente, IP, é um instituto público que prossegue atribuições públicas (estaduais) do Ministério do Ambiente, Ordenamento do Território e Energia.

O processo de desconcentração é ativado, em regra, por via legal (transferência legal de competências), caso em que teremos uma *desconcentração intersubjetiva originária*: *v.g.*, a lei que cria um instituto público e que lhe atribui determinadas missões ou a lei que transfere para um instituto público já existente competências de um ministro ou de uma direção-geral.

Pode ainda suceder que a lei habilite órgãos da entidade principal (com poderes de superintendência) a efetuar, pela via administrativa, a delegação de poderes em órgãos da entidade desconcentrada (*v.g.*, delegação de competências do Ministro da Saúde no Conselho Diretivo de uma Administração Regional de Saúde, IP) – a delegação de poderes, que opera em geral no âmbito da desconcentração interna, pode, portanto, também operar no contexto da desconcentração intersubjetiva. Veja-se, a este respeito, o artigo 44.º, n.º 1, do CPA, que se refere à delegação efetuada por um órgão em favor de "outro órgão de diferente pessoa coletiva". Neste cenário, estamos diante de uma forma de *desconcentração derivada* (operada através de atos de delegação de competências).

Em termos práticos, a identificação de um caso como forma de desconcentração interna ou de desconcentração intersubjetiva depende de uma opção legal de base, consistente na atribuição, ou não, de personalidade jurídica à estrutura administrativa desconcentrada. Assim, por exemplo, a ASAE ou as CCDR constituem exemplos que podem associar-se a formas de desconcentração interna porque, nos dois casos, a lei os concebe como *serviços* da administração direta do Estado (a ASAE é um serviço central; as CCDR são serviços periféricos). Por sua vez, a Agência Portuguesa do Ambiente, IP, ou as Administrações Regionais de Saúde, IP, já se associam ao modelo de desconcentração intersubjetiva, pois trata-se de *institutos públicos* e não de meros serviços da administração direta do Estado. Em qualquer caso, é sempre a partir de uma indicação legal que a distinção se faz.

Embora se associe em regra a uma relação entre o Estado e a administração indireta, a desconcentração intersubjetiva também pode operar como processo de relacionamento entre o Estado e entidades da administração autónoma: assim sucede no caso da delegação de competências do Estado em autarquias locais ou em entidades intermunicipais, nos termos previstos nos artigos 116.º e seguintes do RJAL. Neste cenário, deparamo-nos com uma imbricação entre os conceitos de desconcentração, de administração autónoma e de administração indireta [cf. ponto 58.3, *a)*, e 164.2].

57.2.2 – Adequação da desconcentração intersubjetiva

Conforme se depreende do artigo 267.º, n.º 2, da CRP, a desconcentração não representa um valor constitucional absoluto: ali se prescreve que a lei estabelecerá "*adequadas* formas de desconcentração".

O aludido condicionamento constitucional conhece várias concretizações ao nível do direito legislado, o que nos leva a referenciar, no sistema administrativo português, um *princípio de prevalência da Administração direta do Estado sobre as formas de Administração indireta* [cf. ponto 55.1]. O princípio encontra eco na LQIP, quando estabelece que a criação de institutos públicos apenas é viável para o desenvolvimento de atribuições que recomendem, face à especificidade técnica da atividade desenvolvida, designadamente no domínio da produção de bens e da prestação de serviços, a necessidade de uma gestão não submetida à direção do Governo.

58 – Descentralização

Do mesmo modo que a desconcentração, a *descentralização* sugere a imagem de uma operação dinâmica, de um movimento que realiza a deslocação de competências ou de funções de um ponto (num "centro") para outro ponto da organização administrativa ("descentralizado").

Contudo, e ao contrário da desconcentração, a descentralização não se compreende já como uma figura de dimensão apenas técnica, de incremento da eficiência na gestão e com o propósito de promover o descongestionamento eficiente do poder decisório. Não é de facto assim. A descentralização tem um outro alcance[813].

58.1 – Delimitação da figura

A compreensão do conceito e da figura jurídica da descentralização reclama uma análise desdobrada em três itens: os *pressupostos*; as *medidas de concretização*; *autonomia*.

a) Pressupostos da descentralização

O conceito de descentralização pressupõe, em primeiro lugar, a existência de uma coletividade ou grupo de pessoas delimitado e distinto dentro da coletividade nacional: a delimitação do grupo ou coletividade infra-estadual[814] deverá assentar numa característica ou elemento agregador, por todas partilhado, que poderá ser, por ex., a residência numa mesma localidade, o exercício da mesma profissão ou até a pretensão de usar um determinado bem ou recurso. Poderemos, assim, ter a coletividade formada pelas pessoas que residem em Coimbra (critério da residência); mas também a coletividade ou grupo formado pelos médicos ou pelos notários que exercem a profissão em Portugal (critério da profissão).

> Para este efeito, só revelam aptidão para serem agregadores elementos que distingam e confiram identidade ao grupo e, além disso, que possam ter uma relevância no domínio jurídico. Neste sentido, o grupo formado pelos adeptos de um clube de futebol assenta num elemento agregador sem relevância jurídica.

[813] Cf. Vital Moreira, *Administração Autónoma e Associações Públicas*, Coimbra, Almedina, 1997, em especial, pp. 78 e segs. e 142 e segs.; Freitas do Amaral, *Curso, cit.*, vol. I, p. 723 e segs.; Fernanda Paula Oliveira, "O princípio da descentralização administrativa", in Carla Amado Gomes/Ana Fernanda Neves/Tiago Serrão, *Organização Administrativa, cit.*, vol. I, p. 153 e segs.

[814] Cf. Vital Moreira, *Administração Autónoma, cit.*, p. 79.

Em segundo lugar, a descentralização pressupõe a identificação de um círculo de interesses de todas as pessoas da coletividade considerada ("interesses comuns") que, por causa da característica que partilham, se possam considerar interesses específicos dessas pessoas, por terem a ver especificamente com os interesses da coletividade: *v.g.*, interesse na regulação do trânsito de uma localidade; interesse no prestígio de uma profissão.

b) Medidas de concretização da descentralização

Reunidos os dois pressupostos indicados (coletividade delimitada de pessoas + interesses específicos), a descentralização é operacionalizada ou realizada em dois momentos sucessivos:

i) Num primeiro momento, através de medidas que confiram uma identidade jurídica à coletividade de interessados, o que passa, em regra, pela indicação ou pela criação de uma entidade ou pessoa coletiva que congregue o conjunto dos interessados – entidade autónoma e "descentralizada": município, freguesia, associação pública – e cujos órgãos sejam representativos dos interessados ("órgãos eleitos");

ii) Num segundo momento, mediante medidas que confiram à entidade instituída e que congrega os interessados, competências de gestão e administração de assuntos públicos relativos aos interesses próprios e específicos da coletividade de interessados (por exemplo, atribuição aos municípios de competências de regulação do trânsito ou de pavimentação das ruas; atribuição à Ordem dos Advogados de competências disciplinares sobre os advogados). A tarefa pública consistente em gerir ou administrar estes assuntos públicos é "descentralizada", retirada da esfera e da influência do Estado e confiada aos próprios interessados – em rigor, confiada à entidade que congrega os interessados e que atua através de órgãos representativos. A descentralização dá assim origem à definição de uma "tarefa pública não estadual": função ou tarefa pública, de prossecução de um interesse qualificado como público, mas que, além de se desenvolver fora do Estado, não pertence ao Estado.

Ao contrário do que aparenta, a descentralização não se efetiva exclusivamente através de um movimento de *deslocação* ou de *transferência* de uma tarefa ou competência (isto é, de deslocação de uma tarefa que estava sob responsabilidade do Estado e passa para a entidade autónoma):

"desestadualização". Com efeito, a descentralização também pode ser promovida por medidas de "atribuição legal inicial" ou "originária" de competências a uma entidade autónoma ou descentralizada [cf. ponto 58.3, *b)*].

c) Autonomia

A compreensão integral da figura da descentralização não dispensa uma referência ao elemento da *autonomia* no desempenho da tarefa descentralizada. Não existe, em rigor, um fenómeno de descentralização se a tarefa de gestão ou administração de interesses não for assumida como própria da coletividade de interessados. Daqui decorre que, nos limites da lei, deverá caber à própria coletividade de interessados, através dos órgãos eleitos, o poder de definir livremente a gestão da tarefa descentralizada, sem ingerência, intromissão ou orientação do Estado ou de qualquer outra entidade.

A descentralização promove, assim, uma autoadministração: "administração realizada pelos administrados". Na verdade, ela consiste em atribuir a uma entidade que abrange ou congrega a coletividade dos interessados na gestão ou administração de um certo assunto público (da coletividade) o poder de gerir ou de administrar esse assunto.

Pense-se nos interesses públicos relacionados com o ordenamento e a organização urbanística da cidade, o sistema de transportes, os centros de saúde ou as escolas: em vez de ser o Estado, através de serviços dependentes do Governo a gerir ou administrar estas tarefas, a lei pode entregar a gestão das mesmas à coletividade dos diretos interessados, em concreto, ao conjunto dos cidadãos que reside no território de um município (que vão usar os transportes, os centros de saúde ou as escolas). A deslocação ou transferência de competências também pode e deve ser efetuada para se alcançar uma gestão mais eficiente da coisa pública, mas, neste caso, o propósito essencial consiste em "entregar" aos interessados a gestão de assuntos públicos que lhes dizem diretamente respeito.

Por representar uma forma de atribuição da gestão de assuntos públicos aos diretos interessados (ou a órgãos por eles eleitos), a descentralização é um instrumento da democracia administrativa, em particular, da participação democrática dos cidadãos na vida administrativa. É por isso que o artigo 6.º, n.º 1, da Constituição se refere a um "princípio da descentralização *democrática* da Administração Pública".

58.2 – Descentralização territorial e descentralização corporativa

O princípio da descentralização tem duas aplicações fundamentais, distintas em função da presença, ou não, de um elemento territorial como elemento agregador da coletividade de interessados: existe, assim, uma *descentralização territorial*, em que as entidades descentralizadas são as autarquias locais (municípios e freguesias), bem como as entidades intermunicipais, e uma *descentralização funcional* ou *corporativa*, em que as entidades descentralizadas são entidades (sobretudo, associações públicas, embora possam ser outras entidades representativas de interessados) que congregam um grupo homogéneo de interessados, constituído, por ex., por pessoas que desempenham uma mesma profissão (*v.g.*, associações públicas profissionais) ou atividade económica (*v.g.*, os viticultores da Região do Douro, que são associados da Casa do Douro[815]). No primeiro caso, a descentralização dá origem à *administração autónoma territorial*; no segundo, à *administração autónoma corporativa*.

A descentralização territorial baseia-se na existência de comunidades de pessoas ligadas pela residência numa parte determinada do território nacional, facto que, de uma forma imediata, vincula essas pessoas a uma freguesia e a um município; o território é aqui um elo de ligação entre as pessoas e constitui um fator de delimitação ou de identificação de uma variedade de assuntos do interesse dessas pessoas.

Por sua vez, a descentralização funcional é baseada na agregação ou associação de pessoas (em regra, indivíduos) que partilham o mesmo estatuto ou uma certa condição: *v.g.*, profissão, utilização de um bem. O estatuto ou a condição pessoal, profissional ou outra, é agora o elo de ligação entre as pessoas que constituem o grupo e o elemento de delimitação de assuntos do interesse dessas pessoas.

Em qualquer caso, a descentralização realiza-se através de medidas legislativas que entregam a uma entidade autónoma (descentralizada) competências públicas de gestão ou de administração de assuntos que são do interesse imediato das pessoas que constituem o substrato dessa entidade.

[815] Reconduzimos a Casa do Douro à figura da descentralização, mas deve esclarecer-se que se trata de uma situação atípica, uma vez que a Casa do Doutro é atualmente uma associação pública sem competências de regulação, pelo que não se pode considerar, em sentido próprio, uma entidade pública com efetivas competências públicas descentralizadas. Surge essencialmente como um organismo de representação dos associados e de defesa dos respetivos interesses [cf. ponto 171].

A distinção entre os dois tipos de descentralização não se baseia apenas no elemento territorial. De resto, ter presentes algumas diferenças entre os fenómenos apresenta-se fundamental para se perceber que, em rigor, existem duas descentralizações.

A descentralização funcional indica, na verdade, um processo com características e elementos idênticos aos da descentralização territorial, mas que provoca um impacto de natureza diferente no sistema administrativo. Com efeito, esta forma de descentralização sobretudo quando se desenvolva de forma descontrolada, pode originar a fragmentação do poder público e conduzir a uma feudalização do sistema administrativo. Trata-se, no fim de contas, de conferir a determinados grupos de pessoas (titulares de uma profissão ou agentes económicos de certos setores) o poder público de gestão de tarefas públicas, mas que estão diretamente relacionadas com os seus interesses próprios (*v.g.*, profissionais ou económicos). Esse poder, como é próprio da ideia de descentralização, é exercido sem a interferência orientadora do Estado. O risco do abuso e da utilização perversa do poder administrativo nas mãos dos próprios e diretos interessados afigura-se evidente. A convocação da ideia de democracia e do princípio democrático para legitimar estas formas de autoadministração até se percebe, mas, na verdade, trata-se apenas de uma *democracia interna* que ignora quem não pertence ao grupo que se autoadministra.

> Num outro momento, exprimimos dúvidas sobre se não se ultrapassou há já algum tempo a linha da razoabilidade e do bom senso, no domínio da constituição de associações públicas de regulação profissional. Uma solução organizativa que, em abstrato e, note-se, em casos contados, se pode considerar uma vantagem para o sistema, pode, em caso de abuso, redundar na feudalização e na colonização de parcelas importantes do poder público por grupos desejosos de servirem os seus interesses e não o interesse público[816].

Por outro lado, e apesar da proximidade, há uma diferença relevante entre as duas formas de descentralização: no caso da descentralização territorial, as tarefas objeto de medidas de descentralização dizem respeito aos interesses próprios e específicos das populações de cada autarquia local e o modo como as referidas tarefas são geridas não tem, em geral, um impacto fora do território sob jurisdição da entidade descentralizada. Ao invés, na

[816] Cf. Pedro Costa Gonçalves, "Ensaio sobre a governação", *cit.*, p. 29.

descentralização funcional, as tarefas descentralizadas (por ex., a regulação de uma profissão) dizem respeito a assuntos do interesse direto das pessoas que integram a coletividade que os gere, mas tais assuntos podem ter um alcance geral, que ultrapassa as "fronteiras" da coletividade dos interessados (pense-se na regulação da profissão médica ou da advocacia nos aspetos deontológicos e disciplinares).

58.3 – Processos de descentralização

Em páginas anteriores, já se observou que, como a desconcentração, a descentralização remete para uma ideia dinâmica e de movimento, materializado, em regra, na passagem de uma competência de um ponto para outro ponto da Administração Pública.

Embora essa conceção se possa manter em geral, importa, porém, notar que, sobretudo no caso da descentralização, o processo não consiste, em todas as suas manifestações, na transferência de uma competência de um ponto para outro[817].

Vejamos então as modalidades ou processos de descentralização de competências.

a) Descentralização por transferência legal de competências

Apesar de não se revelar o único, o processo mais óbvio de efetuar a descentralização consiste na adoção de medidas legais de transferência de competências.

A descentralização representa a transferência, promovida por lei, de uma função ou tarefa da esfera do Estado para a de outra entidade da Administração Pública. Uma vez que consiste em *atribuir* a uma entidade, como própria desta, a competência ou tarefa descentralizada, a descentralização vem, neste caso, a coincidir com um processo de "desestadualização": a tarefa descentralizada sai do Estado para entrar na entidade autónoma descentralizada.

> Assim, por ex., uma tarefa que, num primeiro momento, pertence ao Estado (*v.g.*, licenciamento de postos de combustíveis ou fiscalização de empresas poluidoras) passa, num segundo momento e por efeito da deslocação, a *pertencer* a uma entidade autónoma, fora do Estado, que este não

[817] Mas não apenas na descentralização; recorde-se a referência à desconcentração como *atribuição legal inicial* de uma competência a um órgão subalterno [cf. ponto 57.1, *b)*].

dirige, nem orienta. Esta entidade não passa a exercer em nome próprio uma competência alheia (do Estado), antes assume a nova competência como sua.

Neste contexto, indica o artigo 111.º do RJAL que a descentralização administrativa se concretiza "através da transferência por via legislativa de competências de órgãos do Estado para órgãos das autarquias locais e das entidades intermunicipais". Precisamente na mesma linha, a "Lei-quadro da transferência de competências para as autarquias locais e para as entidades intermunicipais" estabelece que a transferência de novas competências (para as autarquias locais e para as entidades intermunicipais) é concretizada através de diplomas legais de âmbito setorial relativos às diversas áreas a descentralizar da administração direta e indireta do Estado (artigo 4.º, n.º 1) – [sobre este pacote legislativo, cf. ponto 154].

A transferência de competências pode operar por mero efeito da lei (por ex., quando não seja necessário proceder à transmissão de recursos ou de bens). Há, todavia, casos em que, para se completar o processo e para se definir o âmbito das competências transferidas, a transferência legal não dispensa a celebração de acordos ou a prática de atos de execução (*v.g.*, autos de transferência, acordos de execução, autos de mutação dominial).

> Em alguns casos, os diplomas de concretização da descentralização aprovados nos termos da "Lei-quadro da transferência de competências para as autarquias locais e para as entidades intermunicipais" adotam soluções de verdadeira "transferência *administrativa* de competências" ou "descentralização através de *medidas administrativas*". Referimo-nos a casos em que a execução administrativa da decisão legal tem o efeito de delimitar e até de condicionar o âmbito concreto ou a medida da transferência de competências (*v.g.*, quanto aos imóveis transferidos ou às vias de comunicação abrangidas).
>
> Embora possa basear-se ou depender de medidas administrativas, a descentralização não se apresenta, classicamente, conciliável com a figura da delegação administrativa. A descentralização realiza uma *deslocação* da competência: esta deixa de pertencer a uma entidade (Estado, instituto público) e passa a pertencer a outra (município, associação pública). No caso da delegação, a competência mantém-se no delegante, apenas se transferindo, de forma temporária e transitória, o exercício da competência.

Neste ponto, revela-se, todavia, conveniente uma reflexão, baseada no RJAL. O Título IV do RJAL, com a epígrafe "descentralização administrativa", comporta dois capítulos: um, sobre disposições gerais, outro, sobre a *delegação de competências* (artigos 116.º a 131.º). Apesar de a indicação sistemática sugerir que a delegação de competências é um instrumento de descentralização (aquela é regulada num capítulo inserido no título dedicado à descentralização administrativa), afigura-se-nos, porém, que o RJAL não terá confundido os planos: a descentralização administrativa de competências do Estado nas autarquias locais e nas entidades intermunicipais distingue-se da figura da "delegação de competências". Veja-se, a apontar neste sentido, o artigo 111.º, que, com a epígrafe "descentralização administrativa", indica que a descentralização administrativa se concretiza "através da transferência por via legislativa de competências de órgãos do Estado (...)". Ou seja, o RJAL estabelece uma conexão biunívoca exclusiva entre os conceitos de descentralização e de transferência legal de competências – ao contrário do que indica a sua epígrafe, o Título IV do RJAL refere-se à descentralização administrativa (capítulo I) e à "delegação de competências" (capítulo II).

Assim, pode assentar-se na ideia de que o RJAL não configura a delegação como um processo de *descentralização*, de transferência de competências do Estado; as tarefas ou competências delegadas não são objeto de *desestadualização*.

Neste sentido, dir-se-á então, a delegação prevista no RJAL – a delegação de competências do Estado – enquadra um fenómeno normal de desconcentração, e não outra coisa. Ora, também talvez não seja rigorosamente assim. Na verdade, há razões para questionar se o RJAL não terá pretendido promover uma nova figura, intermédia, situada entre as figuras da descentralização e da desconcentração: um "híbrido"[818]. Em favor deste entendimento, milita a natureza contratual da delegação (a exigir a presença de um interesse e da vontade do delegado), bem como, sobretudo, o facto de o RJAL definir que o Estado concretiza a delegação de competências em todos os domínios dos interesses próprios das populações dos municípios e das entidades intermunicipais (cf. artigo 119.º). A delegação tem por objeto competências do Estado, mas reporta-se necessariamente a "domínios dos interesses próprios

[818] Assim o defendemos já: cf. "O modelo de descentralização territorial português", *in* José Melo Alexandrino/M. Ramos Pereira Silva, *II Jornadas de direito municipal comparado lusófono*, AAFDL, 2016, p. 25 e segs. (31).

das populações" das entidades delegadas. Nesse contexto, talvez se revele adequado aludir, neste âmbito, a um fenómeno de *"semi-descentralização" através de delegação*[819]: este pode, na verdade, ser um operador jurídico mobilizável para enquadrar uma situação nova de delegação, que, claramente, não encaixa nos quadros teóricos de explicação clássica da figura.

Como a sua designação indica, a Lei-quadro da transferência de competências para as autarquias locais e para as entidades intermunicipais enquadra processo de transferência de competências do Estado para as entidades intermunicipais. Sucede, porém, que, nos termos da Lei, o exercício efetivo das competências transferidas para as entidades intermunicipais "depende de acordo prévio dos municípios que as integram" (cf. artigo 30.º, n.º 2): nos diplomas legais de concretização da transferência de competências do Estado para as entidades intermunicipais estabelece-se a exigência de acordo prévio "de todos os municípios" que integram as entidades intermunicipais e esclarece-se que esse acordo é da competência da assembleia municipal de cada município – o referido "acordo" corresponde, pois, a uma declaração unilateral de permissão do exercício da competência em causa pela entidade intermunicipal. Nestes termos, apesar da abertura da Constituição à possibilidade de a lei transferir diretamente competências às entidades intermunicipais, enquanto associações de municípios (cf. artigo 253.º, no sentido de que a lei lhes pode "conferir atribuições e competências próprias")[820], a lei fez depender a descentralização em entidades intermunicipais do acordo dos municípios e criou, assim, uma forma de transferência legal de competências condicionada ou sob condição.

A Lei-quadro da transferência de competências para as autarquias locais e para as entidades intermunicipais não regula apenas a transferência de competências do Estado, mas também a transferência de competências dos municípios para as freguesias (artigo 38.º, n.º 2)[821]. Analisaremos essa matéria no quadro das relações entre os municípios e as freguesias [cf. ponto 163.2], mas sublinha-se já que esta transferência de competências imposta ou enquadrada por lei ainda se pode reconduzir ao conceito de *descentralização,*

[819] O conceito de semi-descentralização foi colhido em J. Caillosse, "Les «principes généraux de l'organisation administrative", in Gonod/Melleray/Yolka, *ob. cit.*, T. 1, p. 172.

[820] Cf. Pedro Costa Gonçalves, "As entidades intermunicipais – em especial, as comunidades intermunicipais", *cit.*, *Questões Atuais de Direito Local*, 2014, n.º 1, p. 21 e segs.

[821] O regime da transferência de competências dos municípios para os órgãos das freguesias consta do Decreto-Lei n.º 57/2019, de 30 de abril.

que, aqui, se traduz na deslocação de competências de uma autarquia de maior dimensão para uma autarquia de dimensão menor e mais próxima das populações.

b) Descentralização por atribuição legal inicial ou originária de competências
Além da transferência legal, a descentralização pode basear-se numa lei que crie uma competência pública nova – que não existia como tal – e a atribua imediatamente a uma entidade autónoma. Pode, na verdade, suceder que uma determinada tarefa seja objeto de *publicatio*, assumida como pública (administrativa), mas, sem que ocorra um momento autónomo de apropriação pelo Estado, seja imediatamente reconhecida como própria de uma entidade autónoma e atribuída a esta entidade: neste caso, a tarefa pública nasce como tarefa descentralizada. Suponha-se que a lei cria uma associação pública que congrega os titulares de uma certa profissão com a missão de disciplinar a profissão, a qual não se encontrava submetida a qualquer regulação pública. Não subsiste aqui uma operação de transferência de competência, mas de criação *ex novo* de competências e da respetiva atribuição a uma entidade autónoma.

> Com diferente entendimento, Vital Moreira distingue as figuras da descentralização e da autoadministração, e considera que a descentralização implica a *transferência* de tarefas administrativas do Estado para instâncias autónomas infra-estaduais[822].

c) Descentralização por meio do reconhecimento legal de uma capacidade geral de ação das entidades descentralizadas
Refere-se agora um terceiro processo, que opera exclusivamente na descentralização territorial e apenas em relação aos municípios e às freguesias.

Nos dois processos anteriores, a descentralização efetiva-se mediante medidas legais que enumeram as competências transferidas ou atribuídas às entidades descentralizadas: mediante esse sistema de *enumeração*, a lei (pontualmente, os atos complementares e de execução) determina e especifica as competências que são objeto de descentralização.

Na situação agora em análise, o legislador não enumera as competências que podem ser exercidas pela entidade autónoma descentralizada. Em vez disso, *reconhece* que esta entidade dispõe de uma capacidade geral de ação

[822] Cf. Vital Moreira, *Administração Autónoma e Associações Pública*, Coimbra Editora, 1997, p. 169.

em certos domínios ou, como diz o RJAL em relação às freguesias e aos municípios, dispõe da capacidade de atuar sempre que estejam em causa "a promoção e salvaguarda dos interesses próprios das respetivas populações" (cf. artigos 7.º e 23.º).

59 – Independência

Aludimos acima à centralidade do Governo no sistema administrativo português [cf. ponto 55.4]. Essa ideia é, em geral, correta, e tem manifestações claras nos poderes do Governo enquanto órgão superior da Administração Pública, sobretudo no âmbito da Administração estadual: *direção* da Administração direta e *superintendência* da Administração indireta.

Contudo, esta dimensão do sistema tem de se articular com uma tendência, que se tem desenvolvido nos últimos anos, no sentido da instituição de organismos da Administração Pública do Estado com a garantia de independência em face do Governo. Surgiu assim uma "Administração desgovernamentalizada", composta pelas designadas "entidades administrativas independentes", que o legislador está autorizado a criar, nos termos do artigo 267.º, n.º 3, da Constituição.

> Rigorosamente num plano apenas formal – sem qualquer indicação ou definição mínima de um critério sobre as condições de instituição ou sobre o âmbito da intervenção das entidades administrativas independentes –, o artigo 267.º, n.º 3, da CRP cumpre a função de *legitimar* a administração independente. Compete à lei concretizar e dinamizar esta receção constitucional do princípio de admissibilidade da administração independente. Sobre o processo de criação e os importantes limites estabelecidos quanto à instituição de "entidades reguladoras", cf. artigo 6.º da LQER [cf. ponto 142.2.1].

A criação de entidades independentes (independentes em relação ao Governo, bem como a qualquer outra instância administrativa) responde, em geral, a um ou a mais do que um de três propósitos fundamentais: *i)* garantia de uma intervenção administrativa independente da diretriz político-ideológica das maiorias governamentais, que se considera essencial, por ex., para a regulação de certos setores da economia, como os das atividades bancária, seguradora, gestão de bolsas ou gestão de serviços públicos essenciais; *ii)* garantia de intervenção independente de qualquer influência do Governo ou de outros setores da Administração quando está em causa a proteção dos administrados contra a própria Administração ou a proteção de bens constitucionais (eis o que se passa com os organismos de regulação da comunicação social ou que tutelam o direito de acesso à informação administrativa); *iii)* garantia de uma intervenção administrativa imune a diretrizes, instruções ou orientações sobre os termos específicos do exercício de certas competências, como, por exemplo, a realização de avaliações (júris de exames), a emissão de juízos técnicos ou científicos (órgãos consultivos) ou a aplicação de penas disciplinares ou outras sanções (comissões disciplinares).

Como já vimos, a existência de elementos de Administração independente corresponde, hoje, a um princípio de organização da Administração Pública, cuja concretização corresponde, em certos casos, a exigências constitucionais (regulação da comunicação social), bem como a determinações constantes de regras do direito da União Europeia (regulação da banca, das comunicações eletrónicas e da energia[823]) ou de *standards* internacionais (regulação dos mercados de valores mobiliários).

A independência a que acabámos de nos referir encontra fundamento na conveniência de distanciar do Governo e da política o exercício de certas missões administrativas. Para esse efeito, atribuem-se tais missões a organismos que gozam de uma garantia de independência institucional. Mas, por vezes, a independência tem um recorte sobretudo técnico e reporta-se exclusivamente à competência, não reclamando já uma garantia da independência institucional do órgão ou entidade: trata-se dos casos de *autonomia ou independência técnica*, que pressupõem a mobilização de uma capacidade pessoal (dos agentes da Administração) no plano técnico, científico ou jurídico. Aqui, a independência refere-se à competência, não à condição de quem a exerce.

60 – Eficiência (plano organizativo)

Nos termos em que se encontra previsto no artigo 5.º do CPA, o *princípio da boa administração* (eficiência administrativa) afigura-se essencialmente vocacionado para a "ação administrativa" (procedimento e decisões eficientes), não tanto para o domínio da organização da Administração Pública. Não obstante, é indiscutível que uma deficiente organização do sistema

[823] Sobre a ligação entre independência administrativa e a garantia do carácter supranacional do direito da União Europeia, cf. S. Battini, "Indipendenza e amministrazione fra diritto interno ed europeo", *Rivista Trimestrale di Diritto Pubblico*, 2018/3, p. 947 e segs.

administrativo tem consequências perniciosas sobre o bom andamento e, em geral, sobre a eficiência da Administração Pública[824]. É precisamente neste sentido, de eficiência organizativa e de racionalização da organização dos serviços que a ideia legal de boa administração, de eficiência, surge como fator determinante das medidas de organização administrativa. Aliás, uma tal compreensão acaba por ver-se contemplada no artigo 5.º do CPA: depois de o n.º 1 indicar que a Administração Pública "deve pautar-se por critérios de eficiência, economicidade e celeridade" (princípio da atividade administrativa), o n.º 2 do preceito prescreve que, para efeitos do disposto no número anterior, "a Administração Pública deve ser organizada de modo a aproximar os serviços das populações e de forma não burocratizada". Neste sentido, a eficiência e economicidade surgem como guias de conduta geral para o poder de organização da Administração Pública[825]. Ou seja, no exercício do poder de organização da Administração Pública, relativo às decisões e medidas de estruturação da máquina administrativa, as instâncias competentes devem pautar as suas opções pelo objetivo de "alcançar o melhor resultado com o menor dispêndio de recursos"[826], efetuando uma correta alocação dos recursos disponíveis[827].

A pretensão de promover o funcionamento eficiente e mais económico da Administração Pública, com menores custos e melhor utilização dos recursos, explica as medidas que ciclicamente, vão sendo adotadas, no sentido da reestruturação, da reforma ou da reorganização do sistema administrativo ou de partes importantes do mesmo: exemplos desse tipo de medidas

[824] Também nestes termos, para o direito italiano, sobre o relevo organizativo do "princípio do bom andamento e eficiência", cf. Rossi, *Principi di diritto amministrativo, cit.*, p. 96; sobre a eficiência como princípio de organização, cf. Marta Nunes Vicente, *A Quebra da Legalidade, cit.*, p. 137.

[825] Cf. Filipa Urbano Calvão, "Princípio da eficiência", *cit.*, p. 329 e segs. (aludindo à consagração constitucional do princípio da eficiência na sua dimensão organizatória: 331); Suzana Tavares da Silva, "O Princípio fundamental da eficiência", *cit.*, p. 525 (acentuando que, no plano constitucional, a eficiência surge como *parâmetro de organização do sector público*, embora acrescente que o legislador constituinte acaba por não autonomizar o *critério da eficiência* no contexto da *organização administrativa*); Ana Fernanda Neves, "Os princípios da adequação e da economicidade das estruturas administrativas", in Carla Amado Gomes/Ana Fernanda Neves/Tiago Serrão, *Organização Administrativa, cit.*, p. 199 e segs.

[826] Cf. Suzana Tavares da Silva, "O Princípio fundamental da eficiência", *cit.*, p. 519.

[827] No sentido de que a eficiência da Administração melhora a realização dos direitos dos administrados, cf. D. Vese, "L'efficienza dell'organizzazione amministrativa come massimizzazione dei diritti fondamentali", *P.A. Persona e Amministrazione*, 2019/1, p. 279 e segs. [http://ojs.uniurb.it/index.php/pea/issue/viewIssue/209/47].

foram o Programa de Reestruturação da Administração Central do Estado (PRACE), em 2005, e o Plano de Redução e Melhoria da Administração Central (PREMAC), em 2012.

No plano das providências de organização do sistema administrativo, a eficiência é um cânone a atender, desde logo, no momento de criação de novas estruturas administrativas: por ex., a criação de um novo instituto público ou de uma nova empresa pública não dispensa um teste para demonstrar que se persegue um objetivo de funcionamento mais eficiente do sistema administrativo. Impõe-se, aqui, uma "análise de custos-benefícios", que evidencie os ganhos (económicos, de qualidade, de gestão) e que demonstre que os mesmos se revelam superiores aos custos associados à solução organizativa (custos de desintegração, encargos económicos, com pessoal e com recursos)[828]. Exigências deste tipo podem ver-se na LQIP, quando estabelece que a criação de um instituto público será sempre precedida de um estudo sobre a sua necessidade e implicações financeiras e sobre os seus efeitos relativamente ao sector em que vai exercer a sua atividade, ou no Regime Jurídico da Atividade Empresarial Local, ao exigir que a criação de empresas locais seja precedida dos necessários estudos técnicos que demonstrem a racionalidade acrescentada dessa opção. Determinações da mesma natureza encontram-se também previstas na Lei das Parcerias Público-Privadas para as medidas de atribuição de gestão de serviços e de obras públicas a entidades particulares (estudos com a fundamentação económica e a demonstração da inexistência de alternativas equiparáveis dotadas de maior eficiência técnica e operacional ou de maior racionalidade económica e financeira).

Os imperativos de eficiência ditam ainda soluções e arranjos organizativos idóneos para assegurar uma utilização racional de recursos num sistema que integra uma plêiade de serviços, órgãos e autoridades, por vezes instalados dentro de uma mesma entidade (*v.g.*, os vários serviços do Estado, distribuídos por diferentes ministérios), que têm o mesmo tipo de necessidades e que carecem do mesmo tipo de recursos para funcionar (*v.g.*, limpeza, segurança, gestão de edifícios, compra de materiais). Estratégias e modelos de organização como a "partilha de atividades comuns" e o "funcionamento

[828] Sobre a análise custo-benefício como instrumento densificador e de avaliação de eficiência, cf. Rute Saraiva, "O princípio da eficiência económica e financeira", in Carla Amado Gomes/Ana Fernanda Neves/Tiago Serrão, *Organização Administrativa, cit.*, p. 223 e segs.

em rede", previstos no Regime Jurídico da Administração Direta do Estado, são algumas soluções inspiradas pela ideia de funcionamento eficiente, mais racional e mais económico, da Administração Pública.

Apresentados, no CPA, como meios de "promover a eficiência", refiram-se a utilização de meios eletrónicos (cf. artigo 14.º, n.º 1) e a realização de conferências procedimentais (cf. artigo 77.º, n.º 1): num plano logístico e organizativo, trata-se de instrumentos que a lei associa a uma ideia genérica de eficiência, no sentido de otimização do funcionamento ou do andamento da Administração.

Capítulo 6
Pessoas coletivas de direito público

A Administração Pública integra múltiplos atores, organismos e entidades; no presente capítulo procede-se à identificação da figura das pessoas coletivas de direito público e das várias espécies que a integram.

61 – Personalidade jurídica de direito público. 61.1 – Personalidade jurídica. 61.2 – De direito público. 62 – Pessoas coletivas públicas e "entidades públicas sem personalidade jurídica". 63 – Pessoa coletiva de direito público e organismo de direito público. 64 – Personalidade de direito público e função administrativa. 65 – Personalidade de direito público e Direito Administrativo. 66 – Primariedade das pessoas coletivas públicas no sistema administrativo. 67 – Categorias de pessoas coletivas públicas. 67.1 – Pessoas coletivas públicas de fins gerais e pessoas coletivas públicas de fins específicos. 67.2 – Pessoas coletivas públicas principais e pessoas coletivas públicas instrumentais. 68 – Elenco tipológico das pessoas coletivas públicas. 69 – Atribuições das pessoas coletivas públicas. 69.1 – Atribuições: os fins das pessoas coletivas públicas. 69.2 – Conflitos de atribuições. 70 – Capacidade jurídica pública das pessoas coletivas públicas. 70.1 – Capacidade jurídica pública em sentido material. 70.2 – Capacidade jurídica pública em sentido formal. 71 – Legitimidade das pessoas coletivas públicas para agirem em defesa das suas atribuições.

61 – Personalidade jurídica de direito público

O primeiro critério para identificar os sujeitos da Administração Pública baseia-se numa indicação jurídico-formal: são sujeitos da Administração Pública as pessoas coletivas de direito público – eis o que sucede com as entidades referidas nas várias alíneas do artigo 2.º, n.º 4, do CPA: Estado, regiões autónomas, autarquias locais e suas associações e federações de direito público, entidades administrativas independentes, institutos públicos e associações públicas.

A Constituição não utiliza o conceito específico de *pessoa coletiva de direito público*, mas, indiscutivelmente com a intenção de referenciar uma figura com personalidade jurídica pública, vejam-se os artigos 22.º, 82.º, n.º 2 ou 271.º, n.º 1 e 4 ("entidades públicas") ou os artigos 199.º, alínea *e)*, 227.º, n.º 1, e 235.º, n.º 2, que aludem, no primeiro caso, a "pessoa coletiva pública" (o que equivale a pessoa coletiva de direito público) e, nos dois últimos, a pessoas coletivas territoriais.

Já ao nível da legislação ordinária, são inúmeras as referências a "pessoas coletivas de direito público" ou a "pessoas coletivas públicas": *v.g.*, artigo 2.º, n.º 4, alínea *b)* do CPA ("associações e federações de direito público"), artigo 1.º, n.º 1, do RRCEEEP, artigo 1.º, n.º 5, da Lei da Arbitragem Voluntária.

Apesar dos defeitos e das limitações de que padece, o critério da subjetividade de direito público mantém-se como um *referencial decisivo* do processo de delimitação da Administração Pública. Na verdade, um sujeito com personalidade de direito público pertence, seguramente, à Administração Pública e, desde logo por esta razão, também seguramente, participa no exercício da função administrativa.

No conceito de pessoas coletivas de direito público reúnem-se dois elementos: a presença de uma organização dotada de "personalidade jurídica", a que acresce a sua qualificação como organização "de direito público".

61.1 – Personalidade jurídica

As pessoas coletivas públicas ou de direito público são "pessoas", quer dizer, "sujeitos de direito" e estão, por isso, em posição de poderem ser titulares de "situações jurídicas subjetivas" (em geral, direitos e obrigações). Por deterem personalidade jurídica, as pessoas coletivas são *sujeitos de imputação jurídica final*, estando, assim, em condição de suportar, em termos definitivos e finais, a imputação dos efeitos jurídicos dos atos praticados pelos respetivos órgãos.

Trata-se, além disso, de pessoas *coletivas*, ou seja, "organizações" – estruturas ou unidades jurídicas criadas para a realização de certas finalidades –, que, nessa condição, conhecem apenas uma existência jurídica ou institucional, sem uma correspondência real, física ou material.

Pelo facto de ser investida de personalidade jurídica, qualquer entidade assume, por inerência ou de forma automática, a capacidade jurídica genérica definida nos termos do artigo 160.º, n.º 1, do Código Civil, e torna-se, portanto, titular de "todos os direitos e obrigações necessários ou convenientes à prossecução dos seus fins" – fins que, no caso das pessoas coletivas públicas, se encontram indicados nas normas de Direito Administrativo que definem as respetivas atribuições [cf. ponto 14.2.1].

A presença do elemento subjetivo da personalidade jurídica revela-se essencial para distinguir a categoria das pessoas coletivas públicas dos "órgãos administrativos" e dos "serviços administrativos" [cf. ponto 73] e das "entidades públicas sem personalidade jurídica" [cf. ponto 62].

Em regra, a atribuição de personalidade jurídica a um determinado "organismo" ou "serviço" depende de opção de natureza político-legislativa, do poder de organização da Administração. Compreende-se, por isso, que se revele decisiva a indicação legal sobre se uma certa organização (organismo) constitui uma pessoa coletiva de direito público. Assim, por ex., a Comissão Nacional de Eleições (CNE), a Autoridade de Segurança Alimentar e Económica (ASAE), a Autoridade Nacional de Segurança Rodoviária (ANSR) ou os serviços municipalizados não se apresentam como sujeitos de direito, como pessoas coletivas, porque as leis que instituem tais organismos não lhes conferem personalidade jurídica: a CNE é um *órgão* (independente) do Estado, a ASAE e a ANSR são *serviços* da administração direta do Estado e os serviços municipalizados são serviços integrados na estrutura organizacional dos municípios. Diferentemente, o Instituto Português do Desporto e da Juventude, IP, a Ordem dos Advogados, o Conselho das Finanças Públicas, o Fundo de Apoio Municipal são, nos termos da lei, pessoas coletivas de direito público.

Só por si, a denominação oficial de um organismo pode não desvendar se se trata de uma pessoa jurídica – um organismo com personalidade jurídica – ou de um "órgão" ou de um "serviço administrativo" ou, ainda, de uma "entidade pública sem personalidade jurídica".

Contudo, em certos casos, por força da indicação legal, revela-se possível identificar imediatamente a condição subjetiva pública de determinadas entidades. Eis o que sucede com os institutos públicos, que são pessoas coletivas de direito público, e devem incluir na sua denominação a designação "Instituto, IP" ou "Fundação IP" (cf. artigo 51.º da LQIP): a designação IP indica tratar-se de um instituto público e, logo, de uma pessoa coletiva de direito público. Por esta razão, a denominação Instituto de Conservação da Natureza e das Florestas, IP, basta para se determinar que se trata de uma entidade com personalidade de direito público.

Deve notar-se, porém, que a denominação dos institutos públicos não inclui sempre a designação IP. Aliás, isso mesmo, resulta do artigo 3.º, n.º 1, da LQIP, que considera institutos públicos, *independentemente da sua designação*, os serviços e fundos do Estado e das regiões autónomas, quando dotados de personalidade jurídica. Assim, *v.g.*, o Fundo de Resolução ou o Fundo de Apoio Municipal são institutos públicos, apesar de as leis instituidoras não o estabelecerem expressamente e não incluírem, no respetivo nome oficial, a designação IP.

Situação análoga à dos institutos públicos verifica-se no caso das entidades públicas empresariais (pessoas coletivas de direito público) cuja denominação deve, nos termos da lei, integrar a expressão "entidade pública empresarial" ou as iniciais "EPE" (cf. artigo 57.º do Regime Jurídico do Sector Público Empresarial).

Conduzem ao mesmo resultado, de identificação imediata de uma entidade como "pessoa coletiva de direito público", as situações em que a lei reserva a denominação de certas entidades para pessoas coletivas públicas: eis o que sucede com as referências "ordem profissional" ou "câmara profissional" que, nos termos da lei, apenas podem ser utilizadas por associações públicas (artigo 11.º, n.º 2, da Lei das Associações Públicas Profissionais).

61.2 – De direito público

Dentro do universo dos organismos e entidades com personalidade jurídica, as pessoas coletivas de direito público distinguem-se pelo facto de deterem uma *personalidade jurídica pública* ou *de direito público*.

Por deter uma personalidade "de direito público", uma entidade vai deter, além da *capacidade jurídica genérica (de direito privado)*, uma *capacidade específica de direito público*, assumindo a titularidade de um conjunto definido, enumerado, de poderes e de deveres de natureza jurídico-administrativa.

O elemento "de direito público" subentende, naturalmente, a distinção entre pessoas coletivas públicas e pessoas coletivas privadas: esta distinção é um dos temas clássicos do direito, em geral, e do Direito Administrativo, em especial. Neste momento, cuidaremos de dois aspetos: em primeiro lugar, e face às vozes que se erguem no sentido da irrelevância da distinção, impõe-se reiterar o interesse atual da mesma; em segundo lugar, e depois de se concluído pelo relevo da destrinça, urge explicitar qual o critério da respetiva identificação.

a) Continuação da importância da distinção entre pessoas coletivas de direito público e pessoas de direito privado

O facto de o direito público poder aplicar-se não só à atuação de pessoas públicas, mas também à de pessoas privadas, bem como a circunstância de tanto umas como outras poderem executar tarefas públicas não devem precipitar a conclusão de que a distinção entre a personalidade de direito público e a personalidade de direito privado perdeu o relevo que outrora possuía. Não é, de facto, assim. A natureza, pública ou privada, da personalidade jurídica continua a estar associada à estrutura dualista da ordem jurídica. A criação de uma entidade com personalidade de direito público implica a sua entrada automática na "esfera pública", no grupo das organizações que integram a "máquina" ou o "aparelho administrativo" e implica também a publicização das tarefas de que fica incumbida. Além disso, a ação pública das pessoas públicas é, *em princípio*, regida pelo direito público administrativo: princípios gerais e regras de direito administrativo procedimental e substantivo, regime da responsabilidade civil específico e submissão à justiça administrativa [cf. ponto 14].

b) Critérios jurídicos de distinção entre pessoas coletivas de direito público e pessoas de direito privado

A distinção requer um critério de orientação que permita, em concreto, identificar a natureza jurídica de um sujeito. Mas o recurso a esse critério não se revela necessário em todos os casos: há pessoas que são *por natureza* privadas ou públicas e há outras que o *legislador* qualifica como revestindo uma ou outra natureza.

i) Pessoas públicas por natureza e pessoas privadas por natureza

Pessoas de direito privado por natureza são os indivíduos: a personalidade das pessoas físicas ou humanas é sempre e apenas uma personalidade de direito privado. Há também pessoas de direito público por natureza: eis o caso das "entidades públicas primárias", das pessoas coletivas de população e território ou pessoas coletivas territoriais, como o Estado, as regiões autónomas, os municípios e as freguesias.

ii) Qualificação ou indicação legal

Frequentemente, a lei indica a natureza jurídica de uma entidade: *v.g.*, artigo 3.º, n.º 1, da LQER: "as entidades reguladoras são pessoas coletivas de direito público". Uma indicação legislativa deste tipo impõe-se ao intérprete, mesmo se o regime jurídico desenhado não se revela, num ou noutro ponto, inteiramente coerente com a mesma.

Entre os casos em que a questão da qualificação se resolve por via legal contam-se também aqueles em que a lei indica expressa e abertamente a natureza de uma entidade, bem como quando a lei fornece uma indicação *explícita* nesse sentido: *v.g.*, qualificando uma entidade como *pessoa coletiva de utilidade pública administrativa* ou como *pessoa coletiva de utilidade pública* ou (*cooperativa*) *de interesse público.* Qualificações desse tipo são um sinal inequívoco da natureza jurídica privada da respetiva entidade[829].

Além disso, uma indicação *implícita* pode revelar-se suficiente: assim sucede se a lei ou um outro ato cria uma entidade num formato exclusivo do direito privado, por ex., uma *sociedade comercial.* Mesmo que criada por iniciativa pública, uma entidade que reveste um formato próprio do direito privado deve-se considerar uma *pessoa de direito privado.*

Recusamos algumas figuras doutrinais controversas – que individualizam uma espécie de *tertium genus* entre as pessoas públicas e as privadas –, como os "institutos públicos em forma de direito privado" ou as "sociedades especiais de direito público" Do mesmo modo, afigura-se-nos de recusar, em todos os casos de uso de formatos próprios de direito privado, o caminho da "requalificação" feita pelo intérprete, como, por ex., no sentido de *requalificar* as sociedades comerciais de capitais públicos como entidades

[829] Neste ponto, cf. Alexandra Leitão, "Da admissibilidade de pessoas colectivas de iniciativa pública beneficiarem do estatuto de utilidade pública", *Estudos em Homenagem ao Prof. Doutor Sérvulo Correia*, Coimbra Editora, vol. II, 2010, p. 11 e segs. (no sentido da inadmissibilidade de pessoas coletivas de iniciativa pública beneficiarem do estatuto de utilidade pública).

públicas[830]. Para prevenir requalificações abusivas, o Regime Jurídico da Atividade Empresarial Local, depois de estabelecer que são empresas locais as "sociedades constituídas ou participadas nos termos da lei comercial", determina expressamente que as mesmas "são pessoas coletivas de direito privado" (cf. artigo 19.º, n.º 4).

iii) Critério doutrinal

A natureza jurídica de uma entidade resulta, em regra, da indicação legal, quer no sentido de que se trata de uma pessoa pública, quer no da sua qualificação como pessoa privada (*v.g.*, indicação legal de que uma entidade é uma cooperativa). Mas pode suceder que a lei ou o ato instituidor não tomem posição, caso em que deverá o intérprete mobilizar fatores que lhe permitam apurar a natureza jurídica de um sujeito.

Considerando-se, como ponto de partida, uma noção *residual* de pessoa privada – como toda aquela que não se qualifique como pessoa pública –, o ponto essencial reside em identificar um "critério da personalidade pública" ou "critério da publicidade".

Para esse efeito, deverá usar-se um *critério misto*, que conjugue os seguintes fatores ou índices de publicidade:

1.º) Criação por iniciativa pública – Em primeiro lugar, a qualificação pública depende de a entidade ser criada por um ato de uma entidade pública ou, pelo menos, por um ato jurídico em cujo momento constitutivo participe uma entidade pública.

Se a entidade cuja natureza se procura determinar é criada por um ato da autoria e da livre iniciativa de particulares, a questão está resolvida, pois os particulares não podem criar pessoas coletivas públicas. Mesmo que uma entidade criada por particulares possa vir a ser investida de um estatuto público (*v. g.*, na sequência de reconhecimento oficial), o fator da criação particular constitui elemento determinante da qualificação dela como pessoa de direito privado.

Embora se trate de um fenómeno raro e, em certa medida, até anómalo, pode, contudo, suceder que uma entidade particular seja criada por lei: assim sucedeu, *v.g.*, com a *Fundação Calouste Gulbenkian*, constituída por

[830] Cf., sobre este ponto, o nosso texto "Natureza jurídica das sociedades de capitais exclusiva ou maioritariamente públicos – Ac. do STA de 20.5.2010, P. 1113/09", *CJA*, n.º 84, 2010, p. 14 e segs.

> decreto-lei. Mais frequente do que a constituição de entidades particulares por diploma legal é o reconhecimento, também por via legal, do interesse público ou da utilidade pública de entidades criadas ou instituídas por particulares. Assim, *v.g.*, o Decreto-Lei n.º 117/2003, de 14 de junho, reconheceu o interesse público de uma entidade particular, a *Fundação Minerva*.

Não há entidades públicas criadas por ato de iniciativa particular. A questão ficaria resolvida se o contrário fosse verdadeiro. Mas não é: por iniciativa de uma entidade pública podem criar-se pessoas públicas, mas também pessoas privadas.

2.º) Criação por lei ou por um ato público baseado numa lei – A criação de uma pessoa pública exige sempre a *iniciativa* de outra pessoa pública. Estando esse requisito preenchido, interessa determinar a seguir a natureza jurídica do ato instituidor, porquanto a pessoa pública tem de ser criada por um *ato de direito público.*

Pois bem, o ato de criação reveste seguramente natureza jurídico-privada quando praticado no exercício da capacidade jurídica privada da pessoa pública: pode ser um ato unilateral (criação de uma sociedade unipessoal) ou contratual (criação de uma associação). Uma vez que um ato de direito privado (do "direito para todos") não pode criar uma pessoa pública, a qualificação que se procura estará encontrada: personalidade jurídica privada.

A criação de uma pessoa pública deverá, portanto, basear-se num *ato de direito público,* que pode ser uma lei ou um ato praticado ao abrigo de uma lei especialmente dirigida à entidade pública enquanto titular de funções públicas. O "outro ato" pode ser um regulamento, um ato administrativo ou um contrato administrativo.

> Importa não confundir o ato de criação de uma entidade – *ato fundador* – com a *forma* que este ato reveste (*v.g.*, escritura pública), nem com os *atos que o antecedem*. Assim, do facto de a lei exigir a forma de escritura pública não podem extrair-se imediatamente conclusões definitivas sobre a natureza do ato fundador: não há qualquer incompatibilidade entre a natureza pública de um ato e a exigência de escritura pública. Diga-se, aliás, que o ato de criação de entidades públicas não está em regra sujeito a escritura pública porque, na generalidade dos casos, a sua forma já tem suficiente publicidade (*v.g.*, lei). Quando isso não sucede, percebe-se a exigência de escritura como requisito da constituição de uma entidade pública. Por outro lado, o ato de

constituição não se confunde com os atos antecedentes. Mesmo quando está em causa a criação de uma entidade privada por uma pessoa pública, a *decisão sobre a criação* é uma *decisão* pública, proferida num procedimento administrativo.

Sendo o ato de criação de uma pessoa coletiva uma lei ou um ato praticado ao abrigo de uma lei especialmente dirigida a uma pessoa coletiva pública enquanto tal, impõe-se qualificá-lo como *ato de direito público*. Porém, a natureza da entidade instituída ainda não pode ficar determinada, pois, por um ato dessa natureza (lei ou ato administrativo) também podem ser criadas pessoas de direito privado.

3.º) Sujeição da entidade a um regime de direito público – Além dos requisitos anteriores, a qualificação pública de uma entidade depende ainda da sua sujeição legal a um regime de direito público, que pode projetar-se no plano das relações internas (como a submissão a uma relação especial de orientação e controlo da entidade que a instituiu), ou no plano da atuação externa e da regulação das suas relações com terceiras entidades.

Assim, uma entidade criada por iniciativa pública e por um ato de direito público deve qualificar-se como pessoa pública, desde que se encontre submetida a um regime de direito público expressamente previsto e definido por lei. A sujeição a um regime jurídico com estes contornos não é uma *consequência*, mas antes um *fundamento* da natureza pública de uma entidade.

A questão da titularidade de poderes públicos de autoridade – A posição que adotamos desvaloriza o critério da titularidade de prerrogativas públicas (que Vital Moreira entende ser o "predicado fundamental das entidades públicas"[(831)]), e considera suficiente a verificação dos requisitos expostos. Embora desvalorizando, em princípio, o fator da titularidade de prerrogativas públicas, supomos, contudo, que pode e deve admitir-se um *desvio* ao critério que propomos, sempre que uma entidade não expressamente sujeita a um regime público de orientação e controlo cumpre os outros dois requisitos e, *além disso*, está (legalmente) investida de poderes públicos de autoridade. Numa situação com esses contornos, parece-nos essencial avaliar o tipo de conexão ou associação entre os poderes públicos conferidos e a missão confiada à entidade.

[831] Cf. Vital Moreira, *Administração Autónoma..., cit.*, p. 269. No mesmo sentido, cf. Fernanda Paula Oliveira/José Eduardo Figueiredo Dias, *ob. cit.*, p. 62.

> Se se trata de poderes que, embora naturalmente associados à função confiada à entidade, podem, sem prejuízo do cumprimento daquela função principal (não autoritária), ser destacados e exercidos por um outro sujeito (*v. g.*, poderes de autoridade no âmbito da gestão de um serviço público económico), não há razão para a qualificação pública. Teremos uma *entidade privada com poderes públicos.* Mas a situação afigura-se diferente quando os poderes atribuídos legalmente a uma entidade se revelam indissociáveis da missão que lhe está confiada: assim, por ex., a entidade responsável por uma função de homologação oficial e obrigatória de produtos pratica *necessariamente* atos públicos de autoridade (atos de homologação). O facto de a entidade exercer, a título principal, uma função pública de natureza autoritária faz com que o exercício de poderes públicos se apresente neste caso como *regra do seu modo de agir.* Pois bem, cumprindo os demais requisitos, essa será por isso uma entidade pública (mesmo que não se encontre legalmente sujeita de forma explícita a um regime público de orientação ou de controlo).

iv) Qualificação legal e critério (doutrinal) da personalidade pública

Do critério aqui proposto resulta que a pessoa coletiva de direito público se pode definir como uma entidade *criada por lei ou por um ato público com fundamento numa lei, que expressamente a submete a um específico regime de direito público ou a investe de poderes públicos indissociáveis da função pública que lhe está confiada.*

Pode, porém, suceder que todos os requisitos da personalidade jurídica pública se verifiquem em relação a uma determinada entidade que, apesar disso, a lei qualifica como entidade de direito privado – veja-se o caso das "sociedades comerciais" criadas pelo Estado através de ato legislativo e sujeitas a um regime de direito público nas suas relações com o Governo e na sua atuação externa; cumprindo todos os requisitos da personalidade jurídica pública, são, todavia, entidades privadas por determinação legal.

Assim, a proposta definição doutrinal de entidade pública é suscetível de abranger, nos seus termos literais, entidades privadas. Por isso, a definição deve ser integrada com os seguintes detalhes, a acrescentar no início e no final:

Pessoa coletiva de direito público é, *além da que como tal seja qualificada por lei, a entidade criada por uma lei ou por um ato público com fundamento numa lei, que expressamente a submete a um específico regime de direito público ou a investe de poderes públicos indissociáveis da função pública que lhe está confiada, se a lei a não qualificar como pessoa de direito privado.*

v) Aplicação do critério adotado

Vamos agora aplicar o critério adotado na tarefa de determinar a natureza das *associações de freguesias e de municípios de fins específicos*: a figura está prevista no RJAL, o qual, no entanto, não indica a respetiva natureza jurídica.

Dos artigos 108.º a 110.º do RJAL resulta que as associações de autarquias locais são instituídas por iniciativa dos municípios ou das freguesias interessados, que se constituem por contrato e que se regem, além do mais, pela "legislação aplicável às pessoas coletivas públicas".

Na nossa interpretação, trata-se de pessoas coletivas de direito público, visto que: *i)* são criadas por iniciativa pública; *ii)* por ato praticado pelas autarquias interessadas ao abrigo de uma norma legal que lhes é especialmente dirigida; *iii)* ficam expressamente submetidas a um regime de direito público; *iv)* não são qualificadas como pessoas de direito privado.

62 – Pessoas coletivas públicas e "entidades públicas sem personalidade jurídica"

Os "organismos" ou "unidades organizatórias" que integram a Administração Pública podem ser pessoas coletivas públicas, se lhes for conferida personalidade jurídica. Na hipótese contrária, trata-se, naturalmente, de organismos, de unidades ou estruturas sem personalidade jurídica: em geral, este universo é composto pelos órgãos administrativos e pelos serviços administrativos. Nestes termos, poderá surpreender a indicação desta categoria de entidades públicas, que se refere a organismos ou unidades que, por não disporem de personalidade jurídica, se deveriam, então, qualificar positivamente, *v.g.*, como órgãos ou serviços, e não como entidade "sem personalidade jurídica". Note-se, contudo, que uma qualificação definida nestes termos, pela negativa, não corresponde a qualquer originalidade nossa: basta pensar na figura das "associações sem personalidade jurídica" a que se referem os artigos 195.º a 198.º e 201.º-A do Código Civil.

Supõe-se que há conveniência em autonomizar, ao menos no plano sistemático, uma figura subjetiva de Direito Administrativo que, apesar de não dispor de personalidade jurídica, não se afeiçoa a ser qualificada como um mero órgão ou serviço de uma pessoa coletiva. Atribuímos a essa figura a designação de "entidade pública sem personalidade jurídica", para indicar que se trata de uma "entidade", o que sugere qualquer coisa mais do que um mero órgão ou serviço, "pública", para referenciar uma figura específica do universo jurídico-administrativo, e "sem personalidade jurídica".

Na linguagem corrente, estabelece-se, em geral, uma equiparação entre os conceitos de *pessoa coletiva* e de *entidade* (a indicação de um determinado organismo como *entidade* significa, em regra, que se trata de uma pessoa coletiva). Contudo, por vezes, a lei adota fórmulas que se afastam dessa correspondência: assim sucede, entre outros casos, com a Comissão de Acesso aos Documentos Administrativos, que, embora qualificada como entidade administrativa independente, surge desprovida de órgãos (a lei refere-se a "membros da Comissão") e destituída de personalidade jurídica. O mesmo se passa com a Comissão Nacional de Eleições. Estas duas entidades integram a categoria dos "*órgãos independentes* que funcionam junto da Assembleia da República" (Lei n.º 59/90, de 21 de novembro). Igualmente sem personalidade jurídica, temos a CRESAP, órgão com "natureza de entidade independente". A situação repete-se com a Entidade para a Transparência, "um órgão independente que funciona junto do Tribunal Constitucional". Aplicando-se precisamente a essas e outras *entidades* do mesmo tipo, o artigo 10.º, n.º 3, do CPTA refere-se, em geral, às "entidades administrativas independentes destituídas de personalidade jurídica", para indicar que os processos judiciais que tenham por objeto atos ou omissões das mesmas são intentados contra o Estado ou contra a pessoa coletiva pública a que pertençam (não assim no caso da Entidade da Transparência, cujos atos são recorríveis para o Tribunal Constitucional).

No contexto que estamos a expor, não usamos o conceito de "entidade" no seu sentido corrente, de indicar uma pessoa coletiva, mas também não com o sentido de referenciar um órgão, como a lei faz nos casos que acabámos de ver. A "entidade pública sem personalidade jurídica" indica uma figura subjetiva que, se o podemos dizer, é *menos do que uma pessoa coletiva* e *mais do que um órgão.*

A figura da entidade pública sem personalidade jurídica tem o propósito de abranger "estruturas orgânicas com vida própria, muitas vezes criadas por lei, que as dota de órgãos e serviços próprios ... e, portanto, com necessidades (coletivas) próprias e permanentes, distintas das entidades ... de que constituem desdobramentos"[832].

[832] Citamos João Pacheco de Amorim, "O enquadramento das «associações-empresas» no leque das entidades adjudicantes: uma oportunidade a não perder na revisão do Código dos Contratos Públicos", *Estudos em Homenagem a Mário Esteves de Oliveira, cit.*, p. 419 e segs. (p. 439).

Trata-se de uma categoria heterogénea, que abrange vários tipos de figuras subjetivas criadas por lei, ou pela Administração com fundamento na lei, para o desempenho de específicas missões, que se autonomizam como missões próprias, providas de uma organização autónoma, com órgãos próprios que exercem as competências definidas no ato constitutivo, podendo até dispor de orçamento (receitas e despesas próprias) e de contabilidade autónoma. Pelo facto de não deterem personalidade jurídica, deverão integrar-se, ainda que como organizações autónomas, nas pessoas públicas que as criaram ou, em qualquer caso, considerar-se "vinculadas" às pessoas públicas às quais se encontram adstritas ou a que pertencem.

Nos termos em que a concebemos, a figura aproxima-se dos conceitos de "pessoas jurídicas parciais" e de "personalidade jurídica parcial"[833], que indicam figuras subjetivas que não dispõem de personalidade jurídica total, nem, portanto, da capacidade jurídica completa (genérica) das pessoas coletivas (cf. artigo 160.º do Código Civil). Contudo, detêm capacidade para intervir em "determinadas" ou "específicas" relações jurídicas, podendo, pois, ser sujeitos de um conjunto de direitos enumerados, embora não de um complexo genérico de situações jurídicas subjetivas[834].

A esta categoria se reconduzem figuras análogas às "associações sem personalidade jurídica", como os consórcios universitários (cf. artigo 17.º do RJIES)[835], mas também patrimónios autónomos sem personalidade jurídica[836] – como o Fundo de Apoio ao Turismo e ao Cinema (gerido pelo

[833] Cf. Maurer/Waldhoff, *ob. cit.*, p. 578; Wolff/Bachof/Stober/Kluth, *ob. cit.*, vol. I, p. 365; Burgi, "Verwaltungsorganisationsrecht", *cit.*, pp. 280 e 287, referindo-se a figuras específicas da organização administrativa, como os "institutos sem personalidade jurídica" e as "associações sem personalidade jurídica".

[834] Neste ponto, em termos de teoria geral, cf. Diogo Costa Gonçalves, "Personalidade *vs.* capacidade jurídica – um regresso ao *monismo conceptual*?", *Revista da Ordem dos Advogados*, ano 75.º, 2015, I/II, p. 121 e segs. (em especial, p. 133 e segs.).

[835] Sobre a figura do consórcio no Direito Administrativo, cf. Sandra Luís Lopes, "Os consórcios públicos", in Carla Amado Gomes/Ana Fernanda Neves/Tiago Serrão, *Organização Administrativa*, *cit.*, vol. I, p. 743 e segs.

[836] No direito público, o conceito de património autónomo referencia uma universalidade de bens delimitada (em regra, um volume de capital, ao qual se podem vir a juntar outros valores ou *receitas*), que se autonomiza ou separa dos demais bens da pessoa coletiva pública no qual se integra, para servir finalidades específicas, definidas no ato que o institui. O conceito de "património autónomo" só parece fazer sentido em relação a universidades de bens ou fundos sem personalidade jurídica. Contudo, no texto, aludimos a patrimónios autónomos sem personalidade

Turismo de Portugal, IP), o Fundo de Inovação, Tecnologia e Economia Circular (na dependência do Ministro responsável pela economia) ou o Fundo de Salvaguarda do Património Cultural (criado "no âmbito do Ministério da Cultura", gerido por uma comissão diretiva específica) –, determinados órgãos complexos, como o Conselho Económico e Social[837], ou, apesar da sua designação ("serviços"), os serviços municipalizados (cf. artigo 8.º e segs. do Regime Jurídico da Atividade Empresarial Local)[838], e ainda outras entidades[839].

63 – Pessoa coletiva de direito público e organismo de direito público

O conceito de "pessoa coletiva *de direito público*" não deve confundir-se com a figura do "organismo *de direito público*". Apesar de sugerir outra coisa, esta última designação não tem a função de indicar a presença de uma entidade "de direito público": o nome da figura na língua inglesa ("body governed by public law") permite perceber que o que se pretende é referenciar uma entidade que se encontra, de algum modo, submetida a um regime de direito público.

A figura do organismo de direito público é uma construção originária do direito da União Europeia, idealizada para garantir a aplicação do Direito Administrativo, em especial, o direito dos contratos públicos, a entidades de qualquer natureza jurídica – de direito público ou de direito privado – que se dediquem a atividades ou missões de interesse público sem um carácter comercial e que apresentem sinais de dependência económica ou jurídica em relação às entidades da Administração Pública clássica, como o Estado ou as autarquias locais. Trata-se, por conseguinte, de uma figura definida com um recorte funcional, não determinado pela respetiva natureza jurídica.

jurídica, pelo facto de a lei, por vezes, instituir patrimónios autónomos, esclarecendo que os mesmos detêm personalidade jurídica: eis o que sucede, por ex., com o Fundo REVITA, que, nos termos do diploma legal que o cria, "tem a natureza de património autónomo, com personalidade jurídica".

[837] O Conselho Económico e Social é um órgão de consulta e concertação (cf. artigo 92.º da CRP), que integra vários órgãos, tem pessoal próprio que atua em serviços de apoio técnico e administrativo, dispõe de património e é titular de receitas próprias. Assenta-lhe bem, cremos, a qualificação de "instituto público sem personalidade jurídica".

[838] Sobre estes, cf. Maria José Castanheira Neves, "Os serviços municipalizados", in Carla Amado Gomes/Ana Fernanda Neves/Tiago Serrão, *Organização Administrativa, cit.*, vol. II, p. 381 e segs.; Pedro Costa Gonçalves, *Regime Jurídico da Atividade Empresarial Local*, Almedina, 2012, p. 74 e segs.

[839] Como serão os casos do Conselho de Reitores das Universidades Portuguesas e o Conselho Coordenador dos Institutos Superiores Politécnicos: neste sentido, cf. João Pacheco de Amorim, "O enquadramento das «associações-empresas»", *cit.*, p. 439.

O seu propósito consiste em assegurar que determinadas regras do Direito Administrativo se aplicam em razão da situação funcional de uma entidade e não em razão de outros fatores, podendo até abranger entidades que não integram a Administração Pública.

Nos termos do CCP (artigo 2.º, n.º 2), organismos de direito público são quaisquer pessoas coletivas que, independentemente da sua natureza pública ou privada: *i)* tenham sido criadas especificamente para satisfazer necessidades de interesse geral, sem carácter industrial ou comercial, entendendo-se como tais aquelas cuja atividade económica se não submeta à lógica concorrencial do mercado, designadamente por não terem fins lucrativos ou por não assumirem os prejuízos resultantes da sua atividade; e *ii)* sejam maioritariamente financiadas pelas entidades referidas no n.º 1 do artigo 2.º do CCP ou por outros organismos de direito público, ou a sua gestão esteja sujeita a controlo por parte dessas entidades, ou tenham um órgão de administração, direção ou fiscalização cujos membros tenham, em mais de metade do seu número, sido designados por essas entidades.

Apesar de abranger entidades que não integram a Administração Pública segundo um critério jurídico-administrativo, como já vimos, o "organismo de direito público" tem mostrado uma força expansiva, sendo adotado para delimitar o âmbito de aplicação de outras "leis administrativas", como a Lei de Acesso à Informação Administrativa e Ambiental (cf. artigo 4.º, n.º 2) – [cf. ponto 47.2, *b)*].

64 – Personalidade de direito público e função administrativa

No direito português, a qualificação de uma entidade como pessoa coletiva de direito público tem efeitos imediatos quanto à respetiva integração na Administração Pública em sentido institucional, bem como quanto à revelação de que essa entidade se ocupa da função administrativa.

Com efeito, não existe, entre nós, o fenómeno da personalidade jurídica pública em sentido formal (como na Alemanha sucede com as associações religiosas), que resulta de a lei atribuir a personalidade de direito público a puras "entidades privadas", que não se dedicam à execução de tarefas públicas. Por isso, no direito português, a criação de uma entidade com personalidade de direito público é, desde logo, um sinal inequívoco do carácter público (apropriação pública) das tarefas ou missões que lhe são confiadas.

Mais: não existem em Portugal pessoas de direito público que não se ocupem da execução da função administrativa, como membros da Administração Pública. De resto, tais entidades dedicam-se, em regra, *exclusivamente* à função administrativa. Isto só não sucede com o Estado e com as regiões autónomas, que intervêm também no exercício de outras funções públicas (legislativa nos dois casos, e ainda judicial no primeiro) – veja-se, neste sentido, o artigo 2.º, n.º 4, do CPA, que qualifica como "órgãos da Administração Pública", entre outros, os órgãos do Estado e das regiões autónomas "que exerçam funções administrativas".

Com as exceções relacionadas com esses dois casos, os órgãos das pessoas coletivas públicas qualificam-se como "órgãos administrativos" ou "órgãos da Administração Pública". Isto é assim porque as entidades a que estes órgãos pertencem apenas exercem funções administrativas.

Estamos, pois, em condições de concluir que o atributo da personalidade de direito público reconduz automaticamente uma entidade ao universo da Administração Pública.

65 – Personalidade de direito público e Direito Administrativo

Embora a Administração Pública seja também constituída por *pessoas coletivas de direito privado*, a atenção do Direito Administrativo foca-se muito especialmente nas pessoas coletivas de direito público, as quais não são, em princípio, reguladas pelo direito privado, mas precisamente pelo Direito Administrativo. É ao abrigo de uma lei especial ou de um ato jurídico de natureza administrativa que se processam a criação e a definição do modelo de organização interna de pessoas coletivas de direito público. Por outro lado, os órgãos destas entidades constituem *órgãos administrativos*, e, de novo, é ao Direito Administrativo que cabe definir as condições do respetivo funcionamento e as competências de que os mesmos dispõem. Poderá, todavia, suceder que o Direito Administrativo remeta para o direito privado a regulamentação do funcionamento das pessoas coletivas públicas: eis o que ocorre com as entidades públicas empresariais, nos termos do artigo 14.º do RJSPE).

66 – Primariedade das pessoas coletivas públicas no sistema administrativo

Além de envolver a integração automática de um sujeito no universo da Administração Pública, a personalidade de direito público identifica o "primeiro grupo" de sujeitos da Administração Pública.

É neste primeiro grupo e a partir dele que se originam todos os outros sujeitos da Administração. Assim, as *entidades administrativas privadas* têm de ser *participadas* – de forma direta ou indireta – por pessoas de direito público. Por sua vez, as *entidades particulares com funções administrativas* são investidas de funções administrativas mediante uma *concessão* efetuada por pessoas de direito público.

Na origem, a função administrativa pertence ou encontra-se sempre atribuída a pessoas coletivas de direito público: é numa entidade destas que se verifica o fenómeno da "apropriação" de uma função pela Administração Pública. Depois, é a partir daí, por *derivação* (criação de novas entidades em formato de direito privado) ou por *concessão* (em entidades particulares) que o sistema administrativo se desdobra e desenvolve no plano subjetivo.

Assim, a integração (no plano orgânico ou apenas funcional) de uma entidade no perímetro da Administração Pública realiza-se sempre por meio de um processo que tem a sua origem numa pessoa de direito público e que pressupõe uma relação entre aquela e esta entidade.

No interior da categoria das pessoas coletivas de direito público, as *pessoas de população e território*, de fins gerais ou múltiplos, têm a primazia máxima. Na verdade, é precisamente no Estado e nas autarquias locais (e nas regiões autónomas) que o sistema administrativo tem a sua *estrutura nuclear e inicial* e é, pois, a partir dessas entidades que o mesmo se desenvolve e desdobra.

67 – Categorias de pessoas coletivas públicas

Como sucede por todo o lado, também no Direito Administrativo português existem inúmeras pessoas coletivas públicas. Neste ponto, vamos proceder à respetiva arrumação, dividindo-as por duas categorias fundamentais: por um lado, de um acordo com um critério que atende às finalidades, distinguem-se as pessoas coletivas públicas de fins gerais das pessoas coletivas públicas de fins específicos; por outro lado, por um critério que considera a dicotomia autonomia *vs.* instrumentalidade, distinguem-se as pessoas coletivas públicas principais das pessoas coletivas públicas instrumentais.

67.1 – Pessoas coletivas públicas de fins gerais e pessoas coletivas públicas de fins específicos

Considerando as atribuições conferidas às várias entidades públicas, podemos distinguir entre *pessoas públicas de fins gerais* e *pessoas públicas de fins específicos*.

As primeiras incluem o Estado, as regiões autónomas e as autarquias locais e dedicam-se à prossecução de finalidades públicas genericamente definidas na lei, com recurso a cláusulas gerais ou exemplificativas. Em regra, estas entidades ocupam-se, ou estão em condições de se ocuparem, de quaisquer assuntos administrativos relacionados com os interesses das populações que residem num determinado território. Assim, as autarquias locais "visam a prossecução de interesses próprios das populações respetivas" (artigos 235.º, n.º 2, da Constituição) ou, como se diz no RJAL, a "promoção e salvaguarda dos interesses próprios das respetivas populações" (artigo 2.º).

Com um caráter exemplificativo, o artigo 23.º do RJAL, estabelece que os municípios dispõem de atribuições, *designadamente*, nos seguintes domínios: *a)* equipamento rural e urbano; *b)* energia; *c)* transportes e comunicações; *d)* educação, ensino e formação profissional; *e)* património, cultura e ciência; *f)* tempos livres e desporto; *g)* saúde; *h)* ação social; *i)* habitação; *j)* proteção civil; *k)* ambiente e saneamento básico; *l)* defesa do consumidor; *m)* promoção do desenvolvimento; *n)* ordenamento do território e urbanismo; *o)* polícia municipal; *p)* cooperação externa.

No direito português, temos assim uma correspondência entre a prossecução de fins administrativos gerais e a categoria das *pessoas públicas de população e território* ou *pessoas coletivas territoriais* – o território e a população que nele reside surgem, nestas entidades, como elementos essenciais para determinar os fins públicos ou atribuições que as mesmas prosseguem.

Conceptualmente próximas das pessoas públicas de população e território encontram-se as pessoas públicas (de âmbito territorial) que congregam (associam) pessoas públicas de população e território: eis o que sucede com as *entidades intermunicipais* (*áreas metropolitanas* e *comunidades intermunicipais*) e com as *associações de freguesias e de municípios de fins específicos* (artigos 63.º e segs. e 108.º e segs. do RJAL). Porém, estas não são, no sentido específico acima assinalado, pessoas de "população e território", porquanto o substrato pessoal das mesmas não é diretamente a população, mas antes os municípios que se associam para as constituir. Trata-se de *entidades associativas* e não de *entidades de população*.

Não deve confundir-se a categoria das pessoas de "fins gerais" com o facto de uma entidade prosseguir vários fins previstos na lei. Assim, as entidades intermunicipais prosseguem vários fins, mas não são pessoas coletivas de fins gerais, pois que, em qualquer caso, só se ocupam dos fins especificamente previstos em lei e não, como as autarquias locais, de "quaisquer assuntos" de interesse local. Nestes termos, as pessoas coletivas de fins específicos podem ter um *fim singular* ou *fins múltiplos*.

De fins gerais são, pois, as pessoas coletivas de população e território, ou seja, o Estado, as regiões autónomas e as autarquias locais (municípios e freguesias).

Todas as outras pessoas coletivas públicas – *institutos públicos*, *associações públicas* e *entidades públicas empresariais* – se ocupam da prossecução de fins específicos:

67.2 – Pessoas coletivas públicas principais e pessoas coletivas públicas instrumentais

Algumas pessoas coletivas públicas são criadas para a prossecução de interesses públicos que a lei define e configura como interesses públicos próprios dessas pessoas: tipicamente é o caso do Estado e, em geral, das pessoas coletivas públicas de população e território (municípios e freguesias). Na verdade, o Estado, os municípios ou as freguesias ocupam-se com a prossecução de interesses públicos cuja realização a lei lhes confia e define como seus. Já fora do conceito de pessoas coletivas de população e território, o mesmo fenómeno ocorre com algumas associações públicas, concretamente as associações instituídas no contexto de um processo de descentralização e em suporte de formas de Administração autónoma corporativa: caso paradigmático é o das associações públicas profissionais, que prosseguem interesses públicos que o Estado abdicou de assumir como seus [cf. ponto 172].

As pessoas coletivas públicas que prosseguem interesses públicos próprios ou que são instituídas para se ocuparem de interesses que a lei define como próprios delas designam-se *pessoas coletivas públicas principais* ou *primárias*. A instituição destas pessoas coletivas representa uma solução da ordem jurídica quanto à *titularidade* e quanto à *responsabilidade última* pela gestão de um determinado interesse público.

As pessoas coletivas públicas *instrumentais* (ou *secundárias*) são instituídas para se dedicarem à prossecução, ainda que em nome próprio, de interesses públicos que a lei mantém na titularidade e sob a responsabilidade última de outras pessoas coletivas (principais). A criação de entidades instrumentais ocorre no desenvolvimento de processos de desconcentração intersubjetiva [cf. ponto 57.2], pelo que a pessoa coletiva instrumental constitui um meio de administração *indireta* da pessoa coletiva principal: eis o caso típico dos institutos públicos e das empresas públicas, entidades instrumentais do Estado.

Em regra, e aliás em coerência com a ideia de instrumentalidade, a entidade instrumental é *orientada* pela entidade principal: este é o espaço normal da relação de superintendência [cf. ponto 173]. Todavia, há desvios importantes a essa regra, que resultam da existência de entidades instrumentais mas independentes (*v.g.*, entidades administrativas independentes), bem como de entidades instrumentais que beneficiam de garantias de autonomia e autogoverno (*v.g.*, instituições públicas de ensino superior).

68 – Elenco tipológico das pessoas coletivas públicas

O elenco das pessoas coletivas públicas, ou de direito público, inclui as seguintes categorias: *Estado, regiões autónomas* (Região Autónoma dos Açores e Região Autónoma da Madeira), *municípios* e *freguesias* (autarquias locais), *institutos públicos, associações públicas, entidades públicas empresariais.*

Esse elenco não corresponde à lista de pessoas de direito público que, nos termos do artigo 2.º, n.º 4, do CPA, integram a Administração Pública: *a*) Estado e regiões autónomas, ou, nos termos literais da lei, os órgãos dessas entidades que exercem funções administrativas a título principal; *b*) autarquias locais e suas associações e federações de direito público; *c*) entidades administrativas independentes; *d*) institutos públicos e as associações públicas. O preceito esclarece que se trata de uma delimitação das entidades que integram a Administração Pública "para efeitos do disposto no presente Código". Em termos imediatos, no contexto normativo do CPA, o conceito de Administração Pública cumpre essencialmente a função de determinar o âmbito de aplicação da Parte II e não de todo o Código (cf., neste sentido, o artigo 2.º, n.º 2).

Confrontando o elenco aqui apresentado com o que consta do CPA, verificam-se algumas diferenças que convém explicar:

i) as associações e federações de direito público de autarquias locais surgem, no CPA, autonomizadas em relação às associações públicas; na nossa compreensão, as associações de autarquias locais (não existem federações de autarquias locais) são associações públicas e não vemos razão para a sua autonomização;

ii) o CPA não se refere às entidades empresariais públicas; compreende-se essa opção legal no quadro de uma delimitação de Administração Pública para efeitos de aplicação da lei do procedimento administrativo, pois essas

entidades, apesar de terem personalidade pública, regem-se, em regra, pelo direito privado;
iii) o CPA inclui na lista de entidades que integram a Administração Pública as "entidades administrativas independentes"; não o fazemos aqui por entendermos que tais entidades – quando dotadas de personalidade jurídica – se reconduzem à categoria dos institutos públicos [cf. ponto 141].

Vejamos, de forma breve, os componentes do elenco das pessoas coletivas públicas.

a) Estado

O Estado, na sua veste jurídico-administrativa, é a pessoa coletiva pública primeira ou de base: é titular originário dos seus próprios poderes, posto que não os recebe de qualquer outra instância[840].

O Estado desempenha as missões que lhe estão confiadas diretamente, por meio dos seus órgãos e serviços (administração direta), em regra, sob a dependência direta do Governo [cf. ponto 112]. A Administração Pública estadual apresenta, todavia, um âmbito mais amplo, e abrange múltiplas formas de "Administração estadual indireta", em cuja execução vão surgir vários tipos de pessoas coletivas públicas instrumentais [cf. Capítulo 10, Secção II].

b) Autarquias locais

As autarquias locais são os municípios e as freguesias. Integram a Administração Pública autónoma territorial [cf. pontos 152 e 165].

c) Institutos públicos

Os institutos públicos formam uma categoria muito heterogénea que abriga vários tipos de entidades públicas de base institucional, com localizações diferenciadas na organização administrativa do Estado: institutos públicos integrados em ministérios e submetidos a tutela e a superintendência do Governo, na Administração estadual indireta sob orientação do Governo, subcategoria que inclui diferentes tipos de institutos públicos, como os serviços personalizados e os fundos ou fundações públicas [*institutos públicos dependentes do Governo*: cf. ponto 116]; instituições de ensino superior públicas, que se reconduzem à Administração indireta com autogoverno

[840] Cf. Maurer/Waldhoff, *ob. cit.*, p. 578.

[*institutos públicos autónomos*: cf. ponto 132.1]; entidades administrativas independentes, que integram a Administração estadual independente [*institutos públicos independentes*: cf. ponto 141].

d) Associações públicas

As associações públicas são "associações", têm base corporativa e, portanto, como dominante do seu substrato o elemento pessoal (conjunto de pessoas); são instituídas para a prossecução conjunta de atribuições das entidades associadas (*v.g.*, associações de municípios) ou para a realização de uma missão de interesse público (*v.g.*, regulação de uma atividade profissional), cuja execução administrativa é confiada ao conjunto das pessoas diretamente interessadas (os titulares da profissão regulada), as quais integram a associação. Representam uma categoria heterogénea, na qual se integram as *associações públicas de interessados* (*v.g.*, associações públicas profissionais), as *associações públicas interadministrativas* (*v.g.*, associações de municípios) e as *associações públicas em condomínio público-privado* (*v.g.*, entidades regionais de turismo).

As associações públicas podem dedicar-se à realização de tarefas públicas próprias, relativas aos interesses dos respetivos associados (descentralização), localizando-se, nesse caso, no setor da administração autónoma corporativa [cf. ponto 171]; mas também podem ser instituídas para a realização de fins estaduais [cf. ponto 144] ou para a realização de fins públicos das entidades que se associam, como sucede com as associações de municípios [cf. ponto 161].

e) Entidades públicas empresariais

As entidades públicas empresarias são pessoas coletivas de direito público criadas pelo Estado com o objetivo de intervir no mercado, como ator económico, na prestação de serviços ou no fornecimento de bens. São abrangidas pelo conceito de empresa pública e integram a administração estadual indireta em formato empresarial [cf. ponto 125, *b)*].

69 – Atribuições das pessoas coletivas públicas

As pessoas coletivas de direito público existem para prosseguir fins; a instituição de uma pessoa coletiva pública exprime a individualização de um "centro de referência" de um ou vários interesses públicos[841]; a prosse-

[841] Cf. Rogério Soares, *Direito Administrativo, cit.* (Coimbra), p. 238.

cução dos interesses públicos que lhe estão *atribuídos* é a *função* ou *missão* da pessoa coletiva.

69.1 – Atribuições: os fins das pessoas coletivas públicas

As atribuições correspondem aos fins, às finalidades de interesse público, numa palavra, aos interesses públicos cuja prossecução a lei confia às pessoas coletivas públicas: por ex., os municípios dispõem de atribuições nos domínios do ordenamento do território, da recolha de resíduos ou do fornecimento de água para consumo público; o IMPIC, IP, tem a atribuição de regular a profissão de empreiteiro; a Ordem dos Advogados tem a atribuição da regulação da profissão de advogado; a Autoridade da Concorrência tem a atribuição de proteger e de promover o interesse público da concorrência.

A indicação das atribuições de uma pessoa coletiva tem, pois, um sentido finalístico, ao apontar os *fins*, as *finalidades* de uma entidade, mas, como sabemos, também fornece uma indicação sobre o conteúdo da *missão* ou das *missões* dessa entidade.

Existe um princípio de correspondência (ainda que não absoluta) entre os conceitos de pessoa coletiva de direito público e de atribuições. Compreende-se que assim seja, pois cada pessoa de direito público é criada para a realização de uma ou de várias finalidades de interesse público. Em suma, cada pessoa coletiva pública tem *a sua* ou *as suas* atribuições, consoante se trate de uma pessoa de fim singular ou de fins múltiplos.

Todavia, a correspondência entre pessoa coletiva pública e atribuições não se revela absoluta. Com efeito, nos casos do Estado e das regiões autónomas, por causa da pluralidade dos interesses que curam e das finalidades que prosseguem, as atribuições encontram-se funcionalmente "separadas" pelos vários departamentos governamentais: no caso do Estado, temos os ministérios e, nas regiões autónomas, as secretarias regionais. A cada ministério (departamento do Estado, sem personalidade jurídica), bem como a cada secretaria regional, encontra-se confiada a realização de finalidades específicas, que correspondem às suas *atribuições*.

A associação entre ministérios e atribuições surge logo no artigo 183.º, n.º 3, da CRP; ao nível da lei, vejam-se os artigos 51.º, n.º 1, alíneas *b)* e *d)*, 52.º, n.º 1, e 161.º, n.º 2, alínea *b)*, do CPA (embora este último preceito se refira apenas aos atos estranhos às atribuições dos ministérios, "esquecendo-se" dos atos estranhos às atribuições das secretarias regionais). Observe-se ainda que os ministérios, não tendo *personalidade jurídica*, têm, porém, *personalidade judiciária*, nos termos do artigo 10.º, n.º 2, do CPTA.

Desde 2004, com a lei sobre a organização da administração direta do Estado, tem-se assistido a alguns desenvolvimentos importantes quanto aos conceitos aplicáveis neste domínio. Aquele diploma introduziu o conceito de "missão" com um sentido de função, tarefa ou objetivo, e, além disso, estabeleceu uma correspondência entre "atribuições" e "serviços da administração direta do Estado".

Por *missão* entende-se a "expressão sucinta das funções fundamentais e determinantes de cada serviço e objetivos essenciais a garantir"; por ex., a *Autoridade para as Condições do Trabalho* "tem por missão a promoção da melhoria das condições de trabalho"; as comissões de coordenação regional têm por missão executar as políticas de ambiente, de ordenamento do território e cidades e de desenvolvimento regional. Embora aqui relacionado com serviços (sem personalidade jurídica), a *missão* parece identificar-se com o conceito de *atribuição*, nos termos há pouco delineados. Neste mesmo sentido aponta a Lei Orgânica do XXI Governo Constitucional, que se refere precisamente à *missão* de cada ministro para indicar as atribuições do respetivo Ministério: o "Ministro dos Negócios Estrangeiros tem por missão formular, conduzir, executar e avaliar a política externa de Portugal"; o "Ministro das Finanças tem por missão formular, conduzir, executar e avaliar a política financeira do Estado e as políticas para a Administração Pública" – o referido diploma, em moldes totalmente originais e ao arrepio da tradição, quase omite a referência a "ministérios" [voltaremos a este tema: cf. ponto 112.1].

Nas leis orgânicas de institutos públicos e de serviços da administração direta encontram-se os conceitos de *missão* e de *atribuições*, num arranjo que parecer supor missão com um sentido análogo ou pelo menos muito próximo ao de fim, de finalidade.

Se, como parece, o conceito de missão passou a corresponder a finalidade, pergunta-se então qual o sentido assumido nas referidas leis pelo conceito de atribuições. Trata-se de uma aplicação nova desse conceito, com um sentido associado às "funções concretamente exercidas" e já não à indicação dos fins ou objetivos prosseguidos.

Vejamos um exemplo.

Já sabemos que a *Autoridade para as Condições do Trabalho* tem por *missão* a promoção da melhoria das condições de trabalho, através da fiscalização do cumprimento das normas em matéria laboral e o controlo do cumprimento da legislação relativa à segurança e saúde no trabalho. No âmbito dessa missão, prossegue, entre outras, as seguintes *atribuições*: promover, controlar e fiscalizar o cumprimento da lei; promover ações de sensibilização e prestar informações com vista ao esclarecimento dos sujeitos das relações laborais e das respetivas associações.

Um processo semelhante quanto à relação entre os conceitos de missão e de atribuição parece verificar-se no âmbito das entidades reguladoras independentes. A partir da indicação da LQER segundo a qual o decreto-lei de aprovação dos estatutos de cada entidade deve indicar a "*missão* [e as] *atribuições*", os vários diplomas de aprovação de estatutos distinguem os conceitos: assim, a Autoridade da Concorrência "tem por *missão* assegurar a aplicação das regras de promoção e defesa da concorrência nos setores privado, público, cooperativo e social, no respeito pelo princípio da economia de mercado e de livre concorrência, tendo em vista o funcionamento eficiente dos mercados, a afetação ótima dos recursos e os interesses dos consumidores, nos termos previstos na lei e nos presentes estatutos" e, "para garantia da prossecução [dessa] missão", incumbe-lhe prosseguir, entre outras, as seguintes *atribuições*: *a)* velar pelo cumprimento das leis, regulamentos e decisões de direito nacional e da União Europeia destinados a promover e a defender a concorrência; *b)* fomentar a adoção de práticas que promovam a concorrência e a generalização de uma cultura de concorrência junto dos agentes económicos e do público em geral; *c)* atribuir graus de prioridade no tratamento de questões que é chamada a analisar, nos termos previstos no regime jurídico da concorrência; etc.

Tudo indica, portanto, que está em curso uma transformação conceptual nestes domínios ao nível da legislação – por um lado, o conceito de *missão* parece substituir o de *atribuição*; por outro lado, a aplicação do conceito de missão (com o sentido de finalidade) não apenas aos ministérios e às pessoas coletivas públicas, mas também a serviços da administração direta do Estado; por fim, surge o conceito de atribuição com um sentido novo, referenciando o âmbito das funções de um ministério ou de um serviço da administração direta do Estado.

Contudo, o sistema jurídico-administrativo, na sua globalidade, ainda não se ocupou das consequências jurídicas associadas a esta renovada nomenclatura. O CPA mantém a associação entre atribuição e pessoa coletiva de direito público ou ministério; além disso, desconhece o conceito de missão. Por isso, talvez se revele conveniente conservar o sentido tradicional do conceito de atribuições e o regime jurídico que se lhe associa em geral.

69.2 – Conflitos de atribuições

A pluralidade de pessoas coletivas de direito público, bem como de ministérios (no caso do Estado) e de secretarias regionais (no caso das regiões autónomas) pode originar os designados *conflitos de atribuições* – os quais, em geral, serão em rigor "conflitos de competências" entre órgãos de pessoas coletivas ou ministérios diferentes: pode tratar-se de "conflitos positivos", se os órgãos de diferentes entidades se supõem competentes e decidem, ambos, sobre um mesmo assunto; ou de "conflitos negativos", se ambos os órgãos se consideram incompetentes para decidir sobre uma determinada matéria[842].

O artigo 51.º, n.º 1, do CPA estabelece as regras de resolução de alguns desses conflitos.

Assim, são competentes para a resolução de conflitos de atribuições:

a) Os tribunais administrativos, mediante "processo de conflito entre órgãos administrativos", quando envolvam órgãos de pessoas coletivas diferentes (*v.g.*, conflito entre uma direção-geral de um ministério e uma ordem profissional ou entre dois institutos públicos integrados em diferentes ministérios) ou no caso de conflitos entre autoridades administrativas independentes (*v.g.*, entre a Autoridade da Concorrência e a ANACOM[843]).

Os processos judiciais de resolução de conflitos entre *órgãos administrativos* a que se refere o artigo 51.º, n.º 1, alínea *a)*, são regulados no título V do CPTA (artigos 135.º e segs.): a resolução dos conflitos pode ser requerida por qualquer interessado e pelo Ministério Público no prazo de um ano contado da data em que se torne inimpugnável a última das decisões.

b) O Primeiro-Ministro, quando os conflitos envolvam órgãos de ministérios diferentes (*v.g.*, conflito entre a GNR, serviço integrado no Ministério da Administração Interna e a ASAE, serviço integrado no Ministério da Economia).

[842] Estes conflitos distinguem-se dos "conflitos de posição quanto ao fundo de uma questão de Direito Administrativo"; sobre estes, cf. Diogo Freitas do Amaral, "Os conflitos de posição", *cit.*, p. 111 e segs.

[843] Embora indique apenas os conflitos "entre" autoridades administrativas independentes, o preceito também se aplica aos conflitos entre uma autoridade independente e órgãos de outras entidades (*v.g.*, conflito entre a Entidade Reguladora da Saúde e um órgão do ministério da saúde).

c) O "ministro da tutela", quando os conflitos envolvam pessoas coletivas dotadas de autonomia, sujeitas ao seu poder de superintendência (v.g., conflito de atribuições entre o Instituto do Cinema e do Audiovisual, IP, e o Teatro Nacional de São João, EPE, ambos sob a tutela do Ministro da Cultura).

Nas regiões autónomas, os conflitos são resolvidos pelo Presidente do Governo Regional, quando envolvam órgãos de secretarias regionais diferentes, e pelo secretário regional, quando envolvam pessoas coletivas dotadas de autonomia sujeitas ao seu poder de superintendência.

O artigo 52.º do CPA disciplina a resolução *administrativa* dos conflitos de atribuições e de competências – o preceito é aplicável nos casos *b)* e *c)* que acabámos de indicar. Estabelece o n.º 1 daquele preceito que a resolução dos conflitos de atribuições entre ministérios (ou entre secretarias regionais diferentes) – e, supõe-se de acrescentar, entre pessoas coletivas, no caso da alínea *c)* do n.º 1 do artigo 51.º – pode ser solicitada por qualquer interessado, mediante requerimento fundamentado dirigido à entidade (*rectius*: ao órgão) competente para a decisão do procedimento (Primeiro-Ministro ou ministro da tutela), e deve ser oficiosamente suscitada pelos órgãos em conflito logo que dele tenham conhecimento. O órgão competente para a resolução deve ouvir os órgãos em conflito, se estes ainda se não tiverem pronunciado, e proferir a decisão no prazo de 30 dias, determinando qual dos órgãos em conflito é o competente.

70 – Capacidade jurídica pública das pessoas coletivas públicas

Sabemos que as pessoas coletivas públicas detêm uma capacidade jurídica genérica para atuar no âmbito do direito privado, nos termos do artigo 160.º do Código Civil, em conjugação com as normas que indicam as respetivas atribuições [cf. pontos 14.2.1 e 61.1]. Mas também sabemos que as pessoas coletivas públicas atuam em regra ao abrigo de normas que se lhes dirigem enquanto tais, e, portanto, no exercício de poderes de Direito Administrativo, que é o seu *direito comum* ou *geral*. Neste contexto, elas atuam no exercício de uma capacidade jurídica pública, de Direito Administrativo.

O que se procura agora identificar é a *medida* ou o *âmbito* desta capacidade jurídica de ação das pessoas coletivas públicas no âmbito do Direito Administrativo. Trata-se de uma questão que se deve analisar em dois planos: material e formal.

70.1 – Capacidade jurídica pública em sentido material

Como haverá oportunidade de perceber melhor, as pessoas coletivas públicas (e, aliás, também as privadas) desenvolvem as finalidades que lhes estão confiadas através da ação de *órgãos*. Estes, os órgãos, são os instrumentos ou as unidades de ação das pessoas coletivas – do mesmo modo que as próprias pessoas coletivas, os órgãos são "organizações", em concreto, repartições organizativas internas da pessoa coletiva.

Cada um dos órgãos da pessoa coletiva tem a sua esfera de ação própria, quer dizer, os seus poderes ou *competências*. Existe assim uma correspondência formal entre *órgão administrativo* e *competência administrativa*, no duplo sentido de que os órgãos têm competências e as competências são os poderes dos órgãos.

Em função do que acaba de se concluir, poderá compreender-se a tentação para estabelecer um duplo nível de correspondência: "pessoa coletiva de direito público (ou ministério) e atribuições", por um lado; "órgão e competência", por outro lado.

> É esta a orientação seguida genericamente em Itália, onde o conceito de atribuições identifica "o conjunto das competências atribuídas a uma organização pública, na pluralidade dos seus órgãos"[844]. Neste sistema, as atribuições indicam os poderes de uma pessoa coletiva e correspondem à soma das competências dos seus órgãos.

Cada um desses grupos de correspondências está certo, mas já não se apresenta correta a conclusão segundo a qual a competência está para o órgão como a atribuição está para a pessoa coletiva de direito público. Esta relação de equivalência não existe.

Na verdade, como vimos, as atribuições referem-se às finalidades ou fins da pessoa coletiva; não lhe atribuem uma "capacidade jurídica de ação". Embora referida a órgãos e não a pessoas coletivas, é precisamente essa a dimensão em que se situa o conceito de competência (material): a competência representa um "poder" e indica a "capacidade de ação" de um órgão.

Assim, nenhum dos conceitos – nem o de *atribuição*, que se refere a fins, nem o de *competência*, que se refere a poderes de órgãos – fornece qualquer indicação sobre o "conjunto de poderes de direito público" ou a "capacidade jurídica pública" das pessoas coletivas de direito público.

[844] Cf. R. Galli, *Nuovo corso de dirittto amministrativo, cit.*, vol. I, p. 180.

Pois bem, essa capacidade determina-se nos termos seguintes: a capacidade jurídica de uma pessoa coletiva pública resulta da *soma das competências dos seus órgãos*.

É exatamente a soma ou adição das competências dos seus vários órgãos que permite perceber o que é que uma pessoa coletiva pública pode fazer, que poderes e que deveres detém e de que relações jurídicas pode ser parte no âmbito do Direito Administrativo – assim, por ex., a capacidade jurídica pública das comunidades intermunicipais resulta da soma das competências que a lei entrega à assembleia intermunicipal, ao conselho intermunicipal, ao secretariado executivo intermunicipal e ao conselho estratégico para o desenvolvimento intermunicipal (estes são os órgãos das CIM nos termos do artigo 82.º do RJAL).

> O conceito aqui proposto de *capacidade de direito público* encontra-se intimamente associado ao de competência. Porém, evitamos aludir a uma "competência de direito público das pessoas coletivas", mas apenas por uma razão de ordem sistemática, para não misturar os "poderes" da pessoa coletiva com os "poderes" de cada um dos seus órgãos. Contudo, em rigor, a capacidade jurídica da pessoa coletiva corresponde à sua "competência", aos "poderes" de que ela se encontra investida[845]. De resto, a referência à competência de pessoas coletivas não seria originalidade nossa; pode ver-se na lei, como sucede no RJAL, sobre a delegação de competências do Estado nos municípios ou das competências dos municípios em freguesias.

O fator decisivo para delimitar a capacidade de direito público da pessoa coletiva pública é, pois, a competência dos seus órgãos. Isto apresenta-se nestes termos porque, em regra, a lei não atribui poderes (competências) às pessoas coletivas, mas antes, apenas, aos respetivos órgãos.

Assim, o facto de um determinado órgão da pessoa coletiva pública atuar fora da sua competência não envolve necessariamente um problema de incapacidade da pessoa pública. Importará apurar se a competência que o órgão exerceu pertence a outro órgão da mesma pessoa coletiva ou se, pelo contrário, esse poder não pertence a nenhum órgão daquela pessoa. O primeiro caso reconduz-se a um problema de *incompetência do órgão* que atuou.

[845] Sobre o facto de a competência de um órgão se reportar, em última instância, à competência da pessoa coletiva a que o órgão pertence, cf. B. Delcros, *L'unité de la personnalité juridique de l'État*, LGDJ, 1976, p. 283.

O segundo já traduz uma *incapacidade* da própria pessoa coletiva pública a que pertence o órgão. Ali, é o órgão que não dispõe de competência para a ação efetuada, mas esta ação cabe na capacidade da pessoa de direito público a que o órgão pertence – pode falar-se de um caso de *incompetência relativa*. Na segunda hipótese, é a própria pessoa de direito público que não dispõe de capacidade jurídica para assumir a ação efetuada por um órgão seu – pode falar-se agora de um caso de *incompetência absoluta*.

Diferentemente da capacidade de direito privado, que se apresenta como uma *capacidade genérica* – "todos os direitos e obrigações necessários ou convenientes à prossecução dos seus fins" –, a capacidade de direito público é uma *capacidade jurídica específica*, que abrange apenas os direitos e as obrigações *enumerados* que a lei confere aos respetivos órgãos (*princípio da enumeração das competências públicas*).

70.2 – Capacidade jurídica pública em sentido formal

O conceito de capacidade jurídica que vimos no ponto anterior refere-se *ao que* a pessoa coletiva pode fazer, aos poderes de que dispõe para agir. Sucede que, no Direito Administrativo, não se apresenta juridicamente relevante apenas o que a Administração pode fazer, mas também a questão de *como* pode ela agir.

Surge-nos assim a exigência de ponderar o tema da *capacidade jurídica para o uso das formas de ação típicas do Direito Administrativo*, como o "ato administrativo" ou o "contrato administrativo".

Trata-se, agora, de indagar acerca da "capacidade formal" das pessoas coletivas públicas, quer dizer, a capacidade para, através dos seus órgãos e no exercício das suas competências (materiais), empregarem as formas de Direito Administrativo. Pois bem, a resposta é simples: em razão imediata da sua condição pública, ou seja, da sua personalidade de direito público, as pessoas coletivas públicas detêm uma capacidade para tomar as decisões para que sejam competentes na forma do ato administrativo (se os outros elementos constitutivos desta figura estiverem presentes: artigo 148.º do CPA), assim como têm capacidade para celebrar contratos administrativos, sujeitos a um regime substantivo de Direito Administrativo (cf. artigo 200.º, n.º 1, do CPA).

Esta capacidade corresponde ao conceito de *autonomia administrativa*, entendida neste contexto como a capacidade formal de uma entidade celebrar contratos no regime do Direito Administrativo e praticar atos administrativos. É precisamente com este sentido que o conceito de autonomia administrativa surge na Lei das Associações Públicas Profissionais ("no exercício dos seus poderes públicos as associações públicas profissionais praticam os atos administrativos necessários ao desempenho das suas funções e aprovam os regulamentos previstos na lei e nos estatutos), bem como no RJIES [artigo 110.º: "as instituições de ensino superior públicas gozam de autonomia administrativa, estando os seus atos sujeitos somente a impugnação judicial, salvo nos casos previstos na lei"; especifica-se depois que, no desempenho da sua autonomia administrativa, as instituições de ensino superior públicas podem: *a)* emitir regulamentos nos casos previstos na lei e nos seus estatutos; *b)* praticar atos administrativos; *c)* celebrar contratos administrativos].

Já não é inerente à personalidade de direito público, nem decorre da autonomia administrativa, o *poder regulamentar*, quer dizer, o poder ou capacidade para emitir regulamentos administrativos. O poder regulamentar consubstancia uma posição jurídica formal que não resulta imediatamente do facto de a lei definir as competências materiais da Administração: se a lei estabelece que um órgão tem competência em matéria de atribuição de subsídios, isso significa que as decisões que vier a tomar sobre essa matéria têm a condição de atos administrativos, mas, só com essa indicação legal, o órgão em causa não está em condição de definir um regulamento sobre a atribuição daqueles subsídios.

71 – Legitimidade das pessoas coletivas públicas para agirem em defesa das suas atribuições

As pessoas coletivas públicas são instituídas para prosseguirem fins públicos e, em regra, dispõem dos instrumentos jurídicos necessários para a realização das respetivas missões, sem necessidade de, para o efeito, se socorrerem dos tribunais. Entre esses instrumentos conta-se a competência para a prática de atos de autoridade, como a edição de normas obrigatórias, a tomada de decisões unilaterais ou o recurso a meios de coação.

Na compreensão clássica do Direito Administrativo, as pessoas coletivas públicas são demandadas ou acionadas judicialmente: a posição processual que ocupam no tribunal decorre de o sistema pressupor que tais entidades atuam têm meios de "ataque" em face dos quais os destinatários podem "defender-se". Mas esta visão está construída a partir de uma leitura focada nas relações que se processam entre a Administração Pública (as pessoas coletivas públicas) e os particulares. Ora, o sistema administrativo complexo da atualidade evidencia a existência de múltiplas relações no seu interior, entre as pessoas coletivas públicas que o integram. E, para o que agora nos interessa, dentro do sistema administrativo, entre as pessoas coletivas públicas, também existem situações de "ataque" e de agressão, que suscitam a previsão da possibilidade de "defesa" da entidade atacada ou agredida. Esta abertura do sistema à legitimidade das pessoas coletivas públicas para se defenderem é a consequência imediata da existência de pessoas públicas responsáveis pela prossecução de interesses públicos específicos e diferenciados e que são assumidos como próprios daquelas pessoas públicas: eis o que sucede com os interesses públicos municipais cuja realização pode, porventura, colidir com os interesses públicos do Estado e ser posta em causa por medidas do Estado.

Assim se compreende que a lei atribua ou reconheça a legitimidade das pessoas coletivas públicas para, no plano procedimental, atuarem em vista da proteção dos seus "direitos ou interesses legalmente protegidos, poderes, deveres ou sujeições" (cf. artigo 68.º, n.º 4, do CPA) ou para agirem judicialmente em defesa dos seus direitos e dos interesses que lhes cumpre defender [cf. artigo 55.º, n.º 1, alínea *c)*, e 68.º, n.º 1, alínea *c)*, do CPTA], o que inclui a atuação judicial em defesa das suas atribuições e competências[846].

No plano das "relações verticais", em que a pessoa coletiva pública pretende obter uma proteção contra atos ou omissões de entidades em posição de supremacia jurídica (*v.g.*, entidades com poderes de tutela), a proteção judicial só se admite, em geral, quando estejam em causa *pessoas coletivas públicas que gozem de autonomia e autogoverno*, pois só essas se podem considerar titulares de um interesse legítimo na proteção das suas atribuições e dos interesses públicos que, nos termos da lei, lhes cumpra defender – eis o que ocorre com as entidades públicas descentralizadas, no âmbito da Administração autónoma, ou com as entidades da Administração indireta com autonomia. O sentido da proteção consiste precisamente na defesa da autonomia.

> Pode pôr-se a questão de saber se também as entidades administrativas independentes do Governo (ou pelo menos algumas delas) dispõem de

[846] Assim, por ex., uma associação pública (Ordem dos Revisores Oficiais de Contas) ou um município têm legitimidade para agir judicialmente contra o Ministério das Finanças (cf. Acórdão do TCAS, de 13/07/2016, P. 09648/16, e Acórdão do TCAN, de 201-01-2012, P. 00454/11.0BEPRT); as freguesias têm legitimidade para agir judicialmente contra o Ministério da Educação em defesa das suas atribuições e competências em matéria de educação (cf. Acórdão do STA, de 28-02-2013, P. 0133/13); veja-se ainda, Vieira de Andrade, *A Justiça*, *cit.*, p. 186, n. 416.

legitimidade para a defesa (em sede judicial) dos interesses que lhes cabe prosseguir, por ex., em reação contra medidas do Governo ou até de outras entidades administrativas independentes. A questão não se pode resolver em termos taxativos e universais, mas propendemos para o entendimento de que uma tal possibilidade não se deve excluir em princípio [cf. ponto 137].

A legitimidade das pessoas coletivas públicas para agirem judicialmente em defesa dos seus interesses (dos interesses que lhes cumpra defender) estende-se também ao plano das "relações horizontais" (*v.g.*, ação de um município contra outro município ou de uma freguesia contra um município). Neste âmbito, a legitimidade processual – que continua dependente de uma lesão de interesses que às pessoas coletivas públicas em causa cumpra defender – pode alargar-se, e abranger, por ex., os institutos públicos, que, em certos casos, poderão ter legitimidade para impugnar atos de outras entidades públicas (*v.g.*, municípios) que violem interesses que lhes cumpre defender.

Um caso relevante pode ver-se na Lei das Associações Públicas Profissionais, que atribui legitimidade processual ao membro do Governo com poderes de tutela para impugnar atos e regulamentos das associações públicas profissionais: artigo 46.º, n.º 2, alínea *c)*.

Certas pessoas coletivas públicas dispõem de legitimidade para, nos planos procedimental e processual, atuarem em defesa de *interesses difusos* como a saúde pública, a habitação, a educação, o ambiente, o ordenamento do território, o urbanismo, a qualidade de vida, o consumo de bens e serviços o património cultural ou em defesa do *património público* do Estado, das regiões autónomas ou das autarquias locais: é este o caso das autarquias locais, em relação à defesa de tais interesses e bens nas áreas das respetivas circunscrições: artigo 68.º, n.º 2, alínea *c)*, do CPA, e artigo 9.º, n.º 2, do CPTA.

Capítulo 7
Órgãos administrativos

O presente capítulo ocupa-se dos órgãos administrativos (órgãos das pessoas coletivas de direito público). A exposição divide-se em quatro secções: a primeira trata do conceito e da classificação dos órgãos; a segunda dedica-se ao estudo das relações entre o órgão administrativo e a competência; a terceira visa o estudo do regime jurídico específico do funcionamento dos órgãos colegiais; por fim, a quarta estuda a situação dos titulares dos órgãos administrativos.

Secção I
Conceito e classificações

As páginas que se seguem dedicam-se à análise do conceito jurídico de órgão administrativo e à relação do órgão com outras figuras da organização administrativa; incluem ainda a apresentação de algumas classificações de órgãos administrativos.

72 – Conceito de órgão administrativo. 73 – Órgão administrativo e outras figuras. 74 – Tipos de órgãos administrativos. 74.1 – Em função da composição e estrutura. 74.2 – Em função da natureza das competências que exercem. 74.3 – Em função de um fator temporal.

72 – Conceito de órgão administrativo

Vamos agora conhecer os órgãos administrativos. Trata-se de um estudo que se vai projetar para o interior das pessoas coletivas públicas. Estas são "centros de imputação jurídica", mas não são pessoas humanas, não têm vida, nem pensamento. Trata-se de "organizações": Estado Português, Município de Lisboa, Freguesia da Sé, Universidade de Coimbra, Instituto Nacional de Estatística, IP, são exemplos de pessoas coletivas de direito público.

Pois bem, com base num processo inspirado nas pessoas humanas – que pensam e agem através dos seus órgãos –, o ordenamento jurídico vai também conceber as pessoas coletivas como pessoas que atuam através de órgãos. Agora, já se fala de Governo, de Ministro e de inspetor-geral (órgãos do Estado), de câmara municipal ou presidente da câmara (órgãos do município), de junta de freguesia (órgão da freguesia), de reitor e de conselho geral (órgãos das universidades), de conselho diretivo (órgão dos institutos públicos), etc.

> Em termos muito excecionais, pode suceder que a lei crie uma pessoa coletiva pública desprovida de órgãos ou, pelo menos, de órgãos de administração. Parece ser este o caso do *Fundo de Contragarantia Mútuo*, "pessoa coletiva pública dotada de autonomia administrativa e financeira", que é administrada por uma "sociedade gestora". A esta sociedade gestora cabe, como representante legal do Fundo, praticar todos os atos e operações necessários ou convenientes à sua boa administração e exercer todos os direitos relacionados com os seus bens". Está aqui presente um caso original de administração de uma pessoa coletiva pública por uma pessoa coletiva privada, em que esta atua como representante da primeira.

Como as pessoas coletivas, os órgãos das pessoas coletivas também não existem no mundo físico: têm uma existência apenas jurídica, com um recorte abstrato e não real ou físico.

Os órgãos administrativos constituem, também eles, "centros de imputação jurídica"; são investidos de poderes e deveres ("competências") e suportam, no plano jurídico, a imputação da atividade que os respetivos titulares desenvolvem no exercício daqueles poderes e deveres.

Contudo, por falta de personalidade jurídica, não se apresentam como centros de "imputação jurídica final ou definitiva": a imputação final da sua atuação efetiva-se na pessoa coletiva a que pertencem. Como se perceberá melhor quando se analisar a figura dos titulares dos órgãos, a ação externa da

Administração Pública pressupõe uma "dupla imputação": a ação (humana) dos titulares dos órgãos é imputada aos órgãos (*imputação transitória*) e, logicamente a seguir, à pessoa coletiva (*imputação final*).

Por ex., a deliberação do Conselho Científico da Faculdade de Direito da Universidade de Coimbra constitui um ato imputado, em primeira linha, ao próprio Conselho Científico (enquanto "centro de imputação jurídica"); mas, como aquele não detém personalidade jurídica, a imputação da atuação dos respetivos membros diz-se *transitória*. A imputação *final* ou *definitiva* realiza-se na Universidade de Coimbra, pessoa coletiva a que pertence o Conselho Científico.

Em função do exposto, estamos já em condição de definir o órgão administrativo como um *centro institucionalizado, uma estrutura organizativa ou unidade de ação, inserido numa pessoa coletiva de direito público, titular de poderes e deveres (competências) e por meio da qual a pessoa coletiva desenvolve a sua ação e se relaciona juridicamente com outros sujeitos.*

É esse o sentido da definição acolhida no artigo 20.º, n.º 1, do CPA: "são órgãos da Administração Pública os centros institucionalizados titulares de poderes e deveres para efeitos da prática de atos jurídicos imputáveis à pessoa coletiva" – pessoa coletiva, no contexto, é qualquer pessoa coletiva pública indicada no artigo 2.º, n.º 4.

Corretamente, a definição legal interrelaciona os conceitos de órgão e de competência, ao esclarecer que os órgãos são "centros institucionalizados de poderes e deveres", o mesmo é dizer, "centros institucionalizados de competências".

A atuação do órgão surge automaticamente *atribuída, imputada*, à pessoa coletiva pública a que pertence – entre o órgão (*v.g.*, câmara municipal ou presidente da câmara) e a pessoa coletiva a que o mesmo pertence (município) intercede uma *relação orgânica*, assente numa "imputação sem representação". O órgão administrativo *não representa* a pessoa coletiva pública de que faz parte. Constitui antes uma estrutura subjetiva e uma unidade de ação dessa pessoa. A ação do órgão é, imediata e automaticamente, ação da pessoa coletiva.

Por vezes, usa-se o conceito de "representação orgânica" para identificar o fenómeno jurídico descrito (aqui designado como *relação orgânica de imputação*). Apesar de o conceito pretender precisamente referenciar um fenómeno estranho a uma "verdadeira" representação (voluntária ou legal), parece-nos de evitar a sua utilização, pois, na verdade, inclui no seu enunciado a referência a um efeito jurídico (representação) que não ocorre.

No Direito Administrativo – de forma muito mais acentuada do que no direito privado –, pode aliás dizer-se que, classicamente, a *figura subjetiva de referência* é o órgão e não propriamente a pessoa coletiva. Neste sentido, atente-se na centralidade do conceito de órgão (de "órgão da Administração Pública") evidenciada pelo artigo 2.º, n.os. 2 e 4, do CPA. Sintomático revela-se ainda o facto de o CPA conter toda uma Parte dedicada aos "órgãos da Administração Pública" (Parte II: artigos 20.º a 52.º): observe-se, aliás, que a própria referência ao conceito de "órgão *da Administração Pública*" sugere que se trata de uma figura primária, de um primeiro escalão, quase ignorando a pessoa coletiva.

Este relevo de primeira linha do conceito jurídico de órgão administrativo no capítulo da organização administrativa – que, em certa medida, ultrapassa o relevo do conceito de pessoa coletiva de direito público – resulta da complexidade interna das pessoas coletivas públicas e, nesse contexto, da exigência de focar a análise não, de um modo genérico, na pessoa coletiva, mas antes em cada um dos inúmeros órgãos por cujo intermédio aquela desenvolve a sua missão.

Contudo, em rigor, no plano da compreensão da estrutura administrativa, os órgãos administrativos constituem um "segundo escalão", situado a seguir às pessoas coletivas públicas. Esta leitura permite ainda enquadrar os órgãos nos processos de distribuição de funções e de competências administrativas: uma primeira distribuição de funções e competências faz-se ao nível das pessoas coletivas públicas e, depois, as funções e competências de cada pessoa coletiva pública são distribuídas pelos respetivos órgãos.

O órgão é criado por lei ou por um ato da Administração com fundamento na lei.

73 – Órgão administrativo e outras figuras

Importa distinguir a figura do órgão administrativo de outras figuras subjetivas próximas ou afins.

a) Órgão e pessoa coletiva

O órgão é uma unidade organizativa de uma pessoa coletiva; constitui uma figura jurídica subjetiva, é um centro de imputação jurídica, mas, como sabemos, de imputação transitória, e não final ou definitiva.

Ao contrário da pessoa coletiva, o órgão não tem personalidade jurídica. Está imbricado ou incrustado numa pessoa coletiva, como um elemento ou unidade desta.

O que acaba de se afirmar, no sentido da necessária incrustação dos órgãos em pessoas coletivas, resulta da impossibilidade de se conceber juridicamente a figura de um órgão desligado de uma pessoa coletiva. Não obstante, uma tão anómala figura existe no direito português: a assembleia distrital, que já antes qualificámos como "órgão sem sujeito" [cf. ponto 49] corresponde efetivamente a um órgão administrativo não vinculado a qualquer pessoa coletiva.

O legislador também surpreende noutros casos: veja-se o Decreto-Lei n.º 76/2012, de 26 de março (alterado pela Lei n.º 60/2018, de 21 de agosto), cujo artigo 1.º, com a epígrafe "natureza", estabelece o seguinte: "a Comissão para a Igualdade no Trabalho e no Emprego (...) é um órgão colegial tripartido, dotado de autonomia administrativa e personalidade jurídica". Aqui temos a figura enigmática de um "órgão com personalidade jurídica" (que corresponde, afinal, a uma pessoa coletiva com um órgão único)[847].

b) Órgão e titular de órgão

O órgão é um "centro institucionalizado" para o exercício de competências; não tendo uma existência física nem psicológica, o órgão carece de uma pessoa humana para poder atuar: esta pessoa humana vai assumir, pois, a condição de titular do órgão [cf. pontos 75 e segs].

c) Órgão e parte do órgão

O conceito de "parte do órgão" – aplicável aos órgãos colegiais – referencia um conjunto ou um grupo de membros ("fração") de um órgão que, para certos efeitos, se autonomiza dentro do órgão. Veja-se, por ex., dentro do órgão assembleia municipal, o designado *grupo municipal* (conjunto dos

[847] Trata-se, na verdade, de uma figura desconhecida no direito português, mas que, para outros efeitos, aparece referenciada em outros ordenamentos, por ex., no direito italiano: cf. L. Galateria/M. Stipo, *Manuale di diritto amministrativo*, UTET, 1993, p. 164.

membros eleitos e dos presidentes de junta de freguesia eleitos por cada partido ou coligação de partidos ou grupo de cidadãos eleitores).

A "parte do órgão" identifica, sobretudo, cada um dos diferentes grupos homogéneos de membros dos *órgãos colegiais de composição representativa heterogénea* (por ex., nas universidades, há órgãos que representam professores, estudantes e trabalhadores não docentes: o grupo dos professores é uma parte desses órgãos, o grupo dos estudantes é outra parte e o grupo dos trabalhadores não docentes outra).

O artigo 199.º, n.º 1, alínea *b)*, do CPA refere-se a *comissões* e a *secções* de órgãos colegiais (a respeito da possibilidade legal de recurso de decisões destas comissões ou secções para o órgão colegial).

Embora possam existir desvios, em princípio, as *comissões* são instituídas no âmbito de um órgão, e por decisão deste, compostas exclusivamente por membros seus, num processo de desconcentração ou de repartição interna do trabalho preparatório de certas deliberações: *v.g.*, comissão composta por membros de uma assembleia municipal para elaborar um projeto de regulamento a aprovar pela assembleia municipal. Salvo no caso de indicação legal diferente, as comissões não proferem deliberações da competência do órgão; limitam-se a preparar deliberações e, porventura, a submeter ao órgão propostas de deliberações.

As *secções* constituem uma espécie de *subórgãos* ou esquemas de *desdobramento* de um determinado órgão com o objetivo de agilizar o respetivo funcionamento e, se essa for a indicação da lei, poderão proferir deliberações da competência do órgão; os membros das secções são também membros do órgão desdobrado (plenário) e, em princípio, a lei deverá estabelecer o recurso para este das deliberações das secções: eis o que ocorre com o Conselho Superior da Ordem dos Advogados, que reúne em plenário ou por secções. Para ter projeção no plano externo, o desdobramento de um órgão em secções deverá ser definido por lei.

O artigo 22.º, n.º 3, do CPA refere-se a conflitos entre o "presidente e o órgão". Para este efeito, o órgão é, em rigor, o conjunto formado por todos membros do órgão colegial, exceto o presidente [cf. ponto 86.1.2].

d) Órgão administrativo, serviço administrativo e unidade orgânica

O órgão administrativo distingue-se do serviço administrativo. Este constitui um conjunto identificado e organizado de meios humanos (dirigentes e trabalhadores) ao qual se encontram afetos recursos logísticos e meios técnicos (*v.g.*, edifícios, automóveis, computadores, máquinas) que se ocupa, em geral, das tarefas públicas de preparação, de execução e de desenvolvimento das políticas definidas e das decisões tomadas pelos órgãos administrativos.

Assim, no município, os *serviços municipais* (*v.g.*, departamentos administrativos e financeiros, serviços de polícia municipal, serviços municipais de proteção civil, departamento de obras, divisão de contratação) preparam e executam as decisões do presidente da câmara, bem como as deliberações da câmara municipal e da assembleia municipal. Aos órgãos cabe a prática de atos jurídicos imputáveis à pessoa coletiva; aos serviços administrativos cabem todas as tarefas necessárias para a preparação e formação ou para a realização prática (execução) dos efeitos daqueles atos jurídicos.

Os serviços administrativos são dirigidos e orientados por órgãos: assim, nos termos da lei, cabe ao presidente da câmara municipal dirigir e coordenar os serviços municipais. Alguns serviços têm uma organização autónoma, e os seus órgãos próprios de direção: veja-se o caso dos serviços municipalizados, que, nos termos do Regime Jurídico da Atividade Empresarial Local, possuem organização autónoma no âmbito da administração municipal e são dirigidos por um conselho de administração[848]. Outro tanto sucede, em muitos casos, com serviços da administração direta do Estado: por ex., a ASAE é dirigida por um inspetor-geral coadjuvado por dois subinspetores-gerais; a Direção-Geral da Saúde é dirigida por um diretor-geral, coadjuvado por dois subdiretores-gerais; as CCDR são dirigidas por um presidente, coadjuvado por dois vice-presidentes.

As leis da organização também empregam o conceito de *unidade orgânica*. Eis o que sucede com o Decreto-Lei n.º 305/2009, de 23 de outubro, sobre a organização dos serviços municipais, com o Regime Jurídico da Administração Direta do Estado ou com o RJIES. Embora não se extraia destes diplomas uma definição com aplicação geral, parece possível concluir que o conceito de unidade orgânica identifica, não um órgão, mas um *serviço* (uma divisão ou um departamento ou, no caso das universidades, uma faculdade: a Faculdade de Direito é uma unidade orgânica da Universidade de Coimbra, quer dizer, um serviço desta). O conceito de unidade orgânica também pode indicar uma parte ou repartição de um serviço administrativo.

848 Vimos que, mais do que a "serviços", os serviços municipalizados correspondem a "entidades públicas sem personalidade jurídica" [cf. ponto 62].

e) Órgãos e conferências procedimentais

Os órgãos administrativos são centros titulares de competências. Em inúmeras situações, a produção de um determinado resultado jurídico pela Administração (*v.g.*, atribuição de uma licença) reclama a intervenção de vários órgãos, em que cada um toma decisões administrativas autónomas. Ora, pode suceder que, por lei, regulamento, acordo ou contrato entre os órgãos envolvidos se institua uma conferência procedimental, a qual constitui uma "conferência de órgãos" e funciona mediante reuniões, que são "reuniões de órgãos": artigo 77.º e segs. A conferência não é, porém, um órgão novo, nem exerce uma competência própria: no caso da designada conferência deliberativa, o ato que vem a ser praticado no âmbito da conferência é um *ato complexo* ou *conjunto* de que são *coautores* os órgãos participantes da conferência. Como a doutrina italiana maioritária tem sublinhado, a conferência procedimental é um "módulo organizativo-procedimental", destituído da unidade orgânica (presente nos órgãos colegiais).

f) Órgão administrativo e órgão público

Os órgãos administrativos constituem uma espécie de uma categoria mais ampla, a dos órgãos públicos. Com efeito, os órgãos administrativos são órgãos públicos titulares de poderes administrativos, vocacionados para o exercício da função administrativa e integram a Administração Pública. Distinguem-se, por esta razão, de outros "órgãos públicos", não integrados na Administração Pública: por ex., Assembleia da República, tribunais, Provedor de Justiça.

g) Órgão administrativo e órgão com funções administrativas

O órgão administrativo pertence a uma pessoa coletiva pública e, claro, é um órgão da Administração Pública (cf. artigo 20.º, n.º 1). Ora, tendo em consideração que o artigo 2.º, n.º 4, estabelece estarem integrados na Administração Pública "os órgãos do Estado (e das regiões autónomas) que exercem funções administrativas *a título principal*", temos de concluir que não se qualificam como órgãos administrativos os órgãos do Estado ("órgãos públicos") que não exercem funções administrativas a título principal, mesmo quando as exerçam de forma marginal ou secundária: por ex., os órgãos integrados no poder judicial quando praticam "atos de administração" [cf. ponto 18.1). Outro tanto se pode dizer dos órgãos de pessoas coletivas privadas – de entidades administrativas privadas ou de entidades particulares com funções administrativas – quando exercem funções administrativas e praticam atos de administração. Estas categorias de "órgãos com funções administrativas" não entram, literalmente, no conceito de órgãos da Administração Pública e, por isso, parecem não estar abrangidos, ao menos de forma direta, pelo disposto na Parte II do CPA; veja-se, neste sentido, o artigo 2.º, n.º 2, do CPA: "a parte II do presente Código é aplicável ao funcionamento dos órgãos da Administração Pública".

Independentemente da solução quanto a este ponto específico, oferece-se seguro que a lei reclama uma distinção entre *órgãos administrativos ou da Administração Pública* (órgãos de pessoas coletivas públicas que exercem funções administrativas a título principal) e *órgãos não administrativos com funções administrativas* (órgãos públicos que não exerçam a função administrativa a título principal e ainda órgãos de pessoas coletivas privadas com funções administrativas).

74 – Tipos de órgãos administrativos

Atenta a variedade de perfis que apresentam, podem estabelecer-se classificações de tipos de órgãos da Administração Pública segundo vários critérios.

74.1 – Em função da composição e estrutura

De acordo com um critério que atende à composição e às características estruturais que os órgãos administrativos apresentam, distinguimos: órgãos unipessoais e órgãos colegiais; órgãos representativos e órgãos não representativos; órgãos simples e órgãos complexos.

a) Órgãos unipessoais ou singulares e órgãos colegiais

Os órgãos que têm apenas um titular designam-se órgãos unipessoais ou singulares: presidente da câmara, diretor-geral; os órgãos compostos por dois ou mais titulares são os órgãos colegiais: câmara municipal, conselho diretivo, júris de exames.

> Por vezes, a lei adota qualificações anómalas ou exóticas. Eis o que sucede com o artigo 219.º-E, n.º 1, do CCP, que se refere a "júri singular": como já escrevemos noutro lugar, o conceito envolve uma contradição nos seus próprios termos, porquanto o júri é, em termos jurídicos e gramaticais, um conjunto de duas ou mais pessoas; pela natureza das coisas, não pode ser singular[849].

[849] No sentido de que o júri é uma figura subjetiva com uma estrutura pluripessoal, cf. Ana Fernanda Neves, "Os júris", in Carla Amado Gomes/Ana Fernanda Neves/Tiago Serrão, *Organização Administrativa, cit.*, vol. II, p. 220 e segs. (p. 223).

A distinção em análise – a que alude o artigo 20.º, n.º 2, do CPA – reveste-se de uma importância fundamental pois, nos órgãos unipessoais ou singulares, a lei entrega a responsabilidade pelo funcionamento do órgão (e pela imputação final de efeitos ao sujeito público) a uma única pessoa. Nesta hipótese, o processo de funcionamento e de decisão do órgão confunde-se com o processo psicológico que comanda a ação do indivíduo que assume a respetiva titularidade. Diferentemente, nos órgãos colegiais, torna-se necessário regular o processo do respetivo funcionamento, pois a imputação de uma determinada atuação ao órgão depende de uma intervenção conjunta dos membros (indivíduos) que o integram; essa intervenção conjunta efetiva-se mediante a "reunião" dos membros do órgão.

> Na interpretação aqui seguida, órgão colegial é toda a figura organizatória investida de uma competência para a prática de atos jurídicos e composta por, pelo menos, dois indivíduos, que assumem a condição de elementos, membros ou titulares dessa figura [cf. ponto 85].

b) Órgãos representativos e órgãos não representativos

Nos órgãos representativos, os respetivos titulares representam o coletivo de pessoas com interesse direto na ação do órgão (coletividade de interessados), ou uma parte desses interessados, e são designados por meio de eleição ou por designação de associações de interessados; a *representatividade* sugere uma consideração do peso relativo (proporção) da votação obtida pelas diferentes listas concorrentes às eleições (*v.g.*, assembleia municipal e assembleia de freguesia: cf. artigo 239.º, n.º 2, da Constituição) ou da dimensão representativa da entidade que designa.

O órgão representativo pode ter uma *composição representativa heterogénea*, quando os respetivos membros representam diferentes grupos ou categorias de interessados; eis o que sucede com: *i)* o conselho geral das universidades, que tem como membros, além do mais, representantes dos professores e investigadores, dos estudantes e dos trabalhadores não docentes; *ii)* a Comissão da Carteira Profissional de Jornalista, um órgão independente, composto por jornalistas designados igualitariamente pelos jornalistas profissionais e pelos operadores do sector; *iii)* o Conselho Interprofissional do Instituto dos Vinhos do Douro e Porto, I.P., composto por representantes dos interesses profissionais da produção e do comércio dos vinhos.

A instituição de órgãos representativos é, em geral, uma forma de concretização dos princípios da autoadministração e da participação dos interessados na gestão efetiva da Administração Pública, nos termos do artigo 267.º, n.º 1, da CRP [cf. ponto 53.4].

Órgãos deste tipo são frequentes nas entidades descentralizadas da administração autónoma, como as autarquias locais ou as associações públicas. Mas também existem na administração estadual indireta ou até direta, para promover uma dimensão de autonomia (órgãos das universidades) ou para permitir a participação dos interessados na gestão efetiva da Administração Pública (participação de representantes da comunidade educativa nos órgãos de direção das escolas públicas).

Podem ainda existir órgãos de composição mista (que concretizam um fenómeno de "administração em condomínio" ou de "coadministração"), integrados por membros que representam interessados e por outros sem essa função: eis o que sucede, por ex., no caso do Conselho Nacional do Consumo, composto por representantes de interessados (de consumidores, de associações empresariais, de organizações da sociedade civil relevantes nas matérias de interesse dos consumidores), mas também por um membro do Governo e pelo diretor-geral da Direção-Geral do Consumidor; em geral, é este o caso dos institutos públicos de gestão participada (artigo 47.º da LQIP).

c) *Órgãos simples e órgãos complexos*

Considerando aspetos atinentes à estrutura, podemos distinguir os *órgãos simples* dos *órgãos complexos*.

Órgãos simples são os órgãos singulares ou unipessoais, bem como os órgãos colegiais cujos membros só podem atuar no exercício (coletivo) de competências públicas dentro ou no âmbito do próprio órgão colegial.

Órgãos complexos são órgãos que compreendem ou integram outros órgãos. Ilustram esta situação, frequente, as autoridades de gestão do Portugal 2020, as quais tendo a condição jurídica de órgãos, são integradas, nos termos da lei, por dois órgãos: a comissão diretiva e o secretariado técnico. Temos, neste caso, o fenómeno, já há muito identificado pela doutrina, dos "órgãos de órgãos" (órgãos que integram e se encaixam em outros órgãos).

Ao conceito de órgão complexo parece ainda de reconduzir o caso dos órgãos colegiais em que todos ou alguns dos titulares são, simultaneamente, titulares de órgãos singulares e exercem, neste âmbito, competências próprias. Exemplo de órgão complexo é a câmara municipal, em que o respetivo presidente detém competências próprias e tem a condição de titular de um órgão unipessoal.

74.2 – Em função da natureza das competências que exercem

Segundo um critério que atende à natureza das competências exercidas pelos órgãos, podemos identificar: órgãos externos e órgãos internos; órgãos deliberativos e órgãos executivos; órgãos ativos, consultivos e de controlo; órgãos primários e órgãos secundários; órgãos vicários e órgãos auxiliares.

a) Órgãos externos e órgãos internos

Em geral, a figura do órgão administrativo indica um centro institucionalizado de poderes (competências) para a prática de atos jurídicos externos: embora não o assuma de forma explícita, esta dimensão externa está pressuposta no artigo 20.º, n.º 1, do CPA, quando alude a "atos jurídicos imputáveis à pessoa coletiva"[850].

A apertada ligação entre as figuras do órgão e da competência (externa) parece conduzir à consideração de que só é órgão administrativo o centro titular de competência com projeção no exterior da pessoa coletiva. Os atos com efeitos internos (que se esgotam no interior da pessoa coletiva) não provirão de órgãos, mas antes de *trabalhadores* ou *agentes* da pessoa coletiva pública e serão "imputados" aos respetivos serviços.

Aceitando que isso é ou pode ser assim em relação às *competências de gestão interna dos serviços administrativos*, já o mesmo não diremos quanto às *competências internas autónomas* exercidas, por determinação legal, no quadro da preparação de atos com efeitos externos: *v.g.*, competência para emissão de pareceres, para a elaboração de relatórios na sequência de vistorias e inspeções.

Nesse âmbito, das competências internas autónomas, o conceito de *órgão interno* (*v.g.*, órgão consultivo, órgão inspetivo) identifica um "centro institucionalizado" no interior da pessoa coletiva pública responsável pelo exercício de poderes cujos efeitos se projetam e esgotam no plano das relações internas. Trata-se de órgãos que não atuam para fora da pessoa coletiva a que pertencem. Esclareça-se que a ligação entre órgão e atos preparatórios

[850] Mais clara neste aspeto é a lei espanhola: assim, nos termos do artigo 5 do *Régimen Jurídico del Sector Público*, "terão a condição de órgãos administrativos as unidades administrativas às quais sejam atribuídas funções que tenham efeitos jurídicos perante terceiros ou cuja atuação tenha carácter precetivo".

(de preparação de decisões e, logo, *atos internos*) tem acolhimento na lei: veja-se o artigo 65.º, nº 1, alínea *a)*, do CPA: "órgãos [...] competentes [...] para a prática de atos preparatórios".

Exemplo de órgão interno é o responsável pela direção do procedimento, quando – como aliás é regra – não coincide com o órgão competente para a decisão final: cf. artigo 55.º, n.º 2, do CPA.

Além dos que dispõem de competências internas próprias, também nos parece de qualificar como órgãos internos aqueles que a lei especificamente autonomiza com a função de coadjuvar ou de auxiliar outros órgãos: eis o que se verifica com os *órgãos auxiliares* [cf. *infra*], como, por ex., os secretários de estado em relação aos ministros ou os vereadores em relação ao presidente da câmara.

Sem prejuízo da relevância jurídica do conceito de órgãos internos, sublinha-se que se trata de uma figura de Direito Administrativo interno, cuja atuação desconhece uma projeção no plano das relações jurídicas externas e da atuação externa da pessoa coletiva. Por isso, em geral, a referência isolada ao conceito de órgão administrativo remete para a figura do órgão administrativo externo, titular de competências que exerce, em nome da pessoa coletiva pública, perante outros sujeitos de direito.

b) Órgãos deliberativos e órgãos executivos

Em geral, consideram-se deliberativos os órgãos competentes para deliberar, quer dizer, para tomar decisões; aos órgãos executivos, diz-se, cabe proceder à execução dessas decisões. Embora se trate de uma distinção genericamente referenciada pela doutrina, deve dizer-se que a mesma se mostra apenas tendencial e, em regra, pouco esclarecedora, pois muitos órgãos como tal qualificados não são apenas executivos (de deliberações de outros órgãos). Veja-se, como exemplo, a câmara municipal, constitucional e legalmente qualificada como "órgão executivo colegial do município", responsável pela execução das medidas do órgão deliberativo, a assembleia municipal; contudo, as competências da câmara municipal estão longe de se esgotar nesse âmbito, detendo inúmeras competências de decisão autónoma, que a configuram também como órgão com competências para deliberar (neste sentido, órgão deliberativo).

c) Órgãos ativos, órgãos consultivos e órgãos de controlo

Trata-se de uma classificação que atende ao tipo de atividade administrativa que os órgãos exercem.

Órgãos ativos são os que proferem ou que executam *decisões*; podem ser deliberativos ou executivos: *v.g.*, assembleia municipal, reitor de uma universidade.

Os órgãos consultivos apreciam e emitem *pareceres*, *relatórios* e *estudos* e, em geral, exercem uma função de aconselhamento e de pronúncia sobre as matérias da sua especialidade em resposta a solicitações de outros órgãos da Administração ou até de outros Poderes (*v.g.*, Conselho Económico e Social, órgão de consulta e concertação no domínio das políticas económica e social, nos termos do artigo 92.º da CRP; Conselho Nacional do Desporto, que aconselha o membro do Governo responsável pela área do desporto). A distinção entre órgãos ativos e consultivos não é taxativa, podendo, por ex., um órgão ativo ter a incumbência legal de, na condição de órgão consultivo, emitir um parecer para instruir a decisão de outro órgão – veja-se, a este respeito, o artigo 30.º do CPA que define uma regra de proibição de abstenção, aplicável aos membros de órgãos consultivos, bem como aos membros de órgãos deliberativos, quando no exercício de funções consultivas.

Os órgãos de controlo dirigem os serviços de controlo, auditoria e fiscalização, os quais exercem funções de acompanhamento, de inspeção e de auditoria dos organismos da Administração Pública – as inspeções-gerais (*v.g.*, Inspeção-Geral da Educação) são serviços desta natureza e o inspetor-geral e os subinspetores-gerais são os órgãos que dirigem esses serviços.

d) Órgãos primários e órgãos secundários

Designam-se órgãos primários aqueles que dispõem de competência externa própria (competências conferidas diretamente por lei); órgãos secundários são os órgãos que não dispõem de competências externas próprias, embora possam vir a exercer competências por delegação.

Exemplos de órgãos secundários são: *i)* em regra, os secretários de Estado (conforme se diz na Lei Orgânica do XXI Governo Constitucional, "as/os secretárias/os de Estado não dispõem de competência própria, exceto no que se refere aos respetivos gabinetes, e exercem, em cada caso, a competência que neles seja delegada pelo Primeiro-Ministro ou pela/o ministra/o respetiva/o"); *ii)* os vereadores das câmaras municipais (os vereadores são membros do órgão colegial câmara municipal, sem competências próprias, conferidas diretamente por lei; contudo, o presidente da câmara pode delegar-lhes as suas competências próprias, assim como pode subdelegar as competências que lhe tenham sido delegadas pela câmara municipal: cf. artigos 34.º, n.º 1, 36.º, n.º 2, do RJAL).

A instituição de órgãos secundários representa um expediente legal para atribuir a um órgão (principal) a faculdade de definir, em concreto, as competências a exercer por outro órgão (secundário), bem como a própria configuração de uma estrutura organizativa ou de um agente como órgão, pois que, antes da delegação, aquela estrutura ou este agente, por não disporem de competências, não se qualificam como órgãos: este é o caso dos vereadores que, sem delegação de competências, não têm a condição de órgãos; após, a delegação são órgãos, embora secundários, uma vez que só dispõem de competências delegadas.

Não há órgãos sem competências. Na verdade, antes de ser investido de competência por delegação, por ex., o "vereador" não é um órgão unipessoal. E não é órgão porque não tem competências, nem próprias, nem delegadas. Nestes termos, o órgão secundário define-se como uma figura da organização de uma pessoa coletiva pública que assume a condição jurídica de órgão dessa pessoa coletiva apenas *se e quando* vier a ser investido de competências por delegação.

e) Órgãos vicários e órgãos auxiliares

Os *órgãos vicários* são aqueles que exercem uma competência apenas *em substituição* de outros órgãos: é, em geral, o caso dos "vices" e dos "subs" (*v.g.*, vice-presidente ou subdiretor), que exercem a competência do órgão principal – presidente ou diretor – na falta ou impedimento do respetivo titular.

Se e quando o órgão principal não pode funcionar, entra em funções o órgão vicário, em *substituição* daquele.

Processa-se neste caso uma *substituição de órgãos*, figura que se refere o artigo 43.º do CPA. Aqui se estabelece o seguinte: "nos casos em que a lei habilita um órgão a suceder, temporária ou pontualmente, no exercício da competência que normalmente pertence a outro órgão, o órgão substituto exerce como competência própria e exclusiva os poderes do órgão substituído, suspendendo-se a aplicação da norma atributiva da competência deste último".

Não está aqui envolvida a figura da *suplência*, que, em sentido genérico, também é uma *substituição*, mas do titular do órgão (o indivíduo) por um suplente (por outro indivíduo): artigo 42.º do CPA. Assim, no caso de suplência, o órgão que atua é sempre o mesmo, mudando-se apenas o titular (este é substituído por um *suplente*); no caso de substituição, o órgão chamado a atuar é diferente do órgão substituído[851].

No âmbito autárquico, é órgão vicário o *vice-presidente da câmara*, designado, de entre os vereadores, pelo presidente, e a quem, para além de outras funções que lhe sejam distribuídas, cabe substituir este nas suas faltas e impedimentos.

Órgão auxiliar é a designação que atribuímos ao órgão que tem a incumbência legal de *auxiliar* ou *coadjuvar* um outro órgão (*órgão principal*) no exercício das competências e funções deste e no âmbito de uma relação de *coadjuvação* [cf. ponto 182.2.7]. É o que sucede com os secretários de Estado, que podem considerar-se órgãos auxiliares dos ministros (nos termos da lei, os ministros são *coadjuvados* por secretários de Estado); ou com os vereadores em relação ao presidente da câmara (veja-se o artigo 36.º, n.º 1, do RJAL: "o presidente da câmara municipal é coadjuvado pelos vereadores no exercício das suas funções"). A qualificação como órgão do coadjutor ou auxiliar só se afeiçoa aos casos em que a lei autonomiza especificamente a função de coadjuvação, criando uma figura organizativa com essa função.

O mesmo órgão pode ter várias condições: assim, por ex., a lei orgânica das CCDR estabelece que cada CCDR é dirigida por um presidente, coadjuvado por dois vice-presidentes e indica, depois, que os vice-presidentes exercem as competências que lhe sejam delegadas ou subdelegadas pelo presidente. Ou seja, estes vice-presidentes são: *i) órgãos vicários*, porque substituem o órgão principal nas faltas e impedimentos do titular deste; *ii) órgãos auxiliares*, porque coadjuvam o órgão principal; *iii) órgãos secundários*, porque não dispõem de competências externas próprias, podendo, contudo, vir a exercer competências por delegação.

74.3 – Em função de um fator temporal

Considerando, por fim, um critério que atende à dimensão ou fator temporal, podemos distinguir: órgãos permanentes e órgãos temporários; órgãos de funcionamento contínuo e órgãos de funcionamento descontínuo.

[851] Sobre estas figuras, mas em sentido diferente quanto à suplência no caso de órgãos singulares, cf. Paulo Otero, *O Poder de Substituição em Direito Administrativo*, Lex, 1995, vol. II, p. 470 e segs.

a) Órgãos permanentes, órgãos temporários e órgãos instituídos ad hoc

Órgãos permanentes são os que se destinam a funcionar num período de tempo não definido ou balizado (*v.g.*, câmara municipal ou reitor de uma universidade).

Os órgãos temporários têm uma duração limitada no tempo, pelo facto de serem instituídos para uma missão específica, com um horizonte de vigência limitado ou definido à partida – pense-se, *v.g.*, nas "estruturas temporárias" como as autoridades de gestão no âmbito do Portugal 2020; a "comissão administrativa" instituída na sequência de alteração da composição da câmara municipal, nos termos do artigo 59.º, n.º 6, da Lei de Funcionamento dos Órgãos das Autarquias Locais [cf. ponto 174.3.1.2, *b)*].

A distinção entre órgãos permanentes e órgãos temporários encontra-se referida no artigo 20.º, n.º 2, do CPA; se a outra distinção ali prevista – entre órgãos singulares e colegiais – se pode compreender à luz da regulamentação subsequente, já o mesmo não se dirá, à partida, da que separa órgãos permanentes e temporários.

Dentro da categoria de órgãos temporários, parece-nos de autonomizar os órgãos instituídos *ad hoc*, por ex., para atuarem no âmbito de um procedimento (júris de concursos em procedimentos de adjudicação de contratos públicos ou de concursos de pessoal) ou instituídos caso a caso para a realização de tarefas específicas (júris de exames universitários). Estes também são órgãos temporários, mas distinguem-se pelo facto de não corresponderem a "estruturas institucionalizadas" e de se dissolvem com a extinção do único procedimento em que intervêm ou com a realização da específica e delimitada tarefa de que são incumbidos.

b) Órgãos de funcionamento contínuo e órgãos de funcionamento descontínuo

Trata-se de uma distinção que opera sobretudo em relação aos órgãos colegiais e que pressupõe a distinção entre *reunião* e *sessão*.

Os órgãos de funcionamento contínuo atuam em *sessão contínua* ou *permanente*: embora possam reunir apenas uma vez por semana ou uma vez por mês, tais órgãos estão em funcionamento permanente, continuamente.

Os órgãos de *funcionamento descontínuo* são os que funcionam apenas em certos períodos de tempo (períodos que se designam *sessões*) dentro dos quais se realizam as respetivas reuniões: *v.g.*, assembleia municipal, que, nos termos da lei, tem anualmente cinco sessões ordinárias em fevereiro, abril, junho, setembro e novembro; dentro de cada um destes períodos de tempo de funcionamento do órgão – sessão –, pode haver várias reuniões. As sessões podem ser ordinárias, quando decorrem dentro dos períodos de tempo definidos na lei ou em regimento, ou extraordinárias, quando convocadas fora desses períodos.

Secção II
Titulares dos órgãos administrativos

Após o estudo do conceito de órgão administrativo, como instituição ou centro institucionalizado de competências, estamos em condição de avançar para a compreensão da ideia de que os órgãos agem através de pessoas, homens e mulheres, que são os *titulares* ou *membros* dos órgãos.

75 – Titulares dos órgãos e relação orgânica de imputação. 76 – Titular de órgão administrativo e outras situações jurídicas. 77 – Investidura na condição de titular do órgão. 78 – Impessoalidade. 79 – Extinção do vínculo de incorporação orgânica. 80 – Conflitos de interesses, impedimentos e suspeições. 81 – Impedimentos. 81.1 – Casos de impedimento. 81.1.1 – Elemento objetivo (natureza da intervenção). 81.1.2 – Elemento subjetivo (situação pessoal do titular do órgão ou agente). 81.2 – Arguição e declaração do impedimento. 81.3 – Decisão sobre o impedimento. 81.4 – Substituição do titular impedido. 81.5 – Sanções. 82 – Escusa e suspeição. 82.1 – Fundamentos. 82.2 – Pedido de escusa e oposição de suspeição. 82.3 – Decisão sobre o pedido de escusa ou a oposição de suspeição. 82.4 – Sanções. 83 – Comparação entre os regimes dos impedimentos e das suspeições.

75 – Titulares dos órgãos e relação orgânica de imputação

A pessoa de direito público atua juridicamente por intermédio de órgãos. Mas os órgãos, como aliás as próprias pessoas de direito público, não têm existência física, não são organismos viventes nem têm capacidade de pensamento. Trata-se, antes, de figuras puramente abstratas, de instituições, dotadas de uma existência apenas jurídica. O legislador institui as *pessoas coletivas públicas*, indica os respetivos *órgãos* e, como veremos, define as *competências* destes. Tudo isto está concretizado na lei ou numa outra norma jurídica e é, portanto, neste cosmos jurídico e abstrato que as pessoas coletivas públicas e os órgãos existem. Mas vão ser necessárias pessoas físicas para que todo este sistema institucional possa funcionar.

Assim, para emprestar vida aos órgãos, para os fazer funcionar e pôr em prática as competências que a lei lhes confere, são imprescindíveis pessoas físicas – mulheres e homens –, capazes de pensar e de agir no plano físico. Surge, neste contexto, a figura do *titular do órgão* ou do *membro do órgão* (este último conceito é utilizado apenas em relação aos órgãos colegiais).

A pessoa física que assume a titularidade ou a condição de membro do órgão não representa este; não se trata, portanto, de um representante. A atuação que uma pessoa desenvolve enquanto titular do órgão é, *direta* e *imediatamente*, uma atuação do órgão. Ou seja, entre o órgão e o respetivo titular (como entre o órgão e a pessoa coletiva) não existe qualquer relação de representação, mas antes uma "relação orgânica de imputação". Como já se antecipou, ocorre, também agora – nas relações entre o órgão e o respetivo titular –, um fenómeno de "imputação jurídica", de imputação ou atribuição da atuação do titular do órgão ao próprio órgão. Quer dizer, tudo se passa, juridicamente, como se fosse o próprio órgão, que é uma instituição ou figura abstrata, a agir diretamente, sem a intermediação da pessoa física. A atuação dos titulares do órgão, considerada em si mesma enquanto atuação própria dessas mesmas pessoas, releva como um mero facto; a sua juridicidade advém de essa atuação pessoal se dever considerar atuação do órgão.

A ação dos titulares do órgão é ação do órgão: existe aqui uma imputação transitória; a ação do órgão é ação da pessoa coletiva, verificando-se, apenas num segundo momento lógico, a uma imputação final. A imputação final ou definitiva ocorre com a atribuição da atuação do órgão à pessoa coletiva, pois só esta tem personalidade jurídica e capacidade jurídica para ser titular de poderes e deveres.

O órgão não representa a pessoa coletiva de que faz parte. O titular do órgão também não representa o órgão, nem a pessoa coletiva de que este faz parte. Não existe uma relação de representação, mas, em ambos os casos, uma *relação orgânica de imputação*.

76 – Titular de órgão administrativo e outras situações jurídicas

A condição de titular de órgão administrativo não deve confundir-se com outras situações jurídicas, mais ou menos próximas.

a) Representantes de pessoas coletivas públicas ou de órgãos

Entre o titular do órgão e o órgão existe uma relação orgânica de imputação. O titular do órgão não é um representante da pessoa coletiva, nem do órgão administrativo. O representante atua em nome do representado e os efeitos dos atos que pratica produzem-se na esfera deste: cf. artigo 258.º do Código Civil; mas aquele atua juridicamente como um sujeito distinto. Na representação há uma *duplicidade de sujeitos*: o representante, que atua em nome e por conta de outrem, e o representado, a quem vai imputado o resultado da ação do primeiro. Diferentemente, na relação orgânica há um único sujeito, que atua por si mesmo e que suporta a imputação final dos resultados da sua ação: esse sujeito é a pessoa coletiva a que o órgão pertence.

Em Direito Administrativo, há também casos de verdadeira *representação*. Desde logo, na hipótese da representação processual ou patrocínio judiciário (cf. artigo 11.º do CPTA). Desta representação processual distingue-se a "representação em juízo", quer dizer, a representação de uma pessoa pública, em regra, pelo titular de um dos seus órgãos, no âmbito de processos judiciais e da prática de atos neste âmbito (*v.g.*, procuração forense). Ao lado da representação em juízo, as leis também atribuem aos titulares de órgãos ou aos agentes de uma pessoa coletiva a função de representação na prática de atos jurídicos. Além disso, há casos de representação de entidades públicas por *mandatários* (cf. artigo 21.º, n.º 3, da LQER, quanto à representação das entidades reguladoras por "mandatários" designados pelo presidente do conselho de administração).

Por outro lado, com alguma frequência, existem entidades públicas cujos órgãos de gestão são ocupados por *representantes* de outras entidades públicas (e também privadas). Assim, por ex., o Fundo REVITA é gerido por um conselho de gestão constituído por um representante do Instituto da Segurança Social, I. P., designado pelo membro do Governo responsável pela área da solidariedade e segurança social, que preside; um representante designado pelas câmaras municipais de Castanheira de Pêra, Figueiró dos Vinhos e Pedrógão Grande (e ainda um representante designado pelas instituições particulares de solidariedade social e associações humanitárias de bombeiros, a nível distrital). Por sua vez, a assembleia geral das entidades regionais de turismo é composta por um representante do Estado e um representante de cada um dos municípios que integre a área regional de turismo abrangida (bem como pelas entidades privadas com interesse no desenvolvimento e valorização turística com intervenção na respetiva área). Nestes casos, existe um vínculo jurídico de representação entre um determinado indivíduo e a entidade pública que o mesmo representa.

b) Titulares de cargos públicos

Não deve confundir-se a categoria dos titulares de órgãos administrativos com a dos *titulares de cargos públicos*.

O artigo 50.º, n.º 1, da CRP estabelece que "todos os cidadãos têm o direito de acesso, em condições de igualdade e liberdade, aos cargos públicos"[852]. O cargo público reporta-se a uma posição institucional que confere ao seu titular (um indivíduo) poderes de representação e, ou de direção de uma entidade pública ou de um órgão público – cargos públicos, neste sentido, são os dos membros do Governo, os diretores-gerais, os dirigentes de institutos públicos, os gestores públicos, os vereadores, os deputados, o Provedor de Justiça, etc. Como sucede com alguns destes casos, os titulares de cargos públicos podem ser titulares de órgãos administrativos, cenário em que ficam submetidos ao regime aplicável àqueles, como, por ex., o Regime do Exercício de Funções por Titulares de Cargos Políticos e Altos Cargos Públicos.

Uma categoria particular de cargos públicos é a dos *cargos políticos* (cf. artigo 117.º da CRP), que abrange, entre outros, o Presidente da República, os deputados, mas também titulares de órgãos administrativos, como os membros do Governo, os titulares dos órgãos eleitos das autarquias locais. Por vezes, na delimitação do respetivo âmbito de aplicação, a lei *equipara* os titulares de certos cargos públicos (*v.g.*, membros dos órgãos diretivos de institutos públicos) aos titulares de cargos políticos: eis o que sucede, por ex., com o Regime do Exercício de Funções por Titulares de Cargos Políticos e Altos Cargos Públicos ou com a Lei dos Crimes de Responsabilidade dos Titulares de Cargos Políticos. A Constituição não define cargos políticos, pelo que a densificação do conceito cabe à legislação.

c) Titulares de cargos dirigentes

A categoria dos cargos dirigentes (chefias) remete para a organização interna da pessoa coletiva pública e reporta-se ao "pessoal dirigente", isto

852 O conceito de cargo público também surge no Código Penal (artigo 66.º, n.º 1: "titular de cargo público, funcionário público ou agente da Administração").

é, aos trabalhadores da Administração Pública com cargos de direção ou de chefia de serviços administrativos: direção superior ou direção intermédia.

Trata-se, em geral, de cargos que podem ser ocupados por indivíduos com ou sem uma prévia relação de emprego com a Administração Pública, que os desempenham *em regime de comissão de serviço*. Em muitos casos, os indivíduos com funções de chefia exercem, na condição de dirigentes, competências administrativas (próprias ou delegadas) com uma projeção externa e, nessa medida, deverão ser considerados titulares de órgãos administrativos.

d) Agentes ou trabalhadores da Administração Pública

Em vários dos seus preceitos, o CPA – cf. artigos 42.º, 44.º, 55.º, 69.º (e na sequência deste: artigos 71.º, 73.º, 74.º e 76.º), 78.º, n.º 3, alínea *c)*, 79.º, n.º 5, e 108.º, n.º 2 – emprega o conceito de agente. Por vezes, agente surge em alternativa a órgão (por ex., artigos 44.º e 108.º, n.º 2), mas, em regra, aparece em alternativa a titular ou a titulares de órgãos (no artigo 42.º, n.º 1, o conceito de agente aparece, no início do preceito, em alternativa a titular do órgão e, na parte final, a órgão).

Nos termos do artigo 44.º, n.º 2, agente é "*aquele que, a qualquer título, exerça funções públicas ao serviço da pessoa coletiva, em regime de subordinação jurídica*" – a definição legal de agente é legalmente assumida apenas para os efeitos do disposto n.º 1 do artigo 44.º, sobre a delegação de poderes. Não obstante, parece-nos que é nesse sentido que o conceito de agente se deve compreender em todos os outros preceitos do CPA. O preceito alude "ao serviço da pessoa coletiva" – deve entender-se que pessoa coletiva é uma das pessoas coletivas públicas referidas no artigo 2.º, n.º 4.

Assim, tendo em consideração a definição legal, o "agente" deve ser considerado o trabalhador – "regime de subordinação jurídica" – de uma pessoa coletiva pública (nos termos do artigo 2.º, n.º 4), qualquer que seja a natureza jurídica do vínculo de emprego ("a qualquer título"): pode ser um trabalhador com um vínculo de emprego público ou com um vínculo de emprego privado [cf. 101, *b)*].

O conceito de agente, no âmbito do CPA, não coincide com o conceito de "agente público" (na parte relativa à função administrativa) utilizado no RRCEEEP: no artigo 1.º, n.ºs 3 e 4, alude-se a "titulares de órgãos, funcionários e agentes públicos" e "demais trabalhadores". É provável que, no contexto do n.º 3, o grupo "funcionários e agentes públicos" abranja os trabalhadores com vínculo de emprego público (nomeação e contrato de trabalho em funções públicas, nos termos da LTFP) e que a categoria dos "demais trabalhadores" indique os trabalhadores com vínculo de emprego privado[853]. O n.º 1 do artigo 5.º, bem como o artigo 7.º, n.º 1, já se referem a titulares de órgãos e a "funcionários e agentes" (caindo a referência a agentes "públicos"), podendo entender-se que este conjunto abrange todos os trabalhadores de pessoas coletivas de direito público.

A partir da definição genérica que aqui propomos – de agente da Administração, ou agente público, como "trabalhador de uma pessoa coletiva pública", vinculado a uma relação de emprego de qualquer natureza jurídica com uma pessoa coletiva pública –, compreende-se as relações entre agente e titular do órgão. Ambos os conceitos se reportam diretamente a *indivíduos*; indivíduos que têm em comum um vínculo jurídico que as liga a uma pessoa coletiva pública. A diferença entre eles reside no facto de o titular do órgão ser o indivíduo que se incorpora num órgão, assumindo a titularidade deste (diretor-geral, presidente, membro de órgão colegial, etc.), e de o agente ser um indivíduo, uma pessoa, com a condição de trabalhador de uma pessoa coletiva pública.

Num indivíduo determinado, pode coincidir a condição de titular de órgão e de agente ou trabalhador de uma pessoa coletiva pública: assim, por ex., um indivíduo que é diretor-geral (cargo dirigente e titular de órgão) pode ser trabalhador de uma pessoa coletiva pública.

Neste sentido, a referência legal simultânea a *titulares de órgãos ou agentes* resulta de a regulamentação pretender atingir um indivíduo concreto que está numa situação de vinculação jurídica com uma pessoa coletiva pública em cujo âmbito atua juridicamente ou executa operações materiais que devem considerar-se atuações e operações da própria pessoa coletiva pública.

A consideração simultânea ou a equiparação para certos efeitos de órgão a agente (por ex., para efeitos de delegação de poderes: cf. artigo 44.º, n.º 1, do CPA) tem já um outro sentido. Trata-se, neste caso, de um princípio de aceitação ou de previsão da possibilidade de o agente (um trabalhador) de

[853] Nestes termos, cf. Miguel Assis Raimundo, "Artigo 1.º", in Carla Amado Gomes/Ricardo Pedro/Tiago Serrão (coord.), *O Regime da Responsabilidade Civil Extracontratual do Estado, cit.*, p. 239 e segs. (p. 262).

uma pessoa coletiva pública vir a surgir investido, por força de delegação, de competências administrativas. Antes da delegação, o agente não se pode considerar órgão: é um indivíduo e não um centro institucionalizado de poderes e deveres; o agente não tem competências.

O agente referencia um indivíduo, razão pela qual pode ser associado, para certos efeitos, aos *titulares* de órgãos, mas já não aos órgãos. Por isso se deve considerar incorreta a referência, na parte final do artigo 42.º, n.º 1, do CPA a "agir no exercício da competência desse órgão ou agente": a formulação correta seria "agir em substituição do titular desse órgão ou agente".

77 – Investidura na condição de titular do órgão

Titular ou membro de um órgão administrativo é, pois, uma pessoa física que, por força de um *ato jurídico*, fica em condição de exercer ou de comparticipar no exercício das competências do órgão: esse ato designa-se *investidura*.

A investidura do titular do órgão – que incorpora um determinado indivíduo num órgão (incorporação orgânica) – constitui o desfecho de um procedimento cuja natureza pode variar:

i) *Eleição* – *v.g.*, presidente da câmara municipal e vereadores eleitos pelos eleitores do município respetivo; reitor de uma universidade, eleito pelo respetivo conselho geral; membros da Entidade Reguladora da Comunicação Social ou do Conselho Superior de Magistratura, eleitos pela Assembleia da República.

ii) *Cooptação* (processo de designação do membro de um órgão colegial por outros membros desse mesmo órgão) – *v.g.*, os membros eleitos do conselho geral das universidades cooptam (elegem) as designadas personalidades externas.

iii) *Designação por escolha livre* de outros órgãos – designação dos membros do júri de um procedimento de contratação pública; designação de um representante para assumir funções num órgão em representação de uma entidade pública (*v.g.*, designação por vários ministérios de representantes para o conselho de gestão do Fundo de Garantia Salarial).

iv) *Designação (em comissão de serviço) baseada em resultados de concurso* – *v.g.*, designação ministerial do presidente de um instituto público ou de um diretor-geral, que tem de recair sobre um de três dos candidatos identificados numa lista elaborada na sequência de um concurso público organizado pela CRESAP (Comissão de Recrutamento e Seleção para a Administração Pública).

v) *Designação por entidades particulares* – *v.g.*, designação por associações de estudantes de representantes seus no Conselho Nacional da Juventude.

vi) *Inerência* – *v.g.*, os presidentes de junta de freguesia são, por inerência, membros da assembleia municipal; os presidentes das CCDR são, por inerência, presidentes das comissões diretivas das autoridades de gestão dos fundos europeus.

vii) *Sorteio* – eis o que pode suceder, no direito eleitoral, com a designação dos membros das mesas das assembleias ou secções de voto.

78 – Impessoalidade

A imputação imediata da atuação do titular do órgão ao próprio órgão assinala uma das características especialmente marcantes da ação administrativa: trata-se de uma ação de *pessoas humanas* (os titulares e membros dos órgãos), mas que se desenvolve segundo uma *regra de impessoalidade*. Na verdade, por regra, a identidade das pessoas que "dão vida" aos órgãos administrativos não constitui um fator relevante para a compreensão do funcionamento da Administração Pública. A *continuidade* da ação administrativa e do funcionamento dos órgãos reclama uma regra de intercambialidade subjetiva: o indivíduo titular do órgão "diretor-geral" ou "presidente da câmara" pode ser hoje "A" e amanhã "B". Esta regra sublinha a indiferença da mudança do titular em relação ao funcionamento regular e contínuo do órgão: a eficácia e o valor jurídico do despacho de um diretor geral são, em regra, independentes de este ser da autoria do Sr. "A" ou do Sr. "B", contanto que, em ambos os casos, se trate de indivíduos que assumiram, de forma regular, a condição de titular do órgão diretor-geral.

A atuação da Administração Pública processa-se, juridicamente, como atuação de um órgão integrado numa pessoa coletiva. É precisamente neste sentido que se pode referenciar um "apagamento" do relevo da identidade pessoal dos titulares dos órgãos da Administração; este é o sentido da impessoalidade.

Contudo, esse apagamento tem limites e há casos em que o elemento pessoal (a pessoa do titular do órgão) se torna relevante no plano jurídico. Referindo os casos porventura mais marcantes dessa relevância, termos: *i)* as figuras dos impedimentos e da suspeição (artigos 69.º e segs. do CPA), *ii)* a caducidade da delegação ou subdelegação por mudança dos titulares dos órgãos envolvidos [artigo 50.º, alínea *b)* do CPA]; *iii)* a responsabilidade disciplinar dos titulares dos órgãos (*v.g.*, o dever de obediência às ordens legítimas do superior hierárquico constitui um dever do órgão, mas o incumprimento do mesmo envolve a responsabilidade do titular do órgão); *iv)* o acionamento da responsabilidade civil solidária das pessoas coletivas públicas em caso de dolo ou culpa grave dos titulares dos órgãos (artigo 8.º do RRCEEEP).

79 – Extinção do vínculo de incorporação orgânica

Pelo ato de investidura, um indivíduo assume a condição de titular ou de membro de um órgão. A condição de titular de um órgão administrativo não é vitalícia, e, além da morte, pode extinguir-se por variadas formas, entre as quais podemos indicar: *i)* caducidade, por força do esgotamento do prazo de duração da investidura (fim do mandato ou da comissão de serviço); *ii)* renúncia do titular; *iii)* proibição do exercício de função ou perda de mandato como consequência da prática de um crime (cf. artigos 66.º do Código Penal e 29.º e segs. da Lei dos Crimes de Responsabilidade dos Titulares de Cargos Políticos); *iv)* sanção disciplinar (*v.g.*, demissão; cessação da comissão de serviço); *v)* perda de mandato, nos termos da Lei da Tutela Administrativa (eleitos locais), e outros casos de destituição judicial[854]; *vi)* destituição administrativa, determinada por decisão administrativa, como a demissão de um gestor público ou a dissolução do conselho diretivo de um instituto público[855].

Em relação a certas causas de extinção do vínculo que liga uma pessoa a um órgão da Administração, a ocorrência da causa de extinção implica a imediata desligação da pessoa ao órgão: assim sucede, tipicamente, no caso de morte, mas também, *v.g.*, de demissão disciplinar ou de destituição judicial. Contudo, noutras situações, como o decurso do prazo do mandato ou a renúncia, a verificação da causa de extinção, apesar de criar uma

[854] A destituição judicial de titulares de cargos políticos e de altos cargos públicos é decretada pelo Tribunal Constitucional ou pelos tribunais administrativos, nos termos previstos na lei sobre a organização e o funcionamento do Tribunal Constitucional e no Regime do Exercício de Funções por Titulares de Cargos Políticos e Altos Cargos Públicos.

[855] Um caso *sui generis* de destituição administrativa encontra-se previsto no RJIES, quanto aos membros do conselho geral das universidades que, apesar de serem eleitos podem ser destituídos pelo próprio conselho geral, por maioria absoluta, em caso de falta grave (cf. artigo 81.º, n.º 8). De natureza diferente, mas também com contornos especiais, em função do órgão competente, é a destituição de membros de órgãos administrativos, como o Conselho Regulador da ERC, pela Assembleia da República [cf. ponto 186.2, *a), ii)*].

situação de *vacatura*, não tem aquele efeito e o titular do órgão mantém-se em funções até à sua efetiva substituição – veja-se, por ex., o artigo 20.º, n.º 6, da LQER: neste caso, a substituição deve ocorrer no prazo de 45 dias após a vacatura; na hipótese de este prazo ser ultrapassado, o titular a substituir deverá manter-se em funções até ao início de funções do novo titular, de acordo com o *princípio da continuidade da ação administrativa* [cf. ponto 42.2][856].

O Estatuto do Pessoal Dirigente da Administração do Estado define um regime especial para o caso de cessação da comissão de serviço. Verificando-se esta, ocorre a vacatura do lugar, podendo o cargo vago ser exercido *em regime de substituição*. A designação em regime de substituição dispensa o procedimento concursal.

Em regra, a substituição cessa passados 90 dias sobre a data da vacatura do lugar. Apesar da "situação irregular", o substituto continua em funções após esse prazo até à designação do novo titular, de novo em razão do *princípio da continuidade da ação administrativa*.

Estando em curso um procedimento concursal tendente à designação de novo titular, diz a lei que a "substituição cessa imperativamente" se, no prazo de 45 dias após a entrega pelo júri da proposta de designação referida no n.º 8 do artigo 19.º, o membro do Governo competente não tiver procedido à designação. A referência legal à *cessação imperativa* da substituição parece dever interpretar-se como indicação de um efeito legal necessário, pelo que, tudo o indica, nesse caso, o cargo vago continua sem titular e fica sem substituto.

80 – Conflitos de interesses, impedimentos e suspeições

Os indivíduos que assumem a condição de titulares dos órgãos administrativos têm a responsabilidade de lhes "dar vida" e de os fazer funcionar. Os titulares dos órgãos têm, pois, de exercer, de pôr em movimento, os poderes ou competências que a lei entrega aos órgãos, enquanto, precisamente, "centros de competências".

[856] O princípio da continuidade da ação administrativa intervém aqui para suprir a "situação irregular" que resulta da omissão do órgão competente para proceder à designação do novo titular. Não parece que o prazo que a lei estabelece para este proceder a esta designação se possa considerar indicativo ou ordenador, pelo que o desrespeito do mesmo cria uma situação irregular que, contudo, em relação aos atos praticados pelo titular que se mantém em funções, é "sanada" por força do princípio da continuidade da ação administrativa.

Sucede, porém, que a lei proíbe ou limita a intervenção desses indivíduos na condição de titulares dos órgãos nas situações de *impedimento* ou de *suspeição*. Estas figuras são, nos termos da lei, "garantias da imparcialidade" e constituem mecanismos de resolução ou de gestão de conflitos de interesses.

a) Conflitos de interesses

A Administração Pública é, em bloco, uma organização exclusivamente ao serviço do interesse público [sobre este conceito de "serviço em exclusividade", cf. ponto 42.4.3]. Todas as entidades que a integram e cada órgão dessas entidades têm a incumbência constitucional e legal de prosseguir o interesse público, tal como definido pelo legislador. Por consequência, os titulares dos órgãos e, em geral, todos os indivíduos que servem a Administração estão exclusivamente ao serviço do interesse público: cf. artigo 269.º, n.º 1, em relação aos "trabalhadores da Administração Pública".

À exigência constitucional e legal de o exercício da função administrativa ter de se fazer ao serviço do interesse público associa-se o *princípio da imparcialidade* (cf. artigos 266.º, n.º 2, da CRP e 9.º do CPA, no sentido de que a Administração Pública deve atuar de forma imparcial e isenta).

Na condição de titulares de órgãos e no exercício de competências administrativas, os indivíduos devem agir ao serviço do interesse público e, por isso, com imparcialidade, isenção e independência, sem misturar a consideração de interesses não atendíveis e que possam infetar ou inquinar o processo de ponderação valorativa dos interesses relevantes no contexto decisório.

O imperativo de consideração dos interesses relevantes no contexto decisório associa-se a uma ideia de não absolutização do interesse público. Este tem de ser sempre considerado e ponderado, posto que é um critério permanente e universal da ação administrativa, mas não exclui a ponderação e a consideração de outros interesses, desde que sejam *relevantes* no contexto decisório: estes outros interesses relevantes podem ser ainda outros interesses públicos ou interesses particulares (protegidos enquanto direitos subjetivos ou de forma reflexa). Neste sentido, a figura do conflito de interesses refere-se à presença no processo de ação administrativa de *interesses alheios* àqueles que o agente deve considerar.

Os titulares dos órgãos da Administração Pública são mulheres e homens, que, desde logo, têm "interesses pessoais" do mais variado recorte: *v.g.*, interesses financeiros, de progressão profissional, de defesa do seu estatuto, de proteção de familiares e de amigos, de defesa pessoal de posições previamente assumidas; além disso, aqueles indivíduos, como quaisquer pessoas, pertencem ou têm ligações a partidos políticos, a associações e a grupos de interesses.

Ora, a presença de interesses pessoais dos titulares dos órgãos no momento do exercício das competências representa um risco evidente para a consideração exclusiva dos interesses pertinentes e, portanto, para a atuação imparcial da Administração. Independentemente da predisposição psicológica ou da intenção efetiva do agente em se prevalecer da sua condição para obter um favorecimento pessoal, surge aqui um *risco de contaminação* do exercício da competência administrativa, o qual, em vez de servir o interesse público, pode ver-se posto ao serviço de interesses pessoais ou particulares.

Pois bem, quando, numa situação determinada do exercício da função administrativa, se cruza a presença de interesses pessoais ou particulares do agente da Administração, temos um caso de "conflito de interesses", ou seja, uma *situação em que, no exercício da sua competência num caso concreto, um agente da Administração tem, de forma direta ou indireta, um interesse pessoal, alheio aos interesses que deve ponderar, que, por isso, é suscetível de comprometer a sua imparcialidade, isenção e independência na condução de um procedimento, na tomada de uma decisão ou na celebração de um contrato.*

> O conflito de interesses, com referência bíblica, corresponde, em muitos casos, a um verdadeiro *conflito de lealdades*: "nenhum servo pode servir dois senhores; porque, ou há de odiar um e amar o outro, ou há de chegar a um e desprezar o outro. Não podeis servir a Deus e a Mamom" (Evangelho segundo Mateus, cap. 6, 24)[857].
>
> O interesse pessoal, alheio aos únicos interesses que devem ser ponderados, pode não ser ilegítimo. Ilegítimo é prossegui-lo no caso concreto, pois o agente deve considerar "todos e *apenas* os interesses relevantes no contexto decisório" (cf. artigo 9.º do CPA).

[857] Cf. Fabrício Motta, "A gestão dos conflitos de interesses como política pública", in Carla Amado Gomes/Ana Fernanda Neves/Eurico Bitencourt Neto, *A Prevenção da Corrupção e outros Desafios à Boa Governação da Administração Pública, cit.*, p. 104 e segs. (p. 115).

b) Prevenção e resolução de conflitos de interesses

Nem sempre é possível prevenir, *ex ante*, os conflitos de interesses. Tornam-se, por isso, necessários mecanismos de gestão ou de resolução de tais situações[858].

Contudo, existem institutos, mecanismos e medidas idealizados para evitar ou prevenir situações futuras e previsíveis de conflitos de interesses: eis o que ocorre com a previsão de *incompatibilidades* entre o exercício da função administrativa e outras atividades [cf. ponto 81]; com alguns casos de *inelegibilidade* (cf. artigo 7.º da Lei Eleitoral dos Órgãos das Autarquias Locais, onde se estabelece que não são elegíveis para os órgãos autárquicos, os concessionários ou peticionários de concessão de serviços da autarquia respetiva; os devedores em mora da autarquia local em causa e os respetivos fiadores; os membros dos corpos sociais e os gerentes de sociedades, bem como os proprietários de empresas que tenham contrato com a autarquia não integralmente cumprido ou de execução continuada); com a proibição da atribuição de cargos a indivíduos em certas situações (*v.g.*, nos termos do Decreto-Lei n.º 14/2014, de 22 de janeiro, que estabelece o regime jurídico das "incompatibilidades" dos membros das Comissões, de grupos de trabalho, de júris de procedimentos pré-contratuais, e consultores do Serviço Nacional de Saúde; a Lei n.º 78/2019, de 2 de setembro, estabelece que certas pessoas não podem ser nomeadas para os gabinetes de apoio aos titulares de cargos políticos e cargos públicos)[859]. Também se reconduzem à ideia de prevenção de conflitos de interesses certas formas de "regulação precoce", como a divulgação da ordem do dia de reuniões de órgãos colegiais, a proibição de transição de agentes da Administração para o sector privado em que intervieram; a proibição de aceitação de gratificações e presentes; os registos de revelação pública de interesses; as declarações de inexistência de conflitos de interesses (como a que se prevê no CCP para os membros dos júris dos procedimentos).

Todavia, como se disse, a prevenção não é suficiente, e não evita a ocorrência de situações de conflito de interesses, as quais podem surgir em qualquer circunstância. Exige-se então a mobilização de mecanismos de gestão (identificação) e de resolução de conflitos de interesses: é este o

[858] Neste sentido, cf. Sirianni, "Conflitti di interessi", in Merloni/Vandelli, *La corruzione amministrativa, cit.*, p. 215 e segs. (p. 215).

[859] Trata-se, neste caso, de um instituto que no direito italiano se designa "inconferibilità" (proibição de conferir cargos públicos a certas pessoas); cf. Marra, *L'amministrazione imparziale, cit.*, p. 123 e segs.; Lazzaro, *ob. cit.*, p. 173 e segs.

domínio de intervenção das garantias de imparcialidade previstas no CPA, os impedimentos e as suspeições.

c) Conflitos de interesses estruturais/funcionais; reais/aparentes e atuais/ potenciais

De acordo com um primeiro critério, os conflitos de interesses podem classificar-se em estruturais e funcionais. Os "conflitos de interesses estruturais" referem-se a situações em que a lei fixa uma *regra geral de não conciliação* do exercício de uma determinada atividade ou função com outra ou outras atividades ou funções[860]. São tipicamente os casos de *incompatibilidade* – *v.g.*, incompatibilidade entre o exercício de uma função pública e quaisquer outras funções, públicas ou privadas: artigo 20.º da LTFP; incompatibilidade entre a função de gestor público e o exercício de cargos de direção da administração direta e indireta do Estado, ou das autoridades reguladoras independentes, nos termos do Estatuto do Gestor Público.

Próxima da figura das incompatibilidades, constituindo uma forma de *incompatibilidade sucessiva*, é a proibição de exercício de certas atividades durante um período de tempo definido após a cessação do exercício de funções públicas: "períodos de quarentena" como esses encontram-se estabelecidos no Regime do Exercício de Funções por Titulares de Cargos Políticos e Altos Cargos Públicos (artigo 10.º), na LQER (artigo 19.º, n.º 2), na LTFP, em relação ao pessoal dirigente superior ("os titulares de cargos de direção superior da Administração Pública não podem desempenhar, pelo período de três anos contados da cessação dos respetivos cargos, as funções de inspetor-geral e subinspetor-geral, ou a estas expressamente equiparadas, no sector específico em que exerceram atividade dirigente"), e no regime jurídico dos gabinetes dos membros do Governo (Decreto-Lei n.º 11/2012, de 20 de janeiro (os membros dos gabinetes não podem desempenhar, pelo período de três anos contados da cessação das respetivas funções, os cargos de inspetor-geral e subinspetor-geral, ou a estes expressamente equiparados, no sector específico em que exerceram funções)[861].

[860] Neste sentido, cf. Sirianni, *ob. cit.*, p. 215.

[861] Trata-se da proibição de "pantouflage" – termo francês que indica o facto de uma pessoa, depois de ter exercido um cargo relevante e de poder na Administração Pública, vir a trabalhar em entidades privadas que, antes, estavam submetidas à sua autoridade; a proibição do "pantouflage" corresponde, pois, à instituição legal de uma incompatibilidade sucessiva; neste sentido, cf. G. Sirianni, "Il *pantouflage* pubblico-privato", *Diritto Pubblico*, 2019/1, p. 251

Em relação aos trabalhadores da Administração Pública, a LTFP admite, em certas condições, a possibilidade de acordos individuais ou coletivos que limitem a atividade dos trabalhadores no período máximo de dois anos subsequentes à extinção do vínculo de emprego público ("pacto de não concorrência": cf. artigo 77.º da LTFP).

O conflito de interesse estrutural dá, assim, lugar a uma situação de incompatibilidade, a qual tem um alcance geral e atinge, em bloco, uma determinada atividade ou função. Ao invés o conflito de interesse funcional apresenta um carácter pontual e circunscrito a uma situação concreta e definida, e, em princípio, gera um *dever de abstenção* ou *de não intervenção* apenas na situação concreta ("impedimento").

Assim, o Estatuto da Ordem dos Advogados estabelece uma *incompatibilidade* entre o exercício da advocacia e o cargo de presidente da câmara municipal, e impede (*impedimento*) os advogados que sejam membros de uma assembleia municipal de patrocinarem ações judiciais contra o município a que pertence essa assembleia.

Podemos ainda distinguir os conflitos de interesses em reais ou aparentes: "reais" são os conflitos relacionados com a presença efetiva e comprovada de um interesse pessoal do agente público capaz de contaminar o seu dever de imparcialidade; "aparentes" são os conflitos que resultam da dúvida que se possa suscitar no espírito de uma pessoa razoável sobre a atuação imparcial de um agente público.

Na categoria dos conflitos reais, distinguem-se os conflitos "atuais", se o interesse pessoal está presente e envolvido numa situação concreta (procedimento, ato ou contrato), dos conflitos "potenciais", que ocorrem quando, não estando ainda presente na situação concreta, o interesse pessoal do agente surge previsivelmente em momento posterior (*v.g.*, inscrição de um aluno numa disciplina do curso universitário regida pelo pai) – em Itália, a lei exige que os agentes públicos "assinalem" estes conflitos de interesses potenciais: não existe um dever de abstenção, mas, ao que parece, apenas um dever de "disclosure" ou de revelação da situação de conflito potencial[862].

e segs.; Tortora,, *La prevenzione della corruzione, cit.*, p. 96 e segs.; Marra, *ob. cit.*, p. 138 e segs.; F. Merloni, "Incarichi successivi alla cessazione della funzione", in Merloni/Vandelli. *La corruzione amministrativa, cit.*, p. 255 e segs.

[862] Cf. Iudica, *Il conflitto di interessi, cit.*, p. 35; em sentido diferente, não totalmente claro quanto à questão de saber se existe, nesse caso, um dever de abstenção, cf. F. Gaffuri, *Il conflitto di interessi*

d) Impedimentos e suspeições no CPA

No Direito Administrativo Português, os mecanismos de resolução de conflitos de interesses funcionais consistem na arguição e declaração de impedimento ou no pedido e decisão de escusa. Estes mecanismos correspondem às *garantias de imparcialidade* (cf. Secção III do Capítulo II do Título I da Parte III do CPA) e representam "soluções organizatórias e procedimentais indispensáveis à preservação da isenção administrativa", como as que alude o artigo 9.º do CPA.

> Já tivemos oportunidade de esclarecer que o elevado nível de abstração que caracteriza o princípio da imparcialidade – por visar a realização de um objetivo "alto"[863] – faz depender a sua maior efetividade de "garantias" que passam pela implementação, em regra por lei, de "soluções organizatórias e procedimentais". Sem embargo, como também vimos, o princípio contém *diretrizes normativas autónomas*, uma delas relativa à prossecução imparcial do interesse público [cf. ponto 42.4.10, *a)*].

Além de conceber mecanismos de resolução, a lei define critérios de identificação dos conflitos de interesses funcionais: cf. artigos 69.º e 73.º do CPA. A lei não opera com as categorias de conflitos reais/aparentes de conflitos atuais/potenciais. Assim, não relevam, entre nós, os conflitos potenciais, dado que, tanto os impedimentos como as suspeições supõem um conflito de interesses atual, no âmbito de um concreto procedimento, ato ou contrato. Mas, já quanto à distinção entre conflitos reais e aparentes, pode dizer-se que, em alguns casos, os impedimentos definidos no artigo 69.º, n.º 1, correspondem a casos de conflitos reais (ou de presunção inilidível nesse sentido) e os casos de suspeição, que se baseiam na presença de "circunstância pela qual se possa com razoabilidade duvidar seriamente da imparcialidade" da conduta ou decisão de órgão ou agente (artigo 73.º, n.º 1), apontam para a ideia de conflito aparente, associados a um regime que tutela o valor da aparência de imparcialidade. Mas, sobretudo quanto à consideração dos impedimentos como conflitos reais, trata-se de uma tendência e não de um elemento de identificação definitiva válido em todos os

nell'esercizio del potere amministrativo, Giappichelli, 2018, p. 6 e segs.; sobre as incertezas quanto à relevância dos conflitos aparentes no direito italiano, cf. Lubrano, *Il conflitto di interessi, cit.*, p. 149 e segs.

[863] Cf. Lubrano, *Il conflitto di interessi, cit.*, p. 13.

casos, pois também é certo que a lei define muitos deles como impedimentos em homenagem ao valor da *aparência* da imparcialidade.

A força normativa do princípio da imparcialidade enquanto exigência de prossecução isenta do interesse público não se esgota nas garantias dos referidos preceitos do CPA. Pode muito bem suceder que os valores da imparcialidade e da isenção sejam postos em crise por outras situações reconduzíveis à ideia de conflitos de interesses, mas que não estão contempladas como impedimentos, nem tão-pouco como suspeições. E, claro, demonstrando-se que a Administração atuou de forma parcial e não neutra, o veredicto da ilegalidade impõe-se em razão da violação do princípio da imparcialidade (cf. artigo 163.º, n.º 1, do CPA).

Além disso, em relação às situações legalmente previstas de impedimento e suspeição, importa notar o seguinte: *i)* o carácter aberto do conceito jurídico de "ter interesse" em procedimento, ato ou contrato; *ii)* o carácter exemplificativo dos fundamentos de pedido e de decisão de escusa (cf. artigo 73.º, n.º 1).

81 – Impedimentos

A verificação de uma situação de conflito de interesses que se reconduza a uma hipótese prevista no n.º 1 do artigo 69.º corresponde a um *impedimento.* O conceito de impedimento indica que o titular do órgão fica *impedido* de intervir em procedimento, de tomar decisão ou de participar na celebração de contrato.

A ocorrência da situação que gera um impedimento tem efeitos imediatos para o titular do órgão, o qual deve comunicar o facto e suspender imediatamente a sua atividade, em termos a seguir explicados.

Os impedimentos distinguem-se das *incompatibilidades*, nos termos que já vimos [cf. ponto 80, *c)*] – em geral, sobre a indicação legal de *incompatibilidades* e *impedimentos*, vejam-se: Regime do Exercício de Funções por Titulares de Cargos Políticos e Altos Cargos Públicos; artigos 19.º a 24.º da LTFP (trabalhadores em funções públicas); artigo 22.º do Estatuto do Gestor Público; artigos 51.º e 52.º do Regime Jurídico do Sector Público Empresarial; artigo 19.º da LQER; artigos 3.º e 4.º da Lei n.º 78/2019, de 2 de setembro, sobre impedimentos na nomeação de dirigentes da Administração Pública e de gestores públicos (a lei não define o regime de arguição do impedimento, nem as sanções aplicáveis).

A figura dos impedimentos regulada no CPA distingue-se também das situações em que, nos termos da lei, os titulares de órgãos de uma determinada pessoa coletiva pública se encontram impedidos de contratar com essa pessoa coletiva: veja-se a exemplificar esta situação o artigo 4.º, alínea *b)*, subalínea *v)*, do Estatuto dos Eleitos Locais, que define que os eleitos locais não podem celebrar com a autarquia qualquer contrato, salvo de adesão; trata-se, parece-nos, de um *impedimento pessoal*, que atinge o próprio eleito, e já não, por ex., a empresa de que ele seja sócio; aos impedimentos de empresas de titulares de cargos políticos (que não são todos os eleitos locais) aplica-se o artigo 9.º do Regime do Exercício de Funções por Titulares de Cargos Políticos e Altos Cargos Públicos. Em relação a este ponto, é outro o entendimento do STA vertido no Acórdão de 08/05/2019, P. 088/18.8BEPNF [sobre este, cf. ponto 163.1].

Por fim, os impedimentos também se distinguem da proibição imposta aos trabalhadores em funções públicas com repercussão no âmbito da *atividade privada*: estão proibidos de prestar a terceiros, por si ou por interposta pessoa, em regime de trabalho autónomo ou subordinado, serviços no âmbito do estudo, preparação ou financiamento de projetos, candidaturas ou requerimentos que devam ser submetidos à sua apreciação ou decisão ou à de órgãos ou serviços colocados sob sua direta influência; por outro lado, os trabalhadores em funções públicas (bem como os seus cônjuges, não separados de pessoas e bens, ascendentes e descendentes em qualquer grau, colaterais até ao segundo grau e pessoa que com eles vivam em união de facto e as sociedades em cujo capital detenham, direta ou indiretamente, por si mesmos ou conjuntamente com as pessoas referidas, uma participação não inferior a 10 %) não podem beneficiar, pessoal e indevidamente, de atos ou tomar parte, enquanto cocontratantes, em contratos em cujo processo de formação intervenham órgãos ou unidades orgânicas colocados sob sua direta influência. A violação destas proibições constitui infração disciplinar grave.

81.1 – Casos de impedimento

O n.º 1 do artigo 69.º identifica as situações que geram impedimento dos titulares dos órgãos e dos agentes da Administração Pública. O regime dos impedimentos aplica-se, nos mesmos termos, a "agentes" da Administração Pública, ou seja, como vimos, a todos os indivíduos que, a qualquer título, exerçam funções públicas ao serviço da pessoa coletiva, em regime de subordinação jurídica (cf. artigo 44.º, n.º 2, aqui aplicável) e, nesse âmbito, exerçam competências no âmbito de um procedimento administrativo (*v.g.*, de instrução do procedimento), competências decisórias ou para a celebração de contratos.

O mesmo regime aplica-se ainda a quaisquer outras "entidades que, independentemente da sua natureza, se encontrem no exercício de poderes públicos" – visam-se aqui as entidades particulares com poderes públicos, bem como os órgãos de outros Poderes do Estado no exercício de funções administrativas.

Além destes, há ainda que considerar a situação de impedimento das entidades que estejam numa das situações previstas no n.º 1 do artigo 69.º ou que tenham prestado nos últimos três anos serviços a favor de qualquer sujeito privado que intervenha num procedimento administrativo: estão impedidas de prestar serviços de consultoria, ou outros, a favor do responsável pela direção de procedimento ou de qualquer sujeito público que intervenha no procedimento: cf. artigo 69.º, n.º 3[864].

A situação de impedimento resulta da conjugação de um elemento ou fator objetivo, relativo ao tipo ou natureza de intervenção do titular do órgão, e um elemento subjetivo, relacionado com a verificação de uma situação subjetiva, na pessoa do titular do órgão, que exige o seu afastamento.

81.1.1 – Elemento objetivo (natureza da intervenção)

Em geral, as situações de impedimento são previstas com o objetivo de prevenir o risco de o titular do órgão se determinar por considerações alheias aos interesses relevantes; neste contexto, os impedimentos relevam especialmente em cenários em que o titular do órgão tem, de algum modo, uma capacidade de influenciar o sentido ou o resultado da ação da Administração.

A lei indica os tipos de intervenção que podem determinar impedimento:

i) Intervenção em procedimento administrativo: aqui está em causa a intervenção na fase de formação de decisões administrativas e de contratos; ainda que nem toda e qualquer intervenção em

[864] Sobre os impedimentos que afetam prestadores de serviços (artigo 69.º, n.º 3, do CPA), cf. Maria de Athayde Tavares, "Novas fronteiras do princípio da imparcialidade", *Estudos em Homenagem a Mário Esteves de Oliveira*, *cit.*, p. 1047 e segs.; veja-se ainda o nosso *Direito dos Contratos Públicos*, *cit.*, p. 724 e segs.

procedimento se deva considerar atingida, parece indiscutível que se abrange a intervenção como responsável do procedimento (artigo 55.º), a participação na discussão de propostas em reuniões de órgãos colegiais (artigo 31.º, n.º 4), a apresentação de propostas e relatórios de apoio à decisão ou a emissão de pareceres e estudos.

ii) Intervenção em ato administrativo: uma vez que a intervenção no procedimento de formação do ato administrativo é causa autónoma de impedimento, abrange-se aqui a intervenção no momento da prática do ato (tomada da decisão) quer se trate de órgão unipessoal ou de órgão colegial.

iii) Intervenção em contrato de direito público (contrato administrativo) ou contrato de direito privado da Administração: abrange o momento da celebração ou outorga do contrato.

O sistema de impedimentos não abrange a edição de regulamentos administrativos, nem outras medidas de carácter genérico, mas a presença de situações de conflito de interesses como as que estão refletidas nos casos previstos no artigo 69.º terá decerto consequências também nesses casos, por força do princípio da imparcialidade.

Nos termos do n.º 2 do artigo 69.º, as intervenções referidas não originam impedimento quando se trate:

i) De intervenções dos titulares dos órgãos que se traduzam em "atos de mero expediente", designadamente atos certificativos – o sentido da solução legal consiste em considerar irrelevante a eventual presença de um interesse pessoal na produção de atos ou de operações que não são determináveis, nem quanto à sua prática, nem quanto ao seu conteúdo, pela capacidade de influência do titular do órgão; deve, contudo, notar-se que a referência a atos de "mero expediente" não se baseia só na natureza não discricionária, mas também na natureza não decisória dos atos abrangidos; aqui entram as certidões independentes de despacho, a que se refere o artigo 84.º, mas porventura, já não as que dependam de despacho (decisão).

ii) Da emissão de parecer, na qualidade de membro do órgão colegial competente para a decisão final, quando tal formalidade seja requerida pelas normas aplicáveis; embora a formulação não seja clara, supomos que o que se pretende aqui é afastar o impedimento do membro do órgão colegial para participar na deliberação deste órgão que se pronuncie sobre um seu parecer, quando a emissão deste é imposta por lei; na falta desta exclusão, existiria impedimento, por força do artigo 69.º, n.º 1, alínea *d)*.

iii) No caso da pronúncia do autor do ato recorrido, nos termos do n.º 2 do artigo 195.º [sobre este caso, cf. volume 2].

81.1.2 – Elemento subjetivo (situação pessoal do titular do órgão ou agente)

A existência de impedimento está relacionada com a situação pessoal do titular de órgão ou do agente que protagoniza uma intervenção relevante neste âmbito. A lei usa duas metodologias para sinalizar a situação pessoal geradora de um impedimento.

a) Interesse no procedimento, ato ou contrato

A primeira consiste na referência ao facto de o titular do órgão ou agente "ter interesse" no procedimento, ato ou contrato, sendo que esse interesse pode ser *direto*, do próprio ("por si"), ou *indireto* (interesse *indireto* do titular por ser reportado ao interesse direto no procedimento, ato ou contrato de "pessoas próximas" que a lei identifica) – são os casos das alíneas *a)*, *b)* e *c)* do n.º 1 do artigo 69.º.

O círculo de "pessoas próximas" relevante em termos de impedimentos é constituído pelo *(i)* cônjuge do titular do órgão, *(ii)* por pessoa com quem ele viva em condições análogas às dos cônjuges, *(iii)* por parente ou afim em linha reta ou até ao segundo grau da linha colateral (irmãos), *(iv)* ou por qualquer pessoa com quem qualquer um dos anteriores viva em economia comum ou com a qual tenham uma relação de adoção, tutela ou apadrinhamento civil.

A lei equipara ainda a interesse pessoal as situações em que o agente tem interesse "como representante ou gestor de negócios de outra pessoa" [n.º 1, al. *a)*]: suponha-se o diretor-geral que emite uma licença a favor de uma empresa da qual é representante.

Na alínea *c)*, estabelece-se o impedimento do titular do órgão ou agente que, por si ou como representante ou gestor de negócios de outra pessoa, tenha interesse em "questão semelhante à que deva ser decidida ou quando tal situação se verifique em relação a pessoa abrangida pela alínea *b)*": assim, *v.g.*, o presidente da câmara não pode intervir no procedimento de atribuição de um subsídio a atividades artesanais quando uma "pessoa próxima" dele tenha solicitado um subsídio com a mesma finalidade.

Cumpre sublinhar que este elemento subjetivo – a subsistência de um interesse –, não reclama a presença de um elemento psicológico, nem a comprovação de um efetivo interesse do titular do órgão ou agente. Isto porque a situação de impedimento não é determinada pela intencionalidade, que pode estar ausente, nem tão-pouco pelo resultado de um benefício efetivo para o agente, mas apenas pela verificação de uma *situação objetiva* que indicia, com suficiente precisão, o perigo ou o risco de uma contaminação da intervenção do agente. Pode, assim, dizer-se que se protege o valor da *imparcialidade aparente*.

Mesmo quando aferido em função do interesse do titular do órgão, não se visa apenas referenciar um interesse *pessoal* que se traduza necessariamente na obtenção de um benefício para o próprio titular. Esse interesse pode existir – *v.g.*, procura de vantagem patrimonial; de vantagem profissional (*v.g.*, ascensão na carreira); de prestígio social; de reputação –, mas também pode estar ausente ou revelar-se de forma menos clara, por ex., no caso do interesse em beneficiar alguém que pertence ao mesmo partido político.

A evidência da presença efetiva de um interesse pessoal na obtenção da vantagem pode, contudo, assumir um relevo específico em sede jurídico-penal (v.g., crimes de corrupção passiva: artigos 372.º e 373.º do Código Penal) ou como causa de perda de mandato, no âmbito da Lei da Tutela Administrativa (artigo 8.º, n.º 2).

O carácter aberto do conceito de "interesse no procedimento, ato ou contrato" pode suscitar dúvidas sobre se num determinada situação está presente um "interesse pessoal": assim foi no caso apreciado pelo Tribunal de Contas sobre o "impedimento" do Presidente da Câmara do Porto quanto à sua intervenção no procedimento de constituição de uma empresa local cujos estatutos preveem que o presidente do conselho de administração é o presidente da câmara e que incluía a concreta designação deste como presidente do conselho de administração (cf. Acórdão n.º 11/2018, 1.ª S/PL, com um voto de vencido, precisamente sobre esta questão).

No processo de apuramento da presença de interesse pessoal como causa de impedimento deve ter-se em consideração o disposto no artigo 73.º, n.º 1, sobre os fundamentos de escusa e suspeição. Com efeito, a lei prevê nesta lista de fundamentos factos e situações que, se aqui não estivessem, poderiam constituir causas de impedimento, por se supor presente um "interesse" do titular do órgão com potencial para inquinar os termos do exercício da competência: veja-se, por ex., o fundamento de escusa que resulta de o titular do órgão ser credor ou devedor do sujeito privado com interesse direto no procedimento [cf. artigo 73.º, n.º 1, alínea *b)*] ou o que resulta da existência de uma relação de grande amizade entre o titular do órgão e a pessoa com interesse direto no procedimento [cf. artigo 73.º, n.º 1, alínea *d)*].

Pode suceder que a identificação do impedimento dependa da mera verificação de uma situação de facto, presumindo-se imediatamente a existência do *interesse*: por ex., o presidente da câmara *tem interesse* na contratação do seu cônjuge como prestador de serviços ao município; o membro do júri de um exame *tem interesse* na decisão de avaliação do seu irmão; o diretor-geral *tem interesse* na decisão sobre a atribuição de um subsídio a uma empresa de que o seu filho é sócio.

Por vezes é a própria lei a densificar o interesse pessoal. Assim, por ex., nos termos do artigo 8.º, n.º 1, do Regime do Exercício de Funções por Titulares de Cargos Políticos e Altos Cargos Públicos, os titulares de cargos políticos e de altos cargos públicos que, nos últimos três anos anteriores à data da investidura no cargo, tenham detido 10% de capital em empresas ou uma percentagem de capital superior a 50 000 € ou tenham integrado corpos sociais de quaisquer pessoas coletivas de fins lucrativos não podem intervir: *a)* em procedimentos de contratação pública de fornecimento de bens ou serviços ao Estado e a outras pessoas coletivas públicas aos quais aquelas empresas e pessoas coletivas por si detidas sejam opositoras; *b)* na execução de contratos do Estado e demais pessoas coletivas públicas com elas celebrados; *c)* em quaisquer outros procedimentos formalmente administrativos, bem como negócios jurídicos e seus atos preparatórios, em que aquelas empresas e pessoas coletivas sejam destinatárias da decisão, suscetíveis de gerar dúvidas sobre a isenção ou retidão da sua conduta, designadamente nos de concessão ou modificação de autorizações ou licenças, de atos de expropriação, de concessão de benefícios de conteúdo patrimonial e de doação de bens". Por outro lado, nos termos do artigo 9.º do mesmo Regime, os titulares de cargos políticos ou de altos cargos públicos de âmbito nacional, por si ou nas sociedades em que exerçam funções de gestão, e as sociedades por si detidas em percentagem superior a 10 % do respetivo capital social, ou cuja percentagem de capital detida seja superior a 50 000 €, não podem: *a)* participar em procedimentos de contratação pública; *b)* intervir como consultor, especialista, técnico ou mediador, por qualquer forma, em atos relacionados com os procedimentos de contratação referidos na alínea anterior".

b) Situações de interesse na defesa de posições previamente assumidas

O segundo método que a lei utiliza para identificar a situação pessoal que gera um impedimento consiste na indicação de situações em que o titular do órgão ou agente tem um interesse em defender posições previamente assumidas. Eis o que ocorre:

i) Com a intervenção do titular do órgão ou de "pessoa próxima" no procedimento como perito ou mandatário [cf. artigo 69.º, n.º 1, alíneas *d)* e *e)*];

ii) Quando o titular do órgão seja autor de *parecer* sobre questão a resolver no procedimento: artigo 69.º, n.º 1, alínea *d)*; veja-se, porém, a exclusão de impedimento no n.º 2, alínea *b)*, quando a emissão do parecer, na qualidade de membro do órgão colegial competente para a decisão final, corresponda a uma exigência requerida pelas "normas aplicáveis" (pode trata-se de normas legais ou regimentais).

iii) Quando se trate de *recurso de decisão* proferida por titular do órgão, ou com a sua intervenção, ou proferida por "pessoas próximas" ou com intervenção destas [artigo 69.º, n.º 1, alínea *f)*, salvo no caso do artigo 195.º, n.º 2, por força do disposto no artigo 69.º, n.º 2, alínea *c)*].

Em todos estes casos, a lei presume que o titular do órgão tem um interesse em "defender" uma posição previamente assumida, por razões de coerência com o que ele próprio opinou no parecer ou decidiu, ou por razões de proximidade com o autor do parecer ou da decisão recorrida.

As situações típicas constitutivas de impedimento são as que a lei indica e não outras: assim, por ex., não estão impedidos de participar na deliberação colegial os autores das propostas de deliberação. Contudo, em algumas situações próximas das que a lei enuncia, poderá haver fundamento de escusa ou de suspeição, nos termos do artigo 73.º, n.º 1: eis o que pode suceder, por ex., na ratificação por órgão colegial de atos praticados pelo respetivo presidente ou na deliberação de órgão colegial de homologação da proposta de um júri, quanto aos membros do órgão que tenham feito parte do júri.

81.2 – Arguição e declaração do impedimento

Verificando-se uma situação que se reconduza – ou que se supõe reconduzir-se – a um dos impedimentos previstos na lei, segue-se a instauração de um procedimento tendente à declaração do impedimento. Trata-se de um *procedimento incidental*, que se desenvolve a partir e no âmbito de um procedimento principal (precisamente o procedimento em que a questão do impedimento se colocou).

O incidente pode ser provocado, perante o órgão competente, pela arguição do impedimento pelo próprio titular que se considere impedido, ou pelo pedido de declaração do impedimento por qualquer interessado. Vejamos melhor estes aspetos.

a) Competência para conhecer da existência do impedimento

A competência para conhecer da existência de impedimento varia em função da situação institucional do titular ou agente impedido.

Assim, é competente para conhecer e para receber a comunicação ou o pedido de declaração do impedimento:

- *i)* o superior hierárquico do titular do órgão ou do agente em relação ao qual se verifica o caso de impedimento: artigo 70.º. n.os 1 e 4;
- *ii)* no caso de membros de órgãos colegiais, o presidente do órgão colegial: artigo 70.º. n.os 1 e 4 [865];
- *iii)* no caso de impedimento do presidente do órgão colegial, o próprio órgão, sem intervenção do presidente: artigo 70.º, n.º 5;
- *iv)* no caso de impedimento que atinja entidades que não sejam órgãos ou agentes da Administração Pública (*v.g.*, entidades privadas com poderes públicos), os órgãos com o poder de proceder à respetiva substituição: cf. artigo 70.º, n.º 5[866].

[865] Há desvios a essa regra: assim, por ex., na Comissão Nacional de Proteção de Dados, a competência para apreciar impedimentos e suspeições pertence ao órgão colegial.

[866] Não se revela fácil perceber o funcionamento do regime neste caso; as situações podem variar muito, e só em cada caso de exercício de poderes públicos por "outras entidades" se poderá definir a solução adequada.

Fora dos casos previstos nas alíneas anteriores, deverá entender-se que a competência para conhecer da existência do impedimento cabe ao órgão dirigente da pessoa coletiva pública a que pertence o órgão ou o agente.

b) Arguição (comunicação) do impedimento pelo titular do órgão

Nos termos do artigo 70.º, n.º 1, quando se verifique causa de impedimento em relação a qualquer titular de órgão ou agente da Administração Pública, deve o mesmo *comunicar* desde logo o facto ao órgão competente. A lei não indica se a comunicação se pode fazer por forma oral, mas tudo indica que sim (cf. em relação ao pedido de escusa, o artigo 74.º, n.º 2).

O incumprimento do dever de comunicação do impedimento "constitui falta grave para efeitos disciplinares", conforme se dispõe no artigo 76.º, n.º 2: em relação aos trabalhadores em funções públicas, a lei indica que a não comunicação de impedimentos previstos no CPA dá lugar à aplicação de *multa*; cf. artigo 185.º, alínea *e)*, da LTFP.

> A qualificação da não comunicação da situação de impedimento como falta grave "para efeitos disciplinares" pressupõe que o titular do órgão está submetido a um vínculo de natureza disciplinar; mas este vínculo pode não existir (eis o que pode ocorrer, *v.g.*, com o presidente ou os vereadores de uma câmara municipal ou, em muitos outros casos, com os membros de órgãos colegiais), caso em que a falta de comunicação pode ficar sem a sanção que o CPA prevê no artigo 76.º, n.º 2. Mas podem existir outras sanções para o caso de se verificar a intervenção do titular impedido: *v.g.*, perda de mandato de membros de órgãos autárquicos, nas condições do artigo 8.º, n.º 2, da Lei da Tutela Administrativa [cf. ponto 81.4].

Logo que faça a comunicação, o titular do órgão *deve*, por sua iniciativa, suspender a sua atividade no procedimento, até à decisão do incidente. Trata-se de uma suspensão do titular do órgão imposta a título cautelar, a qual, todavia, poderá ser afastada, nos termos da lei, por *determinação* de "quem tenha o poder de proceder à respetiva substituição" – não se alcança o sentido desta referência legal a quem tenha o poder de proceder à substituição do titular impedido, pois a substituição opera por força da lei (artigo 72.º, n.º 1); supõe-se que a lei se quererá referir ao órgão que tenha o poder de proferir a decisão sobre o impedimento (a versão do CPA de 1991 referia-se ao "superior hierárquico"). O órgão competente para se pronunciar sobre o impedimento pode, pois, afastar o efeito de suspensão cautelar e determinar a manutenção em funções do titular do órgão ou agente que comunicou o seu impedimento, até á decisão sobre o impedimento.

A suspensão da atividade não abrange as "medidas que forem inadiáveis em caso de urgência ou de perigo", as quais devem ser adotadas pelos titulares presumivelmente impedidos, mesmo depois de efetuada a comunicação (embora apenas antes da declaração de impedimento): cf. artigo 71.º, n.º 2. As medidas que forem adotadas com fundamento na urgência ou perigo carecem de *ratificação* pelo suplente do agente impedido – a ratificação cumpre uma *exigência de validação.*

c) Pedido de declaração do impedimento por interessado

Pode suceder que o titular do órgão não proceda à arguição do impedimento, *v.g.*, por entender que não está impedido. Nesta hipótese, "até ser proferida a decisão definitiva ou praticado o ato" – quer dizer, até estar concluído o procedimento, pela tomada da decisão final ou pela prática do ato conclusivo –, qualquer interessado (cf. artigo 65.º, n.º 2) pode requerer, ao órgão competente, a declaração de impedimento, especificando as circunstâncias de facto que constituam a sua causa (artigo 70.º, n.º 3).

Após a conclusão do procedimento principal, deixa de fazer sentido requerer a declaração de impedimento, pois o propósito desta reside em impedir a intervenção do titular do órgão no decurso do procedimento. A letra da lei sugere que a declaração de impedimento pode ser pedida após a intervenção do agente impedido, desde que ocorra antes da conclusão do procedimento (*v.g.*, pedido de declaração de impedimento de instrutor do procedimento após o envio do relatório e antes da decisão final).

O pedido de declaração de impedimento do titular do órgão pelo interessado não é *necessário*, no sentido em que o interessado não tem obrigatoriamente de o fazer como condição necessária da reação posterior que venha a fazer contra a decisão ou o contrato em que intervenham titulares impedidos. Ou seja, o interessado pode pedir a anulação do ato ou contrato em que interveio titular de órgão ou agente impedido, mesmo que não tenha apresentado pedido de declaração de impedimento.

Quando apresentado por interessado, o pedido de declaração de impedimento deve "especificar as circunstâncias de facto que constituam a causa de impedimento", o que pode implicar a emissão de juízos e a exposição de factos sobre a conduta e até sobre as relações pessoais do titular do órgão. Para prevenir consequências no plano criminal (*v.g.*, crime de difamação ou de injúria), os juízos formulados no requerimento do interessado não devem ser ofensivos da honra do titular do órgão ou do agente. Note-se, todavia, que, mesmo em caso de ofensa desta natureza, pode não haver punição, nos termos previstos no Código Penal para os crimes referidos.

Logo que tenha conhecimento da apresentação deste requerimento, o titular do órgão deve suspender a sua atividade no procedimento até à decisão do incidente, salvo, nos termos já vistos, de determinação em contrário do órgão competente para decidir o impedimento (artigo 71.º, n.º 1).

81.3 – Decisão sobre o impedimento

Na sequência da arguição do titular do órgão ou do pedido de um interessado, o órgão competente – superior hierárquico, presidente do órgão colegial, órgão colegial, órgão dirigente – aprecia a invocação do impedimento, ouvindo, se considerar necessário, o titular do órgão ou agente; é, pois, o órgão competente para a decisão que pondera sobre a necessidade de audição, mesmo quando o pedido provenha de um interessado.

Ao contrário do que faz em relação à decisão sobre pedidos de dispensa ou dedução de suspeição (cf. artigo 75.º, n.º 2), o CPA não estabelece um prazo para a decisão sobre o impedimento. Cremos, porém, ser de aplicar, também aqui, o prazo de oito dias. Enquanto a decisão não for proferida, deve manter-se a suspensão da atividade determinada pelo artigo 71.º, n.º 1.

O órgão competente pode decidir no sentido da declaração do impedimento ou no sentido da inexistência de impedimento.

Sendo declarada a inexistência de impedimento, o titular do órgão *pode* intervir no procedimento, apesar de a questão sobre a existência do impedimento poder vir a colocar-se mais tarde, no contexto de um recurso administrativo ou de um processo judicial. Na verdade, a decisão do órgão competente no sentido da inexistência de impedimento não constitui uma última palavra sobre o tema e, posteriormente, o tribunal poderá decidir que o caso era efetivamente de impedimento, e determinar a anulação do ato ou contrato, conforme previsto no artigo 76.º, n.º 1.

> Questão que se coloca neste âmbito é a de saber se, quando o pedido for formulado por interessado e a decisão for negativa, pode haver lugar à impugnação judicial autónoma dessa decisão. Trata-se de um ato que põe termo a um procedimento, ainda que incidental, pelo que não vemos obstáculo à possibilidade da respetiva impugnação, nos termos gerais do artigo 51.º, n.º 1, do CPTA. Seja como for, embora não exista, em relação à decisão em matéria de impedimento, uma norma com o teor da que consta do artigo 76.º, n.º 4, do CPA, afigura-se indiscutível que o tribunal pode conhecer do impedimento e anular o ato ou contrato em que tenha intervindo agente impedido, mesmo que o órgão competente tenha declarado a inexistência de impedimento.

Ainda nesse caso, o titular do órgão ou agente declarado não impedido, além de poder, *deve* retomar o exercício da sua atividade, no caso de ter suspenso esse exercício. Isto é assim porque, em regra, e com exceção dos casos de impedimento e de suspeição (bem como de faltas justificadas), os titulares dos órgãos administrativos e, em geral, os agentes da Administração não podem abandonar o desempenho das suas funções.

Sendo declarado o impedimento, o titular do órgão ou agente fica impedido de intervir no procedimento.

81.4 – Substituição do titular impedido

Na hipótese de vir a ser proferida decisão de declaração de impedimento, o impedido é imediatamente substituído no procedimento pelo respetivo *suplente* (artigo 72.º, n.º 1): assim, *v.g.*, em caso de impedimento, o presidente de uma CCDR é substituído pelo vice-presidente que haja sido identificado como suplente.

Contudo, a substituição não se processa nesses termos, se "houver avocação pelo órgão competente para o efeito"[867] Assim, o "órgão competente para o efeito", ou seja, o órgão com competência legal para avocar a questão (ou seja, para chamar a si o exercício da competência do titular ou agente impedido) pode entender "substituir-se" ao titular do órgão ou agente impedido, afastando a regra da substituição deste pelo seu suplente – no exemplo de há pouco, suponha-se que o impedimento do presidente de

[867] No CPA de 1991, estabelecia-se a mesma regra de substituição, mas a exceção era configurada noutros termos. Com efeito, a regra não se aplicava se o superior hierárquico do titular do órgão ou agente impedido resolvesse avocar a questão.

uma CCDR numa questão que envolve o exercício de competências nele delegadas por um secretário de Estado: nos termos do artigo 49.º, n.º 2, este, como delegante, tem o poder de avocação, pelo que, no caso, avocando, será ele a exercer a competência do agente impedido e não, conforme a regra, o vice-presidente da CCDR [sobre a figura da avocação como exemplo do poder de substituição, cf. ponto 182.2.8].

No caso de declaração de impedimento de membros de órgãos colegiais, se não houver ou não puder ser designado suplente, o órgão funciona sem o membro impedido: artigo 72.º, n.º 2. Se o titular impedido for o presidente ou o secretário, procede-se à substituição nos termos previstos no artigo 22.º.

81.5 – Sanções

Os atos administrativos ou contratos da Administração (incluindo os contratos de direito privado) em que tenham intervindo titulares de órgãos ou agentes impedidos são ilegais (anuláveis): artigo 76.º, n.º 1. Trata-se, se o podemos dizer, de uma ilegalidade objetiva, que decorre do mero facto da intervenção do titular ou agente impedido. Dispensa-se qualquer prova sobre a intencionalidade do agente, bem como sobre a violação efetiva ou real do princípio da imparcialidade; neste sentido, o valor protegido é o da *imparcialidade aparente*.

Em princípio, a intervenção de titulares de órgãos ou agentes impedidos ocorre num contexto de impedimento não declarado (falta de decisão sobre o impedimento). Mas também pode ocorrer porque o órgão competente entendeu não existir impedimento. Ora, se existir impedimento, a situação de anulabilidade do ato ou contrato mantém-se, mesmo que o órgão competente tenha decidido coisa diferente.

A intervenção de titulares impedidos pode ter *outros efeitos* ou contribuir para a eventual produção de outros efeitos. Assim, por ex., de acordo com a Lei da Tutela Administrativa, incorrem em perda de mandato "os membros dos órgãos autárquicos que, no exercício das suas funções, ou por causa delas, intervenham em procedimento administrativo, ato ou contrato de direito público ou privado relativamente ao qual se verifique impedimento legal, visando a obtenção de vantagem patrimonial para si ou para outrem"; a sanção de perda de mandato também está prevista no Regime do Exercício de Funções por Titulares de Cargos Políticos e Altos Cargos Públicos como consequência da intervenção em situações de impedimento ali previstas [cf. ponto 174.3.1.1, *d)*].

O CPA não define como infração a intervenção de agente impedido; como vimos, o que releva como infração (falta grave para efeitos disciplinares) é o incumprimento do dever de comunicação da situação de impedimento [cf. ponto 81.2, *b)*]. Sendo feita a comunicação, ainda que em situação de impedimento, o agente pode intervir, fazendo-o ao abrigo de uma decisão do órgão competente que declarou a inexistência de impedimento.

Nos termos do Estatuto do Pessoal Dirigente da Administração do Estado, a violação das disposições reguladoras de conflitos de interesses resultantes do exercício de funções públicas implica a cessação da comissão de serviço do pessoal dirigente (cf. artigo 17.º, n.º 6).

Uma questão que se pode colocar consiste em saber se será viável a *ratificação* dos atos praticados pelo titular impedido ou pelo órgão colegial com a participação do membro impedido, nos termos do artigo 164.º, n.º 1. Julgamos não existir obstáculo a essa possibilidade. Na hipótese de impedimento de titular de órgão unipessoal, o "órgão competente" para ratificar (artigo 164.º, n.º 3) será o suplente que deveria ter substituído o titular impedido (artigo 72.º, n.º 1); no caso de impedimento de membros de órgãos colegiais, aplica-se o disposto no artigo 72.º, n.º 2.

Poderá discutir-se, neste caso, se há lugar à aplicação do regime do afastamento do efeito anulatório, nos termos do artigo 163.º, n.º 5, alíneas *a)* ou *c)*. A questão exige outros desenvolvimentos, de que nos ocuparemos noutro momento [cf. volume 2][868].

82 – Escusa e suspeição

Os casos indicados no artigo 69.º reportam-se a situações de conflitos de interesses que a lei define taxativamente como de impedimento, conduzem a uma proibição estrita da intervenção do titular do órgão e obrigam este a comunicar ao órgão competente, sob pena de sanção disciplinar.

Mas podem verificar-se outras situações de conflitos de interesses mais ou menos próximas daquelas, que, como os impedimentos, acabam por poder representar um risco para a aparência de imparcialidade e de isenção da Administração Pública ou que, em qualquer caso, são suscetíveis

[868] Em Espanha, o *Régimen Jurídico del Sector Público* prevê que a atuação de agentes da Administração em situações em que deveriam abster-se de intervir (impedimentos) não implica, necessariamente e em qualquer caso, a invalidade dos atos em que tenham intervindo (artigo 23, n.º 4).

de colocar o titular do órgão administrativo numa situação incómoda, por, na sua apreciação, poder gerar-se objetivamente uma dúvida séria sobre a sua imparcialidade. Com o propósito de enquadrar em que termos se pode determinar a não intervenção de titulares de órgãos administrativos em situações que a lei não tipifica como impedimentos, o legislador delineou o regime jurídico do pedido de *escusa* ou de *dispensa* de intervenção no procedimento e da oposição de *suspeição* – esta variação semântica tem a ver com quem coloca a questão em termos procedimentais: se o fizer o titular do órgão, diz-se que "pede escusa ou dispensa"; se o fizer um interessado, diz-se que "opõe suspeição" ou "deduz suspeição" (veja-se a referência a "deduzir suspeição" no artigo 73.º, n.º 2).

82.1 – Fundamentos

Conforme se dispõe no artigo 73.º, n.º 1, os casos de escusa e suspeição reportam-se à ocorrência de circunstância *pela qual se possa com razoabilidade duvidar seriamente da imparcialidade da conduta ou decisão* do titular de um órgão da Administração.

A lei baseia o regime da escusa e suspeição nessa cláusula geral que pressupõe uma aparência de conflito: compreende-se a opção, pois o objetivo consiste precisamente em permitir uma ponderação em todos os casos em que se afigure razoável (séria) a dúvida do titular do órgão ou de um interessado sobre a perceção da imparcialidade da sua conduta.

Todavia, a lei não se limita a estabelecer essa cláusula geral, pois nas várias alíneas do mesmo preceito indica situações que correspondem a casos de escusa ou suspeição. São eles:

i) O facto de, por si ou como representante ou gestor de negócios de outra pessoa, nele ter interesse parente ou afim em linha reta ou até ao terceiro grau da linha colateral, ou tutelado ou curatelado dele, do seu cônjuge ou de pessoa com quem viva em condições análogas às dos cônjuges [note-se que o interesse de "parente ou afim em linha reta" surge como caso de impedimento: artigo 69.º, n.º 1, alínea *b)*; por outro lado, apenas se abrange o interesse de parente ou afim do terceiro grau da linha colateral, visto que a presença de interesse de parente até ao segundo grau da linha colateral gera impedimento: *ibidem*];

ii) O facto de o titular do órgão ou agente, o seu cônjuge ou pessoa com quem viva em condições análogas às dos cônjuges, ou algum parente ou afim na linha reta, ser *credor* ou *devedor* de pessoa singular ou coletiva com interesse direto no procedimento, ato ou contrato;

iii) O facto de ter havido lugar ao *recebimento de dádivas*, antes ou depois de instaurado o procedimento, pelo titular do órgão ou agente, seu cônjuge ou pessoa com quem viva em condições análogas às dos cônjuges, parente ou afim na linha reta (a lei não define aqui o período de tempo relevante quando as dádivas tenham sido recebidas antes de instaurado o procedimento; será um fator a ponderar na decisão, bem como, é claro, a natureza ou o montante das dádivas);

iv) O facto de haver *inimizade grave* ou *grande intimidade* entre o titular do órgão ou agente, ou o seu cônjuge ou pessoa com quem viva em condições análogas às dos cônjuges, e a pessoa com interesse direto no procedimento, ato ou contrato;

v) O facto de *pender em juízo ação* em que sejam parte o titular do órgão ou agente, o seu cônjuge ou pessoa com quem viva em condições análogas às dos cônjuges, parente em linha reta ou pessoa com quem viva em economia comum, de um lado, e, do outro, o interessado, o seu cônjuge ou pessoa com quem viva em condições análogas às dos cônjuges, parente em linha reta ou pessoa com quem viva em economia comum.

Sem outras considerações e, em especial, sem necessidade de verificação do preenchimento da cláusula geral, todos os factos acima descritos correspondem a casos de escusa ou suspeição: assim, por ex., a existência de um caso de grave inimizade entre o titular do órgão e o interessado direto no procedimento corresponde a uma situação de escusa ou suspeição; dispensa-se a demonstração de que essa é uma circunstância pela qual se pode com razoabilidade duvidar seriamente da imparcialidade da conduta ou decisão do titular do órgão: o juízo no sentido de que há aí um conflito aparente que deve ser identificado, gerido e resolvido foi feito pela lei, ao indicar aquele caso como uma aplicação da cláusula geral.

82.2 – Pedido de escusa e oposição de suspeição

O pedido de escusa ou de dispensa pode ser apresentado pelo titular do órgão ou agente sempre que ocorra circunstância pela qual se possa com razoabilidade duvidar seriamente da imparcialidade da sua conduta ou decisão e, designadamente, nos casos previstos nas várias alíneas do n.º 1 do artigo 73.º.

A questão que importa agora colocar é a de saber se, além de poder fazê-lo, o titular do órgão *deve* pedir dispensa ou escusa de intervir no procedimento. A letra da lei é clara: os titulares dos órgãos *devem* pedir dispensa. Trata-se, porém, de um dever legal cujo incumprimento não corresponde, no CPA, a infração disciplinar – recorde-se que esta sanção se encontra prevista na lei para o incumprimento do dever de comunicação de situações de impedimento (cf. artigo 76.º, n.º 2). Note-se, porém, que, em relação aos trabalhadores em funções públicas, a lei prevê a sanção disciplinar da multa para os trabalhadores que não façam as "comunicações de (...) suspeições" previstas no CPA: cf. artigo 184.º, alínea *e)*, da LTFP: a disposição aplica-se, pois, aos titulares de órgãos e agentes que sejam trabalhadores em funções públicas.

O pedido de escusa ou dispensa de intervenção no procedimento deve ser dirigido ao órgão competente (trata-se do mesmo que seria competente para conhecer impedimento), indicando com precisão os factos que o justifiquem. O pedido pode ser formulado oralmente (a formulação por escrito pode ser determinada pelo órgão a quem for dirigido: artigo 74.º, n.ºs 1 e 2).

Além do titular do órgão, qualquer "interessado no procedimento" pode opor ou deduzir suspeição: cf. artigos 73.º, n.º 2, e 74.º, n.º 3 – aplicam-se quanto a este *pedido* as exigências de enunciação de factos objetivos e comprováveis que vimos em relação ao pedido de declaração de impedimento. Neste caso, é sempre ouvido o titular do órgão visado.

82.3 – Decisão sobre o pedido de escusa ou a oposição de suspeição

São competentes para decidir o pedido de escusa ou a oposição de suspeição os órgãos competentes para decidir sobre impedimentos, aplicando-se, neste âmbito, o disposto nos n.ºs 4 e 5 do artigo 70.º (cf. artigo 75.º, n.º 1). A audição do titular suspeito é obrigatória quando o pedido for formulado por interessados (cf. artigo 74.º, n.º 3). A decisão deve ser proferida no prazo de oito dias, contados desde o pedido (cf. artigo 75.º, n.º 2).

Acrescenta a lei (artigo 75.º, n.º 3) que, "sendo reconhecida procedência ao pedido, é observado o disposto nos artigos 71.º e 72.º", respetivamente, sobre os efeitos da arguição do impedimento e os efeitos da declaração do impedimento.

Na sequência de uma decisão positiva sobre o pedido – concessão da dispensa ou confirmação da suspeição –, observa-se o que se dispõe no artigo 72.º. Quer isto dizer que o titular do órgão fica *impedido* de intervir no procedimento, devendo ser imediatamente substituído pelo suplente (salvo se houver avocação nos termos acima vistos para o caso de impedimento);

tratando-se de membro do órgão colegial, se não houver ou não puder ser designado suplente, o órgão funciona sem o membro impedido.

Não se percebe a mobilização, nesta fase (quando já foi reconhecida a procedência do pedido), do disposto no artigo 71.º, sobre os efeitos da arguição do impedimento: o regime aqui previsto aplica-se a uma situação que ocorre entre os momentos da apresentação do pedido (de declaração de impedimento) e de decisão[869]. Pode, contudo, entender-se que a lei terá pretendido determinar que a suspensão da intervenção no procedimento, prevista no artigo 71.º, também ocorre neste caso: só que, naturalmente, isto não acontece por ter sido "reconhecida a procedência do pedido", mas antes porque foi pedida a escusa ou dispensa ou oposta a suspeição. Assim, ainda que a lei não se possa considerar totalmente clara nesse sentido, afigura-se que o titular do órgão ou agente deve suspender a sua atividade logo que apresente o pedido de escusa ou dispensa ou tome conhecimento de ter sido deduzida a sua suspeição.

82.4 – Sanções

Nos termos do n.º 4 do artigo 76.º, a *falta* (*v.g.*, por ausência de pedido de escusa ou pelo facto de o órgão competente não ter decidido) ou a *decisão negativa* sobre a oposição da suspeição não prejudica a "invocação da anulabilidade" dos atos praticados ou dos contratos celebrados, quando do conjunto das circunstâncias do caso concreto resulte a razoabilidade de dúvida séria sobre a imparcialidade da atuação do órgão, revelada na direção do procedimento, na prática de atos preparatórios relevantes para o sentido da decisão ou na própria tomada da decisão.

Assim, se o órgão competente decidir no sentido da inexistência de suspeição, não tomar uma decisão, ou se o titular do órgão não pedir escusa, o ato ou contrato são anuláveis, se do conjunto das circunstâncias do caso concreto resultar a razoabilidade de dúvida séria sobre a imparcialidade da atuação do órgão – como já dissemos, trata-se de um caso em que a *ilegalidade* resulta de um juízo do tribunal sobre a "aparência" da violação da imparcialidade [cf. ponto 42.4.10, *a)*].

Quanto ao mais, e como vimos, ao incumprimento do dever legal de formular o pedido de escusa, que impende sobre o titular do órgão, não corresponde, no CPA, uma infração, embora tal se encontre previsto na LFTP, quanto aos trabalhadores em funções públicas.

[869] Era a mesma a solução legal do CPA de 1991.

83 – Comparação entre os regimes dos impedimentos e das suspeições

Apesar da aparência de uma distinção significativa entre os regimes jurídicos definidos no CPA para os casos de impedimento e para os casos de suspeição, a verdade é que, a final, a distinção se apresenta menos relevante do que parece.

Assim, em ambos os casos, quer de impedimento, quer de suspeição, o titular do órgão ou agente tem o dever de comunicar a situação, ainda que, no cenário da suspeição, a falta de comunicação possa não constituir infração disciplinar. Em ambos os casos, qualquer interessado pode arguir a suscitar a decisão do órgão competente. Também em ambos os casos, a decisão "positiva" do órgão competente impede a intervenção do titular do órgão ou agente, o qual deve ser substituído.

A diferença entre os dois regimes radica essencialmente no facto de a intervenção de um *agente impedido* ocorrer só nos casos expressamente previstos como impedimento e de implicar sempre a anulabilidade do ato ou contrato. Diferentemente, a intervenção de *agente em situação de suspeição*, que ocorre nos casos previstos na lei como de suspeição bem como em quaisquer outros em que ocorra circunstância pela qual se possa razoabilidade duvidar seriamente da imparcialidade da sua conduta ou decisão, só determina a possibilidade de anulação de ato ou contrato se o tribunal confirmar a razoabilidade da dúvida séria sobre a imparcialidade da atuação do agente.

Secção III
Órgãos administrativos colegiais

Vamos agora conhecer e analisar o regime jurídico do funcionamento dos órgãos administrativos colegiais. O funcionamento dos órgãos colegiais reclama uma regulamentação especial que, em geral, vai disciplinar a realização das reuniões do órgão, bem como o procedimento de aprovação das suas deliberações.

84 – Conceito de órgão colegial. 85 – Regulamentação do funcionamento dos órgãos colegiais. 86 – Composição. 86.1 – Presidente. 86.1.1 – Competências do presidente. 86.1.2 – Conflitos entre o presidente e o órgão. 86.2 – Secretário. 86.3 – Vogais. 86.4 – Variação dos critérios de determinação dos membros do órgão colegial. 87 – Reunião. 87.1 – Convocação e envio da ordem do dia da

84 – Conceito de órgão colegial

Órgãos colegiais são os órgãos administrativos compostos por dois ou mais membros. Diferentemente do que sucede com os órgãos singulares ou unipessoais, que exercem as suas competências por meio de um só indivíduo e cujo funcionamento depende apenas deste, a atuação dos órgãos colegiais (pluripessoais) reclama a atuação conjunta dos respetivos membros[870]. A competência administrativa que a lei lhes entrega tem de ser exercida por um colégio, um coletivo de pessoas. Apesar da sua pluralidade genética e constitutiva, o colégio corresponde a uma "unidade orgânica", à qual, como unidade, é juridicamente imputado o efeito das manifestações de vontade da pluralidade dos indivíduos que o compõem, valendo como "vontade colegial" a vontade da maioria dos seus membros, expressa através do voto de cada um. O órgão colegial constitui uma "unidade em si, que transcende e que supera os indivíduos que o compõem", um "corpo permanente e sempre idêntico mau grado a mudança dos seus membros"[871].

Na conceção clássica (derivada do direito canónico), o órgão colegial funda-se no princípio do *unitas actus*, correspondente a uma tripla unidade: de tempo, de lugar e de ação de todos os membros[872]; o órgão colegial tem de reunir os seus membros num mesmo contexto logístico e temporal. Daqui decorre como elemento essencial do funcionamento do órgão a *reunião* dos indivíduos que o compõem num mesmo local e à mesma hora.

[870] Em geral, sobre os órgãos colegiais: cf. C. Vitta, *Gli atti collegiali: principi sul funzionamento dei consessi pubblici, con riferimenti alle assemblee private*, Athenaeum, 1920; L. Galateria, *Gli organi collegiali amministrativi*, Giuffrè, 1956; U. Gargiulo, *I collegi amministrativi*, Jovene, 1962; S. Valentini, *La collegialità nella teoria sull'organizzazione*, Giuffrè, 1968; Th. Groß, *Das Kollegialprinzip in der Verwaltungsorganisation*, Siebeck, 1999; Mário Esteves de Oliveira/Pedro Costa Gonçalves/J. Pacheco de Amorim, *Código, cit.*, p. 143 e segs.; Diogo Freitas do Amaral, *Curso, cit.* vol. I, p. 630 e segs.; Jorge Pação, "Os órgãos colegiais no Novo Código do Procedimento Administrativo", in Carla Amado Gomes/Ana Fernanda Neves/Tiago Serrão, *Comentários ao Novo Código do Procedimento Administrativo, cit.*, vol. I, p. 365 e segs.; Tiago Serrão, "A colegialidade no Código do Procedimento Administrativo: algumas reflexões", in Carla Amado Gomes/Ana Fernanda Neves/Tiago Serrão, *Organização Administrativa, cit.*, vol. II, p. 567 e segs.

[871] Cf. Gargiulo, *ob. cit.*, p. 27.

[872] Cf. G. Pepe, *La primazia negli organi collegiali pubblici*, Editorial Scientifica, 2014, p. 13.

A regulamentação do CPA pressupõe exatamente a reunião como um *encontro pessoal* entre os membros do órgão colegial, num determinado local. Trata-se de uma *reunião presencial*. Julgamos, porém, que o princípio clássico da tripla unidade deve ser revisto no sentido de permitir a realização da reunião de órgãos colegiais com recurso a meios de comunicação eletrónica, *v.g.*, a sistemas de videoconferência ou de teleconferência[873].
Nesse sentido, veja-se o artigo 79.º, n.º 4, sobre a reunião de *conferências procedimentais* por videoconferência (as conferências não são, contudo, órgãos administrativos). Por sua vez, o regime jurídico dos graus e diplomas do ensino superior autoriza a realização por teleconferência das reuniões de júris de mestrado e de doutoramento, bem como a participação de membros dos júris nas provas públicas. Mas, como "lei geral", o CPA não autoriza a substituição da reunião presencial pela reunião eletrónica.

A conjugação das posições individuais dos vários membros do órgão – ou, em rigor, da maioria dos membros – vai dar origem a uma posição coletiva ou colegial, considerada a posição do órgão; esta é formalizada numa *deliberação*. Nas notas da pluralidade presencial e participativa e da formação coletiva da vontade unitária da Administração concretiza-se o *princípio da colegialidade*.

Neste âmbito, distingue-se *colegialidade perfeita* e *colegialidade imperfeita*.

Órgãos colegiais perfeitos são os que apenas podem funcionar com a presença do número legal de membros (efetivos ou suplentes), devendo todos estes participar na discussão, e sendo as respetivas deliberações tomadas por consenso (mediante a obtenção dos votos favoráveis de todos eles). Os órgãos colegiais imperfeitos são os que podem funcionar sem a presença de todos os membros e em que as respetivas deliberações podem ser adotadas por uma parte dos membros presentes (em regra, a maioria absoluta dos votos dos membros).

A *regra* do direito português é da *colegialidade imperfeita*: cf. os artigos 29.º do CPA, sobre o designado *quórum de funcionamento* (exigência da "maioria do número legal" dos membros do órgão).

873 Em Espanha, a lei permite que os órgãos colegiais reúnam "à distância", estabelecendo que os respetivos membros poderão encontrar-se em distintos lugares, desde que se assegure por meios eletrónicos (considerando-se como tais meios telefónicos e audiovisuais, o correio eletrónico, as audioconferências e as videoconferências), a identidade dos membros, o conteúdo das suas declarações, o momento em que estas se produzem, bem como a interatividade e intercomunicação entre eles em tempo real e a disponibilidade dos meios durante la reunião (artigo 17, n.º 1, do *Régimen Jurídico del Sector Público*).

Uma exceção a essa regra encontra-se prevista no previsto nos n.ºs 2 e 3 do artigo 68.º do Código dos Contratos Públicos, sobre o funcionamento do *júri do procedimento*; trata-se de um órgão colegial que "só pode funcionar quando o número de membros presentes na reunião corresponda ao número de membros efetivos", mas as suas deliberações são tomadas por maioria de votos (trata-se de um caso de colegialidade perfeita parcial, apenas quanto ao *quórum*).

O exercício da competência do órgão colegial reclama uma disciplina específica do funcionamento do colégio, que regule, além do mais, tudo o que se relaciona com a realização da reunião. Perspetivando a ação administrativa em termos procedimentais, quer se trate da formação de um ato, de um regulamento ou de um contrato, a intervenção de um órgão colegial no procedimento envolve, em especial, uma sequência de atos e de formalidades atinentes ao funcionamento do colégio a qual constitui uma espécie de subprocedimento que se enxerta no procedimento de formação do ato, do regulamento ou do contrato: "subprocedimento colegial".

85 – Regulamentação do funcionamento dos órgãos colegiais

A regulamentação geral sobre o funcionamento dos órgãos colegiais encontra-se no CPA, que contempla um capítulo precisamente com a epígrafe "órgãos colegiais": artigos 21.º a 35.º. O capítulo integra a Parte II do CPA: nos termos do artigo 2.º, n.º 2, essa Parte do diploma "é aplicável ao funcionamento dos órgãos da Administração Pública"; o título da Parte II confirma isto mesmo.

Tendo presente a extensão do conceito de Administração Pública acolhido no n.º 4 do artigo 2.º, conclui-se no sentido de excluir da noção legal de órgão administrativo (da Administração Pública) duas categorias importantes: *i)* os órgãos do Estado que não exerçam funções administrativas a título principal, mas que podem exercê-las a título secundário ou marginal; *ii)* os órgãos de entidades privadas quando atuem no exercício de funções administrativas (*v.g.*, órgãos de empresas públicas, de empresas concessionárias ou de federações desportivas quando pratiquem atos administrativos ou emitam regulamentos administrativos).

A dúvida que a opção legal coloca reside em saber se o regime previsto na Parte II do CPA e, dentro desta, no capítulo ao funcionamento dos órgãos colegiais, se aplica a órgãos não administrativos, não integrados na Administração Pública, tal como esta vem definida no artigo 2.º, n.º 4.

Trata-se de uma questão de resposta simples, se se atender à epígrafe da Parte II do CPA: "dos órgãos da Administração Pública".

Contudo, e apesar do elemento literal, considera-se aplicável a todas as instâncias e a quaisquer órgãos com poderes administrativos as regras da irrenunciabilidade e da inalienabilidade da competência, que se encontram consagradas no artigo 36.º (inserido na Parte II). Com exceção desse caso particular, entende-se que a Parte II do CPA se aplica, de forma direta, apenas a órgãos da Administração Pública, tal como este conceito surge traçado no artigo 2.º, n.º 4, do CPA.

> Em *Entidades Privadas com Poderes Públicos*, pronunciámo-nos no sentido da não aplicação das disposições do CPA sobre o funcionamento de órgãos colegiais às deliberações de órgãos de entidades privadas com funções administrativas (admitimos, contudo, a aplicação específica de algumas dessas regras, designadamente sobre as atas e o registo de votos de vencido)[874]. Em escrito posterior, confirmámos a tese geral da não aplicação das regras do CPA (sobre o escrutínio secreto) às deliberações de aplicação de penas disciplinares[875].
>
> O tema foi objeto de várias decisões judiciais, que não seguiram uma linha de orientação uniforme. Em tais decisões estava em causa a questão da aplicação, ou não, a órgãos de sociedades de capitais públicos do disposto no CPA sobre a exigência de votação por escrutínio secreto de deliberações disciplinares (norma análoga à do atual artigo 31.º, n.º 2): depois de, em recurso para uniformização de jurisprudência, o Supremo Tribunal Administrativo ter decidido (por maioria) no sentido da aplicação das regras sobre órgãos colegiais do CPA, o TCAS viria a decidir em direção oposta, ou seja, no sentido de que as regras sobre o funcionamento de órgãos colegiais não são aplicáveis às deliberações do conselho de administração de uma empresa pública que constituam atos administrativos[876].

Apesar de não existir razão para alterar o sentido geral dessa tese aplicação da Parte II do CPA, de forma direta, apenas a órgãos da Administração

[874] Cf. *Entidades privadas*, *cit.*, p. 1048.

[875] Cf. "Natureza jurídica das sociedades de capitais exclusiva ou maioritariamente públicos", *cit.*, p. 24 e segs. (p. 31).

[876] Cf. Acórdão STA, 20/05/2010, P. 1113/09 (por nós anotado, em divergência: cf. "Natureza jurídica", *cit.*) e Acórdão do TCAS, de 21/02/2013, P. 09340/12.

Pública, tal como este conceito surge traçado no artigo 2.º, n.º 4, do CPA –, afigura-se-nos que a mesma reclama uma pequena afinação.

Em particular, e se não existir indicação em contrário, parece justificar-se a aplicação das regras do CPA aos órgãos de entidades privadas que adotam um figurino organizatório especialmente desenhado pelo facto de participarem na função administrativa e, em especial, no exercício de poderes públicos: eis o que sucede com as "associações privadas de configuração legal", como as federações desportivas com utilidade pública desportiva. É verdade que, em termos literais rigorosos, a noção legal de órgão da Administração Pública não abrange estas situações. Ainda assim, parece fazer todo o sentido a aplicação analógica desse regime nessas situações.

Quando considerada em bloco, a regulamentação do CPA está essencialmente pensada para os órgãos colegiais "institucionalizados", permanentes ou mesmo temporários. Não obstante, na medida em que a aplicação das suas normas se acomode às circunstâncias específicas do funcionamento de órgãos instituídos *ad hoc* (*v.g.*, júris de exames ou de concursos), não vemos razão para a excluir.

Por outro lado, a referida disciplina legal pretende aplicar-se a órgãos colegiais com, pelo menos, três membros. Neste sentido, aponta o disposto no n.º 4 do artigo 29.º: "nos órgãos colegiais compostos por três membros, é de dois o *quórum* necessário para deliberar, mesmo em segunda convocatória". O tema a que se refere este preceito (*quórum*) teria de ser especialmente tratado também em relação aos órgãos com dois membros, por ex., para, neste cenário, exigir a colegialidade perfeita. Ao não regular um aspeto como este em relação a órgãos com dois membros, o CPA parece não considerar esta possibilidade. Mas isto já não significa que se possa daí retirar a ilação de que, para o CPA, a colegialidade exige órgãos com pelo menos três membros. Não parece que seja assim. Comprova isto mesmo o facto de o mesmo n.º 4 do artigo 29.º admitir abertamente que um órgão (de três membros) possa funcionar com apenas dois membros, naturalmente na condição de órgão colegial – isto, apesar de o CPA se ter "esquecido" de regular aspetos essenciais do funcionamento do órgão nesse caso, com apenas dois membros presentes (*v.g.*, maioria exigível nas deliberações; voto de qualidade do presidente).

Assim, mesmo que se conclua que, para efeitos de aplicação da regulamentação que acolhe, o CPA não considerou a figura dos órgãos colegiais com apenas dois membros, afigura-se, todavia, claro que nele se admite que a colegialidade se mantém como atributo de órgãos que funcionam com dois membros. Confirma-se, portanto, a qualificação como colegiais dos órgãos ou centros de decisão administrativa com dois membros (*v.g.*, júris de exames) e, assim, a recusa da conceção clássica segundo a qual "duo non faciunt collegitum".

A regulamentação do CPA aplica-se, se não existir *legislação especial* em sentido diferente.

Em certos casos, podem suscitar-se dúvidas sobre o regime legal aplicável: assim, por ex., nos termos do artigo 35.º, n.º 1, alínea *q)* do RJAL, o presidente da câmara pode "suspender ou encerrar antecipadamente as reuniões, quando circunstâncias excecionais o justifiquem, mediante decisão fundamentada a incluir na ata da reunião"; por sua vez, o artigo 21.º, n.º 3, do CPA começa por estipular exatamente o mesmo, mas depois acrescenta: "podendo a decisão ser revogada em recurso imediatamente interposto e votado favoravelmente, de forma não tumultuosa, por maioria de dois terços dos membros com direito a voto". A questão que se coloca consiste em saber se este segmento do preceito do CPA se aplica às reuniões de câmaras municipais. No nosso juízo, o facto de o RJAL conter a disciplina específica do funcionamento dos órgãos autárquicos conduz a considerar o CPA *lei supletiva*, que pode integrar lacunas, mas que não parece poder acrescentar uma *nova regulamentação*, como aquela que consta da parte final do n.º 3 do artigo 21.º do CPA.

A disciplina geral acolhida nas regras do CPA sobre os órgãos colegiais também pode ser *complementada*, *integrada* e *desenvolvida* por regulamentos administrativos: *normas estatutárias* (estatutos das pessoas coletivas) ou até *regimentos* aprovados pelos próprios órgãos colegiais (cf. artigo 20.º, n.º 3, que atribui aos órgãos colegiais o poder de adotarem o seu regimento, no quadro das normas legais e estatutárias aplicáveis).

De resto, os estatutos da pessoa coletiva em que o órgão se integra, mesmo quando aprovados em regulamento administrativo, e o regimento dos próprios órgãos colegiais podem inclusivamente acolher soluções diferentes das que constam nas regras legais do CPA, nos casos em que o próprio CPA admite esta possibilidade: eis o que sucede no caso do artigo 22.º, n.º 1, que fixa uma regra aplicável "salvo disposição legal, estatutária ou regimental em sentido contrário"; veja-se ainda o artigo 23.º, n.º 1, que define uma regra para o caso de não existir uma disposição legal especial, estatutária ou regimental.

Mais do que uma *deslegalização* ou uma inversão da ordem de hierarquia das normas, o que as disposições citadas do CPA pretendem produzir é antes uma espécie de *disciplina subsidiária*, que apenas se vê mobilizada na ausência de disposição regulamentar.

86 – Composição

Os termos da composição dos órgãos colegiais, quanto ao número de membros, bem como quanto à respetiva designação, são definidos por lei ou por regulamento.

Por exemplo, nos termos da lei, a câmara municipal é composta, além do presidente, por dezasseis vereadores em Lisboa, doze vereadores no Porto, por dez vereadores nos municípios com mais de 100 mil eleitores, por oito vereadores nos municípios com mais de 50 mil e menos de 100 mil eleitores, por seis vereadores nos municípios com mais de 10 mil e menos de 50 mil eleitores e por quatro vereadores nos municípios com 10 mil ou menos eleitores. Um outro exemplo: nos termos do artigo 75.º do ETAF, o Conselho Superior dos Tribunais Administrativos e Fiscais é presidido pelo Presidente do Supremo Tribunal Administrativo e composto pelos seguintes vogais: dois designados pelo Presidente da República; quatro eleitos pela Assembleia da República; quatro juízes eleitos pelos seus pares de harmonia com o princípio da representação proporcional.

Como sabemos, qualificam-se como colegiais os órgãos administrativos com dois ou mais membros, ainda que a regulamentação do CPA tenha em vista apenas ou, pelo menos, em primeira linha, os órgãos com três ou mais membros.

Os órgãos colegiais têm, em regra, um *presidente* e um *secretário*; todos os outros membros, sem estatuto definido, designam-se *vogais*.

Todos os membros (incluindo o presidente e o secretário) podem ser substituídos nas reuniões pelos respetivos *suplentes*: cf. artigo 22.º, sobre a suplência no caso do presidente e do secretário, e artigo 42.º, sobre a suplência em geral: pode dar-se o caso de não haver suplentes ou de a lei não prever a entrada de suplentes para uma reunião isolada – veja-se a hipótese de não haver ou não poder ser designado suplente no artigo 72.º, n.º 2 (por ex., nas autarquias locais, a suplência só está prevista quando os membros dos órgãos previrem ausências por mais de 30 dias).

Nos órgãos administrativos, o estatuto de membro (efetivo ou suplente) é *pessoal* e exige a presença do próprio na reunião. Não é possível a *representação*, pelo que os membros de um órgão não podem fazer-se representar por outro membro, nem, claro, por terceiro.

86.1 – Presidente

Seja qual for o número dos seus membros, o órgão colegial deve ter um *presidente*: artigo 21.º, n.º 1 (o vocábulo presidente deriva do latim *praesedens*, aquele que se senta à frente: *prae*- "em frente" e *sedere* "sentado").

O presidente é, *em regra*, membro do próprio órgão colegial e eleito em colégio, pelos membros que o compõem (*cooptação*)[877].

Há, contudo, inúmeras exceções ou regimes especiais neste ponto: por ex., casos em que o presidente é indicado por lei (*v.g.*, o presidente do Conselho Superior da Magistratura é, nos termos da lei, o presidente do Supremo Tribunal de Justiça), eleito (caso do presidente da câmara, eleito diretamente) ou, nos termos da lei, é designado por um outro órgão ou entidade (*v.g.*, o presidente do conselho de administração das entidades reguladoras é como tal indicado em resolução do Conselho de Ministros).

> O afastamento das duas regras referidas só se pode efetuar por disposição com valor de lei, não por regulamento. Neste sentido aponta diretamente a letra do artigo 21.º, n.º 1 ("sempre que a lei não disponha de forma diferente"), bem como o confronto do que aqui se estabelece com a referência do artigo 22.º, n.º 1, a "disposição legal, estatutária ou regimental em contrário".

Nos termos do artigo 22.º (sobre a *suplência*), o titular do cargo de presidente é "substituído", quando ocorra a sua ausência ou impedimento, pelo vogal mais antigo do órgão ou, em caso de igual antiguidade, pelo vogal de mais idade. Esta regra pode ser derrogada por disposição legal em sentido diferente, bem como por disposição estatutária ou regimental – o n.º 3 do artigo 22.º contém uma regra de *resolução do conflito* que venha a surgir entre o presidente e órgão [cf. ponto 86.1.2].

A destituição do presidente depende do processo de designação. Nos casos em que é eleito pelos membros do órgão, a sua destituição poderá ser

[877] Referimo-nos à figura de presidente de um órgão administrativo, e não à de presidente de uma entidade pública; sobre esta figura, cf. Diogo Freitas do Amaral, "A função presidencial das pessoas colectivas de direito público", in *Estudos de Direito Público em Honra do Professor Marcello Caetano*, 1973, p. 11 e segs.

determinada pelo órgão (mas, neste caso, a destituição refere-se ao múnus de presidente e não à qualidade de membro do órgão).

86.1.1 – Competências do presidente

Os membros do órgão colegial estão, entre si, em situação de paridade: esta regra inclui o presidente do órgão. Mas, por razões funcionais, este assume poderes próprios *dentro do órgão*. A atribuição destes poderes ao presidente não o coloca numa posição de supremacia ou de superioridade (hierárquica) sobre os demais membros; no que se refere à posição relativa dos membros do órgão, a regra é a da paridade ou equi-ordenação.

Mas, sem prejuízo desta regra, o presidente assume a posição de um *primus inter pares*, de "primeiro entre os pares"[878].

> Como já foi observado, o conceito de "primeiro entre os pares" aparenta ser contraditório. Na verdade, se há um primeiro (o presidente), os outros componentes do colégio vêm depois dele, e isto não parece conciliar-se com a ideia de paridade. Ora, o que se deve sublinhar é que a primazia do presidente não tem o sentido de afirmar uma superioridade sobre os seus pares (iguais a ele), nem de interferir sobre a autonomia decisória destes, assumindo apenas contornos de carácter formal e procedimental, em vista do regular funcionamento do órgão colegial.

A primazia jurídica do presidente tem um recorte essencialmente *formal* e uma natureza puramente *instrumental ou funcional*, que se materializa na atribuição legal de competência ou poderes funcionais exclusivamente orientados no sentido o regular e eficaz andamento dos trabalhos do órgão colegial.

Mas à primazia formal junta-se a *primazia substancial* em que a lei coloca o presidente dos órgãos colegiais quando lhes atribui *voto de qualidade* (artigo 33.º, n.º 1), que, ainda que em limites apertados, representa o reconhecimento de uma verdadeira supremacia do (voto do) presidente sobre os (votos) dos demais membros [cf. ponto 87.4, *c)*].

> Um caso muito especial e, tanto quanto saibamos, único, de consagração de uma primazia substancial do presidente de um órgão colegial encontra-se

[878] Sobre a primazia do presidente e o significado do conceito, correlacionado, de *primus inter pares*, cf. Pepe, *La primazia, cit.*, p. 29 e segs.

previsto na LQER: atribui-se ao presidente do conselho de administração das entidades reguladoras independentes o *poder de vetar* as deliberações do conselho "que repute contrárias à lei, aos estatutos ou ao interesse público" (o veto deve ser objeto de uma declaração de voto fundamentada e lavrada na ata e as deliberações objeto de veto só podem ser aprovadas após novo procedimento decisório, incluindo a audição das entidades que o presidente ou quem o substituir repute convenientes). O poder de veto, exercido em defesa da legalidade, mas também do interesse público, coloca o presidente do conselho de administração das entidades reguladoras numa posição que, em rigor, já não é a de um *primus inter pares*.

Importa observar que, em casos delimitados embora importantes, a lei consagra mecanismos de *superação* ou de *substituição* da primazia do presidente pela ação direta do órgão ou de alguns dos membros do órgão [cf. ponto 86.1.2][879].

Como membro da comissão responsável pela elaboração do Anteprojeto do CPA de 2015, o Prof. Sérvulo Correia revela que foi seguida uma orientação de fundo que consistiu na "atenuação da inspiração presidencialista no regime dos órgãos colegiais, pois que a acentuação da feição democrática do respetivo funcionamento se mostra mas conforme com o aprofundamento da democracia participativa, para a qual aponta o artigo 2.º da Constituição"[880]: exemplos dessa atenuação podem ver-se na possibilidade de revogação de atos do presidente pelo colégio, nos termos do artigo 21.º, n.º 3 ou na prevalência da vontade colegial estabelecida no artigo 22.º, n.º 3. Com a devida vénia, discordamos dessa orientação em geral, pois, como se viu, os poderes especiais do presidente têm um sentido instrumental e funcional e, desde sempre e em todos os regimes, foram pensados para assegurar um mínimo de ordem e de estabilidade ao funcionamento regular dos órgãos colegiais. Em certos casos, e exemplarmente na possibilidade de revogação prevista no n.º 3 do artigo 21.º, o "aprofundamento da democracia participativa", que conduz à continuação da reunião em condições que serão sempre *anormais* e ao agudizar da tensão, deveria ter sido substituído por uma diretriz de serenidade e de acalmia, que poderia passar pela imposição de marcação de nova reunião no prazo de 24 ou de 48 horas.

[879] Sobre estes aspetos, cf. Tiago Serrão, "A colegialidade", *cit.*, p. 573 e segs.

[880] Cf. Sérvulo Correia, in Fausto de Quadros *et alli*, *Comentários*, *cit.*, p. 58.

No exercício das suas competências próprias com projeção dentro do órgão, o presidente adota medidas e profere decisões – veja-se a parte final do artigo 34.º, n.º 1, que exige o registo na ata da reunião das "decisões do presidente".

Vejamos então estas competências.

a) Convocação e preparação das reuniões

O presidente do órgão colegial tem funções de grande relevo na preparação e na convocação das reuniões dos órgãos colegiais.

Assim, ao presidente cabe:

i) Proceder à convocação das reuniões ordinárias, e na falta de determinação legal, estatutária ou regimental ou de deliberação do órgão, fixar ou marcar os dias e horas das reuniões ordinárias (artigo 23.º, n.º 1);

ii) Convocar as reuniões extraordinárias (artigo 24.º, n.º 1); este constitui um poder de exercício obrigatório (poder-dever), quando, pelo menos, um terço dos vogais solicitem a convocação, nos termos do artigo 24.º, n.º 2; havendo incumprimento, os vogais podem substituir-se ao presidente e efetuar, eles, diretamente a convocação (artigo 24.º, n.º 5);

iii) Estabelecer a ordem do dia das reuniões, sendo que o presidente deve incluir na ordem do dia os assuntos que lhe forem indicados por qualquer vogal (artigo 25.º, n.º 1); no caso previsto no artigo 24.º, n.º 5, a competência para estabelecer a ordem do dia é devolvida aos vogais que convoquem a reunião.

b) Abertura, interrupção e encerramento das reuniões

O artigo 21.º, n.º 2, atribui ao presidente do órgão colegial os poderes de *abrir* e de *encerrar* as reuniões.

Em geral, a abertura e o encerramento de reuniões constituem expressões do poder de direção dos trabalhos e decorrem da posição jurídica interna de *primazia funcional ou instrumental* do presidente do órgão colegial. Tais atos podem ser praticados de forma concludente, embora se revele normal que se trate de atos expressos, assentes em declarações formais. Quer quanto à abertura, quer quanto ao encerramento, não se trata de poderes para "assinalar" os momentos de início e de fecho da reunião, mas antes de declarações ou comportamentos que determinam a produção daqueles efeitos jurídicos. Antes da declaração, expressa ou concludente[881], da abertura e após a declaração de encerramento da reunião, o órgão não está em condição de funcionar validamente.

No desenvolvimento do poder de direção dos trabalhos, o presidente tem o poder de interromper ou de suspender a reunião. Embora o poder de suspensão apareça apenas referido no n.º 3 do artigo 21.º, onde surge configurado como um poder mobilizável em circunstâncias excecionais, não parece que se possa recusar ao presidente a iniciativa de o fazer, em "circunstâncias normais" por ex., para um intervalo de descanso (além disso, em função de vários fatores, a reunião também pode ter de ser interrompida ou suspensa, para ser retomada num outro dia).

c) Direção dos trabalhos

A direção dos trabalhos abrange, desde logo, os poderes de abrir, suspender e encerrar as reuniões. Mas, além disso, inclui ainda o poder do presidente de disciplinar a sequência da reunião: submissão a discussão dos assuntos da ordem do dia; concessão e retirada da palavra aos vogais; aceitação e rejeição de propostas; submissão de propostas a votação.

A responsabilidade de direção dos trabalhos inclui ainda o poder de *assegurar a ordem na reunião*, o qual conhece uma concretização específica na competência de encerrar antecipadamente as reuniões, em circunstâncias excecionais. Uma vez que o presidente não dispõe de um poder de supremacia (disciplinar) sobre os restantes membros do órgão, não pode por ex., impor a sua expulsão da reunião, pelo que, no caso de perturbação grave no andamento dos trabalhos que algum ou alguns dos membros provoque, só lhe resta a possibilidade de suspender ou de encerrar a reunião.

> Ao contrário do que sucede noutros ordenamentos jurídicos, o presidente não dispõe de competência para expulsar da reunião qualquer membro do órgão colegial, nem tão-pouco para lhe aplicar coimas ou quaisquer outras sanções[882]. O presidente do órgão colegial poderá dirigir reparos, fazer

[881] As declarações de abertura e de encerramento podem ser expressas e explícitas ou resultar de comportamento concludentes nesse sentido (*v.g.*, quanto à abertura, com um acolhimento de boas vindas e o início da discussão dos temas da ordem do dia); em relação a norma equivalente da *VwVfG*, cf. Stelkens/Bonk/Sachs, *ob. cit.*, p. 2612.

[882] Na Alemanha, o § 89 da *VwVfG* (ordem nas reuniões) estipula que o presidente dos órgãos colegiais é "responsável pela ordem". Com fundamento neste preceito, a doutrina entende que o presidente tem poderes de impor a ordem perante os membros do órgão colegial, bem como

advertências ou chamadas de atenção aos restantes membros em geral, ou a qualquer um deles em particular, mas não dispõe de competências para reagir perante os membros do colégio que "desrespeitem" os seus reparos.

Este poder de assegurar a ordem conhece particular incidência no caso de *reuniões públicas* (abertas ao público), assumindo, então, os contornos de um *poder de polícia e de disciplina*, que pode envolver a tomada de decisões de variado recorte, como o controlo das entradas, a imposição de silêncio, a proibição de aplausos ou apupos e, em graves, a convocação da força policial para expulsar infratores do local da reunião.

Embora o CPA não utilize o conceito, o poder de polícia dos presidentes dos órgãos colegiais é geralmente aceite no direito estrangeiro ("polizia delle sedute", em Itália, "police des séances", em França, e "Sitzungspolizei", na Alemanha). Entre nós, veja-se o artigo 30.º n.º 1, alínea *d)*, do RJAL, que atribui ao presidente da assembleia municipal a competência para dirigir os trabalhos e "manter a disciplina das sessões".

A partir da indicação legal no sentido de que "o presidente é responsável pela ordem das reuniões" (§ 89 da *VwVfG*), a doutrina alemã entende que este é titular do designado "Hausrecht" (poder de domínio que alguém exerce num determinado espaço ou local e que lhe permite decidir quem pode estar nesse espaço ou local), podendo, assim, controlar entradas ou ordenar a expulsão de agentes perturbadores dos locais onde se realizam as reuniões de órgãos colegiais[883].

d) Garantia do cumprimento das leis e da regularidade das deliberações

O presidente tem a responsabilidade de garantir o cumprimento das leis quanto ao funcionamento, bem como quanto às deliberações do órgão – o "cumprimento das leis" refere-se ao cumprimento de todas as disposições normativas, de qualquer natureza, que regulem o funcionamento do órgão (*v.g.*, disposições regimentais e estatutárias) ou sobre a formação e o conteúdo das deliberações.

Para este efeito, o CPA confere-lhe algumas competências específicas.

perante terceiros: neste âmbito, e desde que respeite o princípio da proporcionalidade, poderá determinar a expulsão de membros do colégio que perturbem o andamento dos trabalhos; cf. Stelkens/Bonk/Sachs, *ob. cit.*, p. 2644; Kopp/Ramsauer, *ob. cit.*, p. 1920.

[883] Sobre o "Hausrecht", cf. o nosso *Entidades Privadas, cit.*, p. 373 e segs.

Assim, cabe ao presidente certificar-se de que o órgão é competente para conhecer do assunto que vai ser discutido e objeto de deliberação (cf. artigo 40.º, n.º 1). Em regra, esse "controlo da competência" é feito aquando da elaboração da ordem do dia (artigo 25.º, n.º 1), mas há casos em que ordem do dia é estabelecida pelos vogais (artigo 25.º, n.º 3) e outros em que órgão pode deliberar sobre assuntos não inscritos na ordem do dia (artigo 26.º, n.º 2). Nestas hipóteses, se for caso disso, o presidente deve advertir os vogais para a falta de competência do órgão para deliberar sobre assuntos que estes pretendem inscrever na ordem do dia.

De resto, e em geral, sempre que entenda que não estão reunidas as condições de legalidade de deliberações, o presidente tem a incumbência de advertir os membros do órgão para essa circunstância.

Ainda no exercício deste poder, o presidente conhece da existência do impedimento de qualquer membro do órgão e tem, em regra, competência para o declarar[884]. No caso de o impedimento não lhe ter sido comunicado pelo vogal, o presidente pode ouvir este, se o considerar necessário (artigo 70.º, n.ºs 1 e 4). O membro impedido em relação a um determinado assunto não pode intervir na *discussão* nem na *deliberação* sobre esse assunto: artigo 31.º, n.º 4.

e) Suspensão e encerramento antecipado de reuniões em circunstâncias excecionais

O artigo 21.º, n.º 3, indica que o presidente do órgão colegial pode *suspender* ou *encerrar antecipadamente* as reuniões, quando "circunstâncias excecionais o justifiquem", mediante decisão fundamentada, a incluir na ata da reunião. A parte final do preceito acrescenta que essa decisão pode ser revogada em recurso imediatamente interposto e votado favoravelmente, de forma não tumultuosa, por maioria de dois terços dos membros com direito a voto.

Analisemos, então, as condições legais para o exercício destes poderes de suspensão e de encerramento antecipado da reunião.

Pois bem, as decisões de *suspender* a reunião no caso que nos ocupa agora e de impor o seu *encerramento antecipado* – quer dizer, o encerramento que ocorre antes de terminar a discussão e a deliberação sobre os assuntos inscritos na ordem do dia – decorrem do múnus da direção das reuniões, e, em especial, de uma responsabilidade ou função de preservação e de

[884] Não é sempre assim: por ex., no caso da Comissão Nacional de Proteção de Dados, os impedimentos e suspeições são apreciados pelo órgão colegial e não pelo presidente.

garantia da ordem na reunião. Na nossa interpretação, trata-se de poderes que relevam de uma função de direção e de garantia da boa ordem, tendente a prevenir que o órgão funcione em ambiente de desordem ou a pôr fim a uma situação de desordem já instalada. Neste contexto, as decisões de suspensão ou de encerramento antecipado correspondem a um *remédio* para um *problema*.

No caso do encerramento, é antecipado quando ocorre antes do momento em que, *em condições normais*, a reunião teria o seu desfecho ou conclusão. A referência ao carácter antecipado remete, só por si, para um circunstancialismo *anormal* ou *excecional*, pois só este pode justificar a adoção de uma medida que se afasta de um quadro de normalidade.

O conceito de "circunstâncias excecionais" recorda imediatamente a figura do estado de necessidade [cf. ponto 42.4.2]: trata-se de circunstâncias que, sobre serem excecionais, terão de justificar as medidas em análise ("o justifiquem"); assim, está aqui pressuposta a exigência de que se trate de acontecimentos que provoquem uma situação grave, pondo em causa a serenidade necessária ao funcionamento regular do órgão colegial. Eis a razão por que a lei exige, expressamente, a ocorrência de circunstâncias excecionais que justifiquem medidas com este impacto. Ou seja, um "remédio" assim, tão agressivo, só pode aplicar-se quando se verifique um quadro de excecionalidade e de desordem que, em geral, impeça o regular funcionamento do órgão. A doutrina italiana assinala que deve estar presente um contexto o qual "è materialmente impossibile deliberare"[885].

O CPA não estabelece uma ordem de precedência da suspensão em relação à medida de encerramento antecipado, pelo que o presidente pode impor o encerramento como medida de reação primeira à situação de exceção. Admite-se, contudo, que, em muitos casos, seja razoável começar por determinar a suspensão; uma vez retomada a reunião, se a situação se mantiver ou se agravar, então seguir-se-á o encerramento. Mas, insiste-se, não parece que a lei exija esta sequência.

Para prevenir o risco de eventuais abusos e arbítrios no exercício deste poder, a revisão do CPA de 2015 introduziu uma inovação, ao estabelecer que a decisão do presidente de encerramento antecipado "pode ser revogada em recurso imediatamente interposto e votado favoravelmente, de forma não tumultuosa, por maioria de dois terços dos membros com direito a voto". Noutro momento, analisamos este "recurso" [cf. ponto 86.1.2].

[885] Cf. Vitta, *Gli atti collegiali. cit.*, p. 35.

Uma vez encerrada a reunião pelo presidente, por qualquer motivo, e, portanto, também neste caso, não podem os membros do colégio, sob qualquer pretexto, continuar a fazer funcionar o órgão. Veja-se, neste sentido, o Acórdão do TCAS, de 15/12/2016 (P. 08514/12): "declarada encerrada a reunião do órgão colegial pelo seu presidente, mesmo sem terem sido discutidos e decididos os demais assuntos constantes da ordem de trabalhos, não podiam os demais membros (vogais), então presentes, prosseguir a sessão para deliberação dos demais pontos da ordem de trabalhos, como pretenderam".

f) Reação judicial contra deliberações ou omissões do órgão

Nos termos do artigo 21.º, n.º 4, o presidente, ou quem o substituir, pode reagir judicialmente contra deliberações tomadas pelo órgão a que preside quando as considere ilegais, *impugnando* atos administrativos ou normas regulamentares ou *pedindo a declaração de ilegalidade por omissão de normas,* bem como requerer as providências cautelares adequadas.

Trata-se de uma competência do presidente do órgão enquadrada na sua condição de responsável por "assegurar o cumprimento da lei e a regularidade das deliberações". O presidente tem, portanto, legitimidade processual ativa para impugnar deliberações do órgão que consistam na prática ou na edição de normas regulamentares, bem como para reagir em face da omissão do órgão quanto à prática de atos administrativos devidos ou à edição de normas necessárias para executar leis carentes de regulamentação.

> O preceito do CPA não alude à legitimidade do presidente para reagir contra a omissão, indeferimento de pretensões ou recusa da prática de atos administrativos; mas esta possibilidade está prevista no artigo 68.º, n.º 1, alínea *e)*, do CPTA, do mesmo modo que a legitimidade para impugnar atos administrativos [cf. artigo 55.º, n.º 1, alínea *e)*] ou para pedir a condenação do órgão à emissão de normas legalmente devidas (cf. artigo 77.º, n.º 1) – o artigo 21.º, n.º 4, do CPA alude ao pedido de declaração de ilegalidade da omissão de normas, mas o que está em causa é o pedido de condenação à emissão de normas (nesse sentido, além do artigo 77.º do CPTA, veja-se o artigo 137.º, n.º 2, do próprio CPA).

As ações administrativas são propostas pelo presidente contra o órgão colegial (situação análoga à prevista no artigo 10.º, n.º 8, do CPTA), o qual será representado em juízo pelo suplente do presidente, por força do impedimento deste.

O presidente não está, contudo, legalmente obrigado a reagir judicialmente contra as deliberações que considere ilegais, e, ainda que não o faça, poderá, certamente, continuar a beneficiar de isenção de responsabilidade que possa resultar dessa deliberação se, depois de votar contra ela, registar na ata declaração de voto de vencido, nos termos do artigo 35.º, n.º 2.

Dentro do órgão, a defesa da legalidade objetiva por esta via é um poder exclusivo do presidente: nos termos que acabámos ver, os restantes membros do órgão que considerem a deliberação ilegal poderão fazer registo disso mesmo em declaração de voto na ata contra a deliberação; conforme se prescreve no n.º 2 do artigo 35.º, os membros do órgão colegial que ficam vencidos na deliberação e fazem registo da respetiva declaração de voto na ata da reunião "ficam isentos da responsabilidade que daquela eventualmente resulte".

> É abundante a jurisprudência no sentido de que a defesa da legalidade objetiva das deliberações dos órgãos colegiais não cabe aos respetivos membros, mas apenas ao presidente: cf. Acórdãos do STA de 28/03/2001 (P. 46.890), do TCAN, de 28/02/2008 (P. 68/07.9BEPRT-A), e de 20/05/2016 (P. 00580/15.6BEBRG), no sentido de um princípio de *proibição da auto-impugnação*.

A legitimidade processual do presidente tem uma dimensão objetiva, uma vez que se destina a promover a defesa da legalidade e não a defesa de interesses particulares. Mas isto não impede que o presidente impugne deliberações do órgão colegial que revoguem decisões suas: cf. artigo 21.º, n.º 3 [cf. ponto 86.1.2]. Ainda assim, a legitimidade não lhe é atribuída para a proteção da sua *posição estatutária* enquanto presidente ou membro do órgão: neste plano, tem direito à proteção judicial do seu estatuto orgânico, nos mesmos termos dos demais membros dos órgãos colegiais.

g) Outras competências do presidente

Além das anteriores, o presidente exerce as competências que a lei especial ou o regimento lhe venham a atribuir – veja-se, neste sentido, o artigo 21.º, n.º 2, que estabelece caber ao presidente abrir e encerrar as reuniões e dirigir os trabalhos, "além de outras funções que lhe sejam atribuídas".

Ainda nos termos do CPA, o presidente tem competência para determinar a votação por escrutínio secreto no caso previsto no n.º 2 do artigo

31.º; além disso, conforme se dispõe no n.º 3 deste mesmo preceito, é ao presidente que cabe elaborar a fundamentação das deliberações tomadas por escrutínio secreto.

Por outro lado, o presidente é, em regra, membro do órgão colegial para todos os efeitos: nesta condição, ele é, em geral, titular dos direitos e deveres inerentes ao estatuto de membro do órgão, como, entre outros, o direito de apresentar propostas, de participar nas discussões ou de votar (veja-se, em relação, ao direito de votar a parte final do artigo 31.º, n.º 1).

> Pode, contudo, suceder que a lei lhe retire algum destes direitos, designadamente quando, se o podemos dizer, o "presidente é apenas presidente". Trata-se de casos, excecionais, em que a lei não quer que o presidente participe, com a manifestação da sua vontade, na formação da vontade colegial, atribuindo-lhe "apenas" as competências específicas do presidente do órgão colegial. Eis o que ocorre, por ex., no regime jurídico dos graus e diplomas do ensino superior, onde se prevê que "o presidente do júri tem voto de qualidade e só exerce o seu direito de voto: *a)* quando seja professor ou investigador na área ou áreas científicas do ciclo de estudos; ou *b)* em caso de empate" [voto de desempate: cf. ponto 87.4, *c)*].

Com frequência, a lei habilita o órgão colegial a delegar competências suas no presidente: assim sucede, em geral, com o artigo 44.º, n.º 4, ainda que apenas em relação à prática de "atos de administração ordinária" e salvo se lei específica não definir outra coisa; veja-se o artigo 34.º do RJAL, que consagra um princípio geral de delegabilidade das competências da câmara municipal no respetivo presidente, ou o artigo 21.º da LQIP, que habilita o conselho diretivo a delegar competências no presidente (e em qualquer dos seus membros). Sem prejuízo do exposto, observa-se que não existe qualquer princípio ou regra geral de habilitação da delegação de competências do órgão colegial no presidente (sobre uma delegação sem habilitação legal de competências da Junta Metropolitana do Porto no respetivo presidente, cf. Acórdão do TCAN de 20/11/2014, P. 02214/11.9BEPRT).

Por fim, o presidente tem funções institucionais de representação do órgão. Além disso, no caso de o órgão ter "representação" ou "participação" noutros órgãos, estas deverão ser asseguradas pelo presidente ou pelo respetivo suplente. Claro que, nestes casos, a lei poderá dar uma outra indicação: pode, por ex., estabelecer que o órgão deve designar um representante; ou, como sucede com a participação do órgão em reuniões de conferências procedimentais, pode autorizar a "delegação" (representação) em qualquer dos seus membros (cf. artigo 79.º, n.º 5, do CPA).

86.1.2 – Conflitos entre o presidente e o órgão

Sabemos que o presidente do órgão colegial dispõe de uma primazia instrumental ou funcional dentro do órgão. A lei atribui-lhe competências reportadas ao funcionamento ou em relação às deliberações do órgão que não atribui, ao menos num primeiro momento, aos restantes membros.

Importa agora perceber o que sucede quando os restantes membros do órgão (ou alguns deles) discordam de decisões ou atos que o presidente pratica nesta qualidade.

Pois bem não resulta da lei qualquer regra ou princípio geral de revogação das decisões do presidente pelo órgão. Neste sentido, as competências do presidente qualificam-se como independentes (na relação com o órgão). Pode, assim, formular-se o *princípio geral* de que não há lugar a "recurso" das decisões do presidente para o órgão – tratar-se-ia de um recurso administrativo especial, o qual só é admitido "nos casos expressamente previstos na lei" [artigo 199.º, n.º 1, alínea *b)*] – e de que o órgão ou os membros deste não podem substituir-se ao presidente nem exercer as competências que a lei entrega a este.

Na sequência do exposto, em termos jurídicos puros, os membros do órgão que se sintam lesados por decisões do presidente (*v.g.*, por não lhes dar a palavra, por declará-los impedidos, por não incluir na ordem do dia assuntos por eles indicados) terão de reagir pela via judicial para a defesa dos seus direitos decorrentes da condição de membros do órgão colegial[886].

O princípio geral que se extrai do regime legal sobre os órgãos colegiais comporta, contudo, desvios, expressamente previstos na lei: casos em que o órgão pode revogar as decisões do presidente ou em que o órgão ou membros deste podem substituir-se ao presidente e exercer competências próprias deste.

Vejamos.

Um primeiro desvio ao referido princípio, a que já aludimos, está consagrado no artigo 21.º, n.º 3, que atribui ao órgão o poder de revogar a decisão do presidente de suspender ou de encerrar antecipadamente a reunião, com a invocação da ocorrência de circunstâncias excecionais.

[886] Em certos casos, poderá admitir-se uma "queixa" a outro órgão ou a proposta de destituição do presidente (quando este seja eleito pelo órgão).

Trata-se de um poder de *revogação*, o que significa que o órgão pode eliminar a decisão do presidente com fundamento num juízo de mérito ou de oportunidade. O órgão vê-se investido do poder de reapreciar a bondade da decisão de suspensão ou de encerramento antecipado da reunião proferida pelo presidente.

A lei estabelece algumas condições do exercício deste poder de revogação, a saber:

i) Exigência de interposição imediata de recurso da decisão do presidente: embora a lei não o esclareça, deve entender-se que qualquer membro do órgão pode interpor esse recurso; deve fazê-lo *imediatamente* a seguir à decisão do presidente e à explicitação dos respetivos fundamentos, com o propósito de dar "continuidade" à reunião que o presidente encerrou; trata-se de um *recurso administrativo especialíssimo*, ao qual não se aplica o regime jurídico dos recursos administrativos especiais previsto no artigo 199.º, n.º 5;

ii) A votação deve ocorrer de *forma não tumultuosa*: trata-se de uma exigência que decorre de um princípio básico de racionalidade da ação administrativa e cujo desrespeito determina a nulidade das deliberações: artigo 161.º, n.º 2, alínea *h)*, sobre a nulidade das deliberações "tomadas tumultuosamente";

iii) Aprovação (da revogação) por maioria de dois terços dos membros com direito a voto: o presidente fica numa situação de impedimento [nos termos do artigo 69.º, n.º 1, alínea *f)*] e não poderá estar presente nessa discussão, nem pode votar (artigo 31.º, n.º 4); dado o impedimento, o presidente deve ser substituído, nos termos do artigo 22.º.

Na hipótese de revogação da decisão do presidente e de continuação da reunião, o referido impedimento desaparece, e o presidente do órgão deve retomar o seu posto e dirigir os trabalhos até ao fim da reunião. Em qualquer caso, o presidente do órgão poderá sempre reagir judicialmente contra as deliberações que o órgão aprove, incluindo a deliberação de revogação da sua própria decisão [cf. ponto 86.1.1, *f)*].

Um segundo desvio encontra-se previsto no n.º 3 do artigo 22.º, que contém uma regra de *resolução do conflito* que venha a surgir entre o presidente e órgão quanto aos pressupostos para a intervenção do seu suplente: prevalece a "vontade colegial" quando não caiba a outro órgão a competência para o dirimir. Como resulta da letra da lei, o conflito respeita, neste caso, aos pressupostos da suplência. A hipótese mais provável é a de conflito sobre a verificação, ou não, de uma situação de *impedimento* do presidente: o conflito tanto pode surgir de uma pronúncia do presidente no sentido do impedimento (da qual os outros membros do órgão discordam) como da sua recusa em se considerar impedido (contra a opinião dos demais membros do órgão). Esta regra de resolução do conflito é coerente com o que se dispõe no artigo 70.º, n.º 5, que, para o caso de impedimento de presidente de órgão colegial, atribui a competência para a decisão do incidente ao "próprio órgão, sem intervenção do presidente" [cf. ponto 81.2, *a)*].

De uma natureza diferente dos anteriores, um terceiro desvio pode ver-se no regime de convocação de reuniões extraordinárias: nos termos do n.º 2 do artigo 24.º, o presidente é obrigado a proceder à convocação sempre que pelo menos um terço dos vogais lho solicitem por escrito, indicando o assunto que desejam ver tratado; o n.º 5 do mesmo preceito determina que, se o presidente não proceder à convocação requerida, podem os requerentes efetuá-la diretamente, com invocação dessa circunstância. Os referidos membros do órgão colegial podem, pois, substituir-se ao presidente no exercício de uma competência de exercício obrigatório mas própria deste. Neste caso, a competência do presidente para estabelecer a ordem do dia "é *devolvida* aos vogais que convoquem a reunião" (cf. artigo 25.º, n.º 3).

86.2 – Secretário

Além de um presidente, o órgão colegial também deve ter um *secretário*: artigo 21.º, n.º 1. Além disso, e também *em regra*, o secretário (como o presidente) deve ser membro do próprio órgão e eleito pelos membros que o compõem – lei especial pode prever que o secretário não seja membro do órgão (neste sentido, cf. Acórdão do STA, de 24/05/2011 (P. 0149/11).

Por disposição regimental ou por força da *praxis* de funcionamento de certos órgãos, certas funções do secretário são, por vezes, materialmente executadas por funcionário ou agente exterior ao órgão colegial. Não parece que esta prática se possa reputar ilegal, mas, também neste caso, o órgão deve eleger um dos seus membros, para assumir formalmente as funções de secretário, o qual, além do mais, se deve responsabilizar pelos termos da redação final da ata ou da minuta.

O membro do órgão com funções de secretário é substituído no exercício dessas funções, quando ocorra a sua ausência ou impedimento, pelo vogal mais moderno (ou, em caso de igualdade, pelo vogal mais jovem) – cf. artigo 22.º, n.º 2.

O secretário tem competências quanto à redação da ata da reunião, na versão definitiva ou em minuta sintética – cf. artigo 34.º.

86.3 – Vogais

Os membros do órgão colegial que não tenham condição de presidente ou de secretário são vogais. Diz-se numa decisão do STA que "vogais são todos aqueles que sendo membros de um órgão colegial não ocupam uma posição funcional dotada expressamente de outra denominação (Acórdão do STA, de 18/06/1996, P. 039684). Por vezes, a lei atribui uma designação específica aos vogais de um órgão colegial: eis o que sucede com os *vereadores* das câmaras municipais.

Os vogais adquirem um *estatuto* enquanto membros do órgão colegial. Esse estatuto é composto de direitos e de deveres.

Entre outros, os vogais têm os seguintes direitos: *i)* à convocação para as reuniões; *ii)* à indicação de assuntos para a ordem do dia; *iii)* à receção da ordem do dia; *iv)* ao acesso a todos os documentos e a todas as fontes de informação ao dispor do órgão; *v)* à presença nas reuniões; *vi)* à participação nas discussões, tomando a palavra e por via da apresentação de propostas; *vii)* a votar em todas as votações (salvo se, por força da lei, não tiverem direito de votar); *viii)* ao registo em ata de declarações de voto; *ix)* à impugnação judicial das decisões do presidente ou das deliberações do órgão que violem os seus direitos e à reação judicial para obter a condenação ao cumprimento dos deveres correspetivos dos seus direitos.

Além desses direitos, de exercício individual, os membros dos órgãos colegiais são cotitulares de direitos de exercício coletivo: direito de requerer a convocação de reunião extraordinária (por um terço dos *vogais*) ou o de reconhecer a urgência de deliberação imediata sobre assunto não inscrito na ordem do dia (por dois terços dos *membros*).

Qualquer dos vogais poderá exercer, neste caso por delegação do órgão colegial, o *poder de direção do procedimento* de formação de decisões da competência do órgão, nos termos do n.º 2 do artigo 55.º do CPA.

Os membros dos órgãos colegiais também têm deveres; muitos deles são aliás o outro lado dos seus direitos, como é o caso do dever de presença ou do dever de votar. Além desses, e entre outros, têm o dever de comunicar situações de impedimento ou de suspeição, assim como o dever genérico de não perturbação do funcionamento do órgão ou do exercício normal das competências do presidente.

> O incumprimento dos deveres dos membros de órgãos colegiais pode ser sancionado de diversas formas, previstas na lei (*v.g.*, perda de mandato; falta grave para efeitos disciplinares; destituição judicial). Como sabemos, o presidente não tem poder disciplinar sobre os membros do colégio [cf. ponto 86.1.1, *c)*]. Além disso, o próprio colégio também não tem poderes disciplinares sobre os seus membros: esta é a regra geral; uma exceção à mesma encontra-se prevista no artigo 81.º, n.º 8, do RJIES, que atribui ao conselho geral a competência para destituir os seus membros, *em caso de falta grave*.

Os vogais podem reagir judicialmente para defender os seus direitos estatutários, em ações propostas contra o presidente ou, se for o caso, contra o próprio órgão. Como sabemos, não têm legitimidade para propor ações em defesa da legalidade objetiva (trata-se de um poder exclusivo do presidente: artigo 21.º, n.º 4). Além disso, tem-se entendido, e parece-nos que bem, que os membros dos órgãos colegiais não podem reagir contra as deliberações de órgãos de que façam parte na condição de "autores populares" (invocando a legitimidade ativa popular)[887].

86.4 – Variação dos critérios de determinação dos membros do órgão colegial

A referência legal aos membros do órgão colegial não abrange sempre o mesmo universo. A lei pode pretender visar todos os membros, ou apenas os membros presentes, ou só os membros com direito a voto ou apenas os vogais.

De resto, em certos casos, a regulamentação do CPA não é muito clara neste ponto, podendo surgir dúvidas sobre o universo dos membros do órgão que se pretende abranger. O CPA emprega, pelo menos, as seguintes referências: *i)* "membros com direito a voto" (artigo 21.º, n.º 3); *ii)* órgão, em confronto com o presidente (artigo 22.º, n.º 3); *iii)* todos os membros do órgão (artigos 23.º, n.º 2, 24.º, n.º 5, 25.º, n.º 2 e 28.º); *iv)* "um terço dos vogais" (artigo 24.º, n.º 2); *v)* "dois terços dos membros do órgão" (artigo

[887] Neste sentido, cf. Acórdão do TCAN, de 20/05/2016, P. 00580/15.6BEBRG; sobre o tema, cf. Cláudia Saavedra Pinto, "Os litígios emergentes no âmbito dos órgãos colegiais – Ac. do TCA Sul de 14.11.2007, P. 2879/07", *CJA*, n.º 79, 2010, p. 46 e segs.

26.º, n. 2); *vi)* "maioria do número legal dos membros com direito a voto" (artigo 29.º, n.º 1); *vii)* "um terço dos membros com direito a voto" (artigo 29.º, n.º 3); *viii)* "membros presentes à reunião" (artigo 32.º, n.º 1).

Na análise de cada uma das disposições citadas, procuraremos precisar o sentido do conceito legal.

Como orientação geral, indica-se, desde já, que a referência a membros "com direito a voto" se explica porque pode haver membros do órgão sem direito a voto: eis o que ocorre com os membros que se encontram impedidos (artigo 31.º, n.º 4); o mesmo sucede com a votação para aprovação da ata, na qual não podem participar os membros que não tenham estado presentes na reunião a que a ata diz respeito (artigo 34.º, n.º 3); pode ainda suceder que a lei estabeleça que só podem votar os membros que tenham presenciado determinado facto (por ex., em provas de agregação, só votam na reunião do júri para classificação final os membros que tenham estado presentes em todas as provas).

Por sua vez, o "número legal de membros" reporta-se ao número de membros que a lei (ou o regulamento) indica na composição do órgão e não ao número dos membros em efetividade de funções.

Por fim, a referência a membros, em vez de vogais, tende a abranger todos os membros do órgão, incluindo o presidente e o secretário. A referência isolada a vogais tende a não abranger o presidente, mas a incluir o secretário.

87 – Reunião

A reunião dos membros que o integram é *momento essencial do funcionamento do órgão colegial*. O órgão só pode funcionar entre os momentos formais do *início* e do *encerramento* das reuniões.

Fora desses momentos – antes do início e após o encerramento –, o órgão colegial existe como *categoria abstrata*, mas não como instância capaz de, em concreto, funcionar como um centro ativo de imputação de efeitos jurídicos. Percebe-se o carácter essencial deste elemento do regime do funcionamento dos órgãos colegiais: pelo facto de estes, enquanto figuras abstratas, assumirem e suportarem efeitos jurídicos decorrentes de atuações dos respetivos membros, impõem-se, naturalmente, todas as cautelas na definição dos termos em que estes membros podem *imputar* ou *atribuir* efeitos das suas próprias declarações e ações àquelas figuras abstratas.

Antes da abertura e depois do encerramento, o órgão encontra-se inativo e incapaz de funcionar: até podem estar reunidos todos os seus membros, mas este não está a funcionar, pelo que as "conversas", os "acordos" e "posições comuns" que entre os membros sejam alcançados não valem, não podem valer, como deliberações do órgão colegial.

Para que se apresente como um centro operacional e capaz de suportar a imputação de efeitos jurídicos da atuação dos seus membros, o órgão tem de reunir formalmente, o que pressupõe a definição concreta de um início da reunião; deixa de estar ativo e de ser capaz de suportar a imputação após o encerramento da reunião.

A reunião materializa-se num encontro pessoal e formal dos membros do órgão; nos termos em que o CPA a prevê, trata-se de um encontro presencial, que pressupõe ou exige a presença física dos membros do órgão num determinado local (ou dos seus suplentes): ao contrário do que sucede com o funcionamento de órgãos no âmbito do direito privado (*v.g.*, órgãos das sociedades comerciais), não existe a possibilidade de o membro do órgão administrativos se fazer representar por um terceiro ou por um outro membro do órgão.

O "encontro" entre membros do órgão colegial só assume a condição de reunião do órgão se for precedido de uma convocação formal dos membros para esse efeito. Admite-se um desvio a esta regra, nos termos do artigo 28.º, se todos os membros do órgão comparecerem à reunião e nenhum se opuser, logo no início, à sua realização. Mas, deve dizer-se, o artigo 28.º não parece ter sido pensado para o caso de *inexistência de convocatória*.

As reuniões dos órgãos colegiais podem ser *ordinárias* ou *extraordinárias*: as primeiras realizam-se regularmente, em datas certas ("ao dia 20") ou dias certos ("terceira quinta-feira") ou com uma cadência certa ("uma vez por semana"), definida por lei ou em regimento; extraordinárias são as reuniões que se realizam fora da sequência normal das reuniões ordinárias, de forma imprevista ou inesperada.

A reunião realiza-se dentro de um intervalo de tempo definido quanto à hora de início (não quanto à hora de encerramento, a qual pode, contudo, ser estimada) e, em regra, de uma forma contínua; porém, pode haver a interrupção ou a suspensão da reunião durante um período de tempo definido (intervalo). Quando as circunstâncias o ditarem (por ex., impossibilidade de cumprir a ordem do dia), a reunião pode ser interrompida ou suspensa e retomada em outro dia.

87.1 – Convocação e envio da ordem do dia da reunião

A distinção entre reuniões ordinárias e extraordinárias é relevante para se definir o regime jurídico aplicável à respetiva convocação.

a) Reuniões ordinárias

No caso de reuniões ordinárias, a *convocação*, embora não referida na lei, deve ter lugar e cabe, em regra, ao presidente do órgão colegial – a convocação é a *notificação*, feita a todos os membros do órgão colegial, sobre a reunião, na qual se estabelece a *ordem do dia* e, se for caso disso, se fixa o dia e a hora da reunião; *convocatória* (também designada na prática como "carta-convocatória") é o documento que contém os elementos acabados de indicar.

Dispõe-se no artigo 25.º, n.º 1, que a ordem do dia de cada reunião é estabelecida pelo presidente, e, salvo disposição especial em contrário, deve incluir os assuntos que para esse fim lhe forem indicados por qualquer vogal, desde que sejam da competência do órgão e o pedido seja apresentado por escrito com uma antecedência mínima de cinco dias sobre a data da reunião.

O direito de indicar assuntos para a ordem do dia pertence a todos os vogais (incluindo o secretário), nas condições indicadas e "salvo disposição especial em contrário": parece-nos que deve tratar-se de uma disposição constante de lei. Em caso de incumprimento pelo presidente da obrigação de incluir na ordem do dia assuntos indicados por vogal, este, querendo, terá de reagir pela via judicial.

> Ao contrário do que parece resultar da letra do artigo 28.º, não existe um caso de ilegalidade sanável nos termos aí previstos na hipótese de não ser cumprido o prazo estabelecido no n.º 1 do artigo 25.º. O único prazo previsto no artigo 25.º que interessa para efeitos do artigo 28.º é o prazo de entrega da ordem do dia (artigo 25.º, n.º 2).

Salvo regime especial, a convocação deve ser efetuada nos mesmos termos em que se efetuam, em geral, as notificações: cf. artigo 112.º do CPA; aqui se prevê a notificação "por contacto pessoal com o notificando", à qual corresponde a designada "convocação por protocolo", por vezes prevista em legislação especial (a convocação por protocolo consiste na entrega da convocatória ao destinatário, facto que deverá ficar registado num documento – o "livro de protocolos" – assinado por este); a convocação também se pode fazer por via eletrónica, para os endereços eletrónicos de todos os membros do órgão, quando aqueles se encontrem registados nos termos estatutários ou regimentais[888].

[888] Regime previsto para as reuniões extraordinárias (artigo 24.º, n.º 4), mas que é aplicável à convocação de reuniões ordinárias.

A convocatória de reuniões ordinárias deve, em geral, ser entregue a todos os membros com a antecedência de, pelo menos, 48 horas sobre a data da reunião: aplica-se aqui o disposto no artigo 25.º, n.º 2, sobre a entrega da ordem do dia[889].

Nos casos em que a data e a hora da reunião estejam previamente estabelecidas (*v.g.*, segundas-feiras às 15 horas)[890], não há, em rigor, lugar a uma *convocação* da reunião, mas apenas ao envio da ordem do dia da reunião agendada. A ordem do dia deve ser *entregue* a todos os membros com a antecedência de, pelo menos, 48 horas sobre a data da reunião: quer isto dizer que os membros do órgão devem ter acesso à ordem do dia 48 horas antes da reunião (artigo 25.º, n.º 2). Aplicam-se ao envio da ordem do dia o regime de envio da convocação.

Nos termos do artigo 23.º, n.º 2, quaisquer alterações ao dia e hora fixados para as reuniões devem ser comunicadas a todos os membros do órgão, de forma a garantir o seu conhecimento seguro e oportuno.

b) Reuniões extraordinárias

Em regra, as reuniões extraordinárias têm lugar mediante convocação do presidente: a lei ou mesmo o regimento do órgão podem estabelecer coisa diferente (cf. artigo 24.º, n.º 1).

O presidente é, contudo, obrigado a proceder à convocação sempre que pelo menos um terço dos vogais lho solicitem por escrito, indicando o assunto que desejam ver tratado (vogais, para efeitos desta norma, são todos os membros do órgão, incluído o secretário, com exceção do presidente).

Se o presidente não cumprir essa sua obrigação legal, os requerentes podem efetuar a convocação diretamente, com invocação daquela circunstância, expedindo a convocatória para os endereços eletrónicos de todos os membros do órgão, quando aqueles se encontrem registados nos termos estatutários ou regimentais, ou publicitando-a mediante publicação num jornal de circulação nacional ou local e nos locais de estilo usados para a notificação edital: cf. artigo 24.º, n.º 5 – o n.º 3 do artigo 25.º estabelece que, neste caso, a competência para estabelecer a ordem do dia "é devolvida aos vogais que convoquem a reunião" e, acrescentamos nós, a referida

[889] Sobre a contagem do prazo de "oito dias de antecedência" de convocação de reunião das assembleias municipais, cf. Acórdão do TCAS de 10/05/2018, P. 774/07.8BELRA.

[890] Assim, v.g., nos termos do artigo 40.º, n.º 2, do RJAL, as reuniões ordinárias da câmara municipal devem ter lugar em dia e hora certos, cuja marcação é objeto de deliberação na sua primeira reunião.

competência é por eles exercida na elaboração da convocatória, quando nesta incluam "de forma expressa e especificada, os assuntos a tratar na reunião".

A convocação da reunião extraordinária deve ser feita para um dos 15 dias seguintes à apresentação do pedido, mas sempre com uma antecedência mínima de 48 horas sobre a data da reunião extraordinária. Da convocatória devem constar, de forma expressa e especificada, os assuntos a tratar na reunião (corresponde à ordem do dia das reuniões ordinárias).

87.2 – Início da reunião

A reunião inicia-se no local, dia e hora definidos previamente de forma genérica ou especificamente indicados na convocatória enviada pelo presidente.

A declaração, pelo presidente, do início oficial da reunião deve ser precedida pela verificação do preenchimento da exigência de *quórum* (número mínimo de membros que tem de estar presente na reunião). Nos termos do artigo 29.º, n.º 1, os órgãos colegiais só podem, em regra, *deliberar* quando esteja presente a "maioria do número legal dos seus membros com direito a voto".

É verdade que, em termos literais, o CPA associa *quórum* e tomada de deliberações. Daqui parece resultar que a exigência do *quórum* se reporta ao momento da tomada de deliberações (*quórum deliberativo*, para deliberar), e, portanto, não ao início da reunião.

Nestes termos, o órgão poderia porventura começar a funcionar sem *quórum*, desde que não fossem discutidas nem aprovadas deliberações (discussão de temas "antes da ordem do dia", de "informações"). Respeitados esses limites, é evidente que não se coloca o tema da validade de deliberações, simplesmente porque não há deliberações [a nulidade prevista no artigo 161.º, n.º 2, alínea *h)*, atinge *deliberações* tomadas com inobservância do *quórum*]. Ainda assim, não parece que se possa considerar "legal" ou "regular" a reunião de um órgão colegial iniciada sem a presença do número legal mínimo de membros com direito a voto – neste sentido, apesar de reportada às deliberações, a exigência de *quórum* estabelecida no artigo 29.º, n.º 1, deve considerar-se uma imposição de *quórum de funcionamento* (e não apenas de *quórum deliberativo*).

Por vezes, as leis são mais claras a estabelecer uma correspondência entre *quórum de funcionamento* e *quórum deliberativo*: por ex., o artigo 29.º, n.º 1, dos Estatutos da ERC estipula que "o conselho regulador só pode *reunir* e *deliberar* com a presença de três dos seus membros" (o n.º 3 do mesmo preceito prescreve que certas deliberações "requerem a presença da totalidade dos membros em efetividade de funções", definindo, nesse caso, uma diferença clara entre os dois tipos de *quórum*). De forma inequívoca no sentido de uma exigência de *quórum de funcionamento*, veja-se o artigo 76.º, n.º 2, do ETAF estabelece que o Conselho Superior dos Tribunais Administrativos e Fiscais "só pode *funcionar* com a presença de dois terços dos seus membros". O mesmo sucede, nos termos do artigo 68.º, n.º 2, do CCP, quanto ao júri dos procedimentos pré-contratuais, o qual "só pode funcionar quando o número de membros presentes na reunião corresponda ao número de membros efetivos".

A regra do CPA consiste em definir o *quórum* como a maioria do número legal de membros com direito a voto: a referência à "maioria do número legal" indica o número que a lei (ou o regulamento) define como número de membros do órgão e não o número dos membros em efetividade de funções; "com direito a voto", porque pode haver membros sem direito a voto [cf. ponto 86.4]. Assim, num órgão com 7 membros com direito a voto, há *quórum* quando estiverem presentes 4 membros; se o número legal for de 9, há *quórum* com a presença de 5.

O CPA fixa uma regra geral nesta matéria. A legislação especial afasta-se dela, em muitos casos: vejam-se os exemplos há pouco citados do Conselho Superior dos Tribunais Administrativos e Fiscais e dos júris dos procedimentos pré-contratuais.

Quando não se verifique na primeira convocação o *quórum* previsto no número anterior (suponha-se que só estão presentes 3 membros de um órgão com 7 membros com direito a voto), deve ser *convocada* nova reunião com um intervalo mínimo de 24 horas. Nesta reunião, sempre que se não disponha de forma diferente (em lei), o órgão pode deliberar desde que esteja presente "um terço dos seus membros com direito a voto" (aqui, ao contrário do n.º 1, não se fala de "número legal", mas não parece haver razão para distinguir): na hipótese de um órgão com 7 membros, terão de estar presentes 3 membros e na hipótese de um órgão com 5 membros, terão de estar presentes 2 (número menor não cumpre a exigência legal) – cf. artigo 29.º, n.os. 2 e 3.

Conforme se dispõe no n.º 4 do artigo 29.º, nos órgãos colegiais compostos por três membros, é de dois o *quórum* necessário para deliberar (em primeira e mesmo em segunda convocatória). Já vimos que esta norma admite que o valor da colegialidade não se perde em órgãos a funcionar com dois membros. Neste caso, o funcionamento de um órgão colegial com apenas dois membros (composição dual) coloca algumas dificuldades, por ex., quanto à aplicação da regra sobre o "voto de qualidade" do presidente [cf. ponto 87.4, *c)*].

O *quórum* pode existir no início da reunião, mas deixar de existir em momento posterior (*v.g.*, por saída de um membro). Além disso, o quórum pode existir em relação ao funcionamento geral do órgão, mas não se verificar para a tomada de uma deliberação específica (por impedimento de um membro quanto à tomada dessa deliberação).

As deliberações aprovadas com inobservância do *quórum* são nulas: artigo 161.º, n.º 2, alínea *h)*. A lei evidencia a gravidade da falta de *quórum*, certamente por entender que se trata de um vício que afeta o valor da *colegialidade*.

Acabámos de analisar *quem tem de estar* presente na reunião (*rectius*, quantos membros têm de estar presentes). Agora, vamos procurar perceber *quem pode estar* na reunião, ou, talvez melhor, quem pode assistir à reunião.

A resposta é esta: em princípio, podem estar na reunião colegial apenas os membros do órgão colegial.

Mas esse princípio consente desvios, no caso de reuniões em que, nos termos da lei, podem participar convidados (por ex., o Conselho Regulador da ERC pode "convidar interessados a comparecerem nas suas reuniões"). Por outro lado, ao abrigo de disposição regimental, podem participar (estar presentes) na reunião funcionários de apoio ao secretário.

Além disso, não parece de excluir que, por decisão do presidente (por iniciativa própria ou sob proposta de vogais), participem na reunião peritos ou especialistas com o propósito de prestarem esclarecimentos técnicos aos membros do órgão.

Em relação a este último caso, importa esclarecer que se admite a participação, mas com um âmbito circunscrito, que deverá ocorrer apenas no momento da discussão do assunto para cuja dilucidação se justifica a presença do perito ou especialista. Em geral, parece-nos de excluir a participação não justificada em razões de ordem técnica e, muito menos, quando se trate de reuniões em que se vão discutir "assuntos sensíveis" ou em que se vão emitir juízos sobre pessoas – também por isto, compreende-se o sentido do Acórdão do STA de 23/05/2013, P. 01102/12, de invalidação da deliberação do Conselho Científico da Faculdade de Direito do Porto tomada em reunião na qual esteve presente um professor que não era membro do Conselho; em Direito Administrativo, só existem as competências que a lei prevê, logo, decide o Acórdão, a invalidade impõe-se pelo facto de, no caso, não existir qualquer norma a atribuir ao Presidente do Conselho Científico o poder de convidar pessoas estranhas para participarem nas reuniões do Conselho.

Pode ainda suceder que a lei atribua a pessoas estranhas a um órgão o direito de participar nas respetivas reuniões: eis o que sucede, nos termos do RJIES, que confere ao reitor ou ao presidente de instituições públicas de ensino superior o direito de participar nas reuniões do conselho geral, sem direito a voto.

Além dos casos anteriores, a participação de terceiros pode ocorrer, em certos termos, nas reuniões públicas.

Nos termos do artigo 27.º, em regra, as reuniões dos órgãos da Administração Pública não são públicas. A lei especial pode estabelecer outra coisa. Assim, por ex., nos termos do RJAL, as reuniões dos órgãos deliberativos (*v.g.*, assembleia municipal) são públicas em regra, de resto em conformidade com o disposto no artigo 116.º, n.º 1, da CRP: aqui se estabelece que as reuniões das *assembleias* que funcionem como órgãos de soberania, das regiões autónomas ou do poder local são públicas, exceto nos casos previstos na lei. Além disso, ainda por força do RJAL, pelo menos, uma reunião mensal dos órgãos executivos (*v.g.*, câmara municipal) também deve ser pública.

Quando as reuniões hajam de ser públicas, deve ser dada publicidade aos dias, horas e locais da sua realização, de forma a garantir o conhecimento dos interessados com uma antecedência de, pelo menos, 48 horas sobre a data da reunião (artigo 27.º, n.º 2).

Se a lei o determinar ou se o órgão tiver deliberado nesse sentido, o público que assiste às reuniões pode intervir para comunicar ou pedir informações, ou expressar opiniões, sobre assuntos relevantes da competência daquele (artigo 27.º, n.º 3).

Esta possibilidade de intervenção do público, que, como vimos, depende de lei ou de deliberação do órgão, é uma novidade introduzida na revisão do CPA de 2015 e parece inspirar-se na regra, já antiga, do RJAL, que estipula a existência de um período de tempo "para intervenção e esclarecimento ao público" nas sessões dos órgãos deliberativos das autarquias locais.

Fora do período definido para a sua intervenção, o público que assiste à reunião não pode intrometer-se na discussão, nem perturbar o funcionamento dos trabalhos. De resto, como já vimos, deve entender-se que, no âmbito dos seus poderes de assegurar o cumprimento da lei e de manter a disciplina da reunião, o presidente do órgão tem o poder de ordenar a expulsão dos cidadãos transgressores, que perturbem o funcionamento regular do órgão (podendo convocar as forças policiais para o efeito). Neste ponto, o RJAL sujeita os infratores à aplicação de uma coima, da competência do juiz de comarca, após participação do presidente do órgão respetivo.

87.3 – Discussão de propostas

Iniciada a reunião, há lugar à discussão das propostas de deliberação, bem como à aprovação de deliberações sobre os assuntos incluídos na ordem do dia.

A ordem do dia é um documento muito relevante neste contexto, porquanto tem a função de delimitar o objeto das deliberações: nos termos do artigo 26.º, n.º 1, "só podem ser tomadas deliberações cujo objeto se inclua na ordem do dia da reunião".

O n.º 2 do mesmo artigo 26.º permite a deliberação sobre assuntos não incluídos na ordem do dia, desde que, em reunião ordinária, pelo menos dois terços dos membros do órgão reconheçam a urgência da deliberação imediata sobre um desses assuntos. Trata-se de uma norma excecional, que apenas se aplica a reuniões ordinárias e que exige a votação expressa de dois terços dos membros do órgão a reconhecer a urgência da deliberação.

O facto de esses requisitos se verificarem não assegura, só por si, a legalidade das deliberações tomadas, que depende da efetiva *urgência* de deliberação imediata. Para além do direto interessado na deliberação, qualquer membro do órgão colegial que não tenha estado presente pode considerar-se lesado nos seus direitos estatutários pelo facto de o órgão ter deliberado sobre um assunto não incluído na ordem do dia, se o mesmo for "não urgente".

Em regra, cada assunto é analisado com base numa *proposta de deliberação* ou, porventura, em várias *propostas de deliberação* (provenientes dos serviços de apoio ao órgão e apresentadas pelo respetivo presidente, ou provenientes e formuladas por qualquer vogal) submetidas a discussão no órgão: artigo 31.º, n.º 1.

A formulação legal não pressupõe uma obrigatoriedade de discussão das propostas. Ali se diz que a discussão tem lugar "sempre que qualquer membro do órgão colegial nisso mostre interesse". Sem prejuízo desta formulação, parece-nos, pelo menos como regra geral, que o presidente deve promover um momento de discussão e de esclarecimento sobre o sentido e fundamentos das propostas apresentadas ao órgão. A discussão pode ter lugar mesmo nos casos de votação por escrutínio secreto, como se deduz da parte final do n.º 3 do artigo 31.º.

Não podem estar presentes no momento da discussão os membros do órgão que "se encontrem" ou "se considerem" impedidos: artigo 31.º, n.º 4. Está aqui em causa, no momento da discussão, uma proibição de assistir ou de estar presente na reunião, o que significa que o membro impedido tem de abandonar o local onde a reunião decorre[891].

Como se explica no Acórdão do TCAN de 20/12/2007 (P. 00811/2000), com a proibição de participar na discussão (e não apenas na votação) dos membros impedidos pretende-se evitar que a simples presença do impedido possa condicionar, determinar ou moldar a decisão final a proferir.

Não se apresenta muito clara a referência legal à *consideração* pelos membros do órgão colegial de que estão impedidos. Com efeito, seguindo-se a aplicação do regime legal que define o *procedimento de declaração de impedimentos*, teria de haver lugar a uma comunicação ao presidente do órgão, ao qual caberia *declarar o impedimento*: cf. artigo 70.º, n.os 1 e 4 (note-se, porém, que quem se considera impedido deve suspender a sua atividade no procedimento logo que faça a comunicação: artigo 71.º, n.º 1). Na nossa interpretação, o n.º 4 do artigo 31.º, na parte em que se refere aos "que se considerem impedidos", tem o propósito de autorizar o membro do órgão a invocar, por si mesmo, uma situação de impedimento (que considera existir) e, desse modo, legitimar a sua saída do local onde a reunião se realiza.

Não havendo ou não podendo, nas circunstâncias do caso, ser designado suplente, o órgão funciona sem o membro impedido: cf. artigo 72.º, n.º 2.

[891] A proibição da presença de membros impedidos na fase de discussão evidencia que esta não é um momento inócuo na formação da vontade colegial; nestes termos, cf. Tiago Serrão, "A colegialidade", *cit.*, p. 584.

87.4 – Votação e deliberação

Após a discussão, quando esta existir, haverá lugar à submissão da proposta (ou, sucessivamente, das várias propostas sobre o mesmo assunto) a *votação*.

A votação representa um momento essencial do funcionamento do órgão colegial e constitui um processo ou um método de deliberar: é através da votação – do voto de cada membro do órgão colegial – que se exterioriza a "vontade colegial" e que se produz, portanto, a *deliberação*.

A votação não se apresenta como o único processo de deliberação do órgão colegial. Há outros processos: assim, por ex., quando se trata de escolher entre vários candidatos para um posto ou entre várias propostas de contrato, pode estabelecer-se que cada membro do órgão exprima a sua avaliação sobre cada alternativa, atribuindo-lhe uma pontuação, e que a avaliação conjunta do colégio seja dada pela média das avaliações individuais.

a) Definição do processo de votação

Em relação ao processo de votação, o CPA define um regime que, na primeira leitura, aparenta contrapor a *votação nominal* à *votação por escrutínio secreto*: é o que parece decorrer de uma leitura contínua e conjugada dos n.ºs 1 e 2 do artigo 31.º.

Contudo, esses conceitos classificam processos de votação em consideração de diferentes critérios.

Assim, considerando o critério da identificação do sentido de voto de cada membro do órgão, a votação qualifica-se como *pública* – quando todos os membros conhecem o sentido de voto de cada um – ou *secreta* – se o sentido do voto de cada membro do órgão é secreto.

Segundo um critério que atende à forma de manifestação do sentido de voto, a votação pode ser *nominal* – feita na sequência da chamada nominal (pelo nome) de cada um dos membros do órgão para declarar o seu sentido de voto – ou *simbólica* – feita por expressão física dos membros do órgão com um significado predefinido (*v.g.*, braço no ar, levantados e sentados).

Ou seja, votação nominal é a que se contrapõe a simbólica; votação secreta (por "escrutínio secreto", nos termos do CPA) é a que se opõe a votação pública (ou ostensiva).

Vejamos agora o regime legal quanto à forma de votação.

O artigo 31.º, n.º 1, indica que, salvo disposição legal em contrário, as deliberações "são tomadas por votação nominal, devendo votar primeiramente os vogais e, por fim, o presidente".

Como regra, deve, pois, adotar-se um sistema de votação nominal, em que, em resposta a uma interpelação direta do presidente, cada membro do órgão manifesta o seu voto, contra ou a favor de uma proposta de deliberação. Depois de todos os membros terem votado, segue-se o voto do presidente.

Diz o preceito transcrito que esse sistema, de votação nominal, deve ser seguido "salvo disposição *legal* em contrário". Supõe-se, contudo, que não constituirá ilegalidade a adoção pelo órgão (no seu regimento ou de acordo com a prática sempre seguida) de uma regra de votação pública por um processo simbólico (*v.g.*, braço no ar). Na verdade, parece-nos, o propósito do legislador ao utilizar, *in casu*, o conceito de votação nominal não é posto em causa pela adoção de um outro sistema público e transparente de votação.

> Uma vez que os membros do órgão têm de estar presentes na reunião, não podendo fazer-se representar, não se admite o voto por correspondência, nem por procuração. Note-se, porém, que no caso especial de alguns procedimentos eleitorais, como, v.g., o de eleição do bastonário da Ordem dos Advogados, a lei admite o voto por correspondência ou o voto por meios eletrónicos (cf. artigo 14.º do Estatuto da Ordem dos Advogados).

Nos termos do n.º 2 do artigo 31.º, as deliberações que envolvam um juízo de valor sobre comportamentos ou qualidades de pessoas são tomadas por escrutínio secreto, devendo o presidente, em caso de dúvida fundada, determinar que seja essa a forma para a votação.

Vejamos.

A exigência de votação secreta coloca-se em relação a deliberações colegiais que envolvem a expressão ou a formulação de um *juízo de valor*, de uma apreciação sobre *comportamentos* (*v.g.*, sanções disciplinares; destituição de um cargo por conduta indigna; atribuição de condecoração pela prática de ato heroico ou por conduta exemplar) ou sobre as *qualidades pessoais* (*v.g.*, deliberação sobre o mérito de um indivíduo para receber um título *honoris causa* ou um louvor; recusa da inscrição de um indivíduo numa associação pública por falta de idoneidade).

Abrangidas são, portanto, as deliberações que, têm subjacente uma apreciação ou um juízo de valor sobre comportamentos ou qualidades pessoais – em princípio de pessoas individuais; contudo, as pessoas coletivas também podem ser consideradas para este efeito, sobretudo quando sejam visadas por deliberações que pressupõem juízos sobre qualidades de pessoas individuais (por ex., dos respetivos dirigentes). Neste contexto, *qualidades de pessoas* são as qualidades que caracterizam as pessoas e que as distinguem enquanto pessoas humanas, como a integridade, a retidão, a honestidade, o sentido de justiça e de cumprimento dos deveres, o espírito solidário. Igualmente neste contexto – de delimitação do âmbito de aplicação de uma norma que exige a votação secreta de deliberações de órgãos que envolvem juízos de valor –, *comportamentos de pessoas* são ações ou condutas pontuais ou isoladas pelas quais se manifestam as assinaladas qualidades pessoais (de integridade, de sentido do cumprimento de deveres, etc.) ou que revelem a falta dessas qualidades pessoais.

Como resulta do que acaba de se expor, nem todas as deliberações sobre pessoas, que envolvam pessoas ou a apreciação sobre as *capacidades* de pessoas reclamam a votação secreta: não o exigem, por ex., as deliberações de designação de um indivíduo para um cargo, quando suscita um juízo sobre as capacidades e as aptidões profissionais ou os conhecimentos técnicos do designado (cf. Acórdão TCAS, de 14/05/2015, P. 11139/14), mas sim as "que envolvam a apreciação de comportamentos ou qualidades de uma pessoa, aferindo da sua valia como ser humano, designadamente, pela sua hombridade, integridade, sensibilidade, inteligência e compostura (cf. Acórdão STA, de 25/02/2009, P. 01211/06).

Em geral, não têm subjacentes *juízos de valor sobre qualidades de pessoas* as deliberações sobre o mérito científico, a capacidade técnica de uma pessoa ou o juízo de prognose (a perceção) sobre se uma pessoa se vai empenhar no exercício de uma missão ou se reúne as condições de disponibilidade para ocupar um lugar. Assim, não parece que tenham de ser cooptados por votação secreta, por ex., os membros do conselho geral das universidades públicas: nos termos do artigo 81.º, n.º 2, alínea *c)*, do RJIES, a votação deve recair sobre "personalidades externas de reconhecido mérito, não pertencentes à instituição, com conhecimentos e experiência relevantes para esta"; não se exige aqui um juízo sobre qualidades pessoais (já o reitor é eleito – no conselho geral – por voto secreto; mas porque o RJIES o exige expressamente). A votação secreta deverá ter lugar, se a lei exige especificamente que um cargo deve ser preenchido por "pessoa de reconhecida idoneidade": neste caso, a deliberação que o designa já vai envolver um juízo sobre as qualidades pessoais do designado.

Em caso de dúvida fundada sobre se estão efetivamente verificados os requisitos de exigência de votação secreta, cabe ao presidente *determinar* esta forma de votação: a dúvida tem de ser *fundada*, mas subsistindo, a lei atribui primazia aos valores protegidos pela votação secreta. O CPA remete para o presidente a verificação da existência de dúvida fundada. No caso de o presidente não considerar fundada a dúvida e, por isso, não determinar a votação secreta, a deliberação poderá vir a ser anulada (na hipótese de o tribunal entender que a votação deveria ter sido secreta).

A exigência legal de votação secreta visa garantir essencialmente a liberdade de apreciação dos membros dos órgãos colegiais, desonerando-os de expor "publicamente" o seu próprio juízo sobre comportamentos ou qualidades pessoais de alguém. A referida exigência não visa a proteção da pessoa visada pela deliberação. De resto, a lei não estabelece limites particulares ao que pode ser discutido na formação da deliberação. A especificidade esgota-se no momento da votação, ou seja, na "manifestação pública" da posição individual dos membros do órgão. O sentido da exigência é, pois, o de garantir a liberdade individual de voto.

A fundamentação das deliberações tomadas por escrutínio secreto é feita pelo presidente do órgão colegial após a votação, tendo presente a discussão que a tiver precedido: artigo 31.º, n.º 3.

> Em caso de votação secreta, não há naturalmente lugar a declarações de voto, ao registo em ata de "votos de vencido". Daqui decorre que os membros do órgão colegial ficam privados da possibilidade de se exonerarem da responsabilidade que possa resultar da deliberação (cf. artigo 35.º, n.º 2). Todavia, e salvo o caso de unanimidade, em caso de votação secreta, não é determinável o sentido de voto de cada membro, razão pela qual nenhum deles pode ser responsabilizado: dispõe o RRCEEEP que os titulares dos órgãos só respondem por atos praticados no exercício das suas funções em caso de dolo ou com diligência e zelo manifestamente inferiores àqueles a que se encontravam obrigados em razão do cargo.

b) Verificação do quórum deliberativo

No momento da deliberação, tem de estar preenchido o requisito do *quórum deliberativo*: presença da maioria do número legal dos membros do órgão colegial com direito a voto (cf. artigo 29.º, n.º 1, bem como o artigo 116.º, n.º 2, da CRP, em relação "às deliberações dos órgãos colegiais").

Recorde-se que os membros do órgão colegial que se encontrem ou se considerem impedidos não participam na discussão e não podem estar presentes no momento da votação: artigo 31.º, n.º 4. Mas, se, já em infração à lei quanto à proibição de presença, estiverem presentes, não poderão votar.

c) Realização da votação

Definido o processo e observadas as exigências de *quórum*, segue-se a votação.

A votação consubstancia-se na manifestação, por cada membro do órgão, do seu sentido de voto: *contra* ou *a favor* da proposta em votação; também pode estar em causa, por ex., o voto numa de entre várias propostas em alternativa (A, B ou C).

Os membros do órgão colegial poderão ainda optar pela *abstenção*.

Em regra, a abstenção é possível; é possível por não estar proibida. Mas, claro, a lei especial pode sempre proibi-la: assim sucede, por ex., nos termos da LQER, que proíbe abstenções nas votações do conselho de administração das entidades reguladoras.

De resto, o próprio CPA define uma regra geral de proibição da abstenção, quando se trate de órgãos consultivos (*v.g.*, Conselho Nacional de Educação) ou de deliberação adotada por órgão não consultivo, mas no exercício de funções consultivas (*v.g.*, parecer emitido pelas câmaras municipais sobre obras não sujeitas a controlo prévio): cf. artigo 30.º. Aqui se formula uma regra geral, que pode ser derrogada por lei especial.

Embora a lei não a estabeleça, a abstenção deveria ser proibida quando estão em causa competências de avaliação (*v.g.*, júris académicos, com competência para aprovar ou não aprovar ou para atribuir ou não uma distinção), de seleção de pessoas (procedimentos de recrutamento de trabalhadores) ou de propostas contratuais (procedimentos de adjudicação de contratos). A hipótese de abstenção não faz sentido nestes casos. Contudo, pelo menos de forma explícita, a legislação não a proíbe.

Após a votação, segue-se o apuramento do resultado e a determinação do sentido da deliberação: de aprovação ou de rejeição da proposta.

O artigo 32.º, n.º 1, define a regra neste ponto: "as deliberações são tomadas por *maioria absoluta* de votos dos membros presentes à reunião": assim, estando presentes 7 membros, se votarem 3 a favor da proposta, 2 contra e 2 se abstiverem, a proposta não é aprovada por não se ter formado maioria absoluta nesse sentido (exigiria o voto de 4 dos membros presente à reunião).

Mas, ainda no mesmo caso, note-se que também a proposta de deliberação não é rejeitada, pois também não se formou maioria absoluta nesse sentido.

Há então lugar à aplicação do n.º 2 do artigo 32.º: "quando seja exigível maioria absoluta e esta não se forme, nem se verifique empate, procede-se imediatamente a nova votação e, se aquela situação se mantiver, adia-se a deliberação para a reunião seguinte, na qual a maioria relativa é suficiente". Assim, mantendo-se o mesmo resultado (3+2+2) na votação imediatamente seguinte e também na votação na reunião seguinte, a deliberação é aprovada no sentido da proposta, com votos de 3 dos 7 membros presentes (maioria relativa: os votos a favor são mais do que os votos contra).

No caso de várias propostas em alternativa (A, B e C) e estando presentes 7 membros, obtém a maioria absoluta a proposta que tiver, pelo menos, 4 votos; não basta ter mais votos do que as outras, porquanto também aqui pode haver abstenções.

A exigência de maioria absoluta é uma regra geral; a lei ou os estatutos podem exigir a maioria qualificada (por ex., dois terços dos membros presentes ou até a unanimidade) ou determinar a suficiência da *maioria relativa* ou *simples* (em que vence a proposta que tenha mais votos).

A *maioria relativa* ou *simples* é a regra constitucional. Eis o que decorre do artigo 116.º, n.º 3, da CRP, "as deliberações dos órgãos colegiais são tomadas à pluralidade de votos, não contando as abstenções para o apuramento da maioria". A expressão "deliberações tomadas à pluralidade de votos" corresponde à consagração da regra da maioria simples ou relativa, de acordo com a qual a aprovação de uma proposta depende apenas de ter mais votos a favor do que contra ou de ter mais votos do que as propostas concorrentes. As abstenções são irrelevantes, não contam, nem a favor, nem contra. Havendo um número grande de abstenções, a proposta pode ser aprovada com o voto favorável de um número limitado de membros do órgão (por ex., num órgão com 15 membros, uma proposta é aprovada com 5 a favor, se houver 4 contra e 6 abstenções). Essa é a regra aplicável nos órgãos das autarquias locais: cf. artigo 54.º, n.º 2, do RJAL.

Uma questão que aqui se deve colocar é a relativa ao âmbito de aplicação da regra inscrita no artigo 116.º, n.º 3, da CRP.

Nos seus termos, a regra aplica-se às "deliberações dos órgãos colegiais": uma dúvida – que aliás se coloca logo em relação à epígrafe, bem como ao n.º

2 do mesmo artigo 116.º [892] –, consiste em saber se aí estão em causa (i) todos os órgãos colegiais públicos, (ii) os órgãos colegiais previstos na Constituição (*v.g.*, Conselho Superior da Magistratura: artigo 218.º; órgãos das autarquias locais: artigo 239.º) ou apenas (iii) os órgãos colegiais referidos no n.º 1 do mesmo artigo 116.º (órgãos de soberania, das regiões autónomas ou do poder local). Na nossa interpretação, assente numa leitura sistematicamente integrada de todo o artigo 116.º, o propósito do preceito é o de definir regras de funcionamento dos órgãos colegiais que sejam órgãos de soberania, das regiões autónomas (referidos na Constituição) ou do poder local. Embora a leitura isolada dos n.os 2 e 3 possa conduzir a um outro resultado, cremos que o n.º 1 visa delimitar o universo dos órgãos colegiais que o artigo 116.º, na sua globalidade, pretende atingir [893]. Assim, em relação aos órgãos do poder local (autarquias locais) vale, em geral, a regra constitucional da exigência de maioria simples ou relativa; mas, mesmo neste âmbito, a lei pode exigir, em determinados "casos" uma maioria qualificada (*v.g.*, maioria absoluta).

O artigo 33.º estabelece um regime para o cenário de *empate* na votação. Há dois regimes de superação do cenário de empate, cuja mobilização depende de a votação em que o empate se verifica ser pública ou secreta.

Quando se trate de votação pública, o presidente tem *voto de qualidade*, o que significa que a deliberação tem o sentido da proposta votada pelo presidente: se, estando presentes 7 membros, 3 deles votam na proposta A, outros 3 votam na proposta B e 1 abstém-se, a deliberação é aprovada nos termos da proposta B, se foi nesta que o presidente votou. Vale, pois,

[892] No sentido de que a epígrafe do artigo 116.º "não exprime com clareza o seu sentido e alcance", cf. Gomes Canotilho/Vital Moreira, *ob. cit.*, vol. II, p. 112.

[893] Esta interpretação afasta-se da tese sustentada pelo Prof. Paulo Otero, da exigência de uma interpretação do artigo 32.º, n.º 1, do CPA em conformidade com a Constituição, no sentido de afastar a aplicação da regra da maioria absoluta nele estabelecida aos órgãos colegiais instituídos pela Constituição ou integrantes de entidades públicas instituídas pela Constituição – o que, segundo o Ilustre Autor, abrangeria: Conselho Económico e Social; Conselho de Estado; Conselho Superior de Magistratura e Conselho Superior dos Tribunais Administrativos e Fiscais; Conselho Superior do Ministério Público; Conselho Superior de Defesa Nacional; órgãos colegiais do Banco de Portugal; órgãos colegiais dos distritos, do serviço nacional de saúde, dos estabelecimentos públicos de ensino, da entidade administrativa independente de proteção de dados informatizados e da entidade administrativa independente de regulação da comunicação social; cf. Paulo Otero, "Colegialidade administrativa e Constituição: breve nota", in Pedro Fernández Sánchez/Luís Alves, *A Constituição e a Administração Pública*, AAFDL, 2018, p. 11 e segs., em especial, p. 21 e segs.

no direito português, a regra inscrita na *VwVfG*, segundo a qual "em caso empate na votação, decide o voto do presidente".

> Na nossa interpretação, deve recusar-se o voto de qualidade do presidente quando o órgão colegial esteja a funcionar com apenas dois membros, nos termos do artigo 29.º, n.º 4, pois, nessa eventualidade, defrauda-se, por completo, o valor da colegialidade [894].
> Uma outra questão se deve colocar e que toca o próprio conceito de empate. Nos casos mais frequentes, de exigência de maioria absoluta, o empate equivale ao mesmo número de votos nos dois sentidos possíveis da deliberação: estando 8 membros presentes, temos empate se 4 votam a favor e 4 votam contra. Suponha-se, porém que, em vez desse, o resultado é de 4 votos a favor e 4 abstenções. Embora se revele artificioso falar nestes casos de um empate, a verdade é que a razão de ser do voto de qualidade do presidente recomenda, e porventura justifica até por maioria de razão, a sua mobilização também neste caso.

Ainda nos termos do n.º 1 do artigo 33.º, o presidente tem, "sendo caso disso", *voto de desempate*. Esta hipótese, do voto do presidente para desempatar, coloca-se nos casos em que, nos termos da lei, o presidente não tem, em regra, direito de voto. Permite-se aqui que ele vote apenas como remédio para a situação de impasse provocada pelo empate da votação em que participarem os vogais com direito de voto.

> Já vimos acima [cf. ponto 86.1.1, *g)*] que, por ex., no regime jurídico dos graus e diplomas do ensino superior se prevê que o presidente do júri só pode votar em dois casos excecionais, sendo um deles o da existência de uma situação de empate. Aí, o presidente tem voto de desempate, ou seja, tem o direito de voto apenas para desempatar.

As regras anteriores sobre a superação da situação provocada pelo empate na votação não se aplicam, se a votação se tiver efetuado por escrutínio secreto. Neste caso, procede-se imediatamente a uma nova votação e, se o empate se mantiver, adia-se a deliberação para a reunião seguinte. Se, na

[894] Sobre uma situação com este recorte, cf. G. Pepe, "La prevalenza del voto del presidente in un collegio con due soli componenti in carica: un difficile contemperamento con i principi della collegialità", *federalismi.it* (22/04/2015).

primeira votação da reunião seguinte, se mantiver o empate, procede-se a *votação nominal*, na qual a *maioria relativa* é suficiente. A superação do impasse envolve, aqui, o desvio em relação a duas regras: a da maioria absoluta (artigo 32.º, n.º 1) e a da votação secreta (artigo 31.º, n.º 2).

d) Apuramento do resultado e proclamação do sentido da deliberação

Depois de apurar a votação, o presidente proclama o resultado e declara o sentido da deliberação, a qual se deve considerar adotada neste momento. As deliberações dos órgãos colegiais manifestam-se na *forma oral*, mas têm, sempre, de ser consignadas em ata, sem o que não produzem efeitos jurídicos: cf. artigos 34.º, n.º 6, e 150.º, n.º 2.

> Como se afirma no Acórdão do STA de 19/03/2002 (P. 047734) "a forma oral justifica-se plenamente relativamente aos órgãos colegiais pois que eles deliberam através da conjunção (numa maioria) dos votos dos membros, sendo a vontade do órgão colegial apurada e declarada verbalmente pelo respectivo presidente, levando-se, depois, a deliberação tomada à acta da respectiva reunião".

O n.º 2 do artigo 150.º admite a hipótese de os atos administrativos dos órgãos colegiais revestirem a "forma escrita" (se a lei o determinar). A hipótese de atos colegiais em forma escrita pode consistir em a lei determinar que os membros do órgão manifestem o sentido do seu voto mediante a aposição da assinatura no documento que contém a proposta da deliberação ou mediante a sinalização do sentido do seu voto, por ex., colocando uma cruz numa grelha com várias alternativas.

> Nos termos da Portaria n.º 125-A/2019, de 30 de abril, os júris dos procedimentos de concurso de recrutamento de trabalhadores em funções públicas deliberam "por escrito": não é claro o sentido da exigência, que parece aplicar-se sobretudo à fundamentação, e não exatamente à exteriorização da deliberação.

O artigo 35.º prevê o registo na ata da reunião das declarações de voto dos membros do órgão que tenham ficado vencidos. Estes membros podem fazer constar da ata o seu voto de vencido, enunciando as razões que o justifiquem.

Os membros do órgão que ficarem vencidos na deliberação tomada e fizerem registo da respetiva declaração de voto na ata ficam isentos da responsabilidade que daquela eventualmente resulte. Esta *isenção de responsabilidade* exige, portanto, duas condições: voto de vencido + registo da declaração de voto na ata (não se exige, para que o efeito de isenção se produza, que o voto de vencido se deva fundar na ilegalidade da deliberação).

Assim, a responsabilidade (sobretudo civil e financeira) que decorra de deliberações dos órgãos colegiais pode atingir *(i)* os membros que votaram no sentido dessas deliberações, *(ii)* os que se abstiveram e *(iii)* ainda os que votaram vencidos, mas não registaram a respetiva declaração de voto [895]. Nos termos da lei geral, a responsabilização efetiva depende da demonstração da *culpa* dos membros dos órgãos colegiais.

Prescreve-se no n.º 3 do artigo 35.º que, quando se trate de pareceres a dar a outros órgãos administrativos, as deliberações são sempre acompanhadas das declarações de voto apresentadas. Neste caso, as declarações de voto de vencido devem constar do próprio texto da deliberação (para conhecimento do órgão que solicitou o parecer) e não apenas da ata da reunião.

87.5 – Encerramento da reunião

O encerramento, após o esgotamento da ordem do dia, ocorre quando, de forma expressa ou tácita, o presidente do órgão declara encerrada a reunião. A partir dessa declaração, o órgão colegial deixa de poder funcionar, mesmo que a maioria dos membros tenha a pretensão de o manter em funcionamento, por ex., para discussão ou deliberação sobre assuntos não incluídos na ordem do dia. Após o encerramento oficial da reunião pelo presidente, a continuação da presença dos membros do órgão corresponde a um "encontro de cidadãos", onde se promovem "conversas privadas". Ou seja, trata-se, para efeitos jurídico-administrativos, de uma "reunião inexistente". Isto vale para o encerramento normal da reunião e não para o *encerramento antecipado*, nos termos do n.º 3 do artigo 21.º [cf. ponto 86.1.1, *e)*].

88 – Ata da reunião

Conforme o exige o artigo 34.º, de cada reunião terá de ser lavrada uma ata, que contém um *resumo de tudo o que nela tenha ocorrido* e seja relevante para o conhecimento e a apreciação da legalidade das deliberações tomadas, designadamente a data e o local da reunião, a ordem do dia, os membros

[895] Em Espanha, a lei isenta de responsabilidade os membros de órgãos colegiais que tenham votado contra ou que se tenham abstido: cf. artigo 17, n.º 6, do *Régimen Jurídico del Sector Público*.

presentes, os assuntos apreciados, as deliberações tomadas, a forma e o resultado das respetivas votações e as decisões do presidente.

Da ata consta ainda o registo dos votos de vencido, nos termos estabelecidos no artigo 35.º. Literalmente, o n.º 1 deste preceito atribui aos membros do órgão colegial o direito de fazer constar da ata apenas o seu voto de *vencido*. Mas nada impede que, por disposição estatutária, regimental ou até deliberação avulsa, se alargue o âmbito do "direito de declaração de voto", permitindo-se o registo em ata das razões que justificam o voto no sentido da maioria ou mesmo a abstenção (a declaração de voto nestes casos pode relevar para a efetivação da responsabilidade do membro do órgão).

A ata é lavrada (redigida) pelo secretário, mas o presidente do órgão colegial tem a responsabilidade de zelar pela exatidão do conteúdo da mesma. Uma vez redigida, a ata é submetida à aprovação dos membros, no final da respetiva reunião ou no início da reunião seguinte, sendo assinada, após a aprovação, pelo presidente e pelo secretário.

a) Aprovação da ata

Em termos práticos, e embora a lei admita essa possibilidade, não se revela, em geral, fácil proceder à aprovação da ata logo no final da reunião a que a mesma respeita. Daí que a lei preveja a aprovação da ata no início da reunião seguinte (caso em que não participam na aprovação da ata os membros que não tenham estado presentes na reunião a que ela respeita).

A aprovação da ata obedece, em geral, às regras sobre a aprovação de deliberações: artigos 32.º e 33.º. Os membros do órgão colegial podem discordar dos termos em que a ata foi lavrada, devendo, então, fazer registar a sua declaração de voto em anexo à ata.

A aprovação da ata é condição de eficácia jurídica das deliberações aprovadas na reunião do órgão a que a mesma se refere.

A falta de ata não contende com a validade das deliberações dos órgãos colegiais: cf. Acórdãos do STA de 29/02/2000, P. 043895, e de 19/03/2002, P. 047734, no sentido de que a ata constitui um requisito de eficácia dos atos administrativos praticados de forma oral pelos órgãos colegiais, pelo que a falta nela de algum dos seus elementos de menção obrigatória não implica a invalidade da deliberação colegial.

b) A ata como documento

O artigo 151.º, n.º 1, alínea *g)*, determina que deve constar dos atos administrativos a assinatura do presidente do órgão colegial que o emana. Esta assinatura não se confunde com a assinatura da ata pelo presidente: o que dali decorre, parece-nos, é a exigência de assinatura do documento que contém o ato ou no qual este é transcrito.

Da ata deve ainda constar a fundamentação dos atos administrativos [mesmo no caso de deliberações tomadas por escrutínio secreto, cf. ponto 87.4, *a)*]. Com exceção dos membros que tenham votado vencido, que podem enunciar os fundamentos do seu voto, a fundamentação é comum a todos os membros do órgão colegial.

No caso de decisões de concursos e de avaliação comparativa de pessoas, a lei pode exigir a declaração do voto e a fundamentação específica de cada membro do órgão colegial; neste caso, os critérios que determinam o sentido do voto têm, naturalmente, de ser os mesmos para todos os membros (a este respeito, veja-se o Acórdão do TCAS 05/04/2018, P. 361/11.6BELLE: "viola o dever de fundamentação o júri em que cada jurado fundamenta a sua decisão com recurso a critérios próprios ou diferentes entre si").

A ata constitui um *documento autêntico*, cuja força probatória só pode ser ilidida com base na sua falsidade[896]. Faz prova sobre tudo o que se passou na reunião.

Por outro lado, o que se passa na reunião com relevância jurídica deve constar da ata: assim, se a ata não refere ou não permite perceber que a exigência legal de *quórum* estava verificada, as deliberações do órgão colegial serão nulas por falta de *quórum*, nos termos do artigo 161.º, n.º 2, alínea *h)*, salvo se se conseguir provar a presença do quórum por outro meio.

Decidiu-se no Acórdão do TCAS de 17/06/2010, P. 3005/07, que recai sobre a Administração o ónus de prova da existência de *quórum*. Tal prova faz-se através da ata que, além do mais, deve mencionar os membros presentes. Uma ata que não contenha tais elementos, impedindo a prova da existência de quórum da reunião, acarreta a nulidade da deliberação. Ao contrário do que aqui se decidiu, julgamos que, fazendo-se prova de que o quórum estava

[896] Cf. Acórdão TCAN de 01/07/2011, P. 00147/11.8BEAVER.

reunido, se apresenta excessivo considerar falta de quórum pelo facto de a ata não indicar a presença deste.

A ata corresponde a um documento administrativo, que pode ser objeto do direito à informação procedimental (artigo 82.º e segs. do CPA), bem como do direito de acesso aos documentos administrativos, nos termos da Lei do Acesso à Informação Administrativa e Ambiental.

c) Aprovação da ata em minuta sintética

Por causa da dificuldade de elaboração da ata imediatamente após a reunião, e no sentido de evitar o inconveniente de diferimento da sua aprovação para reunião seguinte (com o consequente diferimento da produção de efeitos das deliberações aprovadas na reunião), a lei atribui aos órgãos colegiais o poder de deliberar no sentido da aprovação da ata, logo na reunião a que diga respeito, em *minuta sintética*.

Como sabemos, a ata, em versão final e definitiva, contém um "resumo" de tudo o que ocorreu na reunião. A ata em minuta sintética é menos do que esse resumo e, tendo em consideração a finalidade da lei ao prever esta possibilidade, poderá limitar-se à identificação e à indicação do sentido das deliberações aprovadas, bem como, quando for o caso, à apresentação de uma indicação sucinta dos fundamentos das mesmas.

A ata aprovada em minuta deve ser assinada pelo presidente e pelo secretário e deve ser depois transcrita com maior concretização, finalizada e novamente submetida a aprovação, no início da reunião seguinte. A eficácia das deliberações constantes da minuta cessa se a ata da reunião a que a minuta se refere não as reproduzir.

O n.º 5 do artigo 34.º determina que o conjunto das atas seja autuado e paginado de modo a facilitar a sucessiva inclusão das novas atas e a impedir o seu extravio. A lei exige, pois, a elaboração de um "livro de atas", ao que parece, em formato de papel.

89 – Consequências da infração às regras sobre funcionamento dos órgãos colegiais

O desrespeito das regras legais ou regulamentares sobre o funcionamento dos órgãos colegiais tem consequências ao nível da *legitimação* do órgão para exercer as suas competências [sobre o conceito de legitimação dos órgãos, cf. ponto 98].

A ilegalidade pode atingir apenas uma ou algumas deliberações do órgão: eis o que sucede com a deliberação aprovada com a participação na discussão ou na votação de um membro impedido, com a que foi objeto de votação pública quando deveria ter sido votada por escrutínio secreto ou que foi tomada tumultuosamente.

Mas, casos há – *v.g.*, falta de convocação, falta de *quórum* durante toda a reunião –, em que todas as deliberações aprovadas pelo órgão são ilegais. Poderá falar-se aqui de "reunião ilegal": contudo, em termos rigorosos, a ilegalidade não se imputa à reunião, mas especificamente às deliberações (a cada uma das deliberações) que o órgão tenha aprovado – as deliberações que consistam na aprovação de regulamentos são inválidas, nos termos do artigo 143.º, n.º 1, e as que consistem na prática de atos administrativos são anuláveis, nos termos do artigo 163.º, n.º 1, ou nulas, no caso da inobservância do *quórum* ou da maioria legalmente exigida, nos termos do artigo 161.º, n.º 2, alínea *h)*. A ilegalidade afeta todas e cada uma das deliberações, mas o facto de uma delas vir a ser anulada ou declarada nula não atinge as outras, pois trata-se de deliberações independentes.

Vejamos agora o regime instituído pelo artigo 28.º, sobre a *sanação* da inobservância das disposições sobre convocação das reuniões.

Em regra, a inobservância do disposto no artigo 23.º, sobre a convocação de reuniões ordinárias, e no artigo 24.º (sobretudo, nos n.ºs. 3 e 6), sobre a convocação de reuniões extraordinárias, bem como o incumprimento do prazo estabelecido no n.º 2 do artigo 25.º (não do prazo fixado no n.º 1 deste mesmo preceito), gera a *ilegalidade* das deliberações que o órgão venha a tomar.

Porém, atente-se ao disposto no artigo 28.º: "quando todos os membros do órgão compareçam à reunião e nenhum suscite logo de início oposição à sua realização". Ou seja, verificados os dois requisitos indicados – *i)* a comparência de todos os membros do órgão; *ii)* inexistência de oposição à realização da reunião suscitada logo *no início* desta –, opera-se o efeito da sanação da ilegalidade.

Ainda sobre a legalidade de funcionamento do órgão, importa ter presente que o órgão colegial só pode deliberar em reunião formal, na sequência de uma convocação dos membros para o efeito. Neste contexto, revela-se essencial distinguir entre os casos de *irregularidade* e de *inexistência de convocação*.

No primeiro caso, as deliberações do órgão serão ilegais; esta ilegalidade pode ser sanada nos termos do artigo 28.º.

No segundo caso, de inexistência de convocação, não se pode considerar sequer a hipótese de reunião do órgão. Quer dizer, o "encontro" de alguns membros de um órgão colegial – sem qualquer convocatória ou ordem do dia enviada previamente – não corresponde à reunião de um órgão colegial. Por conseguinte, as "deliberações" que sejam aprovadas nesse "encontro" não constituem deliberações do órgão colegial, pois este não reuniu. Só se considera *reunião* de um órgão colegial o encontro entre os respetivos precedido de uma convocação formal para esse efeito.

Em princípio, tais deliberações não existem juridicamente enquanto atos administrativos: nesse sentido, cf. Acórdão do STA, de 19/12/2001, P. 046027, no sentido de que "as deliberações dos órgãos colegiais que não forem tomadas em reunião dos seus membros são juridicamente inexistentes". Em sentido diferente o Acórdão do STA de 30/10/2003, P. 0971/03, considerou nula a deliberação de um órgão colegial tomada sem que tenha existido reunião formal. Discordamos desta orientação, por não se nos afigurar correto imputar a um órgão colegial – que só pode deliberar em reunião – uma deliberação aprovada sem reunião. Na nossa interpretação, a reunião constitui requisito de imputação jurídica dos atos ao órgão, e neste sentido, um requisito da existência jurídica desses atos enquanto atos do órgão. Sem o órgão reunido, não há deliberação.

Secção IV
Órgão administrativo e competência

Após o estudo do conceito de órgão administrativo, estamos em condição de avançar para um elemento que, não tendo natureza organizatória, está intrinsecamente ligada à figura do órgão administrativo: a competência administrativa.

90 – Órgão administrativo e competência. 91 – Conceito de competência. 92 – Irrenunciabilidade e inalienabilidade da competência. 93 – Momento em que se define a competência. 94 – Modalidades de competência. 95 – Competência como requisito de atuação válida dos órgãos. 96 – Incompetência. 97 – Conflitos de competência. 98 – Legitimação dos órgãos. 99 – Os órgãos como titulares de um interesse próprio no exercício e na defesa das suas competências.

90 – Órgão administrativo e competência

O órgão administrativo representa a instituição ou figura subjetiva central do Direito Administrativo; à mesma diretamente associada, e com idêntica importância no estudo da nossa disciplina, surge agora o conceito de competência.

Na verdade, órgão administrativo e competência são conceitos interrelacionados e umbilicalmente conectados. O órgão apresenta-se como um "centro institucionalizado de competências", como "figura organizatória dotada de competência" (Rogério Soares). Sem surpresa, a associação entre os conceitos está acolhida na lei, no artigo 20.º, n.º 1, do CPA, onde se definem os órgãos administrativos como "centros institucionalizados titulares de poderes e deveres para efeitos da prática de atos jurídicos imputáveis à pessoa coletiva" – os "poderes e deveres" que a lei considera na titularidade dos órgãos são as *competências*. A lei assume, pois, a configuração jurídica clássica do órgão como forma de "institucionalização de uma competência". A definição de uma competência implica a sua radicação num órgão de uma pessoa coletiva.

> Para a doutrina clássica, apenas os órgãos administrativos detêm competência. As pessoas coletivas de direito público têm atribuições. Já se explicou que o conceito de atribuições se refere às finalidades e não à capacidade das pessoas de direito público: a capacidade das pessoas de direito público resulta da "soma das competências dos seus órgãos". Neste sentido, e ao contrário do que se entende por vezes, não se revela incorreta a referência a uma *competência das pessoas de direito público* – caso em que o conceito tem o sentido de capacidade. Assim, não é anómalo dizer-se que o instituto público "X" *não tem competência* para impor o pagamento de uma determinada taxa; isto significa que a referida entidade não tem essa "capacidade jurídica", esse "poder", porque a nenhum dos seus órgãos se encontra atribuída a "competência" para impor o pagamento daquela taxa.
>
> Sem prejuízo do exposto, é normal associar-se a competência exclusivamente aos órgãos; à "competência" das pessoas de direito público deverá dar-se o nome de "capacidade" (acrescenta-se que, mesmo admitindo a ideia de competência das pessoas coletivas, afigura-se evidente que essa será, sempre, uma competência que a lei atribui, em primeira linha, a um órgão da pessoa coletiva).

A intensidade da relação entre os conceitos de órgão e de competência revela-se bem no facto de não existirem "órgãos sem competência". Como sabemos, os órgãos que apenas exercem competências delegadas (secretários de Estado, vereadores de câmaras municipais) só assumem a condição de órgãos se e quando forem investidos de competências por um ato de delegação [cf. ponto 74.2, *d)*].

91 – Conceito de competência

Por competência entende-se o *complexo de poderes funcionais conferido por lei ou por regulamento a um órgão administrativo*. A competência indica, pois, o poder de um órgão para *atuar, decidir* ou *deliberar* sobre uma determinada matéria ou assunto.

Nos termos do artigo 36.º, n.º 1, do CPA, a "competência é definida por lei ou por regulamento". Lei significa, neste contexto, "ato legislativo", ou seja, lei da Assembleia da República, decreto-lei ou decreto legislativo regional: artigo 112.º da CRP. Por sua vez, regulamento é o regulamento administrativo, ou seja, uma norma jurídica geral e abstrata emitida pela Administração, no exercício de poderes jurídico-administrativos (cf. artigo 135.º do CPA). Uma norma regulamentar pode, pois, assumir a condição de norma atributiva de poder ou competência. De resto, pode até suceder que o próprio órgão (titular da competência) seja criado por regulamento.

A competência administrativa que aqui se considera é, sobretudo, a que se pode materializar na produção de "atos jurídicos externos", quer dizer, de atos que representam uma atuação externa da pessoa coletiva que o órgão integra, que projetam os seus efeitos numa outra pessoa ou entidade.

Importa, porém, ter presente que existem "competências internas", quer dizer, competências para a prática de atos que produzem efeitos jurídicos apenas no interior da pessoa coletiva, num plano interorgânico (entre órgãos): eis o que sucede, por ex., com o parecer que um órgão consultivo emite por solicitação de um órgão ativo.

92 – Irrenunciabilidade e inalienabilidade da competência

A competência administrativa é *irrenunciável* e *inalienável*: cf. artigo 36.º, n.º 1, do CPA.

Os órgãos administrativos estão obrigados a exercer as suas competências (trata-se de poderes *funcionais*) ou as competências que neles estiverem delegadas. Não podem, pois, despojar-se, renunciar, demitir-se ou abdicar da responsabilidade de, nas circunstâncias previstas por lei, exercer as competências que a ordem jurídica lhes confia ou permite que lhes seja confiada.

Além de não poderem renunciar, também não podem alienar, transmitir ou transferir as competências de que são titulares.

A regra da proibição de renúncia às competências é uma imediata decorrência do *princípio da legalidade administrativa*: as competências que a lei confia aos órgãos da Administração Pública não são direitos subjetivos e não são, por isso, remetidas para uma esfera de disponibilidade da Administração. Trata-se, em rigor, de poderes (*posições jurídicas ativas*) que também constituem deveres na esfera do seu titular (*posições jurídicas passivas*): poderes-deveres, as competências administrativas devem (têm de) ser exercidas se e quando se verifiquem os pressupostos legais e de facto desse exercício.

A proibição de renúncia ou de alienação corresponde, pois, a uma proibição de abdicação, de desistência do exercício de uma competência (própria ou delegada). Isto vale para os órgãos, bem como para os respetivos titulares: com exceção dos casos de impedimento e de suspeição (bem como de faltas justificadas), os titulares dos órgãos administrativos não podem "abandonar" o órgão de que são titulares, nem furtar-se ao exercício das competências deste.

> O tema da renúncia ao exercício da competência tem projeções particulares no domínio da designada "inação administrativa", sobretudo quando esta é o fruto de uma atitude omissiva consciente da Administração Pública. Embora o conceito de renúncia sugira uma atitude positiva – manifestada na prática de um ato ou na adoção de uma medida que provoque o efeito de abdicação –, afigura-se-nos adequado reconduzir ainda a esse conceito, no mínimo, certas manifestações de inércia da Administração, especialmente se se trata de uma "inércia consciente" e que resulta, afinal, de uma opção estratégica (ainda que não materializada numa decisão expressa de não fazer). Num cenário assim, que, por sugestão de Paulo Otero[897], designamos "incompetência negativa", pode, em certos casos, suscitar-se uma reação judicial, no sentido da condenação do órgão omisso ao exercício da sua competência. Um outro expediente para ultrapassar a omissão (renúncia) consiste na substituição do órgão omisso por outro órgão ao qual a lei confira poderes de *substituição* (cf. artigo 43.º do CPA, sobre a *substituição de órgãos*).

[897] Paulo Otero, *Direito do Procedimento Administrativo*, Almedina, 2016, p. 440.

A renúncia ao exercício da competência pode corresponder a uma espécie de "renúncia à via administrativa" ou ao "Direito Administrativo"[898]: eis o que sucede, por ex., se um órgão da Administração, tendo a competência para executar o despejo de um imóvel, opta por recorrer aos tribunais para obter a execução do despejo. Numa hipótese assim, com os contornos de uma "fuga para o direito privado", estamos em face de uma renúncia da Administração às suas competências.

Já não se compreende na ideia de renúncia ao exercício de competências a celebração de contratos com vista a determinar antecipadamente o conteúdo discricionário de atos administrativos. Com efeito, não está aí em causa a renúncia ao exercício da competência, mas, em rigor, o exercício antecipado de uma competência discricionária. Mas, seja como for, tais contratos têm fundamento legal explícito, pelo menos na medida em que se celebrem no decurso do procedimento para a prática do ato administrativo "prometido": cf. artigo 57.º, n.º 3, do CPA: "durante o procedimento, o órgão competente para a decisão final e os interessados também podem celebrar contrato para determinar, no todo ou em parte, o conteúdo discricionário do ato administrativo a praticar no termo do procedimento".

A proibição da renúncia implica também uma proibição de "perdão" da Administração Pública, por via da execução dos seus créditos perante os devedores ou da recusa a exercer os seus poderes de sancionar comportamentos ilícitos.

Mas essas regras de proibição podem ser excecionadas por lei.

Em relação ao primeiro caso, é o que sucede o artigo 39.º do Regime da Administração Financeira do Estado, sobre a relevação da reposição de quantias indevidamente pagas. De acordo com essa disposição, em casos excecionais, devidamente justificados – e se quem recebeu o dinheiro desconhecia que o recebimento era indevido –, pode ser determinada, a relevação, total ou parcial, da reposição das quantias recebidas.

Quanto ao segundo caso, a lei poderá estabelecer incidentes de transação em procedimento sancionatórios ou autorizar a Administração a reduzir ou até a dispensar a aplicação da sanção. Exemplos destas situações podem ver-se na Lei da Concorrência.

[898] Cf. J. C. Laguna de Paz, "La renuncia de la Administración Pública al derecho administrativo", *RAP*, n.º 136, 1995, p. 201 e segs.

Além de irrenunciável, a competência é *inalienável*: o órgão administrativo não pode alienar, transferir ou conceder a um outro órgão administrativo ou qualquer outra instância, a *titularidade* ou o *exercício* da competência que lhe está confiada.

A inalienabilidade implica a regra geral de *indelegabilidade das competências* (salvo habilitação legal), mesmo que a delegação não se considere, em sentido rigoroso, uma alienação de competência, mas apenas uma transferência do seu exercício. Embora em relação apenas a certos órgãos administrativos, veja-se o artigo 111.º, n.º 2, da CRP, onde se estabelece que "nenhum órgão de soberania, de região autónoma ou de poder local pode delegar os seus poderes noutros órgãos, a não ser nos casos e nos termos expressamente previstos na Constituição e na lei".

A regra da irrenunciabilidade e inalienabilidade das competências não prejudica certas figuras previstas na lei: *delegação de poderes* (cf. artigo 44.º e segs. do CPA), que, como acabámos de ver, realiza uma transferência, com fundamento em lei, do exercício de competência de um órgão para outro órgão; *suplência* (cf. artigo 42.º), que, em rigor, não interfere com a competência de um órgão, mas apenas com a alteração da titularidade; *substituição* (cf. artigo 43.º) em que, com base na lei, um órgão "assume o exercício" das competências de outro órgão.

Todos esses casos representam não exatamente exceções à proibição de renúncia ou alienação de competências, mas institutos que operam apesar dessa proibição. Às figuras contempladas no n.º 1 do artigo 36.º acrescem outras, também com fundamento legal. Eis o que ocorre, desde logo, com as "figuras afins (da delegação de poderes) legalmente previstas", a que se refere o n.º 2 do mesmo preceito. Para este efeito, considera-se figuras afins da delegação de poderes prevista no CPA a concessão ou a delegação de poderes públicos em entidade privadas.

À regra inscrita no n.º 1 do artigo 36.º – no sentido da proibição da renúncia ou da alineação da competência ou do exercício da competência –, segue-se uma outra regra, consagrada no n.º 2 do mesmo preceito: "é nulo todo o ato ou contrato que tenha por objeto a renúncia à titularidade ou ao exercício da competência conferida aos órgãos administrativos".

O artigo 36.º, n.º 2, do CPA fulmina com a sanção da nulidade o ato administrativo (ou o contrato administrativo) que tenha como "objeto", quer dizer que tenha como "efeito" ou como "resultado" a renúncia ou a alienação da competência de um órgão administrativo. A previsão legal configura uma situação de nulidade a considerar para efeitos dos artigos 161.º, n.º 1, do CPA e 284.º, n.º 2, do CCP.

A ressalva da parte final do n.º 2 do artigo 36.º ("sem prejuízo da delegação de poderes e figuras afins legalmente previstas") apresenta-se óbvia: afasta-se a cominação da nulidade nos casos por haver fundamento legal para esses casos de "alienação" ou de "transferência" do exercício de competências. Importa observar que a ressalva não depende apenas de as figuras mobilizadas estarem, *em geral*, previstas na lei: exige-se um *fundamento legal específico para cada caso*. Assim, é nula uma delegação de poderes efetuada sem fundamento legal específico.

93 – Momento em que se define a competência

Estabelece o artigo 37.º, n.º 1, do CPA que a competência se define no momento em que se inicia o procedimento. A regra aplica-se, nos mesmos termos, nos *procedimentos de iniciativa particular* (iniciados por um requerimento dirigido pelo particular a um órgão da Administração) e nos *procedimentos de iniciativa oficiosa* (instaurados pelo órgão que vai tomar a decisão de conclusão do procedimento): no início do procedimento, o órgão decisor dispor da competência para praticar o ato que conclui ou encerra o procedimento.

De acordo com esse critério temporal, antes de tomar qualquer decisão, o órgão deve certificar-se de que é competente para conhecer da questão a que se refere o procedimento: artigo 40.º, n.º 1, do CPA.

Nos termos do artigo 109.º, n.º 1, alínea *a)*, do CPA, a incompetência do órgão constitui uma questão que prejudica o desenvolvimento normal do procedimento. Sendo incompetente, o órgão deve abster-se de atuar e, assim, não iniciar ou determinar a extinção do procedimento. A situação revela outros contornos no caso de procedimentos de iniciativa particular, por força do disposto no artigo 41.º do CPA. Nos termos deste preceito, quando é apresentado requerimento, petição, reclamação ou recurso a órgão incompetente, este deve proceder ao envio do documento recebido ao órgão titular da competência, disso notificando o particular.

94 – Modalidades de competência

Tendo em consideração os fatores a seguir indicados, podemos identificar várias modalidades de competência dos órgãos administrativos.

a) Competência externa e competência interna

Em geral, a competência administrativa reporta-se ao desenvolvimento de uma ação que produz efeitos jurídicos no *espaço exterior* à pessoa coletiva pública; ou seja, os efeitos jurídicos do exercício da competência propagam-se para fora da pessoa coletiva pública a que o órgão pertence e vão atingir a esfera jurídica de uma ou de várias pessoas (*v.g.*, atribuição de uma licença camarária ao interessado; aplicação de uma sanção disciplinar a um estudante). Estão são as *competências externas*.

Mas nas relações entre os órgãos e os trabalhadores ou entre os trabalhadores da pessoa coletiva pública existe um sistema de divisão de trabalho e de tarefas, o que passa pela delimitação de âmbitos de intervenção e da prática de atos jurídicos com efeitos que esgotam no plano interno, de organização e funcionamento do serviço, e que se referem à gestão da logística, às "relações de trabalho" (gestão de recursos humanos) ou ao planeamento da ação do serviço. Estamos aqui diante de *competências internas* ou de *gestão interna dos serviços administrativos.*

Correspondem a esta categoria as "competências do pessoal dirigente". Nos termos do respetivo Estatuto, "o pessoal dirigente exerce as suas competências no âmbito da unidade orgânica em que se integra e desenvolve a sua atividade de harmonia com os princípios enunciados na presente lei".

Essas competências internas, ou de gestão interna dos serviços administrativos, devem distinguir-se de uma outra categoria que, embora sem projeção para o espaço exterior à pessoa coletiva, correspondem a competências legais – definidas em lei – a exercer *autonomamente* por uma determinada instância no procedimento da formação de um ato de efeitos jurídicos externo: *competências internas autónomas*. Eis o que ocorre com a "competência de direção do procedimento", que, nos termos do artigo 55.º é delegada no "responsável pela direção do procedimento" ou com as competências de seleção, avaliação e ordenação de candidatos ou de propostas que as leis atribuem a júris; outro tanto se pode dizer da competência para a emissão de pareceres (artigo 91.º) ou para a realização de inspeções ou vistorias.

As competências internas autónomas resultam, em muitos casos, de um processo de *separação de poderes no interior de uma pessoa coletiva*, precisamente com o sentido de autonomizar (jurídica e, ou tecnicamente) as *competências de preparação* em face das *competências de decisão.*

Em todos os últimos casos, estamos perante *competências internas autónomas, que contribuem diretamente para a produção de atos jurídicos com efeitos externos*. Os contornos particulares destas competências conduzem-nos a considerar, neste contexto, a noção de *órgãos internos* [cf. ponto 74.2, *a)*].

Em princípio – salvo advertência ou situação evidente em sentido contrário –, a referência ao conceito isolado de competências refere-se a competências externas.

b) Competência própria e competência delegada

Considerando um critério que atende à titularidade da competência, distingue-se entre a *competência própria* e a *competência delegada*. No primeiro caso, trata-se de uma competência que pertence a um órgão, que lhe é atribuída originariamente ou em primeira linha por lei ou regulamento. No segundo, a competência que um certo órgão exerce (órgão delegado) pertence originariamente a um outro órgão (órgão delegante); ocorre aqui uma cisão entre *titularidade* e *exercício* da competência: a titularidade pertence ao delegante e o exercício é confiado ao delegado.

c) Competência própria, competência concorrente e competência exclusiva

A tripartição entre competência própria, concorrente e exclusiva refere-se a situações relacionadas com a hierarquia administrativa e surge aqui com o intuito primacial de qualificar competências de órgãos subalternos (em posição subalterna na hierarquia).

Acabámos de ver que *competência própria* é aquela que a lei atribui diretamente a um órgão. Pois bem, tratando-se de um órgão subalterno, a qualificação da competência como *própria* tem o sentido de esclarecer que se trata de uma competência desse órgão, que a lei não atribui ao seu superior hierárquico. Ao contrário do que sucedia no passado, não existe hoje fundamento legal para se entender que as competências próprias dos órgãos subalternos são também competências dos superiores (de acordo com uma regra segundo a qual as competências dos órgãos superiores englobam ou abrangem as competências dos órgãos subalternos). Mas também não parece que o facto de a lei atribuir diretamente sem mais especificações uma competência a um órgão subalterno conduza à conclusão de que se trata de uma competência exclusiva desse órgão. Assim, deve entender-se que a competência (própria) de um órgão inferior num sistema hierárquico não é, por um lado, concorrente ou comum, pois não pertence automaticamente aos órgãos superiores, mas também não é exclusiva, pelo que não se exclui a possibilidade de essa competência vir a ser exercida, dentro de certas condições, pelos órgãos superiores ("em segundo grau" ou "em substituição" dos subalternos, para suprir a inércia destes).

A explicação do conceito de competência própria já permite perceber o sentido da competência *concorrente* ou *comum*, como aquela que é conferida simultaneamente a dois ou mais órgãos inseridos numa cadeia hierárquica (órgãos superiores e subalternos). Assim, por ex., nos termos do artigo 196.º, n.º 3, da LTFP, "a competência disciplinar dos superiores hierárquicos envolve a dos seus inferiores hierárquicos". A competência concorrente ou comum resulta da lei, não do princípio da hierarquia.

> Não deve confundir-se a competência concorrente com a *competência paralela*: trata-se, esta última, de uma competência conferida a dois órgãos independentes entre si para atuarem perante o mesmo facto (por ex., competências da Autoridade da Concorrência e da ANACOM para adotarem medidas em face de comportamentos das empresas de telecomunicações configuráveis como abusos de posição dominante). As competências paralelas podem ter o mesmo conteúdo (*v.g.*, aplicação de coimas) ou conteúdo diferente (*v.g.*, uma autoridade aplica uma coima e a outra revoga a licença da empresa).

A competência poderá ser *exclusiva* do órgão subalterno. O facto de o subalterno surgir como o titular único de uma competência não exclui os poderes do superior hierárquico, por ex., quanto à anulação de atos praticados ao abrigo da referida competência (cf. artigos 169.º, n.º 2, e 197.º, n.º 1, do CPA) ou quanto ao poder de ordenar a prática de atos de exercício dessa mesma competência, nos termos do artigo 197.º, n.º 4, do CPA [cf. ponto 181.5].

d) Competência independente e competência dependente

De acordo com um critério que atende à posição do órgão administrativo sobre a sua competência tendo em consideração a sua relação com outros órgãos, distinguimos entre *competência independente* e *competência dependente*, de exercício *condicionada* ou *exclusiva*.

Vejamos estas modalidades de competências.

Competência independente – competência que um órgão administrativo exerce de forma independente, isto é, sem sujeição a orientação, instrução ou diretriz externa e ainda sem submissão a revisão, controlo preventivo ou sucessivo por um outro órgão; eis o que ocorre com a competência de "órgãos independentes"; assim sucede também, em geral, no âmbito da cadeia hierárquica, com as competências dos órgãos superiores do topo da hierarquia.

Competência independente não é o mesmo que *competência discricionária*: esta refere-se ao poder de que dispõe um órgão para, na base de uma abertura da lei, realizar ou não uma diligência, ou realizá-la de uma certa forma, ou emitir um juízo de valoração. O conceito de competência discricionária alude ao modo como, nos termos da lei, um órgão pode exercer a sua competência, sem se ponderar se a sua atuação pode ser revista ou modificada por outro órgão. Diferentemente, a competência independente refere-se à situação em que um órgão detém, dentro do sistema administrativo, a última palavra sobre o exercício de uma competência, portanto, sem intervenção prévia ou posterior de qualquer outro órgão administrativo.

A independência da competência pode ter uma natureza técnica: eis o que se verifica com a competência de órgãos como a Comissão de Ética para a Investigação Clínica ou com as comissões de ética que funcionam em instituições de saúde, as quais, nos termos da lei, detêm "independência técnica e científica".

Competência dependente – competência cujo exercício se encontra exposto a uma intervenção diretiva, de orientação, de condicionamento ou de controlo por parte de um outro órgão administrativo. Se não soasse estranha, uma designação correta nesta situação poderia ser a de "competência não independente".

Numa qualificação de carácter residual, a competência dependente de um órgão diz-se *condicionada* – de exercício condicionado – quando o respetivo exercício se encontra exposto ou sujeito a uma qualquer forma de intervenção de outro órgão: eis o que ocorre quando um órgão administrativo tem o dever de exercer a sua competência nos termos definidos por outro órgão, ou quando apenas pode atuar após a iniciativa (sob *proposta*) de um outro órgão ou em "segundo grau", ou ainda quando os atos que pratica têm de ser aprovados ou autorizados por outro órgão.

e) Competência singular e competência conjunta

Segundo um critério que atende ao número de órgãos titulares de uma determinada competência, distingue-se *competência singular* e *competência conjunta*. Competência singular é a que se encontra conferida a um único órgão. A competência conjunta é aquela que, nos termos da lei, pertence a mais do que um órgão (cotitularidade) e que tem de ser ou é exercida em simultâneo, conjuntamente, pelos vários titulares (*v.g.*, despacho conjunto de dois ministros: neste caso, o ato resulta de dois órgãos e imputa-se aos dois). O exercício de uma competência conjunta apenas por um titular gera uma situação de *incompetência parcial* [sobre esta figura, cf. ponto 96].

A competência conjunta não se confunde com a competência dos órgãos colegiais. Ali, o ato praticado resulta da conjugação de duas (ou mais) pronúncias ou declarações: trata-se de um ato *complexo*. As deliberações de órgãos colegiais, pelo seu lado, correspondem a uma pronúncia única (do colégio). A competência conjunta, *hoc sensu*, corresponde a um poder que a lei atribui, em simultâneo, a dois ou mais órgãos e, por isso, também se distingue do exercício em comum ou conjugado das competências (singulares) de vários órgãos, como sucede nas *conferências procedimentais* (artigo 77.º e segs.) ou na *partilha de competências*, figura instituída pelo Regime Jurídico do Serviço Público de Transporte de Passageiros [cf. ponto 182.2.4].

Também não deve confundir-se a competência conjunta com as situações em que a lei entrega uma competência a um órgão determinado, mas exige que este órgão exerça essa competência "em coordenação" ou "em articulação" com outro órgão [cf. ponto 55.2].

f) Competência explícita e competência implícita

Considerando agora um critério que atende à fonte ou origem da competência, distingue-se a *competência explícita* da *competência implícita*. Num quadro de vigência do "princípio da legalidade das competências administrativas", é axiomático afirmar que todas as competências da Administração Pública têm de provir ou têm de se basear numa "lei" (lei em sentido amplo, em termos de abranger atos legislativos propriamente ditos, mas também *atos normativos* de outras proveniências). Ora, esta exigência haverá de estar presente em todas as competências da Administração que se traduzam na prática de atos administrativos – atos que definem posições jurídicas dos destinatários sem considerar o sentido da vontade destes. É a partir desta premissa que temos de considerar a distinção entre competências explícitas e competências implícitas[899].

[899] Sobre competências implícitas no Direito Administrativo, cf. Bassi, *Principio di legalità e poteri amministrativi impliciti, cit.*; G. Morbidelli, "Il principio di legalità e i c.d. poteri impliciti", *Diritto Amministrativo*, 2007, p. 703 e segs.; L. Torchia, *Lezioni di diritto amministrativo progredito*, Il Mulino, 2014, p. 13 e segs.

Vejamos então.

Diz-se que é explícita a competência contemplada ou fixada de forma clara por um preceito jurídico definido e identificado: por ex., os preceitos legais que indicam que o inspetor-geral da ASAE é competente para aplicar coimas às empresas responsáveis pela venda de produtos prejudiciais para a saúde. Quer dizer, a competência será *explícita* quando identifica os *pressupostos* do ato da Administração Pública e, além disso, indica, ainda que com uma formulação legal vaga, o *conteúdo (efeitos jurídicos)* deste ato. As competências explícitas observam, portanto, um *princípio de tipicidade* – um ato diz-se típico quando é a "expressão de um poder expressamente reconhecido e delimitado por uma norma jurídica" e não o resultado de uma liberdade ou autonomia do respetivo autor [cf. ponto 42.4.1, *b)* e *c)*].

Em regra, as competências da Administração (para a produção de atos jurídicos) deverão ser explícitas e obedecer a um princípio de tipicidade – quer se trata de atos agressivos ou favoráveis para os destinatários –, pois é na definição dos *pressupostos* e dos *efeitos* da ação administrativa que a lei cumpre o seu papel essencial de identificação dos interesses a realizar pela Administração. Neste cenário, temos, pois, *competências específicas* e *explícitas*.

Segundo alguma doutrina, apenas as competências específicas se poderiam qualificar como competências *explícitas*, quer dizer, competências escritas e previstas num preceito normativo definido. Todas as competências que não cumprissem esta exigência se qualificariam como implícitas.

Cremos, porém, que há razões para reconduzir ainda ao conceito de competências explícitas as competências que a Administração exerce com fundamento numa norma legal que a autoriza genericamente a agir, mas sem definir os pressupostos ou o conteúdo da sua ação: assim, retomando exemplos que já conhecemos, nos termos da lei, a ANACOM "elabora e aprova regulamentos nos casos previstos na lei e *quando se mostrem indispensáveis ao exercício das suas atribuições*"; o Banco de Portugal, no âmbito da monitorização das instituições de crédito, é competente para "tomar as *medidas necessárias*", caso verifique que uma instituição revela perfis de risco que podem gerar instabilidade; a Autoridade da Concorrência pode, em certos casos, adotar "*quaisquer medidas provisórias* necessárias à imediata reposição da concorrência ou indispensáveis ao efeito útil da decisão a proferir no termo do processo".

Em casos como estes, a Administração produz atos jurídicos – "regulamentos independentes" e "atos administrativos atípicos" – que correspondem ao exercício de uma *competência genérica*, isto é, uma competência não especificamente definida, nos seus pressupostos e, ou conteúdo ("discricionaridade criativa"). Ainda assim, os atos produzidos neste âmbito surgem no contexto e ao abrigo de uma "norma de competência", que existe e que observa uma exigência de *legalidade formal*. A medida que a Administração adota, neste âmbito, não é típica, mas enquadra-se numa competência explícita. Ou, pelo menos, o intérprete está em condições de definir juridicamente se a medida concreta se pode reconduzir ou não a uma norma, ou seja, se está coberta por uma norma de competência (genérica).

Aos casos de normas de competência genérica podemos assimilar aqueles em que uma medida da Administração Pública é adotada no quadro do *estado de necessidade* [cf. ponto 42.4.2].

Nas situações anteriores, está, pois, presente o exercício de competências explícitas, que se fundam em *normas de competência específica* ou em *normas de competência genérica*. A consideração de que estamos, em ambos os cenários, perante competências explícitas não significa conceder o aval ao modelo de fixação de competências administrativas em normas genéricas. Já vimos que, em relação à prática de atos administrativos (atípicos), só em casos excecionais se admitem estas aberturas para formas de discricionaridade criativa [cf. pontos 29.4 e 42.4.1, *b)*].

Passemos então ao estudo das competências implícitas.

Competências implícitas são competências que não estão definidas num preceito legal ("competências não escritas"), seja quanto aos pressupostos *ou* ao conteúdo, seja mesmo quanto aos pressupostos *e* ao conteúdo da ação administrativa.

As competências implícitas não observam, portanto, um *princípio de explicitação*: estão "implícitas" em normas jurídicas do sistema ou, como veremos já a seguir, revela-se possível deduzi-las destas normas, mas, na verdade, não correspondem a poderes expressamente reconhecidos e previstos em normas jurídico-administrativas (específica ou genericamente). Trata-se, em sentido rigoroso, de "competências não escritas".

Numa leitura constitucionalmente adequada da prossecução do interesse público e da subordinação da Administração à lei (artigo 266.º da CRP), a admitir-se, não pode deixar de se considerar *excecional* a possibilidade de competências implícitas. Aqui, não há uma norma jurídica a conferir à Administração qualquer competência, seja genérica, seja especificamente.

Precisamente por essa razão, o tema em pauta reclama grande exigência de análise, bem como cuidados especiais, pois o que está em causa é aceitar, ou não, o exercício pela Administração de "competências não escritas" que, além disso, não resultam de uma norma de "competência genérica".

A admitir-se, teremos então uma competência "criada" a partir de uma interpretação do sistema.

Pois bem, em termos cautelosos, afigura-se de admitir que, em casos excecionais, pode haver competências implícitas da Administração, mas desde que se trate de competências implícitas em normas jurídicas que conferem outras competências. Isto só se revela viável na medida em que se definam nexos inequívocos de proximidade e de vizinhança entre uma determina ação que a Administração empreende (sem suporte numa competência escrita) e uma norma de competência existente no sistema.

> Neste sentido, vamos assumir que as competências implícitas não se revelam estranhas, nem alheias ao sistema jurídico-administrativo; trata-se de competências ainda originadas ou, de algum modo, contempladas em normas deste sistema.

Neste contexto, e em condições apertadas, poderão aceitar-se duas modalidades de competências implícitas: por *conexão* e por *derivação*.

Por *conexão* revela-se a competência de que a Administração dispõe pelo facto de estar *funcionalmente conexa* com uma competência explícita: assim, por ex., a competência para fiscalizar uma atividade sujeita a autorização da Administração é uma *competência implícita por conexão* com a competência explícita para autorizar. Quer dizer, mesmo que a lei não preveja a competência para fiscalizar, poderá considerar-se esta uma competência implícita na norma que define a competência administrativa para autorizar uma certa atividade.

> Deve distinguir-se a competência implícita por conexão das "competências anexas", que se reportam a especificações ou concretizações de uma *competência principal*: eis o que ocorre, por ex., com a competência para aceder ao local onde se exerce uma atividade submetida a fiscalização administrativa em face da competência de fiscalização. Esta (competência de fiscalização) inclui, *no seu interior*, "anexadas", outras competências. Estas últimas não correspondem a competências implícitas, mas antes a concretizações de

uma competência explícita [900]. Em suma, a competência principal inclui as competências anexas: "nel più sta il meno" (no mais está o menos).

Por *derivação* ou *por consequência* é a competência administrativa que decorre, como uma *consequência normal*, de uma outra competência da Administração: suponha-se o poder de revogação sancionatória de uma licença na sequência de um incumprimento de condições legais essenciais; o mesmo se diga do poder de uma entidade exigir a apresentação da declaração de rendimentos aos trabalhadores que optam por um regime de dedicação exclusiva.

O tema das "competências implícitas consequenciais" suscita bastas dúvidas, pois, na verdade, apesar de próxima ou contígua, a competência implícita é, agora, uma "outra" competência, que envolve um efetivo alargamento do poder administrativo para zonas que podem já não ter uma cobertura segura numa norma de competência explícita. Por isso, retomando o exemplo do incumprimento das condições estabelecidas numa licença, pode porventura aceitar-se a revogação (sancionatória), mas já não se aceita a aplicação de sanções de outro tipo.

95 – Competência como requisito de atuação válida dos órgãos

A competência indica o conjunto de poderes funcionais de um órgão e, portanto, delimita o perímetro da intervenção legítima que o órgão pode protagonizar: os órgãos da Administração Pública não atuam no exercício de liberdades próprias ou de direitos naturais ou originários, mas antes em desenvolvimento de poderes e de deveres que lhes são conferidos por normas da ordem jurídica (*princípio da legalidade da competência administrativa*). Já sabemos que antes de qualquer decisão, o órgão da Administração Pública deve certificar-se de que é competente para conhecer da questão (artigo 40.º).

Como elemento de delimitação do espaço de intervenção legítima dos órgãos, a competência analisa-se em três perspetivas: *em razão da matéria*, *em razão do território* e *em razão do tempo*. Assim, a ação de um órgão administrativo, que se manifesta, por ex., na atribuição de uma licença de exploração de petróleo, apresenta-se, deste ponto de vista, legítima, desde que o órgão referido:

[900] Sobre estes conceitos, embora em termos não inteiramente coincidentes, cf. N. Achterberg, "Die Annex-Kompetenz", *Die Öffentliche Verwaltung*, 1966, p. 695 e segs.

i) Se encontre investido, por lei ou regulamento, do poder específico de atribuir as licenças da categoria em que aquela se integra – *competência material ou em razão da matéria*. A competência em razão da matéria remete-nos para o sentido mais imediato e intuitivo do conceito de competência, enquanto conjunto de poderes de que um órgão dispõe para agir (tomar decisões, emitir normas, celebrar contratos, etc.) em relação a determinadas matérias ou assuntos.

ii) Possa atribuir a licença para exploração do petróleo no local nela assinalado –*competência territorial ou em razão do território*. Muitos órgãos administrativos podem agir (*v.g.*, proferir decisões ou emitir normas) em todo o território nacional ou em todo o território continental. Mas muitos outros – por ex., órgãos periféricos – têm uma área de intervenção limitada a uma parte do território nacional (*circunscrição*), podendo atuar, por ex., apenas em determinada parcela do território (*v.g.*, comissões de coordenação e desenvolvimento regional, direções regionais de ministérios, conselhos regionais da Ordem dos Advogados ou direções de finanças).

iii) Possa emitir a licença no momento em que toma a decisão de a atribuir – *competência em razão do tempo*. Por vezes, a atuação dos órgãos administrativos não pode ocorrer *antes* nem *depois* de uma certa data ou período de tempo (suponha-se que o órgão só pode atribuir a licença *a partir* de uma certa data ou *depois* do decurso de um prazo ou, pelo contrário, só pode atribui-la *até* uma certa data ou *dentro* de um prazo). Os cenários da atuação do órgão, respetivamente, antes ou depois do momento em que o podia fazer corresponderiam a casos de incompetência em razão do tempo. Sem prejuízo da aparência nesse sentido, julgamos, contudo, que só o segundo consubstancia uma situação de falta de competência em razão do tempo. Com efeito, só aqui a competência do órgão se esgota com o decurso do prazo: o órgão era competente, mas atualmente não é; a competência caducou, extinguiu-se por efeito do decurso do tempo (*v.g.*, a tomada de uma decisão após a caducidade do procedimento, nos termos do artigo 128.º, n.º 6, do CPA). Diversamente, no caso em que o ato é praticado (ilegalmente) antes da data em que tal poderia ter ocorrido, não temos uma situação de incompetência; a competência existia na esfera do órgão e não cessou, mas não poderia ser exercida naquele momento; o caso é de *falta de legitimação* do órgão e não de incompetência (em razão do tempo).

Por vezes, alude-se ainda à competência *em razão da hierarquia* e *em razão do autor*.

Quanto à primeira: em geral, o fator da hierarquia não revela, *qua tale*, pois não existe, em regra, um requisito autónomo de validade da atuação de um órgão atinente à sua posição na hierarquia administrativa. Mas não se pode excluir a possibilidade de a lei estabelecer que um certo ato, para cuja prática são materialmente competentes vários órgãos, seja praticado por um órgão em função da sua posição hierárquica (de se tratar de um órgão superior ou inferior): eis o que ocorre com a competência para a apreciação de recursos hierárquicos que pertence "ao mais elevado superior hierárquico" (artigo 194.º, n.º 1); trata-se, neste caso, de uma competência hierárquica, ou em razão da hierarquia.

Quanto à segunda: a fórmula competência em razão do autor não contém qualquer indicação útil ou relevante, nem se alcança o que pretende sugerir. Próxima desta última é a fórmula "competência subjetiva" que o artigo 112.º, n.º 7, da Constituição emprega em associação com a expressão "competência objetiva" ("os regulamentos devem indicar expressamente as leis que ... definem a competência subjetiva e objetiva para a sua emissão"). Embora se perceba, pelo contexto, o sentido que o preceito constitucional pretende atribuir ao conceito, revela-se indiscutível que o elemento "subjetiva" nada acrescenta ao elemento "competência": a lei que define a competência subjetiva de um órgão para a emissão do regulamento é, nem mais nem menos, do que a lei que define a competência desse órgão para a emissão do regulamento.

96 – Incompetência

Se um órgão pratica um ato ou adota uma medida fora do círculo de poderes que a ordem jurídica lhe atribui, diz-se que esse ato padece do vício de *incompetência* (em razão da matéria, em razão do território ou em razão do tempo).

A incompetência pode ser suscitada oficiosamente pelo próprio órgão chamado a agir ou que tomou a iniciativa de o fazer, e, além disso, pode ser arguida por qualquer interessado: cf. artigo 40.º, n.º 2; sobre o conceito de interessados, cf. artigo 65.º, n.º 2.

A situação de incompetência de um órgão para desenvolver uma certa ação não exclui, naturalmente, que um outro órgão possa dispor da competência para esse efeito. Neste caso, a competência para a prática do ato ou para adoção da medida da autoria do órgão incompetente poderá pertencer a outro órgão da mesma pessoa coletiva pública (ou, no caso do Estado, a outro órgão do mesmo ministério) ou a órgão de outra pessoa coletiva pública (ou, no caso do Estado, a um órgão de outro ministério). No primeiro caso, temos uma *incompetência relativa*; no segundo, temos uma *incompetência absoluta*.

Há ainda uma outra hipótese: a de nenhum órgão administrativo deter a competência para a prática do referido ato, caso em que o cenário é de *carência de poder*. Por sua vez, esta hipótese pode corresponder a um caso de *usurpação de poder* [cf. artigo 161.º, n.º 2, alínea *a)*, do CPA], se a competência para a prática do ato pertence a um outro Poder do Estado (*v.g.*, poder judicial); mas também pode não se reconduzir a uma usurpação de poderes (em sentido técnico-jurídico), se o poder de que a Administração se arroga simplesmente não existe na ordem jurídica (por ex., câmara municipal que decide impor a plantação de oliveiras em todos os prédios rústicos do território municipal para incrementar a produção de azeite).
O ato praticado em caso de incompetência em razão do tempo reconduz-se igualmente a uma situação de carência de poder: a cessação da competência de um órgão por força do decurso do tempo envolve uma extinção do poder em causa. Assim, nos termos do artigo 56.º, n.º 1, da Lei da Concorrência, a Autoridade da Concorrência é competente para impor uma obrigação de notificação de operações de concentração realizadas (contra a lei) "há menos de cinco anos". Se a operação ocorreu há mais de cinco anos, a referida competência deixou de existir e a eventual imposição da obrigação de notificar nesse caso corresponde a um ato praticado em situação de carência de poder.

Com um alcance especificamente definido em função dos casos de exigência legal de *competência conjunta* [cf. ponto 94, *d)*], identificamos, a partir de uma proposta de Paulo Otero[901], o conceito de *incompetência parcial*: abrangem-se aqui os casos em que ocorre a intervenção de apenas um órgão no exercício de uma competência que a lei confia, em conjunto, a esse e outro(s) órgão(s).

A incompetência parcial é *relativa*, se os órgãos conjuntamente competentes pertencem à mesma pessoa coletiva (ou ao mesmo ministério), ou *absoluta*, no caso de os órgãos conjuntamente competentes pertencerem a

[901] Paulo Otero, *Direito do Procedimento, cit.*, p. 440.

pessoas coletivas diferentes (ou a diferentes ministérios). Em casos particulares, a ausência de intervenção de um dos órgãos competentes pode não gerar uma situação de invalidade.

> A jurisprudência não é unânime quanto à qualificação da *incompetência parcial* como absoluta, no caso de competência conjunta de órgãos de diferentes pessoas coletivas ou ministérios; no Acórdão de 03/07/2002 (Pleno da Secção do CA, P. 046870 – proferido em recurso de Acórdão de 29/03/2001), o STA considerou de incompetência relativa o despacho singular de um ministro que a lei mandava apreciar por despacho conjunto de dois ministros. Posteriormente, em Acórdão do mesmo STA de 22/03/2004, P. 0933/02, considerou-se enfermar do vício de falta de atribuições (incompetência absoluta) a decisão singular de um membro do Governo que a lei exigiria ser proferida por despacho conjunto de dois membros do Governo.
>
> A afirmação, acima feita, de que a ausência de um dos órgãos competentes pode, em casos particulares, não gerar uma invalidade é confirmada por decisões do STA segundo as quais o facto de apenas um dos órgãos competentes intervir não gera invalidade, quando estiver em causa um procedimento de recurso, se a decisão que profere for no sentido do indeferimento do recurso (cf., por ex., Acórdão de 29/09/2005, P. 0275/05).

A incompetência manifesta-se quando um órgão pratica atos da competência de outros órgãos: nestes casos, a incompetência corresponde a uma invasão ou usurpação de poderes alheios e a reação do interessado passa pela *impugnação* da decisão ilegal. Embora excecional, também representa uma forma de incompetência a inércia ou a omissão de um órgão quanto ao exercício das suas competências; como vimos, poderá falar-se aqui de "incompetência negativa" [cf. ponto 92].

97 – Conflitos de competência

Os *conflitos de competência* (entre os órgãos da mesma pessoa coletiva pública) podem surgir porque mais do que um órgão se considera competente numa certa matéria (*conflito positivo*) ou, em sentido oposto, porque nenhum dos órgãos convocados para intervir numa certa matéria se considera competente (*conflito negativo*). Em qualquer caso, os conflitos são resolvidos pelo órgão de menor categoria hierárquica que exercer poderes de supervisão sobre os órgãos envolvidos no conflito (artigo 51.º, n.º 2, do CPA).

Sobre os *conflitos de competência territorial* dispõe o artigo 39.º, no sentido de que a instância a quem cabe decidir o conflito deve designar como competente o órgão cuja localização oferecer, em seu entender, mais adequada para a eficiente resolução do assunto[902].

Os conflitos de competência nem sempre são suscetíveis de resolução por via administrativa: o critério de competência para a resolução administrativa pressupõe a existência de uma cadeia hierárquica (cf. artigo 51.º, n. 2).

Ora, pode suceder que o conflito se estabeleça entre órgãos autónomos entre si não integrados em qualquer cadeia hierárquica (por ex., conflito de competência entre câmara municipal e assembleia municipal). Neste caso, a competência para a resolução do conflito pertence aos tribunais administrativos, através do processo de conflito entre órgãos administrativos (artigo 135.º e segs. do CPTA).

Não se devem confundir os conflitos de competência com os "conflitos entre órgãos" (conflitos interorgânicos): estes resultam de atuações ou de recusas de atuação de um órgão que lesa os "direitos" de outro órgão, por ex., comprometendo as condições de exercício das competências próprias deste [cf. ponto 99]. Os conflitos de competência também não se confundem com os "conflitos de posição" entre órgãos administrativos quanto ao fundo de uma questão de Direito Administrativo implicada no exercício das respetivas competências[903].

98 – Legitimação dos órgãos

A competência é conferida por lei ou por regulamento e representa a medida de capacidade de intervenção do órgão administrativo. Portanto, o órgão ou tem ou não tem uma certa competência (*v.g.*, competência para ordenar a remoção de um veículo da via pública).

Uma categoria diferente é a da *legitimação do órgão*. Do que se trata não é já de saber se o órgão dispõe de uma certa competência, mas antes em saber se o mesmo está em condição de exercer em concreto a competência de que dispõe.

Pode, na verdade, suceder que o órgão detenha uma competência específica, mas por razões de vária ordem, não se encontre em condições de a

[902] Sobre este preceito, em termos severamente críticos, cf. David Duarte, "Alguns problemas", *cit.*, p. 397.

[903] Sobre estes, cf. Diogo Freitas do Amaral, "Os conflitos de posição entre entidades administrativas", *cit.*, p. 111 e segs.

exercer validamente: *v.g.*, porque carece de uma autorização prévia de outro órgão (por ex., a câmara municipal é competente para proceder à concessão da exploração de obras e serviços públicos, mas carece de autorização prévia da assembleia municipal); porque o seu titular se encontra impedido (cf. artigo 69.º do CPA); no caso de órgãos colegiais, porque a exigência legal de quórum não se encontra satisfeita, não foram observadas as exigências legais em matéria de convocação das reuniões, participaram na reunião pessoas que não pertencem ao órgão; pelo facto de a competência de que dispõe só poder ser exercida a partir de um certa data ou depois de decorrido um certo prazo. Em casos como estes, a eventual atuação do órgão em infração à lei não representa uma situação de incompetência (o órgão é competente), mas antes de falta de legitimação. O órgão é competente, mas não está em condição de exercer a sua competência.

99 – Os órgãos como titulares de um interesse próprio no exercício e na defesa das suas competências

Os órgãos administrativos constituem meras unidades de atuação de uma pessoa de direito público, pelo que – embora por intermédio deles – é a própria pessoa de direito público que atua e que estabelece relações jurídicas com outras entidades. De facto, no plano das relações jurídicas externas (intersubjetivas), entende-se que quem atua é a pessoa de direito público, não o órgão. Este não tem personalidade jurídica, e, por essa razão, falta-lhe um elemento essencial para, por si mesmo e em seu nome, entrar em relação com quaisquer entidades. No plano externo, das relações jurídicas que se processam entre a pessoa de direito público e o exterior, a subjetividade jurídica do órgão não se destaca.

Contudo, a situação apresenta-se diferente se deslocarmos o centro da análise para o interior da pessoa coletiva pública em que o órgão se integra[904].

No plano interno, dentro da pessoa coletiva, cada órgão surge como um centro de imputação jurídica diferenciado. Cada órgão da pessoa de direito público tem as "suas" competências, os "seus" poderes. Existe, em muitos casos, uma "separação de poderes" no interior da pessoa coletiva pública, a qual resulta de um processo de distribuição (separação) das competências pelos vários órgãos que a integram.

[904] Sobre esta matéria, veja-se o nosso texto: "A justiciabilidade dos litígios entre órgãos da mesma pessoa colectiva pública", *cit.*, p. 9 e segs.

Além disso, em certos casos, a lei tem o propósito de introduzir dinâmicas de diferenciação e até de tensão entre órgãos, por ex., quando sujeita um órgão ao controlo de outro ou quando incumbe um órgão de proteger interesses conflituantes com interesses prosseguidos por outro órgão da mesma entidade. Os órgãos administrativos podem estar assim colocados uns perante os outros em situação de antagonismo e de oposição de interesses. Este resultado é particularmente acentuado nos casos em que os órgãos assumem um carácter representativo e surgem, portanto, como câmaras de repercussão de interesses específicos, com uma legitimidade própria e autónoma em relação à legitimidade de outros órgãos (pense-se, por ex., no conselho regional de uma associação profissional, que tem uma legitimidade própria e autónoma relativamente à legitimidade do presidente ou bastonário da associação). Por outro lado, entre os órgãos de uma pessoa de direito público desenrolam-se relações de recorte muito variado: relações de hierarquia, de controlo, de supremacia funcional, de cooperação, etc.

O que acaba de se expor já permite afirmar que os órgãos administrativos são "sujeitos de direito", têm subjetividade jurídica: sujeitos de direito no plano das relações internas, claro. Trata-se de uma conclusão natural, que resulta da consideração de que o funcionamento interno de uma pessoa de direito público não se processa fora do direito. Existe, pois, um direito interno e é neste âmbito que os órgãos se perfilam como sujeitos de direito, como figuras dotadas de subjetividade jurídica[905].

Mas o facto de se ordenarem como sujeitos de direito não determina sem mais que os órgãos se devam considerar titulares de direitos subjetivos; os órgãos administrativos detêm competências, que são poderes (poderes funcionais), não direitos subjetivos.

Todavia, em certas constelações de casos, deve reconhecer-se nos órgãos um interesse próprio no exercício das suas competências – não se trata, exatamente, de considerar as competências como direitos subjetivos dos órgãos, mas antes de conceber um *direito subjetivo do órgão ao exercício das suas competências*; um direito subjetivo projetado naturalmente no plano interno, no contexto das relações com outros órgãos da mesma pessoa de direito

[905] Pode falar-se de uma "personalidade jurídica interorgânica" ou "interna" dos órgãos administrativos, que esse projetada no plano das relações internas ou intrapessoais; cf. S. Foderaro, *La personalità interorganica*, Cedam, 1957; Wolff/Bachof/Stober/Kluth, *ob. cit.*, vol. I, p. 365

público: direito de proteção das suas competências e direito ao exercício das competências sem perturbações de outros órgãos.

O tema não conhece apenas uma dimensão teórica; possui também implicações práticas, pois, concluindo-se pela existência de um *direito subjetivo do órgão ao exercício das suas competências*, tem de se aceitar a necessidade de uma tutela para esse direito.

Pois bem, deve entender-se que um direito com essa configuração existe nos casos em que a lei atribui a um órgão administrativo deslocado de qualquer cadeia hierárquica a incumbência de representar no interior da pessoa coletiva pública um núcleo de interesses específicos de uma determinada categoria de pessoas. Este *carácter representativo* determina que se considere esse específico órgão, enquanto tal, "interessado" no exercício das suas competências, sem perturbações de outros órgãos. Uma perturbação provocada por outro órgão (*v.g.*, recusa de uma autorização prévia; não acatamento de um ato de natureza vinculativa do órgão representativo) origina um *conflito interorgânico* e representa uma agressão às competências do órgão afetado. Ora, a este órgão, numa circunstância assim, deve reconhecer-se o direito de proteger as suas competências.

Precisamente com o propósito de atribuir aos órgãos administrativos o direito à tutela judicial das suas competências, a legislação processual portuguesa atribui aos tribunais administrativos competência para apreciar litígios que tenham por objeto questões relativas a "relações jurídicas entre órgãos públicos": cf. artigo 4.º, n.º 1, alínea *j)*, do ETAF.

Em concretização desse princípio – e quando se esteja na presença de "processos respeitantes a litígios entre órgãos da mesma pessoa coletiva" (artigo 10.º, n.º 8)[906] –, o CPTA defere aos órgãos administrativos legitimidade processual para a impugnação de atos administrativos de outros órgãos da mesma pessoa coletiva pública [cf. artigo 55.º, n.º 1, alínea *d)*], bem como para a condenação à prática de atos administrativos por outros órgãos da mesma pessoa coletiva quando os atos praticados ou omitidos "alegadamente comprometam as condições do exercício de competências legalmente conferidas aos primeiros para a prossecução de interesses pelos quais esses órgãos sejam diretamente responsáveis" [cf. artigo 68.º, n.º 1, alínea *d)*].

[906] Surge assim num tribunal um processo judicial dentro de uma pessoa coletiva (um "Insichprozess"), que, tendo por base um conflito entre órgãos estaduais, é uma espécie de processo do Estado contra o Estado; nestes termos, cf. Bartsch, *Staat gegen Staat, cit.*, *passim.*

As referidas soluções da legislação processual constituem uma resposta clara no sentido da consideração dos órgãos como titulares, em certas circunstâncias, de um direito subjetivo ao exercício das suas competências.

Compreensivelmente, a lei não reconhece que os órgãos tenham, em todos os casos, um direito à proteção judicial do direito ao exercício das suas competências perante outros órgãos; exige-se a presença de uma perturbação no exercício das competências que lhes sejam conferidas para a *prossecução de interesses pelos quais eles se assumem como diretos responsáveis*: um caso especialmente nítido é o de se tratar de interesses de uma coletividade representada pelo órgão. Mas já não parece aceitável que os tribunais possam ser chamados a dirimir litígios entre órgãos integrados na mesma cadeia hierárquica ou, em geral, quando não se trate de órgãos representativos e autónomos e que atuem em defesa dos interesses que representam ou da sua autonomia[907].

Embora com outro recorte, também é um instrumento de defesa das competências ao dispor de um órgão administrativo a competência de que este dispõe para anular atos para cuja prática é competente, mas que foram praticados por outros órgãos (incompetentes). Embora o CPA não seja claro neste sentido (cf. artigo 169.º, n.os 1 e 3), julgamos que se justifica aceitar a competência de anulação também neste caso.

[907] Temos, por isso, as mais sérias reservas quanto à legitimidade de uma escola básica para impugnar um ato administrativo do órgão que a dirige; decretando, aliás sem discussão quanto a esse ponto(!), a providência cautelar requerida por uma escola básica contra uma decisão da Diretora Regional de Educação e Formação (Açores), cf. Acórdão do TCAS, de 14/10/2010 (P. 06618/10).

Capítulo 8
Trabalhadores das pessoas coletivas de direito público

As pessoas coletivas desenvolvem as suas missões através de órgãos e estes atuam por intermédio dos respetivos titulares, que são pessoas humanas. Mas, além disso, as pessoas coletivas públicas não prescindem do concurso de outros indivíduos que, em termos profissionais e em contrapartida de uma remuneração, se dispõem a exercer uma atividade ao seu serviço e com elas estabelecer uma relação de emprego, tornando-se *trabalhadores da Administração Pública*.

100 – Regulamentação da relação de emprego na Administração Pública

O emprego na Administração Pública (Estado e demais pessoas coletivas públicas) constituiu, desde as origens do Direito Administrativo, objeto de uma regulamentação especial, distinta da que se aplica às relações de trabalho subordinado no âmbito do direito privado (entre entidades particulares). Com efeito, a estipulação de regras específicas para os *funcionários*, *servidores*, *agentes* ou *trabalhadores* do Estado impôs-se como efeito direto e imediato de uma ideia inicial segundo a qual o servidor público se *incorpora* na organização do Estado e aceita exercer a sua atividade profissional como um *elemento*, uma *peça* da máquina administrativa pública, no âmbito de uma relação especial de lealdade e de sujeição.

Essa imagem da relação de emprego, que transforma o *súbdito* num *funcionário*, foi construída, em certa medida, com base na memória da arquitetura da relação medieval que intercedia entre vassalo e senhor, a qual tinha, como ingredientes, por um lado, um compromisso de fidelidade e de lealdade do vassalo e, por outro lado e em contrapartida, a concessão de benefícios e um compromisso de proteção do senhor. Expurgada da pessoalidade típica da relação de vassalagem, a sucessiva relação do funcionário com o Estado recolhe a ideia fundamental de um vínculo jurídico de características especiais sem paralelo no direito privado e na relação laboral. Assim se explica a representação da relação jurídica entre Estado e os seus funcionários como uma "relação especial de poder" ("besonderes Gewaltverhältnis"), regulada pelo Direito Administrativo e pautada por uma marca de unilateralidade, presente no momento da constituição do vínculo. O vínculo de emprego público representava a autoridade do Estado.

O conceito de "relação especial de poder" surgiu na Alemanha, no início do século XX, sobretudo por obra de Paul Laband e Otto Mayer. Como ponto de partida, assume-se que as relações dos indivíduos com o Estado se reconduzem a dois modelos fundamentais: *i)* as *relações gerais*, que intercedem entre qualquer pessoa e o Estado, baseadas em situações jurídicas ativas e passivas (direitos subjetivos, deveres e estados de sujeição) de que, nos mesmos termos, todos os administrados são titulares perante o Estado, concebidas como relações externas e reguladas pelo Direito Administrativo (subordinação da Administração à lei e aos tribunais); *ii) relações especiais de poder e de sujeição*, que se desenvolvem num quadro de proximidade e de dependência acentuada de determinados indivíduos em relação ao Estado, determinando especiais restrições ou compressões dos direitos e das liberdades individuais, num contexto considerado, em grande medida, não jurídico e, portanto, livre do direito (indivíduos institucionalizados em estabelecimentos públicos, como os presos; militares; funcionários públicos). No caso dos funcionários públicos, a fonte da relação especial assenta num ato unilateral do Estado – a *nomeação* – que o destinatário consente ou aceita. Esta aceitação não se concebe, contudo, como um ato constitutivo da relação, mas antes como mera condição de eficácia jurídica de um ato público unilateral, pronto a colocar o indivíduo numa situação de subordinação jurídica, submetido a um "poder de serviço" do Estado ("Dienstgewalt"), o poder que o Estado exerce sobre o funcionário para o dirigir e para garantir o cumprimento dos seus deveres. As manifestações deste poder são: o *poder de direção hierárquica* e o *poder disciplinar*[908].

Desde o início, foi, pois, a esta nossa disciplina que coube a missão de regulamentar o exercício profissional de funções públicas ao serviço das pessoas coletivas de direito público. A apropriação da matéria pelo Direito Administrativo conciliava-se bem com a pretensão deste em vincar a sua autonomia existencial em face do direito privado, facto que, por si, também reforçava a tendência para reconduzir a relação entre Estado e os seus funcionários a um regime e a esquemas explicativos próprios do universo jurídico-administrativo, distanciados dos do direito privado e, em particular, do contrato (de trabalho).

Assim, o regime jurídico delineado para a "função pública" acusava marcas ou sinais específicos, quer na configuração autoritária (unilateral) da relação de serviço – que se fundava no ato unilateral de *nomeação*, e não num contrato –, quer no princípio da hierarquia (e da obediência) e da sujeição dos funcionários ao exclusivo serviço do interesse público, quer, em contrapartida, na delineação de soluções de benefício e de privilégio dos funcionários (*v.g.*, carácter vitalício da relação de emprego, direito de assistência e a uma pensão de reforma; "garantia administrativa"[909]).

[908] Cf. M. Ronellenfitsch, "Das besondere Gewaltverhältnis" – ein zu früh totgesagtes Rechtsinstitut", *Die Öffentliche Verwaltung*, 1981, p. 933 e segs.; *idem*, "Das besondere Gewaltverhältnis im Verwaltungsrecht", *Die Öffentliche Verwaltung*, 1984, p. 781 e segs.

[909] Consagrada na legislação administrativa portuguesa do século XIX (importada do direito francês), a garantia administrativa consistia em fazer depender de autorização do Governo o julgamento de processos crimes ou cíveis de funcionários administrativos por atos praticados no exercício das suas funções; sobre este instituto, em termos severamente críticos, considerando-o uma "*absurdidade*", cf. A. M. do Couto Monteiro, *A garantia dos funcionarios administrativos*, Lisboa, Typograhia Franco-Portugueza, 1866. No artigo 271.º, n.º 1, a Constituição proíbe

Nos finais do século XX, a disciplina do emprego na Administração Pública – sob a designação de "função pública" – integrava um regime jurídico privativo, totalmente traçado pelo Direito Administrativo ("direito da função pública"), que concretizava uma compreensão histórica que concebia aquela relação de emprego como um processo substancialmente autónomo e marcadamente distinto de uma relação laboral disciplinada pelo direito do trabalho.

Mas, por essa mesma época, e num novo contexto ideológico, que conduziu a uma reconfiguração geral das missões e da organização do Estado Administrativo, num sentido mais empresarial e menos burocrático, passou a admitir-se que a relação de emprego com a Administração Pública se poderia disciplinar, em geral, por um regime jurídico privado ou, pelo menos, por um regime jurídico mais aproximado do paradigma do direito privado do trabalho. Na Europa, a Itália terá sido o primeiro País a acolher esta transformação e, em especial, a promover uma "*privatização* da função pública" (num processo iniciado por uma lei de 1992). Em Portugal, também se pôs em marcha uma mutação relevante no estatuto do emprego público (iniciada em 2004), com sucessivas e dispersas intervenções legislativas[910], que conduziram à Lei Geral do Trabalho em Funções Públicas (LTFP)[911]. Esta aproximação da disciplina do emprego público ao direito laboral, que opera nas relações entre privados – aliás evidenciada pelas inúmeras remissões da LTFP para o Código do Trabalho –, é também explicada pela regulamentação europeia do emprego e dos direitos dos trabalhadores, que, em geral, tende a aplicar-se a quaisquer relações de emprego, nos setores privado e público.

Entre outras alterações importantes, este movimento de "contratualização do emprego público" promoveu o destronamento do sistema clássico de *nomeação de funcionários públicos* e, em sua substituição, generalizou do modelo da *contratação de trabalhadores da Administração Pública*. Por outro lado, e de forma inovadora, passou a aceitar-se a *negociação coletiva*

qualquer forma de garantia administrativa, ao estabelecer que a responsabilização dos funcionários e agentes do Estado e demais pessoas coletivas pública não depende de autorização hierárquica.

[910] Cf. Ana Fernanda Neves, "O Direito da Função Pública", in Paulo Otero/Pedro Gonçalves, *Tratado de Direito Administrativo Especial*, vol. IV, Almedina, 2010, p. 359 e segs.

[911] Sobre esta, cf. Miguel Lucas Pires, *Lei Geral do Trabalho em Funções Públicas – Anotada e Comentada*, Almedina, 2016; Paulo Veiga e Moura/Cátia Arrimar, Comentários à *Lei Geral do Trabalho em Funções Públicas*, 1.º vol., Coimbra Editora, 2014.

(convenções coletivas de trabalho) como fonte de regulamentação do emprego público[912].

Na exposição que se segue, procuramos explicar os contornos atuais do regime jurídico de emprego na Administração Pública. Veremos que se trata, *em parte*, de um "regime contratual de direito público": isto explica a caracterização do processo de transformação que ocorreu segundo a ideia-chave de "contratualização" (e não tanto de "privatização"). O contrato – batizado com o nome de "contrato de trabalho em funções públicas – passa a ser a regra dos vínculos de emprego com o Estado e demais pessoas coletivas públicas. Contudo, em rigor, podemos já adiantar, trata-se de uma ideia de "contrato" e de "contratualização" que opera mais no plano formal do que substantivo, já que se apresenta pouco mais do que marginal o espaço efetivamente deixado à *negociação* – individual ou coletiva –, enquanto instrumento de regulação da relação de emprego na Administração Pública.

101 – Delimitação de conceitos

Porventura mais do que noutros domínios, neste âmbito do Direito Administrativo existe uma acentuada profusão de conceitos; importa, por isso, começar por um trabalho de delimitação conceptual.

a) Trabalhadores da Administração Pública e trabalhadores de pessoas coletivas públicas

O artigo 269.º da CRP, com a epígrafe "regime da função pública", alude, nos seus n.ºs 1 e 2, aos *trabalhadores da Administração Pública*, para determinar, além do mais, que os mesmos "estão exclusivamente ao serviço do interesse público".

Apesar da referência constitucional genérica a um vínculo com a Administração Pública (trabalhadores *da* Administração Pública), os trabalhadores estão vinculados a cada um dos sujeitos ou entidades da Administração Pública. Abrangidos pela referência constitucional são seguramente os trabalhadores das pessoas coletivas públicas.

> Diga-se, a propósito desse conceito, que a única referência constitucional ao conceito de *pessoas coletivas públicas* surge precisamente associada às relações de emprego e, em concreto, aos poderes administrativos do Governo em relação aos "funcionários e agentes do Estado e de outras pessoas coletivas públicas": artigo 199.º, alínea *e)*, da CRP.

[912] Cf. Nuno Miguel Cunha Rolo, *ob. cit.*, p. 465 e segs.

Os trabalhadores das *pessoas coletivas públicas* cabem, certamente, no conceito constitucional de trabalhadores da Administração Pública. Contudo, como já sabemos, uma grande parte da Administração Pública é hoje composta por sujeitos e entidades com um estatuto de direito privado. Os trabalhadores desta "Administração Pública em forma privada", das "entidades administrativas privadas" (*v.g.*, empresas públicas, empresas locais, fundações, associações com participação pública) também são trabalhadores da Administração Pública, para efeitos constitucionais, devendo beneficiar dos princípios jurídico-constitucionais dirigidos aos "trabalhadores da Administração Pública".

Mas, como aliás o título do presente capítulo anuncia, temos em vista a referência ao regime de emprego dos *trabalhadores das pessoas coletivas públicas*. Esta delimitação compreende-se, além do mais, porque os trabalhadores das entidades administrativas privadas estão, em regra e em coerência com a natureza privada da entidade, enquadrados num regime laboral de direito privado, e, portanto, alheio ao Direito Administrativo.

b) Trabalhadores, "funcionários e agentes"

A referência constitucional ao universo "trabalhadores da Administração Pública" (ou das pessoas coletivas públicas), que surge num preceito dedicado ao "regime da *função pública*", reclama um aprofundamento, para se apurar se subsistem certas categorias tradicionais, ainda com expressão constitucional, como as de "*funcionários* e *agentes* do Estado e das demais entidades públicas" (cf. artigos 22.º e 271.º), "*funcionários* e *agentes* do Estado e de outras pessoas coletivas públicas" [artigo 199.º, alínea *e)*, 271.º, n.º 1], "*funcionários* e *agentes* da administração local" (artigo 243.º, n.º 2), "trabalhadores da Administração Pública e demais *agentes* do Estado e outras entidades públicas" (artigo 269.º, n.os 1 e 2).

Também na legislação ordinária se tem mantido o uso da fórmula "funcionários e (ou) agentes": assim sucede, por exemplo, nos artigos 1.º, n.os 3, 4 e 5, e 7.º, n.º 1, do RRCEEEP. Por outro lado, recorde-se o conceito de agente, a que se refere o artigo 44.º, n.º 2, do CPA [cf. ponto 76, *c)*]. No ETAF, além de se manter a referência a funcionários e agentes, acrescentam-se outras categorias: "funcionários, agentes, trabalhadores e demais servidores públicos": cf. artigo 4.º, n.º 1, alínea *g)*. Num outro contexto e para servir outras finalidades, veja-se ainda o conceito de funcionário no artigo 386.º do Código Penal, que abrange, além do mais, o *funcionário civil* e o *agente administrativo*.

Estas (e outras) indicações sugerem que os conceitos de *funcionário* e de *agente* do Estado e de outras pessoas coletivas públicas perduram na ordem jurídica, como conceitos com significado jurídico próprio e, porventura, associados a um regime mais ou menos definido. Mas, na verdade, tal não acontece.

De facto, com exceção do caso particular do conceito jurídico-penal de funcionário, apesar de se manterem na Constituição e na lei, os conceitos de *funcionário* e de *agente* não indicam categorias que se possam vincular, imediatamente, a um regime jurídico determinado que, além do mais, as delimite. Este é o resultado de não subsistir, hoje, um título jurídico que confira a um indivíduo a condição ou o estatuo de *funcionário* ou de *agente* da Administração (ao invés do que sucedia, no passado, respetivamente, com a *nomeação* ou com o *contrato administrativo de provimento*).

Classicamente, consideravam-se *agentes administrativos* os indivíduos que por qualquer título exercessem atividade ao serviço de pessoas coletivas de direito público, sob a direção dos respetivos órgãos. Nessa extensa categoria integravam-se os *funcionários*: indivíduos que, de forma profissional e subordinada e com fundamento num ato de nomeação, serviam uma pessoa coletiva pública, segundo um regime legal específico, o regime da função pública.

É à luz dessa compreensão clássica, conjugada com indicações posteriores, que devemos interpretar os preceitos constitucionais e as disposições legais que, ainda hoje, se referem, em conjunto, a "funcionários e agentes". Assim, numa leitura atualizada, este conjunto abrange, na sua extensão, o universo dos "trabalhadores da Administração Pública", quer dizer, o conjunto de todos os indivíduos que têm uma relação de emprego, em regime de subordinação jurídica, de qualquer natureza jurídica (pública ou privada), com uma pessoa coletiva pública[913].

Esta correspondência entre "funcionários e agentes do Estado e demais entidades públicas" e "trabalhadores da Administração Pública" encontra um *aparente* obstáculo na referência constitucional aos "trabalhadores da Administração Pública e demais agentes do Estado e outras entidades

[913] Neste contexto, verificou-se uma "desatualização" da Constituição em face dos desenvolvimentos da legislação administrativa do emprego na Administração Pública. Por isso, impõe-se aqui uma interpretação da Constituição à luz do Direito Administrativo, num processo de "bottom-up" associado ao já indicado fenómeno de "administrativização do direito constitucional" [sobre isto, cf. ponto 41].

públicas": cf. artigo 269.º, n.os 1 e 2. Com efeito, estes preceitos sugerem haver agentes do Estado e de outras entidades públicas (que exercem funções administrativas, pois "estão exclusivamente ao serviço do interesse público tal como é definido, nos termos da lei, pela Administração") que não são trabalhadores da Administração Pública. Mas, cremos, não é assim: os universos dos trabalhadores e dos agentes coincidem. A explicação para a dicotomia constitucional talvez se deva ao facto de, na versão originária, o texto do (então) artigo 270.º sobre o regime da função pública se referir a "funcionários e agentes do Estado e das demais entidades públicas" e de a revisão constitucional de 1982 ter optado por substituir apenas a categoria dos funcionários do Estado e demais entidades públicas pela dos trabalhadores da Administração Pública.

Assim, em síntese, embora as categorias "funcionários" e "agentes" se mantenham na Constituição e na lei, não existe atualmente uma conexão de qualquer desses conceitos com um regime jurídico determinado. O conjunto formado por "funcionários e agentes" ou por "funcionários e agentes públicos" corresponde aos indivíduos que têm uma relação de emprego, em regime de subordinação jurídica, de qualquer natureza jurídica (pública ou privada), com uma pessoa coletiva pública, e coincide, portanto, com o universo dos "trabalhadores de pessoa coletiva pública". No CPA, esse mesmo universo é referenciado pelo conceito de "agente" (cf. artigo 44.º, n.º 2).

Por vezes, a lei permite a equiparação a "agentes da autoridade administrativa": eis o que sucede com os trabalhadores das empresas privadas concessionárias de estacionamento em espaço público – sobre o *procedimento de equiparação* desses indivíduos a agentes da autoridade administrativa, para efeitos de fiscalização do estacionamento e aplicação de sanções, cf. Decreto-Lei n.º 146/2014, de 9 de outubro, alterado pelo Decreto-Lei n.º 107/2018, de 29 de novembro. Uma situação análoga é a dos agentes de fiscalização dos títulos de transporte nos transportes coletivos de passageiros, atividade exercida por agentes com funções de fiscalização das próprias empresas de transportes ou de empresas contratadas por estas para esse efeito, e que deverão ser "ajuramentados e credenciados" pelo Instituto da Mobilidade e dos Transportes, IP (cf. Lei n.º 28/2006, de 4 de julho, alterada por último pelo Decreto-Lei n.º 117/2017, de 12 de setembro).

c) Trabalhadores da Administração Pública e função pública

Já aludimos ao facto de o artigo 269.º da CRP ter como epígrafe "regime da função pública" e, depois, referenciar os "trabalhadores da Administração Pública". Numa leitura atualizada, poder-se-ia considerar que o preceito se refere ao "regime do emprego na Administração Pública".

Tradicionalmente, a *função pública* (considerada em sentido orgânico) refere-se ao conjunto de *funcionários públicos*: é neste sentido que se fala, por ex., de "greves da função pública". Ora, a categoria dos funcionários públicos já não existe, e o conceito de função pública tem hoje um sentido que, na prática, se mostra equivalente ao de emprego na Administração Pública. É, de resto, nesta aceção que se deve interpretar o conceito de função pública utilizado no artigo 47.º, n.º 2, da CRP: *"todos os cidadãos têm o direito de acesso à função pública, em condições de igualdade e liberdade, em regra por via de concurso"*; o acesso à função pública é o acesso ao emprego público na Administração Pública.

d) Trabalhadores de pessoas coletivas públicas e trabalhadores em funções públicas

Os trabalhadores das pessoas coletivas públicas não estão todos abrangidos pelo mesmo regime de emprego. Há trabalhadores de pessoas coletivas públicas num regime de emprego de direito público e outros enquadrados num regime de emprego de direito privado (Código do Trabalho). Os primeiros são os *trabalhadores em funções públicas* ou *trabalhadores com vínculo de emprego público.*

e) Trabalhadores em funções públicas e trabalho em funções públicas

Trabalhadores em funções públicas são os trabalhadores de pessoas coletivas públicas com um vínculo de emprego público (por oposição aos trabalhadores com vínculo de emprego privado). Contudo, nem só os trabalhadores em funções públicas prestam "trabalho em funções públicas".

Com efeito, a LTFP emprega o conceito genérico de "trabalho em funções públicas" para abranger todas as formas de prestação de trabalho *em benefício* de um empregador público; daí que estabeleça que o trabalho em funções públicas pode ser prestado mediante "vínculo de emprego público" ou "contrato de prestação de serviço" (artigo 6.º, n.º 1). Todavia, em termos rigorosos, "trabalhadores" em funções públicas, ou seja, "trabalhadores" de pessoas de direito público são apenas os particulares com um *vínculo de emprego público* – nem de outro modo se pode compreender o âmbito de aplicação de muitas disposições da LTFP (por ex., artigos 84.º, n.º 1, 180.º, n.º 1, e 314.º, n.º 1).

102 – Relação de emprego com pessoas coletivas públicas

A relação de emprego com pessoas coletivas públicas desenvolve-se, consoante o tipo de pessoa coletiva, no âmbito de uma relação de emprego público ("vínculo de emprego público") ou de uma relação de direito privado do trabalho ("vínculo de emprego privado"). Em ambos os cenários, trata-se de uma relação que conduz à condição de *trabalhador da Administração Pública*.

A circunstância de a diferente natureza jurídica do vínculo não interferir com a extensão do conceito de trabalhador da Administração Pública tem implicações quanto à delineação de um *regime jurídico comum ou geral*, aplicável a todo o universo de trabalhadores da Administração Pública.

Este regime comum é integrado, desde logo, pelas disposições da CRP aplicáveis, em geral, aos "trabalhadores da Administração Pública", como sucede com os n.os 1 e 2 do artigo 269.º: *1 – No exercício das suas funções, os trabalhadores da Administração Pública (...) estão exclusivamente ao serviço do interesse público, tal como é definido, nos termos da lei, pelos órgãos competentes da Administração. 2 – Os trabalhadores da Administração Pública (...) não podem ser prejudicados ou beneficiados em virtude do exercício de quaisquer direitos políticos previstos na Constituição, nomeadamente por opção partidária.*

Apesar de não empregar o conceito de trabalhadores da Administração Pública, o artigo 47.º, n.º 2, da CRP também integra o referido regime, podendo, pois, dizer-se que todos os cidadãos têm o direito de acesso ao emprego na Administração Publica, em condições de igualdade e liberdade, em regra por via de concurso.

102.1 – Relação de emprego público

Por força do que acabámos de ver, não basta para delimitar o âmbito do vínculo de emprego público a referência a uma relação de emprego com uma pessoa coletiva pública.

Exige-se que a pessoa coletiva pública tenha a condição de "empregador público", o que sucede com o Estado ou com "outra pessoa coletiva de direito público que constitui vínculos de emprego público (...)" – cf. artigo 25.º, n.º 1, da LTFP. Em concreto, a identificação das pessoas coletivas de direito público que constituem vínculos de emprego público faz-se a partir de indicação sobre o âmbito de aplicação da própria LTFP: cf. artigos 1.º e 2.º.

Nestes termos, com *vínculo de emprego público* (fundado em título constitutivo específico), temos os trabalhadores das seguintes pessoas coletivas públicas:

i) Estado.
ii) Institutos públicos.

A LQIP determina a convocação do "regime jurídico aplicável aos trabalhadores que exercem funções públicas" – a mesma fórmula surge na Lei-Quadro das Fundações, em relação às fundações públicas, as quais, aliás, podem ser de direito público ou de direito privado. Deve dizer-se que se trata de uma fórmula literalmente enigmática, pois não existe um "regime jurídico aplicável aos trabalhadores que exercem funções públicas", que é uma condição de todos os trabalhadores da Administração Pública (todos exercem funções públicas). Contudo, pode deduzir-se que, em ambos os casos, a lei tem a pretensão de remeter para o regime jurídico do *contrato de trabalho em funções públicas*, ou seja, para o regime do emprego público.

iii) Autarquias locais e entidades intermunicipais (quanto a estas últimas, nos termos do artigo 107.º do RJAL).

A condição de empregador público determina que a pessoa coletiva pública só pode constituir vínculos de emprego público. Daqui decorre que o empregador público (*v.g.*, Estado, município) não pode ter ao seu serviço trabalhadores num regime jurídico de emprego privado (contrato de trabalho). Em qualquer caso, só a lei especial pode definir um regime especial que afaste estas duas regras.

O vínculo de emprego público é regulado pela LTFP, em certos casos, de forma conjugada com leis especiais de direito público. Assim, por ex., a relação de emprego público no âmbito da docência universitária é regulada pelo Estatuto da Carreira Docente Universitária.

Em casos especialmente previstos, o vínculo de emprego público não é regulado pela LTFP: nos termos do n.º 2 do seu artigo 2.º, essa lei não é, em geral, aplicável "aos militares das Forças Armadas, aos militares da Guarda Nacional Republicana, ao pessoal com funções policiais da Polícia de Segurança Pública, ao pessoal da carreira de investigação criminal, da carreira de segurança e ao pessoal com funções de inspeção judiciária e de recolha de prova da Polícia Judiciária e ao pessoal da carreira de investigação e fiscalização do Serviço de Estrangeiros e Fronteiras, cujos regimes constam de *lei especial*" – o preceito estabelece a aplicação nesse caso de algumas regras da LTFP (designadamente a que exige, em certos casos, a constituição da relação de emprego através de nomeação), bem como alguns princípios aplicáveis ao vínculo de emprego público.

Numa situação especial encontra-se ainda o pessoal dos gabinetes dos membros do Governo: os membros dos gabinetes são livremente designados e exonerados por despacho do membro do Governo respetivo; a relação de emprego público que se constitui com a designação é regulada por legislação especial (Decreto-Lei n.º 11/2012, de 20 de janeiro), e, consoante os casos, subsidiariamente, pelos estatutos de origem ou pela LTFP – o mesmo regime aplica-se ao membros dos gabinetes de apoio ao presidente da câmara e aos vereadores (cf. artigos 42.º e 43.º do RJAL).

102.2 – Relação de emprego privado

A natureza pública de uma entidade não determina necessariamente a natureza pública da relação de emprego com os respetivos trabalhadores. Na verdade, há entidades públicas que não têm condição de empregadores públicos. Neste cenário, temos então um vínculo de emprego privado com entidades públicas.

Assim, com um *vínculo de emprego privado* (baseado em *contrato de trabalho*, regulado no Código do Trabalho) temos os trabalhadores das seguintes pessoas coletivas públicas: *i)* entidades administrativas independentes com funções de regulação da atividade económica (artigo 32.º da LQER); *ii)* Banco de Portugal; *iii)* associações públicas profissionais; *iv)* entidades públicas empresariais; *v)* entidades regionais de turismo; *vi)* instituições de ensino superior públicas que sejam objeto de transformação em "fundações públicas com regime de direito privado" (artigo 134.º do RJIES).

A relação de emprego privado com entidades da Administração Pública não pode deixar de respeitar as diretrizes e condicionantes constitucionais do regime de emprego com a Administração Pública. É neste sentido que se compreende o estipulado no artigo 32.º, n.º 4, da LQER ("*a adoção do regime do contrato individual de trabalho não dispensa os requisitos e as limitações decorrentes da prossecução do interesse público, nomeadamente os respeitantes a acumulações e incompatibilidades legalmente estabelecidos para os trabalhadores em funções públicas*") ou no artigo 134.º, n.º 2, do RJIES ("o regime de direito privado não prejudica a aplicação dos princípios constitucionais respeitantes à Administração Pública, nomeadamente a prossecução do interesse público, bem como os princípios da igualdade, da imparcialidade, da justiça e da proporcionalidade").

102.3 – Síntese e sequência

Podemos concluir que existe em Portugal um "regime dual" do emprego na Administração Pública: ao regime de direito público, sediado na LTFP e obrigatório para as entidades que sejam empregadores públicas, acresce o regime de direito privado, baseado no Código do Trabalho.

O critério que orienta a aplicação de um ou outro desses regimes tem fonte legal, não se reconhecendo à Administração qualquer liberdade de opção entre o regime de emprego público ou privado. Assim, por ex., o Estado, os institutos públicos e as autarquias locais apenas podem recrutar pessoal nos termos da LTFP, e não nos termos do Código do Trabalho. Por sua vez, as entidades administrativas independentes só podem recrutar pessoal nos termos do Código do Trabalho, estando-lhes vedado fazê-lo nas condições da LTFP (não têm a condição de empregadores públicos: artigo 25.º da LTFP).

Não se apresenta claro o fundamento do critério legal de remeter para o Código do Trabalho ("contrato individual de trabalho") as relações de emprego do pessoal das entidades administrativas independentes com funções de regulação da economia: trata-se de entidades públicas, investidos de funções tipicamente públicas (*v.g.*, funções de regulação pública), o que torna difícil alcançar o sentido da opção legal de não aplicar aos respetivos trabalhadores o regime específico dos trabalhadores em funções públicas.

> Alguns dos trabalhadores das entidades administrativas independentes estão incumbidos de funções de inspeção e, por vezes, estão até investidos de poderes de inquirição, busca e apreensão (é assim, *v.g.*, no caso dos trabalhadores da Autoridade da Concorrência).

Na exposição subsequente, iremos focar-nos no *vínculo de emprego público*, pois, só neste caso, está presente uma específica regulamentação jurídico-administrativa da relação de emprego com uma pessoa coletiva pública (na condição de empregador público). Ou seja, em termos práticos, vamos ter em consideração de aqui em diante a relação de emprego no Estado, nos institutos públicos e nas autarquias locais.

103 – Trabalho em funções públicas e vínculo de emprego público

O vínculo de emprego público é legalmente definido como "aquele pelo qual uma pessoa singular presta a sua atividade a um empregador público, de forma subordinada e mediante remuneração": artigo 6.º, n.º 2, da LTFP.

A prestação de uma atividade com *subordinação* (que tem como correspetivo o poder de direção do empregador público) e mediante *remuneração* constituem os traços essenciais da identificação de uma relação de emprego. O caráter público desta relação provém da presença de um empregador público.

As partes da relação ou vínculo de emprego público são o empregador público e o trabalhador.

Neste número e nos seus vários pontos, vamos considerar o regime do emprego público da generalidade dos trabalhadores sem funções dirigentes. O vínculo de emprego do pessoal dirigente será analisado num ponto autónomo [cf. ponto 104].

103.1 – Constituição do vínculo de emprego público

Tendo em consideração a sua constituição, o vínculo de emprego público reveste as seguintes modalidades: *i)* contrato de trabalho em funções públicas; *ii)* nomeação; *iii)* comissão de serviço (artigo 6.º, n.º 3, da LTFP).

Em todos os casos, a formação do vínculo de emprego ocorre no âmbito de um *procedimento concursal*, transparente, público e aberto a todos os interessados que cumpram as exigências de nível habilitacional: cf. artigos 33.º, n.º 2, 37.º, e 56.º, n.º 5, da LTFP (este último relativo à constituição de vínculo de emprego público por contrato a termo resolutivo). A regra do procedimento concursal aplica-se ainda ao recrutamento do pessoal dirigente da Administração Pública, em comissão de serviço [cf. ponto 104.2, *a)*].

Concretiza-se, nestes termos, o direito fundamental de acesso de todos à função pública, em condições de igualdade e liberdade, o qual, de acordo com a Constituição, se efetiva, "em regra por via de concurso" (artigo 47.º, n.º 2, da CRP). A LTFP regula os "métodos de seleção" e os aspetos essenciais da tramitação do procedimento concursal. A regulamentação consta da Portaria n.º 125-A/2019, de 30 de abril.

Existem exceções à regra de constituição de vínculo de emprego público na sequência de procedimento concursal. Eis o que ocorre quando, nos termos da lei, o vínculo de emprego se estabelece por acordo de cedência de interesse público para o exercício de funções no âmbito de empregador público, nos termos do artigo 243.º, n.º 2, da LTFP.

a) Contrato de trabalho em funções públicas

O contrato de trabalho em funções públicas é a modalidade-regra ou normal de constituição do vínculo de emprego público (cf. artigo 7.º da LTFP)[914].

A conceção do contrato como modalidade-regra do vínculo de emprego público concretiza, em termos jurídicos formais, a alteração decisiva do regime jurídico do emprego público implementada nos últimos anos. Com efeito, essa conceção significa uma rutura com o anterior regime-regra da "nomeação de funcionários públicos".

Trata-se de um contrato com as notas típicas de um contrato de trabalho, mas que reveste uma natureza jurídica administrativa. Com efeito, embora a lei não o enuncie expressamente, trata-se de um "contrato administrativo", mas um contrato administrativo especial, regulado por uma disciplina específica ditada pelo facto de se tratar de contratos da Administração Pública (disciplina constante da LTFP).

> Estes contratos estão excluídos do âmbito de aplicação do Código dos Contratos Públicos: nos termos do seu artigo 4.º, n.º 2, alínea *a)*, o CCP não é aplicável aos "contratos de trabalho em funções públicas e contratos individuais de trabalho". Como consequência da natureza administrativa do contrato (e em geral dos vínculos de emprego público), a LTFP optou por atribuir aos tribunais administrativos a competência para decidir os litígios emergentes do vínculo de emprego público: artigo 12.º.

O contrato está sujeito a forma escrita e, além da assinatura das partes, dele devem constar as indicações referidas no n.º 2 do artigo 40.º da LTFP. Pode ser celebrado por *tempo indeterminado* ou a *termo resolutivo.* Estando em causa a contratação de pessoal para responder a necessidades permanentes da Administração, o contrato não pode ter, em regra, uma duração

[914] Cf. Cláudia Sofia Henriques Nunes, *O Contrato de Trabalho em Funções Públicas face à Lei Geral do Trabalho*, Coimbra Editora, 2014.

determinada. Em coerência com esta regra, a LTFP define, de forma taxativa, os fundamentos para a celebração de contratos a termo resolutivo (artigo 57.º).

b) Nomeação

O contrato de trabalho em funções públicas é agora a regra da constituição de um vínculo de emprego público. Mas, para operar em casos determinados (excecionais), a LTFP prevê outras modalidades de constituição do vínculo de emprego público.

Assim, temos, em primeiro lugar, a nomeação.

Sob a epígrafe "vínculo de nomeação", dispõe o artigo 8.º da LTFP que o vínculo de emprego se constitui por *nomeação* nos casos de exercício de funções no âmbito das seguintes atribuições, competências e atividades: *a)* missões genéricas e específicas das Forças Armadas em quadros permanentes; *b)* representação externa do Estado; *c)* informações de segurança; *d)* investigação criminal; *e)* segurança pública, quer em meio livre quer em meio institucional; *f)* inspeção.

A lei reserva para o vínculo da nomeação o exercício de funções públicas ligadas de forma especialmente intensa e continuada ao poder de autoridade pública e até ao uso da força pública ou à ideia de soberania do Estado. Em qualquer caso, a opção legal foi determinada no sentido de identificar, em sentido material, certas atividades ou funções e não, por exemplo, a de reservar aos trabalhadores com vínculo de nomeação, em geral, as atividades que envolvem exercício de poderes de autoridade. Nestes termos, podemos ter atos de autoridade praticados por trabalhadores com vínculo de contrato de trabalho em funções públicas (com fundamento em delegação de poderes ou enquanto titulares de cargos dirigentes) – de resto, como vimos, isto pode até suceder com trabalhadores com vínculo de emprego privado.

A nomeação é um ato administrativo ("reveste a forma de despacho") que exige a *aceitação* do nomeado – a *aceitação* processa-se num momento solene, envolve a prestação de um compromisso de honra e é condição da eficácia jurídica da nomeação. Diferentemente do que sucede no caso do contrato de trabalho em funções públicas, que pode ser celebrado a termo resolutivo, a nomeação dá sempre origem a uma relação de emprego de duração indeterminada.

Atualmente, a nomeação não confere ao indivíduo nomeado a condição de funcionário, conceito que perdeu qualquer valor normativo, como vimos;

do mesmo modo que o contrato de trabalho, também o vínculo atribui a um indivíduo a condição de trabalhador em funções públicas.

c) Comissão de serviço

A comissão de serviço é a outra modalidade especial de constituição de um vínculo de emprego público. Nos termos do artigo 9.º da LTFP, o vínculo de emprego público constitui-se por comissão de serviço nos seguintes casos: *a)* cargos não inseridos em carreiras, designadamente cargos dirigentes; *b)* funções exercidas com vista à aquisição de formação específica, habilitação académica ou título profissional por trabalhador com vínculo de emprego público por tempo indeterminado.

A comissão de serviço resulta de um ato administrativo ("designação em comissão de serviço") e vigora por tempo determinado.

103.2 – Conteúdo do vínculo de emprego público

Sem prejuízo do papel da negociação coletiva na regulamentação do vínculo de emprego público (cf. artigo 350.º da LTFP) e da negociação individual (*v.g.*, artigo 38.º da LTFP), oferece-se indiscutível que a maior parte do conteúdo jurídico desse vínculo é determinada por via legislativa. Entre outras, é precisamente isso que sucede com as seguintes matérias: garantias de imparcialidade (incompatibilidades, impedimentos, regras sobre acumulação de funções), poderes do empregador público e direitos, garantias e deveres dos trabalhadores, desenvolvimento de carreiras, férias e faltas e critérios de remuneração.

Além do mais, avulta aqui a norma que determina que "no exercício das suas funções, os trabalhadores em funções públicas estão exclusivamente ao serviço do interesse público, tal como é definido, nos termos da lei, pelos órgãos competentes da Administração": artigo 19.º, n.º 1, da LTFP. O colocar-se o trabalhador ao serviço do interesse público em exclusivo – com proibição da consideração de outros interesses que possam contaminar o exercício das funções públicas – constitui a trave mestra do regime de emprego público, nos termos aliás impostos pela Constituição (artigo 269.º, n.º 1). Não seria concebível um regime de emprego público que não impusesse esse cânone, da consideração exclusiva do interesse público.

O vínculo de emprego público origina uma situação jurídica complexa, que integra vários direitos e deveres recíprocos do empregador e do trabalhador: cf. artigos 70.º a 76.º da LTFP.

Pela sua importância, vamos considerar a seguir o poder de direção do empregador, a que corresponde o dever de obediência do trabalhador, e ainda o poder disciplinar: ambos os poderes do empregador são autonomizados na LTFP (artigos 74.º e 76.º).

Nos termos do artigo 27.º da LTFP, as competências inerentes à condição de empregador público são exercidas:

i) na administração direta do Estado, pelo dirigente máximo do órgão ou serviço[915];
ii) na administração indireta do Estado, pelo órgão de direção da pessoa coletiva pública (*v.g.*, conselho diretivo dos institutos públicos);
iii) nos municípios, pelo presidente da câmara municipal[916];
iv) nas freguesias, pela junta de freguesia;
iv) nos serviços municipalizados, pelo presidente do conselho de administração.

O preceito consagra regras de competência que valem para a generalidade dos poderes do empregador, mas que sofre desvios importantes no caso dos poderes disciplinares.

[915] Não é muito claro o sentido do conceito de "dirigente máximo do órgão ou serviço" (em vários preceitos da LTFP, surgem também os conceitos de "dirigente máximo" e "dirigente máximo do serviço") – diga-se, a este respeito, que o conceito de "dirigente do órgão" deveria ter sido evitado, porquanto o órgão é um centro de competências; correto apresenta-se o conceito de "dirigente do serviço", uma vez que o *serviço* é um conjunto organizado de meios humanos que tem de ser dirigido.
Mas vejamos o significado do conceito legal. No artigo 27.º da LTFP, parece seguro que está em causa apenas o dirigente máximo de um qualquer *serviço da Administração direta* do Estado: *v.g.*, diretor-geral (dirigente máximo do serviço direção-geral); inspetor-geral (dirigente máximo do serviço inspeção-geral); presidente da Autoridade Nacional de Segurança Rodoviária ou da Autoridade Nacional de Emergência e Proteção Civil (que são, ambas, serviços centrais da Administração direta do Estado). Naquele preceito, o conceito não abrange os presidentes ou os órgãos de direção dos institutos públicos (Administração indireta), pois estes integram-se na alínea *b)* do n.º 1: "órgão de direção da pessoa coletiva pública". Mas, por ex., para efeitos do artigo 197.º, n.º 2, da LTFP, o dirigente máximo do órgão ou serviço já abrange os órgãos de direção dos institutos públicos: é o que resulta também do artigo 21.º, n.º 1, alínea *f)*, da LQIP.

[916] O presidente da câmara municipal e o conselho de administração dos serviços municipalizados são, de forma implícita, considerados dirigentes máximos dos serviços pelo artigo 23.º do Estatuto do Pessoal Dirigente da Administração Local.

a) Poder de direção do empregador e dever de obediência do trabalhador

Nos termos do artigo 74.º da LTFP, compete ao empregador público, dentro dos limites decorrentes do vínculo de emprego público e das normas que o regem, fixar os termos em que deve ser prestado o trabalho. O legislador utiliza aqui uma formulação suave ("fixar os termos em que deve ser prestado o trabalho"), para indicar o poder de direção que assiste ao empregador público, que consiste no poder de dar ordens, de emitir instruções e diretrizes sobre o trabalho a prestar pelos trabalhadores.

Ao poder de direção do empregador contrapõe-se o *dever de obediência*, que consiste no dever do trabalhador de acatar e de cumprir as ordens dos legítimos superiores hierárquicos, dadas em objeto de serviço e com a forma legal (cf. artigo 73.º, n.º 8, da LTFP).

A formulação da lei parece apontar no sentido de uma limitação ou condicionamento do poder de direção, ao indicar que este apenas subsiste quando se trate de (i) "ordens dadas em objeto de serviço", (ii) "com a forma legal", (iii) por "legítimos superiores hierárquicos".

Vejamos.

A lei indica ainda que as ordens terão de provir de "legítimo superior hierárquico", mas, neste caso, parece-nos, trata-se de reportar o dever de obediência à situação típica. Contudo, se a "ordem" não for dada por superior hierárquico, mas, ainda assim, por órgão competente para a emitir, existirá certamente um dever de obediência – trata-se de uma hipótese rara, mas que pode existir, de "direção sem hierarquia" [cf. ponto 181.6.1].

Considerando então as ordens dadas por legítimo superior hierárquico, existe a regra no direito português de que o dever de obediência só cessa se o respetivo cumprimento implicar a prática de qualquer crime: cf. artigos 177.º, n.º 5, da LTFP, e 271.º, n.º 3, da CRP. Só neste cenário, o trabalhador se pode recusar legitimamente a cumprir a ordem de legítimo superior hierárquico.

Na verdade, não existe, em geral, um direito dos trabalhadores ao não acatamento de ordens ilegais (ordens que eles considerem ilegais). A regra é, pois, a de que os trabalhadores têm de cumprir as ordens dos legítimos superiores hierárquicos "dados em objeto de serviço" e "com a forma legal", mesmo que as reputem ilegais.

Não obstante, a lei atribui aos trabalhadores a faculdade *de reclamar* perante o superior hierárquico, fazendo expressamente menção da ilegalidade da ordem, ou de *exigir a confirmação por escrito* de ordem ou instrução recebida que considere ilegal (cf. artigo 177.º, n.º 2).

> Quando a decisão da reclamação ou a transmissão ou confirmação da ordem ou instrução por escrito não tenham lugar dentro do tempo em que, sem prejuízo (para o interesse público ou para terceiros), o cumprimento destas possa ser demorado, o trabalhador comunica, também por escrito, ao seu imediato superior hierárquico, os termos exatos da ordem ou instrução recebidas e da reclamação ou do pedido formulados, bem como a não satisfação destes, executando seguidamente a ordem ou instrução (artigo 177.º, n.º 3, da LTFP).

Nos termos da lei, a atribuição daquelas faculdades (ónus) tem o propósito de excluir a responsabilidade disciplinar do trabalhador (veja-se a epígrafe do artigo 177.º). Parece-nos, contudo, que há aqui alguma confusão de planos.

Com efeito, a exclusão da responsabilidade disciplinar, como se determina no n.º 1 do artigo 177.º, só faria sentido se fosse conferido ao trabalhador o direito de não acatar a ordem que considere ilegal, depois de reclamar. Mas não é o caso: o ónus de reclamar não exonera o trabalhador do dever de obedecer, pelo que, tendo ele de cumprir a ordem, e cumprindo-a, não há lugar, pela natureza das coisas, a responsabilidade disciplinar por desobediência. Mas poderia haver lugar a responsabilização noutros planos, porquanto, embora cumprindo ordens, é o trabalhador que pratica o ato ilegal. Ora, o sentido da lei reside precisamente em exonerar a responsabilidade do trabalhador no plano das relações externas, *v.g.*, por danos provocados a terceiros (responsabilidade civil), bem como exoneração de eventual responsabilidade criminal ou financeira – mas isto, claro, no caso de o trabalhador ter previamente cumprido o ónus de reclamar ou de exigir a confirmação da ordem por escrito.

Como parece resultar *a contrario* do artigo 73.º, n.º 8, da LTFP, não existe dever de obediência em face de ordens dos legítimos superiores hierárquicos, dadas "fora do objeto de serviço" e "sem a forma legal". Note-se que não se trata aqui de ordens cuja execução se materializa na prática de atos ilegais, mas antes de ordens que dizem respeito a matérias que estão fora do objeto de serviço (*v.g.*, para a prática de atos ou operações que não tenham relação com o exercício das funções ou tarefas adstritas ao serviço) ou sem a forma legal – neste contexto, cremos que "a forma legal" não se refere apenas a exigências de forma, mas também aos limites do próprio poder de direção, como poderá ser o caso das ordens que não respeitem "a autonomia técnica do trabalhador que exerça atividades cuja regulamentação ou deontologia profissional a exija" [cf. artigo 71.º, n.º 1, alínea *e)*, da LTFP].

b) Poder disciplinar

Além do poder de direção, o empregador público detém o *poder disciplinar* sobre os trabalhadores.

Nos termos do artigo 176.º da LTFP, todos os trabalhadores são disciplinarmente responsáveis perante os seus superiores hierárquicos, ficando sujeitos ao poder disciplinar desde a constituição do vínculo de emprego público, em qualquer das suas modalidades.

Está agora em causa a competência para (i) instaurar procedimentos disciplinares, (ii) apreciar a prática de infrações e (iii) cominar as respetivas sanções.

Em concreto, nos termos da lei, todos os superiores hierárquicos são competentes para instaurar ou mandar instaurar procedimento disciplinar contra os respetivos subordinados (cf. artigo 196.º, n.º 1[917]) e, igualmente em regra, todos eles são competentes para aplicar a sanção de repreensão escrita (artigo 197.º n.º 1, da LTFP). A aplicação das restantes sanções é já da competência do dirigente máximo do serviço (cf. artigo 197.º, n.º 2). Isto é assim na Administração estadual direta e na indireta (institutos públicos).

> A competência de aplicação de sanções disciplinares aos dirigentes máximos dos serviços da Administração direta e aos órgãos de direção da Administração indireta do Estado (institutos públicos) pertence ao membro do Governo que exerça a respetiva superintendência ou tutela: cf. artigos 176.º, n.º 2, 196.º, n.º 2, e 197.º, n.º 3, da LTFP, e artigo 41.º, n.º 8, alínea *a)*, da LQIP.

Nas autarquias locais, associações de municípios e serviços municipalizados, atento o disposto no artigo 197.º, n.º 4, a competência para aplicação de *todas as sanções* previstas nos n.os 1 e 2 do artigo 180.º cabe aos órgãos executivos daquelas entidades (no caso dos municípios, a câmara municipal) ou ao conselho de administração dos serviços municipalizados.

[917] Aqui se alude a "qualquer superior hierárquico"; assim, a competência para instaurar procedimento disciplinar cabe ao superior hierárquico imediato do trabalhador ou a qualquer superior hierárquico deste; é também o que decorre do n.º 3 do mesmo artigo 196.º: "a competência disciplinar dos superiores hierárquicos envolve a dos seus inferiores hierárquicos dentro do órgão ou serviço".

103.3 – Modificação do vínculo de emprego público

Como qualquer relação jurídica duradoura, o vínculo de emprego está exposto a várias vicissitudes, as quais podem envolver a exigência de introduzir modificações. Neste ponto, a LTFP disciplina a designada "cedência de interesse público"[918], a reafectação de trabalhadores em caso de reorganização e racionalização de efetivos (na sequência de reorganização dos órgãos e serviços por extinção, fusão e reestruturação), bem como outras situações de redução da atividade ou suspensão do vínculo de emprego público.

103.4 – Extinção do vínculo de emprego público

A LTFP disciplina ainda as formas de extinção do vínculo de emprego público, distinguindo as designadas *causas comuns* (caducidade, acordo, extinção por motivos disciplinares, extinção pelo trabalhador com aviso prévio ou com justa causa) e uma causa de extinção *específica* do contrato de trabalho em funções públicas (na sequência de processo de reorganização de serviços e racionalização de efetivos).

Diga-se, a propósito, que um dos fundamentos da transformação do regime jurídico do emprego público operada nos últimos anos reside precisamente na regulamentação dos processos de reafectação e de requalificação, os quais, em certas circunstâncias, podem conduzir ao *despedimento* de trabalhadores em funções públicas.

104 – Pessoal dirigente

Os serviços das pessoas coletivas públicas, aos quais estão adstritos os trabalhadores, são dirigidos ou chefiados pelos respetivos dirigentes. Pois bem, os dirigentes dos serviços também são trabalhadores da Administração Pública. Estão, portanto, enquadrados por um vínculo de emprego público que apresenta particularidades, baseando-se na já referida *comissão de serviço*.

[918] Enquanto figura que provoca a modificação do vínculo de emprego público, a "cedência de interesse público" enquadra situações de disponibilização de trabalhadores com vínculo de emprego público para um empregador não público, ao qual não se aplica a LTFP. Tem suporte num acordo trilateral, entre o trabalhador abrangido (que tem de "aceitar"), o órgão competente do empregador público e a entidade cessionária; tem ainda de ser autorizado pelo membro do Governo com poderes de direção, superintendência ou tutela sobre o empregador público (cf. artigo 241.º da LTFP).

104.1 – Universo do pessoal dirigente

Em termos legais (Estatuto do Pessoal Dirigente da Administração do Estado[919] e Estatuto do Pessoal Dirigente da Administração Local[920]), o conceito de pessoal dirigente abrange os trabalhadores que ocupam "cargos dirigentes", que podem ser cargos de direção, de gestão, de coordenação ou de controlo.

Os cargos dirigentes qualificam-se em *cargos de direção superior* e *cargos de direção intermédia* e, em função do nível hierárquico e das competências e responsabilidades que lhes estão cometidas, subdividem-se, os primeiros, em dois graus e, os segundos, em tantos graus quantos os que a organização interna exija.

a) Cargos dirigentes na Administração estadual direta e indireta (institutos públicos)

Na Administração estadual direta e indireta (institutos públicos), são, designadamente, cargos de direção superior de 1.º grau os de diretor-geral, secretário-geral, inspetor-geral e presidente e de 2.º grau os de subdiretor-geral, secretário-geral-adjunto, subinspetor-geral e vice-presidente. São, designadamente, cargos de direção intermédia de 1.º grau os de diretor de serviços e de 2.º grau os de chefe de divisão.

b) Cargos dirigentes na Administração Local

Nas câmaras municipais, os cargos dirigentes são os seguintes: *a)* diretor municipal, que corresponde a cargo de direção superior de 1.º grau; *b)* diretor de departamento municipal, que corresponde a cargo de direção intermédia de 1.º grau; *c)* chefe de divisão municipal, que corresponde a cargo de direção intermédia de 2.º grau. O provimento de diretores municipais e de diretores de departamento depende da dimensão do município.

Os cargos dirigentes dos serviços municipalizados são os seguintes: *a)* diretor-delegado; *b)* diretor de departamento municipal; *c)* chefe de divisão municipal.

Os titulares de cargos dirigentes (da Administração do Estado e da Administração Local) são considerados titulares de altos cargos públicos, para os efeitos previstos no Regime do Exercício de Funções por Titulares

[919] Aplicável aos serviços da Administração direta do Estado, aos institutos públicos (sem prejuízo das regras especiais da LQIP) e à Administração local, com as adaptações do Estatuto específico.

[920] Aplicável ao pessoal dirigente das câmaras municipais e dos serviços municipalizados.

de Cargos Políticos e Altos Cargos Públicos, ficando sujeitos às regras constantes deste Regime: *v.g.*, exercício dos cargos em exclusividade, incompatibilidades e impedimentos, obrigações declarativas.

c) Outros dirigentes da Administração Pública

O conceito de pessoal dirigente, ao qual se aplicam os dois Estatutos indicados, não esgota o universo dos indivíduos com responsabilidade de direção de serviços e de organismos da Administração Pública. Ainda pertencentes à categoria de indivíduos com funções de direção de serviços da Administração, mas já fora do conceito técnico e do regime jurídico geral aplicável ao "pessoal dirigente" (em sentido estrito), encontram-se, entre outros, os responsáveis por órgãos administrativos independentes, como a Comissão de Acesso aos Documentos Administrativos; os responsáveis pelas instituições do ensino superior públicas; os responsáveis pelas entidades administrativas independentes com função de regulação económica; os gestores de empresas públicas.

> Além dos anteriores, o Estatuto do Pessoal Dirigente da Administração do Estado também não se aplica, nos seus próprios termos, aos seguintes cargos dirigentes: *a)* dos órgãos e serviços de apoio ao Presidente da República, à Assembleia da República e aos tribunais; *b)* das Forças Armadas, das forças e serviços de segurança e dos órgãos públicos que exercem funções de segurança interna, nos termos definidos pela Lei de Segurança Interna, bem como do Sistema de Informações da República Portuguesa, do Gabinete Nacional de Segurança e do serviço que tenha por missão assegurar a gestão do sistema prisional; *c)* dos órgãos de gestão dos estabelecimentos de ensino; *d)* dos órgãos de gestão dos estabelecimentos do sector público administrativo de saúde; *e)* do Ministério dos Negócios Estrangeiros que, por força de disposição legal própria, tenham de ser providos por pessoal da carreira diplomática ou para cujo provimento tenha sido escolhido pessoal da mesma carreira ou que sejam exercidos nos serviços externos; *f)* integrados em carreiras.

A situação jurídica destes "outros dirigentes" da Administração Pública é definida, em especial, para cada caso: em geral, quanto aos responsáveis pelas entidades reguladoras, na LQER, e, quanto aos gestores das empresas públicas, no Estatuto do Gestor Público.

104.2 – Constituição do vínculo de emprego do pessoal dirigente

Os titulares dos cargos dirigentes são, em regra, recrutados por procedimento concursal[921], que, consoante os casos, pode ser, e por vezes tem de ser, "interno" (quando apenas se podem candidatar indivíduos com vínculo de emprego público) ou "externo" (quando podem candidatar-se também indivíduos sem vínculo de emprego público ou com um vínculo por tempo determinado).

a) Recrutamento

Administração estadual direta e indireta (institutos públicos)

Os titulares de cargos de direção superior são recrutados de entre indivíduos com licenciatura há, pelo menos, 10 ou 8 anos, consoante se trate de cargos de direção superior de 1.º ou de 2.º grau, vinculados ou não à Administração Pública, que possuam competência técnica, aptidão, experiência profissional e formação adequadas ao exercício das respetivas funções. O procedimento é conduzido pela CRESAP. No desfecho desse procedimento, o júri da CRESAP elabora uma proposta de designação indicando três candidatos e apresenta-a ao membro do Governo competente[922], o qual, previamente à designação, pode realizar uma entrevista de avaliação aos três candidatos.

Com o aviso de abertura do concurso para o recrutamento de cargos de direção superior é publicada a "carta de missão", elaborada pelo membro do Governo que dirige ou superintende e tutela o serviço ou órgão em que se insere o cargo a preencher, que constitui um "compromisso de gestão". Na carta de missão são definidos de forma explícita os objetivos, devidamente

[921] A regra do procedimento concursal não se aplica aos titulares dos cargos de direção superior dos serviços e organismos do Ministério da Justiça que devam ser providos por magistrados judiciais ou por magistrados do Ministério Público, nem aos cargos de direção superior de 1.º grau da Autoridade Nacional de Proteção Civil quando provido por oficial das Forças Armadas ou das forças de segurança, assim como os titulares dos cargos de direção superior dos serviços e organismos do Ministério da Administração Interna quando, nos termos dos respetivos diplomas orgânicos ou estatutários que expressamente o permitam, sejam efetivamente providos por magistrados judiciais ou por magistrados do Ministério Público.

[922] Nos termos da Lei n.º 26/2019, de 28 de março (regime da representação equilibrada entre homens e mulheres no pessoal dirigente e nos órgãos da Administração Pública), a CRESAP deve ter em conta o objetivo da representação equilibrada de homens e de mulheres na composição da lista de candidatos para provimento no cargo enviada ao Governo.

> quantificados e calendarizados, a atingir no decurso do exercício de funções, sem prejuízo da sua revisão, sempre que tal se justifique, por alterações de contexto geral ou por circunstâncias específicas que o determinem, mediante orientação do respetivo membro do Governo. Na sua candidatura, os interessados têm de declarar a aceitação da carta de missão.
> Os titulares de cargos de direção intermédia são recrutados, em regra, de entre trabalhadores em funções públicas contratados ou designados por tempo indeterminado. Neste caso, o procedimento não envolve a participação da CRESAP. Se o procedimento concursal ficar deserto ou se nenhum candidato reunir condições para ser designado, os titulares dos cargos de direção intermédia podem igualmente ser recrutados, em subsequente procedimento concursal, de entre indivíduos licenciados sem vínculo à Administração Pública.

Administração Local

Os titulares dos cargos de direção superior são recrutados de entre indivíduos com licenciatura concluída à data de abertura do concurso há pelo menos oito anos, vinculados ou não à Administração Pública, que possuam competência técnica, aptidão, experiência profissional e formação adequadas ao exercício das respetivas funções. O recrutamento para os cargos referidos no número anterior de entre indivíduos licenciados não vinculados à Administração Pública fica sujeito a aprovação prévia da câmara municipal, sob proposta do respetivo presidente.

> Os titulares dos cargos de direção intermédia são recrutados, em regra, de entre trabalhadores em funções públicas contratados ou designados por tempo indeterminado, licenciados, dotados de competência técnica e aptidão para o exercício de funções de direção, coordenação e controlo que reúnam seis ou quatro anos de experiência profissional em funções, cargos, carreiras ou categorias para cujo exercício ou provimento seja exigível uma licenciatura, consoante se trate de cargos de direção intermédia de 1.º ou de 2.º grau, respetivamente.

Nos casos em que o procedimento concursal fique deserto ou em que nenhum dos candidatos reúna condições para ser nomeado, os titulares dos cargos de direção intermédia podem igualmente ser recrutados, em subsequente procedimento concursal, de entre indivíduos licenciados sem vínculo à Administração Pública.

b) Constituição do vínculo de emprego: a designação em comissão de serviço

O recrutamento para um cargo dirigente implica o estabelecimento ou a constituição de um vínculo ou de um novo vínculo de emprego público: ocorre a primeira ou a segunda situação consoante o indivíduo recrutado não seja ou seja já titular de um vínculo prévio de emprego público. Em qualquer caso, o indivíduo é designado em *comissão de serviço*, ato administrativo que constitui um vínculo de emprego público: cf. artigo 9.º, n.º 1, alínea *a)*, da LTFP [cf. ponto 103.1, *c)*][923].

A natureza jurídica unilateral (ato administrativo) da comissão de serviço para o exercício de cargos dirigentes não suscita dúvidas, pois a lei refere-se, de forma clara, a "despacho de designação": cf. artigos 19.º, n.º 16, e 21.º, n.º 11, do Estatuto do Pessoal Dirigente da Administração do Estado, e 11.º, n.º 6, do Estatuto do Pessoal Dirigente da Administração Local. A lei não parece exigir a *aceitação* do designado, apesar de a vontade deste em exercer o cargo dirigente resulte clara da sua participação no procedimento concursal[924].

Se o designado for já titular de um vínculo de emprego público, suspende-se a sua situação jurídico-funcional[925], à qual regressa quando esta esteja constituída e consolidada por tempo indeterminado (cf. artigo 290.º, n.º 5, da LTFP). Os titulares de cargos dirigentes são, pois, em todos os cenários, "trabalhadores em funções públicas".

Na Administração do Estado, os cargos de direção superior são providos, em regime de comissão de serviço, por despacho do membro do Governo competente, por um período de cinco anos, renovável por igual período de tempo (a renovação da comissão de serviço depende dos resultados evidenciados no respetivo exercício). Tendo permanecido dez anos consecutivos num determinado cargo dirigente, o interessado só poderá vir a ser

[923] A LQIP refere-se a "mandato" dos membros do conselho diretivo dos institutos públicos, mas trata-se de um mandato exercido, nos termos da lei, ao abrigo de um ato de designação em "comissão de serviço".

[924] No direito laboral privado, a comissão de serviço reveste natureza contratual: cf. artigo 162.º do Código do Trabalho.

[925] A designação em comissão de serviço suspende o vínculo de origem, desde logo quanto à subordinação hierárquica: assim, se um indivíduo trabalhador de uma direção-geral, subordinado do respetivo diretor-geral, é designado para a presidência de um instituto público, deixa, na vigência da comissão de serviço, de ser subordinado daquele diretor-geral.

provido para esse mesmo cargo depois de decorridos cinco anos de se terem completado os dez (artigo 19.º, n.º 14, do Estatuto do Pessoal Dirigente da Administração do Estado). Regras análogas aplicam-se aos membros do conselho diretivo de institutos públicos (artigo 20.º da LQIP).

Os cargos de direção intermédia são providos por despacho do dirigente máximo do serviço ou órgão, em comissão de serviço, pelo período de três anos, renovável por iguais períodos de tempo. A renovação da comissão de serviço dependerá da análise circunstanciada do respetivo desempenho e dos resultados obtidos, a qual terá como referência o processo de avaliação do dirigente cessante, assim como de relatório de demonstração das atividades prosseguidas e dos resultados obtidos (cf. artigos 21.º e 22.º Estatuto do Pessoal Dirigente da Administração do Estado).

No âmbito autárquico, os cargos de direção superior de 1.º grau são providos por deliberação da câmara municipal ou do conselho de administração dos serviços municipalizados, em regime de comissão de serviço, por um período de cinco anos, renovável por igual período. A duração da comissão de serviço e da respetiva renovação não pode exceder, na globalidade, dez anos consecutivos, não podendo o dirigente ser provido no mesmo cargo do respetivo serviço antes de decorridos cinco anos (cf. artigo 11.º do Estatuto do Pessoal Dirigente da Administração Local).

Os titulares dos cargos de direção intermédia são providos por despacho do presidente da câmara ou do conselho administração dos serviços municipalizados, em comissão de serviço, pelo período de três anos, renovável por iguais períodos de tempo (eis o que resulta da conjugação dos artigos 21.º do Estatuto do Pessoal Dirigente da Administração do Estado e 2.º do Estatuto do Pessoal Dirigente da Administração Local).

104.3 – Exercício dos cargos dirigentes

Os trabalhadores com vínculo de emprego público na modalidade de comissão de serviço exercem as suas funções nos termos legalmente definidos para o cargo: cf. artigo 79.º, n.º 3, da LTFP.

No plano pessoal, importa sublinhar que o exercício de cargos dirigentes é feito em regime de exclusividade, o qual implica a renúncia ao exercício de quaisquer outras atividades ou funções de natureza profissional, públicas ou privadas, exercidas com carácter regular ou não, e independentemente da respetiva remuneração, sem prejuízo do disposto nos (atuais) artigos 21.º a 23.º da LTFP. Pode haver acumulação de cargos dirigentes do mesmo nível e grau, sem direito a acumulação das remunerações base.

Ao pessoal dirigente cabem responsabilidades acrescidas, razão pela qual a lei estabelece que é missão desse pessoal garantir a prossecução das atribuições cometidas ao respetivo serviço, assegurando o seu bom desempenho através da otimização dos recursos humanos, financeiros e materiais e promovendo a satisfação dos destinatários da sua atividade, de acordo com a lei, as orientações contidas no Programa do Governo e as determinações recebidas do respetivo membro do Governo.

O Estatuto do Pessoal Dirigente da Administração do Estado define como princípio gerais de ética a que os titulares dos cargos dirigentes estão exclusivamente ao serviço do interesse público, devendo observar, no desempenho das suas funções, os valores fundamentais e princípios da atividade administrativa consagrados na Constituição e na lei, designadamente os da legalidade, justiça e imparcialidade, competência, responsabilidade, proporcionalidade, transparência e boa fé, por forma a assegurar o respeito e confiança dos trabalhadores em funções públicas e da sociedade na Administração Pública.

104.4 – Subordinação dos cargos dirigentes máximos ao "pessoal político"

Como na generalidade das relações de emprego público, a relação de emprego do pessoal dirigente conhece a nota da *subordinação* em face do respetivo "empregador público": o Estado, em relação aos dirigentes dos serviços da Administração direta e aos membros dos órgãos de direção dos institutos públicos; os municípios, em relação aos dirigentes dos serviços municipais.

Há, todavia, alguns aspetos menos claros na legislação no que se refere à relação de subordinação dos titulares de cargos de direção superior de 1.º grau da Administração direta e indireta do Estado: trata-se dos cargos de direção que se situam imediatamente abaixo do membro do Governo competente e que constituem, de certo modo, o ponto referencial de contacto e de relacionamento entre o Governo e as estruturas da Administração que, nos termos constitucionais, aquele tem a responsabilidade de dirigir (Administração direta) ou de superintender (Administração indireta: institutos públicos). De certo modo como sintoma desse relacionamento de primeira linha, é precisamente nos titulares dos cargos de direção superior de 1.º grau que a lei autoriza os membros do Governo a delegarem competências relativas às atribuições dos respetivos serviços (cf. artigo 9.º, n.º 1 do Estatuto do Pessoal Dirigente da Administração do Estado). Em termos práticos e diretos, a questão que se coloca, consiste, portanto, em saber se existe entre os membros do Governo e os referidos titulares de cargos dirigentes uma relação de hierarquia.

O modo como a lei desenha os termos do relacionamento entre o "pessoal político" – membros do Governo, no caso do Estado, e eleitos locais, no caso das autarquias locais – e a primeira linha do "pessoal dirigente" ("dirigentes máximos" de cada serviço) é a chave para se compreender o sentido das relações entre política e administração no sistema administrativo português[926]. Como já se adiantou, na Administração direta do Estado e na administração municipal vigora um "modelo de distinção funcional com relação de hierarquia entre pessoal político e pessoal dirigente da Administração" e na Administração indireta do Estado um "modelo de distinção funcional sem hierarquia" [cf. ponto 47.2, *c)*]. Vamos procurar confirmar isto mesmo na exposição que se segue.

Em relação à Administração Local, não subsistem dúvidas, porquanto, por um lado, a LTFP é clara a indicar o presidente da câmara como o órgão competente para exercer as competências do município inerentes à qualidade de empregador público. Pode, pois, dizer-se que o presidente da câmara detém poderes de direção sobre o pessoal dirigente do município, quer nessa condição, nos termos da LTFP, quer na de "dirigente máximo do serviço", nos termos previstos no artigo 23.º do Estatuto do Pessoal Dirigente da Administração Local, quer ainda nos termos do artigo 35.º, n.º 2, alínea *a)*, do RJAL, que confere ao presidente da câmara competência "para decidir sobre todos os assuntos relacionados com a gestão e a *direção* dos recursos humanos afetos aos serviços municipais" (itálico nosso).

O presidente da câmara não é, porém, competente para aplicar sanções disciplinares (poder disciplinar) aos dirigentes dos serviços municipais; de resto, nos municípios, a competência disciplinar compete sempre, em relação a todos os trabalhadores, às câmaras municipais (cf. artigo 197.º, n.º 4, da LTFP).

[926] A relação entre dirigentes e pessoal político é essencial para se perceber o modelo concreto de relação entre política e Administração; neste sentido, cf. Caridà, "Il rapporto politica ed amministrazione", *cit.*, p. 133; Mehde, *Neues Steuerungsmodell*, *cit.*, p. 143.

Quanto aos dirigentes da Administração do Estado, a questão é mais complexa e não se resolve nos mesmos termos, porquanto a LTFP não indica o membro do Governo como o órgão ao qual cabe exercer as competências do Estado inerentes à condição de empregador público: nos termos do artigo 27.º da LTFP, tais competências são exercidas, na administração direta, pelo dirigente máximo do órgão ou serviço e, na administração indireta, pelo órgão de direção da pessoa coletiva pública (instituto público). Ora, o que está em causa agora é exatamente identificar quem exerce essas mesmas competências sobre os próprios dirigentes máximos dos serviços ou sobre os próprios titulares órgãos de direção dos institutos públicos.

Na nossa interpretação, a resposta correta ao problema exige que se distinga a situação dos dirigentes máximos dos serviços da administração direta do Estado e os titulares dos órgãos de direção dos institutos públicos. Em qualquer caso, como se verá, existe uma *relação de subordinação* dos dirigentes máximos dos serviços e dos titulares dos órgãos de direção dos institutos públicos ao membro do Governo competente. Mas essa relação conhece variações. Vejamos então.

i) Poder de direção sobre os dirigentes máximos dos serviços da Administração direta

Em nenhum preceito da LTFP ou do Estatuto do Pessoal Dirigente da Administração do Estado se diz que os membros do Governo são superiores hierárquicos dos dirigentes máximos dos serviços ou que têm sobre estes um poder de direção. Não obstante, a lei fornece indicações nesse sentido. De resto, indicações nesse sentido encontram-se logo na Constituição: o artigo 199.º, alínea *d)*, atribui ao Governo a competência para "dirigir os serviços e a atividade da administração direta do Estado" e o artigo 269.º, n.º 1, indica que, no exercício das suas funções, os trabalhadores da Administração Pública estão exclusivamente ao serviço do interesse público, "*tal como é definido*, nos termos da lei, *pelos órgãos competentes da Administração*".

Precisamente na linha deste último preceito constitucional, o artigo 3.º do Estatuto do Pessoal Dirigente da Administração do Estado define que é missão do pessoal dirigente garantir a prossecução das atribuições cometidas ao respetivo serviço, "de acordo com a lei, as orientações contidas no Programa do Governo e as determinações recebidas do respetivo membro do Governo". As "determinações" recebidas do respetivo membro do Governo são, pois, as ordens e as instruções que este emite no exercício do seu poder de direção (hierárquica). Está aqui presente um poder de direção e o correlativo dever de obediência.

ii) Poder de orientação sobre os órgãos de direção dos institutos públicos

A situação já se revela diferente no plano das relações entre o membro do Governo competente ("ministro da tutela") e os órgãos dirigentes dos institutos públicos. Agora, não existe hierarquia, mas antes uma relação de superintendência e de tutela [cf. artigo 199.º, alínea *d)*, da CRP: compete ao Governo "superintender na administração indireta e exercer a tutela sobre esta"]. Assim, nos termos do artigo 42.º, n.º 1, da LQIP, o membro do Governo da tutela pode *dirigir orientações, emitir diretivas* ou *solicitar informações* aos órgãos dirigentes dos institutos públicos sobre os objetivos a atingir na gestão do instituto e sobre as prioridades a adotar na respetiva prossecução. O n.º 2 do mesmo preceito acrescenta que os institutos públicos, leia-se os órgãos dirigentes, devem ainda observar as orientações governamentais estabelecidas pelos membros do Governo responsáveis pelas áreas das finanças e da Administração Pública, respetivamente em matéria de finanças e pessoal.

Revela-se, pois, nítida a existência de uma relação de subordinação entre os dirigentes dos institutos públicos e os membros do Governo, ainda que tal relação se situe fora de um âmbito hierárquico, pelo que não integra um poder de dar ordens nem o correlativo dever de obediência. Mas, note-se, isto não significa que não haja consequências para o desrespeito ou o incumprimento, por parte dos dirigentes dos institutos públicos, das orientações e das diretivas ministeriais: tais consequências existem e podem traduzir-se na decisão ministerial de determinar a cessação da comissão do mandato ou destituição [cf. ponto 104.5].

iii) Poder disciplinar sobre os dirigentes máximos dos serviços da Administração direta e sobre os titulares dos órgãos de direção dos institutos públicos

Apesar de se dever distinguir a situação no plano da supremacia ministerial – que pode ser hierárquica ou de orientação – outro tanto não sucede no plano disciplinar, porquanto, sem distinção, os dirigentes da Administração direta e os dirigentes dos institutos públicos são disciplinarmente responsáveis perante o membro do Governo que exerça a respetiva superintendência ou tutela (artigo 176.º, n.º 2, da LTFP). Nos termos do artigo 196.º, n.º 2, da LTFP, é ao membro do Governo respetivo que compete a instauração de procedimento disciplinar contra os dirigentes máximos dos órgãos ou serviços; em relação aos institutos públicos, cabe ao membro do Governo da tutela, "no domínio disciplinar, exercer ação disciplinar sobre os membros dos órgãos dirigentes" [cf. artigo 41.º, n.º 8, alínea *a)* da LQIP]. As penas disciplinares potencialmente aplicáveis aos dirigentes variam em função de estes terem um vínculo de emprego público originário ou de este vínculo decorrer apenas da comissão de serviço: no primeiro caso, estão expostos a todas as sanções aplicáveis aos trabalhadores em funções públicas; no segundo caso, estão apenas expostos à aplicação da pena da cessação da comissão de serviço.

104.5 - Cessação da comissão de serviço dos cargos dirigentes

Nos termos do artigo 25.º do Estatuto do Pessoal Dirigente da Administração do Estado, a comissão de serviço dos cargos dirigentes cessa: *a)* pelo seu termo, visto que se trata de uma situação de duração limitada; *b)* pela tomada de posse do dirigente designado seguida de exercício, a qualquer título, de outro cargo ou função, salvo nos casos e durante o tempo em que haja lugar a suspensão ou em que seja permitida a acumulação nos termos da presente lei; *c)* por extinção ou reorganização da unidade orgânica [927], salvo se for expressamente mantida a comissão de serviço no cargo dirigente do mesmo nível que lhe suceda; *d)* em caso de violação das regras sobre exclusividade e acumulação de funções, sobre incompatibilidades, impedimentos e inibições, bem como no caso de não verificação pelo dirigente da existência de situações de acumulação de funções não autorizadas, bem como fiscalização, em geral, da estrita observância das garantias de imparcialidade no desempenho de funções pública[928]; *e)* na sequência de procedimento disciplinar em que se tenha concluído pela aplicação de sanção disciplinar[929]; *f)* pela não

[927] Neste caso, em que a cessação da comissão de serviço se fundamenta na extinção ou reorganização da unidade orgânica, os dirigentes têm direito a uma indemnização desde que contem, pelo menos, 12 meses seguidos de exercício de funções – cf. artigo 26.º do Estatuto do Pessoal Dirigente da Administração do Estado.

[928] Nos termos previstos no Regime do Exercício de Funções por Titulares de Cargos Políticos e Altos Cargos Públicos, os titulares de cargos de pessoal dirigente podem ser destituídos judicialmente em caso de violação da regra do exercício dos cargos em exclusividade ou das regras sobre impedimentos definidas nesse Regime.

[929] Nos termos do artigo 188.º, n.º 1, da LTFP, "a sanção disciplinar de cessação da comissão de serviço é aplicável, *a título principal*, aos titulares de cargos dirigentes e equiparados que: *a)* não procedam disciplinarmente contra os trabalhadores seus subordinados pelas infrações de que tenham conhecimento; *b)* não participem criminalmente infração disciplinar de que tenham conhecimento no exercício das suas funções, que revista caráter penal; *c)* autorizem, informem favoravelmente ou omitam informação, relativamente à situação jurídico-funcional de trabalhadores, em violação das normas que regulam o vínculo de emprego público; *d)* violem as normas relativas à celebração de contratos de prestação de serviço". Estipula o artigo 188.º, n.º 2, que "a sanção disciplinar de cessação da comissão de serviço é sempre aplicada *acessoriamente*

frequência, por causa que lhes seja imputável, ou pelo não aproveitamento em curso de formação profissional específica.

Por outro lado, a comissão de serviço cessa "por despacho fundamentado", e após a prévia audição do dirigente sobre as razões invocadas, independentemente da organização de qualquer processo, numa das seguintes situações: *i)* não realização dos objetivos previstos, designadamente dos constantes da carta de missão; *ii)* falta de prestação de informações ou prestação deficiente das mesmas, quando consideradas essenciais para o cumprimento da política global do Governo; *iii)* não comprovação superveniente da capacidade adequada a garantir a observação das orientações superiormente fixadas; *iv)* necessidade de imprimir nova orientação à gestão dos serviços[930].

> Os dois grupos de situações que acabámos de referir parecem distinguir-se pelo facto de no segundo se exigir "despacho fundamentado". Assim é, embora se deva notar que, nos primeiros grupos, também há casos em que se exige um despacho a determinar a cessação da comissão de serviço, que identifique a causa dessa cessação (que, neste sentido, será igualmente fundamentado): *v.g.*, cessação da comissão de serviço por reorganização da unidade orgânica ou por violação de regras sobre incompatibilidades ou impedimentos.
>
> A cessação da comissão de serviço não é, em nenhum caso, uma "decisão livre": exige-se a fundamentação e esta tem de evidenciar a ocorrência dos fundamentos materiais que a lei enuncia – a situação é outra quanto à demissão de gestores públicos, que pode, essa sim, ser uma "decisão livre" [cf. ponto 127].

Por fim, a comissão de serviço cessa a *requerimento do interessado*, que se considera deferido se no prazo de 30 dias sobre ele não recair despacho

aos titulares de cargos dirigentes e equiparados por qualquer infração disciplinar punida com sanção disciplinar igual ou superior à de multa".
A sanção da cessação da comissão de serviço consiste na cessação compulsiva do exercício de cargo dirigente ou equiparado; implica o termo do exercício do cargo dirigente ou equiparado e a impossibilidade de exercício de qualquer cargo dirigente ou equiparado durante o período de três anos, a contar da data da notificação da decisão: cf. artigos 181.º, n.º 7, e 182.º, n.º 5, da LTFP.

[930] No caso de a cessação da comissão de serviço se fundamentar na necessidade de imprimir nova orientação à gestão dos serviços, os dirigentes têm direito a uma indemnização – cf. artigo 26.º do Estatuto do Pessoal Dirigente da Administração do Estado.

de indeferimento. Daqui parece resultar que o dirigente não tem o direito de renunciar à comissão de serviço, pois a cessação desta depende de uma decisão do órgão competente (membro do Governo ou dirigente máximo do serviço), a qual pode aliás ser de indeferimento. Sobram-nos muitas dúvidas sobre este regime, pois não se vê como pode alguém ficar, em termos práticos, obrigado a manter-se como dirigente da Administração Pública (*v.g.*, além do mais, quando se alterem circunstâncias fundamentais, como a mudança de Governo). Faria, pois, todo o sentido que o designado pudesse denunciar a comissão de serviço e libertar-se do cargo dirigente. De resto, cremos, há abertura legal para isto, pois a LTFP alude à "denúncia" pelo trabalhador ou pelo empregador como causa específica de cessação da comissão de serviço, prevendo que esta pode ser denunciada com a antecedência mínima de 30 dias (artigo 289.º, n.os 3 e 4).

À cessação do mandato – ou seja, à cessão da comissão de serviço – dos dirigentes de institutos públicos aplicam-se regras muito próximas, nos termos do artigo 20.º da LQIP [cf. ponto 119, *a)*], onde se prevê a possibilidade de renúncia dos membros do conselho diretivo (com a antecedência mínima de três meses sobre a data em que se propõem cessar funções). Note-se, por outro lado, que a LQIP prevê a figura da "dissolução do conselho diretivo"[931]. Nos termos do n.º 9 do artigo 20.º, o conselho diretivo pode ser dissolvido mediante despacho fundamentado do membro do Governo da tutela, por motivo justificado, nomeadamente: *a)* incumprimento das orientações, recomendações ou diretivas ministeriais no âmbito do poder de superintendência; *b)* incumprimento dos objetivos definidos no plano de atividades aprovado ou desvio substancial entre o orçamento e a sua execução, salvo por razões não imputáveis ao órgão; *c)* prática de infrações graves ou reiteradas às normas que regem o instituto; *d)* inobservância dos princípios de gestão fixados na LQIP; *e)* incumprimento de obrigações legais que, nos termos da lei, constituam fundamento de destituição dos seus órgãos; *f)* falta de prestação de informações ou prestação deficiente das mesmas, quando consideradas essenciais para o cumprimento da política global do Governo; *g)* necessidade de imprimir nova orientação à gestão. A dissolução *implica a cessação do mandato de todos os membros do conselho diretivo.*

[931] Trata-se de um "ato administrativo coletivo"; neste sentido, cf. Rogério Soares, *Direito Administrativo, cit.* (Coimbra), p. 86.

Cessada a comissão de serviço, o trabalhador regressa à situação jurídico-funcional de que era titular, quando constituída e consolidada por tempo indeterminado, ou cessa o vínculo de emprego público, havendo lugar ao pagamento de indemnização quando prevista em lei especial: artigo 290.º, n.º 5, da LTFP.

105 – Particulares que colaboram com as pessoas coletivas públicas

Para a realização dos fins institucionais de que estão incumbidas, as pessoas coletivas de direito público não se servem apenas dos "seus" recursos humanos, isto é, das pessoas físicas que nelas se integram ou incorporam na condição de trabalhadores.

Fora deste universo, e com fundamentos jurídicos diversos, outros indivíduos, bem como entidades particulares, da esfera privada, desenvolvem uma atividade em benefício de pessoas coletivas públicas e apoiam estas na realização das suas missões institucionais. Eis o que ocorre, entre outras com a situações que vamos ver a seguir.

105.1 – Prestadores de serviços

A LTFP estabelece que o trabalho em funções públicas também pode ser prestado mediante (...) contrato de prestação de serviço" (artigo 6.º, n.º 1).

O enunciado legal transcrito assume dois postulados. Em primeiro lugar, o de que a prestação de serviços constitui uma modalidade (um vínculo) de "trabalho em funções públicas" – trata-se de uma opção legislativa não muito feliz, pois não nos parece revelar-se correto qualificar "trabalhador em funções públicas", por ex., o jurista que presta um serviço de patrocínio judiciário ou o tradutor contratado para traduzir um documento.

Em segundo lugar, assume-se que o contrato de prestação de serviços não constitui um vínculo de emprego público – o prestador de serviços não é um "empregado" da Administração, razão pela qual não se pode falar de relação de emprego: no plano legal, os prestadores de serviços não se encontram juridicamente subordinados, não prestando trabalho sob direção ou autoridade de um empregador público. Colaboram com uma pessoa coletiva pública, proporcionando-lhe um certo *resultado* do seu trabalho intelectual ou manual, mas mantêm a sua autonomia quanto à escolha e à gestão dos meios a mobilizar para alcançar os resultados que se obrigaram a produzir. Veja-se, neste sentido, o artigo 10.º, n.º 1, da LTFP: "o contrato de prestação de serviço para o exercício de funções públicas é celebrado para a prestação de trabalho em órgão ou serviço sem sujeição à respetiva disciplina e direção, nem horário de trabalho". O n.º 3 acrescenta que "são nulos os contratos de prestação de serviço para o exercício de funções públicas em que exista subordinação jurídica, não podendo os mesmos dar origem à constituição de um vínculo de emprego público".

Nos termos do artigo 10.º, n.º 2, o contrato de prestação de serviço para o exercício de funções públicas pode revestir as seguintes modalidades: *i) contrato de tarefa*, cujo objeto é a execução de trabalhos específicos, de natureza excecional, não podendo exceder o termo do prazo contratual inicialmente estabelecido; *ii) contrato de avença*, cujo objeto é a execução de prestações sucessivas no exercício de profissão liberal, com retribuição certa mensal, podendo ser feito cessar, a todo o tempo, por qualquer das partes, mesmo quando celebrado com cláusula de prorrogação tácita, com aviso prévio de 60 dias e sem obrigação de indemnizar.

Em qualquer das modalidades, a prestação de serviços dá origem a um *contrato administrativo regulado*, nos seus aspetos procedimentais e substantivos, no Código dos Contratos Públicos (artigos 450.º e segs.) – sobre a celebração destes contratos, cf. ainda artigo 32.º da LTFP, no qual se estipulam importantes limites substanciais e definem condições procedimentais aplicáveis à decisão administrativa de contratar a aquisição de serviços.

105.2 – Particulares investidos de funções públicas por concessão

Referimos agora os particulares que, nesta sua qualidade, surgem investidos de funções públicas, no âmbito da figura do "exercício privado de funções públicas". Com efeito, em circunstâncias várias, a lei atribui, ou admite que sejam atribuídas, diretamente a entidades particulares (pessoas singulares e coletivas) responsabilidades pela execução de funções públicas. No direito português, assim sucede, por ex., com os comandantes de navios mercantes, com os agentes de execução ou, noutro plano, com as empresas concessionárias de obras e de serviços públicos. Apesar de incumbidos de tarefas públicas – por um *ato de delegação de funções e poderes públicos* –, estes particulares não se incorporam numa pessoa coletiva pública e atuam, nas relações com terceiros, em nome próprio, suportando a imputação dos efeitos dos atos que praticam.

105.3 – Particulares requisitados

Em casos muito excecionais, de emergência, a lei pode autorizar a Administração a requisitar os serviços dos cidadãos, impondo-lhes unilateralmente o dever de exercerem uma atividade em benefício de uma pessoa coletiva pública: eis o que ocorre com a requisição de serviços de profissionais de saúde em caso de epidemia grave, prevista na Lei de Bases da Saúde ou com a requisição temporária de serviços, prevista na Lei de Bases da Proteção Civil, em caso de declaração de calamidade.

> Nos termos do artigo 24.º da Lei de Bases da Proteção Civil, a declaração da situação de calamidade implica o reconhecimento da necessidade de requisitar temporariamente bens ou serviços, nomeadamente quanto à verificação da urgência e do interesse público e nacional que fundamentam a requisição. A requisição de bens ou serviços é determinada por despacho dos Ministros da Administração Interna e das Finanças, que fixa o seu objeto, o início e o termo previsível do uso, a entidade operacional beneficiária e a entidade responsável pelo pagamento de indemnização pelos eventuais prejuízos resultantes da requisição.

Embora não tenha necessariamente em vista a imposição de uma obrigação de agir em benefício de uma pessoa coletiva pública, a *requisição civil de pessoas* pode ter esse resultado, se estiver em causa o objetivo de assegurar o regular funcionamento de serviços essenciais de interesse público sob responsabilidade de entidades públicas. A requisição civil é regulada pelo Decreto-Lei n.º 637/74, de 20 de novembro.

105.4 – Agentes administrativos de facto

Uma figura muito especial neste âmbito é a do *agente administrativo de facto* – assim se designa o particular que, sem qualquer vínculo formal a uma pessoa coletiva pública, assume, *sua sponte* e com espírito benévolo de colaboração, o exercício de funções que institucionalmente cabem à Administração Pública[932]. Em *tempos de normalidade*, o exercício das funções administrativas por particulares não investidos (que se arroguem, expressa ou tacitamente, a qualidade de funcionários investidos), constitui uma

[932] Em geral, sobre o funcionário de facto, cf. Rogério Soares, *Direito Administrativo, cit.* (Coimbra), p. 26 e segs.; Paulo Otero, *O Poder de Substituição, cit.*, vol. I, p. 62 e segs.; G. Jèze, "Essai d'une théorie générale des fonctionnaires de fait", *Revue de Droit Public*, 1914, p. 48 e segs.; C. Vitta, "Il funzionario di fatto", *Rivista de diritto pubblico*, 1923, p. 473 e segs.; F. Satta, "Esercizio di fatto di pubbliche funzioni", *Enciclopedia Giuridica Treccani*, vol. XII, p. 1 e segs.; F. Lubrano, "Funzionario di fatto", *Digesto dei Discipline Pubblicistiche*, vol. VII, p. 41 e segs.; J.-F. Prévost, "La notion de collaborateur occasionnel et bénévole du service public", *Revue du droit public et de le science politique*, 1980/4, p. 1071 e segs.

conduta ilícita e pode até ser incriminada: cf. artigos 320.º (*usurpação de autoridade pública portuguesa*) e 358.º (*usurpação de funções*) do Código Penal. Contudo, em circunstâncias excecionais, de estado de necessidade (como guerras ou calamidades naturais), quando a estrutura administrativa não está em condições de responder às solicitações e se torna necessário a mobilização de "todas as forças", entende-se que o exercício de funções públicas (mesmo de autoridade) por indivíduos sem investidura formal não preenche nenhum tipo de ilícito. Além disso, desde que as funções exercidas sejam *essenciais* e *inadiáveis* (por ex., vigilância para proteção de pessoas e bens), os atos praticados por particulares podem até ser imputados à Administração, como se fossem exercidos por um agente titulado (trabalhador em funções públicas ou mesmo titular de órgão). Embora não haja, neste caso, um ato formal de incorporação orgânica, entende-se que a própria situação de facto (estado de necessidade) constitui a fonte da investidura – uma *investidura de facto*. A função exercida pelo particular representa, assim, o exercício de uma função pública por *agente (de facto) da Administração*.

Capítulo 9
Entidades administrativas privadas e entidades particulares com funções administrativas

O critério de delimitação da Administração Pública baseado na personalidade de direito público revela-se incompleto e redutor, pois repousa numa indicação de ordem formal, sem atender à verdadeira substância de muitas entidades que, sem disporem do atributo da personalidade de direito público, integram ou "pertencem" à Administração Pública. Além disso, a compreensão integral e consistente do sistema administrativo deve ainda contemplar as entidades que, sem "pertencerem" à Administração Pública, se dedicam ao exercício da função administrativa com base numa concessão ou delegação pública.

Secção I
Entidades administrativas privadas

Vamos começar por aludir ao fenómeno da "Administração Pública em forma privada", que se refere a entidades administrativas, pertencentes à Administração, mas que adotam um formato jurídico privado.

106 – Sentido do conceito. 107 – Delimitação do universo. 108 – Organização interna baseada no direito privado, desvios à regra.

106 – Sentido do conceito

O conceito de entidades administrativas privadas conjuga as duas notas que, de forma peculiar, distinguem esta categoria de sujeitos da Administração Pública: trata-se, por um lado, de entidades *administrativas* e, por outro lado, de entidades *privadas*.

Entidades *administrativas*, porque "pertencem" à Administração Pública, uma vez que são criadas e participadas ou, pelo menos, participadas por entidades públicas, que as controlam ou dominam, com uma *influência dominante*. Essa referência fornece, assim, uma indicação de carácter *substancial*, sobre "quem são" realmente essas entidades.

Mas, embora administrativas, são entidades *privadas*, porque se revelam nas vestes de direito privado; trata-se de agora de uma referência com relevo exclusivamente formal, que indica estar em causa uma entidade com uma forma organizativa de direito privado: sociedade comercial, cooperativa, associação.

> Atualmente, com a Lei-Quadro das Fundações, as *fundações privadas* (de direito privado) não podem assumir a condição de entidades administrativas privadas. Isto, porque a participação de pessoas coletivas públicas em *fundações privadas* só é possível quando não conduza à detenção de uma influência dominante; se a participação pública envolver esta influência, então, a fundação passa a qualificar-se como *fundação pública de direito privado*, a qual, nos termos da Lei-Quadro, possui a natureza de *pessoa coletiva de direito público* – reconhecemos que se afiguram estranhos, até exóticos, os contornos da situação, mas a verdade é que a opção do legislador parece ter sido mesmo a de criar uma figura absolutamente única: a fundação pública de direito privado que é afinal uma pessoa coletiva de direito público[933].

O conjunto das entidades administrativas privadas corresponde à *Administração Pública em forma privada*.

A Administração Pública em forma privada pode resultar de um processo de *privatização orgânica formal*, por via da conversão de entidades de direito público em entidades de direito privado (assim se passou, por ex., com a transformação das administrações portuárias em sociedades anónimas);

[933] No sentido de não se perceber a racionalidade da distinção entre fundações públicas de direito público e fundações públicas de direito privado, cf. Mário Aroso de Almeida, *Teoria Geral, cit.*, p. 71.

mas as entidades administrativas privadas também podem ser criadas *ex novo*, num originário modelo de direito privado.

Por outro lado, essas entidades podem ser criadas para a prossecução de tarefas públicas previamente assumidas e geridas por uma entidade pública (*v.g.*, para a gestão de serviços públicos) ou para o desempenho de novas tarefas, anteriormente não exercidas por uma entidade pública (*v.g.*, criação de uma sociedade comercial para a gestão da participação numa exposição internacional).

O facto de as entidades administrativas privadas se dedicarem, eventualmente, a atividades económicas de mercado (*v.g.*, setor bancário, comunicação social) não perturba a respetiva qualificação como entidades *administrativas*. Do que se trata aqui é de considerar "da Administração", e, nesse sentido, "administrativa", uma entidade em que uma pessoa de direito público detém uma participação dominante.

107 – Delimitação do universo

A figura da entidade administrativa privada resulta de uma pessoa coletiva pública nela deter *participação dominante* (*participação + influência dominante, direta ou indireta*).

Para este efeito – em que procede à delimitação das fronteiras da Administração Pública, com o objetivo de definir o âmbito de incidência do Direito Administrativo –, não basta o simples facto da participação de uma pessoa coletiva pública, assim como não se revela suficiente a possibilidade de uma pessoa coletiva pública exercer uma influência dominante sobre uma entidade privada.

> A exigência de *participação + influência dominante (direta ou indireta)* de uma pessoa pública permite perceber que os "organismos de direito público", quando detenham personalidade de direito privado, não são necessariamente entidades *administrativas* privadas, nem, por conseguinte, sujeitos da Administração Pública [cf. pontos 47.2, *b*), e. Com efeito, os organismos de direito público podem não ser *participados* por quaisquer entidades públicas e, quando participados, podem não ficar sob a influência dominante (direta ou indireta) de uma pessoa coletiva pública.

Já tivemos oportunidade de analisar a base legal e as condições em que se pode processar a criação de entidades administrativas privadas [cf. ponto 14.2.1.1].

Tendo presentes as assinaladas exigências na delimitação do conceito, consideramos a seguir duas situações típicas em que podem surgir as entidades administrativas privadas.

a) Entidades em formato de direito privado com participação exclusiva de pessoas coletivas públicas

As entidades administrativas privadas podem ser criadas por um ato da exclusiva iniciativa pública e envolver a participação de apenas uma entidade pública: por ex., a constituição de sociedade comercial em que o Estado ou o município é o único acionista.

Mas também podem envolver a participação de várias entidades públicas: por ex., uma sociedade comercial criada por dois municípios; ou uma associação de direito civil criada entre o Estado e uma universidade pública.

Nas duas hipóteses consideradas, estamos perante *entidades administrativas privadas de participação exclusivamente pública*. Nenhuma dúvida se coloca sobre o facto de uma entidade que se encontre nessa condição se apresentar como um elemento da Administração Pública.

b) Entidades em formato de direito privado com participação dominante de pessoas coletivas públicas

As entidades administrativas privadas também podem assumir uma feição mista, quando envolvem a participação simultânea de entidades públicas e particulares: eis o que sucede com as sociedades de capitais mistos (por vezes designadas parcerias público-privadas institucionalizadas), com as associações de direito civil que juntam associados públicos e associados particulares ou com as cooperativas de interesse público. Temos agora *entidades administrativas privadas com participação público-privada*.

Neste segundo caso, adquire um relevo decisivo a determinação, em concreto, do nível ou grau da participação das pessoas coletivas públicas ou de qualquer outro elemento que possa conduzir a considerar a presença de uma "participação dominante", ou seja, de uma participação com influência dominante. Isto é assim porque só estamos diante de uma entidade administrativa privada – um sujeito da Administração Pública – se uma pessoa coletiva pública (isoladamente ou em conjunto com outras pessoas coletivas públicas) detiver uma participação que lhe confira uma *influência dominante* (direta ou indireta) sobre a entidade privada participada.

Assim, o simples facto da participação de uma pessoa de direito público não se revela suficiente para fazer da "entidade privada participada" por uma pessoa pública uma entidade administrativa privada.

O modo de identificação ou determinação da participação dominante (participação com influência dominante) depende do tipo de entidade.

Assim, o Regime Jurídico do Setor Público Empresarial, para identificar as sociedades comerciais que assumem a condição de *empresas públicas*, exige a influência dominante de entidades estaduais, que resulta de alguma das seguintes circunstâncias: *a)* a detenção de uma participação superior à maioria do capital; *b)* a detenção da maioria dos direitos de voto; *c)* a possibilidade de designar ou destituir a maioria dos membros do órgão de administração ou do órgão de fiscalização; *d)* o controlo da gestão, por via da detenção de participações qualificadas ou direitos especiais que permitam influenciar de forma determinante os processos decisórios ou as opções estratégicas adotadas pela empresa ou entidade participada (cf. artigo 9.º do RJSPE)

Por seu lado, o Regime Jurídico da Atividade Empresarial Local considera *empresas locais* as sociedades constituídas ou participadas nos termos da lei comercial, nas quais as entidades públicas participantes possam exercer, de forma direta ou indireta, uma influência dominante em razão da verificação de um dos seguintes requisitos: *a)* detenção da maioria do capital ou dos direitos de voto; *b)* direito de designar ou destituir a maioria dos membros do órgão de gestão, de administração ou de fiscalização; *c)* qualquer outra forma de controlo de gestão.

No caso das fundações públicas de direito privado, a Lei-Quadro das Fundações, considera existir influência dominante de pessoas coletivas públicas sempre que exista: *a)* a afetação exclusiva ou maioritária dos bens que integram o património financeiro inicial da fundação; *b)* o direito de designar ou destituir a maioria dos titulares do órgão de administração da fundação.

No caso das *associações de direito civil*, embora não haja indicação legal, a participação dominante resultará da detenção da maioria das "unidades de participação", da "maioria dos votos" na assembleia geral ou, porventura, no direito de designar a maioria dos titulares do órgão de administração da associação.

A situação de influência dominante de uma pessoa coletiva pública sobre uma entidade privada não basta para fazer desta um sujeito da Administração Pública. E, apesar de pouco frequentes, existem efetivamente situações aqui qualificadas como de influência dominante de pessoas coletivas públicas sobre entidades privadas não participadas pelas primeiras: eis o que pode suceder com uma entidade particular (sem participação pública) com a sua gestão sob controlo de uma pessoa pública. Esta entidade – que até pode ser qualificada como "organismos de direito público", para efeitos da sua sujeição ao direito da contratação pública (artigo 2.º, n.º 2, do CCP) ou à Lei do Acesso à Informação Administrativa e Ambiental (artigo 4.º, n.º 2) – não é uma entidade administrativa privada, pois falta-lhe um elemento essencial para se considerar entidade administrativa: a participação nela de uma pessoa coletiva pública; o carácter dominante da participação pode, contudo, resultar de fatores alheios à quota de participação.

Em síntese: o conjunto das entidades administrativas privadas referencia um grupo de sujeitos da Administração Pública que "derivam" e nos quais, de forma direta ou indireta, têm necessariamente uma participação dominante sujeitos da Administração Pública do primeiro grupo que considerámos, as pessoas coletivas públicas.

108 – Organização interna baseada no direito privado; desvios à regra
As entidades administrativas privadas são organizações criadas no âmbito e nos termos do direito privado e, portanto, regem-se, quanto ao processo de organização interna, pelo direito privado: assim, é o Código das Sociedades Comerciais que rege as sociedades comerciais com participação pública dominante; é no Código Civil que se encontra a disciplina que regula as associações de direito privado sob influência pública dominante.

Contudo, por efeito de vários fatores, a lei administrativa tem vindo a ocupar-se de certos aspetos da organização interna de algumas entidades administrativas privadas: normas com esta intenção encontram-se no Regime Jurídico da Atividade Empresarial Local, em relação às empresas locais, ou no Regime Jurídico do Setor Público Empresarial, em relação às empresas públicas do Estado.

Secção II
Entidades particulares com funções administrativas

É consensual a consideração das entidades administrativas privadas (além das pessoas coletivas públicas) como sujeitos da Administração Pública. O mesmo já não se passa relativamente às entidades particulares com funções públicas. Contudo, na nossa compreensão, estas entidades devem considerar-se elementos da Administração Pública, ainda que, como já se explicou, apenas num sentido funcional (e não institucional ou orgânico).

109 – Sentido do conceito

Os cidadãos e, de um modo geral, as entidades particulares *qua tale* estão "fora" da Administração Pública, não lhe pertencem, nem a integram. De acordo com uma visão dicotómica da realidade política, temos de um lado o Estado, com a sua Administração Pública, e do outro a Sociedade Civil, o espaço dos cidadãos e das suas organizações.

Sucede, porém, que, ao longo da história e com alguma frequência, as entidades particulares foram, e têm continuado a ser, convocadas para, *enquanto particulares* e em *seu próprio nome* – e, portanto, sem se incorporarem organicamente na Administração Pública, nem se transformarem em entidades públicas –, se ocuparem da execução de funções administrativas.

O fenómeno da Administração Pública por particulares ("Öffentlich Verwaltung durch Private"), embora com um longo historial, assumiu um peso especialmente significativo a partir dos últimos anos do século XX; desde então, foi-se tornando forçoso reconhecer, que, nas suas múltiplas formas, o referido fenómeno passou a constituir uma das marcas decisivas do Direito Administrativo do nosso tempo.

Em 2005, em *Entidades Privadas com Poderes Públicos*, identificámos como coordenada fundamental da transformação do Estado Administrativo a crescente evolução de formas de cooperação generalizada e sistemática e de conjugação dos papéis entre atores públicos e privados para o desenvolvimento das tradicionais finalidades do Estado Social e de Serviço Público. Essa transformação apontava para a reconfiguração do papel e das funções do Estado, num quadro de nítido reforço da contribuição dos atores privados para a governação pública. Entre outros objetivos, buscava-se aproveitar, na máxima medida possível, a "capacidade privada para servir objetivos públicos", num processo que se desenrolava a partir de uma ideologia de "glorificação da eficiência económica do sector privado".

Esta transformação, marcada por um "rolling back" do Estado Administrativo, por uma diminuição das responsabilidades públicas, pela ativação de novas responsabilidades privadas e por várias modalidades de privatização (orgânica, formal, material, funcional), veio induzir, também, a concessão e ou delegação de funções e de responsabilidades públicas em entidades particulares: neste âmbito, surgem os vários expedientes e técnicas de "externalização", de "outsourcing" de "contracting out" e das "parcerias público-privadas".

A delegação privada ("private delegation"[934]), quer dizer, a entrega a entidades particulares da responsabilidade pela execução de funções e tarefas da responsabilidade do Estado coloca estas entidades numa situação que, mais do que *colaboração*, assume as feições de uma *substituição* do Estado na execução de responsabilidades deste.

Na verdade, estas entidades não se limitam a *colaborar* com a Administração no exercício da sua atividade própria, como sucede com os "contratantes da Administração", que também prestam serviços a uma pessoa coletiva pública na qualidade de entidades particulares; a natureza e o alcance da sua intervenção apresentam-se distintos, e assumem uma função de "colaboração de grau mais avançado", que envolve uma *substituição da Administração Pública*.

Nesse cenário, as entidades particulares surgem, em *sentido funcional*, como sujeitos da Administração Pública: exercem, em nome próprio, a função administrativa.

Podemos falar, agora, de uma *Administração Pública concessionada ou delegada*.

Diversamente do que sucede com a criação de entidades administrativas privadas, o fenómeno a que nos reportamos ultrapassa a dimensão puramente organizatória, visto que envolve a entrega de funções públicas a verdadeiras *entidades particulares*: cidadãos ou pessoas coletivas da esfera privada que oferecem a sua colaboração, o seu saber, as suas competências, mas que não deixam simultaneamente de ser particulares e de agirem segundo "motivações privadas" de variada ordem. Podem colaborar com

[934] O conceito de "private delegation", para referir a concessão ou delegação de funções e poderes públicos em entidades particulares, aparece, inicialmente, em D.M. Lawrence, "Private exercise of governamental power", *Indiana Law Journal*, vol. 61, 1986, p. 647 e segs.; na literatura já mais recente, cf. C. M. Donnelly, *Delegation of governmental power to private parties*, Oxford University Press, 2007, pp. 60, 67 e 73.

o Estado, mas pertencem à Sociedade Civil, à esfera privada [935]. O *estatuto duplo* inerente à figura da entidade particular com funções administrativas impede uma construção exclusivamente organizativa do processo de concessão ou delegação. A *contradição institucional* que caracteriza a figura não tem paralelo nas entidades administrativas privadas, pelo menos nas que são integralmente detidas por entidades públicas. Não existe, neste último caso, a situação de "confluência de interesses opostos" presente no cenário em que uma entidade da esfera privada, que prossegue interesses privados, assume a responsabilidade por exercer uma atividade de realização de interesses públicos.

O fundamento legal para a entrega de funções e responsabilidade públicas a entidades privadas encontra-se, em geral, nos artigos 409.º do CCP, e 25.º, n.º 1, alínea *p)*, do RJAL, 53.º e 54.º da LQIP (exigência de autorização prévia do membro do Governo da tutela) – em sentido inverso, cf. artigo 40.º, n.º 5, da LQER, que estipula que as entidades reguladoras não podem delegar ou concessionar a entidades públicas ou privadas, por prazo determinado ou indeterminado, com ou sem remuneração, contrapartida ou renda periódica, a prossecução de quaisquer das suas atribuições ou poderes regulatórios e sancionatórios.

110 – Delimitação do universo

A delimitação do universo das entidades particulares com funções administrativas, ou, se quisermos, do instituto do "exercício de funções administrativas por particulares", reclama a verificação cumulativa dos seguintes requisitos:

i) Entidade particular. – Entidade particular, entidade privada ou cidadão é qualquer pessoa que não pertença à esfera pública, quer dizer, que não seja uma pessoa coletiva de direito público, nem uma entidade administrativa privada, e, por outro lado, que não seja trabalhador, funcionário ou titular de órgão da Administração Pública ou órgão público.

ii) Função administrativa. – O recorte do âmbito da figura fica ainda dependente da presença da função administrativa; impõe-se, nesta circunstância, sublinhar sobretudo o carácter público ("não

[935] Cf. A. Moliterni, "Soggetti privati in veste pubblica: genesi, trasformazioni e prospetttive dei rapporti concessori", in Pericu/Police/Saitta, *L'organizzazione delle pubbliche amministrazioni, cit.*, p. 465 e segs.

privado") das tarefas abrangidas pela função administrativa. A conclusão de que um particular exerce uma função administrativa pressupõe que a tarefa concreta a que ele se dedica tenha sido objeto de uma "apropriação pública", isto é, de um ato pelo qual o Estado ou outra entidade pública assumem uma responsabilidade originária por essa tarefa. Sem este momento prévio, de "apropriação pública", não existe uma tarefa pública, mas antes e apenas uma tarefa privada (uma tarefa cuja execução, com ou sem exclusivo, não é assumida pelos Poderes Públicos); neste caso, por ausência de uma tarefa pública, não pode falar-se de exercício da função administrativa. A prévia apropriação pública da tarefa envolvida permite perceber o "carácter translativo" do título que habilita a entidade particular a exercer, em nome próprio, a função administrativa. Por esta razão, não se reconduzem à categoria das entidades particulares com funções administrativas as "entidades particulares publicamente reguladas", como as instituições particulares de solidariedade social, as cooperativas ou, de uma forma geral, as entidades da economia social e, em geral, todas as entidades com o estatuto de utilidade pública [cf. pontos 47.1.2, *b)*, e 185.2]. Observe-se, contudo que estas entidades podem ver-se encarregadas, por concessão, de funções administrativas, hipótese em que, naturalmente, passam, no âmbito da concessão, a integrar a categoria das entidades particulares com funções administrativas (*v.g.*, IPSS encarregada da gestão de um hospital do Estado).

iii) Delegação ou concessão do exercício da função administrativa. – A entidade particular tem de assumir em nome próprio o exercício de uma função administrativa; não basta que *colabore* com a Administração, mas reclama-se que exerça em nome próprio, como um "sujeito de imputação final", uma função da Administração Pública. Isto só se torna possível se essa entidade receber da Administração, ou diretamente da lei, um título que lhe permita exercer a função administrativa. Quer dizer, a função (administrativa) que a entidade particular exerce é-lhe "confiada", "delegada" ou "concedida" através de um ato público, que opera a *transferência* do exercício dessa função. Esse ato é uma *delegação* ou *concessão* de funções administrativas (em principio, não basta o financiamento público ou a sujeição da entidade particular a controlo público).

Entidades particulares com funções administrativas são as empresas concessionárias de serviços públicos (*v.g.*, concessões municipais de abastecimento de água ou de recolha de resíduos; concessões de movimentação de cargas em portos; concessão da gestão de um hospital do Estado), de obras públicas (*v.g.*, concessão de exploração de uma autoestrada), de exploração do domínio público (*v.g.*, concessão de exploração de jazigos minerais) ou de outras responsabilidades públicas (*v.g.*, concessão de jogos de fortuna ou azar); mas também aqui se incluem as federações desportivas com utilidade pública desportiva (que se ocupam da regulação pública, oficial, de modalidades desportivas); as entidades certificadoras de produtos vitivinícolas (comissões vitivinícolas regionais); noutro plano, o conceito abrange ainda as organizações de inspeção, vistoria e certificação de navios; os guardas florestais; os comandantes de aeronaves; os comandantes de navios mercantes; os portageiros de autoestradas; os trabalhadores de empresas concessionárias do serviço de estacionamento público quando equiparados a agentes de autoridade.

As situações de exercício de funções administrativas por particulares apresentam uma grande variedade: *i)* incluem casos de exercício de funções administrativas por pessoas coletivas e por pessoas singulares; *ii)* incluem o exercício de funções que envolvem o exercício de poderes públicos de autoridade e de decisão, mas também podem abranger apenas atividades materiais; *iii)* o título para o exercício de funções administrativas, sempre com um carácter translativo, é, nos casos mais relevantes, um contrato, mas também pode ser um ato unilateral da Administração ou até a própria lei.

111 – Organização interna baseada no direito privado

As entidades particulares com funções públicas são entidades privadas, provêm da esfera jurídica privada. Não surpreende, por isso, que a sua organização interna seja traçada pelo direito privado. Contudo, o facto de se dedicarem à função administrativa autoriza o legislador a definir, em certos casos, desvios em matéria de organização interna destas entidades, no sentido de impor, por ex., certas exigências no plano organizatório (*v.g.*, exigência de que as concessionárias mantenham a sua sede em Portugal ou que tenham por objeto social exclusivo o exercício da atividade concedida: artigo 411.º do CCP), por vezes, a lei vai mesmo mais longe e procede à definição, em termos específicos, da organização e da distribuição de competências entre os órgãos de uma entidade particular (eis o que ocorre com as "associações privadas de configuração legal", como são os casos das federações desportivas com utilidade pública desportiva[936] e de certas entidades certificadoras[937])[938].

[936] Veja-se o Regime Jurídico das Federações Desportivas. No Parecer do CC-PGR n.º 32/2017, concluiu-se o seguinte: "o exercício de poderes públicos, assim como a atribuição de direitos exclusivos sobre determinados bens, justificam que o essencial da organização interna das federações desportivas e das situações funcionais dos titulares dos seus órgãos sejam considerados de ordem pública e obedeçam a uma configuração particularmente regulamentada por parte da lei"

[937] Veja-se o Regime Jurídico das Entidades Certificadoras dos Produtos Vitivinícolas.

[938] Sobre a conformação legal da organização dos sujeitos privados com funções administrativas, cf. I. Piazza, "Soggetti privati e attività amministrativa: principi, regole e regime degli atti", in Pericu/Police/Saitta, *L'organizzazione delle pubbliche amministrazioni, cit.*, p. 487 e segs. (p. 495 e segs.); *idem*, "L'organizzazione dei soggetti privati incaricati di pubbliche funzioni e i riflessi sui regime degli atti", *P.A. Persona e Amministrazione*, 2019/1, p. 159 e segs. [http://ojs.uniurb.it/index.php/pea/issue/viewIssue/209/47].

Capítulo 10
Administração Pública do Estado

O universo da Administração Pública bifurca-se numa dicotomia essencial: a Administração Pública do Estado, por um lado, e a Administração Pública autónoma (em relação ao Estado), por outro lado. O presente capítulo é dedicado à Administração Pública do Estado, quer dizer, à parte da máquina administrativa que se dedica, em primeira linha, à satisfação de interesses públicos do Estado: interesses públicos administrativos nacionais ou gerais.

A extrema variedade dos interesses públicos por cuja prossecução se responsabiliza o Estado – relativos a finalidades a prosseguir em matérias tão diversas entre si como a preservação da ordem pública ou o fomento do desporto, a proteção da saúde ou a regulação do mercado, a defesa do ambiente ou o apoio à terceira idade, o apoio à cultura ou a disponibilização de infraestruturas – demanda uma especial arquitetura organizativa, a envolver a instituição de inúmeras autoridades e de centros de decisão, com estatutos jurídicos muito diferenciados e, não raro, com diferentes áreas geográficas de intervenção. Nuns casos, os organismos, serviços e autoridades instituídos para a realização dos fins do Estado não detêm personalidade jurídica: assim sucede com serviços como a Direção-Geral da Saúde, a Polícia de Segurança Pública ou a ASAE. Mas a realização dos fins do Estado é também confiada, com frequência, a organismos por ele especificamente criados para o efeito e dotados de personalidade jurídica: eis o que ocorre, por ex., com a Agência Portuguesa do Ambiente, IP, com a CP – Comboios de Portugal, E.P.E., com o Banco de Portugal ou com as universidades públicas. Podemos, assim, discernir, dentro da Administração do Estado, um setor composto pela *Administração estadual direta* e um outro pela *Administração estadual indireta*: a primeira indica os órgãos e serviços da Administração Pública incrustados no Estado, enquanto pessoa coletiva pública ("Estado-Administração"); a segunda integra os múltiplos organismos providos de personalidade jurídica instituídos pelo Estado para a realização das suas missões ou atribuições; neste segundo setor, o Estado como que se desdobra ou desmultiplica através de novas entidades. O conjunto formado pela Administração direta e indireta corresponde à Administração do Estado. Já fora da esfera do Estado, por não lhe pertencerem, vamos encontrar entidades que assumem a responsabilidade da realização de fins do Estado: por causa desta nota funcional, e na medida em que a mesma se encontre preenchida, vamos localizar essas entidades na esfera de influência da Administração Pública do Estado.

O presente capítulo subdivide-se em duas secções: a primeira ocupa-se da Administração estadual direta e a segunda da Administração estadual indireta.

Secção I
Administração estadual direta

O setor da Administração estadual direta identifica o conjunto dos órgãos e dos serviços que, sem personalidade jurídica, surgem integrados na pessoa coletiva Estado e, como organizações do Estado, dedicam-se ao exercício da função administrativa e ao desempenho de missões da responsabilidade do Estado.

112 – Administração estadual direta dirigida pelo Governo. 112.1 – Administração central. 112.2 – Administração periférica. 113 – Administração estadual direta independente. 114 – Órgãos e serviços administrativos do Estado fora da Administração Pública.

112 – Administração estadual direta dirigida pelo Governo

A Administração estadual direta reporta-se ao "Estado-Administração", e, assim, ao desempenho da função administrativa pelo próprio Estado na sua condição de pessoa coletiva de direito público e sujeito da Administração Pública, que atua através dos seus próprios órgãos. No interior do Estado-Administração, e como já sabemos, o Governo ocupa uma posição constitucional de primazia e de superioridade. Contudo, nem toda a Administração Pública do Estado depende do Governo. Isto explica a bifurcação, que aqui se propõe, entre Administração estadal direta dirigida pelo Governo e Administração direta independente. Tratamos neste ponto da primeira.

A Administração estadual direta abrange o conjunto de órgãos administrativos e de serviços administrativos pertencentes ao Estado e que, em geral, se encontram sujeitos ao poder de direção do Governo, no contexto de uma relação de hierarquia.

Fala-se em administração *direta* do Estado porque, neste caso, a realização dos fins públicos estaduais é protagonizada diretamente pelo próprio Estado, por si mesmo, *diretamente,* através dos seus órgãos e dos seus serviços ("Estado-Administração").

Nos termos do artigo 2.º do Regime Jurídico da Administração Direta do Estado, integram esta os "serviços centrais e periféricos que, pela natureza das suas competências e funções, devam estar sujeitos ao *poder de direção* do respetivo membro do Governo". O poder de direção radicado no Governo evidencia a continuidade e o princípio da não separação entre política e Administração, bem como o princípio da subordinação da Administração Pública à política.

O artigo 3.º, n.º 2, do mesmo diploma destaca, ao lado de outros, o princípio da unidade e eficácia da ação da Administração Pública, que, acrescenta, se consubstancia no "exercício de poderes hierárquicos". A referência à hierarquia enquanto princípio modelador da Administração do Estado também está inscrita no Estatuto do Pessoal Dirigente, em cujo artigo 3.º se define como missão do pessoal dirigente a de garantir a prossecução das atribuições cometidas ao respetivo serviço, assegurando o seu bom desempenho através da otimização dos recursos humanos, financeiros e materiais e promovendo a satisfação dos destinatários da sua atividade, de acordo com a lei, as orientações contidas no Programa do Governo e as determinações recebidas do respetivo membro do Governo.

Sem prejuízo do que acaba de se dizer, não existe uma correspondência absoluta entre Administração estadual direta e hierarquia (direção). De facto, há órgãos e serviços do Estado, integrados na Administração direta, que não se encontram sob a dependência hierárquica do Governo: eis o que sucede, por ex., com certos órgãos das escolas do ensino básico e secundário, como o conselho geral, cujos membros representam o pessoal docente e não docente, os pais, os alunos, o município e a comunidade local. Ao conselho geral cabe, além do mais, eleger o diretor da escola. Estes órgãos, integrando a Administração estadual direta, não estão sob a direção ou dependência hierárquica do Governo (gestão democrática das escolas)[939]. Trata-se apenas de um exemplo, pois há muitos outros órgãos e serviços do Estado não se encontram na dependência hierárquica do Governo, apesar de, ainda assim, muitos destes não estarem fora da esfera da influência governamental.

Há também serviços que se encontram na dependência hierárquica do Governo, mas que beneficiam de uma garantia legal de *autonomia ou independência técnica*: eis o que ocorre com os serviços de inspeção (*v.g.*, inspeções-gerais dos ministérios), nos termos do artigo 10.º do Regime Jurídico da Atividade Inspetiva[940] – o conceito de autonomia (ou independência) técnica não tem um sentido definido, mas, em geral, associa-se à prática de atos ou à realização de diligências procedimentais que pressupõem a mobilização de uma capacidade pessoal (do agente da Administração) no plano técnico, científico ou jurídico [cf. ponto 59]. Corresponde, em regra, a uma *competência interna autónoma*, que se desenvolve no quadro de preparação de decisões da competência de órgãos externos [cf. pontos 94, *a)*] e constitui um exemplo de "hierarquia restrita" [cf. ponto 56].

Os serviços e organismos que integram este setor da Administração Pública são, em geral, dirigidos por trabalhadores em funções públicas (com ou sem vínculo prévio de emprego público), designados em *comissão de serviço*, com o estatuto de *dirigentes* (chefias).

O setor da Administração estadual direta subdivide-se, assim, em *Administração central* (órgãos e serviços centrais) e em *Administração periférica* (órgãos e serviços periféricos).

[939] Cf. Suzana Tavares da Silva, "Os agrupamentos de escolas", *cit.*, p. 419 e segs.; Margarida Olazabal Cabral, "Governo das escolas públicas", in *O Governo da Administração Pública, cit.*, p. 35 e segs.

[940] Sobre a autonomia técnica dos organismos de inspeção, cf. Tiago Antunes, "Governação da atividade administrativa de inspeção", in *O Governo da Administração Pública, cit.*, em especial, p. 288 e segs.

112.1 – Administração central

O setor da Administração central do Estado inclui o Governo, na sua condição de órgão administrativo, bem como os órgãos e serviços dele diretamente dependentes que exercem uma competência extensiva a todo o território nacional (continental) – órgãos e serviços centrais.

Conforme se dispõe no artigo 183.º, n.º 1, da CRP, o Governo é constituído pelo Primeiro-Ministro, pelos Ministros, e por Secretários de Estado e Subsecretários de Estado.

Na Administração do Estado, o ministério – departamento ministerial – é a unidade de referência para a organização de todo o sistema da Administração direta.

Sem prejuízo da abertura constitucional à existência de "secretarias de Estado", dotadas de *atribuições* (cf. artigo 183.º, n.º 3 da CRP), a lei ordinária nunca instituiu departamentos administrativos com a designação de secretaria de Estado. Assim, os ministros dirigem ministérios e os secretários de Estado coadjuvam-nos nessa missão, e não lhes cabe, por competência própria, dirigir qualquer departamento administrativo (secretaria de Estado ou outro). Neste sentido, não se mostra correto referenciar, por ex., uma Secretaria de Estado dos Assuntos Locais, pois o que efetivamente existe, ou pode existir, é um Secretário de Estado dos Assuntos Locais e um Gabinete do Secretário de Estado dos Assuntos Locais.

De acordo com o artigo 4.º do Regime Jurídico da Administração Direta do Estado cabe à *lei orgânica* de cada ministério definir as respetivas *atribuições*, bem como a estrutura necessária ao seu funcionamento: atualmente, a estrutura do Governo encontra-se prevista na lei orgânica do XXI Governo Constitucional, sendo cada um dos ministérios dotado de uma lei orgânica própria.

Ao contrário do que sucedia com as que a precederam, a lei orgânica do XXI Governo omite praticamente a referência a *ministérios*: assim, por ex., onde nas leis orgânicas anteriores se aludia a "ministério" das finanças, da administração interna, da justiça, etc., e se indicava a respetiva missão, fala-se de "ministro". Em resultado desta alteração – que, diga-se, não consistiu na abolição dos ministérios, apesar de também não ter promovido a criação de novos ou a reestruturação dos existentes –, emergiram situações de contornos exóticos, como, por ex., a de não existir um Ministério da Cultura, apesar de o Governo integrar uma Ministra da Cultura, ou a de haver ministros com uma designação que dirigem ministérios com designação diferente: assim, por ex., existe um Ministro do Ambiente e da Transição Energética, que dirige o Ministério do Ambiente. A isso junta-se a desorientação dos próprios serviços da Administração Pública, que se intitulam oficialmente integrados em ministérios que não existem: veja-se, entre muitos exemplos, o *site* oficial da Direção-Geral das Artes que se anuncia como organismo do Ministério da Cultura, que não existe.

Classicamente, cada ministério é dirigido pelo "respetivo ministro": o artigo 183.º, n.º 3, da CRP vincula os ministérios aos "respetivos titulares". Mas as leis orgânicas de vários governos eliminaram essa vinculação e instituíram "ministros sem ministérios" (Ministro do Planeamento, Ministra da Cultura) e ministros que dirigem serviços distribuídos por diferentes ministérios. Perdeu-se, assim, o sentido da vinculação entre cada ministério, enquanto departamento unitário e um determinado ministro.

No sentido da relevância dos ministérios dentro da organização administrativa do Estado, recorde-se que, para efeitos processuais, são como que equiparados a pessoas coletivas: como estas, têm *atribuições* e *personalidade judiciária* em ações relativas à prática ou omissão de atos jurídicos de direito público [cf. ponto 69.1].

Aos ministérios parece dever equiparar-se a Presidência do Conselho de Ministros: nos termos da lei orgânica do XXI Governo, trata-se do departamento central do Governo que tem por missão prestar apoio ao Conselho de Ministros, ao Primeiro-Ministro e aos demais membros do Governo aí organicamente integrados e promover a coordenação interministerial dos diversos departamentos governamentais. Assim, deve entender-se que a Presidência do Conselho de Ministros tem *personalidade judiciária* (artigo 10.º, n.º 2, do CPTA) e *atribuições* [para efeitos do disposto nos artigos 51.º, n.º 1, alínea *b)*, 52.º, n.º 1, e 161.º, n.º 2, alínea *b)*, do CPA]. O âmbito das suas atribuições é delimitado em função dos serviços e organismos que a lei orgânica de cada Governo coloca na sua dependência[941].

A existência de departamentos ministeriais resulta de uma divisão horizontal do trabalho em função da diferente natureza material das áreas de

[941] No sentido da legitimidade passiva da Presidência do Conselho de Ministros, nos termos do n.º 2 do artigo 10.º do CPTA, cf. Acórdão STA de 18/10/2011, P. 0823/11. No sentido de que a Presidência do Conselho de Ministros não se confunde com o Primeiro-Ministro ou com o Conselho de Ministros, cf. Acórdão STA de 15/10/2014, P. 0618/14.

intervenção do Estado (segurança, saúde, economia, educação). Não surpreende, por isso, que os vários ministérios tenham funções comuns e exerçam atividades comuns. Eis o que sucede, nos termos do Regime Jurídico da Administração Direta do Estado, entre outras, com as funções de elaboração e acompanhamento da execução do orçamento de funcionamento; de planeamento do investimento público e correspondente elaboração e execução do seu orçamento; de gestão de recursos humanos, organizacionais e modernização administrativa; de acompanhamento técnico da participação portuguesa nas instituições europeias e nas políticas comunitárias. Neste âmbito, a lei define uma política de promoção da partilha de atividades comuns entre os serviços integrantes de um mesmo ministério ou de vários ministérios para otimização dos recursos. Esse modelo de funcionamento partilhado abrange especialmente atividades de natureza administrativa e logística, designadamente: *a)* negociação e aquisições de bens e serviços; *b)* sistemas de informação e comunicação; *c)* gestão de edifícios; *d)* serviços de segurança e de limpeza; *e)* gestão da frota automóvel; *f)* processamento de vencimentos e contabilidade.

Além disso, o Regime Jurídico da Administração Direta do Estado promove o *modelo de funcionamento em rede*, quando estejam em causa funções do Estado cuja completa e eficiente prossecução dependa de mais de um serviço ou organismo, independentemente de pertencer ao mesmo ministério ou a ministérios diferentes.

Tendencialmente, todos os órgãos e serviços do Estado são *integrados* em ministérios, seja ao nível central, seja ao nível periférico.

Cada ministério é objeto de *desconcentração funcional* (os órgãos que o integram exercem funções e competências diferentes) e, em regra, de *desconcentração geográfica* (comporta órgãos centrais e órgãos periféricos).

Nos termos da lei, a organização dos ministérios deve respeitar os seguintes princípios: *a)* adequação da estrutura à missão, garantindo a justa proporção entre a estrutura operativa e a estrutura de apoio; *b)* garantia de um equilíbrio adequado entre serviços centrais e periféricos, visando a prestação de um serviço de qualidade; *c)* agregação das funções homogéneas do ministério por serviços preferencialmente de média ou grande dimensão, com competências bem definidas, de acordo com o princípio da segregação de funções, com vista à responsabilidade pelos resultados; *d)* previsão da existência de circuitos de informação e comunicação simples e coerentes, tendencialmente agregando num mesmo sistema centralizado a informação de utilização comum, tanto no seio de cada ministério como no âmbito da prossecução de finalidades interministeriais; *e)* garantia de que o desempenho das funções comuns seja atribuído a serviços já existentes em cada ministério, não determinando a criação de novos serviços; *f)* redução do número de níveis hierárquicos de decisão ao mínimo indispensável à adequada prossecução dos objetivos do serviço; *g)* preferência, face à emergência de novas atribuições, pela reestruturação dos serviços existentes em prejuízo da criação de novos.

Ao setor da Administração central do Estado e atuando no âmbito de ministérios e sob a direção de ministros, pertencem os *serviços centrais*, como as *direções-gerais* (*v.g.*, Direção-Geral do Ensino Superior ou Direção-Geral das Autarquias Locais), as *inspeções-gerais* (*v.g.*, a Inspeção-Geral da Administração Interna ou Inspeção-Geral de Finanças) e outros serviços, com diversas designações (*v.g.*, Centro de Gestão da Rede Informática do Governo, Biblioteca Nacional de Portugal, ASAE, Autoridade Nacional de Proteção Civil, Autoridade Nacional de Segurança Rodoviária).

Nos termos do Regime Jurídico da Administração Direta do Estado, os serviços da Administração direta do Estado são definidos, de acordo com a sua função dominante, em: *serviços executivos* que prosseguem as políticas públicas (direções-gerais e direções regionais); *serviços de controlo, auditoria e fiscalização*, que fazem o acompanhamento e a avaliação da execução das políticas públicas (inspeções gerais e inspeções regionais); *serviços de coordenação*, que promovem a articulação entre outros serviços em domínios em que a necessidade de coordenação seja permanente (*v.g.*, Comissão de Coordenação Interministerial do Portugal 2020).

Os serviços centrais podem dispor de unidades orgânicas geograficamente desconcentradas (por ex., a ASAE tem cinco direções-regionais).

Pertencem ao setor da Administração central os serviços e forças de segurança, como a Polícia de Segurança Pública, a Guarda Nacional Republicana, o Serviço de Estrangeiros e Fronteiras – todos estes serviços e forças de segurança integram o Ministério da Administração Interna, encontrando-se na dependência direta do Ministro da Administração Interna, e contam com unidades desconcentradas (divisões policiais e esquadras da PSP e comandos territoriais da GNR).

112.2 – Administração periférica

Os órgãos e serviços da Administração central do Estado têm "jurisdição" em todo o território nacional (serviços centrais). Mas o Estado detém ainda órgãos e serviços subordinados ao Governo e integrados em ministérios, mas com poderes restritos a determinada porção do território nacional ou *circunscrição administrativa* – cf. artigo 11.º, n.º 4, do Regime Jurídico da Administração Direta do Estado que define os serviços periféricos como sendo aqueles que "dispõem de competência limitada a uma área territorial restrita"

Existe assim uma Administração *periférica* ou *local* do Estado.

Encontram-se aqui incluídos, por ex., os serviços periféricos de finanças, as direções-regionais dos vários ministérios (*v.g.*, direção regional da agricultura e pescas) ou as comissões de coordenação e desenvolvimento regional.

As áreas de competência territorial dos serviços periféricos – *circunscrições administrativas* – não são sempre coincidentes. Como vimos, em certos casos, embora de uma forma excecional, ainda subsiste a divisão distrital: *v.g.*, centros distritais de segurança social; comandos distritais da PSP. Nos últimos anos, tem sido visível o esforço no sentido da criação uma circunscrição "regional", correspondente às designadas NUTS II (unidades territoriais de nível 2): Norte, Centro, Lisboa, Alentejo, Algarve. Mas esta também não é uma tendência definida, pois que, em alguns setores, adota-se um modelo de divisão assente nas NUTS III.

Em determinados setores da sua intervenção, a Administração do Estado tem de estar mais próxima dos cidadãos, e torna-se necessário instalar serviços e estabelecimentos com áreas de jurisdição cuja delimitação não obedece a um critério uniforme, evoluindo de forma mais ou menos casuística, em função das necessidades: já vimos que isto ocorre com a instalação da rede escolar dos ensinos básico e secundário (escolas e agrupamentos de escolas), com a rede de agrupamentos de centros de saúde, os serviços de finanças, os centros de emprego, as esquadras da PSP, os comandos sub-regionais de emergência e proteção civil [cf. ponto 49]

Refiram-se ainda os *serviços periféricos externos*, que exercem poderes *fora do território nacional* (cf. artigo 11.º, n.º 5, do Regime Jurídico da Administração Direta do Estado), como sucede com as embaixadas, as representações permanentes ou os postos consulares.

113 – Administração estadual direta independente

Em regra, a Administração direta depende hierarquicamente do Governo, em concreto, do membro do Governo responsável pelo ministério em que se integra o órgão ou o serviço administrativo.

Mas há órgãos e serviços integrados na Administração estadual direta que não se inserem na cadeia de hierarquia de um ministério. De entre estes, destacam-se os *órgãos independentes*, organismos sem personalidade jurídica e não sujeitos a interferência governamental quanto ao exercício das respetivas competências.

> Num outro momento, abordaremos a *administração indireta independente*, composta por *entidades com personalidade jurídica*, a qual, como a que nos ocupa agora, também conhece a nota de independência em face do Governo. Neste contexto, a "independência" reporta-se à posição relativa de um determinado órgão ou instituição perante quaisquer outras instâncias da Administração, a começar pelo Governo: é nisto que reside o sentido específico da *independência* e da Administração *independente*.

O conceito de órgãos independentes pertencentes ao Estado está presente no artigo 10.º, n.º 3, do CPTA, quando se refere a entidades administrativas independentes desprovidas de personalidade jurídica que pertençam ao Estado.

Considerando apenas aqueles que têm um carácter permanente, identificamos os seguintes tipos de *órgãos administrativos independentes*:

i) os que funcionam junto da Assembleia da República, com a incumbência da proteção de valores constitucionais do Estado e de garantia de direitos fundamentais, como a Comissão de Acesso aos Documentos Administrativos, a Comissão Nacional de Eleições, o Conselho Nacional de Ética para as Ciências da Vida, o Conselho Nacional de Procriação Medicamente Assistida, a Entidade Fiscalizadora do Segredo de Estado (sobre a autonomia administrativa dos órgãos independentes que funcionam junto da Assembleia da República, cf. Lei n.º 59/90, de 21 de novembro, alterada pela Lei n.º 24/2015, de 27 de março)[942];

[942] Além de órgãos de carácter permanente, a Assembleia da República assume, por vezes, a incumbência de instituir órgãos temporários: ilustram esta situação a Lei n.º 49-A/2017, de 10 de julho, que criou a *Comissão Técnica Independente* para a análise e apuramento dos factos relativos

ii) os que funcionam junto de tribunais, como o Conselho de Prevenção da Corrupção, junto do Tribunal de Contas, ou a Entidade das Contas e Financiamentos Políticos e a Entidade para a Transparência, junto do Tribunal Constitucional;

iii) os que funcionam junto do membro do Governo competente em razão da matéria, como a Comissão de Recrutamento e Seleção para a Administração Pública, e vários órgãos que exercem funções de carácter consultivo (Conselho Nacional da Educação, Conselho Nacional do Consumo, Conselho Nacional da Cultura)[943];

iv) a Procuradoria-Geral da República, órgão superior do Ministério Público, que compreende, além do mais, o Procurador-Geral da República, o Conselho Superior do Ministério Público e o Conselho Consultivo da Procuradoria-Geral da República, e que exerce as competências do artigo 16.º do Estatuto do Ministério Público; conforme se estabelece neste Estatuto, o Ministério Público goza de *autonomia* em relação aos demais órgãos do poder central, regional e local (a autonomia caracteriza-se pela vinculação do Ministério Público a critérios de legalidade e objetividade e pela exclusiva sujeição dos respetivos magistrados às diretivas, ordens e instruções dos órgãos competentes, nos termos do Estatuto);

v) os órgãos de gestão e disciplina das magistraturas: Conselho Superior da Magistratura, Conselho Superior dos Tribunais Administrativos e Fiscais e Conselho Superior do Ministério Público; e órgão de gestão e disciplina dos oficiais de justiça, o Conselho dos Oficiais de Justiça.

Os órgãos de gestão e disciplina das três magistraturas integram a *administração direta independente,* pois trata-se de órgãos (estruturas desprovidas de personalidade jurídica), que têm de se considerar vinculados ao Estado.

O Conselho Superior da Magistratura é responsável pela gestão e disciplina dos juízes dos tribunais judiciais (cf. artigos 217.º e 218.º da CRP e artigo 136.º

aos incêndios que ocorreram em Pedrógão Grande, Castanheira de Pêra, Ansião, Alvaiázere, Figueiró dos Vinhos, Arganil, Góis, Penela, Pampilhosa da Serra, Oleiros e Sertã entre 17 e 24 de junho de 2017, e a Lei n.º 109-A/2017, de 14 de dezembro, que aria a Comissão Técnica Independente para a análise dos incêndios que ocorreram entre 14 e 16 de outubro de 2017 em Portugal Continental.

[943] Em Espanha, o artigo 7 do *Régimen Jurídico del Sector Público* estabelece que os órgãos consultivos não podem estar sujeitos a dependência hierárquica, nem receber instruções ou diretrizes dos órgãos competentes para a produção dos atos ou disposições objeto de consulta, devendo atuar de forma colegial para garantir essa independência.

e segs. do Estatuto dos Magistrados Judiciais); o Conselho Superior dos Tribunais Administrativos e Fiscais é responsável pela gestão e disciplina dos juízes dos tribunais administrativos e fiscais (cf. artigos 217.º, n.º 2 da CRP e 74.º e segs. do ETAF); ao Conselho Superior do Ministério Público cabe a gestão e disciplina dos quadros do Ministério Público (artigo 220.º, n.º 2, da Constituição e artigo 21.º e segs. do Estatuto do Ministério Público). O facto de, ainda que em minoria, a composição destes órgãos assentar (salvo o Conselho Superior do Ministério Público) em representantes dos próprios magistrados leva alguns autores a considerar que se trata de fórmulas de autoadministração, a incluir no conceito de Administração autónoma. Ora, sem prejuízo dos juízos críticos de que o modelo tem sido objeto, parece-nos que, enquanto se mantiver a maioria de membros externos às magistraturas, designados pelo Presidente da República e pela Assembleia da República, não se revela apropriado invocar a ideia de autoadministração. De resto, a inclusão de "cidadãos" cumpre precisamente o propósito de evitar a entrega da gestão e disciplina das magistraturas exclusivamente aos magistrados. Além disso, aquela é uma via para se introduzir no sistema de governação dos magistrados um fator de legitimação democrática. Também em razão destes argumentos, os órgãos de gestão e disciplina das magistraturas deverão ser incluídos na Administração direta independente.

114 – Órgãos e serviços administrativos do Estado fora da Administração Pública

Na exposição anterior, considerámos os organismos e os serviços administrativos que pertencem à Administração Pública, ao *Estado-Administração.* Mas há serviços adstritos a órgãos do Estado não pertencentes à Administração Pública com as funções de gestão administrativa e financeira e de apoio técnico: entre outros, são os casos da "Presidência da República", serviço dotado de autonomia administrativa, financeira e patrimonial de apoio ao Presidente da República [artigo 164.º, alínea *v*), da CRP[944]], dos órgãos de administração e serviços da Assembleia da República (cf. artigo 181.º da CRP, e Lei de Organização e Funcionamento dos Serviços da Assembleia da República: Lei n.º 77/88, de 1 de julho, alterada por último pela Lei n.º 55/2010, de 24 de dezembro), da provedoria de justiça (cf. lei orgânica da Provedoria de Justiça: Decreto-Lei n.º 279/93, de 11 de agosto, alterado

[944] Decreto-Lei n.º 28-A/96, de 4 de abril, alterado pelo Decreto-Lei n.º 18/2018, de 14 de março.

por último pelo Decreto-Lei n.º 72-A/2010, de 18 de junho) e das secretarias judiciais (serviços administrativos de apoio aos tribunais).

Não integram esta categoria, de órgãos e serviços *fora* do Estado--Administração, os universos, acima referenciados, dos "órgãos independentes que funcionam junto da Assembleia da República" ou "junto de tribunais" – apesar de funcionarem "junto" de um órgão legislativo ou de tribunais, não se trata de órgãos ou serviços da Assembleia da República ou dos tribunais, mas sim de órgãos do aparelho administrativo do Estado, que se responsabilizam pelo desenvolvimento de missões próprias do Estado Administrativo. A respetiva ligação logística e financeira à Assembleia da República ou a tribunais é o resultado de se tratar de organismos destituídos de personalidade jurídica que, nalguns casos até por imposição constitucional, têm de se integrar no sistema administrativo de uma forma distante do Governo.

Uma nota final, para observar que, naturalmente, também não integram o Estado-Administração os próprios órgãos responsáveis por outras funções públicas do Estado (Presidente da República, Assembleia da República, tribunais), mesmo quando, de forma secundária e marginal, desempenham funções materialmente administrativas.

Secção II
Administração estadual indireta

Na Administração indireta do Estado integram-se todas as entidades com personalidade jurídica criadas pelo Estado que, por força da lei ou por um ato jurídico com fundamento na lei, assumem a incumbência da prossecução de tarefas da responsabilidade originária do Estado. O universo da "administração estadual indireta" recorta-se, assim, mediante a conjugação de dois componentes essenciais: tratar-se de (i) entidades criadas pelo Estado ou sob a sua participação dominante (ii) para a realização de atribuições do Estado. Considerando-o segundo este critério de exigência, o setor da Administração indireta do Estado mostra-se muito diversificado, e, por isso, justifica-se a distinção, no seu interior, de três tipos ou formas: a Administração estadual indireta sob orientação do Governo (Subsecção I), a Administração estadual indireta com autogoverno (Subsecção II) e a Administração estadual indireta independente (Subsecção III). Já fora da

"Administração do Estado", por não integrar organismos sob participação dominante o Estado, não pode deixar de se fazer uma referência à execução de tarefas do Estado por entidades não estaduais, as quais, desde modo, ainda podem ingressar num conceito amplo e genérico de Administração estadual indireta (Subsecção IV).

Subsecção I
Administração estadual indireta sob orientação do Governo

Uma parte importante da Administração indireta do Estado encontra-se na dependência e sob a orientação do Governo. De resto, a Constituição aponta precisamente para a subsistência de um nexo de dependência da "administração indireta" do Estado em relação ao Governo, ao cometer a este o poder de superintender e exercer a tutela sobre aquela: cf. artigo 199.º, alínea *d)*. Pois é precisamente com apoio nessa indicação constitucional que definimos um primeiro subsetor da Administração estadual indireta: a Administração indireta através de institutos públicos (§ 1.º); ainda de acordo com o critério de dependência, temos um segundo subsetor, constituído pelas empresas públicas do Estado (§ 2.º); por fim, ainda cumprindo o critério da dependência em relação ao Governo, incluem-se na Administração estadual indireta outras entidades com participação dominante do Estado (§ 3.º).

§ 1.º
Institutos públicos

115 – Administração estadual indireta e institutos públicos. 116 – Conceito de instituto público ("institutos públicos dependentes do Governo"). 117 – Classificações. 118 – Integração na orgânica dos ministérios. 119 – Organização interna (regime comum). 120 – Organização territorial. 121 – Autonomia administrativa e sujeição ao Direito Administrativo. 122 – Criação ou participação em entidades de direito privado. 123 – Superintendência e tutela do Governo.

115 – Administração estadual indireta e institutos públicos

Nos termos do artigo 2.º, n.º 1, da LQIP, os "institutos públicos integram a administração indireta do Estado (e das Regiões Autónomas)". Assim, sem prejuízo dos desvios que resultam da fisionomia específica de alguns deles, os institutos públicos representam a figura típica da Administração estadual indireta: trata-se, em geral, de entidades, com um *substrato institucional*, criadas por lei do Estado para a realização de fins e atribuições originariamente estaduais. Ou seja, os institutos públicos (estaduais) surgem, pois, como organizações instrumentais ao serviço da realização de fins estaduais.

> Na teoria jurídica das pessoas coletivas, o *substrato* referencia os elementos da realidade extrajurídica, social, que explicam e suportam a personificação: nas associações mostra-se dominante o elemento pessoal ("conjunto de pessoas") e nas fundações domina o elemento patrimonial (património ou massa de bens); o outro elemento do substrato das pessoas coletivas é o teleológico (a finalidade da personificação)[945].
> O *substrato institucional* representa como elemento dominante de uma pessoa coletiva a "instituição" em si mesma – no que ela é, enquanto instrumento ao serviço de uma outra entidade, nas missões que desenvolve e nos fins que prossegue – e, portanto, enquanto organização, instituída com personalidade jurídica, para se ocupar da execução de missões da responsabilidade de outra entidade [946]. A organização é servida por pessoas, que, porém, não são seus membros (associados), mas antes trabalhadores. Pode suceder que o elemento dominante da organização resida num património, afeto à realização de uma determinada finalidade pública, hipótese em que o instituto público pode surgir nas vestes de fundo personalizado ou fundação pública.

Trata-se, porém, de uma categoria muito diversificada, que abrange:

i) institutos submetidos aos poderes de superintendência e tutela do Governo, que vamos designar "institutos públicos dependentes do Governo";

[945] No Acórdão do Tribunal Constitucional n.º 785/2017 alude-se ao conceito de "substrato empresarial", a respeito do "tipo de atividade" exercido por uma associação (SUCH – Serviços de Utilização Comum dos Hospitais), para considerar esta uma "empresa pública em sentido material". Neste sentido, o substrato empresarial destaca que o fator dominante de caracterização de uma entidade consiste no tipo de atividade a que a mesma se dedica.

[946] O conceito "natureza institucional" para indicar pessoas coletivas públicas surge no Regime Jurídico das Instituições de I&D, a respeito dos laboratórios do Estado.

ii) institutos com autogoverno, que é o caso das instituições de ensino superior, que correspondem a "institutos públicos autónomos" [cf. ponto 132.1];

iii) institutos independentes do Governo, como é o caso das entidades administrativas independentes com funções de regulação económica, que correspondem a "institutos públicos independentes" [cf. ponto 141].

Essa tripartição já confirma a característica da extrema diversidade da figura do instituto público. Mas a diversidade não se esgota aí, porquanto, já dentro da primeira categoria ("institutos públicos dependentes do Governo"), vamos encontrar institutos de regime comum e institutos de regime especial, bem como institutos "claramente institucionais e outros com elementos corporativos ou empresariais"[947].

Todos os institutos públicos se integram na Administração estadual indireta, pois, em todos os casos, estamos perante organismos de substrato institucional, instituídos para prosseguirem atribuições do Estado. Neste sentido, os institutos públicos são, em todos os casos, "entidades instrumentais do Estado".

Todavia, em razão da conceção jurídico-constitucional da figura da Administração estadual indireta como um setor da Administração Pública sujeito a superintendência e tutela do Governo, vamos assumir que, quando utilizado sem outras especificações, o conceito de instituto público indica os institutos públicos dependentes do Governo, que integram, pois, a Administração estadual indireta sob orientação do Governo. Nas suas outras declinações, o conceito de institutos públicos refere-se a organismos que, na nossa interpretação, têm a natureza intrínseca de institutos públicos, mas que se encontram em outras esferas da Administração estadual indireta e que, na própria lei, surgem, não como institutos públicos, mas com outras designações: *instituições do ensino superior* (RJIES) e *entidades administrativas independentes* (LQER).

116 – Institutos públicos (institutos públicos dependentes do Governo)

Neste ponto, em que nos ocupamos da Administração estadual indireta sob orientação do Governo, consideram-se os institutos públicos

[947] Neste sentido, cf. Vieira de Andrade, *Lições de Direito Administrativo*, *cit.*, p. 128.

dependentes do Governo, aos quais se aplica, em geral e em primeiro plano, a LQIP.

Aqui se reconduzem, entre muitos outros, organismos como o Instituto dos Mercados Públicos, do Imobiliário e da Construção, IP; o Instituto Português do Desporto e da Juventude, IP; a Administração Regional de Saúde do Centro, IP; a Agência Portuguesa do Ambiente, IP; o Instituto dos Registos e do Notariado, IP; a Fundação para a Ciência e a Tecnologia, IP.

Como alguns dos exemplos evidenciam, a denominação dos institutos públicos não inclui, em muitos casos, a palavra instituto. Por outro lado, há organismos públicos cuja denominação integra o substantivo instituto, mas que não correspondem a institutos públicos: assim sucede, por ex., com o Instituto Nacional de Socorros a Náufragos, que é um organismo integrado na Direção-Geral da Autoridade Marítima. De resto, também há organismos privados cuja designação integra o conceito "instituto" e que, claro, não são institutos públicos: por ex., Instituto de Soldadura e Qualidade.

Na sua configuração histórica inicial, o instituto público é o suporte típico da Administração indireta, correspondente a uma figura institucional criada pelo Estado e à qual este disponibiliza ou afeta meios humanos, bem como recursos materiais para o desempenho de atividades administrativas determinadas sob a superintendência e tutela do Governo.

Assim, definimos os institutos públicos (do Estado) como *pessoas coletivas públicas com um substrato institucional (serviços e fundos), instituídas por ato legislativo para a prossecução, em nome próprio e com autonomia administrativa (e, em regra, também com autonomia financeira), determinados fins públicos estaduais e que se submetem à superintendência e tutela do Governo*[948].

O regime jurídico dos institutos públicos estaduais e, por isso mesmo, integrados na Administração indireta do Estado, encontra-se previsto na LQIP.

a) Criação por ato legislativo

Os institutos públicos são criados por ato legislativo, em regra, por decreto-lei (cf. artigo 9.º, n.º 1, da LQIP), não estando, porém, excluída a criação

[948] Sobre o conceito de instituto público, cf. Paulo Otero, "Institutos públicos", *Dicionário Jurídico da Administração Pública*, vol. V, 1993, p. 250 e segs.; João Caupers/Vera Eiró, *Introdução, cit.*, p. 119; Miguel Assis Raimundo, "Os institutos públicos", in Carla Amado Gomes/Ana Fernanda Neves/Tiago Serrão, *Organização Administrativa, cit.*, vol. II, p. 99 e segs. (p. 106 e segs.).

por lei parlamentar – na prática, chama-se "diploma orgânico" ou "lei orgânica" ao diploma legal que cria e define a organização do instituto público. Trata-se, na nossa interpretação, de um ato formal e materialmente legislativo, que releva do poder legislativo de organização da Administração Pública [cf. ponto 48][949].

Em concretização do já referido *princípio da prevalência da Administração direta do Estado sobre as formas de Administração indireta* [cf. pontos 55.1 e 57.2.2], a LQIP define que a criação de institutos públicos apenas é viável para o desenvolvimento de atribuições que recomendem, face à especificidade técnica da atividade desenvolvida, designadamente no domínio da produção de bens e da prestação de serviços, a necessidade de uma gestão não submetida à direção do Governo, estando impedida a constituição de institutos públicos para o desempenho de atividades que, nos termos constitucionais, devam ser desempenhadas por organismos da Administração estadual direta ou para personificar serviços de estudo e conceção, coordenação, apoio e controlo de outros serviços administrativos (cf. artigo 10.º da LQIP).

b) Personalidade jurídica

Os institutos públicos são pessoas coletivas de direito público, dotadas de órgãos e património próprio (cf. artigo 4.º, n.º 1, da LQIP). O atributo da personalidade jurídica é um elemento essencial do conceito. Não obstante, num plano doutrinal, pode aceitar-se a referência à figura de institutos públicos sem personalidade jurídica, como exemplo de "entidades públicas sem personalidade jurídica" [cf. ponto 62].

Nos termos da LQIP, e em função do respetivo substrato institucional, os institutos públicos podem ser "serviços" ou "fundos", quer dizer, serviços personalizados, ou fundos personalizados ("fundações públicas").

c) Prossecução de determinados fins estaduais

Na LQIP, a figura dos institutos públicos surge reportada à Administração do Estado (*institutos públicos estaduais*) ou das regiões autónomas (*institutos públicos regionais*) – estabelece-se que os "institutos públicos integram a administração indireta do Estado (e das Regiões Autónomas)": artigo 2.º, n.º 1. No presente contexto, em que se analisa a Administração estadual, interessam apenas os institutos públicos estaduais.

[949] Contra, no sentido de que se trata de um ato materialmente administrativo, cf. Miguel Assis Raimundo, *ibidem*, p. 187.

A LQIP não alude a institutos públicos no âmbito da Administração autárquica. Mas, na verdade, existem institutos públicos fora da esfera da Administração do Estado, em especial, no âmbito da administração municipal. Consoante se dispõe na Lei Quadro das Fundações, os municípios podem criar *fundações públicas de direito público* –*fundações públicas municipais* – que correspondem a *institutos públicos municipais* (e que estão fora do âmbito do LQIP).

Por outro lado, a ligação dos institutos públicos ao Estado (ou às regiões autónomas), em que assenta a LQIP, não exclui a possibilidade de institutos públicos vinculados a outras entidades da Administração do Estado (como os próprios institutos públicos[950]) ou partilhados entre o Estado e outras entidades públicas: assim, por ex., o Fundo de Apoio Municipal é um instituto público partilhado entre o Estado e os Municípios[951] e o Fundo de Resolução (que funciona junto do Banco de Portugal) pode considerar-se um instituto público de gestão partilhada entre o Estado e o Banco de Portugal[952]. Trata-se, nestes dois casos, de organismos que qualificamos como institutos públicos, mas aos quais se aplica um regime jurídico especial e que, além disso, têm uma localização particular na Administração Pública.

O instituto público é criado para a prossecução de *determinados* fins estaduais: rege aqui uma regra de especialidade. A figura foi idealizada para a prossecução de funções e tarefas administrativas sem carácter económico, comercial ou industrial. É isto que parece resultar do artigo 3.º, n.º 3, da LQIP, ao excluir do seu âmbito de aplicação "as entidades públicas empresariais".

> Para desenvolver atividades com um recorte comercial ou industrial, o Estado procede à criação de empresas, surgindo-nos então as *empresas públicas* – no caso de deterem personalidade de direito público, teremos as designadas *entidades públicas empresariais*, que correspondem, em termos práticos, a "institutos públicos de carácter empresarial", que ficam submetidas a um regime jurídico de direito privado [cf. ponto 125, *b)*].

[950] Aparece aqui a categoria dos sub-institutos públicos; sobre esta, cf. Paulo Otero, "Institutos Públicos", cit., p. 254; Miguel Assis Raimundo, "Os institutos públicos", *cit.*, p. 132.

[951] Considerando o Fundo de Apoio Municipal um *instituto público misto*, cf. Miguel Assis Raimundo, "Os institutos públicos", *cit.*, p. 145.

[952] Sobre o Fundo de Resolução, cf. Paulo Otero, "Da (in)constitucionalidade da 'arquitetura' do Fundo de Resolução como instituição 'satélite' do Banco de Portugal", *Revista de Direito Administrativo* (Lisboa), n.º 1, 2018, p. 5 e segs.

Note-se, todavia, que, por vezes, as leis orgânicas de determinados institutos públicos preveem a sujeição de algumas das atividades que desenvolvem ao regime jurídico aplicável às entidades públicas empresariais: assim, por ex., na sua lei orgânica, a Agência para a Modernização Administrativa, IP, "é equiparada a entidade pública empresarial, para efeitos de desenvolvimento e gestão de redes de lojas para os cidadãos e para empresas, bem como para o desenvolvimento e operação de serviços de tecnologias de informação e comunicação". Trata-se de soluções ditadas pelo propósito de aliviar o regime jurídico de atividades que alguns institutos públicos desenvolvem e que apresentam contornos muito próximos da oferta de serviços no mercado ou que, por razões diversas, o legislador entende não submeter, em parte, ao regime aplicável ao exercício das atividades próprias do giro administrativo.

> Sem prejuízo do exposto, pode suceder que o legislador se afaste do rigor dos conceitos e crie como instituto público uma entidade que se dedique principalmente ao exercício de atividades comerciais e tenha as suas receitas sobretudo sustentadas no produto das vendas de serviços; a suceder, trata-se de um caso em que o rigor jurídico recomendaria o formato de empresa pública; o facto de a LQIP não ter valor reforçado não impede um resultado como esse[953].

Os institutos públicos ocupam-se de missões do Estado como as seguintes: regulação de atividades económicas privadas (setores da construção e do imobiliário); prestação de serviços públicos aos cidadãos (saúde, segurança social); apoio e fomento de atividades privadas (artes; internacionalização das empresas; agricultura); atividades de financiamento e subsidiação; prestação de "serviços administrativos" (*v.g.*, acreditação e reconhecimento de entidades privadas para os mais diversos fins; atividades de registo; avaliação e acreditação de instituições); prestação de serviços técnicos (*v.g.*, estatística, meteorologia); gestão financeira de recursos públicos consignados a determinadas finalidades; participação na elaboração, no estudo e na gestão de políticas públicas (*v.g.*, em matéria de proteção do ambiente ou na modernização administrativa)[954].

[953] Tecendo várias considerações pertinentes sobre o facto de a LQIP ser uma "lei simples da Assembleia da República", cf. Miguel Assis Raimundo, "Os institutos públicos", *cit.*, p. 117 e segs.

[954] Para a classificação dos institutos públicos em razão das atividades que desenvolvem (institutos de prestação, institutos fiscalizadores, institutos de infraestruturas), cf. João Caupers/Vera Eiró, *Introdução, cit.*, p. 119.

A instituição de entidades com personalidade jurídica para desenvolverem, de uma forma indireta ou mediata, missões da responsabilidade da entidade instituidora corresponde a um fenómeno da "mediatização", ou de "intermediação", que resulta da multiplicidade das atribuições prosseguidas por esta entidade, da conveniência da especialização técnica e de um certo distanciamento operacional entre as estruturas de execução administrativa e o "pessoal político". Trata-se de um fenómeno generalizado, com um crescimento muito significativo também na União Europeia, materializado nas agências europeias[955].

A propósito do conceito de *agência*, afigura-se útil chamar a atenção para a sua utilização mais ou menos frequente na legislação portuguesa mais recente. Trata-se, em regra, de uma fórmula que indica organismos instituídos pelo Estado ou participados por entidades de derivação estadual (institutos públicos), que surgem numa formatação jurídica muito diversa, não se revelando, assim, viável agregá-los numa categoria homogénea. Pode tratar-se de *institutos públicos* (Agência para a Gestão Integrada de Fogos Rurais, IP; Agência para o Desenvolvimento e Coesão, IP; Agência para a Modernização Administrativa, IP; Agência Portuguesa do Ambiente, IP; IAPMEI – Agência para a Competitividade e Inovação, IP; Agência Nacional para a Qualificação e o Ensino Profissional, IP), de *entidades públicas empresariais* (Agência para o Investimento e Comércio Externo de Portugal, E.P.E.; Agência de Gestão da Tesouraria e da Dívida Pública, IGCP, E.P.E.), de *associações de direito civil* (Agência para a Energia: ADENE), de *sociedades comerciais* (Agência Nacional de Inovação, SA; Lusa – Agência de Notícias de Portugal, SA) ou até de *fundações* (Agência de Avaliação e Acreditação do Ensino Superior)[956].

117 – Classificações

Tendo em consideração várias indicações da LQIP, classificamos os institutos públicos de acordo com os seguintes três critérios: caracterização institucional (serviços personalizados e fundações públicas), nível de autonomia no plano financeiro (com mera autonomia administrativa ou com autonomia

[955] Sobre as causas da criação das agências europeias, cf. João Nuno Calvão da Silva, *As Agências de Regulação da União Europeia, cit.*, p. 578 e segs.

[956] Sobre as agências, cf. Joana Duro, "As agências: uma verdadeira estrutura da organização administrativa portuguesa", in Carla Amado Gomes/Ana Fernanda Neves/Tiago Serrão, *Organização Administrativa, cit.*, vol. I, p. 349 e segs.

administrativa e financeira) e regime jurídico aplicável (regime comum e regime especial).

a) Serviços personalizados e fundações públicas

Nos termos da LQIP, os institutos públicos podem assumir a forma de "serviços personalizados" ou de "fundos personalizados" (fundações públicas).

> A doutrina considera um terceiro tipo: os estabelecimentos públicos, "*institutos públicos de carácter cultural ou social, organizados como serviços abertos ao público, e destinados a efectuar prestações individuais à generalidade dos cidadãos que delas careçam*"[957]. Sucede que, atualmente, o conceito de "estabelecimento" surge na LQIP, não para indicar um tipo de instituto público, mas antes os *estabelecimentos* de que um instituto público pode ser detentor; cf. artigo 3.º, n.º 2, e 52.º. Ainda na LQIP, surge a referência a "estabelecimentos" no artigo 48.º, n.º 1, alínea *c)*: "estabelecimentos do Serviço Nacional de Saúde". Precisamente, no setor da saúde, o Regime Jurídico das Unidades de Saúde do SNS define, de forma algo ambígua, que a rede de prestação de cuidados de saúde abrange os estabelecimentos do SNS, *constituídos como* hospitais, centros hospitalares e unidades locais de saúde, bem como os estabelecimentos que prestam cuidados aos utentes do SNS e outros serviços de saúde. No mesmo diploma, é, todavia, claro que os hospitais, os centros hospitalares e as unidades locais de saúde são entidades públicas empresariais ou institutos públicos (caso dos Hospitais do Setor Público Administrativo). Parece-nos, pois, que as referidas entidades – empresas ou institutos públicos – gerem ou são responsáveis por estabelecimentos de saúde. Por sua vez, o RJIES também emprega o conceito de estabelecimento (estabelecimento de ensino superior), mas identifica as universidades e os institutos politécnicos pelo conceito de "instituições de ensino superior públicas" – que, nos termos da lei, podem ser *pessoas coletivas de direito público* ou revestir a forma de *fundações públicas com regime de direito privado.*

Da conjugação do disposto no artigo 51.º da LQIP com o que estabelece o artigo 49.º, n.º 2, da Lei-Quadro das Fundações, reconduzem-se à categoria das *fundações públicas* os institutos públicos que tenham por fim a promoção de quaisquer interesses públicos de natureza social, cultural, artística ou outra semelhante e sejam dotados de um património cujos rendimentos

[957] Cf. Diogo Freitas do Amaral, *Curso, cit.*, vol. I, p. 318.

constituam uma parte considerável das suas receitas[958]. Eis o que sucede, por ex., com a Fundação para a Ciência e a Tecnologia, IP.

Em alguns casos, surgem entidades com a expressa natureza de fundos públicos, com personalidade jurídica, mas que parecem ficar submetidos a um regime jurídico muito especial, que não inclui sequer a aplicação da LQIP: além dos casos, já assinalados, do Fundo de Apoio Municipal e do Fundo de Resolução, temos, na esfera do Estado, ou junto de institutos públicos, entre outros, o Fundo de Reestruturação do Setor Solidário (fundo de gestão partilhada entre o Instituto da Segurança Social, IP, e representantes de entidades de representação de IPSS), o Fundo de Compensação do Trabalho e o Fundo de Garantia de Compensação do Trabalho (geridos por institutos públicos adstritos ao Ministério da Segurança e Solidariedade Social), o Fundo de Garantia Salarial (de gestão partilhada, entre o Institutos da Segurança Social, IP, ministérios, organizações de empregadores e de trabalhadores), o Fundo REVITA (gestão partilhada: representante do Institutos da Segurança Social, IP, de municípios e de IPSS), o Fundo de Garantia de Depósitos (gerido pelo Banco de Portugal e pelo Ministério das Finanças) e o Fundo de Contragarantia Mútuo [caso atípico de uma pessoa coletiva pública administrada por uma "sociedade gestora", e que se localiza no âmbito do Ministério das Finanças: cf. ponto 72].

Todos estes fundos se encontram legalmente instituídos com personalidade jurídica, pelo que se encaixam no conceito de fundos personalizados, a que se refere a LQIP, podendo considerar-se fundações públicas. Não obstante, a lei que os institui parece ignorar essa natureza e a consequente recondução ao conceito de instituto público, bem como aplicação da LQIP. Devem considerar-se, portanto, "institutos públicos de regime especial". Um ponto essencial, em todos os casos, é o de que se trata de organismos que atuam sob a esfera de responsabilidade de uma entidade pública (diretamente, o Estado, através de ministérios, ou institutos públicos), ainda que, em alguns casos, essa mesma responsabilidade se encontre partilhada com outras entidades. Aos fundos a que aludimos neste contexto (com personalidade jurídica) se devem juntar outros, como os já referidos Fundo de Apoio ao Turismo e ao Cinema, Fundo de Inovação, Tecnologia e Economia Circular, Fundo de Salvaguarda do Património Cultural e ainda outros, como o Fundo

958 Cf. Domingos Soares Farinho, "As fundações públicas em Portugal", in Carla Amado Gomes/ Ana Fernanda Neves/Tiago Serrão, *Organização Administrativa, cit.*, vol. II, p. 5 e segs.

de Garantia Automóvel ou o Fundo de Acidentes de Trabalho (ambos geridos pela Autoridade de Supervisão de Seguros e Fundos de Pensões) ou o Fundo de Garantia dos Alimentos Devidos a Menores (no âmbito do ministério da segurança e solidariedade social).

Ainda que possa soar estranho, o conceito de fundações públicas, reportado às fundações que sejam pessoas coletivas de direito público, inclui as fundações públicas de direito público e as fundações públicas *de direito privado.*

A Lei-Quadro das Fundações distingue as *fundações privadas* das *fundações públicas.* As primeiras pertencem, digamos, ao setor privado. As fundações públicas pertencem ao setor público: são criadas exclusivamente por pessoas coletivas públicas ou encontram-se sob influência dominante destas (artigo 4.º, n.º 1). Até aqui, nenhum problema se assinala.
Contudo, depois, a Lei distingue as fundações públicas em *fundações públicas de direito público* e *fundações públicas de direito privado.* Não é nada fácil perceber o sentido do critério legal da distinção entre umas e outras[959]. Embora, em termos rigorosos, o elemento literal consinta e até convoque uma interpretação diferente, inclinamo-nos – com o fito de evitar um resultado incompreensível – para considerar de direito público as fundações criadas e participadas exclusivamente por pessoas coletivas de direito público e fundações públicas de direito privado as que são criadas e participadas por pessoas coletivas de direito público *em conjunto* com pessoas coletivas de direito privado, mas em que as pessoas coletivas de direito público, isolada ou conjuntamente, detêm uma *influência dominante* (resultante da afetação exclusiva ou maioritária dos bens que integram a fundação ou do direito de designar ou de renúhcr a maioria dos titulares do órgão de administração da fundação). Seja como for quanto ao âmbito rigoroso do conceito de fundações públicas de direito privado, não pode deixar de se registar a surpresa perante o facto de a lei acabar por qualificar todas as fundações públicas como pessoas coletivas de direito público: cf. artigo 49.º, n.º 1, preceito inserido no capítulo I (disposições gerais) do Título III (fundações públicas) do diploma. Esta solução, como já avançámos, conduz a uma situação absurda, uma vez que entidades que a lei qualifica expressamente

[959] No sentido de que a referida distinção "é profundamente equívoca e, como tal, inútil", cf. Domingos Soares Farinho, *ob. cit.*, p. 25.

como "fundações públicas *de direito privado*" são afinal, nos termos da lei, "pessoas coletivas *de direito público*" – assim, por ex., e entre dezenas ou até de centenas de espécies, a Agência de Avaliação e Acreditação do Ensino Superior, com a natureza de *fundação de direito privado* (com utilidade pública) é, afinal, uma *pessoa coletiva de direito público*; o mesmo sucede com a Fundação INATEL, criada por lei como *pessoa coletiva de direito privado e utilidade pública*.

Em decorrência do exposto, conclui-se que, por força da Lei-Quadro das Fundações, todas as fundações públicas (de direito público ou de direito privado) se devem qualificar como institutos públicos; no caso das fundações estaduais, ficam (todas) sujeitas ao regime previsto na LQIP nos domínios da organização interna e da gestão económico-financeira e patrimonial, da organização e dos serviços de que dispõem e da sujeição aos poderes de superintendência e de tutela – cf. artigos 53.º, n.º 1, onde se estabelece que as fundações públicas estaduais se organizam e dispõem de serviços "nos termos e condições previstos na lei quadro dos institutos públicos", e 55.º, n.º 1, no sentido de que "as fundações públicas estaduais estão sujeitas aos poderes de superintendência e de tutela da entidade instituidora, nos termos e condições previstos na lei quadro dos institutos públicos".

Acrescente-se, por fim, que a Lei-Quadro proibiu a criação pelo Estado (e outras pessoas coletivas públicas) de novas fundações públicas de direito privado, pelo que, desde 2012, o Estado apenas ficou em condições de criar ou de participar na criação de fundações públicas de direito público).

A confusão legal sobre a natureza jurídica das fundações públicas tem implicações quanto à correta qualificação da natureza jurídica das instituições de ensino superior públicas que revistam a forma de *fundações públicas com regime de direito privado*. A contraposição estabelecida no RJIES (anterior à Lei-Quadro das Fundações) entre "pessoas coletivas de direito público" e "fundações públicas com regime de direito privado" (cf. artigo 9.º) conduz a supor que se pretendeu conceber estas como *pessoas de direito privado*. Porém, em sentido contrário aponta a designação utilizada – fundações públicas "*com* regime de direito privado" –, bem como, em geral, a indicação da Lei-Quadro das Fundações de que as fundações públicas são (todas) pessoas coletivas de direito público.

Quando não se trate de fundos ou fundações públicas, os institutos públicos são em geral reconduzidos ao conceito de *serviços personalizados*. Deve, no entanto, dizer-se que estas designações fornecem uma indicação sobre a natureza ou as características do instituto, mas não se associam a nenhum regime jurídico específico.

Nos termos do artigo 51.º LQIP, no âmbito da administração central os institutos públicos, abrangidos pelo âmbito de incidência do diploma, utilizam, consoante os casos, a designação «Instituto, IP» ou «Fundação, IP». Nos termos do artigo 8.º, n.º 2, da Lei-Quadro das Fundações, as fundações públicas utilizam obrigatoriamente, na sua denominação, a abreviatura «IP» quando seja de direito público, e «FP» caso sejam de direito privado. Nem sempre a lei segue estas indicações, como se pode verificar, por ex., pela denominação de certos fundos personalizados, reconduzidos ao conceito de fundações públicas, mas que, por estarem abrangidos por um regime especial, não contêm na sua denominação qualquer indicação de que se trata de institutos públicos.

b) Institutos públicos com mera autonomia administrativa e institutos públicos com autonomia administrativa e financeira

Conforme se estabelece na LQIP, os institutos públicos devem em regra preencher os requisitos de que depende a *autonomia administrativa* e *financeira*: o instituto público deverá dispor de receitas próprias que atinjam um mínimo de dois terços das suas despesas totais, com exclusão das despesas cofinanciadas pelo orçamento europeu). Porém em casos excecionais, devidamente fundamentados, podem ser criados institutos públicos apenas dotados de autonomia administrativa: assim sucede, por ex., com o Instituto Nacional de Estatística, IP, e a Agência para a Gestão Integrada de Fogos Rurais, IP).

Na LQIP, os referidos conceitos de autonomia administrativa e autonomia financeira têm o seu sentido essencialmente recortado pela legislação jurídico-financeira, representando, em ambos os casos, níveis da capacidade de um organismo público no que se refere à tomada de decisões com implicações financeiras. Assim, nos termos da Lei de Bases da Contabilidade Pública e do Regime de Administração Financeira do Estado, a *autonomia administrativa* abrange a capacidade de prática de *atos de gestão corrente*, entendida como competência para a realização de despesas e o seu pagamento, e para praticar, no mesmo âmbito, atos administrativos – atos de gestão corrente são "todos aqueles que integram a atividade que os organismos normalmente desenvolvem para a prossecução das suas atribuições, sem prejuízo dos poderes de direção, supervisão e inspeção do ministro competente"; excluem-se do conceito "os atos que envolvam opções fundamentais de enquadramento da atividade dos serviços e organismos e, designadamente, que se traduzam na aprovação dos planos e programas de atividades e respetivos relatórios de execução ou na autorização para a realização de despesas cujo montante ou natureza ultrapassem a normal execução dos planos e programas aprovados".

A autonomia *financeira* reforça a capacidade para a tomada de decisões com implicações financeiras e pressupõe, em geral, a competência para a elaboração e para a execução autónoma de um orçamento privativo, a capacidade para recorrer ao crédito, bem como a disponibilidade de um património próprio[960].

> Na legislação do direito financeiro utiliza-se o conceito de "fundos e serviços autónomos" (que aparece também na Constituição: artigos 105.º e 106.º), para referenciar os serviços administrativos (com ou sem personalidade jurídica) dotados de *autonomia financeira*, incluindo a gestão de recursos próprios mediante um orçamento próprio: veja-se, com esse sentido, os artigos 10.º, n.º 1, alínea *c)*, 35.º e 37.º da LQIP.
> A Lei do Enquadramento Orçamental de 2015 utiliza o conceito de "autonomia especial" para identificar a autonomia, de que gozam determinadas entidades, para a gestão das suas receitas próprias.

c) Institutos públicos de regime comum e de regime especial

A LQIP define um *regime comum*, aplicável, em regra, a todos os institutos públicos (do Estado): nos termos do seu artigo 1.º, n.º 1, a LQIP "estabelece os princípios e as normas por que se regem os institutos públicos". A lei que institui cada instituto público pode estabelecer derrogações pontuais a esse regime comum.

Mas alguns institutos públicos gozam de um *regime especial*, em derrogação do regime comum, na estrita medida necessária à sua especificidade. Eis o que sucede com os seguintes: *i)* universidades e escolas de ensino superior politécnico; *ii)* instituições públicas de solidariedade e segurança social; *iii)* estabelecimentos do Serviço Nacional de Saúde (hospitais do setor público administrativo).

Cada uma dessas categorias de institutos públicos pode ser regulada por uma lei específica: assim sucede no caso das instituições de ensino superior (RJIES).

[960] Sobre os conceitos de atos de autonomia administrativa e de gestão corrente, cf. Joaquim Miranda Sarmento, *A Nova Lei de Enquadramento Orçamental*, Almedina, 2016, p. 51.

Além das categorias anteriores, gozam ainda de regime especial, os seguintes institutos públicos: Instituto Nacional de Estatística, IP; a Agência para a Modernização Administrativa, IP; a Caixa Geral de Aposentações, IP; a Entidade de Serviços Partilhados da Administração Pública, IP; o Instituto Nacional de Medicina Legal e Ciências Forenses, IP; o Instituto da Habitação e da Reabilitação Urbana, IP; a Administração Central do Sistema de Saúde, IP; o INFARMED – Autoridade Nacional do Medicamento e Produtos de Saúde, IP; o Instituto de Avaliação Educativa, IP; o Instituto de Gestão Financeira da Educação, IP; a Entidade de Serviços Partilhados da Administração Pública, IP (ESPAP); o IAPMEI – Agência para a Competitividade e Inovação, IP; laboratórios do Estado, que "têm a natureza de instituto público de regime especial, podendo as respetivas leis orgânicas estabelecer um quadro ampliado de autonomia" (cf. artigo 17.º, n.º 2, do Regime Jurídico das Instituições de I&D). Além de todos esses, estão enquadrados por um regime especial os institutos públicos cujas leis orgânicas prevejam, expressamente, atribuições relacionadas com a gestão, em qualquer das suas vertentes, de programas de aplicação, de medidas programáticas, de sistemas de apoio e de ajudas ou de financiamento, suportados por fundos europeus (é o caso da Agência para o Desenvolvimento e Coesão, IP).

Igualmente de regime especial são os *institutos públicos de gestão participada*: nos termos do artigo 47.º. "os institutos públicos em que, por determinação constitucional ou legislativa, deva haver participação de terceiros na sua gestão, a respetiva organização pode contemplar as especificidades necessárias para esse efeito, nomeadamente no que respeita à composição do órgão diretivo". A organização interna do instituto público de gestão participada é desenhada para realizar uma função de representação de interesses (dos destinatários da sua atividade, dos beneficiários ou utentes), assumindo, nessa medida, a condição de "organismo de administração em condomínio".

Exemplos de instituto de gestão participada: *i)* Instituto da Habitação e da Reabilitação Urbana, IP, cuja especificidade resulta da instituição de um órgão não previsto na LQIP, a assembleia comum de participantes, órgão conjunto representativo dos subscritores das emissões de títulos de participação do Instituto; *ii)* ADSE, IP, que conta com um conselho geral e de supervisão (no qual participam representantes eleitos por sufrágio universal e direto dos beneficiários da ADSE, bem como, entre outros, de representantes dos sindicatos e de associações de reformados e aposentados); *iii)* Instituto dos Vinhos do Douro e do Porto, IP, cujo conselho interprofissional integra representantes dos agentes económicos envolvidos na produção e comércio dos vinhos.

A qualificação de um instituto público como instituto de gestão participada não resulta do mero facto de a sua orgânica interna contemplar a existência de estruturas com membros não designados pelo Governo, por ex., representantes de interesses dos destinatários da sua atividade, dos respetivos beneficiários ou dos utentes. Na verdade, estes interesses podem estar representados no *conselho consultivo* e a existência deste órgão, com funções apenas consultivas, não basta para a qualificação como instituto de gestão participada. Esta supõe uma participação efetiva na "gestão" do instituto público, quer dizer, no "governo" do instituto, o que reclama a participação no órgão de direção ou, pelo menos, a institucionalização de um órgão com competências ativas e não apenas consultivas. Neste sentido se compreende o artigo 17.º, n.º 3, da LQIP, ao dispor que o diploma orgânico de cada instituto pode prever outros órgãos (além do conselho diretivo e do fiscal único), nomeadamente de natureza consultiva ou de participação dos destinatários da respetiva atividade.

Por fim, como já sublinhámos, consideram-se igualmente com regime especial muitos fundos personalizados, como o Fundo de Apoio Municipal ou o Fundo de Resolução.

118 – Integração na orgânica dos ministérios

Cada instituto público está adstrito e prossegue as atribuições de um ministério, designado "ministério da tutela"; as leis orgânicas dos ministérios devem mencionar os institutos públicos que prosseguem as respetivas atribuições: artigo 7.º da LQIP. A abolição da conexão histórica entre ministros e ministérios [cf. ponto 112.1] põe em causa a lógica de integração dos institutos públicos em *ministérios*. Atualmente, talvez seja mais correto considerar-se que os institutos públicos estão adstritos a um "ministro da tutela". De resto, em alguns casos, não existe a adstrição exclusiva do instituto público a um ministro: assim, por ex., nos termos da lei orgânica do XXI Governo, o Ministro das Infraestruturas e da Habitação exerce a superintendência e tutela sobre o Laboratório Nacional de Engenharia Civil, IP, mas "em coordenação" com o Ministro da Ciência, Tecnologia e Ensino Superior, ou sobre o Instituto da Mobilidade e dos Transportes, IP, neste caso, "em coordenação" com o Ministro da Administração Interna, o Ministro do Ambiente e da Transição Energética e a Ministra do Mar, em razão das matérias relacionadas com as respetivas áreas [sobre sentido do conceito de exercício de competências "em coordenação", cf. ponto 55.2].

Nas leis, na prática administrativa e na linguagem comum, usa-se a fórmula "ministério (agora ministro) da tutela". Em geral, trata-se de uma indicação que pretende referenciar a vinculação do organismo a um departamento ministerial e a sua dependência de um ministro. A fórmula não tem, todavia, o propósito de indicar a subsistência de uma "relação de tutela" em sentido rigoroso.

119 – Organização interna (regime comum)

Os institutos públicos de regime comum contam com um órgão de direção, o conselho diretivo, no caso de disporem de autonomia financeira, têm um *fiscal único* e, nos termos da respetiva lei orgânica podem dispor de um *conselho consultivo*.

a) Conselho diretivo

O conselho diretivo é o órgão de direção do instituto público (artigo 17.º, n.º 1 da LQIP). Tem a responsabilidade pela orientação da ação e pela gestão do instituto público, bem como pela direção dos respetivos serviços, em conformidade com a lei e com as orientações governamentais.

Trata-se de um órgão colegial, "composto por um presidente e até dois vogais, podendo ter ainda um vice-presidente". O conselho diretivo pode delegar competências em qualquer dos membros; o presidente delegar as suas competências ou subdelegar as competências nele delegadas pelo conselho diretivo no vice-presidente ou nos vogais.

Os membros do conselho diretivo são designados, *em comissão de serviço*, por despacho do membro do Governo da tutela, na sequência de procedimento concursal, ao qual se aplicam, com as necessárias adaptações, as regras de recrutamento, seleção e provimento nos cargos de direção superior da Administração Pública previstos no Estatuto do Pessoal Dirigente do Estado [cf. ponto 104].

O mandato (comissão de serviço) tem a duração de cinco anos, sendo renovável uma vez por igual período.

A designação governamental dos dirigentes dos institutos públicos é o resultado da dependência destes em relação ao Governo e permite perceber que o Governo está em condição de responder politicamente pela atuação dos institutos públicos.

Nos termos do artigo 20.º, n.º 4, da LQIP, o mandato dos membros do conselho diretivo cessa, além do mais (*v.g.*, termo), como consequência da extinção ou reorganização do instituto público, de procedimento disciplinar em que se tenha concluído pela aplicação de sanção disciplinar, por ser determinado o fim da comissão de serviço em caso de prática de certas faltas (em violação dos regimes de acumulação de funções e de incompatibilidades), bem como pela não comprovação superveniente da capacidade adequada a garantir o cumprimento das orientações e objetivos superiormente fixados.

O n.º 5 do artigo 20.º refere uma causa de cessação do mandato que não consta do elenco do n.º 4: "necessidade de imprimir nova orientação à gestão". A cessação do mandato (destituição) com este fundamento, bem como a que se baseia na extinção ou reorganização de instituto público dá lugar, em certas condições, ao pagamento de uma indemnização. Trata-se de uma situação análoga à dos dirigentes da Administração estadual direta [cf. ponto 104.5]. Independentemente da indemnização, a que há lugar neste caso, a decisão de cessação do mandato ou de destituição dos dirigentes dos institutos públicos não é livre: tem de ser fundamentada e a fundamentação tem de evidenciar a ocorrência dos fundamentos materiais que a lei enuncia. A situação é diferente no cenário da demissão de gestores de empresas públicas [cf. ponto 127].

O conselho diretivo pode ser *dissolvido* mediante despacho fundamentado do membro do Governo da tutela, por motivo justificado, nomeadamente: incumprimento das orientações, recomendações ou diretivas ministeriais no âmbito do poder de superintendência; incumprimento dos objetivos definidos no plano de atividades aprovado ou desvio substancial entre o orçamento e a sua execução, salvo por razões não imputáveis ao órgão; a prática de infrações graves ou reiteradas às normas que regem o instituto; inobservância dos princípios de gestão fixados na presente lei; incumprimento de obrigações legais que, nos termos da lei, constituam fundamento de destituição dos seus órgãos; falta de prestação de informações ou prestação deficiente das mesmas, quando consideradas essenciais para o cumprimento da política global do Governo; necessidade de imprimir nova orientação à gestão. A dissolução implica a cessação do mandato de todos os membros do conselho diretivo.

b) Fiscal único

Detendo autonomia administrativa e financeira, a organização do instituto público contempla ainda o *fiscal único*, órgão responsável pelo controlo da legalidade, da regularidade e da boa gestão financeira e patrimonial do instituto. O fiscal único é designado pelos membros do Governo responsáveis pelas finanças e pela tutela do instituto público.

c) Conselho consultivo

Além dos órgãos indicados, a lei orgânica de cada instituto pode prever ainda a existência de um *conselho consultivo*. Quando seja o caso, este é o órgão de consulta, apoio e participação na definição das linhas gerais de atuação do instituto e nas tomadas de decisão do conselho diretivo.

O conselho consultivo pode ser composto, nomeadamente, por representantes das entidades ou organizações representativas dos interessados na atividade do instituto, por representantes de outros organismos públicos, bem como por técnicos e especialistas independentes. Pode ainda incluir representantes respetivamente dos beneficiários e dos utentes das atividades ou serviços em causa, cabendo ao membro do Governo da tutela definir as modalidades dessa representação (artigo 30.º da LQIP).

Por vezes, os representantes são designados pelo Governo: por ex., representantes do conselho consultivo da Agência Portuguesa do Ambiente, IP. Mas, em coerência com o sentido da representação, os membros do conselho consultivo também são em muitos casos designados pelas entidades representadas (*v.g.*, conselho consultivo do Instituto Português do Desporto e da Juventude, IP, que conta, entre outros, com um representante designado pelo Comité Olímpico de Portugal, um representante designado pela Federação Nacional das Associações Juvenis, um representante designado pelas associações de estudantes do ensino superior e um representante designado pelas associações de estudantes dos ensinos básico e secundário).

120 – Organização territorial

Em regra, os institutos públicos têm um âmbito nacional (ressalvada a esfera própria da Administração das regiões autónomas): artigo 15.º, n.º 1, da LQIP. Mas há institutos públicos com um outro âmbito geográfico de atuação: eis o que sucede com as "administrações regionais de saúde", que são institutos públicos de âmbito regional (*v.g.*, Administração Regional de Saúde do Centro, IP).

Os institutos públicos de âmbito nacional dispõem, por vezes, de serviços territorialmente desconcentrados: por ex, o Instituto Nacional de Emergência Médica, IP, ou o Instituto do Emprego e Formação Profissional, IP, têm "delegações regionais"; os agrupamentos de centros de saúde são serviços desconcentrados das Administrações Regionais de Saúde, IP.. Nos termos da LQIP, a circunscrição territorial dos serviços desconcentrados dos institutos públicos deverá corresponder à circunscrição dos serviços periféricos do ministério da tutela.

Em regra, os institutos públicos de âmbito nacional têm sede em Lisboa. Mas nem sempre: assim, por ex., o Instituto Nacional de Medicina Legal e Ciências Forenses, IP, tem sede em Coimbra; o Instituto dos Vinhos do Douro e do Porto, IP, tem sede no Peso da Régua.

121 – Autonomia administrativa e sujeição ao Direito Administrativo

Os institutos públicos dispõem da "autonomia administrativa", aqui tomada a expressão no sentido de detenção de capacidade para a prática de atos administrativos e para a celebração de contratos administrativos [cf. ponto 70.2].

Se para tal forem expressamente habilitados pela respetiva lei orgânica ou por lei especial, poderão ainda ser titulares de poderes regulamentares e, portanto, competentes para a emissão de regulamentos externos (em geral, nos termos da LQIP, os institutos públicos apenas podem aprovar "projetos de regulamentos" e regulamentos internos).

Na medida em que atuam, em regra, no exercício de competências públicas, e, por isso, ao abrigo de normas jurídico-administrativas, a atuação dos institutos públicos subordina-se, em geral, ao regime do Direito Administrativo.

122 – Criação ou participação em entidades de direito privado

O artigo 13.º estabelece a regra de que os institutos públicos não podem criar entes de direito privado ou participar na sua criação nem adquirir participações em tais entidades. A referida regra pode ser excecionada quando se verifiquem três requisitos: *i)* a criação ou participação em entidades de direito privado estar previsto na lei ou nos estatutos; *ii)* mostrar-se essa criação ou participação imprescindível para a prossecução das respetivas atribuições; *iii)* autorização prévia dos membros do Governo responsáveis pelas áreas das finanças e da tutela, a qual deve ser anualmente renovada[961]. Assim, por ex., a Resolução do Conselho de Ministros n.º 27/2018, de 9 de março, autorizou a Fundação para a Ciência e a Tecnologia, IP, e o INFARMED, IP, a constituírem uma associação, a Agência de Investigação Clínica e Inovação Biomédica. Outras entidades de direito privado com participação de institutos públicos são, por ex., a ANI – Agência Nacional de Inovação, S. A. (participada pelo IAPMEI – Agência para a Competitividade e Inovação, IP, e pela FCT, IP), e a Startup Portugal – Associação Portuguesa para a promoção do Empreendedorismo (de que é, de novo, associado o IAPMEI – Agência para a Competitividade e Inovação, IP).

123 – Superintendência e tutela do Governo

Os institutos públicos estão sujeitos ao poder de *superintendência* e de *tutela* do Governo. Cabe, pois, ao Governo os poderes de *orientar a ação* e de *intervir em certos termos na gestão* dos institutos públicos [sobre estes poderes em geral: cf. pontos 173 e 174].

No âmbito do poder de superintendência, estabelece o artigo 42.º da LQIP que o membro do Governo (da tutela) pode dirigir *orientações,* emitir *diretivas* ou solicitar *informações* aos órgãos dirigentes dos institutos públicos sobre os objetivos a atingir na gestão do instituto e sobre as prioridades a adotar na respetiva prossecução.

Como já vimos, a superintendência e tutela podem estar atribuídas a um ministro, "em coordenação" com outro ou outros ministros. Assim, nos termos da Lei Orgânica do XXI Governo, o "Ministro das Finanças exerce a superintendência e tutela sobre a Entidade de Serviços Partilhados da Administração Pública, IP, em coordenação com a Ministra da Presidência e da Modernização Administrativa". Não se mostram definidos os contornos desta "relação de coordenação", mas tudo indica, no caso, que a competência para o exercício da tutela e superintendência pertence ao Ministro das Finanças, embora os atos praticados nesse âmbito devam ser precedidos da auscultação da Ministra da Presidência e da procura de obtenção da sua opinião sobre a prática de atos inseridos na competência daquele [cf. ponto 55.2] – cremos, pois, não estar aqui presente um caso de "competência conjunta" [cf. ponto 94, *d)*].

[961] Não é claro o sentido desta renovação anual da autorização: a ideia de, depois de autorizar, o Governo dever renovar todos os anos a autorização não se concilia bem com a situação subjacente, em que está em causa a autorização concedida para a criação de uma nova entidade.

Além de sujeitos à superintendência do ministro setorial, os institutos públicos devem ainda observar as *orientações* governamentais estabelecidas pelos membros do Governo responsáveis pelas áreas das finanças e da Administração Pública, respetivamente em matéria de finanças e pessoal.

Assim, o Governo tem a competência de *orientar* a ação dos institutos públicos, o que envolve a definição das prioridades dessa ação, dos objetivos e das metas que os institutos devem alcançar, bem como a determinação de critérios genéricos de decisão, através de instruções, diretrizes e recomendações.

Em termos práticos, o exercício efetivo dos poderes de superintendência do Governo concretiza-se no plano da relação que se processa entre o Governo (ministro da tutela) e os titulares dos órgãos dirigentes dos institutos públicos.

Como responsáveis pela gestão dos institutos públicos, os respetivos dirigentes não se encontram hierarquicamente subordinados ao ministro da tutela, mas têm deveres específicos no que se refere ao cumprimento das instruções e diretrizes ministeriais e à observância das medidas governamentais de definição de prioridades, de metas e de objetivos da ação dos institutos que dirigem.

Além do poder de superintendência, o Governo dispõe de importantes poderes de *tutela* sobre os institutos públicos.

Aí se inclui, em primeiro lugar, a *tutela inspetiva*, nos termos do artigo 229.º da LTFP, através da realização de inquéritos ou sindicâncias: o inquérito tem por fim apurar factos determinados e a sindicância destina-se a uma averiguação geral acerca do funcionamento do órgão, serviço ou unidade orgânica.

> Nos termos do artigo 230.º da LTFP, no processo de sindicância, o sindicante, logo que a ele dê início, fá-lo constar por anúncios publicados em dois jornais, um de expansão nacional e outro de expansão regional, e por meio de editais, cuja afixação é requisitada às autoridades policiais ou administrativas. Nos anúncios e editais declara-se que toda a pessoa que tenha razão de queixa ou de agravo contra o regular funcionamento dos órgãos, serviços ou unidades orgânicas sindicados se pode apresentar ao sindicante, no prazo designado, ou a ele apresentar queixa por escrito e pelo correio.

Existem, depois, formas de *tutela preventiva e integrativa*. Com efeito, a LQIP faz depender de "aprovação" e de "autorização prévia" governamental vários atos e medidas da competência dos institutos públicos: o plano de atividades, o orçamento, o relatório de atividades e as contas; a aceitação de doações, heranças ou legados; a criação de delegações territorialmente desconcentradas; a criação de entes de direito privado, a participação na sua criação, a aquisição de participações em tais entidades.

Nos termos da lei, a falta de autorização prévia ou de aprovação (sem distinção) determina a *ineficácia jurídica* dos atos destas dependentes. Apesar de não esclarecer, a tutela exercida no âmbito destes poderes de controlo e de fiscalização pode revestir a forma de uma tutela de *legalidade* ou de *mérito*. Assim, por ex., o ministro da tutela pode recusar a autorização prévia para a criação de delegações desconcentradas do instituto público [prevista no artigo 41.º, n.º 3, alínea *b)* da LQIP] por considerar essa uma medida inoportuna ou inconveniente.

Por outro lado, a LQIP prevê uma *tutela de substituição*. De acordo com o n.º 9 do artigo 41.º, o membro do Governo da tutela goza de *tutela substitutiva* na prática de atos legalmente devidos, em caso de inércia grave dos órgãos responsáveis do instituto público: trata-se de uma substituição oficiosa, para suprir a omissão no cumprimento de deveres por parte dos responsáveis pelo instituto público.

Além disso, e já fora da LQIP, a lei prevê, por vezes, mecanismos de *tutela de revisão* [*revogação e anulação administrativa*: cf. ponto 174.3.6]. Sem prejuízo da eventual atribuição legal aos órgãos tutelares de poderes oficiosos de revogação e de anulação de decisões de órgãos dos institutos públicos, esses poderes podem ainda revelar-se suscetíveis de exercício no quadro do designado *recurso tutelar*. Nos termos do artigo 199.º, n.º 1, alínea *c)*, do CPA, esse recurso tem por objeto atos administrativos praticados por órgãos de pessoas coletivas públicas sujeitas a tutela ou superintendência. Todavia, o recurso tutelar só existe nos casos expressamente previstos por lei. Quer isto dizer que, se considerar ilegal ou inconveniente o ato praticado pelo órgão de um instituto público, o particular não tem o direito de recorrer para o ministro da tutela, salvo se a lei previr este recurso. Nos casos em que a lei preveja a possibilidade de recurso, este só pode ter por fundamento a *inconveniência* do ato recorrido nos casos em que a lei estabeleça uma tutela de mérito sobre o referido instituto público.

Em certos casos, a relação de tutela e superintendência tem de se conciliar com uma exigência legal de garantia de *independência técnica*: por ex., nos termos da sua lei orgânica, o Instituto Nacional de Estatística, IP, "goza de independência técnica e profissional no exercício da atividade estatística oficial" e "desenvolve a sua atividade com neutralidade, objetividade, imparcialidade, confidencialidade e transparência, nos termos da legislação nacional e europeia" – segundo a Lei do Sistema Estatístico Nacional, a independência técnica consiste no poder de definir livremente os métodos, normas e procedimentos estatísticos, bem como o conteúdo, forma e momento da divulgação da informação.

§ 2.º
Empresas públicas

124 – Atividades económicas do Estado e setor público empresarial. 125 – Empresas públicas. 126 – Direito aplicável às empresas públicas. 127 – Gestores públicos. 128 – Autonomia (limitada) de gestão. 129 – Orientações e controlo do Estado.

124 – Atividades económicas do Estado e setor público empresarial

O Estado desenvolve atividades económicas de prestação de serviços públicos e de gestão de serviços de interesse económico geral (*v.g.*, transportes, correios, sistemas de recolha e tratamento de água), de gestão de equipamentos e prestação de serviços nos domínios da saúde (hospitais), da cultura (*v.g.*, teatros e de museus), de gestão de infraestruturas de uso público (*v.g.*, portos e estradas), bem como de intervenção como ator de mercado, por vezes em contexto concorrencial (*v.g.*, banca, com a Caixa Geral de Depósitos ou a Instituição Financeira de Desenvolvimento, SA, ou atividade de televisão, com a RTP). Pois bem, quer para desempenhar estas missões de carácter económico, quer para desenvolver determinadas tarefas públicas segundo padrões de gestão comercial, o Estado foi instituindo entidades com um perfil empresarial, e a partir de uma certa altura, passou mesmo a criar empresas nos formatos jurídicos adotadas pelas empresas privadas (*sociedades comerciais*).

As empresas do setor empresarial do Estado dedicam-se, em regra, ao desenvolvimento de atividades de carácter económico (sobretudo comercial) consistentes na oferta de bens e serviços no mercado. Tendo em consideração a respetiva área de intervenção, aquelas dividem-se em *empresas financeiras*, se produzem serviços financeiros (*v.g.*, Caixa Geral de Depósitos) e *empresas não financeiras* (*v.g.*, empresas de gestão de hospitais).

As empresas do Estado, criadas para prosseguirem finalidades que já pertenciam ao Estado ou que este decide prosseguir no momento da criação, assumem a condição de "entidades instrumentais" e integram-se na Administração estadual indireta.

O aumento exponencial das empresas do setor público, ocorrida num processo que se iniciou nos anos 80 do século XX, resultou de três fatores que confluíram para a atração pelo figurino empresarial: *i)* a intervenção do Estado no mercado, na condição de produtor de bens e serviços, que, naturalmente, convoca o emprego dos instrumentos do mercado; *ii)* a exigência de modernização e de incremento da eficiência do aparelho administrativo, que, no quadro das doutrinas da *Nova Gestão Pública*, explicou a tendência para a "empresarialização" das estruturas administrativas; *iii)* a tendência para a privatização do direito aplicável no exercício da função administrativa e para a "fuga" ao Direito Administrativo e às suas vinculações mais pesadas.

A regulamentação geral do universo empresarial do Estado está contemplada no Regime Jurídico do Setor Público Empresarial (RJSPE) – o RJSPE constitui a regulamentação própria do Direito Administrativo para disciplinar, entre outros aspetos, os formatos jurídicos que podem revestir as empresas do setor público, os procedimentos de criação e os mecanismos de relacionamento entre o Estado e as empresas, bem como o regime a que a atuação destas se submete.

Nos termos do RJSPE, o setor público empresarial abrange o *setor empresarial do Estado* e o *setor empresarial local* (municípios e associações de municípios): artigo 2.º, n.º 1[962].

O conceito fundamental para apreender o âmbito do setor empresarial do Estado nos termos que aqui nos interessa considerar é o de *empresa pública*: nos termos da lei, "empresas públicas são as organizações empresariais constituídas sob a forma de sociedade de responsabilidade limitada nos termos da lei comercial, nas quais o Estado ou outras entidades públicas possam exercer, isolada ou conjuntamente, de forma direta ou indireta, influência dominante, bem como as entidades públicas empresariais".

[962] Existe ainda um *setor empresarial regional*, nas Regiões Autónomas, o qual, pelo menos para efeitos do RJSPE, não integra o setor público empresarial.

125 – Empresas públicas

Na linha da legislação anterior, o RJSPE distingue dois tipos fundamentais de empresas públicas: as sociedades constituídas nos termos da lei comercial e as entidades públicas empresariais. A estes dois tipos de empresas públicas, deve acrescentar-se um terceiro, constituído pelas empresas públicas em sentido material.

a) Sociedades constituídas nos termos da lei comercial

Dispõe o artigo 5.º, n.º 1, do RJSPE que são empresas públicas as organizações empresariais constituídas sob a forma de sociedade de responsabilidade limitada nos termos da lei comercial, nas quais o Estado ou outras entidades públicas possam exercer, isolada ou conjuntamente, de forma direta ou indireta, influência dominante.

Nessa definição, a lei não emprega o conceito de sociedade comercial, preferindo a fórmula "organizações empresariais constituídas sob a forma de sociedade de responsabilidade limitada nos termos da lei comercial"; no artigo 13.º, n.º 1, alínea *a)*, continua a evitar aquele conceito e esclarece que as empresas públicas podem assumir a forma de "sociedades de responsabilidade limitada constituídas nos termos da lei comercial". Antes disso, no artigo 10.º, estabelece que "a constituição de empresas públicas do sector empresarial do Estado processa-se nos termos e condições aplicáveis à constituição de sociedades comerciais".

Uma leitura imediatista desta opção legal poderia conduzir à conclusão de que, para o RJSPE, as empresas públicas em forma de sociedade constituída nos termos da lei comercial não são sociedades comerciais. Julgamos que se trata de uma conclusão precipitada. Em primeiro lugar, convém observar que, noutros preceitos, o mesmo RJSPE refere-se claramente às empresas públicas como sociedades comerciais (artigos 34.º, n.º 1, e 35.º, n.º 1), bem como a "sociedades sob a forma comercial" (artigo 40.º). Além disso, a formulação "sociedades constituídas nos termos da lei comercial" tem precisamente o sentido de autorizar o Estado a criar empresas no formato de sociedades comerciais.

Contudo, bem mais relevante do que a qualificação das empresas societárias do Estado como sociedades comerciais ou sociedades (especiais) constituídas nos termos da lei comercial, é a exigência de afastar qualquer dúvida sobre a natureza jurídica dessas empresas: trata-se de *entidades de direito privado*, como o são todas as sociedades (comerciais) constituídas "nos termos da lei comercial". Neste ponto, afigura-se-nos abusiva e *contra legem* a tentativa de requalificação das empresas societárias e a sua conversão em *entidades de direito público*[963] – desta natureza são, essas sim, por força de lei, as empresas públicas na forma de entidades públicas empresariais (artigo 56.º do RJSPE).

O facto de uma sociedade comercial ser *constituída* ou *participada* pelo Estado não determina, sem mais, a qualificação como empresa pública. Para isso, é ainda necessário que a sociedade se encontre sob a *influência dominante* do Estado ou de uma outra entidade pública (entidade pública estadual, ou seja, do âmbito da Administração do Estado, como os institutos públicos ou outras empresas públicas).

A participação com influência dominante pode resultar de qualquer das seguintes situações: *a)* a detenção de uma participação superior à maioria do capital; *b)* a detenção da maioria dos direitos de voto; *c)* a possibilidade de designar ou destituir a maioria dos membros do órgão de administração ou do órgão de fiscalização; *d)* o controlo da gestão, por via da detenção de participações qualificadas ou direitos especiais que permitam influenciar de forma determinante os processos decisórios ou as opções estratégicas adotadas pela empresa ou entidade participada (cf. artigo 9.º do RJSPE).

> A sociedade comercial na qual o Estado detenha uma participação *sem* influência dominante considera-se uma *empresa participada* (as empresas participadas pelo Estado também integram o setor empresarial do Estado: artigo 2.º, n.º 2).
>
> Em muitos casos, as empresas públicas em forma de sociedade comercial são participadas exclusivamente pelo Estado (sociedades unipessoais). Mas o Estado também participa, em posição dominante, em sociedades comerciais com outros parceiros públicos (*v.g.*, com municípios) ou com privados (parcerias público-privadas institucionalizadas).

Resulta da definição que o RJSPE só autoriza a criação de empresas públicas na forma de sociedade de *responsabilidade limitada*: deve dizer-se, aliás, que a maioria das empresas públicas societárias adota a forma de sociedade anónima.

[963] No regime anterior ao RJSPE, o Supremo Tribunal Administrativo chegou a reconduzir as sociedades comerciais de capitais maioritariamente públicas à categoria dos institutos públicos; sobre essa jurisprudência, cf. Pedro Costa Gonçalves, "Natureza jurídica", *cit.* [cf. ponto 61.2].

Como vimos, o RJSPE refere-se apenas às empresas públicas constituídas nos termos da lei comercial, ou seja, às empresas que o Estado constitui segundo os termos e condições estabelecidos na lei comercial. Sucede, por vezes, que o Estado constitui sociedades comerciais por ato legislativo: vejam-se, por ex., o Decreto-Lei n.º 91/2015, de 29 de maio, que constituiu a Infraestruturas de Portugal, SA, ou o Decreto-Lei n.º 155/2014, de 21 de outubro, que criou a IFD – Instituição Financeira de Desenvolvimento, S. A.

Nesses, e em casos análogos, continua a tratar-se de "empresas públicas em forma de sociedade comercial", o que resulta, imediatamente, da opção legislativa quanto à forma jurídica da empresa, a remeter inequivocamente para um tipo legal da lei comercial. Estas empresas públicas não são, contudo, constituídas "nos termos da lei comercial", porquanto são constituídas por ato legislativo.

A empresa pública em formato societário ou "sociedade comercial pública" é um sujeito da Administração Pública que se insere, aliás como um dos casos mais significativos, na *Administração Pública em forma privada*.

Em termos de organização interna, as empresas públicas em formato societário seguem o modelo previsto na lei comercial, com as adaptações impostas pelo RJSPE, em matéria de estruturas do governo societário.

Exemplos de empresas públicas SA por setor de atividade – *setor financeiro*: Caixa Geral de Depósitos, SA, IFD-Instituição Financeira de Desenvolvimento, SA; PME Investimentos, SA; *infraestruturas*: Infraestruturas de Portugal, SA; Docapesca, Portos e Lotas, SA; Administração do Porto do Douro e Leixões, SA; EDIA-Empresa Desenvolvimento de Infraestruturas Alqueva, SA; *transportes*: Companhia Carris de Ferro de Lisboa, SA; Metro do Mondego, SA; Transtejo, SA; *serviços*: Águas de Portugal, SGPS, SA; *comunicação social*: Lusa-Agência de Notícias de Portugal, SA; RTP- Rádio e Televisão de Portugal, SA.

b) Entidades públicas empresariais

O conceito de empresa pública inclui ainda as entidades públicas empresariais, que são pessoas coletivas de direito público, com natureza empresarial, criadas pelo Estado para a prossecução dos seus fins e detidas exclusivamente pelo Estado.

Estas entidades são criadas por decreto-lei e dispõem de autonomia administrativa, financeira e patrimonial.

As entidades públicas empresariais correspondem, em termos práticos, a "institutos públicos de carácter empresarial". Contudo, a sua organização interna segue o modelo das sociedades comerciais (artigo 60.º do RJSPE). Distinguem-se das empresas públicas em formato de sociedade comercial por deterem personalidade jurídica pública, o que convoca um regime com contornos mais publicistas no aspeto organizativo; mas, em geral, quanto à sua atuação e ao processo de relacionamento externo, estas entidades estão subordinadas ao mesmo regime das empresas públicas em forma de sociedade comercial.

A denominação das entidades públicas empresariais integra a expressão "entidade pública empresarial" ou as iniciais "EPE.".

Exemplos de EPE. por setor de atividade – *cultura*: Teatro Nacional de D. Maria II, EPE.; Teatro Nacional de São João, EPE.; *infraestruturas*: Navegação Aérea de Portugal-NAV, EPE.; Parque Escolar. EPE.; *transportes*: Comboios de Portugal, EPE, Metropolitano de Lisboa, EPE.; *saúde*: Hospitais, EPE.

c) *Empresas públicas em sentido material*

Os dois grupos indicados nas alíneas anteriores (empresas públicas SA e EPE) correspondem às "empresas públicas em sentido formal". A essas devem acrescentar-se as "empresas públicas em sentido material".

O RJSPE procede à extensão do seu âmbito de aplicação quanto às "organizações empresariais" criadas, constituídas, ou detidas por qualquer entidade administrativa ou empresarial pública, *independentemente da forma jurídica que assumam*, sobre as quais estas últimas exerçam, direta ou indiretamente, uma influência dominante (artigo 3.º). Na linha da referência que consta de uma decisão do Tribunal Constitucional em relação a uma *associação* (SUCH – Serviços de Utilização Comum dos Hospitais[964]), pode dizer-se que o preceito legal do RJSPE tem o propósito de abranger entidades sob influência dominante do Estado (qualquer que seja a forma jurídica que assumam e ainda que sem fins lucrativos) desde que tenham um "substrato empresarial", ou seja, sempre que se dediquem à exploração de atividades de carácter comercial ou industrial, oferecendo serviços ou produtos no mercado em contrapartida de um preço.

Assim, uma vez assente a presença da influência dominante estadual, essencial na delimitação do conceito de empresa pública revela-se o tipo de atividade que a mesma exerce (o "substrato empresarial") e não tanto a forma jurídica em que se apresenta.

[964] Cf. Acórdão do Tribunal Constitucional n.º 785/2017.

126 – Direito aplicável às empresas públicas

Independentemente da forma jurídica que revistam, as empresas públicas atuam, em regra, segundo o direito privado: veja-se neste sentido, o artigo 14.º, n.º 1, do RJSPE, onde se estabelece que as empresas públicas se regem pelo direito privado, com as especificidades decorrentes do próprio RJSPE, bem como dos diplomas que procedam à sua criação ou constituição e dos respetivos estatutos.

Sobretudo quando atuam em ambiente de mercado, impõe-se um princípio de *neutralidade competitiva*, que exige que as empresas públicas desenvolvam a sua atividade nas mesmas condições e termos aplicáveis a qualquer empresa privada, e se sujeitem às regras gerais da concorrência, nacionais e de direito da União Europeia (artigo 15.º). A empresa pública não pode, pois, ter uma posição de privilégio enquanto ator de mercado. Trata-se de um corolário lógico da aceitação da intervenção do Estado no mercado (através das empresas): essa intervenção pode ter lugar, mas desde que se cumpram as regras aplicáveis no mercado a todos os intervenientes.

Em coerência com a aplicação generalizada de um regime de direito privado, o RJSPE determina que aos trabalhadores das empresas públicas se aplica o regime jurídico do contrato individual de trabalho (artigo 17.º).

> Neste contexto, uma questão relevante consiste em saber se a regra da sujeição das empresas públicas ao direito privado e ao direito comercial inclui a desresponsabilização dos sócios públicos pelas dívidas que as empresas contraiam no desenvolvimento da sua atividade [já aludimos a este tema: cf. ponto 15.2][965].

Embora remetendo-as para o direito privado, o RJSPE prevê que as empresas públicas podem ser autorizadas a exercer poderes e prerrogativas de autoridade de que goza o Estado, designadamente quanto a: *a)* expropriação por utilidade pública; *b)* utilização, proteção e gestão das infraestruturas afetas ao serviço público; *c)* licenciamento e concessão, nos termos da legislação aplicável, da utilização do domínio público, da ocupação ou do exercício de qualquer atividade nos terrenos, edificações e outras infraestruturas que lhe estejam afetas (artigo 22.º, n.º 1).

[965] Neste ponto, no direito espanhol, cf. Carmen Chinchilla Marín, "Las sociedades mercantiles públicas. Su naturaleza jurídica "privada" y su personalidad jurídica "diferenciada": ¿realidad o ficción?, *RAP*, n.º 203, 2017, p. 17 e segs.

Os referidos poderes de autoridade ("poderes especiais") são atribuídos por diploma legal, em situações excecionais e na medida do estritamente necessário à prossecução do interesse público, ou constam de contrato de concessão – neste segmento final, o RJSPE autoriza imediatamente a previsão de poderes de autoridade em contratos de concessão entre o Estado e as empresas públicas.

> A delegação de poderes de autoridade em empresas públicas não corresponde, necessariamente, à atribuição de uma posição de privilégio. Observe-se, a este respeito, que os poderes delegáveis em empresas públicas podem ser conferidos a *empresas privadas concessionárias*, nos termos do artigo 409.º do Código dos Contratos Públicos.

No exercício desses (ou de outros) poderes de autoridade, as empresas públicas submetem-se ao Direito Administrativo e os litígios que ocorram nesse âmbito são apreciados nos tribunais administrativos (artigo 23.º do RJSPE).

127 – Gestores públicos

Dispõe-se no artigo 21.º do RJSPE que só podem ser admitidos a prestar funções como titulares de órgãos de administração de empresas públicas pessoas singulares com comprovada idoneidade, mérito profissional, competência e experiência, bem como sentido de interesse público, sendo-lhes aplicável o disposto no Estatuto do Gestor Público.

Surge-nos aqui a figura do gestor público: nos termos do Estatuto do Gestor Público, assim se considera "quem seja designado para órgão de gestão ou administração das empresas públicas" (artigo 1.º). Nesse mesmo diploma estabelece-se que os gestores públicos são designados por *nomeação* ou por *eleição* (artigo 13.º, n.º 1).

A *nomeação* cabe ao Conselho de Ministros, sob proposta dos membros do Governo responsáveis pela área das finanças e pelo respetivo sector de atividade.

> A referida proposta deve ser acompanhada de avaliação, *não vinculativa*, de currículo e de adequação de competências ao cargo de gestor público da personalidade a que respeita a proposta de designação, realizada pela CRESAP (neste âmbito, a CRESAP pode realizar entrevista de avaliação de competências exigíveis ao exercício das funções de gestor público).

A *eleição* é feita nos termos da lei comercial, e, salvo disposição em contrário, funda-se em proposta do membro do Governo responsável pela área das finanças, sem prejuízo da devida articulação com o membro do Governo responsável pelo respetivo sector de atividade – embora "em articulação" com este último, o ministro da área das finanças é o órgão competente para exercer a "função acionista": cf. artigos 37.º, n.º 2, e 38.º, n.º 1, alínea *c)*, e 39.º, n.º 1 do RJSPE [sobre o conceito de exercício de competência "em articulação", cf. ponto 55.2].

Não há indicação legal sobre as situações em que há lugar a nomeação e aquelas em que há lugar a eleição do gestor público. Tendencialmente, há lugar a eleição no caso das empresas públicas e a nomeação no caso das empresas E.P.E. Mas a resposta certa só se pode dar caso a caso, em função da lei ou dos estatutos da empresa. Não obstante, há uma diferença relevante do ponto de vista jurídico: ainda que relativa a uma empresa SA, a nomeação é um ato administrativo praticado pelo Conselho de Ministros; a eleição será, em qualquer caso, uma deliberação do órgão competente da empresa pública e, portanto, um ato de direito privado.

Nos termos do Estatuto do Gestor Público, nas empresas públicas é obrigatória a celebração de um *contrato de gestão* (entre o Estado e o gestor) em que, além do mais, se definem, as formas de concretização das orientações governamentais, os parâmetros de eficiência da gestão e objetivos específicos. O contrato deve prever expressamente a demissão quando a avaliação de desempenho seja negativa, designadamente, por incumprimento dos objetivos inscritos nas orientações governamentais.

Conforme se prescreve no artigo 18.º, n.º 2, do Estatuto do Gestor Público, o contrato de gestão é celebrado no prazo de três meses contado a partir da data da *designação* do gestor público, "sendo nulo o respetivo ato de *nomeação* quando ultrapassado aquele prazo". Admitindo que a referência legal a nomeação também abrange a eleição, pode concluir-se que, em qualquer caso, a *designação* fica sem efeito se não for celebrado contrato de gestão no prazo indicado. Mais do que nulidade, o caso parece-nos ser de *caducidade* da designação.

Consoante se estabelece no Regime do Exercício de Funções por Titulares de Cargos Políticos e Altos Cargos Públicos, o gestor público é considerado titular de um alto cargo público.

O gestor público pode ser demitido quando lhe seja individualmente imputável uma das seguintes situações: a avaliação de desempenho negativa, designadamente por incumprimento dos objetivos referidos nas orientações governamentais ou no contrato de gestão; violação grave, por ação ou por omissão, da lei ou dos estatutos da empresa; violação das regras sobre incompatibilidades e impedimentos[966]; violação do dever de sigilo profissional. Independentemente desses fundamentos, o gestor pode ser *livremente demitido*, a qualquer momento[967]: esta demissão dá origem ao pagamento de uma indemnização[968].

> A possibilidade de "livre demissão" de gestores públicos (ou de "livre dissolução" do conselho de administração) – que ilustra a figura da discricionaridade livre [cf. ponto 31] – não tem correspondência nos casos de cessação da comissão de serviços de pessoal dirigente da administração direta ou de destituição de dirigentes de institutos públicos: aqui não é possível a "livre demissão"; entre outros fundamentos, a comissão de serviço ou o mandato podem, contudo, cessar por causa da na necessidade de imprimir nova orientação à gestão [cf. pontos 104.5, e 119, *a)*].

Além da demissão, que atinge individualmente o gestor público, também pode ser determinada a dissolução do conselho de administração em casos de grave violação, por ação ou omissão, da lei ou dos estatutos da empresa, de não observância, nos orçamentos de exploração e investimento, dos

[966] Nos termos previstos no Regime do Exercício de Funções por Titulares de Cargos Políticos e Altos Cargos Públicos (em caso de violação da regra da exclusividade ou de regras sobre impedimentos), o gestor também pode ser destituído judicialmente (artigo 11.º, n.º 2).

[967] Por Acórdão de 23/11/2017 (P. 510/15), o STA decidiu que a "livre demissão" de gestor público está dispensada de audiência prévia, mas requer fundamentação, que permita "a um destinatário normal face ao itinerário cognoscitivo e valorativo constante do acto em causa, ficar em condições de saber o motivo que esteve na base do mesmo". A decisão considerou ou ponderou a diferença entre a demissão livre, por mera conveniência (artigo 26.º do Estatuto do Gestor Público), e a demissão baseada nos fundamentos do artigo 25.º, designadamente na parte em que só em relação a esta a lei requer a audiência prévia do gestor a devida fundamentação. Apesar de o artigo 26.º não exigir nem uma nem outra coisa, o STA decidiu ser de exigir a fundamentação, embora dispensando a audiência. Na nossa interpretação, apresenta-se mais convincente o voto de vencido, que destaca o caráter "livre" da decisão de demissão.

[968] No Acórdão do STA de 17/01/2019 (P. 289/05.9BELRS) decidiu-se que a demissão de um gestor tem de ser determinada por um ato expresso, não ocorrendo de forma implícita, quando, "de forma bizarra", o gestor de um hospital, sem ser expressamente demitido, é *afastado* deste cargo por ter sido nomeado um novo conselho de administração.

objetivos fixados pelo acionista de controlo ou pela tutela; desvio substancial entre os orçamentos e a respetiva execução, de grave deterioração dos resultados do exercício ou da situação patrimonial, quando não provocada por razões alheias ao exercício das funções pelos gestores. O conselho de administração pode ainda ser *livremente dissolvido.*

A demissão de gestores públicos ou a dissolução do conselho de administração de empresas públicas é um ato administrativo ou um ato de direito privado, consoante a competência para praticar esses atos caiba ao "órgão de nomeação" (Conselho de Ministros), nos casos de gestores nomeados, ou ao "órgão de eleição" (órgão da empresa pública, no caso de gestores eleitos).

128 – Autonomia (limitada) de gestão

Os gestores públicos gozam de autonomia na definição dos *métodos, modelos* e *práticas de gestão* concretamente aplicáveis ao desenvolvimento da respetiva atividade: a isto chama a lei a "autonomia de gestão" (artigo 25.º do RJSPE). Respondem pelos resultados da sua gestão, estando obrigados a apresentar relatórios trimestrais fundamentados, demonstrativos do grau de execução dos objetivos fixados no plano de atividades e orçamento. Nos relatórios, especificam o nível de execução orçamental da empresa e as operações financeiras contratadas.

A autonomia de gestão é exercida, dentro de limites, em observância, além do mais, das *orientações governamentais,* de que falaremos no ponto seguinte.

Em especial, e sem prejuízo de outros limites, carecem sempre da *autorização prévia* do Estado (através do ministro das finanças) as seguintes operações: prestação de garantias em benefício de outra entidade, independentemente de existir qualquer tipo de participação do garante no capital social da entidade beneficiária; celebração de todo e qualquer ato ou negócio jurídico do qual resultem para a empresa responsabilidades financeiras efetivas ou contingentes que ultrapassem o orçamento anual, ou que não decorram do plano de investimentos aprovado pelo titular da função acionista. A realização de qualquer dessas operações sem autorização, assim como a efetivação de operações ou investimentos não previstos no plano de atividades e orçamento, constitui os gestores públicos em responsabilidade civil, criminal e financeira.

Por outro lado, a autonomia de gestão realiza-se no quadro das orientações estratégicas e setoriais definidas pelo Governo e pode ser "restringida em função dos resultados apresentados, quer ao nível operacional, quer ao nível do equilíbrio económico e financeiro, ou sempre que a avaliação do desempenho dos administradores e da qualidade da gestão, a efetuar pelos órgãos competentes, se revele negativa".

129 – Orientações e controlo do Estado

As empresas públicas são instrumentos criados pelo Estado, para a realização de fins do Estado e, por isso, não surpreende que sejam por ele orientadas e controladas. De resto, como vimos no ponto anterior, a autonomia dos gestores públicos é enquadrada pelas orientações fixadas pelo Estado.

Nos termos do RJSPE, são várias as formas de orientação do Estado sobre as empresas públicas. Com efeito, ao Estado, através do Governo, cabe, num plano político, o poder de definir *orientações estratégicas*, e no âmbito da função acionista, o poder de definir *orientações sectoriais* e *orientações específicas*.

a) Orientações estratégicas

Num plano político, cabe ao Governo definir as orientações estratégicas para o universo das empresas públicas. Emitida no quadro da legislação anterior ao RJSPE, a Resolução do Conselho de Ministros n.º 70/2008, de 27 de março, aprovou as orientações estratégicas do Estado destinadas à globalidade do sector empresarial do Estado.

b) Função acionista e orientações setoriais

Com base nas orientações estratégicas, e já no exercício da função acionista, são definidas as *orientações setoriais*.

No quadro de uma exigência de racionalização e de procura do equilíbrio económico-financeiro das empresas públicas, o RJSPE confiou o exercício da função acionista ao ministro das finanças (marginalizando em certa medida o ministro do setor em que a empresa se insere).

Conforme se estabelece no artigo 37.º, a função acionista corresponde ao exercício dos poderes e deveres inerentes à detenção das participações representativas do capital social ou estatutário das empresas públicas. Entre outros, a função acionista integra os seguintes poderes: *i)* definição das orientações (sectoriais) a aplicar no desenvolvimento da atividade empresarial reportada a cada triénio; *ii)* definição dos objetivos e resultados a alcançar em cada ano e triénio, em especial, os económicos e financeiros.

A função acionista cabe, nas empresas públicas do sector empresarial do Estado, ao membro do Governo responsável pela área das finanças, em articulação com o membro do Governo responsável pelo respetivo sector de atividade. O artigo 39.º, n.º 1, repete a ideia, em termos ainda mais enfáticos, e prescreve que a função acionista "é exercida *exclusivamente* pelo membro do Governo responsável pela área das finanças", com faculdade de delegação; relembra a exigência da devida articulação com o membro do Governo responsável pelo respetivo sector de atividade.

No caso de empresas em forma de sociedade comercial, o exercício da função acionista processa-se por meio de deliberação da assembleia geral, ou seja, por uma "via interna" e não no contexto de uma relação jurídico-administrativa. Assim, as orientações setoriais são dirigidas às empresas pelo Estado na sua condição de acionista e através dos instrumentos do direito das sociedades comerciais.

Nas entidades públicas empresariais, a função acionista é exercida por resolução do Conselho de Ministros ou por despacho do ministro das finanças ("via administrativa").

c) Orientações específicas

No respeito pelas orientações estratégicas e sectoriais, pelos objetivos financeiros e restrições orçamentais em cada ano em vigor, compete exclusivamente aos ministros sectoriais, designadamente: *i)* definir e comunicar a política sectorial a prosseguir, com base na qual as empresas públicas desenvolvem a sua atividade; *ii)* emitir as orientações específicas de cariz sectorial aplicáveis a cada empresa; *iii)* definir os objetivos a alcançar pelas empresas públicas no exercício da respetiva atividade operacional; *iv)* definir o nível de serviço público a prestar pelas empresas e promover as diligências necessárias para a respetiva contratualização (artigo 39.º, n.º 4).

Por vezes, a relação entre o Estado e as empresas públicas é ainda enquadrada por um *contrato de concessão* (veja-se a referência a esta possibilidade no artigo 22.º, n.º 2, do RJSPE): eis o que ocorre com as empresas públicas que gerem sistemas multimunicipais (abastecimento de água e saneamento; tratamento de resíduos) ou com o Metropolitano de Lisboa, E.P.E., concessionário do serviço público de transporte por metropolitano de passageiros na cidade de Lisboa e nos concelhos limítrofes da Grande Lisboa. No setor da saúde, a relação entre o Estado e as entidades públicas empresariais que integram o Serviço Nacional de Saúde é regulada por um *contrato-programa*, que estabelece, além do mais, o financiamento, os objetivos e as metas qualitativas e quantitativas, os meios e instrumentos para prosseguir os objetivos, designadamente de investimento, bem como os indicadores para avaliação do desempenho dos serviços e do nível de satisfação dos utentes.

Nestes casos, entre o Estado e a empresa pública existe uma "relação jurídica dupla": uma relação baseada na sua qualidade acionista e uma outra baseada em contrato.

O controlo do Estado sobre as empresas públicas assenta fundamentalmente num controlo sobre os gestores públicos. Assim, o incumprimento de orientações, de metas e objetivos definidos pelo Governo é suscetível de determinar o afastamento dos gestores públicos. Diga-se, porém, que, apesar do histórico acumulado de má gestão de empresas do setor empresarial do Estado, ou, pelo menos, de vários casos de gestão com maus resultados, o afastamento de gestores públicos por incompetência pouco ou nunca foi determinado.

§ 3.º
Outras entidades com participação dominante do Estado

130 – Associações com participação dominante do Estado. 131 – Cooperativas de interesse público.

130 – Associações com participação dominante do Estado

À Administração estadual indireta devem reconduzir-se as *entidades administrativas privadas* que se encontram sob influência dominante do Estado e por ele são incumbidas da realização de fins estaduais ou fins de interesse público, mas que não adotam um formato empresarial, nem prosseguem, pelo menos a título principal, atividades de carácter comercial.

Eis o que sucede com associações de direito civil participadas pelo Estado, como a Agência para a Energia (ADENE) – uma associação de direito privado (com estatuto legal de utilidade pública), que se rege pelo diploma que a instituiu, respetivos estatutos e, supletivamente, pelas normas do Código Civil aplicáveis às associações em geral, que tem por finalidade promover e realizar atividades de interesse público na área da energia e seus interfaces com outras políticas setoriais, em articulação com as demais entidades com atribuições nestes domínios – de que são associados a Direção-Geral de Energia e Geologia e a Direção-Geral das Atividades Económicas, bem como o Laboratório Nacional de Energia e Geologia, IP.

De acordo com um critério formal, aqui se integram as associações participadas pelo Estado para a realização de missões estaduais, como, por ex., os SUCH – Serviços de Utilização Comum dos Hospitais. Todavia, na medida que cumprem os requisitos de organizações empresariais para efeitos do RJSPE, reconduzimos tais entidades ao setor das empresas públicas em sentido material [cf. ponto 125, *c)*].

131 – Cooperativas de interesse público

Nos termos do artigo 6.º, n.º 1, do Código Cooperativo, é permitida a constituição, nos termos da respetiva legislação especial, de cooperativas de interesse público, ou régies cooperativas, caracterizadas pela participação do Estado, de outras pessoas coletivas de direito público e de cooperativas, de utentes de bens e serviços produzidos ou de quaisquer entidades da economia social – a legislação especial a que se refere o preceito é o Regime Jurídico das Régies Cooperativas; as cooperativas com participação pública são, aliás, referidas na Constituição: artigos 61.º, n.º 4, e 82.º, n.º 4, alínea *a)*, o que se deve interpretar como uma abertura constitucional à iniciativa cooperativa pública.

Nos termos do respetivo Regime Jurídico, "as régies cooperativas, ou cooperativas de interesse público, são pessoas em que, para a prossecução dos seus fins, se associam o Estado ou outras pessoas coletivas de direito público e cooperativas ou utentes dos bens e serviços produzidos ou pessoas coletivas de direito privado, sem fins lucrativos" (artigo 1.º, n.º 1). No caso de a participação maioritária pertencer ao Estado, estará em pauta uma cooperativa do setor público, que se ocupará de fins de interesse público que o Estado prossegue através dela, enquadrando-se, por isso, na Administração estadual indireta – eis o que sucede, por ex., no caso da Cooperativa António Sérgio para a Economia Social.

As cooperativas de interesse público não respeitam o princípio cooperativo segundo o qual cada associado, seja qual for o montante de capital com que entrou para a cooperativa e o valor das operações por ele efetuadas, tem apenas direito a um voto: *princípio da igualdade dos cooperadores*. Com efeito, nos termos do artigo 8.º, n.º 1, do Regime Jurídico das Régies Cooperativas, "o Estado ou outras pessoas coletivas de direito público participam nos órgãos das cooperativas de interesse público na proporção do respetivo capital", acrescentando o artigo 12.º que "o número de votos dos membros das cooperativas de interesse público nas assembleias gerais é proporcional ao capital que tiverem realizado".

Subsecção II
Administração estadual indireta com autogoverno

Reconduzem-se à Administração estadual todas as organizações criadas pelo Estado que, nos termos da lei, são incumbidas de tarefas da responsabilidade originária do Estado; na medida em que tais organizações se encontrem providas de personalidade jurídica, estamos no setor da Administração estadual indireta. Mas, diferentemente do subsetor da Administração estadual indireta sob orientação do Governo, vão agora surgir-nos entidades que, no âmbito da execução das suas atribuições típicas, dispõem de capacidade de autogoverno e gozam de autonomia: eis o que sucede no caso típico das universidades que beneficiam da garantia constitucional da autonomia estatutária, científica, pedagógica, administrativa e financeira.

132 – Instituições do ensino superior públicas

Passamos agora a um segundo subsetor da Administração indireta do Estado. Trata-se de uma área caracterizada por uma certa hibridez, posto que compreende um ingrediente decisivo da Administração estadual indireta, a prossecução de fins estaduais, mas, em simultâneo, adota, nos termos da lei, um modelo de funcionamento que o aproxima das instituições típicas da Administração autónoma: o autogoverno e a autonomia. Na nossa leitura, a este setor, de *Administração estadual indireta com autogoverno e autonomia*, se reconduzem as instituições do ensino superior públicas[969].

[969] Sobre a localização das instituições de ensino superior públicas no sistema administrativo e o respetivo funcionamento, cf. João Pacheco de Amorim, "A autonomia das universidades públicas no direito português", *Estudos em Homenagem ao Prof. Doutor José Joaquim Gomes Canotilho*, Coimbra Editora, 2012, vol. II, p. 57 e segs.; Mário Aroso de Almeida, "Sobre o lugar das instituições de ensino superior no quadro da organização administrativa portuguesa", *ibidem*, vol. IV, p. 9 e segs.; Filipa Urbano Calvão, "O governo das universidades e sua legitimidade. Saber, democracia ou eficiência?", *ibidem*, p. 91 e segs.; Domingos Soares Farinho, "Governo das universidades

Nos termos do Regime Jurídico das Instituições do Ensino Superior (RJIES), o ensino superior articula-se segundo um sistema binário: o *ensino universitário* e o *ensino politécnico*. A esse sistema correspondem dois tipos de instituições de ensino superior: as *universidades* e os *institutos politécnicos*.

132.1 – Natureza institucional: institutos públicos autónomos

Trata-se, nos dois casos, de "pessoas coletivas de direito público" (artigo 9.º, n.º 1, do RJIES), que integram o sistema público de ensino criado pelo Estado [cf. artigo 74.º, n.º 2, alínea *b)* da CRP] e realizam fins do Estado no domínio do ensino. São pessoas coletivas de direito público de natureza institucional, aliás qualificadas legalmente como *institutos públicos* (de regime especial): cf. artigo 48.º, n.º 1, alínea *a)*, da LQIP.

Compreende-se, portanto, que o RJIES estabeleça que as instituições de ensino superior públicas se sujeitam ao regime aplicável às demais pessoas coletivas públicas, designadamente à LQIP, que vale como direito subsidiário, em tudo o que não contrariar o próprio RJIES (artigo 9.º n.º 2).

As universidades (mas só estas) podem também revestir a forma de "fundações públicas *com regime de direito privado*" (artigo 129.º e segs. do RJIES). Apesar da sugestão legal de que a opção pelo regime fundacional se associa à adoção de um formato de direito privado, talvez não seja afinal este o caso, pois, como sabemos, nos termos da Lei-Quadro das Fundações, as fundações públicas são sempre pessoas coletivas de direito público [cf. ponto 117, *a)*]. E as fundações de direito público constituem um tipo de institutos públicos.

> Deve, contudo, dizer-se que, *hoc sensu*, a continuação da natureza pública da instituição, mesmo após a transformação em fundação, não põe em causa o objetivo de uma certa "privatização de regime jurídico aplicável", já que esta indicação surge explícita na lei: veja-se, neste sentido, o artigo 134.º, n.º 1 ("as fundações regem-se pelo direito privado, nomeadamente no que respeita à sua gestão financeira, patrimonial e de pessoal ..."). De resto, essa marca encontra-se inscrita na própria designação: fundações públicas "com" regime de direito privado.

públicas", *O Governo da Administração Pública, cit.*, p. 81 e segs.; Tiago Fidalgo de Freitas, "As universidades públicas", in Carla Amado Gomes/Ana Fernanda Neves/Tiago Serrão, *Organização Administrativa, cit.*, vol. II, p. 399 e segs

As instituições de ensino superior públicas correspondem a institutos públicos integrados na Administração indireta do Estado. Todavia, configuram-se como *institutos públicos autónomos,* que se encontram disciplinadas por um regime que assegura várias dimensões da sua autonomia, bem como um sistema de autogoverno.

132.2 – Localização no sistema administrativo: Administração indireta do Estado

O ponto de partida é o da conceção das instituições do ensino superior públicas como institutos públicos, ou seja, de organismos criados pelo Estado para a realização de finalidades ou atribuições estaduais. O elemento fundamental da instituição assenta, na verdade, na congregação de meios ou recursos humanos, logísticos, financeiros, etc., para a realização de uma determinada missão.

Embora não seja determinante nesse sentido, a configuração das instituições de ensino superior como institutos públicos já abre a perspetiva da sua inclusão no setor da Administração estadual indireta. Com efeito, as instituições de ensino superior cumprem finalidades estaduais, inscritas como tais na Constituição e na lei. A presença das atribuições estaduais exclui a ideia de descentralização, a qual pressupõe o reconhecimento legal de atribuições públicas fora do Estado (reportadas a interesses que radicam em coletividades ou agregados de pessoas reunidas por determinados vínculos de comunhão). Ora, as instituições de ensino superior não existem para a realização de fins de interesse público radicados na coletividade de pessoas que as frequentam ou que nela trabalham. Criadas em execução de uma obrigação constitucional [cf. artigo 75.º, n.º 1 da CRP, sobre a criação de uma rede de estabelecimentos de ensino que cubra as necessidades de toda a população; cf. artigo 26.º, n.º 1, alínea *a)* do RJIES], as instituições de ensino superior públicas constituem instrumentos da realização da tarefa fundamental do Estado consistente em "assegurar o ensino e a valorização permanente" [cf. artigo 9.º, alínea *f)*, da CRP], o que passa por objetivo específicos como a formação de diplomados nas diferentes áreas de conhecimento, aptos para a inserção em setores profissionais e para a participação no desenvolvimento da sociedade, o incentivo ao trabalho de pesquisa e investigação científica, visando o desenvolvimento da ciência e da tecnologia, das humanidades e das artes, e a criação e difusão da cultura; a promoção da divulgação de conhecimentos culturais, científicos e técnicos, que constituem património da humanidade, bem com do espírito crítico e a liberdade de expressão e de investigação (cf. artigo 11.º da Lei de Bases do Sistema Educativo).

Em suma, considerando as atribuições e dos interesses que prosseguem, as instituições de ensino superior integram a Administração indireta do Estado, com a configuração de institutos públicos.

132.3 – Autonomia e autogoverno

O artigo 76.º, n.º 2, da Constituição confere às universidades, nos termos da lei, autonomia *estatutária, científica, pedagógica, administrativa* e *financeira.*

Por sua vez, o artigo 11.º, n.º 1 do RJIES, além de acrescentar novas dimensões da autonomia (cultural, patrimonial e disciplinar) reconhece e estende essas formas de autonomia a todas as instituições de ensino superior públicas e não só às universidades e esclarece que se trata de uma autonomia "face ao Estado".

A autonomia reconhecida às instituições conhece uma dimensão ou projeção em planos especificamente associados ao ensino e à investigação, e às liberdades constitucionais de ensino e de criação científica, que, corretamente, a lei designa, em conjunto, *autonomia académica* – que se manifesta na autonomia científica, pedagógica e cultural (cf. artigos 70.º e segs. do RJIES).

Além da autonomia académica, a lei reconhece às instituições de ensino superior públicas *autonomia disciplinar* – poder de punir as infrações disciplinares praticadas por docentes, investigadores, funcionários e estudantes –, bem como uma *autonomia de gestão,* a qual se exprime nas dimensões de autonomia patrimonial, administrativa e financeira.

Como sucede em geral com as pessoas coletivas públicas, estas instituições gozam de *autonomia administrativa*: nos termos do artigo 110.º do RJIES, em regra, os seus atos apenas estão sujeitos a impugnação judicial (veremos que há algumas exceções a esta regra, no âmbito do controlo tutelar). No desempenho da sua autonomia administrativa, as instituições de ensino superior públicas podem: *a)* emitir regulamentos nos casos previstos na lei e nos seus estatutos; *b)* praticar atos administrativos; *c)* celebrar contratos administrativos. No plano da gestão económico-financeira, gozam de autonomia administrativa e financeira (artigo 108.º e segs. do RJIES).

Por outro lado, a Constituição e o RJIES consagram a *autonomia estatutária* das instituições de ensino superior. Estas gozam, portanto, de um poder de definir os seus estatutos, a sua própria organização interna, embora, claro, dentro dos limites da lei. Em rigor, trata-se de uma autonomia estatutária incompleta, pois a lei exige a homologação (aprovação) dos estatutos pelo ministro da tutela.

> Nos termos do RJIES, os estatutos e as suas alterações carecem de homologação governamental, a qual é dada ou recusada no prazo de 60 dias, por despacho normativo do ministro da tutela. A homologação incide sobre a legalidade dos estatutos ou suas alterações, e a sua recusa só pode fundar-se na inobservância da Constituição ou da lei ou na desconformidade do processo da sua elaboração com o disposto na presente lei ou nos próprios estatutos.

Também se reconduz ao plano da autonomia, a autorização conferida pelo RJIES às instituições de ensino superior para criarem, "livremente, por si ou em conjunto com outras entidades, públicas ou privadas, fazer parte de, ou incorporar no seu âmbito, entidades subsidiárias de direito privado, como fundações, associações e sociedades, destinadas a coadjuvá-las no estrito desempenho dos seus fins" (cf. artigo 15.º, n.º 1).

Quer no âmbito e desenvolvimento da autonomia estatutária, quer em todos os outros, as instituições de ensino superior dispõem de um amplo poder regulamentar (em regra, da competência de órgãos singulares: reitor ou presidente), e, ao que parece, podem até emitir regulamentos diretamente fundados nos seus estatutos [cf. artigo 92.º, n.º 1, alínea *o)*, do RJIES][970].

A consagração constitucional e legal da autonomia nos vários planos referidos já evidencia que estamos perante *institutos públicos autónomos*, que, quanto ao desempenho das suas tarefas nucleares, não se encontram sob qualquer orientação governamental. A autonomia académica corresponde, na verdade, a uma esfera de liberdade própria das instituições, das suas unidades orgânicas e dos docentes e investigadores que nelas trabalham

[970] No Parecer do CC-PGR n.º 25/2018 concluiu-se que "a autonomia estatutária das *universidades* significa a faculdade de cada instituição do ensino superior poder definir normativamente a sua própria organização interna e funcionamento, aprovando a sua «Constituição», convivendo neste domínio uma reserva de lei com uma reserva de estatuto". Concluiu-se, além disso, que subsiste um "dever de o legislador ordinário não intervir excessivamente na regulação das matérias respeitantes à gestão das instituições universitárias de modo a respeitar o direito de autonomia consagrado no artigo 76.º, n.º 2, da Constituição, não invadindo o campo da reserva estatutária, corresponde a um dever de não tratamento imperativo com um grau excessivo de densidade ou de determinação normativa".

a qual se revela inconciliável com uma qualquer espécie de dirigismo ou orientação governamental.

Além disso, e já no plano gestionário (de governo), as instituições de ensino superior não são governadas por dirigentes nomeados pelo Governo, mas sim por órgãos compostos por pessoas designadas pela comunidade de pessoas que integra a instituição, na condição de professores, investigadores e estudantes: a eleição pela comunidade da instituição tem lugar para o *conselho geral*; depois é este órgão que elege o *reitor* (universidades) ou o *presidente* (institutos politécnicos); por sua vez, o *conselho de gestão* é designado pelo reitor ou presidente.

Esses são os órgãos do sistema de autogoverno das instituições de ensino superior, responsáveis pela gestão das instituições nos planos patrimonial e financeiro, bem como, em geral, pela definição dos respetivos planos estratégicos.

As instituições de ensino superior públicas gozam, portanto, de um estatuto de autonomia e de autogoverno, dispondo de uma capacidade de autoadministração que, em geral, justifica, se é que não reclama, a respetiva qualificação como institutos públicos autónomos.

A autonomia e o autogoverno de que estas instituições dispõem conhecem, porém, algumas especificidades.

A circunstância de a designação dos titulares dos órgãos de governo ocorrer num modelo de "baixo para cima", não governamentalizado, introduz aqui um ingrediente que, em geral, se associa às formas de Administração autónoma. De resto, precisamente essa circunstância conduz alguma doutrina a remeter as instituições de ensino superior para o setor da Administração autónoma. Não alinhamos com esse ponto de vista, desde logo porque não parece adequado desligar os conceitos de Administração autónoma e de descentralização (associada esta a uma *desestadualização* de atribuições), mas também porque a ideia de autoadministração – inerente ao conceito de Administração autónoma e que supõe a "administração pelos administrados ou representantes destes" – não está aqui presente com o mesmo vigor que vamos conhecer na Administração autónoma: por ex., só o conselho geral tem a composição fundada na eleição pela comunidade da instituição; além disso, por força da lei, este mesmo órgão conta na sua composição com personalidades externas, não pertencentes à instituição; no caso das universidades em regime de fundação, a administração da fundação cabe a um conselho de curadores, cujos membros são designados pelo Governo, embora sob proposta da instituição; por outro lado, como veremos já a seguir, a tutela do Estado conhece uma extensão que não se mostra comparável à tutela sobre as entidades da Administração autónoma.

132.4 – Tutela do Estado

Logo o artigo 1.º, n.º 1, do RJIES esclarece que o objeto do diploma é, além do mais, o de estabelecer "a tutela (...) do Estado sobre as instituições de ensino superior, no quadro da sua autonomia". O artigo 11.º, n.º 5, insiste na ideia, e estabelece que a autonomia das instituições do ensino superior não preclude a tutela governamental. Esta inclui, desde logo, a fiscalização do Estado; o artigo 148.º indica, a este respeito, que "as instituições de ensino superior estão sujeitas aos poderes de fiscalização do Estado, devendo colaborar leal e prontamente com as instâncias competentes". Mas a tutela do Estado vai além da fiscalização e da realização de ações inspetivas.

> A recondução da relação entre o Estado e as instituições de ensino superior ao modelo exclusivo da relação de tutela – sem superintendência – é coerente com o reconhecimento (constitucional e legal) da autonomia jurídica e da capacidade de autoadministração das instituições. Todavia, está aqui presente uma tutela governamental muito abrangente e também muito intrusiva.

O poder de tutela administrativa é exercido pelo departamento governamental com responsabilidade pelo sector do ensino superior, tendo em vista, *fundamentalmente*, "o cumprimento da lei e a defesa do interesse público" (artigo 150.º, n.º 1, do RJIES)[971].

Entre outros, a lei confere ao ministro da tutela os seguintes poderes: *i)* autorização da criação, transformação, cisão, fusão e extinção de escolas de instituições de ensino superior; *ii)* homologação dos estatutos das instituições e suas alterações; *iii)* homologação da eleição do reitor ou presidente das instituições de ensino superior públicas (a recusar de homologação tem de se basear em inelegibilidade, em ilegalidade do processo de eleição ou em violação de regras e princípios gerais do CPA); *iv)* iniciativa do procedimento de eleição do reitor ou presidente, se os órgãos competentes o não fizerem em devido tempo; *v)* autorização das instalações de ensino de ciclos

[971] No sentido de que a "a autonomia administrativa das universidades ... não obriga os poderes tutelares a circunscreverem-se à legalidade, sem prejuízo de se admitir uma qualificação das autonomias científica e pedagógica por conta das liberdades de criação cultural e de ensino", cf. Parecer CC-PGR, n.º 41/2017, *Diário da República* n.º 161/2018, Série II, de 22/08/2018.

de estudos conducentes à atribuição de graus académicos; *vi)* autorização (conjunta com o Ministro das Finanças) da alienação, permuta e oneração de património ou cedência do direito de superfície, do recurso ao crédito por parte das instituições; *vii)* designação do fiscal único; *viii)* informação sobre os relatórios de auditorias e sobre os instrumentos de gestão previsional e de prestação de contas; *ix)* apreciação e decisão dos recursos cuja interposição esteja prevista em disposição legal expressa; *x)* fiscalização genérica do cumprimento da lei (ações inspetivas através da Inspeção-Geral de Finanças) e aplicação das sanções nela previstas em caso de infração; *xi)* registo da denominação da instituição de ensino superior; *xii)* determinação unilateral no sentido da articulação entre instituições e da criação de consórcios de instituições; *xiii)* modificação, fusão, cisão e extinção de instituições de ensino superior públicas; *xiv)* intervenção no processo de fixação do número máximo de novas admissões e de inscrições: estes são fixados anualmente pelas instituições de ensino superior, mas essa fixação está subordinada, além do mais, às orientações gerais estabelecidas pelo ministro da tutela; em caso de ausência de fundamentação expressa e suficiente dos valores fixados, de infração das normas legais aplicáveis ou de não cumprimento das orientações gerais estabelecidas, o ministro pode alterar os números fixados pelas instituições: *xv)* fixação, com base em critérios legais, do número máximo de docentes, investigadores e outro pessoal, qualquer que seja o regime legal aplicável, que cada instituição de ensino superior pública pode nomear ou contratar, bem como fixação do número de unidades dos quadros de pessoal docente, de investigação e outro de cada instituição de ensino superior pública; *xvi)* determinação, em casos definidos, do encerramento compulsivo de instituições e aplicação de medidas preventivas; *xvii)* no caso de "situações de crise institucional grave" das instituições de ensino que não possam ser superadas no quadro da sua autonomia, o Governo pode intervir na instituição e tomar as medidas adequadas, incluindo a suspensão dos órgãos estatutários e a nomeação de um gestor transitório.

Como se pode concluir, apesar de não dispor de poderes de superintendência (de orientação, através de instruções e diretrizes), o Governo tem vastos e diversificados poderes de intervenção e ingerência tutelar nas instituições de ensino superior públicas.

A esses poderes acrescem os poderes – de natureza diferente, mas que envolvem uma drástica contenção da autonomia universitária – que resultam da avaliação no quadro do sistema nacional de acreditação e avaliação.

Subsecção III
Administração estadual indireta independente

O terceiro pilar da Administração estadual indireta – realização de fins estaduais por entidades com personalidade jurídica criadas pelo Estado – é constituído pela Administração independente, que integra as pessoas coletivas de direito público com a natureza de entidades administrativas independentes.

133 – Administração indireta independente do Governo

Sabemos que o Governo ocupa posição de destaque em toda a Administração do Estado, constitucionalmente consagrado como "órgão superior da Administração Pública", e que, em termos efetivos, assume um protagonismo decisivo no âmbito de quase toda a Administração estadual. Na verdade, em grande extensão, a Administração Pública estadual encontra-se *sob a influência – dependência* – do Governo: nos termos constitucionais, o Governo tem a responsabilidade de dirigir a Administração Pública direta e de superintender (orientar) a Administração Pública indireta.

Sem prejuízo do exposto, importa ter presente o facto atual de partes relevantes da Administração estadual (direta e indireta) se apresentar *independente* do Governo. Este fenómeno exprime a instituição, dentro da máquina do Estado, de entidades investidas de funções administrativas do Estado que beneficiam da garantia de *desgovernamentalização* no desempenho das suas missões principais: são as *entidades administrativas independentes.*

A Administração indireta independente identifica, por conseguinte, um setor da Administração Pública do Estado, composta por pessoas coletivas de direito público que prosseguem finalidades ou atribuições do Estado, mas que, no desenvolvimento das suas missões ou competências, estão imunes à *interferência* ou, pelo menos à *orientação* governamental: na Alemanha, designa-se esta como uma Administração "liberta de ministro" ("Ministerialfreie Verwaltung"). Trata-se, pois, de uma Administração estadual *desgovernamentalizada.*

Na opção que seguimos, a Administração independente (que pertence ao Estado) é reconduzida ao setor da Administração *indireta.* Pretende-se deste modo esclarecer que as designadas entidades administrativas independentes prosseguem fins ou atribuições do Estado e, como todos os organismos da Administração indireta, são entidades *do* Estado, por ele criadas para a realização das suas missões. Mas, claro, neste preciso âmbito, o conceito de Administração estadual indireta tem de se desconectar da ideia de superintendência do Governo [ligação consagrada no artigo 199.º, alínea *d)*, da CRP]. Por isso mesmo, referimo-nos a uma Administração *indireta* que é *independente* do Governo.

134 – Administração indireta independente e Administração Pública independente

O setor da Administração Pública indireta independente do Governo que consideramos na presente subseção não esgota a "Administração Pública independente".

Assim, em primeiro lugar, temos a Administração independente composta por órgãos do Estado (organismos sem personalidade jurídica, integrados no Estado) independentes do Governo [cf. ponto 113].

Além disso, pode existir uma Administração independente *fora* do Estado – veja-se, a este respeito, o artigo 10.º, n.º 3, do CPTA, sobre entidades administrativas independentes (sem personalidade jurídica) pertencentes a pessoas coletivas de direito público *diferentes* do Estado: *v.g.*, júris de provas do doutoramento, que são órgãos independentes pertencentes à instituição de ensino superior que organiza as provas.

Já num outro plano, importa considerar que há, no Estado e fora dele, órgãos que dispõem de "competências independentes", ou seja, competências para a tomada de decisões com efeitos externos, sem sujeição a orientação, instrução, diretriz ou controlo prévio e não expostas ao controlo ou à revisão por parte de outro órgão administrativo [cf. ponto 94, *d)*].

135 – Administração independente e sistema administrativo estadual
O sistema português de Administração estadual apresenta-se, tradicionalmente, como um sistema *governamentalizado*, que, em regra, atua sob a direção ou, pelo menos, sob a orientação do Governo. O sistema administrativo clássico, organizado segundo um modelo vertical e centralista e assente numa cadeia hierárquica de comando e controlo com o Governo no topo, encontra as suas raízes no processo de centralização do Poder e, já em contexto democrático, na exigência de legitimação democrática da Administração: a dependência governamental da Administração assegura a democracia administrativa [cf. ponto 53.1]. Assim se explica centralidade do Governo na Administração estadual, inscrita no artigo 182.º da CRP (aliás para todo o sistema administrativo). A criação de organismos de Administração independente persegue o propósito de colocar elementos ou estruturas da Administração do Estado fora da esfera de influência (e também de responsabilidade) do Governo.

De acordo com a compreensão clássica do princípio democrático, a instituição de organismos burocráticos, sem legitimidade democrática própria, subtraídos à esfera influência do Governo não se revela aceitável. Mas, sobretudo desde os últimos anos do século passado, desenvolveu-se, um pouco por toda a Europa, a tendência para uma certa "americanização" do sistema administrativo e para a importação (imitação) dos modelos das "independent agencies" ou "independent commissions" do sistema de Governo norte-americano. Essa tendência, de matriz ideológica e imposta por uma certa compreensão sobre o relacionamento entre o Estado e o mercado, conciliou-se especialmente bem com o processo de evolução da União Europeia a apontar para a desgovernamentalização de certas esferas da Administração Pública: o caso mais exemplar é o dos bancos centrais.

O resultado deste processo consistiu na eclosão de novas criaturas: as *entidades administrativas independentes*, "entidades", como sabemos, com ou sem personalidade jurídica.

Em 1997, a Constituição procedeu à constitucionalização genérica e formal da figura, ao passar a estabelecer que a "lei pode criar entidades administrativas independentes" – ainda com a revisão constitucional de 1997, o conceito de entidade administrativa independente surgia em outros dois artigos da Constituição: 35.º, n.º 2, em relação à entidade com competência para a proteção de dados pessoais, e 37.º, n.º 3, quanto à entidade competente para apreciar abusos das liberdades de expressão e de informação; em 2004, o conceito de entidade administrativa independente também passou a constar do artigo 39.º da CRP, para indicar a entidade com competência para a regulação da comunicação social.

A abertura constitucional à criação de entidades administrativas independentes, ainda que, em geral, apenas num plano formal e genérico, credibilizou a figura, acomodou-a no sistema administrativo e, do mesmo modo, consolidou a tese de que a legitimação da Administração Pública não tem de resultar exclusivamente dos canais da democracia administrativa formal e da responsabilidade parlamentar do Governo. A subordinação à lei e aos tribunais, ou seja, a subordinação ao Direito Administrativo, a instituição de mecanismos mais afinados de legitimação procedimental e a definição de exigências mais apuradas no plano da legitimação pessoal e técnica dos dirigentes representam pressupostos que, em conjunto, são suscetíveis de garantir a ligação desta Administração independente ao princípio democrático.

Em geral, a criação de entidades administrativas independentes responde, conforme os casos, a um de três propósitos fundamentais:

i) garantia de uma intervenção administrativa imune à influência de diretrizes político-ideológicas das maiorias governamentais de cada momento, o que se considera essencial, por ex., para a regulação de certos setores da economia (banca, seguros, gestão de bolsas, gestão de serviços públicos essenciais);

ii) garantia de intervenção independente de qualquer influência do Governo ou da Administração quando esteja em causa a proteção dos administrados contra a própria Administração ou a proteção de bens constitucionais (eis o que se passa com os organismos de regulação da comunicação social ou que tutelam o direito de acesso à informação administrativa);

iii) garantia de uma intervenção administrativa independente de diretrizes, instruções ou orientações quando esteja em causa a atuação de organismos com específica habilitação para a realização de avaliações independentes ou para a emissão de juízos ou opiniões técnicas ou científicas (é o que sucede com a avaliação independente sobre a consistência, cumprimento e sustentabilidade da política orçamental; ou com o controlo das contas dos partidos políticos).

136 – Garantia da independência na Constituição ou no direito da União Europeia

Em casos específicos, a independência de estruturas administrativas é imposta e, por isso, assegurada ou garantida pela Constituição: assim sucede no caso da entidade responsável pela regulação da comunicação social, cuja independência se encontra imposta e garantida pelo artigo 39.º da CRP, que deu origem à criação da *Entidade Reguladora para a Comunicação Social*. A Constituição também impõe uma entidade administrativa independente no domínio da garantia da proteção de dados; trata-se da *Comissão Nacional de Proteção de Dados*, que, desde 2019, dispõe de personalidade jurídica e é a "autoridade de controlo nacional" para efeitos do Regulamento Geral de Proteção de Dados, e da lei que assegura a sua execução na ordem jurídica interna.

O direito da União Europeia também reclama, em certas áreas, o figurino da entidade administrativa independente: eis o que ocorre com a regulamentação europeia que exige um organismo independente para o exercício de funções de regulação nos setores da eletricidade e das comunicações eletrónicas [cf. ponto 36.4] ou com a que impõe o modelo de independência dos bancos centrais – nos termos dos *Estatutos do Sistema Europeu de Bancos Centrais e do Banco Central Europeu*, os bancos centrais nacionais ou qualquer membro dos respetivos órgãos de decisão não podem solicitar ou receber instruções das instituições, órgãos ou organismos da União, dos Governos dos Estados-Membros ou de qualquer outra entidade.

Na medida em que a independência de uma autoridade administrativa se vê assegurada pelo direito da União Europeia, a garantia impõe-se ao próprio legislador nacional, limitando a sua liberdade de conformação[972].

Veja-se, a propósito, o artigo 2.º, n.º 2, da LQER, que determina a não aplicação da lei "quando exista norma de direito da União Europeia ou internacional que disponha em sentido contrário e seja aplicável à entidade reguladora e respetiva atividade".

[972] No sentido de afastar a possibilidade de previsão, em lei nacional, de tutela do Estado sobre uma entidade que, nos termos do direito da União Europeia, deve exercer as suas funções com total independência, veja-se o já citado [cf. ponto 53.1] Acórdão do Tribunal de Justiça, *Comissão e Autoridade Europeia para a Proteção de Dados c. Alemanha*, de 09/03/2010, P. C-518/07.

> A este respeito, revela-se essencial delimitar, em cada caso, o preciso alcance da exigência europeia de independência: assim, *v.g.*, em relação à independência do regulador do setor elétrico, o que o direito da União Europeia exige é que a legislação nacional assegure que, no exercício das funções reguladoras, a entidade reguladora "seja juridicamente distinta e funcionalmente independente de qualquer outra entidade pública ou privada [e] seja dotada de pessoal e de pessoas responsáveis pela sua gestão que ajam de forma independente de qualquer interesse de mercado, e que não solicitem nem recebam instruções diretas de qualquer entidade governamental ou outra, pública ou privada, no desempenho das funções reguladoras" (Diretiva 2009/72/CE).

Num plano diferente dos anteriores, situam-se os casos em que a independência dos organismos responsáveis por determinados setores de intervenção administrativa é preconizada e sugerida por disposições ou *standards* de boas práticas editados por prestigiados organismos internacionais. Embora se encontrem desprovidos de efeito jurídico vinculativo para o legislador nacional, tais *standards* definem padrões que, em regra, os Estados não devem, nem têm interesse em ignorar, desde logo para a defesa da reputação internacional da sua regulação[973].

137 – Defesa judicial da independência

As entidades administrativas independentes são legalmente responsabilizadas pela prossecução de determinadas atribuições e competências e pela defesa dos interesses relacionados com essas atribuições e competências.

Embora não se possam considerar titulares de "interesses próprios" (como as entidades de Administração autónoma), nem representativas de interesses específicos de qualquer coletividade ou grupo, pode, ainda assim, sustentar-se que, em geral, lhes cabe o "direito" de defesa judicial das suas competências e dos interesses que lhes cumpre defender [cf. artigo 55.º, n.º 1, alínea *c)*, do CPTA] contra quaisquer formas de perturbação ou de violação, incluindo as que tenham origem em atos (administrativos) ou em

[973] Eis o que sucede, por ex., com a IOSCO (*International Organisation of Securities Commissions*), que, nos seus "Objetives and Principles of Securities Regulation", estabelece: "the Regulator should be operationally independent ... in the exercise of its functions and powers". Assim, na delineação institucional do organismo nacional de regulação das bolsas e mercados de valores (CMVM), o legislador não deverá ignorar essa indicação, sobretudo quando a mesma é seguida pela generalidade dos Estados cujos reguladores são membros daquela organização.

regulamentos do Governo. Isto deverá ser assim, pelo menos, nos casos em que a independência da entidade é consagrada ou imposta ao nível constitucional ou do direito da União Europeia.

138 – Áreas de intervenção da Administração independente

Se considerarmos, em bloco, "todo" o conjunto da Administração independente – direta e indireta, de que agora nos ocupamos –, podemos verificar que são vários os espaços de intervenção destas entidades: defesa de bens e valores constitucionais, como o segredo de Estado, a liberdade de expressão, a prevenção da corrupção; tutela de direitos fundamentais (proteção de dados pessoais, direito à informação administrativa); funções de carácter consultivo e de avaliação independente (recrutamento de dirigentes, avaliação da sustentabilidade das finanças públicas); gestão das magistraturas; regulação do setor financeiro; regulação de indústrias de rede e de serviços de interesse geral.

Limitando a análise ao universo da Administração estadual indireta (organismos com personalidade jurídica), temos as seguintes entidades administrativas independentes: *i)* Banco de Portugal; *ii)* Entidade Reguladora para a Comunicação Social; *iii)* Conselho das Finanças Públicas; *iv)* Comissão para o Acompanhamento dos Auxiliares de Justiça; *v)* entidades com funções de regulação económica indicadas na LQER.

139 – Sentido e tipos de independência

A independência que caracteriza este setor da Administração situa-se no plano administrativo. Trata-se, em primeiro lugar, de uma independência em face do Governo, e que se estende a todas as entidades administrativas (incluindo, naturalmente, outras entidades independentes), bem como a todas as outras instâncias do Poder Político.

Mas, é claro, não existe aqui qualquer forma de independência ou de atenuação da dependência jurídica perante a lei ou perante os tribunais.

> Diga-se, quanto à subordinação da Administração independente à lei, que a circunstância de o Governo deter um poder legislativo tem o efeito prático de diminuir a independência das entidades administrativas independentes perante o próprio Governo: a "dependência" a este nível só se poderia evitar por via da não subordinação das entidades administrativas independentes ao decreto-lei, mas este resultado parece difícil de aceitar.

A independência da Administração Pública independente em face do Governo situa-se, portanto, num patamar administrativo, pelo que o Governo deverá, em princípio, estar inibido de utilizar instrumentos de direção ou de orientação da atuação dessa Administração Pública. Observe-se, todavia, que não existe um impedimento absoluto de a lei (ato legislativo) atribuir ao Governo um poder de orientação ou de supremacia em relação a determinadas medidas das entidades administrativas independentes. Esta eventualidade só estará afastada nos casos de independência garantida pela Constituição ou pelo direito da União Europeia, bem como, em termos diferentes, pelos *standards* de boas práticas internacionais [cf. ponto 136]. Fora destes limites, a independência de um organismo é essencialmente o resultado de uma opção legislativa, e, portanto, o âmbito ou a medida da independência vão depender da conformação legislativa.

A independência destas entidades conhece, ou pode conhecer, várias dimensões: funcional, orgânica e financeira. De uma outra natureza é a independência perante os destinatários da atividade que estas entidades desenvolvem.

a) Independência funcional

A independência funcional traduz-se no desenvolvimento das competências de que dispõem apenas em obediência à lei e ao direito e independente de qualquer forma de ingerência (instrução, diretriz, recomendação) ou controlo (tutela) do Governo ou de qualquer instância política ou administrativa, nacional ou europeia. Em princípio, a independência funcional não se projeta de uma forma exclusivamente atomística, em cada decisão a proferir, porquanto abrange a programação das intervenções e a definição das prioridades da atividade das entidades.

Uma dimensão da independência funcional reside na *independência técnica*, que indica a autonomia na execução das funções específicas da entidade e que abrange medidas, decisões e opções de carácter técnico e operacional.

b) Independência orgânica

No plano orgânico, a independência projeta-se na configuração do estatuto pessoal dos titulares dos órgãos, quanto ao respetivo modo de designação e ao regime jurídico dos respetivos mandatos.

Os dirigentes destas entidades são designados, em muitos casos, pelo Governo. Mas nem sempre; assim, por ex., no caso da Entidade Reguladora para a Comunicação Social, a designação cabe, nos termos do artigo 163.º, n.º 1, alínea *h)*, da CRP, à Assembleia da República.

O facto de a designação competir ao Governo não exclui, por si só, o atributo da independência orgânica, que pode resultar do próprio procedimento de designação (com exigência de audição parlamentar dos indigitados), e, sobretudo, do estabelecimento de *garantias pessoais da independência*: afastamento do poder governamental de demissão livre ou discricionária dos titulares dos órgãos, proibição de renovação de mandatos e não coincidência entre os mandatos do Governo e os dos titulares dos órgãos constituem as garantias mais comuns.

> No Acórdão *Xabier Ormaetxea Garai/Bernardo Lorenzo Almendros c. Administración del Estado*, de 19/10/2016, P. C-424/15, o Tribunal de Justiça decidiu que se opõe ao direito da União Europeia (em concreto, ao disposto na diretiva europeia que exige um regulador independente no setor das comunicações eletrónicas) a exoneração do presidente e de um administrador da autoridade reguladora nacional (ARN) como consequência direta da fusão dessa entidade num novo organismo de regulação multissetorial: o entendimento fundou-se no facto de o objetivo de reforço da independência e da imparcialidade da ARN, ficar "comprometido se, apenas devido a uma reforma institucional (...) fosse permitido pôr termo de maneira antecipada e imediata ao mandato de um ou de diversos membros do órgão colegial que dirige a ARN em causa. Com efeito, se tal fosse permitido, o risco de revogação imediata, por um motivo distinto dos previamente previstos pela lei, com o qual mesmo um único membro de tal órgão colegial poderia assim ver-se confrontado, seria suscetível de gerar uma dúvida razoável quanto à neutralidade da ARN em causa e à sua impermeabilidade aos fatores externos e comprometer a sua independência, a sua imparcialidade e a sua autoridade".
>
> Antes disso, no Acórdão *Comissão e Autoridade Europeia para a Proteção de Dados c. Áustria*, de 16/10/2012, P. C-614/10, o Tribunal de Justiça tinha decidido ser contrária à exigência de independência de um organismo uma norma de direito nacional que determinava que o administrador desse organismo deveria ser um funcionário do Governo; segundo o Tribunal, a submissão do funcionário a supervisão do Governo afigura-se incompatível com o requisito da independência.

c) Independência financeira

A *independência financeira* (coisa diversa de "autonomia financeira") constitui uma garantia da independência funcional e passa pela consagração de um regime legal que reconheça às entidades independentes uma capacidade de assegurar condições de cobrança de receitas próprias (*v.g.*, taxas) que permitam custear o regular desempenho das suas atribuições (autossuficiência financeira).

d) Independência perante os destinatários

Em todos ou em alguns dos sentidos acabados de identificar, a independência das entidades reguladoras projeta-se e afirma-se em várias direções: as mais relevantes são a da independência em relação ao Governo ("independência para cima" ou vertical), bem como em relação a outras entidades ("independência horizontal").

Mas, em certos casos, a independência deve também projetar-se em face do conjunto dos destinatários da ação da entidade: estaremos aqui perante uma "independência para baixo". Está em causa a prevenção do risco da *captura* da Administração por interesses privados: em regra, este risco previne-se com a fixação de *períodos de quarentena*, isto é, períodos de tempo após o fim do mandato dentro dos quais os dirigentes das entidades administrativas não podem ser contratados ou prestar serviços a entidades que tenham estado sob a sua supervisão ou regulação [cf. pontos 53.2 e 80, *c)*].

140 – Configuração legal de casos de "independência com restrições"

Na pureza dos conceitos e nos termos de um regime definido em abstrato, entidade administrativa independente (do Governo) seria apenas a que se encontre enquadrada por um regime jurídico que assegurasse a realização das dimensões de independência que foram indicadas: funcional, orgânica e financeira. Mas nesse sentido muito rigoroso e integral de independência, serão poucas as entidades abrangidas: porventura, o Banco de Portugal será mesmo o caso único.

Com efeito, na generalidade dos casos, as entidades administrativas independentes estão submetidas a um regime que, em maior ou menor medida, se afasta do modelo de independência em toda a sua plenitude.

É precisamente isto que ocorre com o regime jurídico das entidades administrativas independentes com funções de regulação da economia [cf. ponto 142], bem como, de forma ainda mais clara, com o regime aplicável à Comissão para o Acompanhamento dos Auxiliares de Justiça (CAAJ): neste caso, a lei configura a CAAJ como uma entidade administrativa independente, mas, depois, estabelece que a mesma "está sujeita a tutela inspetiva do membro do Governo responsável pela área da justiça", faz depender o seu regulamento de organização de serviços de homologação do mesmo membro do Governo e remete para portaria de membros do Governo a fixação do valor e da forma de cobrança da taxa que a CAAJ pode cobrar aos seus regulados. Aqui temos um exemplo de configuração legal de uma figura institucional criada como entidade administrativa independente, mas que que goza de uma independência mitigada, com restrições significativas, se é que, a final, não se trata de uma entidade que, em rigor, não se pode qualificar como independente do Governo[974].

141 – Classificação das entidades administrativas independentes na tipologia das pessoas coletivas públicas: institutos públicos independentes

As entidades administrativas independentes de que nos ocupamos neste contexto detêm personalidade jurídica; são pessoas coletivas de direito público; eis o que sucede com o Banco de Portugal, a Autoridade da Concorrência, a ANACOM, a ERSE ou a Entidade Reguladora para a Comunicação Social, o Conselho das Finanças Públicas ou a CAAJ.

Desde a sua versão originária, e até ao ano de 2015, as entidades administrativas independentes figuravam na LQIP, no seu artigo 48.º, n.º 1, alínea *f)*, como institutos públicos de regime especial. Entretanto, em 2013, foi aprovada e publicada a LQER, e o referido preceito manteve-se. Até que, subitamente, em 2015, num diploma legal de carácter específico – aprovação dos estatutos da Autoridade Nacional de Proteção Civil – e sem qualquer considerando ou explicação, se procedeu à revogação daquela alínea, inserida num diploma geral, como a LQIP. Não se tratou naturalmente de um lapso, mas antes de uma atitude deliberada do legislador. E, assim, desde 2015, deixou de existir a indicação legal no sentido da qualificação das entidades administrativas independentes como institutos públicos de regime especial.

Além disso, as respetivas leis orgânicas também não as classificam como institutos públicos. Com efeito, o Banco de Portugal é apresentado

[974] No sentido de que, também no caso da CAAJ, "as notas de (maior) *governamentalização* parecem sobrepor-se às intenções e proclamações de (reforço) da independência", cf. João Nuno Calvão da Silva, "Regulação profissional dos administradores judiciais", in *Estudos em Homenagem a Mário Esteves de Oliveira, cit.*, p. 1029 e segs. (p. 1038).

simplesmente como "pessoa coletiva de direito público"; a Entidade Reguladora da Comunicação Social surge como "pessoa coletiva de direito público com natureza de entidade administrativa independente"; a CAAJ é uma "entidade administrativa independente". Além disso, e em geral, a LQER, que define um regime geral aplicável a uma parte muito significativa das entidades administrativas independentes (as entidades reguladoras), estabelece-se – num preceito com a epígrafe "natureza e requisitos" – que tais "são pessoas coletivas de direito público, com a natureza de entidades administrativas independentes". Na sequência, as leis orgânicas de cada uma das entidades abrangidas pela LQER (*v.g.*, Autoridade da Concorrência, CMVM) definem-nas, nos mesmos termos, como pessoas coletivas de direito público, com a natureza de entidades administrativas independentes.

Parece, portanto, que o tema da natureza das entidades administrativas está resolvido, pois as leis assumem, de forma taxativa, que se trata de pessoas coletivas de direito público "com a *natureza* de entidades administrativas independentes".

Na verdade, essas indicações apontam abertamente no sentido da consideração das entidades administrativas independentes como um novo tipo de pessoa coletiva de direito público, e não como entidades integradas na categoria dos institutos públicos.

Este parece ser exatamente o entendimento que presidiu à inclusão, no artigo 2.º, n.º 4, do CPA, de uma alínea a indicar que integram a Administração Pública as entidades administrativas independentes, que assim se autonomiza da alínea que faz a mesma indicação para os institutos públicos. A autonomização das entidades administrativas independentes em relação aos institutos públicos consta de outros diplomas, como são os casos da Lei do Acesso à Informação Administrativa e Ambiental – sobre o âmbito de aplicação subjetivo, o artigo 4.º, n.º 1, alínea *c)*, indica os órgãos dos institutos públicos, das entidades administrativas independentes e das associações e fundações públicas – e do Código dos Contratos Públicos.

Reconhecendo-se aqui, obviamente, o sentido e a inclinação de toda esta legislação, julgamos que essa evolução está marcada por um equívoco sobre o que significa a *natureza substancial* de uma entidade (o que ela é), bem como pela confusão entre a natureza e o regime jurídico.

Assim, relembrando o elenco das pessoas coletivas públicas de fins específicos e considerando a respetiva natureza substancial, temos três tipos: os institutos públicos, as empresas públicas e as associações públicas.

Nos dois primeiros casos, trata-se de entidades que correspondem a organizações de meios humanos e materiais para a realização de fins determinados ou a patrimónios afetos a finalidades públicas específicas. Por sua vez, as associações públicas assentam num elemento sobretudo pessoal, visto que congregam pessoas. Ora, as entidades administrativas independentes comungam dos elementos fundamentais da natureza institucional dos institutos públicos: trata-se de organismos de natureza institucional (que têm como suporte um *serviço*, uma "organização de meios materiais e humanos") instituídos com o propósito de prosseguirem, em nome próprio, determinados fins públicos do Estado.

Não vemos, por isso, qualquer razão para *desqualificar* as entidades administrativas independentes como institutos públicos, e parece-nos de recusar a solução da lei – que nada resolve – de as considerar de uma *natureza* que não corresponde a coisa nenhuma e que fornece exclusivamente uma indicação sobre o regime de independência em face do Governo, mas não sobre a natureza de tais entidades enquanto pessoas coletivas de direito público.

As entidades administrativas independentes e, em particular, as entidades reguladoras abrangidas pela LQER, devem, portanto, ser consideradas institutos públicos[975].

Outra é a questão da delimitação dos contornos do regime jurídico aplicável a estes institutos públicos. Pode até chegar-se à conclusão de que as referidas entidades se submetem a um regime jurídico radicalmente diferente do especificamente previsto para os institutos públicos, na LQIP. Pois, ainda que seja assim, não há qualquer obstáculo a continuar a considerar essas entidades como institutos públicos: institutos públicos especiais, como se compreende. Por isso, propomos aqui designá-los "institutos públicos independentes" [cf. ponto 115].

142 – Em especial, as entidades administrativas independentes com funções de regulação da economia: entidades reguladoras

Dentro do universo das entidades administrativas independentes ocupam hoje um lugar de destaque as entidades com funções de regulação da economia – entidades reguladoras ou, na linguagem do direito da União Europeia, autoridades reguladoras nacionais (ARN).

[975] Em relação ao Banco de Portugal, qualificando-o como entidade pública de cariz institucional, cf. Fernanda Maçãs/João Pedro Castro Mendes, "O Banco de Portugal: atribuições e natureza jurídica", in Carla Amado Gomes/Ana Fernanda Neves/Tiago Serrão, *Organização Administrativa, cit.*, vol. I, p. 655 e segs. (p. 661).

No direito português, temos, desde 2013, uma lei-quadro que se ocupa destas entidades, a LQER; apesar de se intitular "lei-quadro", a LQER não tem valor reforçado, pelo que o que nela se estabelece pode ser derrogado por outros diplomas (leis ou decretos-leis), incluindo, desde logo, os diplomas que aprovam os estatutos de cada entidade[976].

142.1 – Estado Regulador e desgovernamentalização da Administração
Corretamente, estabelece-se com muita frequência uma correspondência entre *regulação (Estado Regulador)* e *Administração independente.* E percebe-se que assim seja, pois que nos fundamentos do *Estado Regulador* não se encontra apenas a ideia de uma intervenção pública "meno pesante", mas também a adjudicação das novas funções de regulação pública a entidades em condições de garantirem uma atuação neutral, sem interferências ou pressões de natureza política. À crise da representação e da *auctoritas* dos titulares do poder político designados segundo os canais tradicionais, juntou-se a perceção de que haveria uma contradição entre o princípio de ordenação liberal da economia e a racionalidade das decisões governamentais, tantas vezes motivadas pelas estratégias e táticas políticas de maiorias momentâneas. Ao mesmo resultado conduziu a pretensão de evitar a concentração na esfera dos governos de poderes de regulação com outros tipos de poderes de intervenção na economia. Tratou-se, portanto, de cumprir uma exigência de *neutralização* da regulação, desconectando-a das *pressões políticas do dia-a-dia*: a independência do regulador (a sua separação) em face dos governos e das maiorias políticas seria a garantia dessa neutralidade. Por outro lado, a neutralização estaria conforme com a própria natureza da função de regulação da economia e dos mercados, apresentada geralmente como atividade de natureza *técnica* e *apolítica.*

A desgovernamentalização da regulação da economia transformou-se num princípio de boa governação dos mercados. Neste contexto, o direito da União Europeia apoiou e incentivou a institucionalização do modelo da regulação independente e das autoridades reguladoras independentes: compreende-se uma tal opção, coerente com a dinamização de um *federalismo administrativo* no interior da União Europeia, que resulta da atribuição à Comissão Europeia e ao Banco Central Europeu (e, no futuro, às agências

[976] Sobre a LQER, cf. Pedro Costa Gonçalves/Licínio Lopes Martins, "Nótulas sobre o novo regime das entidades independentes de regulação da atividade económica", *Textos de Regulação da Saúde/ano de 2013*, n.º 4, 2014, Entidade Reguladora da Saúde, p. 9 e segs.

europeias setoriais) de uma *supremacia funcional* sobre as autoridades administrativas nacionais; ora, a afirmação desta supremacia casa especialmente bem com uma autoridade administrativa nacional independente e desgovernamentalizada.

Mas, se bem virmos, a promoção europeia da regulação independente acaba, a final, por corresponder essencialmente à promoção de uma regulação independente dos Governos nacionais, mas já não necessariamente independente dos organismos da própria União Europeia. Isto é bem visível, por ex., na regulação do setor bancário, em que os bancos centrais estão integrados, em posição subalterna, num sistema que tem no topo o Banco Central Europeu[977]. Outro tanto se verifica na regulação das comunicações eletrónicas em que as autoridades reguladoras nacionais, que têm de ser independentes (dos Governos) estão obrigadas a tomar na máxima conta recomendações provenientes da Comissão Europeia. Neste sentido, a imposição europeia da regulação independente visa alcançar um modelo de europeização (de desnacionalização) da função administrativa de regulação da economia.

142.2 - LQER

Desde agosto de 2013, com a LQER, passou a existir uma lei-quadro que disciplina o modelo institucional das designadas "entidades reguladoras" – o conceito surge aí com o sentido de se aplicar às entidades reguladoras reconhecidas como tal na lei que aprova a LQER, a saber: Autoridade de Supervisão de Seguros e Fundos de Pensões; Comissão do Mercado de Valores Mobiliários; Autoridade da Concorrência; Entidade Reguladora dos Serviços Energéticos; ANACOM; Autoridade Nacional de Aviação Civil, Autoridade da Mobilidade e dos Transportes; Entidade Reguladora dos Serviços de Águas e Resíduos; Entidade Reguladora da Saúde.

Fora do âmbito de aplicação da LQER ficam algumas entidades reguladoras com o estatuto de autoridades independentes: o *Banco de Portugal* (regula o setor bancário), a *Entidade Reguladora da Comunicação Social* (regula a comunicação social). Ambas as exclusões se compreendem pois, no primeiro caso, trata-se de um organismo com estatuto constitucional e que, hoje, se encontra, direta e/ou primariamente, sujeita ao direito da União Europeia e,

[977] De resto, nesse caso, já se processou até um fenómeno de desnacionalização da função de supervisão bancária, deslocando-a dos organismos nacionais de supervisão para o Banco Central Europeu: sobre isto, cf. Pedro Costa Gonçalves, "Supervisão bancária pelo BCE", *cit.*, p. 9 e segs. [cf. pontos 34 e 35.4, *b)*].

no segundo, de uma entidade que exerce uma função de regulação em matérias muito específicas, de natureza não estritamente económica (os meios de comunicação social, as liberdades de imprensa e de informação, etc.).

Por outro lado, importa ter presente que há organismos reguladores, no âmbito da regulação económica, não abrangidos pela LQER, pelo facto de não adotarem o figurino de entidades administrativas independentes: entre outros, são os casos do IMPIC, IP, que regula atividades económicas (setores da construção e do imobiliário) ou o Instituto dos Vinhos do Douro e Porto, IP (regulação do comércio e indústria de vinhos).

142.2.1 – Processo de criação

O princípio *da prevalência da Administração direta do Estado sobre as formas de Administração indireta* [cf. pontos 55.1 e 57.2.2] também se aplica neste âmbito da Administração independente: nos termos da LQER, as entidades reguladoras só podem ser criadas para a prossecução de atribuições de regulação de atividades económicas que recomendem, face à necessidade de independência no seu desenvolvimento, a não submissão à direção do Governo.

A lei estabelece *proibições* – as entidades reguladoras não podem ser criadas para desenvolver atividades que, nos termos da Constituição, devam ser desempenhadas por serviços e organismos da administração direta ou indireta do Estado ou para participar, direta ou indiretamente, como operadores nas atividades reguladas ou estabelecer quaisquer parcerias com destinatários da respetiva atividade – e fixa *condicionalismos* – a criação de entidades reguladoras obedece à verificação de vários requisitos, como a demonstração da necessidade efetiva e interesse público na criação de uma nova pessoa coletiva para prossecução dos objetivos visados, a necessidade de independência para a prossecução das atribuições em causa e a capacidade de assegurar condições financeiras de autossuficiência.

As entidades reguladoras têm âmbito de intervenção a nível nacional, embora, nos termos da lei, "sem prejuízo do disposto nos Estatutos Político-Administrativos das regiões autónomas"[978]. Podem dispor de serviços territorialmente desconcentrados, sempre que tal se justifique.

[978] Já dissemos que a ressalva da lei talvez é suscetível de se interpretar como indicação de que os Estatutos das regiões poderão autorizar a criação de entidades reguladoras regionais, caso em que as entidades reguladoras nacionais terão a sua jurisdição circunscrita ao continente [cf. ponto 51].

142.2.2 – Independência

Nos termos da LQER, as entidades reguladoras dispõem de independência orgânica, funcional e financeira (e técnica).

No plano da *independência orgânica* apresenta-se muito relevante o *processo de designação dos membros do conselho de administração*. Embora este poder se mantenha na órbita governamental, é, no entanto, sujeito a uma prévia intervenção da Assembleia da República, que elabora um relatório sobre cada uma das audições aí realizadas. Sobre este relatório, a LQER apenas prevê que dele seja dado conhecimento ao Governo, não tendo, pois, qualquer efeito jurídico vinculativo quando desfavorável, o mesmo sucedendo com o parecer da Comissão de Recrutamento e Seleção da Administração Pública, que é obrigatório (mas não vinculativo). Contudo, se assim suceder (emissão de um relatório desfavorável pela Assembleia da República), deverá o Governo extrair daí consequências políticas, tendo em conta o quadro das relações interorgânicas que o processo de designação coenvolve, sob pena de a intervenção da Assembleia da República ser reduzida a uma mera formalidade procedimental, que apenas teria o efeito positivo de transparência e de publicidade.

O mandato dos membros do conselho de administração tem a duração de seis anos, não sendo renovável (embora as mesmas pessoas possam vir a ser providas nos órgãos da respetiva entidade reguladora decorridos seis anos após a cessação do mandato anterior). Além dos fundamentos gerais (morte ou incapacidade física ou psíquica, renúncia, incompatibilidade superveniente, condenação em crime doloso que ponha em causa a idoneidade para o exercício do cargo, cumprimento de pena de prisão, extinção da entidade reguladora), o mandato pode cessar por *dissolução* do conselho de administração ou por *destituição* dos seus membros.

Todavia, a dissolução e a destituição só podem ocorrer mediante resolução do Conselho de Ministros fundamentada em "motivo justificado", quando se verifique "falta grave", "responsabilidade individual ou coletiva", apurada em inquérito devidamente instruído, por entidade independente do Governo, e precedendo parecer do conselho consultivo, quando exista, da entidade reguladora em causa, e da audição da comissão parlamentar competente, *nomeadamente* em caso de: desrespeito grave ou reiterado das normas legais e estatutos, designadamente o não cumprimento das obrigações de transparência e informação no que respeita à atividade da entidade reguladora, bem como dos regulamentos e orientações da entidade reguladora; incumprimento do dever de exercício de funções em regime de exclusividade ou violação grave ou reiterada do dever de reserva; incumprimento substancial e injustificado do plano de atividades ou do orçamento da entidade reguladora.

No que se refere à *independência funcional*, a LQER estabelece expressamente que os membros do Governo não podem dirigir recomendações, nem emitir diretivas aos órgãos dirigentes das entidades reguladoras sobre a sua atividade reguladora ou sobre as prioridades a adotar na respetiva prossecução; estabelece igualmente que as entidades reguladoras são independentes no exercício das suas funções e não se encontram sujeitas a superintendência ou tutela governamental.

Quanto à *independência financeira*, apesar de a LQER não empregar o conceito, afigura-se que está contemplada, designadamente na referência legalidade ao requisito da "capacidade de assegurar condições financeiras de autossuficiência". Em geral, as entidades reguladoras dispõem de importantes receitas próprias, provenientes das taxas e das contribuições que cobram às empresas reguladas (taxas regulatórias. Além disso, dispõem de uma "autonomia própria" nos planos da gestão financeira e patrimonial.

142.2.3 – Independência com restrições

Contra o que porventura poderia resulta de uma compreensão mais exigente do conceito de Administração independente, a LQER estabelece restrições importantes e desenha mesmo mecanismos de *tutela administrativa (em regra, preventiva)* sobre as entidades administrativas. Ou seja, o sistema delineado pela LQER assenta, pois, num modelo de independência relativa (em face do Governo) e não absoluta.

Embora reafirmando, de forma aliás enfática, o princípio da independência, a parte final do n.º 1 do artigo 45.º ressalva que se trata de uma independência de acordo com o "disposto nos números seguintes". E, com exceção do n.º 2, todos os restantes números do citado preceito representam episódios, mais ou menos acentuados, de intervenção governamental em esferas de ação própria das entidades reguladoras.

De resto, o artigo 9.º já contém a indicação de que, "sem prejuízo da sua independência", as entidades reguladoras estão adstritas a um ministério, abreviadamente designado como "ministério responsável", em cuja lei orgânica aquelas devem ser referidas. Compreende-se a necessidade política e prática, decorrente de um princípio geral de organização administrativa e financeira do Estado, dessa "afetação" de cada entidade a um ministério específico. Sem prejuízo disso, o certo é que a lei acaba por conceder poderes importantes ao titular do ministério responsável, bem como, *et pour cause*, ao titular do ministério das finanças.

São os seguintes os poderes de intervenção do Governo:

i) Solicitação de informações aos órgãos das entidades reguladoras sobre a execução dos planos de atividades, anuais e plurianuais, bem como dos orçamentos e respetivos planos plurianuais. A este poder do Governo corresponde um dever de informar por parte das entidades reguladoras (o incumprimento deste dever poderá constituir "falta grave" para efeitos de destituição ou dissolução compulsiva).

ii) "Aprovação prévia" dos orçamentos e respetivos planos plurianuais, do balanço e das contas, bem como de quaisquer atos de incidência financeira cuja aprovação prévia se encontre prevista nos estatutos. Estas aprovações apenas podem ser recusadas mediante decisão fundamentada em ilegalidade ou em "prejuízo para os fins da entidade reguladora ou para o interesse público" ou ainda em parecer desfavorável emitido pelo conselho consultivo, caso este exista.

iii) "Autorização prévia" dos seguintes atos: aceitação de doações, heranças ou legados; aquisição ou alienação de bens imóveis, nos termos da lei; outros atos de incidência patrimonial cuja "aprovação prévia" se encontre prevista nos estatutos. Nos termos da lei, esta autorização governamental é condição de eficácia jurídica dos atos de autorização.

iv) "Autorização prévia" (em princípio, excecional) do recurso ao crédito por parte das entidades reguladoras.

A aprovação dos orçamentos e dos planos (plurianuais) apenas pode ser recusada pelo Governo com fundamento em motivos previstos na lei (ilegalidade ou prejuízo para os fins da entidade reguladora ou para o interesse público ou ainda em parecer desfavorável do conselho consultivo, quando exista). Mas, dada a abertura normativa estrutural dos conceitos legais que permitem fundar a recusa – "prejuízo para os fins da entidade reguladora ou para o interesse público" –, tem de se considerar a possibilidade de o Governo, no exercício deste efetivo poder de tutela preventiva, apreciar os planos financeiros e de atividade das entidades reguladoras segundo um juízo político, eventualmente formado em função de fatores circunstanciais ou contingenciais, e com a pretensão de "marcar a agenda" das entidades reguladoras, por via do exercício de uma genuína *tutela de mérito*.

Essa é uma possibilidade que a LQER não exclui. E não se perceciona qualquer exigência de uma leitura cautelosa daquelas cláusulas, que, por ex., limite a recusa de aprovação governamental a casos manifestos ou evidentes de prejuízo para os fins da entidade reguladora ou para o interesse público (*v.g.*, orçamentos irrealistas e mal elaborados; plano de atividades afastados das orientações de política geral para o sector económico ou para a área de atividade em que a entidade reguladora atue). É que, em rigor, a LQER não recusa, nem exclui, a supremacia política do Governo no sistema administrativo, abrangendo, pois, as entidades independentes com funções de regulação económica.

Além dos poderes de intervenção governamental acima indicados, que constam da LQER, outros existem, designadamente nas leis de orçamento do Estado.

Tendo em consideração o conjunto significativo de restrições – permanentes e pontuais – a que se encontrem submetidas, podemos concluir que se é certo que as entidades reguladoras beneficiam, de independência orgânica, funcional e financeira (receitas próprias), também é verdade que estão sujeitas a intrusões governamentais significativas no capítulo da gestão económico-financeira.

Embora não se configure como um fator de restrição da independência (perante o Governo), deve notar-se que as entidades reguladoras estão legalmente obrigadas a apresentar, na comissão parlamentar competente da Assembleia da República, o respetivo plano de atividades e a programação do seu desenvolvimento e que, anualmente, elaboram e enviam à Assembleia da República e ao Governo um relatório detalhado sobre a respetiva atividade e funcionamento no ano antecedente, sendo tal relatório objeto de publicação na sua página eletrónica.

Além disso, sempre que tal lhes seja solicitado, os membros dos órgãos das entidades reguladoras devem apresentar-se perante a comissão parlamentar competente da Assembleia da República, para prestar informações ou esclarecimentos sobre a respetiva atividade (cf. artigo 49.º da LQER): trata-se de uma manifestação da competência de fiscalização da Administração Pública que a Constituição confere à Assembleia da República [cf. artigo 160.º, n.º 1, alínea *a*), da CRP].

142.2.4 – Entidades reguladoras, Administração Pública e função administrativa

Com fundamento em doutrinas de origem norte-americana, alude-se, por vezes, a uma natureza incerta das entidades reguladoras, e considera-se que as mesmas pertencem a uma espécie de "quarto poder". Na verdade, é indiscutível que o figurino das entidades reguladoras independentes e imunes à orientação governamental constitui um desvio ao modelo administrativo clássico da Europa Continental. De resto, o desvio não conhece apenas essa faceta subjetiva ou institucional, e estende-se ao âmbito dos poderes que, em geral, tais entidades se encontram habilitadas a exercer, os quais incluem largos poderes normativos (regulamentos independentes) e sancionatórios, bem como poderes de resolução de litígios (considerados, por vezes, poderes quase-jurisdicionais) e, em muitos casos, poderes de praticar atos administrativos atípicos. O facto de um tão vasto e diversificado catálogo de poderes ser confiado a uma mesma entidade representa uma situação única no sistema administrativo. Se a isto se acrescentar que se está perante um tipo de entidades com uma posição institucional peculiar, percebe-se bem o sentido da referência à respetiva localização indefinida ou natureza incerta.

Neste contexto, não se revela naturalmente indiferente o facto de este modelo de entidade reguladora encontrar, em muitos casos, direta inspiração no direito da União Europeia (entidades de regulação financeira, de proteção de dados, das telecomunicações e da energia), que, deste modo, promove ou induz a uniformização de um modelo de intervenção do Estado na economia.

Sem deixar de reconhecer importantes especificidades do modelo institucional das entidades reguladoras independentes, parece, pelo menos, precipitada a conclusão no sentido de as desviar do sistema administrativo para lugar incerto. Com efeito, na nossa compreensão, as entidades reguladoras independentes são elementos da Administração Pública que desenvolvem funções administrativas com integral subordinação ao Direito Administrativo.

Subsecção IV
Execução de tarefas do Estado por entidades não estaduais

Nas três subsecções anteriores integram-se todas as entidades da Administração indireta do Estado: (i) entidades criadas pelo Estado (ii) para a realização de atribuições do Estado. Sucede, porém, que há tarefas do Estado confiadas, por lei ou por ato com fundamento na lei, a entidades que se localizam fora do Estado, que não são por ele criadas nem participadas. Ainda que, em sentido rigoroso, estejamos já fora da Administração "do" Estado, ainda se trata de uma Administração estadual indireta em sentido amplo, pois está em pauta a realização de fins do Estado por organismos não estaduais. Em termos genéricos, existe também aqui um fenómeno de "mediatização" ou de "intermediação", através do qual o responsável originário por uma tarefa pública desloca a execução dessa tarefa para uma terceira entidade.

143 – Entidades particulares com funções administrativas. 144 – Entidades regionais de turismo. 145 – Municípios e entidades intermunicipais.

143 – Entidades particulares com funções administrativas

Na nossa interpretação, as entidades particulares com funções públicas administrativas também se devem considerar membros ou sujeitos da Administração Pública, ainda que em sentido apenas funcional [cf. pontos 47.1.1 e 109]. Na medida em que, ao abrigo de concessão ou delegação do Estado, exerçam, em nome próprio, funções e tarefas originariamente apropriadas pelo Estado, os cidadãos e as entidades particulares (sociedades comerciais, associações civis, fundações) são sujeitos da Administração Pública e integram-se, pelo menos em sentido geral, na Administração indireta do Estado.

O dado empírico das entidades particulares com funções administrativas assumiu uma tão indiscutível e alargada relevância no sistema administrativo português que não se apresenta viável compreendê-lo na sua inteireza, nem tão-pouco descrevê-lo, sem as considerar como um elemento indiscutível desse sistema.

Um fator essencial para a delimitação deste setor da Administração Pública – e para a identificação de entidades particulares *com funções administrativas* – consiste na prévia apropriação pública (estadual) de uma determinada tarefa ou função. Quer dizer, uma entidade particular constitui um sujeito da Administração, se estiver incumbida de uma atividade correspondente a uma *função administrativa*. Isto pressupõe que a lei tenha confiado a *responsabilidade primária ou originária* por essa função à Administração do Estado [sobre os fatores que indicam a apropriação pública de uma tarefa, cf. ponto 185.2].

Eis o que ocorre com as empresas concessionárias de serviços públicos (*v.g.*, Fertagus, que explora o Eixo Ferroviário Norte-Sul, ANA – Aeroportos de Portugal, S.A., que explora o serviço público aeroportuário), de obras públicas (*v.g.*, Brisa, que explora autoestradas), de equipamentos públicos (*v.g.*, empresas que gerem hospitais públicos no âmbito das designadas parcerias público-privadas em saúde) ou de infraestruturas e bens do domínio público (*v.g.*, empresas concessionárias que exploram recursos geológicos) ou que exploram casinos ou salas de jogo de bingo. Análogas a essas situações, surgem as entidades do setor solidário e social que geram equipamentos públicos de apoio social com base em *acordos de gestão*.

A todas essas entidades particulares, que atuam, em nome próprio, no domínio do fornecimento de serviços públicos e na gestão ou na exploração de recursos públicos ou de equipamentos públicos, acrescem outras, incumbidas, por ex., da regulação oficial do desporto (as federações desportivas com estatuto de utilidade pública desportiva), da gestão de sistemas de certificação e de controlo de produtos com indicação de origem (*v.g.*, as comissões vitivinícolas regionais) ou do desenvolvimento de atividades de natureza técnica (*v.g.*, inspeção técnica de navios). Embora com contornos nem sempre claros, estas entidades encontram-se submetidas a fiscalização administrativa [sobre esta, cf. ponto 175].

Na delimitação das entidades particulares com funções públicas, há que proceder com o rigor necessário para se evitar reconduzir a esse universo entidades particulares que não se dedicam ao exercício da função administrativa, como é o caso, em geral, das instituições particulares de solidariedade social e de outras entidades que desenvolvem a sua ação no âmbito da designada economia social, das entidades com reconhecimento oficial para a prestação de serviços privados de certificação ["organismos notificados": cf. ponto 36.4], bem como das entidades particulares que se dedicam a atividades ou realizam projetos financiados por entidades públicas e por dinheiros públicos. A atuação desinteressada, para o bem comum, não é um monopólio da Administração Pública. Por outro lado, o financiamento de atividades particulares (de interesse público geral ou local) não transforma as entidades financiadas em instrumentos das entidades públicas financiadoras.

Em relação ao financiamento público de entidades particulares, e sem prejuízo do que acaba de se afirmar, devemos acrescentar duas observações. Por um lado, não é de excluir que o facto do financiamento revele, a final, uma espécie de concessão ou delegação encoberta de funções públicas (assim sucederá com o financiamento público concedido para que uma entidade particular desenvolva um projeto ou uma missão no interesse direto de uma pessoa coletiva pública). Por outro lado, independentemente da observação anterior, o financiamento público maioritário de uma entidade particular em certas condições pode conduzir à qualificação desta como organismo de direito público, o que constitui um fator relevante para a aplicação de algumas "leis de Direito Administrativo" (cf. artigo 2.º, n.º 2, do Código dos Contratos Públicos; e artigo 4.º, n.º 2, da Lei de Acesso à Informação Administrativa e Ambiental).

Aqui se nos figura de reconduzir a *Santa Casa da Misericórdia de Lisboa* (SCML), entidade a quem se encontra concedido o direito (reservado ao Estado) de promover concursos de apostas mútuas. Ainda que num formato particular, a SCML é uma entidade privada cuja gestão se encontra sob controlo do Estado.

De acordo com os respetivos estatutos, a SCML, é uma "pessoa coletiva de direito privado e utilidade pública administrativa". O provedor é nomeado por despacho conjunto do Primeiro-Ministro e do membro do Governo que exerce a tutela (membro do Governo que superintende a área da segurança social). O vice-provedor e os vogais são nomeados pelo membro do Governo que exerce a tutela, ouvido o provedor.
Encontra-se sob *tutela administrativa do Estado*: nos termos da lei, esta *tutela* abrange, além do mais, a definição das orientações gerais de gestão, a fiscalização da atividade da Misericórdia de Lisboa e a sua coordenação com os organismos do Estado ou dele dependentes. A despeito da expressa indicação legal, a relação entre o Estado e a SCML não se reconduz

exclusivamente à tutela; a definição de *orientações gerais de gestão* é um poder típico de superintendência[979].

144 – Entidades regionais de turismo

O conceito de associação pública está fundamentalmente vinculado ao setor da Administração autónoma corporativa [cf. ponto 170]. Não obstante, não existe qualquer obstáculo teórico ou dogmático à consideração da associação pública como suporte institucional de Administração estadual indireta. Exemplifica esta situação a figura das *entidades regionais de turismo.*

Nos termos da lei que as disciplina, trata-se de *pessoas coletivas públicas de natureza associativa*, de âmbito territorial (correspondente às NUTS II), que juntam o Estado, os municípios abrangidos pela área regional de turismo e entidades privadas com interesses no turismo. Representam, no plano institucional ou orgânico, um modelo de "administração partilhada", "em condomínio" (estadual-municipal-privado). Trata-se, por isso, de "associações públicas em condomínio público-privado".

Embora se dediquem à realização de fins Estado, com recursos do Estado e sob controlo do Estado, as entidades regionais de turismo não pertencem ao Estado nem se encontram, enquanto associações, sob participação dominante do Estado (nos termos da lei, o Estado designa um representante para a assembleia geral de cada entidade regional de turismo; na assembleia, esse representante é titular de um voto, como cada um dos demais membros). Esta é a razão que explica a colocação destas entidades na Administração estadual indireta em sentido genérico, mas, em termos institucionais, "fora do Estado".

As entidades regionais de turismo têm por missão a valorização e o desenvolvimento das potencialidades turísticas da respetiva área regional de turismo, bem como a gestão integrada dos destinos no quadro do desenvolvimento turístico regional, "de acordo com as orientações e diretrizes da política de turismo definida pelo Governo e os planos plurianuais da administração central e dos municípios que as integram"; cabe-lhes, além do mais, "colaborar com os órgãos da administração central com vista à prossecução

[979] Sustentando a natureza híbrida da SCML, cf. Miguel Prata Roque, "Misericórdias e conflito de jurisdições: a impugnação de deliberações das associações religiosas", *Revista da Ordem dos Advogados*, ano 78, 2018, p. 835 e segs. (p. 847 e segs.).

dos objetivos da política nacional que for definida para o turismo". Celebram com um instituto público (Turismo de Portugal, IP) contratos programa onde são estabelecidos os objetivos, as metas e as prioridades para as duas atividades. Em suma, as entidades regionais de turismo são instrumentos de realização da política do Estado para o setor do turismo, e desenvolvem a sua atividade ao nível regional, nos termos da lei, sob a tutela e, na prática, também sob a orientação do Governo.

145 – Municípios e entidades intermunicipais

Embora localizados na Administração autónoma (em relação ao Estado), os municípios e as entidades intermunicipais podem surgir como instrumentos para a realização de fins do Estado, ou seja, como organismos de Administração estadual indireta. A figura que aqui se mobiliza é a da *delegação de competências* (cf. artigo 116.º do RJAL).

A delegação de competências é, nos termos definidos no RJAL, um instrumento alternativo à *transferência legal de competências* – já qualificámos este último como "processo de descentralização" [cf. ponto 58.3, *a)*].

Em comparação com a transferência de competências, o processo de delegação mantém a titularidade das competências delegadas na esfera do Estado e permite soluções mais adaptadas a cada caso, pois não vigora aqui a *regra da universalidade*, aplicável à transferência de competências (nem todos os municípios dispõem necessariamente do mesmo catálogo de competências delegadas).

O artigo 124.º, n.º 1, do RJAL estabelece que o Estado concretiza a delegação de competências em todos os domínios dos interesses próprios das populações das autarquias locais e das entidades intermunicipais, em especial no âmbito das funções económicas e sociais. Esta diretriz aplica-se fundamentalmente ao Estado-legislador e não à delegação propriamente dita, posto que, nos termos do n.º 2, "as competências delegáveis são as previstas em lei". Conclui-se, pois, que o RJAL não contém uma "habilitação legal completa", que autorize o Estado imediatamente a delegar por via administrativa.

Ao contrário do que parece retirar-se da sua letra, o n.º 2 do artigo 117.º do RJAL – "os órgãos do Estado *podem delegar* competências nos órgãos das autarquias locais" – não constitui uma base legal suficiente para as delegações de competências do Estado nas autarquias locais. É necessária uma lei que preveja, e concretize, as *competências delegáveis*: isto mesmo resulta do artigo 124.º, n.º 2. Esta norma foi inserida na sequência do Acórdão do Tribunal Constitucional n.º 296/13, que decidiu que a mera autorização legal para efetuar delegações "não respeita os requisitos de densidade normativa mínima" que o artigo 111.º, n.º 2, da CRP reclama de uma norma habilitante de delegações, designadamente quanto ao objeto da delegação.

A delegação deve respeitar os princípios da igualdade e da não discriminação, da estabilidade, da prossecução do interesse público, da continuidade da prestação do serviço público e da necessidade e suficiência dos recursos. Concretiza-se, em regra, através da celebração de um contrato: cf. artigo 120.º, n.º 1, do RJAL.

A exigência de *contrato de delegação* constitui a regra: a delegação operada por outra via é nula (artigo 120.º, n.º 1). Compreende-se o sentido da exigência de contrato, pois a possibilidade de uma delegação unilateralmente imposta pelo Estado constituiria uma afronta ao princípio da autonomia municipal.

O RJAL estabelece o regime jurídico dos contratos de delegação, nos termos que passamos a expor de forma breve.

i) Quanto à formação: exigência de realização de estudos que avaliem o impacto económico-financeiro da delegação, que deverão demonstrar a verificação das seguintes condições: não aumento da despesa pública global; aumento da eficiência da gestão dos recursos pelos municípios; ganhos de eficácia do exercício das competências pelos municípios; cumprimento dos objetivos de aproximação das decisões aos cidadãos, de promoção da coesão territorial, de reforço da solidariedade inter-regional, de melhoria da qualidade dos serviços prestados às populações e de racionalização dos recursos disponíveis: articulação entre os diversos níveis da administração pública.

ii) Quanto ao conteúdo: por força da remissão, com adaptações, do artigo 122.º, n.º 1 para os n°s. 1, 2 e 5 do artigo 115.º, os contratos de delegação deverão prever os recursos humanos, patrimoniais e financeiros necessários e suficientes ao exercício dos poderes delegados, bem como referir as fontes de financiamento e os modos de afetação (não se entende o sentido da remissão para o n.º 5 do artigo 115.º!).

Em comparação com a delegação de poderes regulada no CPA (artigos 44.º e segs.), a delegação prevista e regulada no RJAL não tem, necessária nem principalmente, por objeto competências públicas de decisão, para a prática de atos administrativos. Na verdade, objeto de delegação podem ser, e serão em regra, atividades materiais e tarefas globais, que envolvem ações materiais (*v.g.*, gestão de espaços, de infraestruturas e de equipamentos), de planificação e de natureza burocrática (*v.g.*, gestão de procedimentos e de recursos humanos), bem como, por conexão com essas mesmas atividades, a eventual tomada de decisões, a celebração de contratos administrativos e até a emissão de normas.

iii) Quanto à execução e cessação: definição do período de vigência (artigos 126.º e 129.º), previsão da possibilidade de suspensão e das formas de cessação do contrato (artigos 123.º e 126.º, n°s. 3 e 4).

O período de vigência do contrato de delegação coincide com a duração do mandato do Governo, salvo casos excecionais, devidamente fundamentados. O contrato considera-se renovado após a tomada de posse do Governo, sendo certo que, neste caso, os outorgantes podem promover a denúncia (livre) do contrato, no prazo de seis meses após a tomada de posse do Governo (artigo 126.º).

Resulta da natureza contratual da delegação que ambas as partes podem resolver o contrato por incumprimento da contraparte ou por razões de interesse público devidamente fundamentadas.

Em termos a prever no contrato, o Estado (na condição de delegante) pode deter o poder de emitir diretivas e instruções vinculativas quanto ao exercício dos poderes delegados. Trata-se de uma solução que, quando prevista, se compreende, em atenção ao facto de as competências delegadas pertencerem ao delegante, ao Estado.

Contudo, nesse ponto, importa ter presente o artigo 4.º, n.º 5, da *Carta Europeia da Autonomia Local*, o qual estabelece que, em caso de delegação de poderes por uma autoridade central, "as autarquias locais devem gozar, na medida do possível, de liberdade para adaptar o seu exercício às condições locais".

Ainda neste contexto, observe-se que a delegação dá origem a uma relação jurídica nova, que, no respetivo âmbito, neutraliza ou paralisa a relação eventualmente existente entre o delegante e o delegado. Os poderes do Estado na relação de delegação são mais amplos do que no âmbito da relação de tutela (podem incluir, desde logo, o poder de emissão de diretivas e instruções, bem como o de determinar a cessação da delegação e, assim, fazer regressar o exercício das competências delegadas à esfera do Estado delegante).

Capítulo 11
Administração Pública autónoma

O conceito de Administração Pública autónoma indica o setor da Administração "autónoma" em relação ao Estado, porque composto por entidades que dispõem de capacidade de gestão dos seus próprios interesses sem ingerência ou orientação do Estado. Este setor bifurca-se em Administração autónoma territorial (Secção I) e Administração autónoma corporativa (Secção II).

Secção I
Administração autónoma territorial

Vamos começar por analisar a Administração autónoma territorial, que assenta no Poder Local e que tem o suporte institucional nas autarquias locais. A exposição deste ponto subdivide-se em três subsecções: a Subsecção I refere-se às relações entre os conceitos de Administração autónoma e autarquias locais; a Subsecção II é dedicada ao município; a Subsecção III ocupa-se da freguesia.

Subsecção I
Administração autónoma e autarquias locais

146 – Administração autónoma e Administração autónoma territorial

A Administração Pública portuguesa não é apenas Administração do Estado. Existe um setor da Administração Pública "fora" do Estado, que se dedica à prossecução de interesses próprios, que se diferenciam dos interesses administrativos (gerais) de que o Estado se ocupa. Surge-nos aqui uma *Administração Pública autónoma* – autónoma é um conceito *relacional*, no sentido de que referencia ou indica uma situação perante alguém ou alguma coisa; no nosso caso, a autonomia da Administração autónoma afirma-se perante o Estado, a Administração do Estado.

Seguindo a proposta de Vital Moreira[980], a Administração autónoma compreende os seguintes elementos: *i)* existência de uma coletividade infraestadual que congrega os indivíduos ligados por uma característica comum, a qual pode assentar na residência num certo local ou no exercício de uma certa atividade ou profissão (coletividade que corresponde a uma "parte do povo" do Estado); *ii)* consideração de que essa coletividade tem interesses próprios e específicos, que se podem diferenciar em relação aos interesses gerais da coletividade estadual; *iii)* governo ou administração desses interesses próprios pelos indivíduos que formam a coletividade, diretamente ou (indiretamente) através de órgãos por eles eleitos (*autogoverno* ou *autoadministração*); *iv)* autonomia face ao Estado, com a exclusão de formas de direção, orientação ou ingerência estadual quanto ao mérito das opções e das medidas dos órgãos da administração autónoma; *v)* utilização de meios e instrumentos próprios da Administração Pública.

[980] Vital Moreira, *Administração Autónoma e Associações Públicas*, *cit.*, p. 78 e segs.

Concordamos com esse ponto de vista, exceto quanto ao segundo elemento indicado, o qual não parece que esteja presente em todas as formas de Administração autónoma (veremos que no caso da Administração corporativa, o Estado não reconhece como próprios ou específicos da coletividade de interessados os interesses públicos que esta gere).

A Administração autónoma é um instrumento de participação dos cidadãos na Administração Pública, interliga-se com a autoadministração ("administração realizada pelos destinatários da atividade administrativa") e com o conceito de descentralização [cf. ponto 58.1].

Embora os conceitos aparentem proximidade, a Administração autónoma representa uma realidade jurídica muito diferente da Administração independente. Esta identifica um organismo (em regra, pertencente ao Estado), que prossegue finalidades próprias do Estado e que se revela imune à interferência (direção ou orientação) de outros órgãos públicos: a *independência* indica esta "não interferência na administração de interesses públicos". A Administração autónoma, por sua vez, identifica organismos que prosseguem interesses públicos próprios, não estaduais, através de órgãos eleitos pela coletividade de diretos interessados na gestão desses mesmos interesses. A *autonomia* indica a "autoadministração de interesses públicos".

Há duas manifestações da Administração autónoma: territorial e não territorial (esta também se designa *funcional* ou *corporativa*); a diferença essencial entre ambas reside no fator territorial, mas este elemento está na origem de outras diferenças essenciais entre os dois tipos de autonomia e de descentralização [cf. ponto 58.2].

A Administração autónoma territorial é a parte do sistema administrativo que se ocupa da realização dos interesses próprios e específicos da população residente num espaço delimitado do território nacional através de órgãos eleitos e representativos. As pessoas coletivas públicas de referência deste setor da Administração Pública são as *autarquias locais*, ou seja, os *municípios* e as *freguesias*.

147 – Subsidiariedade, descentralização e autonomia local

O Estado é unitário e respeita na sua organização e funcionamento o regime autonómico insular e os princípios da subsidiariedade, da autonomia das autarquias locais e da descentralização democrática da Administração Pública: artigo 6.º, n.º 1, do CRP.

Nesse preceito, a Constituição consagra o princípio geral da unidade do Estado no respeito ou em articulação com os princípios da subsidiariedade, da autonomia local e da descentralização.

Como sabemos, o Estado português compreende vários níveis territoriais: nacional; continental e das regiões autónomas; municipal; das freguesias [cf. ponto 51].

Essa separação ou divisão vertical conhece repercussões imediatas no plano da organização administrativa. De resto, como já explicámos, para a compreensão do sistema administrativo português, revela-se conveniente considerar uma *separação dualista* entre Administração Pública do continente e Administração Pública das regiões autónomas.

Pois bem, considerando apenas o sistema administrativo do continente, vamos encontrar três níveis territoriais sobrepostos: o território do continente, como um todo, o território de cada município e o território de cada freguesia.

> Embora no continente (e nas regiões autónomas) existam três níveis territoriais, podemos aludir, embora com um outro sentido, a dois níveis de poder: o poder estadual (do Estado) ou regional (das regiões autónomas), por um lado, e o poder local (das autarquias locais), por outro – recorde-se que "poder local" é um conceito constitucional e dá mesmo o nome ao Título VIII da CRP. A referência às autarquias locais como "poder local" resulta de, na perspetiva constitucional, o poder político não se esgotar no Estado: abrange a soberania do Estado, a autonomia regional (regiões autónomas) e o poder local, das autarquias locais[981].

Tendo em consideração essa estrutura de organização territorial, o princípio da *subsidiariedade* indica que os assuntos públicos devem ser geridos, de preferência, pelo escalão ou nível territorial mais próximo das pessoas interessadas ou afetadas. Neste mesmo sentido aponta o princípio da descentralização democrática da Administração Pública, que compreende uma orientação no sentido da *transferência de competências* do Estado para entes descentralizados, mais próximos e participados pelos destinatários da ação pública.

[981] Neste sentido, cf. Jorge Miranda, "O direito à autarquia local", *Revista de Direito Administrativo* (AAFDL), n.º 5, 2019, p. 33 e segs. (p. 34).

Os princípios da subsidiariedade e da descentralização representam diretrizes ou orientações constitucionais sobre a distribuição ou divisão do poder administrativo por vários níveis territoriais do sistema administrativo: no sentido da promoção da divisão do poder (descentralização) e sobre o modo de efetuar essa divisão (subsidiariedade).

Intimamente relacionada com esses princípios, a autonomia das autarquias locais situa-se, porém, num outro plano[982]. Esta aponta para a ideia de que os poderes das autarquias locais – quer os que lhes sejam transferidos, quer os que, no quadro da lei, assumem como seus – são por elas exercidos com *autonomia* e *autodeterminação, sob a sua responsabilidade* e, assim, sem sujeição a orientações ou instruções do Estado ou de outra entidade. É também com este sentido que se afirma que a "autonomia local é um dos pilares fundamentais em que assenta a organização territorial da República Portuguesa, tal como resulta do artigo 6.º, n.º 1, da Constituição"[983].

Na conceção originária, autonomia indica o poder de uma entidade emitir normas jurídicas, com fundamento na sua própria autoridade: a autonomia seria, portanto, a capacidade de produzir normas jurídicas (pleonasticamente, *autonomia normativa*). Mas hoje a autonomia tem um sentido mais geral, e remete para o poder que uma pessoa coletiva pública detém de efetuar, apenas com os limites da lei, as suas próprias escolhas para a realização dos seus interesses. Trata-se da capacidade de uma pessoa coletiva pública administrar os seus interesses e de pautar a sua ação pelos seus próprios critérios, de forma autodeterminada, sem a direção nem a orientação de terceiros. A autonomia equivale, pois, a uma *capacidade de autoadministração*.

Esta ideia encontra-se clara no conceito de autonomia local da *Carta Europeia da Autonomia Local* (ratificada pelo Estado Português e em vigor na ordem jurídica portuguesa desde 1 de abril de 1991). Com efeito, nos termos do artigo 3.º, n.º 1, da *Carta*, entende-se por "autonomia local o direito e a capacidade efetiva de as autarquias locais regulamentarem e gerirem, nos termos da lei, sob sua responsabilidade e no interesse das respetivas populações uma parte importante dos assuntos públicos": esta noção de autonomia não referencia só a nota da autodeterminação, pois

[982] Neste ponto, cf. J. Casalta Nabais, "A autonomia local (alguns aspectos gerais)", *Estudos em Homenagem ao Prof. Doutor Afonso Rodrigues Queiró*, vol. II, Coimbra Editora, 1993, p. 107 e segs.

[983] Cf. Acórdão do Tribunal Constitucional n.º 420/2018 (n.º 8).

aponta também para a exigência de que as autarquias se ocupem de "uma parte importante dos assuntos públicos".

Com frequência, as leis efetuam qualificações ou especificações da autonomia, em regra, com o propósito de evidenciar a capacidade de decisão própria de uma entidade numa determinada matéria (autonomia patrimonial, autonomia disciplinar) ou a capacidade de utilização de instrumentos próprios da atividade administrativa (autonomia regulamentar, autonomia administrativa).

148 – Garantia constitucional da autonomia local

A autonomia local constitui uma *garantia institucional* das autarquias locais. Neste sentido, num plano jurídico, a autonomia local tem um carácter essencialmente objetivo, de garantia de uma instituição, e não, como os direitos, de proteção de uma situação jurídica subjetiva. Mas trata-se de uma realidade protegida pela Constituição, encontrando-se aliás em grande medida coberta por um regime jurídico análogo ao regime constitucional de tutela dos direitos, liberdades e garantias: *i)* reserva de lei, nas variáveis de reserva relativa [artigo 165.º, n.º 1, alínea *q)*, quanto ao estatuto das autarquias locais] e de reserva absoluta de competência da Assembleia da República [artigo 164.º, n.º 1, alíneas *l)*, *n)* e *r)*, quanto, respetivamente, às eleições dos titulares dos órgãos autárquicos, à criação, modificação e extinção de autarquias locais e ao regime geral de elaboração de orçamentos das autarquias locais]; *ii)* exigência de observância da proporcionalidade nas medidas restritivas da autonomia; *iii)* limite material de revisão constitucional [cf. artigo 288.º, alínea *n)*, da CRP].

Além disso, as autarquias locais beneficiam de um regime constitucional que, em função do elemento territorial e da sua configuração como protagonistas do poder local, as distingue no panorama da Administração Pública: além do Estado e das regiões autónomas, só as autarquias são, por força da Constituição, titulares de domínio público (artigo 84.º, n.º 2); além dos do Estado e das regiões autónomas, os bens das autarquias podem ser defendidos por qualquer pessoa, no exercício do direito de ação popular [artigo 52.º, n.º 3, alínea *b)*]; além do Estado e das regiões autónomas, as autarquias locais são as únicas entidades da Administração que a Constituição autoriza a serem titulares de poderes tributários (artigo 238.º, n.º 4) e às quais atribui a titularidade de poder regulamentar (artigo 241.º).

Enquanto garantia constitucionalmente protegida, o âmbito da autonomia local inclui, desde logo, a garantia da existência de autarquias locais:

veja-se o artigo 235.º, n.º 1, da CRP, no sentido de que "a organização democrática do Estado compreende a existência de autarquias locais" – neste sentido, pode dizer-se que "a Constituição não só *garante* como *impõe* a existência de autarquias locais em todo o país"; pelo que "nenhuma parcela do país pode deixar de estar organizada sob a forma de autarquia local"[984].

Inerente à garantia constitucional da existência de autarquias locais é a garantia de definição de um círculo de interesses autárquicos ["assuntos próprios do círculo local": cf. ponto 149], a atribuição de poderes públicos para realizar esses interesses, bem como a garantia de acesso e disponibilidade de recursos financeiros que permitam satisfazer as necessidades públicas relacionadas com os interesses locais[985]. Daqui decorre que a autonomia local se vai projetar em múltiplas dimensões, em graus diferenciados, que variam em razão da categoria da autarquia (município ou freguesia): autonomia regulamentar; autonomia de planeamento; autonomia de organização; autonomia financeira; autonomia patrimonial; autonomia administrativa; autonomia na contratação de pessoal.

Claro que todas estas dimensões de autonomia se desenvolvem dentro de limites e de condicionantes legais. Além disso, a autonomia local não é um valor absoluto e pode sofrer compressões e restrições de vária ordem e em vários planos: eis o que ocorre com as restrições legais (orçamentais) em matéria de contratação de pessoal; ou com os cenários de restrição severa da autonomia financeira de autarquias locais endividadas e em processo de ajustamento financeiro. No campo dos limites e restrições da autonomia local ocupa um lugar de destaque a tutela administrativa do Estado [cf. pontos 164.1 e 174].

[984] Cf. Jorge Miranda, "O direito à autarquia local", *cit.*, p. 35.

[985] Quanto à proteção constitucional da autonomia financeira das autarquias locais, vale a pena transcrever o Acórdão do Tribunal Constitucional n.º 398/2013,quando sublinha que a consagração constitucional da autonomia local traduz "o reconhecimento da existência de um conjunto de interesses públicos próprios e específicos de populações locais, que justifica a atribuição aos habitantes dessas circunscrições territoriais do direito de decisão no que respeita à regulamentação e gestão, sob a sua responsabilidade e no interesse dessas populações, de uma parte importante dos assuntos públicos. Este reconhecimento tem pressuposta a ideia de que as autarquias locais têm de dispor de património e receitas próprias que permitam conferir operacionalidade e tornar praticável a prossecução do interesse público, concretamente, dos interesses específicos e próprios das respetivas populações. Assim, para que possam levar a cabo o conjunto de tarefas que estão incluídas nas suas atribuições e competências, é colocada à disposição das autarquias locais um conjunto de mecanismos legais e operacionais suscetíveis de as tornarem exequíveis, designadamente a possibilidade de disporem de património e receitas próprias, gozando, assim, de autonomia financeira".

A autonomia local é suscetível de tutela judicial, por via da impugnação de atos e medidas estaduais de qualquer natureza que atentem contra a garantia constitucional. Mas, por si mesmas, as autarquias locais apenas podem impugnar as medidas restritivas que revistam um carácter administrativo, estando-lhes vedada a possibilidade de reação contra medidas legislativas[986].

149 – Conceito de autarquia local

O n.º 2 do artigo 235.º da CRP caracteriza as autarquias locais como "pessoas coletivas territoriais dotadas de órgãos representativos, que visam a prossecução de interesses próprios das populações respetivas"[987].

> Autarquia (autarcia) é um vocábulo com origem no grego clássico, que significa "o que se basta a si próprio", que é autossuficiente, independente, não dependente de terceiros. Em termos jurídicos, o conceito começou por ser utilizado em Itália no fim do século XIX (Santi Romano), com o propósito de referenciar as entidades administrativas com capacidade de administrar os seus próprios interesses públicos. A autarquia situava-se num plano muito próximo, mas diferente do da autonomia, uma vez que esta se associava a um poder de normação, de edição de normas. Atualmente, a autarquia tem praticamente um sentido equivalente ao de autonomia; por isso se conclui que dizer *autonomia das autarquias locais* (artigo 6.º da CRP) "é, literalmente pleonástico, mas o sentido é de acentuação desse significado, no contexto global do preceito (...)"[988].

As autarquias locais são "pessoas coletivas de direito público"; trata-se, pois, de entidades dotadas de personalidade jurídica, que prosseguem atribuições públicas.

[986] Neste ponto, cf. José de Melo Alexandrino, "O défice de protecção do poder local: defesa da autonomia local perante o Tribunal Constitucional?", *Direito Regional e Local*, n.º 5, 2009, p. 12 e segs.

[987] Cf. António Cândido de Oliveira, *Direito das Autarquias Locais*, Coimbra Editora, 2013; José de Melo Alexandrino, "Direito das Autarquias Locais", in Paulo Otero/Pedro Gonçalves, *Tratado de Direito Administrativo Especial*, vol. IV, Almedina, 2010, p. 11 e segs.; Pedro Costa Gonçalves/Ana Raquel Moniz, "Local government in Portugal", in Ángel-Manuel Moreno (ed.), *Local government in the Member States of the European Union: a comparative legal perspective*, INAP, Madrid, 2012, p. 505 e segs.; Sérvulo Correia, "Direito constitucional das autarquias locais", *Questões Atuais de Direito Local*, n.º 11, 2016, p. 7 e segs.

[988] Cf. Jorge Miranda/Rui Medeiros, *Constituição Portuguesa Anotada*, tomo I, *cit.*, p. 144.

Os elementos constitutivos das autarquias locais são os seguintes:

i) Território ou circunscrição territorial. – As autarquias locais são "pessoas coletivas de (população) e território", ou seja, pessoas coletivas territoriais, como se proclama na Constituição. O território de cada autarquia corresponde a uma parcela definida, a uma circunscrição do território nacional (do Estado). Em conjunto com a população residente, que aliás tem a função de delimitar, o território constitui um elemento fundamental das autarquias locais, como fator de identificação e determinação dos interesses próprios da autarquia e de delimitação do âmbito das competências dos seus órgãos: o território é o elemento agregador, o elo de ligação de uma coletividade de pessoas, e o elemento com base no qual se definem os específicos interesses comuns dessas pessoas. Além disso, o território é o critério de aplicação do direito de cada autarquia (critério da territorialidade).

Um caso curioso da relevância do território pode ver-se no artigo 99.º, n.º 1, alínea *h)*, do Regime Jurídico da Urbanização e Edificação, que prevê, na hipótese de infração às regras urbanísticas, a aplicação de sanção acessória de "interdição *do exercício no município*, até ao máximo de quatro anos, da profissão ou atividade conexas com a infração praticada".

ii) Coletividade de pessoas residentes numa circunscrição territorial. – As autarquias são "pessoas coletivas de população (e território)"; a Constituição indica isto mesmo ao referir-se às "populações respetivas", ou seja, às populações das autarquias. Neste sentido, o coletivo ou agregado populacional refere-se aos *residentes* no território da autarquia; a legislação define, para este efeito, a residência por referência ao conceito de local de inscrição para efeitos de recenseamento eleitoral. É em função do recenseamento que se define uma espécie de "residência oficial" de uma pessoa para efeitos de identificar a sua pertença a uma autarquia local, com os direitos (*v.g.*, direito de voto; direito de ação popular local[989]) e os deveres (*v.g.*, dever de pagar impostos e taxas locais) inerentes a essa condição – diga-se, aliás, que o critério da residência determina imediatamente a pertença de uma pessoa, não a uma, mas às duas autarquias locais: a freguesia e o município.

Acrescente-se, a este respeito, que há situações em que o âmbito da intervenção das autarquias locais resulta apenas de um elemento de conexão

[989] Cf. artigo 55.º, n.º 2, do CPTA.

territorial, sem ligação com o fator da residência. Nestes termos, pessoas não residentes podem ser abrangidas pela intervenção do município: eis o que ocorre com o condutor que comete uma infração de trânsito sancionada pela polícia municipal ou com o proprietário obrigado pelo município em que não reside a fazer obras num imóvel que ali detém. Em qualquer caso, como se vê, a "jurisdição" das autarquias locais é determinada pelo elemento territorial e pelo território que as constitui.

iii) Interesses próprios e específicos. – Um terceiro elemento do conceito de autarquia local assenta no reconhecimento legal da existência de interesses próprios e específicos da coletividade de pessoas que as constituem. Pode falar-se, neste contexto, de "interesses locais", que se distinguem em face dos interesses nacionais. As autarquias locais têm como objetivo constitucionalmente definido a prossecução de interesses próprios das populações respetivas: cf. artigo 235.º, n.º 2, da CRP; no mesmo sentido, recorde-se o artigo 3.º, n.º 1, da Carta Europeia da Autonomia Local, "o princípio da autonomia local pressupõe e exige, entre outros, o direito e a capacidade de as autarquias regulamentarem e gerirem, nos termos da lei, sob a sua responsabilidade e no interesse das respetivas populações, uma parte importante dos assuntos públicos"[990]. Os interesses locais, os assuntos próprios do círculo local indicam um espaço "incomprimível da autonomia das autarquias locais"[991].

Por sua própria natureza, os interesses locais, referenciados ao agregado de residentes, são ou podem ser "quaisquer uns", sem uma definição ou recorte específico (*princípio de generalidade* na definição das atribuições autárquicas). Haverá casos inequívocos de interesses de natureza local, por vezes correspondentes a interesses historicamente enraizados no âmbito local (*v.g.*, gestão do espaço público; regulamentação de feiras e mercados; limpeza pública; circulação rodoviária e estacionamento). Em sentido oposto, também há casos nítidos de interesses nacionais (*v.g.*, defesa nacional e política externa). Mas, em muitas hipóteses, não se revela possível delinear uma compartimentação taxativa e definitiva entre interesses locais (que digam respeito à população que reside numa certa parcela do território) e interesses nacionais. Na verdade, existem, até talvez em regra, zonas de confluência ou de concorrência entre os dois graus de interesses, pelo

[990] Cf. Acórdão do Tribunal Constitucional n.º 296/2013 (n.º 14).

[991] Cf. Acórdão do Tribunal Constitucional n.º 432/93 (n.º 1.2 e 1.3).

que em princípio, e salvo casos de manifesto excesso ou de erro evidente, tem de se reconhecer uma importante margem de liberdade legislativa na delimitação de interesses locais para efeitos de definição de competências das autarquias locais.

É essa a direção da jurisprudência do Tribunal Constitucional, ao acentuar que, sem poder pôr em causa o núcleo essencial da autonomia local – e devendo orientar-se pelo princípio da descentralização administrativa e "reconhecer às autarquias locais um conjunto de atribuições próprias (e aos seus órgãos um conjunto de competências) que lhes permitam satisfazer os interesses próprios (privativos) das respetivas comunidades locais" –, "o legislador deve balancear a prossecução de interesses locais e do interesse nacional ou supralocal, gozando de uma vasta margem de autonomia"[992]. E compreende-se que assim seja, pois "não pode inferir-se da garantia institucional da autonomia local a consagração de uma reserva constitucional de competência dos entes autárquicos, de acordo com um modelo de rígida separação entre esferas de interesses e de atribuições, como se fosse identificável (e eficientemente operativa) uma clara e intransponível linha de demarcação entre o que é e não é de relevo local. Pelo contrário, nestas matérias, o modelo é o da interdependência de competências e de ação protagonizada, em comum, pelas entidades públicas a quem, em conjunto, cabe satisfazer necessidades básicas da população objeto de direitos fundamentais"[993].

Veja-se que a Constituição alude, em alguns dos seus preceitos, a responsabilidades que o Estado deve executar "em colaboração com as autarquias locais": cf. artigos 65.º, n.º 2, alínea *b)*, no domínio da habitação e urbanismo, e 66.º, n.º 2, alínea *e)*, no domínio da qualidade ambiental, plano arquitetónico e proteção de zonas históricas.

Sem prejuízo do exposto, deve, contudo, notar-se que o revelar-se difícil ou até impossível recortar interesses exclusivamente locais não significa que o Estado não possa, ou não deva transferir competências para as autarquias locais. A Constituição exige que as autarquias locais se ocupem dos interesses locais, mas não proíbe que elas intervenham em áreas que não correspondem a interesses inequívoca e exclusivamente locais. Neste

[992] Cf. Acórdãos do Tribunal Constitucional n.os 379/96 (n.º 5.2) e 329/99 (n.º 5.4).

[993] Cf. Acórdão do Tribunal Constitucional n.º 40/2017 (n.º 12).

ponto, o princípio da descentralização contém, por si só, a força jurídica bastante para enquadrar a transferência de competências para as autarquias em matérias que interessam *sobretudo* ou *também* às respetivas populações e que elas estão em condições de executar sob a sua própria responsabilidade. Esse parece aliás o critério que orientou algumas das soluções da Lei-quadro da transferência de competências para as autarquias locais e para as entidades intermunicipais (2018) – com efeito, a transferência aqui prevista abrange competências que, em muitos casos, não se podem considerar iminentemente locais.

iv) Órgãos representativos – O último elemento do conceito de autarquia local assenta no facto de os órgãos que as dirigem terem um carácter representativo; os titulares desses órgãos (assembleia municipal e câmara municipal, no caso do município, e assembleia de freguesia, no caso da freguesia) são eleitos pela população residente da autarquia, nas eleições autárquicas.

150 – Autarquias locais e democracia administrativa

Além de associada aos princípios da subsidiariedade e da descentralização, a existência de autarquias locais constitui ainda uma dimensão do princípio democrático e, portanto, da democracia administrativa. A Constituição determina a existência de autarquias locais, considerando essa existência imposta pela "organização democrática do Estado". Neste sentido, as autarquias locais e os poderes que exercem subsistem por razões de eficiência administrativa, de desburocratização ou de aproximação da Administração Pública às populações. A razão profunda e primeira da autonomia das autarquias locais encontra-se na exigência de conferir às populações o poder de fazerem as suas próprias escolhas sobre a gestão de assuntos públicos do seu interesse.

151 – Categorias de autarquias locais

O artigo 236.º, n.º 1, da CRP prevê a existência de três categorias de autarquias locais (no território do continente): freguesias, municípios e regiões administrativas.

Apesar da previsão constitucional, como se sabe, apenas existem as primeiras duas categorias. As regiões administrativas não foram instituídas.

> Tal como se prevê no artigo 256.º da CRP, a instituição, em concreto, das regiões administrativas foi submetida a referendo, em 1998. Os eleitores reprovaram a instituição de regiões administrativas.

O regime jurídico das autarquias locais está, na sua maior parte, contemplado no RJAL e na Lei de Funcionamento dos Órgãos das Autarquias Locais. Contudo, há muitos outros diplomas que visam as autarquias locais, como, entre outras, a Lei das Finanças Locais ou a Lei da Tutela Administrativa.

Certamente por lapso, nenhum preceito do RJAL indica expressamente que as autarquias locais são o município e a freguesia. O título II, com a epígrafe autarquias locais, começa por estabelecer, no artigo 5.º, que os órgãos representativos da freguesia são a assembleia de freguesia e a junta de freguesia e do município a assembleia municipal e a câmara municipal.

O município e a freguesia representam níveis territoriais sobrepostos, que partilham o território, mas correspondem a entidades entre si independentes: trata-se, de duas categorias de sujeitos da Administração autónoma, que se ocupam da prossecução dos interesses dos interesses específicos dos respetivos agregados populacionais.

Subseção II
Município

152 – Conceito de município. 153 – Criação e extinção e delimitação do território dos municípios. 154 – Atribuições e competências dos municípios. 155 – Regra da universalidade das competências municipais. 156 – Órgãos do município. 156.1 – Assembleia municipal. 156.2 – Câmara municipal. 156.3 – Presidente da câmara municipal. 156.4 – Vereadores e dirigentes dos serviços municipais. 157 – Sistema de governo municipal. 158 – Organização interna do município. 158.1 – Serviços municipais. 158.2 – Serviços municipalizados. 159 – Empresas locais (municipais). 160 – Participação dos municípios em outras entidades. 161 – Associações de municípios e entidades intermunicipais. 161.1 – Tipos de associações de municípios. 161.2 – Em especial, as entidades intermunicipais. 161.2.1 – Áreas metropolitanas. 161.2.2 – Comunidades intermunicipais. 162 – Associações representativas de municípios. 163 – Relações entre o município e as (suas) freguesias. 163.1 – Independência recíproca. 163.2 – Transferência de competências municipais para as freguesias. 163.3 – Repartição de competências comuns. 164 – Relações entre o Estado e os municípios. 164.1 – Tutela administrativa. 164.1.1 – Tutela inspetiva. 164.1.2 – Tutela de acompanhamento. 164.1.3 – Tutela preventiva e integrativa. 164.1.4 – Tutela substitutiva. 164.1.5 – Tutela

sancionatória. 164.2 – Relações de delegação. 164.3 – Outras relações jurídicas entre o Estado e os municípios. 164.3.1 – Relações contratuais de carácter financeiro. 164.3.2 – Relações de cooperação para a realização de interesses estaduais e locais. 164.3.3 – Relações entre o Estado e os municípios na condição de operadores económicos.

152 – Conceito de município

A partir do disposto nos artigos 235.º e 236.º, n.º 1, da CRP, define-se município nos seguintes termos: *pessoa coletiva pública que visa a prossecução dos interesses próprios da população residente numa parcela do território nacional designada circunscrição municipal, mediante órgãos representativos, eleitos por aquela população.*

Aqui estão os elementos essenciais da definição de município, enquanto autarquia local: *i)* pessoa coletiva de direito público (o município não é um conjunto de pessoas, nem é apenas um território: é uma pessoa coletiva, com atribuições e competências próprias); *ii)* ocupa uma parcela ou circunscrição do território nacional; *iii)* população residente (o critério de identidade de pertença ao município assenta na residência oficial das pessoas; a população constitui o substrato do município); *iv)* visa a prossecução dos interesses próprios dos residentes na parcela do território que ocupa (as atribuições fundamentais do município consistem na prossecução ou realização de interesses próprios dos seus residentes); *v)* órgãos representativos eleitos pela população residente (eleições municipais).

Com frequência, utiliza-se o conceito de *concelho* para indicar uma realidade próxima do município. Existe uma explicação histórica para isso, que se pode depreender da seguinte passagem da obra de Marcello Caetano: "em Portugal pode dizer-se que os termos *concelho* e *município* têm sido considerado sinónimos"[994]. Na verdade, as constituições, mas também as sucessivas edições do Código Administrativo, dividiam o território do continente – em regra, com algumas exceções – em distritos, *concelhos* e paróquias (este último conceito é substituído pelo de freguesias, desde a Constituição de 1933 e do Código Administrativo de 1936-40). O concelho constituía uma autarquia local cujo corpo administrativo (órgão) era a *câmara municipal*. A relação de grande proximidade entre os conceitos de

[994] Cf. Marcello Caetano, *Manual de Direito Administrativo*, vol. I, Almedina, 1984, p. 315.

concelho e de município comprova-se a partir do confronto entre estas duas passagens: "o concelho é a autarquia local que tem por base a circunscrição municipal"[995]; "o município é a autarquia local que visa a prossecução de interesses próprios da população residente na circunscrição concelhia"[996]. No primeiro caso, associa-se *concelho* e *circunscrição municipal* e, no segundo, *município* e *circunscrição concelhia*.

Na legislação, o conceito de concelho não foi abolido. Assim, a Lei da Reorganização Administrativa de Lisboa, alude às "freguesias do concelho de Lisboa"; várias leis que procedem à alteração de limites territoriais de autarquias locais, reportam-se, por vezes, a concelhos (*v.g.*, Lei n.º 67/2014, de 28 de agosto, sobre os limites territoriais dos *concelhos* de Sesimbra e do Seixal; Lei n.º 64/2019, de 16 de agosto, sobre a delimitação territorial de freguesias do *concelho* de Vila Nova de Famalicão), mas, outras vezes, reportam-se a municípios (*v.g.*, Lei n.º 12/2015, de 13 de fevereiro, sobre a delimitação territorial de freguesias do *município* de Vila Nova de Famalicão). A flutuação semântica e, sobretudo, a continuação do "concelho" talvez se deva ao facto de o legislador não ter ainda assumido a irrelevância jurídico-administrativa desse conceito e, porventura, de procurar evitar a referência às fórmulas "freguesias *do município*", "freguesias *integradas no município*" ou "freguesias *que constituem o município*". A ser este o caso, trata-se obviamente de um cuidado desnecessário, pois essas fórmulas não apresentam qualquer incorreção, na medida em que se compreendam num sentido essencialmente geográfico, sem qualquer conotação orgânica ou institucional.

153 – Criação e extinção e delimitação do território dos municípios

Nos termos do artigo 249.º da CRP, a criação ou a extinção de municípios bem como a alteração da respetiva área, é efetuada por lei [reserva absoluta de competência legislativa da Assembleia da República: artigo 164.º, alínea *n)*], precedendo consulta dos órgãos das autarquias abrangidas (cf. Lei-Quadro da Criação de Municípios).

A criação ou a extinção envolve necessariamente uma exigência de *delimitação administrativa territorial* do novo município, no primeiro caso, e dos municípios afetados em qualquer caso (criação ou extinção). Essa *delimitação territorial*, que deve constar de um mapa a incluir na lei de

[995] Cf. Marcello Caetano, *ibidem*.

[996] Cf. Diogo Freitas do Amaral, *Curso de Direito Administrativo*, vol. I, *cit.*, p. 450.

criação ou extinção[997], deve distinguir-se da *demarcação em concreto dos limites territoriais*, que já é da competência dos tribunais administrativos (neste sentido, cf., entre outros relativos a freguesias, Acórdãos STA de 01/03/2005, P. 01593/03, e 06/11/2001, P. 034870).

Em Portugal, há 308 municípios, sendo 278 localizados no continente, 11 na Região Autónoma da Madeira e 19 na Região Autónoma dos Açores.

154 – Atribuições e competências dos municípios

Nos termos do artigo 2.º do RJAL, constituem atribuições das autarquias locais "a promoção e salvaguarda dos interesses próprios das respetivas populações".

Esta opção do legislador afeiçoa-se à conceção segundo a qual os municípios, no desenvolvimento do *princípio constitucional da autonomia das autarquias locais* (cf. artigos 6.º, n.º 1, da CRP), dispõem de uma *capacidade geral de ação* com o propósito da prossecução dos interesses próprios das respetivas populações (cf. artigo 235.º, n.º 2, da CRP) – desde que, evidentemente, não invadam as esferas de competências próprias e exclusivas de outras entidades públicas.

Assim, em geral, cumpre a condição de se inserir no âmbito das atribuições municipais *qualquer atividade de realização de interesses próprios da população de residentes no município*. A autonomia local (municipal) assenta, pois, na *generalidade* dos interesses prosseguidos.

O artigo 23.º, n.º 1, do RJAL repete a cláusula geral, acrescentando, porém, a referência a uma ideia de "articulação" entre município e freguesia.

> Não se apresenta muito claro o sentido do conceito de "articulação com as freguesias" no contexto da indicação das atribuições dos municípios (regra que tem o seu reverso, ainda menos claro, na indicação das atribuições das freguesias "em articulação com o município"). Ainda assim, um sentido útil da referência à articulação pode ver-se no sistema de delegação de competências: veja-se o artigo 117.º, n.º 1, do RJAL, a estabelecer que as autarquias locais "articulam entre si a prossecução das respetivas atribuições, podendo, para o efeito, recorrer à delegação de competências", ou o artigo 131.º, a dispor que "os municípios concretizam a delegação de competências nas

[997] A alteração da delimitação territorial definida por lei é também uma competência da Assembleia da República: veja-se, por ex., a Lei n.º 64/2019, de 16 de agosto, que procede à alteração dos limites territoriais de duas freguesias.

freguesias em todos os domínios dos interesses próprios das populações destas, em especial no âmbito dos serviços e das atividades de proximidade e do apoio direto às comunidades locais".

Por sua vez, o n.º 2 do artigo 23.º do RJAL apresenta um catálogo exemplificativo do que designa por atribuições dos municípios. Nos termos desse preceito, os municípios dispõem de atribuições, *designadamente*, nos seguintes domínios: *a)* equipamento rural e urbano; *b)* energia; *c)* transportes e comunicações; *d)* educação, ensino e formação profissional; *e)* património, cultura e ciência; *f)* tempos livres e desporto; *g)* saúde; *h)* ação social; *i)* habitação; *j)* proteção civil; *k)* ambiente e saneamento básico; *l)* defesa do consumidor; *m)* promoção do desenvolvimento; *n)* ordenamento do território e urbanismo; *o)* polícia municipal; *p)* cooperação externa.

O catálogo exposto – que nos parece mais de *domínios* ou *áreas de intervenção* municipal do que propriamente de *atribuições (finalidades)* –, não permite perceber que atribuições cabem, em especial, aos municípios, por ex., no domínio da defesa do consumidor ou da energia ou da educação. Recuperando corretamente o sistema da cláusula geral, o RJAL abandonou, mas agora não corretamente, o *sistema de especificação das atribuições municipais* que existia na Lei n.º 159/99, de 14 de setembro. De acordo com o referido modelo, essa lei estabelecia, em detalhe, as atribuições municipais em cada uma das áreas ou domínios de intervenção municipal: *v.g.*, educação, ação social, habitação, etc.

A vantagem desse sistema de especificação residia, por um lado, na identificação positiva das atribuições municipais, e, por outro lado, na delimitação do perímetro da intervenção dos municípios em relação à intervenção das freguesias (que também tinham as suas atribuições detalhadas) bem como às atribuições do Estado.

O sistema adotado pelo RJAL conduziu, além do mais, ao resultado de se ter tornado difícil discernir, com base no que no diploma se estabelece, entre as atribuições e competências específicas das freguesias e as dos municípios, em todas as *áreas de intervenção comum*, a saber: equipamento rural e urbano; educação; cultura, tempos livres e desporto; ação social; proteção civil; ambiente; desenvolvimento; ordenamento urbano. Teremos oportunidade de ver que a opção do RJAL está na origem de uma certa preponderância ou primazia do município na delimitação do círculo de intervenção efetiva das freguesias [cf. ponto 163.2].

O universo de competências próprias dos órgãos municipais é extenso, tem vindo a aumentar ao longo do tempo, em consequência de um processo contínuo de transferência de competências administrativas do Estado (descentralização). No ano de 2018, a Lei-quadro da transferência de competências para as autarquias locais e para as entidades intermunicipais enquadrou um processo de transferência de competências do Estado para os municípios (sobretudo para estes), a desenvolver-se de forma gradual, até 1 de janeiro de 2021. Em desenvolvimento e concretização da Lei-quadro, foram, depois, publicados vários diplomas legais de âmbito setorial[998].

155 – Regra da universalidade das competências municipais

Em regra, todos os municípios portugueses têm as mesmas competências e dispõem, em termos proporcionais, de recursos equivalentes. Quanto ao primeiro aspeto, o artigo 114.º do RJAL estabelece que a transferência de competências do Estado, como processo de descentralização administrativa, "tem carácter definitivo e universal" (veja-se, no mesmo sentido, o artigo 3.º, n.º 1, da Lei-quadro da transferência de competências para as autarquias locais e para as entidades intermunicipais).

Embora não represente um desvio muito significativo a essa regra, importa referir a situação muito particular do Município de Lisboa, na sequência da Lei da Reorganização Administrativa de Lisboa: em rigor, este diploma

[998] As competências transferidas (para os órgãos municipais ou das entidades intermunicipais) ao abrigo da Lei-quadro abrangem os seguintes domínios: gestão de praias marítimas, fluviais e lacustres (Decreto-Lei n.º 97/2018, de 27 de novembro); autorização de jogos (Decreto-Lei n.º 98/2018, de 27 de novembro); promoção turística (Decreto-Lei n.º 99/2018, de 28 de novembro); vias de comunicação (Decreto-Lei n.º 100/2018, de 28 de novembro); justiça (Decreto-Lei n.º 101/2018, de 29 de novembro); gestão de projetos financiados por fundos europeus (Decreto-Lei n.º 102/2018, de 29 de novembro); apoios a bombeiros voluntários (Decreto-Lei n.º 103/2018, de 29 de novembro); lojas do cidadão (Decreto-Lei n.º 104/2018, de 29 de novembro); habitação (Decreto-Lei n.º 105/2018, de 29 de novembro); gestão de património imobiliário público (Decreto-Lei n.º 106/2018, de 29 de novembro); estacionamento público (Decreto-Lei n.º 107/2018, de 29 de novembro); educação (Decreto-Lei n.º 21/2019, de 30 de janeiro); cultura (Decreto-Lei n.º 22/2019, de 30 de janeiro); policiamento de proximidade (Decreto-Lei n.º 32/2019, de 4 de março); proteção civil (Decreto-Lei n.º 44/2019, de 1 de abril); transporte turístico de passageiros e do serviço público de transporte de passageiros regular em vias navegáveis interiores (Decreto-Lei n.º 58/2019, de 30 de abril); áreas portuário-marítimas e áreas urbanas de desenvolvimento turístico e económico não afetas à atividade portuária (Decreto-Lei n.º 72/2019, de 28 de maio) – o Decreto-Lei n.º 20/2019, de 30 de janeiro, que concretizou a transferência de competências nos domínios da proteção e saúde animal e da segurança dos alimentos, viu a sua vigência cessada pela Resolução da Assembleia da República n.º 138/2019.

estabelece um regime cujas especialidades mais importantes se situem ao nível das competências próprias (e dos recursos financeiros) das freguesias, mas, claro, isso tem uma projeção no plano das competências municipais e das relações do Município com as freguesias[999].

Num outro plano, importa observar que, atualmente, apesar de disporem das mesmas atribuições e competências *próprias*, os municípios não têm todos a mesma capacidade de intervenção, uma vez que as delegações de competências do Estado (por contrato) não têm de cumprir a *regra de universalidade*, devendo, em vez disso, observar os *princípios da igualdade e da não discriminação*: cf. artigo 121.º, alíneas *a)* e *b)*, do RJAL.

156 – Órgãos do município

Os municípios contam com três *órgãos primários ou principais*, dotados por lei de competências próprias: a assembleia municipal, a câmara municipal e o presidente da câmara municipal.

Além desses órgãos primários, outros agentes atuam, *rectius*, podem atuar, como órgãos do município, mas com competências delegadas, em regra a partir de uma delegação ou subdelegação do presidente da câmara: surgem assim como órgãos (secundários) dos municípios os vereadores e os dirigentes dos serviços municipais.

156.1 – Assembleia municipal

Dispõe o artigo 239.º da CRP que a organização das autarquias locais compreende uma assembleia eleita dotada de poderes deliberativos. A assembleia é eleita por sufrágio universal, direto e secreto dos cidadãos recenseados na respetiva autarquia, segundo o sistema de representação proporcional. No caso do município, este órgão designa-se *assembleia municipal*: artigo 250.º da CRP.

A assembleia municipal é um órgão de composição mista, constituída por membros diretamente eleitos, e também pelos presidentes das juntas das freguesias abrangidas pelo município: nos termos do artigo 251.º da CRP, o número de eleitos deve ser superior ao dos presidentes de junta. Contudo, estabelece a Lei de Funcionamento dos Órgãos das Autarquias

[999] Sobre a Lei de Reorganização Administrativa de Lisboa, cf. João Seixas, "A reforma político-administrativa da cidade de Lisboa: razões, processo e perpectivas", *Revista das Freguesias*, n.º 6, 2018, p. 7 e segs.

Locais, o número de membros eleitos diretamente não pode ser inferior ao triplo do número de membros da câmara municipal respetiva (*v.g.*, sendo a câmara composta por 11 membros, a assembleia municipal deverá ter, pelo menos, 33 eleitos + os presidentes de junta de freguesia).

Além de competências de funcionamento, a assembleia municipal dispõe de um largo conjunto de *competências de apreciação e de fiscalização*, a maior parte das quais só pode exercer com fundamento em *proposta* da câmara municipal: eis o que ocorre, por ex., com a aprovação das posturas[1000] e dos regulamentos com eficácia externa do município – cf., em geral, o artigo 25.º, n.º 1 do RJAL, sobre as competências da assembleia municipal, "sob proposta da câmara municipal". A legislação acolhe, pois, um modelo que confere a iniciativa procedimental à câmara municipal: *proposta obrigatória*.

> De resto, em alguns casos (*v.g.*, opções do plano de atividades, orçamento), as propostas apresentadas pela câmara municipal não podem ser alteradas pela assembleia municipal (*proposta obrigatória e vinculante*). Em caso de rejeição, a câmara municipal terá de apresentar nova proposta, que pode acolher as recomendações ou sugestões feitas pela assembleia municipal: cf. artigo 25.º, n.º 3, do RJAL. Salvo nesses casos, a assembleia municipal pode aprovar o ato proposto pela câmara municipal com alterações: assim, se a câmara municipal propõe um regulamento a proibir a circulação de trânsito em certas ruas da cidade, a assembleia municipal poderá aprovar o regulamento a proibir a circulação apenas em algumas dessas ruas ou apenas em certas horas do dia – mas, a assembleia municipal já não poderá aprovar a proibição de circulação noutras ruas, pois, nesse caso, faltaria a iniciativa, que, nos termos da lei, pertence à câmara municipal[1001].

[1000] Aludindo, em relação às posturas, à "extraordinária história [dessa] instituição jurídica do direito local português", cf. José de Melo Alexandrino, "Direito das Autarquias Locais", *cit.*, p. 34; segundo o Autor, a postura, que significa antes de mais "o acto de pôr", define-se como "acto normativo geral e abstracto auto-qualificado como tal, proveniente de um órgão colegial democrático-representativo, emanado em matéria de polícia e em áreas de atribuições próprias das autarquias locais" (p. 37).

[1001] Neste ponto, cf. Cláudio Monteiro, "O poder de modificação de propostas de regulamentos municipais", *Revista das Assembleias Municipais*, n.º 2, 2017, p. 11 e segs., considerando, a nosso ver bem, que a assembleia municipal não pode descaracterizar um regulamento tal como é proposto pela câmara municipal, "a ponto de já não se reconhecer nele a iniciativa original".

156.2 – Câmara municipal

O citado artigo 239.º da CRP determina ainda a existência de um órgão executivo colegial responsável perante a assembleia deliberativa e constituído por um "número adequado de membros".

O órgão executivo colegial do município é a *câmara municipal* (artigos 250.º e 252.º da CRP): constituída por um presidente e por vereadores, um dos quais designado vice-presidente. Trata-se de um órgão diretamente eleito pelos cidadãos eleitores recenseados na sua área. Nos termos da Lei de Funcionamento dos Órgãos das Autarquias Locais, o número de vereadores da câmara municipal varia entre 4, nos municípios com 10 mil eleitores ou menos, e 16, no município de Lisboa. O presidente da câmara é o primeiro candidato da lista mais votada nas eleições para a câmara municipal.

A câmara municipal detém um naipe variado e muito extenso de competências, definidas no artigo 33.º do RJAL, bem como em legislação avulsa. Neste ponto, é de relevar o facto de a câmara municipal não dispor atualmente de poderes para a emissão de regulamentos externos: pode aprovar regulamentos internos e elaborar e submeter a aprovação da assembleia municipal regulamentos externos. Diga-se, ainda, que algumas competências da câmara municipal só podem ser por exercidas com a autorização prévia da assembleia municipal (*v.g.*, aquisição e alienação de bens imóveis acima de certo valor; aquisição e alienação de bens ou valores artísticos do município; celebração de contratos de concessão).

A assembleia municipal e a câmara municipal são os *órgãos representativos* do município: cf. artigo 250.º da CRP.

> De acordo com a Lei Eleitoral dos Órgãos das Autarquias Locais, os membros da assembleia municipal e da câmara municipal são eleitos (para mandatos de quatro anos) em listas plurinominais e a conversão dos votos em mandatos faz-se de acordo com o método da representação proporcional correspondente à medida mais alta de Hondt.

156.3 – Presidente da câmara municipal

Além dos anteriores, o município conta ainda com outro *órgão primário* (dotado de competências próprias): o *presidente da câmara municipal.*

A Constituição é quase omissa quanto ao presidente da câmara municipal, embora acabe por lhe fazer uma referência indireta, quando no artigo 239.º, n.º 3, se refere ao presidente do órgão executivo como "o primeiro candidato da lista mais votada para a assembleia ou para o executivo, de acordo com a solução adotada na lei". Ora, nos termos da Lei de Funcionamento dos Órgãos das Autarquias Locais, é presidente da câmara municipal o primeiro candidato da lista mais votada nas eleições para a câmara municipal.

Assim, tendo em consideração os próprios dados constitucionais, não se pode dizer que o presidente da câmara seja ignorado pela Constituição e muito menos desconhecido do legislador constituinte das sucessivas revisões constitucionais. Aliás, como se sabe, a *praxis* eleitoral e de funcionamento dos municípios veio a configurar o presidente da câmara municipal, para certos efeitos, como o órgão ativo mais relevante do município, aliás dotado de indiscutível legitimidade democrática: em grande medida, são os primeiros candidatos das listas que concorrem às câmaras municipais – listas que podem ser apresentadas por partidos políticos, coligações de partidos políticos ou grupos de cidadãos eleitores – que "ganham" ou que "perdem" as eleições.

Por outro lado, é evidente que o facto de a Constituição se revelar quase omissa sobre o presidente da câmara municipal não exclui que este se possa conceber como órgão do município.

Já vimos que o artigo 252.º da Constituição diz que "a câmara municipal é o órgão executivo colegial do município". O que daqui se extrai é que não se pode configurar um outro órgão executivo *colegial* do município, mas já não que não possa existir um outro órgão executivo. Além disso, o preceito constitucional emprega o conceito de *órgão executivo* cujo sentido exato está por apurar, sendo certo que a câmara municipal não é apenas órgão de execução das deliberações da assembleia municipal [cf. ponto 74.2, *b)*].

Pois bem, o presidente da câmara municipal é, na verdade, um *órgão primário do município*, uma vez que dispõe de um extenso leque de *competências próprias*.

A partir da lista do artigo 35.º do RAL, podemos discernir as seguintes competências próprias do presidente da câmara municipal:

i) Representação e relacionamento com entidades externas – representar o município em juízo e fora dele; intentar ações judiciais e defender-se nelas, podendo confessar, desistir ou transigir, se não houver ofensa de direitos de terceiros; outorgar contratos em nome do município; comunicar, no prazo legal, às entidades competentes para a respetiva cobrança o valor da taxa do imposto municipal sobre imóveis, assim como, quando for o caso, a deliberação sobre o lançamento de derramas; enviar ao Tribunal de Contas os documentos que devam ser submetidos à sua apreciação; assinar ou visar a correspondência da câmara municipal que tenha como destinatários quaisquer entidades ou organismos públicos; responder, em tempo útil e de modo a permitir a sua apreciação na sessão seguinte da assembleia municipal, aos pedidos de informação apresentados por esta.

ii) Relações com a assembleia municipal – representar a câmara municipal nas sessões da assembleia municipal; dar cumprimento às deliberações da assembleia municipal, sempre que para a sua execução seja necessária a intervenção da câmara municipal; remeter à assembleia municipal a minuta das atas e as atas das reuniões da câmara municipal, logo que aprovadas; enviar à assembleia municipal toda a documentação, designadamente relatórios, pareceres, memorandos e documentos de igual natureza, incluindo a respeitante às entidades abrangidas pelo Regime Jurídico da Atividade Empresarial Local, quando existam, indispensável para a compreensão e análise crítica e objetiva da informação aí inscrita; dar conhecimento à câmara municipal e enviar à assembleia municipal cópias dos relatórios definitivos resultantes de ações tutelares ou de auditorias sobre a atividade da câmara municipal e dos serviços do município, no prazo máximo de 10 dias após o recebimento dos mesmos.

iii) Procedimentos de contratação e de autorização de despesas – aprovar os projetos, programas de concurso, cadernos de encargos e a adjudicação de empreitadas e aquisição de bens e serviços, cuja autorização de despesa lhe caiba; autorizar a realização das despesas orçamentadas até ao limite estipulado por lei ou por delegação da câmara municipal, com a exceção das referidas no n.º 2 do artigo 30.º do RJAL; autorizar o pagamento das despesas realizadas; promover a execução, por administração direta ou empreitada, das obras, bem como proceder à aquisição de bens e serviços.

iv) Património municipal – elaborar e manter atualizado o cadastro dos bens móveis e imóveis do município; praticar os atos necessários à administração corrente do património do município e à sua conservação; proceder aos registos prediais do património imobiliário do município, bem como a registos de qualquer outra natureza.

v) Licenciamento de atividades privadas e sancionamento de infrações – conceder autorizações de utilização de edifícios; embargar e ordenar a demolição de quaisquer obras, construções ou edificações, efetuadas por particulares ou pessoas coletivas, nos seguintes casos: *i)* sem licença ou na falta de qualquer outro procedimento de controlo prévio legalmente previsto ou com inobservância das condições neles constantes; *ii)* com violação dos regulamentos, das posturas municipais, de medidas preventivas, de normas provisórias, de áreas de construção prioritária, de áreas de desenvolvimento urbano prioritário ou de planos municipais de ordenamento do território plenamente eficazes; conceder licenças policiais ou fiscais; determinar a instrução dos processos de contraordenação e aplicar as coimas; conceder terrenos, nos cemitérios propriedade do município, para jazigos, mausoléus e sepulturas perpétuas.

vi) Direção (hierárquica) e coordenação de serviços e de recursos humanos – direção, em articulação com os organismos da administração pública com competência no domínio da proteção civil, o serviço municipal de proteção civil, tendo em vista o cumprimento dos planos de emergência e programas estabelecidos e a coordenação das atividades a desenvolver naquele âmbito, designadamente em operações de socorro e assistência na iminência ou ocorrência de acidente grave ou catástrofe; presidência do conselho municipal de segurança[1002]; decisão de todos os assuntos relacionados com a gestão e direção dos recursos humanos afetos aos serviços municipais; exercício das competências de empregador público em relação a todos os trabalhadores do município (exceto os afetos aos serviços municipalizados e salvo quanto à aplicação de sanções disciplinares), nos termos da LTFP [cf. ponto 104.4]; designação do trabalhador que serve de oficial público para lavrar todos os contratos nos termos da lei; modificação ou revogação de atos dos trabalhadores afetos aos serviços da câmara municipal; gestão de recursos humanos dos estabelecimentos de educação.

vii) Proteção civil – como autoridade municipal de proteção civil, compete ao presidente da câmara desencadear, na iminência ou ocorrência de acidente grave ou catástrofe, as ações de proteção civil de prevenção, socorro, assistência e recuperação adequadas em cada caso (cf. artigos 6.º do Regime dos Serviços Municipais de Proteção Civil e 35.º da Lei de Bases da Proteção Civil).

viii) Função de presidente de órgão colegial – convocar reuniões da câmara municipal; estabelecer e distribuir a ordem do dia das reuniões; abrir e encerrar as reuniões, dirigir os trabalhos e assegurar o cumprimento da lei e a regularidade das deliberações; suspender ou encerrar antecipadamente as reuniões, quando circunstâncias excecionais o justifiquem, mediante decisão fundamentada a incluir na ata da reunião.

[1002] A figura do conselho municipal de segurança foi criada pela Lei n.º 33/98, de 18 de julho, alterada por último pelo Decreto-Lei n.º 32/2019, de 4 de março.

ix) Exercício de competências da câmara municipal em casos excecionais e de urgência – em circunstâncias excecionais, e no caso de, por motivo de urgência, não ser possível reunir extraordinariamente a câmara municipal, o presidente pode praticar quaisquer atos da competência desta, ficando os mesmos sujeitos a ratificação na primeira reunião realizada após a sua prática (sob pena de anulabilidade)[1003].

x) Outras competências – submissão a norma de controlo interno, bem como o inventário dos bens, direitos e obrigações patrimoniais do município e respetiva avaliação, e ainda os documentos de prestação de contas, à aprovação da câmara municipal e à apreciação e votação da assembleia municipal, com exceção da norma de controlo interno; execução de deliberações da câmara municipal e coordenação da respetiva atividade; promoção da publicação das decisões ou deliberações previstas no artigo 56.º do RJAL; promoção do cumprimento do Estatuto do Direito de Oposição e a publicação do respetivo relatório de avaliação; determinação do despejo sumário dos prédios cuja expropriação por utilidade pública tenha sido declarada.

A atribuição legal direta de competências ao presidente revela bem que está aqui presente um órgão primário e autónomo do município.

Além de deter competências próprias, no presidente pode ser delegada uma parte muito significativa das competências da câmara municipal. Com efeito, nos termos do RJAL, podem ser delegadas no presidente da câmara competências para executar as opções do plano e orçamento, alienar bens imóveis, ordenar a demolição total ou parcial de edifícios que ameacem ruína ou constituam perigo para a saúde ou segurança das pessoas, exercer o controlo prévio nos domínios da construção, reconstrução, conservação ou demolição de edifícios, emitir licenças, registos e fixar contingentes relativamente a veículos, nos casos legalmente previstos.

Na atuação das suas competências – próprias e delegadas –, o presidente da câmara municipal é *coadjuvado* pelos vereadores no exercício das suas funções.

Não é fácil perceber em que consiste essa coadjuvação, referência que surge num preceito sobre "distribuição de funções". Parece-nos que a lei pretende

[1003] Como já explicámos, o facto de os atos praticados pelo presidente da câmara neste âmbito ficarem sujeitos a ratificação, "sob pena de anulabilidade", significa, afinal, que não são válidos, pelo que a situação de estado de necessidade não tem, neste caso, um efeito de validação [cf. ponto 42.4.2, *a)*].

atribuir ao presidente da câmara o poder de "distribuir" funções pelos vereadores, sem efetuar qualquer delegação, e, portanto, reservando para si competências, que exerce com a "ajuda" ou o "auxílio" dos vereadores.

O presidente da câmara tem o poder de optar pela existência de vereadores a tempo inteiro ou a meio tempo (correspondendo dois vereadores a um vereador a tempo inteiro), assim como de escolher, em concreto, os vereadores a tempo inteiro e a meio tempo, fixar as suas funções e determinar o regime do respetivo exercício (é o que prescreve a Lei de Funcionamento dos Órgãos das Autarquias Locais, onde se define o número de vereadores a tempo inteiro ou a meio tempo que as câmaras podem ter). Relacionado com este, é o poder que assiste ao presidente da câmara de delegar as suas competências próprias e subdelegar as competências delegadas nos vereadores (e nos dirigentes dos serviços municipais).

Por fim, é o presidente que designa, de entre os vereadores, o *vice-presidente da câmara*, a quem, para além de outras funções que lhe sejam distribuídas, cabe substituir o primeiro nas suas faltas e impedimentos.

156.4 – Vereadores e dirigentes dos serviços municipais

Na medida em que disponham de competências delegadas (pelo presidente da câmara) para a prática de atos externos, os vereadores e os dirigentes dos serviços municipais também são órgãos dos municípios (*órgãos secundários*).

157 – Sistema de governo municipal

No exercício das suas competências próprias, todos os órgãos do município são, em regra, independentes nas suas relações recíprocas.

Essa regra conhece, todavia, alguns desvios importantes.

Assim, por ex., a câmara municipal dispõe de algumas competências próprias que só pode exercer com autorização da assembleia municipal. Por outro lado, a assembleia municipal é competente para decidir sobre matérias fundamentais para o funcionamento e atuação da câmara (*v.g.*, aprovação do orçamento e do plano de atividades; aprovação da contração de empréstimos; aprovar as taxas a cobrar pela câmara municipal). Mas, em sentido contrário, muitas competências da assembleia municipal só podem ser exercidas sob proposta da câmara municipal [cf. ponto 156.1].

Sem prejuízo deste último tipo de desvios, podemos dizer que o RJAL atribui uma certa primazia jurídica à assembleia municipal no quadro do governo municipal e, designadamente, no plano das relações com a câmara. De resto, é isso mesmo que parece resultar da Constituição, quando alude ao órgão executivo (câmara municipal) como *responsável* perante o órgão deliberativo (assembleia municipal) – artigo 239.º, n.º 1.

Todavia, há que observar o seguinte.

Apesar da referência constitucional à câmara como *responsável* perante a assembleia municipal – e admitindo que, em geral, a afirmação da responsabilidade de um órgão perante outro significa que este pode destituir o primeiro –, é inequívoco que a assembleia municipal não pode destituir a câmara municipal. E compreende-se que assim seja, dado que a legitimidade democrática da assembleia municipal não é maior do que a da câmara municipal. É certo que, mesmo depois do RJAL, a assembleia municipal continua a ser competente para "votar moções de censura à câmara municipal, em avaliação da ação desenvolvida pela mesma ou por qualquer dos seus membros" [cf. artigo 53.º, n.º 1, alínea l), da Lei n.º 169/99, de 18 de setembro], o que aparenta uma situação de supremacia da assembleia sobre a câmara municipal. Mas não é assim: a aprovação de moções de censura neste âmbito tem um valor apenas simbólico, com efeitos limitados a um plano estritamente político.

Por outro lado, em caso de dissolução judicial da câmara, a assembleia municipal não tem qualquer intervenção no processo de designação da comissão administrativa, nos termos da Lei da Tutela Administrativa [cf. ponto 174.3.1.2, *b)*].

É certo, como vimos acima, que a assembleia municipal tem competências cujo exercício se revela essencial para o funcionamento regular da câmara municipal, como, por ex., a aprovação do orçamento anual. Mas note-se que, se a assembleia não aprovar o orçamento proposto pela câmara de forma a entrar em vigor em 1 de janeiro de cada ano, é a própria assembleia municipal a ser dissolvida, nos termos do artigo 9.º, alínea *e)*, da Lei da Tutela Administrativa (a dissolução será seguida da realização de eleições).

Assim, conclui-se que nenhum órgão municipal tem poderes de destituição de outro órgão municipal. Com impacto no funcionamento quotidiano quanto ao exercício efetivo do poder de decisão, releva-se importante o sistema de delegação: por um lado, da câmara no presidente, o que alarga de forma muito significativa o peso do presidente da câmara no sistema de governo municipal; a seguir, a delegação e a subdelegação de poderes do presidente nos vereadores, o que converte estes em órgãos executivos e com intervenção relevante no funcionamento do sistema de governo municipal.

158 – Organização interna do município

Os municípios atuam através dos seus órgãos, mas não dispensam serviços administrativos, que integram os recursos humanos (trabalhadores) e os meios materiais, e em cujo âmbito se procede a um trabalho de preparação e de planeamento da ação municipal, das decisões dos órgãos municipais e ao desenvolvimento de uma ação administrativa no terreno, de carácter material e executivo (*v.g.*, realização de obras, recolha do lixo, reparação de avarias, etc.). Os serviços dos municípios dividem-se em serviços municipais e serviços municipalizados.

158.1 – Serviços municipais

Os serviços municipais, também designados *unidades orgânicas* (embora não correspondam a órgãos), são o *departamento* e a *divisão*, sendo esta uma unidade integrada naquele (cf. Regime Jurídico de Organização dos Serviços Municipais). Assim, por ex., pode existir um departamento de planeamento e gestão urbana que contenha a divisão de licenciamento, a divisão de gestão urbanística e a divisão de mobilidade.

Os municípios dispõem de liberdade de organização dos seus serviços: a criação e a reorganização de serviços municipais compete à assembleia municipal, sob proposta da câmara municipal. Todavia, há um limite indireto, que resulta do Estatuto do Pessoal Dirigente da Administração Local, o qual limita, em função de critérios relacionados com a dimensão do município, o número de dirigentes municipais (diretores municipais, diretores de departamento e chefes de divisão).

Cada serviço é chefiado pelo respetivo dirigente (diretor de departamento ou chefe de divisão), o qual se encontra hierarquicamente dependente do presidente da câmara municipal. Apesar de nenhum preceito legal atribuir expressamente, em geral, ao presidente da câmara a direção político-administrativa dos serviços municipais e a supremacia hierárquica sobre os respetivos dirigentes, é isto mesmo que resulta: *i)* do RJAL, quando atribui ao presidente da câmara competência para "decidir todos os assuntos relacionados com a gestão e direção dos recursos humanos afetos aos serviços municipais" ou para modificar ou revogar os atos dos trabalhadores afetos aos "serviços da câmara municipal", ou ainda quando lhe entrega a responsabilidade de coordenação dos serviços municipais; *ii)* de várias referências no Estatuto do Pessoal Dirigente da Administração Local na parte em que alude às relações entre os dirigentes e o presidente da câmara municipal, numa lógica inequívoca de subordinação hierárquica;

iii) da LTFP, quando estabelece que, nos municípios, cabe ao presidente da câmara exercer as competências de empregador público.

O poder hierárquico do presidente considera-se delegado nos vereadores em razão dos pelouros atribuídos: de resto, o RJAL alude aos "poderes de fiscalização" dos quais sejam titulares os membros da câmara municipal nos domínios sob sua responsabilidade, ou seja, quando tenham poderes delegados.

O presidente e os vereadores responsáveis podem delegar ou subdelegar algumas das suas competências próprias ou delegadas nos dirigentes dos serviços, nos termos do artigo 38.º do RJAL.

Existe uma disciplina autónoma para os *serviços municipais de polícia*; trata-se de serviços vocacionados para o exercício de funções de polícia administrativa, com as competências e poderes de autoridade definidos na Lei das Polícias Municipais. As polícias municipais são criadas por deliberação da assembleia municipal sob proposta da câmara municipal. Mas a eficácia daquela deliberação depende de ratificação por resolução do Conselho de Ministros (tutela preventiva de legalidade). A polícia municipal é, em regra, organizada na *dependência hierárquica* do presidente da câmara.

> Existe um Regime Especial das Polícias Municipais de Lisboa e do Porto, as quais são constituídas exclusivamente por pessoal com funções policiais da Polícia de Segurança Pública. Como em geral, as polícias municipais de Lisboa e do Porto também são organizadas na dependência hierárquica do respetivo presidente de câmara. Mas o diploma estabelece que as polícias estão organizadas hierarquicamente em todos os níveis da sua estrutura, "estando os polícias municipais sujeitos às regras gerais de hierarquia e de comando da Polícia de Segurança Pública". Esta "dupla hierarquia" reclama uma coordenação, que o diploma também prevê: estabelece-se que a cooperação entre as polícias municipais de Lisboa e do Porto e a PSP é assegurada, respetivamente, pelo Presidente de Câmara Municipal e o Diretor Nacional da PSP, e definida por contrato a celebrar entre a Direção Nacional da PSP e os municípios de Lisboa e do Porto.

158.2 – Serviços municipalizados

Os municípios podem ainda criar os designados *serviços municipalizados* – trata-se de serviços que possuem organização autónoma no âmbito da administração municipal e são geridos, por órgãos próprios (conselho de administração e, porventura, diretor delegado, sem dependência hierárquica), sob forma empresarial. Constituem "empresas internas" ou internalizadas no município (sem personalidade jurídica). Visam satisfazer necessidades coletivas da população do município nos domínios do abastecimento público de água, saneamento de águas residuais urbanas, gestão de resíduos urbanos e limpeza pública, transporte de passageiros e distribuição de energia elétrica em baixa tensão. São regulados no Regime Jurídico da Atividade Empresarial Local.

Os trabalhadores afetos aos serviços municipalizados estão hierarquicamente dependentes do respetivo conselho de administração (e não do presidente da câmara).

159 – Empresas locais (municipais)

Os municípios podem constituir e participar em sociedades comerciais para a exploração de atividade de interesse geral (*v.g.*, gestão de equipamentos coletivos e prestação de serviços em determinadas áreas, gestão e fiscalização do estacionamento urbano, abastecimento público de água, transporte de passageiros) e, excecionalmente, de promoção do desenvolvimento local[1004]. Trata-se de empresas em forma de sociedade comercial, expressamente consideradas pessoas coletivas de direito privado.

As sociedades comerciais sob influência dominante de municípios designam-se *empresas locais* e encontram-se submetidas ao regime que consta do Regime Jurídico da Atividade Empresarial Local[1005]. Esta lei teve o propósito de limitar e de condicionar fortemente o poder dos municípios de criação de empresas (além do mais, impondo a sujeição do ato de constituição a visto do Tribunal de Contas), de estabelecer um quadro de exigência de equilíbrio financeiro das contas das empresas e de limitar os fluxos financeiros dos municípios para as empresas. Em resultado da aplicação do diploma, assistiu-se ao decréscimo do número de empresas

[1004] O conceito de empresa local não se aplica apenas às empresas constituídas ou participadas por municípios; abrange também as empresas constituídas por associações de municípios e pelas áreas metropolitanas: a este respeito, veja-se o Decreto-Lei n.º 121/2019, de 21 de agosto, sobre o regime das empresas locais de natureza metropolitana de mobilidade e transportes nas áreas metropolitanas de Lisboa e do Porto.

[1005] Sobre este regime, veja-se o nosso *Regime Jurídico da Atividade Empresarial Local*, Almedina, 2012; cf. ainda Juliana Coutinho, "As empresas locais e as decisões de organização da entidade pública participante: um esboço de sistema", *Questões Atuais de Direito Local*, n.º 8. 2015, p. 37 e segs.; sobre a questão da sujeição das empresas locais ao processo de insolvência, veja-se Carlos José Batalhão, *Empresas Municipais, S.A. ("S" de Sociedades, "A" de anónimas) e a aplicação do CIRE*, AEDRL, 2015.

locais (além do mais, por força do regime legal de dissolução obrigatória de empresas não sustentáveis) e à quase ausência de constituição de novas unidades. A versão inicial da lei estava marcada por um certo radicalismo, que, em termos práticos, se traduzia na proibição da constituição de novas empresas locais: esta inclinação tem vindo a ser moderada em consequência de alterações legislativas posteriores. Em qualquer caso, a contenção da autonomia organizativa dos municípios em matéria de constituição de empresas consolidou-se.

160 – Participação dos municípios em outras entidades

Além da criação e da participação de municípios em sociedades comerciais sob influência dominante municipal (empresas locais), o Regime Jurídico da Atividade Empresarial Local também regula a participação municipal em sociedades comerciais em que os municípios não têm influência dominante ("sociedades participadas"), bem como em outras entidades de direito privado: associações[1006], cooperativas[1007] e fundações[1008]. Em geral, o sentido do diploma reflete, embora em termos mais moderados, uma tendência restritiva quanto às possibilidades de participação municipal noutras entidades: em particular, exige-se, em todos os casos, o visto prévio do Tribunal de Contas, órgão que tem assim uma palavra decisiva, e impõe-se uma regra de equilíbrio de contas.

Os extensos limites legais em matéria de criação e de participação de municípios noutras entidades corresponde à aplicação, também aqui, de um princípio de prevalência da Administração direta (municipal) sobre as formas de Administração indireta.

161 – Associações de municípios e entidades intermunicipais

O artigo 253.º da CRP estabelece que os municípios podem constituir associações e federações "para a administração de interesses comuns" e

[1006] Sobre um caso de participação municipal numa associação, cf. Acórdão do Tribunal de Contas n.º 17/2016, de 25/10, 1.ª S/PL.

[1007] Sobre um caso de participação municipal numa cooperativa, cf. Acórdão do Tribunal de Contas n.º 26/2017, de 21/12, 1.ª S/PL.

[1008] Sobre um caso de participação municipal numa fundação, cf. Acórdão do Tribunal de Contas n.º 7/2018, de 24/04, 1.ª S/PL. Em relação às fundações municipais, cf. Juliana Coutinho, "Fundações municipais: uma verdadeira alternativa de organização?", *Questões Atuais de Direito Local*, n.º 13, 2017, p. 7 e segs.

prevê que o legislador possa conferir "atribuições e competências próprias" a essas entidades.

A Constituição não se limita, pois, a autorizar os municípios a associarem-se (no exercício, digamos, de uma "liberdade de associação"); vai mais longe, e autoriza a lei a conferir atribuições e competências "próprias" a essas organizações de associativismo municipal, deixando a sugestão de que estas associações se podem configurar legalmente como entidades investidas de funções administrativas que desenvolvem num patamar ou nível *supramunicipal* (acima do município e autónomo em relação a este) e não apenas *intermunicipal* (associativa).

Em relação às grandes áreas urbanas (e às ilhas), a Constituição vai ainda mais longe, e autoriza o legislador a estabelecer "outras formas de organização territorial autárquica". Em todo o caso, no plano jurídico-constitucional, autarquias locais são apenas os municípios e as freguesias (além do caso especial das regiões administrativas).

161.1 – Tipos de associações de municípios

O RJAL aprova também o regime jurídico do "associativismo autárquico" (autárquico e não apenas municipal), bem como o "estatuto das entidades intermunicipais". Embora a dicotomia legal entre associativismo autárquico e entidades intermunicipais possa sugerir outra coisa, o RJAL estabelece que as entidades intermunicipais constituem "associações de autarquias locais".

Nos termos do artigo 63.º do RJAL, são *associações de municípios* – instituídas para "a prossecução conjunta das respetivas atribuições" – as seguintes:

i) as áreas metropolitanas (cf. artigos 66.º-79.º), cuja criação encontra uma credencial na referência constitucional às outras formas de organização territorial autárquica (artigo 236.º, n.º 3, da CRP), e as comunidades intermunicipais (cf. artigos 80.º-107.º), que, em conjunto, correspondem às *entidades intermunicipais* (cf. artigo 63.º, n.º 3);

ii) as associações de municípios de fins específicos (artigos 108.º-110.º).

As associações de municípios têm natureza de pessoas coletivas de direito público: o n.º 1 do artigo 63.º qualifica-as expressamente como "associações públicas"; no caso das associações de municípios de fins específicos (cuja natureza pública poderia ser mais duvidosa), a natureza jurídica pública resulta, além do mais, da referência às "pessoas coletivas públicas" no artigo

110.º. Trata-se, em qualquer caso, de *associações públicas interadministrativas* [sobre este conceito, cf. pontos 68, *d)*, e 171].

A diferença fundamental entre as entidades intermunicipais e as associações de fins específicos cifra-se no facto de as primeiras constituírem, de algum modo, uma "criação legislativa", com atribuições próprias, definidas em lei – no RJAL (artigos 67.º e 81.º) e em legislação subsequente (cf. n.º 3 do artigo 67.º e artigos 81.º e 111.º) –, que podem beneficiar de delegações de competências do Estado e dos municípios e atuam numa parcela territorial definida por lei (correspondente às NUTS III; cf. anexo II ao RJAL).

As associações de fins específicos são de criação espontânea e livre pelos municípios, no desenvolvimento de uma liberdade de associação, para a prossecução de interesses comuns, sem atribuições, nem competências próprias, sem a condição de candidatas à delegação de competências públicas e sem um território definido de intervenção. Os fins (específicos) destas associações – fins públicos – são os indicados nos respetivos estatutos.

161.2 – Em especial, as entidades intermunicipais

Nos termos do RJAL, entidades intermunicipais são as áreas metropolitanas e as comunidades intermunicipais (CIM)[1009]. Têm atribuições e *competências próprias*, conferidas por lei, e *competências delegadas*: as delegações podem ser do Estado ("de cima para baixo") ou dos municípios que as integram ("de baixo para cima").

Como vimos, no âmbito da Lei-quadro da transferência de competências para as autarquias locais e para as entidades intermunicipais, o exercício das competências transferidas para as entidades intermunicipais "depende de acordo prévio dos municípios que as integram" [sobre esta transferência de competências condicionada ou sob condição, cf. ponto 58.3, *a)*]. A previsão desse acordo não resulta de uma imposição constitucional, uma vez que o artigo 253.º da CRP estabelece que às associações de municípios podem ser conferidas "atribuições e competências próprias". De resto, o próprio

[1009] Sobre estas entidades, cf. Cláudia Sofia Melo Figueiras, "As entidades intermunicipais: breve referência ao seu regime jurídico", in Carla Amado Gomes/Ana Fernanda Neves/Tiago Serrão, *Organização Administrativa*, *cit.*, vol. I, p. 495 e segs.; Pedro Costa Gonçalves, "As entidades intermunicipais – em especial, as comunidades intermunicipais", *cit.*, p. 21 e segs.

> RJAL define atribuições das entidades intermunicipais e ainda que em termos marginais, adjudica-lhes imediatamente competências, sem exigir o acordo prévio dos municípios[1010]-[1011].

As entidades intermunicipais constituem "unidades administrativas" que correspondam a unidades territoriais definidas com base nas NUTS III. A aprovação do RJAL implicou a alteração das NUTS III, por via de um processo que envolveu a extinção, a cisão, a fusão, bem como a alteração do perímetro territorial de algumas comunidades intermunicipais. O território do continente divide-se agora em 23 NUTS (2 correspondentes a áreas metropolitanas e 21 a comunidades intermunicipais).

O regime jurídico da organização dos serviços das entidades intermunicipais e o estatuto do respetivo pessoal dirigente constam da Lei n.º 77/2015, de 29 de julho.

161.2.1 – Áreas metropolitanas

As áreas metropolitanas foram instituídas diretamente por lei. Existem duas: a Área Metropolitana de Lisboa (que agrega 18 municípios) e a Área Metropolitana do Porto (com 17 municípios).

Considerando a divisão e a nomenclatura constitucional, revela-se, porventura, duvidosa a qualificação legal das áreas metropolitanas como associações de municípios ou de autarquias locais. Com efeito, neste âmbito, a Constituição distingue três realidades: as "autarquias locais", as "associações de municípios" e "outras formas de organização territorial autárquica". Não sobram dúvidas de que as áreas metropolitanas integram o terceiro e não o segundo grupo. Em contraposição aos outros, o conceito constitucional de associação de municípios parece corresponder a uma

[1010] Em concretização da Lei-quadro, foram transferidas para entidades intermunicipais competências, embora em geral limitadas, nos seguintes setores: educação, ensino e formação profissional (Decreto-Lei n.º 21/2019, de 30 de janeiro); saúde (Decreto-Lei n.º 23/2019, de 30 de janeiro); proteção civil (Decreto-Lei n.º 103/2018, de 29 de novembro), justiça (Decreto-Lei n.º 101/2018, de 29 de novembro); promoção turística (Decreto-Lei n.º 99/2018, de 28 de novembro); gestão de projetos financiados por fundos europeus (Decreto-Lei n.º 102/2018, de 29 de novembro).

[1011] De "baixo para cima", dos municípios para as entidades intermunicipais, são inúmeros os exemplos de delegações que têm por objeto competências municipais de autoridade de transportes, nos termos do artigo 10.º do Regime Jurídico do Serviço Público de Transporte de Passageiros.

entidade instituída por decisão municipal livre e exprime uma liberdade de associação dos municípios interessados.

Nesses termos se pronunciou o Acórdão do Tribunal Constitucional n.º 296/2013, que, em sede de fiscalização preventiva, julgou inconstitucionais as normas do Decreto 132/XII que configuravam as CIM como associações de municípios de constituição legal e de participação obrigatória dos municípios abrangidos, traços de regime que as afastavam "inelutavelmente da caracterização como associações de municípios". Pela mesma razão, parece-nos de recusar a caracterização das áreas metropolitanas como associações. De resto, pode até pôr-se em crise a qualificação das áreas metropolitanas como "entidades *intermunicipais*", uma vez que a referência *intermunicipal* envolve a sugestão de um caráter genuinamente associativo, que, em sentido estrito e rigoroso, não existe. As áreas metropolitanas são, na verdade, entidades *supramunicipais*, criadas por iniciativa do Estado-legislador, e não dos municípios que as integram. Os municípios abrangidos pelo território de uma área metropolitana não beneficiam de *opting-in*, nem de *opting-out*.

Apesar do que acaba de se expor – em larga medida com base numa compreensão literal de indicações do texto constitucional e numa interpretação estrita do conceito de associação –, reconhece-se que, na tipologia das organizações, e porque têm um "substrato pessoal" e corporativo (integram pessoas: municípios), as áreas metropolitanas são entidades (criadas por lei) que *associam*, *juntam* ou *congregam* municípios – recorrendo a uma formulação da legislação anterior, pode dizer-se que se trata de uma "forma específica de associação", no caso, uma "associação de adesão coativa". E trata-se, além disso, de uma associação governada autonomamente, por órgãos que radicam a sua legitimidade nos municípios que nela se congregam.

161.2.2 – Comunidades intermunicipais

As comunidades intermunicipais (que são 21) são instituídas por iniciativa dos municípios, através de contrato, "nos termos previstos na lei civil" (artigo 80.º, n.º 2, do RJAL) – sem se pôr aqui em questão o facto de a lei indicar que a constituição se efetiva por contrato, suscita-nos algumas reservas a indicação de que o mesmo se celebra "nos termos da lei civil". Está em causa, note-se bem, a constituição de uma *pessoa coletiva de direito público*; não obstante, interpretamos a referência legal como querendo apenas significar que a constituição das comunidades intermunicipais se processa nos mesmos termos da constituição de uma associação de direito civil, quer dizer, por escritura pública, conforme se dispõe no artigo 168.º do Código Civil.

Do facto de a lei exigir a forma de escritura pública não podem extrair-se imediatamente conclusões definitivas sobre a natureza do ato fundador (contrato de associação): não há qualquer incompatibilidade entre a natureza pública de um ato e a exigência de escritura pública. Recorde-se, aliás, que o ato de criação de entidades públicas não está em regra sujeito a escritura pública porque, na generalidade dos casos, a sua forma já tem suficiente publicidade (*v.g.*, lei). Quando isso não sucede, percebe-se a exigência de escritura como requisito da constituição de uma entidade pública [cf. ponto 61.2, *a)*].

Os municípios não escolhem os seus parceiros da comunidade, pois é a lei que define o território desta e, logo, os municípios que podem integrá-la. A adesão municipal à comunidade é livre: a lei alude a um *direito potestativo de adesão* (artigo 80.º, n.º 4, do RJAL). O abandono também é livre, mas pode ter as consequências previstas no n.º 2 do artigo 65.º do RJAL: o município que abandone a CIM nos três anos seguintes à data em que nela ingressou perde todos os "benefícios financeiros e administrativos" que tenha recebido em virtude da sua pertença à mesma. A parte final do preceito – proibição de integrar outra associação com a mesma finalidade – não se aplica no caso de abandono de uma CIM, pelo menos no sentido em que não se trata de uma sanção, mas de uma decorrência lógica do regime legal, que vincula o município a uma determinada CIM.

Assim, por ex., o Município de Arganil é livre de aderir e de abandonar a Comunidade Intermunicipal da Região de Coimbra; contudo, só pode integrar essa CIM e não outra.

162 – Associações representativas dos municípios

Das associações de municípios, sujeitos da Administração Pública instituídos para a realização de fins públicos e que dispõem de competências administrativas, distinguem-se as associações representativas dos municípios, que são pessoas coletivas privadas.

Nos termos da Lei n.º 54/98, de 18 de agosto, os municípios podem associar-se, designadamente, para efeitos da sua representação institucional junto dos órgãos de soberania e da Administração central e da cooperação com esta na participação em organizações internacionais. Consideram-se "associações nacionais" as que associarem mais de 100 municípios: é o caso da *Associação Nacional de Municípios Portugueses* – em razão do seu carácter nacional, esta tem o estatuto de parceiro relativamente ao Estado, o que lhe confere os direitos de: *i)* consulta prévia, pelos órgãos de soberania, em todas as iniciativas legislativas respeitantes a matéria da sua competência; *ii)* participação no Conselho Económico e Social; *iii)* participação na gestão e direção de organismos especificamente vocacionados para as matérias respeitantes às autarquias locais.

163 – Relações entre o município e as (suas) freguesias

Os municípios e as freguesias são as duas categorias de autarquias locais com vida e operativas na realidade administrativa portuguesa. Cada uma delas se refere a um escalão ou nível territorial.

O território de cada município delimita um espaço (uma circunscrição) que corresponde aos territórios de outras pessoas coletivas públicas, as freguesias. Estas são também autarquias locais que atuam com atribuições próprias numa parte do território municipal. Neste sentido, pode dizer-se que o território dos municípios se divide em freguesias ou que os municípios (enquanto circunscrição territorial) são *constituídos* ou *integrados* por freguesias, facto que é atestado, pela comunhão de elementos: o território de intervenção da freguesia é também um território de intervenção municipal; a população da freguesia é também população do município. A distinção entre as duas autarquias assenta nas atribuições e no facto de o município "integrar", no seu espaço, a freguesia.

> A ideia segundo a qual as freguesias integram municípios tem um sentido exclusivamente territorial e não orgânico ou institucional. Com efeito, as freguesias são pessoas coletivas de direito público autónomas e independentes do município; contudo, o território das freguesias está *integrado*, *faz parte* ou *constitui* território municipal. Neste sentido, não é incorreto dizer-se, por ex., que a Freguesia de Santo António dos Olivais "pertence" ao Município de Coimbra.

Em regra, em cada município há várias freguesias. Mas há exceções: por um lado, há municípios que integram apenas uma freguesia (por ex., Barrancos, São João da Madeira e Alpiarça); por outro lado, ainda mais excecional, temos o caso do Município do Corvo, na Região Autónoma dos Açores, que não integra qualquer freguesia (trata-se, aliás, do único caso em que não existe freguesia numa parcela do território nacional)[1012].

163.1 – Independência recíproca

O município e as "suas" freguesias são independentes entre si. O município não detém uma posição de supremacia sobre as freguesias: não existe neste âmbito qualquer relação de hierarquia, de orientação ou de tutela, nem as freguesias carecem de autorização dos municípios para exercerem as suas atribuições próprias.

É certo que a Constituição, no artigo 241.º alude a "autarquias de grau superior", o que poderia indiciar uma superioridade ou supremacia dos municípios em relação às freguesias. Mas não é o caso: o "grau superior" tem o sentido de dimensão territorial; assim, o preceito tem o propósito de definir um regime específico (sobre as relações entre regulamentos administrativos) que pressupõe uma comparação entre autarquias com dimensão territorial maior, em cujo território se integram outras autarquias, de dimensão territorial menor.

Não subsistem, pois, dúvidas sobre a independência das autarquias locais entre si. Mas, naturalmente, a partilha do mesmo território convoca formas de relacionamento regular entre os municípios e as *suas* freguesias. Por outro lado, o facto de a intervenção das duas autarquias ter por base o mesmo território pode originar situações de colisão que reclamam a definição de critérios de resolução de conflitos ou que podem mesmo originar conflitos judiciais.

É por essa razão que, desde logo, a Constituição pressupõe uma forma especial de *integração orgânica* de elementos das freguesias nos municípios, a qual se processa por via da atribuição aos presidentes de junta de freguesia da condição de membros da assembleia municipal (cf. artigo 251.º da CRP e artigo 42.º da Lei de Funcionamento dos Órgãos das Autarquias Locais).

> Quanto a este ponto, na linha de jurisprudência do Tribunal Constitucional, veja-se o Acórdão do STA de 23/04/2003, P. 671/03: "a candidatura, no primeiro lugar da lista, à assembleia de freguesia, é, simultaneamente (...) uma candidatura à assembleia municipal", pelo que "quem for inelegível

[1012] A situação excecional infirma a ideia do Prof. Jorge Miranda, "O direito à autarquia local", *cit.*, p. 35, segundo a qual "o país tem de estar organizado por freguesias e municípios".

para este órgão também o é para a candidatura em 1.º lugar à assembleia de freguesia do mesmo Município".

Em relação a um outro problema, o Acórdão STA de 08/05/2019 (P. 088/18.8BEPNF) anulou a decisão de adjudicação de um contrato a uma empresa, proferida por uma câmara municipal, pelo facto de a empresa ter como um dos sócios e gerente o presidente da junta de uma freguesia do município, que é, por inerência, membro da assembleia municipal. Por isso, teria sido violada a regra do Estatuto dos Eleitos Locais que proíbe os eleitos locais de celebrarem "com a autarquia" qualquer contrato, salvo de adesão [sobre essa regra, cf. ponto 81]. O Acórdão afasta-se de uma decisão anterior: Acórdão de 05/02/2003, P. 0137/03. De acordo com esta decisão, os impedimentos legais de contratar com a autarquia "reportam-se ao exercício de funções dos eleitos locais, só se podendo verificar quando o exercício de funções autárquicas possa ter interferência na prossecução do interesse público com elas conexionado, isto é, quando os titulares de órgãos autárquicos possam utilizar os poderes inerentes às suas funções autárquicas para favorecerem interesses particulares próprios ou das pessoas acima referidas em detrimento do nteresse público"; acrescentava ainda: "não resulta daquelas normas obstáculo a que um membro da assembleia municipal celebre contratos com a câmara do mesmo município, se o exercício das funções naquela assembleia não tem qualquer influência na celebração desse contrato".

Por outro lado, o facto de o município e a freguesia disporem, ambos, de poder regulamentar, é suscetível de originar conflitos normativos, decorrentes de preceitos de regulamentos municipais e de freguesias estabelecerem regras opostas para disciplinar a mesma situação. É precisamente em função deste possível cenário que o artigo 241.º da CRP, após estabelecer que as autarquias locais dispõem de poder regulamentar, acrescenta que esse poder se exerce "nos limites [...] dos regulamentos emanados das autarquias de grau superior". A partir desta norma, o artigo 138.º, n.º 2, do CPA estipula que "os regulamentos municipais prevalecem sobre os regulamentos das freguesias, salvo se estes configurarem normas especiais".

Essa prevalência legal, deve dizer-se, apenas procede quando estão em causa *competências concorrentes* do município e das freguesias. De outro modo, se se trata de um regulamento sobre competências exclusivas das freguesias [*v.g.*, sobre a apascentação de gado, nos termos do artigo 9.º, n.º 1, alínea *o*) do RJAL], o regulamento do município sobre essa matéria será ilegal por carência de poder municipal para o emitir (violação da competência da freguesia).

A referida regra da prevalência não se aplica quando os regulamentos das freguesias configurarem *normas especiais* em relação ao regulamento municipal – suponha-se o regulamento de uma freguesia sobre ocupação de espaço público numa zona delimitada (*v.g.*, numa avenida marginal) em face do regulamento municipal sobre a ocupação de espaços públicos.

Como se adiantou, entre os municípios e as freguesias podem eclodir conflitos cuja resolução seja pedida aos tribunais (conflitos justiciáveis). As freguesias têm legitimidade processual para impugnar atos dos municípios e para pedir a condenação dos municípios à prática de atos administrativos, nos termos gerais dos artigos 55.º, n.º 1, alínea *c)*, e 68.º, n.º 1, alínea *c)*, do CPTA sempre que estejam em causa atos ou omissões de atos dos municípios lesivos dos interesses que às freguesias cumpra defender. A inversa também é verdadeira: os municípios também têm legitimidade para reagir contra atos ou omissões das freguesias lesivos dos interesses que lhes cumpre defender. Assim, *v.g.*, o município pode reagir judicialmente contra a freguesia cuja junta se recusa a colocar uma placa toponímica numa rua, na sequência do estabelecimento da denominação dessa rua pela assembleia municipal. Nos termos do RJAL, a competência para estabelecer as denominações das ruas e praças é da assembleia municipal, cabendo à junta de freguesia a competência de colocação e de manutenção das placas toponímicas.

163.2 – Transferência de competências municipais para as freguesias

Um domínio importante, e complexo, de relacionamento entre municípios e freguesias é o da transferência de competências: ocorre, neste cenário, um "processo especial de descentralização", que opera por via da deslocação de competências de uma autarquia local de maior dimensão para uma autarquia de dimensão menor. O processo está previsto na Lei-quadro da transferência de competências para as autarquias locais, diploma legal que não dispôs apenas sobre a transferência de competências "do Estado": nos artigos 38.º e 39.º disciplina a *transferência* de competências dos municípios para as freguesias; por outro lado, no artigo 29.º regula a *delegação* de competências dos municípios nos órgãos das freguesias.

a) Transferência legal de competências municipais; "revogação" da transferência de competências por ato unilateral do município

No n.º 2 do citado artigo 38.º, a Lei procede à transferência das seguintes competências legais dos municípios para as freguesias: *a)* gestão e manutenção de espaços verdes; *b)* limpeza das vias e espaços públicos, sarjetas e sumidouros; *c)* manutenção, reparação e substituição do mobiliário urbano instalado no espaço público, com exceção daquele que seja objeto de concessão; *d)* gestão e manutenção corrente de feiras e mercados; *e)* realização de pequenas reparações nos estabelecimentos de educação pré-escolar e do primeiro ciclo do ensino básico; *f)* manutenção dos espaços envolventes dos estabelecimentos de educação pré-escolar e do primeiro ciclo do ensino básico; *g)* utilização e ocupação da via pública; *h)* afixação de publicidade de natureza comercial; *i)* autorização da atividade de exploração de máquinas de diversão; *j)* autorização da colocação de recintos improvisados; *k)* Autorização da realização de espetáculos desportivos e divertimentos na via pública, jardins e outros lugares públicos ao ar livre, desde que estes se realizem exclusivamente na sua área de jurisdição; *l)* autorização da realização de acampamentos ocasionais; *m)* autorização da realização de fogueiras, queimadas, lançamento e queima de artigos pirotécnicos, designadamente foguetes e balonas – trata-se, em geral, de competências que se encontram atribuídas a órgãos dos municípios por diplomas legais avulsos, e que a Lei-quadro transferiu para as freguesias. Operou-se, pois, por força da lei, a "desmunicipalização" das referidas competências. Embora se trate de um processo que se consuma por força da lei (o proémio do n.º 2 do artigo 38.º indica que "os órgãos das freguesias *têm* as seguintes competências"), tem de se dizer que não se revela muito clara a indicação, que consta da própria Lei-quadro, segundo a qual "as transferências de competências são diferenciadas em função da natureza e dimensão das freguesias, considerando a sua população e capacidade de execução" (cf. artigo 38.º, n.º 3): este aspeto do regime legal sugere a exigência de uma avaliação casuística, que, a existir, põe em crise a automaticidade da transferência legal; talvez se possa entender que, a final, a *efetividade* e a *medida* da transferência de competências ficam dependentes da "transferência de recursos" (pessoal, património e meios financeiros), matéria de que se ocupa Decreto-Lei n.º 57/2019, de 30 de abril.

Seja como for quanto a este último ponto, o artigo 39.º da Lei-quadro, sob a epígrafe "modelo de repartição de competências", estabelece, nos n.os 4 e 5, regras que enquadram um "processo de revogação total ou parcial da transferência legal". Assim, estipula-se ali que as competências referidas no artigo 38.º "que se revelem indispensáveis para a gestão direta pelos municípios de espaços, vias ou equipamentos de natureza estruturante para o município ou para a execução de missões de interesse geral e comum a toda ou a uma parte significativa do município *mantêm-se no âmbito de intervenção dos municípios*" (itálico nosso). Para o efeito, acrescenta o n.º 5, "as câmaras municipais devem identificar e, mediante proposta fundamentada, submeter à aprovação das assembleias municipais o elenco das missões, bem como dos espaços, das vias e dos equipamentos a que se refere o número anterior".

No já citado Decreto-Lei n.º 57/2019, de 30 de abril[1013] – que concretiza a transferência das competências dos municípios para as freguesias indicadas na Lei-quadro e que, em especial, define o procedimento de transferência de recursos associados à transferência de competências – regula-se os termos do referido processo de revogação. Nele se dispõe que a assembleia municipal, sob proposta da câmara municipal, pode deliberar manter no âmbito de intervenção do município as competências transferidas, no todo ou em parte, que se revelem indispensáveis para a gestão direta pelo município e tenham natureza estruturante para o município ou para a execução de missões de interesse geral e comum a toda ou a uma parte significativa do município. Neste caso, a proposta da câmara municipal apresentada à assembleia municipal é acompanhada do parecer de cada uma das juntas de freguesia em causa, as quais têm 10 dias úteis para se pronunciar após a notificação efetuada para esse efeito pela câmara municipal (cf. artigo 2.º, n.os 3 e 4). Ou seja, embora após consulta às juntas de freguesia, a lei confere ao município o poder de determinar unilateralmente a anulação do efeito legal da transferência.

> O diploma não esclarece se os municípios podem revogar a transferência legal em relação a apenas algumas freguesias. Em geral, os fundamentos legais para a manutenção das competências (competências "que se revelem indispensáveis para a gestão direta pelos municípios de *espaços, vias ou equipamentos de natureza estruturante para o município* ou para a execução de missões de interesse geral e comum a toda ou *a uma parte significativa do município*") parecem autorizar soluções diferenciadas, o que, contudo, põe em causa a regra da universalidade (cf. artigos 3.º da Lei-quadro e 4.º do Decreto-Lei n.º 57/2019).

[1013] Objeto de retificação pela Declaração n.º 21/2019 (Diário da República de 16/05/2019).

Quando a transferência legal se tenha efetivado, pode haver "reversão das competências" por acordo entre o município e a freguesia.

b) Delegação contratual de competências municipais

Nos termos do artigo 29.º, n.º 1, da Lei-quadro da transferência de competências, os órgãos dos municípios podem, através de contrato, delegar competências nos órgãos das freguesias em todos os domínios dos interesses próprios das populações das freguesias. O n.º 2 do mesmo preceito acrescenta que a delegação se efetua nos termos previstos no RJAL: trata-se de uma fórmula algo enigmática, pois, com a Lei-quadro, o RJAL deixou de regular a delegação de competências dos municípios nas freguesias. Em qualquer caso, o mesmo artigo 29.º define algumas regras sobre esta delegação contratual: *i)* observância dos princípios da universalidade e da equidade, de modo a que, em regra, todas as freguesias do mesmo município beneficiem das mesmas competências e, em termos proporcionais, de recursos equivalentes; *ii)* proibição do aumento da despesa pública global prevista no ano da concretização da delegação; *iii)* duração por todo o mandato autárquico; *iv)* possibilidade de cessação antes do fim do mandato, no caso de ocorrerem situações de incumprimento grave, mediante decisão tomada pela assembleia municipal, por maioria dos membros em efetividade de funções.

163.3 – Repartição de competências comuns

Já acima nos referimos ao artigo 39.º da Lei-quadro da transferência de competências para as autarquias locais e entidades intermunicipais que tem como epígrafe "modelo de repartição de competências". Nos seus n.os 4 a 6, o preceito disciplina o por nós designado processo de revogação unilateral da transferência legal de competências. Trata-se, pois, de permitir que se mantenham na esfera municipal competências que a Lei-quadro (artigo 38.º) transferiu para os órgãos das freguesias ("competências das freguesias").

Por seu lado, o artigo 29.º do mesmo diploma legal regula o processo de delegação contratual de "competências municipais" nos órgãos das freguesias.

Restam os n.os 1 a 3 do artigo 39.º, que se referem a competências que se encontram atribuídas às freguesias e "também" aos municípios: "competências comuns". Pois bem, prevê-se ali que o município e as freguesias fixem, por contrato, o *modelo de repartição* dessas competências, o qual deve permitir uma melhor afetação de recursos humanos e financeiros.

164 – Relações entre o Estado e os municípios

Os municípios integram a Administração autónoma (em relação ao Estado), mas, naturalmente, estabelecem relações de vária ordem com o Estado, e, dentro deste, com o Governo. De resto, nos termos constitucionais, cabe precisamente ao Governo exercer a *tutela* sobre a administração autónoma – cf. artigo 199.º alínea *d)* –, nos termos previstos no artigo 242.º.

Embora se revista de uma importância fundamental, porquanto se liga diretamente à autonomia municipal, a tutela constitui, contudo, apenas um tipo de relação jurídica administrativa entre o Estado e os municípios. À tutela juntam-se as relações de delegação, que o RJAL veio promover, bem como outros tipos de relações, de fisionomia variada.

164.1 – Tutela administrativa

A tutela administrativa define-se como uma *relação jurídica estabelecida por lei entre duas entidades da Administração Pública, na qual uma delas dispõe de poderes legais de fiscalização e de intervenção sem carácter orientador, exercidos no quadro de uma apreciação da legalidade ou do mérito da gestão administrativa autónoma da entidade tutelada* [em geral, sobre a tutela administrativa, cf. ponto 174].

Entre o Estado e os municípios existem vários tipos de relações jurídicas que se encaixam nessa descrição da tutela administrativa.

> A legislação distingue, por vezes, entre *tutela administrativa* e *tutela financeira*. Trata-se de uma distinção que parece radicar na natureza das normas legais cuja observância está em análise na ação inspetiva: tratando-se de normas de direito financeiro (*v.g.*, sobre autorização de despesas), a tutela diz-se *financeira*; não sendo esse o caso (*v.g.*, normas de direito urbanístico), a tutela diz-se *administrativa*. Não obstante, pode falar-se de tutela administrativa em sentido geral para cobrir todas as formas de *intervenção administrativa do Estado nas autarquias locais* (excluindo, a intervenção *legislativa* e a intervenção *judicial*).

A tutela administrativa sobre as autarquias locais (municípios e freguesias) encontra-se regulada no artigo 242.º da Constituição: no n.º 1 deste preceito, estabelece-se que a tutela "consiste na verificação do cumprimento da lei por parte dos órgãos autárquicos e é exercida nos casos e segundo as formas previstas na lei".

O preceito constitucional é claro na limitação do objeto da tutela administrativa: esta só pode consistir na *verificação do cumprimento da lei*. Exclui-se, neste caso, do objeto da tutela administrativa a adoção de quaisquer medidas que tenham subjacente uma apreciação estadual do mérito, da conveniência ou da oportunidade da ação municipal. Assim, os poderes de intervenção e de fiscalização aqui concebíveis deverão, em qualquer caso, ter como fundamento um juízo sobre a legalidade, de verificação do cumprimento da lei[1014].

A limitação constitucional da tutela administrativa do Estado sobre as autarquias locais à verificação do cumprimento da lei é interpretada, por vezes, com o sentido de viabilizar apenas a designada tutela inspetiva. Esta compreensão não se afigura correta. Veja-se, aliás, que logo o n.º 2 do artigo 242.º alude a "medidas restritivas da autonomia local", conceito que, manifestamente, não foi idealizado pela Constituição para medidas de tipo inspetivo, mas para outras, de carácter sancionatório (tipicamente, a dissolução de órgãos autárquicos, a que se refere o n.º 3 do preceito, que, aliás, não é, desde 1996, uma medida de tutela administrativa).

Desde que se circunscreva a um juízo sobre o cumprimento da lei, sem interferir no mérito da ação municipal, não vemos obstáculo à delineação, além da inspetiva, de formas de tutela preventiva e integrativa, substitutiva, sancionatória e anulatória, bem como uma genérica tutela de acompanhamento. Veremos, de resto, exemplos legais de todas estas formas de tutela, exceto no caso da tutela anulatória – na verdade, não se encontra prevista, tanto quanto sabemos, a anulação de atos ilegais de municípios por instâncias administrativas do Estado.

Essencial, em qualquer caso, é que as medidas de tutela se encontrem previstas em lei: *tipicidade legal das medidas de tutela*. A tutela não se presume, pelo que, no silêncio da lei, o Estado (Governo) não pode adotar qualquer medida administrativa que envolva uma interferência na autonomia municipal. A exigência de tipicidade deve abranger os próprios pressupostos de adoção das medidas, no sentido de retirar ao titular do poder de tutela uma livre disponibilidade sobre as condições do exercício desse poder.

A referência constitucional à tutela não exclui outras formas de relacionamento entre o Estado e os municípios. O sentido constitucional de limitação do poder tutelar do Estado compreende-se à luz da ideia de que se está a

[1014] Como se afirma no Acórdão do Tribunal Constitucional n.º 949/2015, "se a Constituição limita a tutela administrativa sobre as autarquias à «*verificação do cumprimento da lei*», pode daí retirar-se uma conclusão mais abrangente: a rejeição constitucional de uma intervenção controladora do mérito da atuação autárquica no que respeita aos seus poderes de autonomia".

dispor sobre a intervenção do Estado na esfera de autonomia das autarquias locais, e, portanto, tipicamente, na esfera de realização dos *interesses específicos* das respetivas populações. É neste sentido que esta tutela em particular – a tutela administrativa do Estado sobre as autarquias locais – deve ser considerada uma interferência (externa) numa esfera de autonomia municipal.

O *poder tutelar* do Estado pertence originariamente ao Governo: cf. artigo 199.º, alínea *d)*, da CRP. Nos termos da Lei Orgânica do XXI Governo e da Lei Orgânica do Ministério das Finanças, é, em concreto, o Ministério das Finanças que tem a atribuição de exercer a tutela sobre as autarquias locais ("em articulação" ou "em coordenação" com o Ministro da Administração Interna)[1015]. Mas, claro, leis especiais podem atribuir poderes de tutela a outros membros do Governo e mesmo a organismos dependentes do Governo.

As medidas de tutela têm como destinatárias as entidades tuteladas, na hipótese de que nos ocupamos agora, os municípios. Atualmente, não existem medidas tutelares que visem os *titulares* dos órgãos municipais: estes encontram-se expostos a *sanções*, pela prática de ilegalidades que podem até ser detetadas em ações de tutela inspetiva, mas tais sanções são aplicadas por tribunais, no âmbito da *responsabilidade financeira* (Tribunal de Contas) ou com a aplicação de medidas de perda de mandato ou dissolução de órgãos (pelos tribunais administrativos).

Como se sabe, existe uma lei geral da tutela administrativa sobre as autarquias locais: a Lei da Tutela Administrativa. Contudo, esta é sobretudo uma lei da tutela inspetiva. Outras medidas de tutela encontram-se previstas fora dela.

164.1.1 – Tutela inspetiva

A tutela do Estado sobre as autarquias locais consiste, em primeiro lugar, numa intervenção de natureza inspetiva, que se consubstancia na realização de operações de inspeção e de fiscalização do funcionamento e da organização dos municípios, em regra através do exame e análise de documentos, de visitas e, porventura, de entrevistas com os trabalhadores e os dirigentes.

[1015] Em especial, a Lei Orgânica do XXI Governo estabelece que o "Ministro das Finanças exerce a direção sobre a Inspeção-Geral das Finanças, em coordenação com o Ministro da Administração Interna, no âmbito do exercício da tutela inspetiva sobre as autarquias locais, as demais formas de organização territorial autárquica e o setor empresarial local": artigo 14.º, n.º 7.

Como sucede em todos os casos, o objeto da tutela consiste, também neste caso, na verificação do cumprimento das leis e regulamentos por parte dos órgãos e serviços dos municípios.

A tutela inspetiva encontra-se regulada na Lei da Tutela Administrativa.

A Lei das Finanças Locais identifica um *princípio da tutela inspetiva*, de acordo com o qual o Estado exerce tutela inspetiva sobre as autarquias locais, que abrange a respetiva gestão patrimonial e financeira. Acrescenta o diploma que "a tutela inspetiva só pode ser exercida segundo as formas e nos casos previstos na lei, salvaguardando sempre a democraticidade e a autonomia do poder local" (artigo 13.º).

Em termos de conteúdo, a tutela inspetiva exerce-se através da realização de *inspeções, inquéritos* e *sindicâncias* [sobre o procedimento de tutela inspetiva, cf. ponto 174.3.1].

164.1.2 – Tutela de acompanhamento

Reconduzimos ao conceito genérico de *tutela de acompanhamento* o poder conferido ao Governo de, através de mecanismos de informação, acompanhar e monitorizar a ação das autarquias locais. A esse poder correspondem as várias situações de imposição legal aos municípios de deveres de informação ao Governo, em regra, à Direção-Geral das Autarquias Locais.

Para este efeito, foi mesmo instituído no Portal Autárquico o designado Sistema Integrado de Informação das Autarquias Locais, para o qual os municípios são obrigados a carrear informações de várias categorias, em regra, relacionadas com a situação financeira ou com decisões que possam ter impacto na respetiva situação financeira (*v.g.*, para desencadear o funcionamento de *mecanismos de alerta precoce*).

Eis o que ocorre com as várias obrigações de informação definidas na Lei das Finanças Locais, nas leis de orçamento de Estado e nos respetivos diplomas de execução e no Regime Jurídico da Atividade Empresarial Local, que, em geral, têm por objeto a referência da situação financeira (orçamentos, quadros plurianuais de programação, contas mensais), mas também à contratação de pessoal, à celebração de contratos de concessão ou de parceria público-privada, à criação de empresas locais ou serviços municipalizados, etc. Pode dizer-se que, hoje, toda a vida financeira, de contratação de recursos e de decisões com relevo no plano organizativo têm de ser comunicadas pelos municípios ao Governo. Em regra, ainda que sob uma ética da transparência (cf. artigo 7.º da Lei das Finanças Locais), o que está aqui em causa é a centralização da informação relevante sobre os municípios, com o objetivo de antecipar e de prevenir dificuldades financeiras.

A tutela de acompanhamento, que vimos a considerar, desenvolve-se sobretudo no âmbito da *autonomia financeira* dos municípios e tem um propósito de moderação e de contenção, sobretudo em matéria de endividamento municipal e de assunção de compromissos contratuais, bem como de garantia de que os municípios exercem os seus próprios poderes de controlo, *v.g.*, sobre as suas empresas locais (neste sentido, veja-se, no artigo 62.º do RJSPE, a referência a "controlo e a monitorização do exercício da função acionista" dos municípios),

Reconduzem-se ainda ao conceito de tutela de acompanhamento os poderes de intervenção do Estado na fase de execução de contratos de empréstimo que celebra para viabilizar a regularização de dívidas pelos municípios, no âmbito do Programa de Apoio à Economia Local.

164.1.3 – Tutela preventiva e integrativa

A tutela preventiva ou integrativa indica a intervenção necessária do Governo (ou de organismos dele dependentes) através de medidas cuja adoção constitui uma condição de legalidade ou de eficácia jurídica de atos dos municípios. Em qualquer das suas formas, esta tutela interfere com a *autonomia administrativa*, pois, apesar de limitada ao controlo da legalidade, no âmbito de incidência da tutela, o poder de decisão administrativa municipal vê-se diminuído ou juridicamente condicionado.

Em geral, as medidas de tutela preventiva são: as *autorizações constitutivas* (das quais depende a legalidade do ato autorizado, a praticar após a autorização), os *pareceres vinculativos* (que, em regra, precludem a possibilidade da prática de um ato municipal, por razões de legalidade) e as *aprovações* (que permitem que um ato municipal já praticados produza os seus efeitos jurídicos).

Exemplos: autorização ministerial excecional, em casos de calamidade pública, da competência dos membros do Governo responsáveis pelas áreas das finanças e das autarquias locais, para a celebração por município de contratos de empréstimo acima dos limites legais de endividamento (artigo 53.º da Lei das Finanças Locais); ratificação (aprovação) de planos urbanísticos municipais; pareceres vinculativos das comissões de coordenação de desenvolvimento regional em procedimentos de decisões municipais de gestão urbanística.

164.1.4 – Tutela substitutiva

Sem prejuízo das muitas dúvidas sobre a constitucionalidade de formas de tutela substitutiva – medidas tutelares que consistem em o Estado se substituir aos municípios na prática de atos que estes estão legal ou até contratualmente obrigados a adotar –, há, ainda assim, casos previstos em lei que àquela se reconduzem: artigo 62.º do Regime Jurídico da Atividade Empresarial Local: estabelece-se que, em certos casos, os municípios, enquanto sócios, devem promover a dissolução de empresas locais; não o fazendo eles, a lei define que cabe à Inspeção-Geral de Finanças requerer a dissolução oficiosa da empresa local); artigos 60.º e 65.º da Lei das Finanças Locais (que prevê a retenção de verbas dos municípios em caso de incumprimento do plano de saneamento financeiro e para efetuar o pagamento – pela Direção-Geral das Autarquias Locais – de dívidas dos municípios a terceiros).

Procedendo à declaração de inconstitucionalidade com força obrigatória geral por violação do artigo 242.º, n.º 1, da CRP, de uma norma legal que impunha uma retenção de verbas municipais para efetuar pagamentos a terceiros, cf. Acórdão do Tribunal Constitucional n.º 260/98 ("a falta de pagamento, por parte de uma autarquia local, de uma dívida de um contrato com uma empresa pública não pode dar lugar a uma tutela substitutiva que antecipe cautelarmente o que a outra parte pode obter através dos tribunais").

Sem prejuízo das dificuldades constitucionais específicas de certas formas de tutela substitutiva (designadamente, nos casos em que a intervenção tutelar se faz para proteger os direitos de terceiros), não se retira da Constituição uma proibição de toda e qualquer medida tutelar substitutiva, quando, desse modo, o Estado persegue o objetivo de substituir o município no estrito cumprimento de obrigações legais.

164.1.5 – Tutela sancionatória

Porventura ainda mais surpreendente do que todas as modalidades anteriores são os casos, até relativamente frequentes, de verdadeira *tutela sancionatória*. Referimo-nos aqui a situações em que autoridades administrativas do Estado têm competência legal para a aplicação de *sanções financeiras* aos municípios.

Trata-se de sanções que, na nossa compreensão, têm uma natureza tutelar – pois visam punir comportamentos dos municípios na sua esfera de autonomia de gestão – e que, embora de natureza pecuniária, são impostas e executadas coercivamente.

Eis o que ocorre em vários casos de autorização legal conferida a organismos do Estado (Direção-Geral das Autarquias Locais) para, em situações de incumprimento de obrigações financeiras ou legais dos municípios, procederem a *retenções* de verbas que correspondem a receitas municipais ou que seriam transferidas para os municípios: cf. artigo 44.º, n.º 2, do Regime Jurídico da Atividade Empresarial Local (incumprimento de deveres de informação); artigo 11.º, n.º 2, do Programa de Apoio à Economia Local (incumprimento de prestação do serviço da dívida de contrato de empréstimo); artigo 50.º do Regime Jurídico da Recuperação Financeira Municipal (incumprimento do programa de ajustamento municipal).

Ao contrário das retenções de verbas efetuadas com o propósito de efetuar pagamentos a terceiros (credores) – tutela substitutiva –, nos exemplos agora apresentados está em causa uma reação com finalidade claramente sancionatória.

164.2 – Relações de delegação

A tutela administrativa é atualmente apenas mais um tipo de relação entre o Estado e os municípios. Em 2013, o RJAL criou as bases da evolução para um novo patamar do processo de relacionamento entre aquelas entidades, baseado na figura da delegação de competências – no título IV, com a epígrafe *descentralização administrativa*, o RJAL dedica um capítulo precisamente à *delegação de competências* (artigos 116.º-136.º). Já tivermos oportunidade de alertar para a inconsistência da consideração da delegação como figura de descentralização [cf. ponto 58.3, *a)*] e também já analisámos os traços fundamentais do contrato de delegação de competências do Estado nos municípios e nas entidades intermunicipais [cf. ponto 145].

164.3 – Outras relações jurídicas entre o Estado e os municípios

Além das expostas, existem relações entre o Estado (ou organismos estaduais) e os municípios com um outro tipo de recorte e natureza.

164.3.1 – Relações contratuais de caráter financeiro

Entre o Estado e os municípios processam-se relações de carácter financeiro, em regra de acordo com os critérios de *repartição dos recursos públicos* estabelecidos na Lei das Finanças Locais.

Fora desse quadro, fixado segundo critérios objetivos e universais, vigora uma regra geral de proibição de quaisquer formas de subsídios ou comparticipações financeiras aos municípios (e freguesias) por parte do Estado, dos institutos públicos ou dos serviços e fundos autónomos (artigo 22.º, n.º 1, da Lei das Finanças Locais).

Mas, em exceção a essa regra, e conforme previsto naquele diploma, pode ser inscrita na Lei do Orçamento do Estado uma dotação global afeta aos diversos ministérios, para financiamento de projetos de interesse nacional a desenvolver pelas autarquias locais, de grande relevância para o desenvolvimento regional e local, correspondentes a políticas identificadas como prioritárias naquela Lei, de acordo com os princípios da igualdade, imparcialidade e justiça ("cooperação técnica e financeira").

Por outro lado, o Governo pode tomar providências orçamentais necessárias à concessão de auxílios financeiros às autarquias locais, nas seguintes situações: *a)* calamidade pública ("contratos de concessão de auxílio financeiro" celebrados no quadro do Fundo de Emergência Municipal); *b)* municípios negativamente afetados por investimentos da responsabilidade da administração central ou regional; *c)* circunstâncias graves que afetem drasticamente a operacionalidade das infraestruturas e dos serviços municipais de proteção civil; *d)* reconversão de áreas urbanas de génese ilegal ou programas de reabilitação urbana, quando o seu peso relativo transcenda a capacidade e a responsabilidade autárquica nos termos da lei. No quadro do Programa de Apoio à Economia Local, os municípios celebram *contratos de empréstimo* com o Estado, com o objetivo de regularização das dívidas dos municípios em relação a terceiros. A adesão àquele Programa implica o cumprimento de um plano de ajustamento financeiro.

164.3.2 – Relações de cooperação para a realização de interesses estaduais e locais

São muito frequentes os casos de intervenção simultânea de órgãos do Estado e órgãos municipais em procedimentos administrativos complexos: por ex., procedimentos de instalação e licenciamento de indústrias poluentes, que pressupõem decisões do Estado e decisões municipais. Relações jurídicas como estas, que se desenvolvem em procedimentos administrativos complexos, resultam de uma presença simultânea ou concorrente de interesses locais e nacionais. Isto determina uma ação conjugada e uma divisão de trabalho entre Estado e municípios no quadro da realização do interesse público.

Além disso, pelo facto de, com frequência, se revelar impossível demarcar áreas de interesses exclusivamente locais [cf. ponto 149, *iii)*], não deve surpreender o facto de organismos do Estado se verem investidos por lei de competências para atuar em áreas de intervenção normal e habitual dos municípios (por ex., embargo e demolição de obras particulares).

> Nos termos da Lei-Quadro das Contraordenações Ambientais, as autoridades administrativas (do Estado), no exercício dos seus poderes de vigilância, fiscalização ou inspeção, podem determinar, dentro da sua área de atuação geográfica, o embargo de quaisquer construções em áreas de ocupação proibida ou condicionada em zonas de proteção estabelecidas por lei ou em contravenção à lei, aos regulamentos ou às condições de licenciamento ou autorização.

Essas situações não se reconduzem à figura da tutela administrativa, mas antes ao exercício de competências próprias do Estado, no quadro da realização de atribuições que *também* correspondem a fins do Estado.

As situações a que acabámos de aludir mostram a estreiteza da visão tradicional consistente em reconduzir o plano do relacionamento entre o Estado e os municípios à ideia de tutela administrativa e, em particular, de tutela administrativa de verificação do cumprimento da lei.

É certo que o princípio constitucional da autonomia local exige a demarcação de uma esfera de interesses próprios dos municípios e exclui, *in limine*, todas as medidas de sujeição dos municípios a poderes de intervenção do Estado que os coloquem numa posição subordinada, de inferioridade quase-hierárquica.

Mas disso não nos parece resultar que o relacionamento entre ambas as entidades tenha de se afeiçoar a um modelo segundo a qual os municípios prosseguem os seus interesses próprios, exclusivos, com autonomia baseada na Constituição e na lei e, posteriormente, o Estado, no exercício da tutela, efetua inspeções e controlos externos com o fim de apurar factos que possam conduzir à aplicação de sanções. Assim concebida, a intervenção do Estado acabaria por se ver exclusivamente associada a uma atuação investigativa com finalidades repressivas. Esta conceção, que, na verdade, hoje poucos defendem, assenta, ao que supomos, numa visão pouco adequada às exigências da realização de interesses públicos cada vez mais complexos, que reclamam decisões cujas consequências estão muito longe de se confinar aos limites geográficos de cada município. O pressuposto da existência de um quadro estanque e definido de atribuições específica e exclusivamente municipais apresenta-se cada vez menos verificável em grande extensão, razão por que, em geral, preferimos considerar que as relações entre Estado e municípios se devem desenvolver, em princípio, num quadro de articulação, de cooperação e de coordenação na realização do interesse público.

Apesar de se pretender associado ao conceito de descentralização, o enquadramento legal da delegação de competências do Estado nos municípios insere-se claramente na linha da compreensão das relações entre ambos baseada numa lógica de "articulação para a realização do interesse público geral" e não numa ideia de separação ou de municipalização de interesses públicos nacionais.

Neste sentido, afigura-se muito redutora e irrealista a conceção destas relações segundo um modelo que pressuponha que toda e qualquer área de intervenção municipal é um mundo estranho ao Estado, que, contudo, este pode controlar, como fiscal e agente externo. Em vez disso, propugna-se uma compreensão das relações entre o Estado e os municípios assente na ideia de parceria para a realização do interesse público.

164.3.3 – Relações entre o Estado e os municípios na condição de operadores económicos

Na medida em que sejam titulares ou desenvolvam, diretamente ou por gestão indireta, atividades económicas sujeitas a regulação pública (*v.g.*, comunicações eletrónicas), os municípios consideram-se "entidades reguladas". Neste âmbito, e no plano das relações com as entidades reguladoras setoriais (*v.g.*, ANACOM) ou com a Autoridade da Concorrência, os municípios encontram-se numa situação análoga à de qualquer operador económico regulado. Surgem, nesse caso, na condição de sujeitos passivos dos poderes de autoridade das entidades reguladoras e têm de cumprir os regulamentos, instruções e diretrizes regulatórias dessas entidades[1016].

[1016] Sobre isto, veja-se, da nossa autoria, "Serviços públicos locais e regulação económica", *cit.*, p. 325, onde se chama a atenção para as diferenças entre a regulação estadual de atividades económicas dos municípios (a que nos referimos no texto) e a regulação estadual de atividades correspondentes a serviços públicos locais (como o serviço público de abastecimento de água para consumo público).

Além disso, em muitas outras áreas da sua intervenção, os municípios têm de cumprir condições e obrigações legais, por ex., em matéria ambiental ou de higiene e segurança no trabalho; como qualquer outra entidade, ficam expostos às ações de auditoria e fiscalização das autoridades administrativas do Estado e, em situações de incumprimento da lei, às sanções (coimas) por estas aplicadas. Outro tanto se pode dizer quando os municípios beneficiam de fundos geridos por organismos do Estado (por ex., Portugal 2020), os quais detêm igualmente poderes de fiscalização, e, em caso de incumprimento, de retenção e de imposição do reembolso de quantias pagas.

Subsecção III
Freguesia

165 – Conceito de freguesia. 166 – Atribuições e competências das freguesias. 167 – Órgãos da freguesia. 168 – Associações de freguesias com outras entidades. 169 – Relações entre o Estado e as freguesias.

165 – Conceito de freguesia

A freguesia é a outra categoria de autarquia local. Pode definir-se assim: *pessoa coletiva de direito público que visa a prossecução dos interesses próprios da população residente numa parcela do território de um município através de órgãos representativos.*

A definição reúne os seguintes elementos essenciais da definição de freguesia, enquanto autarquia local: *i)* pessoa coletiva de direito público; *ii)* população residente (o critério de identidade de pertença à freguesia assenta na residência oficial no respetivo território); *iii)* parcela ou circunscrição do território municipal (em regra, as freguesias ocupam uma parcela do território municipal; contudo, em seis municípios portugueses, o território da freguesia coincide com o território municipal); *iv)* visa a prossecução dos interesses próprios dos residentes nessa parcela do território; *v)* órgãos representativos eleitos pela população residente (eleições para a assembleia de freguesia)[1017].

[1017] Cf. José de Melo Alexandrino, "Dez questões em torno do lugar das freguesias na organização do Estado", *Questões Atuais de Direito Local*, n.º 8, 2015, p. 7 e segs.

A freguesia é uma entidade de génese eclesiástica, que deriva da paróquia religiosa. A partir de uma certa fase, os residentes na paróquia passaram a ser chamados filhos da igreja ("filii ecclesiae") e daqui derivaram os termos "filigreses" e fregueses: o coletivo dos fregueses, ou filhos da igreja paroquial, passou a designar-se freguesia[1018].

A paróquia civil (constituída a partir da paróquia religiosa) aparece como um elemento da organização administrativa do território no primeiro Código Administrativo (1836) – não integrava a organização do território no Decreto n.º 23 de Mouzinho da Silveira (1832), apesar de um decreto de 1830 se lhe referir[1019]. Voltou a desaparecer com o Código Administrativo de 1842, que *"roubou à paróchia a sua vida administrativa"*[1020]. Ressurgiu de uma forma definitiva, no quadro da divisão administrativa do território, no Código Administrativo de 1878, com a designação de *paróquia*[1021], vindo a ser, desde a Lei n.º 621, de 23 de junho de 1916 (sobre a criação de concelhos e freguesias), denominada *freguesia*.

No ano 2012, teve lugar um processo complexo de reorganização administrativa do território das freguesias (cf. Lei n.º 22/2012, de 30 de maio), que veio a culminar com a agregação e a consequente redução do número de freguesias; o novo mapa das freguesias foi aprovado pela Lei n.º 11-A/2013, de 28 de janeiro[1022] e, desde então, passaram a existir em Portugal 3092 freguesias, das quais 2882 no continente, 156 na Região Autónoma dos Açores e 54 na Região Autónoma da Madeira.

A referida Lei n.º 22/2012 revogou uma lei de 1993 sobre o regime jurídico de criação de freguesias, pelo que, desde 2012, deixou de existir um

[1018] Cf. José Tavares, *A Freguesia ou parochia como divisão administrativa*, Coimbra, Imprensa da Universidade, 1896.

[1019] Trata-se de um diploma da Regência, emitido em nome da Rainha, na Ilha Terceira, e que integra "a *primeiríssima* organização administrativa do Liberalismo": nestes termos, cf. Victor de Sá, "Reforma administrativa liberal que precedeu a de Mousinho da Silveira", *Revista da Faculdade de Letras da Universidade do Porto*, 1985, p. 201 e segs. (p. 202).

[1020] Cf. José Tavares, *ob. cit.*, p. 51.

[1021] No relatório que precede a proposta do Código Administrativo de 1878, afirma-se o seguinte: "*Depois da familia que o Estado não creou, mas achou estabelecida, temos uma associação quasi tam natural como ella, e que a lei náo poderia supprimir sem violentar a natureza das causas,-é a freguesia ou a paróchia*".

[1022] Cf. Jorge Miranda, "As freguesias, a Constituição e as Leis n.º 22/2012, de 30 de maio, e n.º 11-A/2013, de 28 de janeiro", *Estudos em Homenagem a António Barbosa de Melo*, Almedina, 2013, p. 423 e segs. (423-446).

regime geral que discipline os processos de criação, extinção e modificação das freguesias.

166 – Atribuições e competências das freguesias

Nos termos do artigo 2.º RJAL, constituem atribuições das autarquias locais a promoção e salvaguarda dos interesses próprios das respetivas populações. O artigo 7.º, n.º 1, repete a fórmula, acrescentando, contudo, a referência a uma ideia de "articulação" entre município e freguesia. Por outro lado, o n.º 2 do artigo 7.º apresenta um catálogo exemplificativo ("designadamente") de atribuições das freguesias.

Em conformidade com esse preceito, as freguesias dispõem de atribuições designadamente nos seguintes domínios: *a)* equipamento rural e urbano; *b)* abastecimento público; *c)* educação; *d)* cultura, tempos livres e desporto; *e)* cuidados primários de saúde; *f)* ação social; *g)* proteção civil; *h)* ambiente e salubridade; *i)* desenvolvimento; *j)* ordenamento urbano e rural; *k)* proteção da comunidade. Nos termos do n.º 3 do artigo 7.º, as atribuições das freguesias abrangem ainda o planeamento, a gestão e a realização de investimentos nos casos e nos termos previstos na lei.

Com exceção das que integram o município de Lisboa (cf. Lei de Reorganização Administrativa de Lisboa), as freguesias detêm todas a mesma competência legal – as juntas de freguesia do município de Lisboa dispõem de um catálogo de competências próprias diferente da generalidade das juntas de freguesia do País; além disso, beneficiam de um importante reforço de recursos financeiros.

O facto de as freguesias deterem todas a mesma competência não quer dizer que todas disponham da mesma capacidade de intervenção, pois há que ter em consideração as variações que decorrem da existência de delegações de competências municipais, bem como do âmbito destas delegações [cf. ponto 163.2, *b)*][1023].

167 – Órgãos da freguesia

A freguesia tem dois *órgãos representativos*: *assembleia de freguesia*, órgão deliberativo, e a *junta de freguesia*, órgão executivo.

[1023] Sobre as competências das freguesias, cf. António Cândido de Oliveira, "As competências materiais das freguesias: um pequeno e vasto mundo", *Revista das Freguesias*, n.º 2, 2017, p. 9 e segs.

A Constituição autoriza a lei a determinar que, nas freguesias de população diminuta, a assembleia de freguesia seja substituída pelo plenário dos cidadãos eleitores; nos termos da Lei de Funcionamento dos Órgãos das Autarquias Locais, a assembleia de freguesia é substituída pelo plenário dos cidadãos eleitores nas freguesias com 150 eleitores ou menos.

O presidente da junta de freguesia é o candidato que encabeçar a lista mais votada na eleição para a assembleia de freguesia. Ou seja, o presidente do órgão executivo (junta) é o primeiro da lista mais votada na eleição que se realiza para o órgão deliberativo, que é a única eleição no âmbito da freguesia (a Constituição permite esta solução, no artigo 239.º, n.º 3). É por inerência membro da assembleia municipal do município que integra a freguesia [sobre as implicações desta inerência, cf. ponto 163.1].

A assembleia de freguesia é eleita por sufrágio universal, direto e secreto dos cidadãos recenseados na área da freguesia, segundo o sistema de representação proporcional. O número de membros da assembleia de freguesia varia em função do número de eleitores.

A junta de freguesia tem, além do presidente, um número de vogais variável (de 2 a 6) em função do número de eleitores. Os vogais são eleitos pela assembleia de freguesia, de entre os seus membros, mediante proposta do presidente da junta.

168 – Associações de freguesias com outras entidades

As freguesias podem associar-se com outras entidades, públicas ou privadas, para a realização das suas atribuições. Em especial, as freguesias podem associar-se entre si, para a constituição de *associações de freguesias de fins específicos*, nos termos dos artigos 108.º e 109.º do RJAL.

Embora, na sua letra, o conceito de *associações de autarquias locais* (que o RJAL utiliza) abranja a possibilidade de associações entre municípios e freguesias, o RJAL não parece contemplar essa hipótese, porquanto estabelece que a denominação das associações deve incluir a menção «Associação de Municípios» ou «Associação de Freguesias», consoante os casos: cf. artigo 109.º, n.º 1, alínea *a*).

Nos termos da Lei n.º 54/98, de 18 de agosto, as freguesias podem associar-se, designadamente, para efeitos da sua representação institucional junto dos órgãos de soberania e da administração central e da cooperação com esta na participação em organizações internacionais: é o caso da *Associação Nacional de Freguesias*.

169 – Relações entre o Estado e as freguesias

Embora com um alcance menor do que vimos no âmbito municipal, também há relações jurídicas entre Estado e municípios. Desde logo, temos as relações que se processam no contexto da tutela administrativa do Estado sobre as autarquias locais. Por outro lado, podem desenvolver-se relações contratuais de carácter financeiro, no âmbito da cooperação técnica e financeira (cf. artigo 22.º, n.º 2, da Lei das Finanças Locais). Embora improváveis, também não estão excluídas relações de delegação de competências do Estado nas freguesias: o RJAL não é muito claro quanto a esta última possibilidade, mas o artigo 116.º refere-se, sem distinguir, a autarquias locais; por outro lado, o 125.º, n.º 2, estabelece expressamente que, na concretização da delegação, o Estado considera a caracterização da autarquia local como município ou freguesia [em sentido oposto, atente-se ao facto de os artigos 9.º, n.º 1, alínea *g)*, e 16.º, n.º 1, alínea *i)*, se referirem apenas a contratos de delegação e a acordos de execução com as câmaras municipais]. Seja como for quanto ao sentido exato do RJAL, a possibilidade de delegação de competências estaduais nas freguesias terá sempre de se encontrar prevista em diploma legal.

Secção II
Administração autónoma corporativa

A Administração autónoma corporativa – também denominada associativa ou funcional – refere-se às entidades da Administração autónoma e descentralizada, de natureza não territorial. Neste caso, o elemento comum e de agregação da coletividade reside, em regra, no exercício de uma atividade ou de uma profissão ou na utilização de um bem público e é precisamente a regulação pública e oficial da atividade ou profissão ou o estabelecimento do regime da utilização do bem público por um grupo definido de pessoas que corresponde ao interesse público específico e que explica e está na origem da adoção de um modelo de autoadministração. Ao invés do que ocorre com a autonomia local, que autoriza as autarquias locais a prosseguirem quaisquer interesses próprios das populações respetivas, a autonomia corporativa apresenta um carácter circunscrito e refere-se à prossecução de interesses específicos e determinados por lei.

170 – Administração autónoma e Administração autónoma corporativa. 171 – Suportes organizativos. 172 – Em especial, as associações públicas profissionais. 172.1 – Criação. 172.2 – Atribuições principais. 172.3 – Organização interna. 172.4 – Autonomia. 172.5 – Tutela do Estado. 172.6 – Sobreposição da regulação estadual à regulação profissional autónoma.

170 – Administração autónoma e Administração autónoma corporativa

A Administração autónoma corporativa constitui uma forma de descentralização e de participação dos interessados na Administração Pública. Em regra, o fenómeno da Administração autónoma corporativa tem na sua base uma coletividade ou agregado de indivíduos ou entidades particulares diretamente interessadas na gestão de determinados assuntos.

Suponha-se, por ex., os agentes que se dedicam à atividade de mediação imobiliária (de intermediação na compra e venda de bens imóveis). Esse conjunto de indivíduos e empresas tem um interesse próprio, direto e imediato na definição de regras quanto ao acesso e ao exercício da atividade imobiliária, quanto aos preços a cobrar aos clientes, quanto à aplicação de sanções aos agentes que não cumprem as regras, etc. Numa palavra, pelo facto de a exercerem, os referidos agentes têm um interesse próprio na *regulação administrativa* da atividade de mediação imobiliária.

Pois bem, na atualidade, a regulação administrativa dessa atividade cabe a um instituto público (IMPIC, IP), encontrando-se, assim, atribuída ao setor da Administração indireta do Estado. Na perspetiva dos agentes imobiliários, estamos aqui em presença de um caso de *hétero-administração (ou hétero-regulação)*: eis o que resulta de a regulação administrativa da atividade profissional em causa ser determinada por um organismo público estranho e alheio aos profissionais (há aqui uma distinção clara entre quem tem o encargo de administrar e os destinatários da atividade administrativa).

Mas admitamos agora que o legislador decide criar uma nova entidade pública, vamos supor uma *Câmara dos Agentes Imobiliários*, composta pelas pessoas que exercem a profissão de agente de mediação imobiliária, dispondo de órgãos por estes eleitos e com a função de efetuar a regulação administrativa da atividade de mediação imobiliária. Teríamos então, aqui, um processo de *descentralização* desta função pública, por via da sua deslocação da esfera do Estado para a coletividade dos interessados, isto é, dos próprios destinatários das medidas e dos atos praticados no exercício dessa função pública. Esta passaria a ser desenvolvida em sistema de autoadministração, isto é, de um sistema de "administração realizada pelos destinatários da atividade administrativa".

Do mesmo modo que no caso da Administração autónoma territorial, também aqui está presente um cenário de *Administração autónoma.*

Há, todavia, algumas diferenças relevantes[1024].

As entidades da Administração autónoma territorial (autarquias locais) congregam todos os membros da coletividade local residente; o território é aqui o elo de ligação e todas as pessoas que o partilham são abrangidas. No caso da Administração autónoma corporativa, são abrangidos os membros que compartilham uma certa condição (*v.g.*, profissão de médico; exercício de uma atividade económica): o elo de ligação é agora a qualidade ou condição que as pessoas que integram o grupo partilham.

Por se basear no território, a Administração autónoma territorial ocupa-se de fins múltiplos, no quadro de um princípio de generalidade. A Administração corporativa tem atribuições delimitadas e específicas, segundo um princípio de especialidade.

A Administração autónoma territorial é constitucionalmente necessária. Por seu lado, a Administração autónoma corporativa, além de facultativa, é constitucionalmente vista como excecional.

Além das referidas, uma outra diferença resulta de, no caso da Administração autónoma corporativa, o interesse público cuja realização se vê confiada à coletividade de interessados não ser assumido, *qua tale* – enquanto interesse público – como um interesse próprio e específico dos membros da coletividade. Ocorre é que a coletividade de interessados se vê beneficiada com o *privilégio* de (por si mesma ou através de órgãos eleitos) gerir uma atividade de interesse público geral em cuja regulação tem um interesse direto. Uma interpretação diferente conduziria à conclusão de que, por ex., o acesso ou a expulsão da profissão de advogado ou de médico seriam assuntos de interesse público próprio e específico dos profissionais. Ora, é precisamente o facto de estas e outras profissões serem relevantes para o *interesse público geral* que reclama a sua regulação pública e oficial. O interesse público geral continua a existir como tal, apesar de o legislador confiar a regulação de uma certa atividade aos diretos interessados e adotar um esquema da autoadministração.

[1024] Seguimos, de perto, Vital Moreira, *Administração Autónoma, cit.*, p. 139.

O que se verifica, em termos práticos, é a *coincidência* ou *identidade* entre o interesse público geral na regulação de uma certa atividade ou na utilização de um bem público e o interesse (privado) próprio de determinados indivíduos. A presença deste interesse próprio é precisamente o fator que legitima uma solução de autoadministração, no quadro da efetivação do princípio constitucional da "participação dos interessados na gestão da Administração".

Como já antecipámos, a descentralização funcional ou corporativa introduz um elemento perturbador da unidade do sistema administrativo, ao fomentar a tendência para a sua fragmentação e desencadear o risco de uma feudalização e de uma colonização do interesse público por interesses de grupo [cf. ponto 58.2]. A convocação da ideia de democracia para legitimar estas formas de autoadministração não é credencial bastante, porquanto se trata, afinal, de instituir uma micro-democracia, de que apenas beneficia quem pertence à coletividade que tem o privilégio de se autoadministrar.

171 – Suportes organizativos

Em termos organizativos, o suporte principal da Administração autónoma corporativa é a *associação pública* (veja-se, neste sentido, o artigo 267.º, n.º 4, da CRP) – em rigor, não estão excluídos outros suportes (*v.g.*, cooperativa ou até institutos públicos), desde que, em qualquer caso, se trate de instituições de carácter representativo, dirigidas por órgãos eleitos pelos interessados.

A associação que aqui está em jogo é a *associação pública de interessados*, que congrega indivíduos e, porventura, pessoas coletivas privadas, que integram a categoria dos "administrados" que se autoadministram através da associação.

Também são associações públicas as associações (com personalidade de direito público) que agregam ou juntam entidades públicas – *associações públicas interadministrativas*, como as associações de municípios [cf. ponto 161] – ou que associam entidades públicas e entidades particulares – *associações públicas em condomínio público-privado*, como as entidades regionais de turismo [cf. ponto 144].

Não existe uma correspondência biunívoca entre associação pública e Administração autónoma, quer porque há associações públicas que não constituem uma concretização da ideia de autoadministração, quer porque, ao menos em termos teóricos, a Administração autónoma pode ter outros suportes organizativos.

A associação pública de interessados caracteriza-se como entidade de natureza corporativa ou associativa que reúne uma coletividade de pessoas (as quais, em regra, se encontram obrigadas a aderir) e que, através de órgãos representativos, assume a responsabilidade de executar tarefas relacionadas com os interesses específicos dessas pessoas e com o interesse público geral, sem sujeição a orientação, ainda que sob a tutela do Estado. O formato da associação pública concretiza o objetivo constitucional de permitir aos interessados a participação na gestão efetiva dos interesses públicos: cf. artigo 267.º, n.º 1, da Constituição. A categoria mais significativa das associações públicas de interessados são as *associações públicas profissionais*. Mas a figura das associações não se esgota nesse âmbito: inclui, por ex., a Casa do Douro.

> Na sua atual configuração, após a *reinstitucionalização*, em 2019, a Casa do Douro surge como uma associação pública sem competências de regulação da atividade exercida pelos respetivos associados. Trata-se de uma entidade sem efetivas competências públicas descentralizadas, que desempenha, quase exclusivamente, uma função de representação dos associados e de defesa dos respetivos interesses. Neste sentido, talvez seja excessiva e desadequada a consideração da Casa do Douro como uma entidade que exemplifica o fenómeno da descentralização corporativa [cf. ponto 58.2].

172 – Em especial, as associações públicas profissionais

As associações públicas profissionais constituem um instrumento ou um suporte organizativo de autoadministração realizada pelos interessados diretos, titulares de uma profissão regulada. A Lei das Associações Públicas Profissionais é bem clara a afastar aqui qualquer sugestão no sentido da consideração da regulação profissional como um interesse público específico da coletividade de profissionais, quando estabelece que estes organismos são criados para a "tutela de um interesse público de especial relevo que o Estado não [pode] assegurar diretamente" e que a sua primeira atribuição consiste na "defesa dos interesses gerais dos destinatários dos serviços"[1025].

[1025] Sobre as associações públicas profissionais, cf. Vital Moreira, *Administração Pública e Associações Públicas, cit., passim*; João Pacheco de Amorim, *Direitos Fundamentais e Ordens Profissionais*, Almedina, 2016; *idem*, "Novas e velhas questões sobre a natureza e o regime das Ordens profissionais", *CJA* n.º 129, 2018, p. 45 e segs. No ano de 2019, foram criadas mais duas associações públicas profissionais: a Ordem dos Assistentes Sociais (Lei n.º 121/2019, de 25 de setembro) e a Ordem dos Fisioterapeutas (Lei n.º 122/2019, de 30 de setembro).

Apesar de, como acaba de se verificar, se dedicarem à prossecução de interesses públicos gerais, originariamente na esfera do Estado, as associações públicas profissionais devem considerar-se *pessoas coletivas públicas principais* ou *primárias*, uma vez que não são concebidas como instrumentos para a realização de interesses públicos que se mantenham, depois da respetiva instituição, como interesses do Estado [cf. ponto 67.2].

172.1 – Criação

As associações são criadas por lei da Assembleia da República ou por decreto-lei autorizado: cf. artigo 165.º, n.º 1, alínea *s)*, da CRP. Existe, contudo, uma espécie de lei quadro, a Lei das Associações Públicas Profissionais, que as define como "entidades públicas de estrutura associativa representativas de profissões que devam ser sujeitas, cumulativamente, ao controlo do respetivo acesso e exercício, à elaboração de normas técnicas e deontológicas específicas e a um regime disciplinar autónomo, por imperativo de tutela do interesse público prosseguido".

Conforme se prescreve na Constituição, em geral, a criação de entidades desta categoria obedece à satisfação de necessidades específicas: daqui decorre a exigência de uma ligação da associação pública profissional a uma categoria circunscrita de pessoas, delimitada em razão da profissão exercida (*v.g.*, advocacia, enfermagem, revisão oficial de contas, engenharia civil).

Além disso, e em linha com a opção da Constituição, a lei acolhe um princípio de excecionalidade e prescreve que "a constituição de associações públicas profissionais é excecional" e só pode ter lugar quando visar a tutela de um "interesse público de especial relevo que o Estado não possa assegurar diretamente" (ideia de *subsidiariedade* das associações públicas em relação à Administração do Estado) e, além disso, se revelar adequada, necessária e proporcional para tutelar os bens jurídicos a proteger.

Também nos termos da Constituição e da lei, as associações públicas não podem desempenhar funções próprias das associações sindicais (defesa dos seus membros) e deverão dispor de uma organização interna baseada no respeito dos direitos dos seus membros e na formação democrática dos seus órgãos.

As associações têm a denominação "ordem" quando correspondam a profissões cujo exercício é condicionado à obtenção prévia de uma habilitação académica de licenciatura ou superior (*v.g.*, Ordem dos Advogados ou Ordem dos Médicos) e "câmara profissional" noutros casos.

As associações têm âmbito nacional, embora possam compreender estruturas regionais (v.g., conselhos regionais da Ordem dos Advogados) e locais (*v.g.*, assembleias locais e delegações da Ordem dos Advogados, que funcionam em certos municípios), às quais incumbe a prossecução das atribuições daquelas na respetiva área territorial.

As associações públicas profissionais estão sujeitas a uma regra de unicidade, no sentido de que "a cada profissão regulada corresponde apenas uma única associação pública profissional". Contudo, a mesma associação pode representar mais do que uma profissão, desde que tenham uma base comum de natureza técnica ou científica (eis o caso da Ordem dos Solicitadores e dos Agentes de Execução, que regula estas duas profissões).

172.2 – Atribuições principais

Entre outras, são atribuições das associações públicas profissionais: *i)* a defesa dos interesses gerais dos destinatários dos serviços; *ii)* a representação e a defesa dos interesses gerais da profissão; *iii)* a regulação do acesso e do exercício da profissão; *iv)* a concessão, em exclusivo, dos títulos profissionais das profissões que representem; *v)* a concessão, quando existam, dos títulos de especialidade profissional; *vi)* o exercício do poder disciplinar sobre os seus membros.

As mais relevantes são, certamente, as atribuições ligadas à regulação do acesso e do exercício da atividade, ao estabelecimento de regras deontológicas e ao exercício da ação disciplinar.

> A lei revela-se especialmente cuidadosa na *regulamentação do acesso à profissão* com o objetivo de conter a discricionariedade de decisão das associações públicas profissionais e de prevenir práticas abusivas, por ex. no sentido de tornar especialmente espinhosa a entrada na profissão (o que redunda em benefício de quem está inscrito).
>
> Assim, estabelece que "os requisitos de que depende a inscrição definitiva em associação pública profissional são taxativamente fixados na lei de criação da associação ou na lei de regulação da profissão". Para o efeito, acrescenta, "a inscrição definitiva de profissional depende apenas da titularidade da habilitação legalmente exigida para o exercício da profissão e, caso sejam justificadamente necessários para o exercício desta, por razões imperiosas de interesse público ou inerentes à própria capacidade das pessoas, do cumprimento de algum dos seguintes requisitos: *a)* verificação das capacidades profissionais pela sujeição a estágio profissional ou outro, previstos

em lei especial; *b)* formação e verificação dos conhecimentos relativos ao código deontológico da profissão; *c)* realização de exame final de estágio com o objetivo de avaliar os conhecimentos e as competências necessárias para a prática de atos de confiança pública". Por outro lado, estabelece-se que as restrições ao acesso e exercício da profissão, incluindo as referentes a qualificações profissionais, devem fundamentar-se em razões imperiosas de interesse público, nomeadamente atendendo à missão específica de interesse público em causa, em função da autoridade pública que o exercício da profissão comporte, ou em razões inerentes à própria capacidade da pessoa. Correspondentemente com a liberdade de acesso, a lei define que a inscrição para estágio de acesso à profissão, caso seja obrigatório, depende apenas da titularidade da habilitação legalmente exigida para o exercício da profissão.

Os cuidados especiais com o tema do acesso à profissão e aos estágios também se pode ver na previsão de uma *tutela governamental* (de legalidade) especificamente relacionada com esta matéria: com efeito, estabelece a lei que, "no âmbito da tutela de legalidade, os regulamentos das associações públicas profissionais que versem sobre os estágios profissionais, as provas profissionais de acesso à profissão e as especialidades profissionais só produzem efeitos após homologação da respetiva tutela".

Está prevista a possibilidade legal de "inscrição obrigatória" dos profissionais na associação pública profissional. Embora discutida, a obrigatoriedade de inscrição não deve ser vista como uma coação pública à filiação numa associação (com a exclusão da liberdade negativa de associação), mas antes como um requisito administrativo para o exercício de uma profissão, análogo à obtenção de uma licença ou autorização de um organismo administrativo clássico.

172.3 – Organização interna

A Constituição estabelece uma exigência de democracia interna das associações públicas: compreende-se a exigência, porquanto o cânone da legitimação democrática autónoma é aqui um elemento essencial e exige naturalmente que os órgãos que dirigem as associações sejam representativos da coletividade que a constitui.

A Lei vai mais longe e estabelece que a organização interna das associações está sujeita ao *princípio da separação de poderes*.

Constituem órgãos obrigatórios das associações: *a)* uma assembleia representativa, eleita por sufrágio universal, direto e secreto, com poderes deliberativos gerais (no caso da Ordem dos Advogados, a *assembleia geral* não é eleita, mas antes "constituída por todos os advogados com inscrição em vigor"); *b)* um órgão executivo colegial, que exerce poderes de direção e de gestão, nomeadamente em matéria administrativa e financeira, bem como no tocante à representação externa dos interesses da associação (no caso da Ordem dos Advogados, o *conselho geral*); *c)* um órgão de supervisão (também eleito), que vela pela legalidade da atividade exercida pelos órgãos da associação e exerce poderes de controlo, nomeadamente em matéria disciplinar (no caso da Ordem dos Advogados, o *conselho superior*); *d)* um órgão de fiscalização da gestão patrimonial e financeira, que inclui um revisor oficial de contas (no caso da Ordem dos Advogados, o *conselho fiscal*). Os estatutos das associações públicas profissionais podem prever a existência de um presidente ou bastonário (neste segundo caso, se se tratar de uma "ordem"), como presidente do órgão executivo ou como órgão autónomo, com competências próprias, designadamente de representação externa da associação (no caso da Ordem dos Advogados, o *bastonário* é eleito em simultâneo com o conselho geral).

172.4 – Autonomia

As associações públicas profissionais dispõem de autonomia em vários planos: administrativo, patrimonial, financeiro e disciplinar.

No que se refere à autonomia administrativa, praticam os atos administrativos necessários ao desempenho das suas funções e aprovam os regulamentos previstos na lei e nos estatutos (note-se que os estatutos são aprovados por lei). A autonomia em matéria regulamentar é limitada, não só por força da exigência de habilitação legal, mas também, em alguns casos, pelo facto de os regulamentos estarem sujeitos a aprovação governamental.

No plano da autonomia disciplinar, as associações públicas profissionais exercem, nos termos dos respetivos estatutos e com respeito, nomeadamente, pelos direitos de audiência e defesa, o poder disciplinar sobre os seus membros, bem como sobre os profissionais em livre prestação de serviços, na medida em que os princípios e regras deontológicos lhes sejam aplicáveis. Nos termos da lei, as sanções disciplinares de suspensão e de expulsão da associação pública profissional são aplicáveis apenas às infrações graves e muito graves praticadas no exercício da profissão, não podendo ter origem no incumprimento pelo membro do dever de pagar quotas ou de qualquer outro dever de natureza pecuniária. Em especial, a sanção disciplinar de expulsão só pode ser aplicada quando, tendo em conta a natureza da profissão, a infração disciplinar tenha posto em causa a vida, a integridade física das pessoas ou seja gravemente lesiva da honra ou do património alheios ou de valores equivalentes, sem prejuízo do direito à reabilitação, nos termos dos respetivos estatutos.

172.5 – Tutela do Estado

Como é próprio das entidades que se integram na Administração autónoma, as associações públicas profissionais não estão sujeitas a superintendência governamental. Mas, como se afigura compreensível, a lei prevê a tutela do Estado. Admite-se até, embora apenas com previsão de lei especial, a possibilidade de uma tutela de mérito.

A Lei das Associações Públicas Profissionais representou um avanço nesta matéria, pois, antes dela, não existia fundamento legal para a tutela nos estatutos das associações. E como a tutela não se presume, as associações públicas profissionais estavam, na prática, isentas de qualquer intervenção administrativa do Estado. Esse defeito foi corrigido, e estabelece-se agora que há tutela e que esta é, em regra, de natureza inspetiva (cf. artigo 45.º, n.º 4).

> Não obstante, tanto quanto se sabe, a tutela existe apenas na letra da lei, pois que não há notícia de ações inspetivas regulares sobre este setor da Administração Pública. Um caso excecional ocorreu em abril de 2019, com a realização de uma ação inspetiva na Ordem dos Enfermeiros, mas, infelizmente, num contexto politizado e inquinado por uma perceção generalizada de instrumentalização do poder estadual de tutela.

A regra geral, estabelecida na Lei das Associações Públicas Profissionais, é a da *tutela de legalidade*, "idêntica à exercida pelo Governo sobre a administração autónoma territorial". O sentido deste enunciado legal não se revela muito claro. Na verdade, não se alcança a pretensão de estabelecer que a tutela sobre as associações profissionais é "idêntica" à exercida pelo Governo sobre a Administração autónoma territorial, sobretudo quando a mesma lei assume que se trata de uma tutela de legalidade e, além disso, que, ressalvados casos previstos, essa tutela assume, em regra, natureza inspetiva. Seja como for quanto a isso, não subsistem dúvidas de que o membro do

Governo competente[1026] tem o poder de ordenar a realização de auditorias, inquéritos, inspeções e sindicâncias à atividade das associações públicas profissionais; tendo presente a identidade estabelecida na lei, pode aplicar-se, em relação à efetivação destas diligências, o disposto na Lei da Tutela Administrativa sobre as Autarquias Locais [cf. ponto 174.3.1].

Em regra, a tutela sobre as associações públicas profissionais tem natureza inspetiva. Contudo, e em exceção a essa regra, a lei estabelece um mecanismo de tutela integrativa, ao determinar que os regulamentos das associações que versem sobre os estágios profissionais, as provas de acesso à profissão e as especialidades profissionais só produzem efeitos após *homologação* do ministro da tutela (a homologação é condição de eficácia jurídica do regulamento). Para o efeito, o ministro pode e deve solicitar os esclarecimentos e os documentos necessários à decisão sobre a homologação e, por seu lado, a associação pública profissional tem o dever de responder a tais solicitações. A homologação considera-se concedida se não houver decisão em contrário nos 90 dias seguintes ao da sua receção pelo ministro da tutela.

> Num plano já diferente da tutela e de certa forma como um sucedâneo desta, a lei atribui ao membro do Governo competente para exercer os poderes de tutela sobre a associação pública profissional a legitimidade para impugnar judicialmente os atos e regulamentos da associação que repute ilegais. O referido membro do Governo poderá impugnar apenas os regulamentos que não lhe foram submetidos para efeitos de homologação; quanto aos que lhe sejam submetidos, detém o poder de recusar a homologação, precisamente com fundamento na ilegalidade.

Além dessa forma de tutela preventiva, há um caso marginal de *tutela sancionatória*. Com efeito, nos termos do n.º 7 do artigo 53.º da Lei das Associações Públicas Profissionais, as associações deveriam, no prazo de um ano a contar da entrada em vigor da lei, cessar todas as atividades comerciais que extravasassem os respetivos fins e atribuições, nomeadamente encerrando todos os estabelecimentos que explorassem e alienando todas as

[1026] Nos termos do artigo 45.º, n.º 3, da Lei das Associações Públicas Profissionais, a lei de criação ou os estatutos de cada associação pública profissional estabelecem qual o membro do Governo que exerce os poderes de tutela sobre cada associação pública profissional: assim, por ex., sobre a Ordem dos Advogados exerce tutela o membro do Governo responsável pela área da justiça; sobre a Ordem dos Enfermeiros, o membro do Governo responsável pela área da saúde; sobre a Ordem dos Revisores Oficiais de Contas, membro do Governo responsável pela área das finanças.

participações que detivessem em entidades comerciais com objeto diverso das suas atribuições. O n.º 8 daquele mesmo preceito estabelece que, em caso de incumprimento da referida obrigação, o membro do Governo que exerce os poderes de tutela pode determinar a aplicação de uma *sanção pecuniária compulsória*, fixada segundo critérios de razoabilidade e proporcionalidade (definidos no n.º 9).

Embora este poder ministerial para aplicação de sanções não se tenha esgotado, talvez se possa entender que o mesmo só existe quanto a situações de exercício de atividades comerciais anteriores à entrada em vigor da Lei, e já não quanto ao *início de novas atividades* após a entrada da Lei em vigor.

172.6 – Sobreposição da regulação estadual à regulação profissional autónoma

A adoção de um sistema de regulação de profissões por associações públicas não exclui a submissão dos profissionais a uma regulação estadual sobreposta àquela. Uma situação deste tipo pode ver-se na regulação dos revisores oficiais de contas (ROC): nos termos do respetivo Estatuto, a Ordem dos Revisores Oficiais de Contas tem a incumbência de superintender em todos os aspetos relacionados com essa profissão. Todavia, nos termos do Regime Jurídico da Supervisão de Auditoria, constitui atribuição da Comissão do Mercado de Valores Mobiliários a supervisão pública dos ROC e das sociedades de ROC, bem como de toda a atividade de auditoria por eles desenvolvida. Esse mesmo Regime esclarece que as competências da Ordem dos ROC em matéria de supervisão de auditoria nos termos do seu Estatuto não prejudicam as atribuições de supervisão da Comissão de Mercado de Valores Mobiliários. Aqui temos, pois, ilustrado um fenómeno de sobreposição de uma hétero-regulação estadual – neste caso, através de entidade administrativa independente – à autorregulação por associação pública profissional.

Capítulo 12
Relações jurídicas no interior da Administração Pública

O Direito Administrativo foi idealizado para regular as relações entre a Administração Pública – os seus sujeitos – e os particulares. Contudo, o facto de a pluralidade subjetiva se ter imposto na organização administrativa reclamou uma exigência da regulação das relações que se processam no "interior" do sistema administrativo. Como muitos organismos da Administração Pública detêm personalidade jurídica, compreende-se que inúmeras relações dessas se perfilem, afinal, como relações jurídicas "externas", pois põem em contacto entidades jurídicas diferentes. Neste primeiro plano, deparamo-nos, portanto, com relações entre sujeitos da Administração Pública (Secção I). A par dessas relações, o sistema administrativo contempla relevantes processos de relacionamento que se desenvolvem no interior dos sujeitos da Administração Pública, entre os respetivos órgãos: aqui vamos encontrar as relações jurídicas interorgânicas, bem como as que se desenvolvem dentro dos órgãos administrativos ou intraorgânicas (Secção II).

Secção I
Relações entre sujeitos da Administração Pública

Na presente Secção, vamos estudar as relações jurídicas intersubjetivas, que se processam entre diferentes pessoas coletivas públicas. Uma vez que atuam sempre através de órgãos, as relações entre as pessoas coletivas públicas desenvolvem-se naturalmente mediante a intervenção dos seus órgãos. Ou seja, as relações entre os sujeitos da Administração Pública, interpessoais, são também relações entre os órgãos. Trata-se, contudo, de relações entre órgãos que pertencem a diferentes pessoas coletivas. Projetando-se para o exterior da pessoa coletiva, a ação do órgão imputa-se à pessoa coletiva e, por conseguinte, no plano jurídico, é esta que entra em relação (externa) com uma outra entidade. O sujeito de imputação final da ação do órgão é a pessoa coletiva de direito público, não o órgão por cujo intermédio a mesma atua.

173 – Superintendência

A Constituição, no artigo 199.º, alínea *d)*, estabelece que, no exercício de funções administrativas, compete ao Governo "*superintender* na administração indireta". Na legislação, o conceito de *superintendência* surge, sobretudo, na LQIP: artigo 42.º.

Em termos linguísticos, superintendência (*super-* + *intendência*) refere-se à ação de dirigir, orientar ou fiscalizar superiormente determinado trabalho ou obra[1027]; estes poderes incidem sobre o "intendente", ou seja, a pessoa responsável pela direção ou administração de um serviço público, de um grande estabelecimento ou de um negócio importante. No ordenamento jurídico, o conceito surgiu na Constituição de 1933, que atribuía ao Governo competência para "superintender no conjunto da administração pública". Na nossa compreensão, seria bem-vindo um *aggiornamento* semântico, que podia passar pelo recurso ao conceito de *orientação* para indicar o fenómeno que atualmente se designa superintendência.

a) Traços gerais da figura da superintendência

Em termos jurídicos, a superintendência refere-se a uma situação de supremacia de uma entidade, ou de um órgão, sobre outra entidade, ou outro órgão. A compreensão global do sentido do conceito não pode, certamente, ignorar o facto de a Constituição, no artigo 199.º, alínea *d)*, o utilizar, por um lado, a par dos conceitos de *direção* (compete ao Governo dirigir os serviços e a atividade da Administração direta) e de *tutela* (compete ao Governo exercer a tutela sobre a Administração indireta e a Administração autónoma) e, por outro lado, em referência à Administração estadual indireta.

Disso decorre uma sugestão clara de que a superintendência, enquanto poder de supremacia, apresenta-se, por um lado, menos forte ou intrusivo do que o poder de direção, e, por outro lado, mais forte ou intenso do que o poder de tutela: superintender não significa tanto como dirigir, mas também não significa tão pouco como controlar ou fiscalizar.

Na nossa interpretação, a superintendência pode definir-se como uma *relação jurídica entre duas entidades da Administração Pública, na qual uma delas, a entidade principal, detém um poder de orientação da outra, a entidade instrumental que, em geral, se materializa através da adoção de medidas de definição das prioridades e objetivos a prosseguir, das estratégias a adotar e das metas a atingir, bem como da emissão de diretrizes e de instruções sobre o modo de realização dos referidos objetivos e metas por parte da entidade instrumental.*

A típica relação de superintendência processa-se, no âmbito da Administração estadual indireta, entre o Estado e os institutos públicos dependentes do Governo [cf. ponto 116].

[1027] *Dicionário da Língua Portuguesa Contemporânea*, da Academia de Ciências de Lisboa, Verbo, vol. II, Lisboa, 2001.

O artigo 42.º da LQIP, com a epígrafe "superintendência", delimita esta como uma relação que se processa entre o Governo e os órgãos dirigentes dos institutos públicos: "o membro do Governo da tutela pode dirigir orientações, emitir diretivas ou solicitar informações aos órgãos dirigentes dos institutos públicos sobre os objetivos a atingir na gestão do instituto e sobre as prioridades a adotar na respetiva prossecução" [sobre estes poderes e a subordinação dos dirigentes ao "pessoal político", cf. ponto 104.4].

Os institutos públicos são entidades dotadas de personalidade jurídica instituídas pelo Estado para a realização, em seu próprio nome, de finalidades estaduais. Integram a categoria de *pessoas coletivas públicas instrumentais ou secundárias* [cf. ponto 67.2]. Trata-se, pois, de organismos criados para servir o Estado – por um processo de desconcentração intersubjetiva –, para atuarem como seus instrumentos, que se colocam na dependência do Governo, adstritos a um ministério, o "ministério da tutela". Apesar de a prática e a lei (cf. artigo 7.º da LQIP) se referirem a "ministério da tutela" e a "ministro da tutela", a este exercer poderes de tutela (fiscalização), mas também os poderes próprios da relação de superintendência.

A ligação da superintendência à Administração estadual indireta e à relação entre o Governo e os órgãos dos institutos públicos, enquanto organismos instrumentais, permite perceber o ponto intermédio em que aquela se situa: entre a *direção hierárquica* e a *tutela*. Vejamos.

O facto de estar aqui presente um processo de desconcentração intersubjetiva – que pressupõe a conceção de que se revela mais eficiente e adequado como instrumento para a gestão pública de uma missão a criação de uma entidade com personalidade jurídica própria, e, portanto, com capacidade para agir juridicamente, para ser titular, em nome próprio, de direitos e obrigações, com os poderes de contratar, de ser titular de um património, de ter o seu próprio pessoal, etc. – é o resultado de uma opção intencional de distanciamento do Governo em relação à gestão da tarefa desconcentrada. Revelar-se-ia incoerente com esta opção de institucionalizar um modelo de pluralismo técnico [cf. ponto 54.1, *c)*] submeter a entidade instrumental aos poderes governamentais de direção (de tipo hierárquico). Neste sentido, pode dizer-se que o afastamento dos poderes de direção governamental representa um efeito necessário da desconcentração intersubjetiva. Assim: superintender é menos do que dirigir.

Do exposto resulta que o processo de desconcentração intersubjetiva apresenta o perfil de um expediente técnico, explicado à luz dos princípios de boa administração e de eficiência administrativa. Não está nele pressuposto o reconhecimento de interesses públicos fora do Estado, nem qualquer propósito de atribuir à entidade desconcentrada o poder de autoadministrar interesses públicos não estaduais. Os institutos públicos não constituem um instrumento de Administração autónoma, e, por isso, não se apresentam como protagonistas ou titulares de interesses públicos próprios, que possam ter a pretensão de definir. Ao invés, atuam para servir interesses próprios do Estado. A isto acresce que os institutos públicos clássicos ("dependentes do Governo") não possuem legitimidade democrática própria (os seus órgãos não são eleitos); a sua legitimidade provém do Governo, ao qual cabe designar os seus dirigentes e perante o qual estes são responsáveis. Ora, isto explica que o Governo não se limite a controlar externamente a ação dos institutos públicos, porque, na verdade, o que eles fazem é prosseguir interesses públicos do Estado por meio da execução das políticas definidas pelo próprio Governo. Ou seja: superintender é mais do que tutelar.

A relação de superintendência entre o Estado e os institutos públicos dependentes do Governo cumpre os requisitos do conceito de "controlo análogo ao que uma entidade exerce sobre os seus próprios serviços" – trata-se de um conceito oriundo do direito da União Europeia da contratação pública, acolhido no artigo 5.º-A, n.º 1, alínea *a)* do CCP e explicado no n.º 3 desse mesmo artigo: entende-se que existe controlo análogo quando uma entidade "pode exercer uma *influência decisiva* sobre os *objetivos estratégicos* e as *decisões relevantes* da entidade controlada"[1028].

A aplicação mais importante da relação de superintendência ocorre no âmbito da Administração indireta do Estado e, de forma exemplar, na relação entre o Estado e os institutos públicos ou, mais concretamente, entre o Governo e os órgãos dirigentes dos institutos públicos. Mas a figura não se esgota nesse âmbito. Ainda que com outras designações, e com desvios mais ou menos acentuados, os traços fundamentais da relação de superintendência e de orientação estão presentes no quadro do relacionamento jurídico-administrativo entre o Estado e outras entidades da sua Administração indireta, como as entidades públicas empresariais.

Em regra, a relação de superintendência concorre com a presença de um nexo de instrumentalidade entre duas pessoas coletivas públicas. Mas nem

[1028] Sobre as consequências da existência de uma relação de controlo análogo, cf. o nosso *Direito dos Contratos Públicos, cit.*, p. 279 e segs.

sempre é assim: pense-se nos casos das entidades reguladoras independentes e das instituições públicas de ensino superior, entidades instrumentais do Estado que não se encontram sob orientação estadual (através do Governo).

A relação de superintendência é uma relação própria do Direito Administrativo (relação jurídica administrativa): os poderes que a caracterizam são exercidos pela "via administrativa", com fundamento na lei, em regulamento ou, porventura, em contrato administrativo celebrado entre as duas pessoas coletivas (contrato de gestão ou contrato programa).

b) Dimensão externa da relação de superintendência

A configuração da superintendência como relação jurídica que se processa entre duas pessoas coletivas, como uma *relação jurídica externa* – por vezes, apenas formalmente externa – não determina, porém, que se trate de uma relação justiciável, ou seja, que dê origem a conflitos dirimíveis judicialmente.

Assim, pelo menos no caso das relações de superintendência que se processam entre o Estado e os "seus" institutos públicos ou as "suas" entidades empresariais, afigura-se-nos que não se verificam os pressupostos para a ocorrência de conflitos cuja resolução possa ser pedida a tribunais. O carácter claramente instrumental dos institutos públicos e das empresas públicas em relação ao Estado não se concilia com a invocação de direitos ou de interesses próprios que lhes cumpra defender no quadro de "litígios" com o Estado. Em termos processuais, a eventual ação proposta por instituto público contra o Estado (ou o Governo) decairia por *falta de legitimidade processual ativa*.

O mesmo sucede no plano das relações de superintendência entre os municípios e as empresas locais sob a respetiva influência dominante. Em ambos os cenários, apesar de a relação de superintendência se caracterizar como uma relação entre duas entidades juridicamente diferentes (duas pessoas coletivas), não está presente uma "alteridade substancial", uma vez que a entidade superintendida não é senão um instrumento instituído pela entidade principal para a servir na realização dos seus próprios interesses. Na entidade superintendida não radica qualquer interesse próprio que deva ser protegido perante a entidade principal.

Em ambos os casos, a relação de superintendência é externa essencialmente num plano jurídico formal, que assenta na detenção de personalidade jurídica de cada uma das entidades presentes na relação. Mas, em termos jurídicos substanciais, a entidade superintendida é (naqueles casos) uma "peça" ou "instrumento" da entidade principal, instituída para servir esta e que por esta é controlada.

c) Efetividade do poder de superintendência

Os poderes exercidos no âmbito da relação de superintendência vinculam os destinatários, em regra, os titulares dos órgãos com funções de dirigir e de administrar a pessoa coletiva instrumental [cf. ponto 104.4].

Importa agora perceber a força jurídica dessa vinculação e, neste contexto, as consequências do incumprimento dos poderes de superintendência (*v.g.*, desrespeito das instruções ou diretrizes, atuação em contrário à definição superior das prioridades).

Não há uma resposta genérica para o problema que abranja todas as situações de superintendência ou análogas. Podemos, porém, ensaiar uma resposta para o caso específico da relação de superintendência entre o Estado e os institutos públicos.

Como se sabe, os dirigentes dos institutos públicos estão enquadrados numa relação de emprego público, assente numa *comissão de serviço* [cf. ponto 104.2].

Essa específica relação de emprego público (trabalho em funções públicas) tem ingredientes disciplinares. Neste domínio, o artigo 41.º, n.º 8, alínea *a)*, da LQIP, estabelece que compete ao Governo "exercer a ação disciplinar sobre os membros dos órgãos dirigentes". Em linha com este preceito, o artigo 176.º, n.º 2, da LTFP indica que: "os titulares dos órgãos dirigentes dos serviços da administração (...) indireta do Estado são disciplinarmente responsáveis perante o membro do Governo que exerça a respetiva superintendência ou tutela". Mas neste último diploma prevê-se a aplicação da sanção disciplinar de "cessação da comissão de serviço" a título principal apenas em casos específicos, que não abrangem o incumprimento de orientações ou diretrizes ministeriais ou o desrespeito de quaisquer obrigações no âmbito da superintendência.

Assim, parece que não será tanto pelo lado do poder disciplinar que se garante a efetividade da superintendência do Governo. Essa garantia assenta antes na LQIP, ao estabelecer que o Governo pode determinar a *cessação do mandato* (destituição) dos dirigentes dos institutos públicos – e, assim, a extinção da relação de emprego público baseada na comissão de serviço – pela não comprovação superveniente da capacidade adequada a garantir o cumprimento das orientações e objetivos superiormente fixados. Além disso, a mesma LQIP atribui ao Governo o poder de determinar a *dissolução do conselho diretivo* em caso de falta de prestação de informações ou prestação deficiente das mesmas (quando consideradas essenciais para o cumprimento da política global do Governo), do incumprimento dos objetivos definidos no plano de atividades aprovado ou desvio substancial entre o orçamento e a sua execução (salvo por razões não imputáveis ao órgão) ou, em geral, em caso de incumprimento das orientações, recomendações ou diretivas ministeriais no âmbito do poder de superintendência [cf. pontos 104.5 e 119, *a*)].

O incumprimento ou a inobservância de determinações superiores baseadas em poderes de superintendência podem não constituir factos ilícitos disciplinares, mas, em todo o caso, trata-se de factos que justificam a destituição de membros do conselho diretivo ou a dissolução do conselho diretivo de institutos públicos ("justa causa"); os referidos factos justificam *medidas repressivas*, determinadas na sequência de um juízo de censura sobre o incumprimento de deveres (ou sobre a incapacidade de os cumprir). Estes são os meios de garantia da efetividade dos poderes de superintendência do Estado sobre os institutos públicos.

Por sua vez, os gestores públicos (gestores de empresas públicas) podem ser demitidos livremente, e ainda quando a avaliação de desempenho seja negativa, designadamente por incumprimento dos objetivos referidos nas orientações governamentais ou no contrato de gestão ou por violação grave, por ação ou por omissão, da lei ou dos estatutos da empresa, das regras sobre incompatibilidades e impedimentos ou do dever de sigilo profissional [cf. ponto 127]. Trata-se, também aqui, de medidas de natureza sancionatória, que constituem um instrumento de garantia da efetividade dos poderes de supremacia (orientação) do Estado sobre as empresas públicas.

A relação de superintendência abrange um conjunto limitado de poderes, onde não se inclui, por ex., a emissão de comandos específicos no sentido da prática de um ato ou da adoção de uma medida. Um comando com tais contornos é, em princípio, ilegal e a consequência da ilegalidade reside na sua *ineficácia jurídica*: o destinatário não está obrigado a acatá-lo, e não poderá ser sancionado pelo facto do "incumprimento".

174 – Tutela administrativa

Definimos tutela administrativa como uma *relação jurídica estabelecida por lei entre duas entidades da Administração Pública, na qual uma delas dispõe de poderes legais de fiscalização e de intervenção sem carácter orientador, exercidos no quadro de uma apreciação da legalidade ou do mérito da gestão administrativa autónoma da entidade tutelada*[1029].

A tutela administrativa consiste numa relação intersubjetiva, que se processa entre duas entidades juridicamente autónomas entre si. Trata-se de uma relação estabelecida por lei, a qual define os específicos poderes suscetíveis de serem exercidos no âmbito dessa relação. A definição específica dos poderes de tutela é, portanto, feita por lei, para cada situação: princípio de enumeração ou de tipicidade legal das medidas de tutela. Só existem os poderes de tutela previstos em lei: a este respeito, costuma afirmar-se que *a tutela não se presume*[1030].

Em geral, ao conceito de tutela administrativa reconduzem-se quaisquer poderes legais de intervenção ou de ingerência sem natureza orientadora e, por maioria de razão, sem natureza dirigista ou hierárquica.

> Em termos rigorosos, e sob pena de ser inviável distingui-la da superintendência, a tutela administrativa não abrange poderes de orientação; por esta razão, e a despeito da letra da lei, a "tutela administrativa do Estado sobre a Santa Casa da Misericórdia de Lisboa", na medida em que inclui o poder de definição de orientações de gestão, ultrapassa os poderes normais de uma relação tutelar.

Em regra, associa-se tutela a fiscalização ou controlo. Todavia, a partir de dados do direito positivo, incluindo a própria Constituição (cf. artigo 242.º, n.º 2, na referência a "medidas tutelares restritivas"), deve entender-se que a tutela pode abranger poderes de ingerência e de intervenção que não

[1029] Sobre a tutela administrativa, cf. Diogo Freitas do Amaral, *Curso de Direito Administrativo, cit.*, vol. I, p. 729 e segs.; Vieira de Andrade, *Lições de Direito Administrativo, cit.*, p. 98 e segs.; Vital Moreira, "Empréstimos municipais, autonomia local e tutela governamental", *Direito Regional e Local*, 2008, n.º 3, p. 254 e segs.; José de Melo Alexandrino, "A problemática do controlo na administração local", *Direito Regional e Local*, 2009, n.º 3, p. 22 e segs.; André Folque, *A Tutela Administrativa nas Relações entre o Governo e os Municípios*, Almedina, 2004; Marta Portocarrero, "A tutela administrativa sobre as autarquias locais na Constituição de 1976: velhas dúvidas e novos desafios", *Questões Atuais de Direito Local*, n.º 3, 2014, p. 63 e segs.; Pedro Moniz Lopes, "Normas de competência de tutela administrativa", in Carla Amado Gomes/Ana Fernanda Neves/Tiago Serrão, *Organização Administrativa, cit.*, vol. II, p. 753 e segs.; veja-se ainda, da nossa autoria, *O Novo Regime Jurídico da Tutela Administrativa do Estado sobre as Autarquias Locais*, Coimbra, CEFA, 1997.

[1030] É por a tutela não se presumir que só há recurso administrativo tutelar nos casos expressamente previstos na lei: cf. artigo 199.º, n.º 1, do CPA.

cabem no conceito de atividade de controlo ou de fiscalização: a aplicação de sanções e medidas repressivas (*v.g.*, aplicação de sanções pecuniárias compulsórias, encerramento de estabelecimentos) ou a adoção de medidas em substituição da entidade tutelada são exemplos de poderes que ultrapassam o âmbito do controlo ou fiscalização. Assim, consideramos poderes de tutela quaisquer poderes de fiscalização e de intervenção não orientadora, a exercer no âmbito de uma relação de carácter intersubjetivo entre duas entidades da Administração Pública.

A relação intersubjetiva de tutela pode conviver com outras relações jurídicas que intercorrem entre as mesmas entidades, como, por ex., a relação de delegação ou de superintendência.

É sob o modelo da relação de tutela que se desenvolve o relacionamento geral e típico entre o Estado e as entidades da Administração autónoma – autarquias locais (e entidades equiparadas, como são os casos das entidades intermunicipais e das empresas locais) e entidades da Administração corporativa: cf. Lei da Tutela Administrativa do Estado sobre as autarquias locais e artigo 45.º da Lei das Associações Públicas Profissionais.

Outra área de desenvolvimento da relação tutelar é a das relações entre o Estado e as instituições de ensino superior públicas [cf. ponto 132.4].

A relação de tutela administrativa desenvolve-se, ainda, no âmbito das relações entre o Estado e os institutos públicos, neste caso, em simultâneo ou paralelo com a relação de superintendência (cf. artigo 41.º da LQIP).

174.1 – Tutela, Administração autónoma e Administração indireta

O conceito de tutela administrativa revela-se especialmente adequado para identificar um tipo de relação jurídica em que uma entidade é autorizada a intervir, por uma forma definida na lei, num espaço de autonomia conferido ou reconhecido a outra entidade. Neste sentido, a relação de tutela reporta-se a poderes de *intervenção externa* – exterior, extrínseca – de uma entidade que atua num plano de realização do interesse público diferente daquele em que, com autonomia, se desenvolve a ação da entidade tutelada. Supõe-se que esta entidade dispõe, portanto, de uma capacidade própria de administrar os seus interesses e de pautar a sua ação pelos seus próprios critérios, sem a direção ou a orientação de terceiros (capacidade de autoadministração). Isto explica uma associação íntima entre a tutela e a Administração Pública autónoma ou, pelo menos, a capacidade de autoadministração: em qualquer caso, a ideia que se sugere é a de que uma certa entidade (autónoma ou com capacidade de autoadministração) desenvolve as suas atribuições e competências num quadro de autonomia, dentro dos limites da lei, mas de acordo com os seus critérios, e sem orientação externa; mas esta entidade pode estar sujeita a ações externas de fiscalização e de intervenção que representam limites ou restrições, mais ou menos extensas, à sua autonomia e capacidade de autoadministração.

Como decorrência lógica desse entendimento, a tutela parece delinear-se como uma relação que se processa entre o Estado e as entidades da Administração autónoma ou pelo menos que disponham de capacidade de autoadministração. Apenas entidades nesta condição ostentam uma pretensão de autonomia que determina a configuração de uma intervenção do Estado como intervenção externa, exterior e extrínseca, no sentido acima indicado.

Não obstante o exposto, desde logo, a Constituição [artigo 199.º, alínea *d)*] e, depois, a lei referem-se à tutela no plano das relações entre o Estado e a sua Administração indireta, em especial, no campo das relações entre o Governo e os institutos públicos – veja-se, em particular, o artigo 41.º, n.º 1, da LQIP: "os institutos públicos encontram-se sujeitos a tutela governamental".

Por força desta aplicação, ou melhor, no âmbito desta aplicação, o conceito de tutela administrativa deixa de pressupor uma lógica de intervenção externa, no sentido de extrínseca ou exterior, própria de uma entidade alheia ou estranha aos interesses prosseguidos pela entidade tutelada. Em vez disso, a tutela manifesta-se, neste cenário, no âmbito de uma relação entre uma entidade *principal* e uma entidade *instrumental*. Em certo sentido, a utilização do conceito neste âmbito provoca a sua desnaturação, pois, agora, a tutela já não se revela como um limite à autonomia, pela simples razão de que a entidade tutelada não dispõe de autonomia, surgindo antes como um instrumento da entidade com poder de tutela, que prossegue os fins desta, de acordo com orientações e diretrizes que esta define. Neste cenário, a relação de tutela convive com a relação de superintendência. É grande a tentação de considerar em bloco os poderes de intervenção do Governo sobre a Administração indireta, e de os enquadrar num conceito genérico como o de "tutela de orientação", o qual, em rigor, constitui um oximoro, ao revelar a situação contraditória ou incoerente que consiste em aplicar o conceito de tutela para identificar relações entre entidades principais e instrumentais.

A explicação para este emprego expansivo do conceito jurídico de tutela talvez se encontre no facto de a lei pretender associar à tutela *todas as formas* de intervenção de uma entidade pública na gestão de outra entidade que não se reconduzam ao conceito de superintendência (orientação). Assim, no plano da relação entre o Estado e os institutos públicos, o Governo tem um poder de orientar – definição de objetivos, estabelecimento das prioridades da ação e das metas a alcançar, emissão de diretrizes e instruções –, mas também dispõe de muitos outros poderes de intervenção desprovidos de sentido orientador: *v.g.*, poderes de aprovação e de autorização ou de substituição. Na medida em que não têm um sentido orientador, estas formas de intervenção são legalmente qualificadas como tutela administrativa.

Sem prejuízo da explicação que acaba de se dar, convém não perder de vista que há uma diferença substancial relevante entre as medidas de tutela do Estado sobre as entidades da Administração Pública autónoma (por ex., autarquias locais) ou sobre os institutos públicos autónomos (universidades) e as que o mesmo Estado adota sobre os institutos públicos dependentes do Governo. As primeiras constituem *medidas materialmente externas de condicionamento ou limitação da autonomia* (impugnáveis judicialmente para proteção da autonomia e dos interesses próprios das entidades tuteladas), ao passo que as segundas correspondem a medidas formalmente externas de intervenção legítima sobre uma entidade instrumental (não impugnáveis judicialmente, por falta de legitimidade processual ativa dos institutos públicos por não disporem de interesses próprios perante o Estado).

O conceito de tutela administrativa também se revela adequado para identificar certas medidas administrativas de intervenção do Governo na atividade de gestão das entidades reguladoras abrangidas pela LQER; medidas que representam, neste caso, um limite à independência dos reguladores e cuja previsão nos levou a concluir no sentido de que as referidas entidades beneficiam de uma *independência com restrições* [cf. 142.2.3]

174.2 – Tutela de legalidade e tutela de mérito

A delimitação do âmbito da intervenção tutelar, em regra por via da enumeração dos poderes tutelares, é matéria de lei. Quer dizer, a tutela é sempre definida e balizada por lei. Mas, em si mesma, quanto ao fundamento das medidas pelas quais se manifesta, a tutela pode ser de legalidade ou de mérito.

Diz-se *tutela de legalidade* a que se manifesta através de medidas de controlo e de intervenção que têm como finalidade ou fundamento uma apreciação da legalidade da atuação realizada ou a realizar pela entidade tutelada. Neste sentido, se, nos termos da Constituição ou da lei, a tutela é apenas de legalidade, a apreciação ou o controlo da legalidade poderá não ser o fim, mas terá de ser sempre, pelo menos, o fundamento das medidas de intervenção tutelar.

> Nestes termos, não nos parece que se deva definir a tutela da legalidade como a que visa apenas controlar a legalidade de decisões da entidade tutelada. Na nossa interpretação, configura-se como tutela de legalidade qualquer intervenção fundada em juízo sobre a legalidade da atuação da entidade tutelada (*v.g.*, aplicação de sanção ou de medida corretiva).

No caso da tutela do Estado sobre as autarquias locais, a Constituição e a lei estabelecem que a tutela consiste "na verificação do cumprimento da lei": ao contrário do que uma leitura estritamente literal poderia induzir, a verificação do cumprimento da lei não tem de se limitar a adoção de "*medidas de verificação* do cumprimento da lei", e pode abranger medidas de conteúdos variados, desde que, em qualquer caso, tenham fundamento na verificação do cumprimento da lei.

Por sua vez, a *tutela de mérito* materializa-se na possibilidade de adoção de medidas que têm a finalidade de apreciar o mérito (a oportunidade ou a conveniência) ou que se fundamentam numa apreciação sobre o mérito de condutas empreendidas ou a empreender pela entidade tutelada. Assim, nos termos do RJIES, o poder de tutela sobre as instituições de ensino superior tem em vista o cumprimento da lei e a "defesa do interesse público". Neste contexto, o conceito de defesa de interesse público remete para uma intervenção tutelar não situada exclusivamente no plano da legalidade, e que pode, portanto, dar lugar à adoção de medidas com fundamento em juízos de mérito.

Em muitos casos, a tutela de legalidade e a tutela de mérito podem materializar-se através do mesmo tipo de medidas tutelares, por ex., autorizações ou decisões de homologação. Suponha-se a exigência de autorização tutelar para a contratação de empréstimos pela entidade tutelada: no caso de tutela de legalidade, o juízo subjacente à decisão tutelar sobre autorizar ou não tem de se fundar numa apreciação da legalidade, ao passo que, sendo admitida a tutela de mérito, a decisão de autorizar a contratação do empréstimo pode basear-se no juízo que a entidade tutelar faz sobre a oportunidade ou a conveniência do empréstimo para a finalidade pretendida.

174.3 – Tipos de tutela em função do conteúdo das medidas tutelares

Tendo em consideração o conteúdo das medidas adotadas no exercício do poder de tutela, podemos distinguir vários tipos ou espécies de tutela administrativa: tutela inspetiva, de acompanhamento, preventivo ou integrativa, substitutiva, sancionatória e de revisão (revogatória e anulatória).

174.3.1 – Tutela inspetiva (em especial, no quadro da tutela do Estado sobre as autarquias locais)

A tutela inspetiva consubstancia-se na realização de operações de inspeção, de auditoria e de fiscalização do funcionamento e da organização da entidade tutelada, em regra através do exame e análise de documentos, de visitas e, porventura, de entrevistas com os trabalhadores e os dirigentes. A realização das ações inspetivas cabe, em regra, a organismos especializados: as inspeções gerais, como a Inspeção-Geral de Finanças, a Inspeção-Geral dos Serviços de Justiça ou a Inspeção-Geral das Atividades em Saúde.

Como já vimos, a Lei da Tutela Administrativa do Estado sobre as Autarquias Locais é essencialmente uma lei da tutela inspetiva. Mas, sem prejuízo da sua enorme importância, a tutela do Estado sobre as autarquias locais está longe de se esgotar na tutela inspetiva, e abrange outras formas e medidas tutelares de outro tipo [cf. ponto 164.1]. Já no caso da tutela do Estado sobre as associações públicas profissionais, a lei estabelece a regra da tutela de natureza inspetiva [cf. ponto 172.5].

Em termos de conteúdo, a tutela inspetiva efetiva-se através da realização de *inspeções, inquéritos* e *sindicâncias*.

Nos termos da Lei, a *inspeção* consiste na verificação da conformidade dos atos e contratos dos órgãos e serviços com a lei; o *inquérito* consiste na verificação da legalidade dos atos e contratos concretos dos órgãos e serviços resultante de fundada denúncia apresentada por quaisquer pessoas singulares ou coletivas ou de inspeção; a *sindicância* consiste numa indagação aos serviços quando existam sérios indícios de ilegalidades de atos de órgãos e serviços que, pelo seu volume e gravidade, não devam ser averiguados no âmbito de inquérito (artigo 3.º da Lei da Tutela Administrativa).

Como sabemos, o *poder tutelar* pertence ao Governo: cf. artigo 199.º, alínea *d)*, da CRP, sendo as ações inspetivas realizadas por inspeções-gerais competentes: em regra, será competente a inspeção-geral dependente do membro do Governo competente para exercer a tutela.

174.3.1.1 – Procedimento de tutela inspetiva

A tutela inspetiva desenvolve-se, em cada caso, nos termos previstos na lei, no âmbito de um procedimento administrativo que se conclui com uma decisão do ministro titular do poder de tutela: assim, por ex., ministro das finanças, no caso das autarquias locais ou da Ordem dos Revisores Oficiais de Contas; ministro da justiça, no caso da Ordem dos Advogados; ministro da saúde, no caso da Ordem dos Médicos ou dos Enfermeiros.

Vejamos como se organiza esse procedimento, que se encontra regulado na Lei da Tutela Administrativa sobre as autarquias locais: vamos considerar a aplicação deste diploma às autarquias locais, embora se deva ter presente que, em alguns aspetos, o mesmo se aplica, por analogia, à tutela inspetiva sobre as associações públicas profissionais.

a) Iniciativa do procedimento

Os termos da *iniciativa* do procedimento variam em razão do tipo de ação inspetiva que se pretende desencadear (cf. artigo 6.º da Lei da Tutela Administrativa).

No caso do procedimento de inspeção às autarquias locais, a sua realização está prevista num plano anual de atividades da IGF, aprovado pelo Ministro das Finanças. Assim, ainda que a proposta de seleção dos municípios e outras entidades do setor local que irão ser sujeitos a uma intervenção tutelar seja efetuada pela IGF (com base, nomeadamente, em critérios de risco, materialidade e atendendo às obrigações que lhe estão cometidas), a decisão final sobre essa matéria cabe ao Ministro das Finanças. Em qualquer caso, o momento, em concreto, de início da ação inspetiva é determinado pela IGF. Tratando-se de procedimentos de inquérito ou de sindicância, já existe um ato autónomo do Ministro das Finanças a determinar a ação inspetiva, que pode ou não ter na sua base uma proposta da IGF.

b) Ação inspetiva

Iniciado ou determinado o início do procedimento inspetivo, a realização da ação inspetiva cabe aos funcionários (inspetores) da inspeção-geral competente, que, no caso das autarquias locais, é a Inspeção-Geral de Finanças (IGF): no desenvolvimento dessas ações, que executam com *autonomia técnica*, os inspetores beneficiam dos direitos e das garantias gerais do exercício das atividades de inspeção (previstas no Regime Jurídico da Atividade Inspetiva).

No decurso das ações inspetivas, os municípios encontram-se vinculados aos deveres de informação e cooperação, devendo prestar, no prazo que lhes for fixado para o efeito, todos os esclarecimentos, pareceres, informações e colaboração solicitados pela IGF.

c) Elaboração e envio para o Ministro das Finanças do relatório da ação inspetiva

Após a realização da ação inspetiva, os inspetores responsáveis procedem à elaboração de um projeto de relatório que é enviado à entidade em que ocorreu a intervenção para contraditório institucional e, sendo caso disso, aos responsáveis para contraditório pessoal (nomeadamente, no caso de existirem situações que sejam suscetíveis de relevarem em sede de responsabilidade financeira). Posteriormente, é elaborado o respetivo *relatório* final, que já integra a análise dos contraditórios a que aludimos.

Nesta fase, em si mesma, a ação inspetiva está completa. Mas o procedimento segue, com o envio do relatório, pelos inspetores responsáveis, para o Inspetor-Geral de Finanças, que tem a responsabilidade de o reencaminhar para *homologação* pelo Ministro das Finanças.

d) Intervenção do Ministro das Finanças

O Ministro das Finanças é competente para a homologação do relatório. Em regra, nos procedimentos inspetivos, a homologação é o ato conclusivo, e esgota a intervenção do Governo em matéria inspetiva.

> Nos termos do Regime Jurídico da Atividade Inspetiva, em geral, o ministro pode delegar no dirigente máximo do serviço a competência para homologação dos relatórios finais das inspeções, caso em que a decisão de homologação proferida por este dirigente "adquire imediatamente eficácia externa".

Mas não é necessariamente assim no caso presente.

Com efeito, a homologação do relatório não esgota, sempre, a intervenção do Governo, em concreto, do Ministro das Finanças.

A intervenção autónoma do Ministro das Finanças torna-se efetivamente necessária, se e quando o relatório da ação inspetiva descrever ou documentar "situações suscetíveis de fundamentar" a aplicação de sanções previstas na Lei da Tutela Administrativa e propuser o desenvolvimento do procedimento previsto para a sua aplicação.

No caso oposto – de o relatório não documentar situações suscetíveis de fundamentar a aplicação de sanções –, o procedimento fica concluído com a homologação ministerial e a remessa do relatório da entidade submetida a inspeção. A lei não estabelece aqui um critério totalmente objetivo para a formação do juízo sobre se as situações descritas no relatório da inspeção são "suscetíveis de fundamentar" a aplicação de sanções. Em qualquer caso, é certo que a formação desse juízo não se baseia numa interpretação livre do Ministro, o qual deve, desde logo, atender ao próprio juízo expresso pelos inspetores no relatório. Mas isto não significa que o Ministro se ache vinculado pelos juízos ou pelo sentido da eventual proposta ou recomendação que conste do relatório. Como veremos já a seguir, em muitos casos, a Lei convoca uma apreciação que autoriza um juízo do Ministro diferente do que se encontra expresso no relatório.

As situações suscetíveis de fundamentar a aplicação de medidas sancionatórias encontram-se previstas na Lei da Tutela Administrativa.

Essas situações referem-se, em geral, à prática por órgãos municipais, por ação ou omissão, de *ilegalidades*. Pode tratar-se da prática de ilegalidades de forma individual, por membros ou titulares de órgãos autárquicos (*v.g.*, presidente da câmara, membro da assembleia municipal), ou colegialmente, por órgãos colegiais (*v.g.*, junta de freguesia).

Assim, constituem ilegalidades de *prática individual* que podem ser sancionadas as seguintes práticas de membros de órgãos municipais:
a) Sem motivo justificativo, não compareçam a 3 sessões ou 6 reuniões seguidas ou a 6 sessões ou 12 reuniões interpoladas;
b) Após a eleição, sejam colocados em situação que os torne inelegíveis ou relativamente aos quais se tornem conhecidos elementos reveladores de uma situação de inelegibilidade já existente, e ainda subsistente, mas não detetada previamente à eleição (nos termos da Lei Eleitoral das Autarquias Locais, entre outras, são inelegíveis os falidos e os insolventes ou os membros de corpos sociais ou os devedores em mora da autarquia local em causa);
c) Após a eleição se inscrevam em partido diverso daquele pelo qual foram apresentados a sufrágio eleitoral;
d) No mandato em curso ou em mandato imediatamente anterior (se verificado após a eleição para o mandato em curso), tenham praticado ou tenham sido individualmente responsáveis pela prática dos atos que fundamentam a dissolução de órgãos colegiais;

e) No mandato em curso ou em mandato imediatamente anterior (se verificado após a eleição para o mandato em curso), no exercício das suas funções, ou por causa delas, tenham intervindo em procedimento administrativo, ato ou contrato de direito público ou privado relativamente ao qual se verifique impedimento legal, visando a obtenção de vantagem patrimonial para si ou para outrem. Observe-se que, nos termos da Lei da Tutela Administrativa, a perda de mandato não resulta da mera intervenção em situação de impedimento legal; reclama-se ali que a intervenção tenha *visado* a obtenção de uma *vantagem patrimonial* para o agente impedido ou para outrem [cf. ponto 81.5] – note-se, porém, que a jurisprudência parece não exigir, em todos os casos, a prova cabal da presença de uma intenção (dolo direto) da obtenção de vantagem patrimonial; veja-se o Acórdão do STA de 29/09/2016, P. 868/16, no sentido da presença do elemento subjetivo da obtenção de vantagem patrimonial num caso em que o membro de uma assembleia de freguesia participa na deliberação deste órgão que aprova a doação de bens em favor de uma associação da qual ele é fundador e vogal da direção, considerando-se que o "elemento subjetivo da culpa na obtenção duma vantagem patrimonial para a referida associação, fica preenchido com essa intenção de doação". Ainda a este respeito, acrescente-se que o Regime do Exercício de Funções por Titulares de Cargos Políticos e Altos Cargos Públicos determina a perda de mandato como consequência da intervenção em situações de impedimento sem exigir a presença de uma intenção de obtenção de vantagem patrimonial (consagrando, na prática, uma forma de "responsabilidade objetiva").

Quando praticadas por *órgãos colegiais* (câmara municipal ou assembleia municipal), podem ser sancionadas as seguintes ilegalidades:

a) Sem causa legítima de inexecução, incumprimento de decisões transitadas em julgado dos tribunais;

b) Obstrução à realização de inspeção, inquérito ou sindicância, à prestação de informações ou esclarecimentos e recusa em facultar o exame aos serviços e a consulta de documentos solicitados no âmbito do procedimento tutelar administrativo;

c) Violação culposa de instrumentos de ordenamento do território ou de planeamento urbanístico válidos e eficazes;

d) Em matéria de licenciamento urbanístico exigência, de forma culposa, de taxas, mais-valias, contrapartidas ou compensações não previstas na lei;

e) Não elaboração ou não aprovação do orçamento de forma a entrar em vigor no dia 1 de janeiro de cada ano, salvo ocorrência de facto julgadojustificativo;

f) Não apreciação ou não apresentação a julgamento, no prazo legal, das respetivas contas, salvo ocorrência de facto julgado justificativo;
g) Ultrapassagem dos limites legais de endividamento da autarquia, salvo ocorrência de facto julgado justificativo ou regularização superveniente;
h) Ultrapassagem dos limites legais dos encargos com o pessoal sejam ultrapassados, salvo ocorrência de facto não imputável ao órgão visado;
i) Prática, por ação ou omissão dolosas, em ilegalidade grave traduzida na consecução de fins alheios ao interesse público.

A legislação avulsa qualifica outros factos como "ilegalidades graves" para este efeito (*v.g.*, no Programa de Apoio à Economia Local, a aprovação pelos municípios de atos administrativos que violem o Plano de Ajustamento Financeiro).

Podemos concluir que, pelo menos em muitos casos, a qualificação de uma situação como uma ilegalidade suscetível de fundamentar a aplicação de sanções não se impõe de forma taxativa, antes reclama um juízo autónomo do intérprete, que deve ponderar várias circunstâncias. Vejam-se, neste sentido, as referências à necessidade de consideração de "facto julgado justificativo", de "violação culposa" ou "de forma culposa", de "facto não imputável", de "ilegalidade grave", de falta de "motivo justificativo" ou de se "visar" a obtenção de vantagem patrimonial.

A essas fórmulas, utilizadas na descrição dos factos que constituem ilegalidade graves, acresce a exigência geral da presença de uma imputação culposa dos factos praticados: nos termos do artigo 10.º, n.º 1, da Lei da Tutela Administrativa, "não haverá lugar à perda de mandato ou à dissolução de órgão autárquico ou de entidade equiparada quando, nos termos gerais de direito, e sem prejuízo dos deveres a que os órgãos públicos e seus membros se encontram obrigados, se verifiquem causas que justifiquem o facto ou que excluam a culpa dos agentes". A imputação culposa é, assim, uma como condição de aplicação das medidas de perda de mandato e da dissolução de órgão (apesar da tendência para uma certa objetivação da culpa).

Quando do relatório da inspeção constam factos que entende reconduzir ao conceito de situações suscetíveis de fundamentar a aplicação de sanções (perde de mandato ou dissolução de órgão), o Ministro das Finanças determina obrigatoriamente a notificação dos *visados* (todos os membros do órgão colegial ou o titular ou titulares de órgãos responsáveis pelos factos descritos no relatório) para, no prazo de 30 dias, apresentarem, por escrito, as alegações tidas por convenientes, juntando os documentos que considerem relevantes. Trata-se, neste caso, de uma diligência de *audição* que tem o propósito de assegurar uma espécie de *contraditório* antes da decisão ministerial.

Além disso, nesse mesmo caso, estando em causa um cenário de dissolução da câmara municipal, deve ainda ser solicitado parecer da assembleia municipal, que deverá ser emitido por escrito no mesmo prazo de 30 dias.

O artigo 242.º, n.º 2, da CRP estabelece que as "medidas tutelares restritivas da autonomia local são precedidas de parecer de um órgão autárquico, nos termos a definir por lei". Como acabámos de ver, a Lei da Tutela Administrativa exige o parecer apenas no caso de dissolução da câmara municipal (órgão executivo) e não no caso de dissolução da assembleia municipal. Dessa opção legal não decorre qualquer dificuldade, pois, nos termos em que a Lei da Tutela Administrativa a desenha, a dissolução de órgãos colegiais do município não constitui uma medida tutelar de natureza administrativa (são medidas desta natureza que a Constituição tem em vista), mas antes o efeito de uma decisão judicial. Neste sentido, a exigência de parecer no caso previsto de dissolução da câmara municipal decorre de uma opção legal livre e não da observância de uma imposição constitucional.

Após a apresentação das alegações e, se for o caso, da emissão do parecer da assembleia municipal, o Ministro das Finanças terá então de tomar uma decisão sobre se remete, ou não, o relatório ao Ministério Público, para o efeito de este propor uma ação judicial para aplicação de sanções aos autores das práticas ilegais.

Neste ponto, a Lei da Tutela Administrativa confia ao Ministro das Finanças um poder para fazer uma espécie de *pré-julgamento*, visto que, embora dentro de limites, lhe é dado o poder de apreciar e de ponderar a qualificação dos factos constantes do relatório, o eventual juízo dos inspetores, a resposta dos visados e o eventual parecer do órgão deliberativo. Com fundamento em todos estes elementos, o Ministro das Finanças deve então fazer uma de duas coisas:

i) considerar o procedimento concluído, e proferir uma decisão que declara não estarem verificadas situações suscetíveis de fundamentar a aplicação de sanções ou que se verificam causas que as justificam ou que excluem a culpa dos agentes, nos termos do artigo 10.º, n.º 1, da Lei da Tutela Administrativa;

ii) enviar o relatório ao Ministério Público, se entender que, no caso concreto, as situações documentadas são suscetíveis de fundamentar a aplicação de sanções e não se verificam causas que as justificam ou que excluem a culpa dos agentes.

> É verdade que esta decisão tem subjacente uma ponderação tipicamente judicial; mas, por um lado, o seu conteúdo, e, por outro lado, o específico contexto procedimental em que é proferida conduzem-nos a considerar que não ocorre aqui a intromissão do Ministro no exercício de uma função jurisdicional.

A intervenção do Governo (Ministro das Finanças) no exercício de poderes de tutela inspetiva termina neste momento: com a decisão ministerial de enviar, ou de não enviar, o relatório para o Ministério Público.

174.3.1.2 – Sequência eventual do procedimento: ações judiciais de perda de mandato ou de dissolução de órgão

Continuando na consideração do cenário da tutela sobre as autarquias locais, na hipótese de o Ministro das Finanças remeter o relatório ao Ministério Público, o assunto passa para outro nível, localizado fora da esfera administrativa. Agora, vai ocorrer a intervenção judicial (em concreto, do tribunal administrativo de círculo territorialmente competente).

a) Propositura da ação judicial e efeitos da sentença

Recebido o relatório, o Ministério Público tem o dever funcional de propor as ações para perda de mandato ou de dissolução de órgãos municipais, no prazo máximo de 20 dias.

> Além do Ministério Público, têm legitimidade para propor as referidas ações: *i)* qualquer membro do órgão de que faz parte aquele contra quem for formulado o pedido (assim, qualquer vereador é competente para propor uma ação de perda de mandato de outro vereador ou do presidente da câmara; já não nos parece que o membro de um órgão possa propor uma ação para a dissolução da câmara municipal, mas a questão é discutível); *ii)* quem tenha interesse direto em demandar, o qual se exprime pela utilidade derivada da procedência da ação (o interessado tem de mostrar que obtém um benefício direto como consequência do decretamento da perda de mandato ou da dissolução do órgão). Em qualquer caso, as ações só

podem ser propostas no prazo de cinco anos após a ocorrência dos factos que as fundamentam.

Em função dos casos, temos, portanto, dois tipos de pedidos.

Por um lado, o pedido de *perda de mandato*, para obter o decretamento de uma sanção aplicável, *individualmente*, ao(s) membro(s) de órgãos municipais responsável(eis) – por ex., presidente da câmara e um vereador; vereador; membro da assembleia municipal – pela prática de ilegalidades.

Por outro lado, a ação *dissolução de órgão*, para sancionar, coletivamente, os membros de um órgão colegial (câmara municipal ou assembleia municipal) ao qual se imputa a prática da ilegalidade.

O efeito imediato da decisão judicial de procedência é, naturalmente, a perda do mandato ou a dissolução do órgão. Neste último caso, o efeito da sanção aplica-se, sem exceções, a todos os membros do órgão colegial.

Além desse, produz-se um outro efeito: os membros do órgão dissolvido ou que hajam perdido o mandato não podem integrar a *comissão administrativa* a nomear pelo Governo em caso de dissolução da câmara municipal: este efeito não se aplica aos membros da câmara municipal que tenham votado contra ou que não tenham participado nas deliberações ilegais, praticado os atos ou omitido os deveres legais.

Quanto aos membros que "tenham votado contra", pode pôr-se a questão de saber se o impedimento é excluído pelo mero de facto de terem votado contra ou se se torna ainda necessário o registo da declaração de voto em ata. Recorde-se que, nos termos do artigo 35.º, n.º 2, do CPA, a isenção de responsabilidade que eventualmente resulte de deliberações do órgão colegial só se verifica se se reunirem duas condições: voto de vencido + registo da declaração de voto na ata [cf. ponto 87.4, *c*)].

b) Procedimento subsequente

A perda de mandato abre uma vaga (ou mais, no caso de a ação ter sido proposta contra vários membros de órgãos), aplicando-se, pois, as regras sobre o *preenchimento de vagas*: nos termos da Lei de Funcionamento dos Órgãos das Autarquias Locais, as vagas ocorridas nos órgãos autárquicos são preenchidas pelo cidadão imediatamente a seguir na ordem da respetiva lista ou, tratando-se de coligação, pelo cidadão imediatamente a seguir do partido pelo qual havia sido proposto o membro que perdeu o mandato.

No caso de dissolução de órgão municipal, o procedimento varia em função de se tratar de dissolução da câmara municipal ou da assembleia municipal.

No primeiro caso, há lugar à nomeação, pelo Governo, de uma *comissão administrativa*: trata-se de um órgão temporário, que exerce, em substituição, as competências da câmara municipal, após a sentença de dissolução e até à tomada de posse dos novos membros (eleitos) da câmara municipal.

A comissão administrativa é composta por cinco membros e a composição deve refletir a composição da câmara municipal. A lei exige, pois, que o Governo considere o fator da representatividade. A este propósito, recorde-se que os membros do órgão dissolvido que tenham votado contra ou que não tenham participado nas deliberações ilegais, praticado os atos ou omitido os deveres legais a que estavam obrigados *podem* ser nomeados para a comissão. A comissão administrativa responde perante o Governo que a nomeou pelo exercício das "suas" competências. Podemos, assim, dizer que, no período de tempo que decorre entre a sentença de dissolução da câmara e a posse do novo executivo, há uma compressão da autonomia municipal, sem prejuízo dos poderes da assembleia municipal, que se mantêm intactos.

O ato eleitoral para eleger a nova câmara municipal deve ocorrer no prazo máximo de 90 dias após o trânsito em julgado da decisão de dissolução, salvo se no mesmo período de tempo forem marcadas eleições gerais para os órgãos autárquicos.

No cenário de dissolução da assembleia municipal, não há naturalmente lugar à nomeação de comissão administrativa, mas à marcação de eleições para eleger a nova assembleia municipal, a qual deve ocorrer no mesmo prazo máximo de 90 dias, com a mesma ressalva.

174.3.2 – Tutela de acompanhamento

Ao conceito de tutela de acompanhamento reconduzem-se todas as situações consubstanciadas na determinação de deveres de informação e de comunicação das entidades tuteladas em face das entidades com poderes de tutela: assim, por ex., as instituições públicas de ensino superior têm o dever legal de comunicar ao ministro da tutela os instrumentos de gestão previsional e de prestação de contas; os municípios têm várias obrigações de informação periódica sobre a respetiva situação financeira perante a Direção-Geral das Autarquias Locais.

Em geral, em si mesma, a tutela de acompanhamento não consiste na adoção de medidas administrativas de tutela, mas antes no cumprimento de deveres legais perante a entidade com poderes de tutela.

174.3.3 – Tutela preventiva ou integrativa

Estamos agora perante formas de tutela que referenciam uma intervenção da entidade tutelar através da prática de atos que cumprem a função de controlar decisões projetadas ou adotadas pela entidade tutelada. No plano procedimental, os atos de controlo preventivo podem ter lugar *antes* ou *depois* da adoção das decisões controladas. É precisamente esta diferente situação temporal dos atos de controlo que explica a distinção entre dois tipos de tutela: preventiva, *a priori*, quando se processa sobre um projeto ou uma intenção de decisão da entidade tutelada; integrativa, *a posteriori*, quando incide sobre uma decisão já proferida pela entidade tutelada. Em qualquer caso e, portanto, mesmo no cenário em que ocorre *a posteriori* (e incide sobre uma decisão já proferida), estamos sempre em face de um *controlo preventivo*, que visa prevenir ou evitar a entrada em vigor de uma decisão antes da submissão da mesma à apreciação de um órgão de controlo: o controlo ocorre sempre antes da prática *ou* antes da produção de efeitos (entrada em vigor) do ato controlado. Neste sentido, ao *controlo preventivo* contrapõe-se o *controlo sucessivo*: este incide sobre decisões já proferidas e que estão a produzir os seus efeitos jurídicos normais.

O ato típico de tutela preventiva *a priori* é a autorização interadministrativa – que Rogério Soares designava *autorização constitutiva da legitimação da capacidade de agir*[1031]. Trata-se de um ato de controlo preventivo que, em geral, pode ter subjacente um juízo sobre a legalidade ou sobre a oportunidade (o mérito) do ato controlado, e que, também em geral, se entende constituir um requisito de legalidade deste último ato.

> A LQIP e a LQER referem-se a este ato como *autorização prévia*: trata-se, de facto, de uma expressão pleonástica[1032]. Não obstante, deve dizer-se que a fórmula parece estar a generalizar-se na lei portuguesa: veja-se, neste sentido, o artigo 130.º, n.º 4, do CPA.

Assim, será ilegal (anulável) a deliberação do conselho de administração de uma entidade reguladora de aceitação de uma herança contra a recusa

[1031] Cf. Rogério Soares, *Direito Administrativo, cit.* (Coimbra), p. 114.

[1032] Cf. Diogo Freitas do Amaral, *Manual, cit.*, vol. I, p. 733.

expressa da "autorização prévia" exigida pelo artigo 45.º, n.º 8, da LQER ou sem essa autorização (neste caso, cf., porém, o artigo 130.º, n.os 4 e 5 do CPA). A referida deliberação será, pois, anulável, por força do disposto no artigo 163.º, n.º 1, do CPA.

Sem prejuízo do exposto e reconhecendo-se expressamente – até por força da sua localização no procedimento – que a autorização interadministrativa se afeiçoa melhor a uma configuração como requisito de legalidade, não é de excluir a possibilidade de a lei a desenhar como requisito de eficácia jurídica do ato controlado. De resto, e apesar da formulação legal pouco clara, esse parece ser o caso da autorização prévia prevista no artigo 41.º da LQIP: nos termos do n.º 7 deste preceito, "a falta de autorização prévia ou de aprovação determina a ineficácia jurídica dos atos sujeitos a aprovação". Apesar de a ineficácia jurídica estar prevista, na parte final, apenas para os atos sujeitos a aprovação, a parte inicial do preceito inclui os atos sujeitos a autorização prévia.

Seja como for quanto à interpretação desse preceito, não repugna que a lei possa associar a falta de autorização interadministrativa à ineficácia jurídica do ato autorizado: assim, se o conselho diretivo de um instituto público não obteve a autorização necessária para adquirir uma participação em entidade de direito privado, a deliberação que venha a adotar nesse sentido e a eventual aquisição da participação poderão considerar-se juridicamente ineficazes. Não se pode considerar aberrante uma opção legal neste sentido. Entende-se, contudo, que, no silêncio da lei, a falta de autorização provoca a ilegalidade do ato que a lei cuja prática depende de autorização prévia.

Ao âmbito da tutela preventiva podem reconduzir-se os *pareceres vinculativos* (sobre o controlo de legalidade, nos casos em que a lei admita apenas tutela de legalidade). Na verdade, quando previstos, os pareceres vinculativos constituem um instrumento de intervenção que permite à entidade tutelar a emissão de um juízo sobre a legalidade (ou, porventura, sobre a oportunidade) de uma decisão administrativa em formação a proferir pela entidade tutelada. Uma decisão desta entidade contrária ao sentido vinculativo do parecer é ilegal. O mesmo sucede se esta decisão for proferida sem ter sido solicitado o parecer (cf. o artigo 92.º, n.º 6, do CPA para o caso de a decisão ser proferida sem emissão de parecer vinculativo que tenha sido solicitado).

Nos casos de tutela integrativa, a entidade tutelar é chamada a exercer uma competência de controlo sobre a legalidade ou o mérito de uma decisão já proferida pela entidade tutelada. O ato de controlo é agora uma *aprovação*. O facto de a decisão sob controlo já ter sido proferida exclui a possibilidade de a aprovação se conceber como um requisito de legalidade. Trata-se, pelo contrário, de um requisito de eficácia jurídica: veja-se o artigo 157.º, alínea *a)*, do CPA, no sentido de considerar de eficácia diferida o ato sujeito a aprovação.

Na hipótese de uma decisão da entidade tutelada dependente de autorização, o pedido de autorização tem na sua base o projeto ou a intenção de adoção de uma decisão (tutela preventiva); na hipótese de decisão dependente de aprovação, o pedido funda-se na decisão já proferida e a aprovação ou a recusa de aprovação incidem sobre esse ato, na sua configuração final (tutela integrativa).

A designação legal deste ato, com função de controlo, é muito variada – *aprovação, ratificação, homologação* –, mas o *nomen* juridicamente mais correto talvez seja o de aprovação (isto explica que se aluda a *ratificação-aprovação* e a *homologação-aprovação*, para definir o sentido preciso destes específicos atos de ratificação ou de homologação).

Vimos há pouco que a lei se refere, por vezes, à autorização interadministrativa como autorização prévia (*v.g.*, artigo 130.º, n.º 4, do CPA). Embora pleonástica, essa utilização ainda se pode compreender. Mas o já mais difícil compreender é a referência legal a uma figura de "aprovação prévia", como sucede, por ex., no regime jurídico das entidades regionais de turismo (cf. artigo 6.º, n.º 4).

Exemplos de atos de aprovação tutelar: ratificação da deliberação de assembleias municipais de criação de serviços municipais de polícia, nos termos da Lei das Polícias Municipais; ratificação de planos urbanísticos municipais; aprovação governamental dos orçamentos e dos relatórios de atividades de entidades reguladoras, nos termos da LQER.

Tendo em consideração o respetivo conteúdo, enquanto atos de controlo, as medidas de tutela preventiva e integrativa não são privativas das relações de tutela: os pareceres vinculativos, as autorizações interadministrativas e as aprovações existem em muitas outras relações que se processam no interior da Administração Pública, entre órgãos administrativos (assim sucede, em muitos casos, nas relações entre a câmara municipal e a assembleia municipal, com inúmeros atos da primeira dependentes de autorização ou de aprovação da segunda).

174.3.4 – Tutela substitutiva

Em regra, a tutela assenta num controlo ou numa intervenção externa, que não passa pela assunção de competências próprias da entidade tutelada: quer dizer, a tutela não inclui, em geral, a possibilidade de modificação ou de substituição de decisões da entidade tutelada. Mas há exceções: são os casos de tutela substitutiva.

Com efeito, a tutela substitutiva manifesta-se pela entrada da entidade tutelar no exercício de competências próprias da entidade tutelada. A entidade tutelar é autorizada a agir em substituição da entidade tutelada. Tendo presente o contexto geral da relação de tutela, pressupondo a *autonomia* da entidade tutelada, percebe-se a lógica de excecionalidade da tutela de substituição (em geral, sobre a substituição de órgãos, cf. artigo 43.º do CPA). Com efeito, nos poucos casos em que a lei a admite, a tutela de substituição está, em regra, associada ao incumprimento de deveres legais pela entidade tutelada; ou seja, nos casos previstos, a tutela substitutiva visa, pois, suprir *omissões ilegais* da entidade tutelada.

Assim sucede, nos termos do artigo 41.º, n.º 9, da LQIP, que autoriza o membro do Governo a praticar atos legalmente devidos, em caso de inércia grave do órgão responsável de um instituto público, ou com a Lei das Finanças Locais, quando permite que a Administração estadual proceda à retenção de verbas a transferir para os municípios com o fim de efetuar pagamentos a terceiros, titulares de créditos vencidos sobre os municípios.

Uma questão que cumpre colocar consiste em saber se a permissão de tutela substitutiva pode também originar uma *obrigação de agir em substituição* quando se verifiquem os pressupostos legais da substituição. O tema releva, desde logo, para aferir da eventual responsabilidade do órgão tutelar competente em caso de não exercício dos seus poderes de tutela de substituição.

Assim, tendo presente o disposto no citado artigo 41.º, n.º 9, da LQIP, suponha-se que, em caso de inércia grave do órgão de um instituto público, o membro do Governo não pratica atos legalmente devidos, somando, assim, a sua inércia à inércia da entidade tutelada. Sobre este tema, veja-se o Acórdão do Supremo Tribunal de Justiça (P. 619/04.0TCSNT.L1.S1, 7.ªS, de 14/12/2016), proferido em ação sobre responsabilidade civil contra o Estado e o Instituto da Solidariedade e da Segurança Social, IP, pelo facto de este instituto público não ter decretado o encerramento de um lar de idosos que não oferecia condições básicas de segurança e no qual veio a eclodir um incêndio que causou a morte de utentes. Em dado momento, afirma-se no Acórdão o seguinte: "não se divisando que a tutela legalmente conferida ao [Estado] sobre os centros regionais de segurança social compreendesse a faculdade de suprir as suas omissões (recorde-se que não há tutela sem texto legal nem tutela para além dele), é, também por este motivo, de concluir pela inexistência de uma conduta ilícita naquela acepção". Ou seja, o Supremo Tribunal de Justiça considerou que o Estado não detinha poderes de tutela substitutiva e, *por essa razão*, o absolveu de responsabilidade de indemnizar os lesados (fazendo recair a indemnização apenas sobre o instituto público tutelado, o Instituto da Solidariedade e Segurança Social, IP).

Com contornos particulares, e com um sentido diferente, filia-se ainda na ideia genérica de tutela de substituição a intervenção da entidade tutelar consubstanciada na assunção direta da gestão da entidade tutelada em substituição da gestão por órgãos próprios desta entidade: podemos encontrar um exemplo desta situação no RJIES, que, no caso de situações de crise institucional grave de uma instituição pública de ensino superior, atribui ao Governo o poder de intervir e tomar as medidas adequadas, incluindo a suspensão dos órgãos estatutários e a nomeação de uma personalidade independente para a gestão da instituição, na medida e pelo tempo estritamente necessários para repor a normalidade institucional e reconstituir logo que possível o autogoverno da instituição; outro exemplo é o da *comissão administrativa com funções executivas* nomeada pelo Governo na sequência de dissolução de órgãos autárquicos e que substitui os órgãos executivos próprios das autarquias locais.

174.3.5 – Tutela sancionatória

A tutela sancionatória manifesta-se no poder que a lei confere à entidade tutelar para aplicar sanções à entidade tutelada: por ex., retenção de verbas destinadas a municípios no caso de incumprimento de deveres legais previstos na Lei das Finanças Locais, ou a sanção pecuniária compulsória aplicada pelo Governo, nos termos previstos na Lei das Associações Públicas Profissionais (artigo 53.º, n.º 8).

Próximas das medidas tutelares sancionatórias e ainda que desprovidas de uma intenção punitiva, são certas medidas repressivas ou preventivas que a entidade tutelar pode adotar em relação à entidade tutelada, como, *v.g.*, o encerramento compulsivo de instituições de ensino superior ou a suspensão temporária do funcionamento de um ciclo de estudos determinados pelo Governo, nos termos previstos no RJIES.

174.3.6 – Tutela de revisão (revogatória e anulatória)

Por tutela de revisão entende-se a adoção de medidas tutelares de *revogação* ou de *anulação* de decisões proferidas por entidade tutelada.

A tutela de revisão diz-se revogatória, se a entidade tutelar dispuser do poder de fazer cessar atos da entidade tutelada por razões de mérito – o que supõe a possibilidade de uma tutela de mérito –, e anulatória, se dispuser do poder de destruir atos da entidade tutelada com fundamento em ilegalidade.

Como sucede, em geral, as medidas de tutela de revisão são possíveis apenas nos casos previstos por lei. Veja-se, neste sentido, o artigo 169.º, n.º 5, do CPA: nos casos expressamente permitidos por lei, os atos administrativos praticados por órgãos sujeitos (a superintendência ou) a tutela administrativa podem ser objeto de revogação ou de anulação administrativa pelos órgãos com poderes de (superintendência ou de) tutela.

Conforme a opção legal, a tutela de revisão poderá ser acionada por iniciativa oficiosa da entidade com poderes de tutela ou, porventura, apenas na sequência de iniciativa particular: neste último caso, o ato de iniciativa será um *recurso tutelar*, o qual, nos termos do artigo 199.º, n.º 1, do CPA só é possível "nos casos expressamente previstos na lei" e, além disso, só pode ter por fundamento a inconveniência ou inoportunidade do ato impugnado ou omitido nos casos em que a lei estabeleça uma tutela de mérito. Por outro lado, no recurso tutelar, a *modificação* ou a *substituição* do ato recorrido ou omitido só é possível se a lei conferir poderes de tutela substitutiva e no âmbito destes.

Suponha-se que o conselho diretivo de um instituto público aplica uma coima a uma empresa e que a lei prevê a possibilidade de recurso da decisão para o ministro da tutela. Neste caso, uma vez que a tutela do Estado sobre os institutos públicos não está limitada à fiscalização da legalidade, a empresa poderá recorrer para o ministro – se o recurso estiver expressamente previsto em lei – e pedir a *anulação* (por ilegalidade) ou a *revogação* da coima (por inconveniência). A questão está em saber se a empresa também poderá pedir a *substituição* da decisão de aplicação da coima por uma outra decisão, com uma coima mais baixa. O CPA estabelece que a substituição do ato recorrido é possível se a lei conferir poderes de tutela substitutiva e no âmbito destes. Pois bem, a LQIP prevê efetivamente a tutela substitutiva do ministro responsável pelo instituto público, "na prática de atos legalmente devidos, em caso de inércia grave do órgão responsável". Tendo em consideração o que se estabelece no CPA – a substituição é possível no âmbito dos poderes de tutela substitutiva –, julgamos que, num caso com o recorte assinalado, o ministro da tutela não disporia de competência para substituir a decisão de aplicação da coima por uma outra.

Uma outra observação se impõe neste contexto: a regra segundo a qual a entidade com poderes de tutela só pode modificar ou substituir atos praticados pela entidade tutelada se tiver poderes de tutela substitutiva – que o CPA estabelece para a intervenção tutelar na sequência de recurso administrativo (cf. artigo 199.º, n.º 4) – também se aplica nos casos de intervenção oficiosa da daquela entidade; assim, o poder de anular ou de revogar atos da entidade tutelada que a lei confere ao órgão com poderes de tutela (cf. artigo 169.º, n.º 5) não abrange a possibilidade de modificação ou de substituição dos atos desta entidade, ao contrário do que poderia supor-se em dedução do disposto no artigo 173.º, n.º 1.

175 – Direção e fiscalização da atuação de entidades particulares com funções administrativas

Ao contrário do que sucede com as relações entre o Estado e as entidades instrumentais da Administração estadual indireta, não existe uma disciplina estabelecida a respeito das formas de orientação pelo Estado (ou por outras pessoas coletivas públicas) da atuação de entidades particulares com funções administrativas. Neste âmbito, deverá, todavia, ter-se presente a diretriz constitucional no sentido da sujeição das entidades particulares que exercem poderes públicos (funções públicas) a *fiscalização administrativa* (cf. artigo 267.º, n.º 6, da CRP[1033]). Além de regimes legais que prevejam modalidades de monitorização, supervisão e controlo público de entidades particulares com funções administrativas, sempre que estejam envolvidas entidades concessionárias de serviços, de obras ou de exploração do domínio público, há que considerar a figura do *contrato administrativo de concessão*: a

[1033] Já escrevemos sobre as dúvidas e perplexidades que essa disposição constitucional nos suscita, em *Entidades Privadas com Poderes Públicos, cit.*, p. 1016 e segs.

figura associa-se a um regime legal que assegura à entidade pública concedente poderes de regulação e de orientação da entidade concessionária. Decerto que esta entidade tem direito à sua *autonomia de gestão*, mas a verdade é que a atividade concedida se desenvolve a partir de um contrato cujas bases começam por ser definidas pelo contraente público: é, pois, no momento (prévio) em que desenha os termos e as condições do contrato, que a entidade pública delineia o que pretende, que indica os objetivos e as metas do desempenho da entidade a contratar. Depois, para a fase de execução do contrato, a lei e, em regra, o contrato atribuem à entidade pública concedente as ferramentas necessárias para acompanhar, dirigir e fiscalizar o cumprimento das obrigações contratuais, e, se for o caso, para sancionar o incumprimento das obrigações legais ou contratuais assumidas – cf. artigo 302.º do CCP, sobre os poderes de conformação do contraente público, bem como o artigo 414.º sobre as obrigações do concessionário; sobre a *repartição de responsabilidades* em contratos que configurem parcerias público-privadas, cf. artigo 5.º da Lei das Parcerias Público-Privadas.

Assim, a relação entre a entidade pública responsável por uma dada atividade e a entidade concessionária, que aqui designamos "relação de direção e fiscalização", está, em regra, balizada por um contrato administrativo, que define os conteúdos exatos dos poderes de direção e de fiscalização. Como alguma doutrina observa, esta relação ingressa numa categoria autónoma, visto que não se reconduz aos esquemas da tutela ou da superintendência, mas também não se confunde com as funções públicas de controlo e de vigilância de atividades privadas[1034].

Em casos delimitados e previstos na lei, a capacidade de influência do Estado acusa uma efetiva diminuição: eis o que se verifica quando a delegação privada se associa ao reconhecimento, pelo próprio Estado, de uma espécie de "autonomia originária" da entidade particular. Na nossa interpretação, a delegação de funções de regulação oficial do desporto nas federações desportivas ilustra uma autocontenção estadual deste tipo, uma vez que, na prática, o Estado se remete à mera fiscalização do cumprimento da lei pelas federações, num modelo de intervenção que se aproxima da tutela que o mesmo Estado exerce sobre as administrações autónomas – prevê-se no Regime Jurídico das Federações Desportivas "a fiscalização do

[1034] Cf. B. Schmidt am Busch, "Gewährleistungsaufsicht zur Sicherstellung privater Aufgabenerledigung. Eine dritte Kategorie zwischen Staatsaufsicht und Wirtschaftsaufsicht", *Die Verwaltung*, 2016/2, *p. 205 e segs*

exercício de poderes públicos e do cumprimento das regras legais de organização e funcionamento internos das federações desportivas (...), mediante a realização de inquéritos, inspeções, sindicâncias e auditorias externas"[1035].

176 – Delegação de poderes

O domínio clássico e corrente da delegação de poderes ou competências administrativas é o das relações interorgânicas, entre órgãos da mesma pessoa coletiva pública. Mas são hoje muito frequentes os fenómenos de delegação intersubjetiva de competências, ou seja, de delegação de poderes ou competência de um órgão de uma pessoa coletiva pública em órgão de outra pessoa coletiva pública. Eis o que sucede, no âmbito do RJAL, com os casos de delegação de poderes do Estado nas autarquias locais ou nas entidades intermunicipais e de delegação de poderes dos municípios nas freguesias e nas entidades intermunicipais. Já acima nos referimos a estas delegações [cf. pontos 163.2, *b)*, e 164.2].

A possibilidade de delegação para a prática de atos administrativos no âmbito de relações intersubjetivas encontra-se expressamente prevista na parte final do n.º 1 do artigo 44.º do CPA: voltaremos a este tema [cf. ponto 182].

177 – Relações de cooperação e de coordenação

Entre os sujeitos da Administração Pública desenvolvem-se vários tipos de relações jurídicas administrativas de cooperação em sentido lato ("cooperação no interior do setor público"; "parcerias público-públicas") e de coordenação ou articulação.

Aqui se incluem, em primeiro lugar, as relações de cooperação baseadas em contratos, como os "contratos de cooperação" a que se refere o artigo 5.º-A, n.º 5, do CCP (contratos para a execução em comum de tarefas públicas da responsabilidade das entidades públicas contratantes)[1036].

> Neste, como noutros casos, fala-se *contrato interadministrativo*; trata-se de um conceito com utilização muito frequente na legislação administrativa dos últimos anos. Não há razão para criticar essa utilização generalizada, mas

[1035] Sobre o caso especial das federações desportivas, como entidades delegatárias de funções e poderes públicos, cf. o nosso texto "A «soberania limitada» das federações desportivas", *Cadernos de Justiça Administrativa*, n.º 59, 2006, p. 41 e segs., bem como *Entidades Privadas com Poderes Públicos*, p. 855 e segs.

[1036] Sobre estes contratos, cf. o nosso *Direito dos Contratos Públicos, cit.*, p. 287 e segs.

sublinha-se o exíguo préstimo do conceito em termos dogmáticos, o qual, em inteiro rigor, apenas fornece uma sugestão quanto ao facto de se tratar de um contrato celebrado entre entidades da Administração Pública. Neste sentido, afirmar-se, por ex., que a cooperação entre dois entes públicos ou que a delegação de poderes do Estado nos municípios se efetiva por meio de contrato *interadministrativo* constitui uma redundância ou um esclarecimento inútil, uma vez que é evidentemente interadministrativa uma relação entre o Estado e um município.

Próximas da cooperação são as relações de *coordenação* entre entidades públicas, que visam a harmonização e a articulação entre entidades públicas em vista do desempenho das respetivas competências [cf. ponto 55.2].

Para ilustrar este tipo de relações, veja-se o disposto no artigo 11.º da LQER: "as entidades reguladoras estabelecem, entre si, formas de cooperação e associação nas matérias referentes ao exercício de funções e nos assuntos de interesse comum, respeitando sempre as atribuições, bem como os poderes regulatórios e sancionatórios próprios". A LQER dá uma atenção especial às relações de cooperação entre as entidades reguladoras setoriais (*v.g.*, ANACOM, ERSE) e a Autoridade da Concorrência, entidade com competência transversal para a aplicação das regras de defesa da concorrência, aludindo mesmo à definição, por protocolo, entre esta, as demais entidades reguladoras e outras entidades públicas relevantes, de outras formas de cooperação que se revelem adequadas a garantir a aplicação das regras de defesa da concorrência.

Em muitos casos, estas relações de coordenação horizontal processam-se em contexto informal, tendo como suporte consultas e contactos de natureza facultativa, protocolos, memorandos de entendimento ("acordos informais")[1037].

178 – Relações de colaboração

Além da cooperação e de coordenação, subsistem relações de colaboração no interior do sistema administrativo, quando uma entidade da Administração

[1037] Sobre a panóplia de ferramentas de coordenação interadministrativa no direito norte-americano, cf. J. Freeman/J. Rossi, "Agency coordination in shared regulatory space", *Harvard Law Review*, vol. 125, 2012, p. 1131 e segs.

se envolve – em regra, por um contrato com função de colaboração – na prestação de auxílio ou contribui para a preparação ou para a realização de tarefas legalmente cometidas a uma outra entidade da Administração (*v.g.*, departamento governamental que solicita a uma universidade pública um estudo sobre a localização de um aeroporto).

Aqui, uma das entidades propõe-se colaborar com a outra para a realização de uma missão da responsabilidade desta. A entidade pública que colabora encontra-se, em termos práticos, na situação de prestar um serviço em favor da entidade beneficiária, nos mesmos termos em que o poderia fazer, no mercado, uma empresa, um operador económico – por isso, estes contratos de colaboração, ainda que celebrados no interior da Administração Pública, apresentam um interesse para o mercado, o que explica que possam ficar sujeitos às regras da adjudicação de contratos públicos com interesse concorrencial.

> A aplicação das regras gerais de formação de contratos públicos a este tipo de contratos no interior do setor público só não ocorre se e quando estiveram verificados os requisitos da designada contratação "in house": cf. artigo 5.º-A, n.os 1 a 4 e 6, do CCP[1038].

179 – Relações de associação e similares

Nos casos previstos na lei, as pessoas coletivas públicas podem associar-se e constituir associações públicas: assim sucede com as comunidades intermunicipais, as associações de municípios de fins específicos ou as entidades regionais de turismo. O facto de tais associações serem criadas por lei (*v.g.*, áreas metropolitanas, entidades regionais de turismo) não exclui a consideração de uma relação associativa entre as entidades associadas. Como resultado do processo associativo, surgem as *associações públicas interadministrativas* ou as *associações públicas em condomínio público-privado* [sobre estas, cf. pontos 68, *d)*, e 171].

Aqui se integram os acordos entre entidades públicas que conduzem à constituição de "associações sem personalidade jurídica", como, por ex., os consórcios de instituições públicas de ensino superior [sobre estes cf. ponto 62].

Igualmente de tipo associativo, apesar do seu carácter restrito e informal, é o acordo entre duas ou mais entidades públicas no sentido da constituição

[1038] Sobre a contratação "in house", cf. o nosso *Direito dos Contratos Públicos, cit.*, p. 279 e segs

de um "agrupamento de entidades adjudicantes, para a adjudicação de um contrato "que seja do interesse de todas" ou um acordo quadro "de que todas possam beneficiar" (cf. artigo 39.º do CCP).

180 – Outras relações entre sujeitos da Administração Pública

Além das que se expuseram, existem outras categorias de relações jurídicas entre sujeitos da Administração Pública.

Ainda num plano jurídico-administrativo, encontramos situações em que os sujeitos da Administração Pública surgem numa condição equivalente à dos administrados: eis o que ocorre, por ex., quando uma autoridade administrativa aplica a uma entidade pública uma coima, no âmbito de um processo de contraordenação. Pense-se no município sancionado pela Agência Portuguesa do Ambiente por incumprimento de deveres em matéria ambiental ou na instituição pública de ensino superior sancionada (enquanto empregador público) pela Autoridade para as Condições do Trabalho, por violação da legislação em matéria de saúde e segurança no trabalho. Nestes casos, as entidades públicas sancionadas encontram-se, no plano da relação com a autoridade sancionadora, numa condição jurídica igual à dos particulares administrados.

Além das matérias sancionatórias, existem, em muitos outros cenários, relações entre entidades públicas em que uma delas surge na situação procedimental de "administrado", e em que, por consequência, assume a condição de interessado no procedimento administrativo para a tomada da decisão que lhe diz respeito (apesar do silêncio do CPA: artigo 68.º) e, naturalmente, detém legitimidade para agir judicialmente em defesa dos seus interesses, contra as decisões ou omissões que considere ilegais [cf. ponto 71] – suponha-se a associação pública profissional que pretende obter a licença municipal para a construção de um edifício; ou o instituto público que pretende obter da Comissão Nacional de Proteção de Dados a dispensa de aplicação de coimas, conforme previsto na Lei n.º 58/2019, de 8 de agosto.

Importa ainda ter presente que os sujeitos da Administração também estabelecem entre si relações reguladas pelo direito privado (direito civil, direito comercial), por ex., de compra e venda ou de permuta de bens imóveis, para a constituição de associações ou outras entidades de direito privado.

Secção II
Relações no interior dos sujeitos da Administração Pública

As relações que estudámos na Secção I são intersubjetivas, interpessoais, por se desenvolverem entre (órgãos de) pessoas coletivas distintas. Agora, vamos considerar as relações jurídicas que se desenrolam no interior da pessoa coletiva pública. Aqui se encontram, em primeiro lugar, as "relações entre órgãos" (interorgânicas): o órgão administrativo é, neste caso, a instância de imputação final de poderes e de deveres, e as relações em que o mesmo intervém esgotam os seus efeitos num âmbito interno, dentro de uma mesma pessoa coletiva. Num plano ainda mais interno, temos, depois, as relações jurídicas que se desenvolvem "dentro de órgãos" (colegiais).

181 – Hierarquia administrativa. 181.1 – Conceito de hierarquia administrativa enquanto relação entre órgãos. 181.2 – Distinção da hierarquia laboral. 181.3 –Identificação da relação de hierarquia administrativa. 181.4 – Hierarquia administrativa e competência. 181.5 – Situação dos órgãos subalternos em relação às suas competências. 181.6 – Supremacia jurídica do órgão superior. 181.6.1 – Poder de direção e orientação. 181.6.2 – Poder de controlo e supervisão. 181.6.3 – Poder de substituição. 181.6.4 – Poderes hierárquicos que têm como objeto competências do órgão superior. 182 – Delegação de poderes. 182.1 – Delegação como figura de aplicação geral no sistema administrativo. 182.2 – Delegação de poderes e figuras próximas. 182.2.1 – Transferência legal de competências. 182.2.2 – Delegação legal de competências. 182.2.3 – Transferência de competências por via estatutária. 182.2.4 – Partilha de competências. 182.2.5 – Repartição de competências. 182.2.6 – Concessão administrativa. 182.2.7 – Coadjuvação. 182.2.8 – Substituição e suplência. 182.2.9 – Representação. 182.2.10 – Delegação de assinatura. 182.3 – Delegação de poderes prevista e regulada no CPA. 182.3.1 – Delimitação. 182.3.1.1 – Ato de delegação. 182.3.1.2 – Lei de habilitação. 182.3.1.3 – Âmbito subjetivo da delegação. 182.3.1.4 – Âmbito objetivo da delegação. 182.3.1.5 – Delegação como transferência de exercício de competência. 182.3.2 – Regime jurídico. 182.3.2.1 – Requisitos do ato de delegação. 182.3.2.2 – Limites ao poder legal de delegação. 182.3.2.3 – Regime aplicável à atuação do delegado. 182.3.2.4 – Regime dos atos praticados pelo delegado. 182.3.2.5 – Relação de delegação: poderes do delegante. 182.3.2.6 – Extinção da delegação. 183 – Outras relações interorgânicas. 184 – Relações dentro de órgãos administrativos.

181 – Hierarquia administrativa

No plano da organização interna da pessoa coletiva de direito público, a hierarquia administrativa baseia-se na integração dos respetivos órgãos numa cadeia ou num escalonamento vertical, na qual um ou alguns surgem ordenados numa posição superior (degrau de cima) e outro ou outros numa posição inferior ou subalterna (degrau de baixo). A sequência ou cadeia hierárquica corresponde a um sistema de distribuição dos órgãos administrativos de acordo com um modelo organização vertical, por degraus ou patamares; este modelo de organização origina um relacionamento jurídico (relação hierárquica) que se distingue pelo facto de os órgãos superiores deterem um *poder de supremacia jurídica* sobre os *órgãos subalternos* ou *subordinados*.

De origem grega, o conceito de hierarquia foi usado, no início, para indicar o complexo de pessoas investidas de poderes de comando nas coisas sagradas (sacerdotes) e a respetiva ordenação de acordo com um princípio da subordinação das autoridades inferiores às autoridades superiores. Em conformidade com a sua origem, a palavra associa-se a uma ordenação, escalonamento ou graduação de elementos (*v.g.*, cargos, órgãos) que se distribuem por um sistema vertical, em regra, na forma de uma pirâmide (à medida que se desce na graduação, aumenta o número dos elementos).

A situação de um órgão na cadeia hierárquica pode ser dupla: em posição superior em relação aos órgãos que se situam abaixo e em posição subalterna em relação aos órgãos que se situam acima (*v.g.*, o diretor-geral é órgão superior em face do diretor-regional, mas órgão subalterno em face do ministro).

Em razão da sua valia como instrumento ordenador da repartição de funções e de poderes dentro de organizações humanas complexas, o modelo hierárquico transformou-se no esquema natural para a estruturação interna das organizações eclesiásticas ou das organizações militares, bem como, numa fase posterior, da Administração Pública.

No presente capítulo, consideramos a *hierarquia administrativa* enquanto sistema de relacionamento entre órgãos administrativos – em páginas anteriores, já nos referimos ao princípio da hierarquia [cf. ponto 56] e à *hierarquia laboral*, no âmbito da relação de emprego público [cf. ponto 103.2].

181.1 – Conceito de hierarquia administrativa enquanto relação entre órgãos

A hierarquia administrativa (externa) consiste num processo de relacionamento que se desenvolve num plano interorgânico, entre órgãos administrativos, enquanto centros institucionalizados de competências externas (cf. artigo 20.º, n.º 1, do CPA). A hierarquia pressupõe, por conseguinte, a presença de um órgão administrativo que, embora em posição subalterna em face de outro órgão, se encontra dotado de uma competência própria para praticar atos jurídicos com relevância externa, que, portanto, produzem efeitos fora da esfera da pessoa coletiva em que se integra.

Segundo a doutrina, a hierarquia reporta-se a uma relação jurídica de carácter interno, intrasubjetivo, que opera entre órgãos da *mesma pessoa coletiva pública*. Recusa-se, pois, a possibilidade jurídica de relações de hierarquia entre diferentes pessoas, que se projetem num quadro intersubjetivo.

Sem prejuízo da sua afirmação constante, devemos dizer que não nos convence o dogma da impossibilidade da hierarquia no plano das relações intersubjetivas. Como sabemos, as relações no interior do sistema administrativo desenvolvem-se sempre entre órgãos (ou entre órgãos e agentes). Isto é assim também no caso das relações intersubjetivas (tutela, superintendência), as quais se distinguem pelo facto de se desenrolarem entre órgãos de diferentes pessoas coletivas públicas. Pois bem, nos casos em que existe um nexo de instrumentalidade de uma pessoa coletiva em face de outra, não descortinamos uma impossibilidade categórica de atribuição a um órgão da pessoa coletiva principal um poder hierárquico sobre os órgãos de uma pessoa coletiva pública instrumental. Reconhece-se, todavia, que, entre nós, designadamente no âmbito da Administração indireta do Estado, a Constituição convoca um modelo de relação (entre o Estado e os institutos públicos) baseado na *superintendência* e não na hierarquia.

Igualmente de acordo com a opinião generalizada, entende-se que o órgão inferior ou subalterno é, necessariamente, um órgão unipessoal ou singular. Por força do seu modo de funcionamento (colegial) e do seu processo de ação (discussão de propostas), em que cada membro tem o direito de decidir o seu sentido de voto, o órgão colegial não pode ter condição de subalterno, e ficar exposto ao poder de *direção hierárquica* e ao de um outro órgão.

Também esta compreensão clássica se pode contestar, sobretudo se tivermos presente que existem modalidades de "hierarquia restrita", que não se afiguram inconciliáveis com a natureza colegial do órgão subalterno [cf. ponto 56]; isto, se focarmos o essencial da hierarquia administrativa no "poder sobre a competência" e não tanto num poder sobre o órgão. Não obstante, reconhece-se que a hierarquia se assume como relação entre órgãos, em que o subalterno é, em regra, um órgão unipessoal.

A hierarquia administrativa externa, insiste-se, é uma *relação jurídica entre órgãos administrativos*. Todavia, em algumas das suas dimensões, a essa relação interorgânica associa-se uma relação jurídica entre o órgão superior e o *titular* do órgão subalterno. Isto verifica-se, desde logo, no âmbito do poder de direção do superior hierárquico: este poder materializa-se através da prática de *atos jurídicos internos* – comandos de carácter concreto (ordens) ou genérico (instruções) – que vinculam diretamente o titular do órgão. Por sua vez, também o poder disciplinar pode dar origem a atos cujos efeitos jurídicos se projetam na esfera do titular do órgão.

Em função do exposto, definimos a hierarquia administrativa (externa) como uma *relação entre dois ou mais órgãos administrativos de uma pessoa coletiva pública posicionados em graus diferentes de uma cadeia ou de um escalonamento vertical em que os órgãos ordenados em posição superior detêm um poder de supremacia jurídica sobre os órgãos ordenados em posição inferior.*

181.2 – Distinção da hierarquia laboral

Enquanto relação entre órgãos administrativos – que tem por objeto a competência (do órgão subalterno) –, a hierarquia administrativa conhece uma relevância externa, na medida em que se reporta a uma relação entre dois órgãos que envolve a presença de uma competência para a prática de atos com efeitos jurídicos externos, imputáveis à pessoa coletiva. Quer dizer, a hierarquia administrativa *externa* envolve a presença de poderes de um órgão superior sobre um órgão subalterno, na medida em que este órgão detém uma competência para praticar atos com eficácia jurídica externa, em regra, mediante a tomada de decisões administrativas.

É precisamente o que acaba de se referir que permite perceber a associação entre a relação de hierarquia administrativa e o *recurso hierárquico*. Na verdade, este recurso é utilizado para a impugnação de atos administrativos praticados ou para reagir contra a omissão ilegal de atos administrativos por órgãos sujeitos aos poderes hierárquicos de outros órgãos: cf. artigo 193.º e segs. do CPA. Ora, a prática de atos administrativos por um órgão sujeito aos poderes hierárquicos de outros órgãos constitui, na verdade, uma possibilidade exclusivamente operativa no âmbito da hierarquia administrativa externa – entre órgãos com competências externas.

> A referência a uma hierarquia administrativa *externa* tem o sentido preciso que acaba de se indicar. Importa, pois, prevenir equívocos decorrentes da alusão ao carácter externo. É que, como visto acima, enquanto relação jurídica, a hierarquia administrativa revela-se, em geral, uma relação jurídica *interna*, que se processa entre órgãos da mesma pessoa coletiva, em cujo âmbito são praticados *atos internos* (ordens e instruções).

Num plano diferente da hierarquia administrativa enquanto relação entre órgãos, situa-se a *hierarquia laboral*, reportada à organização dos *serviços administrativos*, que se baseia numa divisão do trabalho interno da organização (trabalho com relevância no plano interno) e que, enquanto relação jurídica, se desenvolve entre os titulares dos órgãos ou dos cargos dirigentes e os trabalhadores desses serviços ou entre os trabalhadores (no quadro de uma divisão do trabalho que segue um modelo de organização vertical). Assim, a hierarquia laboral também se consubstancia numa relação entre superiores e subalternos, mas, aqui, estes não são os órgãos, mas os indivíduos – os titulares de órgãos, os agentes e os trabalhadores – que atuam, nas suas relações recíprocas, no quadro de um vínculo de emprego público. Não tem por objeto o exercício da competência, mas as tarefas do serviço a que o trabalhador se encontra adstrito: nos termos do artigo 74.º da LTFP, o poder de direção (hierárquica) do empregador público consiste "em fixar os termos em que deve ser prestado o trabalho". Trata-se, pois, de poderes hierárquicos que dimanam da qualidade de empregador público [cf. ponto 103.2].

Apesar de assentarem na mesma fenomenologia, a hierarquia laboral distingue-se, em vários planos, da hierarquia administrativa externa. Na verdade, o órgão subalterno é um órgão administrativo, titular de competências externas, legalmente habilitado a praticar atos jurídicos externos imputáveis à pessoa coletiva e através da qual esta entra em relação com outros sujeitos de direito (outras pessoas coletivas públicas e os particulares). Além disso, o facto de se reportar a uma relação entre órgãos reclama cuidados especiais em evitar uma transposição acrítica para este âmbito dos conteúdos (poderes e deveres) da relação hierárquica laboral: basta pensar no poder disciplinar, para se concluir que não faz sentido considerar, em relação à hierarquia administrativa, a hipótese de um poder de aplicação de sanções disciplinares pelo órgão superior ao órgão subalterno. Não obstante, importa notar que a hierarquia administrativa comporta dimensões de relacionamento entre o órgão superior e o *titular* do órgão subalterno, no âmbito dos poderes de direção e disciplinar. Retomaremos este ponto.

181.3 – Identificação da relação de hierarquia administrativa

Vimos em que consiste a hierarquia administrativa. Mas torna-se necessário perceber em que condições se pode qualificar ou identificar como hierárquica uma relação entre dois órgãos administrativos.

Na nossa interpretação, essa qualificação não pode basear-se exclusivamente no facto de um órgão deter, por força da lei, algum ou alguns dos poderes típicos da relação hierárquica. Assim, o facto de, nos termos legais, um órgão deter uma competência para *determinar* ou *impor* que outro órgão efetue uma diligência ou pratique um ato não equivale a considerar o primeiro superior hierárquico do segundo. O mesmo sucede se um órgão é competente para revogar ou modificar atos de outro órgão.

Outro tanto se pode ainda dizer em relação à lei que autoriza um órgão a delegar as suas competências em outro órgão: apesar de, como veremos, o ato unilateral de delegação se poder considerar um ato impositivo (que o delegado não tem de consentir), muitas vezes não há qualquer relação de hierarquia entre o órgão delegante e o órgão delegável. Pois bem, o facto de a lei habilitar um órgão a delegar as suas competências em determinado órgão não implica que este último se defina, por essa razão, como órgão subalterno.

De resto, em geral, deve até dizer-se que as relações entre os órgãos de uma mesma pessoa coletiva não se reconduzem necessariamente ao modelo hierárquico: assim, por ex., entre os órgãos primários dos municípios não há qualquer hierarquia, nem, por consequência, relações hierárquicas.

Nestes termos, parece-nos que a relação hierárquica pressupõe, em primeiro lugar, a perceção clara da existência de um modelo de organização vertical em que a lei (ou o regulamento) coloca um órgão com competências externas em posição subalterna em face de um outro órgão colocado em posição superior na mesma cadeia vertical. Tipicamente é o que sucede no caso das relações entre diretor-geral e ministro ou entre diretor-regional e diretor-geral. Em casos como estes, a hierarquia administrativa pode resultar de uma indicação legal ou regulamentar expressa, mas também se pode deduzir da indicação que a lei ou o regulamento fornece sobre a ordenação ou a graduação de um órgão em face de um outro órgão. Assim, a integração de um determinado órgão (dotado de competências externas) claramente ordenado ou graduado abaixo de um outro órgão numa cadeia vertical constitui condição necessária e suficiente da existência de uma relação de hierarquia.

Nos casos em que a existência de uma cadeia hierárquica não se apresente inequívoca em termos de estrutura orgânica, poderá, ainda assim, admitir-se uma relação de hierarquia, se a lei ou o regulamento conceder a um órgão um *poder de direção generalizada* sobre a atuação de um outro órgão (com competências externas próprias): se um certo órgão detém o poder geral de emitir comandos vinculativos sobre o exercício da competência externa de um outro órgão, teremos aí um poder hierárquico e um indício claro da presença de uma relação de hierarquia.

Verificada a existência de uma relação de hierarquia entre dois órgãos – que tem, pois, origem na lei, ou em regulamento –, impõe-se a seguir delimitar o conteúdo dessa relação e, em especial, o âmbito dos poderes hierárquicos.

181.4 – Hierarquia administrativa e competência

No sentido que aqui a consideramos – como relação entre órgãos –, a hierarquia administrativa tem uma ligação direta com a competência administrativa, em especial, com a competência do órgão subalterno. A este propósito, importa, aliás, perceber que a hierarquia pressupõe uma *desconcentração administrativa vertical*. De facto, um sistema verticalmente concentrado, que confia a totalidade das competências ao órgão de cúpula de uma organização, desconhece o fenómeno de hierarquia administrativa. Esta exige, por conseguinte, uma distribuição ou repartição de competências externas entre os vários órgãos de uma cadeia hierárquica.

Existe, pois, uma ligação íntima entre *hierarquia*, *competência* (externa) e *órgão*, no sentido em que a hierarquia pressupõe uma distribuição de competências externas entre diferentes órgãos dispostos por ordem de importância numa cadeia vertical (*v.g.*, ministro, diretor-geral, diretor-regional).

De acordo com o modelo originário, "em estado puro"[1039], o sistema hierárquico convoca uma ideia fundamental de "identidade de competências", no sentido em que as competências externas dos órgãos superiores englobam ou abrangem as competências externas dos órgãos subalternos. Esta ideia, decorrente da compreensão clássica da hierarquia, não põe em xeque a associação, que vimos existir, entre hierarquia e distribuição de

[1039] Cf. Sciulio, *L'organizzazione amministrativa (principi)*, *cit.*, p. 121.

competências. Na verdade, identidade não significa a coincidência total entre as competências dos vários órgãos da cadeia hierárquica.

Todavia, na sua configuração atual, a hierarquia administrativa deixou de implicar a identidade de competências entre órgãos superiores e subalternos. Assim, a atribuição legal direta de competências a um órgão sem atribuição concomitante a um órgão superior não exclui a integração daquele numa cadeia hierárquica na condição de órgão subalterno. A hierarquia, que se afirma essencialmente no plano interno, das relações entre os órgãos, mantém-se neste cenário e não pressupõe, por isso, uma situação de competências concorrentes ou comuns entre órgão superior e órgão subalterno.

> A competência (externa) de um órgão refere-se ao plano da sua atuação para o exterior da pessoa coletiva. A hierarquia indica uma relação que se desenvolve no plano interno, entre os órgãos superior e subalterno.

Apesar de a identidade de competências não subsistir como um pressuposto da relação hierárquica, a competência permanece como um elemento fundamental para a compreensão da hierarquia. Com efeito, embora se afirme e se projete como relação entre órgãos, a hierarquia administrativa é, em rigor, uma relação entre órgãos que tem como objeto uma competência. Sem grande exagero ou deturpação do fenómeno, podemos até dizer que se trata da relação de um órgão (superior) com a competência do outro órgão (subalterno). Ou seja, o poder hierárquico envolve, afinal, uma posição de supremacia de um órgão sobre um outro órgão que se manifesta, fundamentalmente, através de poderes de intervenção do primeiro em domínios ou matérias que são da competência do segundo.

Por conseguinte, a hierarquia administrativa indica, sobretudo, uma relação entre dois órgãos de uma mesma cadeia hierárquica que tem como objeto as competências próprias do órgão subalterno. Veremos, contudo, que, em certos casos, a hierarquia pode ter por objeto as competências próprias do órgão superior.

181.5 – Situação dos órgãos subalternos em relação às suas competências

Acabámos de ver que existe uma ligação direta entre hierarquia e a competência dos órgãos subalternos. Impõe-se, agora, perceber que a relação do órgão subalterno com a sua própria competência pode apresentar-se em moldes variados e que o modo como a lei define a relação do órgão subalterno com a sua competência condiciona ou delimita o âmbito dos poderes do órgão superior.

Vejamos então.

Um primeiro cenário é o da identidade de competências entre o órgão superior e o subalterno. Trata-se de casos (raros) em que a lei atribui determinadas competências a um órgão subalterno e distribui essas mesmas competências também ao órgão superior. Como já vimos, no passado, entendia-se que o modelo hierárquico envolvia uma regra segundo a qual as competências do superior abrangiam as do subalterno: assim, mesmo que a lei atribuísse certas competências apenas ao subalterno, entendia-se, por força do modelo hierárquico, que o órgão superior também era titular de tais competências. Atualmente, não há apoio legal para esta regra: como qualquer órgão da Administração, o órgão superior só detém, em regra, as *competências externas* que a lei lhe atribui especificamente. Mas, precisamente em confirmação desta regra, pode suceder que a lei atribua ao órgão superior uma competência que também atribui aos subalternos: eis o que ocorre com o artigo 196.º, n.º 3, da LTFP, que estabelece que "a competência disciplinar dos superiores hierárquicos envolve a dos seus inferiores hierárquicos". Está aqui em causa uma *competência concorrente* ou *comum*, que pertence, simultaneamente, ao órgão subalterno e ao órgão superior.

> A competência concorrente do órgão subalterno pode, ainda assim, ter a primazia, no sentido em que o órgão superior só pode exercê-la "em segundo lugar", depois do exercício pelo órgão subalterno, ou no caso de omissão deste órgão. Neste caso, o exercício da competência pelo órgão superior encontra-se *condicionado* [cf. ponto 94, *c)* e *d)*].

Uma segunda hipótese é a de a lei estabelecer que uma determinada competência de um órgão subalterno é *exclusiva* deste órgão, sendo este o seu único titular. A lei poderá indicar expressamente o carácter exclusivo da competência. Mas esta natureza também pode ser deduzida do regime legal, se este apontar nesse sentido de uma forma clara, ainda que não explícita (*v.g.*, órgãos com uma autonomia técnica para a prática de atos finais). Percebe-se que os poderes de intervenção do órgão superior vão sofrer, neste caso, uma restrição importante.

Uma terceira hipótese, porventura a mais comum, decorre de a lei atribuir uma determinada competência especificamente a um órgão subalterno, mas sem indicar ou sem sugerir com clareza que se trata de competência exclusiva deste órgão. Estamos aqui perante a *competência própria* de um órgão subalterno e o âmbito dos poderes do superior vai situar-se num ponto intermédio entre os poderes (mais intensos) que detém no caso de competência concorrente e os poderes (menos intensos) que detém no caso de competência exclusiva do subalterno.

181.6 – Supremacia jurídica do órgão superior

A hierarquia administrativa constitui um sistema de colocação de órgãos administrativos numa cadeia hierárquica, em termos de um ou alguns deles se situarem em posição de superioridade perante outro ou outros, posicionados em situação inferior ou de subalternidade. Importa agora perceber em que consiste o poder de supremacia jurídica do órgão superior.

O artigo 3.º, n.º 2, do Regime Jurídico da Administração Direta do Estado indica como poderes hierárquicos (do superior hierárquico), "nomeadamente, os poderes de *direção, substituição* e *revogação*". Trata-se, na nossa interpretação, de uma formulação genérica, que contempla uma possibilidade, mas da qual não decorre que todos os poderes hierárquicos ali indicados existam sempre e em todos os casos.

Em concreto, a latitude dos poderes hierárquicos depende da natureza da relação do órgão subalterno com as suas competências: os poderes hierárquicos afirmam-se com uma intensidade máxima nos casos de competências concorrentes, com intensidade média nas situações de competência própria não exclusiva do subalterno e com uma intensidade menor nas hipóteses de competência exclusiva do subalterno.

Sem prejuízo dessas variações, consideram-se a seguir as manifestações mais comuns da supremacia hierárquica, que consistem em poderes de direção e orientação, de controlo e supervisão e de substituição.

Com exceção dos poderes de direção e de orientação, bem como de inspeção e de acompanhamento, todos os poderes hierárquicos existem nos termos especificamente configurados na lei. Neste âmbito – da hierarquia administrativa externa –, em que a hierarquia pressupõe ou tem implícito um fenómeno de desconcentração e de atribuição legal de poderes próprios ao órgão subalterno, impõe-se a compreensão funcionalmente adequada da relação entre hierarquia administrativa e atribuição legal de competências ao órgão subalterno. A este respeito, no nosso juízo, revela-se inconsistente no plano dogmático e incorreta no plano metodológico a perspetiva que efetua a transposição acrítica para a compreensão da hierarquia administrativa do funcionamento e da lógica da hierarquia laboral. Nesta última está em causa um fenómeno de divisão do trabalho administrativo interno. A hierarquia administrativa, por sua vez, pressupõe uma divisão legal das competências administrativas externas pelos órgãos de uma pessoa coletiva.

Assim, na hierarquia administrativa externa, com exceção dos poderes que considerámos inerentes ou intrínsecos à relação de hierarquia (direção, orientação, controlo e acompanhamento), os quais se pode dizer que são criados pela lei que institui o vínculo hierárquico, todos os outros existem nos termos especificamente previstos e delineados na lei.

Antes de se iniciar o estudo dos poderes em que se materializa a supremacia hierárquica, importa ter presente que, neste âmbito – da hierarquia administrativa –, o que está em causa é a supremacia jurídica de um órgão sobre outro órgão por relação com a competência externa deste último. Em todas as suas manifestações principais, a supremacia hierárquica tem por objeto ou relaciona-se com o exercício da competência pelo órgão subalterno. Todavia, em casos especiais, a supremacia hierárquica pode ter por objeto as competências do órgão superior.

181.6.1 – Poderes de direção e de orientação

O órgão em posição hierárquica superior tem, em primeiro lugar, um poder essencial de direção sobre o órgão subalterno, em concreto, sobre o exercício das competências deste. Ao abrigo deste poder, o órgão superior é competente para emitir *comandos* que vinculam ou obrigam o órgão subalterno a adotar um comportamento ou a agir em certo sentido: estes comandos são *ordens* quando assumem um carácter concreto, por visarem um caso específico, ou *instruções*, quando assumem um carácter genérico. A ordem determina ao subalterno a prática de um ato da sua competência. A instrução define parâmetros ou critérios a observar pelo subalterno na prática de um certo tipo de atos.

> As instruções hierárquicas constituem preceitos administrativos com caráter regulamentar interno, que integram o designado "direito circulatório" – conceito que se explica por referenciar atos que a praxis administrativa designa "circulares" e "ofícios circulados".

O poder de direção é essencial à hierarquia: sem o poder de direção do superior sobre o subalterno, não existe hierarquia.

Recorde-se que o facto de a lei atribuir poderes específicos e enumerados de direção a um órgão sobre outro não equivale à instauração de uma relação de hierarquia [cf. ponto 180.3]. Ou seja, pode haver direção (poder de um órgão emitir comandos vinculativos na direção de outro órgão) fora da hierarquia.

Ao poder de direção do superior reconduz-se, por ex., o poder de resolver a questão que resulta de o órgão subalterno não ter prestado o auxílio que lhe foi solicitado: cf. artigo 66.º, n.º 3, do CPA.

O âmbito do poder de direção não se apresenta sempre nos mesmos termos; em geral, varia em função da natureza das competências do órgão subalterno.

Assim, no caso de as competências do subalterno serem *próprias* (não partilhadas com o órgão superior, mas também não exclusivas) ou *comuns* (partilhadas com o órgão superior), o órgão superior detém um poder de dar ordens ao (titular do) órgão subalterno quanto ao exercício da sua competência num sentido determinado num caso concreto. Além disso, o superior também pode determinar ao órgão subalterno o exercício da sua competência, impondo-lhe o dever de praticar um ato administrativo ou confirmando o dever legal de exercer a sua competência (sem determinação do conteúdo).

Por outro lado, o órgão superior detém um poder de emitir *instruções* genéricas sobre o exercício da competência do subalterno, por ex., quanto ao critério de interpretação da lei ou, em geral, indicando diretrizes sobre o exercício de competências discricionárias.

No cenário de *competências exclusivas* do órgão subalterno, o poder de direção sofre uma restrição natural, designadamente quanto à emissão de ordens para o exercício da competência do subalterno num sentido determinado (por ex., ordem do superior para o subalterno exercer de certa forma a sua competência exclusiva de conceder uma autorização ou um subsídio). Contudo, já não há obstáculos quanto ao poder de emissão de instruções genéricas, nem quanto ao poder de dar ordens no sentido da prática de um ato ou do exercício da competência: veja-se, precisamente nestes termos, o artigo 197.º, n.º 4, do CPA, do qual decorre, de uma forma implícita mas clara, que, no caso de competência exclusiva do órgão subalterno, o superior hierárquico tem o poder de lhe ordenar a prática de ato ilegalmente omitido. Assim, no caso de competência exclusiva do subalterno, o órgão superior pode determinar àquele que exerça a sua competência, embora não possa indicar o sentido desse exercício.

Além do poder de direção, que se manifesta em comandos vinculativos, o superior hierárquico detém um poder geral de orientação da atividade do subalterno, ao abrigo do qual pode emitir diretrizes gerais, recomendações e advertências, que, sem exceções, o subalterno fica obrigado a ponderar nas suas decisões.

Em todos os casos, os atos praticados pelo órgão superior na direção do órgão subalterno têm uma eficácia apenas intrasubjetiva, dentro da pessoa coletiva pública: os efeitos jurídicos que produzem esgotam-se nas relações entre o órgão superior e o órgão subalterno. Por força desta natureza interna, os eventuais interessados não estão em condição de invocar o desrespeito ou o incumprimento pelo órgão subalterno das ordens ou instruções do órgão superior como fundamento da ilegalidade dos atos daquele.

Ao poder de direção do órgão superior corresponde um *dever de obediência* do titular do órgão subalterno.

Em algumas das suas dimensões, a hierarquia administrativa (relação entre órgãos) associa-se a uma relação entre o órgão superior e o titular do órgão subalterno. Eis o que ocorre precisamente com o poder de direção: este visa delimitar os termos da atuação do órgão subalterno. Neste sentido, trata-se de um poder numa relação interorgânica. Mas a vinculação ao cumprimento das ordens ou das instruções recai – ou recai também – sobre o titular do órgão. É este, ou seja, o indivíduo especificamente investido na condição de titular do órgão subalterno, que tem o dever de obedecer às ordens do órgão superior.

> Sobre o dever de obediência, cf. artigo 73.º, n.º 8, da LTFP, que, contudo, está previsto para a hierarquia laboral: o "dever de obediência consiste em acatar e cumprir as ordens dos legítimos superiores hierárquicos, dadas em objeto de serviço e com a forma legal".
>
> O incumprimento do dever de obediência constitui infração disciplinar. Poderá suceder que o titular do órgão subalterno (*v.g.*, o indivíduo que é diretor-geral ou presidente de um outro serviço central) não tenha qualquer vínculo de emprego público além da comissão de serviço. Neste cenário, a única sanção disciplinar possível é a cessação da comissão de serviço. A lei não prevê, contudo, esta sanção para punir o não acatamento de ordens (cf. artigo 188.º da LTFP, com o elenco dos casos que podem determinar a aplicação da sanção de cessação da comissão de serviço). Mas, em caso de não acatamento de uma ordem por parte de um dirigente,

a cessação da comissão pode ser imposta como medida não disciplinar [cf. ponto 104.5].

Contudo, se o titular do órgão subalterno tiver um vínculo prévio de emprego público, já se afigura viável a aplicação das sanções previstas na LTFP para o caso de desobediência às ordens superiores.

O dever de obediência do titular do órgão cessa sempre que o cumprimento das ordens ou instruções implique a prática de qualquer crime (cf. artigos 271.º, n.º 3, da CRP e 177.º, n.º 5, da LTFP). Por outro lado, nos planos civil, criminal e financeiro, a responsabilidade do titular do órgão é excluída quando atua no cumprimento de ordens ou instruções emanadas do superior hierárquico, se previamente delas tiver reclamado ou exigido a sua transmissão ou confirmação por escrito – cf. artigos 271.º, n.º 2, da CRP e 177.º, n.º 1, da LTFP [sobre isto, cf. ponto 103.2, *a)*].

181.6.2 – Poder de controlo e supervisão

O órgão superior detém um poder genérico de controlo e de supervisão do órgão subalterno e da atividade por ele exercida. O poder de controlo e supervisão desdobra-se nos poderes de: inspeção; revisão oficiosa dos atos do subalterno; decisão de recursos de atos praticados ou omitidos pelos subalternos; decisão de conflitos de competências entre órgãos subalternos; poder disciplinar.

a) Inspeção e acompanhamento da atividade do órgão subalterno

O órgão superior detém um poder geral de inspecionar e de acompanhar o órgão subalterno e a sua atuação, bem como, se for o caso, dos serviços que este dirige. Neste âmbito, pode exigir ao titular do órgão subalterno a prestação das informações e dos esclarecimentos que repute necessários.

b) Revisão oficiosa de atos do órgão subalterno

No quadro do poder de supervisão, o órgão superior detém, nos termos da lei, um *poder geral de revisão oficiosa* – por sua iniciativa – dos atos praticados por órgãos subalternos. O órgão superior é legalmente competente para proceder à anulação, revogação, sanação de ilegalidades, alteração e substituição de atos administrativos praticados pelo órgão subalterno: cf. artigos 169.º, n.º 2, 164.º, n.º 1, e 173.º, n.º 1, do CPA.

Todavia, como sucede com o poder de direção, este poder do órgão superior não conhece sempre a mesma extensão. No caso de atos praticados ao abrigo de competências exclusivas do órgão subalterno, o órgão superior não pode revogar, nem por consequência modificar ou substituir os atos do subalterno, devendo entender-se, por identidade de razão, que também não pode proceder à reforma, nem à conversão de tais atos[1040].

b) Decisão de recursos de atos praticados ou omitidos pelo subalterno

O órgão superior – em rigor, o mais elevado órgão superior hierárquico, nos termos do artigo 194.º do CPA – é competente para conhecer e decidir os recursos apresentados com o objetivo de impugnar atos administrativos ou de reagir contra a omissão ilegal de atos administrativos de órgãos subalternos. O recurso hierárquico é, em regra, possível, "sempre que a lei não exclua tal possibilidade" (artigo 193.º, n.º 1, do CPA). Na decisão dos recursos, o órgão superior pode proceder à revisão dos atos administrativos nos termos vistos na alínea anterior.

c) Decisão de conflitos de competência entre órgãos subalternos

O órgão superior detém um poder de decisão de conflitos de competência, nos termos do n.º 2 do artigo 51.º do CPA: "os conflitos de competência são resolvidos pelo órgão de menor categoria hierárquica que exerça poderes de supervisão sobre os órgãos envolvidos" (exemplo: conflito de competência entre dois diretores regionais, que deve ser resolvido pelo respetivo diretor-geral). Ao órgão superior cabe resolver conflito mediante a indicação do órgão competente.

d) Poder disciplinar

Embora visem a hierarquia laboral, parece-nos que se deve aplicar também aqui o disposto nos artigos 196.º e 197.º, n.º 1, da LTFP.

Em aplicação do disposto nesses preceitos, o órgão superior é competente para instaurar ou mandar instaurar procedimento disciplinar contra os titulares dos órgãos subalternos, em caso de prática de infração disciplinar

[1040] Em termos críticos quanto à exclusão da esfera do superior hierárquico do poder de revogação de atos praticados ao abrigo de competências exclusivas por órgãos subalternos, cf. José Duarte Coimbra, "Hierarquia administrativa", *cit.*, p. 716 e segs. Sobre o poder de supervisão, cf. Sara Augusto de Matos, "Supervisão no seio de um relacionamento interorgânico: para lá da hierarquia e para cá da tutela administrativa", in Carla Amado Gomes/Ana Fernanda Neves/Tiago Serrão, *Organização Administrativa, cit.*, vol. II, p. 795 e segs.

(salvo se os titulares de órgãos subalternos forem dirigentes máximos dos órgãos ou serviços, caso em que essa competência cabe ao membro do Governo respetivo), bem como para aplicar a sanção de repreensão escrita.

181.6.3 – Poder de substituição

O superior hierárquico detém ainda, em certos casos, um *poder de substituição*, que consiste no poder de atuar em vez do órgão subalterno no exercício das competências próprias deste. O poder de substituição não é inerente à hierarquia – a qual, por isso, não compreende um poder genérico de avocação das competências do subalterno pelo órgão superior. Em princípio, este poder subsiste apenas nos casos previstos na lei. Exemplo de assunção pelo órgão superior de competências de órgão subalterno: substituição na prática de atos administrativos omitidos pelo subalterno se a competência em causa não for exclusiva deste, nos termos do artigo 197.º, n.º 4, do CPA[1041]. Fora dos casos previstos na lei, admite-se a substituição, como poder geral do superior hierárquico, mas apenas para suprir a inércia do órgão subalterno no exercício das suas competências próprias ou concorrentes[1042].

Do poder de substituição nos termos analisados deve distinguir-se o poder dos órgãos superiores de substituição e de modificação de atos administrativos praticados pelos órgãos subalternos. Trata-se de um poder exercido nos mesmos termos da revogação (cf. artigo 173º do CPA), ou seja, quando não estejam em pauta atos praticados ao abrigo de competências exclusivas dos subalternos (cf. artigo 169.º, n.º 2). Do que se trata aqui não é de o superior substituir o subalterno, mas sim de substituir (ou modificar) um ato que este praticou.

[1041] O artigo 167.º, n.º 2, do CPTA prevê também um caso de substituição: estando em causa a execução de sentença que condene a Administração à prática de factos ou de coisas, se o órgão competente para a executar não cumpre e está sujeito a poderes hierárquicos ou de superintendência, "o tribunal manda notificar o titular dos referidos poderes para dar execução à sentença em substituição desse órgão".

[1042] Não existe no direito português uma disposição legal como a que, em Espanha, se encontra no artigo 10 do *Régimen Jurídico del Sector Público*, sobre a figura da avocação: aqui se estabelece, além do mais, que os órgãos superiores podem avocar para si o conhecimento de um ou vários assuntos cuja resolução seja da competência de órgãos delegados ou dependentes, quando tal seja conveniente em face de circunstâncias de índole técnica, económica, social, jurídica ou territorial; a decisão de avocação deve ser fundamentada.

181.6.4 – Poderes hierárquicos que têm como objeto competências do órgão superior

Em regra, a supremacia hierárquica tem por objeto o exercício das competências do órgão subalterno. Mas há desvios a essa regra e, portanto, casos em que o órgão superior dispõe de poderes sobre o subalterno relacionados com o exercício da sua competência. Assim, o órgão superior dispõe de um poder geral para determinar a delegação para a prática de atos de administração ordinária no seu imediato inferior hierárquico (cf. artigo 44.º, n.º 3, do CPA). Além disso, nos casos em que a lei habilita um órgão a delegar sem indicar em que órgãos pode delegar, entende-se que a delegação pode ter como destinatários os órgãos subalternos: assim, se a lei habilita o ministro a delegar uma certa competência sem indicar em quem, aquele pode delegar no diretor-geral que dele depende. Por outro lado, para o exercício das suas competências próprias, o superior hierárquico detém um poder geral de determinar o auxílio ou a coadjuvação do órgão subalterno ou do respetivo titular.

182 – Delegação de poderes

A delegação de poderes ou de competências administrativas é um instituto do direito da organização administrativa que, em geral, se associa ao fenómeno da *desconcentração administrativa de competências*: na verdade, a delegação promove a distribuição ou repartição, pela via administrativa, de competências que a lei confia, em primeira mão, a um certo órgão administrativo.

> A delegação de poderes constitui uma medida de *desconcentração* administrativa. Por isso, afigura-se questionável o arranjo sistemático do RJAL, consistente em regulamentar as delegações de competências do Estado nos municípios e nas entidades intermunicipais num título com a epígrafe *descentralização administrativa*: cf. artigos 111.º e segs. [cf. ponto 58.3, *a)*]

Em geral, entende-se que a delegação põe em marcha um processo de separação entre *titularidade* e *exercício* de um determinado poder ou competência: assim, o órgão delegante não perde a competência que delega, mas o delegado passa a poder exercer a competência delegada. Quer dizer, no exercício de poderes delegados, o delegado exerce, em nome próprio, uma competência do delegante, uma competência alheia. Este constitui entendimento mais ou menos generalizado sobre a natureza jurídica da delegação de poderes, mas há construções dogmáticas com outros contornos.

Ao longo do tempo, têm sido formuladas várias teorias sobre a natureza da delegação de poderes em Direito Administrativo: *i)* a *teoria da autorização*, que assenta no princípio de que a lei que prevê a possibilidade de delegação confere imediatamente a competência ao órgão delegado; a competência delegada seria, também, uma competência própria do órgão delegado, cujo exercício estaria condicionado por um ato de tipo permissivo do delegante; *ii) teoria da alienação*, segundo a qual, por via da delegação, o delegante transfere ou aliena a sua competência em favor do órgão delegado; *iii)* a *teoria da transferência do exercício da competência*, que adotamos, de acordo com a qual a delegação opera a translação do exercício de uma competência que a lei atribui ao delegante e que lhe continua a pertencer mesmo após a delegação[1043].

Numa perspetiva pragmática, o Estatuto do Pessoal Dirigente indica, a delegação e a subdelegação de competências como "instrumentos privilegiados de gestão" e incentiva os titulares dos cargos de direção a promover a sua adoção, "enquanto meios que propiciam a redução de circuitos de decisão e uma gestão mais célere e desburocratizada".

A delegação de poderes que aqui se analisa é duplamente administrativa: por um lado, assenta num ato da Administração, decorre, pois, de uma medida administrativa; por outro lado, o seu objeto é a transferência do exercício de competências ou poderes administrativos.

Nas páginas que se seguem, vamos conhecer esta figura do direito da organização administrativa, num primeiro momento, num plano de ordem geral [ponto 182.1], depois distinguindo-a de outras figuras próximas [cf. ponto 182.2] e, por fim, como uma figura especificamente contemplada e regulamentada no CPA [ponto 182.3].

182.1 – Delegação como figura de aplicação geral no sistema administrativo

Como instituto ou figura de aplicação geral no Direito Administrativo, definimos a delegação de poderes como um *ato jurídico, fundado em expressa permissão legal, pelo qual um órgão administrativo transfere para outro órgão ou*

[1043] Cf. Rogério Soares, *Direito Administrativo, cit.* (Coimbra), p. 251 e segs.; Diogo Freitas do Amaral, *Curso, cit.* vol. I, p. 709 e segs.; Paulo Otero, *A competência delegada no Direito Administrativo Português*, Lisboa, 1987.

agente da mesma ou de outra pessoa coletiva pública ou para uma entidade particular o exercício de uma competência que lhe pertence.

Vejamos esta definição em pormenor.

a) Ato de delegação

A delegação de poderes pressupõe a existência do poder que vai ser objeto de delegação na esfera de competências do órgão delegado. Este não pode delegar um poder de que não dispõe.

Em si mesma, a delegação de poderes assenta num "ato jurídico", o ato de delegação.

Pode tratar-se de um ato jurídico unilateral, ou seja, um *ato administrativo* ou de um *contrato administrativo*: conforme os casos, teremos uma *delegação unilateral* ou uma *delegação contratual*.

Como exemplo de delegação unilateral, veja-se o preceito da LQIP, que atribui ao presidente do conselho diretivo dos institutos públicos o poder de delegar competências no vice-presidente, quando exista, ou nos vogais. Exemplos de delegação contratual são os contratos de delegação previstos no RJAL (cf. artigo 120.º) ou o contrato de delegação de competências de gestão dos fundos estruturais, no modelo de governação do Portugal 2020.

Afigura-se relevante a definição da natureza do ato de delegação, para se apurar a influência da vontade do delegado na instituição da delegação: quando esta resulta de um ato unilateral, a vontade do órgão delegado não tem qualquer influência, e, na prática, a delegação é-lhe *imposta* – note-se, a este propósito, que a delegação comporta um efeito jurídico obrigatório para o delegado, o qual fica adstrito à obrigação de exercer a competência nele delegada, no quadro dos princípios da irrenunciabilidade e da inalienabilidade da competência (cf. artigo 36.º do CPA): "o delegado não pode renunciar à delegação"[1044]; a proibição de renúncia ou de alienação corresponde a uma proibição de abdicação, de desistência do exercício de uma competência, própria ou delegada [cf. ponto 92].

O facto de a delegação unilateral constituir um ato impositivo não pressupõe a existência de uma relação prévia que defina uma supremacia jurídica do órgão delegante em face do delegado. Assim, *v.g.*, não há supremacia jurídica da câmara municipal sobre o presidente da câmara, e, não obstante, o

[1044] Cf. Rogério Soares, *Direito Administrativo, cit.* (Coimbra), p. 260.

RJAL atribui àquela o poder de efetuar, por ato unilateral, delegações de poderes no segundo.

Ao prever a possibilidade de delegação unilateral, a lei acaba por originar uma situação específica de supremacia jurídica, conferindo ao órgão delegante o poder de delegar, que, em sentido rigoroso, corresponde a um poder impositivo. Não surpreende, por isso, que, em geral, a lei não autorize delegações unilaterais em cenários em que a instituição de um poder de supremacia de um órgão sobre outro (que resulta do poder de impor a delegação) não se concilia com o sentido do relacionamento originário entre os órgãos envolvidos: assim se exclui, por ex., a delegação unilateral de poderes administrativos do Governo em entidades da administração autónoma ou em entidades administrativas independentes.

Diferentemente, quando a lei estabelece que a delegação repousa num contrato, o delegado detém o poder de aceitar ou de recusar a delegação.

Na perspetiva do órgão delegante, a delegação apresenta-se, em regra, como um ato facultativo ou livre. Mas, embora raros, existem casos de *delegação obrigatória*. Um exemplo pode ver-se no artigo 55.º, n.º 2, do CPA sobre a delegação do poder de direção do procedimento administrativo: nos termos do preceito, o órgão competente para a decisão final (que é o órgão a quem cabe a direção do procedimento, nos termos do n.º 1) "delega" em inferior hierárquico seu o poder de direção do procedimento, salvo disposição legal, regulamentar ou estatutária em contrário ou quando a isso obviarem as condições de serviço ou outras razões ponderosas, invocadas fundadamente no procedimento concreto ou em diretiva interna relativa a certos procedimentos. Embora admita exceções, a formulação da lei ("o órgão ... delega") não deixa dúvidas sobre o seu sentido imperativo.

Mesmo quando opera nas relações entre órgãos da mesma pessoa coletiva (*relações jurídicas internas*), o ato de delegação produz efeitos externos, porquanto habilita o órgão ou agente delegado a atuar num plano externo no exercício legítimo de competências que a lei não lhe confere[1045]. Quer dizer, apesar de, em si mesma, a relação de delegação poder projetar-se num plano subjetivo puramente interno, o ato jurídico de delegação introduz uma

[1045] O facto de projetar efeitos jurídicos no plano externo explica que o ato de delegação de poderes seja suscetível de impugnação *per se*, por ex., no quadro de ação pública instaurada pelo Ministério Público enquanto e na qualidade de defensor da legalidade administrativa: cf. Acórdão STA, de 12/04/2018, P. 0888/16.

alteração no esquema legal de distribuição de competências, ao habilitar um órgão ou agente a desenvolver uma ação com efeitos externos. Neste sentido, o ato de delegação produz um efeito de carácter normativo, comportando-se, de certo modo, como "norma de competência" em relação ao delegado. Este efeito não infirma, contudo, a natureza *concreta* e *individual* do ato de delegação, quando visto em si mesmo e no seu efeito imediato. Trata-se, pois, de um *ato jurídico – ato administrativo* ou *contrato administrativo* – dotado de um recorte organizativo, que interfere e altera, com fundamento na lei, no modelo legal originário de distribuição de competências.

b) Habilitação legal (normativa)

A regra da inalienabilidade das competências incorpora também uma regra de indelegabilidade ou de proibição de delegação. Recorde-se, a propósito, o artigo 111.º, n.º 2, da CRP: "nenhum órgão de soberania, de região autónoma ou de poder local pode delegar os seus poderes noutros órgãos, a não ser nos casos e nos termos expressamente previstos na Constituição e na lei".

A delegação de poderes é, pois, um ato necessariamente fundado numa lei (ato legislativo). Esta é a regra. Mas o fundamento da delegação de poderes também pode ser um regulamento administrativo, se e quando o poder ou competência que é objeto da delegação tiver sido atribuído ao delegante por regulamento administrativo – recorde-se que a "competência é definida por lei ou por regulamento": cf. artigo 36.º, n.º 1, do CPA.

Quer dizer, a delegação de poderes tem de se encontrar habilitada por uma norma jurídica do mesmo valor hierárquico da norma jurídica que atribui ao órgão delegante os poderes delegados. Por conseguinte, um regulamento (*v.g.*, portaria) não pode permitir a delegação de competências atribuídas pela lei regulamentada.

O fundamento legal ou normativo não é, em termos dogmáticos rigorosos, um elemento da noção de delegação. Contudo, importa considerá-lo nessa noção, dado que se trata de um elemento essencial da validade e da eficácia jurídica da delegação. Assim, um *ato de delegação sem fundamento legal* deve qualificar-se como ato nulo, por corresponder a uma renúncia ao exercício da competência – cf. artigo 36.º, n.º 2, que, na parte em que ressalva a delegação ("sem prejuízo da delegação de poderes"), convoca a ideia de uma delegação efetuada nos termos da lei.

Deve notar-se que a nulidade do ato delegação sem fundamento legal não determina, por si só, a nulidade dos atos praticados pelo órgão que recebe a delegação (nula): estes atos podem provir de órgão simplesmente incompetente, caso em que serão apenas anuláveis (vício de incompetência).

Pela sua própria natureza, a norma de habilitação da delegação deve indicar os *poderes delegáveis*. Mas essa exigência não corresponde a um imperativo de enumeração taxativa e densificada dos poderes delegáveis: a norma de habilitação pode identificar como objeto de delegação um "conjunto" ou "complexo" genérico de poderes (veja-se, por ex., a norma que autoriza os ministros a delegarem nos secretários de Estado "a competência relativa aos serviços, organismos, entidades e atividades deles dependentes"). Não se exclui sequer a hipótese de não existir uma indicação precisa dos poderes delegáveis, caso em que deve entender-se que o órgão delegante se encontra habilitado a delegar qualquer um dos seus poderes ou competências. Exemplos desta *habilitação genérica* encontram-se na norma do RJAL segundo a qual "o presidente da câmara municipal pode delegar ou subdelegar competências nos vereadores" ou no preceito do Estatuto do Pessoal Dirigente da Administração do Estado que habilita os titulares dos cargos de direção superior de 1.º grau a "delegar em todos os níveis e graus de pessoal dirigente as suas competências próprias".

A norma de habilitação não indica sempre os *órgãos delegáveis*, o que, quando se verifica, não significa que o delegante possa delegar em quaisquer órgãos ou agentes.

c) Objeto da delegação

Em termos materiais, a delegação alberga conteúdos muito variados: o ponto de partida é, naturalmente, o conjunto dos poderes ou competências do órgão delegante.

O CPA refere-se ao órgão delegante como "órgão normalmente competente para decidir em determinada matéria". Em coerência, acrescenta que a delegação permite que o delegado "pratique atos administrativos sobre a mesma matéria" (cf. artigo 44.º, n.º 1). Quer dizer, o CPA regula fundamentalmente a delegação de poderes para a prática de atos administrativos, embora se estenda à delegação de poderes para a prática de "atos de administração ordinária" (cf. artigo 44.º, n.º 3). Mas a delegação pode ter por objeto outras competências administrativas: *v.g.*, poderes regulamentares, poderes genéricos de instrução e direção de procedimentos administrativos (cf. artigo 55.º), poderes para a celebração de contratos ou poderes para o exercício de atividades materiais (*v.g.*, a limpeza das ruas) ou de carácter técnico (*v.g.*, inspeção de elevadores).

Quando se processa entre órgãos de diferentes pessoas coletivas (*v.g.*, entre o Estado e os municípios), a delegação de poderes é suscetível de envolver a vinculação do órgão delegado à prossecução de finalidades públicas – *atribuições* – da pessoa coletiva a que pertence o órgão delegante. Mas isso não altera o sentido da delegação, que conserva o perfil de um ato de transferência do exercício de *competências*, no qual devem ser "especificados" os poderes delegados. Assim, mesmo neste caso, a delegação continua a ter como objeto competências e não atribuições.

d) Sujeitos da delegação

Em geral, a delegação pode processar-se no âmbito de relações: *i)* entre órgãos administrativos da mesma pessoa coletiva pública (só aqui temos, em rigor, um caso de relações interorgânicas); *ii)* entre órgãos administrativos de diferentes pessoas coletivas públicas; *iii)* entre órgãos administrativos e titulares de órgãos administrativos; *iv)* entre órgãos administrativos e agentes de uma pessoa coletiva pública; *v)* entre órgãos administrativos e entidades particulares.

Vejamos cada uma destas hipóteses.

i) A situação mais comum é a da delegação envolver uma relação entre dois órgãos administrativos pertencentes à mesma pessoa coletiva de direito público ou ao mesmo ministério (por ex., delegação de competências da câmara municipal no presidente da câmara ou delegação de competências do ministro no diretor-geral).

> Neste cenário, pode distinguir-se entre a *delegação hierárquica* e a *delegação não hierárquica*. Trata-se de expressões que apenas pretendem assinalar a existência, ou não, de uma prévia relação de hierarquia entre os órgãos delegante e delegado: neste sentido, será hierárquica uma delegação do ministro no diretor-geral e não hierárquica a delegação da câmara no presidente da câmara ou deste nos vereadores.
>
> A associação entre hierarquia e delegação deve-se ao facto de, com muita frequência, a delegação operar no âmbito da relação hierárquica: veja-se o caso geral do artigo 44.º, n.º 3, em relação à delegação para a prática de atos de administração ordinária. Além disso, no âmbito do seu poder de supremacia geral, parece-nos que o órgão superior pode sempre delegar

nos órgãos subalternos, nos casos em que a lei de habilitação não indica os órgãos nos quais pode delegar [cf. ponto 181.6.4]. Note-se, porém, que a hierarquia não é fonte de habilitação da delegação: apenas a lei – ou o regulamento – pode cumprir essa função.

ii) A delegação pode processar-se igualmente entre órgãos administrativos de diferentes pessoas coletivas de direito público – ilustra esta última hipótese a delegação de competências do ministro da tutela no presidente do conselho diretivo de um instituto público ou, nos termos do RJAL, a delegação de competências dos órgãos de Estado nos órgãos dos municípios ou das entidades intermunicipais.

Insiste-se no facto de a delegação que opera entre órgãos de pessoas coletivas diferentes acabar por envolver a vinculação do órgão delegado à realização das atribuições da pessoa coletiva a que pertence o órgão delegante. Mas isto não descaracteriza a delegação como ato que promove a transferência do exercício de competências do órgão delegante para o delegado. A delegação dá origem, também neste caso, a uma relação jurídica entre órgãos administrativos: as competências transferidas para o delegado pertencem a um órgão de outra pessoa coletiva.

iii) Uma outra possibilidade é a de a delegação operar nas relações entre órgãos administrativos e titulares ou membros de órgãos – ou, em geral, titulares de cargos públicos – que não dispõem de competências próprias (razão por que não se podem considerar órgãos administrativos). Eis o que sucede com a delegação de competências de órgão colegial no respetivo presidente, nos termos do artigo 44.º, n.º 4, do CPA, ou com a delegação de competências do presidente da câmara nos vereadores: nestes casos, os delegados são, em termos gerais, titulares de órgãos da Administração, e titulares de cargos públicos, mas apenas são investidos de competências no âmbito e por força da delegação, pois não têm competências próprias.

iv) A delegação pode operar nas relações entre um órgão administrativo e um "agente" da Administração. O conceito genérico de "agente" refere-se aos trabalhadores da Administração Pública. É a esta categoria que o CPA se refere quando alude a "agente" como "aquele que, a qualquer título, exerça funções públicas ao serviço da pessoa coletiva, em regime de subordinação jurídica". Neste âmbito, "agente" é, pois, um trabalhador da pessoa coletiva pública, quer dizer, um trabalhador da Administração Pública, qualquer que seja a natureza jurídica do vínculo de emprego [cf. ponto 101, *b)*] – a afirmação de princípio no sentido da possibilidade de delegação de poderes decisórios em trabalhadores de entidades públicas não se limita aos trabalhadores vinculados por contrato de trabalho em funções públicas; de resto, a delegação de poderes em trabalhadores com contrato de trabalho (regime do direito privado) encontra-se prevista na legislação: assim, por ex., a Lei Orgânica do Banco de Portugal habilita o conselho de administração a delegar poderes em "trabalhadores do Banco"; nos Estatutos da Autoridade da Concorrência, admite-se a subdelegação de poderes do conselho de administração "em trabalhadores".

v) A delegação de poderes também pode operar entre o órgão de uma pessoa coletiva pública, na condição de delegante, e uma entidade particular, na condição de delegatária de poderes públicos; trata-se da figura que a doutrina designa "delegação privada"[1046].

Como já vimos, a lei de habilitação nem sempre indica os destinatários possíveis da delegação, ou seja, os órgãos delegáveis. De resto, em relação à *subdelegação*, é o próprio CPA a prescindir da indicação dos órgãos subdelegáveis: nos termos do artigo 46.º, n.º 2, "o subdelegante pode subdelegar as competências que lhe tenham sido subdelegadas", mas não há qualquer indicação sobre quais os órgãos nos quais pode o subdelegante subdelegar competências.

Nesse cenário – da falta de indicação legal do órgão delegável –, parece-nos que o órgão delegante (ou subdelegante) apenas pode delegar (ou subdelegar) em órgãos ou agentes que, em relação a si, estejam em condição de subalternidade ou subordinação jurídica: esse será, tipicamente, o caso dos *órgãos* ou *agentes* inferiores hierárquicos no âmbito da relação de hierarquia (administrativa ou laboral, respetivamente).

> Assim, o órgão legalmente habilitado a delegar a sua competência, mas em que a lei não indica em quem o pode fazer, parece-nos poder delegar em órgãos subalternos (hierarquia administrativa), mas também em agentes subalternos (hierarquia laboral).

[1046] Sobre esta, veja-se o nosso *Entidades Privadas com Poderes Públicos, cit.*, p. 1028 e segs.

Fora da relação hierárquica, consideramos, no mesmo cenário, órgãos delegáveis os órgãos vicários [cf. ponto 74.2, *e)*].

e) Relação de delegação

A delegação institui uma *relação jurídica* entre delegante e delegado, que neutraliza ou suspende, no respetivo *âmbito* (poderes delegados), a eventual relação (*v.g.*, relação hierárquica) existente antes da delegação.

Sem prejuízo do exposto, a natureza e o tipo de relação jurídica preexistente entre os órgãos envolvidos na delegação podem não ser indiferentes quanto aos contornos e à conformação da relação de delegação: assim, por ex., na delegação efetuada por órgãos do Estado nos municípios ou nas entidades intermunicipais, importa ter presente o artigo 4.º, n.º 5, da Carta Europeia da Autonomia Local, onde se estabelece que, em caso de delegação de poderes por uma autoridade central, "as autarquias locais devem gozar, na medida do possível, de liberdade para adaptar o seu exercício às condições locais".

f) Síntese sobre a figura geral da delegação de poderes administrativos

Em termos esquemáticos, a operação de delegação pressupõe e inclui os passos ou momentos seguintes: *i)* atribuição normativa de um poder ou competência a um órgão administrativo; *ii)* habilitação normativa conferida a esse órgão para efetuar a delegação de poderes ou competências específicas que lhe estejam atribuídas; *iii)* prática do ato de delegação ou celebração do contrato de delegação; *iv)* exercício dos poderes delegados pelo órgão delegado.

g) Regime jurídico da delegação

A delegação de poderes é uma figura jurídica de origem e com fundamento legal (ou normativo): é a lei que habilita um determinado órgão a delegar, que indica o objeto da delegação e define a natureza do ato de delegação e, em regra, é ainda a lei que indica os órgãos delegáveis.

Mas essa base de legalidade presente na figura da delegação – assente, desde logo, na "lei de habilitação" – não equivale, só por si, à delineação de um regime jurídico da delegação, que contenha, por ex., uma disciplina sobre os poderes do delegante ou sobre os termos de extinção da delegação. Este regime, é certo, pode ainda estar previsto na lei de habilitação, mas também pode existir fora dela. De resto, pode até não existir um regime legal definido para uma determinada delegação de poderes.

Pois bem, no atual Direito Administrativo Português, descortinamos dois regimes gerais de delegação de poderes administrativos: um, para as delegações que envolvam municípios, quer como delegatários, quer como delegantes – este regime consta do RJAL e da Lei-quadro da transferência de competências para as autarquias locais e entidades intermunicipais[1047]; outro, contemplado nos artigos 44.º a 50.º do CPA, para as delegações de poderes referenciadas nos n°s. 1 e 3 do artigo 44.º.

182.2 – Delegação de poderes e figuras próximas

A delegação é uma figura típica, com os traços gerais característicos que acabam de ser assinalados e que permitem distingui-la de figuras próximas.

182.2.1 – Transferência legal de competências

A transferência legal de competências corresponde a um fenómeno de deslocação da competência de um órgão para outro órgão administrativo promovida ou efetuada por ato legislativo, por lei. Não há, neste caso, uma intervenção administrativa. Por isso, a transferência é (ou pode ser) uma medida de desconcentração originária, ao passo que a delegação constitui uma medida de desconcentração derivada. Também ao contrário do que sucede no caso de delegação, a transferência legal de competências abrange a titularidade e não apenas o exercício da competência. Além disso, a transferência tende a ser uma medida definitiva ou pelo menos estável, reversível apenas por via legislativa, ao contrário da delegação, que é uma medida precária, podendo ser extinta em qualquer momento e que, além disso, caduca em certas circunstâncias.

> O que acaba de se dizer sobre a natureza da transferência legal de competências como medida estável e apenas reversível por via legal não se aplica no caso, que estudámos, de revogação da transferência de competências por ato unilateral do município, nos termos previstos no artigo 39.º, n.º 4,

[1047] Cf. artigo 116.º do RJAL: "o presente capítulo estabelece o regime jurídico da delegação de competências de órgãos do Estado nos órgãos das autarquias locais e das entidades intermunicipais [e dos órgãos dos municípios nos órgãos das freguesias e das entidades intermunicipais]". Apesar da parte final do artigo 116.º, a delegação de competências dos municípios nas freguesias deixou de estar regulada no RJAL, por força da revogação dos artigos 132.º a 136.º desse Regime, e passou a estar sumariamente regulada na Lei-quadro da transferência de competências para as autarquias locais e entidades intermunicipais (artigo 29.º).

da Lei-quadro da transferência de competências para as autarquias locais e entidades intermunicipais [cf. ponto 163.2, *a)*].
Recorde-se ainda, agora quanto à transferência de competências do Estado para as entidades intermunicipais, a figura da transferência legal de competências condicionada, sob condição do acordo prévio dos municípios [cf. pontos 58.3, *a)*, e 161.2].

A transferência legal de competências associa-se aos processos de desconcentração (originária). A este respeito, impõem-se, contudo, algumas observações, tendo presente o sentido literal do conceito de transferência legal de competências, o qual identifica um fenómeno consistente na transferência, por via legal, da competência de um órgão para um outro órgão. É que a transferência legal de competências pode até constituir um meio, não de desconcentrar, mas de concentrar competências: assim sucede com a lei que opera a reversão para uma direção-geral de uma competência antes confiada a uma direção-regional. Por outro lado, é por meio de transferência de competências que se desenvolvem os processos de descentralização: uma lei que desloca a competência de órgãos do Estado para órgãos autárquicos promove uma transferência de competências num quadro de descentralização. A confirmar isto mesmo, veja-se o artigo 111.º do RJAL: "a descentralização administrativa concretiza-se através da transferência por via legislativa de competências de órgãos do Estado para órgãos das autarquias locais e das entidades intermunicipais".

Uma última observação, para esclarecer que, pelo menos no quadro da distinção em face da delegação de poderes, se deve considerar análoga à transferência legal de competências a transferência de competências efetuada por regulamento administrativo. É verdade que, neste cenário, estamos em face de uma transferência *administrativa* de competências. Não obstante, em razão do seu carácter normativo (regulamentar), esta deslocação de competências está bem mais próxima do fenómeno da transferência legal do que da delegação (uma vez que esta resulta de ato administrativo concreto que institui uma relação entre os órgãos envolvidos) – exemplo de *transferência regulamentar de competências*: Portaria n.º 15/2017, de 10 de janeiro, que transfere competências de um instituto público para outro instituto público.

182.2.2 – Delegação legal de competências

Nos termos da definição apresentada, a delegação é um ato ou um contrato da Administração: a delegação processa-se, por conseguinte, num plano *administrativo*, opera por força de um ato da Administração Pública. A delegação (administrativa) não abrange as hipóteses de "transferência legal do *exercício* de competências", ou seja, de *delegação legal de poderes*.

Com efeito, por vezes, a lei confere uma competência a um determinado órgão administrativo, mas, simultaneamente, "considera" ou "assume" que essa competência se encontra delegada noutro órgão. Eis o que sucede com as delegações previstas:

- No n.º 4 do artigo 6.º da Lei Orgânica do XXI Governo Constitucional: "a competência atribuída por lei ao Conselho de Ministros no âmbito dos assuntos correntes da Administração Pública considera-se delegada no Primeiro-Ministro";
- No artigo 38.º, n.º 3, da LQIP: "considera-se delegada nos conselhos diretivos dos institutos públicos dotados de autonomia financeira a competência para autorização de despesas que, nos termos da lei, só possam ser autorizadas pelo membro do Governo da tutela, sem prejuízo de este poder, a qualquer momento, revogar ou limitar tal delegação de poderes".

Vimos há pouco que a "transferência legal de competências" representa a deslocação, por força de uma norma jurídica, das competências que pertenciam a um órgão para outro órgão; as competências passam a pertencer ao órgão que beneficia da transferência, passam a ser *competências próprias* deste órgão. Por isso, ocorre aí uma *transferência da titularidade* das competências. Diferentemente, no caso de *delegação legal*, a lei efetua diretamente uma delegação de competências em favor de um determinado órgão (*v.g.*, conselho diretivo de um instituto público), mantendo, porém, a titularidade da competência na esfera de outro órgão (*v.g.*, ministro). Com este mecanismo, que é afinal de *transferência de exercício* de uma competência, a lei institui diretamente entre os dois órgãos uma *relação de delegação*, permitindo, em princípio, ao órgão delegante a recuperação do exercício dos poderes delegados (por *avocação* ou *revogação* da delegação). Ou seja, promover a instituição de uma relação de delegação parece ser o propósito que justifica a delegação legal, em vez da transferência legal de competências.

Poderá suceder que a delegação legal não seja automaticamente eficaz, ficando a sua eficácia jurídica dependente de um ato complementar, de execução.

182.2.3 – Transferência de competências por via estatutária

Designamos *transferência de competências por via estatutária* um processo de transferência das competências de órgãos de uma ou várias pessoas públicas para uma entidade pública ou privada que essa(s) pessoa(s) coletiva(s) decide(m) constituir para a realização das suas finalidades. Assim, se dois municípios se associam para a criação de uma associação de fins específicos, com o objetivo da criação dc um sistema comum de recolha de resíduos, os estatutos da associação vão indicar as "competências" da associação nesse domínio, as quais pertenciam aos municípios: é precisamente neste sentido que se pode considerar que a aprovação dos estatutos da nova entidade comporta uma transferência de competências. Esta transferência não constitui, em sentido técnico-jurídico, uma delegação. Veja-se, a este respeito, o artigo 5.º, n.º 2, do CCP, que se refere aos "acordos ou outros instrumentos jurídicos que organizem a transferência [ou a delegação] de poderes e responsabilidades pela execução de missões públicas entre entidades adjudicantes".

No Acórdão de 21/12/2016, *Remondis c. Hannover* (P. C-51/15), o Tribunal de Justiça empregou o conceito de *transferência de competências* para indicar o objeto de um acordo entre duas autarquias com base no qual estas aprovam os estatutos de uma associação de autarquias, pessoa coletiva de direito público, e atribuem a essa nova entidade pública determinadas competências que até então cabiam a essas autarquias e passam a ser competências específicas dessa associação de autarquias.

182.2.4 – Partilha de competências

Com essa específica designação, a figura da partilha de competências encontra-se prevista no Regime Jurídico do Serviço Público de Transporte de Passageiros. Embora com uma aplicação circunscrita, a figura merece toda a atenção, além do mais, pelo facto de a lei a configurar como modelo alternativo ou associado a uma delegação de competências.

Vejamos.

O Regime Jurídico do Serviço Público de Transportes identifica as autoridades de transportes (autoridades públicas com atribuições e competências, entre outras, de organização, exploração, atribuição, investimento, financiamento e fiscalização do serviço público de transporte de passageiros): Estado, municípios e entidades intermunicipais. O artigo 10.º do referido Regime, com a epígrafe "delegação e partilha de competências", estabelece o seguinte: *i)* as autoridades de transportes podem delegar, designadamente através de contratos interadministrativos, total ou parcialmente, as respetivas competências noutras autoridades de transportes ou noutras entidades públicas; *ii)* sem prejuízo dessa possibilidade, duas ou mais autoridades de transportes podem acordar entre si o exercício partilhado de parte ou da totalidade das competências que lhes estão cometidas, designadamente através de contratos interadministrativos (a partilha de competências pode ter por objeto, designadamente, o estabelecimento de modelos de financiamento da exploração e investimentos estruturantes). A delegação e a partilha de competências fazem-se por contrato.

A diferença entre as figuras reside em a delegação operar a transferência do exercício da competência dos órgãos de uma autoridade para os de outra autoridade, ao passo que a partilha gera uma situação de exercício *conjunto, conjugado* ou *partilhado* das competências de uma ou de ambas as autoridades contratantes. Ao contrário do que, na sua literalidade, sugere o conceito de partilha (divisão, repartição), parece-nos que a lei o configura mais como fenómeno de "parceria" e de exercício conjugado de uma competência. Seja como for, na partilha não existe uma transferência do exercício da competência, mas apenas o compromisso de uma autoridade quanto ao exercício de competências próprias de forma partilhada, conjunta ou conjugada com órgãos de outra ou outras entidades. Os termos desse exercício partilhado terão de ser definidos no contrato de partilha (estabelecimento de mecanismos de cooperação institucional, como obrigações de consulta ou de pedidos de parecer ou formas de exercício conjunto de competências).

182.2.5 – Repartição de competências

A figura da repartição de competências – a que alude o artigo 39.º da Lei-quadro da transferência de competências para as autarquias locais e entidades intermunicipais – distingue-se da anterior "partilha de competências", bem como da "delegação de competências". Com efeito, a repartição de competências tem como pressuposto o facto de dois órgãos de entidades diferentes deterem as mesmas competências e de a lei lhes confiar a responsabilidade de procederem, entre si, à repartição dessas competências, de modo que um deles assume uma parte das mesmas e o outro a parte restante. Ao invés, na delegação de competências, a competência legal pertence apenas ao órgão delegante.

182.2.6 – Concessão administrativa

A delegação de poderes ou competências apresenta afinidades estruturais com a figura da concessão administrativa (de serviços públicos ou de gestão de infraestruturas públicas): trata-se, em ambos os casos, de atos que representam um fenómeno translativo, que assinala a transferência de um "poder" da Administração, ao qual se associa uma cisão entre titularidade e exercício. Como sucede com o delegado, o concessionário é investido no poder de *exercer* uma competência ou uma tarefa que se mantém na titularidade da Administração Pública. Este perfil de proximidade justifica que a concessão administrativa se possa considerar uma figura afim da delegação, por ex., para os efeitos previstos no artigo 36.º, n.º 2, do CPA.

Classicamente, a distinção entre as figuras reside em dois itens principais: *i)* os sujeitos, que, no caso da delegação, seriam ambos órgãos ou agentes da Administração Pública, ao passo que, no caso da concessão, o concessionário seria uma entidade particular; *ii)* o objeto, que no caso da delegação seriam competências administrativas (prática de atos jurídicos) e, no caso da concessão, seriam atividades de recorte técnico, prático ou operacional desenvolvidas com uma finalidade lucrativa (*v.g.*, gestão de um aeroporto, exploração de uma autoestrada). Existem hoje desvios que põem em causa o rigor da distinção segundo qualquer desses critérios: há casos de concessões de serviços públicos atribuídas a entidade públicas assim como há delegações de competências administrativas em benefício de entidades particulares ("delegação privada de poderes públicos"). Por outro lado, a delegação enquadra a transferência de competências técnicas e operacionais, como sucede com a previsão legal da delegação na freguesia de competências municipais em matéria de gestão e manutenção de espaços verdes. Sem prejuízo de uma certa perda da pureza da distinção clássica, parece de manter o critério de base em que assenta essa distinção, na parte em que liga a concessão a uma transferência de exercício de uma atividade administrativa de recorte técnico ou operacional suscetível de exploração económica e que confere ao concessionário a oportunidade de obtenção de um lucro. Diferentemente, a delegação continua a ser especialmente vocacionada para representar um fenómeno de transferência do exercício de competências de natureza jurídica.

A aproximação conceptual entre as figuras da delegação e da concessão é também obra do legislador. Assim, no Regime Jurídico da Administração Direta do Estado estabelece-se que a prossecução de algumas das funções de serviços da administração direta do Estado pode ser objeto de *delegação* ou *concessão* a entidades privadas (artigo 3.º, n.º 6). Na mesma linha, a LQIP contém um preceito com a epígrafe "concessões" – onde se define que "os órgãos de direção do instituto podem, mediante prévia autorização do membro do Governo da tutela, conceder a entidades privadas, por prazo determinado e mediante uma contrapartida ou uma renda periódica, a prossecução por conta e risco próprio de algumas das suas atribuições, e nelas delegar os poderes necessários para o efeito" (artigo 53.º) – e um outro com a epígrafe "delegações de serviço público" – "os órgãos de direção do instituto podem, mediante prévia autorização do membro do Governo da tutela, delegar em entidades privadas, por prazo determinado, e com ou sem remuneração, a prossecução de algumas das suas atribuições e os poderes necessários para o efeito, assumindo o delegado a obrigação de prosseguir essas atribuições ou colaborar na sua prossecução sob orientação do instituto" (artigo 54.º). Neste âmbito, a distinção entre as figuras parece, por um lado, residir no critério da prossecução "por conta e risco próprio", presente na concessão e não na delegação, e na possibilidade de não existir remuneração, que se verifica apenas no caso da delegação.

182.2.7 – Coadjuvação

Embora se trate de uma figura com uma delimitação não totalmente precisa, e que não se limita ao relacionamento entre órgãos administrativos, há muitas referências legais à coadjuvação como relação entre dois órgãos ou entre órgãos e agentes de uma pessoa coletiva pública[1048]: entre outros casos, há referências a relações de coadjuvação entre os ministros e os secretários de Estado (*v.g.*, "o Ministro da Defesa Nacional é coadjuvado no exercício das suas funções pelo Secretário de Estado Adjunto e da Defesa Nacional"), entre o presidente da câmara e os vereadores ("o presidente da câmara municipal é coadjuvado pelos vereadores no exercício das suas funções"), entre o presidente ou o diretor de entidades e serviços da Administração e os seus (normalmente dois) vice-presidentes ou subdiretores, com a função de coadjuvar aquele.

A partir de dados legais como esses, definimos a coadjuvação como a *relação entre dois órgãos ou entre um órgão e um agente de uma pessoa coletiva pública em que um órgão (órgão principal ou "coadjuvado") pode encarregar outro órgão ou*

[1048] Sobre a figura e as suas variadas aplicações, cf. Pedro Santos Azevedo, "A coadjuvação administrativa", in Carla Amado Gomes/Ana Fernanda Neves/Tiago Serrão, *Organização Administrativa, cit.*, vol. II, p. 545 e segs.

um agente da incumbência de o auxiliar (órgão ou agente auxiliar ou "coadjutor") mediante a realização de tarefas, específicas ou genéricas, instrumentais para o exercício das suas competências próprias.

O coadjutor pode ser um órgão ou um agente. A qualificação do coadjutor como órgão justifica-se nos casos em que a lei institui uma figura específica com a função de desenvolver uma atuação em auxílio de outro órgão. Trata-se, contudo, de um órgão interno [cf. ponto74.2, *a)*] e auxiliar [cf. ponto 74.2, *e)*].

> Em regra, a lei institui a relação de coadjuvação entre órgãos que, sem essa indicação, não teriam relação entre si. Mas, mesmo sem uma indicação legal, a coadjuvação existe sempre no âmbito da relação hierárquica, uma vez que os órgãos subalternos têm um dever geral de coadjuvar os órgãos superiores. Além disso, nos termos do artigo 66.º do CPA, o dever de auxílio administrativo, no âmbito especificamente definido no n.º 1 do preceito, onera "quaisquer órgãos da Administração Pública".
> Sem prejuízo do que acaba de se expor, no presente contexto interessa nos considerar a coadjuvação enquanto relação especificamente instituída por lei, fora do âmbito particular do instituto do auxílio administrativo e fora do quadro da hierarquia.

A coadjuvação não se confunde com a delegação, pois o coadjutor não exerce, em nome próprio, a competência do órgão principal; auxilia, coadjuva, o órgão principal no exercício por este mesmo órgão das suas funções e competências. Quer dizer, para o exercício de uma competência própria, a lei permite que o órgão ao qual essa competência pertence se socorra da colaboração auxiliar a prestar por um outro órgão ou agente. É ao órgão titular da competência (órgão principal) que cabe a definição concreta dos termos e da amplitude do auxílio ou coadjuvação: o órgão competente dispõe, nos termos da lei, de um poder de "distribuição de funções" pelos seus coadjutores ou auxiliares; mas esta distribuição não pode implicar uma transferência do exercício de competências próprias do órgão principal.

Pela sua natureza, a coadjuvação tem uma projeção apenas interna, que se esgota no plano das relações entre o órgão principal e o coadjutor. Assim, o órgão ou agente coadjutor ou auxiliar (*v.g.*, o subdiretor ou o vice-presidente com função de coadjuvação) não pode, na sua condição de auxiliar, praticar atos dotados de efeitos externos que sejam da competência do órgão principal. Neste sentido, pode falar-se da coadjuvação como uma "delegação interna", uma "repartição de tarefas e competências internas"[1049].

A coadjuvação pode conviver, e convive muitas vezes, com a delegação: *v.g.*, o presidente da câmara pode definir que o vereador "A" o coadjuva nas tarefas de licenciamento de obras particulares e, simultaneamente, delegar no referido vereador as competências para tomar decisões sobre certas licenças. A coadjuvação é um modelo de relação muito frequente na organização interna dos serviços centrais da Administração direta do Estado (direções-gerais, inspeções-gerais e outras), normalmente dirigidos por um órgão singular (diretor-geral, inspetor-geral, presidente) coadjuvado por dois ou mais subdiretores-gerais, subinspetores-gerais, vice-presidentes, com a função de *coadjuvar* aquele. Também em regra, a lei estabelece que o órgão dirigente pode delegar as suas competências nos coadjutores, que se convertem, assim, em órgãos delegados.

Discorda-se da conceção da coadjuvação como uma relação que se estabelece entre dois órgãos a que a lei atribui competências iguais, que podem ser exercidas indiferentemente por qualquer deles (neste sentido, cf. Acórdão do STA, de 23/6/2005, proc. 557/04). Na nossa interpretação, o coadjutor, nesta condição, não exerce competências externas, seja em nome próprio ou em nome do órgão que auxilia; ajuda ou auxilia este órgão, o órgão principal, a exercer, por ele mesmo, as suas próprias competências.

182.2.8 – Substituição e suplência

Na lição do Prof. Paulo Otero, define-se substituição como a "permissão conferida pela ordem jurídica de um órgão da Administração (substituto) agir em vez de outro órgão administrativo (substituído), praticando atos sobre matérias cuja competência primária ou normal pertence a este último"[1050].

A substituição ocorre, portanto, quando um órgão é autorizado por lei a substituir outro órgão e a assumir o exercício das competências deste.

Um caso especial de substituição é a *avocação*. A avocação é o ato pelo qual um órgão, *com fundamento na lei*, mas por sua iniciativa, chama a si o exercício

[1049] Neste sentido, cf. Mário Esteves de Oliveira/Pedro Costa Gonçalves/João Pacheco de Amorim, *ob. cit.*, p. 214.

[1050] Cf. Paulo Otero, *O Poder de Substituição, cit.*, p. 391; veja-se ainda José Duarte Coimbra, "Suplência e substituição: uma distinção e alguns casos", in Carla Amado Gomes/Ana Fernanda Neves/Tiago Serrão, *Organização Administrativa, cit.*, vol. II, p. 819 e segs.

da competência de outro órgão (no âmbito da delegação, a avocação é o ato pelo qual o delegante retoma o exercício da sua própria competência).

Como o conceito acabado de enunciar o comprova, há uma grande proximidade entre as figuras da delegação e da substituição. E isto é assim porque, em termos práticos, o delegado *substitui* efetivamente o delegante, atua em vez deste. Neste sentido, podemos dizer que a delegação comporta o efeito prático da substituição de um órgão por outro órgão (ou agente).

Sem prejuízo do que acaba de se expor, num sentido técnico rigoroso, a figura da substituição indica uma situação jurídica diferente da delegação.

Com efeito, a substituição reporta a situação em que a lei habilita diretamente um órgão administrativo a assumir o exercício das competências de outro órgão. O órgão substituto passa a exercer as competências do órgão substituído, sem carecer de qualquer intervenção deste último (o qual não é chamado a autorizar ou a delegar). É a lei que, em circunstâncias determinadas, "autoriza" o órgão substituto a assumir as competências (normais) do órgão substituído.

A diferença essencial em relação à delegação radica, pois, no título jurídico que habilita a intervenção de um órgão no exercício das competências diretamente confiadas por lei a outro órgão: a lei, no cenário de substituição; o ato de delegação, no caso da delegação.

> O critério essencial da distinção percebe-se bem em relação ao caso normal da *delegação administrativa* (em que a delegação resulta de um ato administrativo do delegante). A situação já assume outros contornos no cenário da *delegação legal*, pois aí o delegado (como o substituto) assume as competências do delegante com fundamento direto na lei. Não obstante, permanece uma diferença, que reside no facto de, mesmo nesse caso, o delegante ter o poder de assumir (avocação) o exercício das competências delegadas, o que significa que ele mantém algum poder sobre as suas competências, designadamente o poder de pôr fim ao exercício das mesmas pelo órgão delegado. Já o órgão substituído não tem este poder.

No cenário da substituição, por efeito de verificação de factos previstos na lei e sem qualquer intervenção do titular da competência, um determinado órgão assume o exercício da competência de outro órgão – em regra, a substituição opera em situações de omissão do exercício das suas competências ou de funcionamento anómalo e patológico do órgão substituído.

Um caso particular de substituição ocorre no caso dos órgãos vicários ("vice-presidentes", mas também "subdiretores" e "subinspetores"), que a lei institui com a função de substituir o órgão principal, quando este não pode funcionar por impedimento ou falta do respetivo titular. Quando verificada a condição prevista na lei, o órgão vicário entra nas competências do órgão principal e substitui este.

Conforme se dispõe no artigo 43.º do CPA, nos casos em que a lei habilita um órgão a suceder, temporária ou pontualmente, no exercício da competência que normalmente pertence a outro órgão, o órgão substituto exerce como competência própria e exclusiva os poderes do órgão substituído, suspendendo-se a aplicação da norma atributiva da competência deste último. A lei determina, assim, que o substituto atua em substituição no exercício de uma "competência própria", o que parece sugerir que o substituto não tem apenas o exercício, mas também a titularidade dos poderes do órgão substituído. De resto, esta interpretação é de certo modo confirmada pela parte final do preceito, quando determina a suspensão da norma de atribuição de competência ao órgão substituído. A lei parece assim conceber a substituição como uma sucessão temporária ou pontual na titularidade da competência de um órgão administrativo.

A substituição pode ser pontual (prática pelo superior hierárquico de um ato administrativo que substitui um ato praticado pelo subalterno, nos termos do artigo 197.º, n.º 1, do CPA) ou, pelo contrário, assumir um carácter abrangente, quer quanto à vigência temporal, pois pode prolongar-se por um período de tempo mais ou menos longo, quer quanto ao universo de competências, podendo estender-se a todas as competências do órgão substituído.

Exemplos de substituição: *i)* nos termos do RJIES, o Governo pode intervir numa instituição pública de ensino superior pública, em situações de crise institucional grave, impor a suspensão dos órgãos estatutários e nomear uma personalidade independente para a gestão da instituição; *ii)* o Regime Jurídico do Serviço Público de Transporte de Passageiros estabelece que o Estado pode assumir, transitoriamente, competências de autoridade de transportes quanto aos serviços públicos de transporte de passageiros inter-regionais enquanto estas autoridades não alcançarem um acordo de partilha de competências; *iii)* o membro do Governo da tutela pode praticar atos legalmente devidos da competência do órgão responsável de um instituto público, em caso de inércia grave deste (cf. artigo 41.º, n.º 9, da LQIP). Trata-se, em todos estes casos, de substituição na forma de *tutela substitutiva*.

Mas, pode haver substituição fora do quadro de relações de tutela, por ex., no âmbito de relações de hierarquia (*v.g.*, substituição do subalterno pelo superior hierárquico no exercício de uma competência própria deste, nos termos do artigo 197.º, n.º 4, do CPA).

Enquanto relação entre órgãos, a substituição distingue-se da *suplência*, fenómeno que se desenvolve no plano de relações entre indivíduos, em concreto, entre titulares de órgãos administrativos ou entre agentes de uma pessoa coletiva pública. Nos termos do artigo 42.º, n.º 1, do CPA "nos casos de ausência, falta ou impedimento do titular do órgão ou do agente, cabe ao suplente designado na lei, nos estatutos ou no regimento, agir no exercício da competência desse órgão ou agente". Embora o segmento final do preceito pudesse estar formulado noutros termos, mais corretos (desde logo, evitando a referência incorreta à competência de agentes), supõe-se que do mesmo resulta com clareza a pretensão de dizer que ao suplente cabe "agir em vez do titular do órgão ou agente". A suplência é, pois, uma substituição que opera *ex lege*, mas que se processa, não entre órgãos como a substituição propriamente dita, mas entre titulares de órgãos ou agentes: a ligação entre os conceitos de suplência e de substituição (esta em sentido genérico) surge com clareza no artigo 72.º, n.º 1, quando alude ao facto de o agente ser *substituído* pelo seu *suplente*. A suplência refere-se, pois, a uma "substituição de indivíduos", em casos de ausência, falta ou impedimento.

Conforme se dispõe no CPA, na falta de designação legal, estatutária ou regimental, a suplência cabe ao inferior hierárquico imediato e, em caso de igualdade de posições, ao mais antigo.

182.2.9 – Representação

Por força da delegação, o órgão ou o agente delegado exerce, *em nome próprio*, uma competência de um outro órgão administrativo. Os atos que o delegado pratica são atos seus e os efeitos destes são juridicamente suportados (imputação final) pela pessoa coletiva pública a que ele pertence.

A delegação não se confunde, portanto, com a representação: nesta, um sujeito, o *representante*, atua em nome do *representado*, e pratica atos cujos efeitos se repercutem na esfera jurídica deste [sobre a representação, cf. ponto 76, *a)*].

182.2.10 – Delegação de assinatura

A delegação de assinatura consiste num ato pelo qual o titular de um órgão de uma pessoa coletiva pública incumbe o titular de um outro órgão ou um agente da tarefa de proceder à assinatura de atos, decisões e documentos de expediente e de correspondência. Uma ilustração da figura pode ver-se no artigo 9.º, n.º 3, do Estatuto do Pessoal Dirigente da Administração do Estado, que autoriza os órgãos competentes a efetuar "a delegação de assinatura da correspondência ou de expediente necessário à mera instrução dos processos (...) em qualquer trabalhador em funções públicas" (no mesmo sentido, veja-se o artigo 16.º, n.º 3, do Estatuto do Pessoal Dirigente da Administração Local).

Não existe aqui transferência de qualquer responsabilidade de decisão, mas apenas a mobilização de um auxílio de carácter técnico e material. A decisão, a correspondência ou o documento de expediente assinado pelo "delegado" reporta-se a um ato da autoria do titular do órgão identificado como sendo seu autor e não de quem assina: o documento que contém a assinatura aposta por delegação menciona esta circunstância, indicando que a assinatura é efetuada, "por delegação", ou "pelo" ou "pela" ("pelo presidente", "pela diretora"). A delegação de assinatura não carece de publicação.

Apesar de não envolver uma delegação de competências ou responsabilidades, a delegação de assinatura só é possível nos casos previstos na lei. Assim, salvo previsão legal, os documentos que contêm atos administrativos têm de ser assinados pelo respetivo autor [veja-se a alínea *g)* do n.º 1 do artigo 151.º do CPA exige, como menção formal obrigatória do ato administrativo, a *assinatura do autor do ato* ou do presidente do órgão colegial de que emane] e as atas de órgãos colegiais têm de ser assinadas pelo presidente do órgão (cf. artigo 34.º, n.º 2). Nesses e noutros casos, como na assinatura de contratos, a assinatura corresponde a uma *obrigação legal*, pelo que a delegação da competência de assinar só é possível se a lei a permitir.

182.3 – Delegação de poderes prevista e regulada no CPA

O Capítulo IV da Parte II do CPA, que abrange os artigos 44.º a 50.º, ocupa-se da figura jurídica da "delegação de poderes". É agora o momento de analisar o regime que aí se estabelece. Mas antes disso, impõe-se um trabalho de delimitação sobre o âmbito de aplicação do regime jurídico da delegação de poderes ali prevista. Importa, na verdade, perceber que tipo de delegação de poderes *pressupõe* o CPA[1051].

[1051] Cf. André Salgado de Matos, "A delegação de poderes", *Comentários ao Novo Código do Procedimento Administrativo*, Lisboa, AAFDL, 2015, 2.ª ed., p. 301 e segs; Ana Raquel Gonçalves Moniz, "A delegação administrativa de poderes públicos", in Carla Amado Gomes/Ana Fernanda Neves/Tiago Serrão, *Organização Administrativa, cit.*, vol. II, p. 637 e segs.

182.3.1 – Delimitação

O artigo 44.º, n.º 1, do CPA estabelece que "os órgãos administrativos normalmente competentes para decidir em determinada matéria podem, sempre que para tal estejam habilitados por lei, permitir, através de um ato de delegação de poderes, que outro órgão ou agente da mesma pessoa coletiva ou outro órgão de diferente pessoa coletiva pratique atos administrativos sobre a mesma matéria".

Este preceito de entrada do capítulo da delegação de poderes deixa claro que:

i) O CPA não constitui, nem pretende constituir, uma lei geral de habilitação de delegações; o preceito diz que a delegação poderá ocorrer "sempre que para tal [os órgãos administrativos] estejam habilitados por lei"; neste sentido, em geral, a delegação que o CPA pressupõe é prevista e delineada fora dele, por uma lei de habilitação. O propósito do CPA reside, pois, em estabelecer o regime jurídico de uma figura que, além de se constituir na prática fora dele, só se torna possível por uma permissão legal autónoma e independente dele.

ii) O exposto no ponto anterior conhece duas exceções, em que o CPA se assume diretamente como lei de habilitação de delegações: atos de administração ordinária (artigo 44.º, n.º 3) e subdelegações (artigo 46.º).

iii) A delegação de poderes que o CPA pressupõe como base de aplicação do regime jurídico nele previsto é apenas a delegação *administrativa*, quer dizer, a que promove uma deslocação de competências por iniciativa de um órgão da Administração.

iv) Nas situações que constituem a regra, a delegação que o CPA pressupõe não é *qualquer* delegação de poderes prevista em lei: o propósito consiste em estabelecer um regime jurídico da delegação para a prática de atos administrativos;

v) O sentido da regulamentação legal reside em abranger as delegações indicadas quando efetuadas (com fundamento em lei de habilitação) por órgãos administrativos, *unilateralmente*, em outros órgãos ou agentes da mesma pessoa coletiva ou em órgãos de outra pessoa coletiva.

Tendo presente o que antecede, parece-nos que a figura específica de delegação que o CPA se propõe regular se define nos termos seguintes: *ato unilateral praticado, com fundamento na lei, pelo qual um órgão administrativo transfere para outro órgão ou agente da mesma pessoa coletiva ou para o órgão de outra pessoa coletiva o exercício da sua competência para a prática de atos administrativos ou de atos de administração ordinária.*

Vejamos de forma mais pormenorizada os elementos constitutivos da figura de delegação regulada na lei geral do procedimento administrativo.

182.3.1.1 – Ato de delegação

A delegação de poderes a que o CPA se refere é, em primeiro lugar, uma *delegação administrativa*, efetuada por um ato da Administração de carácter concreto e individual; excluem-se, assim, as delegações legais, bem como as efetuadas por regulamento.

Por outro lado, pressupõe-se apenas a delegação por ato unilateral, afastando-se, pois, as delegações contratuais. Além da dedução nesse sentido que se pode extrair da letra do n.º 1 do artigo 44.º – "os órgãos ... podem ... permitir, através de um ato de delegação de poderes" –, todo o regime jurídico da delegação se encontra marcado pela unilateralidade da intervenção do delegante, na génese, na modificação, na suspensão e na extinção da delegação.

Por fim, tudo indica que se pressupõem apenas as delegações facultativas ou livres, que dependem de uma decisão livre do delegante, titular da competência; excluem-se, pois, as delegações obrigatórias.

182.3.1.2 – Lei de habilitação

A delegação de poderes, enquanto ato da Administração, pressupõe duas normas jurídicas prévias: em primeiro lugar, uma *norma atributiva do poder delegado* (a norma que atribui ao órgão "A" o poder de aplicar coimas); a seguir, uma *norma de habilitação da delegação* (a norma que atribui ao órgão "A" o poder de delegar o seu poder de aplicar coimas).

A delegação de poderes depende, em geral, de "lei de habilitação" [ou regulamento, nos termos acima analisados em geral: cf. ponto 182.1]. Quer isto dizer que o CPA não tem o propósito de assumir, em geral, a condição de lei de habilitação. Do que se trata é de estabelecer um regime para uma figura jurídica que outras normas permitem mobilizar.

Mas, em exceção a essa regra, o CPA também constitui lei de habilitação e contém normas que habilitam órgãos administrativos a efetuarem delegações: eis o que sucede, em primeiro lugar, com os n.ºs 3 e 4 do artigo 44.º, em relação aos atos de administração ordinária, e com o artigo 46.º, quanto à subdelegação de poderes.

a) Delegação para a prática de atos de administração ordinária

Dispõe o artigo 44.º, n.º 3, que os órgãos competentes para decidir em determinada matéria ficam genericamente habilitados ("podem sempre") a delegar no seu *imediato inferior hierárquico, adjunto* ou *substituto* a prática de "atos de administração ordinária" nessa matéria[1052].

Não é claro o universo dos órgãos delegáveis para este efeito. Quanto ao *imediato inferior hierárquico*, tudo depende de se entender que está em jogo a hierarquia laboral ou a hierarquia administrativa ou, como preferimos, qualquer uma destas. Assim, imediato inferior hierárquico poderá ser um órgão subalterno (titular de competências externas) ou um trabalhador na dependência hierárquica do órgão com competência decisória. Por sua vez, o conceito de *adjunto* parece corresponder ao coadjutor e pressupõe, portanto, a definição legal de uma relação de coadjuvação. Por fim, o *substituto* indica, na nossa interpretação, o suplente legal do titular do órgão (artigo 42.º, n.º 1): o órgão competente pode delegar, nos termos do artigo 44.º, n.º 3, no suplente do titular desse órgão indicado na lei, nos estatutos ou no regimento.

Uma habilitação com o mesmo alcance é conferida aos órgãos colegiais em relação aos respetivos presidentes (artigo 44.º, n.º 4). Esta habilitação não opera "havendo lei de habilitação específica que estabeleça uma particular repartição de competências entre os diversos órgãos". Não é fácil descortinar o sentido da ressalva legal: interpretamo-la como significando uma autocontenção do CPA – quanto ao efeito de habilitar, em geral, os órgãos colegiais a delegarem a competência para a prática de atos de administração ordinária – sempre que uma "lei de habilitação específica" defina um critério ou delimite em certos termos as competências que um órgão colegial pode delegar no respetivo presidente. Eis o que sucede, por ex., no âmbito municipal, em que o RJAL contém um preceito específico sobre a delegação de competências da câmara municipal no presidente da câmara (artigo 34.º).

O CPA não indica o que deve entender-se por *atos de administração ordinária* no âmbito da matéria em que um órgão é competente para decidir, mas tudo aponta para assim se considerarem os atos instrumentais isolados

[1052] Sobre a disposição legal homóloga do CPA de 1991, cf. Mário Esteves de Oliveira/Pedro Costa Gonçalves/João Pacheco de Amorim, *ob. cit.*, p. 216 e segs.

(*v.g.*, emissão de uma certidão ou a disponibilização de documentos para consulta e outros atos de mero expediente), os atos preparatórios (inseridos no procedimento de formação de um ato administrativo), em geral apenas com relevância jurídica interna, bem como os atos de execução de uma "competência decisória".

Quanto aos atos de natureza preparatória, trata-se sobretudo de atos praticados na instrução do procedimento [cf. parte final do artigo 65.º, n.º 1, alínea *a)*], os quais são objeto de delegação nos termos do artigo 55.º, n.º 2.

Em função do exposto, podemos dizer que, pelo menos em regra, esta delegação não tem como objeto a competência para a prática de atos administrativos – o que, em rigor, faz dela uma figura que se afasta da delegação de poderes pressuposta no n.º 1 do artigo 44.º.

A favor da ideia de que os atos de administração ordinária não são atos administrativos deverá ter-se presente o tipo de associação que a lei estabelece entre cada um desses conceitos (na parte final dos n.ºs 1 e 3 do artigo 44.º) e "a competência (do delegante) para *decidir* em determinada matéria" a que alude o segmento inicial dos mesmos n.ºs 1 e 3 do artigo 44.º. O CPA acolhe, assim, a ideia segundo a qual "a competência para decidir em determinada matéria" abrange ou inclui dois tipos de poderes: para a prática de atos administrativos *e* para a prática de atos de administração ordinária.

b) Subdelegação de poderes

Nos termos do artigo 46.º, n.º 1, o delegante é autorizado a subdelegar os poderes delegados; em termos mais apertados, o n.º 2 atribui a mesma autorização ao subdelegado. Uma vez que a subdelegação constitui uma delegação, pode dizer-se que o artigo 46.º é, afinal, uma norma de habilitação de delegações.

182.3.1.3 – Âmbito subjetivo da delegação

O CPA pressupõe uma figura de delegação (prevista por lei) que opera no âmbito de relações que envolvem, na qualidade de delegantes, "órgãos administrativos", ou seja, "órgãos da Administração Pública", universo definido nos termos conjugados dos artigos 20.º, n.º 1, e 2.º, n.º 4. Em concreto, o órgão administrativo suscetível de figurar como delegante é aquele que a lei de habilitação indicar.

Por outro lado, a delegação que o CPA tem como referência é a que, nos termos da lei de habilitação, tem ou pode ter na condição de delegado um órgão da mesma pessoa coletiva pública a que pertence o órgão delegante (em rigor, só neste caso, a delegação se pode considerar uma relação interorgânica): eis o que ocorre com as delegações (autorizadas por lei) de um diretor-geral no diretor-regional ou do conselho diretivo de um instituto público no respetivo presidente.

Todavia, a regulamentação também se aplica à delegação efetuada, nos termos da lei de habilitação, por um órgão administrativo de uma pessoa coletiva num órgão de outra pessoa coletiva. Aqui se abrangem as delegações intersubjetivas, *v.g.*, do membro do Governo no conselho diretivo de um instituto público ou nos órgãos de direção de uma associação pública.

> As especificidades de regime jurídico impostas pelo facto de o órgão delegante pertencer a uma entidade de Administração autónoma ou independente deverão ser equacionadas na lei de habilitação. Se tal não suceder e se essa lei autorizar a delegação com as características das delegações pressupostas no CPA, parece fazer sentido o princípio da aplicação integral do regime jurídico que aqui se prevê.

Embora a letra do artigo 44.º, n.º 1, não se revele taxativa nesse sentido, cremos que se pressupõem apenas as delegações efetuadas em órgãos de pessoas coletivas *públicas*. Na verdade, não vemos nenhuma sugestão clara no sentido de o CPA se aplicar, pelo menos de forma direta, à delegação de poderes (autorizada por lei) de órgãos administrativos em entidades administrativas privadas ou em entidades particulares.

Por fim, a regulamentação do CPA atinge as delegações que, com fundamento em lei, os órgãos administrativos possam efetuar em *agentes* da mesma pessoa coletiva. São, portanto, abrangidas as delegações efetuadas por órgãos em indivíduos que, a qualquer título, exerçam funções públicas ao serviço da pessoa coletiva a que pertence o delegante, em regime de subordinação jurídica (artigo 44.º, n.º 2).

Admitindo que delegáveis, nos termos prescritos na lei de habilitação, podem ser órgãos, pertencentes, ou não, à pessoa coletiva a que pertence o órgão delegante, bem como agentes pertencentes a essa pessoa coletiva, o CPA não contém qualquer indicação, em geral, sobre quais podem ser, especificamente, os órgãos ou os agentes delegáveis. Uma tal indicação deverá constar da lei de habilitação.

> Como vimos, isso não é assim nos casos em que o CPA é lei de habilitação para a delegação da prática de atos de administração ordinária: o n.º 3 do artigo 44.º indica os órgãos ou agentes delegáveis. Mas a situação já se apresenta diferente em relação à habilitação de subdelegações: neste caso, o CPA estabelece que o delegante pode autorizar o delegado a subdelegar, mas não indica em que órgãos ou agentes pode o subdelegado subdelegar.

Como sucede nos casos que acabámos de ver, no cenário da subdelegação, pode suceder que a lei de habilitação não proceda à indicação dos órgãos ou agentes delegáveis. E assim ocorre com alguma frequência. Na verdade, muitas vezes, as leis autorizam os órgãos da Administração a delegar os seus poderes, mas não indicam o órgão ou o agente que podem beneficiar da delegação. Com a exceção que conhecemos (delegações para a prática de atos de administração ordinária), o CPA também não contém essa indicação, nem tão-pouco qualquer sugestão sobre os órgãos ou agentes delegáveis. Como defendemos acima, parece-nos de considerar, neste caso, o princípio segundo o qual o órgão legalmente habilitado a delegar pode delegar (apenas) em órgãos ou agentes que, em relação a si, estejam em condição de subalternidade ou subordinação jurídica (órgãos ou agentes inferiores hierárquicos).

> No sentido de precisar o sentido do princípio acabado de referir, cumpre recordar que não se trata de aceitar que o superior hierárquico detém um poder próprio de delegar competências nos subalternos, mas tão-só de esclarecer que, nos casos em que a lei autoriza um órgão a delegar sem indicar os órgãos ou agentes delegáveis, deve entender-se que a delegação só deve aceitar-se no âmbito das relações hierárquicas [cf. pontos 181.6.4 e 182.1, *d)*].

182.3.1.4 – Âmbito objetivo da delegação

Vejamos por fim que delegação de poderes pressupõe o CPA no que se refere ao plano do âmbito objetivo, ou seja, dos poderes delegáveis.

Pois bem, a resposta é esta: o CPA tem em vista a delegação de poderes "para a prática de atos administrativos" e "atos de administração ordinária". Fora da incidência do regime jurídico da delegação de poderes ficam, por ex., as delegações de poderes regulamentares ou para a execução de atividades técnicas ou operacionais. A figura de delegação considerada no

CPA é, portanto, a que tem por objeto poderes ou competências de decisão (concreta ou individual) ou poderes para a prática de atos de administração ordinária no âmbito das competências de decisão.

183.3.1.5 – Delegação como transferência de exercício de competência
Recortado o âmbito da figura de delegação de poderes prevista no CPA, parece oportuno indagar se e em que termos ali se faz uma escolha sobre a natureza jurídica da delegação. Trata-se, sabemo-lo, de uma questão essencialmente teórica, mas o certo é que a compreensão sobre a natureza da delegação de poderes condiciona largamente os termos do desenho do regime jurídico aplicável.

Pois bem, como ponto de partida, aceita-se que o CPA não teve a intenção de se comprometer em termos categóricos com qualquer específica tese sobre a natureza da delegação. Mas, em nosso juízo, há vários dados da regulamentação legal que se afeiçoam especialmente à teoria que representa a delegação como medida de transferência de exercício da competência [cf. ponto 182].

É certo que o artigo 44.º, n.º 1, alude à delegação de poderes como um ato pela qual o delegante pode *permitir* uma certa atuação do delegado. Este poder de permitir é suscetível de ser visto como indício da adoção da teoria da autorização. Cremos, contudo, não ser este o caso. Com efeito, oferece-se indiscutivelmente correta a afirmação segundo a qual a delegação *permite* que o delegado desenvolva uma atuação que não poderia empreender antes. Neste sentido, subsiste na delegação um momento permissivo, que pode surgir como elemento descritivo. Mas isto não equivale a assumir a delegação como ato com a natureza jurídica de uma autorização.

Diremos, pois, que na perspetiva do CPA, a delegação efetua a *transferência do exercício* de uma competência do órgão administrativo delegante (competência de que este é titular, que lhe pertence, nos termos da lei): ao delegado é permitido praticar atos administrativos sobre matéria da competência normal do delegante.

Mas, tão ou mais relevante para este efeito se apresenta o facto de o regime jurídico da delegação delineado no CPA se mostrar coerente com a teoria da transferência de exercício. Com efeito, é por pressupor que o delegado *exerce* uma competência alheia – que não lhe pertencia antes, nem passa a pertencer-lhe depois da delegação – que ali se atribui ao delegante o poder de avocar os poderes delegados, bem como de revogar ou de substituir os atos praticados pelo delegado.

182.3.2 – Regime jurídico

Acabámos de delimitar a figura de delegação de poderes que o CPA pressupõe. Agora é o momento de analisarmos o regime jurídico da delegação de poderes, o qual – como é próprio de uma lei administrativa – contém regras aplicáveis à Administração, em concreto, ao órgão delegante e ao órgão ou agente delegado.

Apesar de mais ou menos evidente, a última asserção (no sentido de que o regime jurídico da delegação previsto no CPA tem como destinatário o delegante e o delegado) revela-se essencial para se perceber o sentido exato de algumas regras que integram esse regime, como são os casos das regras sobre os "poderes indelegáveis".

182.3.2.1 – Requisitos do ato de delegação

O ato de delegação de competências, a praticar pelo órgão delegante, tem de cumprir os requisitos do artigo 47.º, em matéria de *especificação* e de *publicidade*.

De acordo com o n.º 1, o ato de delegação deve especificar (enunciar de forma específica, objetiva e clara), os poderes delegados ou subdelegados, ou enumerar quais os atos que o delegado ou subdelegado pode praticar. Trata-se aqui de uma exigência de especificação do ato de delegação, a qual não interfere com a extensão, mas apenas com a identificação rigorosa dos poderes delegados.

Além disso, e ainda nos termos do artigo 47.º, n.º 1, o ato de delegação deve mencionar a norma atributiva do poder delegado (norma de competência) e aquela que habilita o órgão a delegar (norma de habilitação).

A falta dos elementos de especificação ou de menção obrigatória conduzem à invalidade do ato de delegação – trata-se de um caso de anulabilidade, pelo que o ato de delegação que desrespeita as exigências referidas é inválido, mas eficaz.

A eficácia jurídica da delegação (ou subdelegação) depende da sua publicitação nos termos legais. O n.º 2 do artigo 47.º remete para o disposto no artigo 159.º – com a epígrafe *termos da publicação obrigatória*, deste decorre que o ato de delegação deve ser publicado no *Diário da República* ou na publicação oficial da entidade pública a que pertence o órgão delegante. Além desta forma oficial de publicitação, sem a qual não produz efeitos, o ato de delegação tem ainda de ser publicitado na internet, no sítio institucional da entidade em causa. O prazo de 30 dias a que se refere o artigo 159.º conta-se desde o momento da prática do ato de delegação e sugere que este ato caduca se não for publicado no referido prazo.

182.3.2.2 – Limites ao poder legal de delegação

Em termos rigorosos, a catalogação legal de poderes indelegáveis (cf. artigo 45.º) constitui um exercício inútil, porquanto o que a lei precisa de prever é a possibilidade de delegação e não o inverso. Na verdade, sem lei (de habilitação) os poderes de um órgão administrativo são sempre indelegáveis; esta é a *regra da indelegabilidade dos poderes administrativos* (cf. artigo 36.º, n.º 1, do CPA). Dir-se-ia, pois, que não faz sentido uma enumeração legal de poderes que não podem ser delegados.

> Note-se que, por vezes, a lei prevê mesmo categorias de poderes indelegáveis: eis o que sucede, com a competência para aplicação de sanções disciplinares, indelegável nos termos do artigo 197.º, n.º 6, da LTFP.

Não obstante, o artigo 45.º tem precisamente como epígrafe "poderes indelegáveis", o que sugere um catálogo de poderes, de competências administrativas, que não podem ser delegadas.

Todavia, numa leitura mais cuidada, verifica-se que não é exatamente isso que se quer prever nas alíneas do preceito: estas não indicam, em rigor, *poderes legalmente indelegáveis* – de resto, como lei sem valor reforçado, não faria qualquer sentido a enunciação no CPA de poderes indelegáveis por lei.

O artigo 45.º tem a intenção de definir um regime a aplicar aos órgãos habilitados por lei a efetuar delegações de poderes. O sentido deste regime não consiste, assim, em estipular uma proibição objetiva da delegação de certos poderes, mas antes em proibir especificamente o órgão delegante – o órgão legalmente habilitado a delegar – de delegar os seus poderes em certos órgãos ou agentes [alíneas *b)* e *c)*] ou de os delegar numa extensão tal que fique despojado do exercício de todos os seus poderes [alínea *a)*].

Neste sentido, a epígrafe "poderes indelegáveis" revela-se enganadora, pois o que está em causa é, em rigor, uma indicação legal que não se refere ao objeto da delegação, mas aos *limites gerais do poder administrativo de delegação* (limites que intervêm em sede administrativa, no momento administrativo da delegação).

O proémio do artigo 45.º indica como indelegáveis "designadamente" os poderes que a seguir referimos. Na interpretação que fazemos do preceito – trata-se de *limites ao poder de delegação* e não de poderes indelegáveis –, não alcançamos o sentido da indicação de que esses são poderes indelegáveis *entre outros*. Na verdade, na falta de uma indicação legal explícita fora do CPA, os limites ao poder de delegação (conferido por lei) são mesmo apenas os que ali se indicam e não esses entre outros.

Vejamos melhor estes limites do CPA ao poder de delegação conferido por uma lei de habilitação a um órgão administrativo (órgão delegante).

a) Proibição da delegação da globalidade dos poderes

A proibição da delegação da globalidade dos poderes só se compreende se se tiver presente que, por vezes, a lei de habilitação não procede a uma enumeração ou indicação precisa e específica dos poderes delegáveis. Assim, por ex., nos termos da LQIP, o conselho diretivo dos institutos públicos pode delegar competências próprias em qualquer dos seus membros. Em casos como este, em que a lei não identifica os poderes suscetíveis de delegação, poderia supor-se que todos os poderes do órgão delegante seriam passíveis de delegação, nos termos da lei de habilitação.

Por vezes, sem enumerar os poderes delegáveis, a lei de habilitação deixa claro que o órgão delegante apenas pode efetivamente delegar uma "parte" dos seus poderes: neste sentido, vejam-se, por ex., os estatutos da Entidade Reguladora para a Comunicação Social, em cujos termos "o presidente do conselho regulador pode delegar o exercício de partes da sua competência em qualquer dos restantes membros do conselho"; ou, no mesmo sentido, a lei orgânica do Instituto da Habitação e da Reabilitação Urbana, IP, que indica que "o conselho diretivo pode delegar parte das suas competências em qualquer dos seus membros". Trata-se de fórmulas que fornecem a indicação clara de que a delegação só pode abranger uma parte e não todos os poderes do delegante.

A proibição da delegação da globalidade de poderes do delegante, que o CPA estabelece, aplica-se precisamente nos casos em que a lei de habilitação não procede a uma especificação ou enumeração dos poderes delegáveis, autorizando a delegação de quaisquer poderes do delegante. Neste cenário, por força do artigo 45.º, alínea *a)*, do CPA, o delegante está proibido de delegar a globalidade dos seus poderes. Terá, pois, de manter na sua esfera o exercício de uma parte dos seus poderes. Uma vez que a lei não o indica, basta, para não desrespeitar o limite, que o delegante conserve o exercício de uma pequena parte das suas competências. O que a lei parece querer evitar é que um órgão administrativo (*v.g.*, presidente da câmara) se transforme apenas em "órgão delegante", deslocando para outro órgão o exercício de todas as suas competências.

b) Proibição de delegação de "poderes suscetíveis de serem exercidos sobre o próprio delegado"

Embora não o afirme explicitamente, o sentido da proibição é o da delegação de certos poderes do delegante "no órgão ou agente delegado". Assim, admitindo-se que a lei habilita o delegante a delegar os seus poderes disciplinares ou de avaliação dos subalternos, o que o CPA proíbe é que aquele delegue num determinado agente os seus poderes de disciplina ou de avaliação desse mesmo agente.

Embora a situação seja diferente, também se deve considerar proibida a delegação da competência para a apreciação de recursos nos órgãos ou agentes que tenham praticado os atos objeto desses recursos: de resto, a intervenção do titular do órgão ou agente nessa situação configura um impedimento, nos termos do artigo 69.º, n.º 1, alínea *f*).

c) Proibição da delegação de poderes a exercer pelo delegado fora do âmbito da respetiva competência territorial

A proibição legal aplica-se, neste caso, à delegação de poderes em órgãos que têm competência apenas numa área territorial delimitada; assim, por exemplo, um diretor geral, que a lei autoriza a delegar a sua competência para licenciar indústrias, não poderá delegar num diretor regional do norte a competência para licenciar indústrias a instalar na região do centro. O CPA pretende, desta forma, limitar o poder de delegação, de modo a que esta não perturbe a lógica de vinculação das competências dos órgãos a um determinado território.

182.3.2.3 – Regime aplicável à atuação do delegado

Por força da delegação, o órgão ou agente delegado passa a dispor do poder (e do dever) de *exercer a competência delegada*. Trata-se, na verdade, de um poder-dever, uma vez que o delegado não pode, por sua iniciativa, abandonar ou deixar de exercer as competências delegadas (decorrência da regra da *irrenunciabilidade* das competências).

Por outro lado, apesar de não ser nem se transformar no titular da competência, cabe ao delegado a responsabilidade, no plano jurídico, decorrente dos atos que pratica. Qualquer órgão administrativo é o responsável pelas consequências dos seus atos, e isso inclui os que pratica no âmbito da delegação.

A este respeito, a formulação do artigo 44.º, n.º 5 – "os atos praticados ao abrigo de delegação ou subdelegação de poderes valem como se tivessem sido praticados pelo delegante ou subdelegante" –, apesar de algo equívoca e pouco rigorosa[1053], pretende assinalar um princípio de "equivalência entre a atuação do delegado e a que teria sido realizada pelo delegante"[1054]: assim, *v.g.*, se os atos praticados pelo delegante estivessem sujeitos a recurso administrativo necessário, o mesmo deverá suceder com os atos do delegado[1055]. Quer dizer, os atos do delegado "devem entender-se como manifestação da competência reconhecida ao delegante"[1056].

Note-se, contudo, que esse princípio de equivalência entre os atos do delegado e os que seriam praticados pelo delegante conhece desvios importantes. Assim, por ex., os atos do delegado não são *impugnáveis nos tribunais* nos mesmos termos em que seriam se praticados pelo delegante: as regras de competência territorial dos tribunais (cf. artigo 16.º e segs. do CPTA) aplicam-se em função de se tratar de uma atuação do delegado e não do delegante; o mesmo vale para a competência dos tribunais em razão da hierarquia, pelo que, se o primeiro-ministro delega poderes num ministro, o tribunal competente para apreciar as ações de impugnação das decisões do ministro proferidas ao abrigo da delegação é o tribunal administrativo de círculo, não o Supremo Tribunal Administrativo [cf. artigos 24.º, n.º 1, alínea *a), iv)*, e 44.º do ETAF].

[1053] O mesmo se pode dizer da lei espanhola; com efeito, o artigo 9, n.º 4, do *Régimen Jurídico del Sector Público*, estabelece que "las resoluciones administrativas que se adopten por delegación ... se considerarán dictadas por el órgano delegante".

[1054] Sobre esta equivalência, cf. Rogério Soares, *Direito Administrativo, cit.* (Coimbra), p. 261. Com uma interpretação diferente, cf. André Folque, *Recurso Administrativo Especial e Delegação de Poderes*, Almedina, 2019, p. 33.

[1055] Invocando o artigo 44.º, n.º 5, do CPA, para concluir que os atos do delegado são definitivos nos mesmos termos em que o seriam se tivessem sido praticados pelo delegante, cf. Diogo Freitas do Amaral, *Curso de Direito Administrativo*, vol. I, *cit.*, p. 707.

[1056] Rogério Soares, *Direito Administrativo, cit.* (Coimbra), p. 261.

182.3.2.4 – Regime dos atos praticados pelo delegado

O CPA estabelece algumas exigências formais quanto aos que o delegado pratica no exercício dos poderes delegados. Em especial, impõe que estes atos mencionem a qualidade de delegado no uso da delegação; cf. artigos 48.º e 151.º, n.º 1, alínea *a)*, do CPA. Com esta exigência, visa-se que os destinatários fiquem cientes de que se trata de atos praticados ao abrigo de uma competência delegada. A inobservância, bem como a observância defeituosa desta exigência formal não determinam a invalidade dos atos do delegado, "mas os interessados não podem ser prejudicados no exercício dos seus direitos pelo desconhecimento da existência da delegação" (artigo 48.º, n.º 2).

Nos termos do artigo 60.º, n.º 4, do CPTA, "não são oponíveis ao interessado eventuais erros contidos na notificação ou na publicação, no que se refere a (...) eventual erro ou omissão quanto à existência de delegação ou subdelegação de poderes". Assim, suponha-se que uma lei estabelece que as decisões do delegado têm de ser impugnadas junto do delegante no prazo de 15 dias. Se o delegado não menciona esta qualidade, o destinatário do ato não pode ser prejudicado por se ter esgotado aquele prazo.

Em termos que veremos melhor a seguir, os atos do delegado podem ser *anulados, revogados* ou *substituídos* pelo delegante: cf. artigo 49.º, n.º 2, do CPA.

Por fim, os atos do delegado podem ser objeto de *reclamação* (impugnação para o próprio delegado): artigo 191.º, n.º 1. Além disso, nos casos expressamente previstos em lei, pode haver *recurso administrativo especial* para o delegante dos atos praticados pelo delegado (artigo 199.º, n.º 2)[1057].

Um caso de expressa previsão legal de recurso pode ver-se no artigo 34.º, n.º 2, do RJAL: "das decisões tomadas pelo presidente da câmara municipal ou pelos vereadores no exercício de competências delegadas ou

[1057] Em termos severamente críticos quanto à exigência de "expressa disposição legal" como condição da possibilidade do recurso para o delegante (ou subdelegante) dos atos praticados pelo delegado (ou subdelegado), cf. Vieira de Andrade, in Fausto de Quadros *et alli*, *Comentários*, *cit.*, p. 423; de resto, nas *Lições de Direito Administrativo*, *cit.*, p. 247, Vieira de Andrade propõe a "correção teleológica" do artigo 199.º, n.º 2, para corrigir o "erro manifesto" de que padece, na parte em que exige uma previsão do recurso em lei especial. Na mesma linha crítica, cf. José Duarte Coimbra, "Constituição, impugnações administrativas e acesso à justiça administrativa: três apontamentos", in Pedro Fernández Sánchez/Luís Alves, *A Constituição e a Administração Pública*, *cit.*, p. 107 e segs.; veja-se ainda André Folque, *ob. cit.*, p. 51 e segs.

subdelegadas cabe recurso para a câmara municipal, sem prejuízo da sua impugnação contenciosa".

182.3.2.5 – Relação de delegação: poderes do delegante

A delegação está na origem de uma relação jurídica entre delegante e delegado. Trata-se, aliás, de uma relação *intuitu personae*, que envolve uma confiança do titular do órgão delegante no titular do órgão ou no agente delegado.

Em geral, trata-se de uma relação caracterizada pela *supremacia jurídica do delegante*, o qual dispõe de poderes sobre a própria relação de delegação, bem como sobre os atos praticados pelo órgão delegado.

a) Emissão de diretivas e instruções vinculativas

O delegante tem o poder de emitir diretivas ou instruções vinculativas relativas ao modo como devem ser exercidos os poderes delegados: artigo 49.º, n.º 1.

O exercício da competência delegada encontra-se, pois, submetido à *orientação* do delegante. As diretivas e as instruções são vinculativas, o que significa que o delegado tem sempre de atender ou de considerar o que nas mesmas se dispõe. O incumprimento das diretivas e instruções pode comportar consequências no plano da relação de delegação (*v.g.*, por perda de confiança no delegado, o delegante pode revogar a delegação). Mas a violação das diretivas e das instruções não provoca a invalidade dos atos praticados pelo delegado.

b) Autorização da subdelegação de poderes

Mais do que próxima da delegação, a subdelegação de poderes pode considerar-se um tipo de delegação, com a diferença estrutural consistente no facto de a delegação propriamente dita envolver, na posição de delegante, o órgão titular da competência, ao passo que a subdelegação envolve, na posição de subdelegante, o órgão ou agente com competências delegadas.

O artigo 46.º, n.º 1, acolhe a regra segundo a qual "o delegante pode autorizar o delegado a subdelegar" (salvo disposição legal em contrário). Quer isto dizer que o CPA, por si mesmo, habilita o órgão delegante a autorizar o delegado a subdelegar – em regra, a autorização da subdelegação consta do despacho de delegação. Sem esta autorização, o delegado não pode subdelegar (*delegatus non potest delegare*).

Assim, o Ministro "A", habilitado a delegar a competência "X" no diretor-geral "B", pode, nos termos do artigo 46.º, n.º 1, do CPA, autorizar o diretor-geral a subdelegar a referida competência no diretor regional "C": sem a autorização do Ministro, órgão delegante, a subdelegação não é possível.

Por sua vez, por força do disposto no CPA (artigo 46.º, n.º 2), o subdelegado pode subdelegar as competências que lhe tenham sido subdelegadas, salvo disposição legal em contrário ou reserva expressa do delegante ou subdelegante. Assim, se a lei não estabelecer coisa diferente ou se o delegante ou subdelegante não excluírem de forma expressa uma tal possibilidade, qualquer subdelegante pode subdelegar as competências que lhe tenham sido subdelegadas.

Retomando o exemplo anterior: o diretor regional "C" encontra-se legalmente autorizado a subdelegar; como sabemos, do CPA não resulta qualquer indicação sobre quais os órgãos ou agentes que podem beneficiar de subdelegação do diretor regional – na nossa interpretação, a subdelegação apenas se apresenta possível em órgãos ou agentes dependentes ou subordinados do órgão subdelegante.

A letra da lei não se apresenta inequívoca, mas parece que "todo" ou "qualquer" subdelegado dispõe do poder legal de subdelegar, nos termos do n.º 2 do artigo 46.º.

c) Avocação

Em geral, a avocação consiste num ato pelo qual um órgão chama a si o exercício da competência de um outro órgão, para decidir um caso específico ou um conjunto definido de casos[1058]. Nos termos previstos no CPA, o delegante "tem o poder de avocar" (cf. artigo 49.º, n.º 2). No âmbito da delegação, e pelo facto de o delegado apenas deter o exercício da competência delegada, a avocação não tem, como em geral, o efeito de fazer ingressar no delegante a competência do delegado. Neste caso, trata-se antes de um ato pelo qual o órgão delegante chama a si o exercício da sua própria competência (que delegou).

[1058] Segundo o entendimento clássico sobre a relação hierárquica, a avocação seria um poder geral do superior hierárquico. Tivemos oportunidade de explicar que, hoje, não existe esse poder geral de avocação do superior hierárquico [cf. ponto 181.6.3].

Como a delegação consiste na transferência do exercício da competência, enquanto a mesma está em vigor, não existe uma dupla possibilidade de exercício (pelo delegante e pelo delegado) da competência delegada. A avocação permite, precisamente, ao delegante recuperar o exercício de um ou alguns poderes delegados, mantendo a delegação quanto aos poderes não avocados.

A lei não regula a forma do ato de avocação; qualquer forma de comunicação poderá ser utilizada: e-mail, *sms*, telefone; o ato de avocação pode até ser praticado de forma concludente, podendo resultar, por ex., da solicitação ao delegado do envio do processo administrativo relativo a um caso específico. Enquanto ato autónomo, praticado de forma expressa ou tácita, a avocação tem o propósito prático de tornar o delegado ciente de que o delegante chamou a si o exercício da competência num âmbito definido. Neste sentido, a avocação previne o risco da ocorrência de decisões contraditórias ou, em qualquer caso, de duas decisões para a mesma situação da vida.

Na sequência da avocação, o delegado vê-se destituído do exercício da competência delegada, pelo que o ato que venha a praticar será ilegal (por incompetência).

Na hipótese de o delegante exercer a (sua) competência sem proceder à avocação, o ato que pratique não deverá reputar-se inválido.

> A prática de atos pelo delegante sem avocação poderia corresponder a uma invalidade por falta de legitimação para o exercício da competência. Parece-nos, contudo, que, neste caso, não há invalidade, a qual, como é sabido, depende da ofensa a um princípio ou norma jurídica aplicável (cf. artigo 163.º, n.º 1, do CPA): ora, a prática de atos pelo delegante sem avocação não corresponde à infração de qualquer norma jurídica[1059]. O artigo 49.º, n.º 2, atribui ao delegante o "poder de avocar", mas nada acrescenta sobre o dever e, sobretudo, quanto ao modo de exercer esse poder.

De certo modo relacionada com o tema da avocação, coloca-se a questão de saber se o órgão delegante tem um dever de exercer a "sua" competência (dever de decidir e de praticar atos administrativos abrangidos pela delegação, após avocação), quando para tal seja solicitado por um particular, que

[1059] A este respeito, o Prof. Rogério Soares, *Direito Administrativo, cit.* (Coimbra), p. 262, sustentava que, de acordo com a teoria da transferência de exercício, não seria necessária a prática de um ato especial de avocação.

desconhece a delegação ou que, em qualquer caso, dirige um requerimento ao delegante, e não ao delegado.

O CPA não tem resposta para esse problema. Sobre este, atente-se, porém, ao disposto no artigo 67.º do CPTA, sobre os pressupostos do pedido (ao tribunal) de condenação à pratica de ato administrativo.

Nos termos da alínea *a)* do n.º 1, a condenação à prática de ato legalmente devido pode ser pedida quando, tendo sido apresentado requerimento que constitua "o órgão competente no dever de decidir", não tenha sido proferida uma decisão dentro do prazo legalmente estabelecido.

Especificamente sobre a questão que aqui se coloca, o n.º 2 do mesmo preceito estabelece que "a falta de resposta a requerimento dirigido a delegante (ou subdelegante) é imputada ao delegado (ou subdelegado), mesmo que a este não tenha sido remetido o requerimento".

Assim, por ex., depois de um ministro ter delegado a competência "X" num secretário de Estado, o requerimento que o interessado apresenta ao ministro no sentido da prática de um ato no âmbito daquela competência "X" é considerado requerimento dirigido a *órgão competente*, decorrendo do preceito transcrito estar preenchida a condição do dever legal de decidir. Contudo, no caso, a falta de decisão do ministro sobre o requerimento é imputada ao delegado, o secretário de Estado.

d) Anulação, revogação e substituição dos atos praticados pelo delegado

Conforme resulta do n.º 2 do artigo 49.º, o delegante tem o poder de *anular*, de *revogar* e de *substituir* os atos praticados pelo delegado, ao abrigo da delegação de poderes (cf. ainda artigo 169.º, n.º 4).

Com fundamento no CPA, o órgão delegante pode exercer qualquer destes poderes oficiosamente, por iniciativa própria. Quando a lei o estabelecer, também o pode fazer a pedido dos interessados, mediante *recurso administrativo especial* (cf. *infra*).

O artigo 169.º, n.º 4, acrescenta que a revogação e a anulação dos atos do delegado apenas pode ocorrer "enquanto vigorar a delegação" (este limite aplica-se igualmente à substituição, por força do artigo 173.º, n.º 1). Quer dizer, a competência do delegante para revogar, anular (e, supõe-se, também substituir) atos do delegado esgota-se (caduca) com a extinção da delegação.

Os atos administrativos do delegado estão, assim, expostos a uma apreciação pelo delegante, o qual, cumprindo as regras gerais, pode determinar a *revogação* (fundada em razões de mérito, conveniência ou oportunidade), a *anulação* (fundada em invalidade) ou a *substituição* de atos praticados pelo delegado. Qualquer destes poderes, incluindo o de substituir os atos praticados pelo delegado, é suscetível de ser exercido pelo delegante sem necessidade de avocação.

Pode suscitar-se a questão de saber se o delegante dispõe ainda dos poderes de *reforma*, de *conversão* ou de *alteração* dos atos praticados pelo delegado ao abrigo da delegação: note-se que o CPA estabelece, em geral, que à prática destes últimos atos se aplicam as regras sobre a anulação ou a revogação (cf. artigos 164.º, n.º 1, e 173.º, n.º 1), incluindo, pois, as regras sobre competência. Ora, isto determina que, se um órgão tem poderes para revogar, então também tem poderes para reformar, converter ou alterar um ato administrativo. Esta é a regra, que não vemos razão para não aplicar, no caso de delegação, aos poderes do delegante.

Assim, os poderes do delegante não se limitam à determinação da cessação ou da destruição dos efeitos dos atos praticados pelo delegado. Vão mais longe, e podem passar pela prática de novos atos que substituam ou alterem atos praticados pelo delegado.

Compreende-se a solução, designadamente como sequência natural ou sucedâneo da revogação ou da anulação de atos administrativos: assim, por exemplo, em caso recusa de atribuição de um subsídio pelo delegado, faz sentido que o delegante, que pode anular ou revogar esse ato, também o possa substituir pelo ato de atribuição do subsídio.

Os poderes do delegante que acabámos de referir, embora possam envolver o exercício das competências delegadas (revogação e substituição), são sempre exercidos em segundo grau, depois de uma *atuação* do delegado.

e) Revogação e anulação da delegação

O delegante pode, a todo o momento, fazer cessar a delegação por revogação: cf. artigo 50.º, alínea *a)*. A delegação, que constitui um ato livre do delegante, é também um *ato livremente revogável*.

O mesmo preceito do CPA atribui ao delegante o poder de *anulação* do ato de delegação. Em geral, a anulação tem como fundamento a invalidade (cf. artigo 165.º, n.º 2), neste caso do ato de delegação. Percebe-se o rigor técnico-jurídico da lei – ao pressupor a distinção entre revogação e anulação –, mas, neste caso, o rigorismo poderia ter sido dispensado, em face do poder livre de revogação.

182.3.2.6 – Extinção da delegação

O artigo 50.º prevê duas formas de extinção da delegação: a *revogação* e a *anulação*, por um lado, e a *caducidade*, por outro.

Sobre a revogação e a anulação, pronunciámo-nos no ponto anterior. Por seu lado, a caducidade pode surgir como consequência do esgotamento dos efeitos da delegação (*v.g.*, delegação para decidir sobre pedidos de autorização durante o mês de julho) ou em virtude da mudança dos titulares dos órgãos delegante ou delegado – trata-se, neste último caso, de um corolário do já assinalado caráter pessoal (*intuitu personae*) da delegação de poderes. Assim, a exoneração de um ministro determina imediatamente a caducidade de todas as delegações que o mesmo tenha feito.

> Apesar do carácter *intuitu personae* da delegação, a suplência (substituição dos titulares de órgãos em caso de ausência falta ou impedimento) não determina a caducidade: nos termos do artigo 42.º, n.º 3, "o exercício de funções em suplência abrange os poderes delegados ou subdelegados no órgão ou no agente" – note-se, todavia o caso especial de suplência do artigo 72.º, n.º 1: "declarado o impedimento do titular do órgão ou agente, é o impedido imediatamente substituído no procedimento pelo respetivo suplente, salvo se houver avocação pelo órgão competente para o efeito" [cf. ponto 81.4].

183 – Outras relações interorgânicas

Entre os órgãos de uma pessoa coletiva de direito público existem processos de relacionamento que não se subsumem nas hipóteses anteriores.

Eis o que sucede nos seguintes casos:

a) Relações de coordenação procedimental. – Os órgãos de uma pessoa coletiva têm, em muitos casos, de se articular entre si, no desenvolvimento de um procedimento, em vista do exercício de *competências conjuntas* (*v.g.*, despachos conjuntos), do *exercício conjugado de competências separadas* (*v.g.*, conferências procedimentais) ou do exercício de competências em coordenação [cf. pontos 55.2, 94 e 122].

Além disso, em muitos casos e hoje até em regra, a lei determina a separação entre a competência para a direção do procedimento e competência para a adoção da decisão do procedimento (cf. artigo 55.º do CPA).

b) Relações de cooperação procedimental. – Com frequência, a lei impõe ou permite que os órgãos de uma pessoa coletiva solicitem *pareceres* ou a realização de certas diligências por outros órgãos, num quadro de *auxílio* ou de *assistência* (*v.g.*, auxílio administrativo: artigo 66.º do CPA).

c) Relações decorrentes da separação legal entre os poderes de iniciativa e de decisão procedimental. – Em muitos casos, a lei confia a um órgão a competência para pôr em marcha um procedimento administrativo (mediante *proposta*) tendente à emissão de uma decisão a proferir por outro órgão administrativo; assim, por ex., nos termos do RJAL, uma parte muito significativa das competências da assembleia municipal só pode ser exercida sob proposta da câmara municipal (cf. artigo 25.º, n.º 1).

d) Relações de controlo. – Fora da hierarquia, há relações que pressupõem a supremacia funcional e pontual de uns órgãos sobre outros órgãos da mesma pessoa coletiva: assim sucede, por ex., no quadro de mecanismos de controlo preventivo, quando a lei atribui a um órgão a competência para *autorizar* ou para *aprovar* atos a praticar por outro órgão. É isto precisamente que ocorre, com muitos atos da câmara municipal, que se encontram dependentes de autorização ou de aprovação da assembleia municipal. A esta categoria se reconduzem as relações que resultam da exigência de *pareceres vinculativos* no procedimento de formação de uma decisão. Outro tanto sucede com a previsão legal de poderes de revogação ou de anulação de decisões fora do quadro da hierarquia ou da delegação de poderes.

184 – Relações dentro de órgãos administrativos

As relações analisadas nas páginas anteriores [pontos 181 a 183] processam-se entre órgãos (interorgânicas). Todavia, no caso de órgãos colegiais, pode ainda discernir-se uma outra categoria de relações, que se processam *dentro dos órgãos* (intraorgânicas): por ex., relações jurídicas entre o presidente e todos os outros ou uma parte dos outros membros do órgão colegial; entre cada um dos membros do órgão, titulares dos designados "direitos orgânicos" (*v.g.*, direito de apresentar propostas, direito de voto), e o presidente do órgão colegial. Além de feições variadas, estas relações apresentam, em certos órgãos, traços marcados de dimensão conflitual (*v.g.*, presidente que recusa conceder a palavra a um vogal; revogação pelo órgão da decisão do presidente de encerramento antecipado da reunião, nos termos do artigo 21.º, n.º 3, do CPA) – [sobre estas relações, cf. ponto 86.1.2].

Título II
Função administrativa

Após o estudo da Administração Pública (elemento subjetivo do Estado Administrativo), inicia-se agora o Título II da Parte II, dedicado à *função administrativa*, que é o elemento objetivo do conceito de Estado Administrativo. O propósito dos dois capítulos que se vão seguir consiste, por um lado, em caracterizar a função administrativa, distinguindo-a das atividades privadas, bem como de outras funções públicas, e, por outro lado, em determinar o elenco fundamental das missões em que se materializa esta função.

Capítulo 13
Função administrativa: *atividade pública* e *função pública*

A Administração Pública dedica-se à função administrativa. No presente capítulo procede-se à caracterização da função administrativa como *atividade pública*, que se distingue das atividades privadas, desenvolvidas na Sociedade Civil, pelos cidadãos, e enquanto *função pública*, que se distingue de outras funções públicas, exercidas por outros poderes do Estado.

185 – Função administrativa enquanto *atividade pública*. 185.1 – Atividade pública e atividade privada. 185.2 – Determinação da natureza pública de atividades de entidades particulares. 185.2.1 – Apropriação pública explícita e delegação subsequente. 185.2.2 – Apropriação pública explícita com delegação originária. 185.2.3 – Apropriação pública implícita; os indícios de apropriação. 186 – Função administrativa enquanto *função pública*. 186.1 – Função administrativa e função política ou de governo. 186.2 – Função administrativa e função legislativa. 186.3 – Função administrativa e função jurisdicional. 186.4 – Reserva de Administração: ação pública através de medidas concretas e individuais em vista da realização de interesses públicos. 186.5 – Elementos de caracterização da função administrativa.

185 – Função administrativa enquanto *atividade pública*

O conceito de função administrativa referencia uma específica "Kompetenz" do Estado, que se distingue de outras funções estaduais. Mas, em si mesma e enquanto competência do Estado Administrativo, a função administrativa caracteriza-se como ação ou atividade pública, que pressupõe ou envolve um efeito de publicização (*publicatio*). A compreensão do sentido exato do conceito de função administrativa reclama, assim, um contacto com a noção de *atividade pública* e a delimitação desta noção em face da de *atividade privada*[1060].

Para assinalar a especificidade das injunções públicas executadas no âmbito da função administrativa, pode falar-se de "atividade administrativa" ou de "tarefa administrativa": trata-se de fórmulas que indicam uma atividade *pública*, que se distingue por ser desenvolvida por entidades da Administração Pública.

185.1 – Atividade pública e atividade privada

A identificação dos fatores que qualificam a natureza pública de uma atividade assume, naturalmente, uma complexidade particular quando estão em presença atuante entidades particulares.

Estando envolvidas intervenções diretas do Estado ou de quaisquer entidades públicas, teremos, por natureza, uma atividade pública, uma "state action". É exatamente com esse sentido que se fala de um conceito *formal* e *aberto* de atividades ou tarefas públicas: assim se qualificam todas as que o Estado ou as outras entidades públicas assumem diretamente. O Estado (em sentido amplo) não é certamente livre de assumir a execução de quaisquer atividades, pois existem "limites constitucionais" à publicização: assim, por ex., o Estado está impedido de desempenhar missões desprovidas de relevância pública ou social, que não prossigam interesses públicos e que não tenham qualquer relação com os seus "fins constitucionais". Mas, ainda que o faça de forma ilegítima e contra o que a Constituição permite, o que o Estado faz é sempre "ação pública".

Podemos, pois, dizer que *são atividades públicas (administrativas) todas as tarefas ou missões que o Estado Administrativo desenvolve*. Ao Estado Administrativo, em sentido subjetivo ou orgânico, reconduzem-se os vários sujeitos da Administração Pública: as pessoas coletivas públicas, as entidades administrativas privadas, mas também as entidades particulares com funções administrativas. São, portanto, as atividades destas entidades que correspondem às atividades públicas de carácter administrativo.

[1060] Sobre a exposição que se segue, veja-se, com mais desenvolvimentos e referências bibliográficas, o nosso *Entidades Privadas, cit.*, p. 463 e segs.

Neste âmbito, coloca-se, todavia, a dúvida relacionada com a identificação da natureza das atividades executadas por entidades particulares. Com efeito, em relação às pessoas coletivas públicas e às entidades administrativas privadas, podemos dar por assente a ideia de que "tudo o que fazem é público", pelo simples facto de se tratar de entidades da esfera pública, do setor público.

Mas as entidades particulares não pertencem ao setor público e não são instituídas para se dedicarem ao exercício de atividades públicas. É por essa razão que podemos concluir que, *em princípio*, as atividades a que as entidades particulares de dedicam são *atividades privadas*: pode-se aludir, neste contexto, a um "princípio da privaticidade".

185.2 – Determinação da natureza pública de atividades de entidades particulares

As ações das pessoas coletivas públicas e das entidades administrativas privadas são *ações públicas*. Por sua vez, as ações das entidades particulares são, *em princípio, ações privadas*. Mas este princípio conhece desvios. Como sabemos, as entidades particulares também se ocupam da função administrativa, o que significa, portanto, que, nessa medida, exercem atividade pública.

O processo de identificação dos casos excecionais poderá basear-se num de dois critérios: um *critério material*, que visa descortinar uma caracterização abstrata de atividade pública, ou um *critério formal*, que admite qualificar como públicas apenas as atividades originariamente assumidas pelo Estado ou por entidade pública e delegadas ou concessionadas a entidades particulares.

A nossa opção apresenta-se clara: as atividades executadas por entidades particulares só se qualificam como públicas quando, num primeiro momento, tenham sido objeto de um processo de "apropriação pública" (apropriação pelo Estado ou por outra entidade pública). Fora desses casos, podemos estar diante de atividades da maior relevância para o interesse público, mas se não for *segura* e *inequívoca* a prévia "apropriação pública", não resta outro caminho lógico e consequente senão o de aplicar o princípio da que se trata de atividades privadas.

Diríamos, neste domínio, que as exigências de segurança e de certeza jurídicas que a matéria reclama impõem o *critério formal* de apropriação como único critério fiável. Na verdade, os critérios materiais têm, desde logo, um preço elevado: a incerteza.

Apesar disso, os critérios materiais estão muito divulgados. Trata-se de uma abordagem frequente no espaço anglo-saxónico, onde, de forma consistente e sustentada, se propõe uma deslocação do critério do Direito Administrativo: da Administração Pública para a "função pública". Função pública, para esta orientação, é qualquer atividade de "relevo público", "com efeitos públicos", "com consequências públicas" ou que contenha "public elements". A ideia é, pois, a de construir os conceitos de tarefa pública e de poder público a partir da *natureza do poder* ("nature of power") e não da respetiva *fonte* ("source of power").

Em clara rutura com estes critérios materiais ou por superação deles, defendemos que uma atividade exercida por um particular só pode ser qualificada como pública se se manifestar claramente que se trata de uma atividade objeto de uma *publicatio*, quer dizer, "apropriada por uma entidade pública". Estamos, pois, plenamente de acordo com Vital Moreira, quando afirma que "só existe exercício privado de funções administrativas quando estas são confiadas, *enquanto tais*, a uma entidade privada. Isso implica ou uma expressa qualificação legal, ou a existência de elementos que nesse sentido seguramente apontem (*v.g.*, a entrega de parte de uma tarefa que cabe integralmente ao Estado, a utilização de poderes de autoridade administrativa). Em caso de dúvida, deve presumir-se que se está perante uma tarefa privada e não perante uma tarefa pública a cargo de particulares"[1061].

Recusamos as teses que identificam como públicas ou administrativas atividades que se destinam *à satisfação de necessidades coletivas*, que se traduzem no *desempenho de missões de interesse público*, que assentam o critério da publicidade em indicações de carácter material ou substancial, como se as atividades públicas fossem objetivamente diferentes das atividades privadas[1062].

Do mesmo modo, o requisito da apropriação explica a recusa de qualificação como públicas das atividades desenvolvidas no âmbito do terceiro

[1061] Cf. Vital Moreira, *Administração Autónoma, cit.*, p. 289.

[1062] Numa leitura superficial, poderá detetar-se uma cedência a esses critérios materiais no artigo 3.º, n.º 2, do CCP, na parte em que se refere a "contratos no exercício de funções materialmente administrativas". Cremos, porém, que, no contexto, o sentido da norma não reside em convocar um critério material para delimitar a função administrativa, mas apenas em reforçar a exigência da presença do exercício de uma função ou atividade administrativa como elemento irrenunciável do conceito de contrato administrativo.

setor ou economia social: as entidades que atuam neste âmbito (*v.g.*, IPSS) desenvolvem missões de relevância social e pública, mas no âmbito do direito privado e na esfera da Sociedade Civil. Trata-se de entidades que se localizam na esfera privada, fora da Administração Pública, sem participação no exercício da função administrativa. Isto não exclui, contudo, que a respetiva atuação assuma uma relevância pública, que justifique a sujeição delas a uma regulação administrativa especial: quando é o caso, podemos estar diante de "entidades particulares publicamente reguladas"; é o que ocorre com as instituições particulares de solidariedade social e com entidades como a Cruz Vermelha Portuguesa ou as associações humanitárias de bombeiros voluntários, que são "pessoas coletivas privadas de utilidade pública administrativa", ou com as câmaras de comércio e indústria, que são "pessoas coletivas de utilidade pública" [cf. ponto 47.1.2, *b)*].

Coisa diferente é a que resulta de estas entidades se verem investidas do desempenho de funções administrativas, no quadro de uma colaboração com a Administração Pública delineada num contrato (*v.g.*, contratos de gestão no setor da saúde com entidades do terceiro setor). No âmbito dessa colaboração, e nos termos nela previstos, participam no exercício da função administrativa [cf. ponto 110].

É agora chegado o momento de expor, em concreto, os sinais que revelam e os fatores que denotam ou indiciam a "apropriação pública" de uma atividade.

Recorrendo, neste contexto, a uma fórmula corrente no direito francês, diremos que os elementos que a seguir se referem indicam um "rattachement organique" ao Estado ou a uma entidade pública de uma atividade exercida por particulares: "a atividade assegurada por um organismo privado não pode ser qualificada como serviço público, salvo se, apresentando um carácter de interesse geral, puder ser organicamente atribuída à autoridade pública que a criou e que, no fim de contas, é a única e verdadeira responsável"[1063]. Numa formulação sintética e expressiva, pode dizer-se que "faute de rattachement organique, l'activité ne peut être qu'une activité privée", ou seja, na ausência de uma ligação orgânica ao Estado, a atividade não pode deixar de ser uma atividade privada[1064].

[1063] Cf. M. Canedo, *Le mandat administratif*, LGDJ, 2001, p. 760. Sobre a exigência do referido "rattachement organique", cf. R. Chapus, *Droit Administratif Général*, Montchrestien, vol. I, 1998, p. 432.
[1064] Cf. Chapus, *ibidem*, p. 433.

Para se poder qualificar como pública a atividade exercida por uma entidade particular, torna-se necessário demonstrar que a mesma foi *deslocada* para esta entidade logicamente após a respetiva apropriação por uma entidade pública. Neste sentido, pode dizer-se que as entidades particulares executam tarefas públicas sempre ao abrigo de uma *concessão* ou *delegação*, isto é, no contexto de um ato e de uma relação que assinalam o "carácter derivado" do título para a execução da tarefa.

Ora, apesar de estarmos longe da incerteza dos critérios materiais, não se pense que a identificação de uma tarefa pública de acordo com um critério formal representa um trabalho fácil, servido por um trajeto seguro. Haverá casos em que a qualificação não apresenta, de facto, dificuldades assinaláveis. Mas nem sempre assim sucede. É claro que a "caça aos indícios"[1065], a identificação dos elementos que apontem no sentido da natureza pública da tarefa tem de conduzir a uma resposta *segura* e *inequívoca*. Em caso de dúvida, o caminho certo consiste em concluir que se está perante uma atividade privada e não perante uma tarefa pública a cargo de particulares.

185.2.1 – Apropriação pública explícita e delegação subsequente

A natureza pública da tarefa executada por particulares é óbvia nos casos em que, num primeiro momento, a lei atribui explicitamente ao Estado ou a uma entidade pública a responsabilidade pela respetiva execução. Esta atribuição inicial ou originária representa a "apropriação institucional", a "prise en charge" da missão pelo aparelho administrativo público. Nesta hipótese, a entidade particular atua na condição formal de "concessionária" ou de "delegatário" da entidade pública originariamente responsável. O facto de a tarefa ser objeto de "dois movimentos" (primeiro, atribuição à entidade pública e, depois, entrega ao particular) afasta as dúvidas de qualificação.

185.2.2 – Apropriação pública explícita com delegação originária

Na situação analisada no número anterior, a tarefa pública executada por particulares começa por se ver explicitamente confiada a entidades públicas. O momento de "apropriação pública" revela-se de forma evidente. Agora, temos em vista a hipótese de execução por particulares de atividades não previamente confiadas a entidades públicas. Em princípio, o facto de faltar

[1065] Cf. Chapus, *ibidem*.

esta atribuição originária indicia a qualificação daquela como atividade privada. Uma tarefa deixada nas mãos dos particulares deve, em princípio ou em regra, qualificar-se como atividade privada.

Sendo em regra assim, não deve, porém, desconsiderar-se o fenómeno da *delegação originária* de funções públicas em entidades particulares: uma atividade pública poderá estar originariamente confiada a entidade particulares sem que, portanto, a respetiva execução tenha sido previamente cometida a entidades públicas. Obviamente, a qualificação pública reclama, em casos desses, cautelas especiais. Estamos aqui a admitir apenas a hipótese de se verificar a "apropriação pública explícita" da tarefa envolvida. A lei terá, pois, de declarar expressamente a natureza pública da missão ou deixar indicações explícitas de que se trata de uma missão da responsabilidade do Estado Administrativo. Neste sentido, conduz a uma conclusão segura sobre a natureza pública de uma atividade o facto de a lei o estabelecer de forma clara, por ex., indicando que têm natureza pública os poderes exercidos por uma entidade particular ou que as missões que esta desenvolve correspondem a "finalidades compreendidas nas atribuições do Estado" (eis o que ocorre em relação à atividade de regulação do desporto pelas federações desportivas).

185.2.3 – Apropriação pública implícita; os indícios de apropriação

Nas hipóteses referidas até aqui estava envolvida uma "apropriação pública explícita". A situação que procuramos agora analisar apresenta outros contornos. Pretende-se saber se o facto de a lei não determinar explicitamente a apropriação pública da tarefa desenvolvida por uma entidade particular inviabiliza a qualificação pública. A hipótese a considerar aqui é, pois, a de uma *atividade desenvolvida por entidades particulares não qualificada explicitamente como pública*.

> Obviamente, a questão da natureza jurídica de uma atividade exercida por particulares só se coloca quando essa seja uma *atividade regulada por lei*. Na verdade, a atividade que os particulares exercem fora de um enquadramento legal específico – ainda que com base em direitos e liberdades gerais de ação consagrados em lei, *v.g.*, direito de associação, direito de iniciativa económica, direito de propriedade – não pode deixar de se considerar uma atividade privada. A dúvida pode surgir apenas para atividades reguladas por lei.

Tendo presente o *princípio da privaticidade* – em princípio, são privadas as atividades exercidas por entidades particulares – não existem, contudo, obstáculos que, liminarmente, excluam a possibilidade de se qualificar como pública uma atividade confiada a particulares e que não expressamente assumida como pública.

Uma tal posição não significa qualquer aproximação das correntes que baseiam a qualificação pública em critérios materiais ("interesse público"; "relevância pública"; "efeitos públicos"), já que, mesmo aqui, não se declina a exigência de "apropriação pública" da tarefa. Limitamo-nos a admitir, num puro plano teorético, que a apropriação pública (*v.g.*, pelo Estado) de uma tarefa pode não resultar de uma declaração explícita, mas, antes, de fatores ou de indícios que conduzam o intérprete à conclusão de que uma determinada missão foi objeto de "apropriação pública implícita".

As considerações expostas esclarecem, nesta matéria, que decisivos não são os fins ou a relevância de uma atividade para a satisfação das necessidades coletivas. Uma atividade com essas características pode assumir-se como privada, integrar a esfera da Sociedade, e ser exercida pelos particulares no exercício dos seus direitos e liberdades. Não se procuram, portanto, indícios que revelem uma categoria de "atividades públicas por natureza" ou "objetivamente públicas". Pretende-se encontrar, isso sim, fatores ou indícios que revelem a "apropriação pública" e que, por conseguinte, permitam concluir que, apesar de imediatamente confiada a particulares, uma determinada atividade reveste natureza pública e deve considerar-se administrativa.

Vamos, a seguir, analisar fatores que, *num contexto determinado*, podem ter o alcance de indiciar com suficiente clareza a apropriação pública de uma tarefa desenvolvida por particulares.

a) Conexão inseparável da atividade em causa com uma tarefa claramente pública

A circunstância de uma determinada atividade se apresentar intrinsecamente conexa com uma atividade claramente pública pode indiciar a sua natureza pública.

Trata-se, contudo, de um fator que deve ser analisado com todas as cautelas, designadamente em face dos numerosos contactos e continuidades entre tarefas privadas e tarefas públicas. Diremos, por isso, que, para representar um indício seguro da natureza pública de uma tarefa, o tópico da conexão inseparável reclama que seja inequívoco que a lei confie a particulares uma "parte", um "segmento" de uma tarefa unitária de natureza pública. Quer dizer, a tarefa do particular terá de constituir uma "parte não autónoma de uma tarefa global". Com base neste critério, deve, por ex., considerar-se pública a tarefa que um particular exerce de autuação de infrações que dão lugar à aplicação de sanções públicas. A situação pode, aliás, generalizar-se a todos os casos em que ao particular cabe, com fundamento na lei, a organização e a direção da instrução de procedimentos administrativos.

Do mesmo modo, parece de considerar pública a tarefa atribuída a um particular de, nos termos da lei, emitir uma pronúncia com força vinculativa sobre uma decisão pública. Todavia, neste caso, tal pronúncia tem de se traduzir num ato inserido na tramitação do procedimento (não um mero pressuposto do exercício das competências da Administração) e terá de corresponder a uma situação inequívoca de desconcentração dos encargos da instrução de um procedimento administrativo.

b) Exercício de poderes de autoridade na execução da atividade

A utilização de poderes de autoridade é geralmente apontada como um dos indícios mais nítidos do carácter público de uma atividade. Mas, note-se, trata-se apenas de um indício. Com efeito, a conexão entre poderes de autoridade e atividade pública não existe sempre. Por um lado, o direito privado conhece poderes de autoridade e relações de subordinação jurídica, circunstância que explica a afirmação de que "os poderes públicos não são sempre evidentes". Não obstante, poderá sempre dizer-se, sobre isso, que os poderes privados de autoridade se projetam, geralmente, em relações baseadas ou originadas no consenso (*v.g.*, relações entre empregadores e trabalhadores e relações entre associações e associados). Esta "explicação consensual" permite considerar públicos os "poderes de autoridade exorbitantes", isto é, os poderes de autoridade sem raiz consensual. Ora, se uma entidade particular se encontra habilitada a exercer poderes desta natureza, temos aí a indicação forte da natureza pública da atividade conexa com esses poderes.

c) Atividade essencial ao exercício de direitos condicionados por lei ou ao cumprimento de deveres legalmente impostos aos cidadãos

Estamos agora perante um fator de natureza diferente dos dois anteriores, porquanto estão em causa a própria natureza e o regime legal desenhado para uma atividade.

Suponha-se que a lei exige a certificação como condição da comercialização de um dado produto com indicação da origem geográfica. Neste caso, o interessado em iniciar a comercialização é confrontado com uma norma jurídica que condiciona a satisfação do interesse (privado) de indicar a origem geográfica dos produtos que vende: se quiser fazê-lo, tem de se submeter à certificação de uma entidade independente

Em situações dessa natureza, o Estado, ao mesmo tempo que afasta a possibilidade de um livre e desregulado exercício de direitos que ele próprio reconhece, não pode deixar de assumir, pelo menos, a responsabilidade de organizar o sistema de execução da atividade que descondiciona o exercício desses direitos. O condicionamento legal está, portanto, na origem de um direito subjetivo público de exigir do Estado a criação de uma adequada estrutura organizativa de proteção do direito condicionado, a qual, além do mais, assegurará a possibilidade do seu exercício. Ora, na generalidade dos casos, a lei entrega a referida responsabilidade a uma instância pública da Administração Pública. No entanto, pode suceder que, em vez disso, a lei a confie diretamente a entidades particulares. Então, passam a ser essas entidades particulares – "autorizadas", "acreditadas", "reconhecidas", etc. – que se responsabilizam pela tarefa em cujo âmbito são praticados os atos que descondicionam o exercício de direitos subjetivos conferidos por lei.

O facto de o Estado confiar a referida tarefa a entidades particulares pode, em certas condições, interpretar-se como a adoção de uma estratégia de *delegação originária* de uma função administrativa a particulares. De facto, dando por boa a premissa segundo a qual o condicionamento legal de um direito subjetivo implica, para o Estado, a responsabilidade pública de criar uma estrutura de proteção e de descondicionamento do direito, segue-se a conclusão, de que, em si mesma, a tarefa de descondicionamento do direito é, implicitamente, apropriada pelo Estado.

Embora admitindo a conclusão, cumpre explicar que esta não se assume inevitável, enquanto universal, válida para todas as hipóteses. Com efeito, pode suceder que a lei imponha a exigência de certificação – condicionando o direito de introduzir o produto no mercado –, mas, ao mesmo tempo, responsabilize o produtor interessado por obtê-la, no mercado, através de um dos vários organismos privados oficialmente reconhecidos ou acreditados que prestam serviços (privados) de certificação. Em situações com este recorte, o Estado "privatiza" e confia ao próprio mercado as tarefas que provocam o descondicionamento do exercício de direitos. Não há aqui apropriação pública, mas, pelo contrário, privatização material de tarefas. As relações que se estabelecem entre prestadores e adquirentes de serviços são relações de direito privado, que se desenrolam num contexto típico de mercado[1066].

Dir-se-á, portanto, que o cenário que estamos a analisar apenas pode indiciar uma apropriação pública nos casos em que a atividade de descondicionamento e de controlo de direitos não é legalmente privatizada ou liberalizada. Assim, haverá, neste caso específico, um "princípio de apropriação pública", sempre que a atividade for exercida por uma única entidade particular (indicada pelo Estado), em posição de monopólio ou de exclusivo publicamente enquadrado e regulado. O facto de a lei atribuir a uma única entidade particular, por ex., as atividades de certificação de produtos (*v.g.*, vinho, queijo) ou de passagem de carteiras profissionais constitui, para nós, um indício inequívoco de "apropriação pública".

d) Outros fatores

Nas condições que referimos, os três fatores expostos podem indiciar a apropriação pública de uma tarefa executada por entidades particulares.

Mas deve discutir-se ainda a eventual relevância de outras indicações legais.

Assim, por ex., o facto de a lei chamar "taxa" à contraprestação do serviço prestado por uma entidade particular. Uma vez que, num sentido técnico-jurídico, a taxa consiste num tributo que pode ser exigido como contrapartida da prestação concreta de um serviço público, poderia supor-se que o facto de a lei estabelecer que a contrapartida da prestação de um serviço constitui uma "taxa" bastaria para considerar público o serviço prestado. Sucede, no entanto, que o legislador usa, com frequência, o conceito de taxa num sentido impróprio, para indicar, não a designação de um tributo, mas, por ex., o "preço fixado por uma norma de direito público". Assim, a mera referência legal ao conceito de taxa não consubstancia, portanto, um critério seguro para qualificar como pública a actividade exercida por um particular. Na ausência de outros fatores, a designação legal só deve ser tomada como elemento que indicia a natureza pública da *contraprestação* quando for seguro que a "taxa" apresenta o carácter de um tributo. É o que nos parece verificar-se nos seguintes casos: *i)* sempre que a lei estipula

[1066] É precisamente isso o que ocorre com a atividade dos designados "organismos notificados", que, em condições de concorrência, prestam serviços privados de certificação [cf. pontos 36.4 e 143] – neste sentido, veja-se a jurisprudência do Tribunal de Justiça, relativamente à certificação efetuada, em contexto concorrencial, pelas *Società Organismi di Attestazione* (SOA): Acórdãos de 12/12/2013, Proc. C-327/12, e de 16/06/2015, Proc. C-593/13.

que o prestador do serviço, e beneficiário da taxa, tem, na hipótese de incumprimento, o direito de a cobrar coercivamente pela via do processo das execuções fiscais (*v.g.*, taxa de certificação cobrada pelas entidades certificadoras de vinhos regionais); *ii)* se a lei determina que o não pagamento de uma taxa constitui uma contraordenação, deixando assim claro que está em causa um ilícito público (*v.g.*, taxas de portagem cobradas por empresas concessionárias de autoestradas); *iii)* quando o contexto em que aparece a referência ao conceito de taxa sugere que a lei pretende investir a entidade privada de um poder especial (assim, por ex., se a lei estabelecer que "a entidade X fica *autorizada* a cobrar taxas pelos serviços que presta"). Em tais casos, desvanece-se a dúvida sobre a natureza tributária da contraprestação a que a lei chama taxa.

Por outro lado, o facto de a lei prever a impugnação administrativa de atos de entidades particulares pode ser também relevante. Na verdade, a submissão de atos de particulares à jurisdição administrativa deverá, em princípio, interpretar-se como a confirmação da natureza pública da tarefa executada. Contudo, também neste domínio, se impõem cautelas, pois o legislador pode fornecer indicações incorretas (eis o que, na nossa leitura, sucede em relação à indicação legal no sentido da impugnação de atos de certificação de organismos notificados nos tribunais administrativos[1067]).

O mesmo se diga das situações em que a lei admite o "recurso" para a Administração Pública de atos de entidades particulares. Se, em geral, podemos aceitar que a previsão de um recurso administrativo parece pressupor a natureza pública do ato praticado, importa não excluir a hipótese de esse ser um instrumento para conferir à Administração o "poder de controlar a legalidade de atos privados" ou até um "poder de resolver conflitos entre particulares".

186 – Função administrativa enquanto *função pública*

A função administrativa é uma atividade pública, da responsabilidade originária e inicial do Estado ou de outra pessoa coletiva pública. Acabámos de ver que, para a sua delimitação em face das atividades privadas, não se revela adequado convocar critérios materiais: assim, reconduzem-se à função administrativa ou, talvez melhor, à ação pública, todas as ações *executadas* ou *apropriadas* pelo Estado ou por entidades públicas. Agora,

[1067] Sobre isso, veja-se o nosso texto "Impugnação de decisões privadas em tribunais administrativos", *cit.*, p. 85 e segs.

confrontamo-nos com questão diversa: em causa já não está o objetivo de discernir entre ação pública (do Estado Administrativo) e ação privada (da Sociedade Civil), mas, antes, dentro da esfera pública (do Estado em sentido lato), identificar o carácter *administrativo* de uma atividade ou função. Procura-se, pois, compreender a identidade da função administrativa em face das outras funções do Estado.

O tema remete-nos para o *princípio da separação de poderes* e para a localização da função administrativa nesse âmbito, ao lado da função legislativa e da função judicial. Pois bem, na compreensão inicial, o sistema tripartido de poderes e funções assentava na delimitação rigorosa da função legislativa, enquanto atividade essencial de produção de leis (prescrições gerais e abstratas) e com primazia sobre as demais funções: quer sobre a função judicial, de resolução de litígios através de sentenças e com fundamento na lei, quer sobre a função administrativa, concebida como atividade de mera execução de lei e definida de uma forma negativa, segundo um "método de subtração"[1068], como toda e qualquer atividade pública que não se traduz na função legislativa, nem na função jurisdicional[1069].

Esta definição negativa da função administrativa é evidentemente insatisfatória, além de problemática, pois pressupõe a delimitação exata e taxativa das funções legislativa e judicial, que também não existe.

Por outro lado, a definição negativa também não explica os momentos de *autonomia da função administrativa*, em que esta não surge, pois, como atividade de execução da lei, nem como uma espécie de função "entalada" entre as funções legislativa e judicial.

Nestes termos, apresenta-se conveniente e necessária a apresentação, se não uma *definição*, ao menos uma caracterização orientada por um critério tipológico, que assinale as *características marcantes* ou os *momentos típicos*[1070] dessa específica função do Estado. Contudo, antes de expor essa caracterização, e até para auxiliar essa tarefa, mostra-se adequado e pertinente confrontar a função de *administratio* com as outras funções públicas do Estado.

[1068] Cf. Ehlers, "Verwaltung und Verwaltungsrecht", *cit.*, p. 10.

[1069] Sobre esta descrição negativa da função administrativa ou administração pública em sentido material, cf. Wolff/Bachof/Stober/Kluth, *ob. cit.*, vol. I, p. 44.

[1070] Cf. Vieira de Andrade, "O ordenamento jurídico", *cit.*, p. 33.

186.1 – Função administrativa e função política ou de governo

O percurso inicia-se por contemplar a função política: trata-se de uma função que não se inscreve no objetivo de distribuição do poder público em que assenta o princípio da separação de poderes, mas que, a partir de uma certa fase da evolução da ciência do direito público, a doutrina autonomizou, precisamente em face da função administrativa.

O que determinou a autonomização da função política não foi tanto a "descoberta" de uma quarta função do Estado, delimitada a partir de elementos ou fatores de distinção material dos designados atos políticos em face dos atos de administração, mas, antes, a ideia de que determinados atos dos poderes públicos não deveriam estar expostos ao controlo de tribunais. Até por causa desta génese, a assinalar que a função política surgiu por desmembramento da função administrativa, não se revela fácil a tarefa de distinguir as duas funções. Com efeito, nas duas funções encontram-se presentes a "dimensão executiva", de *aplicação* de uma norma de competência estabelecida *ex ante*, bem como o "carácter concreto", que redunda em ambas se materializarem em medidas adotadas para uma específica situação e, muitas vezes, para uma determinada pessoa ou instituição.

Em alguns dos seus preceitos, a Constituição indica as *competências políticas* de órgãos constitucionais: eis o que sucede com o artigo 161.º, sobre a "competência política e legislativa" da Assembleia da República, ou com o artigo 197.º, sobre a "competência política" do Governo; além disso, este é ali considerado "o órgão de condução da política geral do país" (artigo 182.º). Em ambos os casos, como se pode verificar, trata-se de considerar sobretudo certos atos praticados no âmbito das relações que se processam entre os órgãos supremos do Estado. No exercício das competências políticas são praticados os "atos políticos": este é o domínio da *função política ou de governo*.

a) Função política ou de governo e injusticiabilidade

Mais do que referenciar um poder estadual de natureza essencialmente diferente, que, por razões substanciais, imponha a sua autonomização em relação aos poderes clássicos (legislativo, administrativo e judicial), o conceito de função política foi determinado, como já se avançou, pelo propósito de recortar um universo de atos públicos que deveriam ficar isentos de fiscalização ou controlo judicial[1071]. Por isso se diz que a importância

[1071] Para uma explicação deste aspeto e, em especial, da relação entre a justiça e a atividade política, cf. Afonso Queiró, "Teoria dos Actos de Governo", *cit.*, p. 524 e segs.

da identificação dos atos políticos decorre diretamente de se excluir a sua justiciabilidade[1072].

O direito positivo confirma essa conexão entre injusticiabilidade e atos da função política: veja-se, nesse sentido, o artigo 4.º, n.º 3, alínea *a)*, do ETAF, que exclui do âmbito da jurisdição administrativa a apreciação de litígios que tenham por objeto a impugnação de "*atos praticados no exercício da função política (e legislativa)*".

> Em inteiro rigor, a injusticiabilidade não tem de corresponder a uma *isenção absoluta e total* de controlo judicial dos atos políticos. Com efeito, a prática do ato político pode estar "regulamentada" e "procedimentalizada" na Constituição ou até na lei. Quando seja este o caso, poderá aceitar-se o controlo judicial para verificação da observância das regras formais ou procedimentais que limitam o exercício desse poder: assim, por ex., a lei estabelece um procedimento específico para a decisão de indulto, pelo que o decreto de indulto do Presidente da República que viola esse procedimento é ilegal e *essa* ilegalidade deve poder ser apreciada por um tribunal – trata-se de controlo judicial do cumprimento das condições jurídico-administrativas da prática de um ato político.

Precisamente pelo facto de a função política se desenvolver através de medidas e atos insuscetíveis de controlo judicial, a sua delimitação assume uma importância particular e acrescida quando se trate de atos oriundos de órgãos que também exercem a função administrativa, como sucede, tipicamente, com o Governo. A situação explica que, para o efeito de discernir entre atos da função política e atos de administração, se considere especialmente a parcela da função política exercida pelo Governo, a designada "função de governo", que se desenvolve através da prática de "atos de governo"[1073].

> Como se observou no Acórdão do STA de 04/07/2013, P. 0654/11, "tudo seria simples se na organização do Estado existissem órgãos com funções exclusivamente políticas e órgãos com funções apenas administrativas já que, se assim fosse, tudo estaria rigorosamente pré-definido e seria

[1072] Cf. Stelkens/Bonk/Sachs, *ob. cit.*, p. 247.

[1073] No sentido da "função governamental" como a parcela da função política desempenhada pelo Governo, cf. Afonso Queiró, "A função administrativa", in *Estudos de Direito Público*, vol. II, tomo I, Acta Universitatis Conimbrigensis, 2000, p. 113 e segs. (p. 128).

impossível qualquer confusão entre os actos políticos e os administrativos. Todavia, não é isso que acontece (...). Daí ser essencial definir quando é que os actos têm natureza política e quando é que têm natureza administrativa uma vez que só as decisões administrativas são susceptíveis de controlo judicial".

No mesmo sentido, cf. Acórdão STA de 18/12/2013, P. 0856/10: "porque o Governo tem competência política e administrativa e porque esta última se materializa em atos administrativos que podem estar inclusos em diploma legislativo – pese embora não ser essa a regra –, é fundamental apurar se determinada decisão decorre da sua função política ou da sua atividade administrativa, pois que só esta é suscetível de controlo judicial"

Diga-se, porém, que o problema existe no cenário da qualificação de atos ou medidas do Governo, mas não está ausente noutras situações. É que pode discutir-se se um ato do Presidente da República (*v.g.*, ato de indulto) ou da Assembleia da República (*v.g.*, designação do presidente do Conselho Económico e Social), praticado no exercício de uma competência constitucional, constitui um ato político ou um ato administrativo, "em matéria administrativa"[1074]-[1075].

b) Caracterização da função política ou de governo

Em razão do carácter *executivo* e pelo facto de traduzir o *exercício de uma competência para um caso concreto*, o ato de um poder público poderá ver-se qualificado como ato político ou como ato de administração (excluídos os

[1074] Veja-se, por ex., Afonso Queiró, *Lições de Direito Administrativo*, vol. I, Coimbra, 1976, p. 89-90, no sentido de que os atos, do Presidente da República, de nomeação e de exoneração do Procurador-Geral da República correspondem ao exercício de competências administrativas.

[1075] Um caso curioso foi o decidido por Despacho do Tribunal de Justiça da União Europeia de 06/06/2019, Proc. T-230/18, que apreciou a decisão do Parlamento Europeu (aprovada por maioria de dois terços dos deputados) que havia destituído um dos seus vice-presidentes, pelo facto de este ter comparado uma eurodeputada da Polónia a um "szmalcownik" (expressão polaca que designa os colaboradores dos nazis durante a II Guerra Mundial). Apesar de estar claramente em causa um ato político, o Tribunal apreciou o recurso, vindo a rejeitá-lo. Ao contrário do que aparenta, a decisão judicial não infirma a ideia de que os atos políticos são injusticiáveis, antes resulta de o Tribunal ter entendido que, nas circunstâncias do caso concreto, tinha o direito de apreciar se a boa administração da justiça justificava rejeitar o recurso, sem decidir sobre a questão prévia da inadmissibilidade: trata-se de uma orientação (de precedência da apreciação do fundo da questão em relação à questão prévia da admissibilidade) que o Tribunal segue noutros casos, como a decisão esclarece, em casos em que, em qualquer caso, os pedidos apresentados pelo autor devam ser julgados improcedentes.

atos jurisdicionais): conhecemos a consequência de o qualificar de uma forma ou de outra, e agora é o momento de perceber em que consiste a função política, para assim se determinar os elementos que conduzem à consideração de um determinado ato como ato político.

Pois bem, seguindo o ensinamento de Afonso Queiró, que, em vários momentos, se ocupou do tema, assume-se que a função política refere a *atividade de órgãos superiores do Estado, que se manifesta mediante a prática de atos concretos, no desenvolvimento de competências criadas pela Constituição e por esta definidas*[1076]; acrescentando agora uma nota material ou de conteúdo, diremos que os *atos políticos dizem sobretudo respeito ao relacionamento entre órgãos superiores do Estado ou entre estes e outros órgãos, às relações externas, bem como a matérias de defesa e de segurança nacional, abrangendo ainda as designadas medidas de clemência*[1077].

A partir desta definição, revela-se possível identificar as notas fundamentais para caracterizar a função política. Vejamos então.

Trata-se, em primeiro lugar, de uma função confiada a órgãos superiores ou supremos do Estado, enquanto órgãos criados pela Constituição e com as suas missões e competência definidas, nos seus traços essenciais, no texto constitucional[1078]. Não é suficiente, para este efeito, que se trate de um *órgão*

[1076] Cf. Afonso Queiró, "A função administrativa", *cit.*, p. 128; Vieira de Andrade, *Lições de Direito Administrativo, cit.*, p. 32; José F. F. Tavares, "Atos políticos e atos de administração – reflexões sobre os critérios de distinção das funções do Estado e das demais entidades públicas", *Estudos em Homenagem a Rui Pena, cit.*, p. 517 e segs.

[1077] Sobre as várias definições doutrinais da função política, cf. Marco Caldeira, *Actos Políticos, Direitos Fundamentais e Constituição*, AAFDL, 2014, p. 36 e segs.: quase todas essas definições acentuam na função política o tópico de se tratar de uma atividade que consiste na "escolha das grandes opções", das "opções fundamenais", "da direção suprema e geral do Estado", etc.; afastamo-nos dessas teses, assentando a nossa compreensão da função política como atividade que se destacou da função administrativa, por se traduzir na prática de atos concretos que não devem ser submetidos a uma apreciação judicial. A "escolha das grandes opções", das "opções fundamentais", etc., reconduz-se a uma *função político-legislativa*, que se formaliza através de atos legislativos.

[1078] Nestes termos, cf. Barbosa de Melo, *Direito Administrativo, II (A Protecção Jurisdicional dos Cidadãos perante a Administração Pública)*, lições policopiadas, Coimbra, 1987, p. 58-59. No sentido de que pode haver atos políticos dos órgãos de governo das regiões autónomas, "ao abrigo da competência *política* regional, em aplicação directa da Constituição ou dos respectivos Estatutos Regionais", cf. Vieira de Andrade, *Lições de Direito Administrativo, cit.*, p. 33 – veja-se, a este respeito, o Acórdão do STA de 30/10/2007, P. 0177/07, sobre a impugnação de uma resolução do Governo Regional da Madeira, que o STA considerou não se tratar de um ato político, com o fundamento de não ter sido praticado no exercício da função política, mas não por provir de um órgão regional.

constitucional; exige-se que esteja em pauta a ação de um órgão imediato e supremo do Estado, como o Presidente da República, a Assembleia da República ou o Governo.

Em segundo lugar, a função política realiza-se mediante o exercício de *competências constitucionais*, quer dizer, competências criadas e definidas pela Constituição, que dão origem à prática de atos que aplicam diretamente a Constituição, sem intermediação legislativa necessária. Assim, mesmo que relacionados com competências definidas na Constituição, não se consideram atos políticos aqueles cujos pressupostos são estabelecidos e o respetivo conteúdo fixado ou demarcado por normas de legislação ordinária; atos como estes enquadram-se na aplicação da lei ordinária e não diretamente da Constituição[1079]: eis o que ocorre com os atos de concessão de Ordens Honoríficas Portuguesas, atos administrativos do Presidente da República[1080].

> O facto de a competência para a prática de atos políticos resultar da Constituição implica a exclusão da possibilidade de *atos políticos com fundamento na lei*. Contudo, chama-se a atenção para o facto de a Constituição incluir no elenco das *competências políticas* do Governo a prática dos demais atos que lhe sejam cometidos pela Constituição "ou pela lei": cf. artigo 197.º, n.º 1, alínea *j)*. Não obstante, como vimos, os atos praticados ao abrigo de uma lei, ainda que no âmbito de "competências políticas" serão atos administrativos: é o que se pode entender, *v.g.*, a respeito da classificação de documentos como segredo de Estado, nos termos previstos no Regime do Segredo de Estado.

Note-se, porém, que a definição das competências políticas na Constituição não tem de ser exaustiva ou integral, pelo que os termos formais e

[1079] Neste sentido, cf. Afonso Queiró, "«Actos de Governo» e Contencioso de Anulação", *BFDUC*, vol. XLV, 1969, p. 14.

[1080] A competência para conferir condecorações é atribuída pela Constituição ao Presidente da República [cf. artigo 134.º, alínea *i)*]: trata-se de uma competência para a prática de *atos próprios*, que, contudo, será exercida "nos termos da lei". É, portanto, a lei que define os pressupostos, o conteúdo e o procedimento desses atos, pelo que não está aí em pauta a função política, mas antes o exercício da função administrativa, através da prática de atos administrativos: atos de concessão de ordens honoríficas, que são da exclusiva competência do Presidente da República, nos termos da Lei das Ordens Honoríficas Portuguesas – recorde-se que o ETAF prevê a competência do STA para julgar processos em matéria administrativa relativos a ações ou omissões do Presidente da República: cf. artigo 24.º, n.º 1, alínea *a)*, subalínea *i)* [cf. ponto 18.1].

procedimentais do exercício dessas competências podem ser regulamentados por lei[1081].

Por fim, a função política caracteriza-se por se desenvolver mediante *atos concretos*, de aplicação da Constituição a uma situação específica, e, como se disse já, por vezes, em relação a uma determinada pessoa ou instituição. Esta característica decorre de a ação política ser "impregnada de individualidade" e respirar "a atmosfera do caso singular e das suas exigências particularíssimas"[1082]. Salvo se a Constituição ou, porventura, a lei fornecerem uma indicação explícita, é ao intérprete que cabe identificar, caso a caso, os atos políticos.

> A ligação entre função política e atos concretos é essencial: o terreno das questões políticas é o do decisionismo[1083]. O ato político pode, contudo, ser praticado sob a forma típica de um ato normativo (lei, decreto-lei ou regulamento). Por outro lado, num sentido genérico e em que se mistura com a função legislativa, a *função política* é o momento de fazer as escolhas primárias e fundamentais no sentido da realização do bem comum da coletividade: todavia, *esta* "função político-legislativa" desenvolve-se e manifesta-se por atos legislativos e não por "atos políticos" no sentido jurídico que estamos a considerar.

Tendo em consideração os três elementos analisados, reconduzem-se à função política os vários atos concretos especificados na Constituição, como a nomeação e demissão do Governo, a promulgação de diplomas, a referenda ministerial, a marcação de eleições, atos diplomáticos (nomeação e exoneração de embaixadores[1084]), atos de indulto e de comutação de penas, atos

[1081] Neste sentido, cf. Jorge Miranda, "Governo (Acto de)", in *Polis, Enciclopédia Verbo da Sociedade e do Estado*, vol. III, 1985, p. 70. Note-se, porém, o Acórdão do Tribunal Constitucional n.º 254/92, de 31/07/1992, no qual se afirmou "que, em princípio, não é permitido à lei vir regular as condições de exercício dos actos políticos".

[1082] Cf. Afonso Queiró, "Teoria dos Actos de Governo", *cit.*, p. 516.

[1083] Cf. Afonso Queiró, "Teoria dos Actos de Governo", *cit.*, p. 518.

[1084] Veja-se o já citado Acórdão do STA de 17/11/2016, P. 01357/15, no sentido de que os atos de nomeação e de exoneração de embaixadores assumem efetivamente "natureza política pura". Note-se, porém, que já não pertence à função política, mas antes à função administrativa, o ato de *promoção* à categoria de embaixador: neste sentido, cf. Acórdãos do STA de 15/11/2012, P. 0621/10, e de 04/07/2013, P. 0654/11 (conclusão a que o STA chega, mesmo considerando o facto de a lei aplicável estabelecer que "a promoção à categoria de embaixador é efetuada, por decreto do governo, no exercício da função política nos termos da Constituição e da lei").

no campo da defesa nacional e de segurança do Estado, mas também atos de designação de titulares de vários cargos públicos, como o Procurador-Geral da República, o Provedor de Justiça[1085], membros dos órgãos de gestão e disciplina das magistraturas e ainda os membros de outros órgãos[1086]. A jurisprudência do STA também reconduz à função política a omissão do Presidente da República ou do Primeiro-Ministro relativa a petições que, ao abrigo do direito de petição, os cidadãos apresentem àqueles órgãos[1087].

c) ***Não recondução à função política de atos concretos ou de decisões gerais do Governo fora dos casos reconduzidos pela Constituição à competência política do Governo***

Diferentemente do que aqui se propõe, pode entender-se que a função política não se esgota na prática de atos como os que indicámos, que se encontram definidos, de uma forma típica, na Constituição, ou que são referenciáveis, de forma inequívoca, a uma norma constitucional de competência (em muitos casos, a uma norma assumidamente sobre competências políticas).

E é assim que a dúvida sobre se determinados atos relevam da função política ou da função administrativa pode surgir noutros casos, não devendo excluir-se sequer que a mesma se coloque a respeito da qualificação de atos previstos em atos legislativos (decretos-leis) – como veremos, no caso do Governo, a forma de lei pode ser utilizada para a prática de atos administrativos, pelo que a dificuldade pode precisamente consistir em determinar se um certo *ato praticado sob a forma de lei* constitui um ato político ou um ato administrativo; mas a dificuldade de qualificação jurídica de atos do Governo (atos políticos ou atos de administração) subsiste noutras hipóteses, em que os atos se revelam por uma "forma administrativa" (*v.g.*, portaria) ou por uma forma neutra (*v.g.*, resolução do Conselho de Ministros).

Independentemente da forma que os suporte, podemos ter então medidas do Governo que não correspondem a atos típicos previstos na

[1085] Já não a destituição do Provedor de Justiça, que é um ato administrativo da Assembleia da República [cf. ponto 186.2, *a), ii)*].

[1086] É o caso do Conselho Regulador da Entidade Reguladora da Comunicação Social, cujos membros são designados pela Assembleia da República, nos termos do artigo 163.º, alínea *h)*, da CRP. Como resulta do texto, a designação dos membros da ERC constitui um ato político da Assembleia da República. Porém, o mesmo já não sucede quanto à *demissão* desses mesmos membros, a qual, nos termos da lei (Estatutos da ERC) pode ser determinada por resolução da Assembleia da República [cf. ponto 186.2, *a), ii)*].

[1087] Cf. Acórdãos do STA, de 30/10/2014, P. 01531/13, e de 26/06/2014, P. 01425/13.

Constituição, mas que, não obstante, se referem a decisões fundamentais e "primárias" (fundadas diretamente na Constituição) sobre a condução do Estado ou sobre a definição de políticas públicas, *v.g.*, em matéria económica, social ou cultural. A questão que se pode considerar em aberto nesses casos é a de saber se estaremos aí perante atos da condução política geral do país, praticados ao abrigo de uma competência constitucional genericamente estabelecida no artigo 182.º da CRP, ou, pelo contrário, em face de atos de administração, praticados no âmbito das competências administrativas que a Constituição confere ao Governo no artigo 199.º, alínea *g)*. Como alertámos, a questão também se pode colocar em relação a atos praticados na forma de decreto-lei, pois também aqui pode surgir a dúvida se um determinado ato concreto se deve considerar político ou administrativo.

Neste contexto, em relação a medidas do Governo que não se reconduzem aos casos típicos, previstos na Constituição, de atos políticos, a jurisprudência do STA tem procurado desvendar a natureza material da função política, considerando, em geral, que esta se traduz em definir o interesse geral da coletividade e que se concretiza na escolha das opções destinadas à preservação e melhoria do modelo económico e social por forma a assegurar a satisfação das necessidades coletivas de segurança e de bem estar das pessoas[1088]. Com base neste critério, o STA já considerou, por ex., político o ato do Governo, constante de uma Resolução do Conselho de Ministros, sobre a aplicação do Acordo Ortográfico na Administração Pública[1089].

Embora se reconheça uma diferença entre as missões de "administrar" ("verwalten") e de "governar" ("regieren"), considerada esta como uma

[1088] Cf. Acórdão do STA/Pleno, de 17/11/2016, P. 01357/15. Adotando fórmulas mais ou menos próximas, cf. Acórdãos do STA de 06/03/2007, P. 01143/06 ("a função política corresponde à prática de atos que exprimem opções fundamentais sobre a definição e prossecução dos interesses ou fins essenciais da colectividade"), de 30/10/2007, P. 0477/07 ("actos políticos são actos dos órgãos superiores do Estado, próprios da função política ou de Governo, relativos à definição dos interesses ou fins primaciais do Estado"), de 29/03/2011, P. 0956/10 ("a função política traduz-se numa actividade de ordem superior, que tem por conteúdo a direcção suprema e geral do Estado, tendo por objectivos a definição dos fins últimos da comunidade e a coordenação das outras funções à luz desses fins").

[1089] Cf. Acórdão do STA de 11/05/2017, P. 0590/16. No mesmo sentido (ato político), relativamente ao preceito da Resolução do Conselho de Ministros sobre a entrada em vigor do Acordo Ortográfico, cf. Acórdão do STA, de 29/06/2017, P. 01289/16; todavia, em recurso desta decisão, o Acórdão do STA/Pleno de 22/02/2018, decidiu que o preceito sobre a entrada em vigor do Acordo não teria natureza política.

função de liderança e condução do Estado[1090], não se descortina fundamento constitucional para qualificar como "de governo" ou como políticos, e, portanto, imunes ao controlo judicial, atos do Governo fora dos casos típicos previstos no artigo 197.º e em alguns outros preceitos constitucionais [por remissão do artigo 197.º, n.º 1, alínea *j)*]. De resto, *contra* uma qualificação nesses termos, recorde-se que a Constituição remete para a competência administrativa do Governo a prática de quaisquer atos e providências "necessárias à promoção do desenvolvimento económico e à satisfação das necessidades coletivas". O preceito confere ao Governo uma competência para "governar", mas, explicitamente, pela "via administrativa".

Resta uma palavra sobre a questão da natureza dos "atos concretos" praticados sob a forma legislativa (decreto-lei) e que não se reconduzam a atos previstos na Constituição: admitindo que a resposta possa variar em razão dos particularismos do caso, propendemos para considerar que, neste cenário, essencial é perceber se está em pauta um ato que, apesar do carácter concreto, pode ainda ser reconduzido à função *legislativa* [sobre esta situação, cf. ponto 186.2]. Não se apurando elementos nesse sentido, tratar-se-á de um ato administrativo praticado sob a forma de decreto-lei: divergimos, pois, da jurisprudência do STA que se orienta por um critério material da função política para descortinar, inseridos em diplomas legais, atos políticos do Governo[1091]. Na nossa compreensão, se tais "atos" – concretos[1092] e não correspondentes a atos da competência política nos termos constitucionais –, não puderem ser atribuídos à função de *legislatio,* deverão considerar-se atos administrativos, próprios da função administrativa. Não se revela conforme com a Constituição o processo de, fora dos casos constitucionalmente previstos, isentar de controlo judicial quaisquer atos concretos do Governo – sob a forma de decreto-lei, ou não – com o argumento de estarem em pauta atos de "definição e prossecução do interesse geral da coletividade" ou "relativos à definição dos interesses ou fins primaciais do Estado". Salvo no caso e nos termos do artigo 199.º, *g)*, da CRP (competência administrativa), o Governo não dispõe de competência constitucional para

[1090] Cf. Wolff/Bachof/Stober/Kluth, *ob.cit.*, vol. I, p. 185.

[1091] Além de outras decisões já citadas, veja-se o Acórdão do STA de 25/11/2010, P. 0762/10, a respeito de uma "decisão", baseada em lei e proferida sob a forma de decreto-lei, de retenção de transferências de verbas do Orçamento de Estado para os municípios.

[1092] Tratando-se de "atos normativos sob a forma de decreto-lei", a questão está resolvida, uma vez que está obviamente em causa a função legislativa. Sem seguir este raciocínio, embora chegando, em termos práticos, a essa conclusão, cf. Acórdão STA de 09/12/2010, P. 0855/10.

praticar atos concretos de "definição e prossecução do interesse geral da coletividade".

> A ação administrativa do Governo abrange os designados "atos de alta administração", como são, por ex., os atos de nomeação ou de cessação do mandato do pessoal dirigente, bem como os atos de direção da Administração Pública. Na leitura clássica, trata-se, em geral, de atos que se situam na função administrativa, apesar de terem subjacentes juízos e relações de confiança política e de direção político-administrativa da Administração[1093]. No direito português atual, trata-se seguramente de atos de administração, submetidos ao regime geral do Direito Administrativo, ainda que, por vezes, os órgãos competentes para os praticar exerçam uma ampla discricionaridade (*v.g.*, livre demissão de gestores de empresas públicas) e, em outros casos, se trate de atos internos, e não sindicáveis judicialmente por essa razão.

186.2 – Função administrativa e função legislativa

Na compreensão inicial do sistema de repartição das funções públicas pelos três poderes, a distinção entre as funções administrativa e legislativa apresentava-se simples: legislar referia-se à função de um órgão específico, o parlamento, que consistia em fazer "leis", quer dizer, normas jurídicas gerais e abstratas; por sua vez, administrar consistia numa função da Administração Pública (dirigida pelo Governo), através de atos individuais e concretos. O sistema assentava na supremacia da legislação sobre os atos administrativos, que eram atos de "aplicação" ou de "execução de lei". Essa supremacia coincidia com a supremacia do Parlamento (povo) sobre a Administração: o Parlamento, ao aprovar leis, exercia uma *função primária*; a Administração, encarregada de executar as lei, exercia uma *função secundária*[1094].

Atualmente, e aliás desde há muito tempo, o delineado esquema simples de arrumação das duas funções já não existe: as funções legislativa e administrativa transformaram-se e, por causa deste processo, surgiram áreas de sobreposição funcional e, em geral, tornou-se mais difícil delimitar as fronteiras entre elas.

[1093] Sobre os atos de alta administração, no direito italiano, cf. M. Pia Genesin, *L'attività di alta amministrazione fra indirizzo politico e ordinaria attività amministrativa*, Jovene Editore, 2009, em especial, p. 119 e segs.

[1094] Cf. Vieira de Andrade, *Lições de Direito Administrativo, cit.*, p. 34.

Vamos agora conhecer as transformações principais do sentido originário de cada uma das funções em análise.

a) Transformações ocorridas do lado da função legislativa

Do lado da função legislativa, as principais alterações resultam de o Governo, que é o principal órgão da Administração, exercer também a função legislativa, circunstância que cria as condições para a mais ou menos inevitável mistura entre as duas funções. Por outro lado, o facto de a Assembleia da República aprovar leis de carácter individual e concreto, significa uma rutura com as notas clássicas do ato legislativo e coloca a questão de saber se, em certos casos, isso não corresponde a uma usurpação da função administrativa pelo legislativo e, por consequência, à violação do princípio da separação de poderes.

i) Participação do Governo no exercício da função legislativa

Uma primeira transformação assinalável, que ocorreu no sistema português, consistiu em o Governo, órgão superior da Administração Pública, participar, em regra no mesmo plano da Assembleia da República, no exercício da função legislativa. Nestes termos, a supremacia da legislação sobre a administração deixou de coincidir com a supremacia do órgão parlamentar. A legitimação legal da ação administrativa pode repousar na legislação do Governo.

É verdade que o facto de o Governo dispor de competências legislativas não perturba o sentido formal e até substancial da distinção entre legislar e administrar, uma vez que o que está em causa na primeira é a produção de atos legislativos, normas gerais e abstratas, no exercício de uma função primária e mediante um procedimento próprio. Só por si, aquele facto não descaracteriza o sentido da distinção, pois que, ao exercer a função administrativa, a atuação do Governo desenrola-se por outros procedimentos, tem uma natureza secundária e, dir-se-ia, poderia continuar a manter-se no plano dos atos concretos e individuais.

Sem prejuízo do exposto, a participação do Governo na função de legislar introduz um elemento novo, uma vez que cria condições para se processar uma mistura entre a "forma legislativa" e a "substância administrativa". Eis o que decorre do "uso" pelo Governo da forma do decreto-lei para praticar atos administrativos. Apesar de não ser muito frequente, isso acontece mesmo: por ex., se o Governo reconhece por decreto-lei o interesse público de uma instituição (*v.g.*, Decreto-Lei n.º 77/2019, de 4 de junho, de reconhecimento do interesse público do Instituto Politécnico da Lusofonia) ou se, por decreto-lei, atribui uma concessão a uma empresa. Estaremos, então, em face de um "ato administrativo praticado sob a forma de decreto-lei". Não existe aqui uma "invasão da função administrativa" por outro poder, pois o autor do ato administrativo é um órgão do poder administrativo[1095]. Por outro lado, o ato administrativo praticado sob a forma de decreto-lei está sujeito ao regime da atividade administrativa, incluindo a impugnação em tribunal[1096]. Todos estes elementos se conjugam para desconsiderar como fator perturbador a prática de atos administrativos sob a forma de decreto-lei.

A questão é, contudo, ainda mais complexa do que aparenta, porquanto o facto de um ato individual e concreto ser praticado sob a forma de decreto-lei cria uma dificuldade inicial de discernir se se trata de um ato da função administrativa – na condição de ato administrativo – ou se, diferentemente, e apesar do seu carácter individual e concreto, se deve reconduzir à função legislativa. O problema tem-se suscitado na jurisprudência do STA, que, de forma reiterada, vem decidindo que "um acto, para ser administrativo, não lhe basta ser individual e concreto já que para assim ser qualificado tem ainda de proceder do exercício da função administrativa"[1097]; ou que o facto de uma decisão contida num diploma legal visar "destinatários determináveis ou indetermináveis (...), através de uma determinação individual e concreta" não exclui que se possa qualificar como decisão legislativa[1098]; ou

[1095] O conceito de "invasão da função administrativa" pertence a Vieira de Andrade, *Lições de Direito Administrativo, cit.*, p. 39.

[1096] Enquanto ato administrativo, o "ato administrativo praticado sob a forma de decreto-lei" é passível de impugnação judicial, como aliás resulta da Constituição (artigo 268.º, n.º 4: "independentemente da sua forma") e do CPTA (artigo 52.º, sobre a "irrelevância da forma do ato", que, no n.º 2, se refere a "ato contido em diploma legislativo"). Na jurisprudência, sobre a apreciação de atos administrativos praticados sob a forma de lei, vejam-se os Acórdãos do STA, de 13/12/2018, P. 077/16.7BALSB

[1097] Cf. Acórdão do STA de 15/11/2018, P. 01309/15.4BALSB.

[1098] Cf. Acórdão do STA/Pleno de 05/06/2014, P. 01031/13, sobre uma determinação contida em diploma legal a encurtar os prazos de exploração de centrais hidroelétricas. Na sequência desta decisão, veja-se o Acórdão do Tribunal Constitucional n.º 113/2015, que não julgou inconstitucional a norma do artigo 4.º, n.º 2, alínea *a)*, do ETAF, interpretada no sentido de que, concluindo-se que o ato impugnado tem natureza legislativa, a sua sindicância não cabe no âmbito da jurisdição administrativa, sem que seja necessário apurar qual a exata espécie dentro do género legislativo que está em causa, designadamente uma lei-medida ou uma lei individual restritiva dos direitos, liberdades e garantias.

ainda que "a materialidade do ato legislativo não se confunde com o carácter geral e abstracto das determinações nele contidas"[1099].

Todos esses excertos de decisões judiciais confirmam a doutrina consolidada há muitos anos, a respeito das *leis-medida*, segundo a qual um ato legislativo pode conter determinações individuais e concretas, próprias dos atos administrativos, e, apesar disso, conservar uma natureza legislativa. Assim, a função legislativa não se caracteriza pela produção de normas com as dimensões de abstração e da generalidade. Como observa Vieira de Andrade, "as características da generalidade e abstracção são apenas *típicas* (não são exclusivas) da função legislativa, e o carácter concreto é (se tanto) típico da função administrativa, de modo que não são suficientes para assegurar a respectiva diferenciação"[1100].

Uma vez que existem decretos-leis individuais e concretos, relativos ao exercício da *função legislativa* (também em sentido material), a questão que se suscita consiste em saber como os distinguir dos "atos administrativos praticados sob a forma de decreto-lei", relativos ao exercício da *função administrativa*.

> O efeito da qualificação de uma certa determinação como ato administrativo ou como ato legislativo é o de que, no primeiro caso, aplicam-se as exigências procedimentais e formais prescritas em geral para os atos administrativos (*v.g.*, audiência de interessados [1101]; fundamentação) e a sujeição à impugnação nos tribunais administrativos (cf. artigos 268.º, n.º 4, da CRP e 52.º, n.º 2, do CPTA); além disso, a determinação legal que contenha um ato administrativo também cumpre os requisitos do "conceito funcional de norma", e, por isso, fica sujeita ao controlo da constitucionalidade: neste sentido, aliás na linha do que já havia decidido a Comissão Constitucional, cf. Acórdão do Tribunal Constitucional n.º 26/85.

Pois bem, quanto a nós, o critério que permite discernir a função exercida na produção de uma "decisão concreta e individual sob a forma de decreto-lei" não repousa necessariamente na presença, ou não, de uma relação dessa decisão com uma lei anterior. Afastamo-nos, assim, do

[1099] Cf. Acórdão do STA/Pleno de 19/03/2015, P. 0949/14, sobre determinações contidas em diplomas legais que alteram os estatutos de uma determinada empresa pública.

[1100] Cf. Vieira de Andrade, *Lições de Direito Administrativo, cit.*, p. 35.

[1101] No sentido da anulação de um ato administrativo praticado sob a forma de decreto-lei, por violação do dever de audiência, cf. o já citado Acórdão do STA, de 13/12/2018, P. 077/16.7BALSB.

entendimento segundo o qual uma "decisão concreta e individual sob a forma de decreto-lei" enquadra-se na função administrativa ou na função legislativa, consoante surja em aplicação ou em execução ou como concretização de uma lei anterior ou, vez disso, como expressão de um juízo inovador de valor legal, que resulte de uma opção primária, que tem como único parâmetro de validade a Constituição[1102].

Vejamos.

Em regra, e salvo casos marginais, a determinação concreta contida num decreto-lei não é produzida em execução ou em aplicação de uma lei anterior. Nos casos em que isso suceda, estará em pauta a prática de um ato administrativo: eis o que ocorre no exemplo, já citado, do Decreto-Lei n.º 77/2019, de reconhecimento do interesse público do Instituto Politécnico da Lusofonia, aprovado, nos seus próprios termos, ao abrigo do artigo 35.º, n.º 1, do RJIES, que, precisamente, estabelece que o reconhecimento de interesse público de um estabelecimento de ensino é feito por decreto-lei. Casos como este – em que um ato legislativo geral define que as decisões a proferir em sua execução ou aplicação devem ser proferidas na forma de decreto-lei – não suscitam dificuldades[1103]. Mas quando assim não suceda, não nos parece que o facto de inexistir uma lei prévia que a determinação contida em decreto-lei execute ou aplique deva ser imediatamente interpretado como um sintoma de estar aí implicado o exercício da função legislativa. Como, há mais de 30 anos, foi sublinhado pelo Tribunal Constitucional (Acórdão nº 26/85), um "um preceito legal que rege para um caso concreto, e que nessa medida se apresenta com uma eficácia equivalente à de um acto administrativo, nunca é um puro acto de «aplicação» do direito pré-existente, pois que simultaneamente se traduz num acto de «criação» de direito novo: é que nele estabelece-se também a regra aplicável ao caso, regra que muitas vezes (se não normalmente) constitui um desvio ou uma excepção às que de outro modo seriam aplicadas, mas que justamente se torna necessária para conferir à providência administrativa adoptada o seu mesmo fundamento de validade (de validade «legal», claro)". Assim, o dizer-se que uma

[1102] Nestes termos, cf., por ex., Acórdãos STA/Pleno de 02/07/2015 e de 12/11/2015, P. 0637/15.

[1103] Não se suscitam dificuldades, dizemos nós, por se tratar, claramente, de atos administrativos praticados sob a forma de decreto-lei. Mas, ainda assim, mesmo nestes casos, a jurisprudência descobre caminhos para recusar a qualificação de ato administrativo: recorde-se o já citado Acórdão do STA de 25/11/2010, P. 0762/10, que recusa reconhecer essa natureza em atos que quantificam os montantes que entidades locais devem transferir para o SNS e que determinam a retenção dessas verbas nas transferências do Orçamento de Estado.

determinação é produzida no exercício da função legislativa pelo facto de se tratar de uma opção política primária, que tem como único parâmetro de validade a Constituição, e não uma lei anterior, é, em rigor, uma consequência e não um critério da qualificação da referida determinação como legislativa: a questão que está em aberto, em todos os casos em que uma determinação não executa uma lei anterior, reside precisamente em saber se a mesma pertence à função legislativa, caso em que, então, se concluirá que o seu parâmetro único de validade é a Constituição.

Pois bem, ao contrário da tendência que tem seguido a jurisprudência do STA e, em geral, a doutrina portuguesa, afigura-se-nos que uma determinação concreta e individual contida num decreto-lei corresponderá, *em princípio*, a um ato administrativo, praticado no exercício da função administrativa.

Ainda que as dimensões da generalidade e abstração sejam apenas *típicas* da função legislativa, parece-nos que, no caso dos decretos-leis – para os quais a Constituição não define, em nenhum caso, conteúdos concretos (como faz para as leis, em certos casos) –, o facto de provirem do Governo, que é órgão administrativo, conduz à formulação do princípio segundo o qual as determinações individuais e concretas produzidas na forma legislativa configuram atos administrativos. Trata-se de um *princípio* que, em casos particulares, poderá ser infirmado, por ex., por estar presente uma medida organizatória que convoca um "poder de organização" do sistema administrativo (*v.g.*, criação de um instituto público; extinção de uma empresa pública) ou uma providência concreta, mas com um propósito regulamentador.

Embora se admitam desvios pontuais ao referido princípio, está fora de causa recusar a natureza administrativa de uma determinação legal que se destina ou atinge, com uma eficácia consuntiva (por produzir, por si mesma, todos os efeitos pretendidos, como é próprio dos atos de execução), de qualquer forma – favorável ou desfavorável –, a esfera jurídica de pessoas determinadas. Não é legítimo reconduzir à função de legislar uma providência concreta (idealizada para um caso único da vida) que o Governo, *órgão administrativo*, profere sob a forma de decreto-lei, com o propósito de beneficiar ou de incrustar efeitos desfavoráveis numa pessoa determinada.

Não se trata aqui de excluir a possibilidade de decretos-leis individuais e concretos, mas antes de considerar que, em princípio, esses são atos legislativos apenas em sentido formal, pois contêm atos administrativos. A consequência desta natureza não reside só na impugnação nos tribunais administrativos, mas, logicamente antes disso, na submissão de tais atos ao Direito Administrativo.

ii) Leis individuais e concretas da Assembleia da República

Ainda do lado da função legislativa, outra transformação (que acresce à que resulta de o Governo se ter tornado também legislador) decorre de o legislador parlamentar também produzir leis que não são, como no início se definiu, gerais e abstratas, mas individuais e concretas. Desde logo, a possibilidade de leis concretas resulta da própria Constituição, quando remete para a forma de lei a concessão de amnistias, a aprovação das grandes opções dos planos nacionais, a autorização ao Governo para a concessão de empréstimos [cf. artigo 161.º, alíneas *f), g)* e *h)*, por remissão do artigo 166.º, n.º 3] ou a criação e extinção de municípios (artigo 249.º). Mas, além dessas, no exercício da sua competência de "fazer leis sobre todas as matérias", a Assembleia da República produz leis concretas, e esta situação apresenta contornos diferentes da emissão de decretos-leis individuais e concretos pelo Governo, que é um órgão administrativo. Agora, no caso da Assembleia da República, a emissão de leis individuais e concretas pode corresponder a uma anomalia do exercício da função legislativa por, eventualmente, representar uma "usurpação" da função administrativa pelo órgão legislativo, ou, em termos diretos, a violação de uma "reserva de Administração".

Sucede, porém, que a Constituição não estabelece, pelo menos expressamente, uma reserva de Administração, no sentido de confiar à Administração o exclusivo do exercício da função administrativa ou até da prática de atos administrativos concretos e individuais. Mais: quase se pode dizer que a Constituição chega mesmo a contar com a possibilidade de atos administrativos sob a forma de lei, quando se refere, no artigo 268.º, n.º 4, a atos administrativos, "independentemente da sua forma".

Assim parece. Sobram-nos, porém, muitas dúvidas sobre a legitimidade da leitura da Constituição que admite poder a Assembleia da República imiscuir-se no exercício direto da função administrativa, através de leis (ou de resoluções) individuais e concretas. Com efeito, a Constituição distingue a Assembleia da República, enquanto órgão legislativo, e o Governo, enquanto órgão superior da Administração Pública, indiciando, para além de qualquer dúvida, que se trata de órgãos de soberania que protagonizam diferentes poderes; a Constituição define que a República Portuguesa se baseia, além do mais, na separação e interdependência de poderes (artigos 2.º e 111.º); a Constituição contém um Título que se ocupa da Administração Pública, a qual, nos termos explícitos do artigo 266.º, n.º 1, "visa a prossecução do interesse público", atuando, designadamente, através de "atos administrativos" (cf. artigo 268.º, n°s. 3 e 4). Na verdade, "a função administrativa não é uma dádiva da lei, nem o seu exercício um ato de graça do legislador, antes deparamos com uma função que encontra na Constituição o seu título legitimador, o alicerce de um espaço reservado de decisão e uma autoridade soberana paralela aos demais poderes do Estado"[1104]. Estes e muitos outros elementos conduzem a concluir não ser legitimo que a Assembleia da República se intrometa no exercício das funções próprias da Administração Pública, em especial, as funções de administrar e de prosseguir o interesse público, em casos concretos, em atividades executivas de contacto com pessoas determinadas. Neste sentido, afigura-se também a nós que decorre da Constituição, para a Administração Pública, uma "reserva de decisão no caso concreto" e, por conseguinte, uma "proibição da intervenção do Parlamento no exercício concreto da função administrativa"[1105]. Como, neste contexto, observa Pereira Coutinho, "ainda que a invasão da função administrativa pelo legislador não conduzisse a um fenómeno de total mutilação das normas e princípios constitucionais relativos à actividade administrativa (o que sucederá, em qualquer caso, por natureza), sempre se verificaria um fenómeno de total inadequação no que diz respeito à distribuição de funções pelos diferentes órgãos do Estado"[1106].

Retomando a alusão ao artigo 268.º, n.º 4, da CRP, que garante a impugnação de atos administrativos, independentemente da sua forma, trata-se de uma previsão que não deve ser vista como a aceitação constitucional da possibilidade de exercício da função administrativa através de lei da Assembleia da República. De resto, não existe nenhum obstáculo jurídico à prática de atos administrativos pela Assembleia da República, no âmbito do "governo da casa"[1107]: desde logo, para esta eventualidade, aquele preceito constitucional assegura aos lesados a impugnação nos tribunais administrativos.

1104 Nestes termos, cf. Paulo Otero, *Manual de Direito Administrativo, cit.*, p. 182.

1105 Cf. Vieira de Andrade, *Lições de Direito Administrativo, cit.*, p. 39.

1106 Cf. L. P. Pereira Coutinho, "As duas subtrações", *cit.*, p. 125.

1107 O artigo 24.º, n.º 1, alínea *a)*, subalínea *ii)*, do ETAF confirma a abertura do sistema à impugnação de atos administrativos da Assembleia da República. E, como sabemos, a Assembleia da República exerce uma atividade materialmente administrativa de "governo da casa"; como se percebe, o exercício *dessa* atividade administrativa não põe em causa o princípio separação de poderes [cf. ponto 18.1].

Diremos, pois, que, sem prejuízo de a lei ter perdido, em muitos casos, alguns deles com cobertura constitucional, o seu carácter da generalidade e abstração, e de se admitir que, em determinados cenários, pode adotar providências legislativas que constituem "medidas" ou "providências" para responder a problemas específicos ("leis-medida"), a verdade é que nada disso equivale a aceitar que a Assembleia da República se intrometa no exercício da função administrativa, através da adoção de leis ou outros atos que, em termos práticos, correspondem à prática de atos administrativos (incluindo a revogação de atos anteriores) ou a outras formas de intervir diretamente em relações jurídicas administrativas concretas, por ex., por via da modificação de contratos públicos.

O órgão legislativo pode desempenhar funções administrativas através de ato legislativo ou de outros atos. Como sabemos, os atos de demissão de membros e de dissolução do Conselho Regulador da ERC, da competência da Assembleia da República nos termos dos Estatutos da ERC [cf. pontos 18.1 e 79], devem considerar-se atos administrativos. Nos termos da lei, a demissão dos membros da ERC pode ocorrer por "resolução da Assembleia da República, aprovada por dois terços dos deputados presentes, desde que superior à maioria absoluta dos deputados em efetividade de funções, *em caso de grave violação dos seus deveres estatutários, comprovadamente cometida no desempenho de funções ou no cumprimento de qualquer obrigação inerente ao cargo*". Em razão do fundamento, a demissão (como a dissolução do conselho regulador) corresponde a um ato da função administrativa: além de não se basear na Constituição, mas na lei, o ato de demissão, desde logo pela imputação que envolve, não pode estar isento de controlo judicial, nem ser exercido sem as garantias procedimentais de defesa dos "arguidos". O mesmo se pode dizer da destituição do Provedor de Justiça, nos termos previstos no Regime do Exercício de Funções por Titulares de Cargos Políticos e Altos Cargos Públicos (cf. artigo 11.º, n.º 4: "a violação dos artigos referidos no n.º 1 pelo Provedor de Justiça determina a sua destituição por *deliberação* da Assembleia da República"). Apesar de se tratar de atos administrativos do órgão legislativo, cremos que não existe aqui uma *invasão* da função administrativa, enquanto função da Administração Pública: a alternativa consistiria em atribuir tais competências a tribunais ("destituição judicial").

b) Transformações ocorridas do lado da função administrativa

Do lado da função administrativa, a grande transformação resulta do desenvolvimento do poder normativo da Administração. Com efeito, a Administração Pública, em vários níveis (Governo, autarquias locais, entidades administrativas independentes, instituições de ensino superior) exerce um poder normativo, através da emissão dos *regulamentos administrativos* [sobre os regulamentos, cf. volume 2].

A emissão de regulamentos administrativos – que são normas jurídicas, com as notas da generalidade e da abstração – permite logo perceber que a Administração não se limita a atuar num plano concreto e individual: como a *legislatio*, a função administrativa também contempla a emissão de normas jurídicas.

Mas, mais do que isso, não raro, muitos regulamentos da Administração estão longe de se poder considerar executivos, de constituírem a "execução de uma lei anterior". Em muitas áreas, ocorreu um processo de *deslegalização*, que se explica pela *autocontenção* do legislador e pela entrega de poderes de produção normativa a entidades administrativas. Embora *orgânica* e *formalmente* no âmbito da função administrativa, a edição de regulamentos (independentes e autónomos) em certos setores representa, na substância das coisas, um "power to make the laws", de regulação primária e inicial, ao mesmo nível das leis. Eis um fenómeno que se desenvolveu em larga escala no âmbito da administração independente (sobretudo no caso das entidades com funções de regulação económica), e, no plano da autonomia universitária, desde o RJIES, nas instituições do ensino superior. A estes setores, acrescem os amplos poderes regulamentares ("autonomia"), aliás com fundamento constitucional, das autarquias locais (cf. artigo 241.º).

Apesar da aproximação estrutural da função administrativa regulamentar à função legislativa, cumpre observar que os regulamentos são "atos de administração", em condição de inferioridade em face dos atos legislativos, devendo, pois, respeitar a lei (*princípio do primado da lei*); além disso, nos termos do artigo 112.º, n.º 8, da CRP, devem indicar as leis que visam regulamentar (*princípio da precedência de lei*).

186.3 – Função administrativa e função jurisdicional

A função jurisdicional (função de *jurisdictio*, de dizer o direito), reservada aos tribunais pelo artigo 202.º, n.º 1, da CRP, e a função administrativa partilham, em geral, as notas de se tratar de funções do Estado que consistem na "aplicação" ou na "execução" de lei (*hoc sensu*, secundárias), e de atuação em situações concretas da vida e perante pessoas determinadas. Sem prejuízo das notas comuns, é viável definir uma diferença substancial entre as duas funções: a começar logo pela indicação constitucional segundo a qual, "na administração da justiça incumbe aos tribunais assegurar a defesa dos direitos e interesses legalmente protegidos dos cidadãos, reprimir a violação da legalidade democrática e dirimir os conflitos de interesses públicos e privados" (artigo 202.º, n.º 2)[1108]. Por sua vez, a doutrina e a jurisprudência, na linha de um critério definido por Afonso Queiró, tem sublinhado como característica da jurisdição o tratar-se de uma função que tem por objeto conflitos (que ocorrem no âmbito das relações entre particulares ou entre os particulares e a Administração Pública ou entre entidades públicas) e que tem o propósito exclusivo de resolver esses conflitos mediante a aplicação de regras jurídicas. Na formula, que já conhecemos [cf. ponto 26.1], utilizada pela *Supreme Court* em *Marbury v. Madison* (1803), à função jurisdicional cabe declarar "what the law is" – "It is emphatically the province and duty of the judicial department to say what the law is"[1109]. O interesse público da função jurisdicional esgota-se na resolução ou na composição justa do conflito de interesses, no âmbito de um processo de realização da justiça e do direito, que se desenvolve para se alcançar o resultado da paz jurídica: este representa o *quid specificum* do ato jurisdicional[1110]. A estas notas substanciais e de ordem finalística juntam-se, como características típicas da jurisdição, a "condição externa" do tribunal em relação às partes do conflito (o tribunal não é parte), bem como a "condição passiva", no sentido em que não cabe ao tribunal a iniciativa ou o impulso para a resolução do conflito.

Na formulação de um Acórdão do Tribunal Constitucional de 1985 (Acórdão n.º 104/85), "a separação real entre a função jurisdicional e a função administrativa passa pelo campo dos interesses em jogo: enquanto a jurisdição resolve litígios em que os interesses em confronto são apenas os das partes, a Administração, embora na presença de interesses alheios, realiza o interesse público. Na primeira hipótese a decisão situa-se num plano distinto do dos interesses em conflito. Na segunda hipótese verifica-se uma osmose entre o caso resolvido e o interesse público". Na linha do que se afirmou numa outra decisão do mesmo Tribunal, pode falar-se de

[1108] Em conformidade com a respetiva epígrafe, o transcrito preceito "ensaia uma definição da função jurisdicional", cf. Gomes Canotilho/Vital Moreira, *ob. cit.*, vol. II, p. 509.

[1109] Fórmula que se encontra inscrita em lápide na parede do edifício da *Supreme Court*, em Washington.

[1110] Cf. Afonso Queiró, "A função administrativa", *cit.*, p. 121.

uma "essencialidade da prossecução de um interesse público relativamente à caracterização da atuação da Administração como materialmente administrativa" (cf. Acórdão 510/2016).

Delineada nos termos expostos, a função jurisdicional corresponde a uma *reserva dos tribunais* (*reserva do juiz*): assim, exercer a *jurisdictio*, definida nos termos acima indicados, é uma função própria e reservada a tribunais, quer dizer, a instâncias terceiras e independentes das partes. A questão que cumpre equacionar consiste em saber se essa representa uma *reserva absoluta*, que a Administração não pode exercer, ou uma *reserva relativa*, na qual a Administração pode intervir, em certas circunstâncias e desde que respeitadas certas condições[1111].

Antes de enfrentarmos essa questão, importa identificar as situações em que emerge uma especial dificuldade de distinção entre as funções administrativa e jurisdicional: por um lado, aquelas em que a atividade da Administração Pública se desenvolve a partir da ocorrência de um conflito, e com o propósito de reagir e de o resolver; por outro lado, aquelas em que a atividade administrativa se consubstancia na aplicação de sanções, com uma finalidade exclusiva ou primacialmente repressiva.

a) Resolução de conflitos por ato administrativo

Por vezes, a lei confia a entidades da Administração Pública competências para a resolução de conflitos entre particulares: a Administração surge aqui na condição de um "terceiro" em relação aos protagonistas da situação de conflito. Eis o que sucede, por ex., quando, nos termos da lei, a ANACOM (autoridade reguladora das comunicações eletrónicas) é chamada a dirigir litígios entre dois operadores de comunicações, para garantia do direito de acesso e à interligação de redes. Neste caso, entram em cena os designados "atos administrativos de resolução de conflitos" ("streitentscheidende Verwaltungsakte"[1112]): apesar de terem subjacente um conflito e de serem praticados em vista da respetiva resolução, tais atos ainda pertencem à função administrativa, uma vez que a Administração não atua de forma desinteressada, com o objetivo de resolver uma questão de direito e de prosseguir a justiça, antes intervém no exercício de poderes próprios de regulação, em vista da prossecução do interesse da concorrência e do correto

[1111] Sobre a distinção entre reserva de jurisdição absoluta e relativa, cf. Vieira de Andrade, "A reserva do juiz e a intervenção ministerial em matéria de fixação das indemnizações por nacionalizações", *Sciencia Iuridica*, n°s. 272-274, 1998, p. 213 e segs.

[1112] Cf. Wolff/Bachof/Stober/Kluth, *ob. cit.*, vol I, pp. 188 e 548;

funcionamento do mercado; a competência radicada na prática de tais atos conhece, pois, uma natureza administrativa.

A situação já se apresenta menos nítida na hipótese prevista no artigo 47.º, n.º 3, alínea *e)*, da LQER, onde se estabelece que "compete às entidades reguladoras a resolução de conflitos entre operadores sujeitos à sua regulação, ou entre estes e consumidores, designadamente, emitir recomendações ou, na sequência do tratamento das reclamações, "ordenar aos operadores sujeitos à sua regulação a adoção das providências necessárias à reparação justa dos direitos dos consumidores". Aqui se permite que uma autoridade administrativa ordene a particulares (empresas reguladas) a adoção de providências que visem reparar de forma justa os direitos dos consumidores. É verdade que, nos termos da LQER, as entidades reguladoras têm a missão de proteger os direitos e interesses dos consumidores, mas afigura-se já forçado considerar dentro da função administrativa a resolução destes conflitos entre consumidores e empresas prestadoras de serviços com o objetivo de alcançar a "reparação justa" dos primeiros[1113]. Inclinamo-nos para considerar que se está aqui perante uma intervenção administrativa substancialmente jurisdicional ou, pelo menos, quase-jurisdicional, que se desenvolve através de atos jurídicos que consideramos *parajurisdicionais* ("atos administrativos parajurisdicionais"), pois, tudo indica, prosseguem sobretudo o interesse da composição justa do conflito (justiça).

Fora da categoria dos atos administrativos de resolução de conflitos, mas pertencendo neste caso claramente à função administrativa, estão os atos de órgãos da Administração sobre reclamações e recursos administrativos (cf. artigos 184.º e segs. do CPA), pelo menos nos casos de reclamação e de recurso hierárquico[1114]. Mesmo tendo por fundamento a ilegalidade do ato praticado ou omitido pela Administração (cf. artigo 185.º, n.º 3), e mesmo podendo dizer-se que pressupõem um conflito ou controvérsia entre a Administração e o particular, as reclamações e os recursos hierárquicos não suscitam a intervenção de uma instância "terceira" em relação às partes do conflito. O autor do ato (no caso da reclamação) ou o superior hierárquico são partes da controvérsia que se veem chamados a resolver.

[1113] Já se reconduziriam seguramente à função administrativa os atos da Administração de imposição às empresas de deveres de implementação de medidas corretivas.

[1114] Em Itália, a intervenção administrativa em sede de reclamações e recursos administrativas é, por vezes, designada, função "giustiziale" da Administração Pública; cf. M. Calabrò, *La funzione giustiziale nella pubblica amministrazione*, Giappichelli, 2012; *Idem*, "L'evoluzione della funzione giustiziale nella prospettiva delle *appropriate dispute resolution*", *federalismi.it* (17/05/2017).

A situação poderá apresentar-se diferente nos recursos administrativos especiais para órgãos com meros poderes de tutela sobre os órgãos recorridos, bem como, ainda de forma mais patente, nos casos – que não existem no direito português – de recurso de atos da Administração para autoridades independentes (configuradas segundo o modelo inglês dos "administrative tribunals"): em razão da sua condição de independência, tais autoridades, apesar de pertencerem à Administração Pública, podem ser consideradas "terceiros" em relação às partes do conflito.

Na Alemanha, ilustram a figura dos atos administrativos de resolução de conflitos os atos das autoridades administrativas independentes ("Vergabekammern") que apreciam recursos contra decisões de adjudicação de contratos públicos e de concessões; nos termos da lei aplicável, as referidas autoridades decidem os recursos por via de ato administrativo[1115].

b) Aplicação pela Administração de sanções no âmbito do ilícito administrativo de mera ordenação social

Teremos oportunidade de conhecer, nos seus traços essenciais, a responsabilidade ou missão da Administração Pública que consiste na defesa da ordem jurídica mediante a repressão de condutas ilícitas dos particulares. Ora, neste domínio, em que os órgãos da Administração aplicam sanções com finalidades essencialmente repressivas (por ex., aplicação de coimas no âmbito do ilícito de mera ordenação social), estamos perante o exercício de competências administrativas que *também* são competências dos tribunais. Não parece que a aplicação de sanções pela Administração no quadro da repressão de infrações que a mesma é incumbida de fiscalizar consubstancie o exercício de uma função reservada aos tribunais: o sancionamento da infração complementa a missão, de interesse público, de fiscalização do cumprimento da norma. Ainda que a sanção possa não se destinar imediatamente a reintegrar o interesse público violado, está nela sempre presente um propósito de proteger o interesse público e não exclusivamente a punição dos infratores. Em sentido oposto, o facto de os tribunais poderem igualmente aplicar essas sanções (embora apenas de forma marginal) e de, como regra, poderem efetuar o controlo de plena jurisdição das decisões administrativas sancionatórias também não parece atentar contra uma qualquer

[1115] Além do mais, em razão da independência dessas autoridades, o Tribunal de Justiça já as considerou "órgão jurisdicionais", admitindo que as mesmas podem submeter-lhe pedidos de decisão prejudicial – Acórdão de 18/09/2014, *Bundesdruckerei GmbH*, C-549/13 (pars. 20 e segs.); cf. Stelkens/Bonk/Sachs, *ob. cit.*, p. 1122.

reserva de administração neste domínio. Assim, a aplicação de sanções no âmbito do ilícito de mera ordenação social constitui, atualmente, um "espaço de condomínio" entre a função administrativa e a função jurisdicional.

c) A questão da "reserva do juiz" ou "reserva de jurisdição dos tribunais"
A atribuição à Administração de competências para a resolução de conflitos suscita a interrogação sobre se não haverá, nesse caso, uma violação da *reserva constitucional dos tribunais quanto ao exercício da função jurisdicional* (*reserva de juiz* ou *reserva de jurisdição*): cf. artigo 202.º, n.º 2, da CRP. Na nossa compreensão, o problema não se coloca, e estará resolvido nos casos em que se possa reconduzir a intervenção da Administração à figura do "ato administrativo de resolução de conflitos". Este reporta-se a uma situação em que a Administração, na condição de *entidade terceira*, resolve um conflito entre particulares – ou, porventura, entre particulares e outras entidades da Administração –, mas em que o faz na prossecução de um interesse público diferente do interesse na justa solução do conflito. O caso é já diferente nos por nós designados "atos administrativos parajurisdicionais": agora, a intervenção administrativa desenvolve-se em vista da realização de finalidades próprias dos atos da função jurisdicional, ou seja, essencialmente com o sentido de alcançar uma solução justa do conflito ou a repressão justa da violação da legalidade.

Na linha proposta por Vieira de Andrade, afigura-se que a atribuição legal a órgãos da Administração de competências que significam uma "intromissão" na função jurisdicional pode aceitar-se em "zonas de contacto" entre as funções administrativa e jurisdicional, em que a intervenção materialmente de tipo jurisdicional "esteja *directamente relacionada* com a realização de interesses administrativos"[1116]. De fora dessa possibilidade ficam os casos em que não se vislumbre qualquer racionalidade ou fundamento material para a decisão do conflito por via administrativa, bem como quando estejam envolvidas "questões do foro criminal, nas quais é inadmissível qualquer decisão administrativa que afecte os direitos dos particulares"[1117]. Porém, os atos praticados pela Administração neste âmbito ("atos parajurisdicionais") terão de surgir num "procedimento decisório justo, com garantias de imparcialidade e contraditório", além de deverem ser objeto de um recurso

[1116] Cf. Vieira de Andrade, "A reserva do juiz...", *cit.*, p. 221 e segs.

[1117] Cf. Vieira de Andrade, "Os poderes normativos e de resolução de litígios das entidades reguladoras independentes", Estudos em Homenagem a Mário Esteves de Oliveira, *cit.*, p. 137 e segs. (p. 149).

jurisdicional que permita a revisão ou controlo total pelos juízes[1118]. Trata-se, no fim de contas, de aceitar que a Administração possa ter uma "primeira palavra" sobre os termos de resolução de conflitos de interesses, embora a palavra decisiva sobre o assunto, ainda que apenas em recurso, caiba aos tribunais. Nisto se traduz a ideia de uma "reserva relativa de jurisdição dos tribunais" que, em rigor, corresponde a não exigir que aos tribunais seja conferido um "monopólio da primeira palavra" na resolução de conflitos[1119].

d) Observação sobre os atos de órgãos judiciais em matéria administrativa

Recorde-se que certos órgãos do poder judicial exercem uma função de administração e de gestão dos recursos em cujo âmbito praticam *atos em matéria administrativa*. Esta atividade administrativa dos tribunais (em sentido lato) não representa qualquer forma de intromissão judicial no exercício das missões da Administração Pública; trata-se, antes, do desenvolvimento normal de atividades próprias de uma organização, de "governo da casa" [cf. ponto 18.1].

e) Um caso especial: a fiscalização da legalidade das despesas públicas pelo Tribunal de Contas

O Tribunal de Contas é um tribunal[1120] e exerce funções de natureza jurisdicional, como são claramente os casos das que funções lhe estão cometidas no âmbito dos processos de efetivação de responsabilidade financeira (reintegratória e sancionatória), nos termos do artigo 214.º, n.º 1, alínea *c)*, da CRP e dos artigo 59.º e segs. e 65.º e segs. da LOPTC.

Todavia, o carácter jurisdicional já não parece encontrar-se presente nas funções que o Tribunal de Contas desenvolve no âmbito da fiscalização da legalidade das despesas públicas (cf. artigo 214.º, n.º 1, da CRP), em qualquer das modalidades de controlo financeiro que a LOPTC define (fiscalização

[1118] Cf. Vieira de Andrade, "Os poderes normativos e de resolução de litígios das entidades reguladoras independentes", *cit.*, p. 148.

[1119] Nesse sentido, cf. Acórdão do Tribunal Constitucional n.º 230/2013: "Fora dos casos individualizados na Constituição em que há lugar a uma reserva absoluta de jurisdição, o que sucederá não apenas em matéria penal mas sempre que estejam em causa direitos de particular importância jurídico-constitucional a cuja lesão deve corresponder uma efetiva proteção jurídica, poderá admitir-se que o direito de acesso aos tribunais seja assegurado apenas em via de recurso, permitindo-se que num momento inicial o litígio possa ser resolvido por intervenção de outros poderes, caso em que se poderá falar numa reserva relativa de jurisdição ou reserva de tribunal" (par. 13).

[1120] Cf. Gomes Canotilho/Vital Moreira, *ob. cit.*, vol. II, p. 574.

prévia, concomitante e sucessiva), em especial, do controlo através de *visto* ou da *recusa de visto* a atos geradores de despesa pública. Com efeito, trata-se, nesse caso, de uma atividade de verificação da legalidade financeira de um ato ou de um contrato, num contexto em que não está sequer presente um conflito: a entidade obrigada limita-se a submeter um ato seu ao visto e, em face disso, o Tribunal verifica a legalidade, e concede ou recusa o visto. Não podemos, pois, concordar com a ideia segundo a qual "a recusa de visto integra a atividade jurisdicional do TdC que enquanto «órgão supremo de fiscalização da legalidade das despesas públicas»" (neste sentido, veja-se, por ex., o Acórdão do Tribunal de Contas 1.ª S/PL n.º 28/2018 (par. 29).

A concessão de visto ou a recusa de visto não são atos de *jurisdictio*, mas, em vez disso, atos próprios da função administrativa. A questão já aparenta ser diferente no caso da função que o mesmo Tribunal exerce no âmbito do recurso das decisões de concessão ou de recusa de visto: nos termos da LOPTC (artigo 96.º e segs.), essas decisões são recorríveis para o plenário da 1.ª secção do Tribunal de Contas, que, diz a lei, procede a um *julgamento*. Ao invés do que sucede com a decisão recorrida (de concessão ou de recusa do visto), agora, o processo já tem subjacente um conflito – *v.g.*, entre a entidade autora do ato gerador de despesa, que discorda da recusa do visto, e o próprio Tribunal de Contas, que proferiu a decisão de recusa. Dir-se-ia, pois que, de um ponto de vista substantivo, está presente um requisito para reconduzir à função jurisdicional a "resolução" que o Tribunal é chamado a proferir sobre a controvérsia quanto à legalidade de um determinado ato[1121]. Assim parece. Sucede, porém, que, neste caso, dos recursos de decisões de concessão ou de recusa de visto do Tribunal de Contas, o órgão competente para fazer o julgamento é o próprio Tribunal de Contas (mais do que isso, é competente a mesma secção do Tribunal, funcionando agora em plenário), razão pela qual não parece que se possa considerar presente uma nota irrenunciável da função jurisdicional: a intervenção de um *órgão independente* das partes em conflito. Trata-se, na verdade, de um recurso de um ato praticado por "uma parte do órgão" (subsecção) para o "órgão" em que aquela parte se integra (1.ª secção). Foi, de resto, precisamente por esta razão que o Tribunal de Justiça recusou apreciar um pedido de decisão

[1121] "O recurso ordinário de decisão final de processo de fiscalização prévia é um instrumento de impugnação de atos jurisdicionais configurado como remédio jurídico que permite uma reapreciação delimitada de algumas das questões selecionadas pelas partes que integraram o julgamento realizado pela primeira instância": cf. Acórdão 9/2019, 1.ª S/PL. Aqui se assume a natureza jurisdicional do recurso da primeira decisão sobre a concessão de visto.

prejudicial que lhe fora remetido pelo Tribunal de Contas (Despacho do Tribunal de Justiça, de 25/04/2018, *Secretaria Regional de Saúde dos Açores*, Proc. C-102/17), esclarecendo não ser "claro que a decisão que será proferida pelo Tribunal de Contas no processo de fiscalização prévia da legalidade e do cabimento orçamental em causa no processo principal se inserirá numa função jurisdicional, e não numa função puramente administrativa" (par. 35) e, além disso, que "não decorre dos autos submetidos ao Tribunal de Justiça que o Tribunal de Contas tenha a qualidade de terceiro em relação à autoridade que adotou a decisão controvertida e, portanto, que o recurso interposto contra a decisão controvertida no plenário desta instância, com base no artigo 96.º, n.º 1, da LOPTC, não constitua um recurso administrativo hierárquico" (par. 36)[1122]. Assim, e em síntese, quer nas decisões de concessão ou de recusa de visto, quer nos recursos dessas decisões, o Tribunal de Contas exerce funções de natureza administrativa – no segundo caso, uma função de tipo "giustiziale". Nestes termos, as referidas decisões devem considerar-se *atos administrativos* (de controlo da legalidade e com a função de integração da eficácia jurídica e, ou financeira dos atos ou contratos controlados).

Tratando-se, como aqui se sustenta, de atos administrativos, praticados no exercício da função administrativa, as decisões de concessão ou recusa de concessão de visto, bem como as decisões proferidas em recurso destas últimas encontram-se plenamente abrangidos pela garantia constitucional da tutela jurisdicional efetiva (artigo 268.º, n.º 4, da CRP), pelo que deverão ser suscetíveis de apreciação por uma instância independente. Em geral, os atos administrativos são impugnados nos tribunais administrativos, mas, neste caso, em que está em pauta um ato administrativo praticado por um outro tribunal, que a Constituição referencia como "órgão supremo de fiscalização da legalidade das despesas públicas", afigura-se que uma solução harmoniosa poderia passar pelo desenho de um processo de recurso a efetuar dentro do Tribunal de Contas, mas que garantisse a apreciação do recurso por uma *câmara independente*, composta por juízes que lhe ficassem exclusivamente adstritos (e, já agora, com o alargamento da legitimidade para recorrer, de modo a abranger outros interessados, além da entidade que submeteu o ato ou contrato a visto e do Ministério Público).

[1122] Neste ponto, cf. Paulo Linhares Dias, "Ainda a propósito da natureza jurídica do visto prévio do Tribunal de Contas – a perspetiva (correta) da jurisprudência do TJUE", *Estudos em Homenagem a Rui Pena, cit.*, p. 925 e segs.

186.4 – Reserva de Administração: ação pública através de medidas concretas e individuais em vista da realização de interesses públicos

No quadro da separação de funções, subsiste uma *reserva de lei*, no sentido de que é à lei (ao ato legislativo) que cabe a função exclusiva de definir a regulamentação essencial em determinadas matérias, através de preceitos gerais e abstratos: "reserva de normação do legislador"; subsiste, por outro lado, uma *reserva do juiz*, que se traduz em atribuir aos tribunais um monopólio para proferir a primeira palavra quanto à resolução de conflitos sobre certas matérias (*v.g.*, em matéria criminal) e, além disso, a última palavra sobre a resolução de conflitos dirimidos em primeira mão pela Administração Pública: "reserva de jurisdição dos tribunais". A questão em pauta agora é a de saber se existe também uma reserva da Administração[1123].

Pois bem, a nossa resposta é clara: existe uma *reserva da Administração* – pelo menos, uma reserva *de princípio* –, no sentido em que é à Administração Pública que se encontra confiada a execução da *função administrativa por via de medidas concretas e individuais*, no quadro da realização de um interesse público diferente da solução pacífica e justa de um conflito. O "contacto" ou o "relacionamento direto" com uma determinada entidade ou um certo cidadão a quem se dirigem as medidas, no âmbito da prossecução de um interesse público são as marcas de uma função, tarefa ou missão que deverá pertencer à Administração Pública. Pode haver desvios a esta reserva da Administração, os quais, quando não tenham um fundamento ou justificação constitucional (como sucede com a fiscalização da legalidade da despesa pública pelo Tribunal de Contas), serão sempre, pelo menos, de uma constitucionalidade duvidosa (relembre-se o caso da competência da Assembleia da República para destituir titulares de órgãos administrativos).

Assim configurada, a reserva da Administração não tem um sentido material, não se refere a elencos de matérias que se encontrem vedadas à interferência de outros poderes. A reserva tem, em vez disso, um sentido procedimental, conjugado com uma dimensão finalística, dizendo respeito ao "modo de agir", em situações concretas e perante pessoas determinadas (reserva de decisão no caso concreto; reserva de execução) e, além disso, ao "agir para realização de um interesse público".

Além dessa reserva de função administrativa, podemos ainda identificar, em certos setores da Administração, uma "reserva de autonomia em matéria

[1123] Sobre o conceito de "reserva da Administração", cf. Nuno Piçarra, "A reserva de Administração", *O Direito*, ano 122.º, 1990, vol. II, p. 325 e segs.; vol. III-IV, p. 571 e segs.

regulamentar": eis o que ocorre com o poder regulamentar das autarquias locais nos termos do artigo 241.º da CRP, associado a uma "reserva de regulamento local" e ao poder próprio das autarquias de regulamentação de interesses próprios e específicos das respetivas populações.

Por outro lado, mas com um outro alcance, que depende da conformação legislativa do poder administrativo, a reserva da Administração também indica ou postula a limitação da intervenção do tribunal nos espaços de discricionaridade administrativa. Trata-se, aqui, de conceber a reserva como espaço de *autonomia da Administração* e de não intromissão do poder judicial [cf. pontos 25 e 30].

Do nosso ponto de vista, não existe uma reserva da Administração, no sentido de uma garantia, perante o legislador, da existência de uma discricionaridade, com o efeito de limitar o poder legal de determinação ou de densificação das normas de competência da Administração. O espaço discricionário da Administração resulta de uma opção livre do legislador ou, em alguns casos, de uma impossibilidade prática de predeterminação do conteúdo da ação administrativa, mas não de uma vinculação de natureza constitucional que o legislador deva respeitar[1124]. Coisa diversa ocorre com a *autonomia regulamentar* das entidades públicas autónomas que, essa sim, deve ser respeitada por lei.

186.5 – Elementos de caracterização da função administrativa

Reconhecendo que a *caracterização definitória* de função administrativa se apresenta como um resultado dificilmente alcançável e sublinhando que esta será sempre uma *noção aberta*, a doutrina tem procurado identificar as *características marcantes* ou os *momentos típicos* da função pública de *administratio*, procurando ultrapassar a mera "Negativ-Definition" [cf. ponto 186].

Assim, nos termos de uma caracterização tipológica, a função administrativa apresenta as características fundamentais que a seguir se indicam.

Como alertámos na Introdução [cf. ponto 5], o conceito de função administrativa que temos em vista assenta em pressupostos diferentes dos que subjazem à definição do artigo 1.º, n.º 2, do RRCEEEP: "*correspondem ao exercício da função administrativa as acções ou omissões adoptadas no exercício de prerrogativas de poder público ou reguladas por* disposições ou princípios de

[1124] Em termos diferentes, cf. L. Pereira Coutinho, "As duas subtrações", *cit.*, p. 127 e segs.

direito administrativo". Trata-se, neste caso especial, de uma noção idealizado para delimitar a função administrativa com o sentido de a submeter a uma regulação específica de Direito Administrativo. Essa delimitação assenta, por isso, num critério jurídico, pois em causa está a determinação do âmbito de aplicação do regime da responsabilidade civil por *atos públicos* ou de *gestão pública*.

a) Gestão de meios para a produção de resultados

No seu núcleo fundamental, a função de *administrar* consiste, em geral, numa atividade de organização e de gestão de meios ou de recursos (materiais e humanos) disponíveis com o objetivo de produzir resultados, que podem consubstanciar-se na produção de serviços, na tomada de decisões, na emissão de declarações, na edição de regras de conduta, na produção, manutenção ou conservação de bens e, em geral, no desenvolvimento de atividades materiais, de carácter técnico ou de outra natureza. Neste sentido, trata-se de uma função com um propósito prático ou utilitário, de gestão de recursos para produzir resultados (*v.g.*, de concessão de uma autorização, de atribuição de um subsídio, de construção de uma estrada, de conservação de um património, de demolição de um prédio) que servem interesses.

Embora a conclusão não se apresenta evidente, a acentuação do tópico "gestão de meios para a produção de resultados" já permite delimitar, num plano material ou substantivo, a função administrativa das demais funções públicas.

b) Determinação externa e produção de benefícios para a coletividade

A função administrativa é, por um lado, uma atividade determinada por condicionantes externas, definidas *ex ante*, que vinculam o responsável pela sua execução (princípio da legalidade), e, por outro lado, exercida em vista da realização do bem comum, para produzir benefícios para a coletividade (princípio da prossecução do interesse público). Diz-se, a este respeito, que a função administrativa se caracteriza pela *não-primariedade*[1125]. Apesar da presença deste elemento de vinculação externa (prévia e finalística), e da sua *não novidade*, na medida em que atua sobre matéria já existente[1126], a função administrativa não se reduz necessariamente à execução mecânica de um

[1125] Cf. Nuno Miguel Cunha Rolo, *ob. cit.*, p. 171.

[1126] *Idem, ibidem.*

programa estabelecido, e pode incluir momentos de escolha dos meios a utilizar e de ponderação e escolha sobre o modo de servir o interesse público.

c) Variedade de conteúdos

Um dos traços marcantes da função administrativa, que salta à vista, reside na grande diversidade das matérias e dos domínios tocados pelas tarefas administrativas. De facto, a noção objetiva de administração pública (função administrativa) remete imediatamente para um copioso número de atividades, tarefas e missões cuja classificação é, por isso, reconhecidamente difícil e complexa. O capítulo subsequente é precisamente dedicado a uma inventariação (não exaustiva) das missões administrativas.

d) Diversidade de formas jurídicas de manifestação

A função administrativa exterioriza-se mediante variados atos jurídicos típicos, aos quais corresponde uma "forma jurídica preestabelecida" (atos unilaterais, contratos e normas administrativas), mas também por atos declarativos que não se subsumem numa forma ou num modelo abstrato, previamente formatado e regulado (por ex., atos declarativos com eficácia de facto, como advertências e recomendações), bem como por meio de operações materiais; numa outra perspetiva, importa assinalar que a atividade de administração é, em princípio, efetuada segundo formas ou instrumentos de ação de direito público, mas também pode sê-lo por formas e instrumentos do direito privado (por ex., contratos).

Capítulo 14
Missões da Administração Pública

São múltiplas e muito variadas as *tarefas, responsabilidades* ou *missões* em que se desdobra o exercício da função administrativa. O presente capítulo procura inventariar as principais missões da Administração Pública do nosso tempo, bem como assinalar os elementos materiais que as identificam e distinguem.

187 – Garantia da vida social ordenada e proteção dos cidadãos. 187.1 – Controlo de perigos e prevenção de danos coletivos e individuais. 187.2 – Proteção dos direitos dos cidadãos no âmbito de relações privadas. 187.3 – Garantia da segurança pública e proteção dos cidadãos. 187.4 – Prevenção de danos e proteção e socorro de pessoas e bens em caso de acidentes graves e de catástrofes. 188 – Defesa da ordem jurídica administrativa. 188.1 – Sanções administrativas e ilícitos administrativos. 188.1.1 – Ilícito de mera ordenação social (as contraordenações). 188.1.2 – Ilícito disciplinar. 188.1.4 – Outros ilícitos administrativos. 188.2 – Medidas administrativas sem carácter sancionatório. 189 – Prestação ou garantia de prestação de serviços públicos. 190 – Segurança social e solidariedade. 191 – Instalação e gestão de infraestruturas públicas e de uso público e salvaguarda de ativos estratégicos essenciais. 192 – Intervenção na economia. 192.1 – Controlo de atividades económicas do setor privado. 192.2 – Controlo de atos isolados de agentes económicos privados. 192.3 – Autorregulação administrativa de profissões e atividades económicas. 192.4 – Regulação de mercados ("setores regulados"). 192.5 – Incentivos à economia e às empresas; concessão de garantias. 192.6 – Intervenção direta no mercado.

187 – Garantia da vida social ordenada e proteção dos cidadãos

O Estado Administrativo tem uma responsabilidade primária, essencial e indeclinável na preservação da segurança da coletividade, na manutenção da ordem e da vida social ordenada e na proteção dos direitos dos cidadãos e dos seus bens. Trata-se, em geral, de uma missão ou, em rigor, de várias missões que visam a realização do interesse geral numa vida em sociedade segura e tranquila, baseada na sadia convivência entre os cidadãos e no respeito pelas regras estabelecidas e pelos direitos individuais.

No âmbito destas missões, a Administração Pública vê-se convocada para assegurar e preservar o *status quo* ordenado, para prevenir (evitar ou impedir) a ocorrência de factos perturbadores ou que possam causar danos na segurança coletiva e individual e na tranquilidade e ordem públicas, bem como para agir perante a ameaça ou a iminência da ocorrência de tais factos.

Aqui se incluem as missões administrativas que visam: *i)* o controlo de perigos e a prevenção de danos coletivos ou individuais; *ii)* a proteção dos direitos dos cidadãos no âmbito de relações privadas; *iii)* a garantia da segurança pública e dos direitos dos cidadãos; *iv)* a prevenção de danos coletivos e a proteção e socorro de pessoas e bens em caso de acidentes graves e de catástrofes.

187.1 – Controlo de perigos e prevenção de danos coletivos ou individuais

Na sociedade técnica e industrial do nosso tempo – sociedade do risco[1127] –, há inúmeras atividades suscetíveis de provocarem danos em bens jurídicos como a vida humana, a saúde, o património cultural, o ambiente, as infraestruturas públicas ou os bens dos particulares: trata-se de *atividades perigosas* ou com *elementos de perigo*, pois são ou podem ser fonte de ocorrências

[1127] Como é conhecido, trata-se de um termo cunhado por U. Beck, *Risikogesellschaft: Aufdem Weg in eine andere Modern*, Suhrkamp, 1986: o risco é aí apresentado como um estádio intermédio entre a segurança e a destruição.

nefastas como poluição, acidentes industriais, incêndios, explosões, contaminação de águas e de solos agrícolas, deterioração de alimentos, acidentes de trabalho. Apesar da sua perigosidade intrínseca, trata-se, em muitos casos, de atividades social e economicamente úteis e até imprescindíveis (indústria química ou cimenteira; construção de edifícios; tratamento de resíduos perigosos; comércio de alimentos e de medicamentos; transporte de substâncias perigosas) ou atividades que se entende dever tolerar e não proibir (detenção de animais perigosos).

Para a melhor compreensão deste ponto, é oportuno delimitar o sentido dos conceitos de "perigo", de "risco" e de "prevenção de danos".

Enquanto categoria jurídica, o *perigo* é a aptidão intrínseca de uma substância, de uma situação ou de uma conduta para provocar danos em bens jurídicos protegidos.

Por sua vez, o *risco* refere a probabilidade (de acordo com a experiência ou com dados científicos e técnicos) da ocorrência de um efeito específico; na sua associação ao conceito de perigo, o risco refere-se, pois, à probabilidade da produção de um dano[1128].

Assim, atividade de *perigo* é, por ex., tomar banho em águas contaminadas ou conduzir um automóvel a grande velocidade; nestes casos, o *risco* consiste, respetivamente, na *probabilidade* de contrair uma doença e de provocar um dano na saúde ou na probabilidade de causar um acidente e danos materiais e danos pessoais, como a morte.

Em face de atividades perigosas, que envolvem riscos, a Administração Pública é, tantas vezes, chamada a assumir, nos termos da lei, uma responsabilidade geral de *prevenção de danos* (de procurar evitar a produção ou a continuação de produção de danos), e, em princípio, dispõe, para esse efeito, de competências de controlo (*controlo de perigos* ou *de atividades perigosas*), que têm o objetivo da *minimização dos riscos*, ou seja, da diminuição da probabilidade de ocorrência de danos.

Nos termos expostos, o perigo e o risco estão associados a atividades ou situações que, de acordo com uma lógica de probabilidades, vão produzir danos: aqui atua o *princípio da prevenção*, posto que a intervenção administrativa tem o propósito de evitar que os danos se produzam. Em setores mais sensíveis

[1128] Neste ponto, embora em termos não inteiramente coincidentes, cf. Miguel Nogueira de Brito, "Direito de Polícia", in Paulo Otero/Pedro Gonçalves, *Tratado de Direito Administrativo Especial*, I, Almedina, 2009, p. 306 e segs.

(*v.g.*, ambiente, saúde), preconiza-se que a intervenção administrativa se paute por um *princípio de precaução*: a Administração deve intervir em cenário de incerteza quanto à própria existência ou ao alcance dos riscos, sem ter de esperar que a realidade e a gravidade de tais riscos sejam conformados (a precaução reclama, pois, uma intervenção perante "riscos potenciais").

Quando perigosas, as atividades humanas reclamam uma regulamentação, a qual pode determinar a proibição absoluta: a infração da proibição pode constituir, então, um *crime* ou uma *contraordenação*. A prevenção (de danos), nestes casos, pode já não ser viável, quando o dano se consuma, situação que dá então origem a uma ação, não de prevenção, mas de "repressão", por via da aplicação de sanções – que podem ser sanções administrativas [cf. ponto 188]. Mesmo aqui, em certos cenários, a prevenção de danos ainda pode ser viável, quando se trate de atividades que estão em execução.

Mas, como antecipámos, as atividades perigosas nem sempre são proibidas em absoluto. Por vezes, tais atividades são objeto de uma *proibição relativa*: a proibição é estabelecida por lei, mas a título preventivo e pode ser removida por prévia autorização da Administração – pode tratar-se de uma "proibição com reserva de autorização" ou de uma "proibição com reserva de dispensa". Pode também suceder que não exista sequer uma proibição relativa (sujeição da atividade a autorização) e que a atividade perigosa se encontre regulada, embora apenas sob o controlo sucessivo da Administração.

Nos dois casos – atividades proibidas preventivamente e submetidas a um *controlo prévio*, por um lado, e atividades submetidas a *controlo sucessivo*, por outro lado – entra em jogo a regulamentação legal, de Direito Administrativo, com o propósito de articular ou de conciliar o exercício da atividade com a garantia da segurança da coletividade e dos cidadãos.

> Entre muitos outros, são exemplos de regulamentação de Direito Administrativo com este propósito: os regimes jurídicos das emissões industriais, da prevenção de acidentes graves que envolvam substâncias perigosas, da gestão de resíduos, da exploração da atividade agroalimentar, da circulação de artigos de pirotecnia, da urbanização e edificação, da criação e detenção de animais perigosos, da produção e comércio de máquinas, do fabrico e comércio de brinquedos, da produção e comércio de artigos de pirotecnia, o estatuto do medicamento.

Neste cenário, o Direito Administrativo (a lei administrativa) desenvolve, por um lado, uma função de direção da vida social e da ação dos particulares – por via da imposição de restrições, condicionamentos e limites ao desenvolvimento de condutas perigosas, que podem causar danos sociais ou individuais – e, por outro lado, uma função de legitimação da atuação da Administração, com os objetivos precípuos do controlo de perigos e de prevenção de danos.

Em termos mais precisos, o sentido da regulamentação do Direito Administrativo consiste, nestes casos, na definição de condições e de requisitos – requisitos técnicos, de segurança e, por vezes, com carácter subjetivo (*v.g.*, idoneidade) – que se revelam necessários para o exercício regular das atividades regulamentadas. O propósito desta missão de controlo de perigos ou da defesa de perigos é o de, pela via da observância das condições e requisitos estabelecidos, se alcançar a *diminuição do risco*, ou seja, a diminuição da probabilidade de produção de danos.

A intervenção administrativa visa o "enforcement" dessa regulamentação e desenvolve-se com o propósito de verificar o respeito pelas condições e requisitos nela definidos; em concreto, os instrumentos da intervenção administrativa neste âmbito são, em especial, os seguintes:

i) Edição de regulamentos administrativos que complementam e desenvolvem a legislação prescrevendo a adoção de comportamentos e estabelecendo proibições com o objetivo de disciplinar atividades particulares perigosas, como por ex., regulamentos sobre queimadas e fogueiras, sobre o ruído, sobre a segurança de edifícios; sobre a proibição de acesso público a locais de risco.

ii) Emissão de autorizações administrativas e outras medidas de controlo público prévio de atividades privadas, como a autorização de laboração de estabelecimentos industriais, a licença ambiental, a licença de exploração de escolas de condução, o contrato de gestão de centros de inspeção técnica de veículos, a licença de detenção de cães perigosos, a autorização de introdução no mercado de medicamentos, a licença de abertura e funcionamento de estabelecimentos prestadores de cuidados de saúde. Por via da autorização, a Administração verifica se estão preenchidos os requisitos estipulados como condição do exercício da atividade perigosa e em vista da diminuição do risco de danos que a mesma pode provocar.

De acordo com a doutrina clássica, a autorização administrativa (em sentido lato) é o ato típico da função administrativa de controlo da segurança, na medida em que esta reclama um controlo prévio – que se processa antes do exercício das atividades perigosas – sobre a verificação das condições legais e regulamentares estipuladas com o fim de diminuir o risco e de conciliar o exercício da atividade com o interesse público da segurança da coletividade [a *autorizações de controlo* distingue-se da *autorização regulatória*, em que o controlo público prévio do acesso à atividade sob regime de autorização não cumpre apenas o propósito de controlo sobre a verificação de requisitos definidos para prevenir danos, mas antes e em primeira linha, a regulação do mercado ou a disciplina da atividade autorizada: autorização de instalação de grandes superfícies comerciais ou de abertura de um banco].

Quanto a esta função administrativa de controlo, deve ter-se presente uma evolução dos últimos anos, no sentido da *simplificação administrativa*, que passou por abolir muitas autorizações e promover a respetiva substituição por procedimentos de *comunicação prévia de início de atividade*: o fenómeno verificou-se em relação a atividades privadas de prestação de serviços, atividades comerciais, industriais e operações urbanísticas. Em vez de uma autorização – decisão da Administração –, o início da atividade baseia-se na comunicação (notícia) feita pelo interessado à Administração. Ao invés do que aparenta, a adoção deste tipo de procedimentos não é, porém, incompatível com formas de controlo público prévio: no caso das "comunicações prévias com prazo" (em que a atividade comunicada – *v.g.*, abertura de um estabelecimento comercial ou realização de uma operação urbanística – não pode iniciar-se antes do esgotamento de um certo prazo após a comunicação), a Administração mantém um poder de controlo e um poder de oposição ao início da atividade comunicada; o caso já se apresenta diferente nas atividades privadas sujeitas a um regime de "mera comunicação prévia", que conferem ao interessado o direito de exercer a atividade imediatamente após a comunicação. Não obstante, em ambos os casos, a simplificação administrativa acima referida envolveu a transição de sistemas de controlo público para modelos de autocontrolo privado, no quadro de processos de *privatização de responsabilidades públicas* e de *ativação de responsabilidades privadas*[1129]. Foi, aliás, neste quadro que se desenvolveram os "serviços privados de certificação", prestados, na esfera do mercado, por

[1129] Sobre estes processos, que se desenvolveram a partir dos últimos anos do século XX, cf. o nosso *Entidades Privadas com Poderes Públicos, cit.*, p. 151 e segs.

organismos privados de certificação ["organismos notificados": cf. pontos 36.4 e 143]. Neste contexto, o controlo de primeira linha da regularidade de atuações privadas no domínio económico (*v.g.*, atividades de comércio, serviços e restauração, nos termos do RJACSR; exploração de estabelecimentos industriais, nos termos do Sistema da Indústria Responsável) ou no domínio urbanístico (realização de operações urbanísticas, nos termos do Regime Jurídico da Urbanização e Edificação) é confiado ao próprio agente interessado, que fica responsável por verificar o cumprimento dos requisitos que a regulamentação estabelece para a atividade que pretende exercer. Nesse controlo prévio de primeira linha, em face dos administrados que têm de cumprir as exigências legais, a Administração não se intromete[1130]. A intervenção administrativa ocorre, por um lado, no momento da "acreditação" ou do "reconhecimento" dos organismos que prestam os serviços privados de certificação, num sistema batizado de "controlo do controlo" (quer dizer, de "controlo público dos organismos que efetuam o controlo privado") e, por outro lado, depois, na fiscalização e controlo do exercício destas atividades (controlo sucessivo).

iii) Ações de acompanhamento, de vigilância, de fiscalização e de inspeção sobre o exercício das atividades privadas (*v.g.*, ações de fiscalização: da ASAE nas áreas das atividades económicas e da segurança alimentar; da Autoridade para as Condições de Trabalho, quanto ao cumprimento da legislação laboral; dos organismos de proteção do ambiente, como o Serviço de Proteção da Natureza e do Ambiente da GNR; dos serviços municipais e das polícias municipais), que se desenvolvem quanto a atividades autorizadas bem como quanto a atividades sujeitas a comunicação prévia. No caso de atividades de grande perigosidade (emissões industriais, tratamento de resíduos perigosos), a Administração desenvolve, em regra, uma função de monitorização e de acompanhamento das diligências de gestão de riscos que a legislação exige.

[1130] O facto de a Administração não intervir introduz alguma indefinição e insegurança, pois o administrado não adquire um título administrativo (*v.g.*, autorização, licença) que oficialize a conformidade legal da sua atuação. Precisamente para ultrapassar essa insegurança, alguns sistemas atribuem aos administrados um "direito ao controlo administrativo oponível à Administração" ou um "direito de interpelação": cf. S. Traoré, "Le droit au contrôle opposable des administrés", *cit.*, p. 15 e segs.; Sica, "Diritto d'interpello e certeza nei rapporti tra cittadino e pubblica amministrazione", *cit.*, p. 99 e segs. [cf. ponto 42.4.11].

iv) Ainda com o sentido da prevenção de danos, a intervenção da Administração pode visar a proibição do exercício de uma atividade que ameaça provocar danos ou que já está a provocá-los. A esta categoria de reconduzem as *medidas cautelares* que, com base num juízo sumário (indiciário) sobre a probabilidade da produção de danos, determinam a suspensão imediata de atividades que possam pôr em risco bens jurídicos protegidos.

Exemplos de medidas cautelares: *i)* artigo 142.º, n.º 1, do RJACSR: "sempre que se verifiquem situações que possam pôr em risco a segurança ou a saúde das pessoas de forma grave e iminente, as forças de segurança e a ASAE, sem prejuízo das competências das autoridades de saúde, podem com caráter de urgência e sem dependência de audiência de interessados, determinar a suspensão imediata do exercício da atividade e o encerramento provisório de estabelecimento, na sua totalidade ou em parte"; *ii)* artigo 23.º dos Estatutos da ERS: "sempre que as investigações realizadas indiciem que os atos que são objeto do processo estão na iminência de provocar um prejuízo grave e irreparável ou de difícil reparação para o setor regulado ou para os utentes de cuidados de saúde, a ERS pode, ordenar preventivamente a imediata suspensão da prática dos referidos atos ou quaisquer outras medidas provisórias necessárias à imediata reposição do cumprimento das leis ou regulamentos aplicáveis que se mostrem indispensáveis ao efeito útil da decisão a proferir em processo instaurado ou a instaurar"; *iii)* artigo 41.º, n.º 1, do Código da Publicidade: "em caso de publicidade enganosa, publicidade comparativa ilícita ou de publicidade que, pelo seu objeto, forma ou fim, acarrete ou possa acarretar riscos para a saúde, a segurança, os direitos ou os interesses legalmente protegidos dos seus destinatários, de menores ou do público a entidade competente (...) pode ordenar medidas cautelares de suspensão, cessação ou proibição daquela publicidade".

v) Do mesmo modo, igualmente no sentido da prevenção de danos, a intervenção da Administração pode visar, já não o controlo de perigos, mas antes a *eliminação ou remoção de situações de perigo*: assim sucede com a demolição de uma casa que ameaça ruína ou que oferece perigo para a saúde pública, com o abate de animais para efeito de luta contra doenças, com a destruição de alimentos insalubres ou com o encerramento de um lar de idosos que apresente deficiências graves nas condições de segurança. Próximas destas situações, com o sentido específico de retirar as pessoas e os bens da exposição ao risco, temos, por ex., decisões de proibição de acesso a um local de risco de queda de arribas.

187.2 – Proteção dos direitos dos cidadãos no âmbito de relações privadas

A proteção dos direitos dos cidadãos à liberdade e à segurança constitui uma incumbência fundamental do Estado Administrativo, que decorre diretamente da tarefa constitucional do Estado consistente em garantir os direitos e as liberdades fundamentais dos cidadãos [cf. artigo 9.º, alínea *b)*, da CRP]. Nessa tarefa inscreve-se o *dever estadual de proteção dos direitos dos cidadãos* no âmbito das relações privadas, que se desenvolvem entre particulares. Trata-se de uma missão pública essencial sobretudo nas áreas em que atuam os "poderes privados" ou que, em geral, se caracterizam pela desigualdade de facto entre os cidadãos. Nestes domínios, reclama-se uma intervenção da Administração Pública para o desempenho de funções de proteção da parte menos poderosa, as quais podem envolver a edição de regulamentações e o condicionamento das relações privadas (*v.g.*, elaboração de regulamentos de relações comerciais, autorização de cláusulas contratuais gerais), bem como a adoção de providências de natureza impositiva (*v.g.*, imposição aos proprietários de obras coercivas em prédios arrendados; imposição aos empregadores do dever de pagamento de quantias devidas a trabalhadores) e, em geral, de medidas de fiscalização: eis o que ocorre com as competências de várias entidades públicas no domínio da proteção dos direitos dos consumidores, da inspeção do cumprimento da legislação do trabalho pelos empregadores, da proteção dos arrendatários de prédios urbanos, ou do cumprimento da regulamentação da proteção de dados pessoais. Como já houve ocasião de observar, a intervenção administrativa ocorre, neste caso, no contexto de uma relação triangular em que a Administração se posiciona no vértice superior e, depois, em cada um dos vértices da base do triângulo, vamos encontrar cidadãos e entidades particulares em situação de conflito ou de divergência: *v.g.*, empresas que oferecem bens e serviços no mercado, entidades patronais, responsáveis pelo tratamento de dados pessoais, num dos vértices, e consumidores, trabalhadores e titulares de dados pessoais, no outro vértice [cf. ponto 3.2, *b)*].

Neste âmbito, ocupa um lugar central no elenco de responsabilidades do Estado a proteção, em geral, dos direitos dos cidadãos enquanto consumidores. Não se trata apenas do desenvolvimento de uma política pública de tutela e proteção direta dos consumidores – no quadro de garantia da acessibilidade a bens e serviços –, mas igualmente da execução de uma outra lógica de intervenção, de ativismo administrativo, em que o Estado assume a responsabilidade de "regular" o consumo e os processos de escolha dos consumidores (numa função que alguns consideram "paternal"). Aqui se incluem medidas de natureza muito variada, legitimadas por uma "administração reflexiva", que atua para prevenir riscos, num contexto de gestão na incerteza; medidas que podem ir da proibição do consumo de um produto suspeito de ser perigoso até à imposição ao produtor da revelação de uma informação exaustiva sobre os produtos que fabrica ("mandatory information disclosure"), passando por providências de *soft law*, como advertências e recomendações, as quais, sem proibir ou impor, procuram influenciar as escolhas dos consumidores [1131].

187.3 – Garantia da segurança pública e proteção dos cidadãos

No âmbito da missão geral de garantia da vida social ordenada e de garantia dos direitos e liberdades fundamentais dos cidadãos [cf. artigo 9.º, alínea *b)*, da CRP], uma missão essencial do Estado Administrativo consiste em garantir a ordem e a segurança pública, a segurança e a tranquilidade dos cidadãos, a defesa da lei e a fiscalização do respetivo cumprimento e em assegurar a efetividade prática dos atos da Administração. É este o domínio da *polícia de segurança, atividade que reconduzimos ao conceito de polícia administrativa*.

a) Polícia de segurança e polícia administrativa

O conceito de polícia é aqui tomado num sentido estrito, de modo a abranger apenas a *polícia de segurança*, bem como a designada polícia administrativa, nos termos que a seguir definiremos – o conceito de polícia não é aqui considerado na aceção genérica, muito divulgada, que o reporta, em geral, a toda a função administrativa de controlo de perigos e prevenção de danos coletivos e individuais [cf. ponto 187.1][1132].

[1131] Sobre as advertências e as recomendações como processos do agir administrativo, cf., da nossa autoria, "Advertências da Administração Pública", *cit.*, p. 723 e segs.

[1132] A atividade de polícia e a polícia em sentido orgânico são matérias que integram o designado *direito de polícia* ou *direito policial*, que, já se compreende, é um ramo de Direito Administrativo especial.

Segundo a conceção generalizada, a polícia engloba toda a atividade administrativa de prevenção em face de perigos (defesa de perigos), cuja finalidade consiste, pois, na "prevenção de danos sociais" – nesta linha, Marcello Caetano definia polícia como "o modo de actuar da autoridade administrativa que consiste em intervir no exercício das actividades individuais susceptíveis de fazer perigar interesses gerais, tendo por objecto evitar que se produzam, ampliem ou generalizem os danos sociais que as leis procuram prevenir"[1133]. Apesar de amplo e abrangente, este conceito já representou uma redução importante em relação ao sentido do mesmo na época do designado *Estado-de-Polícia* (século XVIII), em que a ideia de polícia estava presente em todos os fins do Estado, abrangendo não só a *polícia de segurança* externa e interna, mas também a *polícia de bem-estar*. A finalidade da atividade de polícia do "Polizeistaat" consistia em assegurar *securitas, tranquilitas et sufficientia vitae*: a *securitas* seria a segurança em relação ao exterior, a *tranquilitas* a segurança no interior do Estado e a *sufficientia vitae* a imposição da felicidade e do bem-estar dos súbditos [sobre este conceito amplo de polícia, cf. ponto 2].

Na linha que aqui se segue, a polícia não se confunde, obviamente, com toda a ação do Estado Administrativo; de resto, ninguém defende hoje uma tal conceção. Mas, na nossa compreensão do atual Direito Administrativo, a polícia também não se deve confundir com todas as formas de ação administrativa de prevenção e de defesa de perigos. É por isso que o conceito que se adota articula, em larga medida, uma correspondência entre elementos materiais e orgânicos: a atividade de polícia, compreendida como polícia administrativa e de segurança, consiste, sobretudo, na atividade das forças de segurança, quer dizer, das polícias de segurança.

Estamos, portanto, diante da missão pública a que, desde logo, se refere o artigo 272.º, n.º 1, da CRP, que, inserido num título dedicado à Administração Pública, indica que "a polícia tem por funções defender a legalidade democrática, a segurança interna e os direitos dos cidadãos"[1134]

[1133] Cf. Marcello Caetano, *Manual de Direito Administrativo*, vol II, *cit.*, p. 1150.

[1134] Sobre a atividade de polícia, cf. Gomes Canotilho/Vital Moreira, *Constituição*, cit., vol. II, p. 857 e segs.; Sérvulo Correia, "Polícia", Dicionário Jurídico da Administração Pública, vol. VI, 1994, p. 393 e segs.; Pedro Machete, "A polícia na Constituição da República Portuguesa", *Homenagem da Faculdade de Direito de Lisboa ao Professor Doutor Inocêncio Galvão Telles, 90 Anos*, Coimbra, 2007, p. 1111 e segs.; Miguel Nogueira de Brito, *ob. cit.*, p. 281 e segs.; Vitalino Canas, "A actividade de polícia e a actividade policial como actividades limitadoras de comportamentos

– este conceito constitucional de polícia parece ter um duplo sentido: *orgânico* ou *subjetivo*, que se reporta aos organismos de polícia, às "forças de segurança" (cf. artigo 272.º, n.º 4), e *material* ou *objetivo*, referenciando a polícia enquanto missão ou função do Estado.

Os três bens jurídicos indicados no preceito constitucional integram um conceito *amplo de segurança interna*, que inclui a proteção ou defesa da ordem jurídica (defesa da "legalidade democrática"), a segurança do Estado e das instituições e organizações do Estado (segurança interna em sentido estrito) e a proteção pública dos direitos dos cidadãos (dever público correspondentes ao "direito à segurança" dos cidadãos, a que se refere o artigo 27.º, n.º 1, da CRP, "o qual significa essencialmente garantia de exercício seguro e tranquilo dos direitos, liberto de ameaças ou agressões"[1135]).

A recondução dos três referidos bens jurídicos a um conceito amplo de segurança interna pode ver-se confirmada na Lei de Segurança Interna, que define esse conceito nos seguintes termos: "*atividade desenvolvida pelo Estado para garantir a ordem, a segurança e a tranquilidade públicas, proteger pessoas e bens, prevenir e reprimir a criminalidade e contribuir para assegurar o normal funcionamento das instituições democráticas, o regular exercício dos direitos, liberdades e garantias fundamentais dos cidadãos e o respeito pela legalidade democrática*".

> A ligação íntima entre atividade de segurança interna (em sentido amplo) e polícia pode ainda ver-se no facto de a Lei de Segurança Interna estabelecer que "a atividade de segurança interna [se] pauta pela observância dos princípios do Estado de direito democrático, dos direitos, liberdades e garantias e *das regras gerais de polícia*".

A polícia corresponde, portanto, a uma atividade administrativa; em concreto: à atividade administrativa de segurança interna. Mas esta não se limita à proteção de bens jurídicos do âmbito da segurança. Abrange ainda, por um lado, as incumbências administrativas de *fiscalização* do cumprimento das leis e dos regulamentos pelos particulares (fiscalização do cumprimento

e de posições jurídicas subjectivas", *Estudos em Homenagem ao Prof. Doutor Sérvulo Correia*, vol. II, cit., p. 1253 e segs.; João Raposo, "Algumas considerações acerca do objeto do direito policial", *Estudos em Homenagem a Mário Esteves de Oliveira, cit.*, p. 973 e segs.

[1135] Cf. Gomes Canotilho/Vital Moreira, *ob. cit.*, vol. I, p. 478, que acrescentam comportar o referido direito uma dimensão negativa, de um direito à liberdade e de defesa perante os poderes públicos, e uma dimensão positiva, de um direito à proteção dos poderes públicos contra as agressões ou ameaças de outrem (segurança da pessoa, do domicílio, dos bens).

de deveres positivos, de fazer ou de agir, ou negativos, de não perturbar, que impendem sobre os cidadãos), que, em regra, incluem a competência oficial de atestação da ocorrência de ilícitos (e a elaboração dos correspondentes *autos*), e, por outro lado, as tarefas que se destinam a assegurar a execução coerciva de obrigações impostas por decisões administrativas (garantia da efetividade das decisões da Administração). Esta atividade, ainda de polícia, já não se reconduz rigorosamente à proteção da segurança interna: trata-se da *polícia administrativa em sentido estrito*.

De certo modo, a Lei das Polícias Municipais reflete esta ambivalência do conceito de polícia: após definir as polícias municipais como "serviços municipais especialmente vocacionados para o exercício de funções de polícia administrativa" (artigo 1.º, n.º 1), esclarece que, no exercício das funções de polícia administrativa, a atribuição prioritária dos municípios consiste em fiscalizar, na área da sua jurisdição, o cumprimento das leis e regulamentos (artigo 2.º, n.º 1); mas, depois, acrescenta que as polícias municipais cooperam com as forças de segurança na manutenção da tranquilidade pública e na proteção das comunidades locais (artigo 2.º, n.º 2).
Num plano objetivo, a *polícia administrativa* distingue-se da *polícia judiciária*, a qual consiste numa atividade, em regra, de coadjuvação das autoridades judiciárias na investigação, bem como na prevenção da criminalidade e na deteção de crimes. A Polícia Judiciária surge qualificada na Lei de Segurança Interna como uma força ou serviço de segurança e constitui, no plano organizativo, um "corpo superior de polícia criminal organizado hierarquicamente na dependência do Ministro da Justiça", e em concreto, um serviço central da administração direta do Estado (Lei Orgânica da Polícia Judiciária[1136]): contudo, em geral, a ação da PJ desenvolve-se em ligação funcional com as autoridades judiciárias; de resto, em termos processuais, a PJ atua sob a direção destas autoridades; neste sentido, a sua atividade é *judiciária*. Mas a lei indica que a PJ tem responsabilidade na prevenção da criminalidade, o que autoriza a consideração legal (Lei da Segurança Interna) dessa Polícia como força ou serviço de segurança.

Fora do âmbito do conceito de polícia de segurança, que se reporta a uma atividade pública, de natureza administrativa ("segurança pública"),

[1136] Lei n.º 37/2008, de 6 de agosto, alterada por último pelo Decreto-Lei n.º 81/2016, de 28 de novembro.

encontra-se a atividade de segurança privada, que é uma atividade de proteção de pessoas e de bens exercida, na esfera privada, por entidades autorizadas, nos termos definidos no Regime do Exercício da Atividade de Segurança Privada e da Autoproteção[1137].

Conforme definido no Regime do Exercício da Atividade de Segurança Privada e da Autoproteção, os serviços de segurança privada compreendem, entre outros, a vigilância de imóveis e o controlo de entrada, presença e saída de pessoas, bem como a prevenção da entrada de armas, substâncias e artigos de uso e porte proibidos ou suscetíveis de provocar atos de violência no interior de edifícios ou outros locais, públicos ou privados, de acesso vedado ou condicionado ao público, ou ainda a vigilância de bens móveis em espaço delimitado fisicamente; a proteção pessoal (sem prejuízo das competências exclusivas atribuídas às forças de segurança); a monitorização de sinais de alarme; o transporte, a guarda, o tratamento e a distribuição de fundos e valores e demais objetos que pelo seu valor económico possam requerer proteção especial e tal seja requerido, sem prejuízo das atividades próprias das instituições financeiras reguladas por lei especial; o rastreio, inspeção e filtragem de bagagens e cargas e o controlo de passageiros no acesso a zonas restritas de segurança nos portos e aeroportos, bem como a prevenção da entrada de armas, substâncias e artigos de uso e porte proibidos ou suscetíveis de provocar atos de violência nos aeroportos, nos portos e no interior de aeronaves e navios, sem prejuízo das competências exclusivas atribuídas às forças e serviços de segurança.

b) Elementos de compreensão da função de polícia: prevenção de danos em bens jurídicos determinados

Enquanto função administrativa, a polícia distingue-se, em primeiro lugar, em razão dos bens jurídicos que tem a função de proteger e defender (direito dos cidadãos à segurança e à tranquilidade e à proteção do seu património; garantia da ordem pública; defesa da legalidade, incluindo a garantia da efetividade dos atos da Administração). Assim, é pelo vetor do objeto protegido que podemos distinguir a atividade de polícia de outras missões administrativas de prevenção de danos sociais.

[1137] Sobre a atividade de segurança privada e, em especial, sobre a contratação de serviços de segurança privada por entidades da Administração Pública, cf. o nosso *Entidades Privadas com Poderes Públicos, cit.*, p. 372 e segs.

Há que reconhecer que a distinção nem sempre se apresenta clara e taxativa: assim, por ex., as medidas de controlo da detenção de cães perigosos podem reconduzir-se a uma atividade de prevenção de danos na saúde pública, mas, obviamente, também perseguem um objetivo de polícia, de prevenção em face de perigo da utilização dos animais como armas de agressão de pessoas.

É comum verem-se a polícia de segurança e a polícia administrativa remetidas para o âmbito da "administração agressiva". Isto resulta de se tratar de atividades que se manifestam sobretudo através de medidas de "comando e controlo" (ordens, proibições, medidas de fiscalização e de inspeção, etc.) que representem ingerências nos direitos dos cidadãos. Sem se questionar esta dimensão de agressividade e de intrusão típica da ação de polícia, deve ter-se presente o ângulo que vê nesta missão administrativa o sentido da proteção de bens jurídicos e de direitos dos cidadãos.

Mas a atividade de polícia não se distingue apenas em razão do objeto protegido; um outro elemento distintivo reside no facto de a mesma identificar uma intervenção que assenta no objetivo da *prevenção* de danos nos bens jurídicos protegidos. Neste caso, a proteção dos direitos dos cidadãos, a defesa da legalidade democrática ou da segurança interna consiste em desenvolver ações que visem evitar violações ou agressões aos bens jurídicos protegidos. Assim se compreende que um dos importantes modos de atuação da polícia consista na fiscalização e vigilância dos espaços públicos e abertos ao público: a mera presença de forças ou agentes de segurança tem o efeito de prevenir a ocorrência de danos na ordem pública ou nos direitos dos cidadãos.

A intervenção da polícia administrativa tem, pois, um sentido preventivo, visa evitar a ocorrência de danos. Contudo, em várias situações da vida, a intervenção da polícia pode envolver uma atuação *repressiva*, com o uso de meios coercivos, nos cenários em que seja prosseguida com o propósito de reagir perante agressões ou ameaças de agressões ou de prevenir a continuação de uma atividade danosa: trata-se, neste caso, de uma atividade que pode assumir contornos repressivos, mas que ainda se reconduz à função de polícia – *prevenção* –, e não já à função de sancionamento ou de repressão de condutas ilícitas, desde que esteja presente o objetivo de evitar a ocorrência de mais ou maiores danos nos bens jurídicos já lesados.

Alguma doutrina alude à figura das *sanções administrativas preventivas*, para referir medidas administrativas que revestiriam simultaneamente carácter preventivo e função sancionatória[1138]. Sobram-nos dúvidas sobre o emprego do conceito de sanção desligado de qualquer sentido punitivo, baseado tão-somente no aspeto formal de representar "um efeito jurídico previsto numa norma jurídica como consequência de certos pressupostos com o fim de evitar a violação de uma norma jurídica". Aliás, se bem vemos a questão, de acordo com a tese em apreciação, todas as medidas administrativas de prevenção de danos seriam, afinal, sanções administrativas preventivas, e não medidas de polícia, desde que a lei definisse os pressupostos da respetiva adoção (densificação normativa).

Insiste-se, pois, na ideia de que a polícia poderá envolver a adoção de medidas de repressão de condutas, mas sempre e exclusivamente com o propósito de prevenir, não de sancionar uma atuação ilícita e culposa.

c) As instituições da polícia: forças e serviços de segurança e serviços com funções de polícia administrativa (fiscalização)

Nos termos da Lei de Segurança Interna, exercem funções de segurança interna e, portanto, de polícia as seguintes forças e serviços de segurança: Guarda Nacional Republicana, Polícia de Segurança Pública, Polícia Judiciária, Serviço de Estrangeiros e Fronteiras, Serviço de Informações e Segurança. Além desses organismos – que a lei qualifica como "forças e serviços de segurança" –, há ainda outros que exercem funções de polícia, como a Autoridade Marítima Nacional, que integra a Polícia Marítima; além de todos esses, do Estado, temos, depois, as polícias municipais[1139].

Além das forças e serviços de segurança, que exercem a missão de segurança (polícia de segurança), muitos outros serviços da Administração exercem funções de polícia administrativa, de fiscalização do cumprimento de deveres administrativos: para referir os mais relevantes, esses são os casos da ASAE e, em geral, das entidades com funções de regulação económica [cf. artigo 40.º, n.º 1, alínea *g)* e *h)*, e n.º 3, alínea *a)* e *b)*, da LQER].

Por outro lado, dispõe-se no artigo 237.º, n.º 3, da CRP que as "polícias municipais cooperam na manutenção da tranquilidade pública e na proteção das comunidades locais". Como vimos, a legislação utiliza ainda, neste âmbito, o conceito de "polícia administrativa", podendo depreender-se do

[1138] Cf. Miguel Nogueira de Brito, *ob. cit.*, em especial, pp. 369 e 424 e segs., na linha do voto de vencido do Conselheiro Sousa e Brito no Acórdão do Tribunal Constitucional n.º 160/91.

[1139] Vejam-se a Lei das Polícias Municipais e o Regime Especial das Polícias Municipais de Lisboa e Porto.

elenco legal das funções indicadas, que ali se inclui sobretudo a ação de fiscalização do cumprimento de leis e regulamentos e a aplicação efetiva das decisões das autoridades municipais (veja-se, neste âmbito, o Regime do Exercício de Funções dos Agentes de Polícia Municipal). Um domínio importante da ação das polícias municipais é o da regulação e fiscalização do trânsito rodoviário e pedonal.

No âmbito da regulação e fiscalização do trânsito, a atuação das polícias municipais circunscreve-se, por um lado, ao *estacionamento* (nas vias e espaços públicos dentro das localidades, dos espaços destinados a parque ou zonas de estacionamento, e fora das localidades, desde que estejam sob jurisdição dos municípios) e, por outro lado, à verificação da infração, mediante a elaboração do auto de contraordenação: eis o que resulta da articulação entre o disposto na Lei das Polícias Municipais, no artigo 169.º, n.º 7, do Código da Estrada, e no Decreto-Lei n.º 107/2018, de 29 de novembro. Este diploma atribui ao presidente da câmara municipal, com faculdade de delegação nos vereadores (ou, em caso de delegação da câmara em empresa local, ao presidente desta empresa, com faculdade de subdelegação), a competência para determinar a instrução de processos contraordenacionais e para a aplicação de coimas.

d) Medidas de polícia

As "autoridades de polícia" (funcionários superiores indicados nas leis orgânicas das forças e serviços de segurança) são competentes para a adoção das designadas *medidas de polícia*. Nos termos da Lei de Segurança Interna, são medidas de polícia as seguintes: *a*) a identificação de pessoas suspeitas que se encontrem ou circulem em lugar público, aberto ao público ou sujeito a vigilância policial; *b*) a interdição temporária de acesso e circulação de pessoas e meios de transporte a local, via terrestre, fluvial, marítima ou aérea; *c*) a evacuação ou abandono temporários de locais ou meios de transporte; *d*) a remoção de objetos, veículos ou outros obstáculos colocados em locais públicos sem autorização que impeçam ou condicionem a passagem para garantir a liberdade de circulação em condições de segurança.

Além das referidas, a lei indica ainda as designadas "medidas especiais de polícia": *a*) a realização, em viatura, lugar público, aberto ao público ou sujeito a vigilância policial, de buscas e revistas para detetar a presença de armas, substâncias ou engenhos explosivos ou pirotécnicos, objetos proibidos ou suscetíveis de possibilitar atos de violência e pessoas procuradas ou em situação irregular no território nacional ou privadas da sua liberdade; *b*) apreensão temporária de armas, munições, explosivos e substâncias ou objetos proibidos, perigosos ou sujeitos a licenciamento administrativo prévio; *c*) realização de ações de fiscalização em estabelecimentos e outros locais públicos ou abertos ao público; *d*) ações de vistoria ou instalação de equipamentos de segurança; *e*) encerramento temporário de paióis, depósitos ou fábricas de armamento ou explosivos e respetivos componentes; *f*) revogação ou suspensão de autorizações aos titulares dos estabelecimentos referidos na alínea anterior; *g*) encerramento temporário de estabelecimentos destinados à venda de armas ou explosivos; *h*) cessação da atividade de empresas, grupos, organizações ou associações que se dediquem ao terrorismo ou à criminalidade violenta ou altamente organizada; *i*) inibição da difusão a partir de sistemas de radiocomunicações, públicos ou privados, e o isolamento eletromagnético ou o barramento do serviço telefónico em determinados espaços.

Após a respetiva adoção pelos agentes das forças de segurança, e no prazo máximo de 48 horas, as medidas especiais de polícia (apenas estas) devem ser comunicadas ao tribunal, para, sob pena de nulidade, serem objeto de "validação judicial".

Embora o elenco de medidas de polícia da Lei da Segurança Interna inclua apenas as que acabámos de indicar, ao conceito reconduzem-se medidas, como, por ex.: *i)* o internamento de urgência de portador de anomalia psíquica, nos termos da Lei da Saúde Mental; *ii)* a que consta do Regulamento Geral do Ruído sobre o *ruído de vizinhança*: ali se determina que as autoridades policiais podem ordenar ao produtor de ruído, produzido entre as 23 e as 7 horas, a adoção das medidas adequadas para fazer cessar imediatamente a incomodidade, podendo fixar-lhe ainda um prazo para este efeito; *iii)* as designadas autorizações de polícia (*v.g.*, autorização de posse de armas; autorização para o fabrico e armazenagem de explosivos; encerramento de discotecas e bares que, em infração à lei, não disponham de sistemas de segurança privada); *iv)* medidas de videovigilância, mediante câmaras de vídeo colocadas em locais públicos de utilização comum, para captação e gravação de imagem e som e seu posterior tratamento[1140].

[1140] O regime da utilização de sistemas de videovigilância em locais públicos de utilização comum foi aprovado pela Lei n.º 1/2005, de 10 de janeiro, alterada pela Lei n.º 9/2012, de 23 de fevereiro. Sobre o tema, cf. Parecer do CC-PGR n.º 10/2017, no sentido de que, neste âmbito (captação e gravação de imagens e sons por câmaras de vídeo em espaços públicos), "as ponderações casuísticas

A natureza jurídica das medidas de polícia não se apresenta uniforme: pode tratar-se de operações materiais, mas também de atos jurídicos de carácter declarativo: neste caso, encontrando-se preenchidos os demais requisitos, tratar-se-á de atos administrativos – "atos administrativos das autoridades de polícia em matéria de polícia".

Nos termos do artigo 272.º, n.º 2, da Constituição, "as medidas de polícia são as previstas na lei". Daqui não decorre, todavia, a exigência de uma especial densificação normativo-legal das medidas de polícia. Em razão das suas características e da função que prossegue, a atuação administrativa policial pode basear-se em normas com aberturas discricionárias, de conteúdo indeterminado, que definam os pressupostos daquela atuação com recurso a cláusulas gerais ("ordem pública"; "segurança pública") e que conjuguem essa abertura com a indeterminação na estatuição, quanto ao conteúdo das medidas a adotar [discricionaridade criativa: cf. ponto 29.4]. A atuação das forças e serviços de segurança pauta-se, nestes casos, pela submissão aos princípios gerais da ação administrativa, como a proporcionalidade ou a razoabilidade.

Diga-se ainda que é no âmbito da atividade de polícia que se processa a utilização de *meios coercivos* que podem envolver o *emprego da força física sobre pessoas*, no âmbito da designada "coação direta"[1141]. A Lei de Segurança Interna estabelece que o uso de meios coercivos pode ter lugar para repelir uma agressão atual e ilícita de interesses juridicamente protegidos, em defesa própria ou de terceiros ou para vencer resistência à execução de um serviço no exercício das suas funções, depois de ter feito aos resistentes

sobre colisões entre os valores de tutela da privacidade, proteção da imagem e palavra com as exigências de prevenção relativas a perigo(s) concreto(s) para segurança de pessoas e bens são empreendidas, no quadro estabelecido legalmente, pelas forças ou serviços de segurança (...)".

[1141] O conceito de coação direta no sentido indicado no texto surge no artigo 175.º, n.º 2, do CPA: "a adoção de medidas policiais de coação direta, dirigidas à execução de obrigações diretamente decorrentes do quadro normativo aplicável, é objeto de legislação própria"; a remissão visa precisamente a legislação de polícia e, em particular, a Lei de Segurança Interna. Nos termos de uma distinção que remonta a Otto Mayer, o uso, pela Administração, da força e da coação sobre coisas e pessoas ordena-se se em dois grupos: de um lado, no âmbito dos *procedimentos administrativos de execução de atos impositivos* (não acatados) ou de *atos que imponham limitações de qualquer natureza*; de um outro, no contexto da designada *coação direta ou imediata*, expressão que indica a utilização da força não precedida de título executivo e em "direta execução da lei". O artigo 178.º, n.º 2, do CPA também emprega o conceito de "coação direta", mas, nesse caso, com o propósito de referenciar o emprego de meios de coação física para compelir o administrado a cumprir uma obrigação de fazer, de não fazer ou de suportar imposta por um ato administrativo.

intimação formal de obediência e esgotados os outros meios para o conseguir". Na mesma linha, no âmbito municipal, cf. artigo 23.º, n.º 1, do Regime do Exercício de Funções dos Agentes de Polícia Municipal, a estabelecer que "os agentes de polícia municipal podem fazer uso dos meios coercivos de que dispõem, atentos os condicionalismos legais, nos seguintes casos: *a)* para repelir uma agressão ilícita, atual ou iminente de interesses ou direitos juridicamente protegidos, em defesa própria ou de terceiros; *b)* para vencer a resistência à execução de um serviço no exercício das suas funções, depois de ter feito aos resistentes intimação formal de obediência e esgotados que tenham sido quaisquer outros meios para o conseguir. O recurso a armas de fogo em ação policial é objeto de regulamentação especial (Decreto-Lei n.º 457/99, de 5 de novembro[1142]).

187.4 – Prevenção de danos coletivos e proteção e socorro de pessoas e bens em caso de acidentes graves e de catástrofes

Àquela que identificamos como a primeira missão da Administração Pública (garantia da vida social ordenada e proteção dos cidadãos) reconduzimos a função de prevenção de danos e de proteção de pessoas e bens em caso de acidentes graves e de catástrofes. Temos aqui em vista a função específica de "proteção civil". Nos termos da Lei de Bases da Proteção Civil, proteção civil é "a atividade desenvolvida pelo Estado, regiões autónomas e autarquias locais, pelos cidadãos e por todas as entidades públicas e privadas com a finalidade de prevenir riscos coletivos inerentes a situações de acidente grave ou catástrofe, de atenuar os seus efeitos e proteger e socorrer as pessoas e bens em perigo quando aquelas situações ocorram".

> De acordo com a mesma Lei, *acidente grave* "é um acontecimento inusitado com efeitos relativamente limitados no tempo e no espaço, suscetível de atingir as pessoas e outros seres vivos, os bens ou o ambiente", e *catástrofe* "é o acidente grave ou a série de acidentes graves suscetíveis de provocarem elevados prejuízos materiais e, eventualmente, vítimas, afetando intensamente as condições de vida e o tecido socioeconómico em áreas ou na totalidade do território nacional".

[1142] Cf. Carla Amado Gomes, "A responsabilidade civil pública pelo uso de armas de fogo: um diálogo com a Justiça Administrativa", *CJA* n.º 131, 2018, p. 3 e segs.

As missões de proteção civil reclamam a intervenção de múltiplas estruturas de apoio (desde os corpos de bombeiros às forças armadas) e exigem a coordenação de organismos diferentes, em vários patamares de responsabilidade e de decisão.

Em face da ocorrência de acidentes graves ou de catástrofes, os órgãos competentes podem, consoante a natureza dos acontecimentos a prevenir ou a enfrentar e a gravidade e extensão dos seus efeitos atuais ou expectáveis: *a)* declarar a situação de *alerta*; *b)* declarar a situação de *contingência*; *c)* declarar a situação de *calamidade*.

O presidente da câmara municipal é competente para declarar a situação de alerta de âmbito municipal. Cabe à entidade responsável pela área da proteção civil, ou à respetiva entidade nas regiões autónomas, declarar a situação de alerta, no todo ou em parte do seu âmbito territorial de competência, precedida da audição, sempre que possível, dos presidentes das câmaras municipais dos municípios abrangidos.

A declaração da situação de contingência cabe à entidade responsável pela área da proteção civil no seu âmbito territorial de competência, igualmente precedida da audição, sempre que possível, dos presidentes das câmaras municipais dos municípios abrangidos.

A declaração da situação de calamidade é da competência do Governo e reveste a forma de resolução do Conselho de Ministros – a situação de calamidade pode ser declarada quando, face à ocorrência ou perigo de ocorrência de acidente grave ou de catástrofe, e à sua previsível intensidade, é reconhecida a necessidade de *adotar medidas de caráter excecional destinadas a prevenir, reagir ou repor a normalidade das condições de vida nas áreas atingidas pelos seus efeitos.*

Uma característica das situações de emergência é a imprevisibilidade e incerteza da ocorrência dos fatores de risco. Mas claro que isto não significa que não possa existir uma *planificação* das ações de emergência. A legislação determina a elaboração de *planos de prevenção e emergência*. Especificamente no âmbito da prevenção, assumem grande importância as intervenções dos organismos de proteção civil em procedimentos de autorização para a realização de atividades perigosas (*v.g.*, no âmbito da segurança contra incêndios).

Do ponto de vista jurídico-administrativo, importa relevar, neste âmbito, o designado "poder administrativo de emergência", quer na declaração de situações de *alerta*, *contingência* e *calamidade*, quer, sobretudo, no acionamento de *poderes de emergência*, por ex., de livre acessos dos agentes de proteção civil a prédios particulares ou de requisição temporária de bens e serviços – aqui se incluem também os poderes dos *comandantes dos corpos de bombeiros*, "em caso de incêndio" (requisição dos serviços de quaisquer pessoas e das viaturas indispensáveis para o socorro de vidas e bens; ocupação de prédios rústicos e urbanos necessários ao estabelecimento dos serviços de salvação pública; requisição e utilização imediata de quaisquer águas públicas e, na falta delas, a das particulares necessárias para evitar o dano; imposição de destruições, demolições, remoções e cortes nos prédios contíguos ao sinistro quando sejam necessários ao desenvolvimento das manobras de extinção ou para impedir o alastramento do fogo).

Nos termos da Lei de Bases da Proteção Civil, a declaração da situação de calamidade é condição suficiente para legitimar o livre acesso dos agentes de proteção civil à propriedade privada, na área abrangida, bem como a utilização de recursos naturais ou energéticos privados, na medida do estritamente necessário para a realização das ações destinadas a repor a normalidade das condições de vida (os atos jurídicos ou operações materiais adotadas em execução da declaração de situação de calamidade para reagir contra os efeitos de acidente ou catástrofe presumem-se praticados em estado de necessidade).

Além disso, a declaração da situação de calamidade implica o reconhecimento da necessidade de *requisitar* temporariamente bens ou serviços (nomeadamente quanto à verificação da urgência e do interesse público e nacional que fundamentam a requisição).

Igualmente com o propósito de enquadrar reações de emergência para a prevenção de danos coletivos e proteção da coletividade são as missões públicas desenvolvidas no âmbito da *declaração de crise energética*, de *estado de emergência ambiental* e de *emergência de saúde pública*.

Nos termos do Decreto-Lei n.º 114/2001, de 7 de abril, a situação de crise energética caracteriza-se pela ocorrência de dificuldades no aprovisionamento ou na distribuição de energia que tornem necessária a aplicação de *medidas excecionais* destinadas a garantir os abastecimentos energéticos essenciais à defesa, ao funcionamento do Estado e dos sectores prioritários da economia e à satisfação das necessidades fundamentais da população. As medidas excecionais, de natureza voluntária ou compulsiva, adotadas no respeito pelo princípio da proporcionalidade, podem ser de três tipos: para atenuar o desequilíbrio entre a oferta e a procura de energia; para otimizar a distribuição dos recursos energéticos disponíveis; medidas complementares (procedendo à declaração de situação de crise energética, na sequência de uma greve dos motoristas de matérias perigosas, veja-se a Resolução do Conselho de Ministros n.º 134-A/2019, de 9 de agosto).

Por sua vez, dispõe-se na Lei da Água que, em caso de catástrofes naturais ou acidentes provocados pelo homem que danifiquem ou causem um perigo muito significativo de danificação grave e irreparável, da saúde humana, da segurança de pessoas e bens e do estado de qualidade das águas, pode ser declarado o estado de emergência ambiental, se não for possível repor o estado anterior pelos meios normais. No período de vigência do estado de emergência ambiental, a autoridade nacional da água (Agência Portuguesa do Ambiente, IP) pode: *a)* suspender a execução de instrumentos de planeamento das águas; *b)* suspender atos que autorizam utilizações dos recursos hídricos; *c)* modificar, no respeito pelo princípio da proporcionalidade e atendendo à duração do estado de emergência ambiental, o conteúdo dos atos que autorizam utilizações dos recursos hídricos; *d)* definir prioridades de utilização dos recursos hídricos, derrogando a hierarquia estabelecida na lei ou nos instrumentos de planeamento das águas; *e)* impor comportamentos ou aplicar medidas cautelares de resposta aos riscos ecológicos; *f)* apresentar recomendações aos utilizadores dos recursos hídricos e informar o público acerca da evolução do risco. O estado de emergência ambiental tem a duração máxima de três meses.

No caso da "emergência de saúde pública", a Lei de Bases da Saúde estabelece que "o membro do Governo responsável pela área da saúde toma as medidas de exceção indispensáveis, se necessário mobilizando a intervenção das entidades privadas, do setor social e de outros serviços e entidades do Estado" (na mesma linha, o Regime do Poder de Autoridade de Saúde atribui ao membro do Governo responsável pela área da saúde a competência para tomar "as medidas necessárias de exceção que forem indispensáveis").

Nestes últimos casos, entra em cena um "direito de emergência", definido na legislação e em normas da própria Administração. As providências e medidas administrativas nesse âmbito fundam-se nas *regras especiais* desse direito de emergência, e não no estado de necessidade [cf. ponto 42.4.2]. Não obstante, existe, em muitos pontos, uma natural proximidade entre as figuras de "estado de emergência" e de "estado de necessidade": um sintoma disso mesmo no âmbito jurídico-administrativo reside na presença da "discricionaridade criativa" das autoridades administrativas na definição dos conteúdos das medidas a adotar [cf. ponto 29.4] – veja-se a Lei de Bases de

Proteção Civil, que estabelece que o ato de declaração de alerta menciona "as medidas preventivas a adotar adequadas ao acontecimento que originou a situação declarada".

188 – Defesa da ordem jurídica administrativa

O Estado Administrativo tem uma responsabilidade fundamental na proteção e defesa da ordem jurídica administrativa em face das transgressões ou violações dos comandos e das proibições estabelecidos nas leis e nos regulamentos. Neste âmbito, é sabido que a Administração se encontra apetrechada de importantes competências de fiscalização e de sancionamento das condutas dos administrados que infrinjam as regras estabelecidas. Embora ocupe aqui posição de destaque, a aplicação de sanções aos infratores ("sanções administrativas") não é, porém, o único instrumento que o ordenamento jurídico entrega à Administração para a realização da missão em análise: a esse se junta a competência para a adoção de medidas de um outro tipo, sem carácter sancionatório.

188.1 – Sanções administrativas e ilícitos administrativos

O ordenamento jurídico estabelece um extenso rol de deveres e de proibições que os cidadãos, bem como, em geral, as entidades particulares, e por vezes até as entidades públicas, têm de cumprir, acatar e respeitar. É normal que o ordenamento jurídico defina, depois, as consequências para a hipótese de incumprimento ou desrespeito dos referidos deveres e proibições: em regra, para reagir a esses fenómenos de transgressão ou de violação da lei, entra em cena o direito sancionatório público[1143], o poder punitivo do Estado (*ius puniendi*), que assenta na dicotomia entre Direito Penal e sanções criminais e Direito Administrativo e sanções administrativas.

Seguindo no presente contexto um critério orgânico, consideram-se penais as sanções que, nos termos da lei, punem crimes e são aplicadas por tribunais (ilícito criminal), e administrativas as sanções que punem condutas ou factos que infringem regras legais e que são aplicadas por autoridades administrativas (ilícito administrativo)[1144].

[1143] Neste ponto, cf. Miguel Prata Roque, "O direito sancionatório público enquanto bissetriz (imperfeita) entre o direito penal e o direito administrativo – a pretexto de alguma jurisprudência constitucional", *Revista de Concorrência e Regulação*, n.º 14-15, 2013, p. 105 e segs.

[1144] A preferência por um critério orgânico não pretende excluir as teses que advogam a existência de uma diferença de natureza entre o ilícito criminal e o ilícito administrativo. Sucede, porém, que, no presente contexto, revela-se suficiente aquele critério, pois o objetivo é apenas

Assim, o que determina o carácter administrativo da sanção é a opção legal de atribuir a competência para a aplicar, *em primeiro lugar*, a uma autoridade administrativa. Como se compreende, a solução legal de configurar uma determinada infração como um ilícito administrativo – em vez de criminal – assenta no pressuposto de que as sanções que a Administração pode aplicar (coimas e sanções acessórias) representam formas de reação e de punição *adequadas* e *suficientes* em função do tipo de infração cometida. O ilícito de mera ordenação social não é exatamente um direito punitivo mais fraco ou débil do que o direito criminal, mas antes um sistema mais adequado que, em certos casos, pode até acabar por se revelar mais aflitivo do que as penas criminais e atingir cirurgicamente os infratores[1145].

A contraposição entre ilícito criminal e ilícito administrativo está patente no artigo 32.º da CRP, que distingue entre o "processo criminal", por um lado, e os "processos de contraordenação e outros processos sancionatórios" (n.º 10), por outro lado. A segunda categoria refere-se aos processos sancionatórios administrativos, como são os casos dos processos

o de conhecer as competências da Administração no domínio sancionatório. Sobre este tema, e, em especial, a respeito das teses sobre as (diferentes ou análogas) funções e finalidades das sanções penais e das sanções administrativas, cf. S. Vernile, "Le sanzioni amministrative tra diritto amministrativo e diritto penale: la questione della successione impropria", *Il Diritto dell'Economia*, 2014/2, p. 341 e segs. (p. 344 e segs.). De resto, como já foi aflorado [cf. ponto 30.1], a jurisprudência do TEDH vem forçando a leitura homogénea das sanções públicas, considerando criminais, para os efeitos do artigo 6.º da CEDH, de acordo com os designados "critérios Engel" (Acórdão de 08/06/1976: *Engel and Others vs The Netherlands*), quaisquer sanções, tendo em consideração: (1) a qualificação formal no direito nacional (categorização que serve só como ponto de partida, não sendo decisiva); (2) a natureza intrínseca; (3) o grau de severidade da punição infligida ao infrator. Além da aplicação das mesmas exigências em termos procedimentais, a qualificação de uma sanção aplicada pela Administração como "sanção criminal" tem como consequência a proibição de aplicação, para o mesmo facto, dessa sanção e de uma pena por um tribunal, em aplicação do princípio da proibição da dupla condenação (*ne bis in idem*). Note-se, porém, que a jurisprudência do Tribunal de Justiça da União Europeia não exclui a possibilidade de dupla condenação ("sanção penal" e "sanção administrativa de natureza penal"): neste sentido, vejam-se os Acórdãos de 20/03/2018, *Menci*, Proc. C-524/15, *Garlsson*, Proc. C-537/16, e *Di Puma* C-596/16 e C-597/16; na doutrina, cf. M. Vetzo, "The past, present and future of the *ne bis in idem* dialogue between the Court of Justice of the European Union and the European Court of Human Rights: the cases of *Menci, Garlsson* and *Di Puma*", *Review of European Administrative Law*, vol. 11, n.º 2, 2018, p. 55 e segs.

1145 No sentido de que os crimes e as infrações administrativas e as penas e as sanções têm a mesma natureza jurídica, cf. L. Alarcón Sotomayor, "Los confines de las sanciones: en busca de la frontera entre drecho penal y derecho administrativo sancionador", *RAP*, n.º 195, 2014, p. 135 e segs..

de contraordenação e os processos disciplinares (a estes, embora apenas no âmbito do emprego público, refere-se ainda o artigo 269.º, n.º 3).

Nestes termos, a sanção administrativa reclama a reunião dos seguintes elementos:

i) Transgressão ou violação de um dever imposto ou de uma proibição estabelecida por uma norma jurídico-administrativa[1146]; a "ilicitude" decorre da transgressão e diz-se "administrativa" porque o dever ou a proibição impostos se destinam a tutelar interesses públicos confiados à Administração;

ii) Como em geral sucede com as sanções, a sanção administrativa tem uma intenção aflitiva, de infligir um mal, de punição do infrator; em princípio, a aplicação da sanção exige a imputação culposa (dolo ou negligência) do infrator, mas não parece de excluir a hipótese de, em casos especiais, a lei definir uma "responsabilidade administrativa objetiva" e estabelecer a aplicação da sanção como efeito do mero incumprimento de deveres legais;

iii) A sanção é estabelecida por lei para aplicação por uma autoridade administrativa: ainda que, em casos especiais, possa não ser aplicada pela Administração (eis o que sucede no caso de concurso de crime e contraordenação: artigo 39.º do RGCO), para se poder e dever considerar administrativa, a aplicação da sanção deverá ser definida legalmente como competência da Administração.

Na sequência, distinguimos três categorias de ilícito administrativo: o ilícito de mera ordenação social, o ilícito disciplinar e, por fim, como categoria residual, outros ilícitos administrativos.

188.1.1 – Ilícito de mera ordenação social (as contraordenações)

O ilícito de mera ordenação social é hoje a principal categoria de ilícito administrativo; acolhido no direito português, em 1979, com um claro *propósito descriminalizador* e como "um ordenamento sancionatório alternativo e diferente do direito criminal"[1147], o essencial do ilícito de mera ordenação

[1146] A qualificação jurídico-administrativa da norma impositiva ou proibitiva pode ser o resultado imediato de a mesma prever a intervenção sancionadora da Administração. Como, a respeito das contraordenações, se afirma no Acórdão do Tribunal Constitucional n.º 510/2016, "em geral, a qualificação como contraordenação da omissão de cumprimento de um dever (...) não pode deixar de publicizar esse mesmo dever, no sentido de atribuir interesse público ao seu cumprimento".

[1147] Preâmbulo do Decreto-Lei n.º 232/79, de 24 de julho.

social[1148] reside em confiar às autoridades da Administração Pública o poder de punir infrações ou transgressões que correspondem à violação de proibições, ao incumprimento de deveres e à inobservância de requisitos definidos por lei. A justificação para a entrega de um tal poder punitivo à Administração Pública assenta na consideração de que esta deve ter a responsabilidade de defender a ordem jurídica e, em concreto, o interesse público afetado pela transgressão. Como se afirma num Parecer da PGR, "do ponto de vista teleológico, o ilícito de mera ordenação social é simultaneamente, na sua dimensão essencialmente administrativa, uma medida de proteção da legalidade, e na sua dimensão sancionatória, uma censura sobre uma conduta ilícita"[1149]. O direito de mera ordenação social é, pois, "um direito *sancionador*, que permite à Administração participar no exercício do poder punitivo estadual, aplicando penalidades aos administrados"[1150]. Trata-se, naturalmente, de um Direito Administrativo, quer porque surgiu precisamente para *administrativizar* certas sanções públicas, quer porque se destina a regular o exercício da competência administrativa (de autoridades administrativas) consistente na aplicação de coimas e sanções acessórias: cf. artigo 33.º do RGCO, sobre a "regra da competência das autoridades administrativas".

Apesar da sua natureza administrativa, o direito das contraordenações é influenciado (porventura excessivamente) pelo direito penal, que é direito subsidiário no que respeita à fixação do regime substantivo das contraordenações, e pelo direito do processo penal, uma vez que, em geral, são aplicáveis no procedimento de contraordenação, devidamente adaptados, os preceitos reguladores do processo criminal (cf. artigos 32.º e 41.º do RGCO)[1151].

1148 Sobre a origem germânica do direito da contraordenação social e a receção do mesmo na ordem jurídica portuguesa, sob a influência da "Escola de Coimbra", veja-se Nuno Brandão, *Crimes e contra-ordenações: da cisão à convergência material*, Coimbra Editora, 2016, respetivamente, p. 49 e segs. e p. 113 e segs.; para a compreensão inicial da dogmática fundamental, cf. Eduardo Correia, "Direito penal e direito de mera ordenação social", *BFDUC*, vol. XLIX, 1973, p. 257 e segs.

1149 Cf. Parecer do CC-PGR n.º 11/2013.

1150 Nestes termos, Acórdão do Tribunal Constitucional n.º 76/2016.

1151 Para contraste, deixa-se aqui a nota da configuração *essencialmente administrativa* da regulamentação espanhola sobre a "potestad sancionadora de las Administraciones Públicas", cujos princípios gerais se encontram consagrados nos artigos 25 a 31 do *Régimen Jurídico del Sector Público* e cuja regulamentação procedimental consta da *Ley del Procedimiento Administrativo Común de las Administraciones Públicas*.

O ilícito de mera ordenação social atua no plano ou no âmbito das *relações gerais de Direito Administrativo*, pelo que a decisão punitiva pode recair sobre "qualquer pessoa" sujeita ao cumprimento de uma norma geral que estabelece o dever ou a proibição: pode, aliás, trata-se de uma entidade pública, como, por ex., um município (*v.g.*, infração de regras sobre descargas poluentes ou sobre limpeza das florestas), qualquer empregador público, em relação às obrigações dos empregadores em matéria de segurança e saúde no trabalho (cf. artigo 16.º-E da LTFP), ou qualquer entidade pública, em relação às obrigações legais em matéria de proteção e tratamento de dados pessoais (cf. artigo 44.º da Lei n.º 58/2019, de 8 de agosto).

Como já sabemos, em razão da sua natureza administrativa, em regra, são entidades da Administração Pública as instâncias incumbidas de processar e de punir as infrações no âmbito do ilícito de mera ordenação social.

a) Legalidade das contraordenações

Nos termos do RGCO, constitui *contraordenação* "todo o facto ilícito e censurável que preencha um tipo legal no qual se comine uma coima" – a *coima*[1152] é uma sanção pecuniária e representa a sanção típica e geral do ilícito de mera ordenação social: salvo casos excecionais, não existe contraordenação que não envolva a previsão de aplicação de uma coima[1153]. Além da coima (cujo valor pode atingir, por força de lei especial, montantes muito elevados), podem ser aplicadas as designadas *sanções acessórias*, como a perda de objetos, a interdição do exercício de uma profissão ou atividades dependentes de título administrativo, o encerramento temporário do estabelecimento cujo funcionamento dependa de título administrativo, a privação temporária do direito de participar em procedimentos de contratação pública, a suspensão de autorizações, licenças e alvarás, etc.. A aplicação de sanções acessórias permite responder à exigência de reintegrar o interesse público violado pela infração.

[1152] Sobre a origem do termo coima, "uma palavra bem portuguesa", cf. Nuno Brandão, *ob. cit.*, p. 186 e segs.

[1153] Há casos excecionais em que tal não acontece, em que a contraordenação é punida apenas com uma sanção não pecuniária. Um exemplo disto mesmo parece ser o da sanção de proibição de participação em procedimentos de contratação pública prevista no artigo 460.º do CCP (sobre este caso, veja-se o nosso *Direito dos Contratos Públicos, cit.*, p. 714). De uma natureza diferente, mas com o mesmo resultado, é a situação de o processo de contraordenação culminar com uma decisão (sancionatória) de *admoestação*, nos termos do artigo 51.º do RGCO.

Além do RGCO, existem "regimes legais especiais" de contraordenações nos domínios do ambiente (contraordenações ambientais), rodoviário (contraordenações rodoviários) e do trabalho (contraordenações laborais).

A *legalidade* no domínio das contraordenações (sobre o princípio da legalidade, cf. artigo 2.º do RGCO), designadamente no que se refere à criação de contraordenações ou à graduação das coimas, não tem o sentido da exigência da legalidade em matéria criminal [em que a definição dos crimes e das penas constitui *reserva de lei*: cf. artigo 165.º, n.º, 1, alínea *c)*, da CRP], nem tão-pouco corresponde a uma *reserva de função legislativa*. Com efeito, a Constituição consagra como reserva de lei (reserva relativa de competência legislativa) apenas o "regime geral de punição dos atos ilícitos de mera ordenação social e do respetivo processo": artigo 165.º, n.º 1, alínea *d)*. Por isso, dentro dos limites desse regime (*v.g.*, quanto à graduação do valor das coimas ou ao tipo de sanções acessórias), podem ser criadas novas contraordenações por decreto-lei, ou até por regulamento administrativo, designadamente regulamento autárquico. É precisamente o que o Tribunal Constitucional tem entendido: "a Constituição, ao não consagrar reserva de lei parlamentar quanto à tipificação dos concretos ilícitos de mera ordenação social, admite uma inerente flexibilidade quanto às fontes normativas de tais ilícitos, as quais poderão ter, em última análise, a natureza de fontes regulamentares" (cf. Acórdãos n.os 386/2003, 41/2004, 612/2014 e 19/2019). A doutrina acompanha esta orientação e, em relação à criação de contraordenações por regulamento municipal, esclarece que se trata de uma decorrência dos princípios constitucionais da autonomia local e da descentralização administrativa, constituindo-se ele próprio como um princípio geral de direito administrativo; que ao contrário das sanções penais, a previsão e definição de sanções administrativas não constitui reserva de lei; que o poder regulamentar autónomo de definição e punição de ilícitos administrativos deve resultar *expressa* ou *implicitamente* da Constituição ou da lei; que num sistema de administração executiva o poder sancionatório da Administração é inerente à autoridade administrativa sempre que esta tenha o poder regulamentar para estabelecer obrigações para os particulares[1154].

[1154] Cf. Vital Moreira, "Sobre o poder sancionatório das autarquias locais", *Questões Atuais de Direito Local*, n.º 4, 2014, p. 117 e segs.; Fernanda Paula Oliveira/Dulce Lopes/Maria José Castanheira Neves, "Regulamentos municipais em matéria urbanística: perspetivas atuais", *Questões Atuais de Direito Local*, n.º 10, 2016, p. 13 e segs. (p. 19, em nota).

> Em relação às autarquias locais, a orientação jurisprudencial e doutrinal encontra-se plenamente confirmada pelo artigo 90.º-B da Lei das Finanças Locais que, sob a epígrafe "coimas", estabelece que "a violação de posturas e de regulamentos de natureza genérica e execução permanente das autarquias locais constitui contraordenação sancionada com coima". Acrescenta que "as coimas a prever nas posturas e nos regulamentos municipais não podem ser superiores a 10 vezes a retribuição mínima mensal garantida para as pessoas singulares e a 100 vezes aquele valor para as pessoas coletivas, nem exceder o montante das que sejam impostas pelo Estado para contraordenação do mesmo tipo" e que "as coimas a prever nas posturas e nos regulamentos das freguesias não podem ser superiores ao salário mínimo nacional mais elevado, nem exceder o montante das que sejam impostas pelo Estado ou pelo município para contraordenação do mesmo tipo".

Observe-se, contudo, que a menor exigência do direito de mera ordenação social em relação ao direito criminal matéria de legalidade e até de tipicidade não equivale a uma abertura à edição de normas em branco, que não densifiquem as contraordenações. Com efeito, as normas tipificadoras de contraordenações não podem deixar de descrever com suficiente clareza os elementos objetivos e subjetivos do núcleo essencial do ilícito, sob pena de violação dos princípios da legalidade e da tipicidade (neste sentido, cf. Acórdão do Tribunal Constitucional n.º 76/2016, que julgou inconstitucional uma norma que estabelecia um dever de comunicação às autoridades administrativas dos acidentes de trabalho que evidenciassem "uma situação particularmente grave": entendeu o Tribunal que o referido preceito revelava um grau de indeterminação na definição da conduta contraordenacional que não satisfazia as exigências dos princípios do Estado de direito democrático, da segurança jurídica e da confiança.

b) Aplicação de coimas e sanções acessórias

Nos termos da lei, as autoridades policiais e fiscalizadoras devem tomar conta de todos os eventos ou circunstâncias suscetíveis de implicar responsabilidade por contraordenação e tomar as medidas necessárias para impedir o desaparecimento de provas; podem requerer às autoridades competentes a apreensão provisória dos objetos que serviram ou estavam destinados a servir para a prática de uma contraordenação, ou que por esta foram produzidos, e bem assim quaisquer outros que forem suscetíveis de servir de prova, bem como proceder à identificação dos autores da contraordenação.

No decurso do procedimento, o arguido tem o direito de audição e de defesa e pode fazer-se acompanhar de advogado. O processo termina com uma decisão de arquivamento ou de aplicação de coima, acrescida de sanção acessória, ou, porventura, com uma decisão de admoestação. Em certos casos, pode haver lugar a pagamento voluntário, que deve ser efetuado antes da decisão: a coima será liquidada pelo mínimo, mas não fica afastada a possibilidade de aplicação de sanções acessórias.

A decisão administrativa de aplicação da coima pode ser objeto de impugnação judicial pelo destinatário: o "recurso de impugnação" segue para os tribunais judiciais, salvo se a aplicação da coima se fundar na violação de normas em matéria de urbanismo, caso em que são competentes os tribunais administrativos [artigo 4.º, n.º 1, alínea *l)*, do ETAF][1155]. Em qualquer caso, trata-se de um recurso de plena jurisdição, de controlo judicial pleno, que pode abranger a substituição judicial do valor da coima determinado pela autoridade administrativa – em certas circunstâncias, o tribunal pode até agravar a coima: cf. artigo 72.º-A, n.º 2, do RGCO, sobre a *reformatio in pejus*.

> O controlo judicial pleno[1156] explica-se pelo facto de a aplicação de sanções no âmbito das relações gerais de Direito Administrativo constituir um espaço de condomínio entre a função administrativa e a função jurisdicional [cf. ponto 186.3, *b)*].

O recurso é apresentado à autoridade administrativa que aplicou a coima, a qual deve enviar os autos ao Ministério Público, que os tornará presentes ao juiz, valendo este ato como *acusação*. Até ao envio dos autos, a autoridade

[1155] No sentido de que os tribunais administrativos também são competentes para proceder à execução das decisões administrativas que apliquem coimas, por violação de normas de direito administrativo em matéria de urbanismo, cf. Licínio Lopes Martins, "Âmbito da jurisdição administrativa em matéria de contra-ordenações urbanísticas: anotação ao Acórdão do TCA Sul, de 1-6-2017, Proc. 413/17.9BESNT", *CJA*, n.º 126, 2017, p. 46 e segs.

[1156] A solução da lei portuguesa está em linha com a que se preconiza no direito da União Europeia: veja-se o artigo 261.º do TFUE, a estabelecer que, "no que respeita às sanções neles previstas, os regulamentos adotados em conjunto pelo Parlamento Europeu e pelo Conselho, e pelo Conselho, por força das disposições dos Tratados, podem atribuir plena jurisdição ao Tribunal de Justiça da União Europeia". Sobre o significado do controlo de plena jurisdição, veja-se o muito pertinente Acórdão do Tribunal Geral no proc. T-1/16, no sentido de que o Tratado não prevê um "recurso de plena jurisdição", mas sim uma competência de plena jurisdição no âmbito de um processo de anulação (pars. 48 a 58).

administrativa pode *revogar* a decisão de aplicação da coima. Até à sentença em 1.ª instância ou ao despacho judicial de decisão do recurso, o Ministério Público pode, com o acordo do arguido, retirar a acusação (antes de arquivar, deve ouvir a autoridade administrativa competente, salvo se entender que tal pode ser dispensado).

188.1.2 – Ilícito disciplinar

Outras medidas sancionatórias da Administração Pública ocorrem no âmbito do *ilícito disciplinar*.

Ao *ilícito administrativo disciplinar* reconduzem-se as condutas de particulares que, no "âmbito de relações especiais de Direito Administrativo", infringem deveres de disciplina. Os conceitos de violação da disciplina ou de ilícito disciplinar reportam-se à infração de regras de conduta estabelecidas para um grupo definido de pessoas que têm uma relação mais ou menos duradoura com uma instituição pública (*v.g.*, estudantes de uma escola ou de uma universidade; presos de um estabelecimento prisional; internados num hospital) ou para pessoas que pertencem a uma associação pública profissional (médicos, que pertencem à Ordem dos Médicos) ou que têm uma relação de emprego com um empregador público (trabalhadores em funções públicas)[1157]-[1158]. Em todos estes casos, as pessoas referidas fazem parte de um "grupo" ou pertencem a uma categoria e, nesta condição, ficam obrigadas a cumprir regras de conduta especificamente definidas para esse grupo ou categoria; trata-se de regras de disciplina, que impõem, por ex., deveres de correção ou de conduta ética responsável e que visam assegurar

[1157] Como se afirma no Acórdão do Tribunal Constitucional n.º 33/2002, «a responsabilidade disciplinar visa assegurar o complexo de deveres a cuja observância é obrigado quem pertence a dada instituição ou corpo social dotado de organização com carácter de estabilidade e de permanência, sujeição essa que, correlativamente, implica que haja, nessa instituição ou corpo social, órgãos dirigentes aos quais é atribuída competência para reprimir, mediante a aplicação de sanções, a violação daqueles deveres, aplicação que, obviamente, atinge o prevaricador enquanto membro da instituição ou corpo social e não enquanto cidadão. O poder punitivo disciplinar não se identifica, assim, com aquele poder punitivo do Estado – exercido sobre todo o território do Estado e sobre quem nele se encontre – exercido no âmbito criminal. O poder punitivo disciplinar é, antes, um poder de "supremacia especial", que apenas pode ser exercido relativamente a quem pertence à instituição ou corpo social».

[1158] Vejam-se, por ex., o Regulamento Disciplinar dos Estudantes da Universidade de Coimbra, o Regulamento Geral dos Estabelecimentos Prisionais (que contém o regime do procedimento disciplinar aplicável aos reclusos), o Regulamento Disciplinar Militar, da GNR e da PSP; as regras sobre o regime disciplinar dos trabalhadores em funções públicas, na LTFP, ou sobre o regime disciplinar das várias ordens profissionais.

interesses como a ordem e o correto funcionamento da instituição ou do grupo em causa, a organização e a imagem de um serviço, o prestígio de uma atividade ou profissão, etc. Neste sentido, agora de forma mais evidente do que no ilícito de mera ordenação social, a finalidade do ilícito disciplinar e da aplicação de sanções disciplinares já não consiste primacialmente na punição dos infratores. As sanções disciplinares visam outros objetivos, e, em especial, procuram a efetiva reintegração do interesse público violado[1159]: o que conta não é a simples transgressão, que se vai punir, mas antes ou também a realização de finalidades específicas de interesse público, como a recuperação da boa ordem do serviço, o correto funcionamento da organização, a imagem da instituição ou a reputação de uma profissão, valores atingidos ou perturbados pelo cometimento da infração.

Dependendo das situações, as sanções disciplinares podem consistir em advertências, repreensões escritas, multas, suspensão do exercício de uma profissão, interdição da frequência de uma universidade[1160], despedimento ou demissão, expulsão (de uma ordem profissional), etc.

> No âmbito do ilícito disciplinar militar, podem ser aplicadas penas administrativas de privação de liberdade: "prisão disciplinar"; e no ilícito disciplinar em estabelecimentos prisionais podem ser aplicadas, pelo diretor do estabelecimento prisional, medidas como o "internamento em cela disciplinar".

188.1.3 – Outros ilícitos administrativos

À categoria residual dos outros ilícitos administrativos, que abrange todos os que não se reconduzem ao ilícito de mera ordenação social e ao ilícito disciplinar, reportam-se, em geral, quaisquer condutas que violam ou infringem proibições, deveres e ónus prescritos em atos da Administração ou estabelecidos por lei em conexão com contratos ou atos da Administração e que são sancionadas por organismos administrativos.

Eis o que sucede com a aplicação de sanções no âmbito de relações emergentes de contratos administrativos (multas; penas contratuais, resolução sancionatória, nos termos do artigo 333.º do CCP), com a caducidade da adjudicação de contratos como efeito do incumprimento de deveres ou ónus

1159 Cf. Rogério Soares, *Direito Administrativo, cit.* (Coimbra), p. 41.

1160 Cf. artigo 4.º do Regulamento Disciplinar dos Estudantes da Universidade de Coimbra (DR, 2.ª Série, de 24/07/2012).

impostos por lei[1161] ou com a "revogação sancionatória" de atos administrativos, como, por ex., o cancelamento de uma licença em consequência do desrespeito ou inobservância de requisitos legais ou impostos pela própria licença para o exercício da atividade licenciada.

A designada "revogação sancionatória" de atos administrativos integra a categoria dos atos sancionatórios, quer seja determinada como reação ao incumprimento de requisitos legais, quer resulte do incumprimento de encargos modais apostos como cláusulas acessórias desse ato (cf. artigo 149.º, n.º 1, do CPA): note-se, porém, que a "revogação" de atos administrativo por incumprimento do modo não se encontra prevista em geral no CPA, ao invés do que sucede, por ex., no direito alemão (§ 49, II, 1, n.º 2, da *VwVfG*)[1162]. No RGCO (bem como em várias leis especiais), prevê-se a "suspensão de licenças, autorizações e alvarás" (pelo prazo máximo de dois anos) como *sanção acessória*. De harmonia com o princípio da legalidade administrativa, a revogação sancionatória de licenças ou autorizações depende de previsão legal. Poderá, talvez, equacionar-se a *competência implícita* da Administração para proceder a essa revogação no caso de desrespeito de requisitos legais essenciais [cf. ponto 94, *f)*]. Pelo menos em regra, não parece de exigir a *imputação culposa* do incumprimento como condição da revogação sancionatória.

Afigura-se de considerar ainda no âmbito do ilícito administrativo as condutas de particulares que infringem a lei (transgressões) e que dão lugar à aplicação pela Administração de medidas punitivas aos transgressores: eis o que ocorre com a medida de *afastamento coercivo de estrangeiros*, que a legislação define como o "ato administrativo que declara a situação irregular de um nacional de país terceiro e determina a respetiva saída do território nacional" – o procedimento de aplicação dessa medida é regulado

[1161] Sobre esta situação de "caducidade-sanção" ou "por incumprimento", cf. o nosso *Direito dos Contratos Públicos, cit.*, p. 977 e segs.; sobre a figura da caducidade, cf. Maria Fernanda Maçãs, "A caducidade no direito administrativo – breves considerações", *Estudos em Homenagem ao Conselheiro José Manuel Cardoso da Costa*, Coimbra Editora, 2004, p. 121 e segs.

[1162] O CPA define a possibilidade de revogação de atos constitutivos de direitos com fundamento "em alteração objetiva das circunstâncias de facto": cf. artigo 167.º, n.º 2, alínea *c)*. Não se reconduz aqui a figura da revogação sancionatória, apesar de a norma cobrir situações em que, por ex., o titular de uma licença deixa de cumprir os requisitos legais para o exercício da atividade licenciada.

nos artigo 145.º e segs. do Regime Jurídico de Entrada, Permanência, Saída e Afastamento de Estrangeiros do Território Nacional.

Por fim, impõe-se uma observação sobre as *sanções pecuniárias compulsórias*.

Em setores sujeitos a regulação pública (*v.g.*, comunicações eletrónicas, energia,) e, em geral, no âmbito da regulação da concorrência, encontra-se prevista a designada *sanção pecuniária compulsória*. Trata-se de uma sanção aplicada por uma decisão administrativa autónoma que, em geral – ainda que não necessariamente –, é proferida no âmbito ou na sequência de um processo de contraordenação, pressupondo, nesse cenário, a aplicação prévia ou concomitante de uma sanção contraordenacional.

A sanção pecuniária compulsória tem um propósito punitivo (de repressão de uma conduta ilícita), mas distingue-se pelo facto de, simultaneamente, perseguir o objetivo de forçar (adstringir, compelir) o infrator a cumprir um dever que o onera. Traduz-se, em termos práticos, na imposição da obrigação de pagamento de uma quantia pecuniária por cada dia de atraso no cumprimento desse dever (enquanto não cumpre o dever, o montante da sanção vai aumentando, diariamente). Diferentemente do que sucede com as coimas, cuja finalidade principal reside na punição de condutas (*v.g.*, incumprimento de deveres ou violação de proibições), as sanções pecuniárias compulsórias visam, sobretudo, alcançar o resultado do cumprimento de deveres[1163].

188.2 – Medidas administrativas sem carácter sancionatório

Na exposição antecedente, associou-se a missão pública de defesa da ordem jurídica administrativa e do interesse público à figura das sanções administrativas (aplicadas aos infratores com intenção punitiva). Todavia, a referida missão não se esgota na aplicação de sanções pelas autoridades administrativas. Outras medidas que a Administração adota visam também, em termos gerais, a defesa da ordem jurídica administrativa e da

[1163] Note-se, porém, que, quando a contraordenação consista na omissão de um dever, o pagamento da coima não dispensa o seu cumprimento, se este ainda for possível; esta regra encontra-se proclamada em vários preceitos legais; veja-se, por ex., o artigo 68.º, n.º 2 do Regime Jurídico da Concorrência: "se a contraordenação consistir no incumprimento de um dever legal ou de uma ordem emanada da Autoridade da Concorrência, a aplicação da coima não dispensa o infrator do cumprimento do mesmo, caso tal ainda seja possível". De resto, nos casos previstos, as sanções pecuniárias compulsórias podem ser aplicadas precisamente para forçar o cumprimento do dever cujo incumprimento foi sancionado com coima: assim sucede, por ex., nos termos do artigo 72.º da Lei da Concorrência, que autoriza a Autoridade da Concorrência a aplicar uma sanção pecuniária compulsória em caso de não acatamento de decisão que imponha uma sanção.

sua efetividade. Indicamos agora algumas medidas que produzem esse resultado:

i) Medidas de polícia e de defesa de perigos – nos termos que já conhecemos, certas medidas de polícia (*v.g.*, ações de fiscalização; videovigilância de espaços públicos), bem como certas medidas de defesa de perigos (*v.g.*, medidas cautelares e de remoção de perigos) são, com frequência, determinadas pelo objetivo principal de defesa da lei administrativa e, assim, de garantir a observância do que nesta se dispõe, como meio de evitar a ocorrência de danos para a coletividade;

ii) Execução coerciva de limitações e obrigações impostas por atos administrativos (artigos 175.º, n.º 1, do CPA, e 309.º, n.º 2, do CCP) e por contratos administrativos (artigo 325.º, n.º 2, do CCP): a atribuição legal do poder de execução coerciva dos atos administrativos dispensa a Administração de solicitar a intervenção do tribunal para garantir a efetividade das suas decisões e vencer a resistência dos administrados ao cumprimento das suas obrigações ("administrative enforcement");

iii) Medidas reparatórias ou restaurativas, por ex., decisões para a restauração da legalidade urbanística (embargo ou demolição de obras) ou de restituição de quantias indevidamente auferidas; trata-se de medidas de reação a uma situação irregular, que visam a "reintegração da ordem jurídica violada".

Como o nome indica, as medidas restaurativas visam recuperar o *statu quo ante*, isto é, a situação que existia antes do facto lesivo do interesse público. Em resultado do facto de, em regra, terem subjacente uma conduta ilícita e uma situação irregular, existe por vezes alguma confusão entre as medidas administrativas restaurativas e as sanções administrativas[1164]. Pois bem, a distinção entre as figuras assenta na finalidade punitiva das sanções e na finalidade reintegradora das medidas restaurativas: assim, por ex., no caso de um beneficiário de um subsídio que não cumpriu as condições legais da respetiva atribuição, será uma medida restaurativa a ordem de devolução das quantias recebidas e será sanção a revogação da licença para o exercício

[1164] Sobre estas medidas em geral, e, em especial, como "altro" em relação às sanções, cf. A. Porporato, *Misure ripristinatorie*, Giappichelli, 2018, p. 24 e segs.

da atividade subsidiada. Precisamente a este respeito, na regulamentação do direito da União Europeia, é comum ver-se a distinção entre "medidas administrativas" e "sanções", bem como a fórmula "sanções e outras medidas administrativas" – em termos paradigmáticos, veja-se o artigo 4.º do Regulamento (CE, EURATOM) 2988/95, relativo à proteção dos interesses financeiros das Comunidades Europeias[1165]. Assim, parece afastar-se do entendimento correto o Acórdão do TCAS, de 01/10/2009, P. 04551/08, que considerou sancionatórias decisões administrativas que determinavam a redução do financiamento e a devolução de quantias em consequência do incumprimento dos deveres impostos ao beneficiário. Estando efetivamente em causa uma situação de incumprimento, o propósito das decisões impugnadas consistia no não pagamento de valores ainda não pagos ("redução do financiamento") e na recuperação de valores já pagos. No sentido correto, veja-se o Acórdão do Tribunal Constitucional n.º 510/2016, a respeito do artigo 564.º, n.º 2, do Código do Trabalho, o qual estabelece que *a decisão que aplique uma coima à entidade empregadora "deve conter, sendo caso disso, a ordem de pagamento de quantitativos em dívida ao trabalhador, a efectuar dentro do prazo estabelecido para o pagamento da coima"*: no caso, o Ministério Público (recorrente) alegava que a "ordem de pagamento" em causa consubstanciaria «uma sanção, não "punitiva" mas antes "reconstitutiva", mas sempre uma sanção, aliás em conformidade com o sentido geral da "segunda geração" do regime legislativo das medidas de defesa da legalidade democrática, em que com as sanções "punitivas" são cumuladas as sanções "reconstitutivas", em sede do "cumprimento do dever omitido"». Não acolhendo este entendimento, o Tribunal Constitucional acentuou que "é a própria lei que distingue entre a coima (e as sanções acessórias) e os quantitativos em dívida. Estes não correspondem a uma sanção (...)".

[1165] "[1] Qualquer irregularidade tem como consequência, regra geral, a retirada da vantagem indevidamente obtida: através da obrigação de pagar os montantes em dívida ou de reembolsar os montantes indevidamente recebidos; através da perda total ou parcial da garantia constituída a favor do pedido de uma vantagem concedida ou aquando do recebimento de um adiantamento. [2] A aplicação das medidas referidas no n.º 1 limita-se à retirada da vantagem obtida, acrescida, se tal se encontrar previsto, de juros que podem ser determinados de forma fixa. [4] As medidas previstas no presente artigo não são consideradas sanções". Sublinhando a distinção entre sanções e outras medidas administrativas, veja-se o Acórdão do Tribunal de Justiça, de 17/09/2014, *Cruz & Companhia, Lda.*, Proc. C-341/13.

189 – Prestação ou garantia da prestação de serviços públicos

Apesar de alguma retração imposta pelas políticas de privatização dos últimos anos do século XX, o Estado Administrativo mantém importantes funções na prestação direta de serviços públicos: eis o que sucede no setor da educação e da saúde (*serviços públicos sociais*), mas também no abastecimento de água, na recolha e tratamento de resíduos, no transporte de eletricidade e de gás, nos transportes rodoviários, ferroviários e marítimos (*serviços públicos económicos*), ou na exploração de equipamentos culturais, como museus, teatros, casas de música e outras estruturas de promoção do conhecimento e da cultura (*serviços públicos culturais*).

O serviço público, tal como tradicionalmente concebido no direito português, reporta-se a tarefas ou atividades cuja existência e execução ou garantia de execução correspondem a uma responsabilidade pública, em regra, do Estado ou dos municípios. Trata-se, pois, de *atividades de titularidade pública*.

As tarefas de serviço público apresentam, em geral, um recorte técnico e operativo e concretizam-se, em regra, na realização de prestações de serviços ou fornecimento de bens em benefício dos cidadãos individualmente considerados (*uti singuli*).

Num sentido técnico-jurídico, define-se o serviço público como a *tarefa ou atividade administrativa cuja execução deve, nos termos da lei, ser assegurada por uma entidade da Administração Pública, que apresenta um carácter técnico ou operativo, materializando-se no fornecimento de bens ou na prestação de serviços a pessoas determinadas com o propósito de satisfazer diretamente necessidades individuais dessas pessoas*[1166].

> O recorte operativo e material convive com inúmeras dimensões jurídicas associadas ao serviço público: *v.g.*, decisões relacionadas com a organização e a dimensão do serviço público, como a abertura ou o encerramento de estabelecimentos e de partes de estabelecimentos de prestação de serviços públicos.

Definido nos termos que acabámos de propor, o conceito de serviço público conhece uma implicação de relevo jurídico: dado que se materializa

[1166] É nesses termos que vimos definindo o serviço público, como missão da Administração Pública, desde *A Concessão de Serviços Públicos*, Almedina, 1999, pp. 37 e 108; mais recentemente: "Serviços públicos e regulação económica", in Suzana Tavares da Silva (coord.), *Descentralização Administrativa: Perspectiva Luso-Espanhola*, Instituto Jurídico, FDUC, 2018, p. 305 e segs. (p. 307).

no fornecimento direto de um bem ou de um serviço a pessoas determinadas, *uti singuli*, a gestão e exploração de atividades de serviço público pressupõe o estabelecimento de uma relação jurídica – que designamos *relação de prestação do serviço público* – entre o organismo responsável pela sua execução ("operador do serviço público") e o destinatário ou beneficiário do bem ou do serviço (utente, utilizador, consumidor, cliente). Esta relação estabelece-se previamente à prestação do serviço (celebração do contrato de fornecimento; inscrição de um aluno numa escola; compra de um bilhete para entrar num museu), mas também se pode constituir no preciso momento em que ocorre o "contacto" entre o prestador e o beneficiário (entrada de um doente num hospital).

A relação jurídica de prestação do serviço público poderá ser regulada por disposições especiais de Direito Administrativo: assim sucede, por ex., com o serviço nacional de saúde[1167] ou com o serviço público da educação.

No caso da relação de prestação de serviços públicos económicos, a situação normal será a regulação pelo direito privado do consumo, eventualmente conjugado com regras especiais, mas ainda de direito do consumo: eis o que ocorre com as regras constantes da Lei dos Serviços Públicos Essenciais, que se aplicam a serviços públicos (no sentido orgânico aqui considerado), como são os casos do fornecimento de água, da recolha e tratamento de águas residuais e da gestão de resíduos urbanos, bem como de certos serviços de transportes de passageiros[1168]. Pelo facto de se tratar de relações de consumo, "de direito privado" – são de direito privado, mesmo que os prestadores sejam entidades públicas, porque as eventuais regras especiais não são determinadas em razão da qualidade ou da natureza dos sujeitos, mas antes em função de estar envolvida uma relação de consumo, que,

[1167] Cf. José Manuel Sérvulo Correia, "As relações jurídicas administrativas de prestação de cuidados de saúde", *Estudos em Homenagem ao Professor Doutor Paulo de Pitta e Cunha*, Vol. 3, Coimbra, 2010, p. 529 e segs. Sobre a relação de prestação do serviço público de saúde, existe até uma *Carta dos Direitos de Acesso aos Cuidados de Saúde pelos Utentes do SNS*, que foi aprovada pela Portaria n.º 87/2015, de23/03.

[1168] A Lei dos Serviços Públicos Essenciais, apesar de regular o que designa por serviços públicos, aplica-se a atividades cuja execução não é, ou não é apenas, da responsabilidade da Administração Pública e que, por isso, podem ser exercidas por vários operadores, em concorrência: eis o que se passa com os serviços de comunicações eletrónicas, os serviços postais ou certos serviços de transporte de passageiros.

como tal, reclama uma regulamentação especial de proteção do consumidor [cf. ponto 14.2.2] –, os tribunais administrativos e fiscais não têm competência para apreciar os litígios com elas relacionados.

Por influência do direito da União Europeia, o conceito de serviço público subsume-se, por vezes também na legislação portuguesa, no conceito mais abrangente de "serviço de interesse geral" (SIG) ou, no caso dos serviços públicos económicos, no conceito de "serviço de interesse económico geral" (SIEG). Em qualquer caso, quer na configuração mais restrita (SIEG), quer na mais ampla (SIG), trata-se de conceitos que identificam atividades que, mesmo quando possam ser desenvolvidas por atores de mercado, apresentam características e possuem um relevo essencial para a vida dos cidadãos que justificam uma regulação pública mais intensa do Estado. Em termos gerais, o objetivo consiste, pois, em delinear um regime jurídico para essas atividades (*v.g.*, em matéria de "obrigações de serviço universal" ou "obrigações de serviço público" e de defesa dos consumidores) independentemente de se tratar de atividades públicas, na titularidade de entidades do setor público ("serviços públicos" em sentido orgânico) ou privadas (pertencentes ao setor privado)[1169]. Em documentos da Comissão Europeia, afirma-se a indiferença quanto aos modelos de organização dos SIG e alude-se à importância destes "enquanto pilares de um modelo europeu de sociedade"[1170]. Um aspeto importante do regime jurídico destas atividades, designadamente os SIEG, reside na abertura do direito da União Europeia à possibilidade, dentro de certas condições, de financiamento do Estado: tenha-se presente, a este propósito, a regra geral do direito da União no sentido da incompatibilidade com o mercado interno dos *auxílios* concedidos pelos Estados ou provenientes de recursos estatais (cf. artigo 107.º do TFUE), a qual, todavia e dentro de certas condições, não se aplica ao financiamento público dos SIEG[1171].

[1169] Cf. N. Bassi, "Gli obblighi di servizio pubblico come strumenti polifunzionali di regolazione dei mercati", *Rivista della Regolazione dei Mercati*, 2014 [http://www.rivistadellaregolazionedeimercati.it].

[1170] Sobre isto, cf. João Nuno Calvão da Silva, *Mercado e Estado (Serviços de Interesse Económico Geral)*, Almedina, 2008, *passim*.

[1171] Neste âmbito, continua a ser relevante o Acórdão do Tribunal de Justiça de 24/07/2003, *Altmark Trans*, P. C- 280/00, que definiu condições em que as subvenções públicas concedidas a empresas devem ser consideradas compensações conferidas a empresas para cumprimento de obrigações de serviço público, não sendo, portanto, abrangidas pelo conceito de auxílios do Estado (subvenções incompatíveis com o mercado interno); cf. Miguel Gorjão-Henriques, *Direito da União*, *cit.*, p. 720 e segs.

a) Serviços públicos sociais

No domínio social – do Estado Social –, está em causa uma ação administrativa de prestação, com a função precípua de realizar direitos sociais dos cidadãos, sobretudo o direito à saúde, o direito ao ensino e o direito à habitação.

Nos termos da Constituição, o direito dos cidadãos à proteção da saúde é realizado através de um *serviço nacional de saúde universal e geral* – o serviço nacional de saúde (SNS) é, assim, um serviço público da responsabilidade do Estado, prestado através de uma rede que deverá cobrir todo o país em recursos humanos e unidades de saúde (cf. artigo 64.º da CRP)[1172]. A rede do SNS inclui os hospitais públicos, do Estado, alguns deles sob gestão privada (em sistema de parceria público-privada) ou por IPSS (por acordo de gestão) – as IPSS intervêm ainda na atividade do SNS através de acordos de cooperação e de convenções (Decreto-Lei n.º 138/2013, de 9 de outubro).

Fora do SNS, e de forma independente, desenvolvem-se a medicina e a prestação de cuidados de saúde como atividades económicas privadas, que o Estado regula (tarefa de que incumbe sobretudo a Entidade Reguladora da Saúde). Não obstante a independência do setor privado da saúde em relação ao SNS, a Lei de Bases da Saúde estabelece a possibilidade de contratação de entidades do setor privado e social para a prestação de cuidados e serviços de saúde a beneficiários do SNS (quando o SNS não tiver, comprovadamente, capacidade para a prestação de cuidados em tempo útil, e depois de uma avaliação da necessidade de tais contratos).

Às responsabilidades constitucionais do Estado no âmbito do serviço público da saúde reconduz-se a garantia de acesso de todos os cidadãos, independentemente da sua condição económica, aos cuidados da medicina preventiva, curativa e de reabilitação, e, nesse contexto, por ex., a comparticipação pública nos preços dos medicamentos. De resto, nos termos do Estatuto do Medicamento, a garantia de acesso aos medicamentos constitui um "dever de serviço público essencial".

No setor do ensino, o Estado tem a incumbência constitucional de criar uma rede de estabelecimentos públicos de ensino que cubra as necessidades

[1172] A Lei de Bases da Saúde define o SNS como "o conjunto organizado e articulado de estabelecimentos e serviços públicos prestadores de cuidados de saúde, dirigido pelo ministério responsável pela área da saúde, que efetiva a responsabilidade que cabe ao Estado na proteção da saúde".

de toda a população (cf. artigo 75.º, n.º 1, da CRP) e, além do mais, de assegurar o ensino básico universal, obrigatório e gratuito, bem como de criar um sistema público e desenvolver o sistema geral de educação pré-escolar [cf. artigo 74.º, n.º 2, alíneas *a)* e *b)* da CRP].

Apesar de se manter um princípio geral de *prestação gratuita* – o que significa, em rigor, a exigência de financiamento dos referidos serviços pelos contribuintes, uma vez que os custos da prestação dos serviços terão sempre de ser suportados por alguém –, apesar do referido princípio, vem-se acentuando uma tendência para repartir os custos dos serviços entre o Estado (contribuintes) e os cidadãos utilizadores (que se veem onerados com uma comparticipação para cobertura de uma parte do custo do serviço: propinas, no ensino superior, e taxas moderadoras, na saúde). Veja-se, por ex., que a Constituição estabelece que o serviço nacional de saúde é universal e geral "e, tendo em conta as condições económicas e sociais dos cidadãos, tendencialmente gratuito": cf. artigo 64.º, n.º 2, alínea *a)*; na educação, a Constituição atribui ao Estado a incumbência de "assegurar o ensino básico universal, obrigatório e gratuito", bem como "estabelecer progressivamente a gratuitidade de todos os graus de ensino": cf. artigo 74.º, n.º 2, alíneas *a)* e *e)*.

Ao conceito de serviços sociais reconduzimos as atividades públicas de promoção ou facilitação do acesso dos cidadãos à habitação, o que pode passar pela prévia construção pública de casas de habitação para colocação no mercado de arrendamento ou pela concessão de subsídios ao pagamento de rendas (programas de renda acessível).

b) Serviços públicos económicos

No campo económico, o serviço público representa uma técnica de intervenção do Estado consubstanciada no fornecimento de bens ou de serviços aos cidadãos contra o pagamento de um *preço* – em princípio, um "preço economicamente significativo"[1173]. Embora não exclusivamente, o Estado Administrativo mantém uma responsabilidade pela prestação (ou pela garantia da prestação) de serviços públicos económicos, sobretudo dos que se encontram vinculados a *infraestruturas em rede*, como sucede com as energias, a água, o saneamento, os correios, os transportes ferroviários e, em

[1173] Preços economicamente significativos são os preços que têm um efeito substancial nas quantidades de produtos que os produtores estão dispostos a fornecer e nas quantidades de produtos que os compradores desejam comprar – cf. ponto 3.19 do Regulamento (UE) n.º 549/2013, relativo ao sistema europeu de contas nacionais e regionais na União Europeia.

certos casos, também os transportes rodoviários. Na configuração de uma atividade económica como serviço público (de responsabilidade pública), afigura-se decisiva a conexão entre o "serviço" e a "rede": especialmente evidente em alguns casos, que exigem infraestrutura fechada e contínua, assente de forma fixa no solo, para encaminhar o bem fornecido ou recolhido (energia, água e saneamento), essa conexão, embora se revele mais ténue, existe também em serviços, como a recolha de resíduos e o transporte rodoviário de passageiros.

O facto de um serviço só poder ser prestado através de uma rede que não faz sentido duplicar – tratar-se-ia de uma opção antieconómica ou economicamente inviável, uma vez que não seria possível recuperar o investimento na implantação de novas redes ou de redes concorrentes – parece ser a explicação para a responsabilização pública nestes domínios.

Por vezes, esta modalidade de intervenção ainda representa uma dimensão do Estado Social, na medida em que seja associada à realização de *objetivos sociais* (*v.g.*, para a garantia do acesso a transportes urbanos), o que pode ter como consequência a fixação de "preços sociais", abaixo dos custos. Neste caso, cabe à Administração suportar a diferença entre o preço cobrado e o custo de produção – a prestação do serviço público com objetivos sociais por entidades empresariais (empresas públicas ou empresas privadas concessionárias) dá lugar ao pagamento, por parte do Estado ou das entidades públicas responsáveis pelos serviços, de "indemnizações compensatórias" e à atribuição de "subsídios à exploração", que visam precisamente devolver às empresas de serviço público o diferencial entre o preço pago pelos utilizadores e o custo do serviço[1174].

Se, por um lado, são visíveis tendências de preocupação social em alguns serviços públicos económicos, existem, em sentido inverso, inclinações claras em alguns outros para a fixação de preços que cubram os custos do serviço prestado ou bem fornecido. Precisamente em concretização desta ideia, a Lei das Finanças Locais determina que os preços e demais instrumentos de remuneração a fixar pelos municípios, relativos aos serviços prestados e aos bens fornecidos em gestão direta pelas unidades orgânicas municipais, pelos serviços municipalizados e por empresas locais, não devem ser inferiores aos custos direta e indiretamente suportados com a prestação desses serviços e com o fornecimento desses bens – em causa estão, entre

[1174] A concessão de indemnizações compensatórias pela prestação de serviços de interesse geral é regulada pelo Regime da concessão de subvenções públicas.

outros, os serviços de abastecimento público de água, de saneamento de águas residuais, de gestão de resíduos sólidos, de transportes coletivos de pessoas e mercadorias e de distribuição de energia elétrica em baixa tensão.

c) Privatização e participação de particulares na gestão de serviços públicos

As políticas de privatização de tarefas e de responsabilidades públicas determinaram um recuo do Estado de Serviço Público, por via da transformação de serviços públicos em atividades de mercado: assim sucedeu, por ex., com a produção e a comercialização de eletricidade, bem como com as telecomunicações. Nestes casos, o serviço público foi abolido, mas as atividades em que este consistia não deixaram de ser essenciais para a vida dos cidadãos. Para referenciar, entre outras, tarefas e atividades que antes correspondiam a serviços públicos económicos, e, como já vimos, por influência do direito da União Europeia, surgiu o conceito de *serviços de interesse económico geral* (SIEG): cf. artigo 14.º do TFUE. Trata-se, em muitos casos, de atividades confiadas ao mercado e à iniciativa privada, mas sujeitas a regulação pública administrativa, em muitos casos, particularmente intensa. Neste âmbito, o recuo do Estado de Serviço Público deu origem a um avanço do Estado Regulador.

Ainda a respeito da *privatização das atividades de serviço público*, cumpre aludir ao facto de a Administração se socorrer, em muitos casos, da *técnica concessória*, confiando a empresas privadas – por um contrato de concessão – a gestão de serviços públicos: eis o que sucede, por ex., no âmbito estadual, com a concessão do serviço público aeroportuário ou, no âmbito municipal, com a concessão dos serviços públicos municipais de abastecimento de água às populações. Embora a Administração conserve a titularidade do serviço público, a gestão do mesmo vê-se transferida para um operador económico privado. A concessão de serviços públicos (com frequência associada à construção de infraestruturas que vão suportar o serviço) é uma aplicação do conceito genérico de *parceria público-privada* e representa um instrumento de que a Administração se serve para promover a eficiência na gestão do serviço público e, sobretudo, para privatizar o financiamento ou, pelo menos, para adiar e diluir no tempo o pagamento dos custos de infraestruturas. A concessão põe em marcha um processo de "privatização orgânica material", quer dizer, de privatização da *gestão* da atividade (não da atividade em si mesma), mediante a entrega dessa gestão a uma entidade particular.

Em setores determinados (saúde, ensino), a legislação prevê esquemas contratuais de articulação e de associação entre a Administração e entidades privadas no sentido da realização de prestações de serviço público com os meios próprios das entidades privadas: eis o que sucede com as "convenções" no setor da saúde.

d) Titularidade e gestão dos serviços públicos

A responsabilidade *originária* pela prestação de serviços públicos pertence ao Estado e aos municípios (*serviços públicos estaduais* e *serviços públicos municipais*) – além desses, também as regiões autónomas são "titulares de serviços públicos". O facto de uma entidade pública deter a responsabilidade por um serviço público não significa que tenha de assumir essa gestão e prestar diretamente o serviço público. Neste sentido, a responsabilidade pelo serviço público refere-se à incumbência do respetivo titular de garantir que o serviço é prestado aos cidadãos em determinadas condições. Do ponto de vista da realização dos direitos dos cidadãos ao serviço público, releva-se indiferente se o serviço é prestado diretamente pelo Estado ou pelo município, por uma empresa pública ou por uma empresa privada.

Assim, as entidades titulares do serviço público podem conservar a respetiva gestão ou, em vez disso, confiá-la a terceiras entidades. Podemos, pois, identificar duas grandes *formas de gestão dos serviços públicos: gestão direta e gestão indireta.*

a) *Gestão direta*: neste caso, o serviço público é prestado diretamente pelo respetivo titular, por órgão, estabelecimento ou serviço sem autonomia jurídica – *v.g.*, escolas e agrupamentos de escolas do ensino básico e secundário, que são unidades organizacionais inseridas no Ministério da Educação, para a prestação do serviço público estadual do ensino; serviços municipalizados de transportes ou de água, os quais integram a estrutura organizacional dos municípios;
b) *Gestão indireta*: o serviço público é gerido e prestado por entidade juridicamente autónoma em relação ao titular originário.

Existem várias formas de gestão indireta. Considerando um critério que atende à existência ou não de uma posição de domínio do titular do serviço público sobre a entidade gestora, teremos:

i) Gestão indireta por *entidade controlada e sob influência dominante* do titular do serviço público: aqui se reconduzem as formas de gestão de serviços públicos por institutos públicos e por empresas do setor público empresarial, quer do setor empresarial do Estado (*v.g.*, CP, empresa pública concessionária do serviço público de transporte ferroviário de passageiros na rede ferroviária nacional; "hospitais EPE", componentes da gestão do serviço nacional da saúde), quer do setor empresarial local (*v.g.*, empresas locais gestoras dos serviços públicos de transporte urbano);

ii) Gestão indireta por *entidade independente* do titular do serviço público: eis o que sucede nos casos de concessão de serviços públicos a empresas privadas (*v.g.*, REN, Redes Energéticas Nacionais, concessionária do serviço público de transporte de energia elétrica em muito alta tensão; empresas concessionárias de serviços públicos municipais de distribuição de água).

190 – Segurança social e solidariedade

A par da prestação de serviços públicos sociais nos domínios da saúde e da educação, um outro pilar essencial do Estado Social, na garantia e na realização dos direitos sociais dos cidadãos, é constituído pelas missões públicas nos domínios da segurança social e solidariedade. Deparamo-nos aqui com uma *Administração previdencial.*

A segurança social surge autonomizada em relação aos *serviços públicos sociais* pelo facto de estes se traduzirem numa atividade operacional ou técnica, consistente na prestação de um serviço a um utente ou utilizador – neste sentido, os serviços públicos sociais são *sociais* apenas porque o Estado tem o dever de os financiar e prestar de forma gratuita ou tendencialmente gratuita. Mas, na sua essência, trata-se de serviços de natureza económica (e produtiva), que se concretizam numa *prestação técnica* que tem um custo, e que suscitam exigências de uma gestão eficiente. De resto, trata-se até de serviços públicos que *concorrem* com atividades privadas da mesma natureza. Ao invés, a atividade de segurança social traduz-se *fundamentalmente* em apoios de carácter financeiro e não exatamente, pelo menos em regra, na produção ou no fornecimento de um serviço a utentes. Mas, claro, nos casos em que as atividades de segurança social se concretizem em medidas de prestação de serviços (*v.g.*, apoio domiciliário; internamento em lares), poder-se-á falar, logicamente, de *serviço público de segurança social.*

Depois de garantir a todos o "direito à segurança social" no n.º 1, o artigo 63.º da CRP, no n.º 3, estabelece que "o sistema de segurança social protege os cidadãos na doença, velhice, invalidez, viuvez e orfandade, bem como no desemprego e em todas as outras situações de falta ou diminuição de meios de subsistência ou de capacidade para o trabalho"[1175].

Nos termos da Lei de Bases Gerais do Sistema de Segurança Social, o sistema de segurança social abrange o "sistema de proteção social da cidadania" (ação social, solidariedade e proteção familiar), o "sistema previdencial" (proteção social) e o sistema complementar.

Embora integrando outro tipo de prestações (*v.g.*, prestações em espécie, prestações de serviços e de disponibilização de equipamentos), ocupam na atividade administrativa de segurança social e de solidariedade um lugar decisivo as *prestações pecuniárias*: pensões de velhice e de invalidez, prestações de rendimento social de inserção, subsídio social de desemprego, subsídio de desemprego, subsídio de doença, etc..

Como é conhecido, um dos problemas mais agudos das finanças públicas portuguesas tem precisamente a ver com os encargos que a segurança social representa (mais de 20% do PIB) e, a estes associados, com a *viabilidade* e a *sustentabilidade* desta vertente do Estado Social.

> Embora institucionalmente não enquadrada na segurança social, corresponde ainda a uma ação de carácter social e no âmbito da solidariedade social a designada *ação social escolar* (refeições escolares, transportes escolares, alojamento, auxílios económicos e seguro escolar). No ensino universitário, a atribuição de bolsas a estudantes também releva das funções sociais do Estado e do dever estadual de garantir o direito à igualdade de oportunidades de acesso e êxito escolar [cf. artigo 74.º, n.os. 1 e 2, alínea *d)*].

Sem prejuízo das responsabilidades diretas do Estado, a segurança social constitui um setor de grande relevo da intervenção da designada *economia social* – que abrange, nos termos da Lei de Bases da Economia Social, as atividades económico-sociais livremente levadas a cabo por entidades privadas sem fins lucrativos que têm por finalidade prosseguir o interesse geral da sociedade.

[1175] Neste ponto, cf. João Carlos Loureiro, *Direito da Segurança Social: entre a Necessidade e o Risco (Temas de Direito da Segurança Social – I)*, 2014; Maria Inês de Oliveira Martins, "Do direito à segurança social", in *Boletim de Ciências Económicas*, vol. LVI, 2013, p. 167 e segs.;

Atores neste domínio e, de uma forma especial, no apoio à terceira idade e às famílias carenciadas e na proteção na invalidez, são as IPSS, às quais se refere o artigo 63.º, n.º 5, da CRP – o preceito consagra o dever de o Estado apoiar (e de fiscalizar) a atividade e o funcionamento das instituições particulares de solidariedade social e de outras de reconhecido interesse público sem carácter lucrativo, com vista à prossecução de objetivos de solidariedade social. A Lei de Bases Gerais do Sistema de Segurança Social repete a exigência de *apoio* e de *valorização* estadual das IPSS (bem como a sujeição das mesmas a fiscalização e inspeção do Estado).

Localizando-se fora da Administração Pública, e promovidas por iniciativa particular na prossecução de um dever moral de solidariedade, as IPSS desenvolvem a sua ação, com frequência, num contexto muito próximo do sistema administrativo: quando financiadas com dinheiros públicos, preenchem os requisitos do conceito de "organismo de direito público", pressuposto, por ex., no artigo 2.º, n.º 2, do CCP: nesta hipótese, são qualificadas como "entidades adjudicantes" e os contratos de aquisição de serviços, de compra ou locação de bens móveis e de empreitada que celebrem ficam sujeitos à Parte II do CCP. Independentemente disso, o estatuto jurídico de IPSS coloca a entidade beneficiária sob um regime de tutela do Estado.

191 – Instalação e gestão de infraestruturas públicas e de uso público e salvaguarda de ativos estratégicos essenciais

Ao Estado Administrativo cabe a missão fundamental de colocar ao dispor dos cidadãos as várias infraestruturas públicas da civilização técnica e industrial de cada momento histórico: redes rodoviárias, ferroviárias, de energia e de comunicações, infraestruturas portuárias, aeroportuárias e hídricas (barragens), etc. Aqui também cabem a construção e manutenção de infraestruturas desportivas (piscinas municipais, estádios e campos de futebol, os multiusos) e culturais (teatros, museus, casas de música). Além disso, a este conjunto agregam-se as infraestruturas destinadas à instalação de serviços públicos e departamentos da Administração: hospitais, centros de saúde, escolas, lojas do cidadão, tribunais. Estamos agora diante de uma missão de *Administração de infraestrutura*.

Os modos de produção destas infraestruturas variam: em regra, a Administração contrata a construção da obra ("obra pública") mediante *contratos de empreitada de obras públicas*. Mas, também para este efeito, pode servir-se da técnica concessória e, em especial, da *concessão de obras públicas* (*v.g.*, concessões rodoviárias), a qual pode assumir, ou não, a configuração legal de *parceria público-privada* (PPP) – como se sabe, a construção de obras públicas e de equipamentos públicos é o terreno de eleição das PPP e a concessão de obra pública constitui uma das aplicações desta figura.

A instalação de infraestruturas públicas efetua-se em bens imóveis (terrenos) que, em regra, têm de ser adquiridos pela Administração Pública: essa aquisição processa-se por meio de contrato (compra e venda), mas também pode fazer-se por via do Direito Administrativo, através de procedimentos de *expropriação por utilidade pública*.

Por vezes, a Administração opta por não construir as infraestruturas necessárias à instalação de serviços, preferindo arrendar imóveis para o efeito (assim sucedeu, por ex., com o campus de justiça de Lisboa, no Parque das Nações).

No âmbito das infraestruturas, designadamente das que estão afetas à prestação de serviços essenciais em setores da economia, como a energia, os transportes e as comunicações – designados "ativos estratégicos essenciais" –, que se encontram sob o domínio de entidades privadas, importa considerar a responsabilidade do Estado na respetiva salvaguarda "para garantir a defesa e segurança nacional e a segurança do aprovisionamento do País em serviços fundamentais para o interesse nacional, nas áreas da energia, dos transportes e comunicações, enquanto interesses fundamentais de segurança pública": Decreto-Lei n.º 138/2014, de 15 de setembro.

Nos termos desse diploma, o Conselho de Ministros pode opor-se à realização de operações das quais resulte, direta ou indiretamente, a aquisição de controlo, direto ou indireto, por uma pessoa ou pessoas de *países terceiros à União Europeia e ao Espaço Económico Europeu*, sobre ativos estratégicos essenciais, independentemente da respetiva forma jurídica, nos casos em que se determine que estes possam pôr em causa, de forma real e suficientemente grave, a defesa e segurança nacional ou a segurança do aprovisionamento do País em serviços fundamentais para o interesse nacional. Na sua dimensão procedimental, o diploma prevê a instauração oficiosa de um *procedimento de avaliação*, a fim de avaliar o risco de tal operação para a defesa e segurança nacional ou para a segurança do aprovisionamento do País em serviços fundamentais para o interesse nacional. No desenvolvimento desse procedimento, o Conselho de Ministros pode opor-se à realização da operação, através de decisão fundamentada, no respeito pelo direito aplicável, em particular o princípio da proporcionalidade. Sendo adotada uma decisão de oposição, todos os atos e negócios jurídicos relativos à operação em causa são nulos e ineficazes, incluindo os respeitantes à exploração económica ou ao exercício de direitos sobre os ativos ou sobre as entidades que os controlam.

192 – Intervenção na economia

O Estado Administrativo desempenha vários tipos de missões ou responsabilidades que têm em comum o facto de representarem formas ou modos de intervenção económica e de se reportarem a esquemas de interação entre Estado e mercado, entendido este como um espaço privado, da Sociedade Civil, em que os atores económicos (as empresas) desenvolvem atividades de produção, comercialização e fornecimento de bens e de prestação de serviços aos cidadãos: trata-se, em suma, de considerar agora o cenário da intervenção do Estado na economia e no mercado, enquanto espaço em que se realizam as relações e os fluxos económicos e no qual atuam e se relacionam, por um lado, produtores, fornecedores de serviços e comercializadores e, por outro lado, os cidadãos, na condição de consumidores ou utilizadores.

192.1 – Controlo de atividades económicas do setor privado

Uma incumbência essencial do Estado Administrativo, na sua relação com a economia ou o mercado, refere-se, em geral, ao *controlo das atividades económicas*, exercidas por empresas, bem como por pessoas individuais. Os mecanismos de controlo público das atividades económicas ou das profissões apresentam feições muito variadas: abrangem controlos à entrada no mercado, por ex., através de autorizações, licenças, registos ou inscrições em listas, que ocorrem no âmbito de procedimentos em que os interessados têm de comprovar que cumprem os requisitos legais que condicionam o exercício da atividade pretendida (*v.g.*, autorização para o início da laboração de uma indústria). Por vezes, a entrada no mercado depende de um ato de iniciativa pública, que proceda a uma abertura do mercado e que defina o número de títulos a atribuir (*v.g.*, procedimento para atribuição de licenças de táxi ou, em geral, para a concessão de "autorizações contingentadas", em número limitado).

Pelo facto de os controlos administrativos prévios representarem um obstáculo ou um requisito jurídico que condiciona o exercício de uma atividade, verifica-se, desde há já alguns anos, sob o mote da simplificação administrativa, uma importante evolução no sentido da abolição dos controlos administrativo prévios e da liberalização do acesso a atividades privadas, articulada com a imposição legal aos interessados do dever de proceder à *comunicação do início de atividade* aos órgãos competentes. Nos termos deste modelo ("licenciamento zero"; "comunicação prévia"), a Administração Pública deixa de fazer controlos à entrada, passando apenas a controlar e a acompanhar, no terreno, o exercício e o desenvolvimento da atividade privada.

No exercício da função de controlo e de fiscalização, os organismos competentes da Administração entram em contacto com as entidades fiscalizadas, realizando ações de inspeção, auditorias, vigilância, vistorias, exames de documentos, etc. Objeto das ações de controlo pode ser a verificação do preenchimento de requisitos específicos para o exercício da atividade (*v.g.*, condições de higiene e sanitárias do estabelecimento ou do local de produção) ou requisitos de ordem geral (*v.g.*, cumprimento da legislação laboral ou de segurança no trabalho ou de defesa do consumidor[1176]). Na hipótese de se detetarem situações irregulares, de violação da regulamentação aplicável, entra em cena a função de punição de atos ilícitos, em regra, no âmbito do ilícito de mera ordenação social (aplicação de coimas e de sanções acessórias).

> Estamos, naturalmente, a considerar o *controlo administrativo*, efetuado por organismos da Administração, no desempenho da função administrativa. Mas, em muitos setores da atividade económica privada, existem, cada vez mais, formas de *controlo privado*, quer de autocontrolo, quer de controlo privado por terceiros [cf. ponto 187.1].

Ainda no plano do controlo administrativo sobre as atividades económicas em geral, cumpre chamar a atenção para o "public enforcement" do direito da concorrência, por via do controlo e punição das designadas *práticas restritivas da concorrência* (acordos e práticas concertadas entre empresas, abusos de posição dominante e de dependência económica, nos termos da Lei da Concorrência) e das *práticas individuais restritivas do comércio* (cf. Regime das Práticas Individuais Restritivas de Comércio).

As finalidades da missão de controlo das atividades económicas privadas variam: em geral, reportam-se à verificação do cumprimento de exigências

[1176] Em particular, sobre as práticas comerciais desleais das empresas nas relações com os consumidores (*v.g.*, ações enganosas, omissões enganosas, práticas comerciais agressivas), veja-se o Decreto-Lei n.º 57/2008, de 26 de março (alterado pelo Decreto-Lei n.º 205/2015, de 23 de setembro).

regulamentares e legais definidas para proteção de interesses essenciais como a vida, a saúde ou o ambiente; mas também pode estar em causa a proteção dos interesses económicos dos consumidores ou, em geral, da concorrência (funcionamento eficiente e sadio do mercado).

192.2 – Controlo de atos isolados de agentes económicos privados

Além do controlo administrativo que tem por objeto a verificação das condições legais de acesso a uma atividade privada ou, genericamente, o exercício desta atividade, a lei prevê, por vezes, formas de controlo de categorias de atos específicos praticados entre privados, na economia. De forma paradigmática, eis o que ocorre com o controlo de operações de concentração de empresas, nos termos da Lei da Concorrência[1177]. A este modelo se reconduzem outros exemplos de atos administrativos de controlo prévio de atos jurídico-privados (como contratos, cláusulas contratuais gerais, ofertas de referência, etc.): trata-se, em geral, de formas de controlo idealizadas para verificar o cumprimento das exigências legais em matéria de proteção do consumidor e de proibição de abuso ou de práticas restritivas[1178].

192.3 – Autorregulação administrativa de profissões e atividades económicas

Em determinados setores, tipicamente no caso das profissões reguladas por ordens profissionais (*v.g.*, a advocacia ou a medicina), o controlo administrativo das atividades privadas encontra-se confiado à própria coletividade das pessoas que as exercem ("autocontrolo administrativo"). Existe, neste caso, uma autorregulação administrativa de atividades privadas, em que o controlo do acesso (de verificação dos requisitos legais para o exercício de uma profissão), a fiscalização do cumprimento das regras aplicáveis (*v.g.*, regras deontológicas) e o sancionamento disciplinar (que pode chegar à aplicação da sanção de expulsão) são da competência do organismo associativo que congrega os profissionais: como se sabe, este é o caso das associações públicas profissionais [cf. ponto 172].

[1177] Sobre o procedimento de controlo de concentrações, veja-se o nosso *Reflexões sobre o Estado Regulador e os Estado Contratante, cit.*, p. 247 e segs.

[1178] Neste âmbito, sobre as relações entre regulação administrativa e contrato privado, veja-se também o nosso *Reflexões, cit.*, p. 104; no direito italiano, a respeito dos designados "atos administrativos conformadores da autonomia contratual", cf. A. F. Zumbini, *La regolazione amministrativa del contratto (atti amministrativi dell'autonomia negoziale)*, Giappichelli, 2016.

Nos termos do Decreto-Lei n.º 37/2015, de 10 de março, que estabelece o regime de acesso e exercício de profissões e de atividades profissionais, "o acesso às profissões ou atividades profissionais deve ser livre". Todavia, o acesso às designadas *profissões regulamentadas* (aquelas cujo acesso, o exercício ou uma das modalidades de exercício dependem direta ou indiretamente do cumprimento de requisitos profissionais, nomeadamente qualificações profissionais) pode ficar sujeito à verificação de requisitos profissionais por uma autoridade administrativa. O diploma define "profissão regulada" como a profissão regulamentada cuja verificação do cumprimento de requisitos profissionais é atribuída a uma associação pública profissional.

O fenómeno da autorregulação pública também existe em relação a certas atividades, como o desporto, ou a produção de vinhos de qualidade ou de produtos com indicação geográfica. Também nestes casos se encontra instituído um modelo de regulação baseado numa lei que transfere para um *organismo representativo dos próprios agentes regulados* a competência pública e oficial para regular e disciplinar a atividade que os mesmos exercem. Está aqui presente um sistema de *auto*rregulação, porque a missão de regulação se encontra confiada a associações ou organismos representativos dos agentes regulados (*v.g.*, federações desportivas; comissões vitivinícolas regionais).

Trata-se, além disso de uma autorregulação *pública*, pois que se baseia numa opção político-legislativa que consiste em transferir para os regulados a "função pública de regulação", a qual, na origem, pertence ao Estado. Enquanto função pública, desenvolvida por instituições que integram a Administração Pública, a autorregulação cai na esfera de incidência do Direito Administrativo – distingue-se esta da *autorregulação privada*, que assenta na *adesão* dos interessados a parâmetros e regras de ação estabelecidos num contexto (associativo) voluntário e de autonomia privada.

192.4 – Regulação de mercados ("setores regulados")

Desde o fim do século XX, com a privatização e a liberalização de muitos tradicionais serviços públicos, tem-se destacado sobretudo a missão pública de regulação de serviços económicos de interesse geral (SIEG). Como se viu já, em muitos setores, o avanço da regulação e do Estado Regulador correspondeu ao recuo do Estado de Serviço Público.

a) Caracterização geral da função pública de regulação da economia

Em geral, a regulação da economia (do mercado) consiste numa intervenção pública de um grau mais intenso e mais intrusivo e com um alcance mais abrangente do que a intervenção pela via do controlo administrativo clássico. Com efeito, o objetivo público da regulação não consiste na mera verificação do cumprimento de exigências legais e regulamentares e na punição dos eventuais desvios e atos ilícitos. O sentido da intervenção regulatória reside sobretudo em dirigir e conduzir a atuação dos agentes económicos, impondo-lhes o dever de adoção ou induzindo-os a adotar condutas que, por si sós, espontaneamente, não adotariam. Há, pois, na regulação pública da economia e dos mercados um propósito dirigista e não apenas limitador[1179]. Isto evidencia o papel central que aqui vão ter os instrumentos públicos de regulamentação e de disciplina das condutas dos agentes económicos[1180].

Assim, a intervenção pública do Estado vai efetivar-se primordialmente mediante o estabelecimento de regras e de padrões de conduta para as empresas e agentes regulados (regulamentos administrativos, mas igualmente "códigos de conduta", "códigos de boas práticas", diretrizes, *guidelines* e orientações genéricas). Através destas regulamentações, procura-se guiar as condutas dos agentes económicos em vista da realização efetiva de certos resultados[1181].

Segue-se, depois, uma tarefa de implementação dessas regras, através da imposição e fiscalização da respetiva observância: emissão de comandos e proibições, concessão ou recusa de autorizações regulatórias, ações de fiscalização e de inspeção; surgem aqui atos jurídicos de autoridade, mas também modos de atuação informal, desprovidos de efeitos jurídicos impositivos, mas com um efeito de "vinculação de facto", como sucede com

[1179] No sentido de que a função de regulação visa a "correção" do mercado, cf. P. Lazzara, "La funzione regolatoria: contenuto, natura e regime giuridico", in Cafagno/Manganaro, *ob. cit.*, p. 117 e segs. (p. 123).

[1180] Sobre o "princípio da regulação económica", cf. João Pacheco de Amorim, *Direito Administrativo da Economia*, vol. I, Almedina, 2014, p. 249 e segs. Em geral, sobre a missão pública de regulação da economia, cf. Vital Moreira, *Auto-Regulação Profissional e Administração Pública*, Almedina, 2007; veja-se ainda, da nossa autoria, *Reflexões, cit.*, em especial, p. 49 e segs.

[1181] Sobre o objetivo da efetividade da atividade de regulação, cf. L. Lorenzoni, "I controlli pubblici sull'atività dei privati e l'effettività della regolazione", *Diritto Pubblico*, 2017/1, p. 779 e segs.

as recomendações, as advertências, os avisos e alertas[1182]. Neste âmbito, a regulação pública consiste numa atividade de acompanhamento e de monitorização.

Por fim, para completar o ciclo da atividade regulatória, surgem as medidas de punição das infrações cometidas pelos agentes regulados (coimas e sanções acessórias[1183]): no caso das sanções pecuniárias, em regra, podem atingir valores muito elevados.

No plano institucional, a função de regulação pública da economia foi desmembrada em setores (banca, seguros, transportes, energia, comunicações, etc.) e, na sequência, delegada em entidades especializadas ou dedicadas, independentes do Governo. Como já houve oportunidade de referir, em muitos planos, a função de regulação vê-se muito influenciada pelo direito da União Europeia. Em casos que ainda se revelam excecionais, a regulação pública encontra-se atribuída a organismos europeus: é o caso da supervisão bancária das instituições de crédito significativas, atribuída ao Banco Central Europeu[1184].

b) Objetivos da regulação pública da economia

A finalidade da administração de regulação varia consoante as atividades reguladas: assim, por ex., a regulação do setor financeiro visa prevenir o "risco sistémico" (risco de colapso do sistema financeiro) e garantir a estabilidade e a confiança dos cidadãos no sistema, além da concorrência. No setor das indústrias de rede (*v.g.*, energias), os objetivos mais relevantes consistem em assegurar o funcionamento correto das atividades reguladas e em assegurar e garantir a proteção de valores, como a concorrência e a proteção dos consumidores[1185].

[1182] Sobre os mecanismos informais de atuação unilateral no direito da regulação, cf. M. Schramm, *Einseitiges informelles Verwaltungshandeln im Regulierungsrecht*, Siebeck, 2016.

[1183] Com uma categorização dos poderes e dos atos de regulação, cf. F. De Leonardis, "Natura e caratteri degli atti di regolazione pubblica dell'economia", *Il Diritto dell'Economia*, 2018/3, p. 697 e segs.

[1184] Sobre este tema, cf. Pedro Costa Gonçalves, "Supervisão bancária pelo BCE – uma leitura jurídico-administrativa do Mecanismo Único de Supervisão", p. 9 e segs.; F. Zatti, "Il controlo della BCE sulle economie nazionali", in Cafagno/Manganaro, *ob. cit.*, p. 487 e segs.

[1185] Aludir-se, neste âmbito, a uma "proteção dos consumidores pelo direito da regulação": J. Hellermann, "Schutz der Verbraucher durch Regulierungsrecht", *VVDStRL*, n.º 70, 2011, p. 371 e segs. Veja-se, a este respeito, a epígrafe do artigo 47.º da LQER: "proteção do consumidor".

Numa formulação que nos parece válida para a regulação da economia em geral, são dois os objetivos fundamentais da regulação: *funcionamento eficiente do mercado* e *proteção dos consumidores.*

Recorde-se, neste contexto, o artigo 81.º, alínea *f)*, da CRP, que atribui ao Estado a incumbência de "assegurar o funcionamento eficiente dos mercados, de modo a garantir a equilibrada concorrência entre as empresas". Veja-se ainda a indicação legal sobre a ação transversal a toda a economia da Autoridade da Concorrência: nos termos da Lei da Concorrência, a Autoridade "é orientada pelo critério do interesse público de promoção e defesa da concorrência".

No que concerne à proteção dos consumidores, atente-se ao disposto no artigo 81.º, alínea *i)*, da CRP, que confia ao Estado a responsabilidade de "garantir a defesa dos direitos e interesses dos consumidores".

A regulação pública corresponde a uma intervenção administrativa que concretiza a ideia de "responsabilidade pública de garantia": incumbência do Estado Administrativo que se traduz em assegurar o correto funcionamento da economia e das atividades reguladas. Não se trata de uma mera atuação de polícia ou de garantia da ordem social e jurídica, pois pressupõe uma responsabilização direta do Estado quanto à realização de objetivos ligados ao correto funcionamento do mercado ou sistema regulado. Fala-se aqui de uma *responsabilidade pública pelos resultados produzidos pelas atividades reguladas.*

Como se explicou e já sabemos, a função administrativa de regulação da economia cabe essencialmente a entidades administrativas independentes, abrangidas pela LQER.

> A função de regulação está na origem de um processo de *transformação do sistema administrativo* que se projeta em vários planos: institucional ou orgânico (com a generalização, nesse âmbito, da figura das *entidades administrativas independentes* e com a dispersão do poder administrativo por vários centros autónomos e independentes entre si); ligações especialmente estreitas com o direito da União Europeia (a regulamentação legislativa dos setores regulados é, em larga medida, de origem europeia; as autoridades reguladoras tendem a ser organismos da Administração Pública da União Europeia); poderes abrangentes e robustos, no domínio regulamentar ("regulamentos independentes"), mas também nos domínios da investigação de ilícitos e no sancionamento de infrações; poderes públicos de natureza inovadora, por ex., em matéria de resolução de conflitos entre

empresas (*conflitos comerciais*) ou entre empresas e consumidores (*conflitos de consumo*); atenuação da vinculação administrativa à lei, visível, não só na atividade regulamentar, mas também na ação por via de ato administrativo (fenómeno da "destipicização" do ato administrativo); expansão do uso de novas figuras de ação administrativa, como "avisos", "recomendações", "guidelines" ou, num plano diferente, o "ato administrativo de aceitação de compromissos"[1186].

192.5 – Incentivos à economia e às empresas; concessão de garantias
Uma forma de intervenção do Estado na economia materializa-se na atribuição de apoios e incentivos às empresas, em regra, com objetivo de estimular o investimento em certos setores da economia[1187]. Neste âmbito, existem regulamentações que, de modo específico, visam disciplinar a atuação incentivadora dos poderes públicos: entre outros, estes são os casos do Código Fiscal do Investimento, do regime contratual do investimento (contratos de investimento: Decreto-Lei n.º 191/2014, de 31 de dezembro) ou das regras legais de criação de sistemas de incentivos aplicáveis às empresas no território do continente (Decreto-Lei n.º 6/2015, de 8 de janeiro). Em muitos casos, os incentivos são, na origem, financeiramente suportados por fundos europeus estruturais e de investimento. O ato típico da missão de incentivo é o *subsídio* ou *subvenção*, que definimos como "toda e qualquer vantagem financeira atribuída, direta ou indiretamente, a partir de verbas do orçamento de uma entidade pública ou que envolva uma renúncia a receitas que ingressariam nesse orçamento, qualquer que seja a designação ou modalidade adotada, a que não corresponde uma contrapartida específica ou uma prestação determinada a efetuar pelo beneficiário no interesse direto da entidade pública que o concede"[1188]. Em termos formais, a subvenção pode ser atribuída por contrato ou por ato administrativo. A regulamentação especial da concessão de incentivos impõe-se pelo facto de se exigir a observância das condições em que o direito da União Europeia admite os auxílios de Estado, bem como por razões ligadas ao imperativo de definição

[1186] Sobre isto, cf., da nossa autoria, "Direito administrativo da regulação", *Estudos em Homenagem ao Professor Doutor Marcello Caetano (no Centenário do seu Nascimento)*, Coimbra Editora, 2006, vol. II, 535-573; sobre o ato administrativo de aceitação de compromissos, cf. as nossas *Reflexões sobre o Estado Regulador e Estado Contratante*, *cit.*, p. 335 e segs.

[1187] Sobre o que designa por "princípio do fomento económico", cf. João Pacheco de Amorim, *Direito Administrativo da Economia*, *cit.*, p. 233 e segs.

[1188] Nesse sentido, veja-se o nosso *Direito dos Contratos Públicos*, *cit.*, pp. 165 e 293.

das condições objetivas e não discriminatórias de acesso a esses recursos escassos e de transparência e publicidade.

Outro processo de apoio às empresas consiste na *concessão de garantias pessoais* pelo Estado ou outras pessoas coletivas públicas[1189]. Como seria de esperar, a concessão de garantias pessoais por entidades públicas, mediante *fiança* ou *aval*, encontra-se regulada por lei, que condiciona fortemente, e a vários títulos, essa possibilidade[1190]. Com efeito, nos termos legais, a concessão de garantias terá de se fundamentar "em manifesto interesse para a economia nacional", e depende da verificação cumulativa das seguintes condições: *a)* ter o Estado participação na empresa ou interesse no empreendimento, projeto ou operação financeira que justifique a concessão da garantia; *b)* existir um projeto concreto de investimento ou um estudo especificado da operação a garantir, bem como uma programação financeira rigorosa; *c)* apresentar o beneficiário da garantia características económicas, financeiras e organizacionais que ofereçam segurança suficiente para fazer face às responsabilidades que pretende assumir; *d)* a concessão de garantia se mostre imprescindível para a realização da operação de crédito ou financeira, designadamente por inexistência ou insuficiência de outras garantias.

192.6 – Intervenção direta no mercado

O Estado e outras entidades públicas têm uma intervenção direta na economia, quer no fornecimento de bens e prestação de serviços no mercado, quer, em sentido inverso, na aquisição de bens ou de serviços. Em ambos os casos, do lado da oferta ou do lado da procura, as entidades públicas desenvolvem uma atividade no mercado: contudo, disto não resulta que essas entidades se submetam, integralmente, às regras de funcionamento do mercado, aplicáveis à generalidade dos operadores económicos (assim, por exemplo no caso das compras públicas, as entidades públicas são abrangidas por regras especiais, que não se aplicam a outros operadores económicos)[1191].

[1189] Sobre a prestação de garantias por empresas públicas, cf. artigo 25.º, n.º 5, do RJSPE. Sobre o tema no direito espanhol, cf. J. García-Andrade Gómez, "La garantía del Estado frente a la crisis económica", *RAP*, n.º 201, 2016, p. 101 e segs.

[1190] Cf. Lei n.º 112/97, de 16 de setembro, alterada por último pela Lei n.º 82-B/2014, de 31 de dezembro.

[1191] Sobre a iniciativa económica pública no quadro do princípio constitucional da coexistência das iniciativas económicas privada e pública, cf. João Pacheco de Amorim, *Direito Administrativo da Economia, cit.*, p. 189 e segs.

192.6.1 – Fornecimento de bens e prestação de serviços no mercado

Sobretudo o Estado, através de empresas públicas, e, numa escala menor, os municípios, através de empresas locais, exercem uma atividade no mercado, mediante a oferta de bens e serviços (Estado como agente económico). Não está agora em pauta uma atuação de serviço público [cf. ponto 189], desenvolvida no âmbito de uma responsabilidade pública e para a prossecução de específicos fins públicos definidos por lei, mas antes uma atuação de carácter industrial ou comercial, que concorre com atividades análogas do setor privado: eis o que sucede com a ação do Estado na banca, através da Caixa Geral de Depósitos, ou nos transportes aéreos, com a TAP. Diz-se, por vezes, que este tipo de intervenção económica pública cumpre, em certa medida, uma "função de regulação", que consiste em "dar o exemplo" na adoção de "boas práticas" que podem constituir um referencial para os operadores económicos concorrentes.

> No âmbito autárquico, o Regime Jurídico da Atividade Empresarial Local condiciona a iniciativa económica municipal, ao definir condições apertadas e muito exigentes para a constituição de empresas locais. A limitação da iniciativa económica municipal não é uma originalidade da lei portuguesa. O mesmo fenómeno existe, por ex., em Itália[1192].

192.6.2 – Intervenção supletiva nos casos de falhas do mercado e de emergência económica

No caso de falhas graves do funcionamento do mercado e, por ex., em face do risco de colapso da economia ou em situações de emergência económica, que ponham em causa o abastecimento público de bens e serviços essenciais fornecidos pelo setor privado, o Estado vê-se confrontado com o imperativo de adotar medidas de intervenção direta no mercado (medidas de "step in"), de aquisição ou liquidação de empresas (*v.g.*, de bancos) ou de requisição civil (*v.g.*, empresas de transportes).

192.6.3 – Compras públicas

Uma outra forma de intervenção pública direta no mercado, com uma grande relevância económica, desenvolve-se pela via das compras públicas ("public procurement"). Ao realizar compras, o Estado (em sentido lato)

[1192] Cf. G. A. Primerano, "Gli oneri di motivazione analitica nel testo unico sulle società a partecipazione pubblica", *Il Diritto dell'Economia*, 2018/3, p. 771 e segs. (em especial, p. 775 e segs).

atua no mercado como um cliente de bens ou serviços ("Estado comprador"). Em razão do peso orçamental (na Europa, estima-se que as compras públicas correspondem a um terço da despesa pública) e da importância que tem para os agentes económicos, que têm o direito de poder usufruir, em condições de igualdade, da oportunidade de vender bens e serviços ao setor público, a atividade de compras públicas é objeto de regulamentação específica, que consta do Código dos Contratos Públicos. Esta regulamentação visa sobretudo disciplinar os procedimentos de formação dos contratos de compras públicas (aquisição de bens e de serviços e empreitadas de obras públicas), no sentido de garantir a concorrência, a igualdade de oportunidades, a transparência e os interesses financeiros do Estado. A proteção destes valores passa, em geral, pela instituição de procedimentos publicitados e abertos à participação (por via da apresentação de candidaturas e propostas) de quaisquer interessados.

193 – Apoio e fomento de atividades privadas de interesse geral

Uma missão administrativa de grande relevância social e económica consiste no apoio e fomento e estímulo ao exercício de atividades privadas de interesse geral. É uma missão que se concretiza por formas muito variadas, mas que, por regra, consiste na concessão de apoios e benefícios financeiros. Podemos falar neste caso de uma *Administração de incentivo* ou propulsiva. A *subvenção* (por ato unilateral ou contrato) é, também aqui, o instrumento em posição de destaque.

Atividades privadas candidatas a apoio e incentivo público são por exemplo as que se localizam no âmbito da designada economia social: trata-se de atividades económico-sociais livremente levadas a cabo por entidades privadas sem fins lucrativos (cooperativas, fundações, IPSS, misericórdias, associações com fins altruísticos) que têm por finalidade prosseguir o interesse geral da sociedade – nos termos da Lei de Bases da Economia Social, cabe ao Estado fomentar e apoiar estas atividades. Em relação às instituições que atuam no âmbito da solidariedade social (IPSS), o artigo 63.º, n.º 5, da CRP alude ao "apoio" do Estado, nos termos já analisados. Outro tanto ocorre com atividades no setor da cultura (cinema, atividades cinematográficas e audiovisuais[1193]; artes visuais e artes performativas[1194])

[1193] Cf. Lei n.º 55/2012, de 6 de setembro, e Decreto-Lei n.º 25/2018, de 24 de abril.

[1194] Cf. Decreto-Lei 103/2017, de 24 de agosto.

ou no setor da justiça[1195] ou com ações e projetos de movimentos associativos das comunidades portuguesas no estrangeiro[1196].

A missão pública de apoio financeiro exige a definição prévia, pública e transparente dos critérios que a Administração deve utilizar para selecionar as entidades privadas beneficiárias. Na verdade, em resultado da escassez dos recursos, impõe-se a delineação de regimes que definam, de forma objetiva, os pressupostos da atribuição de apoios a todos quantos os requeiram (*procedimento de verificação de requisitos*) ou que estabeleça *procedimentos de seleção concorrencial* dos beneficiários (que garantam a igualdade de oportunidades de acesso a recursos escassos).

Neste ponto, deve dizer-se que, infelizmente, a legislação nem sempre exige a presença de critérios de transparência e de garantia de igualdade de acesso aos apoios públicos: assim, por ex., o RJAL não estabelece quaisquer critérios que orientem a seleção das entidades beneficiárias de apoios municipais, limitando-se a indicar que têm de estar em causa eventos ou atividades "com interesse para o município". O vazio legislativo deverá ser preenchido por regulamentos municipais que enquadrem os termos de atribuição objetiva ou concorrencial de tais apoios públicos. Sem um tal enquadramento normativo estabelecido *ex ante*, a atribuição de subsídios ou subvenções ofende o princípio da igualdade, na vertente da igualdade de oportunidades do acesso aos recursos públicos escassos.

Na medida do disposto na legislação aplicável, a Administração é obrigada a publicitar os apoios financeiros que conceda [sobre isto, cf. ponto 53.3].

194 – Regulamentação, programação e planificação

De natureza diferente das ações e missões anteriores, apresentam-se as atividades administrativas de regulamentação, programação e de planificação: em geral, as missões a que até aqui aludimos envolvem sobretudo uma atividade administrativa de contacto imediato com os cidadãos e desenvolvem-se no contexto de concretas relações jurídicas entre entidades da Administração e cidadãos ou entidades particulares determinadas.

Pois bem, agora temos em vista ações de uma natureza diferente, que se traduzem em prescrever regras de conduta e planear e programar ações futuras. A regulamentação, a que aludimos brevemente no âmbito da

[1195] Cf. Decreto-Lei n.º 61/2016, de 12 de setembro (entidades que prossigam fins públicos ou de interesse público relevante para a área da justiça).

[1196] Cf. Decreto-Lei n.º 124/2017, de 27 de setembro.

regulação de mercados, é uma missão de relevo crescente, que, de certo modo, coloca a Administração numa situação funcional análoga à do legislador, na definição de regras a que deve obedecer a atuação dos seus próprios órgãos da Administração, bem como dos particulares. As tarefas de planificação e de programação visam programar e planear *ex ante* o modo de realização de ações futuras (*v.g.*, de ordenamento territorial), definir estratégias (*v.g.*, de desenvolvimento de políticas públicas), racionalizar e definir diretrizes e pautas para a adoção de condutas futuras pelos particulares e pela própria Administração, prevendo a disponibilidade de recursos humanos e materiais necessários para a realização de projetos e objetivos.

195 – Atividades de controlo interno

A Administração Pública encontra-se submetida a formas variadas de controlo efetuado por instâncias externas, que incluem a fiscalização pela Assembleia da República [cf. artigo 162.º, alínea *a)*, da CRP: compete à Assembleia da República apreciar os atos da Administração], o controlo judicial da legalidade administrativa das suas normas e decisões, sobretudo, através dos tribunais administrativos, o controlo da legalidade financeira, através do Tribunal de Contas, bem como o controlo pelo Provedor de Justiça. Por outro lado, como sabemos, a Administração desenvolve, em muitos setores, tarefas de controlo de atividades privadas (controlo externo).

A esses mecanismos de controlo, que envolvem a Administração Pública, enquanto sujeito passivo ou ativo, juntam-se instrumentos de *controlo administrativo interno* ou *autocontrolo*, da responsabilidade de entidades e órgãos da própria Administração Pública, como as entidades administrativas independentes (*v.g.*, Conselho de Prevenção da Corrupção), as inspeções-gerais ou órgãos com funções de controlo, no âmbito das relações de hierarquia, superintendência ou tutela, e que incidem, por vezes, não exclusivamente, sobre atos ou atividades de outras entidades e órgãos da Administração. Como sucede em geral com qualquer atividade de controlo, o controlo interno ou autocontrolo visa verificar se uma atividade ou um ato concreto observam as exigências e os limites que decorrem de uma regra previamente definida e que visa disciplinar e condicionar o exercício da atividade ou do ato controlado.

Um lugar de destaque ocupa, neste âmbito, a designada "atividade de inspeção"[1197], ou seja, a atividade de inspeção, auditoria e fiscalização

[1197] Neste ponto, cf. Tiago Antunes, "Governação da atividade administrativa de inspeção", *cit.*, p. 273 e segs.

desenvolvida pelos serviços da administração direta e indireta do Estado aos quais tenha sido cometida a missão de assegurar o exercício de funções de controlo – cf. artigo 2.º, alínea *a)*, do Regime Jurídico da Atividade Inspetiva; nos termos da definição legal, a atividade inspetiva pode ser interna ou externa; neste âmbito, interessa-nos sobretudo o controlo interno. A atividade de controlo interno visa investigar e determinar a eventual prática de ilegalidades e de atos ilícitos pelos serviços administrativos e pelos respetivos agentes.

> Segundo o artigo 8.º, n.º 1, do Regime Jurídico da Atividade Inspetiva, as ações de inspeção podem assumir as formas de *auditoria, inspeção, inquérito, sindicância* e *averiguações*.
> A *auditoria* consiste num processo de controlo ou exame de todas ou partes de atividades desenvolvidas, de tipos de atos ou conjuntos definidos de atos praticados por um organismo cujo objetivo pode consistir em averiguar, verificar ou avaliar, se as atividades ou os atos auditados estão de acordo com as condições legais que devem respeitar ou se foram desenvolvidos e praticados de forma eficaz e eficiente.
> Neste contexto, *inspeção* é a designação genérica que indica qualquer procedimento ou medida que tem por objeto o exame ou o controlo de atividades, condutas ou atos praticados por uma determinada entidade: trata-se, em qualquer caso, de apurar se as atividades, condutas ou atos inspecionados foram praticados em conformidade com os princípios, regras ou critérios que deveriam cumprir e observar.
> O *inquérito* tem por fim apurar se determinados factos ocorreram ou em que circunstâncias ocorreram e pode consistir na verificação da legalidade de atos praticados ou da licitude de comportamentos.
> A *sindicância*, de maior amplitude do que o inquérito, traduz-se numa indagação ou averiguação efetuada quando existam sérios indícios da prática de irregularidades em atos ou no exercício de atividades de um organismo.
> As *averiguações* são processos de investigação sumária e breve, instaurados com o propósito de verificar se existem fundamentos para a realização de ações inspetivas de maior alcance, como o inquérito ou a sindicância [sobre estes conceitos, no âmbito da Lei da Tutela Administrativa do Estado sobre as Autarquias Locais e da LTFP, cf. pontos 123 e 174.3.1].

Os controlos no interior do sistema administrativo, através de inspeções gerais ou de outras instâncias, têm papel decisivo na investigação e na deteção dos casos de mau funcionamento, bem como, em certos casos, na identificação das causas dos desvios aos padrões de funcionamento correto da Administrativa. Os instrumentos de controlo interno deveriam passar a ter maior protagonismo na deteção de situações patológicas, como fenómenos de abuso de poder, de tráfico de influências e de casos de conflitos de interesses, além da prevenção da corrupção e da criminalidade administrativa – de resto, a prevenção da corrupção e das várias formas de criminalidade no exercício da função administrativa vem sendo reclamada como função central do Direito Administrativo do nosso tempo. Ora, esse trabalho de prevenção deve começar no interior do sistema administrativo[1198].

Um papel muito relevante na dinamização do autocontrolo da Administração cabe aos particulares atingidos por decisões administrativas, através da *reclamação* e de *recursos administrativos* (cf. artigo 184.º e segs. do CPA), bem como aos cidadãos em geral, através, por ex., de *denúncias* e *queixas* sobre o funcionamento da Administração (cf. artigo 13.º do CPA).

[1198] Sobre isto, cf. M. De Benedetto, "Corruzione e controlli: una introduzione", in M. D'Alberti (org.), *Corruzione e pubblica amministrazione,* Jovene Editore, 2017, p. 377 e segs.; G. D'Alessio, "Controlli interni e prevenzione della corruzione", *ibidem*, p. 431 e segs.; F. Di Lascio, "L'*attuazione* dei controlli: ispezioni e anticorruzione, *ibidem*, p. 531; N. Rangone, "Quale *riforma* dei controlli per prevenire la corruzione?", *ibidem*, p. 597 e segs.

ÍNDICE

TÍTULO II
LOCALIZAÇÃO DO DIREITO ADMINISTRATIVO NA ORDEM JURÍDICA

PARTE II
ESTADO ADMINISTRATIVO

TÍTULO I
ADMINISTRAÇÃO PÚBLICA

TÍTULO II
FUNÇÃO ADMINISTRATIVA